여러분의 합격을 응원하는
해커스공무원 특별 혜택

KB093650

💻 | 무료 공무원 행정학 동영상강의

해커스공무원(gosi.Hackers.com) 접속 후 로그인 ▶ 상단의 [무료강좌] 클릭 ▶
좌측의 [교재 무료특강 → 2021년 교재 무료특강] 클릭

🎟️ | 해커스공무원 온라인 단과강의 20% 할인쿠폰

6EEE7F23648277DS

해커스공무원(gosi.Hackers.com) 접속 후 로그인 ▶ 상단의 [나의강의실] 클릭 ▶ 좌측의 [쿠폰등록] 클릭 ▶
위 쿠폰번호 입력 후 이용

* 쿠폰 이용 기한: 2021년 12월 31일까지(등록 후 7일 이내 사용 가능) * 쿠폰 이용 관련 문의: 1588-4055

✉️ | 해커스 회독증강 콘텐츠 5만원 할인쿠폰

EC58B9BD678624V8

해커스공무원(gosi.Hackers.com) 접속 후 로그인 ▶ 상단의 [나의강의실] 클릭 ▶ 좌측의 [쿠폰등록] 클릭 ▶
위 쿠폰번호 입력 후 이용

* 쿠폰 이용 기한: 2021년 12월 31일까지(등록 후 7일 이내 사용 가능)
* 월간 학습지 회독증강 행정학/행정법총론 개별상품은 할인쿠폰 할인대상에서 제외

해커스공무원

쉬운 행정학

조철현

약력

제52회 행정고시 합격
한양대학교 정책학과 박사과정

현 | 해커스공무원 행정학 강의
현 | 해커스공무원 면접 강의
전 | 법무부 보호법제과 사무관
전 | 법무부 법무연수원 교수요원
전 | 행정고등고시 출제 검토위원
전 | 국가직공무원 공채, 경채 면접위원

저서

해커스공무원 쉬운 행정학, 해커스패스
해커스공무원 해설이 상세한 기출문제집 쉬운 행정학, 해커스패스
해커스공무원 면접마스터, 해커스패스

공무원 시험 합격을 위한 필수 기본서

해커스공무원 쉬운 행정학

2021년 대비 최신개정판

개정 4판 2쇄 발행 2020년 10월 5일

개정 4판 1쇄 발행 2020년 7월 6일

지은이	조철현
펴낸곳	해커스패스
펴낸이	해커스공무원 출판팀

주소	서울특별시 강남구 강남대로 428 해커스공무원
고객센터	02-598-5000
교재 관련 문의	gosi@hackerspass.com
	해커스공무원 사이트(gosi.Hackers.com) 교재 Q&A 게시판
학원 강의 및 동영상강의	gosi.Hackers.com

ISBN	979-11-6454-506-3 (13350)
Serial Number	04-02-01

공무원 시험 합격을 위한 필수 기본서!

공무원 공부, 어떻게 시작해야 할까?

많은 수험생 여러분들이 행정학 과목의 방대한 양에 막연한 두려움을 느끼곤 합니다. 하지만 우리에게 중요한 것은 오랜 기간 축적되어 온 학문으로서의 행정학이 아닌, '시험에 합격할 수 있는' 행정학일 것입니다.

이에 『2021 해커스공무원 쉬운 행정학』은 수험생 여러분들이 '시험에 출제되는' 행정학만을 효율적으로 학습할 수 있도록 다음과 같은 특징을 가지고 있습니다.

첫째, 행정학의 핵심을 쉽고 정확하게 이해할 수 있도록 구성하였습니다.

기본 개념부터 심화 이론까지 탄탄하게 다질 수 있도록 행정학의 방대한 이론을 THEME 104개로 분류하여 체계적으로 구성하였습니다. 이를 통해 단순히 기본서를 '이론 학습'의 목적으로만 학습하는 것이 아니라, 수험생활 전반에 걸쳐 본인의 학습 과정 및 수준에 맞게 활용할 수 있습니다.

둘째, 다양한 학습 장치를 통해 수험생 여러분들의 입체적인 학습을 지원합니다.

각각의 학습 정도에 맞추어 효과적으로 행정학 이론을 공부할 수 있도록 'Focus on'과 'Level up', '핵심OX' 등 다양한 학습 장치를 교재 곳곳에 배치하였습니다. 또한, 본문에서 학습한 내용이 어떻게 문제로 출제되는지 다시 한 번 확인하고 이론 학습을 효과적으로 마무리 할 수 있도록 출제 가능성이 높은 '실전문제'를 PART별로 수록하였습니다.

셋째, 합격을 위한 필수 법령만을 모은 '쉬운 행정학 법령집'을 수록하였습니다.

행정학의 이론은 법령과 상당히 연계되어 있으며, 최근 법령 관련 문제의 출제 비중이 갈수록 높아져가는 만큼 시험에 출제되는 법령만을 학습하시는 것이 중요합니다. 필수적인 주요 법령을 수록하여 낯선 법령에 익숙해지고 보다 깊이 있는 학습을 할 수 있도록 하였습니다.

더불어, 공무원 시험 전문 사이트 해커스공무원(gosi.Hackers.com)에서 교재 학습 중 궁금한 점을 나누고 다양한 무료 학습 자료를 함께 이용하여 학습 효과를 극대화할 수 있습니다.

부디 『2021 해커스공무원 쉬운 행정학』과 함께 공무원 행정학 시험 고득점을 달성하고 합격을 향해 한걸음 더 나아가시기를 바랍니다.

『2021 해커스공무원 쉬운 행정학』이 공무원 합격을 꿈꾸는 모든 수험생 여러분에게 훌륭한 길잡이가 되기를 바랍니다.

조철현

목차

목차

별책　쉬운 행정학 법령집

이 책의 구성

『2021 해커스공무원 쉬운 행정학』은 수험생 여러분들이 행정학 과목을 효율적으로 정확하게 학습하실 수 있도록 상세한 내용과 다양한 학습장치를 수록·구성하였습니다. 아래 내용을 참고하여 본인의 학습 과정에 맞게 체계적으로 학습 전략을 세워 학습하시기 바랍니다.

① 최신 출제 경향에 맞추어 학습방향 설정하기

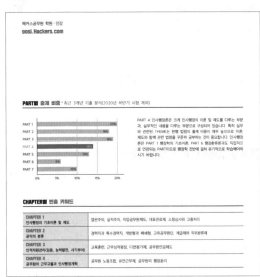

정확한 기출 데이터 분석 및 최신 출제 경향 반영

1. 최근 3개년 PART별 출제 비중 및 CHAPTER별 빈출 키워드
최근 3년간의 9·7급 국가직, 지방직, 서울시 등 주요 시험의 기출문제를 분석하여 정리한 PART별 출제 비중과 CHAPTER별 빈출 키워드를 각 PART의 도입부에 수록하였습니다. 이를 통해 본격적인 학습 전, 학습의 우선순위를 설정할 수 있습니다.

2. 최신 출제 경향 및 개정 법령을 반영한 이론
철저한 기출분석으로 도출한 출제 경향을 바탕으로 자주 출제되거나 출제가 예상되는 내용 등을 엄선하여 교재 내의 이론에 반영·수록하였습니다. 이를 통해 방대한 행정학 과목의 내용 중 '시험에 출제되는' 내용만을 효과적으로 학습할 수 있습니다.

② 다양한 학습장치를 활용하여 이론 학습하기

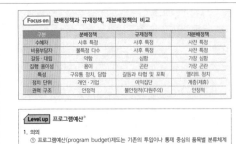

효과적인 학습을 위한 다양한 학습장치

1. Focus on
공무원 행정학 시험에서 공통적으로 출제될 가능성이 가장 높은 개념들을 선별하여 Focus on에 수록하였습니다. 이를 통해 방대한 행정학 이론의 핵심 내용을 한눈에 파악할 수 있습니다.

2. Level up
상대적으로 난도가 높은 시험을 대비하기 위하여 어렵지만 더 알아두면 좋은 내용을 알기 쉽게 정리하여 Level up에 수록하였습니다. 이를 통해 보다 깊이 있는 학습을 할 수 있습니다.

③ 문제를 통하여 학습한 이론을 적용하기

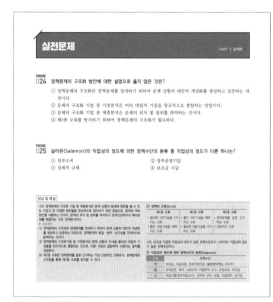

문제 응용력을 키울 수 있는 실전문제 및 상세한 해설

1. 실전문제

공무원 행정학 시험의 기출문제와 비슷한 난이도·출제 키워드를 가진 예상문제 중 출제 가능성이 높은 문제만을 엄선하여 104개의 THEME마다 수록하였습니다. 이를 통해 학습한 내용이 어떻게 문제로 출제되는지 확인하고 문제에 접근하는 방법을 익히며, 이론 학습을 효과적으로 마무리할 수 있습니다.

2. 상세한 해설

교재에 수록된 모든 문제에 상세한 해설을 수록하였습니다. 각 문제의 자세한 풀이와 관련 이론 및 법령 정리 등을 통해 문제 풀이 과정에서 실력을 한층 향상시킬 수 있습니다. 또한 정답뿐만 아니라 오답에 대한 분석까지 함께 수록하여 복습을 하거나 회독을 할 때에도 선지들을 바르게 이해할 수 있습니다.

④ 시험에 자주 출제되는 주요 법령 확인하기

합격을 위한 필수 법령집 – '쉬운 행정학 법령집'

1. 법령 문제 대비

혼자서 찾아보기에는 막막한 법령들을 효과적으로 학습할 수 있도록 자주 출제되는 필수 법령들만 모아 수록하였습니다. 최신 제·개정 법령을 모두 반영하였고, 주요 법령을 제대로 정리하고 넘어갈 수 있도록 OX문제를 함께 수록하여 법령 문제에 완벽하게 대비할 수 있습니다.

2. 법령과 이론의 연계

법령과 관련된 단원을 함께 수록하였습니다. 이를 통해 행정학 이론과 연계하여 학습이 가능하며 최근에는 이론과 법령을 결합한 문제가 꾸준히 출제되므로, 이를 대비하기 위한 최적화된 학습을 할 수 있습니다.

공무원 행정학 길라잡이

📝 시험분석

행정학 과목은 많은 수험생들이 선택하는 선택과목으로서, 응시할 수 있는 직렬 또한 타 과목에 비해 많은 편입니다. 최근 3년간 9·7급 공채 필기시험 응시 현황에 따르면 행정학을 선택과목으로 할 경우 응시 가능한 직렬 중 수험생들이 가장 많이 지원하는 직렬은 일반행정직입니다. 하단에 국가직 일반행정직 시험에 대한 정보를 수록하였으니, 학습 전략을 세우는 데 참고하시기 바랍니다.

* 사이버국가고시센터 참고 (gosi.kr)

대표 직렬 안내

일반행정직에 합격을 하면 국가직의 경우 행정부의 전체 부처에서, 지방직의 경우 각 지방자치단체에서 근무를 하게 됩니다. 일반행정직 공무원의 담당 업무에는 각종 국가제도의 연구, 법령입안 및 감독 업무, 사무 관리 능력을 바탕으로 한 기획적, 관리적, 지원적인 성격의 업무 등이 있습니다.

행정학을 선택과목으로 선택할 경우 위 직렬 외에도 7급의 경우 행정직(인사조직/교육행정/선거행정) 응시가 가능하며, 9급은 행정직(고용노동/교육행정), 직업상담직, 세무직, 관세직, 통계직, 교정직, 보호직, 검찰직, 마약수사직, 출입국관리직, 철도경찰직의 응시가 가능합니다.

합격선 안내

다음 그래프는 지난 3년간 9·7급 국가직 일반행정직의 필기시험 합격선을 나타낸 것입니다. 2013년 9급 공채 행정직군 시험과목에 고교 이수 과목 등의 선택과목이 추가됨에 따라, 난이도 차이 보정을 위해 조정점수제가 도입되어 5개 응시과목의 총점으로 합격선 및 합격자를 결정하고 있으며, 7급의 경우 기존과 같이 평균 점수로 합격선을 결정하고 있습니다. 따라서, 급수에 따른 합격선 기준이 다름을 참고하여 그래프를 확인하시기 바랍니다.

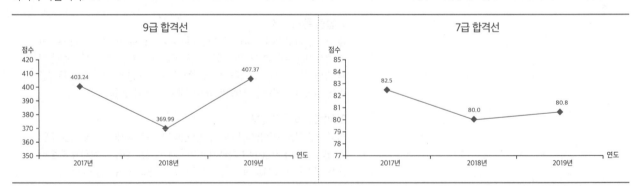

참고

1. 9급 필수과목은 절대평가로 100점 만점 기준으로 점수가 환산되는 반면, 선택과목은 상대평가로 조정점수제를 바탕으로 해당 과목의 평균과 표준편차를 활용해서 점수가 일정하지 않고 달라질 수 있습니다.
2. 조정점수제란, 서로 다른 선택과목을 응시한 수험생들의 성적을 동일한 척도 상에서 비교할 수 있도록 해당 과목의 평균과 표준편차를 활용하여 과목간 난이도 차이를 보정할 수 있는 제도입니다.

📝 커리큘럼

* 학습 기간은 개인의 학습 수준과 상황 및 시험 일정에 따라 조절하기 바랍니다.

기본이론
2개월

탄탄한 기본 다지기

행정학의 기초를 잡고 큰 골격을 세운다는 느낌으로 접근하여, 행정학 이론의 주요 개념들과 익숙해지면서 탄탄하게 기본기를 다지는 단계입니다.

💎 **TIP** 모든 개념을 암기하려고 하기보다는 전체적인 행정학 이론의 흐름을 파악하고 이해하는 것을 목표로 삼고 학습하는 것이 좋습니다.

심화이론
2개월

깊이 있는 이론 정립

탄탄한 기본기를 토대로 한층 깊이 있는 심화이론을 학습하여 고득점을 위한 발판을 마련하고, 이론에 대한 이해도를 높임으로써 실력을 확장시키는 단계입니다.

💎 **TIP** 기본이 되는 주요 개념의 복습과 함께 난도 높은 개념까지 연계하여 학습하고, 기본서를 단권화하는 등 스스로 정리하며 효과적인 회독을 통해 반복 학습하는 것이 좋습니다.

문제풀이
4개월

단원별 기출문제 및 예상문제 풀이

철저한 행정학 출제경향 분석을 기반으로 빈출 포인트를 선정하고, 이를 바탕으로 재출제 가능성이 높은 기출문제와 퀄리티 좋은 예상문제를 통하여 주요 이론을 응용하며 문제 풀이 능력을 향상시키는 단계입니다.

💎 **TIP** 기출문제를 풀어보며 이론이 어떻게 문제화 되는지 확인하고, 자주 출제되는 부분을 확실하게 정리하는 것이 좋습니다. 또한 다양한 유형의 예상문제를 풀어 보며 취약한 개념이나 유형을 확인하고 반복적으로 학습하여 문제 풀이 기술을 늘리는 것이 좋습니다.

실전과 동일한 형태의 전 범위 모의고사 풀이

출제 가능성이 높은 개념과 유형의 문제만을 엄선한 예상문제를 실제와 가장 유사한 형태로 풀어보고, 마지막까지 부족한 부분을 점검하고 확인하여 효율적으로 실전감각을 기르는 단계입니다.

실전동형
2개월

💎 **TIP** 전 범위를 기출문제와 유사한 형태와 문제로 빠르게 점검하고, 실전처럼 시간 배분까지 연습합니다. 모의고사를 통해 본인의 실력을 마지막까지 확인하여 자주 틀리거나 취약한 부분은 마무리 특강 등으로 보충하여 대비하는 것이 좋습니다.

학습 플랜

효율적인 학습을 위하여 DAY별로 권장 학습 분량을 제시하였으며, 이를 바탕으로 본인의 학습 진도나 수준에 따라 조절하여 학습하기 바랍니다. 또한 학습한 날은 표 우측의 각 회독 부분에 형광펜이나 색연필 등으로 표시하며 채워나가기 바랍니다.

* 1, 2회독 때에는 60일 학습 플랜을, 3회독 때에는 30일 학습 플랜을 활용하시면 좋습니다.

60일 플랜	30일 플랜	학습 플랜		1회독	2회독	3회독
DAY 1	DAY 1		CHAPTER 1 행정과 행정학의 발달 THEME 001~003	DAY 1	DAY 1	DAY 1
DAY 2			CHAPTER 1 행정과 행정학의 발달 THEME 004~005	DAY 2	DAY 2	
DAY 3	DAY 2		CHAPTER 2 현대 행정의 이해 THEME 006~008	DAY 3	DAY 3	DAY 2
DAY 4			CHAPTER 3 행정학의 접근방법과 주요이론 THEME 009~012	DAY 4	DAY 4	
DAY 5	DAY 3	PART 1	CHAPTER 3 행정학의 접근방법과 주요이론 THEME 013~016	DAY 5	DAY 5	DAY 3
DAY 6			CHAPTER 3 행정학의 접근방법과 주요이론 THEME 017~020	DAY 6	DAY 6	
DAY 7	DAY 4		CHAPTER 4 행정의 가치와 이념 THEME 021~023	DAY 7	DAY 7	DAY 4
DAY 8			PART 1 복습	DAY 8	DAY 8	
DAY 9	DAY 5		CHAPTER 1 정책학의 개관 THEME 024~026	DAY 9	DAY 9	DAY 5
DAY 10			CHAPTER 2 정책의제설정 및 정책결정에 대한 시각 THEME 027	DAY 10	DAY 10	
DAY 11	DAY 6		CHAPTER 2 정책의제설정 및 정책결정에 대한 시각 THEME 028	DAY 11	DAY 11	DAY 6
DAY 12			CHAPTER 3 정책결정론 THEME 029~030(**1**~**4**)	DAY 12	DAY 12	
DAY 13	DAY 7	PART 2	CHAPTER 3 정책결정론 THEME 030(**5**~**6**)~031	DAY 13	DAY 13	DAY 7
DAY 14			CHAPTER 4 정책집행론 THEME 031	DAY 14	DAY 14	
DAY 15	DAY 8		CHAPTER 4 정책집행론 THEME 032~033	DAY 15	DAY 15	DAY 8
DAY 16			CHAPTER 5 정책평가론 THEME 034~035	DAY 16	DAY 16	
DAY 17	DAY 9		CHAPTER 6 기획론 THEME 036~037	DAY 17	DAY 17	DAY 9
DAY 18			PART 2 복습	DAY 18	DAY 18	
DAY 19	DAY 10		CHAPTER 1 조직의 기초이론 THEME 038~040	DAY 19	DAY 19	DAY 10
DAY 20			CHAPTER 2 조직구조론 THEME 041~042	DAY 20	DAY 20	
DAY 21	DAY 11		CHAPTER 2 조직구조론 THEME 043~044	DAY 21	DAY 21	DAY 11
DAY 22			CHAPTER 2 조직구조론 THEME 045~047	DAY 22	DAY 22	
DAY 23	DAY 12	PART 3	CHAPTER 3 조직행태론 THEME 048~049	DAY 23	DAY 23	DAY 12
DAY 24			CHAPTER 3 조직행태론 THEME 050	DAY 24	DAY 24	
DAY 25	DAY 13		CHAPTER 4 조직과 환경 THEME 051~052	DAY 25	DAY 25	DAY 13
DAY 26			CHAPTER 5 조직관리 및 개혁론 THEME 053~055	DAY 26	DAY 26	
DAY 27	DAY 14		CHAPTER 5 조직관리 및 개혁론 THEME 056~057	DAY 27	DAY 27	DAY 14
DAY 28			PART 3 복습	DAY 28	DAY 28	
DAY 29	DAY 15		PART 1~3 전체 복습	DAY 29	DAY 29	DAY 15
DAY 30			PART 1~3 전체 복습	DAY 30	DAY 30	

✅ 1회독 때에는 처음부터 완벽하게 학습하려고 욕심을 내는 것보다는 전체적인 내용을 가볍게 익힌다는 생각으로 교재를 읽는 것이 좋습니다.

✅ 2회독 때에는 1회독 때 확실히 학습하지 못한 부분을 정독하면서 꼼꼼히 교재의 내용을 익힙니다.

✅ 3회독 때에는 기출 또는 예상문제를 함께 풀어보며 본인의 취약점을 찾아 보완하면 좋습니다.

60일 플랜	30일 플랜		학습 플랜	1회독	2회독	3회독
DAY 31	DAY 16	PART 4	CHAPTER 1 인사행정의 기초이론 및 제도 THEME 058~060	DAY 31	DAY 31	DAY 16
DAY 32			CHAPTER 2 공직의 분류 THEME 061~063	DAY 32	DAY 32	
DAY 33	DAY 17		CHAPTER 2 공직의 분류 THEME 064~065	DAY 33	DAY 33	DAY 17
DAY 34			CHAPTER 3 인적자원관리(임용, 능력발전, 사기부여) THEME 066~067	DAY 34	DAY 34	
DAY 35	DAY 18		CHAPTER 3 인적자원관리(임용, 능력발전, 사기부여) THEME 068~069	DAY 35	DAY 35	DAY 18
DAY 36			CHAPTER 3 인적자원관리(임용, 능력발전, 사기부여) THEME 070~071	DAY 36	DAY 36	
DAY 37	DAY 19		CHAPTER 4 공무원의 근무규율과 인사행정개혁 THEME 072~073	DAY 37	DAY 37	DAY 19
DAY 38			PART 4 복습	DAY 38	DAY 38	
DAY 39	DAY 20	PART 5	CHAPTER 1 국가재정의 기초이론 THEME 074~076	DAY 39	DAY 39	DAY 20
DAY 40			CHAPTER 1 국가재정의 기초이론 THEME 077~080	DAY 40	DAY 40	
DAY 41	DAY 21		CHAPTER 2 예산결정이론 THEME 081~083	DAY 41	DAY 41	DAY 21
DAY 42			CHAPTER 3 예산제도의 발달과 개혁 THEME 084(❶~❺)	DAY 42	DAY 42	
DAY 43	DAY 22		CHAPTER 3 예산제도의 발달과 개혁 THEME 084(❻~❾)~085	DAY 43	DAY 43	DAY 22
DAY 44			CHAPTER 4 예산과정론 THEME 086	DAY 44	DAY 44	
DAY 45	DAY 23		CHAPTER 4 예산과정론 THEME 087~088	DAY 45	DAY 45	DAY 23
DAY 46			PART 5 복습	DAY 46	DAY 46	
DAY 47	DAY 24	PART 6	CHAPTER 1 행정책임과 행정통제 THEME 089~090	DAY 47	DAY 47	DAY 24
DAY 48			CHAPTER 2 행정개혁론 THEME 091~093	DAY 48	DAY 48	
DAY 49	DAY 25		CHAPTER 3 정보화와 행정 THEME 094~095	DAY 49	DAY 49	DAY 25
DAY 50			PART 6 복습	DAY 50	DAY 50	
DAY 51	DAY 26	PART 7	CHAPTER 1 지방행정의 기초이론 THEME 096~097	DAY 51	DAY 51	DAY 26
DAY 52			CHAPTER 2 지방행정의 조직 THEME 098	DAY 52	DAY 52	
DAY 53	DAY 27		CHAPTER 3 지방자치단체의 사무 THEME 099	DAY 53	DAY 53	DAY 27
DAY 54			CHAPTER 4 지방자치단체와 국가의 관계 THEME 100~101	DAY 54	DAY 54	
DAY 55	DAY 28		CHAPTER 5 지방자치와 주민참여 THEME 102	DAY 55	DAY 55	DAY 28
DAY 56			CHAPTER 6 지방자치단체의 재정 THEME 103~104	DAY 56	DAY 56	
DAY 57			PART 7 복습	DAY 57	DAY 57	
DAY 58	DAY 29		PART 4~7 전체 복습	DAY 58	DAY 58	DAY 29
DAY 59			PART 4~7 전체 복습	DAY 59	DAY 59	
DAY 60	DAY 30		총 복습	DAY 60	DAY 60	DAY 30

PART별 출제 비중 * 최근 3개년 기출 분석(2020년 하반기 시험 제외)

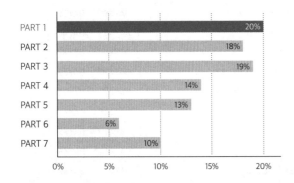

PART	비중
PART 1	20%
PART 2	18%
PART 3	19%
PART 4	14%
PART 5	13%
PART 6	6%
PART 7	10%

PART 1 행정학의 기초이론은 행정학 전반의 내용을 다루는 총론 부분으로, 행정학의 기본이 되는 개념들과 시대별 주요 이론 등을 공부하게 됩니다. 생소한 개념과 이론들이 많아 처음 행정학 공부를 시작하는 수험생들은 다소 어렵게 느낄 수 있지만, 이론적 개념을 다루는 비슷한 유형의 문제들이 반복적으로 출제되고 까다로운 법령 문제는 거의 출제되지 않으므로 개념을 탄탄히 정립해두면 고득점을 할 수 있는 PART입니다.

CHAPTER별 빈출 키워드

CHAPTER 1 행정과 행정학의 발달	행정의 의의, 행정학의 발달과정, 행정학의 접근방법, 행정이론
CHAPTER 2 현대행정의 이해	시장실패와 정부실패, 재화의 유형, 정부규제
CHAPTER 3 행정학의 접근방법과 주요 이론	행태론, 공공선택론, 신제도주의, 신공공관리론, 뉴거버넌스, 신공공서비스론
CHAPTER 4 행정의 가치와 이념	행정의 본질적 가치, 행정의 수단적 가치

PART 1

행정학의 기초이론

CHAPTER 1 행정과 행정학의 발달

THEME 001 행정의 본질 ★★★

1 행정의 의의

1. 행정의 개념

(1) 일반적 개념

공익목적을 달성하기 위한 공공문제의 해결 및 공공서비스의 생산·분배와 관련된 정부의 제반활동

협의	정부관료제를 중심으로 행정조직 내부에서 공익을 실현하기 위하여 이루어지는 활동(내부관리)
	예 정부의 공무원 채용, 정부조직 개편, 정부의 예산안 마련 등
광의	정부관료제뿐만 아니라 시민사회 및 시장 등 모든 조직에서 공익을 실현하기 위해 보편적으로 적용될 수 있는 활동(외부관리, 거버넌스로서의 행정)
	예 정부와 민간기업의 협력을 통한 일자리 마련, 사기업의 사회복지재단 운영 등

(2) 최근 개념

공공문제 해결과 이를 위한 정부 외의 공·사조직들 간 연결네트워크를 관리하는 활동으로, 네트워크 구성원들의 협력을 강조하는 거버넌스로서의 행정

(3) 행정학적 개념

행정현실에 입각하여 행정을 이해하는 것으로 행정의 소재(Locus)를 정치 및 경영과의 관련성에 전제하며, 주로 미국 행정학의 발달과 관련이 있음

2 행정의 개념에 관한 이론

1. 행정관리론(1887 ~ 1920년대)

(1) 배경

행정의 무능과 타락한 정당정치 등 엽관주의(잭슨민주주의)의 폐단을 극복하고 행정을 정치로부터 독립시키려는 노력에서 시작됨

(2) 특징

① 행정의 본질
  ㉠ 행정을 '국가정책의 능률적인 실현을 위한 인적·물적 자원을 관리하는 기술체제'로 정의함
  ㉡ 사무관리(경영적 관리, 정책의 집행활동에 국한)를 위한 행정

거버넌스

정부를 비롯하여 시장, 시민 등 다양한 조직이 수행하는 공공서비스 활동 및 협력적 네트워크

엽관주의

집권정당의 추종자에게 정당활동에 따라 그 충성도를 고려하여 공직을 배분하는 것

능률성 = 산출/투입

1. 기계적 능률성: 계량적 수치, 행정관리론
2. 사회적 능률성: 계량적 수치 + 질적 가치, 통치기능론

② **정치행정이원론**: 정치 밖의 영역으로서 행정을 정치로부터 분리함
③ **공사행정일원론**: 경영기법의 정부 도입을 강조함(경영 = 사행정)
④ **능률성 강조**: 산출의 가치를 고려하지 않는 기계적 능률성과, 경영의 목표를 추구함
⑤ **폐쇄체제**: 조직 내부의 공식적 구조와 기능에 대해 연구함

(3) **주요 학자**
① **윌슨(Wilson)**: 『행정의 연구(the Study of Administration)』(1887)
  ㉠ 행정학이 정치학으로부터 독립해 하나의 학문으로 성립하는 데 기여함
  ㉡ **정치행정이원론**: 정치와 행정의 분리 및 행정의 능률성을 강조함
② **굿노(Goodnow)**: 『정치와 행정(Politics and Administration)』(1900), 정치는 정책을 결정하고 행정은 이를 실천(집행)하는 것으로 명확히 분리함
③ **화이트(White)**: 『행정학 입문』(1926), 최초의 행정학 교과서
④ **귤릭(Gulick)**: 『행정과학에 관한 논문집』(1937), 최고관리자의 7가지 기능으로써 POSDCoRB를 제시함

2. 통치기능론(1930 ~ 1940년대)

(1) **배경**

제2차 세계대전과 1930년대 경제대공황, 그에 따른 뉴딜정책을 통해 행정의 역할이 단순 정책집행에만 국한되지 않고, 사회문제 해결을 위한 행정의 '정책형성 기능'이 중시되면서 제기됨

(2) **특징**
① **행정의 본질**: 행정을 '사회문제를 적극적으로 처방하기 위한 가치판단의 기능'으로 보고 정치와 행정의 유기적인 관련성을 인정하며, 공행정과 사행정의 차이를 부각함
② **정치행정일원론**: 정치와 행정의 불가분의 관계 강조, 행정은 정책집행뿐 아니라 정책결정 기능까지 포함하고 있음
③ **공사행정이원론**: 경영과는 다른 공행정의 특수성을 강조함
④ **사회적 능률성과 민주성의 요구**: 사회적이고 인간적인 능률성에 관심을 가지기 시작함
⑤ **행정의 기술성(技術性)**: 정치와 행정을 연속적인 관계로 보고, 행정의 처방적 성격을 강조함

(3) **주요 학자**
① **디목(Dimock)**: 『현대 정치와 행정』(1937)
  ㉠ 기계적 능률 대신 사회적 능률을 강조함
  ㉡ 통치는 정치(정책결정)와 행정(정책집행)으로 이루어지며 이 과정은 배타적인 것이 아닌 상호 협조의 과정으로 인식함
② **애플비(Appleby)**: 『정책과 행정』(1949), 정치와 행정의 과정은 연속적·순환적이므로 결합적 관계를 형성해야 한다고 주장함

POSDCoRB

루즈벨트 대통령이 1937년 설치한 '행정관리에 관한 대통령 위원회'에 참여한 귤릭(Gulick)은 최고관리자의 7가지 기능을 제시하고 단어의 첫 글자를 따서 POSDCoRB라는 약어를 만들어냄
• Planning(기획)
• Organizing(조직)
• Staffing(인사)
• Directing(지휘)
• Coordinating(조정)
• Reporting(보고)
• Budgeting(예산)

뉴딜정책

1929년부터 1939년까지 전세계적으로 이어진 경제대공황을 극복하기 위해 루즈벨트 대통령에 의해 추진된 수정자본주의 정책

3. 행정행태론(1940 ~ 1960년대 초반)

(1) 배경

① 1930년대 초 사회과학연구에서 행태주의 경향이 등장하기 시작하면서 행정연구에서도 과학화가 시도됨

② 사이먼(Simon)이 당시 세계적으로 유행하는 행태주의를 행정에 도입하여 행정행태론 정립

(2) 특징

① 행정연구의 과학화 및 사회심리학적 접근을 중시함

② **정치행정(새)이원론***: 가치와 사실을 구분하여 행정학의 연구대상을 검증 가능한 '사실'로 한정하고, 행정 연구의 과학성을 강조함

③ **공사행정(새)일원론**: 공적 영역과 사적 영역에 모두 적용되는 보편적 이론의 구축을 추구함

④ **논리실증주의**: 자연과학적 연구방법을 행정학(사회과학의 연구)에 도입하여 행정이론의 과학성을 제고시킴

⑤ **비적실성**: 가치를 배제하여 사회문제를 해결하지 못하는 한계를 지님

(3) 주요 학자

① 버나드(Barnard): 『경영자의 역할(관리자의 기능)』(1938)

② 사이먼(Simon): 『행정행태론』(1947)

4. 발전행정론(1960년대)

(1) 배경

신생국 또는 제2차 세계대전 이후 낙후된 개발도상국의 국가발전을 위한 행정의 역할을 중시하는 입장에서 대두됨

(2) 특징

① **행정의 본질**: 개도국의 국가발전을 위한 행정조직의 적극적 역할을 강조함

② **행정우위 정치행정(새)일원론**: 행정을 '국가발전 목표를 설정하고 정책결정 및 기획에 의하여 이를 집행하는 과정'으로 인식함

③ **공사행정(새)이원론**: 사행정과는 구별되는 질적 가치를 추구함

④ **효과성 강조**: 쇄신적 가치 추구, 목표달성도를 의미하는 효과성을 강조함

⑤ **개방체제**: 행정의 사회변동 대응능력과 '독립변수'로서의 행정을 강조함

(3) 주요 학자

① 에스만(Esman): 기관형성을 중시함

② 와이드너(Weidner)

5. 신행정론(1960년대 후반~1970년대)

(1) 배경

① 가치중립적인 행태주의가 사회문제 해결에 아무런 도움이 되지 못하였다는 비판이 일어남

② 베트남전이나 인종갈등과 같은 미국사회의 격동기 혼란을 극복하기 위하여 논의가 시작됨

*사이먼(Simon) 등 행태주의 학자들의 정치행정(새)이원론은 행정의 정책결정 기능을 인정한다는 점에서 기존의 정치행정이원론과는 구분됨

기출 체크

조직이론의 유형발달 순으로 옳게 나열한 것은? 2018년 서울시 9급

ㄱ. 체제이론　　ㄴ. 과학적 관리론
ㄷ. 인간관계론　ㄹ. 신제도이론

① ㄱ → ㄴ → ㄹ → ㄷ
② ㄴ → ㄷ → ㄱ → ㄹ
③ ㄴ → ㄱ → ㄷ → ㄹ
④ ㄷ → ㄴ → ㄹ → ㄱ

답 ② 과학적 관리론 → 인간관계론 → 체제이론 → 신제도이론 순서대로 발달

(2) 특징

① **행정의 본질**: 행정을 사회문제 해결, 정책형성, 정책집행으로 인식함
② **정치행정(새)일원론**: 행정을 정책형성과정에서 중요한 역할을 하는 정치과정의 일부로 인식함
③ **사회적 형평성 강조**: 사회적 약자를 비롯한 다양한 세력의 실질적 참여와 형평성의 가치를 강조함
④ **행정의 적실성**: 사회문제를 해결하지 못하는 행태주의의 한계에서 벗어나, 행정이 사회문제를 해결하기 위해 적극적으로 노력해야 한다며 행정의 적실성을 주장함
⑤ **'위대한 사회(Great Society)'**: 미국 존슨(Johnson) 행정부의 사회복지정책 확대를 통해 행정국가의 특성이 심화됨

(3) 주요 학자

왈도(Waldo), 라스웰(Lasswell), 드로어(Dror), 프레드릭슨(Fredrickson)

6. 신공공관리론(1980년대 이후)

(1) 배경

오일쇼크와 스태그플레이션 등과 같은 정부실패에 대한 대책으로, 정부의 기능을 축소하고 행정에 경영이념을 도입하자는 주장이 대두됨

(2) 특징

① **정치행정이원론**: 행정의 탈정치화
② **경영우위(새)일원론**: 성과관리와 같은 경영기법을 정부에 도입하여 작고 효율적인 정부를 정립하는 데 중점을 둠

(3) 주요 학자

오스본(Osborne), 개블러(Gabler, 정부재창조론, 기업가적 정부)

7. 신국정관리론 - 뉴거버넌스론(1980년대 이후)

(1) 배경

시민들의 적극적인 참여를 바탕으로 국가와 시장, 시민사회의 협력을 통해 공공부문을 효율적으로 운영하려는 시도(협치)

(2) 특징

① **행정의 본질**: 행정은 '정부 및 민간부문의 다원적 주체들 간의 협력적 통치'
② **정치우위새일원론**: 참여와 신뢰, 협력적 통치를 강조함
③ **공사행정새이원론**: 행정을 정부의 독점적 서비스가 아닌 거버넌스(공공경영)로 인식함
④ **행정의 재정치화**

(3) 주요 학자

로즈(Rhodes)

핵심 OX

01 발전행정론은 선진국의 국가발전을 위한 행정 조직의 역할을 강조하였다. (O, X)

답 X 발전행정론은 신생국 혹은 개발도상국의 국가발전을 위한 행정 조직의 적극적 역할을 강조한 이론

02 신행정론은 가치평가적 정책연구를 지향한다. (O, X)

답 O

03 신공공관리론은 정치행정일원론을 지향한다. (O, X)

답 X 신공공관리론은 행정의 탈정치화를 지향하는 정치행정이원론의 입장

04 뉴거버넌스적 접근은 공공부문과 민간부문 간의 협력을 중시한다. (O, X)

답 O

🏛️ 기출 체크

행정이론의 패러다임과 추구하는 가치를 바르게 연결한 것은? 2018년 지방직 9급

① 행정관리론 - 절약과 능률성
② 신행정론 - 형평성과 탈규제
③ 신공공관리론 - 경쟁과 민주성
④ 뉴거버넌스론 - 대응성과 효율성

답 ① 행정관리론은 행정을 기본적으로 관리 또는 집행으로 인식하고 기계적 능률과 절약을 강조함
② 신행정론은 형평성을 중시하고 정부 개입을 통한 규제를 찬성함
③ 신공공관리론은 효율성과 성과를 중시하지만 민주성을 저해할 소지가 큼
④ 뉴거버넌스론은 신공공관리론과 비교했을 때 효율성보다는 민주성과 대응성을 상대적으로 더 중시함

Focus on 행정학적 행정의 개념							
구분	행정 관리론	통치 기능론	행정 행태론	발전 행정론	신행정론	신공공 관리론	신국정 관리론
행정의 본질	사무관리 (집행)	적극적 정책결정	합리적인 의사결정 행위	행정 주도의 국가발전	현실문제 해결	신관리 주의와 시장주의	신뢰와 협력의 거버넌스
특징	엽관주의 폐단 극복	경제 대공황 극복	행정의 과학성 추구	개도국 행정발전	선진국 문제해결	신자유 주의, 행정의 시장화	공동체 주의, 행정의 정치화
경영과 관계	공사행정 일원론	공사행정 이원론	공사행정 새일원론	공사행정 새이원론	공사행정 새이원론	경영우위 새일원론	공사행정 새이원론
정치와 관계	정치행정 이원론	정치행정 일원론	정치행정 새이원론	행정우위 새일원론	행정우위 새일원론	정치행정 새이원론	정치우위 새일원론
행정 이념	(기계적) 능률성	민주성, (사회적) 능률성	합리성, 가치 중립성	효과성 (목표 달성도)	적실성, 사회적 형평성	생산성 (효율성)	신뢰, 투명성
주요 학자	Wilson, White	Dimock, Appleby	Barnard, Simon	Esman, Weider	Waldo, Fredrickson	Osborne, Gaebler, Plastrik	Peters, Rhodes

3 행정의 변수

1. 의의

(1) '행정행위에 영향을 미치는 요인'으로 행정활동의 결과를 좌우하는 요인

(2) 행정의 변수 중 무엇이 강조되었는가는 행정학의 발달과정과 관련이 있음

(3) 행정의 변수는 국가나 시대적 상황에 따라 달라짐

2. 주요 변수

(1) 구조

정부형태, 법령체계, 정부조직, 업무의 배분, 권한이나 책임, 의사전달체제, 집권과 분권, 행정기구 등과 관련이 있는 공식적 요인과 제도일반을 의미하며, 고전적 이론에서 중시함

(2) 인간

인간의 행태로서 지식, 기술, 인간관계, 귀속감 등 사회적·심리적·비공식적 요인을 의미하며, 신고전적 이론에서 중시함

(3) 환경

행정을 둘러싸고 있는 정치·경제·사회·문화 등의 외부환경

(4) 기능

제도나 규칙이 수행하는 기능, 즉 정부가 실제 수행하는 업무

(5) 가치관과 태도

변동대응능력을 가진 인간의 창의적 가치관과 태도

행정의 주요 변수

일반적으로 행정의 3대 변수는 구조, 인간, 환경이고 4대 변수는 기능을 포함, 5대 변수는 가치관과 태도까지 포함함
1. **3대 변수:** 구조, 인간, 환경
2. **4대 변수:** 구조, 인간, 환경, 기능
3. **5대 변수:** 구조, 인간, 환경, 기능, 가치관(이념)

행정이론의 변천에 따른 주요 행정변수의 변화

구분	제1기	제2기	제3기		제4기
시기	1880~1920년대	1930~1940년대	1950년대		1960~1970년대
행정이론	• 과학적 관리론 • 관료제이론 • 행정관리설	• 인간관계론 • 행정행태론	• 생태론 • 체제론	비교 행정론	• 발전행정론 • 신행정론
행정변수	구조	인간	환경	기능	가치관과 태도

4 행정과정

1. 전통적 행정과정

(1) 의의

① **개념**: 행정과정을 조직의 구성원인 인간의 자발성과 외부환경을 고려하지 않은 정태적이고 폐쇄적인 과정으로 인식함

② **단계**: 계획 → 조직화 → 실시 → 통제

(2) 귤릭(Gulick)의 POSDCoRB

① 귤릭(Gulick)은 행정에서 가장 중요한 제1의 공리로 능률을 주장함

② **POSDCoRB**: 가장 능률적인 행정의 원리로 최고관리자의 7가지 기능을 제시하였고, 단어의 첫 글자를 따서 약어를 만들었음

  ㉠ P(Planning): 기획
  ㉡ O(Organizing): 조직화
  ㉢ S(Staffing): 인사
  ㉣ D(Directing): 지휘
  ㉤ Co(Coordinating): 조정
  ㉥ R(Reporting): 보고
  ㉦ B(Budgeting): 예산

2. 현대적 행정과정

(1) 의의

① **개념**: 행정과정을 목표설정과 정책결정기능을 포함하고, 구성원의 동기여부와 외부환경을 고려한 상호작용, 환류과정을 모두 중시하는 동태적·개방적 과정으로 인식함

② **단계**: 목표설정 → 정책결정 → 기획 → 조직화 → 동작화 → 평가 → 환류

(2) 특징

① **정치행정일원론·발전행정론적 관점**: 행정을 목표와 수단의 연쇄과정으로 파악하고 행정의 역할을 목표설정 및 정책결정과정으로 강조함

② **환류중시**: 행정의 결과를 분석·검토하는 평가와 환류의 과정을 새로 추가하여 환경과의 상호작용을 고려함

③ **동작화 중시**: 강제적인 지시·명령보다 동기부여에 의한 자발적인 동작화 과정을 중시함

다음 중 귤릭(L. H. Gulick)이 제시하는 POSDCoRB에 대한 설명으로 가장 옳지 않은 것은? 2016년 서울시 9급

① P는 기획(Planning)을 의미한다.

② O는 조직화(Organizing)를 의미한다.

③ Co는 협동(Cooperating)을 의미한다.

④ B는 예산(Budgeting)을 의미한다.

답 ③ Co는 협동(Cooperating)이 아니라 조정(Coordinating)에 해당함

현대적 행정과정은 행정과정을 정태적이고 폐쇄적인 과정으로 인식하였다. (O, ×)

답 × 행정과정을 정태적이고 폐쇄적으로 인식한 것은 전통적 행정과정 입장. 현대적 행정과정은 동태적이고 개방적인 과정으로 행정과정을 인식함

THEME 002 행정학의 성격 ★★★

1 과학성과 기술성

구분	과학성(science)	기술성(art)
연구방법	논리실증주의	문제해결 기법 탐구
목적	설명성 · 인과성 · 객관성	실제적 처방
이론	정치행정이원론 (공사행정일원론)	정치행정일원론 (공사행정이원론)
학자	사이먼(Simon), 란다우(Landau)	왈도(Waldo), 세이어(Sayre)

1. 과학성(science)

(1) 논리실증주의

'이론 → 가설 → 사실조사 → 검증 → 이론정립'의 자연과학적 방법을 통해 개념의 조작적 정의, 가설의 경험적 검증, 자료의 수량적 처리 등을 강조하고 엄밀성을 추구함

(2) 정치행정이원론(공사행정일원론)

정치의 영역으로부터 행정을 분리함

(3) 이론적 체계의 구축이 목적

'왜(why)'를 중심으로 행정 현상을 예측하고 설명함

2. 기술성(art)

(1) 문제해결의 기법 탐구

이론의 실제 적용과정에 초점을 맞춤

(2) 정치행정일원론(공사행정이원론)

정치영역에 있어 행정의 적극적인 개입이 가능함

(3) 실제적 처방이 목적

'어떻게(how)'를 중심으로 현실행정을 연구하고, 행정의 활동자체를 처방 및 치료에 맞추어 정해진 목표를 효율적으로 성취하는 방법을 연구함

2 가치중립성과 가치판단(불가피)성

1. 가치중립성

(1) 의의

① 연구자의 주관적 판단을 배제하고 객관적인 하나의 현실이나 사실로서 이해하려는 태도
② 정치행정이원론, 공사행정일원론

(2) 관련 학자

윌슨(Wilson), 테일러(Taylor), 사이먼(Simon) 등

2. 가치판단(불가피)성

(1) 의의

　① 어떤 현상이 바람직한지를 판단하려는 태도로, 가치문제를 중시함

　② 정치행정일원론, 공사행정이원론

(2) 관련 이론

　통치기능설, 발전행정론, 신행정론 등

3 보편성과 특수성

1. 보편성

(1) 행정현상에 시대나 상황을 초월하여 존재하는 일반적·보편적 법칙이 있다고 보는 입장

(2) 행정문제의 해결을 위해서 선진국의 제도를 고찰하고 도입하려는 것

(3) 행정현상의 보편적 인과법칙과 일정한 경향성을 강조함

2. 특수성

(1) 역사적·시대적 상황에 따라 행정은 달라진다고 보는 입장

(2) 각 국가의 특수한 문화적 맥락과 환경 등이 고려되어야 함

(3) 외국제도 도입 시 상황의 유사성 여부를 고려하는 이유

3. 행정이론의 적용

행정이론의 적용은 일반이론을 구축하려는 '보편성'의 문제와 각국의 정치·사회·문화적 맥락이라는 '특수성'을 동시에 고려해야 함

THEME 003 행정의 기능 ★★☆

1 소극적 기능과 적극적 기능

1. 소극적 기능(19세기 행정)

국민이나 사회에 대한 국가의 간섭이 국방, 외교, 공공재의 생산 등 공적인 부분에만 최소한으로 이루어지는 것[애덤 스미스(Adam Smith)의 보이지 않는 손]

2. 적극적 기능(20세기 행정)

경제대공황, 냉전의 시작 등 다양한 행정환경의 변화에 대한 국가의 적극적 개입을 지지하는 것

2 우리나라 행정기능의 분류

1. 성질별 분류

(1) 규제행정기능

법령에 기초하여 공익을 증진시키는 것을 목적으로, 국민의 권리나 자유를 제한하는 활동

(2) 지원 · 조장행정기능

정부가 특정 분야의 사업이나 활동의 주체가 되기도 하고, 지원 법령을 제정하기도 하는 활동

(3) 중재 · 조정행정기능

이해관계나 갈등에 대한 양측의 합의를 이끌어내고, 중재와 조정을 하는 활동

(4) 기업행정기능

정부기업이나 공기업 등을 통한 수익사업

2. 과정별 분류

정책(결정)기능과 집행기능으로 구분할 수 있으며, 집행기능의 비중이 더 높음

3. 주체별 분류

중앙기능과 지방기능으로 구분할 수 있으며, 이때 중앙기능의 비중이 더 높음

Level up 진보주의 정부와 보수주의 정부의 비교

구분	진보주의 정부	보수주의 정부
이데올로기	좌파	우파
인간관	경제인관 부정 (Rousseau의 인간관)	경제인관 인정 (Hobbes의 인간관)
자유	적극적 자유	소극적 자유
평등	결과의 평등 (실질적 평등)	기회의 평등 (형식적 평등)
시장	시장의 잠재력 인정, 문제 발생 시 정부 개입	자유시장의 자율성 강조, 정부 개입 반대
정책방향	소외집단을 위한 정부의 적극적 개입 선호	선호하지 않음
정부규제	시장실패 치료를 위한 정부규제 선호	자유시장을 신뢰하며 정부규제 선호하지 않음
재분배정책	선호	선호하지 않음
이념	공평성 (수직적 공평)	효율성 (수평적 공평)

THEME 004 행정과 환경 ★☆☆

1 행정과 정치

1. 행정과 정치의 관계

(1) 정치행정이원론(전통적 입장)

정치와 행정을 분리하고 행정의 독자성을 추구하기 위해 행정의 과학적 연구를 중시하는 관점

(2) 정치행정일원론(현대적 입장)

행정의 가치지향적 결정기능이 강조되면서 정치와 행정을 연속과정이자 통합과정으로 보는 관점

2. 행정의 정치성

(1) 행정은 정책결정 기능을 수행함과 동시에 다양한 이해관계자들의 가치를 배분하기 때문에 정치성을 가지고 있음

(2) 행정의 정치성은 가치판단 아래에서 목표를 설정하고 정책을 결정할 때 강조되며 가치성, 규범성, 민주성, 기술성, 목적성, 처방성 등을 가짐

2 행정과 경영

1. 유사점

(1) 목표달성을 위한 수단성

행정과 경영은 추구하는 목표는 다르지만, 그 목표를 달성하기 위한 수단적인 성격을 가짐

(2) 관리기법이나 기술

효과적인 목표달성이나 업무수행을 위한 관리성이 강조되고, 합리적으로 인적·물적 자원을 동원하고 활용함

(3) 의사결정과정

행정과 경영은 여러 대안 중에서 목표를 달성하는 데에 가장 적합한 합리적 대안을 선택함

(4) 관료제적 성격

행정과 경영은 계층제, 전문화, 분업화 등의 관료제적 특성과 관료제의 순기능과 역기능의 성격을 모두 가지고 있음

(5) 협동행위

사이먼(Simon)은 행정의 본질을 의사결정으로 보고, 행정과 경영은 인적·물적 자원을 효율적으로 동원하고 운영하는 다수의 협동적 의사결정이라는 점에서 유사함

핵심 OX

01 전통적으로 민주주의 정치체제에서 정치는 가치개입적 행위이며 행정은 가치중립적 행위이다. (O, ×)

답 O

02 행정의 특징으로 비정치성을 들 수 있다. (O, ×)

답 × 행정은 정치적인 특성을 가짐

03 행정, 경영은 모두 관료제적 성격을 가지는 점에서 유사하다. (O, ×)

답 O

04 행정은 효과적인 업무수행을 위해 관리성이 강조된다는 점에서 경영과 구분된다. (O, ×)

답 × 능률적 관리는 행정과 경영의 유사점

05 행정은 사익이 아닌 공익을 우선적으로 추구하는 특징을 가지고 있다. (O, ×)

답 O

06 행정과 경영은 엄격한 법적 규제를 받으므로 환경변화에 따른 조직의 대응능력이나 인력의 충원과정에서 탄력성이 떨어진다는 점에 유사하다. (O, ×)

답 × 경영은 인사, 조직적 측면에서 행정에 비해 탄력성이 높음

행정과 경영의 유사성에 대한 설명으로
옳지 않은 것은? 2008년 국가직 7급

① 인적·물적 자원을 동원하며 기획,
   조직화, 통제방법, 관리기법, 사무자
   동화 등 제반 관리기술을 활용한다.
② 엄격한 법적 규제를 받으므로 환경
   변화에 따른 조직의 대응능력이나
   인력의 충원과정에서 탄력성이 떨
   어진다.
③ 관료제의 순기능적 측면과 아울러
   역기능적인 측면도 내포하고 있다.
④ 조직 내 의사결정과정에서 가능한
   한 많은 대안 중에서 최선의 대안
   을 선택·결정하고자하는 협동 행
   위가 나타난다.

답 ② 행정은 경영에 비해 법적 규제가
엄격하게 적용된다는 차이점이 있음

2. 차이점

(1) 주체와 목적

① 행정은 공공기관이 불특정 다수의 복리증진·사회적 가치를 추구하는 공익을 목적으로 함
② 경영은 민간조직이 이윤극대화를 추구하는 사익을 목적으로 함

(2) 정치성

행정은 경영과 달리 공권력을 배경으로 정당, 의회, 이익단체 및 국민에 의해 정치적 통제가 이루어지고, 정치적 중립성이 요구됨

(3) 독점성 유무

행정은 경영과 달리 독점적 공급자가 많고, 경영에서와 같은 시장의 경쟁압력이 없어 독점성을 가짐

(4) 법적 규제

① 행정은 법에 따른 집행을 원칙으로 엄격한 법적 규제와 통제를 받고 그에 따른 책임을 포괄적으로 짐
② 경영은 상대적으로 행정에 비하여 자율성이 강함

(5) 형평성

① 행정은 시민의 권리를 강조하여 모든 국민을 평등하게 대우함
② 경영은 수익자 민주주의에 따라 차별적인 대우가 가능함

(6) 능률성 척도

① 행정은 산출의 가치를 고려하는 사회적 능률을 척도로 삼아 일률적 계량화가 불가능함
② 경영은 산출의 가치를 고려하지 않는 기계적 능률을 척도로 삼아 이윤으로 능률성 측정이 가능함

(7) 규모 및 영향력

① 행정은 모든 국민이 대상이므로 규모나 영향력이 매우 크고 광범위함
② 경영은 행정에 비해 특정 범위로 한정됨

Focus on | 행정과 경영의 비교

구분	행정(공행정)	경영(사행정)
주체	정부, 국가	민간기업, 사기업
목적	국민의 복리증진, 다원적	이윤극대화, 일원적
합리성	정치적 합리성	경제적 합리성
권력성 여부	권력적 성격	비권력적 성격
독점성 유무	강함	약함
법적 규제 정도	강함	완화
평등원칙 적용 정도	강함(응능주의)	약함(응익주의)
능률성 척도	일률적 계량화 곤란	계량화 가능
경쟁성 정도	경쟁 약함	경쟁 강함

3 행정과 법

1. 행정의 법적 기초 - 입헌주의

기본권 보장, 권력분립(삼권분립), 법치주의

2. 법치주의의 원리

(1) 법률의 법규 창조력

행정권은 입법권에 의한 수권(授權)이 없이 법규를 창조할 수 없음

(2) 법률우위(소극적 의미)

모든 법규는 행정에 우선하고, 행정은 그 법규에 위반하는 행위를 해서는 안 됨

(3) 법률유보(적극적 의미)

행정은 법률에 근거하여 이루어져야 함

Level up | 행정과 법의 관계

1. 법의 행정에 대한 작용(법이 행정에 미치는 영향)

합법적 권위의 원천	각종 법규는 행정에 합리적·법적인 권위를 부여하는 원천[베버(Weber)]
행정의 근거와 한계 설정	법은 행정 작용의 근거와 한계를 이루는 동시에 행정활동 기준으로 기능함
행정과정에 대한 통제를 통한 책임성 확보	적법절차 및 행정절차에 대한 통제(「행정절차법」, 「공공기관의 정보공개에 관한 법률」, 「개인정보 보호법」 등)와 행정행위에 대한 사법적 심사를 통한 권리구제(「행정소송법」, 「행정심판법」 등) 등을 통해 국민의 자유와 권리를 보장하며 행정의 책임성을 확보할 수 있음
정책 및 행정관리를 위한 도구	법은 정부의 정책형성 및 집행을 위한 수단인 동시에 법 자체가 정책형성의 산물이며 법은 행정관리와 갈등 조정을 위한 도구로서 역할을 수행함
예측가능성과 법적 안정성 보장	법률에 의한 행정은 행정의 자의적인 권력행사로부터 국민을 보호함과 아울러 행정 작용의 예측가능성과 법적 안정성을 보장하는 기능을 수행함

2. 행정의 법에 대한 작용(행정이 법에 미치는 영향)

법 집행으로서의 행정	행정은 법을 통해 표현된 정책을 구체화하고 현실화하며 이는 행정의 가장 전통적인 기능 중의 하나임
행정의 준입법적 기능	행정은 환류 과정을 통해 정책결정 및 입법에 영향을 미치며 또한 최근에는 입법부의 전문성 저하로 인해서 위임입법 등 입법의 행정주도 경향이 나타나고 있음
행정의 준사법적 기능	합의제 행정기관(위원회)에 의한 준사법적 심판기능을 수행하기도 하며, 행정쟁송에서 행정기관이 이를 직접 심리·재결하는 행정심판이 이루어지기도 함

3. 행정과 법의 갈등 및 보완 관계(합법성과 효율성의 관계)

① 법은 기본적으로 정적이고 현상유지적 규범으로서의 성격을 내포하고 있는데 비해, 행정은 동적이고 미래형성적인 국가목표달성 행위로서의 성격을 내포하고 있어 법의 안정성과 행정의 역동성이 상충되는 갈등관계에 놓일 수 있음
② 행정과 법이 충돌할 경우 합법성이라는 제약으로 인하여 행정의 효율성이 저해될 수 있음
③ 합법성과 효율성이 항상 상충되는 것만은 아니며, 보완적 관계로 작용하기도 함

핵심 OX

행정의 법률우위의 원칙은 행정은 법규에 위반하는 행위를 해서는 안 된다는 적극적 의미이다.　(O, ×)

답 × 행정의 법률우위의 원칙은 행정은 법규에 위반하는 행위를 해서는 안 된다는 소극적 의미

기출 체크

행정과 법의 관계에 대한 설명으로 옳지 않은 것은? 2011년 지방직 9급

① 법규는 행정에 합리적·합법적 권위를 부여하는 원천이다.
② 법은 행정활동을 정당화하는 기능을 수행한다.
③ 정부가 행정을 수행하는 과정에서 국민의 권리구제를 위한 사법적 결정을 하는 경우도 있다.
④ 경직적인 법규의 적용은 행정과정에서 목표와 수단이 전도되는 상황을 유발시킬 수 있다.

답 ③ 정부는 합의제 행정기관에 의한 행정심판 등 준사법적인 기능을 수행하는 경우가 있지만, 행정행위에 대한 사법적 심사를 통한 국민의 권리구제는 행정부가 아니라 사법부의 역할임

4 비정부조직(NGO)

1. 의의

NGO(Non-Governmental Organization, 비정부기구, 비정부조직, 시민단체)는 공공성을 바탕으로 자발적으로 구성되어 공익적 활동을 수행하는 공식조직을 의미

2. 배경

(1) 시장실패·정부실패의 극복과 국가의 재구조화 속에서 거버넌스가 활발해지면서 현대적 의미의 시민사회를 대변하는 중요한 행위자로 등장함

(2) **다양한 이론적 접근**

공공재이론 (정부실패이론)	기존 공공재 공급체제에서 충족되지 못한 사회적 수요를 만족시키기 위해 NGO 등장
계약실패이론 (시장실패이론)	서비스의 성격 및 거래상황으로 인해 소비자 입장에서 영리기업에서 생산하는 서비스에 대한 정확한 평가가 불가능하기 때문에 비영리성을 가진 NGO 등장
소비자통제이론	공공서비스의 소비자인 시민이 생산자인 국가권력을 감시·통제하기 위한 수단으로 NGO 등장
다원화이론	사회는 더 많은 다양성을 요구하며 다양한 주체에 의해 서비스가 공급될 수 있기 때문에 NGO 등장
기업가이론	정부와 NGO는 이질적이며 경쟁과 갈등 관계라고 가정
보조금이론	NGO는 정부의 보조금에 의해 탄생 및 유지
상호의존이론	NGO와 정부는 상호의존적 관계

3. 특징

(1) **제3섹터의 조직**
정부·시장과는 독립적으로 운영되는 민간(사적) 조직

(2) **비영리적 조직**
무보수성·이타성을 가지며 조직 관계자에게 수익금이 배분되지 않는 조직

(3) **자발적 자치조직**
시민의 자발적 참여에 의하여 형성되고 운영되는 조직

(4) **공식적 조직**
공식적이고 제도적인 조직

(5) **지속적 조직**
일회적이거나 임시적 모임은 NGO에 해당하지 않음

4. 정부와 NGO

(1) NGO의 조직화 방식의 변화로 인하여 정부와 NGO의 관계를 보는 시각은 초기의 협력이냐 갈등이냐의 이분법적이고 단선적인 권력 관계적 시각에서, 최근에는 매우 중층적이고 복잡한 관계로 변화함

다양한 NGO모형 분류

1. 기드론(Gidron)의 모형

구분	정부 주도형	제3 섹터 주도형	이중 혼합형	상호 공존형
재정 부담	정부	제3섹터	정부· 제3섹터	정부
공공 서비스 공급	정부	제3섹터	정부· 제3섹터	제3섹터

2. 박상필의 모형

구분		재정의 자율성	
		약	강
활동의 자율성	약	종속형 (정부 우위)	권위주의적 억압 또는 민주적 포섭형
	강	협력형	자율형

3. 코스톤(Coston)의 모형

구분	대칭성	공식화	모형	특징
제도적 다원 주의 거부형	비대칭	공식 또는 비공식	억압형	NGO 불인정
			대항형 (적대형)	쌍방적인 대항관계
		비공식	경쟁형	정부가 원하지 않는 경쟁관계
제도적 다원 주의 수용형	비대칭	공식	용역형	정부 서비스를 위탁받아 제공하는 관계
			제3자형	비교 우위에 따른 양자 간 분업관계
	대칭	비공식	협력형	기본적 으로 정보공유 관계
			보충형	기술적· 제정적· 지리적 보충관계
		공식	공조형	상호 협조적 관계

(2) 정부와 NGO의 관계

대체적 관계	정부가 가진 다양한 정치적·기술적인 한계로 인해 시민들에게 제공해야 할 공공재의 공급을 NGO가 대신 맡게 되는 경우
보완적 관계	NGO가 생산하는 공공재나 집합재의 생산비용을 정부가 지원하는 경우
대립적 관계	양자 간에 서로 투명한 활동을 위해 상호 감시하는 경우
의존적 관계	개도국과 같은 급속한 산업화 과정에서 정부가 지지나 자원의 필요성을 위해 특정한 NGO의 성장을 유도해 온 경우
동반자 관계	최근에 점차 일반화 되고 있는 바람직한 관계모형으로, 독립된 파트너로서 서로의 존재를 인정하고 협력하는 경우

5. NGO의 기능과 한계

기능	한계
• 정부실패 및 시장실패 보완	• 재정적·정치적 독립성이 약함
• 공공서비스의 공급주체	• 지역차원의 NGO가 미약
• 정책과정에서 파트너 역할	• 공공재의 무임승차성
• 부패에 대한 견제	• 역할분담 미약(백화점식 운동전개방식)
• 갈등의 조정	• 구속력 미흡
• 교육적 기능(시민교육)	• NGO의 관변단체화

(1) 기능과 역할

① **정부실패 및 시장실패 보완, 공공서비스의 공급주체**: 시장과 정부를 보완하여 공공서비스를 생산하는 역할을 수행함

② **정책과정의 파트너**: 정부와 함께 정책결정 및 평가에 참여함

③ **사회적 갈등의 조정**: 정부와 국민 간, 이익집단 간 등 각종 사회문제나 분쟁에 있어서 제3자의 입장에서 중재자로서의 역할을 수행함

④ **교육 기능**: 시민은 NGO에 참여하여 민주시민으로서의 자질과 능력을 교육받을 수 있음

⑤ **신뢰의 회복**: 신뢰와 같은 사회적 자본 축적에 중요한 역할을 수행함

⑥ **국제적 협조자**: 국제기구에 대한 영향력을 행사할 수 있고, 국경을 초월한 연대와 협조가 가능함

(2) 한계

① **정부에 대한 높은 의존도**: 자원을 공급하는 정부로부터 재정적·정치적 독립성이 매우 약함

② **역할분담 미비**: 백화점식 운동전개방식

③ **지역차원의 NGO 부족**: 조직 또는 활동 등 인적·물적 자원의 중앙 집중

④ **시민의 참여 부진**: 시민의 참여부족으로 자원 부족과 공공재의 무임승차, 전문성 결여 등의 문제가 발생함

6. NGO의 실패모형(1987) – 살라몬(Salamon)

박애적 불충분성	안정적 자금 확보 곤란: 활동에 절대적으로 필요한 자원을 지속적이고 안정적으로 획득하는 데 많은 어려움이 있음
박애적 배타주의	배타적 서비스: NGO가 제공하는 서비스가 모든 대상에게 전달되지 않고 활동영역과 공급대상이 한정되어 있는 경우가 많음
박애적 온정주의	후원자 선호 반영: NGO의 활동내용과 방식은 후원자의 선호를 반영하므로 NGO에게 가장 많은 자원을 공급하는 사람이나 집단의 결정에 의하여 좌우될 수 있음
박애적 아마추어리즘	전문성, 책임성 저하: 사회문제의 해결이나 서비스의 제공은 전문적인 지식을 필요로 하는 경우가 많은데 도덕적·종교적 신념에 바탕을 둔 일반적인 도움은 한계가 있음

> **Level up** 사회적기업(Social Enterprise)
>
> **1. 의의**
> ① 취약계층에게 사회서비스 또는 일자리를 제공하거나 지역사회에 공헌함으로써 지역 주민의 삶의 질을 높이는 등의 사회적, 공익적 목적을 추구하면서 재화 및 서비스의 생산과 판매 등 영업활동을 하는 기업으로 고용노동부장관의 인증을 받은 기업
> ② 유급근로자를 고용하여 영리활동을 수행한다는 점에서 자원봉사자들로만 구성되는 비정부기구(NGO)와는 구분됨
> ③ 우리나라의 사회적기업은 1990년대 후반부터 시민을 중심으로 조금씩 태동하다가 2007년에 「사회적기업 육성법」이 시행되면서 본격적으로 등장함
>
> **2. 인증요건**
> ① 「민법」에 따른 법인·조합, 「상법」에 따른 회사, 비영리민간단체 등 대통령령으로 정하는 조직형태를 갖출 것
> ② 유급근로자를 고용하여 재화와 서비스의 생산·판매 등 영업활동을 할 것
> ③ 취약계층에게 사회서비스 또는 일자리를 제공하거나 지역사회에 공헌함으로써 지역주민의 삶의 질을 높이는 등 사회적 목적의 실현을 조직의 주된 목적으로 할 것(구체적인 판단기준은 대통령령으로 정함)
> ④ 일자리 제공형: 근로자의 30% 이상이 취약계층
> ⑤ 서비스 제공형: 서비스 수혜자의 30% 이상이 취약계층
> ⑥ 서비스 수혜자, 근로자 등 이해관계자가 참여하는 민주적인 의사결정구조를 갖출 것
> ⑦ 영업활동을 통하여 얻는 수입이 대통령령으로 정하는 기준 이상일 것
> ⑧ 일정한 정관이나 규약 등을 갖출 것
> ⑨ 회계연도별 배분 가능한 이윤이 발생한 경우 이윤의 3분의 2 이상을 사회적 목적을 위하여 사용할 것(「상법」에 따른 회사인 경우에만 해당)
>
> **3. 지원 및 실태 조사**
> ① 경영지원: 경영·기술·세무·노무(勞務)·회계 등의 분야에 대한 전문적인 자문 및 정보 제공 등 지원
> ② 교육훈련 지원: 전문인력의 육성, 근로자의 능력향상을 위한 교육훈련 지원
> ③ 시설비 등 지원: 국가 및 지방자치단체는 부지구입비·시설비 등을 지원·융자하거나 국유·공유 재산 및 물품을 임대 지원
> ④ 공공기관의 우선 구매: 공공기관의 장은 사회적기업이 생산하는 재화·서비스 우선 구매
> ⑤ 조세감면 및 사회보험료 지원: 「조세특례제한법」에 따라 국세 및 지방세감면 지원
> ⑥ 재정 지원: 예산범위 안에서 인건비·운영경비·자문비용 등 지원
> ⑦ 고용노동부장관은 5년마다 사회적기업 육성 기본계획을 수립하고 사회적기업의 활동실태를 조사해야 함

1 독일 행정학의 발달

1. 관방학

(1) 의의

① 행정학의 기원은 일반적으로 16 ~ 18세기 독일의 관방학에서 그 기원을 찾을 수 있음

② 능률과 절약을 이념적 바탕으로 하는 관방학은 국내의 경제적 · 사회적 부흥과 군주정치 강화를 뒷받침하기 위한 효과적인 통치수단으로서 성립된 학문체계

③ 주로 정부의 공식적 기구와 기능을 서술하고, 특히 정부관료의 업무와 행동윤리 등에 중점을 둠

(2) 전기 관방학과 후기 관방학*

전기 관방학	• 16 ~ 17세기, 재정학, 젝켄도르프(Seckendorff) • 사상적 기반: 신학과 왕권신수설(국가권력 미분화 상태) • 목적: 왕실의 경제적 수입을 유지 및 증식 • 특징: 정치 · 경제 · 사회적 활동에 관한 여러 사회과학들이 미분화된 상태로 혼재되어 있었으며, 재정학적 성격이 강함
후기 관방학	• 18 ~ 19세기, 경찰학 • 사상적 기반: 계몽사상과 자연법사상(경찰학으로의 분화) • 유스티(Justi)의 『경찰학 원리』(1756)에서 국가의 목적을 국가의 재산 증대와 유지 그리고 유효한 사용으로 구분하여, 전자를 다루는 정치학과 경찰학(오늘날 행정학과 유사)을, 후자를 다루는 재정학으로부터 분리함

2. 슈타인(Stein) 행정학

(1) 의의

슈타인(Stein)은 유스티(Justi)가 제시하였던 관방학의 기본 개념인 절대적 경찰개념을 헌정과 행정 두 개의 개념으로 분리시키며 관방학을 비판하고, 헌정의 우위성을 강조한 행정법과는 달리 헌정과 행정의 상대적 우위성, 수평적 관계를 인정함

(2) 헌정과 행정

① **헌정**: 개인이 국가의사결정에 참여하여 사회의 의사가 국가로 투입되는 국가적 권리 또는 정책결정단계로 파악함

② **행정**

㉠ 국가의 의사가 사회로 산출되는 국가의 활동수단이며, 정책집행의 단계

㉡ 행정을 외교, 내무, 재무, 법무, 군무의 5대 영역으로 구분함

관방학

17세기 독일에서 발달한 국가관리학으로서 관방관리자(Kammeralist)에게 국가 통치에 필요한 행정기술과 지식을 제공하기 위하여 형성된 학문체계

* 1727년 할레(Halle) 대학과 프랑크푸르트 대학의 관방학 강좌 설치를 기준으로 구분

핵심 O X

01 전기 관방학에서는 국가권력이 미분화되었다. (O, ×)

답 O

02 슈타인(Stein) 행정학에서는 헌정과 행정을 분리하였다. (O, ×)

답 O

(3) 한계

슈타인(Stein) 행정학은 입법국가에서는 더 이상 계승되거나 발전되지 못하고 미국에게 행정학 발전에 주도적 위치를 내어줌

2 프랑스와 영국의 행정학

1. 프랑스 행정학

(1) 경찰학에 토대를 둔 법학적 접근방법을 중심으로 행정학이 발달함

(2) 20세기 초 크로지에(Crozier, 『관료제의 현상(1963)』)로 대표되는 사회학적 행정연구가 등장함

2. 영국 행정학

(1) 18세기 중엽 관료제도의 개혁을 시작으로 행정학이 발달함

(2) 정치행정이원론적 사고, 과학적 관리론, 행정관리론 등 미국 행정학의 영향을 많이 받음

(3) 1980년대 이후 신보수주의 이념에 따라 시장원리를 이용한 정부개혁 및 민영화가 활발히 추진되어 신공공관리, 공기업민영화, 거버넌스 등에 대한 연구가 다양하게 진행됨

3 미국의 행정학

1. 사상적 기초

(1) 해밀턴(Hamilton) 사상 – 중앙집권

① 미국의 초대 재무장관(1789~1795)이었던 해밀턴(Hamilton)은 능동적이고 능률적인 행정과 국가기능의 확대 및 정치권력의 근원을 국가로 보고, 강력한 연방정부(중앙정부)의 역할을 강조함

② 19세기 말 능률적 국가관과 1930년대 뉴딜정책에 영향을 미침

(2) 제퍼슨(Jefferson) 사상 – 지방분권

① 미국의 3대 대통령(1801~1809) 제퍼슨(Jefferson)은 정치권력의 근원을 국민으로 보고 해밀턴(Hamilton)의 연방주의를 반대하며 지방분권을 강조함

② 19세기 말 민주주의와 진보주의 운동, 1960년대 참여를 강조하는 신행정학에 영향을 미침

(3) 매디슨(Madison) 사상 – 다원주의

① 정치학자이자 미국 헌법의 아버지라고도 불리는 미국의 4대 대통령(1809~1817) 매디슨(Madison)은 사적 이익집단 간의 갈등이 정치과정의 핵심이라고 보고, 사회 내의 다양한 이익집단들 간의 견제와 균형을 통하여 민주주의가 구현된다고 강조함

② 다양한 이익집단의 중재자로서 정부의 역할 중시함

③ 달(Dahl)과 린드블룸(Lindblom)의 점증주의모형에 영향을 미침

(4) 잭슨(Jackson) 사상 - 민주주의

① 미국의 7대 대통령(1829~1837) 잭슨(Jackson)은 행정의 대응성과 민주성을 강조하며, 공직교체와 공직개방을 골자로 하는 엽관주의를 공식적으로 표방함

② 관료제의 민주적인 성격을 강조하였고, 고급관료의 직선제와 선거권의 확대를 주장함

③ 선거권 확대 등 일반 대중의 정치참여 기회를 확대하여 잭슨 민주주의라는 이데올로기가 20세기 초반까지 미국에 영향을 미침

2. 발달요인

(1) 행정국가로의 발전

① 상하수도, 도로건설 등 도시화로 인한 공공사업의 폭발적 증가

② 남북전쟁(1861 ~ 1865) 후 본격화된 대륙횡단철도 부설에 따른 각종 규제활동 등 행정업무 증가

(2) 과학적 관리론 발달

테일러(Taylor) 등은 과학적 관리론을 연구하여 능률적 행정학 및 행정의 과학화에 기여함

(3) 각종 행정개혁운동(진보주의 운동)

① **1883년 「팬들턴(Pendleton)법」**: 실적주의의 확립

② 1887년 윌슨(Wilson) 『행정의 연구』

③ 1912년 절약과 능률에 관한 대통령위원회(Taft & Cleveland 위원회)

④ 1937년 행정관리에 관한 대통령위원회(Brownlow 위원회)

CHAPTER 2 현대행정의 이해

THEME 006 현대행정국가와 신행정국가 ★★☆

1 근대 입법국가

1. 의의
(1) 국가(군주)에 대한 사회(시장)의 승리로, 국가 또는 사회는 구성원들의 합의로 성립된다는 사회계약적 자유방임 법치국가

(2) 고전파 경제학으로, 사익의 합은 공익을 의미함

2. 특징
(1) 시장 만능주의

보이지 않는 손의 자동조절 기능을 강조함

(2) 소극적 국가

① 공권력에 대한 불신으로 인해, 국가는 국방·외교·치안과 같은 질서의 유지, 소유권의 보호, 공공토목사업 및 재정권 행사와 같이 최소한의 역할만 수행하고자 함

② 최소의 행정이 최선의 행정

③ 값싼 정부, 최소국가, 야경국가 등으로 언급됨

④ 의회가 우위를 가짐

(3) 지방분권

중앙으로부터 자유가 강조되는 지방분권을 중시함

2 현대행정국가

1. 의의
(1) 입법국가 시대와 대비되는 1930년대 초 ~ 1960년대 말의 국가

(2) 양적·질적인 측면에서 행정의 역할 확대

(3) 고전파 경제학의 한계로, 국가의 능동적 개입을 주장하는 케인즈(Keynes) 경제학의 등장

(4) 소극적 자유에서 적극적 자유로 전환

2. 특징

(1) 행정우위의 국가
입법이나 사법기능에 비하여 행정기능이 특별히 우월한 국가

(2) 적극적 국가
① 공공부문뿐만 아니라 민간부문까지도 행정이 주도함
② 최대의 봉사가 최선의 정부
③ 행정기관이 정책결정까지 담당하는 정치행정일원론
④ 복지국가, 발전국가 등으로 언급됨

(3) 신중앙집권화
국가와 사회의 일원적 동질성을 강조하며 행정의 범위가 넓어지는 광역행정이 대두됨

양적 특징	질적 특징
• 사실적 · 구체적 · 가시적	• 가치적 · 추상적 · 비가시적
• 행정기능과 행정기구의 확대	• 행정의 전문화 · 기술화 · 과학화
• 공무원 수의 증가(파킨슨 법칙)	• 발전기획의 중시
• 재정규모의 팽창	• 위임입법의 활성화
• 공기업 수의 증가	• 광역행정
• 막료(참모)의 증가	• 신중앙집권화
	• 행정책임과 통제의 중요성 강조

3 신행정국가

1. 의의
(1) 전통적 행정국가에 신자유주의적 요청이 결합된 1980년대 이후의 국가
(2) 현대 행정국가보다 국가의 역할 축소

2. 특징

(1) 국가의 역할 변화(적극적 국가 → 규제국가)
① **현대행정국가**: 복지혜택의 제공자라는 면에서 국가가 적극적으로 개입하는 적극적 국가
② **신행정국가**: 간접적인 방식에 의하여 국정을 수행하는 친시장주의적 규제국가

(2) 국정운영방식의 변화
① 복지혜택 제공자에서 시장형성자로 변화
② 국가와 시장 및 시민사회의 연결망을 증폭시키는 제도적 분화의 강조
③ 다수결 행위자에서 비다수결 행위자로 변화

④ 대의제라는 의회정체에서 거버넌스라는 분화정체로 변화함

전통적 의회정체모형	새로운 분화정체모형
• 단방제 국가 • 내각정부 • 의회주권 • 장관책임과 중립적 직업관료제	• 정책연결망과 정부 간 관계 • 공동화국가 • 핵심행정부 • 신국정관리(New governance)

㉠ **단방제 국가**: 국가주권을 전국수준의 중앙정부에 부여함
㉡ **정책연결망**: 다양한 참여자들 간의 상호작용 및 공식·비공식 관계
㉢ **정부 간 관계**: IGR 모형, 분권화된 정부 간 연결망
㉣ **공동화국가**: 위로는 국제기구, 아래로는 지방정부, 외부로는 민영화·민간위탁 등으로 정부기능이 방출되고 정부는 이관된 기능들을 조정하고 연결하는 역할을 수행함

THEME 007 시장실패와 정부실패 ★★★

1 시장실패

1. 의의

(1) 시장기능이 제대로 작동하지 않아 자원이 효율적으로 배분되지 못하는 현상

(2) 시장의 불완전성으로 인하여 '파레토 최적상태'를 이루지 못하는 것
　　예 죄수의 딜레마, 공유지의 비극 등

2. 시장실패의 원인

(1) 공공재의 존재

① 공공재는 가격을 지불하지 않아도 소비에서 배제당하지 않고(비배제성), 경쟁하지 않아도 소비할 수 있는(비경합성) 성격을 가지고 있음
　　예 국방, 치안, 외교, 등대, 가로등 등

② 이러한 공공재의 존재로 인해 시장에서 무임승차와 과소생산이라는 문제가 발생하고 적정 수준의 생산량을 파악하는 것이 곤란하여 시장실패가 발생함

③ **대응방안**: 정부에 의한 조세징수, 직접공급 등을 통해 대응함

구분		배제성	
		비배제성	배제성
경합성	비경합성	공공재	요금재(유료재)
	경합성	공유재	사적재(시장재)

1. 배제성과 경합성
① 배제성: 재화의 소비에 있어서 그 대가를 지불하지 않는 사람은 사용하는 것을 배제할 수 있는 속성을 의미하며, 공공재와 공유재는 비배제성을 지님
② 경합성: 어떤 재화에 있어서 한 사람의 소비가 다른 사람의 소비를 감소시키는 성질을 의미하며, 공공재는 비경합성을 지님

2. 재화의 유형
① 공공재(집합재)
- 비배제성과 비경합성을 지닌 재화
- 항상 과소공급 또는 과다공급의 문제를 발생시킴
- 비용부담에 따른 서비스 혜택을 차별화하거나 혜택으로부터 배제가 불가능하므로 무임승차의 문제가 발생하기 때문에, 원칙적으로 공공부문에서 공급해야 함
  예 국방, 치안, 외교, 등대 등
② 요금재(유료재)
- 배제성과 비경합성을 지닌 재화
- 대가를 지불하지 않는 소비자를 배제할 수 있음
- 시장기구를 통해 서비스를 공급할 수 있는 여지가 많지만 요금재의 상당부분을 정부가 공급하는 이유는 자연독점으로 인한 시장실패에 대응하기 위함
  예 전기, 가스, 유료 고속도로 등
③ 공유재
- 비배제성과 경합성을 지닌 재화
- 비배제성으로 인해 정당한 대가를 지불하지 않아도 소비를 배제할 수 없기 때문에 비용회피와 과잉소비로 인한 공유재의 비극이 발생함
  예 바다 속 물고기, 지하자원, 공원 등

> **하딘(Hardin)의 공유지의 비극(1968)**
> - 하딘(Hardin)은 논문 『공유지의 비극(The Tragedy of the Commons)』에서 공유지의 공유 자원은 공동의 강제적인 규칙이 없다면 무임승차의 문제가 발생하여 결국은 파괴될 것이라고 경고함
> - 한 마을의 목초지(공유지)에서 합리적이고 이기적인 개인이 자기의 이익을 극대화하기 위하여 가축을 많이 방목할수록 그 개인의 이익은 증가하지만, 다른 개인들도 자신의 이익을 극대화하기 위하여 그렇게 하기 때문에 결국 목초지가 황폐화하여 전체의 이익은 감소하게 됨
> - 공유지의 풀과 같은 공유재는 비배제성과 경합성을 가지기 때문에 시장에 방치할 경우 비용회피와 과잉소비로 인한 시장실패의 원인이 됨
> - 공유지의 비극을 극복하기 위해서는 소유권을 명확히 설정하여 공유 상태 제거(사유화), 자원의 이용에 대해 적절히 제한하는 국가의 개입(낚시 면허와 같은 정부규제), 스스로 양심에 따른 공유지의 운영을 주장하는 방법이 있음

④ 사적재(시장재)
- 배제성과 경합성을 지닌 재화로, 주로 시장에서 공급됨
- 가치재: 사적재 중 가치재는 시장에서도 공급이 가능하지만 사회적 형평성이 요구되는 부분을 국민들이 고루 소비할 수 있도록 만들어 주는 것이 바람직하다는 입장에서, 정부가 개입하여 공급함
  예 의료서비스, 임대주택, 대중교통 등

오스트롬(Ostrom)의 『게임, 규칙 그리고 공유재이론(1986)』

정부규제가 아닌 이해당사자 간의 자발적인 합의를 통해 제도(규칙)를 형성하여 공유자원의 고갈을 방지할 수 있다고 주장함

핵심 OX

01 시장실패는 시장기구를 통해 자원배분의 효율성을 달성할 수 없는 경우를 의미한다. (O, X)

답 O

02 재화의 유형 중 사적재의 경우에는 정부공급이 불필요하다. (O, X)

답 X 사적재 중 의료, 교통, 교육과 같은 가치재의 경우에는 정부가 생산하여 공급할 필요성이 있는 재화

Focus on 사바스(Savas)의 공공서비스 유형

구분	배제성 강	배제성 약
경합성 약	• 케이블TV 　• 상하수도 · 전기 • 통신　　• 공원　　• 도로 　• 극장 · 도서관　• 초등 · 도로 · 가두 　　　　　　　교육　주차　행진 • 대중교통	• 등대　• 국방 　　　　　　• TV 　　　　　　• 방송 　• 소방　• 치안 • 축제관람 　• 국립　• 예방　• 환경오염
경합성 강	• 호텔　• 고등교육 • 음식점　• 의료　　• 오물청소 • 택시이용 　　• 전문교육 • 가게물건	• 공원　• 접종　• 방지 　　• 바다물고기 • 강 · 호수 　　　　　　• 해저광물 　• 지하수　　• 공기

(2) 외부효과의 발생

① **외부효과**: 한 경제주체의 행동이 다른 경제주체에게 어떠한 대가도 없이 이익(긍정적 외부효과)을 주거나 불이익(부정적 외부효과)을 주는 현상
　예 양봉농가의 양봉으로 인한 인근 화훼농가의 개화, 강 상류 공장주의 폐수 배출로 인한 강 하류 주민의 고통 등

② 의도성이 없고, 시장교환과정을 거치지 않음

③ 외부효과가 발생할 경우 경제주체 간에는 비용과 편익이 일치되지 않고 사회 전체적으로는 사적 비용과 사회적 비용이 일치하지 않게 되어 비효율적인 자원배분을 야기함

④ **대응방안**
　㉠ **긍정적 외부효과(외부경제)**: 보조금을 지급하거나 각종 인센티브의 제공을 통해 공급을 지원함
　㉡ **부정적 외부효과(외부불경제)**: 처벌이나 벌금, 세금의 부과(피구세) 등을 통해 생산을 억제함

(3) 자연독점(규모의 경제)

① 상품의 특성상 여러 기업이 생산하는 비용보다 한 기업이 독점적으로 생산할 때 비용이 적게 들어 자연스럽게 생겨난 독점시장

② 생산규모가 커질수록 생산단가가 지속적으로 낮아지는 산업의 특수성 때문에 생산규모가 큰 선발기업이 후발기업의 시장진입을 막는 현상이 나타나 자원이 효율적으로 배분되지 못함

③ **사례**: 전화, 우편, 전기, 가스 등의 사회간접자본(SOC)의 건설

④ **대응방안**: 공적 공급과 정부규제의 방법을 통해 대응함

규모의 경제

생산요소 투입량의 증대(생산규모의 확대)에 따른 생산비 절약 또는 수익 향상의 이익을 의미, 즉 상품의 생산량이 늘어날수록 생산비용이 함께 증가하게 되는데 생산비용의 증가가 생산량의 수익보다 적게 증가하는 것

(4) 불완전경쟁

① 완전경쟁시장은 다수의 공급자와 수요자, 완전한 정보, 상품의 동질성, 진입과 탈퇴의 자유, 외부효과 부존재의 조건이 성립해야 함

② 현실의 경제에서는 불완전경쟁 시장이 존재하여 소수의 지배자가 가격설정자가 되거나 가격을 담합하여 시장기능을 교란시키기 때문에 가격기능이 제대로 작동하지 못함으로써 자원이 효율적으로 배분되지 못함

　예 과점 상태의 악기시장, 과거의 맥주시장, 항공시장 등

③ **대응방안**: 진입장벽의 철폐, 「독점규제 및 공정거래에 관한 법률」의 제정 등을 통해 대응함

(5) 불완전한 정보(정보의 비대칭성)

① 정보의 불균형(비대칭성·격차·편재 등)에 의하여 발생하는 손실을 대리손실(agent loss)이라고 함

② 현실의 경제에서는 일반적으로 소비자는 공급자보다 정보가 적기 때문에 소비자의 합리적인 선택을 방해함으로써 대리손실(역선택, 도덕적 해이)의 문제가 발생하게 됨

　예 통신시장에서 소비자는 통신상품의 정보를 정확하게 알지 못함

③ **대응방안**: 정보공개 시 공급자에게 유인을 제공하고, 미공개 시 처벌을 하거나 의무적으로 공개하도록 함

(6) 소득분배의 불공평성

시장은 본질적으로 자원배분의 효율성을 지나치게 중시하고, 소득분배의 형평성을 간과함으로써 소득분배가 불공정하게 이루어진다는 한계가 있음

3. 시장실패의 치유

(1) 시장실패의 치유방법

① **공적 공급**: 정부가 직접적으로 공공재를 공급하거나 행정서비스를 제공하는 것

② **공적 유도**: 정부가 조세, 보조금 등을 이용하여 일정한 방향으로 민간주체를 유도하는 것

③ **정부규제**: 민간주체가 어떤 일을 못하도록 규칙을 설정하는 것

(2) 정부의 대응방안

구분	공적 공급	공적 유도	정부규제
공공재의 존재	○		
외부효과의 발생		○	○
자연독점	○		○
불완전경쟁			○
정보의 비대칭성		○	○

핵심 OX

01 자원배분의 효율성을 저해하는 불완전경쟁은 시장실패의 원인이다.
(○, ×)

답 ○

02 제3자에게 의도하지 않은 이득이나 손해를 주는 현상은 시장실패의 원인이 되기도 한다. (○, ×)

답 ○

03 규모의 경제가 시장기구가 갖는 본질적인 한계로 인하여 파생되는 문제라면, 소득불평등은 자원의 효율적 배분을 떨어뜨리는 문제를 가지고 있다.
(○, ×)

답 × 소득불평등이 본질적 한계에 해당하고, 규모의 경제는 자원의 비효율적인 배분에 해당

04 시장실패에 대응하기 위해 정부는 공적 유도, 공적 공급, 정부규제의 방법을 사용한다. (○, ×)

답 ○

기출 체크

시장실패에 대한 설명 중 가장 옳지 않은 것은? 2015년 서울시 7급
① 자원배분의 효율성을 저해하는 불완전경쟁은 시장실패의 원인이다.
② 제3자에게 의도하지 않은 이득이나 손해를 주는 현상은 시장실패의 원인이 되기도 한다.
③ 공공조직의 내부성은 시장실패의 원인이다.
④ 시장실패에 대응하기 위해 정부는 공적 유도를 통한 시장에의 개입을 시도한다.

답 ③ 공공조직의 내부성은 정부실패의 원인

시장실패의 원인별 해결방안

1. 외부효과의 시장해결 → 코즈의 정리(사적 소유권의 명확화)
2. 주인대리인 문제 → 정보격차의 해결
3. 사회적 시장실패의 해결 → 사회보장제도 도입

1. 의의

① 상황: 공범으로 의심되는 두 명의 용의자를 서로 의사소통이 불가능한 수사실로 불러 자백할 수 있는 기회를 줌. '둘 다 자백하지 않으면 1년 징역, 둘 다 서로의 죄를 자백하면 5년 징역, 둘 중 한 명이 자백하고 한 명이 자백하지 않았다면 자백한 쪽은 석방, 자백하지 않은 쪽은 10년 징역에 처하게 된다'는 상황에서 용의자는 본인이 자백할지 부인할지 선택하여야 함

구분		A	
		자백	묵비
B	자백	1 상황(5, 5)	2 상황(10, 0)
	묵비	3 상황(0, 10)	4 상황(1, 1)

- A의 최선의 선택: B 자백을 가정 → 자백, B 묵비를 가정 → 자백
- B의 최선의 선택: A 자백을 가정 → 자백, A 묵비를 가정 → 자백

② 결과: 용의자 A와 용의자 B의 합리적 선택은 모두 자백임. 합리적 선택의 결과 이들은 각각 5년씩 구형을 받게 됨. 하지만 이 상황에서 두 사람 모두에게 가장 합리적인 선택은 둘 다 묵비권을 행사하여 각각 1년씩 구형을 받는 것

2. 결론

죄수의 딜레마는 각각의 죄수가 자신의 이익을 극대화하기 위하여 합리적인 선택을 했지만 결국 모두에게 좋지 않은 결과가 초래된다는 것을 시사함. 즉, 개인의 합리적 선택이 사회 전체의 합리성을 보장하는 것이 아니라는 것임. 죄수의 딜레마는 '정보의 부족'으로 발생하는 것이 아니라 개인의 이기적인 선택으로 발생함

2 정부실패

1. 의의

시장실패를 치유하기 위한 정부규제나 정책 등 정부의 개입이 오히려 자원의 효율적 배분을 왜곡시킴으로써 기존의 상태를 더욱 악화시키는 현상

2. 정부실패의 원인

(1) 내부성(사적 목표의 설정)

① 관료들이 사업을 평가할 때 공적(외부적·사회적) 목표가 아닌 개인과 행정조직 내부의 목표와 편익에 집착하는 현상

② 내부성이 존재하게 되면 공무원은 고객의 이익 또는 공익보다는 자신과 소속 기관의 이익을 우선 고려함으로써 보다 많은 예산과 인원 확보, 정보의 취득과 통제 등의 현상이 나타나게 됨

> 예 지방자치단체 소속 공무원이 지역 발전을 위한 정책사업을 기획하기 보다는 자신이 속한 부서의 예산 확보에 집착하는 현상

(2) X-비효율성

행정서비스의 경우 대부분 정부가 독점적으로 생산하고, 경쟁에 노출되지 않기 때문에 이로 인하여 나타나는 조직 관리상의 비효율성

> 예 근무태만, 방만한 경영, 무사안일 등

(3) 파생적 외부효과

시장실패를 치유하려는 정부개입이 예기치 못한 결과를 초래하는 현상

예 참여정부의 8·31 부동산정책 등

(4) 권력의 편재에 의한 소득분배의 불공평성

정부가 특정한 기업이나 개인에게 특혜를 제공함으로써 오히려 배분적 불평등이 야기되는 현상

예 공무항공권 대한항공 우선부여, 공기업에게 특혜제공 등

(5) 비용과 편익의 절연(조세의 응능성)

① 정부의 산출물은 공공재라는 특성상 수익자부담주의가 적용되지 않으므로 편익수혜자와 비용부담자가 직접 연결되어 있지 않고 분리되어 있는 경우가 대부분임

② 편익을 누리는 집단은 정책의 확대를, 비용을 부담하는 집단은 정책의 축소를 주장하게 되고 자원배분의 왜곡이 발생함

③ 거시적 절연과 미시적 절연

거시적 절연	미시적 절연
• 다수의 수혜집단이 소수의 비용부담자를 이용	• 잘 조직된 소수의 수혜집단이 다수의 비용을 이용
• 투표 또는 선거	• 포획 현상 발생
• 정치·경제적 측면	• 경제적 측면
• 기업가적 정치모형	• 고객 정치모형

㉠ **거시적 절연**: 순수한 경제적 문제라기보다는 정치적이고 경제적인 문제인바, 정치권력은 투표권을 가지는 다수로부터 나오지만 정부사업의 재원인 조세기반은 극소수에 달려있는 경우를 의미함

　　예 재분배사업의 확대 등

㉡ **미시적 절연**: 정부사업에서 나오는 편익은 특정집단에 집중되어 있지만, 소요되는 비용은 납세자나 소비자인 일반 대중에게 널리 퍼져 있는 경우를 의미함

　　예 의료수가 인상과 관련된 정책 등

Level up | X-비효율성

1. 의의

① 정부실패의 한 요인으로, 경제적 요인이 아닌 심리적·행태적 요인(사명감이나 직업의식의 부족)에 의해 나타나는 관리상의 비효율성

② 최신의 기술을 사용하지 않아 산출극대화와 비용극소화에 실패하는 것은 기술적 비효율성(technical inefficiency), 즉 X-비효율성에 의한 낭비로서 일반적으로 경제학자들은 중요하지 않은 것으로 간주함

2. 발생요인

① 노동계약이 불완전하여 조직 속의 개인이 자기 자신의 목적을 추구할 수 있을 때 조직운영에 비효율성이 나타나게 됨

② 조직의 생산함수 또는 생산기술이 완전하게 파악되거나 알려져 있지 않을 때 발생함

③ 조직의 생산 활동에 들어가는 모든 투입요소가 시장에서 거래되는 것은 아니고, 비록 그것이 시장에서 거래된다고 할지라도 모든 조직에 동등한 조건으로 거래가 이루어지지 않을 때 나타나게 됨

📖 **기출 체크**

시장실패 및 정부실패에 대한 설명으로 옳지 않은 것은? 2016년 국가직 9급

① 시장실패를 초래하는 요인은 공공재의 존재, 외부효과의 발생, 불완전한 경쟁, 정보의 비대칭성 등이다.

② 시장실패를 교정하기 위한 정부 역할은 공적 공급, 공적 유도, 정부 규제 등이다.

③ 정부개입에 의해 초래된 의도하지 않은 결과 때문에 자원배분상태가 정부개입이 있기 전보다 오히려 더 악화될 수 있다.

④ 정부실패는 관료나 정치인들의 개인적 요인 때문에 발생하며, 정부라는 공공조직에 내재하는 구조적 요인 때문에 발생하는 것은 아니다.

답 ④ 정부실패는 공공재의 무형성이나 생산함수의 불명확성 등 공공조직에 내재하는 구조적인 요인에 의해서도 발생함

3. 정부실패의 대응방안

구분	민영화	정부보조 삭감	규제 완화
사적 목표 설정	○		
X-비효율성 · 비용체증	○	○	○
파생적 외부효과		○	○
권력의 독점	○		○

3 정부규모에 대한 학자들의 주장

1. 정부기능의 팽창(공공재의 과다공급설)

소득탄력적 수요
소득탄력적 수요는 소득의 변화율보다 수요량의 변화율이 큰 경우를 말함

와그너(Wagner)의 법칙	• 국민소득이 증가할 때, 공공재의 소득탄력적 수요에 의해 행정수요가 팽창함 • 사회가 발전함에 따라 사회적 상호 의존관계가 심화되어 전보다 더 많은 정부지출이 필요함
피콕(Peacock)과 와이즈맨(Wiseman)의 전위효과(대체효과)	• 전쟁 등 위기 시에는 국민의 조세부담 증대의 허용수준이 높아짐 • 위기상황이 끝난 후에도 공공지출이 감축되지 않고 민간지출을 대체하는 현상
보몰(Baumol)효과	정부부문의 노동집약적인 성격이 생산성 저하를 가져와 비용이 상승되는 효과로 사회 전체 경쟁력을 저하시킴
니스카넨(Niskanen)의 예산극대화 모형	사회적 편익의 극대화보다는 자기 부서의 이익극대화를 위해 과잉예산을 추구함
파킨슨(Parkinson)의 법칙	정부의 인력은 본질적인 업무량과는 상관없이 과잉증대됨
뷰캐넌(Buchanan)의 다수결 투표와 리바이어던 가설	투표의 거래나 담합(Log-Rolling)에 의한 사업의 팽창과 정부의 완전성에 대한 믿음을 의미함

Level up 파킨슨(Parkinson)의 법칙

1. 부하배증의 법칙과 업무배증의 법칙이 악순환하여 공무원 수가 증가함
   ① 부하배증의 법칙: 공무원은 업무과중 시 동료를 보충받기보다는 부하를 보충받기를 원한다는 법칙
   ② 업무배증의 법칙: 부하가 배증되면 파생적 업무가 발생하여 본질적 업무와는 관련 없이 업무량이 증가하게 된다는 법칙
2. 공무원 수의 증가와 본질적인 업무량의 증가는 아무런 관련이 없으며, 심리적인 요인이 중요하게 작용함
3. 전쟁이나 경제공황과 같은 위기상황 시에 나타나는 공무원 수의 증가를 설명할 수 없다는 한계가 있음
4. 파킨슨(Parkinson)은 영국 관료제를 대상으로 실증분석을 실시하여, 매년 5.75%로 공무원 수가 증가함을 설명함

핵심 O×

01 보몰(Baumol)효과는 정부확대의 근거가 될 수 있다. (○, ×)

답 ○

02 파킨슨(Parkinson)의 법칙에 의하면 공무원의 수는 전쟁이나 경제공황과 같은 비상사태 시에 급증한다. (○, ×)

답 × 파킨슨(Parkinson)의 법칙의 한계는 전쟁이나 경제공황과 같은 위기 시 나타나는 공무원 수의 증가를 설명하지 못함

2. 정부기능의 축소(공공재의 과소공급설)

머스그레이브 (Musgrave)의 조세저항	국민들이 자신이 부담한 비용에 비하여 누리는 편익이 적다는 재정착각에 빠져서 조세저항이 일어나며, 공공재의 과소공급을 유도함
다운스 (Downs)의 합리적 무지	공공서비스의 경우 정보수집의 비용이 너무 커서 공공재에 대해서 적극적으로 정보를 수집하지 않기 때문에 공공서비스 확대에 저항하는 수요 저하 현상이 발생함
갈브레이스 (Galbraith)의 선전효과	공공재는 선전이 이루어지지 않아 공적 욕구를 자극하지 못함
듀젠베리 (Duesenberry)의 전시효과	민간재에는 체면유지를 위해 실제 필요한 지출보다 더 많이 지출하지만 공공재는 전시효과가 작아 지출이 자극되지 않음

THEME 008 정부규제와 규제개혁 ★★★

1 정부규제(숨겨진 조세)

1. 의의

(1) 정부가 바람직한 경제사회 질서를 구현하기 위하여 시장에 개입하여 기업과 개인의 행위를 제약하는 것

(2) 「행정규제기본법」에서는 '특정한 행정목적을 달성하기 위하여 국민의 권리를 제한하거나 의무를 부과하는 것'으로 정의함

2. 유형

(1) 영역별 분류

구분	경제적 규제(광의)		사회적 규제
	경제적 규제(협의)	독과점규제	
규제 대상	• 개별 산업 (차별적 규제) • 기업의 본원적 활동	• 모든 산업 (비차별적 규제) • 기업의 본원적 활동	• 모든 산업 (비차별적 규제) • 기업의 사회적 책임
재량성	재량적 규제	비재량적 규제	비재량적 규제
경쟁성	경쟁 제한	경쟁 촉진	직접적 관계없음
특징	포획현상 발생	대립현상 발생	대립현상 발생, 공익집단의 역할 중요
예	진입(퇴거)규제, 가격규제	독과점규제, 불공정거래규제	환경규제, 소비자보호규제, 사회적 차별규제, 산업안전과 보건규제

① **경제적 규제:** 기업의 본원적 활동에 대한 전통적 규제
　　㉠ **협의의 경제적 규제:** 생산자를 보호하려는 목적으로 경쟁을 제한함
　　㉡ **독과점규제:** 자원을 효율적으로 배분하기 위하여 경쟁을 촉진시킴
② **사회적 규제:** 사회적 약자를 보호하거나 삶의 질을 향상시키는 등 사회의 질서를 유지하고, 사회적 형평성을 확보하기 위하여 바람직하지 않은 결과를 초래할 수 있는 기업의 활동에 각종 제한을 가함으로써 기업의 사회적 책임을 강화하는 규제

(2) 목적별 분류(Ripley & Franklin)

① **경쟁적 규제:** 국가가 보유하고 있는 희소한 자원을 특정 개인이나 집단이 이용할 수 있도록 정부가 허가하는 것과 관련된 정책
　　예 방송국 설립, 항공노선 사용 등 협의의 경제적 규제
② **보호적 규제:** 국민들을 보호하기 위하여 개인이나 집단의 행위를 포괄적으로 제한하는 정책
　　예 의약분업, 개발제한구역 지정 등 독과점규제와 사회적 규제

(3) 수단별 분류

① **명령지시적 규제(직접적 규제):** 규제기준을 직접 설정하고 강제력을 행사하여 기준 준수를 의무화하면서, 이를 위반하면 처벌하는 규제
② **시장유인적 규제(간접적 규제):** 어떠한 사항에 대해서 의무를 부과하되, 순응 여부에 대한 판단을 민간자율에 맡기는 규제로서 순응 시 유인을 제공하고, 불응 시 부담을 지우는 규제

구분	명령지시적 규제	시장유인적 규제
방식	직접적, 통제적	간접적, 유도적, 신축적
이행수단	위반 시 형사처벌의 대상	행정적 수단을 통한 규제 (세제혜택, 보조금 지급, 부담금 부과, 오염허가서, 오염배출권 등)
규제효과	직접적이고 큼	간접적이고 작음
민간 재량성	작음	큼
정부 재량성	큼	작음
처벌의 강도	강함	약함
국민의 정치적 수용도	높음	낮음(악은 허용해야 하는가)
예	법정 의무고용 비율, 환경·보건·안전기준 설정, 진입 자격요건 제한, 불공정거래규제	제품정보공개, 품질인증, 제품표준화 (규격통일, 중량 표시)

(4) 대상별 분류

① **수단(투입)규제:** 특정목표를 달성하기 위해 필요한 기술이나 행위에 대해 사전적으로 규제하는 것
　　예 안전장비 착용의 의무화

② **성과(산출)규제**: 정부가 특정한 사회문제 해결에 대한 목표달성 수준을 정하고 피규제자에게 이를 달성할 것을 요구하는 것

　예 이산화탄소 배출 농도를 일정 수준으로 유지하도록 하는 제도

③ **관리규제**: 수단이나 성과가 아닌 과정을 규제하는 것으로 관리규제는 수단규제에 비해 피규제자에게 더 많은 자율성을 부여하며, 피규제자의 특성과 상황을 고려할 수 있음

　예 위생관리체계를 갖추도록 하는 것

(5) 수행주체별 분류

① **직접규제**: 정부의 직접적인 규제 방식

② **자율규제**: 개인과 기업 등 피규제자들이 스스로 합의된 규범을 만들고, 이를 지킬 것을 구성원들에게 요구하는 규제 방식

③ **공동규제**: 정부로부터 위임받은 민간집단에 의해 이루어지는 규제 방식으로, 직접규제와 자율규제의 중간적인 성격을 가짐

3. 윌슨(J. Q. Wilson)의 규제정치모형

윌슨(J. Q. Wilson)은 규제의 비용과 편익의 분포에 따라 규제의 유형을 네 가지로 나눌 수 있다고 설명함

구분		감지된 편익	
		넓게 분산	좁게 집중
감지된 비용	넓게 분산	대중적 정치	고객 정치
	좁게 집중	기업가적(운동가적) 정치	이익집단 정치

(1) 대중적 정치

① 비용과 편익이 모두 이질적인 불특정 다수에게 분산되는 경우

　예 낙태규제, 음란물규제 등의 윤리규제

② 쌍방 모두 집단행동의 딜레마에 빠지므로 저항이 적고 정책으로의 전환이 용이함

(2) 고객 정치

① 비용은 이질적인 불특정 다수에게 분산되고, 편익은 동질적인 소수에게 집중되는 경우

　예 인허가, 수입규제, 최저가격규제 등 주로 경제적 규제

② 조직화된 수혜자가 규제기관에 강력한 영향력을 행사하는 포획현상이 발생함

③ 정부규제과정에 조용한 막후교섭과 로비가 등장함

④ 다수의 비용부담자는 집단행동의 딜레마의 발생으로 인해 적절하게 대처하지 못함

(3) 기업가적(운동가적) 정치

① 비용은 동질적인 소수의 집단에 집중되고, 편익은 불특정 다수에게 분산되는 경우

　예 환경오염규제, 산업안전규제 등 주로 사회적 규제

② 공익운동가, 언론 기자, 의회의 의원 및 정치가 등 기업가적 정치인의 적극적인 역할과 노력에 따라 다수를 위한 규제가 채택되거나 강화되며, 사회적·정치적 계기의 형성이 중요함

③ 규제비용이 집중되는 소수의 기업들은 비용부담을 최소화하기 위하여 막강한 영향력을 행사하지만, 편익이 분산되는 다수는 집단행동의 딜레마로 대처하지 못함으로써 공무원은 기업에 포획되어 정책형성과 집행이 쉽지 않음

(4) 이익집단 정치

① 비용과 편익이 모두 소수의 동질적 집단에 집중되는 경우
    예 한·약분쟁, 노사관계 등

② 양 집단의 이익은 타협과 협상에 의해 좌우되고 국민의 이익은 무시되며, 갈등이 첨예할 경우 해결하기 어려움

③ 이익집단이 비슷한 정도의 정치적 영향력을 발휘하여 정부의 역할은 중립자에 그침

④ 대체적이고 경쟁적인 관계에 있는 산업에 대한 규제가 이에 해당함

Level up 집단행동의 딜레마

1. 의의
수많은 기업·사람으로 구성된 집단이 대규모 집단에 항상 따라다니는 무임승차(free-ride) 성향으로 인해 공통의 이해관계가 걸린 문제를 스스로의 노력으로 해결하지 못하는 상황

2. 해결방안
① 정부규제론(Government Regulation): 정부가 집단행동의 딜레마의 문제를 해결하기 위해 직접적으로 개입하거나 규제하는 것
② 사회자본론(Social Capital): 집단행동의 딜레마로 인해 발생하는 제반 문제를 사회 구성원 간의 신뢰, 규범, 네트워크와 같은 사회자본의 형성을 통해 해결함

---

2 규제개혁

1. 규제개혁의 필요성

(1) 포획과 지대추구의 발생
각종 인·허가 과정에서 관료집단의 포획과 기득권 집단의 지대추구행위가 나타남

(2) 규제의 악순환
끈끈이 인형효과(tar baby effect)와 규제의 조임쇠(regulatory ratchet)가 설명하듯이 정부규제는 한 번 생기면 쉽게 사라지지 않고 규제가 규제를 낳는 현상이 생김

(3) 기회의 불평등 야기
진입장벽 등으로 기회를 평등하게 얻기 힘듦

포획

1. 이익집단을 규제해야 하는 행정부가 오히려 이익집단의 특정이익을 반영하는 행위
2. 기관이나 기업이 자신의 사적 이익 도모를 위해 규제기관에 영향력을 행사하여 규제기관을 도구화하는 행위

지대

정부규제에 따른 반사적 이익

지대추구행위

1. 지대추구는 털록(Tullock, 1967)이 제시한 것으로, 지대추구행위는 포획행위의 일종이며 정부규제가 결국 독점상태를 만들어 사회적 낭비를 가져온다는 이론
2. 각 이익집단들은 경제적인 이익을 얻기 위해 정부를 상대로 하여 경쟁을 벌이게 되고, 이때 경쟁에서 이기는 이익집단은 초과소득이라고 할 수 있는 경제적 이득, 즉 지대를 얻을 수 있게 됨
3. 경제주체들이 로비 등을 통하여 자신의 이익을 위해 비생산적인 활동에 경쟁적으로 자원을 낭비함

2. 규제개혁의 방향

(1) 규제방식의 전환

① 현재 원칙 금지·예외 허용의 포지티브(positive) 규제에서 원칙 허용·예외 금지의 네거티브(negative) 규제로 전환

포지티브(positive) 규제	네거티브(negative) 규제
• 원칙: 금지	• 원칙: 허용
• 예외: 허용(허용사항 명시)	• 예외: 금지(금지사항 명시)
• 규제가 많음	• 규제가 적음
• 민간의 자율성이 적음	• 민간의 자율성이 많음
• 입증책임은 민간에게 있음	• 입증책임은 정부에게 있음

② 사전적 규제에서 사후적 규제로 전환

③ 직접적 규제에서 간접적 규제로 전환

④ 자율규제, 탈(脫)규제로의 질적인 변화

(2) 규제의 합리화

① 규제의 전체 총량을 줄이되, 경제적 규제는 완화하는 반면 사회적 규제는 합리적으로 강화해야 함

② 규제완화의 효과가 큰 분야에 집중하여 규제를 개혁하되, 행정책임의 한계를 명확하게 해야 함

(3) 규제다원주의

국가뿐만 아니라 다양한 주체들의 상호 협조적 체제에 의하여 규제가 이루어져야 함

(4) 규제전담기구의 설치

규제전담기구를 설치하여 규제에 따른 사회적 비용·편익을 전문적으로 분석하게 하고, 규제개혁에 대한 주기적인 평가와 함께 엄격한 사후관리도 담당하도록 함

3. 규제개혁의 단계

(1) 규제완화(deregulation)

규제 총량을 감소시키는 단계로, 절차·서류의 간소화, 규제폐지 등이 해당함

(2) 규제품질관리(regulatory quality management)

개별 규제의 질적 관리에 초점을 두는 제도로, 규제영향분석이나 규제기획 제도 등을 시행하는 단계

(3) 규제관리(regulatory management)

국가 내에서 규제 전체의 체계 등을 검토하는 단계

4. 우리나라의 규제개혁

(1) 「행정규제기본법」

1997년 제정된 「행정규제기본법」에서 행정규제란 국가나 지방자치단체가 특정한 행정의 목적을 실현하기 위하여 국민의 권리를 제한하거나 국민에게 의무를 부과하는 것으로, 법령·조례·규칙 등에 규정되는 사항을 의미함

Level up 「행정규제기본법」 적용 대상에서 제외되는 사항

1. 국회, 법원, 헌법재판소, 선거관리위원회 및 감사원이 하는 사무
2. 형사, 행형 및 보안처분에 관한 사무
3. 「국가정보원법」에 의한 정보·보안업무에 관한 사항
4. 「병역법」, 「통합방위법」, 「향토예비군설치법」, 「민방위기본법」, 「비상대비자원관리법」 및 「재난 및 안전관리 기본법」의 규정에 의한 징집·소집·동원·훈련에 관한 사항
5. 군사시설·군사기밀보호 및 방위사업에 관한 사항
6. 조세의 종목·세율·부과 및 징수에 관한 사항

(2) 「행정규제기본법」의 주요 내용

규제법정주의	규제는 법률에 근거하여야 하며, 행정기관은 법률에 근거하지 아니한 규제로 국민의 권리를 제한하거나 의무를 부과할 수 없음
규제의 원칙	• 본질적 내용의 침해금지 원칙 • 실효성의 원칙 • 최소한의 원칙
규제영향분석과 규제영향분석서	중앙행정기관의 장은 규제를 신설 또는 강화하고자 할 때에는 규제영향분석을 하고 규제영향분석서를 작성하여야 함
규제일몰법 (sunset law)	규제의 존속기한은 규제의 목적을 달성하기 위하여 필요한 최소한의 기간에서 설정되어야 하며, 그 기간은 원칙적으로 5년을 초과할 수 없음
규제의 등록 및 총량통제	• 중앙행정기관의 장은 소관규제의 명칭·내용·근거·처리기관 등을 규제개혁위원회에 등록하여야 함 • 총량통제는 「행정규제기본법」에 명시된 제도는 아니지만, 규제개혁위원회에서 내부지침으로 규제에 대한 부처별 총량을 정한 뒤 그 상한선을 유지하도록 통제를 실시함
규제개혁위원회	• 규제개혁은 국무총리 소관 사무이지만 정부는 규제개혁을 심의·조정하고 규제의 심사·정비 등에 관한 사항을 종합적으로 추진하기 위하여 대통령 소속하에 규제개혁위원회를 둠 • 위원장 2명을 포함한 20명 이상 25명 이하의 위원으로 구성됨

Level up 규제영향분석

1. 개념

규제영향분석은 새롭게 만들어지거나 현존하는 규제의 사회적 편익과 비용을 점검하고 측정하는 체계적인 의사결정도구이지만, 일반적으로 사용되는 규제영향분석은 신설 또는 강화하고자 하는 규제의 영향을 분석하는 사전심사제에 해당함

2. 과정

규제영향분석은 규제의 필요성, 규제의 대안 검토, 비용편익분석 및 비교, 규제 내용의 적정성과 실효성 검토 등을 중심으로 단계적으로 이루어짐

3 행정지도

1. 의의

행정주체가 행정목적을 달성하기 위하여 국가가 국민에게, 혹은 중앙정부가 지방정부에게 국민의 임의적 협력을 기대하여 행하는 비법률적·비권력적 사실행위

2. 유형

(1) 규제적 행정지도

공익 또는 행정목적에 위반되는 행위를 규제 또는 예방하려는 지도

(2) 조정적 행정지도

대립되는 당사자들의 이해관계를 조정하려는 지도

(3) 조성적 행정지도

시민의 이익이나 복리를 증진시키기 위한 봉사적·조언적·촉진적 성격의 지도

3. 효용

(1) 행정이 간편하고 원활해짐

(2) 행정의 적시성 및 상황적응성을 제고시킴

(3) 행정절차의 민주화를 촉진시킴(당사자 참여에 의한 합의)

(4) 온정적 행정이 가능함

4. 문제점

(1) 책임의 불명확성과 구제수단의 미흡성

(2) 공무원의 재량권 남용 및 법치주의 침해

(3) 행정의 과도한 팽창

(4) 안정성, 보편성, 일관성 취약

(5) 행정의 밀실화

5. 개혁방향

(1) 상대방의 입장에서 볼 때 행정지도의 안정성이나 예측가능성을 높여야 하며, 문제가 발생했을 때는 적절한 보상조치를 마련해주어야 함

(2) 행정지도는 책임소재가 불분명하다는 단점으로 인해 권리구제에 어려움이 있으므로, 「행정절차법」에 따라 공정한 절차를 거쳐 이루어져야 함

(3) 행정지도를 행하는 자는 그 상대방에게 당해 행정지도의 취지, 내용 및 신분을 밝혀야 하며, 행정지도가 구술로 이루어진 경우에 상대방이 서면으로 교부를 요구하는 때에는 이를 교부하여야 함

📖 기출 체크

행정지도에 관한 내용으로 옳지 않은 것은? 2012년 서울시 9급

① 공무원들이 어떤 목적을 달성하기 위해 국민에게 영향력을 미치려는 활동의 하나이다.

② 법적 구속력을 수반하는 권고, 협조요청, 알선행위 등을 말한다.

③ 행정지도는 민간부문의 정부 의존도가 높을수록 유용성이 커진다.

④ 행정수요의 변화에 비해 입법조치가 탄력적이지 못할 때 활용된다.

⑤ 행정수요가 임시적·잠정적이어서 법적 대응이 곤란할 때 활용된다.

답 ② 행정지도는 행정주체가 의도하는 바를 실현하기 위하여 공권력을 배경으로 국민들의 자발적 협력을 기대하여 행하는 행정행위로서 법적 구속력을 직접 수반하지 않는 비권력적 사실행위에 해당함

CHAPTER 3 행정학의 접근방법과 주요 이론

THEME 009 행정학의 접근방법 ★★☆

1. 시대별 접근방법

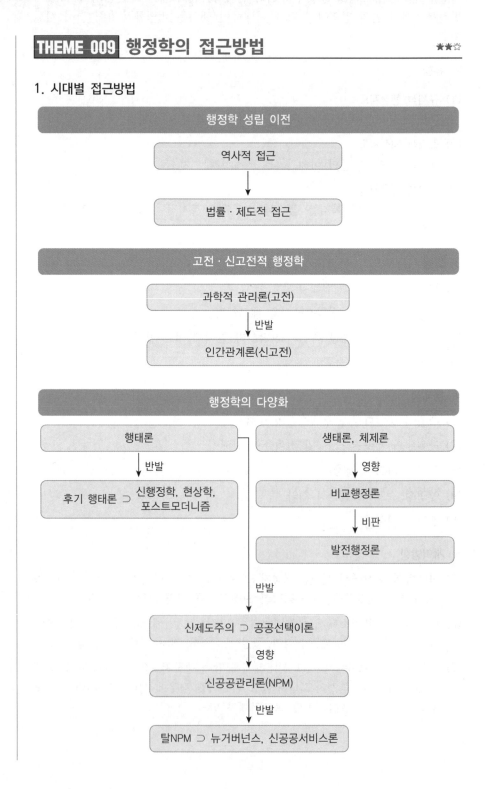

행정학 성립 이전

역사적 접근

↓

법률·제도적 접근

고전·신고전적 행정학

과학적 관리론(고전)

↓ 반발

인간관계론(신고전)

행정학의 다양화

행태론 ┐

↓ 반발

후기 행태론 ⊃ 신행정학, 현상학, 포스트모더니즘

생태론, 체제론

↓ 영향

비교행정론

↓ 비판

발전행정론

↓ 반발

신제도주의 ⊃ 공공선택이론

↓ 영향

신공공관리론(NPM)

↓ 반발

탈NPM ⊃ 뉴거버넌스, 신공공서비스론

2. 방법론적 개체주의와 방법론적 전체주의

방법론적 개체주의	• 개개인의 연구 강조 • 환원주의적 입장: 전체는 부분의 정확한 합이라고 보고, 개인의 특성을 전체의 특성으로 환원할 수 있다고 보는 입장 • 관련 이론: 행태론, 현상학, 공공선택론 등
방법론적 전체주의	• 전체적 연구 강조 • 신비주의적 입장: 전체는 부분의 합이 아니며 부분과 구별되는 전체만의 독특한 특성을 지닌다고 보고, 전체에 대한 조망이 필요하다는 입장 • 관련 이론: 생태론, 체제론, 비교행정론 등

3. 미시적 접근과 거시적 접근방법

미시적 접근방법	• 개별 행위자의 행태나 행위를 연구 • 방법론적 개체주의 • 관련 이론: 인간관계론, 행태론, 현상학, 비판이론 등
거시적 접근방법	• 국가나 사회의 구조·제도 또는 문화에 대해서 전반적으로 검토하여야 행정을 잘 이해할 수 있다고 보는 견해 • 방법론적 전체주의 • 관련 이론: 생태론, 체제론, 비교행정론 등
중범위이론	• 미시적 접근의 지나친 세밀성과 거시적 안목의 부족문제, 거시적 접근의 지나친 추상성과 세밀함의 부족문제를 극복하기 위한 것으로 조직이나 집단에 대한 연구 • 관련 이론: 관료제 연구, 신제도주의 등

4. 결정론과 임의론

결정론	• 인과관계의 인정(선행원인으로 '현상' 발생) • 종속변수로서의 행정 • 관련 이론: 행태론, 구조적 상황이론, 조직군생태론 등
임의론	• 인과관계의 부정 • 독립변수로서의 행정 • 관련 이론: 현상학, 전략적 선택이론, 자원의존이론 등

5. 연역적 접근방법과 귀납적 접근방법

연역적 접근방법	일반적 전제로부터 개별적 사실이나 구체적 사실을 이끌어 내는 방법
귀납적 접근방법	개별적 사실들을 토대로 일반적인 원리를 만들어 내는 방법

1 과학적 관리론

1. 의의

최소의 비용으로 최대의 성과를 달성하기 위하여 객관화된 표준과업을 설정하고 경제적 동기부여를 통하여 절약과 능률을 달성하고자 하는 이론

2. 동작과 시간의 연구(Taylor) - 과업관리와 기업관리의 원칙

테일러(Taylor)는 동작연구와 시간연구를 통하여 합리적인 개인별 과업량을 설정하고 성과에 따라 차등임금을 지불하는 경영방식을 연구함

3. 과학적 관리론의 전제(오석홍)

(1) 과학적 분석에 의해 유일한 최선의 방법(the one best way)을 찾을 수 있음

(2) 인간은 경제적 유인에 의하여 동기가 유발되는 타산적인 존재(합리적·경제적 인간관)

(3) 조직의 목표는 명확하게 알려져 있고 업무는 반복적임

(4) 과학적 방법에 의하여 생산성을 향상시키면 분배의 몫을 증대시켜 노사 간 갈등을 해결해주고 근로자와 사용자 모두를 이롭게 할 수 있음

2 인간관계론

1. 의의

인간의 감정, 구성원 간 사회적 관계, 비공식집단 등 비공식적 요소가 작업능률을 향상시키는 데 중요한 요소라고 보는 이론

2. 호손(Hawthorne) 실험*

(1) 인간은 경제적 욕구 이외에 사회적 욕구를 지닌 존재

(2) 작업능률은 물적 요인보다 사회적·심리적 요인과 같은 인적 요인에 의존함

(3) 비경제적 보상이나 만족감 등의 인간적 요인이 중요함

3. 특징

(1) 사회적 규범 중시
인간은 집단구성원으로서 사회적·집단적 규범에 의하여 생산수준이 정해짐

(2) 비경제적·사회적·심리적 요인 중시
경제적 유인뿐만 아니라 비경제적인 유인들에 의한 만족의 증가가 생산성의 증가를 가져옴

(3) 비공식적 집단 중시
특히 비공식적 리더의 역할이 중요함

페율(Fayol)의 14가지 관리 원칙

1. 분업의 원칙
2. 권한과 책임의 원칙
3. 규율의 원칙
4. 명령일원화의 원칙
5. 지휘일원화의 원칙
6. 개인이익의 전체 종속의 원칙
7. 종업원 보상의 원칙
8. 집권화의 원칙
9. 계층적 연쇄의 원칙
10. 질서의 원칙
11. 공정성의 원칙
12. 고용안정의 원칙
13. 창의력 계발의 원칙
14. 단결의 원칙

포드시스템(Ford System) 또는 동시관리

1. 1903년 포드가 설립한 포드자동차회사에서 개발된 기계화와 자동화를 통한 대량생산시스템을 의미함
2. 대량생산과 원가절감을 통해 고임금 저가격을 실현함으로써 경영을 대중사회에 봉사하는 수단으로 인식함
3. 하지만 인간관계론자들에 의하여 결국 노동력을 착취하려는 전략이라는 비판을 받음(백색사회주의)

＊1930년대 메이요(Mayo)의 주도하에 치러진 호손(Hawthorne) 실험은 과학적 관리론의 가정과는 전혀 다른 결과를 가져옴

핵심 O✗

01 시간과 동작에 관한 연구는 인간관계론의 주요 내용이다.　(O, ✗)

답 ✗ 과학적 관리론의 주요 내용

02 과학적 관리론은 업무를 가장 효율적으로 수행할 수 있는 최선의 방법이 있다고 가정한다.　(O, ✗)

답 O

03 호손(Hawthorne) 실험을 통하여 조직 내 비공식집단의 역할과 중요성이 부각되었다.　(O, ✗)

답 O

(4) 사회적 능률 중시

생산성은 대인관계를 비롯한 사회적 요인에 의하여 결정되므로, 인간적이고 민주적인 능률을 나타내는 사회적 능률을 중시함

(5) 비공식적·동태적 관계 중시

의사전달, 의사결정에의 참여, 사기(士氣), 팀워크, 소속감, 친밀한 인간관계 등을 강조함

4. 한계

(1) 젖소 사회학

만족한 젖소가 더 많은 우유를 생산해내듯이 만족한 근로자가 더 많은 산출을 낼 것이라는 논리

(2) 자기실현적인 인간관 간과

자신의 욕구를 강하게 추구하는 자기실현적인 인간으로서의 측면을 간과함

(3) 피동적인 인간관

과학적 관리론과 같이 인간 행동의 피동성과 동기부여의 외재성을 중시함

(4) 조직과 환경 간과

조직의 구조·기능과의 관계는 거의 연구되지 않았으며, 외부환경과의 문제도 간과함

3 과학적 관리론과 인간관계론의 비교

1. 공통점

(1) 폐쇄체제

외부환경에 대한 고려가 없고 조직 내에서 내부적인 능률성과 인간화를 추구했다는 점에서 조직을 폐쇄체제로 인식함

(2) 궁극적 목적으로서의 생산성 증가

과학적 관리론은 물론 인간관계론도 생산성 향상을 궁극적인 목적으로 함

(3) 관리계층을 위한 기술(정치행정이원론)

작업자(노동자) 계층만을 연구대상으로 하여 관리자가 작업자를 통제하려는 기술적·수단적 측면이 강함

(4) 조직목표와 개인목표 간의 양립·조정관계 인정

(5) 인간행동의 피동성 및 동기부여의 외재성

과학적 관리론의 경우 경제적 동기부여에 의해서, 인간관계론의 경우 인간적인 대우와 민주적인 관리에 의해서 동기가 부여된다는 점을 고려하면, 인간은 스스로 자아성취의 욕구에 의해서 동기부여가 되지 않는다고 전제함

젖소 사회학

고급사료를 주고 음악을 틀어주어 스트레스를 줄여주면 이에 만족한 젖소가 더 많은 우유를 생산하듯이, 만족한 근로자가 보다 많은 산출을 낼 것이라고 주장한 인간관계론을 비판한 용어 (Daniel D. Bell, 1956)

피동적 존재

과학적 관리론이 인간을 '기계'로 인식한 것처럼, 인간관계론도 결국 인간을 관리자에 의하여 조정되는 '감정을 가진 기계'로 인식함

핵심 OX

01 인간관계론은 조직의 기술적·구조적 측면을 중시함으로써 조직의 전체적인 현상을 설명하는 데 실패하였다. (O, X)

답 X 사회적·심리적 측면을 중시함

02 인간관계론은 비공식집단의 단점 극복을 위하여 권위주의 리더십 유형을 필요로 한다. (O, X)

답 X 민주적 리더십 유형을 필요로 함

2. 차이점

구분	과학적 관리론	인간관계론
중시 요소	직무중심	인간중심
동기	경제적 동기	비경제적·인간적 동기
조직관	공식적 조직관, 조직과 개인의 일원성(조직중심)	비공식적 조직관, 조직과 개인의 이원성(개인중심)
인간관	합리적·경제적 인간관(X이론), 인간을 기계의 부품으로 취급	사회적 인간관(Y이론), 인간을 사회심리적 존재로 인식
능률관	기계적 능률관	사회적 능률관
예	동작과 시간의 연구 등	호손(Hawthorne) 실험
영향	능률성 증진에 기여, 고전적 행정학의 기반, 행정원리론에 영향	민주성 확립에 기여, 신고전적 행정학의 기반, 행태론에 영향

4 원리주의 행정학

1. 의의

(1) 윌로비(Willoughby)는 『행정의 원리』라는 책에서 과학적 원리의 추구를 강 조하는 사회적 기조에 맞추어 행정에는 과학적인 원리가 존재하므로 이를 발견하여 행정에 적용하여야 한다고 주장함

(2) 윌로비(Willoughby)의 주장은 1937년 귤릭(Gulick)의 『행정학논총』에 의해 절정에 달하게 되었는데, 귤릭(Gulick)은 명령통일의 원리, 통솔범위의 원리, 분업과 조정의 원리 등과 함께 행정조직의 최상부인 최고관리층이 반드시 수행해야 할 기능으로 POSDCoRB를 제시함

2. 비판

(1) 과학적인 방법을 이용하여 원리주의 행정학의 도출이 가능한 것인가에 대한 비판을 받음

(2) 사이먼(Simon)에게 모든 문제의 해결에 적용할 수 있는 보편적인 원리가 존 재하는가에 대한 비판을 받음

THEME 011 행태론 ★★★

1. 의의

(1) 형태론

기존의 공식적 구조나 제도보다, 조직 내부 행위자인 인간 행태를 중심으로 사회현상을 객관적·실증적·과학적으로 연구하는 사회심리학적 연구방법

(2) 행태(behavior)

관찰, 면접, 질문 등을 통해 파악할 수 있는 개인·집단·조직의 가치관, 사고, 태도 등을 총칭하는 개념으로, 명백한 자극과 반응으로 볼 수 있는 행위 뿐만 아니라 반응을 통해 파악할 수 있는 태도, 의견, 개성 등도 포함됨

(3) 행위(action)

행태주의의 외면적으로 표출된 행태를 중심으로 한 연구를 비판하며, 행태의 이면에 있는 인간의 내면적인 의도와 의미를 지칭함

2. 배경

(1) 사이먼(Simon)은 『행정의 격언』이라는 논문에서 모든 문제를 해결하기 위해 적용할 수 있는 보편적 원리는 존재하지 않고, 초기 행정학자들이 몰입하던 원리는 과학적 증명을 거치지 않은 격언에 불과하다고 극단적으로 비판함

(2) 사이먼(Simon)은 『행정행태론(Administrative Behavior)』에서 보다 신뢰할 수 있는 행정의 법칙을 발견하기 위하여 조금 더 정확하고 과학적인 방법의 적용이 필요하다고 주장함

3. 행태론적 접근방법

(1) 행태 연구

제도나 법률은 행정의 중요한 측면이기는 하지만 행정의 실체가 아니며 행정인의 행동·역할 등을 중심으로 사회적·심리적 측면에서 행정현상을 이해하고자 함

(2) 인과관계의 규칙성

인간의 주관과 가치를 배제하고, 인간행태의 인과관계와 규칙성을 경험적·실증적으로 밝힘으로써 인간행태를 통하여 행정현상을 설명·예측하고자 함

(3) 원리주의 비판

사이먼(Simon)은 사회현상도 자연과학처럼 엄밀한 과학적 연구가 가능하다고 보고 인식론적 근거로서 논리실증주의를 도입하였고, 『행정행태론(Administrative Behavior)』(1945)에서 기존 행정의 원리는 보편성과 과학성이 결여된, 검증되지 않은 격언에 불과하다고 비판함

(4) 제한된 합리성

사이먼(Simon)은 경제적 합리성(경제인)의 비현실성을 비판하고 현실적인 제한된 합리성(행정인)을 제시함

상충되는 격언·속담과 원리들

1. 아는 것이 힘이다. ↔ 모르는 것이 약이다.
2. 명령통일의 원리 ↔ 전문화의 원리

기출 체크

행태적 접근방법에 대한 설명으로 옳지 않은 것은? 2018년 국가직 7급

① 집단의 고유한 특성을 인정하지 않는 방법론적 개체주의의 입장을 취한다.

② 행태의 규칙성, 상관성 및 인과성을 경험적으로 입증하고 설명할 수 있다고 본다.

③ 연구에서 가치와 사실을 구분하지 않는다.

④ 사회현상을 관찰 가능한 객관적 대상으로 보며, 인간의 주관이나 의식을 배제하고 인식론적 근거로서 논리실증주의를 신봉한다.

답 ③ 행태적 접근방법은 행정연구에 있어 가치와 사실을 구분하여 가치를 배제하고 사실 위주의 연구를 지향함

경험적 보수주의

철학적 보수주의는 보수주의를 신념으로 내세우는 태도인 반면, 경험적 보수주의는 경험적 사실을 연구하는 방법론의 특성상 현상유지 성향을 띠는 태도를 의미함

4. 특징

(1) 인간의 행태 연구

① **미시적 접근**: 개별행위자의 의견, 태도, 개성, 물리적 행동 등 구체적인 행태 연구에 초점을 두었음

② **방법론적 개체주의**: 인간의 사고나 의식이 집단의 속성에 의하여 규정되는 것이 아니라 각자에 따라 서로 다르다고 인식함

③ **경험적·연역적 접근**: 자연과학적 방법을 이용하여 법칙을 정립하기 위해서 가설을 세우고 경험적 자료를 수집하여 이를 관찰하고 실증적으로 검증하는 연역적 논리를 따름

(2) 가치와 사실의 분리

가치와 사실을 분리하여 가치중립적으로 검증이 불가능한 주관적 가치는 연구대상에서 배제하고, 검증이 가능한 객관적 사실만을 과학적으로 연구함

(3) 의사결정과정 중시

행정을 집단적·협동적 의사결정 과정으로 보고 의사결정을 둘러싼 권위이론과 갈등이론을 중시함

(4) 논리실증주의

가치중립적이고 계량적인 분석을 통한 논리실증주의적 접근방법을 사용함

(5) 종합학문적 성격

인간의 행태는 모든 사회과학의 공통된 연구대상이므로 다른 학문의 유용한 지식을 활용하고 공유함

5. 공헌

(1) 행정연구의 이론화 및 과학화에 기여함

(2) 행정연구의 객관성과 인과성 확보에 기여함

(3) 의사결정과정과 사회심리학적 접근방법을 중시함

6. 한계

(1) 연구범위의 제약

가치판단 배제의 비현실성과 연구대상 및 연구범위의 지나친 제약으로 폐쇄적 이론의 성격을 가짐

(2) 경험적 보수주의

가치중립적 속성으로 인해 보수주의적 특성을 띠며 이는 사회문제와 같은 본질이나 실체에 대한 핵심 파악이 소홀해지는 적실성 부족으로 이어짐

(3) 행정의 공적인 특수성 간과

공행정의 공공성과 특수성을 무시하고 가치문제를 배제하여 연구의 초점을 상실하였고, 행정연구의 정체성 위기를 초래함

(4) 피동적 인간관

인간의 적극성·자율성을 간과하고 지나치게 피동적·수동적인 인간관을 지님

THEME 012 생태론과 체제론, 비교행정론 ★★☆

1 생태론

1. 의의

(1) 1940년대 가우스(Gaus)에 의하여 도입된 생태론은 행정현상을 자연적·사회적·문화적 환경과 관련시켜 이해하고자 하는 연구방법론

(2) 행정을 살아있는 유기체로 인식하고 행정과 그 환경과의 상호관계를 통하여 행정현상을 연구함

2. 특징

(1) **거시적 접근**

행위자 개인 자체보다는 집합적 행위나 제도를 연구대상으로 함

(2) **중범위 이론**

선진국과 개발도상국의 행정체제 연구에 집중하여 그 특징을 선진국과 개발도상국별로 유형화시켜 설명하기 때문에 중범위 이론에 해당함

(3) **개방체제적 관점**

행정체제의 개방성을 강조하고, 행정체제와 환경의 상호작용관계를 밝히는 데 초점을 둠

(4) **환경결정론적 관점**

행정을 환경의 종속변수로 간주함

(5) **구조기능주의**

각국의 행정체제에 영향을 미치는 요인을 파악하고, 구조기능주의 시각에서 선진국과 개발도상국의 행정체제의 특징을 밝힘

3. 주요 연구

(1) **가우스(Gaus)의 생태론**

① 가우스(Gaus)는 정치학 및 문화인류학에서 발전한 생태론적 접근방법을 행정학에 도입함

② 정부기능은 환경과의 유기적 상호관계에서 파악되어야 한다고 주장함

③ 행정에 영향을 미치는 7가지 생태적·환경적 요인

- ㉠ 국민(people)
- ㉡ 장소(place)
- ㉢ 물리적 기술(physical technology)
- ㉣ 사회적 기술(social technology)
- ㉤ 욕구, 이념, 사상(wish & ideas)
- ㉥ 재난(catastrophe)
- ㉦ 인물(personality)

(2) 리그스(Riggs)의 생태론

① **사회이원론 – 『행정의 비교연구』(1959)**: 사회를 농업사회와 산업사회로 구분
② **프리즘적 사회 – 『개발도상국의 행정』(1964)**: 농업사회를 융합사회로, 산업사회를 분화사회로 파악하고 농업사회에서 산업사회로 넘어가는 과도기적 사회를 전이사회(프리즘적 사회)라고 부름

구분	융합(미분화) 사회	프리즘적 사회	분화사회
사회구조	농업사회	전이사회	산업사회
관료제 모형	안방모형 (chamber model)	사랑방모형 (sala model)	사무실모형 (office model)

㉠ **이질성**: 사회적 구조가 전통적 요인과 근대적 요인이 상존하는 이질성을 지니고 있음
㉡ **기능의 중첩**: 공식적인 합리적 행태와 비공식적인 비합리적 행태가 중복되는 현상이 나타남
㉢ **형식주의**: 공식적 규범과 실제 운영과의 괴리(불일치)현상이 나타남
㉣ **연고우선주의**
㉤ **다분파주의**: 씨족적·종파적 공동체 간의 대립과 투쟁이 난무하는 다분파 작용이 만연함
㉥ **다규범주의**: 전통적 규범과 근대적 규범이 공존하기 때문에 사회적 합의를 도출하기가 곤란하며, 권력자는 상황에 따라서 규범을 자의적으로 적용함
㉦ **가격의 불확정성**: 거래 시마다 개별 가격이 부여되며, 불확정 가격이 개인이 아닌 집단에 적용되는 집단거래 형태가 나타남

4. 공헌

(1) 행정을 개방체제로 파악하여 거시적이고 개방적인 안목을 제시함

(2) 비교행정의 필요성과 방향을 제시함

(3) 중범위 이론의 구축에 영향을 미침

(4) 종합적이고 과학적인 연구 활동을 촉진시킴

(5) 문화적·환경적 차이에 따라 달라지는 행정의 특수성을 인식함

5. 한계

(1) 환경에 대한 행정의 영향을 간과하고 환경과 같은 외부문제에 치중함으로써 행정의 독립변수성을 경시함

(2) 엘리트의 역할을 과소평가함

(3) 균형적·정태적 이론으로, 행정의 적극적·주체적인 역할을 소홀하게 여김

(4) 행정이 추구해야 하는 목표나 방향 제시가 미숙함

2 체제론

1. 의의

조직을 상호작용하는 여러 구성요소들로 이루어진 유기적 복합체로 인식하고, 전체적 관련성 속에서 체제 내의 구성요소들 간 또는 체제와 환경과의 상호관계를 분석하는 데 초점을 두는 이론

2. 체제의 특징

(1) 투입 – 전환 – 산출 – 환류 구조

투입과 전환, 산출, 환류의 기능적 구조를 가짐

(2) 폐쇄체제와 개방체제

환경과의 상호작용이 없는 폐쇄체제와, 환경과 상호작용하는 개방체제로서 인식될 수 있음

(3) 하위 요소 간의 상호의존성

체제는 하위 체제들이 서로 기능적으로 연결되어 전체가 주위 환경과 구분되는 경계를 가진 하나의 집합

(4) 동태성과 정태성

동태적 상호작용을 통한 균형, 적응을 위한 정태성 내의 변화

3. 개방체제의 특징 – 카츠(Katz)와 칸(Kahn)

(1) 분화와 통합, 진화

구조와 기능은 분화되어 가며, 분화된 부분들은 전체로서 통합하면서도 끊임없이 진화함

(2) 균형과 안정

체제와 환경 간 또는 하위체제 간의 균형이 이루어져야 유지될 수 있다고 보고, 동태적 적응을 통하여 안정을 추구하며 균형을 깨뜨리는 적극적 변화를 추구하지 않음

(3) 투입 – 전환 – 산출 – 환류의 반복

하나의 체제는 환경과 상호작용, 즉 투입, 전환, 산출, 환류작용을 반복함

(4) 부(–)의 엔트로피

외부로부터 에너지와 기타 자원을 받아들여 엔트로피를 낮추려함

(5) 항상성

체제는 유기체로서 자기고유의 속성을 유지하려는 성향을 가지고 있음

(6) 등종국성(목표달성의 다양성)

개방체제는 투입자원과 전환과정을 달리하여 같은 목표를 여러 가지 방법으로 달성하는 것이 가능하므로 유일한 최선의 방법이 부인되고 상황적응적인 인식이 중시됨

(7) 전체성

개체주의를 지양하고 전체로서의 통합관계를 중시함

체제론의 동태성과 정태성

체제론은 환경과 동태적 상호작용을 하며 동태적 균형을 이루지만, 적응을 위한 정태적 변화와 발전을 추구하기 때문에 체제론은 정태적·결정론적 이론에 해당함

엔트로피

유기체의 필연적인 해체·소멸·무질서 현상

항상성

자기 규제와 지속적인 상태를 유지할 수 있는 능력

부(-)의 환류

산출이 어떤 극한치에 이르게 되면 이 정보가 전달되어 투입의 수준을 감소시켜 어떤 정해진 수준으로부터의 일탈을 최소화하고 체제가 안정된 상태를 유지하는 것

방법론적 총체주의

개인적인 현상에 대한 모든 설명이 그들이 소속되어 있는 보다 큰 전체의 관점에서 이루어질 수 있다고 보며, 방법론적으로 존재론적 일원론과 흡사함

4. 행정체제의 구성요소 – 이스턴(Easton)의 정치체제론

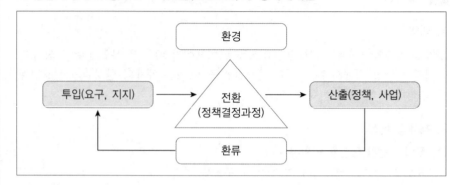

(1) 환경(environment)

행정에 영향을 미치는 정치·경제·사회·문화적 모든 환경, 행정체제 밖의 모든 영역을 총칭함

(2) 투입(input)

환경으로부터 받는 자극을 행정에 전달하는 것으로, 정책에 대한 지지나 요구, 반대 등이 이에 해당함

(3) 전환(conversion)

투입을 산출로 바꾸는 의사결정 및 문제해결과정으로, 행정체제 내의 모든 구성요소의 유기적인 의존작용이 전개되어 이루어짐

(4) 산출(output)

전환과정의 결과를 다시 환경으로 내보내는 것으로서 환경에 응답하는 결과를 의미함

(5) 환류(feedback)

산출의 영향이 다시 행정체제에 투입되는 과정으로, 정책의 평가나 시정조치 등이 이에 해당함

5. 체제론의 특징

(1) 연합학문적 연구

다른 학문과 활발하게 교류함

(2) 방법론적 총체주의적 관점

행정·사회 현상을 전체성의 시각에서 바라봄

(3) 목적론적 관점

모든 체제는 목표달성의 기능을 가짐

(4) 계서적 관점

상위 체제와 하위 체제로 구성되는 계서적 관계를 가짐

(5) 시간적 차원의 중시

체제는 동태적인 변동을 겪으나, 한편으로는 항상성을 유지함

6. 파슨스(Parsons)의 AGIL이론(1960) - 체제의 기능

구분	적응기능 (Adaptation)	목표달성기능 (Goal attainment)	통합기능 (Integration)	잠재적 형상유지기능 (Latent pattern maintenance)
내용	환경변화에 적응하기 위하여 외부로부터 자원을 동원하고 체제의 정당성을 확보하는 기능	체제가 추구할 목표를 정하고 목표달성을 위하여 구체적인 활동을 수행하는 기능	체제의 목표를 달성하기 위하여 하위체제의 활동을 조정하는 기능	체제의 기본적 유형을 유지하고 체제에 정당성을 부여하는 가치, 신념, 규범을 만들어내고 보존·전수하는 기능
조직 유형	경제적 생산조직	정치적 조직	통합기능적 조직	체제유지적 조직
조직 역할	사회가 소비하는 재화나 용역을 생산함	사회자원을 동원하여 사회의 목표달성에 기여함	갈등해결, 협동유도, 동기유발	교육·문화 등 활동을 통하여 사회의 지속성을 유지함
예	기업, 은행 등	행정기관, 정당 등	법원, 경찰서, 정신병원 등	교육기관, 종교단체 등

7. 공헌

(1) 비교연구의 일반적인 기준 제시
생태론의 개별성을 어느 정도 보완함

(2) 행정연구의 과학화
체제분석기법과 계획예산 등을 개발하여 의사결정의 과학화에 기여함

(3) 행정연구의 거시적 안목 제공
행정을 개방체제로 인식하여 거시적으로 전체를 파악할 수 있게 하였으며, 행정의 동태적 특성을 설명함

8. 한계

(1) 개발도상국 행정에 적용 곤란
환경의 투입과 산출기능이 발달한 선진국에 적합함

(2) 미시적·행태적 측면 간과
리더십, 의사전달, 갈등 등 구체적인 운영과정이나 행태적 요인을 다루지 않으며 전체에 치중함

(3) 보수주의적 성격
근본적으로 균형성을 강조하는 이론이므로 보수적·현상유지적이며, 급격한 변화와 혁신을 설명하지 못함

(4) 가치판단의 배제

(5) 인적 요소(엘리트)의 과소평가

(6) 지나친 관념화

파슨스(Parsons)의 AGIL의 기능

파슨스(Parsons)는 '사회체제가 제대로 기능하고 생존하는 방법이 무엇인가'에 대한 문제의식을 가지고 구조기능주의 입장에서 체제가 필수적으로 수행하여야 할 4가지 기능을 제시함

📖 기출 체크

파슨스(Parsons)가 제시한 사회적 기능, 각 기능을 수행하는 조직유형, 그리고 각 조직유형별 예시를 모두 바르게 연결한 것은? 2015년 지방직 7급

① 적응(adaptation)기능 - 교육조직 - 학교
② 목표 달성(goal attainment)기능 - 정치조직 - 행정기관
③ 통합(integration)기능 - 통합조직 - 종교단체
④ 잠재적 형상유지(latent pattern maintenance)기능 - 경제조직 - 민간기업

답 ②
① 형상유지(latent pattern maintenance)기능 - 교육조직 - 학교
③ 통합(intergration)기능 - 통합조직 - 법원, 경찰
④ 적응(adaptation)기능 - 경제조직 - 민간기업

핵심 OX

체제론적 접근방법은 체제의 구체적인 운영이나 행태적 측면을 다루지 못한다는 비판을 받았다. (O, ×)

답 O

9. 생태론과 체제론의 비교

(1) 공통점

① 행정의 적극적이고 주체적인 역할을 간과함
② 개방체제적 관점에서 연구함
③ 기술성과 실제보다 과학성과 이론을 중시함

(2) 차이점

① 생태론은 중범위 이론이며, 후진국의 행정현상 설명에 기여함
② 체제론은 일반이론이며, 선진국의 행정현상 연구에 적합함

3 비교행정론

1. 의의

문화와 환경이 서로 다른 여러 나라에 공통적으로 적용될 수 있는 일반법칙적이고 과학적인 행정이론을 개발하기 위하여 각국의 행정현상을 체계적으로 비교하여 연구하는 이론

2. 배경

(1) 제2차 세계대전 이후 미국은 소련의 공산주의를 봉쇄하기 위하여 후진국에 대한 경제·기술 원조를 시행하였으나, 효과를 거두지 못했음

(2) 세계적·보편적으로 적용될 것이라고 믿었던 미국의 행정이론과 제도가 환경적 요인을 달리하는 후진국에서는 적합하지 않음

(3) 각국의 행정기능에 대한 비교연구를 통하여 행정학의 과학성을 높이고 일반화된 행정을 개발하기 위한 노력으로 진행되어 특히 공식적인 법규가 아닌 실제 운영 상태를 중심(구조기능주의적 시각)으로 비교와 연구를 함

3. 접근방법

리그스 (Riggs)의 분류	• 경험적·실증적 접근방법: 기존의 규범적 접근방법에서 전환 • 일반법칙적 접근방법: 기존의 개별사례적 접근방법에서 전환 • 생태적 접근방법: 기존의 비생태적 접근방법에서 전환
헤디 (Heady)의 분류	• 수정전통형: 각국 행정에 대한 단순한 비교를 하고 고찰 • 발전지향적: 국가발전 목표달성을 위한 행정의 필요조건 규명 • 일반체제모형: 각국의 행정비교를 통한 일반모델의 개발 • 중범위모형: 관료제로 연구범위를 제한하고 유형론을 발전시킴

4. 한계

(1) 정태적 이론으로, 사회변동에 대해서 충분히 설명하지 못함

(2) 비관적 이론으로, 행정을 종속변수로서 피동적 존재로 인식하여 행정의 독자성을 과소평가하고 결정론·비관론의 입장을 가짐

(3) 엘리트의 기능에 대한 파악이 충분하지 못하여 독립변수로서 창조적 엘리트에 의한 행정혁신과 발전의 유도 가능성을 간과함

(4) 이데올로기에 대하여 과소평가함

(5) 비교행정연구가 대부분 후진국의 행정내부관리에 연구의 초점을 두었기 때문에 후진국의 주요 과제인 인구와 환경, 식량증산 등과 같은 연구는 등한시 함

THEME 013 발전행정론과 신행정론 ★★☆

1 발전행정론

1. 의의
발전을 위한 정책·사업·프로젝트 등을 관리하는 행정으로서, 개발도상국의 국민통합과 국가발전을 위한 행정의 역할을 연구하는 이론

2. 특징
(1) 행정우위의 정치행정새일원론
행정체제가 발전을 계획하고 유도하는 것으로서, 의회가 수행하던 정치기능 (목표설정 및 정책결정)을 정부가 수행함

(2) 독립된 변수로서 '발전인(人)' 중시
선량주의(엘리트주의)적 관점으로 발전행정인은 변화의 역군으로서 강조됨

(3) 효과성과 기관형성 중시
목표를 조기에 효과적으로 달성하기 위한 성장을 중시하기 때문에 효과성을 행정이념으로서 강조함

(4) 국가주의적 관점
관리주체가 국가나 행정체제에 있다는 점에서 국가주의적이고 전체주의적인 관점에 해당함

3. 한계
(1) 발전개념의 모호성
발전의 개념이 다의적이고 모호하며, 미국이나 서구의 발전을 강조하는 편견이 작용함

(2) 민주적 통제 경시
행정관료들이 고도의 정치기능을 행사하게 되면서 의회·사법부·언론·사회집단 등의 역할이 약화함

(3) 이론적 과학성 결여
이론이 처방적·규범적으로 수립됨

(4) 투입기능 경시
산출을 강조하는 관점으로, 투입기능을 상대적으로 경시함

(5) 가치배분의 불공정성
형평성보다 효과성에 치중하여, 가치배분이 불공정하게 이루어질 우려가 있음

비교행정과 발전행정

비교행정	발전행정
사실분석 → 실증적 연구 (과학성)	가치판단 → 처방적 연구 (기술성)

국가발전의 단계(Almond와 Powell)

국가형성 → 국민형성 → 참여 → 배분

핵심 OX

발전행정론은 가치중립적인 입장을 취하면서 행정의 종속변수적 측면을 강조하고 있다. (O, ×)

답 × 발전행정은 행정의 적극적인 역할을 강조하기 때문에 가치중립이 아닌 가치지향을 추구하고, 행정을 독립변수로 인식함

기출 체크

<보기>의 내용이 설명하고 있는 행정이론에 해당하는 것은? 2019년 서울시 9급(2월 추가)

<보기>
- 1960년대 미국사회의 사회혼란을 해결하지 못하는 학문적 무력함에 대한 반성으로 나타났다.
- 적실성, 참여, 변화, 가치, 사회적 형평성 등에 기초한 행정학의 독자적 주체성을 강조했다.
- 행정학의 실천적 성격과 적실성을 회복하기 위해 정책지향적인 행정학을 요구했다.

① 신행정학
② 비교행정론
③ 행정생태론
④ 공공선택론

답 ① 신행정학은 미국사회가 격동기의 혼란에 처하게 되면서, 적극적으로 사회문제를 해결할 방향을 모색하며 대두된 행정이론

2 신행정론(NPA)(1960년대 말 ~ 1970년대)

1. 의의

(1) 기존 행정학이 사회정의의 실현을 거부하는 기성체제의 도구라고 비판하였으며, 가치주의·주관주의라는 점에서 반실증주의, 후기 행태주의, 현상학, 비판행정 등과 이론적 맥을 같이 함

(2) 행정의 사회적 적실성, 실천적·정책지향적 성격, 행정학의 독자적 주체성을 강조하면서 1960년대 말에 새롭게 대두된 규범적 이론

2. 배경

(1) 미국사회가 격동기의 혼란에 처하게 되면서 적극적으로 사회문제를 해결할 수 있는 방향을 모색하게 됨

(2) 1968년 왈도(Waldo)에 의해 발족된 행정학 연구 집회 '미노부르크회의'를 통해 신행정론이 발표됨

3. 특징

(1) **사회적 적실성과 처방성 중시**

사회문제에 대한 다양한 대안을 개발하는 데 많은 관심을 가짐

(2) **가치지향성**

가치중립적인 행태론이 사회적 불평등을 심화시키는 결과를 초래하였다고 비판하며 형평성과 가치문제를 강조함

(3) **고객지향성(대응성)**

고객지향성 향상, 시민에 의한 행정통제, 시민의 평가와 선택을 중시함

(4) **능동적이고 책임성 있는 행정**

행정인의 독립변수적 역할을 강조하고 행정의 능동적이고 책임성 있는 역할 담당을 주장함

(5) **현상학적 연구방법**

행정을 이해하는 데 인간의 행태뿐만 아니라 내면의 의도나 동기를 강조하면서 현상학을 도입함

4. 한계

(1) **선진국 위주의 이론**

개발도상국의 행정에는 적용이 어려움

(2) **과학성 결여**

전반적으로 검증되지 않은 비과학적인 특성으로 가설 수준에 머무르는 이론이라는 비판을 받음

(3) **형평성에 대한 명확한 기준설정 곤란**

형평성의 개념이 모호하여 객관적인 기준이나 접근방법을 제시하지 못함

핵심 O X

01 신행정학에서는 정부의 적극적인 역할과 적실성 있는 정책의 수립을 강조하였다. (○, ×)

답 ○

02 미국의 경우 1960년대 신행정학이 등장하면서 사회적 형평성이 중요한 이념으로 제기되었다. (○, ×)

답 ○

03 신행정학은 행정학 연구에 있어 논리실증주의 지지, 현실 적합성, 사회적 형평성 추구, 고객지향성, 분권화와 참여를 강조한다. (○, ×)

답 × 논리실증주의를 비판

기출 체크

신행정학의 특징으로 가장 옳지 않은 것은? 2015년 서울시 7급

① 정치행정일원론보다는 정치행정이원론에 가까운 입장이다.
② 행정학 연구에 있어 적실성을 강조한다.
③ 행정의 고객지향성을 강조한다.
④ 분권화와 참여를 강조한다.

답 ① 행정의 가치추구와 정책지향성을 강조하는 정치행정일원론의 관점

5. 발전행정론과 신행정론의 비교

(1) 공통점

① 행정인의 적극적 역할
② 정치행정일원론
③ 과학성 부족
④ 사회변혁기의 행정이론

(2) 차이점

구분	발전행정론	신행정론
시대	1960년대	1960년대 말~1970년대
적용	개발도상국	선진국
강조점	효과성, 성장과 발전	형평성, 분배
기관형성	기관형성을 중시함	기관형성을 비판함

THEME 014 공공선택론 ★★★

1 의의

1. 개념

(1) '비시장적(non-market) 의사결정의 경제학적 연구'로서 정치학에 경제학을 응용한 1970~1980년대의 이론(Mueller)

(2) 공공부문*의 의사결정 문제를 경제학적 관점에서 분석함

(3) 시장메커니즘에서와 같이 정부를 공공재의 공급자, 시민을 공공재의 소비자로 간주하고 소비자인 국민이 스스로 선호를 표출하여 공공재를 선택하도록 하는 정치경제학적 접근방법

(4) 정부실패의 한계에서 출발한 이론

2. 기본 가정

(1) 인간관
인간을 사익을 추구하는 합리적 · 이기적 경제인으로 봄

(2) 연역적 접근방법
제반 가정을 토대로 논리적인 이론 전개 후, 이론으로부터 도출된 가설을 검증하는 접근방법을 사용함

(3) 방법론적 개체주의
개인을 분석단위로 하며 사회적 효용 극대화를 중시하여 정부나 국가를 유기체적 관점으로 보지 않고 개인 선호의 집합체로 인식함(미시적 접근)

경제지표와 사회지표

경제지표	• 성장 위주 • 객관적 · 물질중심적 지표 • 발전행정론과 관련
사회지표	• 분배 위주 • 주관적 · 인본주의적 지표 • 신행정론과 관련

* 비시장으로, 정부관료제, 의회, 정당, 투표, 이익집단 등이 있음

핵심 OX

01 공공선택론은 정부를 공공재의 생산자로 규정하며, 시민들을 공공재의 소비자로 규정한다. (○, ×)

답 ○

02 공공선택론은 비시장적 의사결정, 즉 정치적 문제에 대한 경제학적인 연구이다. (○, ×)

답 ○

03 공공선택론은 연역적 설명방식을 취함으로써 사물에 관한 추론방법을 이용하는 데 유용하다. (○, ×)

답 ○ 합리적 경제인 관점은 연역적 추론을 사용함

(4) 공공재에 관한 연구(공공부문의 시장경제화)

① 정부를 공공재의 생산자로 시민을 공공재의 소비자로 규정함

② 공공재의 효율적인 공급과 생산은 제도적인 장치(규칙)를 마련함으로써 가능함

③ 전통적인 관료제 조직은 공공서비스의 공급과 생산에 바람직한 제도적 장치가 되지 못하며, 분권적이고 중첩적인 제도적 장치가 필요함

(5) 교환으로서의 정치

정치(행정)의 본질은 시장거래와 같은 교환의 과정임

2 공공선택론의 주요 연구

1. 뷰캐넌(Buchanan)과 털록(Tullock)의 비용극소화모형

(1) 의의

민주적인 정책결정을 위해서는 정책결정 참여자를 늘려야 하지만 그럴 경우 정책결정비용이 증가되는 문제가 발생하기 때문에, 이를 조화시키는 방안으로서 정책결정 동의의 극대화와 비용의 극소화를 이루는 적정 참여자의 수를 찾고자 하는 모형

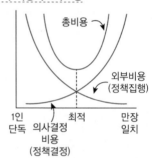

뷰캐넌(Buchanan)과 털록(Tullock)의 비용극소화모형

(2) 집합적 정책결정에서 적정한 참여자의 수

① **정책결정비용**: 정책결정과정에서 참여자 수가 많을수록 상호간 협상의 관계의 수가 늘어나 협상비용이 증가함

② **정책집행비용**: 정책결정과정에서 참여자가 많을수록 정책집행 시 정책 체제의 외부에 있는 정책관련자들을 설득하는 비용이 감소함

③ **적정한 참여자의 수**: 정책결정비용과 정책집행비용의 합이 최소인 점에서 참여자의 적정규모가 결정되며, 이 파레토 최적점에서 민주적인 집합적 정책결정이 이루어짐

2. 오스트롬(Ostrom)의 민주행정 패러다임

(1) 의의

오스트롬(Ostrom)은 『미국 행정학의 지적 위기』(1973)에서 계층제적 관료제를 능률적 조직으로 평가한 윌슨(Wilson) 등의 이론을 고전적 패러다임이라고 비판하고 민주행정 모형을 제시함

(2) 특징

① **관할의 중첩과 권한의 분산**: 시민의 다양한 요구와 변화하는 환경조건에 부응하기 위해서는 중첩되는 관할권과 권한의 분산을 주장함

② **다양한 선호를 반영한 능률성**: 소비자의 다양한 선호를 고려하는 사회적 능률성을 강조함

③ **계층제 비판**: 계층제적 구조는 시민의 다양한 선호와 환경적 조건에 민감하게 대응할 수 없는 장치이고, 능률성을 극대화하기 힘든 구조임

④ 자율적 조직, 행정활동의 시장적 특성 강화(수익자부담 등)를 주장함

3. 니스카넨(Niskanen)의 예산극대화모형

(1) 의의

관료는 자신의 효용을 극대화하기 위하여 예산을 높게 부풀려 과잉공급을 함으로써 정부실패가 발생함

(2) 특징

① 관료는 시장에서의 생산자나 소비자와 마찬가지로 부서 전체 예산의 극대화를 추구하는 합리적 경제인으로서 가정함
② 관료와 정치인의 목적함수는 서로 다르다는 것을 전제로 함
③ 정치인은 순편익의 극대화를 추구(MB = MC)하는 반면, 관료는 총편익의 극대화(TB = TC)를 추구하게 되면서 관료의 최적수준은 정치인의 최적수준보다 높게 형성되고 공공재는 과잉생산됨. 즉, 관료들의 예산극대화 추구 성향으로 인한 자원배분의 비효율성을 설명함

4. 다운스(Downs)의 중위투표자모형

(1) 각 정당은 다수결 투표제에서 집권에 필요한 표 획득의 극대화를 누리기 위해 중위투표자(중간선호를 가진 투표자)의 선호를 고려한 정책을 제시하게 됨

(2) 극단적인 선호를 가진 투표자들은 자신의 선호와 합치되는 지지정당을 상실하게 되어 기권을 많이 하게 됨

(3) 국민들의 이념수준은 다양하게 분포되어 있으나 중위수준의 이념에 가장 많은 유권자들이 분포되어 있어, 표 획득의 극대화를 추구하는 정당들은 자신들만의 고유한 이념적 기반에 입각한 정책보다는 중위수준의 투표자들을 위한 정책을 내놓는 경향이 있음

5. 애로우(Arrow)의 불가능성 정리(impossibility theorem)

(1) 의의

① 합리적이면서 동시에 민주적인 조건을 충족시키는 다수결의 투표방식은 존재하지 않는다는 '투표의 역설' 현상 때문에 개인의 선호들을 합한 사회의 최적 선택은 불가능하다는 이론
② 민주적 절차가 집단적 합리성을 보장하지 못한다는 것

(2) 불가능성 정리의 5가지 공리

① **파레토 원칙**: 사회의 모든 구성원이 A대안보다 B대안을 선호한다면, 사회도 A대안보다 B대안을 선호한다는 원칙
② **이행성의 원리**: A > B이고 B > C이면, A > C가 되어야 한다는 원리
③ **독립성의 원리**: 제3의 대안인 C가 나타날 경우, A와 B의 순위가 다시 바뀌는 등 상이한 정책대안 간 상호의존성이 있어서는 안 된다는 원리
④ **비독재성의 원리**: 사회의 어느 한 구성원의 선호가 사회전체의 선호를 좌우해서는 안 된다는 원리
⑤ **선호의 비제한성의 원리**: 자기가 선호하는 대안을 충분히 고려하고 선택할 수 있는 자유가 보장되어야 한다는 원리

니스카넨(Niskanen)의 예산극대화 모형

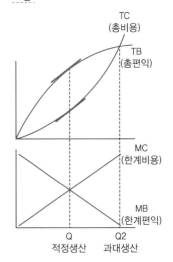

투표의 역설

다수결투표를 통하여 개인선호를 결집할 때 논리적 비일관성이 나타날 수 있어 각 개인의 선호체계는 일관되더라도 집단의 선호체계는 일관되지 않을 수 있는데, 이를 '투표의 역설'이라고 함

기출 체크

애로우가 제시한 바람직한 집합적 의사결정방법의 기본조건이 아닌 것은?
2016년 사회복지직 9급
① 집단의 선택과정은 합리적이어야 한다.
② 개개인의 선택의 자유가 제한되어서는 안 된다.
③ 어느 누구도 집합적인 선택의 과정에 대해서 결정적인 영향력을 행사해서는 안 된다.
④ 두 대안에 대한 개개인의 선호순위는 두 대안뿐 아니라 다른 제3의 대안도 고려하여 결정되어야 한다.

답 ④ 제3의 대안이 고려된다는 것은 독립성의 원리에 반하는 것으로 두 대안에 대한 선호순위를 결정함에 있어서 다른 제3의 대안은 고려되지 않아야 함

(3) 결론

애로우(Arrow)는 불가능성 정리를 통해 이러한 조건들을 만족시키는 사회후생 함수는 성립될 수 없고, 만약 그것이 가능하다면 오직 독재자의 선호를 반영하는 사회후생 함수일 뿐임을 입증함

6. 스크루라이더(Scluleider)와 노드하우스(Nordhaus)의 정치적 경기순환론

정치인들은 선거에서 승리하기 위하여 선거 전에는 경기가 호황상태가 되도록 경기부양책을 사용하다가, 선거 후에는 반대로 긴축재정을 펼치기 때문에 경기순환이 '정치적'으로 이루어진다는 이론

7. 티부가설(Tiebout hypothesis)

(1) 의의

주민들의 자유로운 선호에 의하여 도시의 적정공급규모가 결정된다는 이론

(2) 발로 하는 투표

① 주민들은 지방정부를 자유롭게 이동할 수 있다는 전제하에 지방정부가 독자적으로 결정을 내리는 분권화된 체제가 지방공공자원의 효율적 배분을 가져온다는 것

② 지방자치의 당위성을 강조함

(3) 전제조건

① **완전한 정보**: 지방정부가 제공하는 정책에 대한 모든 정보가 주민에게 공개되어 주민이 그 내용을 알 수 있어야 함

② **완전한 이동성**: 시민들은 자신의 선호에 맞는 지방정부로 자유롭게 이동할 수 있어야 함

③ **외부효과 부존재**: 외부경제나 외부불경제가 존재하지 않아, 한 지방의 정부가 제공하는 서비스는 다른 지역이 아닌 그 지역주민의 후생에만 영향을 미쳐야 함

④ **규모의 경제 부존재**: 규모의 경제가 존재하게 되면 지방정부의 규모에 따라 경쟁체제가 성립될 수 없으므로 규모의 경제가 존재하지 않아야 함

⑤ **다수의 지방정부**: 서로 다른 정책을 추구하고, 서비스를 제공하는 많은 수의 지방정부가 존재해야 함

⑥ **최적규모의 추구**: 모든 지방정부는 인구의 최적규모를 추구해야 함

⑦ 지방정부의 재원은 주택을 소유한 그 지역 주민들이 납부하는 재산세로 충당하는 것이 바람직함

⑧ **각 지방별 고정적 생산요소의 존재**: 최소한 한 가지 이상의 고정적 생산요소를 가짐

(4) 결론

각 지방정부는 주민들의 선호를 파악하고 이에 적합한 재정프로그램을 만들어 내려고 노력하며, 주민들은 자신의 선호에 맞는 지방정부를 선택함으로써 경쟁의 원리에 의해 지방공공재가 효율적으로 공급될 수 있음

3 공공선택론의 행정개혁방안과 평가

1. 행정개혁방안

(1) 공공재의 공급방식 – 상황적응적 접근
관료제가 항상 효율적인 방법은 아니라고 인식하면서 분권화·협동화된 다원조직 장치를 선호하고, 공공재의 생산에서 정부와 민간의 다양한 참여자들이 참가한 다원적 공급체계를 선호함

(2) 비계서제적 조정
공공재를 생산하는 조직 간에 갈등이 있을 때 관료제의 권력적·하향적·강제적 조정보다는 협력·교환에 의한 조정을 중시함

(3) 관할중첩의 허용(경쟁성)
고객의 요구에 즉각적으로 반응할 수 있도록 관할권을 중첩시켜 경쟁성을 확보함으로써 공공재의 질이 향상된다고 인식함

(4) 고객에 대한 의존도 제고
고객의 선호를 반영하지 못하는 조직은 해체되거나 재구조화되어야 한다고 주장함

(5) 시장 메커니즘의 활용과 파레토 최적의 실현
수익자부담세와 같은 가격 메커니즘을 도입하여 공공재에 소요되는 비용의 소비자 부담원칙을 강화함으로써 파레토 최적의 상태를 실현할 수 있음

2. 공헌

(1) 행정학의 과학성과 연구에 기여
행정연구의 과학성과 연구범위 확대에 기여함

(2) 행정의 대응성 향상
시민 개개인의 선호와 선택을 존중하고, 경쟁을 통해 서비스를 생산하고 공급함으로써 행정의 대응성 향상에 도움이 됨

(3) 행정의 능률성 향상
시장적 원리인 경쟁체제와 효율적인 자원배분을 추구함으로써 행정의 능률성 향상에 기여함

(4) 분권화 촉진
분권적 공급구조를 주장함으로써 분권화가 촉진됨

(5) 민주행정 구현
관료제의 경직성을 비판하고, 행정에 있어서 민주행정 패러다임을 구축하려고 노력함

(6) 정부실패 해결을 위한 노력
정부규제와 지대추구활동 등 정부실패의 해결을 위해 노력함

3. 한계

(1) 보수적 접근
개인의 기득권 유지 등 현상유지의 보수적인 접근으로 균형이론을 강조함

(2) 시장실패 발생 가능성 간과

시장주의에 입각한 이론으로서 시장실패의 우려가 있음

(3) 시장논리의 적용 곤란

공공재의 특수성으로 인해 시장주의 가치를 적용하기 어려울 수 있음

(4) 방법론적 개인주의와 인간관에 대한 비판

합리적 경제인 가정과 이익극대화 가정은 지나치게 단순하고 편향적인 논리이므로 이에 대한 비판이 있음

(5) 형평성에 대한 미고려

수익자부담원칙을 중시하는 공공선택론은 형평성의 문제를 고려하지 않아 수직적 형평성을 저해할 우려가 있음

핵심 O X

던리비(Dunleavy)의 관청형성모형은 관료마다 추구하는 예산이 다름을 주장한다. (O, ×)

답 O

기출 체크

던리비의 관청형성모형에 대한 설명으로 가장 옳은 것은? 2018년 지방직 9급

① 고위 관료의 선호에 맞지 않는 기능을 민영화나 위탁계약을 통해 지방정부나 준정부기관으로 넘긴다.
② 합리적인 고위직 관료들은 소속기관의 예산극대화를 추구한다.
③ 중하위직 관료는 주로 관청예산의 증대로 이득을 얻는다.
④ 관료들이 정책결정을 할 때 사적이익보다는 공적이익을 우선시한다.

답 ① 던리비(Dunleavy)는 고위관료들은 민영화나 위탁계약과 같은 방법을 통해 불리한 영향에서 벗어나려는 시도를 한다고 주장함

Level up **던리비(Dunleavy)의 관청형성모형**

1. 던리비(Dunleavy)의 관청형성모형은 니스카넨(Niskanen)의 모형이 기관과 관료의 유형에 따라 예산증가에 따른 효용이 다르다는 것을 전혀 고려하지 않는다고 비판하며, 합리적 고위관료들은 오히려 자신의 효용을 극대화시키기 위해 관청형성의 전략을 구사한다는 모형

2. 합리적인 고위관료들은 단순히 예산의 증가에만 관심을 갖는 것이 아니라 자신의 효용을 극대화시키기 위하여 소속기관의 유형에 따라 차별적인 전략을 구사함

3. 합리적 고위관료들은 책임과 통제가 수반되는 일상적 기능 등 자신들의 선호에 맞지 않는 기능은 준정부조직이나 외부(관청)를 통해 형성하고, 권력의 중심에 있는 정책위주의 부서는 참모조직을 선호함

4. 중하위직 관료들은 주로 핵심예산의 증대로부터 직업의 안정성, 경력축적, 승진촉진 등의 이득을 얻는 반면, 고위 관료들은 주로 관청예산 증대로부터 부처의 위신 상승, 고객과의 관계개선, 비상 시 여유재원 확보 등의 이득을 얻게 됨

5. 니스카넨(Niskanen)의 예산극대화모형 중 관료들이 공적인 결정을 내림에 있어서 자신의 사적이익을 극대화하고자 한다는 가정은 받아들임

6. **관청형성모형의 예산 및 기관의 유형**
   ① 관청의 유형
      - 전달기관: 전형적인 고전적 계선관료제로서 산출물을 직접 생산하는 기관
        예 경찰청, 검찰청, 법무부, 통일부 등
      - 봉사기관: 정부의 모든 타 조직에 시설이나 용역을 제공하는 업무를 수행하는 기관
      - 규제기관: 개인, 기업 또는 타 공공부문기관의 행동을 제한하는 기관
      - 이전기관 및 계약기관: 예산의 상당부분을 민간 부문에 전달하는 기관
      - 통제기관: 국가조직들의 자금사용 및 정책집행방식을 감독하는 기관
        예 교육부, 행정안전부, 기획재정부 등
   ② 예산의 유형
      - 핵심예산(기관 자체의 운영비) → 전달기관, 봉사기관, 규제기관
      - 관청예산(핵심예산 + 해당 기관이 민간부문에 지불하는 모든 지출액) → 이전기관, 계약기관
      - 사업예산(관청예산 + 해당 기관이 다른 공공부문기관에 이전하는 지출액) → 통제기관
      - 초사업예산(사업예산 + 영향력을 미칠 수 있는 타 기관 예산): 다른 기관들 스스로에 의해 예산이 확보되지만, 해당 상급수준기관에 의해 통제받는 자금
   ③ 예산극대화: 핵심예산이 큰 비중을 차지하는 전달기관 등의 경우 예산극대화를 추구하지만 다른 공공기관에 이전하는 지출액이 큰 비중을 차지하는 통제기관은 예산극대화의 동기를 찾기 어려움

THEME 015 신제도주의 ★★☆

1 의의

1. 의의

(1) 1980년대의 이론으로, 제도의 개념을 규범, 규칙, 사회현상으로 폭넓게 이해하고 환경과의 상호작용을 통해 제도와 행위자 간의 상호작용과 제도의 영향력을 연구하는 동태적인 접근방법

(2) 오스트롬(Ostrom)의 『게임, 규칙 그리고 공유재이론』(1986)을 통하여 행정학에 도입됨

2. 배경

(1) **구제도주의에 대한 차별적 접근**

구제도론은 제도의 공식적 측면에 초점을 두었기 때문에 제도의 비공식적 측면을 간과하여 제도를 둘러싼 역동적 관계와 제도 이면의 동태적 측면을 설명하지 못하므로 사회현상을 제대로 설명하지 못함

(2) **행태주의에 대한 반발**

행태론은 미시적으로 제도적 상황하에서 개인의 선호나 가치가 형성·변동되고 제도가 개인적 선호를 개인의 행동으로 전환시키는 것을 설명하지 못하며, 시대별로 다양한 정책적 차이를 설명하지 못하기 때문에 이에 대한 반발로 신제도론이 대두됨

3. 구제도주의와 신제도주의 비교

구분	구제도주의	신제도주의
제도의 개념	법, 통치체제, 행정조직 등 공식적인 측면을 제도로 봄	공식적 측면뿐만 아니라 규범이나 관습 등 비공식적 측면까지도 제도로 봄
분석방법	개별제도의 정태적 분석	다양한 제도적 요소들에 대한 동태적 분석
연구방법	거시적 접근	거시와 미시의 연계
제도의 특징	제도는 외생적이고, 행위자에 일방적 영향을 미친다고 인식함 (제도만의 연구)	제도와 행위자 간의 상호 영향력을 인정함 (제도와 행위자의 동시연구)

기출 체크

행정학의 이론과 접근방법에 대한 설명 중 가장 옳지 않은 것은? 2015년 서울시 7급

① 행태주의는 행태의 규칙성 및 인과성을 경험적으로 입증하고 설명할 수 있다고 보며 가치와 사실을 통합하고 가치중립성을 지향한다.

② 체제론에 따르면 체제의 변화나 성장은 기존의 균형 상태에서 일어나지 않고 구성요소 중 어느 하나에 변화가 생기거나 새로운 이질적 요소가 투입될 때 발생한다고 본다.

③ 생태론은 가우스와 리그스 등이 발전시킨 이론으로 행정의 보편적 이론보다는 중범위 이론의 구축에 자극을 주고, 행정학의 과학화에 기여하였다.

④ 신제도주의는 공식적인 제도뿐만 아니라 비공식적 제도나 규범에 관심을 가지며, 외생변수로 다루어졌던 정책 혹은 행정환경을 내생변수로 분석대상에 포함시켰다.

답 ① 행태주의는 가치와 사실을 이분법적으로 분리하여, 연구대상에서 가치를 배제하고 사실만을 연구대상으로 하는 가치중립성을 지향함

합리적 선택 신제도주의

합리적 선택 신제도주의자들은 행위자들이 집합적으로 더 나은 결과를 낳는 행동이나 대안을 선택하지 않는 이유를 적절한 제도적 메커니즘이 없기 때문이라고 인식하며, 제도를 집단행동의 딜레마를 해결하기 위한 장치로 받아들임

핵심 OX

01 합리적 선택 신제도주의에 의하면 행위자의 선호는 개인들 간 상호작용을 통해 형성된다. (○, ×)
[답] × 개인들의 선호는 외생적으로 형성되며, 주어진 것으로서 고정된 것

02 합리적 선택의 신제도주의는 제도의 발생을 거래비용개념으로 설명한다. (○, ×)
[답] ○

03 합리적 선택 신제도주의는 행정적 인간의 가정에 바탕을 두고 제한된 합리성의 관점에서 합리적 선택을 하는 것으로 본다. (○, ×)
[답] × 행정적 인간이 아니라 경제적 인간에 가정

04 역사적 신제도주의는 행위자 간의 상호작용을 제약하는 제도의 영향력과 제도적 맥락을 강조한다. (○, ×)
[답] ○

05 역사적 신제도주의는 분석수준 면에서 방법론적 개체주의의 입장을 취한다. (○, ×)
[답] × 방법론적 전체주의의 입장

06 역사적 신제도주의는 주로 중범위 수준에서 분석을 수행한다. (○, ×)
[답] ○

07 역사적 신제도주의는 개별국가의 특수한 역사적 제도형성을 강조한다. (○, ×)
[답] ○

2 신제도주의의 접근방법

구분	합리적 선택 신제도주의	역사적 신제도주의	사회학적 신제도주의
제도의 개념	전략적 행위로 인한 균형점	역사적 맥락과 지속성의 산물	사회·문화적인 관행과 규범들
선호 형성	외생적 형성	내생적 형성	내생적 형성
제도의 측면	공식적 측면 강조	공식적 측면 강조	비공식적 측면 강조
제도의 변화	경제적 분석	외부적인 충격 (단절적 균형)	동형화의 논리, 적절성의 논리
접근법	연역적, 방법론적 개체주의	귀납적(사례연구), 방법론적 전체주의	귀납적(경험적), 방법론적 전체주의

1. 합리적 선택 신제도주의

(1) 의의

① 자기이익을 추구하는 인간은 고정된 선호를 극대화하기 위하여 제도를 형성하지만, 한편으로는 제도의 변화로 개인의 선택이나 행동이 달라지는 등 제도의 영향력을 인정하는 이론

② 제도는 자생적인 것이 아니라, 개개인의 선호나 효용을 극대화하기 위하여 인간에 의하여 합리적·의도적으로 선택된 것이라고 인식함

(2) 특징

① **외생적 선호와 전략적 행동**: 제도는 선호형성에 대해 아무런 역할을 하지 않으며, 개인은 합리적 경제인(단, 전지전능성을 전제한 완전한 합리성을 지닌 존재로 보지는 않음)으로서 주어진 선호를 극대화하는 방향으로 전략적 행동을 함

② **개인들의 전략적 선택과 유인구조에 영향**: 제도는 행위자들 간의 상호작용을 구조화시킴으로써 개인 또는 조직의 전략적 선택과 유인구조에 영향을 미침

③ **전략적 상호작용**: 일단 형성된 제도는 합리적 행위자의 행태에 제약을 두는 등 개인과 제도는 상호작용을 형성함

④ **전략적 선택에 의한 제도변화**: 제도나 균형상태의 변화는 각 개인이 경험하는 편익이 비용보다 커야 이루어짐

⑤ **균형개념의 강조**: 균형 상태를 유지하는 데 있어서 제도의 역할을 중시함

(3) 주요 논의

① **코즈(Coase)의 정리**: 민간 경제 주체들이 자원의 배분 과정에서 아무런 비용을 치르지 않고도 협상을 통해서 항상 동일한 파레토 최적의 자원배분을 실현할 수 있는 것

② **윌리암슨(Willamson)의 거래비용이론**
　㉠ **개념**: 경제행위가 순수한 시장거래의 형태로 이루어지는지, 기업의 위계적인 질서를 통한 조정의 형태로 이루어지는지는 거래비용의 크기에 의해 결정된다고 보는 이론

ⓒ **거래비용의 발생원인**: 환경적 불확실성, 제한적 합리성, 기회주의적 행동, 자산전속성

2. 역사적 신제도주의

(1) 의의
① 제도를 정책결정요인으로서 인식하고 정책참여자들의 이해와 선호를 결정짓는 제도의 영향력과 맥락에 초점을 맞춘 이론
② 제도가 관련 정책행위자들 간의 상호작용을 어떻게 제약하고, 어떻게 영향을 미치는지 등을 분석함
③ 동일한 상황에도 국가 간 추진하는 정책의 차이점과 정책의 효과가 왜 다르게 나타나는지, 또한 제도가 형성된 역사적 과정과 형성된 제도의 지속성을 중시함
④ 역사적 신제도주의는 국가 간의 비교사례연구를 통한 귀납적 방법으로 이론을 구성하고, 중범위 수준의 연구범위를 가짐

(2) 특징
① **선호의 내생성**: 개인들의 선호가 제도적 맥락에 의하여 제도 내에서 형성된다고 봄
② **방법론적 전체주의**: 정책을 개별적인 행위들의 합이 아니라, 전체로서의 실체로 파악함
③ **독립변수이자 종속변수로서의 제도**: 제도가 개인과 집단의 행위를 제약하기도 하고, 개인과 집단의 행위에 의해 제도가 형성되며 변화의 과정을 거치기도 함
④ **다양성과 맥락성**: 다양한 요인들이 결합되는 역사적 맥락을 중시함
⑤ **경로의존성(path-dependence)**: 과거의 선택이 일정한 경로를 지속하게 하며 새로운 제도의 형태를 제약한다는 경로의존성을 강조함

(3) 역사적 신제도주의에서 제도의 변화(급격한 변화)
① **역사적 전환점**: 제도의 변화를 설명함에 있어 심각한 경제위기, 전쟁 등 역사적 전환점에 주목함
② **단절적 균형**: 제도 변화는 계속적·점진적인 것이 아니라 위기에 대처하는 과정에서 급격히 발생함
③ **권력 불균형 강조**: 제도는 사회집단 간 권력을 불균형하게 배분하고, 의사결정에 대한 접근이 불균형적으로 발생함

3. 사회학적 신제도주의

(1) 의의
① 사회문화적 환경에 의하여 제도의 특성과 형성과정이 영향을 받는다는 이론
② 제도의 공식적인 측면보다는 규칙, 절차, 관습 등을 포함하는 사회 전체의 규범을 모두 제도로 인식하므로 제도의 범위가 가장 넓음
③ 제도를 개인으로 환원시키지 않고 전체로서 이해함

신제도주의의 유파와 정책과정에의 적용

1. **합리적 선택 신제도주의**: 정책관련 행위자의 행위유인과 정책의 상호작용 관계를 미시적 수준에서 정밀하게 분석함
2. **역사적 신제도주의**: 역사적 맥락 하에서 정책이 가지고 있는 특수성과 정책의 경로의존성을 분석함
3. **사회학적 신제도주의**: 문화와 일상적·규칙적 행위들까지 분석의 대상으로 삼고, 정책을 둘러싼 사회적 환경을 설명하며 사회적 환경이 정책과정에 미치는 영향을 해석함

🏛 **기출 체크**

역사적 신제도주의의 특징으로 옳지 않은 것은? 2015년 지방직 9급
① 행정기관, 의회, 대통령, 법원 등 유형적인 개별 정치제도가 주된 연구 대상이다.
② 제도를 이해하는 데 있어 역사적·사회적 맥락의 중요성을 강조한다.
③ 제도가 형성되면 안정성과 경로의존성을 갖는다고 본다.
④ 제도란 공식적 법규범뿐만 아니라 비공식적 절차, 관례, 관습 등을 포함한다.

답 ① 행정기관, 의회, 대통령 등을 연구대상으로 보는 것은 구제도주의 특징

핵심 OX

01 사회학적 신제도주의는 문화가 제도의 형성에 미치는 영향을 간과한다.
(ㅇ, ×)

답 × 제도는 사회와 문화의 영향을 받아 형성·변경됨

02 사회학적 신제도주의는 경제적 효율성이 아니라 사회적 정당성 때문에 새로운 제도적 관행이 채택된다고 본다.
(ㅇ, ×)

답 ㅇ

03 합리적 선택 신제도주의는 방법론적 개체주의에, 사회학적 신제도주의는 방법론적 전체주의에 기반을 두고 있다.
(ㅇ, ×)

답 ㅇ

조직의 배태성(embeddedness)

개인들이 조직 내 다른 사람들과 서로 긴밀하게 연결되어 있다는 것. 배태성으로 인해 구성원들은 다른 사람들에게 동의와 지지를 얻는 것을 중요하게 생각하기 때문에 제도에 맞게 행동하고, 제도를 선택할 때에도 자신의 경제적 이익의 추구보다는 사회적 정당성에 따른 선택을 함

🏛 **기출 체크**

01 신제도주의에 대한 다음 설명 중 가장 옳지 않은 것은? 2015년 서울시 9급

① 신제도주의는 행태주의에서 규명하고자 했던 개인의 선호체계와 행위 결과 간의 직선적 인과관계에 의문을 제기한다.
② 합리적 선택 신제도주의 계열에는 거래비용경제학, 공공선택이론, 공유재이론 등이 있다.
③ 사회학적 신제도주의는 경제적 효율성이 아니라 사회적 정당성 때문에 새로운 제도적 관행이 채택된다고 주장한다.
④ 역사적 신제도주의는 경로의존적인 사회적 인과관계를 강조하므로 특정 제도가 급격한 변화에 의해 중단될 수 있는 가능성을 부정한다.

답 ④ 역사적 신제도주의는 경로의존적인 사회적 인과관계를 강조하지만 특정 제도가 외부적인 충격, 급격한 변화에 의해 중단될 수 있는 가능성을 인정

02 신제도주의에 대한 설명 중 가장 옳은 것은? 2017년 사회복지직 9급

① 합리적 선택 제도주의는 방법론적 전체주의 입장에서 제도를 개인으로 환원시키지 않고 제도 그 자체를 전체로서 이해함을 강조한다.
② 역사적 제도주의는 선진 제도 학습에 따른 제도의 동형화를 강조한다.
③ 사회학적 제도주의는 기존 경로를 유지하려는 제도의 속성을 강조한다.
④ 사회학적 제도주의는 조직구성원이 제도를 넘어선 효용극대화의 합리성에 따라 행동하기보다 주어진 제도 안에서 적합한 방식을 찾아 행동할 가능성이 높음을 강조한다.

답 ④
① 방법론적 개체주의의 입장
② 제도의 동형화를 강조하는 것은 사회학적 신제도주의
③ 경로의존성은 역사적 신제도주의의 특징

(2) 특징

① **선호의 내생성**
   ㉠ 개인의 선호는 주어진 것이 아니라 사회적으로 제도 안에서 생성됨
   ㉡ 제도는 개인의 전략적 행위에 영향을 줄 뿐만 아니라 개인들의 기본적인 선호와 정체성에도 영향을 미침

② **제도적 동형화(isomorphism)**
   ㉠ 처음에는 다른 형태로 출발한 제도라고 하더라도 국가나 조직의 경계를 넘어 점차 유사한 형태로 수렴하게 되는 것을 의미함
   ㉡ 역사적 제도주의가 제도의 종단면적 차이점을 강조하였다면 사회학적 제도주의는 횡단면적 유사점에 관심을 가짐

③ **제도적 환경과 배태성**: 인간은 제도 안에서 행동하기 때문에 제도의 틀을 벗어나기 어려움

④ **인지적 차원**: 제도는 사회에서 정당한 것 또는 당연시되는 것으로 인식되며, 상황에 대한 해석에 따라 행위가 이루어진다고 인식함

⑤ **사회적 정당성**: 합리성이나 경제적 효율성이 아닌, 사회적 정당성으로 새로운 제도적 관행이 채택됨

3 신제도주의의 평가

1. 공헌

(1) 제도의 영향력을 강조함

(2) 제도의 다양성에 대하여 분석함

(3) 정책과 행정환경에 대하여 연구함

2. 비판

(1) 제도적 결정론의 오류 가능성이 있음

(2) 이론이 추상적이고 모호함

(3) 제도의 형성과정에 대한 설명과 인과관계의 설명이 미흡함

THEME 016 후기 행태론적 접근방법 ★☆☆

1 현상학적 접근방법

1. 의의

(1) 1970~1980년대 이론으로, 겉으로 표현된 행태(behavior)가 아니라 주관적 의지를 내포하고 있는 행위(action)나 행동을 중시하는 주관주의 이론

(2) 외면적인 인간행태의 인과적 설명에 치우친 행태주의와 실증주의를 비판하고, 행위자의 내면적인 동기나 의도를 행정현상에 적용·연구하는 방법론

2. 배경

(1) 탈실증주의 연구경향
① 사회현상은 자연현상과는 본질적으로 다름을 강조함
② 사회현상의 본질과 인간 인식의 특성, 이론의 성격 등 사회과학연구의 좀 더 본질적인 문제에 관심을 두고, 가치지향적인 현상학을 도입함

(2) 하몬(Harmon)의 행위이론(1981)
① 상호주관적 인식론
ⓒ 인간 자아의 능동적·사회적 본성을 분석의 기초 단위로 함
ⓒ 개인 간 상호작용을 활발히 하여 조직의 인간화와 새로운 조직 개선을 주장함
② 인간의 능동성
ⓒ 인간을 피동적·수동적 존재가 아닌 능동적·자율적 존재로 봄
ⓒ 인간은 자신의 활동과 관련하여 자아를 성찰할 수 있는 책임 있는 행위자임을 전제로 함
③ 미시적 접근: 가치문제를 중시하며 개체주의적인 미시적 접근방법에 해당함
④ 의사소통을 통한 합리적 결정을 중시함
⑤ 인간소외현상(물화현상)에 관심을 가짐

3. 특징

(1) 유명론
인간의 의식과 행위 그 자체를 중시하는 유명론의 입장

(2) 반실증주의
현상을 분해하여 분석하는 실증주의에 반대하고, 현상을 본질적인 전체로 파악해야 한다는 입장

(3) 자발론, 주의주의
인간을 자유의지를 가진 적극적이고 자율적인 존재로 파악함

(4) 개별사례 중심
행위자의 의지와 동기를 중시하고, 개별사례 중심의 연구방법을 추구함

(5) 상호주관성(간주관성) 강조
사회현상 또는 사회적 실재가 자연현상처럼 사람과 동떨어진 객체로 존재하는 것이 아니라, 사람들의 상호주관적인 경험으로 이루어진다고 강조함

4. 공헌

(1) 인간의 주관적 관념과 의식 등의 의미를 연구하여 연구의 적실성을 높임

(2) 사회현상이나 조직의 문제에 있어서 철학적 사고방식을 제공함

(3) 가치평가적인 연구를 가능하게 함

5. 한계

(1) 지나치게 철학적이고 철학의 범주를 벗어나기 어려우며, 경험적으로 증명할 수 있는 가설을 제시하지 못함

핵심 O X

01 현상학적 접근은 행정현상의 본질, 인간인식의 특성, 이론의 성격 등 사회과학연구의 본질적 문제에 대해 실증주의와 행태주의적 연구방법에 반대한다.
(O, ×)

답 O

02 현상학적 접근은 객관적 존재의 서술을 위해서는 현상을 분해하여 분석할 필요가 있다. (O, ×)

답 × 실증주의를 반대

03 현상학은 개별문제 중심적인 연구에 치중한다. (O, ×)

답 O

04 현상학은 가치와 사실의 구분을 거부하고 현상을 본질적인 전체로 파악해야 한다고 주장한다. (O, ×)

답 O

05 현상학적 접근방법은 인간행위의 많은 부분이 무의식이나 집단규범 또는 외적 환경의 산물이라는 것을 간과하고 있다. (O, ×)

답 O

06 현상학적 접근은 행위의 목적성과 의도성을 어떻게 찾아낼 것인가에 대한 방법과 기술에 대해서는 언급이 없다.
(O, ×)

답 O

(2) 어떻게 연구할 것인가에 대한 방법론을 제시하지 못함

(3) 지나치게 미시적인 연구로 인해 거시적 요인을 소홀히 하며 조직의 전체성과 고유의 특성을 파악하지 못함

2 비판이론(비판 행정학)

1. 의의

이성을 통하여 자유를 실현시키고 인간의 성장과 발전을 저해하는 사회체제와 제도로부터 해방되기 위해서는 비판적인 이성과 가치비판적인 입장을 가져야 한다는 이론

2. 배경

(1) 주류 행정학에 대한 반발로, 인간소외현상을 야기한 전통적 행정이론과 행태론의 한계를 극복하기 위하여 대두됨

(2) 현상학과 해석학이 사회의 구조적 특징을 경시하는 것을 비판함

3. 기본 개념

(1) **총체성**

사회는 고립적이거나 부분적이지 않고 연관되어 있으면서 전체적임

(2) **의식**

인간의 내면에서 형식화되고 경험에 의해서 작용하는 의식을 강조함

(3) **인간소외의 극복**

인간과 객관화된 세계를 분리하여 인간해방을 추구함

(4) **비판적 이성**

이성의 획일화 · 절대화를 부정하고 기존의 진리가 불변이라는 고정관념을 배격하며 비판적 이성의 회복을 강조함

(5) **상호적 담론**

왜곡 없는 의사소통의 필요성을 강조함

유명론

보편자는 명사에 지나지 않는다고 하며, 그 실재를 부정하는 철학상의 입장

비판이론

인간이 지향하고자 하는 상태와 그에 대한 사회적 제약 간에는 모순과 긴장이 존재하고 있는데, 비판이론은 이러한 제약을 해소하고자 등장함. 모순과 긴장의 주원인을 권력의 불평등에 있다고 보며, 사회적으로 힘을 가진 약자를 억압하기 위한 수단으로 정치행정적 권력을 활용하고 있다는 시각을 가지고 있음

핵심 OX

비판이론적 담론주의는 사회관계의 지나친 합리화로부터 인간해방을 추구한다.
(O, ×)

답 O

4. 특징

(1) 도구적 이성 비판

도구적 합리성에 매몰된 사회의 구조적인 제약과 통제로부터 인간해방을 추구함

(2) 공공영역의 시민참여 확대

시민과 공공영역을 담당하는 관료 간의 의사소통이 왜곡되어 있는 것을 바로잡기 위해서 시민의 공공영역 참여를 확대해야 한다고 주장함

(3) 당사자 간의 의사소통의 균형과 원활화 강조

왜곡 없는 자유로운 의사소통과 담론을 통해 공공행정의 위기를 극복함

5. 하버마스(Habermas)의 이론

(1) 의의

하버마스(Habermas)는 인간의 이성을 도구적·기술적 이성, 실천적·해석적 이성, 비판적·해방적 이성으로 나누고, 인간의 행위를 제대로 이해하기 위해서 세 가지 이성이 모두 중요하다고 봄

(2) 특징

① **도구적·기술적 이성**: 합리적인 행동을 중요시하고 경험적·분석적·객관적인 과학을 지향함
② **실천적·해석적 이성**: 행위자들 서로가 공유하는 의미와 합의규범에 바탕을 두는 상호작용을 중시하고, 역사적이고 해석학적인 과학을 지향함
③ **비판적·해방적 이성**: 사회적 권력 내지는 권력관계에 대한 비판적 통찰을 통한 인간해방을 중시하고, 비판지향적인 과학을 중시함

3 포스트모더니즘 행정이론

1. 의의

(1) 모더니즘

① 이성과 과학성을 중시하여 합리성, 객관성, 실증성을 강조하는 관점
② 산업화가 성숙되고 기술관료제의 이념과 절차적 민주주의가 지배적인 시대의 기조

(2) 포스트모더니즘

모더니즘에 대한 비판으로 등장한 것으로 모더니즘이 낳은 병폐를 극복하고 다양성과 상대성을 중시함

2. 배경

(1) 합리주의에 대한 도전

(2) 제2차 세계대전이 발발하며, 이성과 과학에 대한 의심

(3) 후기 산업사회의 특징인 개방화·탈권위·분권화 현상의 가속화

핵심 OX

01 포스트모더니즘 행정이론에서 바람직한 행정서비스는 다품종 소량생산체제에서 제공될 가능성이 높다.

(O, ×)

답 O

02 포스트모더니즘 행정이론에 의하면 진리의 기준은 맥락의존적이다.

(O, ×)

답 O

03 포스트모더니즘 행정이론은 상대적이고 다원주의적이며, 해방주의적 세계관을 가지고 있다. (O, ×)

답 O

04 포스트모더니티의 핵심 개념은 상상, 영역 해체, 타자성 등이다. (O, ×)

답 O

3. 특징

(1) 구성주의

우리가 발견할 수 있는 객관적 사실이 있다고 보는 객관주의를 배척하고, 사회적 현실은 우리들 마음 속에서 구성된다고 보는 구성주의와 내면주의를 지지함

(2) 상대주의적 세계관

절대주의와 보편주의를 비판하고, 서로의 가치를 인정하는 상대주의적 · 다원주의적 세계관을 지향함

(3) 해방주의

개인은 조직과 사회적인 구조의 지시나 제약으로부터 해방되어야 한다고 주장함

(4) 행동과 과정 중시

행동과 그 행동이 만들어져 가는 과정을 중시함

4. 파머(Farmer)의 포스트모더니즘 행정이론

(1) 상상(imagination)

상상은 현상과 문제를 접하는 태도로서 문제의 특수성을 새로운 사고의 틀로 인정함

(2) 해체(deconstruction)

① 텍스트(언어, 몸짓, 이야기, 설화 등)의 근거를 파헤쳐 특정한 상황하에서 텍스트들을 더 잘 이해할 수 있도록 하는 것
② 텍스트들을 무조건 당연한 것으로 받아들이지 않고 상황적 맥락성을 감안하여 재해석함

(3) 탈영토화(deterritorialization)

지식의 경계가 사라짐에 따라 행정학에서도 영역을 해체함

(4) 타자성(alterity)

다른 사람을 관찰대상으로서의 인식적 객체 또는 인식적 타인이 아니라, 인격체로서 존중받아야 할 도덕적 타인으로 인정함

4 담론이론

1. 의의

(1) 담론

논증을 통하여 상호이해와 합의에 도달하는 것

(2) 담론이론

행정을 전문성을 바탕으로 업무를 수행하는 개념으로, 이론화하기 보다는 정책결정과정에서 시민들의 의견을 적극적으로 청취하여 시민들이 원하는 의도를 반영하는 담론의 장으로 인식함

2. 이론적 배경

(1) 현상학

현상학은 자유로운 의사소통, 즉 담론을 강조함

(2) 비판이론

담론의 전제로 의사소통적 합리성이 필연적으로 요구됨

(3) 신국정관리론

시민참여와 신뢰를 바탕으로 하는 상호작용과 담론을 중시함

(4) 포스트모더니즘

포스트모더니즘 행정이론의 중요한 요소 중의 하나가 담론이론에 해당함

3. 정통이론에 대한 대안으로서의 담론이론

(1) 정통이론에 대한 비판 – 대의민주주의의 비판

대의민주주의는 국민을 대표하지 못할 뿐만 아니라 국민에 대한 민주적 책임성이 보장되지 않음

(2) 정통이론에 대한 대안 – 헌정주의, 공동체주의, 담론이론

① 환류적 대의민주주의의 대안으로 헌정주의와 공동체주의는 한계가 존재함
   ㉠ **헌정주의**: 기존행정을 정당화하는 데에만 관심을 가지기 때문에 결과적으로 전통적 행정의 병폐를 그대로 수용하는 것에 불과함
   ㉡ **공동체주의**: 실현가능성이 별로 없는 비현실적인 이상에 불과함
② 폭스(Fox)와 밀러(Miller)는 정통이론에 대한 대안으로 담론이론을 제시함

(3) 담론의 보증

① **담론의 진지함**: 참여자들 사이에서 신뢰에 기초하여 의도적 왜곡과 불성실한 주장 등을 배제하여야 하며, 익명성은 담론의 진지함을 저해함
② **상황에 적합한 의도**
   ㉠ 담론은 특정한 상황과 관련이 있는 활동에 관한 것이어야 함
   ㉡ 일반적인 이야기나 형이상학적인 이야기를 배제하고 구체적인 상황을 근거로 관련자의 이익과 상황 등을 다양하게 고려하여야 함
③ **자발적 관심**: 참여자들은 대화에 주의를 기울이고 자발적으로 참여하여야 함
④ **실질적 기여**: 담론과정에서는 무임승차자들을 배제함으로써 참여자들이 담론에 실질적으로 기여할 수 있도록 해야 함

4. 담론의 행정학적 함의

(1) 유용성

① 지혜, 지식 및 정보의 포괄적·상승적 활용이 가능함
② 정책의 정당성을 확보함
③ 체제구성원의 화합을 촉진함
④ 정책집행 및 평가에 기여함

헌정주의

헌정주의에 의하면 비선출직공무원들은 헌법적 가치에 충성해야 하며, 선출직공무원이나 그들에 의하여 임명된 정무직공무원들에게 충성한다면 대의민주주의 원칙이 지켜질 수 있다고 봄

공동체주의

공동체주의에 의하면 시민들의 직접적 참여를 통하여 행정의 정당성을 확보함으로써 대의민주주의의 문제점을 해결할 수 있다고 봄

폭스(Fox)와 밀러(Miller)

행정이란 전문성을 바탕으로 업무를 수행하는 것이 아니라 정책결정과정에서 시민들의 의견을 적극적으로 청취하여 시민들이 원하는 의도를 파악하는 담론적 행위라고 강조함

(2) 한계

① 시간적인 한계가 있고, 정확한 정보가 부족함

② 구성원들의 지적 수준에 차이가 있음

③ 담론문화의 미성숙함(우리나라)

5. 정책과정에 대한 전통적 접근과 담론적 접근의 비교

구분	전통적 접근	담론적 접근
사상적 배경	실증주의, 객관주의, 절대주의	주관주의, 상대주의, 구성주의
합리성	도구적 합리성 (목표 - 수단의 합리성)	의사소통적 합리성
정책과정에 대한 인식	효율성 달성을 위한 합리적이고 과학적인 의사결정과정	상호이해와 합의형성을 위한 논증적 담론과정
정책 정당성 인식	정책목표의 효율적 달성 여부	상호 이해와 합의 형성 여부
담론 필요성	불필요	필요
민주주의	대의민주주의	심의민주주의

THEME 017 신공공관리론(NPM) ★★★

1 의의 및 배경

1. 의의

(1) 1980년대의 이론으로, 기업경영의 논리와 방식을 공공행정 부문에 도입하여 작고도 효율적인 정부, 즉 기업가적 정부를 만들려고 하는 행정개혁

(2) 신공공관리론은 외부적으로는 '시장주의'를 도입하여 고객위주의 행정을, 내부적으로는 '신관리주의'를 도입하여 성과위주의 행정을 추구함

(3) 시장주의와 신관리주의

① **시장주의:** 정부역할 축소와 신자유주의에 입각한 민영화와 민간위탁의 확대, 규제와 정부지출의 축소, 수익자부담주의, 경쟁원리 등의 강화를 주장함

② **신관리주의:** 민간의 경영기법을 행정에 도입하고, 관료의 자율성과 재량권을 확대하며, 성과에 대한 책임을 제고할 것을 강조함

2. 배경

(1) 재정위기와 정부실패

과도한 복지정책으로 인한 국고 감소와 1970년대 석유파동 등의 재정위기로 정부실패가 발생함에 따라 긴축경영과 경영혁신을 전개함

관리주의

관리주의는 민간부문의 관리 시스템과 경영기법을 정부부문에 도입하자는 주장으로서, 정부부문의 성과와 실적을 중시하고 관리자의 개인적 책임을 강조하는 사고방식

(2) 이론적 배경

① **관료에 대한 인식 변화(공공선택론)**: 예산극대화모형, 지대추구이론, 주인 – 대리인이론 등 관료가 최선의 공공재 공급자가 아니라는 비판을 제시함
② **새로운 시장적 제도(신제도론)**: 신제도론자들은 시장의 경쟁원리와 유인체계를 도입함으로써 정부 조직 내 거래비용 감소를 주장함
③ **반케인즈 경제학(공급중시경제학)**: 케인즈의 수요중심의 경제학이 스태그플레이션에서는 무용성을 갖게 되자 공급중심의 경제학이 주목을 받음

2 주요 이론

1. 오스본(Osborne)과 개블러(Gaebler)의 『정부재창조론』 – 기업가적 정부 운영의 10대 원리

촉매적 정부	노젓기보다는 방향잡기 기능을 강조함
지역사회소유 정부	중앙정부보다는 지역사회에 권한을 부여함
경쟁적 정부	서비스 제공에 경쟁을 도입함
임무위주 정부	권한부여를 통한 임무에 초점
결과지향적 정부	투입이 아닌 성과와 연계한 예산분배
고객위주 정부	관료제가 아닌 고객의 요구를 충족함
기업가적 정부	지출보다는 수익창출로서 탈규제정부모형과 관련됨
예견적 정부	사후문제해결이 아닌 사전예방을 중시함
분권적 정부	위계조직에서 참여와 팀워크로 권한을 분산시킴
시장지향적 정부	시장중심의 경쟁원리를 도입함

2. 오스본(Osborne)과 프래스트릭(Plastrik)의 5C 전략

구분	전략	접근방법
목적	핵심전략 (Core)	목표, 역할, 방향의 명확성 추구
유인체계	결과전략 (Consequence)	경쟁관리, 기업관리, 성과관리 강조
책임성	고객전략 (Customer)	고객선택 접근법과 경쟁적 선택 접근법, 고객품질 보증 강조
권한	통제전략 (Control)	실무조직, 실무자, 지역사회에 대한 권한부여 제시
문화	문화전략 (Culture)	습관의 변화, 감정적 의식의 변화, 새로운 정신의 획득 제시

핵심 OX

01 신공공관리론은 민간부문의 관리기법을 도입하여 행정의 효율성을 향상시킨다. (O, ×)
답 O

02 신공공관리론은 수익자부담원칙 강화, 민영화 확대, 규제 강화 등을 제시한다. (O, ×)
답 × 규제 강화가 아닌 완화

03 신공공관리론에서는 수익자부담원칙의 강화, 정부부문 내 경쟁의 원리 도입 등을 행정개혁 방향으로 제시한다. (O, ×)
답 O

04 신공공관리학파는 거래비용이론, 대리인이론 등 제도경제학적 접근법을 취한다. (O, ×)
답 O

05 신자유주의 정부이념은 케인즈 경제학에 기반을 둔 수요중시 거시 경제정책을 강조하므로 공급측면의 경제정책에 대해서는 반대한다. (O, ×)
답 × 신공공관리론은 정부지출을 축소하는 신자유주의의 공급중시경제학 입장을 취함

06 신공공관리론은 시장실패의 치유를 위한 국가의 역할을 강조한다. (O, ×)
답 × 정부실패의 치유를 위한 국가역할 축소를 강조함

07 신공공관리론은 정부의 역할을 방향잡기에 한정한다. (O, ×)
답 O

Focus on 전통적 정부와 기업가적 정부의 비교

구분	전통적 정부	기업가적 정부
정부의 역할	노젓기(rowing)	방향잡기(steering)
정부의 활동	정책집행(직접 서비스)	정책결정(유도와 지원)
서비스 공급	독점적 공급	경쟁적 공급
지도적 관리기제	행정기제	시장기제
관리방식	규칙중심(통제주의)	성과중심(사명주의)
행정주도 주체	관료중심	고객중심

3 주요 특징과 한계

1. 기능적 측면

(1) 정부기능의 대폭적인 감축과 민영화의 추구

결정과 집행의 분리를 통해 정부의 역할을 전략적 목표설정 기능에 중점을 두고, 서비스의 직접 제공기능은 민간에 이양함으로써 국가나 정부의 역할을 축소시킴

(2) 정부의 규제완화와 내부시장제도의 도입

내·외부의 규제를 축소하고 생산성 향상에 역량을 집중할 수 있도록 시장제도의 도입을 추구함

(3) 책임운영기관의 도입

2. 조직적 측면

(1) 다양한 조직구조

공급자(기관) 중심에서 수요자(시민) 중심으로 조직의 형태와 역할을 변경함

(2) 일선집행부서의 역할 중시

고객요구에 맞는 신속한 서비스가 가능함

3. 재무적 측면

(1) 절약예산의 이월을 허용하여 예산의 절감효과

(2) 총액예산제도의 도입

(3) 복식부기와 발생주의 등 기업회계제도의 도입

(4) 수익자부담원칙 강화

4. 인사적 측면

(1) 인사권의 분화

기관들이 자체적으로 성과관리와 보상체계를 가질 수 있도록 함

(2) 개방형임용제도의 확대

공직의 전문화와 경쟁을 통해 능률성이 향상됨

5. 한계

(1) 지나친 시장주의와 공행정의 특수성 무시
공공부문과 민간부문의 근본적인 차이를 간과함

(2) 이론적 체계의 미흡성
하나의 패러다임으로 인식하기에는 부족함

(3) 우리나라의 행정조직문화와 상충
계층주의와 위계주의적 문화가 지배적인 우리나라에서는 성과에 맞춘 조직개혁이 어려움

(4) 성과측정곤란
공행정의 특성상 성과평가가 어려움

(5) 공무원의 사기 및 책임성·대응성·민주성 저하
성과평가에의 지나친 집착과 공직 내부의 경쟁으로 공무원들의 사기가 저하될 우려가 있고, 공공부문의 책임성·대응성·민주성이 저하됨

(6) 단순한 유인기제
유인기제로서 성과평가에 따른 제재와 보상만을 추구하므로 공공부문 성과관리가 곤란함

4 탈신공공관리론(Post-NPM)

1. 의의

(1) 1990년대의 이론으로, 공공관리론의 한계를 수정·보완하기 위한 다양한 조치

(2) 뉴거버넌스, 신공공서비스론 등이 있음

2. 특징

(1) 구조적 통합을 통한 분절화의 축소

(2) 재집권화와 재규제의 주창

(3) 총체적 정부 또는 합체적 정부의 주도

(4) 역할모호성의 제거 및 명확한 역할관계의 안출

(5) 민관파트너십 강조

(6) 집권화, 역량 및 조정의 증대

(7) 중앙의 정치·행정적 역량 강화

(8) 환경적·역사적 문화적 요소에 유의

핵심 OX

01 뉴거버넌스론은 정부, 시장, 시민사회 간 신뢰와 협력을 중시한다.
(O, X)

답 O

02 뉴거버넌스는 정책과정에서 정부와 민간부문 및 비영리부문 간의 네트워크를 활용한다. (O, X)

답 O

03 뉴거버넌스론에서는 공공참여자의 활발한 의사소통, 수평적 합의, 네트워크 촉매자로서의 정부역할을 강조하였다.
(O, X)

답 O

3. 신공공관리론(NPM)과 탈신공공관리론(Post-NPM)의 비교

구분	신공공관리론(NPM)	탈신공공관리론(Post-NPM)
정부와 시장의 관계	시장지향주의, 규제완화	정부의 역량 강화, 재규제, 정치적 통제
공공서비스 제공방식	시장매커니즘 활용	민간 - 공공부문의 파트너십 강조
행정가치	능률성, 성과 등 경제적 가치 강조	민주성, 형평성 등 전통적 가치도 고려
정부규모	정부규모 감축, 민간화 · 민영화 · 민간위탁	민간화 · 민영화의 신중한 접근
조직구조	탈관료제 모형, 유기적 · 비계층적 · 분권적	관료제와 탈관료제의 조화, 재집권화(분권화와 집권화의 조화)
조직개편	소규모의 준자율적 조직으로 분절화	분절화 축소, 총체적 정부 강조
통제	결과와 산출 중심	과정과 소통 중심
인사	경쟁적 · 개방적 인사관리	공공책임성 중시

THEME 018 뉴거버넌스(New Governance) ★★★

1 의의 및 배경

1. 뉴거버넌스(New Governance)

시민을 고객이 아닌, 정부의 동반자이자 국정의 주인으로 인식하고 공동체주의적 입장에서 공 · 사부문의 네트워크를 통하여 국정을 관리하고자 하는 새로운 거버넌스로, 1980년대에 등장함

2. 거버넌스(Governance) - 국정관리

(1) 시민 모두를 문제해결의 주체로 인식하는 협력적이고 수평적인 네트워크

(2) 정부 이외의 민간조직, 사회단체, 전문가 등 민간부문이 정부의 정책과정에 참여하여 사회문제를 함께 해결해 나가는 협력적 관리체계

3. 배경

(1) **신공공관리론(NPM)적 접근방법의 한계**

신공공관리론의 시장주의는 협력, 시민의식, 민주성 등의 가치와 충돌을 야기

(2) **시민사회의 역량 강화**

다양한 민간조직들이 양적 · 질적으로 성장하여 행정의 주체로 등장함

(3) **행정환경의 복잡성**

사회문제가 보다 복잡하고 다양해짐에 따라 자발적인 참여를 통한 복잡한 네트워크구조에 의한 해결 가능성이 높아짐

거버넌스에 기반한 서비스 연계망의 단점

1. 분절화로 인한 집행통제의 어려움
2. 정보부족으로 인한 조정의 어려움
3. 서비스의 공동생산에 따른 책임소재의 불분명함

4. 신공공관리론과 뉴거버넌스의 비교

구분		신공공관리론	뉴거버넌스
공통점	정부역할	• 노젓기(rowing) → 방향잡기(steering) • 투입보다는 산출통제를 강조함	
차이점	인식론적 기초	신자유주의	공동체주의
	관리기구	시장	연계망
	통제의 중점	산출통제	과정통제
	관료의 역할	공공기업가	조정자, 네트워크 촉매자
	국민에 대한 인식	고객	주인
	작동원리	경쟁(시장메커니즘)	협력
	분석수준	조직내부 문제에 중점	조직 간 문제에 중점
	서비스	민영화, 민간위탁	공동공급
	관리방식	고객지향	임무중심

2 주요 모형

1. 피터스(Peters)의 미래국정모형

구분	전통적 정부모형	뉴거버넌스			
		시장적 정부모형	참여적 정부모형	신축적 정부모형	탈내부규제 정부모형
문제의 진단기준	전근대적 지위	정부 독점	계층제	영속성	내부규제
구조의 개혁방안	계층제 (관료제)	분권화	평면조직	가상조직	–
관리의 개혁방안	직업 공무원제, 절차적 통제	성과급, 민간부문의 기법	TQM, 팀제	가변적 인사관리, 고위 공무원단	관리의 재량권 확대
공무원 제도	계층제	시장기제	계층제 축소	임시고용제	내부규제 철폐
정책결정의 개혁방안	정치와 행정의 구분	내부시장, 시장적 유인	협의, 협상	실험	기업가적 정부
공익의 기준	안정성, 평등	저비용	참여, 협의	저비용, 조정	창의성, 활동주의
조정	상의하달	보이지 않는 손	하의상달	조직 개편	관리자의 자기이익
오류 발견 및 수정	통제	시장적 신호	정치적 신호	오류의 제도화 방지	더 많은 오류 허용

핵심 OX

01 참여적 정부모형은 조직구조의 개혁 방안으로 평면조직을 강조한다. (O, X)

답 O

02 참여적 정부모형은 관리의 개혁방안으로 성과급과 민간부문의 기법을 강조한다. (O, X)

답 X 시장적 정부에 대한 설명

03 신축적 정부모형의 문제 진단 기준은 영속성에 있으며, 관리 개혁 방안으로 가변적 인사관리를 제안한다. (O, X)

답 O

04 시장모형은 구조개혁 방안으로 평면조직을 제안한다. (O, X)

답 X 참여적 정부모형에 대한 설명

01 뉴거버넌스에 대한 설명으로 옳지 않은 것은? 2014년 국가직 7급

① 참여자 간 신뢰와 협력을 강조한다.
② 정치적 과정은 중요하게 인식되지 않는다.
③ 정부만이 공공서비스를 독점적으로 생산하고 공급한다고 보지 않는다.
④ 정책과정에서 정부와 민간부문 및 비영리부문 간의 네트워크를 활용한다.

답 ② 뉴거버넌스도 탈정치화가 아니라 재정치화를 강조함

02 신공공관리론과 뉴거버넌스에 대한 설명으로 옳은 것은? 2013년 지방직 9급

① 신공공관리론에서 관료의 역할은 조정자이며, 뉴거버넌스에서 관료의 역할은 공공기업가이다.
② 신공공관리론과 뉴거버넌스에서는 정부의 역할로서 노젓기보다는 방향잡기를 강조한다.
③ 신공공관리론과 뉴거버넌스에서는 산출보다는 투입에 대한 통제를 강조한다.
④ 신공공관리론에서는 부문 간 협력에, 뉴거버넌스에서는 부문 간 경쟁에 역점을 둔다.

답 ② 신공공관리론과 뉴거버넌스의 공통점은 정부의 역할로서 노젓기보다 방향잡기를 강조함
①, ④ 신공공관리론과 뉴거버넌스에 대한 설명이 반대
③ 신공공관리론은 산출통제, 뉴거버넌스는 과정통제를 강조함

(1) 전통적 정부모형

전근대적 권위를 문제로 진단하여 베버(Weber)의 관료제 이념형을 기초로 계층제 구조, 신분보장과 전문성, 세밀한 절차에 의한 관리 등과 같은 공익을 중시하는 정부모형

(2) 시장적 정부모형

전통적 정부의 독점성에 따른 문제점을 비판하고 경쟁적 시장원리를 도입한 정부모형

(3) 참여적 정부모형

계층제를 최대의 해악으로 여기고 정치적·민주적 정치과정을 통한 의사결정을 강조하는 정부모형

(4) 신축적 정부모형

관료제의 경직성과 영속성을 비판하면서 신축성을 강조한 정부모형

(5) 탈내부규제적 정부모형

과다한 내부규제를 비판하면서 내부규제를 축소하고 재량을 부여하고자 하는 정부모형

2. 로즈(Rhodes)의 모형

(1) 최소국가론

① 시장우위의 입장에서 공공개입의 범위와 형태를 최소화함
② 공공서비스 공급에 있어 시장과 준시장을 활용함

(2) 신공공관리론

정책결정과 집행을 구분하고, 기업가적 정부모형에 입각한 서비스 전달을 강조함

(3) 기업적 거버넌스

기업의 전반적인 방향을 제시하고, 최고관리활동을 통제하며, 기업의 범위를 넘어서는 이해관계자들에 대한 책임성과 규제에 관한 정당한 기대를 만족시키는 일

(4) 좋은 거버넌스

세계은행이 정의한 것으로, 신공공관리와 자유민주주의와의 결합을 의미함

(5) 사회적 인공지능체계

사회정치체제에서 모든 행위자들의 상호작용과 공동노력의 결과로서 출현하는 하나의 사회적 인공지능체제를 의미함

(6) 자기조직화 연결망

① 자기 스스로 구조와 질서를 갖추어 나가는 자기조직화
② 공·사적 조직 및 자발적 조직들이 복합적으로 섞여 있는 연결망

Level up 레짐이론(Regime Theory)

1. 의의

① 도시거버넌스를 다룬 이론으로, 정부에 의한 일방적 통치가 아닌, 지방정부와 민간의 주요 주체 양 세력 간의 상호의존성과 협력관계를 연구한 이론

② 도시정부라는 제도적 기제를 매개체로 하여 정책결정을 하는 것으로, 여기서 도시정부는 일종의 거버넌스이며 비공식적이지만 일정한 세력집단으로서 그 역할을 담당함

2. 유형

① 스토커(Stoker)와 모스버거(Mossberger)의 레짐 형성의 동기(1994)

도구적 레짐	• 구체적인 프로젝트와 관련되는 단기적인 목표에 의해 구성되며, 단기적이고 실용적인 동기가 함께 내포됨 • 올림픽 게임과 같은 주요한 국제적 이벤트의 유치를 위해 구성됨
유기적 레짐	• 굳건한 사회적 결속체와 높은 수준의 합의를 특징으로 하는 레짐으로 현상유지와 정치적 교섭에 초점 • 외부적 영향에 대해 오히려 적대적이며, 소규모 도시지역은 대체로 유기적 레짐을 유지하려 함
상징적 레짐	• 변화를 추구하려는 도시에서 나타나는 레짐으로 기존의 이데올로기나 이미지를 재조정하려 하며 경쟁적인 동의라는 점이 특징적임 • 흔히 과도기적 역할을 수행하며, 보다 안정적인 연합으로 나아갈 개연성이 큼

② 스톤(Stone)의 도시레짐의 유형화(1993)

구분	현상유지 레짐	개발 레짐	중산계층진보 레짐	하층기회확장 레짐
추구하는 가치	현상유지	지역개발, 재개발	자연·생활 환경 보호, 삶의 질 개선	저소득층의 보호 및 교육훈련, 저소득층 자활을 위한 소규모 사업
구성원 간 관계	친밀성이 높은 소규모 지역사회	갈등이 심함	시민참여와 감시 강조	대중동원이 통치과제
생존능력	강함	비교적 강함	보통	약함

3. 공헌

① 정책네트워크를 제시하고 민주적 참여정치를 인정하였음

② 사회 내의 복잡성을 조정하는 데 기여함

4. 한계

'지역'에 대한 개념과 관련된 실제 설명이 과도하게 단순화되어 있고, 국가 간 비교연구에 있어서 레짐이론의 적용 가능성이 매우 제한적임

THEME 019 신공공서비스론 ★★☆

1 의의 및 배경

1. 의의

(1) 1990년대 후반부터 새로운 거버넌스로 등장한 신공공서비스론은 행정개혁의 목표 상태를 처방하는 규범적 모형으로서 시민·사회공동체·서비스 중심적 접근방법

덴하트(J. Denhardt)와 덴하르트(R. Denhardt)가 제시한 신공공서비스론 7가지 원칙

1. 고객이 아닌 시민에 대해 봉사하라
2. 공익을 찾으려고 노력하라
3. 기업주의 정신보다는 시민의식(citizenship)의 가치를 받아들여라
4. 전략적으로 생각하고 민주적으로 행동하라
5. 책임성이란 것이 단순한 것이 아니라는 점을 인식하라
6. 방향잡기보다는 봉사하기를 하라
7. 단순히 생산성이 아니라 사람의 가치를 받아들여라

(2) 시민정신, 참여의식, 공익, 공공책임성 등과 같은 공동체적 가치들을 중시하고 민주주의정신을 새롭게 부활시키고자 하는 규범적 이론

2. 배경

(1) 관료의 권한과 통제를 중시하는 전통행정이론의 한계를 지적하고 그 대안으로 대두됨

(2) 공공선택론과 신공공관리론의 지나친 시장주의에 대하여 반발하며 등장함

(3) 민주주의이론에 입각한 공동체이론과 담론이론에 기초함

2 주요 내용

1. 인식론적 기반

실증주의, 해석학, 비판이론 그리고 후기 근대주의를 포괄하는 다양한 지식체계에 기반을 두고 민주주의정신을 새롭게 부활시키고자 함

2. 담론을 통한 시민정신의 정립

신공공관리론에 의해 훼손된 담론의 중요성을 소생시켰고, 담론에 대한 실천의 장으로 공동체정신에 기초한 시민정신의 정립을 제안함

3. 행정의 역할에 대한 입장

(1) 행정의 역할은 방향잡기(steering)가 아닌 서비스를 제공하는 데에 초점을 두어야 함

(2) 관료의 역할은 시민들로 하여금 그들의 공유된 가치를 표명하고 그것을 충족시킬 수 있도록 봉사하는 것에 있음

4. 공익에 대한 시각

공익을 행정의 부산물이 아닌 사회 구성원들이 공유하는 가치에 대해 대화와 담론을 통해 얻은 것으로 인식함

5. 전략적 사고와 민주적 행동

합의된 비전을 실현하기 위하여 당사자들의 전략적 사고에 의한 계획과 민주적 행동을 강조함

6. 시민과 정부에 대한 인식

(1) **시민에 대한 인식**

시민을 고객으로 대하지 말고 주인에게 봉사하는 입장에서 출발해야 함

(2) **정부의 책임에 대한 인식**

정부만이 전적으로 책임을 받아들이는 것이 아니라 행정책임의 복잡성을 인정하고 시민참여와 토론을 거친 다면적 책임으로 인식함

핵심 OX

01 신공공서비스론은 시장기구를 통한 변화 촉진을 중시한다. (O, ×)

답 × 시장주의에 대한 반발로 등장

02 신공공서비스론은 정부의 역할을 노젓기보다 방향잡기를 중시한다. (O, ×)

답 × 방향잡기가 아닌 서비스 제공의 역할을 중시함

03 신공공서비스론은 전략적으로 생각하고 민주적으로 행동할 것을 강조한다. (O, ×)

답 O

04 신공공관리론은 기업가정신을 강조하는 반면에 신공공서비스론은 사회적 기여와 봉사를 강조한다. (O, ×)

답 O

05 신공공관리론의 대상이 고객이라면 신공공서비스론의 대상은 시민이다. (O, ×)

답 O

06 신공공관리론이 신공공서비스론보다 행정책임의 복잡성을 중시하며 행정재량권을 강조한다. (O, ×)

답 × 신공공서비스론이 신공공관리론보다 행정책임의 복잡성을 더 중시

7. 인간과 가치에 대한 입장

(1) 신공공서비스론은 생산성 개선을 부인하지 않지만 인간을 존중하고 인간을 통한 관리를 강조하며, 공유된 리더십과 협동의 과정을 통해 성과가 높아진다고 인식함

(2) 시민정신과 공공서비스가 지니는 가치가 기업가정신보다 상위에 위치함

> 기출 체크

행정이론에 대한 설명으로 옳지 않은 것은? 2016년 사회복지직 9급

① 신행정론(신행정학)은 실증주의와 행태주의를 비판하면서 행정학의 실천성과 적실성, 가치문제를 강조하였다.
② 공공선택론은 공공부문의 비시장적 의사결정을 경제학적으로 연구하며, 전통적인 관료제를 비판하였다.
③ 신공공서비스론은 시장주의와 신관리주의를 결합한 이론으로 행정의 효과성과 능률성을 극대화하고자 하였다.
④ 뉴거버넌스론은 정부, 시장, 시민사회 간 신뢰와 협동을 강조한다.

답 ③ 시장주의와 신관리주의를 결합한 이론으로 행정의 효과성과 능률성을 극대화하고자 한 것은 신공공관리론

> **Focus on** 신공공관리론(NPM)과 신공공서비스론(NPS)의 비교

구분	신공공관리론(NPM)	신공공서비스론(NPS)
이론적 토대	경제이론에 기초한 분석적 토의	민주적 시민이론, 조직인본주의, 공동체 및 시민사회모델, 포스트모더니즘 행정학
공익에 대한 입장	개인들의 총이익	공유 가치에 대한 담론의 결과
합리성	기술적·경제적 합리성	전략적 합리성
정부의 역할	방향잡기(steering)	봉사(service)
관료의 반응대상	고객(customer)	시민(citizen), 주인
책임에 대한 접근양식	시장지향적	다면적, 복잡성
행정재량	기업적 목적을 달성하기 위해 넓은 재량 허용	재량이 필요하지만 그에 따른 제약과 책임 수반
기대하는 조직구조	기본적 통제를 수행하는 분권화된 조직	조직 내외적으로 공유된 리더십을 갖는 협동적 조직
관료의 동기유발	기업가정신, 작은 정부를 추구하려는 신자유주의적 욕구	공공서비스, 시민에 봉사하고 사회에 기여하려는 욕구

3 평가

1. 공헌

(1) 행정과 관료의 역할을 규범적으로 제시함

(2) 참여행정과 민주행정의 실현에 기여함

(3) 행정의 공공성에 대한 인식을 제고시킴

(4) 시민의 존엄성과 시민사회의 중요성을 부각시킴

(5) 사회 내 갈등 조정에 기여함

(6) 정부와 시민 간의 신뢰를 조성함

2. 한계

(1) 공동체정신에 입각한 지나친 시민의식에 대한 믿음

(2) 행정에서 요구되는 효율성, 전문성 등에 대한 논의가 부족함

(3) 사회의 조정 역할을 수행하는 정부의 역할을 간과함

(4) 구체적인 처방이 부족함

(5) 책임에 대한 경계가 불명확함

1 사회적 자본

1. 의의

(1) 구체적으로는 개인이나 집단 상호 간의 관계에서 발생하는 신뢰, 자발적 참여, 규범, 상호호혜, 협동, 진실성, 공동체정신 등을 의미함

(2) 넓게는 이러한 것들을 생산해내는 상호관계나 네트워크 그 자체를 의미함

(3) 퍼트남(Putnam)은 사회적 자본을 공통의 목적을 위해서 협력할 수 있는 사람들 사이의 사회적 구조로서 신뢰, 호혜성의 규범, 사회적 네트워크, 믿음, 규율 등으로 구성된다고 하였음

(4) 세계은행(World Bank)은 개발도상국 개발사업에 사회적 자본 개념을 활용하여 각 국의 순위를 측정하고 있음

(5) 조정과 협동을 용이하게 하며 거래비용을 감소시킴

2. 구성요소

(1) 신뢰
① 후쿠야마(Fukuyama)는 사회적 신뢰에서 사회적 자본이 발생된다고 인식하였고, 한국사회에 만연해있는 불신은 사회적 비효율성의 원인이라고 지적함
② 사회적 자본은 신뢰로부터 나오며 종교, 전통 또는 역사적 관습 등과 같은 문화적 메커니즘에 의해 생겨나고 전파되기 때문에 다른 형태의 자본과는 차이점을 가짐

(2) 호혜성의 규범
법적 관계나 사업계약과 같이 즉각적·공식적으로 계산된 교환을 의미하는 것이 아니라, 단기적인 이타주의와 장기적인 자기이익과의 조화를 의미함

(3) 사회적 네트워크
① 개인 간 또는 집단 간의 연결을 가능하게 하는 것을 의미함
② 현대 및 전통사회, 권위주의와 봉건 및 자본주의 사회 등 모든 사회는 공식·비공식의 사람들 사이의 커뮤니케이션 및 상호 교환이라는 네트워크를 특징으로 함

(4) 믿음
사회적 자본의 연구에서 비교적 관심을 받지 못했지만, 믿음은 사회자본형성에 중요한 역할을 담당함

(5) 규율
공식적 제도와 규율들은 사회적 연계망, 규범, 믿음 등에 대한 영향을 통해 사회적 자본에 매우 강력한 직접적·간접적 영향을 줄 수 있음

기출 체크

01 사회적 자본이 형성되는 모습으로 옳지 않은 것은? 2013년 국가직 9급

① 지역주민들의 소득이 지속적으로 증가하고 있다.
② 많은 사람들이 알고 지내는 관계를 유지하는 가운데 대화·토론하면서 서로에게 도움을 준다.
③ 이웃과 동료에 대한 기본적인 믿음이 존재하며 공동체 구성원들이 서로 신뢰한다.
④ 지역 구성원들이 삶과 세계에 대한 도덕적·윤리적 규범을 공유하고 있다.

🗒 ① 지역주민들의 소득은 사회적 자본과 관계가 없음

02 사회적 자본(social capital)에 대한 설명으로 옳은 것을 <보기>에서 모두 고른 것은? 2019년 서울시 7급(2월 추가)

<보기>
ㄱ. 퍼트남(R.Putnam)은 사회적 자본에 있어 네트워크, 규범, 신뢰를 강조하였다.
ㄴ. 사회적 자본이 형성되는 경우 거래비용 감소의 긍정적 효과가 있다.
ㄷ. 사회적 자본은 조정과 협동을 용이하게 만든다.
ㄹ. 세계은행은 개발도상국 개발사업에 사회적 자본 개념을 활용하고 있다.
ㅁ. 후쿠야마(F.Fukuyama)는 한국사회에 만연한 불신은 사회적 비효율성의 원인이라고 하였다.

① ㄱ, ㄷ, ㅁ
② ㄱ, ㄹ, ㅁ
③ ㄱ, ㄴ, ㄷ, ㅁ
④ ㄱ, ㄴ, ㄷ, ㄹ, ㅁ

🗒 ④

3. 특징

(1) 사회적 관계
사회관계에 필요한 정보를 획득하여, 정보획득에 소요되는 비용의 감소를 가져옴

(2) 조직발전
풍부한 사회적 자본은 결속력의 증대를 통한 조직발전을 가능하게 함

(3) 이익의 공유
사회적 자본은 공공재로서 이익이 공유되는 특성을 가짐

(4) 포지티브 섬(positive sum) 게임
사회적 자본을 매개로 한 사회적 교환관계는 다른 경제적 거래처럼 동등한 가치를 지니는 등가물의 교환이 아님

(5) 시간적 비동시성
물적 자본의 교환과는 다르게 사회적 자본은 시간적으로 동시에 교환이 이루어지지 않음

(6) 공공재
사회적 자본은 공공재로서 한 개인이 배타적으로 소유할 수 없음

(7) 지속적 노력
사회적 자본을 소유하고 있는 주체들이 지속적으로 유지하려는 노력을 투입해야 함

4. 한계

(1) 형성과정의 불투명성
사회적 자본은 경제적 자본에 비하여 형성과정이 불투명하고 불확실함

(2) 동조성
개인의 행동이나 사적 선택을 제약함

(3) 단기간 형성이 불가능
사회적 자본은 집단 구성원들 사이에 서로의 관계를 확인하고 인정을 받는 지속적 교환과정을 거쳐야 유지되고 재생산됨

5. 경제적 자본과 사회적 자본의 비교

경제적 자본	사회적 자본
• 개별소유와 양도 가능	• 개별소유와 양도 불가(공공재적 성격)
• 사용할수록 감소	• 사용할수록 증가(선순환)
• 형성과정 명확·투명	• 형성과정 불명확·불투명
• 이익의 배타적 소유	• 이익의 공유
• 획득을 위한 일시적 노력 필요	• 유지를 위한 지속적 노력 필요
• 네거티브 섬(negative sum) 게임	• 포지티브 섬(positive sum) 게임
• 등가물의 교환	• 등가물의 교환이 아님
• 시간적 동시성	• 시간적 비동시성
• 개인의 사적 선택 촉진	• 시민으로서의 행태 촉진

핵심 O X

01 사회적 자본의 주요 속성으로는 상호신뢰, 호혜주의, 적극적 참여 등이 있다. (O, ×)

답 O

02 사회적 자본은 공동체주의를 지향한다. (O, ×)

답 O

03 사회적 자본이 형성된 지역사회에서 다양성은 갈등의 원천이 된다. (O, ×)

답 × 다양성은 갈등이 아니라 협력의 원천

04 사회적 자본의 사회적 교환관계는 동등한 가치의 등가교환이다. (O, ×)

답 × 등가교환이 아님

05 사회적 자본의 교환은 시간적으로 동시성을 전제로 하지 않는다. (O, ×)

답 O

06 사회적 자본은 한 행위자만이 배타적으로 소유권을 행사할 수 없다. (O, ×)

답 O

07 사회적 자본은 사용할수록 점차 감소하기 때문에 소유주체가 지속적으로 유지하려는 노력을 투입해야 한다. (O, ×)

답 × 사회적 자본은 사용할수록 증가함

기출 체크

사회적 자본에 대한 설명으로 옳지 않은 것은? 2015년 지방직 7급

① 사회적 자본을 축적하기 위해서는 자발적 결사체의 결성과 활동이 촉진될 수 있는 여건이 중요하다.
② 지역이 보유하고 있는 물질적 자원을 중심으로 한 발전전략에 따라 강조되었다.
③ 주요 속성으로는 상호신뢰, 호혜주의, 적극적 참여 등이 있다.
④ 공동체 의식의 강화를 통하여 지식의 공유와 네트워크의 강화를 기대할 수 있다.

답 ② 물질적 경제적 자원이 아닌 신뢰와 협력을 바탕으로 한 정신적이고 무형적인 자원을 중심으로 강조함

2 신뢰

1. 의의
(1) 1980년대 이후 정치·경제적 실체로서, 국가의 자산이며 국력의 중요한 요소
(2) 일반적으로 정부정책에 대한 지지도·예측가능성·일관성 등을 의미함

2. 기능
(1) 사회적으로 형성된 신뢰는 거래비용을 감소시키므로 시장경제를 더욱 발전시킴
(2) 정부나 정책에 대한 높은 신뢰성은 정책에 대한 순응을 증진시킴
(3) 네트워크의 생성과 유지를 위하여 참여자 사이의 신뢰가 필요함

3. 한계
(1) 신뢰가 커질수록 기회주의의 가능성이 높아짐
(2) 불법에 대해서는 신뢰를 부여하지 않아야 하지만 현실적으로 어려움이 있음

3 투명성

1. 의의
(1) 제도와 시스템, 정부활동에 대한 가시성과 예측가능성의 정도
(2) 정부의 결정과정과 집행과정 등 다양한 공적 활동이 정부 외부로 명확하게 드러나는 것을 의미함
(3) 단순히 정보의 공개라는 소극적인 개념에 머물지 않고 정부 외부에 존재하는 사람들이 정보에 용이하게 접근할 수 있는 권한의 보장까지 포함하는 적극적인 개념
(4) 투명행정은 '열린 정부'를 의미하며 가장 중요한 요소는 '공개'로서 공무원의 부패 방지를 위한 가장 중요한 가치
(5) 투명성을 높이기 위해서는 정보에 대한 접근성(국민의 정보이용 가능성)과 정보의 완전성(정보의 양과 질의 확보)이 확보되어야 함

2. 중요성
(1) 부당한 결정, 지연, 낭비 등을 방지할 수 있음
(2) 부패를 방지하는 데 기여하여 행정의 신뢰성을 높일 수 있음
(3) 사회적 자본의 축적과 공직의 기강을 확립하기 위해서는 투명성이 확보되어야 함
(4) 궁극적으로 행정책임을 강화함
(5) 정부활동의 생산성을 제고하는데 기여함

3. 확보방안

(1) 정보공개 및 관리측면의 투명성 확보

행정상의 중요한 정보와 결정·집행에 관해 시민이 알 수 있도록 적극적으로 정보를 공개하는 것이 가장 중요함

(2) 내부고발자 보호장치(whistle blower protection)

소극적인 방법이지만 내부고발자 보호장치를 통하여 간접적으로 투명성을 확보할 수 있음

(3) 주민참여 및 주민감사청구권 보장

다양한 제도적 장치를 통하여 투명성을 확보할 수 있음

(4) 전자정부의 구현

행정정보의 전자적 공개, 전자입찰시스템, 인터넷 민원처리과정 공개 등을 통해 투명성을 확보할 수 있음

(5) 정책실명제의 활용

CHAPTER 4 행정의 가치와 이념

THEME 021 행정의 가치와 이념 ★☆☆

1 행정의 가치

1. 의의

(1) 가치(value)란 어떤 현상과 사물에 대한 주관적인 평가를 의미함

(2) 가치는 어떤 현상에 대한 좋음과 싫음, 옳음과 그름, '해야 하는 것'과 '하지 말아야 하는 것'과 관련되는 판단

2. 행정이 추구하는 가치

액코프(Ackoff)는 도구성을 기준으로 행정가치를 본질적 가치와 비본질적 가치로 분류함

본질적 가치 (목표적 의미)	• 행정을 통해 이룩하고자 하는 궁극적 가치 • 공익, 정의, 복지, 평등(형평성), 자유
비본질적 가치 (수단적 의미)	• 행정이 추구하는 본질적 가치를 달성하기 위한 수단이 되는 가치 • 실제적인 행정과정에서 구체적 지침이 되는 규범적 기준 • 능률성, 효과성, 합법성, 합리성, 민주성 등 • 민주성과 능률성의 관계에서는 민주성을 본질적 가치로, 능률성을 수단적 가치로 보는 견해도 있음

2 행정의 이념

1. 의의

(1) 행정이 나아가야 할 바람직한 기준을 제시하는 것으로서, 행정이 추구해야 할 최고가치나 지도정신

(2) 나아가서 공무원의 행동지침이나 국가의 운영방향 등을 의미함

2. 행정이념의 변천

행정이념은 불변의 원리가 아니라 정치·경제·문화·사회적 환경이 변화함에 따라 추구하는 가치가 변화하는 상대적인 개념

구분	19세기 초	19세기 말	1930년대	1940년대	1960년대	1970년대	1980년대 이후
행정 이론	구제도주의, 구법률주의	기술적 행정학, 과학적 관리론	기능적 행정학, 인간관계론	행정행태론	발전행정론	신행정론	신공공 관리론, 뉴거버넌스
행정 이념	합법성	기계적 능률성	사회적 능률성 (민주성)	합리성	효과성	사회적 형평성	생산성 (효율성), 신뢰, 투명성

THEME 022 행정의 본질적 가치 ★★☆

1 공익(public interest)

1. 의의

(1) '국민에 대한 책임 있는 의사결정행위[슈버트(Schubert)의 공익론]'로서 불특정 다수인의 이익, 개인이나 집단의 대립적인 특수이익, 사회 전체에 공유된 기본가치, 사회의 보편적 가치가 내포된 공동이익을 의미함

(2) 공익에 대한 개념은 쉽게 정의내리기 힘들며, 국가나 시대에 따라 변화함

2. 공익의 본질에 관한 학설

(1) 실체설(적극설)

① 공익은 사익을 초월한 존재로서 도덕적이고 규범적인 공익이 선험적으로 존재한다고 보는 견해

② 공익의 개념을 적극적으로 정의하여 적극설 또는 규범설이라고도 함

③ 전체주의 · 집단주의적 관점에서 공익을 보는 입장

④ **특징**

　㉠ 공익은 사익에 우선하기 때문에 공익과 사익은 갈등관계에 놓이지 않음

　㉡ 집단이나 전체의 이익을 강조하기 때문에 민주주의의 측면에서 문제가 될 수 있음

　㉢ 정책결정의 엘리트이론, 합리모형과 유사함

　㉣ 적극적인 관료의 역할을 중시함

　㉤ 정의, 평등, 자연법, 도덕적 절대가치, 공동사회의 기본적인 가치 등 공익의 개념이 다양하게 제시되므로 통일된 개념을 도출하는 것이 어려우며 추상적임

⑤ **학자**: 롤스(Rawls), 플라톤(Platon), 칸트(Kant), 루소(Rousseau)

(2) 과정설(소극설)

① 공익은 경험적인 것으로서 사익을 초월한 공익은 존재하지 않으며 사익 간의 대립을 조정하고 타협을 이루어나가는 과정을 거쳐 다수의 이익에 일치되는 공익이 도출된다는 견해
② 공익의 개념을 소극적으로 정의하여 소극설이라고도 함
③ 다원주의·현실주의·개인주의적 관점에서 공익을 보는 입장
④ 특징
  ㉠ 사익을 더 중시하며, 사익을 초월한 존재로서의 선험적 공익을 부정
  ㉡ 공익을 사익의 총합으로 인식함
  ㉢ 공익을 다원화된 특수이익의 조정과 타협의 결과로 보기 때문에 절차적 합리성을 중시하여 적법 절차를 강조함
  ㉣ 실체설에 비해 관료의 역할을 소극적으로 인식함
  ㉤ 공익을 민주주의를 실현하는 방법과 과정으로 보는 이론
  ㉥ 투입기능이 활발하고 다원화된 선진국에 적용함
  ㉦ 공익에 대한 개념 및 인식이 매우 소극적이어서, 대립적인 이익들을 평가할 수 있는 기준을 제시하지 못한다는 한계가 있음
⑤ 학자: 린드블롬(Lindblom), 하몬(Harmon), 벤틀리(Bently), 슈버트(Schubert)

Focus on 공익의 실체설과 과정설의 비교

구분	실체설(적극설)	과정설(소극설)
경험의 선험성	• 공익은 선험적이며 사익을 초월하여 존재 • 공익과 사익은 갈등관계에 놓이지 않음	• 공익은 경험적이며, 선험적 공익을 부정 • 사익 간의 대립을 조정하는 과정에서 공익 도출
이념	전체주의(집단이나 전체의 이익을 강조)	개인주의
민주주의와의 관계	민주주의 측면에서 문제가 될 수 있음	공익을 민주주의를 실현하는 방법과 과정으로서 인식
관료의 역할	적극적인 관료의 역할 중시	• 절차적 합리성과 적법절차 중시 • 실체설에 비해 관료의 역할을 소극적으로 인식함
한계	• 통일된 공익개념을 도출할 수 없음 • 공익의 개념이 추상적임	대립적인 이익들을 평가할 수 있는 기준을 제시하지 못함
관련 모형	합리모형	점증모형
국가	개발도상국의 공익관	선진국의 공익관
학자	롤스(Rawls), 플라톤(Platon), 칸트(Kant), 루소(Rousseau)	린드블롬(Lindblom), 하몬(Harmon), 벤틀리(Bently), 슈버트(Schbert)

(3) 절충설(합의설)

① 공익은 특수한 개별집단의 이익이나 타협의 소산도 아니고, 사익과 전혀 별개의 것도 아니라고 보는 견해
② 실체적(적극설)과 과정설(소극설)의 조화
③ 특징
  ㉠ 최대공약수적인 이익을 공익으로 봄
  ㉡ 공통된 다수의 이익으로서의 공익은 광범위하고 포괄적이기 때문에 정책결정에 있어서 상징으로 인식하게 되므로 선출된 공인이 일정한 재량권을 가지고 사익을 조정하여 공익을 결정하게 됨
④ 학자: 뷰캐넌(Buchanan), 털록(Tullock) 등의 공공선택론자들

2 정의(justice)

1. 의의

(1) 아리스토텔레스(Aristoteles)의 정의
① "동등한 사람이 똑같은 배당을 받는 것"
② 평등의 개념과 연관됨

(2) 롤스(Rawls)의 정의
① "배분적 정의가 무엇보다 평등의 원칙에 입각해야 함"
② 결과보다는 과정에 기초를 두는 법칙론적 윤리설의 관점

2. 롤스(Rawls)의 정의론(theory of justice)

(1) 의의
① 사회정의란 분배적 정의를 의미하며, 공정성으로서의 정의를 파악하여 평등원칙에 따라 사회구성원들에게 공정하게 배분되어야 한다고 봄
② 즉, 정의란 공정한 배경 속에서 합리적 계약자들 간의 합의를 통해 도출되는 것이며, 그렇게 도출된 원칙을 바탕으로 사회·경제적 불평등은 공정한 기회균등의 조건 아래 최소수혜자에게 최대 이득이 될 때만 허용할 수 있음
③ 원초적 상황에서 합의되는 일련의 법칙이 가장 정의롭다고 봄

(2) 전제조건 – 원초적 상황과 무지의 베일
① **인지적 조건(무지의 베일):** 특정 사실의 결과가 자기에게 유·불리한지에 대한 판단이 불확실한 원초적 상황에서 구성원들이 합의하는 규칙이나 원칙은 공정할 것이라고 전제함
② **동기적 조건:** 자신의 이익은 극대화하지만 타인에 대하여는 원한도 동정도 없는 최소한의 이해와 관심만을 가진 가장 보편적인 인간의 상태를 가정함

(3) 정의의 두 원칙
① **제1원칙(동등한 자유의 원칙):** 개인은 다른 사람의 유사한 자유와 상충되지 않는 한도 내에서 최대한의 기본적 자유에의 동등한 권리가 인정되어야 함
② **제2원칙(정당한 불평등의 원칙)**
   ㉠ **기회균등의 원리(기회의 공평):** 모든 사람에게 기회는 균등하게 주어져야 하고, 공평한 기회가 보장된 상태에서 실현된 불평등은 허용 가능함
   ㉡ **차등조정의 원리(결과의 공평)*:** 기회균등의 원리가 전제되고 저축원리와 양립하는 범위 내에서 불평등에 대한 시정은 가장 불리한 위치에 있는 사람에게 최대의 이득이 가도록 조정되어야 함(최소극대화의 원리, Maxmin)
③ **우선순위**
   ㉠ 제1원칙이 제2원칙보다 우선함
   ㉡ 제2원칙 중에서는 기회균등의 원리가 차등조정의 원리보다 우선함

원초적 상황

합리적 구성원들이 무지의 베일에 가리어져 있는 상태

무지의 베일

자신의 능력, 가치관 및 심리, 사회경제적 지위 등을 모르는 상태

* 형식적인 기회균등의 원리의 실질화

(4) 한계

① 원초적 상황의 당사자들이 최소극대화 원칙을 따른다는 보장이 없음
② 우파로부터 개인의 자유와 권리를 침해한다는 비판을 받고, 좌파로부터 바람직한 불평등이 아닌 완전한 평등을 추구해야 한다는 비판을 받음
③ 에치오니(Etzioni)는 롤스(Rawls)의 정의론이 추상적이라고 비판하며 정의의 문제는 공동체가 공유하는 관행과 전통 속에서 찾아야 한다고 함
④ 애로우(Arrow)와 하산니(Harsanyi)는 불확실한 상황에서의 선택은 평균공리에 의할 것이라고 봄
⑤ 사회·경제적 권리보다 정치적 권리에 지나친 우선순위를 두고 있고, 무지의 베일은 너무 인위적인 성격을 가지고 있다는 비판을 받음

3 사회적 형평성(social equity)

1. 의의

(1) 형평은 '저울질하여 균형을 맞춘다'는 의미이고, 형평성은 사회적·경제적·정치적으로 불리한 입장에 있는 계층에 보다 나은 국가의 서비스를 제공함으로써 배분적 정의를 구현하고자 하는 이념

(2) 같은 것은 같게, 다른 것은 다르게 처방을 하는 것으로, 정당한 불평등의 개념이 내포되어 있음

2. 형식적 평등과 실질적 평등

(1) 형식적 평등(기회의 균등)

사회적 가치를 취득할 수 있는 기회나 자격, 권리 등을 동등하게 부여하는 평등을 의미함
예 공무원선발시험에서의 기회균등, 성 중립적 관점 등

(2) 실질적 평등(결과의 균등)

상황에 맞게 사회적 약자나 소수자에 대한 보호를 하는 것으로, 형식적 평등으로 인해 나타나는 불평등의 시정을 의미함
예 대표관료제, 성인지적 관점 등

3. 수직적 형평성과 수평적 형평성

(1) 수직적 형평성(평등이론) - 다른 것은 다르게

잘사는 사람에게는 적게 배분하고 못사는 사람에게는 많이 배분함으로써 수직적 계층 간의 형평을 유지하는 것으로, 결과의 평등을 주장함
예 누진세, 대표관료제, 저소득층 및 장애인 세금감면 혜택 등

(2) 수평적 형평성(실적이론) - 같은 것은 같게

동일한 위치에 있는 사람들을 동일하게 대우함으로써 수평적 계층 내의 형평을 유지하는 것으로, 기회의 평등을 주장함
예 비례세, 수익자부담주의, 보통선거 등

(3) 절충적 형평성(욕구이론)

기본적 욕구에 해당하는 최저수준을 보장해주는 형평성을 의미함

로렌츠 곡선	소득의 분포가 완전히 균등하면 곡선은 대각선(45°직선 = 완전평등선 = 균등분포선)과 일치하는데, 곡선과 대각선 사이의 면적의 크기가 불평등도의 지표
지니 계수	대각선(완전균등선) 아래의 면적(삼각형)에 대하여 대각선과 로렌츠 곡선 사이의 면적이 차지하는 비율

Focus on 형평성의 종류

구분	이론	공평의 대상	내용	정책 예시
수직적 형평성	평등이론	결과	실질적 · 적극적 평등	누진세, 대표관료제, 종합부동산세 등
수평적 형평성	실적이론	기회	형식적 · 절차적 평등	비례세, 보통선거, 공개채용, 수익자부담주의 등
절충적 형평성	욕구이론	최저수준	절충적 입장	의무교육, 실업수당, 최저임금제, 연금제도 등

4 자유(freedom)

1. 의의

(1) 일반적으로 제약과 간섭이 없는 상태를 의미함

(2) 자유에는 사회성이라는 한계가 있기 때문에, 타인의 권리 및 자유와 상충되지 않는 범위 내에서 자유가 행사되며 보장될 수 있음

2. 소극적 자유와 적극적 자유(Berlin)

(1) **소극적 자유(보수적 자유, 개인주의)**
  ① 간섭과 제약이 없는 상태
  ② 권력과 맞서는 개인의 자유를 강조하는 '정부로부터의 자유(freedom from government)'로서, 개인에 대한 정치권력의 부당한 억압과 강제를 배제하기 위한 법적 · 제도적 장치를 마련하는 데 주된 관심을 가짐

(2) **적극적 자유(진보적 자유, 진보주의)**
  ① 무엇을 할 수 있는 자유
  ② 정부의 간섭주의를 지향하는 '정부에 의한 자유(freedom by government)' 내지는 '정부에로의 자유(freedom to government)'로서, 자유권을 행사할 수 있는 여건을 정부의 적극적 활동을 통해 보장받고자 함

5 복지(welfare)

1. 잔여적 복지

(1) 복지는 보충성의 원리를 따르므로 경제적 개인주의나 자유시장이라는 가치에 토대를 두고 시장의 효율을 크게 저해하지 않는 범위 내에서 보장됨

(2) 가족과 시장체제에서 제 기능을 하지 못하는 사람 또는 탈락한 사람들을 일시적 · 한정적 · 보완적으로 보호하고 지원하는 것
  예 공공근로, 한시적 생활보호사업, 무료급식, 노숙자보호 등

2. 제도적 복지

현대사회의 구조적인 문제로 대두된 사회적 위험에 대해 국가가 적극적으로 개입하여 사회복지 제도를 마련하는 것 예 연금보장제도, 건강보험제도 등

THEME 023 행정의 수단적 가치 ★★☆

1 합법성(legality)

1. 의의

(1) 행정은 법에 근거를 두고 법 테두리 내에서 집행되어야 한다는 이념

(2) 법치행정이란 입법국가시대에 정립된 원리로서 행정은 국회가 의결한 법규에 따라 이루어져야 하며, 내용적으로 법률의 법규창조력, 법률우위, 법률유보로 구분할 수 있음

핵심OX

법률유보의 원칙은 지방자치단체의 조례가 국가의 법령에 위반할 수 없다는 것을 의미한다.   (○, ×)

답 × 법률우위의 원칙

2. 법치행정의 내용

(1) **법률의 법규창조력**

국가작용 중 국민의 권리의무에 관한 새로운 규율을 정하는 것은 모두 의회가 입법과정으로 행하여야 함

(2) **법률우위(소극적 의미)**

행정은 법률에 위반되는 행위를 해서는 안 됨

(3) **법률유보(적극적 의미)**

국민의 권리를 제한하거나 국민에게 의무를 부과하는 행정작용은 법률에 근거를 두고 법률의 규정에 따라 이루어져야 함

3. 기능

(1) **법적 안정성의 확보 가능**

'법 앞의 평등'을 실현하여 형식적 평등성을 확보하는 데 기여함

(2) **예측가능성 부여**

① 권력의 자의적인 행사를 방지함

② 국민들이 어떠한 절차에 의해서 정책이 만들어질 것인지에 대한 예측가능성을 높임

(3) **적극적·실질적 합법성 강조**

법의 목적(입법의도)을 중시하는 적극적이고 실질적인 합법성과 절차적 민주성을 위한 절차적 합법성이 강조되고 있음

4. 한계

(1) 행정의 경직성을 초래할 우려가 있음

(2) 형식주의, 법규만능주의 등을 초래하기 때문에 대응성과 변동에 대한 적응성을 저해함

(3) 행정국가의 도래와 위임입법의 증가로 합법성을 통한 행정통제가 어려움

2 능률성(efficiency)

1. 의의

최소의 비용으로 최대의 산출을 얻고자 하는 것으로서 능률성은 단순히 투입 대 산출의 비율을 극대화하고자 하는 양적 개념

2. 종류

(1) 기계적 능률

① 투입 대 산출 비율의 극대화를 나타내는 능률로서 성과를 계량화하여 객관적인 기준에 의해 평가함
② 과학적 관리론, 정치행정이원론인 전통적 행정학에서 강조한 개념
③ 행정목적의 다원성과 인간성 무시하고, 인간을 기계시한다는 비판받음
④ 사이먼(Simon)은 기계식 능률이 능률의 수치화를 중시한다고 보고 이를 '대차대조표식 능률'이라고 명명함

(2) 사회적 능률

① 산출의 가치를 중시하는 능률
② 디목(Dimock), 메이요(Mayo) 등이 강조한 능률로서 인간관계론과 밀접한 관계가 있음
③ 민주적 능률과 상대적 능률을 강조하고, 기계적 능률에서 포착하지 못하거나 계량화가 곤란한 행정활동 결과의 파급효과까지 고려함

3 효과성(effectiveness)

1. 의의

능률성보다 확장된 개념으로서 산출 대비 목표, 목표의 달성도를 의미하는 질적인 의미로 발전행정론에서 강조함

2. 효과성 평가모형

(1) 퀸(Quinn)과 로보그(Rohrbaugh)의 경쟁가치모형

조직의 효과성을 평가하는 기준은 누가 평가하는지, 어떤 이해관계를 대변하는지와 관련되는 가치판단의 문제로 인식하는 상황적 접근방법

구분	조직(외부)	인간(내부)
통제	합리목표모형(합리문화) • 목적: 생산성, 능률성 • 수단: 기획, 목표설정, 합리적 통제	내부과정모형(위계문화) • 목적: 안정성, 통제와 감독 • 수단: 의사소통, 정보관리
유연성 (신축성)	개방체제모형(발전문화) • 목적: 성장, 자원획득, 환경적응 • 수단: 유연성, 용이함	인간관계모형(집단문화) • 목적: 인적자원 발달, 팀워크, 능력발휘, 구성원 만족 • 수단: 사기, 응집력

🏛️ 기출 체크

01 디목(Dimock)이 제창한 사회적 능률에 해당하지 않는 것은? 2011년 국가직 9급

① 인간적 능률
② 합목적 능률
③ 상대적 능률
④ 단기적 능률

답 ④ 단기적 능률은 해당하지 않음

02 행정가치에 대한 설명으로 가장 옳은 것은? 2019년 서울시 9급(2월 추가)

① 과정설에서는 공익은 사익을 초월한 실체·규범·도덕 개념으로 파악한다.
② 사회적 형평성은 1930년대 중반 이후 인간관계론의 등장과 더불어 강조된 개념이다.
③ 사회적 효율성은 동등한 것을 동등한 자에게 처방하는 것이 정당하다고 본다.
④ 효과성은 목표달성의 정도로 1960년대 발전행정론에서 중요시한 개념이다.

답 ④
① 실체설에 대한 설명
② 사회적 형평성은 1960년대 후반에서 1970년대 미국에서 인종 갈등의 해소, 성 평등의 지향성과 더불어 강조된 개념
③ 사회적 형평성에 대한 설명

① **개방체제모형**: 조직 내 인간보다는 조직 자체와 조직구조를 강조하고, 환경과의 바람직한 관계를 유지하기 위해서 조직의 유연성과 신속성을 유지하는 것이 효과적이라고 봄
② **인간관계모형**: 조직 자체보다는 조직 내 인간을 중시하고, 통제보다는 유연성을 강조하며 구성원의 사기와 응집성을 통하여 효과성이 확보된다고 봄
③ **내부과정모형**: 조직보다는 인간을 강조하고, 정보관리와 의사소통을 통하여 조직의 효과성이 증대된다고 봄
④ **합리목표모형**: 조직 내 인간보다는 조직 자체와 조직구조에서의 통제를 강조하며, 합리적인 계획과 목표설정 및 평가를 통하여 조직의 효과성이 확보된다고 봄

(2) 퀸(Quinn)과 카메론(Cameron)의 조직의 성장단계에 따른 조직효과성모형

구분	조직효과성모형	주요 가치
창업단계	개방체제모형	혁신과 창의성 및 자원의 결정
공동체단계	인간관계모형	비공식적 의사전달과 협동심 강조
공식화단계	내부과정모형, 합리목표모형	규칙과 절차 및 활동의 효율성 중시
정교화단계	개방체제모형	외부환경에 적응하고 환경을 조정해 가면서 조직 자체의 변화와 성장을 도모함

① **장점**: 조직효과성 평가의 다양한 기준과 경쟁적 관계를 인정하고, 서로 다른 기준의 상황적응적 적용을 시도함
② **단점**: 타당성을 입증하기에 미흡하며, 조직 성장단계에 대한 정확한 판단을 하는 것이 곤란함

3. 한계

(1) 목표달성도만을 강조하기 때문에 민주성과 합법성의 가치를 훼손할 우려가 있음
(2) 투입에 대한 정확한 측정이 이루어지지 않아 낭비적 요소가 내재되어 있음
(3) 행정의 목표는 다원적이고 추상적이기 때문에 목표달성도를 측정하는 것이 곤란함

4 생산성(효율성, productivity)

1. 의의

(1) 투입 대비 산출을 극대화하면서 그 산출이 주어진 목표를 달성할 수 있도록 하는 것을 의미함
(2) 능률성과 효과성을 합한 개념으로 최소의 비용으로 최대의 산출을 얻고, 산출물이 목표를 얼마나 달성했는가를 나타내는 척도이며 효율성이라고도 함
(3) 1980년대 감축관리에 따른 신공공관리론에서 강조함

2. 행정의 생산성 저하 원인

(1) 행정은 노동집약적 산업의 특성을 가지고 있기 때문에 생산성이 낮음

(2) 비용과 수익의 절연으로 비용의 가치를 둔감하게 함

(3) 행정의 독점성으로 인해 경쟁의 부재는 생산성을 높이려는 유인이 없음

(4) 파생적 외부효과의 존재

(5) 행정산출물의 생산성 측정이 곤란함

3. 공공부문의 생산성 측정의 어려움

(1) 정부활동의 대부분은 서비스를 제공하는 데 있으므로 성과지표의 개발과 성과측정 자체가 어려움

(2) 정부활동이 여러 기관과 관련되어 수행되는 경우 측정이 어려움

(3) 공공재의 경제적 측정이 어려움

(4) 외부효과로 인하여 비용과 수익의 연계나 수익자부담주의 구현이 곤란함

(5) 명백한 생산함수가 존재하지 않은 경우가 많아 측정이 어려움

5 민주성(democracy)

1. 의의

(1) 행정조직 내외에 있어서 인간적 가치의 구현 정도

(2) 대내적으로는 공무원의 인간적 가치를 존중하고 자유와 권리의 행사를 인정하며 자아실현욕구를 충족시켜 주는 것

(3) 대외적으로는 국민의 의사와 요구를 행정에 반영하여 대응성 있는 행정을 실현하고 국민에게 책임을 지는 행정을 구현하는 것

(4) 민주성은 능률성과 충돌하는 경우도 있지만 양자의 조화가 행정의 궁극적인 목표가 됨

2. 행정의 대내적 민주성

(1) 행정조직 내부의 민주화

(2) 하급자의 참여욕구를 증진시키고 인간적인 관리전략을 통해서 궁극적으로 생산성 향상에 기여할 수 있도록 함

(3) **행정의 대내적 민주화를 위한 방안**
① 자유로운 의사소통 및 갈등의 민주적 조정
② 최고관리층의 권위적·탄압적 관리방식 지양
③ **행정인의 민주적 인간관리능력**: Y이론에 입각한 인간관리
④ **공무원의 능력발전**: 교육훈련, 승진, 근무성적평정 등
⑤ **권한위임의 촉진**: 행정체계의 분권화, MBO, TQM 등

기출 체크

행정가치 중 본질적 가치와 가장 거리가 먼 것은? 2016년 사회복지직 9급

① 정치적 자유
② 가치의 평등한 배분
③ 민주적 의사결정
④ 사회적 형평

답 ③ 민주성은 수단적 가치에 해당함

3. 행정의 대외적 민주성

(1) 행정과 시민의 관계에서의 민주화

(2) 시민의 의사를 행정에 반영하여 대응성을 확보하고, 이를 통해 시민에게 책임지는 책임행정을 구현하는 것

(3) 행정의 대외적 민주화를 위한 방안
① 행정윤리의 확립
② 행정구제제도의 확립
③ 행정PR의 활성화 등 공개행정의 강화와 활발한 의사소통
④ 관료제의 대표성 확보 및 기회균등의 확립
⑤ 시민참여의 촉진
⑥ 민관협동체제의 구축

4. 능률성과 민주성의 관계

(1) 상충관계
기본적으로 능률성과 민주성은 상충관계를 가짐

(2) 보완관계
능률성을 사회적 능률로 이해할 경우에는 민주성과 보완이 가능함

6 합리성(rationality)

1. 의의

(1) 목표를 달성하기 위하여 최선의 수단을 선택하는 것

(2) 어떤 행위가 궁극적으로 목표를 달성하기 위한 최적의 수단이 되느냐의 여부를 의미함

(3) 목적과 수단, 원인과 결과 간의 관계에 대한 타당한 근거를 가지고 행동하는가에 대한 판단

(4) 사회현실을 인식하고 대처하는 과정에서 제기되는 정신작용으로, 의식적이고 체계적인 사고작용

(5) 유형
① **내용 중심**
  ㉠ 주로 목표 · 수단의 적합성 측면에서 보는 것
  ㉡ 기술적 · 도구적 · 수단적 합리성
② **과정 중심**
  ㉠ 인간의 고도의 이성적 사유과정을 통한 행동의지를 보는 것
  ㉡ 주관적 · 절차적 합리성

2. 학자별 유형

(1) 베버(Weber)의 합리성

이론적 합리성	• 논리적이고 추상적인 개념에 근거하여 현실을 주도해 나가려는 합리성 • 이론적인 귀납이나 연역적 접근을 통한 이론·법칙과 인과관계 정립, 사고과정을 중시함
실천적 합리성	사회생활에서 개인의 이익을 증진하기 위해, 실용적이고 이기적인 관점에서 정해진 목표를 달성하기 위하여 최적의 수단을 선택하는 합리성
형식적 합리성	• 보편적으로 적용되는 법규나 규칙에 부합되어 예측가능성이 보장되는 합리성 • 관리기술적 관점에서 볼 때 경제적·법률적·과학적 영역에서 가장 합리적이며 이상적인 형태 • 베버(Weber)는 형식적 합리성을 강조하였으며, 형식적 합리성이 가장 높은 조직은 관료제라고 주장함
실질적 합리성	• 주관성이 내재되어 있으며 포괄적 가치로서 과거와 현재 그리고 잠재적인 가치에 따라 행동을 취하게 됨 • 이때의 가치는 단일의 가치가 아니라 일관성 있는 포괄적 가치(종교관, 인생관, 자유주의 등)를 의미함

(2) 사이먼(Simon)의 합리성

내용적 합리성	• 완전 분석적 합리성으로 '주어진 목표와 제약조건하에서 목표달성을 위한 최적수단을 선택하는 정도'로서 선택의 과정보다는 결과에 초점을 맞춤 • 행위자는 효용극대화 또는 이윤극대화 등의 특정한 목표를 가지고 있으며, 행위자는 합리적인 선택을 할 수 있는 모든 지식과 능력을 소유하고 있다는 가정을 전제함
절차적 합리성	• 추론이라고 불리는 특별한 사유과정으로서 행동대안을 선택하기 위하여 사용된 절차가 인간의 인지능력과 한계에 비추어 보았을 때 얼마만큼 효과적이었는지의 정도 • 결과적으로 선택된 대안이 최선인지 아닌지와는 관계없이 그 대안을 선택하기 위하여 밟은 절차가 적합한 것이면 절차적 합리성은 확보된 것 • 비합리적인 행동이란 이성적인 사유과정을 거치지 않고 감정·충동·본능 등에 근거한 행동 • 사이먼(Simon)은 절차적 합리성을 중시함

(3) 만하임(Mannheim)의 합리성

기능적 합리성	• 정해진 목표를 능률적·효과적으로 달성하게 하는 적합성 • 목표성취에 기여하는 행위와 관련됨 • 베버(Weber)의 형식적 합리성과 유사함
실질적 합리성	이성적인 사고작용·판단을 중심으로 특정상황에 있어서의 여러 사건이나 구성요소 간의 상관관계를 고찰함

사이먼(Simon)의 합리성

사이먼(Simon)의 절차적 합리성은 정책의제설정이론인 의사결정론과, 정책결정모형인 만족모형으로 나타남

핵심 O X

사이먼(Simon)의 절차적 합리성은 목표에 비추어 적합한 행동이 선택되는 정도를 의미한다. (O, X)

답 X 내용적 합리성

(4) 디징(Diesing)의 합리성

정치적 합리성	• 정책결정구조 및 과정의 합리성, 다수결의 원리 등과 관련 • 디징(Diesing)은 정치적 합리성을 가장 강조함
경제적 합리성	비용과 편익을 측정·비교하여 대안의 우선순위를 결정하는 것
사회적 합리성	사회 구성요소 간 조화 있는 통합·조정, 갈등해결장치의 보유 정도를 의미함
기술적 합리성	• 최소의 노력으로 최대의 목표달성이 가능한 수단의 채택 여부(목표와 수단 사이의 인과관계의 적절성) • 하나의 목표를 성취하기 위한 적합한 수단들을 찾는 것
법적 합리성	• 법적 논리에 적합한 의사결정과 행위 • 법률적합성과 관련(대안들의 합법성 정도)

3. 한계

(1) 개개인의 인지방식의 차이는 합리성을 제약함

(2) 지식과 정보의 불완전성은 합리적인 결정을 어렵게 함

(3) 주관적·감정적 요인의 작용은 합리적인 결정을 어렵게 함

(4) 문화적 요인 및 사회적 가치체계의 영향은 합리성을 저해할 수 있음

4. 개인적 합리성과 사회적 합리성의 불일치

'용의자의 딜레마'나 '공유지의 비극'과 같이 개인적으로는 합리적인 의사결정이 사회적 합리성과는 일치하지 않는 경우가 발생할 수 있는데, 이러한 문제는 흔히 시장실패의 요인으로 작용할 수 있음(구성의 오류)

7 가외성(redundancy)

1. 의의

(1) 초과분, 잉여분, 덤 등의 개념으로서 무용하고 불필요한 낭비적인 것으로 인식될 수 있으나, 특정한 체제가 장래에 불확실한 상황에 노출되었을 때 발생하게 될지도 모르는 적응의 실패를 방지함으로써 특정체제의 환경에 대한 신뢰성과 안정성을 제고시키는 개념[란다우(Landau), 1969]

(2) 행정의 여분이나 초과분을 의미하는 개념으로 보았을 때 능률성과는 대치되는 개념

2. 가외성의 사례

(1) 기능적 측면
품의제(순차적 내부결재), 거부권제도, 권한대행, 복수목표 등

(2) 구조적 측면
권력분립(삼권분립), 3심제도, 연방주의, 양원제, 위원회제(합의제), 참모, 중첩적 관할조직 등

(3) 계층제, 만장일치, 단방제, 계선 등은 가외성의 장치라고 할 수 없음

3. 구성요소 - 상호독립적으로 구성

(1) 중첩성(overlapping)

여러 기관들이 상호의존성을 가지고 한가지 업무를 중첩적으로 공동관리하며 함께 협력하여 수행하는 것

예 재난발생 시 여러 부처가 협력하여 업무를 수행하는 것 등

(2) 반복성(중복성, duplication)

동일한 기능을 여러 기관들이 독립적인 상태에서 경쟁적으로 수행하는 것

예 자동차의 이중브레이크, 다수의 정보기관을 두는 것 등

(3) 동등잠재력(equi-potentiality)

주된 조직단위의 기능이 작동하지 않을 때 다른 지엽적·보조적 단위기관들이 주된 단위의 기능을 인수해서 수행하는 것

예 주엔진이 고장났을 때 보조엔진이 기능하는 것, 스페어타이어 등

4. 기능

(1) 조직의 신뢰성과 안정성 증진

정보체계의 위험성과 미비점을 보완하고 오류를 최소화하여 조직의 신뢰성과 안정성 증진에 기여함

(2) 과업성취 증진

유동적이고 불확실한 환경에서 과업성취를 증진시킬 수 있음

(3) 창조성 유발

중첩적이고 반복적인 상호작용으로 적당한 긴장감과 창의성이 유발되어 조직의 활력을 이끌어낼 수 있음

(4) 정보의 정확성 확보

정보를 확보하는 채널이 다원화되어 정확성이 확보될 수 있음

5. 한계

(1) 가외성은 여분이나 덤의 개념으로 능률성과 대치되기 때문에 능률성과 경제성을 저하시키고 감축관리 등 작고 효율적인 정부 구축을 어렵게 함

(2) 기능 중복으로 인한 갈등과 충돌이 발생할 가능성이 있음

(3) 담당기관들의 책임전가로 책임성의 문제가 제기될 수 있음

핵심 OX

01 가외성의 특성 중 중첩성은 동일한 기능을 여러 기관 들이 독자적인 상태에서 수행하는 것을 뜻한다. (O, ×)

답 × 중복성에 대한 내용

02 동등잠재력은 중복성과 연계된 개념이다. (O, ×)

답 × 별개의 개념임

기출 체크

01 가외성(redundancy)에 대한 설명으로 가장 옳지 않은 것은? 2020년 서울시 9급

① 동등잠재성(equipoentiality)은 동일한 기능을 여러 기관들이 독자적 상태에서 수행하는 것을 의미한다.

② 란다우(M. Landau)는 권력분립, 계선과 참모, 양원제와 위원회제도를 가외성 현상이 반영된 제도로 본다.

③ 창조성 제고, 적응성 증진 등에 효용이 있다.

④ 한계로는 비용상의 문제와 조직 내 갈등 유발 등이 지적된다.

답 ① 동등잠재성은 보조기능을 예비로 둠으로써 주기관이 기능을 수행하지 못할 경우 보조기관이 수행하는 것이며, 동일한 기능을 여러 기관들이 독자적 상태에서 수행하는 것은 반복성(중복성)에 대한 설명

02 주요 행정이념에 대한 설명으로 가장 옳지 않은 것은? 2019년 서울시 9급 (2월 추가)

① 합법성은 정부 관료의 자의적인 행정활동을 막아주는 데 기여한다.

② 사회적 효율성은 구성원의 인간적 가치 실현 등을 내용으로 하여 민주성의 개념으로 이해되기도 한다.

③ 환경의 불확실성이 커질수록 가외성은 행정의 안정성과 신뢰성 확보 측면에서 그 필요성이 높아진다.

④ 효과성은 투입에 대한 산출의 비율을 의미하는 것으로 산출에 대한 비용의 관계라는 조직 내의 조건으로 이해된다.

답 ④ 투입에 대한 산출의 비율을 의미하는 것은 능률성

THEME 001 미국의 행정학 설립 무렵에 대한 설명으로 옳은 것을 모두 고른 것은?

> ㄱ. 윌슨(Wilson)은 '강도에게서 칼 가는 법을 배울 수는 있으나, 칼 가는 목적을 배워서는 안 된다.'고 주장하는 정치행정이원론적 입장이다.
> ㄴ. 행정의 무능과 타락한 정당정치 등 엽관주의의 폐단을 극복하고자하는 노력에서 행정관리론은 성립되었다.
> ㄷ. 윌슨은 정부개혁을 통하여 특정지역 및 계층 중심의 관료파벌을 해체하여야 한다고 주장하였다.

① ㄱ   ② ㄴ

③ ㄱ, ㄴ   ④ ㄱ, ㄷ

THEME 002 행정학의 성격에 대한 설명으로 옳지 않은 것은?

① 전통적 행정과정에서 기획은 체제론적 관점에서 구체적 수단을 추구하는 정태적, 수단적 개념인 데 비해서, 현대적 행정과정의 기획은 발전행정론적 관점에서 동태적, 목적지향적 관점이다.

② 과학성을 강조하는 입장은 공사행정일원론과 밀접한 관련이 있다.

③ 가치판단불가피성은 통치기능설과 발전행정론, 신행정론 등에서 강조 되었다.

④ 성과급제도가 선진국에서는 적절한 유인체제가 되지만, 개도국에서 그대로 도입하면 권위주의적 행정문화로 인하여 왜곡되는 현상은 행정의 보편성과 관련된다.

THEME 003 진보주의 정부관에 대한 설명으로 옳지 않은 것은?

① 소극적 자유의 선호

② 공익 목적을 위한 정부 규제의 강화 강조

③ 효율성과 공정성에 대한 자유시장의 잠재력 인정

④ 조세를 통한 소득재분배 강조

PART 1

THEME 004 공사행정의 특징에 관한 설명으로 가장 옳은 것은?

① 공사행정 모두 평등의 원칙을 엄격히 적용한다.

② 정치행정일원론자들은 공사행정의 공통점을 강조한다.

③ 사행정은 공행정에 비하여 적법절차의 준수여부가 중요하다.

④ 최근의 시각은 공행정과 사행정의 차이를 본질적이라기보다는 정도의 차이로 인식하고 있다.

THEME 005 미국의 행정학 도입 초창기에 대한 설명 중 옳지 않은 것을 모두 고른 것은?

> ㄱ. 실적주의는 혈연 및 정파성 등을 특징으로 하는 엽관주의의 부작용을 극복하고자 하였다.
>
> ㄴ. 잭슨(Jackson) 대통령의 암살은 엽관주의의 폐단을 극단적으로 드러낸 사건이다.
>
> ㄷ. 미국행정학은 테일러(Taylor)의 과학적 관리법에 근거를 둔 조직이론으로부터 많은 영향을 받았다.

① ㄱ   ② ㄴ

③ ㄱ, ㄴ   ④ ㄴ, ㄷ

THEME 006 현대 행정국가 현상과 가장 관련이 없는 것은?

① 파킨슨(Parkinson)의 법칙   ② 막료 기관의 증가

③ 루즈벨트(Roosevelt) 대통령의 뉴딜정책   ④ 자유방임주의와 야경국가

정답 및 해설

001
▶ 오답체크
ㄷ. 정부개혁을 통한 관료파벌의 해체는 잭슨(Jackson) 대통령의 엽관주의적 주장이다.

002 성과급제도가 선진국에서는 적절한 유인체제가 되지만, 개도국에서 그대로 도입하면 권위주의적 행정문화로 인하여 왜곡되는 현상은 행정의 특수성과 관련된다.

003 소극적 자유의 선호는 보수주의 정부관에 대한 내용이다. 진보주의 정부관은 적극적 자유를 선호한다.
▶ 오답체크
③ 진보주의 정부관도 자유시장 질서를 완전히 부정하는 것은 아니며 자유시장의 잠재력 자체는 인정한다.

004 최근에는 공행정과 사행정의 차이를 본질적이라기보다는 정도상의 차이로 보는 것이 일반적이다. 따라서 공행정에도 사행정의 경영 기법 등을 다양하게 도입하고자 하며, 사행정에도 사회적 책임성이 강조되고 있다.
▶ 오답체크
① 평등의 원칙은 공행정에서 엄격히 적용된다.
② 정치행정일원론자들은 공사행정의 차이점을 강조한다.
③ 공행정이 사행정에 비하여 적법절차의 준수여부가 중요하다.

005
ㄱ. 혈연은 영국의 정실주의의 특징이다.
ㄴ. 엽관주의의 폐단을 드러내고 그 종식을 고하게 되는 사건은 엽관주의자였던 기토에 의한 가필드(Garfield) 대통령의 암살이다.

006 자유방임주의와 야경국가는 근대 입법국가의 통치 이념이다.
▶ 오답체크
① 파킨슨(Parkinson)의 법칙은 공무원 수가 본질적 업무의 증가와 관계 없이 심리적 요인(부하배증의 법칙과 업무배증의 법칙)에 의하여 증가하는 비효율이 발생한다는 것으로, 현대 행정국가의 공무원 수가 증가하는 것을 설명한다.
② 현대 행정국가에서는 대내적 관리기능 및 의사결정권자에 대한 전문적 조언의 증가로 참모 역할을 하는 막료 기관이 증가한다.
③ 뉴딜정책은 경제대공황을 타개하기 위한 공공사업 확장 정책이다.

정답 001 ③ 002 ④ 003 ① 004 ④ 005 ③ 006 ④

정부실패에 대한 설명으로 옳지 않은 것은?

① 파생적 외부효과는 정부실패를 초래할 수 있다.
② 정부실패의 요인 중 사적목표의 설정은 정부규제 완화를 통해 대응할 수 있다.
③ 정부실패는 민영화와 정부보조 삭감, 규제완화의 방안을 통해 대응할 수 있다.
④ 권력의 독점으로 인한 정부실패는 민영화와 규제 완화를 통해 대응할 수 있다.

윌슨(J. Q. Wilson)은 정부규제로부터 감지되는 비용과 편익의 분포에 따라 규제정치를 다음과 같이 4가지 유형으로 구분했다. ㄱ~ㄹ에 들어갈 유형의 명칭과 설명으로 옳지 않은 것은?

구분		감지된 편익	
		넓게 분산	좁게 집중
감지된 비용	넓게 분산	ㄱ	ㄴ
	좁게 집중	ㄷ	ㄹ

① ㄱ은 대중적 정치로 낙태, 음란물 규제 등이 대표적 사례다.
② ㄴ은 고객 정치로 그 사례는 환경오염 규제, 산업안전 규제 등이 있다.
③ ㄷ은 기업가적 정치, 운동가 정치로 불리며 사회적, 정치적 계기의 형성이 중요하다.
④ ㄹ은 한의사와 약사간의 분쟁, 의사와 한의사간의 분쟁 등을 들 수 있으며, 갈등이 첨예할 경우 해결이 매우 어렵다.

미국에서 행정학 이론이 발전된 시간적 순서대로 옳게 나열한 것은?

> ㄱ. 가치중립적인 관리론보다는 민주적 가치 규범에 입각한 정책 연구를 지향한다.
> ㄴ. 행정학은 이론과 법칙을 정립하는데 그 목적을 두어야 하며, 사실판단의 문제만 연구 대상으로 삼는 것이 바람직하다.
> ㄷ. 과업 수행 시 가장 효율적인 표준시간과 동작을 연구한다.
> ㄹ. 정부를 공공재를 생산자로 보며, 신정치 경제학적 접근이 필요하다.
> ㅁ. 조직 구성원의 생산성은 조직의 관리통제보다 조직 구성원 상호간의 관계에 많은 영향을 받는다.

① ㄴ - ㄷ - ㄱ - ㄹ - ㅁ
② ㄴ - ㄷ - ㅁ - ㄱ - ㄹ
③ ㄷ - ㅁ - ㄱ - ㄹ - ㄴ
④ ㄷ - ㅁ - ㄴ - ㄱ - ㄹ

THEME 010 과학적 관리론에 대한 설명으로 옳지 않은 것은?

① '시간과 동작에 관한 연구'와 관련이 있다.

② X이론적 인간관에 기반한 경제적 인간관적 관점을 가진다.

③ 공식구조만 중시하고, 조직의 기계화 및 비인간화를 초래한다는 한계가 지적된다.

④ 메이요(Mayo)의 호손 공장 연구(Hawthorne Studies)가 이러한 접근방법의 근거가 되었다.

THEME 011 행태론에 대한 설명으로 옳은 것은?

① 행태론은 가치와 사실을 분리하여 가치만을 연구의 대상으로 한정 지었다.

② 행태주의 이론은 행정의 공공성을 강조한다.

③ 행태론은 개발도상국의 행정현상을 설명하는데 유리하다.

④ 행태론은 행정학의 과학화에 기여하였다는 장점이 있으나, 처방성이 부족하다는 한계가 지적된다.

THEME 012 리그스(Riggs)의 프리즘적 모형에서 설명하는 프리즘적 사회의 특성으로 옳지 않은 것은?

① 고도의 분화성   ② 이질성
③ 기능의 중첩   ④ 다규범성

정답 및 해설

007 정부실패 요인 중 사적목표의 설정은 민영화를 통해 대응할 수 있다.

⊞ **정부의 원인별 대응방안**

구분	민영화	정부보조 삭감	규제 완화
사적 목표 설정	○		
X-비효율, 비용체증	○	○	○
파생적 외부효과		○	○
권력의 독점(편재)	○		○

008 ㄴ은 고객 정치로 그 사례는 경제적 규제인 수입 규제, 진입·퇴거 규제, 각종 인허가 규제 등을 들 수 있다. 환경오염 규제, 산업안전 규제는 사회적 규제이며 기업가적 정치 운동가 정치에 해당한다.

009
ㄷ. 테일러(Taylor)의 과학적 관리론(1910년대~1920년대)
ㅁ. 메이요(Mayo)의 인간관계론(1930년대)
ㄴ. 사이먼(Simon)의 행정행태론(1940년대~1960년대)
ㄱ. 왈도(Waldo)의 신행정론(1960년대 후반~1970년대)
ㄹ. 오스트롬(Ostrom)의 공공선택론(1970년대)

010 호손 공장의 연구는 인간관계론의 실증적 근거가 되었다.

011
▶ 오답체크
① 행태론은 사실만을 연구의 대상으로 한정 지었다.
② 공공성은 가치가 개입된 이념이므로, 인간의 주관과 가치를 배제하는 행태주의 이론은 행정의 공공성을 설명하기 어렵다.
③ 행태론은 안정된 선진국의 행정현상을 설명하는데 유리하다.

012 고도의 분화성은 프리즘적 사회가 아니라 선진국과 같은 다원화된 분화사회의 특징에 해당한다. 프리즘적 사회는 농업사회에서 산업사회(분화사회)로 넘어가는 과도기적 사회로, 사회적 가치가 분화되는 과정에 있는 신생국의 사회를 의미한다.

⊞ **프리즘적 사회(전이사회)의 특징**
• 이질성
• 기능의 중첩
• 형식주의
• 연고우선주의
• 다분파주의
• 다규범주의
• 양초점성
• 상향적·하향적 누수체제와 전략적 지출
• 천민자본주의
• 가격의 불확정성

정답 007 ② 008 ② 009 ④ 010 ④ 011 ④ 012 ①

THEME 013 발전행정론과 신행정론의 공통점으로 옳지 않은 것은?

① 기관형성을 중시하였다.
② 행정인의 적극적 역할을 강조하였다.
③ 정치행정일원론적 시각이다.
④ 과학성이 부족하다는 비판을 받는다.

THEME 014 공공선택론의 주요 연구의 내용으로 옳지 않은 것은?

① 뷰캐넌(Buchanan)과 털록(Tullock)은 비용극소화모형에서 정책결정비용과 정책집행비용의 총합이 최소화가 되는 지점이 적정참여자수에 해당한다고 보았다.
② 다운스(Downs)는 중위투표자 모형에서 양당제하의 정당들은 극단적 정책을 회피하고 중위수준의 투표자들을 위한 정책을 채택한다.
③ 올슨(Olson)은 집합적 행동의 논리에서 합리적 경제인이라면 누구나 무임승차자(Free-rider)가 되려고 한다고 주장했다.
④ 스쿠르라이더(Scluleider)와 노드하우스(Nordhaus)는 정치인들은 선거 전에는 긴축재정을 사용하다가 선거 후에는 경기부양책을 사용한다고 주장하였다.

THEME 015 신제도주의에 대한 설명으로 옳은 것은?

① 합리적 선택 신제도주의에 의하면 행위자의 선호는 개인들 간 상호작용을 통해 형성된다.
② 역사적 신제도주의는 분석수준 면에서 방법론적 개체주의의 입장을 취한다.
③ 사회학적 신제도주의에서 경로의존성(path dependence)이 강조된다.
④ 사회학적 신제도주의에서 제도는 동형화 과정의 결과물로 본다.

THEME 016 정책결정 과정에 있어서 담론적 접근 방법을 선택할 때 기대되는 유용성으로 옳지 않은 것은?

① 지식, 지혜 및 정보를 포괄적으로 활용할 수 있다.
② 다수의 정책참여에 의하여 정책의 정당성을 확보하는데 유리하다.
③ 정책결정 과정에서 시간의 한계 및 정확한 정보의 부족 문제를 극복할 수 있다.
④ 구성원의 합의로 주관적·상대적인 정책평가 기준이 활용될 수 있다.

THEME 017 오스본(Osborne)과 프래스트릭(Plastrik)의 5C 전략에 대한 설명으로 옳지 않은 것은?

① 오스본(Osborne)과 프래스트릭(Plastrik)은 목적, 유인체계, 책임성, 권한, 문화에 따라 다섯 개의 전략을 제시하였다.
② 고객선택 접근법과 경쟁적 선택 접근법, 고객품질 보증을 강조하는 고객전략(Customer)이 포함된다.
③ 목표, 역할, 방향의 명확성을 추구하는 것은 결과전략(Consequence)에 해당한다.
④ 통제전략(Control)은 실무조직, 실무자, 지역사회에 대한 권한부여를 제시한다.

THEME 018 뉴거버넌스에 대한 설명으로 옳지 않은 것은?

① 계약과 협력의 요소를 중시하며 행위주체 간 상호 호혜적 협력관계를 중시한다.
② 정부역할에 있어서 노젓기보다는 방향잡기 역할을 강조한다.
③ 공공서비스 공급에 다양한 정부 및 비정부 조직들이 참여한다.
④ 직업공무원제를 확충시키고 정치와 행정의 구분을 통한 정책결정의 합리화를 추구한다.

정답 및 해설

013 발전행정론은 기관형성을 중시하였으나, 신행정론은 기관형성에 부정적인 입장이다.

014 스쿨라이더(Scluleider)와 노드하우스(Nordhaus)는 정치적 경기순환론에서 정치인들은 선거에서 승리하기 위하여 선거 전에는 경기가 호황상태가 되도록 경기부양책을 사용하다가, 선거 후에는 긴축재정을 펴기 때문에 경기순환이 정치적으로 이루어진다고 주장하였다.

015 사회학적 신제도주의에서 조직의 구조변화(제도)는 조직을 더 유사해지도록 하는 과정, 즉 동형화의 결과로 나타난다고 주장한다.
▶ 오답체크
① 합리적 선택의 신제도주의에서 행위자의 선호는 개인들 간의 상호작용이 아닌 개인의 전략적인 판단에 의해서 주어지는 외생적(고정) 선호라고 가정한다.
② 역사적 신제도주의는 분석수준으로 방법론적 전체주의의 입장을 취하고 있다.
③ 경로의존성이란 제도의 형성은 개별국가의 역사적 경로의 영향을 받아 지속성을 띤다는 것으로, 사회학적 신제도주의가 아닌 역사학적 신제도주의에서 강조되었다.

⊞ 신제도주의 유파별 비교

구분	합리적 선택 신제도주의	역사적 신제도주의	사회학적 신제도주의
제도의 개념	전략적 행위로 인한 균형점	역사적 맥락과 지속성의 산물	사회·문화적인 관행과 규범들
선호형성	외생적 형성	내생적 형성	내생적 형성
제도의 측면	공식적 측면 가능	공식적 측면 강조	비공식적 측면 강조
제도의 변화	경제적 분석	외부적인 충격 (단절적 균형)	동형화의 논리, 적절성의 논리
접근법	연역적, 방법론적 개체주의	귀납적(사례연구), 방법론적 전체주의	귀납적(경험적), 방법론적 전체주의

016 담론이론은 정책결정 과정에서 참여와 대화를 강조하기 때문에 시간이 많이 소요된다.

017 목표, 역할, 방향의 명확성을 추구하는 것은 핵심전략(Core)에 해당한다. 결과전략(Consequence)은 경쟁관리, 기업관리, 성과관리를 강조하는 것이다.

⊞ 오스본(Osborne)과 프래스트릭(Plastrik)의 5C 전략

구분	전략	접근방법
목적	핵심전략 (Core)	목표, 역할, 방향의 명확성 추구
유인체계	결과전략 (Consequence)	경쟁관리, 기업관리, 성과관리 강조
책임성	고객전략 (Customer)	고객선택 접근법과 경쟁적 선택 접근법, 고객품질 보증 강조
권한	통제전략 (Control)	실무조직, 실무자, 지역사회에 대한 권한부여를 제시
문화	문화전략 (Culture)	습관의 변화, 감정적 의식의 변화, 새로운 정신의 획득을 제시

018 뉴거버넌스는 신공공관리론의 국정관리 이후의 개념이며 서비스 연계망을 관리하는 정부의 활동으로, 직업공무원제의 확립과는 무관하다.
▶ 오답체크
① 뉴거버넌스란 시장, 정부, 민간, 비영리부문 등 다양한 조직의 상호작용으로 인한 동태적 네트워크에 의하여 이루어지는 종체를 의미한다.
② 신공공관리론과 동일하게 정부의 역할을 노젓기보다 방향잡기로 본다.
③ 뉴거버넌스는 공공서비스 공급 주체의 다양화가 특징이며, '누가 통치하느냐'보다 '어떻게 통치하느냐'가 중요하다.

정답 013 ① 014 ④ 015 ④ 016 ③ 017 ③ 018 ④

신공공서비스론의 특징으로 옳지 않은 것은?

① 실증주의, 해석학, 비판이론을 포괄하는 다양한 지식체제에 기반을 둔다.
② 관료의 권한과 통제를 중시하는 전통행정이론과 관리를 기업과 같이 할 것을 주장하였던 신공공관리론의 대안으로 등장하였다.
③ 관료의 반응대상을 시민이 아닌 고객으로 보았다.
④ 공익이란 고유 가치에 대한 담론의 결과로 보았다.

사회적 자본(Social capital)에 대한 특징으로 옳지 않은 것은?

① 사회적 자본은 집단 결속력으로 인해 다른 집단과의 관계에 있어서는 부정적 효과를 나타내기도 한다.
② 사회적 자본은 동조성(conformity)을 요구하면서 사회 구성원 개인의 행동과 사적 선택을 촉진한다.
③ 사회적 자본은 사회 내 거래비용을 감소시키는 역할을 한다.
④ 사회적 자본은 한 행위자가 배타적으로 소유할 수 없다.

행정의 가치와 이념에 대한 설명으로 옳지 않은 것은?

① 가치란 어떤 현상과 사물에 대한 주관적 평가이다.
② 행정행태론이 등장하면서 행정학에서 가치에 관한 연구에 본격적으로 관심을 가지게 되었다.
③ 행정이념은 행정이 지향하는 최고가치 내지는 신념이다.
④ 행정이념은 목표설정 및 결과의 평가기준이 되기도 한다.

THEME 022 공익에 대한 설명으로 옳은 것은?

① 지나친 집단 이기주의를 극복하기 위해서는 공익에 대한 과정설적 입장을 반영할 필요가 있다.

② 실체설은 절차적 합리성을 강조하여 적법절차의 준수에 의해서 공익이 보장된다고 본다.

③ 과정설은 개인의 사적 이익은 성격 상 아무리 합쳐도 공익이 될 수 없다고 본다.

④ 실체설은 공익을 단순히 개인들의 집합이 아니라고 보아 집단주의적 성격을 띤다.

THEME 023 행정의 가치에 대한 설명으로 옳지 않은 것은?

① 권력분립 및 연방주의는 가외적 장치에 해당한다.

② 단기적인 관점에서 민주성을 강조하면 시간이나 비용 측면에서 비효율을 초래할 수 있다.

③ 일반적으로 효율성과 합리성은 행정의 본질적 가치라기보다 수단적 가치라고 볼 수 있다.

④ 효과성은 투입한 자원 대비 얼마나 많은 산출을 얻었느냐를 의미한다.

정답 및 해설

019 신공공서비스론은 관료의 반응대상을 고객이 아닌 시민으로 보았다. 관료의 반응대상을 고객으로 보는 것은 신공공관리론의 입장이다.

020 사회적 자본은 동조성을 요구하므로 개인의 행동이나 사적 선택을 제약하게 된다. 즉, 집단 내의 규범 등, 사회적 자본의 일부 요소들은 개인 선택이나 행동을 제약할 수 있다.

021 행정학에서 가치에 관한 연구에 본격적으로 관심을 가지게 된 것은 신행정학이 등장한 이후부터이다. 신행정학은 당시 사회문제를 해결하기 위해 현실적합성과 실천성을 가지는 처방적 학문이 필요하다는 점을 강조하였다. 이러한 현실적 처방을 위해서는 경험적·실증적 지식뿐 아니라, 당위적·규범적 지식도 필요하므로 가치의 문제가 행정학의 주요 연구대상으로 부각되었다.

022
▶ 오답체크
① 민주화의 과정에서 발생하는 지나친 집단 이기주의에 대응하기 위해 공익에 대한 실체설적 입장을 반영할 필요가 있다.

② 실제 정책결정 과정을 냉정하게 검토하여 공익을 보장할 수 있는 제도적 장치 (적법절차 등)를 마련해야한다는 입장은 과정설에 가깝다.
③ 과정설은 사익의 총합을 공익이라 인식한다.

023 효과성이 아니라 능률성에 대한 설명이다. 능률성은 투입한 자원 대비 얼마나 많은 산출을 얻었느냐를 의미하며, 일반적으로 '투입에 대한 산출의 비율'로 정의한다.
▶ 오답체크
① 권력분립과 연방주의는 가외적 장치에 해당한다. 단방주의는 가외적 장치가 아니다.
② 민주성은 단기적으로는 시간과 비용의 증대를 가져오기 때문에 비효율을 초래한다.
③ 행정의 본질적 가치는 공익, 자유, 평등, 형평, 정의, 복지이며, 나머지 행정이념은 모두 수단적 가치에 해당한다.

정답 **019** ③ **020** ② **021** ② **022** ④ **023** ④

PART별 출제 비중 * 최근 3개년 기출 분석(2020년 하반기 시험 제외)

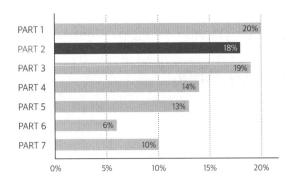

PART 2 정책학은 행정학의 하위분과학문을 다루는 부분으로, 실제 국가 정책의 흐름에 따라 단원이 구성되어 있습니다. 정책의제설정을 먼저 다룬 후 정책이 결정되는 과정, 결정된 정책을 집행하는 과정, 집행된 정책을 평가하는 과정을 순서대로 공부하게 됩니다. 공무원 행정학 시험에서 매우 높은 출제 비중을 차지하는 PART이므로, 정책학의 고득점은 행정학의 고득점으로 이어집니다. 법령 문제가 많지 않고, 주로 이론적인 내용들이 출제되기 때문에 반복적인 학습이 중요합니다.

CHAPTER별 빈출 키워드

CHAPTER 1 정책학의 개관	정책과 정책학의 의의, 정책의 유형
CHAPTER 2 정책의제설정 및 정책결정에 대한 시각	정책의제설정모형, 엘리트이론, 무의사결정론, 다원론, 정책네트워크모형
CHAPTER 3 정책결정론	비용편익분석, 합리모형, 만족모형, 점증모형, 혼합모형, 최적모형, 회사모형, 앨리슨모형
CHAPTER 4 정책집행론	하향적 접근방법과 상향적 접근방법, 나카무라와 스몰우드의 정책집행 유형
CHAPTER 5 정책평가론	정부업무평가 기본법, 정책평가의 요소
CHAPTER 6 기획론	연동계획(기획), 국가기획과 민주주의

PART 2

정책학

CHAPTER 1 정책학의 개관

THEME 024 정책과 정책학의 의의 ★★☆

1 정책의 의의

1. 개념

(1) 정책

공익의 추구나 공적 문제의 해결을 위해 권위 있는 정부기관이 공식적으로 결정한 장기적 활동지침

(2) 계획

미래지향적·이상적·창조적 목표를 지니며, 포괄성과 일관성이 강함

(3) 법률

입법부가 작성하는 구체적·강제적·단기적·유동적·정치적 성격의 지침

2. 특징

(1) 목표지향적·규범적

국가의 바람직한 발전방향을 설정한 후 달성함

(2) 실천적

과학적 연구 경향인 행태주의를 비판함

(3) 공식적·권위적 또는 강제적

정책의 행동 주체가 정부 또는 공공기관이므로 공식적·권위적·강제적임

(4) 변동대응성

정책은 사회구조나 가치관 등의 변동에 대응할 수 있도록 설정됨

2 정책학의 의의

1. 개념

(1) 각종 사회문제의 해결을 위한 정책결정과 정책집행을 설명하고 정책문제와 관련이 있는 자료를 탐색·수집하여 그 해석을 제공하는 학문

(2) 과학성(science, 기술적·설명적)과 기술성(art, 규범적·처방적)을 지님

2. 정책학 연구의 목표

(1) 궁극적 목표

인간의 존엄성을 증진시킴

이스턴(Easton)과 드로(Dror)의 정책

이스턴 (Easton)	사회 전체를 위한 가치의 권위적 배분
드로 (Dror)	매우 불확실하고 복잡한 동태적 상황 속에서 국가 및 공공단체가 공익의 구현을 위해 만든 미래지향적인 행동지침

계획·정책·법률의 비교

강제력 (집행력)	계획 < 정책 < 법률
구체성	계획 < 정책 < 법률
포괄성 (일관성)	계획 > 정책 > 법률

핵심 OX

01 정책문제는 정태적 성격이 강하다.
(O, ×)

답 × 정책문제는 동태적(변동대응성)인 특징을 지님

02 현대적 의미의 정책학은 1951년 발표된 라스웰(Lasswell)의 '정책지향'이라는 논문에서 그 시발점을 찾을 수 있다.
(O, ×)

답 ○

(2) 중간 목표

정책과정의 합리성을 제고함

(3) 구체적 목표

바람직한 정책과정을 위하여 지식을 제공함

3. 특징

(1) 문제지향성

일반법칙과 과학성을 추구하는 행태주의의 문제점을 지적하고, 처방성을 강조함

(2) 관련지향성

행정 및 정치와의 밀접한 관계 속에 존재함

(3) 종합학문적 연구

다양한 학문과의 종합적인 연구가 필요함

(4) 규범지향성

특정한 행정문제의 해결을 위한 적극적인 가치의 개입이 요구됨

(5) 수단지향성

목표를 달성하기 위한 구체적인 수단과 방법을 내포함

4. 현대 정책학의 등장

(1) 라스웰(Lasswell)의 정책학 – 정책학의 창시자, 『정책지향(Policy Orientation)』 (1951)

① **등장**: 정책의 방향을 '정책과정에 관한 지식'과 '정책에 필요한 지식'으로 구분하여 정책 연구의 중요성을 역설함

② **정책학이 추구해야 할 기본 속성**: 의사결정은 사회과정 속에서 이루어져야 한다는 맥락성, 문제·규범지향성, 연구방법의 다양성

③ **퇴조**: 라스웰(Lasswell)의 제언은 1950년대 미국 정치학계를 휩쓸었던 행태주의 혁명(behavioral revolution)에 의해 밀려남

④ **재출발**: 1960년대 행태주의가 퇴조하고 후기 행태주의가 등장하면서 드로(Dror)에 의해서 1960년대 말 정책학은 재출발하게 됨

(2) 드로(Dror)의 정책학 – 정책학의 체계적 완성

① **목표지향적**: 정책학은 보다 나은 정책결정을 위한 방법을 다루는 학문으로, 설정된 목표를 보다 효과적·능률적으로 달성하는 데 주안점이 있음

② **정책학의 목적**: 정책결정체제에 대한 이해 증진과 개선

③ **거시적 접근**: 거시적 수준의 공공정책을 대상으로 하며 개별적 정책문제에 대한 관심이 적은 편임

④ **통합과학적**: 순수연구와 응용연구 간의 통합을 추구함

⑤ **실천적**: 행태과학과 관리과학을 비판하고 처방적 접근을 중시함

⑥ **최적모형 제시**: 묵시적 지식(tacit knowledge)과 직관·통찰력 등 초합리성을 중시하며 정책의 비합리적 과정을 인정함

라스웰(Lasswell)과 드로(Dror)의 정책과정

라스웰(Lasswell)	드로(Dror)
• 정보의 수집과 처리 • 건의(동원) • 처방과 발동 (행동화) • 적용과 평가 및 종결	• 기본방침결정 → 결정체제와 전략 수립 • 정책결정 → 목표, 수단 • 후정책결정 → 집행과 평가, 환류

3 정책학의 연구대상과 접근방법

1. 연구대상

(1) 정책학의 연구대상은 정책으로, 사회문제의 해결이 목적임

(2) 정책분석(광의)은 정책분석과 정책평가, 정책형성은 사회문제의 정책문제화

2. 접근방법

(1) **경험·실증적 접근방법**

행태주의적 접근을 통한 사실의 기술·설명·예측적 접근

(2) **규범·처방적 접근방법**

현실문제 해결을 위한 가치·규범적인 처방적 접근

4 정책의 일반적 과정

1. 정책의제설정

(1) 정부가 사회문제를 해결하기 위해 공식적인 의제로 채택하는 단계

(2) '사회문제 → 사회적 이슈 → 공중의제 → 정부의제채택'의 과정을 거침

2. 정책결정

정책목표를 달성하기 위한 정책대안을 탐색하고 분석하여 최적의 대안을 선택하는 단계

3. 정책집행

정책결정과정을 통해 얻어진 계획과 수단들을 실행에 옮기는 단계

4. 정책평가

(1) 정책의 내용과 집행 및 그 영향 등을 추정하거나 평정하는 단계

(2) 형성적 평가와 총괄적 평가가 있음

5 정책과정의 참여자

1. 공식적 참여자

(1) **중앙에서의 참여자**
   ① **행정부**: 대통령, 국무총리, 장·차관 및 관료 등으로 현대행정의 복잡성과 전문성으로 인해 정책과정을 실질적으로 주도함
   ② **입법부(의회)**: 주요 정책에 대한 입법권과 예산심의 등을 통해 정책과정의 전반에 참여하며, 특히 정책결정단계에서 가장 큰 영향력을 행사함
   ③ **사법부(법원)**: 정책결정에 간접적인 기준을 설정하는 역할을 수행하며, 사후적이고 소극적인 성격을 가짐. 헌법재판소는 사법적 기능을 수행하는 헌법기관으로서 위헌심판이나 헌법소원 등을 통해 영향력을 행사함

존스(Jones)의 정책과정

크게 4단계, 세부적으로는 12단계를 분류함
1. **정책의제설정단계**: 사건의 인지 → 문제의 정의 → 결집(결속) → 조직화 → 대표화 → 정책의제화
2. **정부 내 행동단계(정책결정단계)**: 정책형성(대안작성) → 합법화 → 예산편성
3. **문제해결단계(정책집행단계)**: 집행
4. **재검토 후 필요한 조치단계(정책평가 및 정책종결단계)**: 평가 → 조정 및 종결

대통령의 권력자원

제도적 지위, 에너지, 명성, 정보·지식과 전문성, 의회와 여론의 지지

(2) 지방에서의 참여자

① **지방자치단체장**: 지방자치를 대표하며 그 사무를 통괄함
② **지방의회**: 지역주민들의 대표기관으로 조례 제정, 예산의 심의 및 의결기능 등의 역할을 수행함
③ **지방공무원**: 일선에서 또는 지방자치단체장을 지원함
④ **일선행정기관**: 중앙의 여러 부처들이 가지고 있는 독립된 특별지방행정기관(「정부조직법」 제3조)

2. 비공식적 참여자

(1) 이익집단(압력단체)

① 공동의 이해관계나 관심을 공유한 사람들의 자발적인 모임
② 선거에 개입하거나 로비활동을 통해 영향력을 행사함
③ 이익집단 간의 참여가 불균형적이거나 지나친 사익 추구 등의 문제점을 야기함

(2) 정당

① 정권획득과 이익결집을 목적으로 하며, 의회 입법과정을 주도함
② 당정협의 혹은 정부정책에 대하여 건전한 비판을 함으로써 정책의 과정에 참여함

(3) 전문가집단(정책공동체)

① 전문가들로 구성된 정책분야별 네트워크
② 정부의 각종 정책내용을 분석하고 평가하며, 대안을 제시하는 역할을 수행함

(4) 시민단체(NGO)

① 다양한 가치의 반영과 다양한 세력의 참여를 확대하는 매개체
② 여론을 통한 의제설정, 대안의 제시, 집행의 감시 등을 통해 영향력을 행사하고, 참여민주주의와 행정의 투명성을 요구함
③ 시민사회의 성장에 따라 점차 영향력이 증가하고 있으며, 이익집단의 지나친 영향력 확대를 방지함

(5) 언론기관(대중매체)

여론을 형성하여 정책에 영향을 미침

(6) 일반국민

① 조직화되지 않은 국민들은 여론 형성을 통해 정책에 참여함
② 국민은 국가정책이 헌법상 보장된 권리를 침해한다고 판단할 때 헌법소원을 제기함으로써 사법적으로도 정책에 참여할 수 있음

핵심 OX

01 정당은 한국의 정책결정과정에서 공식적 참여자로서 역할을 수행한다.
(O, ×)

🅐 × 정당은 비공식적 참여자로서 역할을 수행함

02 사법부의 판결은 기존의 제도나 정책에 대한 사후적 판단의 성격을 띠고 있으나, 그 자체가 정책결정을 의미하는 것은 아니다. (O, ×)

🅐 × 사법부의 판결은 비록 사후적이고 소극적인 성격을 지니지만, 공식적 참여자로서 판결 자체가 법률적 효력을 지니는 공식적 정책결정에 속함

정책은 정책목표, 정책수단, 정책대상집단, 정책결정주체로 구성됨

정책목표	달성하고자하는 목표 예 대기환경개선
정책수단	목표 달성을 위한 구체적 수단·방법 예 공장매연규제, 미세먼지규제
정책대상집단	정책의 대상이 되는 집단: 수혜자 집단, 희생자 집단(비용부담) 예 수혜자 집단: 국민, 희생자 집단: 매연방출 기업
정책결정주체	정책결정자 예 환경오염을 방지하기 위한 단속행정청

1 정책목표

1. 의의

(1) 정책목표란 정책을 통해 이루고자 하는 미래의 바람직한 상태로 방향성·주관성·가치함축성·규범성·미래성을 지님

(2) 성공적인 정책목표의 달성을 위해 목표의 명확한 설정이 중요함

2. 기능

(1) 행정활동과 정책과정의 방향과 지침을 제시함

(2) 행정의 통제와 행정개선의 기능을 수행함

(3) 행정의 정당성에 대한 근거를 제공하며 권위의 정당화 기능을 수행함

(4) 목표관리(MBO)의 정립을 위한 필수 전제임

3. 목표의 변동

(1) **목표의 비중변동**
① **개념**: 여러 개의 목표를 가지고 있을 때 우선순위나 비중이 바뀌는 것
② **원인**: 조직 내 집단 간의 세력변화, 환경적 압력 등

(2) **목표의 승계***
조직 본래의 목표가 완전히 달성되었거나 달성이 불가능한 경우, 다른 목표를 내세워 조직이 존속하고 정통성을 확보하는 것

(3) **목표의 확장·다원화 및 축소**
① **목표의 확장(goal expansion)**: 기존 목표에 같은 종류의 새로운 목표가 추가되거나, 목표의 범위 자체가 확대되는 것
② **목표의 다원화(추가)**: 같은 종류뿐 아니라 다른 종류의 목표도 추가되는 것
③ 목표달성이 낙관적일 때 목표의 확장·다원화가 발생하며, 이와 반대로 목표달성이 비관적일 때는 목표의 축소가 이루어짐

(4) **목표의 전환(대치·도치·전도·왜곡)**
① **개념**: 본래의 목표가 아닌 수단적 가치를 종국적 목표로 인식하는 것
② **원인**: 규칙이나 절차에 대한 집착, 하위목표에의 집착, 소수간부의 권력강화, 목표의 과다측정, 할거주의 등

핵심 OX

조직목표변동의 한 유형으로 조직이 추구하고자 하는 원래의 목표가 다른 목표로 뒤바뀌어 조직의 목표가 왜곡되는 현상을 일컫는 용어는 목표의 비중변동이다. (O, ×)

답 × 목표의 전환 내지는 대치에 대한 설명

* 목표의 승계는 기존의 목표가 아닌 새로운 목표를 설정하는 것이고, 목표의 확장은 기존의 목표가 상향조정되는 것

할거주의

전문화·분업화의 고도화, 관료제의 구조적 특성으로 인해 자신이 속한 조직의 목표나 이득에만 지나치게 몰두함으로써 조직 전체의 입장을 고려하지 못하는 현상. 인사관리의 공정성과 조직의 합리적·능률적 운영을 저해시킴

2 정책수단과 정책대상집단

1. 정책수단의 의의
정책목표를 달성하기 위한 수단이나 방법

2. 정책수단의 종류
(1) 목표와 수단의 계층에 따른 구분
① **실질적 정책수단**: 규제, 유인, 자원투입 예 교통소통 원활을 위한 도로 신설 등
② **실행적 정책수단**: 집행기구, 인력, 예산, 순응확보수단
   예 일자리 마련을 위한 집행기구, 공권력 등

(2) 직접성의 정도에 따른 구분
살라몬(Salamon)은 형평성에 대한 고려가 특히 중요할 때는 정부가 직접 수행하는 것이 적절하다고 봄

직접성 정도	정책
저	보조금, 지급보증, 정부지원(출자)기업, 불법행위책임, 바우처 등
중	조세감면, 사회규제, 라벨부착 요구, 교정조세, 부과금 등
고	직접시행(정부직접지출), 공기업, 공공정보, 직접대부, 공적 보험*, 정부소비 등

3. 정책대상집단
정책대상집단은 정책집행으로 영향을 받는 개인이나 집단을 뜻하며, 정책을 통해 편익을 획득하는 수혜집단과 비용을 부담하는 희생집단으로 구성됨

THEME 026 정책의 유형 ★★★

1 정책유형론

정책유형론은 정책을 독립변수로 간주하여 정책의 유형이 달라짐에 따라 정책결정과정이나 정책집행과정이 달라진다고 봄

2 정책의 유형*

로위(Lowi)	분배정책, 규제정책, 재분배정책, 구성정책
알몬드(Almond)와 파웰(Powell)	분배정책, 규제정책, 상징정책, 추출정책
샐리스버리(Salisbury)	분배정책, 규제정책, 재분배정책, 자율규제정책
리플리(Ripley)와 프랭클린(Franklin)	분배정책, 경쟁적·보호적 규제정책, 재분배정책, 외교·국방정책

기출 체크

살라몬(Salamon)의 '직접성의 정도에 따른 행정(정책) 수단분류'에 의할 때 다음 중 직접성이 가장 높은 행정(정책)수단은? 2015년 서울시 9급

① 조세지출
② 정부출자기업
③ 사회적 규제
④ 정부 소비

답 ④ 정부 소비는 정부에 의해 정책이 직접 시행되는 것을 뜻함

* 공적 보험은 직접성의 정도는 높은 정책이나, 정부의 직접시행(정부직접지출)과 달리 간접적 수단을 활용함

* 1. 로위(Lowi): 정치과정이 변화 → 결정과정의 차이
   2. 리플리(Ripley)와 프랭클린(Franklin): 정책집행과정이 변화 → 집행난이도의 차이

1. 로위(Lowi)의 분류 - 의사결정론적 입장

구분		강제력의 적용영역	
		개별적 행위	행위의 환경
강제력의 행사방법	간접적	분배정책	구성정책
	직접적	규제정책	재분배정책

(1) 분배정책(distributive policy)

① 국민, 기업, 조직, 지역사회 등에게 재화나 서비스를 제공하는 정책으로 정책의 내용이 세부단위로 구분되고 각 단위별로 개별화된 의사결정을 통해 이루어짐

예 SOC 건설, 수출특혜금융, 국유지 관리, 신국제공항 건설 등

② 특징

ㄱ. **구유통 정치(pork-barrel politics)**: 한정된 자원을 수혜자에게 배분하므로 더 많은 서비스와 편익을 배분받기 위해 특정 다수의 수혜자끼리의 다툼이 발생함

ㄴ. **담합(log-rolling)과 표의 교환행위(vote trading)**: 분배정책의 결정 및 집행과정에서는 참여자들 간의 정면대결보다는 갈라먹기식 결정이 발생함

ㄷ. **논제로섬(non-zero sum)**: 분배에 소요되는 비용은 일반조세로 충당하여 조세를 부담하는 일반국민은 무관심하고 수혜자와 비용부담자의 정면대립이 없으므로, 상호 불간섭 내지 상호 수용을 특징으로 함

ㄹ. **표준운영절차(SOP) 확립**: 자원배분절차의 정형화와 표준화로 표준운영절차(SOP)의 확립이 용이함

(2) 규제정책(regulatory policy)

① 특정한 개인이나 조직 또는 기업체에 제재나 통제를 가하는 정책으로, 반사적으로 많은 다른 사람을 보호하려는 목적을 지님

예 독과점규제, 공공요금규제, 환경오염규제 등

② 특징

ㄱ. 정부의 정책유형 중 가장 많은 영역을 차지하며, 정책의 불응자에게 강제력 행사가 가능함

ㄴ. **제로섬(zero sum)**: 수혜자와 비용부담자가 명백하게 구분되어 투쟁과 갈등 및 타협이라는 특징이 나타나며, 포획현상(주로 경제적 규제)과 대립현상(주로 사회적 규제)이 발생함

ㄷ. 권력구조의 안정성과 지속성이 낮은 다원주의적 정치상황이 나타남

(3) 재분배정책(redistributive policy)

① 재산, 권력 등을 소유하고 있는 고소득층으로부터 그렇지 못한 저소득층으로의 소득이전을 목적으로 하는 정책

예 누진세, 부의 소득세, 생활보호법, 통합의료보험 정책 등

② 특징

ㄱ. 재산권의 행사가 아닌 재산 그 자체에, 평등한 대우가 아닌 평등한 소유에 초점을 둠

구유통 정치(pork-barrel politics)

이권 또는 정책 교부금을 얻으려고 모여드는 의원들의 모습을 남부의 농장에서 농장주가 돼지고기통에서 한 조각의 고기를 던져줄 때 모여드는 노예의 모습에 빗대어 사용한 용어

담합(log-rolling)

이권이 결부된 몇 개의 법안을 관련 의원들이 서로 투표담합 행위를 통해 통과시키는 행태를 서로 협력하여 통나무를 굴리는 현상에 빗대어 사용한 용어

표준운영절차(SOP)

조직이 과거 적응과정에서의 경험에 기초하여 유형된 업무추진의 절차로, 업무수행의 기준이 되는 표준적인 규칙 및 절차
1. **일반적 SOP**: 장기적 행동규칙으로 장기적 환류에 의해 서서히 변화함
2. **구체적 SOP**: 단기적 행동규칙으로 일반적 SOP를 집행하기 위한 업무수행규칙, 기록과 보고 등

장점	단점
• 조직의 안정성 유지 및 불확실성 극복	• 형식주의와 시간의 지연
• 시간과 노력 절약 가능	• 개별적 특수성 무시
• 공정성의 확보	• 동일시의 위험과 조직 타성

ⓛ 제로섬(zero sum): 수혜자와 비용부담자가 모두 특정되며 계급대립적 성격을 지니고, 정책집행이 매우 곤란하지만 갈등의 과정 속 권력구조가 안정적이라는 점에서 규제정책과 상이함

ⓒ 결정 과정에서 이념적 성격이 강하게 나타나고, 정책은 주로 정상 조직 간의 합의에 의해 결정되는 엘리트론적 정치상황이 나타남(중앙정부 수준의 정책결정 필요함)

(4) 구성정책(constitutional policy)

① 헌정수행에 필요한 운영규칙에 관련된 정책으로, 정치체제에서 투입을 조직화하고 체제의 구조와 운영에 관련되어 있음
　예 정부기관의 신설 또는 변경, 선거구 조정, 공무원 연금 등

② 특징
　ⓐ 각 부서 간에 게임의 규칙이 발생하며, 총체적 기능과 권위적 성격을 특징으로 하여 정책위의 정책 혹은 상위 정책으로 불림
　ⓛ 대외적 가치배분에는 영향을 주지 않아 일반대중의 관심으로부터 벗어나 있으며, 주로 정당이 중요한 영향을 미치고 이익집단의 역할은 상대적으로 미약함
　ⓒ 대체로 정치적으로 안정된 상황하에서는 새로운 정책이 거의 없으므로 구성정책의 중요성이 크게 인식되지 않음

Focus on | 분배정책, 규제정책, 재분배정책의 비교

구분	분배정책	규제정책	재분배정책
수혜자	사후 특정	사후 특정	사전 특정
비용부담자	불특정 다수	사후 특정	사전 특정
갈등·대립	약함	심함	가장 심함
집행 용이성	용이	곤란	가장 곤란
특성	구유통 정치, 담합	갈등과 타협 및 포획	엘리트 정치
정치 단위	개인·기업	이익집단	계층(제휴)
권력 구조	안정적	불안정적(다원주의)	안정적

---

2. 알몬드(Almond)와 파웰(Powell)의 분류 - 체제이론*

(1) 상징정책(환류기능)

정책의 대상집단인 국민으로 하여금 국가의 여러 가지 정책에 보다 잘 순응하고 정치체제를 신뢰하도록 국가 이미지 등을 홍보하는 정책으로 정치적 목적으로 주로 이용함
　예 광화문 동상, 국경일, 2002 월드컵 경기, 경복궁 복원 등

(2) 추출정책(투입기능)

체제의 존립을 위해 민간부문으로부터 정부가 필요로 하는 인적·물적 자원을 추출하는 정책
　예 징병, 조세(누진세 포함), 토지수용, 방위성금 등

---

* 누진세 제도, 부의 소득세, 사회보장비 지출 등은 재분배정책의 범주에 속하지만 알몬드(Almond)와 파웰(Powell)의 분류에는 재분배 정책이 없어 누진세 제도는 추출정책, 부의 소득세와 사회보장비 지출은 분배정책에 속함

(3) 분배정책(산출기능)

국가의 자원을 국민에게 제공하는 정책

예 보조금 제도, 사회기반시설, 부의 소득세 등

(4) 규제정책(산출기능)

특정집단을 보호하기 위해 다른 집단을 규제하는 정책으로 다원주의적 정치의 특성을 띰

예 정부의 경제적 · 사회적 규제와 관련된 정책

3. 샐리스버리(Salisbury)의 분류 – 요구패턴과 결정패턴

샐리스버리(Salisbury)의 분류
1. 요구패턴
  • **통합**: 소수집단의 요구 성격
  • **분산**: 다수집단의 요구 성격
2. 결정패턴
  • **통합**: 소수의 정부부처 관련
  • **분산**: 다수의 정부부처 관련

구분		요구패턴	
		통합	분산
결정패턴	통합	재분배정책	규제정책
	분산	자율규제정책	분배정책

(1) 분배정책(기술적 재량)

다양한 국민들의 요구와 다수의 부처가 결정하는 형태이며, 정책에 대한 요구와 결정이 분산적이며 모든 사람들에게 혜택이 돌아감

(2) 규제정책(기획적 재량)

일반다수 국민들에 의하여 요구되어 분산적이고 결정패턴은 독립규제위원회가 담당하여 통합적인 형태로, 민간행동을 제약하고 불응자를 강제하기 위해 법률로 표현함

(3) 재분배정책(정치적 재량)

정책에 대한 요구가 계급적이고 결정체제는 일부부처의 공적 권위에 의해 결정되어 통합적인 형태로, 부의 이전이나 사회 이익 또는 가치의 통합을 목적으로 함

(4) 자율규제정책(전문적 재량)

어떤 문제에 대한 고도로 통합된 요구가 분산적인 의사결정 형태와 결합된 상황에서 나타날 가능성이 높은 정책으로, 규제대상자 스스로 자신을 규제하며 의사협회에서의 면허규제가 대표적임

4. 리플리(Ripley)와 프랭클린(Franklin)의 분류 – 정책집행과정의 특징

(1) 분배정책

반발이 별로 없고 집행이 가장 용이한 정책으로, 정책집행의 루틴화 가능성이 높음

(2) 경쟁적 규제정책

① 희소자원의 분배와 관련하여 경쟁의 범위를 제한하는 정책으로, 특정 개인이나 집단에게 특권을 부여하는 동시에 일반대중을 보호하기 위해 규제를 가함

예 진입규제, 이동통신사업권 설정, 운전면허증, 항공노선 허가 등

기출 체크

리플리와 프랭클린(Ripley & Franklin)이 구분한 네 가지 정책유형에 대한 설명으로 옳지 않은 것은? 2018년 지방직 7급

① 배분정책(distributive policy) – 정책 과정에서 이해당사자들 간에 로그롤링(log rolling) 또는 포크배럴(pork barrel)과 같은 정치적 현상이 나타나기도 한다.
② 재분배정책(redistributive policy) – 이념적 논쟁과 소득계층 간 갈등이 첨예하게 대립되어 표준운영절차(SOP)나 일상적 절차의 확립이 비교적 어렵다.
③ 경쟁적 규제정책(competitive regulatory policy) – 배분정책적 성격과 규제정책적 성격을 동시에 지니고 있고 규제정책은 대부분 이러한 경쟁적 규제정책에 해당된다.
④ 보호적 규제정책(protective regulatory policy) – 소비자나 일반대중을 보호하기 위해 특정 집단을 규제하므로 규제집행조직과 피규제 집단 간 갈등의 가능성이 높다.

답 ③ 경쟁적 규제정책은 진입규제, 생산량규제, 가격규제 등 모두를 포함하는 경제적 규제 중에서 진입규제와 특히 관련되며, 진입규제는 행정법상 특허를 의미하기 때문에 그 범위가 매우 협소함. 따라서 대부분의 규제정책은 경쟁적 규제정책이 아니라 보호적 규제정책에 해당함

② **배분정책 + 보호적 규제정책**: 경쟁에서 이겨 특권을 획득한 업자들이 정부로부터 보조금을 받기도 하지만, 공급방식에 관해 규제를 받는다는 점에서 혼합정책이라고도 함

③ 공급권을 획득하려는 소수 집단들이 치열하게 경쟁함

(3) 보호적 규제정책(대부분의 규제정책)

① 각종 민간 활동이 허용되는 조건을 설정함으로써 반사적으로 다수의 일반 국민을 보호하는 정책으로, 공공복리를 꾀함
예 식품의약품허가, 근로기준법, 개발제한구역 설정 등

② 경쟁적 규제정책보다 약자를 보호하는 재분배적 성격이 강함(소수의 비용 부담자들의 적극적 반대 활동)

③ 편익은 다수에게 분산되고 비용은 소수에게 집중되므로 채택되기 위한 공익 단체의 활발한 활동이 필요

(4) 재분배정책

① 비용부담자와 수혜자 간의 갈등으로 집행이 곤란하며, 정책집행의 루틴화 가능성이 낮음

② 피해집단의 반발로 인해 집행 중 배분정책으로 변질될 가능성이 큼

(5) 외교 · 국방정책

구조정책, 전략정책(무기 및 군사력), 위기정책 등이 이에 속함

Level up 정책유형에 따른 집행과정상의 차이

구분	분배정책	경쟁적 규제정책	보호적 규제정책	재분배정책
SOP 또는 안정적 루틴 확립을 통한 원만한 집행 가능성	높음	보통	낮음	낮음
주요 관련자들의 동일성과 관계의 안정성	높음	낮음	낮음	높음
갈등과 반발의 정도	낮음	보통	높음	높음
이념적 논쟁 정도	낮음	약간 높음	높음	매우 높음
정부활동의 감소를 위한 압력의 정도	낮음	약간 높음	높음	높음
성공적인 집행의 어려움	낮음	보통	보통	높음

CHAPTER 2 정책의제설정 및 정책결정에 대한 시각

THEME 027 정책의제설정 ★★☆

1 의의

1. 개념
(1) 여러 가지 사회문제 중 정부가 공식적으로 해결하기로 결정한 문제를 검토하는 행위 또는 과정
(2) 사회문제의 정부 귀속화 과정

2. 대두 배경
미국에서 발생한 1960년대 흑인폭동을 계기로 '왜 이러한 사회문제가 공식적으로 논의되지 못했는가?'에 대한 반성에서 출발함

3. 논의의 전개
(1) 무의사결정론에 입각한 신엘리트이론이 어떤 집단이라도 정책의제설정과정에 영향력에 행사할 수 있다고 주장한 다원론을 비판함
(2) 어떤 집단이 제기하는 의제는 정책의제설정과정에 진입하지 못할 수도 있음을 주장함

4. 특징
(1) 정책과정의 출발점이며 가장 많은 갈등이 수반되는 정치적 과정
(2) 주관적·자의적·인공적 성격
(3) 고도의 복잡성과 역동성을 지닌 동태적 과정
(4) 정책의제 설정에 따라 정책목표나 대안의 범위가 실질적으로 제한되어 방향, 성격 등이 정해짐

5. 일반적 과정[콥(Cobb)과 엘더(Elder), 1972]
(1) **사회문제(social problem)**
사회의 많은 구성원들이 사회문제라고 느끼는 것
(2) **사회적 이슈(social issue)**
① 문제의 원인과 해결방법에 대해 집단들 사이에 의견 일치를 보기 어려워 논쟁의 대상이 되는 사회문제
② 주도자와 점화장치(극적인 사건)가 필요함

학자별 의제설정모형

콥(Cobb)과 로스(Ross)	이슈제기 → 구체화 → 확장 → 진입
아이스톤 (Eyestone)	문제인지 → 사회이슈화 → 공중의제 → 공식의제
존스 (Jones)	문제인지 및 정의 → 결속, 조직화 → 대표화 → 의제채택

(3) 체제의제(systemic agenda)

① 일반대중이 정부의 권한에 속하며 정부가 문제해결을 하는 것이 정당하다고 인정하는 사회문제

② 어떤 방식이든 정부의 조치가 필요하고 아직까지는 포괄적인 것이 특징

(4) 제도의제(institutional agenda)

① 정부가 공식적인 의사결정을 통해 그 해결을 심각하게 고려하기로 명백히 밝힌 문제

② 위장의제와는 다르며 구체성을 특징으로 함

Level up 의제설정과정의 학자별 비교

구분	콥(Cobb)과 엘더(Elder)	아이스톤 (Eyestone)	앤더슨 (Anderson)
채택 전	체제의제	공중의제	토의의제
채택 후	제도의제	공식의제	행동의제

---

2 정책의제설정모형

1. 콥(Cobb)과 로스(Ross)의 정책의제설정모형 - 정책주도집단 기준

(1) 외부주도형(배양형)

① 사회문제 → 이슈화 → 공중의제 → 공식의제

② 외부집단(고객, 환경 등)의 주도로 문제가 제기·확대되어 정부의제로 채택되는 과정으로, 허쉬만(Hirshman)은 이를 '강요된 정책문제'라고 명명하였음

③ 정부가 외부의 요구에 민감하게 반응하는 다원화된 선진국에서 주로 나타나며 언론기관이나 정당의 역할이 중요함

④ 주도집단과 반대집단의 진흙탕 싸움이며 점증주의 모형을 특징으로 하고 집행에 대한 순응확보를 위한 노력이 필요 없으므로 집행비용이 감소함

⑤ 예: 6·29선언, 미세먼지 대책 등

(2) 동원형(속결형)

① 사회문제 → 공식의제 → 공중의제

② 정부조직 내의 정책결정자들의 주도로 자동으로 공식의제화 되고 행정 PR을 통해 공중의제화 되는 형태로, 허쉬만(Hirshman)은 이를 '채택된 정책문제'라고 명명하였음

③ 정부의 힘이 강하고 이익집단이 미발달한 후진국 혹은 계층사회, 권위주의사회 등에서 주로 나타남

④ 집행에 필요한 대중의 지지를 얻고 순응을 확보하기 위해 정부의제가 된 것이 공중의제로 역진하는 경우로, 전문가의 영향력이 크고 보다 분석적인 정책결정이 이루어지며 의제설정이 비교적 쉬움

⑤ 예: 월드컵유치, 새마을운동, 제2건국운동, 가족계획정책 등

체제의제와 제도의제

1. 체제의제 = 공중(공공)의제, 환경의제, 토의의제
2. 제도의제 = 공식의제, 정부의제, 행동의제

위장의제(가의제)

정부가 불만세력을 무마하기 위하여 해결 의지 없이 겉으로만 관심을 나타내는 왜곡된 의제

핵심 OX

동원형은 공중의제화 과정을 거치기 때문에 행정부의 영향력이 작고 민간부문이 발전된 선진국에서 많이 나타나는 모형이다.　　(O, ×)

답 × 동원형은 정부의 힘이 강하고 민간부문의 힘이 취약한 후진국에서 많이 나타나는 유형이지만, 부시 대통령의 이라크 전쟁 결정과 같이 선진국에서도 나타남

동원형과 내부접근형의 비교

1. 공통점: 정책담당자들에 의해 정책의제화가 진행되고, 쉽게 정부의제화 됨
2. 차이점
   • 동원형은 주도세력이 고위정책결정자이지만 내부접근형의 주도세력은 이들보다 낮은 지위에 있는 고위관료인 경우가 많음
   • 동원형은 행정PR을 통해 공중의제화하지만 내부접근형은 행정PR을 생략하여 공중의제화 되는 것을 오히려 막으려 함

정책의제설정모형에 대한 설명으로 가장 옳은 것은? 2015년 서울시 7급

① 올림픽이나 월드컵 유치 등 국민들이 적극적인 관심을 보인 사례는 외부집단이 주도한 외부주도형이다.
② 내부접근형은 대중의 지지를 획득하기 위한 공중의제화 과정이 없다는 점에서 공중의제화 과정을 거치는 동원형과 다르다.
③ 사회문제가 바로 정책의제로 채택되는 과정을 거치는 모형은 외부주도형이다.
④ 동원형은 공중의제화 과정을 거치기 때문에 행정부의 영향력이 작고 민간부문이 발전된 선진국에서 많이 나타나는 모형이다.

답 ②
① 동원형의 대표적 사례
③ 내부접근형에 해당
④ 행정부의 영향력이 크고 민간부문이 취약한 후진국에서 많이 나타나는 모형

점화장치

정책의제는 다음과 같은 몇 가지 점화장치와 예기치 못한 사건들에 의해 쟁점이 주도자들에게 형태화됨으로써 형성됨
1. 내적 촉발장치
   • 홍수, 화재 등과 같은 천재지변
   • 폭동, 암살, 납치와 같은 예기치 못한 사건
   • 대기오염 등 지금까지 논의되지 않은 문제들을 제기하는 환경 내의 메커니즘
   • 노조파업 등을 초래하는 자원분배의 실제적인 불균형과 편재
   • 인구폭발과 같은 생태학적 변화
2. 외적 촉발장치
   • 교전국으로서 관여하는 전쟁행위나 군사적 폭력행위
   • 군비제한, 핵 문제 등과 같은 국제적인 갈등
   • 세계적 협조유형의 변화

(3) 내부접근형(음모형)

① 사회문제 → 공식의제
② 관료집단 또는 정책결정자에게 접근이 용이한 외부집단이 최고정책결정자에게 접근하여 문제를 은밀하게 정책의제로 채택함
③ 사회문제가 바로 공식의제로 된 후 공중의제는 차단되는 모형으로, 일반 대중이 사전에 알면 곤란한 문제이거나 시간적으로 급박한 경우에 주로 나타남
④ 부나 사회적 지위(권력)가 편중된 후진국 혹은 불평등사회에서 주로 나타나지만, 선진국에서도 무기구입계약을 진행하는 경우 등에 나타나게 됨
⑤ 예: 무기구매사업, 금강산 관광, 이동통신사업자 선정 등

Focus on	콥(Cobb)과 로스(Ross)의 정책의제설정모형 비교		
구분	외부주도형 (배양형)	동원형 (속결형)	내부주도형 (음모형)
전개 방향	외부 → 내부	내부 → 외부	내부 → 내부
공개성, 참여도	높음	중간	낮음
사회	평등사회	계층사회	불평등사회

2. 메이(May)의 정책의제설정모형

구분		대중적 지지	
		높음	낮음
논쟁의 주도자	사회적 행위자	외부주도형	내부주도형
	국가	굳히기형	동원형

(1) 외부주도형

① 사회적 이슈가 공중의제로 확장된 후 정부의제로 채택되는 모형
② 사회행위자들이 의제설정을 주도함

(2) 동원형

① 대중의 지지가 낮아 국가의 주도로 행정 PR이나 상징 등을 활용하여 대중적 지지를 높이려는 모형
② 정부 내 결정권자들이 채택된 이슈를 공중의제로 확산시킴

(3) 내부주도형(내부접근형)

① 의사결정권자에게 접근할 수 있는 집단들의 주도로 이루어지는 모형
② 정책의 대중 확산이나 경쟁이 불필요할 경우 사용함

(4) 굳히기형

① 사회적으로 대중의 지지가 높아 정부 내 결정권자가 의제설정을 주도하여 채택하는 모형
② 학교폭력문제와 왕따문제를 예로 들 수 있음

3. 포자모형과 흐름모형

(1) 포자모형

곰팡이 포자가 적당한 환경이 조성되어야 비로소 균사체로 성장할 수 있듯이, 영향력이 없는 집단의 이슈인 경우 점화장치가 마련되고 적극적인 역할 수행에 따른 유리한 환경이 조성될 때 정부의제로 발전할 가능성이 높다고 주장하는 모형

(2) 흐름모형

능동적 참여자와 의제 및 대안의 논의과정이 의제형성에서 중요하다고 보며 상호 분리되어 독립적으로 흐르는 정책문제의 흐름, 정책대안의 흐름, 정치의 흐름이 어떤 계기로 서로 결합함으로써 의제화 된다는 모형

예 킹던(Kingdon)의 정책의 창모형

3 정책의제설정에 영향을 미치는 요인

1. 참여자와 주도집단

(1) 공식 참여자의 중요성

① 대통령 등 공식적 주도집단이 외부의 비공식 참여자들보다 월등히 큰 영향력을 행사하기에, 공식 참여자가 정치적으로 강력하면 특정 사회문제가 정책문제화 될 가능성이 높음

② 킹던(Kingdon)은 다원적인 사회에서도 정부의제를 설정할 때에는 의회의 유력한 지도자들과 행정부의 지도자가 가장 중요한 역할을 한다고 주장하였음

(2) 외부주도집단

① 외부주도집단의 정치적 자원(규모, 응집력, 재정력, 구성원의 지위와 명망 등)이 클수록 의제설정의 가능성이 높음

② 피해를 입는 사람의 수가 많을수록, 문제를 인지하는 집단의 규모가 클수록 해당 사회문제가 의제화 될 가능성이 높음

2. 문제의 성격*

(1) 문제의 중요성

① 이해관계집단의 규모가 크고 문제의 내용이 중요할수록 의제화 될 가능성이 높지만, 이해관계가 복잡하게 얽혀 있다면 의제화 될 가능성이 낮음

② 근본적이고 장기간 지속될 것으로 예상된다면 의제화 될 가능성이 높지만 해결가능성이 존재해야함

③ 관련 집단들에 의해 예민하게 쟁점화될수록 의제화 될 가능성이 높음

(2) 문제의 외형적 특성

단순하게 이해되고 포괄적일수록 의제화 될 가능성 높음

정책의 창(Kingdon)

정책주창자들이 그들의 관심대상인 정책문제에 주의를 집중시키고 그들이 선호하는 대안을 관철시키기 위해 열려지는 기회를 말함

핵심 OX

킹던(Kingdon)의 '정책의 창이론(Policy Window Theory)'에서 서로 결합하여 새로운 정책의제로 형성되는 독립된 흐름은 정보의 흐름, 정치의 흐름, 정책의 흐름이다.　　　　(O, X)

답 X 정보의 흐름이 아닌 문제의 흐름

* 대기오염에 관한 문제는 비용을 지불하는 소수 기업이 강력한 응집력을 가지고 강하게 반발하여 정책의제로 채택되지 못하며, 이는 윌슨(Wilson)의 '기업가적 정치'와 관련됨

* 당시의 경제상황에 따라 의제화 가능한 문제의 종류가 달라지는데, 재원조달 가능성이 클수록 의제화 가능성이 높음

1. 정책문제가 중대할수록
2. 문제의 해결책이 존재하고 장기간 지속될수록
3. 문제가 단순할수록
4. 다수의 이해관계자가 존재할수록
5. 이해관계집단들에 의해 쟁점화된 것일수록
6. 문제를 인지하는 집단의 규모가 클수록
7. 비슷한 선례가 있을수록
8. 문제의 내용이 대중적일수록(응집력이 약하다면 어려움)

(3) 문제의 내용적 특성

① **배분정책**: 이해관계자가 특정부문에 한정되어 있어 해당 문제 담당자(문지기)와 바로 소통함으로써 정책문제로 채택됨

② **재분배정책**: 계층 간의 갈등을 유발시키기에 정치적 분위기와 전국적 차원의 지지가 필요함

③ **규제정책**: 보호적 규제정책의 경우 소수의 비용부담자가 정책문제화를 막으려하기에 정부의제화 어려움(Crenson)

(4) 선례

비슷한 선례가 있을 경우 일상화된 절차에 따라 쉽게 의제로 채택되고 해결책 마련 또한 용이함

THEME 028 정책의제설정에 대한 이론모형 ★★★

1 의사결정론과 체제이론

1. 사이먼(Simon)의 의사결정론(decision making theory)

(1) 개념

정책결정자의 인식능력(주의집중) 한계로 인해 모든 사회문제가 정책의제로 채택되지 못하므로 의사결정에 있어 제한적 합리성을 강조함

(2) 의사결정 단계

주의집중(attention directing)* → 설계(design) → 선택(choice)

(3) 한계

'왜 특정 문제가 정책의제로 채택되는가'에 대한 구체적인 설명이 불가함

* 주의집중 단계를 정책의제설정 단계로 간주함

2. 이스턴(Easton)의 체제이론

(1) 개념

체제의 과중한 부담 감소 또는 체제의 보호를 위해 체제의 문지기가 선호하는 문제만이 정책의제로 채택된다는 이론

(2) 특징

모든 사회문제가 정책의제로 채택되지 못하는 것은 체제내부능력의 한계 때문이라고 주장함

3. 문지기 이론(gatekeeper theory)

(1) 개념

문지기(대통령 또는 최고결정자)는 정치체제의 안정성을 확보하기 위해 선거나 집단행위에 의한 이슈의 범위를 조절하여 체제 전체업무의 부하를 조절한다는 이론

(2) 한계

문지기가 어떤 문제를 왜 통과시키는지에 대한 구체적 설명이 결여됨

2 엘리트주의, 다원주의, 조합주의

1. 엘리트주의(elitism)

(1) 의의

권력을 가진 소수의 동질적·폐쇄적인 엘리트가 사회나 국가를 지배하고 이끌어나가야 한다고 믿는 입장 또는 실제로 그러하다고 보는 입장으로, 정책의 과정은 다원적 세력이 아닌 엘리트가 주도하고 결정함

(2) 특징

① 엘리트는 자율적이며 이들 중심의 계층적·하향적 통치 질서가 형성됨
② 전체주의나 집단주의 등 개발도상국가의 의사결정과 밀접한 관련이 있고, 합리적 의사결정을 특징으로 함
③ 국가는 능동적·주체적인 역할을 함

2. 다원주의(pluralism)

(1) 의의

권력이 소수에게 집중되지 않고 널리 분산되어 있어 다양한 집단 간 상호작용을 통해 합의가 이루어지는 정치적 균형과 타협을 강조함

(2) 특징

① 시민사회가 발달한 서구의 정책결정과정과 밀접한 관련이 있고, 점증적 의사결정을 특징으로 함
② 이익집단과 정당의 역할을 중시하고 국가의 역할은 최소한에 국한됨
③ 이익집단들 간의 영향력에 차이가 있음을 인정하나, 정부의 정책과정에는 동등한 접근기회를 가지고 있다고 봄

3. 조합주의(corporatism) - 슈미터(Schumitter)

(1) 의의

사용자단체(자본), 노동자단체(노동), 정부대표로 구성된 3자 연합이 주요 경제정책을 결정하고 정부와 이익집단의 합의를 중요시하는 이른바 3자 협의체제가 발전함

(2) 배경

1920 ~ 1930년대의 이탈리아 파시스트 조합주의로부터 시작된 제2차 세계대전 이후 유럽국가가 구축한 자본주의체제

(3) 특징

① 이익집단은 기능적으로 분화된 범주를 가지고 단일의 강제적·비경쟁적·협력적·위계적으로 조직화됨
② 정부는 국가의 이익이나 사회의 공동선을 달성하기 위해 주도적인 역할을 담당하는 독립적인 실체이며, 이익집단의 결성에 있어서 정부의 의도가 크게 작용함
③ 정책결정과정에서 정부와 이익집단은 공식화된 제도하에 합의를 형성하고, 이익집단의 협의 대상은 주로 행정부임

정책결정을 보는 관점

1. 설정된 정책목표를 가장 잘 달성할 수 있는 정책수단을 선택하는 기술적 과정
2. 서로 대립하는 다양한 이해관계와 선호를 가진 사람들에 의하여 이루어지는 정치적 결정 → 엘리트주의, 다원주의, 조합주의가 해당됨

다원주의와 조합주의

다원주의	조합주의
• 자율적, 경쟁적, 수평적	• 강제적, 비경쟁적, 수직적
• 중립적, 소극적 국가	• 개입적, 능동적 국가
• 이익집단의 개별 이익 추구 (비공식적 참여)	• 이익집단의 합의와 조화 추구 (공식적 참여)

베버주의와 마르크스주의

1. **베버주의(Weberism)**
   • 국가를 '법과 합리성을 정당성의 근거로 수립된 관료제'를 중심으로 이해하고 관료제를 공동체의 번영을 이루기 위한 국가권력의 합리적 행사주체로 인식함
   • 국가나 정부관료제의 독자성(절대적 자율성)과 지도적·개입적 역할을 강조함
2. **마르크스주의(Marxism):** 사회는 지배계급(자본가)과 피지배계급으로 나뉘고 경제적 부를 소유한 지배계급이 정치 엘리트로 변하게 되어, 결국 정부 또는 정책의 기능은 지배계급을 위한 봉사수단이라고 인식함

신조합주의

다국적 기업과 국가 또는 정부가 긴밀한 협력관계를 유지하는 모델로, 다국적 기업의 영향력을 특히 강조함

핵심 OX

신조합주의 이론은 다국적 기업과 같은 중요 산업조직이 국가 또는 정부와 긴밀한 동맹관계를 형성하고 이들이 경제 및 산업정책을 함께 만들어간다고 설명하는 이론이다.　(O, ×)

답 O

(4) 유형

① **사회조합주의**

ⓐ 선진자본주의인 북유럽의 조합주의 형태로, 경기침체 해결과 사회적 통합의 향상을 위한 이론적 자원으로 등장함

ⓑ 노동과 자본의 자발적 참여와 합의를 기반으로 형성된 조합으로, 의회민주주의에서의 사회적 협약체제

ⓒ 사회 · 경제체제의 변화에 순응하려는 이익집단의 자발적 시도로부터 생성됨

ⓓ 다국적 기업 등의 중요산업조직이 국가와 긴밀한 동맹관계를 맺어 정책을 함께 만들어가는 것도 이에 속함

② **국가조합주의**

ⓐ 제3세계 및 후진자본주의인 남미나 아시아의 조합주의 형태로, 국가가 주도하여 경제를 개발하는 과정에서 이익집단을 통제하기 위하여 활용됨

ⓑ 국가가 위로부터 일방적 · 강압적으로 제도적 장치를 부과함

ⓒ 이탈리아의 파시스트 조합주의가 대표적임

3 엘리트이론과 다원론의 논쟁

1. 엘리트이론

(1) 고전적 엘리트이론

① 19세기 말에 낙관론*에 대한 비판으로 등장하였으며, 정책과정에서 엘리트의 역할을 강조함

② 한 사회는 지배계급인 엘리트와 피지배계급인 대중으로 구분되는데, 지배계급인 엘리트들은 비슷한 사회적 배경과 가치관을 지니며 동질적이고 폐쇄적임

③ 엘리트들은 자율적이고 다른 계층에 대해 책임을 지지 않아 중요한 문제에 대해서는 자신들의 이해관계를 고려하여 해결함

④ **주요 이론**

ⓐ **모스카(Mosca)의 소수지배원칙**: 소수의 지배층이 다수의 피지배층을 통제하고 지배함

ⓑ **미첼스(Michels)의 과두제의 철칙**: 모든 조직은 필연적으로 소수의 엘리트가 지배하는 과두지배체제가 대두됨

ⓒ **파레토(Pareto)의 엘리트순환론**: 혁명은 통치엘리트와 비통치엘리트 간의 수평적 권력순환 과정이며, 대중은 개입하지 않음

(2) 엘리트이론(1950년대 미국) - 경험적 · 실증적 연구

① **밀즈(Mills)**

ⓐ 파워엘리트론(1956), 지위접근법

ⓑ 미국사회 전체를 지배하는 권력엘리트(교육적 배경, 종교 관계, 혈족 관계 등을 통한 연계성)는 정치적으로 중요한 정부, 기업체, 군 등의 지도자들로 구성되며, 군산복합체가 중요한 결정을 수행함

*낙관론은 고전적 자유민주주의 정치철학이 널리 확산되고 이에 따라 삼권분립이 확립되어 정치권력이 국민들 간에 보다 평등하게 배분됨으로써 국가의 결정에 영향력을 행사하게 될 것이라고 주장하는 경향을 의미

② 헌터(Hunter)
    ㉠ 지역권력구조(1953), 명성접근법
    ㉡ 기업가적 엘리트인 명성 있는 소수가 '담배 연기 자욱한 방'에서 정책의 중요한 기본방향을 결정하며, 정치에 무관심한 일반대중에 의해 비판 없이 수용됨

(3) 신엘리트이론(1976) - 무의사결정론
① 의의
    ㉠ 바흐라흐(Bachrach)와 바라츠(Baratz)는 권력의 두 얼굴(Two face of power)을 통해 무의사결정론을 주장함으로써 모든 사회문제가 정부문제가 된다는 달(Dahl)의 다원론을 비판함*
    ㉡ 무의사결정(non-decision making): 엘리트의 가치나 이익에 대한 도전을 억압하고 좌절시키는 현상으로, 의도적이며 은밀하고 비밀리에 행사되는 권력

② 정책과정 속 무의사결정

정책의제설정	엘리트에게 불리한 문제는 거론조차 불가능함
정책결정	엘리트에게 유리하게 결정함
정책집행	집행을 연기하여 취소시키거나, 겉으로 척만 함
정책평가	사회에 오히려 부작용만 초래하였다는 식으로 평가를 하여 정책수정이나 정책변화를 가져오는 중요한 요인으로 작용시킴

③ 발생원인
    ㉠ 사회의 지배적 가치관에 대한 도전과 기득권의 침해
    ㉡ 지배엘리트에 대한 과잉충성 및 정치·문화적 신념의 부정적 작용
    ㉢ 관료의 이익과 상충

④ 수단 및 방법*

폭력의 행사	• 가장 직접적인 수단 • 반대 의견이나 기존 질서의 변화를 주장하는 요구를 강제적으로 억압하는 방법
권력의 행사	• 폭력보다 온건한 수단* • 현재 부여되고 있는 혜택을 박탈하는 소극적인 방법 • 새로운 혜택을 부분적으로 제공함으로써 매수하는 적극적인 방법*
편견의 동원	• 간접적인 수단 • 사회의 지배적 규범이나 절차를 강조하여 변화를 위한 요구를 봉쇄하는 방법 • 1970년대 복지, 노동, 환경 등에 관한 문제가 경제발전이라는 이념에 억눌려 정책의제화 되지 못함
편견 및 절차의 수정·강화	• 가장 간접적인 수단 • 정치체계의 규범과 절차 자체를 수정하고 보완하여 정책의 요구를 봉쇄하는 방법

* 달(Dahl)이 권력의 밝은 측면(명시적·1차원적 권력)은 고려하였으나, 어두운 측면(묵시적·2차원적 권력)은 보지 못하였다고 비판함

* 이 밖에 사회문제를 개인문제로 규정, 문제의 은폐나 지연, 위장합의, 선행반응 등의 방법도 사용함

* 권력은 상대방으로부터 순응을 획득하는 것을 전제로 한다는 점에서 폭력과 차이를 보임

* 변화를 요구하는 개인을 체제로 끌어들이는 적응적 흡수(co-optation)도 적극적인 방법에 해당함

2. 다원론

(1) 전통적 이익집단론 - 벤틀리(Bentley), 트루만(Truman)

① **잠재집단이론**: 정책결정자들은 잠재집단을 염두에 두기 때문에 힘 있는 소수의 이익만을 추구하는 것은 곤란함

② **중복회원이론**: 한 구성원은 여러 집단에 중복으로 소속되어 있기 때문에 특정집단의 이익만을 추구하는 것은 곤란함

(2) 다원적 권력이론 - 달(Dahl)의 연구

① 1780년부터 1950년까지 약 170년 간에 걸쳐 미국 뉴헤븐 시의 중요 정책 결정사항들을 조사하여 과두제 사회에서 다원주의 사회로 변화해왔음을 주장함

② 엘리트가 다원화·분산화되어 있어 각 정책의 영역별로 영향력을 행사하는 엘리트가 다르므로, 정당 간의 경쟁이 치열한 선거의 중요성을 강조함

③ 엘리트는 대중의 요구에 민감하게 반응함

④ 정부의 역할은 중립적 중재자 또는 수동적 심판자

(3) 신다원주의(수정된 다원주의) - 달(Dahl), 린드블롬(Lindblom)

① **다원주의에 대한 비판**

㉠ **정부의 역할 간과**: 이익집단의 중요성을 지나치게 강조하여 정부의 능동적이고 적극적인 독립변수로서의 역할을 간과함

㉡ **이데올로기 간과**: 이데올로기는 관찰될 수 없는 속성을 가지고 있다는 이유로, 보수주의나 진보주의 등 정책과정에 작용하는 이데올로기의 역할을 무시함

㉢ **환경적 요인 간과**: 정부에 가해지는 외적인 환경이나 구조적인 제약과 같은 요인을 고려하지 못함

㉣ 잠재집단이나 정부 내 부처 간의 견제와 균형으로 인해 특수이익이 지배하지 못할 것이라고 보는 견해에 대한 의문

② **신다원주의의 내용**

㉠ **정부의 역할**

ⓐ 정부는 완전한 중립적 조정자가 아니라 전문화된 체제를 갖추고 능동적으로 기능하는 체제임

ⓑ 이익집단들 간 정치적 이익의 균형·조정이 민주주의의 핵심 동력임

㉡ **기업집단의 특혜**: 자본주의 국가에서는 불황과 인플레이션 등이 정부의 존립 기반을 위태롭게 하기 때문에 정부가 기업집단에 특권을 부여하는 상황이 생길 수밖에 없다고 주장함

㉢ **구조적 개혁**

ⓐ 자본주의체제에서 선거 등의 외적 요인으로 통제하는 것은 한계가 있음

ⓑ 국가 관료 간의 내적 견제, 정부기구의 분화를 통한 민주주의 확립과 같은 구조적 개혁이 필요함

Focus on	엘리트이론과 다원론의 비교(국가를 보는 시각)	
엘리트이론	외부통제모형	외부 엘리트에 의해 통제되는 하나의 기구
	자율적 행위모형	행정 엘리트의 선호 반영
	조합주의적 망	엘리트들이 하나의 체제로 통합된 망
다원론	풍향계 정부	이익집단 간의 힘의 균형을 반영하는 풍향계(weather vane)
	중립국가관	중립적 공익을 추구하는 조정자, 심판자
	브로커형 국가	공식 · 비공식적 조직들로 구성

4 정책네트워크(정책망)모형

1. 정책네트워크(policy network)

(1) 의의

① 정책을 다양한 공식 · 비공식 참여자들 간의 상호작용의 산물로 인식하여 사회연계망이나 네트워크 분석을 도입하여 정책과정을 포괄적이고 체계적으로 설명하기 위한 모형

② 특정한 세력이 일방적으로 정책과정을 주도한다는 다원론과 엘리트이론, 국가조합주의에 대한 비판

(2) 등장배경

① **정책 및 환경의 복잡성 심화:** 정책의 내용과 이를 둘러싼 환경의 복잡성으로 인해 공공정책을 특정 세력에 의해 일방적으로 이루어질 수 없는, 다양한 이해관계를 가진 참여자들 간의 상호작용으로 인식함

② **이분법적 논리 극복**

㉠ 정책과정에 대한 국가중심 접근방법(조합주의)과 사회중심 접근방법(다원주의)이라는 이분법적 논리를 극복하고 두 이론의 장단점을 연계시키는 접근법

㉡ 다원주의에 국가의 능동적 역할과 전문성을 보완하여 조합주의의 국가우월적인 관계를 극복

(3) 전개과정

① 1960년대 하위정부모형이 가장 먼저 대두되었음

② 1980년대 이후 이를 비판하는 이슈네트워크와 정책공동체모형의 본격적 논의가 시작됨

(4) 특징

① 정책문제별로 형성됨

② 다양한 공식 · 비공식 참여자의 연계작용

③ 외 · 내재적 요인에 의해 변동하는 가변적 현상

④ 참여자들의 상호작용을 규율하는 제도가 존재함

⑤ 참여자와 비참여자를 구분하는 경계가 존재함

네트워크 분석

사회적 행위자들 간의 관계를 관계의 밀도(density)와 중심성(centrality) 등의 개념을 통해 분석

미국과 영국의 정책네트워크

1. **미국:** 정책네트워크가 하위정부모형 등의 정당과 의회를 중심으로 발전함

2. **영국:** 정당과 의회를 중심으로 정책과정을 파악해왔던 한계를 발견하고, 정책공동체 개념을 부각시키면서 정책네트워크모형을 발전시킴

핵심 O X

정책네트워크이론의 대두배경은 정책결정의 부분화와 전문화 추세를 반영한다. (O, ×)

답 O

철의 삼각과 하위정부모형

1. **철의 삼각**: 소수 엘리트 행위자들이 특정 정책의 결정을 지배함
2. **하위정부**: 정책별로 다양한 하위정부가 존재함
3. 철의 삼각(삼자연맹)은 다원주의를 비판하는 부정적 의미로 사용되었지만, 하위정부모형은 보다 중립적 의미로 사용됨

* 일반적으로 정책분야별로 다양한 하위정부모형이 형성되며 결정권이 이에 분산되어 있다고 보기에 다원론적 성격이 강하기 때문임

핵심 OX

정책네트워크의 유형 중 하위정부(sub-government)모형은 행정수반의 관심이 약하거나 영향력이 적은 재분배정책 분야에서 주로 형성된다. (O, ×)

[답] × 하위정부모형은 분배정책 분야에서 주로 형성

하위정부모형 VS 이슈네트워크 VS 정책공동체

구분	하위정부모형	이슈네트워크	정책공동체
참여자 수	제한적	매우 광범위	비교적 제한적
참여자	특정 세력 (철의 삼각)	다수의 관심 집단	관료와 전문가 집단
상호 의존	높음	낮음	비교적 낮음
참여 배제			
지속성			

2. 하위정부모형(sub-gov't model) = 철의 삼각(삼자연맹, iron triangle)

(1) 의의

① **개념**: 공식 참여자인 정부 관료, 의회의 상임위원회(선출직 의원), 비공식 참여자인 이익 집단이 상호 이해관계를 공유하면서 각 정책영역별로 정책의 결정과 집행에 주도적인 영향을 미치는 현상으로, 1960년대 논의된 철의 삼각이 정책과정을 지배한다고 봄

② **성격**
  ㉠ 엘리트론적 특성과 다원론적 특성을 지니며, 3자는 상호이익을 추구
  ㉡ 조용한 협상에 의해 합의를 도출하는 폐쇄적인 네트워크

(2) 특징

① 정책분야별로 실질적인 영향력을 행사하는 집합체가 각 분야별 안정적인 관계를 형성하여 정책과정을 지배함
② 참여자간 장기적·안정적·자율적·호혜적 동맹관계
③ 폐쇄적 정책결정체제로 인한 포획과 지대추구행위의 발생으로 공익과 거리가 먼 결정이 가능함
④ 대통령과 일반대중의 관심이 낮고 공적 재원으로 집행되는 분배정책과 주로 관련됨*

(3) 한계

① 이익집단이 활성화되지 않은 개발도상국 등에서는 적용이 곤란함
② 현대 사회에서의 시민운동 확산, 이익집단의 급증, 집단 간 갈등, 의회 소위원회의 증가와 정책관할 중첩의 증대 등으로 인해 점차 쇠퇴함

3. 이슈네트워크와 정책공동체

(1) 이슈네트워크(이슈망, issue network)

① 공통의 기술적인 전문성과 다양한 견해를 가진 이익집단, 전문가, 언론, 개인 등 대규모의 참여자들을 함께 묶는 지식 공유 집단으로, 특정한 경계가 존재하지 않는 광범위한 정책연계망[헤클로(Heclo), 1978]
② 미국에서 이익집단의 수가 증가하고 다원화됨에 따라 하위정부식 정책결정이 어려워져 '철의 삼각'을 비판하며 등장함
③ 특정 쟁점이 제기될 때 형성되는 개방적이고 유동적인 네트워크로, 느슨하고 일시적·불안정한 관계와 유동적 참여자를 특징으로 함

(2) 정책공동체(정책커뮤니티, policy community)

① 공식적인 학회나 자문회의, 비공식적 의견교환 등 특정분야의 정책에 관심이나 전문성을 가진 사람들이 접촉하는 하나의 가상 공동체
② 정책망모형의 일종으로 하위정부모형의 폐단을 보완하는 상대적으로 자율적·폐쇄적·안정적·지속적인 네트워크
③ 정책 대안의 창출과 비교·평가, 정책의 합리성 제고, 다양한 요구 반영, 인재 풀 형성 등의 역할을 수행함

구분	이슈네트워크	정책공동체
정책 행위자	• 개방적 · 유동적(불안정) • 다양한 행위자가 참여하며, 상황에 따라 수시로 변동함	• 제한적 · 폐쇄적 · 지속적 • 조직화된 행위자(관료, 전문가)에 한정됨
상호관계	• 불균등한 권력을 보유하는 경쟁적 · 수직적 관계 • 제로섬(zero sum), 네거티브 섬(negative sum) 게임	• 균등한 권력을 보유하는 협력적 · 수평적 관계 • 논제로섬(non-zero sum), 포지티브 섬(positive sum) 게임
정책 산출	• 결정과정에서 정책내용의 변동이 가능하므로 예측가능성이 낮음 • 결정과 집행의 상이성	• 처음 의도한 내용 그대로 진행되므로 예측가능성이 높음 • 결정과 집행의 유사성
배경	미국식 다원주의	유럽식 사회조합주의
접촉 빈도	유동적	높음
이익	모든 이익	경제적 · 전문직업적 이익
합의	제한적 합의	가치관 공유, 성과의 정통성 수용
국가의 역할	• 국가는 자신의 이해를 가지고 이를 관철시키고자 하는 하나의 행위자 • 국가기관의 범주에는 행정부, 의회, 사법부 모두 포함되는데 이들 모두 개별적 행위자로 간주함(낮은 응집성)	

기출 체크

01 정책커뮤니티와 이슈네트워크를 비교한 것으로 옳지 않은 것은? 2016년 국가직 9급

① 네트워크 내 자원배분과 관련하여 정책커뮤니티는 근본적인 관계가 교환관계이고 모든 참여자가 자원을 보유하고 있으나, 이슈네트워크는 근본적인 관계가 제한적 합의이고 어떤 참여자는 자원보유가 한정적이다.

② 참여자 수와 관련하여 정책커뮤니티는 극히 제한적이며 의식적으로 일부 집단의 참여를 배제하기도 하나, 이슈네트워크는 개방적이며 다양한 행위자들이 참여한다.

③ 이익의 종류와 관련하여 정책커뮤니티는 경제적 또는 전문 직업적 이익이 지배적이나, 이슈네트워크는 관련된 모든 이익이 망라된다.

④ 합의와 관련하여 정책커뮤니티는 어느 정도의 합의는 있으나 항상 갈등이 있고, 이슈 네트워크는 모든 참여자가 기본적인 가치관을 공유하며 성과의 정통성을 수용한다.

답 ④ 정책커뮤니티와 이슈네트워크의 설명이 반대로 되어 있음

02 정책결정의 장(또는 정책하위시스템)에 대한 이론과 주장하는 내용을 짝지은 것으로 가장 옳지 않은 것은? 2020년 서울시 9급

① 다원주의 – 정부는 조정자 역할에 머물거나 게임의 법칙을 진행하는 심판자 역할을 할 것으로 기대된다.

② 조합주의 – 정부는 이익집단 간 이익의 중재에 머물지 않고 국가이익이나 사회의 공공선을 달성하기 위한 주도적인 역할을 할 것으로 기대한다.

③ 엘리트주의 – 엘리트들은 사회의 다원화된 이익을 대변하는 것이 아니라 자신들의 이익을 추구한다.

④ 철의 삼각 – 입법부, 사법부 그리고 행정부 3자가 강철과 같은 장기적이고 안정적이며 우호적인 삼각관계의 역할을 형성하면서 정책결정을 지배하는 것으로 본다.

답 ④ 철의 삼각이란 정책네트워크모형 중 하위정부모형의 장기적 · 안정적 · 우호적인 삼각관계를 의미하는 것으로, 의회의 상임위원회, 해당 정책 영역의 정부 관료, 이익집단이 구성함

CHAPTER 3 정책결정론

THEME 029 정책결정의 의의 ★★☆

정책결정과 의사결정의 비교

1. **유사점**: 복수의 대안 중 최적대안을 선택하는 행위
2. **차이점**
   - 정책결정이 의사결정보다 정치적·권력적·공익적·강제적 성격이 더 강함
   - 의사결정은 계량화가 용이하나 정책결정은 계량화가 곤란함
   - 의사결정은 모든 합리적 대안을 선정하고 정책결정은 정부활동지침을 결정함

＊정치적 합리성은 정치적으로 바람직한 가치를 극대화하거나 손실을 극소화

1 정책결정

1. 의의 및 특징

(1) 의의

① 정책의제로 채택된 문제의 해결을 위해 목표를 설정하고, 이를 달성할 수 있는 여러 대안들 중 최선의 대안을 탐색·선택하는 단계
② 이해관계자들 간 갈등이 나타나 동태적이고 역동적인 정치적 과정
③ 정책결정과정에서 정책의 실현가능성(feasibility)과 소망성(desirability)의 확보가 필요함

(2) 특징

① **공공성, 공익성**: 정책결정은 불특정 다수와 관련이 있고 공익을 추구하는 복잡한 동태적 과정
② **정치성**: 미래의 바람직한 상태를 추구하며, 다수의 이해가 개입된 가치판단을 필요로 하는 정치영역
③ **합리성**: 최적 대안의 선택을 위한 합리적 선택의 과정으로, 경제적·정치적 합리성＊을 추구함
④ **복잡성**: 많은 갈등과 이해관계의 상호작용이 발생함

> **Level up 정책결정의 유형**
>
> **1. 정형적 결정과 비정형적 결정**
>
> | 정형적 결정 | 선례나 프로그램에 따라 기계적·반복적으로 이루어지는 결정 |
> | --- | --- |
> | 비정형적 결정 | 선례나 프로그램이 없어 고도의 판단력과 통찰력을 요구하는 결정 |
>
> **2. 전략적 결정과 전술적 결정**
>
> | 전략적 결정 | 근본적 문제에 대해 무엇(what)을 할 것인가에 관한 결정 |
> | --- | --- |
> | 전술적 결정 | 전략적 결정의 실현을 어떻게(how) 할 것인가에 관한 결정 |
>
> **3. 가치 결정과 사실결정**
>
> | 가치 결정 | 목표나 방향 등의 당위와 관련된 결정(Etzioni의 통합적 결정) |
> | --- | --- |
> | 사실 결정 | 경험적으로 검증 가능한 결정(Etzioni의 수단적 결정) |

2. 정책결정의 과정

(1) 정책문제의 인지와 정의: 문제의 인과관계 파악

(2) 정책목표의 설정: 내용의 적합성(appropriateness), 수준의 적정성(adequacy)

(3) 정책대안의 탐색 · 개발

(4) 정책대안의 결과 예측: 연장적 · 이론적 · 주관적 예측

(5) 정책대안의 비교 · 평가: 실현가능성과 소망성

(6) 최적대안의 선택

2 정책결정요인론

1. 의의

(1) 정책을 종속변수로 보고 그 내용을 결정하는 요인을 독립변수로 간주하여, 독립변수가 무엇인지 규명하는 이론

(2) 정책에 영향을 미치는 요인은 정치적 변수(정치체제)라고 주장하는 정치학자와 경제사회적 환경(정책환경)이라는 경제학자들의 논쟁이 전개됨

2. 내용

(1) 정치학자들의 초기 연구(Key & Lockard, 1949)

참여경쟁모형을 통해 정당 간 경쟁, 투표율, 선거구 확정의 공정성 등 정치적 요인만이 직접적으로 정책에 영향을 미치는 변수임을 주장함

(2) 경제학자들의 연구

정치학자들의 초기 연구와는 별개로 경제학자들은 경제사회적 요인의 중요성을 역설 · 입증함

① **파브리켄트(Fabricant)의 연구**: 1인당 소득, 인구밀도, 도시화 등의 세 변수가 주정부의 예산지출의 결정요인임을 주장하며 특히 1인당 소득이 중요한 결정변수임을 강조함

② **브레이저(Brazer)의 연구**: 가구소득, 인구밀도, 다른 정부기관으로부터의 보조 등이 시정부의 지출의 가장 큰 결정요인임을 주장함

(3) 정치학자들의 후기 연구

① **도슨(Dawson)과 로빈슨(Robinson)의 경제적 자원모형(1963)**

㉠ 정당 간 경쟁이 치열할수록 사회복지비가 증가하는 현상은 도시화, 산업화, 소득이라는 사회 · 경제적 변수의 작용 때문임

㉡ 사회 · 경제적 변수가 정치체제와 정책 모두에 대해서 영향을 미친다는 결론을 제시하며 정치체제와 정책은 허위관계에 불과함을 주장함

② **크누드(Cnudde)와 맥크론(McCrone)의 혼합모형(1968)**

㉠ 정치체제와 정책 간의 관계를 추가로 고려하여 사회 · 경제적 변수가 결국 정책에까지 영향을 미치게 되는 간접적 효과까지 파악함

㉡ 정치적 변수와 정책은 혼란관계로, 정치적 변수가 사회 · 경제적 변수에 의한 허위상관을 제외하고도 독립적인 영향을 미친다고 주장함

PART 2

정책학 2021 해커스공무원 쉬운 행정학

의사결정자의 실책

1. **지나친 단순화**: 선택적 지각, 유형화에 의한 단순화
2. **구성의 효과**: 문제제시 형태에 따른 변화
3. **실패한 결정에 대한 집착**
4. **사전적 선택**: 대안 검토 전 선호대안 선택
5. **방어적 회피**: 결정자에게 불리하거나 위험한 결정을 미룸
6. **적시성 상실**
7. **집단사고**
   - 원인: 강한 집단 응집력, 조직의 구조적 결함, 높은 스트레스 등의 상황적 요인
   - 증상: 도덕성에 대한 확신, 폐쇄적 인식체계, 만장일치의 선호, 심리적 방어기제 형성, 불패신화에 대한 믿음
   - 결과: 비합리적 의사결정
   - 예방: 개방적 지도자로서 리더의 역할, 체계적 대안의 검토
8. **과잉동조의 폐단**: 규칙에 대한 과도한 집착
9. **기준배합의 왜곡**
10. **무지로 인한 실책**

참여경쟁모형의 명제

"정당 간 경쟁이 치열할수록 유권자들의 지지 확보를 위해 사회복지비에 대한 지출을 늘린다."

핵심 O×

정책결정요인론 중 도슨(Dawson)과 로빈슨(Robinson)이 주장한 '경제적 자원모형'에서 정치적 변수는 정책에 단독으로 영향을 미치지 못한다.

(O, ×)

답 O

3. 경제적 자원모형에 대한 평가

(1) 변수 선정의 부적절성
사회·경제적 요인을 과대평가, 계량화 불가능한 정치적 요인을 과소평가함

(2) 인과경로의 불명확성
정책이나 정치체제가 환경에 영향을 미치거나 환경이 간접적으로 정책에 영향을 미치는 경우를 고려하지 않음

(3) 개인의 중요성 간과
결정은 개인에 의해 행해지며, 특히 이 과정에서 권력엘리트의 역할이 중요함을 간과함

(4) 정책수준의 문제와 인과관계의 미약
① 상위 수준의 정책인 복지정책을 대상으로 연구하였기 때문에 소득이 중요한 영향을 미치는 결과가 나왔음
② 정책원인과 정책결과의 인과관계 또한 부족함

(5) 구체적 내용의 고려 미흡
정책결정에 따른 비용고려 시 구체적 내용별로 접근하였다면 정치적 요인의 영향력이 변화할 수 있음

THEME 030 정책결정의 과정 ★★☆

1 정책문제의 인지와 정의

1. 정책문제의 의의 및 특징

(1) 정책문제
바람직하지 못한 상황, 바람직한 상태와 현재 상태의 차이, 차이 중에서도 극복 가능한 차이, 극복 가능한 차이 중에서 개선을 위한 기회가 가미된 것 등으로 정책문제를 보는 견해가 있음

(2) 정책문제 정의*
정책문제의 원인, 결과와 인과관계를 살피는 것으로 범위의 크기 및 강도, 문제의 심각성과 진행상황 등을 파악함

(3) 특징
① 역사성, 주관성, 인공성, 복잡성, 다양성, 상호의존성, 공공성, 정치성, 동태성의 성격을 가짐
② 정책결정자의 가치관과 태도가 큰 영향을 미치므로 갈등발생의 가능성이 높음

정책문제 정의 시 고려사항

1. 관련요소의 파악
2. 가치판단
3. 역사적 맥락 파악
4. 인과관계 파악

*정책문제 정의에 따라 정책목표의 구체적 내용과 정책수단이 달라지는데, 정책문제가 잘못 정의될 경우 후속 과정인 목표설정부터 틀어져 제대로 된 정책결정이 불가능

2. 정책의 오류

제1종 오류 (α오류)	• 효과 없는 대안을 채택한 오류 • 옳은 귀무가설을 기각하고 틀린 대립가설을 채택함
제2종 오류 (β오류)	• 효과 있는 대안을 기각한 오류 • 틀린 귀무가설을 채택하고 옳은 대립가설을 기각함
제3종 오류 (메타오류)	• 정책문제의 잘못된 인지로 인해 발생하는 근본적 오류 • 가치중립적·수단지향적인 정책분석의 한계를 나타내며, 오류의 방지를 위해 정책문제의 구조화가 필요함

3. 정책문제의 구조화(Dunn) - 제3종 오류 방지

(1) 의의

① 복잡하고 상호의존적인 정책문제에 대해 문제의 본질, 범위, 심각성 등을 밝힘으로써 명확하게 정의하는 기법

② 정책문제나 목표설정 자체를 잘못 정의하는 제3종 오류의 방지를 위한 질적 분석

③ **정책문제의 구조화 4단계**: 문제의 감지 → 문제의 탐색 → 문제의 정의 → 문제의 구체화

(2) 기법

① **경계분석**

㉠ 문제의 위치 및 존속기간, 형성과정을 파악하여 문제의 영역을 구체화하고 경계선상에서의 메타문제 해결

㉡ **포화표본추출기법**: 다양한 의견을 지니고 있는 관련 이해관계자들을 식별하는 방법

㉢ **경계추정**: 표본추출과 문제표현도출에서 얻은 자료를 누적분포도로 표현하는 방법

② **계층분석**

㉠ 문제의 원인을 계층적으로 규명해 나가는 기법으로, 인과관계 파악을 주된 목적으로 하여 인과분석이라고도 불림

㉡ 간접적·불확실한 원인에서 직접적·확실한 원인으로 나아가며 확인을 거치는데, 개별분석가의 직관과 판단에 의존함

㉢ **원인의 유형**

가능성 있는 (possible) 원인	멀지만 문제발생에 기여한 원인
개연성 있는 (plausible) 원인	과학적·경험적으로 문제와 연결된 것으로 추정되는 근접한 원인
행동 가능한 (actionable) 원인	정책결정자에 의해 통제·조작될 수 있는 직접적 원인

③ **유추분석**

㉠ 유추를 통해 문제를 해결하는 것으로, 과거에 등장하였거나 다루어 본 유사한 문제에 대한 비교경험을 통하여 문제를 정의함

귀무가설과 대립가설

1. **귀무가설(영가설, H_0)**: 연구가설과 논리적으로 반대의 입장을 취하는 진술

2. **대립가설(연구가설, H_1)**: 사회현상에 관한 연구자의 이론으로부터 도출된 가설

🏛 기출 체크

정책분석에 있어서 문제구조화에 대한 설명으로 옳지 않은 것은? 2017년 지방직 9급

① 던(Dunn)은 정책문제를 구조화가 잘된 문제, 어느 정도 구조화된 문제, 구조화가 잘 안된 문제로 분류한다.

② 구조화가 잘된 문제의 해결을 위해서 분석가는 전통적인 방법을 사용하기도 한다.

③ 문제구조화는 상호 관련된 4가지 단계인 문제의 감지, 문제의 정의, 문제의 추상화, 문제의 탐색으로 구성되어 있다.

④ 문제구조화의 방법으로는 경계분석, 분류분석, 가정분석 등이 있다.

圖 ③ 문제의 감지, 문제의 탐색, 문제의 정의, 문제의 구체화로 구성

메타문제

관련문제들의 집합 내지는 문제군을 의미하는 것으로, 경계분석을 통해 메타문제의 경계가 완전한 것인가를 추정함

유추분석의 예시

1. 개인적 유추: 교통문제 분석을 위해 직접 만원버스를 타고 이용객들의 불편을 겪어보는 것

2. 직접적 유추: 약물중독 문제의 구조화를 위해 전염병의 통제 경험으로부터 유추하는 것

3. 상징적 유추: 일정한 기준에 따른 정책의 순환적 결정과정을 자동온도조절장치에 비교하는 것

4. 환상적 유추: 안보정책에 있어 핵공격에 대한 방어를 구조화하기 위해 가상 핵공격 상태를 전제로 문제를 분석하는 것

ⓒ **시네틱스 기법**＊

개인적(의인적) 유추	자신이 문제를 경험하고 있는 것처럼 상상하고 행동하여 새로운 아이디어를 유추함
직접적 유추	주어진 문제를 다른 사물, 현상, 경험 등에 객관적으로 직접 비교하여 그 사이의 유사한 관계를 탐색함
상징적 유추	주어진 문제와 어떤 상징적 대응물 사이의 유사한 관계를 발견하여 문제를 분석함
환상적(가상적) 유추	문제 상황과 어떤 가상적 상황 사이에 유사성이 존재한다고 상상하여 유추함

④ **가정분석**
  ㉠ 서로 대립되는 가설들의 창조적 통합
  ㉡ 정책과정의 참여자들 간 문제형성에 합의를 이룰 수 없거나 문제의 구조화가 잘 되지 않을 경우에 사용하는 가장 포괄적인 분석
  ㉢ 가정들에 대한 비판적 평가, 이해관계자의 확인 등을 통해 상충적 가정들을 창의적으로 통합함

⑤ **분류분석**
  ㉠ 문제상황을 정의·분류하기 위해 문제의 구성요소 식별하여 사용되는 개념들을 명확히 함
  ㉡ 구체적 대상 또는 상황에 대한 경험으로부터 일반적·추상적 개념을 도출하는 귀납적 추론과정
  ㉢ 논리적 분할(나누는 것)과 논리적 분류(결합시키는 것)

⑥ **주관적·직관적 방법**
  ㉠ **브레인스토밍(집단자유토론기법)**: 전문가들이 모여 제약 없는 자유로운 토론을 통해 창의적 아이디어를 도출함
  ㉡ **정책델파이**: 익명성이 보장된 전문가들의 의견을 수렴함

⑦ **조사연구기법의 활용**: 사전조사, 현지조사, 예비조사, 실태조사 등 조사방법론에서 다루어지는 연구방법들을 문제분석에 이용함

2 정책목표의 설정

1. 의의 및 기능

(1) 의의
정책을 통해 달성하고자 하는 미래의 바람직한 상태 또는 정책이 지향하는 궁극적인 방향을 의미함

(2) 기능
① 다양한 정책수단 중 최선의 것을 선택하는 기준
② 정책 집행과정 상 나타나는 일련의 결정들의 지침
③ 집행 후 그 정책의 성과를 평가하는 정책평가의 기준
④ 정부의 미래상과 방향제시 및 활동의 정당화

가정분석의 단계

1. 이해관계자 확인
2. 가정들의 표출
3. 가정들에 대한 비판적 평가
4. 가정들 간 타협·집합
5. 가정의 통합

분류분석의 규칙

1. 실질적 적실성
2. 포괄성(총망라성)
3. 상호배타성(분절성)
4. 일관성
5. 계층적 독특성

정책목표의 특징

1. 목적수단의 체계성
2. 공공성, 공익성
3. 규범성, 창조성
4. 가치지향성, 미래지향성
5. 다차원성

2. 바람직한 목표설정의 기준(소망성 평가 기준)

(1) 적합성(appropriateness) – 가치반영(목표 측면)

방향성과 관련된 것으로, 가장 바람직한 정책목표를 채택하였는지의 여부 혹은 사회의 이념이나 가치를 잘 반영했는지의 여부

(2) 적절성(adequacy) – 수단의 충분성(수단 측면)

달성 수준과 관련된 것으로, 정책목표의 수준이 지나치게 높거나 낮지 않고 사회적 문제해결을 위해 적당한지의 여부

3. 목표의 유형

(1) 공식성 기준

공식적 목표	• 행정조직이 공식적으로 추구하는 목표 • 법령 또는 직제에 명시된 목표
실질적 목표	• 행정조직이 실질적으로 추구하는 목표 • 운영 목표 또는 비공식적 목표

(2) 계층제 기준(목표-수단의 연쇄)

상위 목표	• 조직이 추구하는 기본 목표 또는 최종적 목표 • 일반적·추상적·거시적·장기적·질적
하위 목표*	• 조직의 하위 계층의 목표 또는 수단적 목표 • 현실적·구체적·미시적·단기적·양적 특성

(3) 추상성 기준

무형적 목표	대체로 상위 목표에 해당 예 고용안정 등
유형적 목표	대체로 하위 목표에 해당 예 실업률 감소 등

(4) 방향 기준

치료적 목표	• 문제의 발생 전 또는 과거에 경험했던 상태로의 복귀 • 사후적·소극적 목표
창조적 목표	• 문제가 발생하기 전에 예방 또는 과거에 경험하지 못한 상태로의 이전 • 예방적·적극적 목표

(5) 기능별 분류(Etzioni)

질서 목표	• 조직으로부터의 일탈행위 방지·개인을 통제하려는 목표 • 교도소, 경찰서 등 강제적 조직의 목표
경제 목표	• 사회를 위해 재화와 서비스를 생산하려는 목표 • 기업과 같은 공리적 조직의 목표
문화 목표	• 상징적인 대상의 창조 또는 활용에 필요한 여건을 제도화하려는 목표 • 대학, 교회 등 규범적 조직의 목표

적합성과 적절성

1. **적합성**: 물가상승의 해결이 시급한데 실업문제의 해결을 우선적인 목표로 결정함
2. **적절성**: 현재 물가상승이 연간 23% 정도인데 목표를 연간 18% 수준으로 억제하겠다고 설정함

핵심 O X

적절성(adequacy)은 추구하는 목표가 그 사회의 이념이나 가치를 가장 잘 반영하고 있는지를 평가하는 기준이다.

(O, ×)

답 × 적합성에 관한 설명

* 하위 목표는 상위 목표를 달성하는 수단적 목표

무형적 목표의 장단점

장점	단점
• 해석의 융통성 확보 • 상황 변화에 대응이 용이 • 대립적 이해관계 포용	• 목표 달성 여부 측정 곤란 • 구체적인 업무기준 제시 곤란 • 목표의 전환 야기

1. 의의

정책목표를 달성해줄 수 있는 채택 가능한 대안들을 식별하고 탐색하는 작업

2. 정책대안의 원천

(1) 과거의 정책사례, 타 정부의 정책(가장 기본적 원천)

(2) 이미 알고 있는 지식, 이론, 기술과 전문가의 자문

(3) 브레인스토밍, 정책델파이 등의 주관적 · 직관적 방법*

4 정책대안의 결과 예측

1. 의의

정책대안이 집행 또는 실현되었을 경우 나타날 결과들을 정책대안의 실현 이전에 미리 예측하는 것

2. 방법(Dunn)

(1) 투사(project) – 연장적 예측

① **개념**: 과거의 변동추세를 모아둔 시계열 데이터에 대한 분석을 토대로 이를 연장하여 미래를 예측하는 귀납적 · 양적 분석기법

② **특징**

　㉠ 기존 자료가 충분하며, 어떤 경향성을 띠고 있어야 함

　㉡ 시간을 독립변수로 미래를 예측하는 종단분석에 해당함

③ **기법**: 자료변환법, 지수가중법, 시계열분석, 선형경향추정, 격변방법론 등

(2) 예견(predict) – 이론적 예측

① **개념**: 여러 이론의 인과관계의 가정에 기초하여 미래를 예측하는 연역적 · 양적 분석기법

② **특징**: 예측대상 분야와 관련 있는 변수와 변수들 사이의 관계에 대한 이해가 필요함

③ **기법**: 상관분석, 선형계획법, 경로분석(PERT, CPM), 회귀분석, 구간(간격)추정, 투입산출분석, 이론지도 등

(3) 추측(conjecture) – 주관적 예측

① **개념**: 예측가의 통찰력이나 직관적 판단에 의존하여 대상 분야를 예측하는 질적 분석기법

② **기법**: 브레인스토밍, 전통적 델파이, 정책델파이, 교차영향분석, 실현가능성분석, 명목집단기법, 비계량적 시나리오 작성 등

3. 목적

(1) 정책 결정 후 집행의 가능성 향상

(2) 추진 결과로 나타날 미래 변화에 관한 정보 제공

---

*과거 사례나 외국 사례가 없고, 체계화된 이론도 없는 경우 사용

정책모형의 의의와 역할

1. **의의**: 정책대안이 가져올 결과의 예측을 위해 현실을 단순화시켜 중요한 측면만을 표현한 것
2. **역할**
   - 원인변수의 조작을 통해 정책대안의 창출에 도움을 제공함
   - 정책대안의 결과 예측을 가능케 함

핵심 OX

정책모형의 예측능력은 모형의 타당성과 모형에 포함된 변수들에 관한 자료의 정확성 여부에 달려있다. (O, ×)

답 O

기출 체크

두 개 이상의 표본에 대한 평균 차이를 검정하는 분석방법은? 2009년 국가직 7급

① 분산분석　　② 부분상관분석
③ 경로분석　　④ 확인적 요인분석

답 ① 분산분석: 평균값을 기초로 하여 두 개 이상의 다수 집단을 비교하고, 각 집단 평균 차이에 의한 집단 간 분산비교를 통해 만들어진 분포도를 이용하여 상관관계를 파악하는 분석법
② 부분상관분석: 세 개 이상의 변수들이 상호 상관을 갖는 경우 다른 변수와 함께 변화하는 부분을 제거하여 두 변수의 고유 상관관계를 측정하는 분석법
③ 경로분석: 특정 현상에 영향을 미치는 변수의 식별 및 그 경로모형을 밝히고자 하는 분석법
④ 확인적 요인분석: 요인분석의 한 종류로서, 기존의 연구이론 혹은 경험에 근거하여 각각의 측정변수와 잠재변수 간의 관계를 미리 가정하고 이 관계를 검증하기 위해 사용하는 분석법

(3) 규범적 미래를 설정함으로써 개연적 미래와 규범적 미래 간 차이 추정 가능

(4) 정부 개입의 정당성과 정책 수요의 크기 추정 가능

4. 주관적 예측의 주요 기법

(1) 델파이기법(전통적 델파이)

① 의의

　　㉠ 1948년 미국 랜드연구소에서 개발된 전문가의 직관에 의존하는 주관 적·질적 미래예측기법

　　㉡ 관련분야의 전문지식을 가진 전문가들에게 익명성을 보장해주고 각 각 독자적으로 형성한 판단을 서면으로 반족적으로 수렴, 종합하고 정리하여 예측결과를 도출하는 기법

② 특징

　　㉠ **익명성**: 참여자의 익명성을 철저하게 보장하여 대면토론의 문제점을 해소함

　　㉡ **반복성**: 개별적 판단을 집계하여 다시 배부함으로써 의견의 수정기회 를 제공하는 과정을 반복적으로 수행함

　　㉢ **통제된 환류**: 응답을 종합하여 요약된 수치를 제공함

　　㉣ **응답의 통계 처리**: 응답을 평균값, 중위수 등 통계 처리된 일반적 자료 로 정리하여 제시함

　　㉤ **전문가의 합의 도모**: 최종 목표는 합의된(근접한) 의견을 도출하는 것임

(2) 정책델파이

① 의의

　　㉠ 전통적 델파이의 한계를 극복하여 정책문제의 복잡성에 맞는 새로운 절차를 만들어 내려는 시도로 창안됨

　　㉡ 정반대의 입장에 있는 관련자들의 서로 대립된 의견을 표출시켜 토 론을 진행함으로써 정책대안을 개발하는 기법

　　㉢ 개인의 이해관계나 가치판단과는 상관없이 객관적 입장에서 의견을 종합하려는 일반적 델파이와는 차이가 있음

② 특징

　　㉠ **선택적 익명성**: 초기에는 익명성을 유지하지만 의견들이 어느 정도 종 합되어 몇 가지의 대립되는 대안이 표면화된 이후에는 공개적으로 대면토론을 진행함

　　㉡ **식견 있는 다수의 의견 중시**: 정책전문가뿐만 아니라 이해당사자 등 다 양한 대상자의 참여가 가능함

　　㉢ **유도된 의견대립**: 창의적 문제해결을 위해 갈등은 불가피한 것이라는 전제하에 의도적으로 갈등을 조장하여 이를 활용함

　　㉣ **양극화된 통계처리**: 불일치와 갈등의 의도적 부각을 위해 차이가 선명 하게 나타나는 양극화된 통계처리를 사용함

　　㉤ **컴퓨터 회의방식(전자회의방식)**: 멀리 떨어져 있는 개인들 간의 의견교 환을 익명으로 진행하기 위해 컴퓨터를 활용하여 부드러운 진행을 유도함

델파이기법의 장단점

장점	단점
• 익명성을 통한 솔 직한 견해 확보 • 수정기회를 제공 하여 예측 오차 최소화 • 감정대립, 다수 의견의 횡포, 집 단사고 등을 방지	• 전문가 선정 기준 과 역량 파악 곤란 • 각 개인의 주관 적 판단으로 인 한 낮은 과학성 과 객관성 • 설문방식에 따른 응답의 조작가 능성

핵심 OX ----------------

정책분석에서 사용되는 주요 미래예측 기법 중 미국 랜드(RAND)연구소에서 개발된 것으로, 전문가들을 대상으로 설문을 반복하여 특정 주제에 대한 합 의를 도출하는 접근 방식은 회귀분석 이다. (O, ×)

답 × 델파이분석

기출 체크

정책 델파이에 대한 설명으로 옳지 않 은 것은? 2012년 지방직 9급

① 일반적인 델파이와 달리 개인의 이해 관계나 가치판단이 개입될 수 있다.

② 정책문제해결을 위한 정책대안을 개발하고 그 결과를 예측하기 위해 만들어진 방법이다.

③ 대립되는 정책대안이나 결과가 표 면화되더라도 모든 단계에서 익명 성이 보장되어야 한다.

④ 정책문제의 성격이나 원인, 결과 등 에 대해 전문성과 통찰력을 지닌 사람들이 참여한다.

답 ③ 정책델파이는 선택적 익명성을 특징으로 함

전자회의방식

델파이기법, 명목집단기법 등에 컴퓨터 기술을 활용한 방식으로, 익명성 보장 을 위해 컴퓨터를 통하여 의견제시 및 표결이 이루어짐. 개인들이 개별적으로 해결방안을 제시하고, 그에 대해 제한 된 토론을 한 뒤 해결방안에 대해 표결 을 하는 기법

Level up	전통적 델파이와 정책델파이의 비교	
구분	전통적 델파이	정책델파이
적용 영역	일반문제	정책문제
목적	합의 도출	의견 표출
응답자	동일 영역의 일반전문가	정책전문가, 이해관계자 등 다양한 대상자
익명성	철저한 익명성	선택적 익명성
통계처리	의견의 평균값 중시	양극화된 통계처리

아이디어 산출단계의 특징

1. 비판 최소화
2. 편승기법(무임승차)
3. 질보다 양을 중시(이상적·급진적 아이디어 허용)
4. 대면토론을 통한 결합과 개선에 의한 발전

* 조건 확률은 다른 사건이 참일 때 특정 사건이 참일 확률

(3) 브레인스토밍(집단자유토론)

① 여러 사람이 모여 자유로운 분위기 속에서 어느 한 문제에 대한 아이디어를 공동으로 제시하는 회의 방식의 집단사고기법
② 대면접촉을 통해 미래를 예측하는 주관적인 분석기법
③ 아이디어의 질보다 양을 중시함
④ 구성: 아이디어 산출단계, 아이디어 평가단계(산출과 평가 분리)

(4) 교차영향분석

① 어떠한 사건에 영향을 미치는 선행사건을 규명함으로써 현재의 상황을 기반으로 미래를 예측하는 주관적·질적 분석기법
② 사건 간의 상호 관련성을 분석함에 있어서 조건 확률* 혹은 교차영향행렬을 사용함
③ 델파이기법의 보완을 위해 고려된 기법으로 델파이는 개별적 사건의 발생가능성에만 관심을 가지는 반면, 교차영향분석은 관련 사건들 사이의 잠재적인 관계를 고려함

(5) 실현가능성분석

① 정책 관련자들이 여러 정책대안들의 채택·집행을 지지하거나 반대함에 있어 예상되는 영향을 예측하는 것에 도움을 제공하여 정책 관련자들의 미래행태를 예측하는 기법
② 가능한 대표성이 있고 강력한 이해 관련 집단을 식별하는 것이 중요하며, 특히 정치적 실현가능성을 중시함

(6) 시나리오 작성

각각의 대안들이 채택될 때 전개될 미래의 상황에 대한 스토리를 각본으로 하여 미래를 예측하는 기법

(7) 지명반론자기법(devil's advocate method)

작위적으로 특정 조직원들 또는 집단을 반론을 제기하는 집단으로 지정하고, 이들이 제기하는 반론과 이에 대한 제안자의 옹호 과정을 통해 의사결정을 유도하는 기법(변증법적 토론기법)

(8) 명목집단기법(nominal group method)

개인들이 익명이 보장된 서면으로 아이디어를 제출하고, 아이디어에 대한 비평을 불허하는 제한된 집단적 토론을 진행한 뒤, 해결방안에 대하여 표결을 하는 기법

핵심 OX

브레인스토밍은 아이디어가 많은 소수에게 여러 개 주제에 대해 아이디어를 제시하도록 해 좋은 아이디어를 발굴하는 기법이다. (○, ×)

답 × 다수가 하나의 주제에 대해 많은 아이디어를 제시함

Level up 전통적 델파이와 명목집단기법의 비교		
구분	전통적 델파이	명목집단기법
익명성	○	○
대면	×	○
표결	×(의견일치 유도)	○
효용	의사결정의 범위가 넓거나 장기적인 문제를 해결하는 데 적합	시간과 비용이 적게 소요되어 신속한 의사결정이 필요한 경우에 적합

5. 불확실성과 결과예측

(1) 의의

불확실성이란 '미래를 예측하고 그 진행경로를 설명함에 있어 확실한 지식이 결여되어 있는 상태' 또는 '올바른 의사결정을 위해 알아야 할 것과 실제로 알고 있는 것의 차이'를 의미함

(2) 발생원인

① 복잡하고 동태적인 문제상황
② 정책 담당자의 능력·시간·경비 부족
③ 상황 인식에 사용되는 모형(접근방법)의 불확실성
④ 모형에 포함된 변수들에 대한 정보의 불완전성

(3) 대처방안

① **소극적 대처방안 – 불확실한 것을 주어진 것으로 보는 방안**
　㉠ **보수적 접근**: 발생 가능한 최악의 상황을 가정하여 대안을 모색함
　㉡ **민감도 분석**: 불확실한 환경하에서 가정의 변화에 따라 결과가 어떻게 달라지는지를 분석함
　㉢ **가외성의 확보**: 중복적 대비 혹은 복수의 대안을 제시함
　㉣ **제한적 합리성의 확보**: 복잡한 문제를 여러 개의 단순한 문제로 분할하여 해결함*
　㉤ **악조건 가중분석**: 최선의 대안은 최악의 상황을, 다른 대안은 최선의 상황을 가정하여 분석함(민감도 분석의 일종)
　㉥ **분기점 분석**: 악조건 가중분석의 결과, 대안의 우선순위가 달라질 경우 동등한 결과를 가져오기 위해 어떠한 가정이 필요한지를 밝힘
　㉦ **휴리스틱스 기법**: 최선의 답보다 만족할 만한 답에 이르게 함
　㉧ **지연·회피**
② **적극적 대처방안 – 불확실한 것을 확실하게 하려는 방안**
　㉠ **모형이나 이론의 개발**: 정책대안과 결과의 관계를 명확히 하는 모형이나 이론의 개발로, 가장 이상적인 방법(정책실험 수행)
　㉡ **불확실성을 유발하는 환경 통제**: 경쟁주체들과의 협상이나 흥정, 타협, 기업 간 계약을 통해 불확실한 상황을 제거함
　㉢ **정보의 충분한 획득**: 의사결정의 시간을 늦춰 관련변수에 대한 정보 등 필요한 다량의 정보를 획득함(점증주의의 주장)
　㉣ **정책델파이, 집단토의**: 전문가의 주관적 판단에 의존함

🎙 기출 체크

01 집단적 의사결정기법에 대한 설명으로 옳지 않은 것은? 2016년 사회복지직 9급

① 델파이기법(delphi method)은 미래예측을 위해 전문가집단을 활용하는 의사결정방법이다.
② 브레인스토밍(brainstorming)을 통하여 새로운 아이디어를 만들기 위해서는 초기 단계에서 타인의 아이디어를 비판하거나 평가하지 말아야 한다.
③ 지명반론자기법(devil's advocate method)이 성공하려면 반론자들이 고의적으로 본래 대안의 단점과 약점을 적극적으로 지적하여야 한다.
④ 명목집단기법(normal group method)은 집단구성원 간 의사소통을 원활하게 진행할 수 있다는 장점이 있다.

답 ④ 명목집단기법은 집단구성원 간 의사소통이 원활하게 진행되지 못한다는 단점이 있음

02 정책환경의 불확실성을 극복하기 위한 대처방안 중 소극적인 방법에 해당하는 것은? 2019년 지방직 9급

① 상황에 대한 정보의 획득
② 정책실험의 수행
③ 협상이나 타협
④ 지연이나 회피

답 ④
①, ②, ③은 적극적인 대처방안

＊인지능력 한계 등으로 인해 발생함

핵심 OX

보수적 접근법, 중복적 수단의 보유, 민감도 분석, 환경과의 흥정을 통한 상황의 통제 등은 불확실성의 소극적 해소방안에 해당된다. (○, ×)

답 × 상황의 통제는 불확실성의 적극적 해소방안

구분	낙관적	비관적
편익	최대극대화 (Maximax)	최소극대화 (Maximin)
비용	최소극소화 (Minimin)	최대극소화 (Minimax)

* 비관적 기준은 왈드(Wald)에 의해 처음 소개되어 왈드 기준이라고도 함

의사결정기준 적용사례 분석

구분	비용(C)		편익(B)	
A1	11	21	40	51
A2	15	18	41	48
A3	12	13	32	44
A4	9	15	31	42

1. Maximax 기준 최적대안: A1
2. Minimin 기준 최적대안: A4
3. Maximin 기준 최적대안: A2
4. Minimax 기준 최적대안: A3

핵심 OX

라플라스(Laplace) 기준에서는 각 상황이 발생할 확률은 전혀 모르기 때문에 모든 상황이 동일한 확률로 발생한다고 가정한다.　(O, ×)

답 O

(4) 불확실한 상황에서의 의사결정기준

① **낙관적 기준**: 미래에 대한 낙관적 입장(가장 좋은 상황만 발생한다는 가정)에서 각 대안의 최선의 조건부 값을 비교하여 최적대안을 선택함

Maximax 기준	• 최대극대화 기준 • 편익(이익)의 최대치가 가장 최대인 대안을 선택 • 각 대안의 조건부 값이 편익 또는 이익인 의사결정문제에서 대안별로 유리한 상황(편익이 최대치)을 가정하고, 그 중에서 편익이 최댓값을 갖는 대안을 선택
Minimin 기준	• 최소극소화 기준 • 비용(손실)의 최소치가 가장 최소인 대안을 선택 • 각 대안의 조건부 값이 비용인 의사결정문제에서 대안별로 유리한 상황(비용이 최소치)을 가정하고, 그 중에서 비용이 최솟값을 갖는 대안을 선택

② **비관적 기준***: 미래에 대한 비관적 입장(비관적 상황만 발생할 것이라는 가정)에서 각 대안의 최악의 조건부 값을 비교하여 최적대안을 선택함

Maximin 기준	• 최소극대화 기준 • 편익(이익)의 최소치가 가장 최대인 대안을 선택 • 각 대안의 조건부 값이 편익 또는 이익 의사결정문제에서 대안별로 불리한 상황(편익이 최소치)을 가정하고, 그 중에서 편익이 최댓값을 갖는 대안을 선택
Minimax 기준	• 최대극소화 기준 • 비용(손실)의 최대치가 가장 최소인 대안을 선택 • 각 대안의 조건부 값이 비용인 의사결정문제에서 대안별로 불리한 상황(비용이 최대치)을 가정하고, 그 중에서 비용이 최솟값을 갖는 대안을 선택

③ **라플라스(Laplace) 기준(평균기댓값 기준)**: 불확실한 상황에서 각 상황이 발생할 확률은 모두 동일하다고 가정하고, 발생 가능한 상황에서의 각 조건부 값을 합한 값을 평균하여 구한 평균기댓값을 비교하여 최선의 대안을 선택하는 불충분이유의 기준

④ **새비지(Savage) 기준(Minimax 후회기준)**: 상황을 잘못 판단함으로써 발생하는 비용의 최소화를 목적으로, 최대기회(후회)비용이 최소인 대안을 선택하는 방법

⑤ **후르비츠(Hurwicz) 기준**
　㉠ 낙관적 기준과 비관적 기준의 중간에서 낙관성의 정도에 따라 낙관계수를 설정하고, 최대성과와 최소성과라는 극단적인 값에 대하여 실현치를 도출한 뒤 비교하고 그 값이 최대인 대안을 선택하는 방법
　㉡ 실현치 = a × 최댓값 + (1 − a) × 최솟값 (a: 낙관계수)
　㉢ **단점**: 의사결정이 항상 낙관적 혹은 비관적 측면에서만 이루어지는 것은 아니라는 가정하에 두 가지 측면을 동시에 고려하고 있지만, 더 많은 경우의 수가 존재하는 의사결정문제에서 최대 및 최소 조건부 값에 속하지 않는 다른 조건부 값을 전혀 고려하지 못함

5 정책대안의 비교 · 평가

1. 의의

중요한 정책대안들의 결과를 예측하고 난 후, 일정한 기준에 따라 비교 · 평가하여 선택에 필요한 정보를 제공하는 작업이 필요함

2. 정책대안의 평가기준

(1) 소망성

정책대안 · 정책수단이 얼마나 바람직한가에 대한 정도

능률성	• 최소의 투입으로 최대의 산출 • 장점: 자원의 최적배분을 도모함 • 단점: 평등성, 공평성의 문제 고려가 불가능함
효과성	• 목표의 달성 여부 • 장점: 정책목표달성의 극대화 • 단점: 지불해야하는 비용을 고려하지 않음
형평성	• 다양한 집단 간에 비용과 편익의 배분 • 장점: 다수의 사람, 특히 약자들에게 적은 비용으로 많은 혜택을 제공함 • 단점: 능률성, 효과성과 상충할 가능성이 큼
대응성	• 정책 대상 집단의 요구 충족 정도 • 정책만족도와 관련하여 평가함
적합성	목표가 바람직한 정도(방향성)와 중요 가치의 반영 여부
적절성	문제 해결에 기여한 정도(충분성)
노력	사업 활동에 투자될 질적 · 양적 투입이나 에너지

(2) 실현가능성

정책으로 채택되고 그 내용이 충실히 집행될 가능성

정치적	정책대안이 정치체제에 의해 정책으로 채택되고 집행될 가능성
경제적	정책대안이 실현되기 위해 소요되는 비용을 현재의 재정적인 수준 또는 이용 가능한 자원으로 부담할 수 있는지의 정도
사회적	정책대안이 사회적으로 합의되고 인정될 수 있는 정도
법적	정책대안이 다른 법률의 내용과 모순되지 않을 가능성
윤리적	정책의 실현이 도덕적 · 윤리적 제약을 받지 않을 가능성
기술적	정책대안이 현재 이용 가능한 기술로서 실현될 수 있는지의 정도
행정적	정책대안 집행을 위해 필요한 행정조직, 인력 등의 이용 가능성
시간적	정책집행 소요 시간이 받아들일 만한 것인가의 정도

소망성 기준(가치판단의 문제)

나카무라와 스몰우드 (Nakamura & Smallwood)	던 (Dunn)
• 능률성 • 효과성 • 대응성 • 형평성 • 노력	• 능률성 • 효과성 • 대응성 • 형평성 • 적합성 • 적정성

능률성 판단기준

1. 파레토(Pareto) 기준: 최적의 자원배분이 실현되어 다른 사람의 효용을 감소시키지 않고는 어느 누구의 효용도 증가시킬 수 없는 상태를 의미함
2. 칼도 – 힉스(Kaldor – Hicks) 기준: 특정집단은 손해를 보더라도 사회 전체의 이익이 손실보다 크다면 바람직한 것으로 간주함

핵심 OX

나카무라(Nakamura)와 스몰우드(Small-wood)가 정책대안의 소망성을 평가하는 기준으로 제시한 것은 노력, 능률성, 효과성, 실현가능성이다.　　(O, ×)

🔲 × 실현가능성은 포함되지 않음

비용과 편익의 측정

1. **비교가격**: 유사한 물품의 가격
2. **소비자 선택**: 소비자의 선택행위를 관찰함으로써 가치 추정
3. **파생수요**: 시장가격이 없는 무형물의 가치를 방문객이 지불하는 간접비용을 근거로 하여 추정
4. **조사 분석**: 질문지 등의 기법
5. **보상비용**: 부정적 외부효과를 시정하는 데 필요한 경비 추정

핵심 O×

비용편익분석은 공공투자사업에 따른 모든 비용과 편익을 현재가치로 산정한 화폐단위로 환산하여 비교하고 평가하는 기법이다.   (O, ×)

🔽 O

비용과 편익의 추계

비용과 편익에 포함	실질적 비용, 실질적 편익, 보조금
비용과 편익에서 제외	매몰비용, 세금, 금전적 편익

금전적 편익의 제외

1. 금전적 편익은 단순히 경제주체 간의 금전이동이거나 화폐가격의 변화에 따라 달라지므로 비용과 편익의 실질적 가치를 정확하게 반영 불가능함
2. 예: 토지 주변 도로 개통
   • 토지 이용가치 증대: 실질적 편익
   • 토지 이용가치 증대 없이 투기적 수요에 의해 가격만 상승: 금전적 편익

소비자잉여

어떤 상품에 대해 소비자가 지불해도 좋다고 인식하는 가격(수요가격)과 실제로 지불하는 가격(시장가격)의 차이

3. 비용편익분석(B/C 분석)

(1) 의의

① 공공지출사업의 경제적 타당성을 파악하는 기법
② 일정한 편익을 최소의 비용으로 얻거나 일정한 비용으로 최대의 편익을 얻고자 하는 계량적 분석기법
③ 의사결정 대안의 비교분석에서 활용되는 관리과학, 체제분석, 정책분석 등의 기본이 되는 것
④ 분배적 차원(형평성)이 아닌 경제적 효율성에 초점을 둠

(2) 절차

① **모든 대안의 식별**: 실현이 가능하고 상호배타적인 사업대안 탐색
② **사업수명의 결정**: 비용과 편익이 발생하는 기간 측정
③ **비용·편익의 추정**: 발생가능한 비용과 편익을 화폐단위로 추정
④ **할인율의 결정·적용**: 추정된 미래비용과 편익을 현재가치로 전환
⑤ **대안의 비교·평가**: 순현재가치, 비용편익비율, 내부수익률 등의 기준으로 대안 간 비교·평가 진행
⑥ **민감도 분석**: 대안의 우선순위 변화를 야기할 수 있는 불확실성을 감안하여 비용과 편익의 영향을 계량적으로 분석
⑦ **최적대안 선택**: 대안 간 우선순위 제시 및 최적대안 선택

(3) 비용과 편익의 추계

① 특정기관이나 단체의 입장이 아닌, 사회 전체의 관점(해당 정책이나 사업의 관점)에서 비용과 편익을 추정해야 함
② **비용(cost)의 추계**
   ㉠ 현금의 지출이 아닌 실질적 비용으로서 기회비용의 개념을 사용하며, 매몰비용(회수불능비용)은 무시함
   ㉡ 기회비용의 산정 시 완전경쟁시장에서 형성되는 잠재가격을 사용하는 경우가 많음
   ㉢ 해당 사업에 소요되는 것만 비용의 범주에 포함시키므로 세금은 비용에서 제외되어야 하며, 보조금은 해당 사업에 해당한 경우 비용에 포함시켜야 함
③ **편익(benefit)의 추계**
   ㉠ 금전적 편익이 아닌 실질적 편익으로, 소비자잉여의 개념을 사용함
   ㉡ 편익이 발생하는 기간은 물리적 수명보다 경제적 수명으로 설정함
   ㉢ 실질적 편익이라면 직접적이든 간접적이든, 유형적이든 무형적이든 모두 편익에 포함함

(4) 할인율(discount rate)

① **의의**: 미래에 투입될 비용과 발생할 편익을 현재가치로 환산할 때 사용하는 비율
② **적용**
   ㉠ **할인율 인상**: 편익이 단기간에 걸쳐 집약적으로 발생하는 단기투자사업에 유리함
   ㉡ **할인율 인하**: 편익이 장기간에 걸쳐 발생하는 장기투자사업에 유리함

③ 종류
- ⊙ **민간할인율**: 민간시장에서 형성된 이자율을 근거로 정하는 것으로, 시장의 불확실성으로 인해 대체로 높기에 조정이 필요함
- ⓒ **사회적 할인율**: 공공사업이 창출하는 여러 가지 외부효과가 반영된 이자율로 일반적으로 민간할인율보다 낮음*
- ⓒ **공공할인율**: 국가가 채권을 발행할 때의 비용을 근거로 한 할인율(국공채 발행 이자율)로 위험부담이 낮아 민간할인율보다 낮음
- ② **자본의 기회비용**: 자원이 공공사업이 아닌 민간사업에 사용될 때 얻을 수 있는 수익률로, 일반적으로 민간 전체의 평균수익률로 측정함

(5) 비교기준
① 순현재가치(NPV; Net Present Value)
- ⊙ **개념**: 편익의 현재가치 − 비용의 현재가치
- ⓒ **판단**: 'NPV > 0'일 때 경제성이 있다고 간주함(칼도 − 힉스 기준)
- ⓒ **적용**
  - ⓐ 경제적 타당도를 평가하는 최선의 척도로, 가장 널리 이용되는 일차적 기준
  - ⓑ 자원 제약이 없을 때의 기준이며, 자원의 제약이 있다면 예산 규모가 동일할 때 이용함
- ② **한계**: 순현재가치법은 규모가 클수록 크게 나타나므로, 사업 규모가 상이한 경우에는 대규모 사업을 유리하게 평가하는 경향이 있음

② 편익비용비(B/C ratio)
- ⊙ **개념**: 편익의 현재가치 / 비용의 현재가치
- ⓒ **판단**: 'B/C > 1'일 때 경제성이 있다고 간주함
- ⓒ **적용**: 사업의 규모가 상이할 경우 NPV의 한계를 보완하기 위하여 보조적으로 이용함
- ② **한계**
  - ⓐ 사업의 부작용이 발생할 경우 이를 비용에 더할 것인가 혹은 편익에서 뺄 것인가에 따라 수익률이 달라짐
  - ⓑ 화폐효용의 객관적 가치를 기준으로 사회 전체적 비용과 편익을 고려하지만 개인 간의 주관적 효용 비교에 있어서는 용이하지 않음

③ 내부수익률(IRR, 연평균 기대 투자수익률)
- ⊙ **개념**: 총편익(B)의 현재가치와 총비용(C)의 현재가치를 같게 만드는 할인율 → NPV = 0, B/C = 1로 만드는 할인율
- ⓒ **판단**: 'IRR > 사회적 할인율'일 때 경제성이 있다고 간주하며, IRR의 값이 클수록 경제성이 증가함
- ⓒ **적용**: 적절한 할인율이 주어지지 않을 때 사용하는 일종의 예상수익률로, 국제기구에서 가장 많이 활용됨
- ② **한계**: 사업기간이 상이할수록 복수의 해를 가지므로 정확도가 다소 감소하기 때문에, 순현재가치(NPV)가 더 정확한 기준으로 평가받는 것이 일반적임

---

* 개발도상국의 경우 민간할인율보다 사회적 할인율을 사용하는 것이 일반적인데, 낮은 사회적 할인율을 적용한 대안 평가 시 타당성 없는 사업이 채택될 수도 있음

핵심 O×

01 능률성 측정방법 ·중 순현재가치(NPV)가 큰 값을 가질수록 보다 나은 대안이다. (O, ×)

답 O

02 편익비용비(B/C)가 1보다 큰 사업은 경제적으로 타당성이 있다고 볼 수 있다. (O, ×)

답 O

비용편익분석(B/C 분석)

할인율 결정	예산 제약 없음		NPV
	예산 제약 있음	규모 동일	NPV
		규모 상이	NPV + B/C ratio
할인율 미결정			IRR

계층화분석법(AHP)

1. 의사결정 대안의 우선순위를 설정하거나 미래를 예측하는 기법
2. 불확실성을 확률보다 우선순위를 기준으로 판단함
3. 문제를 계층으로 구조화 → 문제의 구성요소를 쌍대비교 → 계층에 있는 요소별 우선순위 설정, 최종 대안 간 우선순위 설정

내부수익률 예시

A사업을 집행하기 위하여 소요된 총비용은 80억 원이고, 1년 후의 예상총편익은 120억 원일 경우에, 내부수익률은 얼마인가?
→ 'B/C = 1'이라는 식을 이용하면 120 / 80 = $(1 + r)^1$ 이고 r은 0.5로 계산되므로 내부수익률은 50%라는 결론이 나옴

- P = A $[1 / (1 + i)^n]$
- P: 현재가치, A: 미래 비용
- n: 기간, i: 할인율

비용편익분석과 비용효과분석에 대한 설명으로 옳지 않은 것은? 2016년 지방직 9급

① 순현재가치(NPV)는 할인율의 크기에 따라 그 값이 달라지지만, 편익·비용 비(B/C ratio)는 할인율의 크기에 영향을 받지 않는다.
② 내부수익률은 공공프로젝트를 평가하는 데 적절한 할인율이 알려져 있지 않을 경우 유용하게 사용할 수 있다.
③ 비용효과분석은 비용과 효과가 서로 다른 단위로 측정되기 때문에 총효과가 총비용을 초과하는지의 여부에 대한 직접적 증거는 제시하지 못한다.
④ 비용효과분석은 산출물을 금전적 가치로 환산하기 어렵거나, 산출물이 동일한 사업의 평가에 주로 이용되고 있다.

📋 ① 두 기준 모두 할인율을 근거로 현재가치를 계산하여 평가함

비용편익분석과 비용효과분석

비용편익분석	비용효과분석
• 이종사업 비교 용이	• 이종사업 비교 곤란
• 가변비용, 가변편익	• 고정비용, 고정편익
• 경제적 합리성 강조(능률성)	• 도구적 합리성 강조(효과성)
• 양적 분석	• 질적 분석

④ **자본회수기간법(payback period method)**

ⓘ **개념**: 투자에 소요된 비용을 모두 회수하는 데 걸리는 시간을 비교하여 투자안을 평가하는 기법

ⓛ **판단**: 투자비용을 회수하는 데 걸리는 시간이 짧을수록 타당하고 우수한 사업으로 간주함

ⓒ **적용**: 일반적으로 단기간에 투자비용 회수가 가능한 사업을 채택하는 데(재정력이 부족하여 자금의 회수가 부족할 때) 사용함

ⓔ **한계**: 지나치게 단기적인 시계를 가지므로 화폐의 시간적 가치를 고려하지 못함

(6) 효용

① **다양한 공공사업의 비교 가능**: 단일 척도인 화폐가치로 환산하여 비교하므로, 동종 사업뿐만 아니라 이종 사업 간의 정책이나 사업의 우선순위에 대한 비교가 가능함

② **불확실성의 감소 및 의사결정의 객관화**: 객관적·과학적인 의사결정에 공헌하여 부분적·단편적·할거적 현상을 감소시킴

③ **사회후생 극대화**: 사회 전체의 관점에서 사회적 비용과 사회적 편익을 측정하여 사회후생의 극대화를 꾀함

(7) 한계

① **공공부문에의 적용 한계**: 계량화할 수 없는 주관적 가치의 문제를 다룰 수 없으므로 공공부문에의 적용에 있어 한계가 존재함

② **경제적 효율성 측면만을 분석**: 공평성(형평성) 측면을 고려하지 못하여 소득재분배의 악화 가능성이 있음

③ **목표에 대한 합의 도출 및 현실적 적용 곤란**: 공공부문은 다양한 목표를 가지고 있어 목표에 대한 합의가 쉽지 않으며, 비용과 편익을 화폐가치로 환산하는 것이 어려워 현실적으로 적용하기에 어려움이 존재함

4. 비용효과분석(E/C 분석)

(1) 의의

① 비용은 화폐단위로 측정하지만, 효과는 화폐가 아닌 측정가능한 산출물단위(물건이나 용역단위)로 산정하는 분석기법

② 비용편익분석보다 질적인 분석기법

(2) 적용

① 효과를 화폐가치로 환산하기 어려운 국방·경찰·보건 등 무형의 사업을 분석하기에 효과적임

② 비용편익분석보다 적용이 용이함

(3) 한계

① **비용과 효과의 직접적인 비교 불가**: 비용과 효과가 서로 다른 단위로 측정되기 때문에 둘의 직접적인 비교가 불가능함

② **이종사업 비교 곤란**: 두 개 이상의 사업을 비교할 경우 동종사업 간에는 비교할 수 있으나, 단위가 다른 이종사업 간에는 비교가 곤란함

5. 정책분석

(1) 의의

① 바람직한 대안을 탐색하고 선택하기 위한 분석적 기법

② 합리적인 정책결정자가 목표를 수립하고, 수단적·도구적 합리성을 연구 대상으로 하여 이성과 증거를 토대로 한 계산적 노력을 통해 목표를 달성하는 논리적 과정

③ 분석적 기법으로 협상과 타협을 중시하는 정치적 기법과 구별됨

④ 집행 전에 수행하는 것으로, 집행 후에 이루어지는 정책평가와 구별됨

(2) 분석의 세 가지 차원

구분	관리과학(OR)	체제분석(SA)	정책분석(PA)
특징	• 수단의 최적화 • 능률성(how) • 수단지향적	• 부분의 최적화 • 실현성(what) • 문제지향적	• 정책의 최적화 • 당위성(where) • 가치지향적
분석	• 계산 • 계량적 기법(PERT, 회귀 분석, 게임이론, 시계열 분석), 의사결정 분석, 민감도 분석	• 판단 + 계산 • 비용편익분석, 비용효과 분석 등 경제적 요인 분석 중시	• 판단 • 관리과학(OR)과 체제분석(SA)의 보완으로 정치적·질적 요인 분석 중시

① **관리과학(OR; Operating Reserch)**: 경제적 합리성 차원의 과학적·계량적 분석

㉠ 문제해결이나 의사결정 상 계량적 분석(PERT, 선형계획, 모의실험 등)을 통한 수단의 최적화를 추구하는 규범적·이상적 모형

㉡ 주어진 목적과 제약조건하에서 분석하는 폐쇄체제적 접근

㉢ 가치, 목표 등 비계량적 문제와 정치적 요인을 다루기 어렵고, 폐쇄체제이므로 환경적 요인을 고려하지 못해 질적 측면 분석이 어려움

② **체제분석(SA; System Analysis)**: OR + 직관 혹은 통찰력에 의한 판단

㉠ 관리과학(OR)을 보완하는 능률성 또는 실현가능성 차원의 체계적·과학적 분석기법으로, 문제해결을 위한 대안을 선택하는 데 도움을 주는 규범적·이상적 모형

㉡ 비계량적 분석도 고려하지만 전체적으로는 질적 분석을 경시함

㉢ 사회 전체의 거시적 관점에서의 효율적 자원배분을 강조하여 형평성을 고려하지 못하며, 시간과 비용의 부족 혹은 인지능력의 한계 등으로 인해 분석의 불완전성이 존재함

③ **정책분석(PA; Policy Analysis)**: SA + 정치적 변수와 정책의 지향성 고려

㉠ 정책의 기본방향을 결정하는 당위성 차원의 분석으로, 관리과학(OR)과 체제분석(SA)을 포함하는 가장 넓은 의미의 거시적 분석기법

㉡ 양적 분석뿐만 아니라 질적 분석도 중요시하여 체제분석(SA)의 틀을 유지하면서 정치적 합리성, 실현가능성 등 정치적 변수도 강조함

㉢ 효율성뿐 아니라 형평성도 고려하며, 정책이 지향하는 기본방향과 가치까지 탐색하여 이상 등을 강조함

세 가지 분석의 범위

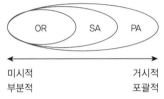

미시적·부분적 ↔ 거시적·포괄적

1. 관리과학(OR) 쪽으로 갈수록 기술적으로 정밀한 계량적 분석으로, 경영(민간차원)에 적합함
2. 정책분석(PA) 쪽으로 갈수록 정치적 고려가 많아지는 상위차원의 분석으로, 행정(공공부문)에 적합함

핵심 OX

정책분석은 체제분석과는 달리 가치의 문제를 포함한다.　(○, ×)

답 ○

(3) 정책분석의 종류

① 양적 분석기법
  ㉠ 수량적 자료를 활용하여 통계적으로 분석하는 기법
  ㉡ 시계열분석, 회귀분석, 상관분석, 비용편익분석, 비용효과분석, 민감도 분석 등
② 질적 분석기법
  ㉠ 논리적인 추론, 경험적인 판단 등을 활용하여 분석하는 기법
  ㉡ **문제구조화 방법**: 경계분석, 분류분석, 계층분석, 시네틱스, 복수관점분석, 브레인스토밍, 가정분석 등
  ㉢ **직관적 예측**: 델파이, 정책델파이, 교차영향분석 등

6. 정책분석가모형

구분	역할	관심의 초점
객관적 기술자모형	객관적·중립적 정보제공자	경제성 및 능률적 문제해결
고객옹호자모형	고객에 대한 봉사자	의뢰자의 이익
쟁점옹호자모형	바람직한 가치를 추구하는 정책창도자	바람직한 가치 추구
정책토론옹호자모형	규범적 존재이자 정책토론의 촉진자	정책토론의 자료 개발

7. 관리과학의 기법

(1) 계획평가사정 기법(PERT), 주공정 방법(CPM)

① 비반복적·비정형적인 대규모 사업의 일정이나 경로를 최소화하여 이를 성공적으로 수행하기 위한 네트워크 기법
② 토목·건설계획, 신상품개발계획, 조직개편계획 등에 널리 적용됨
③ **주활동(PERT), 주공정(CPM)**: 각 단계별 사업의 소요기간 중 가장 긴 기간으로 이를 최소화하는 것이 목적임*
  ㉠ **주활동(PERT)**: 주로 선례가 없고 활동의 소요시간을 예측하기 어려운 경우 사용하는 확률적인 모형
  ㉡ **주공정(CPM)**: 선례가 있고 시간이 정해져 있는 경우 사용하는 확정적인 모형

(2) 대기행렬이론(QT, 줄서기분석)

① 단일의 서비스체계에서 고객이 도래하는 시간이 불규칙할 경우 대기행렬의 길이를 통제하여 대기시간을 최소로 하면서 창구비용도 최소화하기 위해 적정 시설 규모, 서비스 절차 및 대기규칙, 통로의 수 등을 발견하기 위한 이론
② 대기행렬의 길이에 따른 사회적 비용과 창구 증가에 따른 합이 최소가 될 때를 찾는 것이 목적임

*일반적으로 둘 다 큰 차이 없이 일정 관리기법이라고 간주함

PERT의 기본원칙

공정원칙	모든 계획공정은 반드시 완성
단계원칙	모든 단계는 선행활동과 후속활동을 가짐
활동원칙	선행활동의 완료를 전제 조건으로 활동 시작
연결원칙	완성방향으로의 일방통행 원칙 적용

(3) 선형계획법(LP; Linear Programing)

① 주어진 제약조건하에서 주요 변수 간의 상관관계를 선형방정식으로 나타내고 편익을 극대화하거나 비용을 극소화할 수 있는 자원들의 최적 배분점을 찾는 기법

② 독립변수가 2개인 그래프나 독립변수가 3개 이상 심플렉스 기법을 이용하여 목표함수를 극대화 또는 극소화 함수로 표현함

(4) 목표계획법(GP; Goal Programing)

① 여러 개의 목표들 간 우선순위를 설정하여 상충되는 목표들을 만족시키는 해를 구하는 기법

② 제한된 합리성에 기초한 사이먼(Simon)의 만족모형과 유사함

③ 각 목표에 미달하는 편차를 최소화하는 것이 목적이므로 목표함수를 편차극소화 함수로 표현함

(5) 인공두뇌학(cybernetics)

정보의 지속적 제어 및 환류를 통해 불확실성을 극복하는 기법

(6) 민감도분석(SA)

① 선형계획법을 통해 도출해 낸 결과변수(최적해)가 매개변수(내생변수)의 변화에 따라 어떻게 달라지는지를 분석하는 기법

② 선형계획법의 결과를 재해석하는 사후최적화분석

③ 파라미터 값들의 불확실성 정도에 따라 신뢰성에 영향을 받음

(7) 회귀분석(regression)

통계적 관계를 이용하여 독립변수와 종속변수 사이의 인과관계를 파악함으로써 미래를 예측하는 기법

(8) 모의실험(simulation)

① 미래에 발생 가능한 문제들과 유사한 가상적 모의장치를 통한 분석기법

② 위험이 개입된 상황의 분석에 적합한 미래예측기법으로 불확실성 감소를 통해 시간이나 비용을 줄일 수 있음

③ 실제적인 투입이나 산출의 결과를 명백히 예측하기는 어려움

(9) 게임(game)이론

① 상대방 전략을 모르는 상황에서 자신의 효용을 극대화하는 전략을 선택하는 것으로, 다양한 게임 상황 중 상충된 상황에서의 게임 상황을 다룸

② 새로운 합리성의 공준으로 최대극소화 원리(비관적 기준)를 제시함

③ 예: 치킨게임(chicken game), PD(용의자의 딜레마) 게임 등

(10) 동적계획법

① 동태적 상황에서 서로 연관성을 지니고 있는 연속적인 의사결정의 조합을 도출하여 미래를 예측하는 기법

② 한 단계의 의사결정은 그 이전 단계와 관계없이 현 상황만을 바탕으로 이루어져야 한다는 최적성의 원리를 적용함

(11) 의사결정나무(다단계 의사결정, 축차적 결정)

불확실성하에서 확률의 추정과 수정(새로운 정보의 투입에 의한 발생)을 통해 합리적 의사결정을 하려는 분석기법

선형계획법과 목표계획법

구분		선형계획법	목표계획법
목표	수	단일	다수
	중요도	동일	상이
목적		최적화	만족화
목적함수		의사결정 함수	편차함수
해법		그래프, 심플렉스 기법	수정된 심플렉스 기법

회귀분석의 분류

1. **단순회귀분석**: 1개의 종속변수와 1개의 독립변수 사이의 관계
2. **다중회귀분석**: 1개의 종속변수와 다수의 독립변수 사이의 관계

핵심 OX

01 PERT는 선례가 있고 소요시간이 정해진 확정적 모형이다. (○, ×)

답 × CPM에 관한 설명

02 선형계획법에서는 제약조건 하의 결과와 최적 상황의 결과와의 차이를 고려해야 한다. (○, ×)

답 × 선형계획법은 주어진 제약조건 하에서의 최적배분점만을 고려함

기출 체크

정책분석의 기법과 그 내용의 연결로 가장 옳은 것은? 2017년 서울시 7급

① DEA 분석 – 정책의 우선순위 선정을 위한 기법
② AHP 분석 – 생산성·효율성
③ Q-방법론 – 주관적 요인을 측정하기 위한 기법
④ 시나리오 기법 – 전문가들의 주관적 의견을 수렴하기 위한 기법

답 ③ Q-방법론: 주관적 속성을 객관화하여 분류하는 연구방법으로 인간의 주관성 연구를 위해 심리학은 물론 사회과학 전반에 걸쳐 사용되고 있음
① DEA 분석: 자료표괄분석(Data Envelopment Analysis)은 선형계획법을 기반으로 생산성·효율성 분석을 위한 성과분석기법
② AHP 분석: 계층화분석법(Analysis of Hierarchical Process)은 정책의 우선순위 선정을 위한 시스템분석기법
④ 시나리오 기법: 미래에 나타난 가능성이 있는 여러 가지 시나리오를 구상해 각각의 전개 과정을 추정하는 기법

6 최적대안의 선택

1. 의의

(1) 여러 분석기법들을 통해 탐색한 정책대안들이 가져올 미래의 결과를 예측하여 최선의 대안을 선택하거나 그 우선순위를 정하는 것

(2) 정책대안의 실현가능성을 검토하여 가장 소망스러운 대안을 선택하는 것으로, 소망성의 기준들 중에서 어느 것을 적용하여 대안을 선택할지는 가치판단의 문제임

2. 최적대안 선택 시 고려사항

실행가능성, 미래지향성, 가치함축성

THEME 031 정책결정모형 ★★★

1 합리모형(제1모형, 규범적·총체적·연역적 접근)

1. 의의

(1) 목표나 가치가 명확하게 고정되어 있고 정책결정자가 이를 달성하기 위해 고도의 이성과 합리성에 근거하여 결정하고 행동한다고 주장하는 이론으로, 인간을 전지전능한 경제인으로 가정함

(2) 목표 달성을 위한 합리적인 대안의 탐색·선택을 추구하는 이상적·규범적 접근방법

2. 특징

(1) **목표 – 수단분석(goal – means analysis)**
목표와 수단의 연쇄관계를 인정하지 않아 목표와 가치는 상위, 사실과 수단은 하위로 엄격히 구분하여 분석함

(2) **완전한(절대적인) 기술적·경제적 합리성 추구**
목표나 가치를 가장 완전하고 합리적으로 달성할 수 있는 대안을 추구하며, 비용효과분석이나 비용편익분석을 활용함으로써 기술적·경제적 합리성을 추구함

(3) **전체적 최적화**
목표 달성을 위한 모든 대안을 총체적으로 검토하기 때문에 포괄적·동시적·단발적 결정을 통한 최선의 대안 선택이 가능함

(4) **연역적·미시적 분석**
연역적·미시적인 방법론적 개체주의에 의해 개인의 후생함수로부터 사회후생함수를 도출함

핵심 OX

01 합리모형은 제한된 합리성(bounded rationality)에 의거하여 효용을 계산하며 효용을 극대화할 수 있는 대안을 선택한다. (○, ×)
답 × 합리모형은 완전한 합리성을 가정하고, 목표달성의 극대화를 위한 최선의 대안 선택을 추구하는 결정모형

02 합리모형은 일반적으로 인간의 제한된 분석능력을 보완할 수 있는 기능을 포함하고 있다. (○, ×)
답 × 만족모형에 관한 설명

3. 효용

(1) 합리성을 저해하는 요인을 밝힘으로써 정책분석에 유용함

(2) 대안에 대한 합리적·체계적 분석을 통해 보다 나은 정책결정에 기여함

(3) 변혁적·쇄신적 결정을 통해 행정의 합리화에 기여함

4. 한계

(1) 다양한 이해관계의 정치적 조정 및 정치적 합리성을 무시할 수 있으므로 다원주의 사회에서는 적용이 곤란함

(2) 목표의 명확한 설정이 실제로는 곤란한 경우가 많아 목표와 수단 간의 인과관계를 정확히 밝히기 어렵고, 목표의 유동성을 고려하지 못해 신축적 조정이 곤란함

(3) 인간이 완전한 합리성을 지니고 모든 대안을 철저하게 분석한다는 것은 현실적으로 불가능함

(4) 총체적 분석을 위한 노력으로 많은 분석비용·시간이 낭비되어 비경제적임

(5) 계량화할 수 없는 질적 요인의 분석이 어려운 경우가 많음

(6) 매몰비용이나 기득권(현실)을 무시하여 조직적 반발의 발생이 가능함

5. 합리성 제약 요인

(1) 인적 요인

① 정책결정자의 가치관 및 태도의 차이로 인한 갈등 발생
② 인지능력의 부족으로 인해 광범위한 대안탐색과 미래예측 곤란
③ 전문지식의 부족으로 인해 총체적 분석 곤란
④ 권위주의적 사고방식, 무사안일 등의 병리적 행태로 인해 상호 의사전달이 무시되고 창의적 대안 제시 불가능
⑤ 결정자의 편견 등과 같은 선입견으로 인한 타성에 젖은 결정

(2) 구조적 요인

① 표준운영절차(SOP) 등에 집착하는 선례답습적 보수주의
② 집권적·할거적 조직구조로 인해 제한적인 대안만 논의되며, 수직적 계층제와 수평적 분업 심화
③ 정책참모기관의 약화와 전담기구의 부재
④ 정보와 자료의 부족과 부정확성
⑤ 집단사고로 인한 대안분석과 이의제기 억제 현상 발생

(3) 환경적 요인

① 사회문제와 목표의 다양성·무형성
② 이미 지출되어 회수가 불가능한 매몰비용에 집착하여 합리적 선택 제약
③ 공적 문제에 대해 국민의식이 부족한 피동적인 사회문화적 관습
④ 결정자가 속환 외부 준거집단(이익집단)의 영향력
⑤ 지대추구나 포획 현상 등으로 인한 정책결정 과정의 폐쇄화

정책결정모형의 구분

1. 연구목적별 구분

구분	규범적	실증적
합리적	합리모형	가격이론, 게임이론, 공공선택론
인지적	점증모형	만족모형, 점증모형, 회사모형

- 규범적: 가치문제에 대한 판단
- 실증적: 실제를 기술하고 설명

2. 연구초점별 구분

산출 지향	• 정책결정의 기준 강조 (행정학자가 중시) • 합리모형, 만족모형, 점증모형, 혼합모형, 최적모형, 연합모형
과정 지향	• 정책결정의 과정, 참여자 강조(정치학자가 중시) • 체제모형, 집단모형, 엘리트모형, 게임이론, 제도모형, 흐름모형

3. 분석단위별 구분

개인	합리모형, 만족모형, 점증모형, 혼합모형, 최적모형
집단	회사모형, 쓰레기통모형, 앨리슨모형, 사이버네틱스모형

4. 헨리(Henry)의 분류

- 합리주의: 지식과 정보의 완전성, 미래예측의 확실성
- 점증주의: 지식과 정보의 불완전성, 미래예측의 불확실성
- 전략적 계획: 결정자의 능동성, 장기적 시관, 계량적 + 질적 요인

합리모형과 만족모형

구분	합리모형	만족모형
성격	규범적	실증적
인간관	경제인	행정인
대안탐색	모든 대안	몇 개의 대안
대안선택	최적대안	만족대안
합리성	완전한 합리성	제한적 합리성
결과예측	복잡한 상황 고려	상황의 단순화

2 만족모형(satisfying model)

1. 의의

(1) 사이먼(Simon)과 마치(March)에 의해 주장된 사회적·심리적 의사결정모형

(2) 개인적·현실적·실증적·귀납적인 접근방법

(3) 합리모형이 가정하는 완전한 합리성을 지닌 경제인이 아닌 제한적 합리성을 지닌 행정인으로 가정하여, 여러 제약요인의 고려하에서 만족할 만한 대안을 선택하는 모형

2. 특징

(1) 제한적 합리성 추구

인간을 제한적 합리성(bounded rationality)을 가진 행정인으로 가정하여 인지능력, 시간, 경비 부족 등 현실에서의 여러 제약요인들의 영향을 고려할 수밖에 없음을 주장함

(2) 대안의 순차적 탐색

복잡한 상황을 단순화시켜 이해하고, 모든 대안이 아닌 무작위적이고 순차적인 몇 개의 대안과 그 결과만을 탐색함

(3) 만족수준의 대안

만족할 만한 수준의 대안을 선택하며, 대안 선택이 곤란할 경우에는 만족의 수준을 조정하여 의사결정을 함

3. 효용

(1) 현실적인 실제 의사결정에 대해 비교적 정확하게 설명하고 기술함에 있어 기여한 바가 큼

(2) 의사결정에 있어서 대안 탐색 비용의 중요성을 명백히 하며 합리모형에 대한 비판을 제기함

(3) 이후 점증모형과 사이버네틱스모형에 영향을 끼침

4. 한계

(1) 만족할 만한 수준에서 대안을 선택한다는 것은 주관적인 기준의 문제이며, 검토하지 않은 대안 중 훨씬 더 중요한 대안이 무시될 수 있어 규범적·처방적 모형으로는 약점이 존재함

(2) 현상유지적·보수적인 성격으로 공무원의 보수주의와 책임회피현상을 심화시킬 수 있으며, 중요한 의사결정에 적용하기 곤란함

(3) 개인적 차원에 치중하여 조직적 차원의 설명이 부족함

3 점증모형(제2모형, 현실적 · 실증적 · 귀납적 접근)

1. 의의

(1) 린드블룸(Lindblom), 윌다브스키(Wildavsky) 등에 의해 제시된 모형*으로, 정치적 다원주의의 입장을 취하여 객관적인 경제적 합리성보다 정치적 합리성을 중시함

(2) 인간의 지적 능력의 한계와 정책결정수단의 기술적 제약을 인정하고, 정책결정과정에 있어 대안선택은 종래의 정책이나 결정의 수정 내지 약간의 향상으로 이루어짐

2. 유형과 발전 – 린드블룸(Lindblom)

(1) **단순 점증주의**

현재보다 약간 향상된 대안을 찾는 초기의 점증주의

(2) **분절적 점증주의**

독립적 의사결정자들이 좀 더 복잡한 정책문제를 해결하기 위해 관련 요인들을 단순화시키는 상호조정과정을 설명하는 이론

(3) **전략적 점증주의**

① 전략수립이 요구되는 경우 복잡한 문제의 단순화를 위해 신중히 선택된 몇 개의 대안만을 분석하는 모형으로, 이론적이고 혁신적인 정책분석을 수용하는 근거가 됨

② 합리모형의 대안으로 점증모형에 합리모형을 결합한 히긴스(Higgins)와의 전략적 의사결정과 같은 맥락임

3. 특징

(1) **정치적 합리성 추구**

정책과정을 한계적 변화를 추구하며 그러한 과정에서 갈등과 대립이 발생하는 진흙탕 헤쳐 나가기(muddling through)의 과정으로 보면서, 타협이나 협상을 통해 극복하려고 하는 정치적 합리성(political rationality)을 중시함

(2) **목표와 수단의 상호 조정(목표 · 수단분석 미실시)**

목표를 고정된 것으로 보지 않고, 목표와 수단을 상호 조정하는 방식으로 정책결정을 시도함

(3) **기존의 정책 ±α식 결정**

현재 시행 중인 혹은 과거에 시행했던 정책에 약간의 가감을 하여 정책을 결정하는 것으로, 비교적 한정된 수의 정책대안과 그 결과만을 검토하고 평가함

(4) **소폭적 · 점진적 변화**

상황변화를 고려하며 여러 차례 소폭적 · 점진적으로 결정을 수행하여 좀 더 합리적인 상태로 접근하려는 방법으로, 변화의 폭이 크지 않음*

---

* 점증모형은 계속적 · 제한적 비교접근법, 지분법(branch approach)이라고도 함

합리모형과 점증모형

합리모형	점증모형
• 경제적 합리성 (객관적)	• 정치적 합리성 (협상, 조정)
• 모든 대안	• 한정된 대안
• 매몰비용 무시	• 매몰비용 고려
• 합리적 경제인	• 정치적 인간
• 연역적 접근	• 귀납적 접근
• 목표와 수단의 구분	• 목표와 수단의 상호의존성
• 전체적 최적화	• 부분적 최적화
• 단발적 · 동시적 · 총체적 · 하향적 분석	• 계속적 · 점진적 · 부분적 · 상향적 분석
• 평가: 목표의 달성도	• 평가: 바람직하지 않은 상황 수정

전략적 의사결정(strategic decision making)

일상적 · 정형적 의사결정과 복잡하고 비정형적인 의사결정을 구분할 것을 제안하는 이론

점증주의 결정의 적용조건

1. 사회집단 간 원활한 상호조절
2. 다원적 정치 · 사회구조 유지
3. 행정체제에 대한 활발한 투입
4. 정부관료제가 국가발전을 주도할 필요성이 절실하지 않음

핵심 OX

점증모형의 논리적 근거로는 정치적 실현 가능성, 정책 쇄신성, 매몰비용, 제한적 합리성 등이 있다. (○, ×)

답 × 정책 쇄신성은 합리모형의 특성이며, 점증모형은 점진적 · 한계적 변화를 추구함

* 린드블룸(Lindblom)은 자신의 점증주의를 '분절적 점증주의'라고 명명함

01 정책결정모형 중 점증모형에 대한 설명으로 옳지 않은 것은? 2015년 국가직 7급

① 정치적 현상유지를 옹호하므로 보수적이라는 비판을 받고 있다.
② 가장 합리적인 대안을 선택하기 위해 모든 대안을 검토해야 한다.
③ 정책결정과정에서 참여집단의 합의를 중시한다.
④ 목표와 수단이 뚜렷하게 구분되지 않기 때문에 목표 – 수단에 대한 분석은 부적절하다.

답 ② 합리모형에 대한 설명

02 다음 중 점증주의적 정책결정에 대한 설명으로 옳지 않은 것은? 2016년 국회직 8급

① 점증주의는 현실에서 이루어지는 정책결정의 실상을 비교적 정확하게 기술하고 있다.
② 인간의 제한된 합리성과 다원주의의 정치적 정당성을 정교하게 결합시켰다.
③ 정치적 갈등을 줄이고 실현가능성을 확보하여 정책결정과 집행을 용이하게 한다.
④ 상황이 복잡하여 정책대안의 결과가 극히 불확실할 때, 지속적인 수정과 보완을 통해 불확실성을 극복할 수 있다.
⑤ 비가분적(indivisible) 정책의 결정에 적용하기 용이한 모형이다.

답 ⑤ 비가분적, 즉 정책의 분할이 불가능한 경우에는 점증주의의 적용이 곤란

(5) 제한된 분석 · 부분적 최적화

정책목표를 하위수준으로 나누어 최적화시킴으로써 상위목표의 최적화를 수행하는 것으로, 정책결정 자체가 부분적 · 분산적으로 이루어짐을 의미함

4. 효용

(1) 합리적 정책결정의 비현실성이나 복잡성을 비판한 현실적이고 실증적인 모형으로 정책결정의 현실적 모습을 기술하고, 복잡한 환경 속의 불확실성을 극복할 수 있는 방안을 제시함

(2) 정치적 합리성과 실현가능성의 제고로 인해 정책 안정성을 유지하고 정치적 갈등을 완화시킴

(3) 급격한 정책 시행으로 인한 부작용을 최소화함

(4) 현실적으로 가장 합리적인 모형으로, 점진적 변화를 통한 정책의 계속성 · 지속성 · 안정성을 도모할 수 있다는 점을 제시함

(5) 불안정한 과도기적 사회보다는 안정적인 선진사회의 정책결정을 설명해주며, 상황이 고도로 복잡하여 합리모형의 적용이 곤란할 때 불확실성을 극복하는 하나의 방법으로 사용함

5. 한계

(1) 임기응변적 정책모색에 집중하여 단기정책에만 관심을 가짐

(2) 행정혁신이 저해되고 정책의 축소와 종결이 곤란함

(3) 기존 정책이 잘못된 것이면 계속적 악순환을 초래함

(4) 급격하게 변화하는 환경에 적응하기 어렵기 때문에 개발도상국에는 적용하기가 곤란함

(5) 기존세력의 이익을 반영하여 불평등한 사회를 초래함

(6) 정책의 분할의 불가능한 비가분적(indivisible) 정책결정에 적용이 곤란함

Focus on 합리모형, 만족모형, 점증모형의 비교		
합리모형	만족모형	점증모형
완전한 합리성	제한된 합리성	정치적 합리성
목표와 수단 구분	목표 간소화	목표와 수단 미구분
모든 대안 고려	중요 대안 고려	기존 대안 ±α 고려
최적 대안 선택	만족 대안 선택	향상된 대안 선택
규범적	경험적	규범적 + 경험적

4 혼합모형(제3모형)

1. 의의

(1) 에치오니(Etzioni)가 주장한 것으로, 합리모형과 점증모형을 절충하여 개발한 모형

(2) 합리모형(제1모형)은 전체주의 사회에, 점증모형(제2모형)은 민주주의 사회에, 혼합모형(제3모형)은 능동적 사회나 활동적 사회에 적합하다고 주장함

2. 내용

구분	대안탐색	결과예측
근본적 결정	포괄적	한정적
세부적 결정	제한적	포괄적(세밀한 분석)

(1) 근본적 결정(맥락적 결정) – 합리모형
① 세부적 결정을 위한 테두리나 맥락에 대한 결정으로, 급변하는 상황에서 근본적인 변화를 추구함
② **대안탐색**: 모든 대안을 거시적·포괄적으로 고려함(합리모형)
③ **결과예측**: 중요한 결과만 개괄적으로 예측함(합리모형의 완화)

(2) 세부적 결정(부분적 결정) – 점증모형
① 기본적 결정의 구체화 혹은 집행 과정으로, 안정된 상황에서 단기적 변화를 추구함
② **대안탐색**: 기본적인 결정 범위 내에서 소수의 대안을 제한적으로 고려함(점증모형)
③ **결과예측**: 모든 결과를 세밀하게 분석함

3. 한계

(1) 이론적 독창성이 부족한 양자의 단순한 결합에 불과하며, 사실상 합리모형과 점증모형의 결함을 극복하지 못함

(2) 현실적으로 근본적 결정과 세부적 결정의 구별이 어려움

5 최적모형(optimal model)

1. 의의

(1) 드로(Dror)가 주장한 모형으로 합리모형의 비현실적인 성격과 점증모형의 보수적인 성격을 동시에 비판하며, 현실과 이상을 통합하는 규범적이고 처방적인 모형*

(2) 경제적 합리성과 직관·판단력·창의력과 같은 요인을 중심으로 한 초합리성을 고려하여 의사결정의 최적화를 꾀하는 모형

2. 정책결정의 단계

(1) 초정책결정 단계(meta-policy making stage)
① 정책결정을 어떻게 할 것인가에 대한 결정이 이루어지는 단계로, 고도의 초합리성이 작용함
② 순서(7단계): 가치의 처리 → 현실의 처리 → 문제의 처리 → 자원의 조사·처리·개발 → 정책결정시스템의 설계·평가·재설계 → 문제·가치 및 자원의 할당 → 정책결정전략의 결정

🏛 **기출 체크**

다음 중 정책결정과 관련하여 드로(Dror)가 제시한 최적모형에서 메타정책결정 단계(meta-policy making stage)에 해당하지 않는 것은? 2016년 국회직 8급
① 정책결정전략의 결정
② 정책결정체제의 설계·평가 및 재설계
③ 정책집행을 위한 동기부여
④ 문제·가치 및 자원의 할당
⑤ 자원의 조사·처리 및 개발

답 ③ 정책집행을 위한 동기부여는 정책결정 이후 진행되는 정책집행 및 평가의 단계, 후정책결정 단계에 해당하며 최적모형의 정책결정 단계 중 메타정책결정 단계에서는 정책결정을 어떻게 할 것인가에 대한 결정이 이루어지고 고도의 초합리성이 작용하는 단계

* 최적모형은 위기 시 카리스마적 결정이 요구되며 이를 통해 국가발전을 주도해야 하는 개발도상국에 적용가능성이 높음

정책결정단계 파악의 효용

1. 정책결정을 체제적 시각에서 파악함으로써 초정책결정(메타결정)과 환류를 통한 결정능력의 지속적인 향상을 도모함
2. 정책결정 과정의 포괄적 체계화는 정책학의 탄생 배경이 됨
3. 혁신적 정책이 정당화 될 수 있는 근거를 제시함

(2) 정책결정 단계(policy making stage)

① 본래 의미의 정책결정이 이루어지는 단계로, 주로 합리성이 결정 기준으로 작용함

② 합리모형의 합리적 분석방법과 유사한 일반적 결정과정

③ 순서(7단계): 자원의 세부적 할당 → 목적의 설정과 우선순위 결정 → 주요 가치의 설정과 우선순위 결정 → 주요 정책대안 마련 → 대안의 비용과 편익 예측 → 여러 대안 비교 분석 및 최선의 대안 선택 → 선택된 대안의 좋고 나쁨에 대한 평가

(3) 후정책결정 단계(post-policy making stage)

① 정책결정 이후에 진행되는 정책 집행 및 평가 단계

② 순서(4단계): 집행에 대한 동기부여 → 정책 집행 → 정책 평가 → 의사결정과 환류*

3. 특징

(1) 초합리성 강조

결정자의 자원·시간·능력이 부족하거나 선례 없는 복잡한 문제에 대한 결정을 하는 경우, 직관·판단력·통찰력 등 초합리성이 중요함을 강조함*

(2) 양적인 동시에 질적인 모형

정책은 합리적 요인과 초합리적 요인을 동시에 다루므로 결정자의 직관적 판단도 중요한 요소로 고려함으로써, 양적 분석과 질적 분석 모두 중시함

(3) 경제성을 감안한 합리성

대안의 선택에 있어 시간과 자원의 부족 등 제약요인들을 고려한 범위 내에서 가장 합리적인 최적 대안을 선택함

(4) 확장된 환류과정

정책결정체제 전체가 합리적으로 운영되도록 환류차원의 결정으로 정책결정자의 결정능력을 최적수준까지 향상시켜야 한다고 강조함

4. 한계

(1) 기본적으로 경제적 합리성을 지향하므로 사회적·정치적 합리성을 간과할 수 있음

(2) 최적의 의미가 불투명하고, 반무의식적인 요소를 강조하므로 신비주의에 빠질 가능성이 있음

(3) 합리성을 추구하여 엘리트 중심에 의한 비민주적 정책결정의 위험성 존재

6 회사모형(연합모형, 조직모형, Allison II 모형)

1. 의의

(1) 사이어트(Cyert)와 마치(March)가 주장한 것으로, 만족모형을 더 발전시켜 집단적 의사결정에 적용한 모형

(2) 조직을 상이한 목표를 지닌 하위단위들의 상호작용에 의해 움직이는 것으로 파악하고, 목표의 대립으로 인해 갈등 관계에 놓여 있는 하위단위 간의 갈등 해결이 의사결정이라고 보는 모형

(3) 각 단위 사업부서별로 준독립적인 운영이 이루어지는 조직에선 다른 부서 상황을 고려하며 조직 전체 목적을 극대화하는 결정이 요구됨

2. 특징

(1) 갈등의 준해결(갈등의 의장적 해결)

① **준해결**: 갈등의 완전한 해결은 불가능하고 결국 준해결(quasi - solution) 에 머물게 됨

② **국지적 합리성**: 조직을 서로 다른 목표를 지닌 구성원들의 연합체로 가정함

③ **독립된 제약조건으로서의 목표**: 하위 부서들은 다른 목표를 제약조건으로 전제한 후 자기들의 목표를 추구함

④ **받아들일 만한 수준의 의사결정**: 의사결정은 관련 집단들의 요구가 모두 성취되는 것이 아닌 서로 받아들일 수 있는 수준에서 타협점을 찾는 과정

⑤ **목표에 대한 순차적 관심**: 각 조직의 목표들을 순차적으로 고려함으로써 모순되는 목표들에 대한 갈등이 감소함

(2) 문제 중심적 탐색

의사결정자들은 시간과 능력의 제약으로 인해 모든 상황을 다 고려하기보다 특별한 문제에 대해서만 고려하여 결정한 후, 문제가 해결되면 다음 문제가 등장할 때까지 기다림

(3) 불확실성의 회피 및 통제

의사결정자들은 가능한 불확실성을 회피하려고 하거나 통제하려는 경향을 보이기 때문에 장기 전략보다는 단기 전략에 치중하고, 거래관행의 수립이 나 장기계약을 통하여 환경을 통제하기 위해 노력함

(4) 조직의 학습

의사결정이 반복되는 과정에서 구성원들은 점차 경험을 쌓음으로써 좀 더 능숙하고 세련된 결정이 가능해지고, 목표달성도는 높아지게 됨

(5) 표준운영절차(SOP)

경험이 축적됨에 따라 가장 효율적이라고 생각되는 표준운영절차(SOP)를 마련해두고 이를 의사결정에 활용함

3. 한계

(1) 민간부문조직을 대상으로 하여 공공조직에 적용하기는 어려움

(2) 표준운영절차(SOP)에 의한 의사결정은 현상유지적이고 보수적이므로, 급격한 변동 상황이 주로 발생하는 개발도상국에는 적합하지 않음

(3) 권한이 광범위하게 위임되어 있고 민주적·분권적 조직관에 근거하고 있기 때문에 권위주의적 조직의 의사결정에 적용이 어렵고, 권력적 측면의 영향력을 간과함

7 앨리슨모형(Allison model)

1. 의의

(1) 앨리슨(Allison)은 쿠바 미사일 사태와 관련된 미국의 외교정책 과정을 분석하고 정부의 정책결정 과정을 설명·예측하기 위한 분석의 틀로 합리모형, 조직과정모형, 관료정치모형을 제시함

(2) 조직의 응집성을 기준으로 집단적 의사결정모형을 유형별로 분류한 모형으로, 정부의 정책결정과정을 설명하기 위하여 세 가지 상호배타적인 모형을 제시함

(3) 하나의 정책문제에 한 가지 모형만 적용 가능한 것이 아니라, 세 가지 모형이 모두 적용 가능함

2. 내용

(1) 합리모형(AllisonⅠ)
　① **정책결정의 주체**: 정부를 잘 조정된 유기체로 가정하고, 개인적인 차원에서 합리적이고 분석적인 결정을 하는 최고지도자와 같은 단일한 행동주체로 파악함
　② **합리적 결정**: 구성원의 응집성이 가장 강하며, 목표 극대화를 추구하는 집권적 의사결정이 나타나고 상하계층별로 큰 차이 없이 적용 가능함
　③ **적용**: 국가의 존립과 관련한 외교·국방 정책에 적합함

(2) 조직과정모형(AllisonⅡ)*
　① **정책결정의 주체**: 정부는 단일의 결정주체가 아닌 목표에 대한 합의가 비교적 약하며 느슨하게 연결된 반독립적인 하위조직들의 연합체
　② **합리성의 제약**
　　㉠ 하위 조직들은 각각 상이한 목표를 지니고 있으며 문제의 해결보다는 문제의 해소를 위한 정책결정을 강조하여, 타협적 결정과 갈등의 준해결이 나타남
　　㉡ 주로 기능별 권위가 높은 중하위 계층에 적용되며, 각 부서들은 조직 전체의 목표보다 본인 부서의 목표를 강조함
　③ **표준운영절차(SOP)**: 조직은 학습을 통해 표준운영절차를 만들고 이를 활용하여 의사결정을 함

(3) 관료정치모형(AllisonⅢ)*
　① **정책결정의 주체**: 단일주체의 정부나 하위조직들의 연합체가 아니라 목표에 대한 공유감이 약하고 다원화된 개개인의 참여자
　② **정치적 결정**
　　㉠ 참여자들 간 응집성이 약해 타협·갈등·흥정 등의 정치적 결과에 의해 정책이 결정되며, 정책은 약한 일관성을 보임
　　㉡ 정치적 게임에서 권력의 주도권을 가지는 조직의 상위계층에 적용되나, 행정수반의 역할을 과소평가함

쿠바 미사일 위기

구소련이 미국에서 145km 떨어진 쿠바에 미사일기지를 설치하고 미국을 겨냥한 핵탄도 미사일을 배치하려고 하자, 미국의 최고정책자들이 모여 논의한 끝에 쿠바의 해상을 13일 간 봉쇄하여 미·소간 일촉즉발의 핵전쟁위기를 맞게 된 사건

* 조직과정모형(AllisonⅡ)은 제한된 합리성을 가정한 회사모형과 동일

* 관료정치모형(AllisonⅢ)은 정책은 무계획적으로 이루어진다는 쓰레기통모형과 동일

📖 **기출 체크**
앨리슨(G. Allison) 모형에 대한 설명으로 가장 옳지 않은 것은? 2019년 서울시 9급(2월 추가)
① 쿠바 미사일 사건에 대한 세 가지 상이한 이론모형을 제시한다.
② 합리적 행위자 모형은 정책이 최고지도자와 같은 단일행위자의 합리적 선택이라고 간주한다.
③ 조직과정 모형은 정책결정 결과가 참여자들 간 타협, 협상 등에 의해 좌우된다고 본다.
④ 관료정치 모형은 조직 내 권력이 독립적 개인 행위자들의 정치적 자원에 의존한다고 본다.

📖 ③ 정책결정 결과가 참여자들 간 타협, 협상 등에 의해 좌우되는 것은 관료정치모형

3. 한계

(1) 정책유형에 따른 적용가능성에 대한 체계적인 분석이 결여됨

(2) 정책결정권이 대통령 등 최고관리층에게 집중된 권위주의적 정부에 적용이 곤란함

🏛 기출 체크

앨리슨(Allison)의 세 가지 의사결정모형에 대한 설명으로 옳지 않은 것은?
2015년 국가직 9급

① 집단적 의사결정을 국가의 정책결정에 적용하기 위해 합리적 행위자 모형, 조직과정모형, 관료정치모형으로 분류하였다.

② 관료정치모형은 조직 하위계층에의 적용가능성이 높고, 조직과정모형은 조직 상위계층에의 적용가능성이 높다.

③ 실제 정책결정과정에서는 어느 하나의 모형이 아니라 3가지 모형이 모두 적용될 수 있다.

④ 원래 국제 정치적 사건과 위기적 사건에 대응하는 정책결정을 설명하기 위한 모형으로 고안되었으나, 일반정책에도 적용 가능하다.

답 ② 둘의 설명이 반대로 되어있음

Focus on 합리모형, 조직과정모형, 관료정치모형의 비교

구분	합리모형 (Allison Ⅰ)	조직과정모형 (Allison Ⅱ)	관료정치모형 (Allison Ⅲ)
적용계층	전 계층	중하위 계층	상위 계층
응집성	매우 강함	약함	매우 약함
조직관	잘 조직된 유기체	느슨하게 연결된 하위조직들의 연합체	독립적인 개인 행위자들의 집합
권력의 소재	최고 지도자	하위조직들이 분산 소유	개인적 행위자
목표	조직 전체의 목표	조직 + 하위조직	조직 + 하위조직 + 개별적 행위자
정책결정	최고지도자의 명령에 따른 동시적·분석적 해결	SOP에 대한 프로그램 목록에서 대안추출	정치적 게임의 규칙에 따른 타협·흥정·지배
합리성	완전한 합리성	제한된 합리성	정치적 합리성

---

8 쓰레기통모형(GCM)

1. 의의

(1) 코헨(Cohen), 마치(March), 올센(Olsen)이 주장한 것으로, 조직화된 무정부 상태(무질서 상태)에서 응집성이 매우 약한 조직이 어떠한 의사결정을 하는지에 분석 초점을 두는 모형

(2) 조직화된 무정부 상태에서 나타나는 몇 가지 흐름에 의해 정책이 우연히 결정된다고 보는 이론으로, 일정한 규칙에 따르지 않는 정책결정의 불합리성을 강조하기 위해 쓰레기통 속에서 복잡하고 혼란하게 얽혀있는 쓰레기들에 빗대어 붙인 이름

(3) 계층제적 권위가 없고 상하관계가 분명하지 않은 조직(대학, 친목단체 등)의 의사결정에 잘 적용되는 모형

2. 조직화된 무정부 상태의 세 가지 전제조건

(1) **문제성 있는 선호**
의사결정참여자들의 선호가 불명확하여 어떤 선택이 바람직한가에 대한 합의가 없음

(2) **불명확한 기술**
대안(수단)과 목표(결과) 사이의 인과관계에 대한 지식과 기술이 불분명하고 최선의 수단을 모름

핵심 OX

01 쓰레기통모형은 위계적인 조직구조의 의사결정과정에 적용되며 정책갈등 상황해결에 유용하다. (○, ×)

답 × 쓰레기통모형은 조직화된 무정부 상태에서의 의사결정과정을 설명하는 모형

02 쓰레기통모형은 의사결정의 요소로 문제, 해결책, 수혜자, 선택기회의 흐름을 강조한다. (○, ×)

답 × 수혜자가 아닌 참여자의 흐름을 강조함

03 쓰레기통모형의 내용으로는 진빼기 결정, 의사결정을 구성하는 네 가지의 흐름, 조직화된 무정부 상태, 갈등의 준해결 등이 있다. (○, ×)

답 × 갈등의 준해결은 회사모형의 전제조건

의사결정의 네 가지 요소의 흐름

1. **문제**: 정책문제
2. **해결책**: 정책대안
3. **참여자**: 의사결정을 할 수 있는 지위에 위치한 사람들
4. **선택기회**: 결정의 순간 혹은 집단적 의사결정하의 회의

(3) 일시적 참여

참여자들은 유동적이어서 문제의 성질에 따라 의사결정과정에 간헐적 · 일시적으로 참여하기도 하고, 참여하지 않기도 함

3. 의사결정의 네 가지 요소

(1) 요소

문제, 해결책, 참여자, 선택기회

(2) 상호관계

의사결정의 네 가지 요소는 조직화된 무정부 상태에서 아무 관계없이 독자적으로 흘러 다니다가 우연히 한 곳에서 만나게 되면 의사결정이 이루어져 정책이 결정됨

4. 의사결정방식

(1) 조직의 여유가 있는 경우

문제를 해결하거나 준해결방식에 머무름

(2) 조직의 여유가 없는 경우

① **진빼기 결정(choice by flight)**: 관련된 문제들이 스스로 다른 의사결정기회를 찾아 떠날 때까지 기다린 후 결정함
② **날치기 통과(choice by oversight)**: 관련된 문제들이 제기되기 전에 재빠르게 결정함

5. 한계

(1) 조직화된 무정부 상태가 모든 조직에서 나타나지는 않음

(2) 공공기관에서 흔히 나타나는 정형화된 의사결정을 설명하기 곤란함

정책의 창이 열리는 과정에 필요한 요소

1. **인지**: 대부분 정책과정 참여자들의 인식에 의해 개폐가 결정됨
2. **합성**: 정책의 흐름 + 정치의 흐름 + 문제의 흐름
3. **정책기업가**: 위 3가지의 흐름을 합류 · 합성시키는 역할을 담당함
4. **분출효과**: '정책창'이 어떤 정책의제를 위해서 열리면, 그와 비슷한 성질 · 형태의 정책의제를 위한 '정책창'이 열릴 확률이 증가함

9 정책의 창(흐름 – 창)모형

1. 의의

(1) 킹던(Kingdon)의 정책의 창(Policy Window)모형에서 '정책창'은 정책문제 및 대안을 관철시키기 위해 열리는 기회로 정의함

(2) 쓰레기통모형이 진화된 모형으로 정책의제설정모형인 흐름모형이 정책결정모형으로 확장된 모형

2. 세 가지 흐름

(1) 문제의 흐름

특정 사회문제에 관심을 집중시켜 문제를 규정함

(2) 정치의 흐름

특정 대안에 대해 주요 참여자들 사이에 협상이 이루어져 합의에 도달하는 과정으로, 정치의 흐름 변화에 의해 정책창이 열리는 경우가 가장 많음
예 정권교체*, 의석수 변경, 여론 변동, 이익집단의 로비활동 등

＊정치의 흐름 중 정권교체는 가장 눈에 띄며 광범위한 영향력을 가짐

(3) 정책의 흐름

결정의제가 선정된 후 긴 연성화 과정을 거치면서 관심의 대상으로 부각되고, 정치의 흐름과는 달리 협상이 아닌 설득과 합리적 논의를 통해 정책대안에 대한 합의에 도달함

3. 특징

(1) 정책의제가 재구성되려면 반드시 독자적으로 흐르는 세 흐름이 모두 연결되어야 하고, 이를 통해 정책창이 열리게 됨

(2) 일반적으로 정책창은 정책주창자들의 계획에 의해 예측가능한 시기에 열리기도 하지만, 예측할 수 없는 정치적·사회적 사건에 의해 열리기도 함*

(3) 정책창이 열려있다는 것은 한 의제가 공중의제에서 정부의제로 그 지위가 변경되었음을 뜻하며, 대안이 도출될 때까지 열려있는 것이 아니라 아주 짧은 시간 동안만 열려있음

(4) 정책의 창이 한 번 닫히면 다시 열릴 때까지 많은 시간이 걸림

10 사이버네틱스(cybernetics)모형

1. 의의

(1) 기계와 같이 인간이 중요 변수의 일정 범위 내 유지라는 목표달성을 위해 정보와 환류를 통해 자신의 행동을 조정해 나가면서 환경에 적응하는 것을 조직의 의사결정에 적용한 모형

(2) 고도의 불확실성하에서 정보를 지속적으로 제어하고 환류하면서 적응적으로 결정을 하는 시스템으로, 합리모형과 가장 극단적으로 대립되는 적응적·관습적 의사결정모형

2. 의사결정내용

(1) 적응적·비목적적·습관적 의사결정

① 고차원의 목표가 반드시 사전에 존재하는 것으로 전제하지 않아 의사결정자는 대안의 결과에 대한 고려를 하지 않음

② 일정한 중요 변수를 바람직한 상태로 유지하기 위한 끊임없는 적응에 초점을 둠

(2) 집단적 의사결정

① 조직 내 복잡한 정책문제는 부분적인 하위 체계로 분할하여 파악하는 것

② 정책문제를 할당받은 하위 조직은 표준운영절차(SOP)에 따라 문제를 해결함

(3) 표준운영절차(SOP)에 따른 의사결정

조직의 결과가 어떤 허용할 만한 수준의 범위 내에 있는 한 기존의 프로그램화된 활동 속에서 일상적으로 의사결정이 이루어지지만, 이 범위를 벗어났을 때에는 새로운 대안을 탐색하며 회사모형과 유사함

---

* 정책창은 문제의 충분한 논의 부족, 사건의 퇴조, 고위직의 인사이동, 대안 부재 등에 의해 닫힘

🏛 기출 체크

킹던(Kingdon)의 정책의 창(정책흐름)모형에 대한 설명으로 옳지 않은 것은?
2015년 국가직 7급

① 정책과정 중 정책의제설정 단계에 초점을 맞춘 모형이다.

② 정치의 흐름은 국가적 분위기 전환, 선거에 따른 행정부나 의회의 인적 교체, 이익집단들의 로비활동과 압력행사 등과 같은 요소들로 구성된다.

③ 문제의 흐름, 정책의 흐름, 정치의 흐름의 세 가지 흐름은 상호의존적 경로를 따라 진행된다.

④ 정책의 흐름은 문제를 검토하여 해결방안들을 제안하는 전문가들과 분석가들로 구성되며, 여기서 여러 가능성들이 탐색되고 그 범위가 좁혀진다.

답 ③ 상호의존적 경로가 아니라 아무 연관성이 없이 독자적으로 흘러 다니다가 우연히 만나서 의사결정이 이루어지게 됨

합리모형과 사이버네틱스모형

구분	합리모형	사이버네틱스 모형
합리성	완전한 합리성	제한된 합리성
해답	최선의 답 추구	그럴듯한 답 추구
학습	인과적 학습	도구적 학습
인간관	전지전능인	인지능력의 한계 인정
대안분석	동시적 분석	순차적 분석
접근방식	알고리즘 (연역적 접근)	휴리스틱 (귀납적 접근)
이념	경제적 효율성	배분적 형평성

＊프로그램 목록 변화에 따른 학습이 일어나지만, 이 과정은 매우 느리게 일어나며 표준운영절차(SOP)는 쉽게 변화하지 않음

(4) 불확실성의 통제

환류를 통해 되돌아오는 몇 가지 정보에 따라 시행착오적인 적응을 하지만, 대안의 결과에 대한 사전정보의 부족으로 인해 발생하는 불확실성을 예측하거나 극복하려고 하지 않음

(5) 도구적 학습

어느 한 가지의 대안을 채택한 후 효과가 있으면 계속해서 채택하고, 효과가 없으면 다른 대안을 채택하는 식의 시행착오적인 도구적 학습이 나타남＊

11 정책딜레마모형

1. 의의

양립 불가능한 두 대안 간의 선택상황에서 동등한 가치를 지니고 있거나 한 대안의 선택으로 인해 다른 대안이 가져올 기회손실이 크기 때문에 제약된 시간 내에 어느 하나만을 선택하기 곤란한 상황

2. 유형

(1) 일치된 딜레마

주어진 딜레마를 주관적으로도 딜레마로 설정하는 것

(2) 무시된 딜레마

주어진 딜레마를 주관적으로 딜레마로 파악하지 않는 것

(3) 의사 딜레마

딜레마가 아닌 상황을 딜레마로 파악하는 것

3. 예방 및 관리

(1) 제도의 정비를 통해 딜레마를 궁극적으로 예방함

(2) 이해관계자가 결정자에게 영향력을 행사할 수 없도록 하는 제도 장치를 설계함으로써 정책딜레마를 예방·관리함

4. 발생조건

(1) 분절성(discreteness)

대안들이 단절적이어서 상호 절충이 불가능함

(2) 상충성(trade-off)

대안들이 구체적이고 명료하지만 상호갈등적임

(3) 선택불가피성(selection of inevitability)

대안의 선택이 곤란한 상황이지만 반드시 그 중 하나를 선택해야하는 압박을 받음

(4) 균등성(equality)

대안들의 가치를 직접 비교할 수 없지만 각 대안의 결과가치와 기회손실이 비슷함

(5) 상황적 조건

갈등집단 간의 권력이 균형적이며 각각의 내부응집력이 강할 경우, 특정 대안의 선택으로 이익을 보는 집단과 손해를 보는 집단이 명확히 구분되는 경우 등

5. 의사결정자의 대응방안

(1) 두 개의 대안 중 한 개의 대안을 선택하는 방법

(2) 제한된 시간이 지날 때까지 선택을 최대한 보류하거나 지연하는 방법

(3) 선택상황이 주는 압력을 버티지 못하고 결정권을 포기하여 선택상황에서 탈출하는 방법

Level up 하이예스(Hayes)의 정책결정 상황

구분	목표의 갈등	목표의 합의
수단적 지식의 갈등	상황 I (정상적 점증주의 영역)	상황 II (순수한 지식기반의 문제)
수단적 지식의 합의	상황 III (순수한 가치갈등의 문제)	상황 IV (합리적 의사결정의 영역)

1. **상황 I (정상적 점증주의 영역)**
   합의가 이루어지지 않아 목표 · 수단분석이 불가하여 점증주의 전략이 불가피함
2. **상황 II (순수한 지식기반의 문제)**
   수단에 대한 합의를 위한 지식이나 정보의 지속적 수집 · 분석이 필요하여 사이버네틱스모형을 적용함
3. **상황 III (순수한 가치갈등의 문제)**
   타협전략 등을 통해 목표에 대한 합의가 이루어져야 함
4. **상황 IV (합리적 의사결정의 영역)**
   목표와 수단에 대한 합의가 모두 이루어져 있으므로 합리적 의사결정이 가능함

핵심 OX

정책딜레마(policy dilemma)이론은 상호갈등적인 정책대안들이 구체적이고 명료하지 못할 때 나타나는 경향이 있으며, 갈등집단들의 내부응집력이 강할 때 딜레마가 증폭된다. (O, ×)

답 × 정책딜레마는 정책대안들이 구체적이고 명료하지만, 상호갈등적이고 어느 하나만을 선택하기 어려운 상황에서 발생

소극적 대응과 적극적 대응

1. 소극적 대응: 결정의 지연, 책임 전가, 상황의 호도, 무의사결정 등
2. 적극적 대응: 딜레마 상황의 변화, 새로운 딜레마의 조성을 통한 관심 전환, 정책문제 재규정, 상충되는 대안들의 동시선택 등

CHAPTER 4 정책집행론

THEME 032 정책집행의 본질　★☆☆

1 정책집행의 의의

1. 의의

(1) 정책집행이란 결정된 정책을 일련의 정치·행정적 활동을 통해 실행에 옮기는 과정을 뜻함

(2) 정책의 내용은 정책목표와 정책수단으로 이루어지며, 정책집행은 정책수단을 실현시키는 것과 관련됨*

(3) 정책의 결정과 집행을 연속적인 순환과정으로 보지만, 모든 정책이 반드시 집행을 의도하거나 집행되어야만 효과가 발생하는 것은 아님

2. 특징

(1) **계속적·구체적 결정**

결정된 정책들은 대체로 추상적이어서 집행과정에서 계속적으로 정책 대안을 구체화시켜 나감

(2) **정책결정과의 쌍방향적 과정**

정책은 사실상 정책집행 과정에서 결정되기 때문에 정책결정과의 관계에서 정책집행은 명확하게 구분되지 않고, 상호 영향력을 끼침*

(3) **정치적 성격**

정책집행 과정에 많은 참여자가 다양한 관점을 토대로 하여 상호 의견교환 과정을 진행하기 때문에 애초의 정책의도와는 다른 결과를 초래할 수 있음

(4) **정책대상 집단에 영향력 행사**

정책을 집행하는 과정에서 직접적인 접촉을 통해 대상 집단에 실질적 영향력을 끼침

3. 과정

(1) **정책지침 작성**

표준운영절차(SOP)를 사용하여 집행전략 및 규칙을 개발하고 작성함

(2) **자원의 확보와 배분**

집행담당기관이나 집행대상자에 대한 인력·예산·시설 등 집행에 필요한 인적·물적 자원을 확보한 후 배분함

(3) **조직화**

정책집행기구 설치 및 집행절차를 마련함

(4) 표준운영절차(SOP)에 따른 실현 활동

정책지침에 따라 정책대상자에게 혜택을 제공하거나 규제대상 집단에게 규제를 가함

(5) 감시·통제 및 환류

지침에 따라 충실하게 수행되었는지를 점검·평가한 후 시정조치를 수행함

2 정책집행연구의 대두

1. 고전적 집행이론(정책연구의 사각지대)

(1) 정치가 결정을 담당하고 행정은 집행을 담당하는 정치행정이원론의 관점에 따라, 결정이 있으면 집행은 기계적인 단순한 작업이라고 보고 별도의 연구가 이루어지지 않음

(2) 행정이란 곧 정책집행이며, 조직·인사·재무관리 등에 초점을 두어 연구를 진행함

(3) 정책이 수립되면 문제는 자연스럽게 해결된다고 봄

(4) 정책은 집행과정에서 변하지 않아야 함

(5) 집행자는 결정 내용을 그대로 실천하는 충실한 실행자에 불과함

(6) 하향적 접근방법에 해당함

2. 현대적 집행이론(Pressman & Wildavsky, 『집행론』)

(1) 미국 존슨(Johnson) 대통령의 오클랜드 사업이 자원을 충분하게 확보했음에도 불구하고 실패하자 프레스만(Pressman)과 윌다브스키(Wildavsky)가 실패의 요인을 분석하면서 정치행정일원론에 입각한 현대적 집행이론이 등장하였음

(2) 기존의 고전적 집행이론에 대한 실효성에 의문을 제기하였으며, 정책집행과 정책결정은 본질적으로 동질성을 가진다고 주장함

(3) 정책집행과 정책결정은 집행하는 동안 내용을 수정·보완함으로써 상호 영향을 주고받는 순환적 과정임

(4) 상향적 접근방법에 해당함

핵심 OX

프레스만과 윌다브스키(Pressman & Wildavsky)는 집행과정상의 공동행위의 복잡성을 강조하였다.　(O, ×)

답 O

Level up 오클랜드 사업

1. 내용

흑인 빈민을 취업시키기 위해 1966년 시행된 것으로, 3년 동안 약 3백만 달러를 투자하여 항만시설, 비행장 등을 건설함으로써 일자리의 창출을 목표로 하였지만 결과적으로 마련된 일자리는 20여개 정도에 불과하여 충격을 안겨주었음

2. 실패원인

① 많은 참여기관 및 참여자로 인해 거부점(veto point)으로 작용함
② 집행 관료의 잦은 교체로 인한 리더십의 중단, 지지와 협조가 붕괴됨
③ 정책집행을 위해 필요한 다양한 요인의 고려가 부족함
④ 부적절한 집행기관이 정책집행을 담당함

1 정책집행의 접근방법

1. 하향적 접근방법(top-down approach)

(1) 의의
① 정책이란 상위부서의 정책결정자들에 의해 결정되어 집행담당자에게 내려지는 지침으로 정의함
② 성공적인 집행을 위한 조건이나 전략의 규명에 초점을 두고 정책결정자의 관점을 중시하는 접근방법

(2) 특징
① 정책결정자가 정책집행 과정에 대하여 절대적인 영향력을 행사하며, 이미 결정된 정책의 집행 과정에서도 최고결정자의 리더십이 중요한 역할을 담당함
② 명확한 목표와 인과성 있는 수단의 보유를 전제로, 집행과정에서 나타나는 여러 요인들을 연역적으로 도출하고자 하는 단계주의 모형
③ 정책집행은 단순히 결정 내용을 충실하게 이행하는 과정으로, 비정치적이고 기술적인 성격을 특징으로 함
④ 집행과정에서 법적 구조화나 중요 요소의 체계화를 강조함

(3) 장점
① 집행과정에 있어 법적 구조화의 중요성을 인식시켜 주었고, 법적으로 명시된 정책목표를 중시하여 객관적 정책평가가 가능함
② 소수의 집행변수에 초점을 두고 정책형성, 정책집행, 재형성 등 거시적·총체적인 집행과정에 관심을 집중시킬 수 있음
③ 성공적인 정책집행을 위한 명확한 지침을 제공하기 때문에, 집행과정에서의 문제점을 예견할 수 있는 체크리스트의 역할을 수행함

(4) 단점
① 다원주의 사회에서 명확하고 일관된 정책목표를 설정하는 것은 현실적으로 어려움
② 단일의 정책에만 초점을 맞추기에 여러 정책이 동시에 집행되는 경우에 대해서는 설명이 곤란함
③ 정책결정자 혹은 지지자의 입장에서 집행과정을 연구하여 반대자의 입장이나 행동을 쉽게 파악할 수 없으며, 상위부서의 정책결정에 중심을 두므로 집행현장의 중요성을 간과할 수 있음
④ 집행과정의 모든 상황을 미리 예견하여 문제점에 대한 해결방안을 규정해놓는 것은 현실적으로 어려움

2. 상향적 접근방법(bottom-up approach)

(1) 의의
정책집행을 다수의 참여자들 사이에서 발생하는 상호작용으로 인식하고, 실제 현장에서 이루어지는 현상을 기술·설명하는 것이 목적인 접근방법

하향적 접근방법을 통한 집행의 성공 조건
1. 최고결정자의 리더십
2. 정책, 집행의 완전한 인과관계
3. 안정적인 정책 목표
4. 충분한 재원 및 헌신적 관료
5. 명확한 정책지침

01 정책집행연구의 하향식 접근방법에서 효과적인 정책집행의 조건이 아닌 것은? 2016년 사회복지직 9급
① 정책목표와 정책수단 사이에 타당한 인과관계가 있어야 한다.
② 일선공무원의 재량과 자율을 확대하여야 한다.
③ 정책과 관련된 이익집단, 주요 입법가, 행정부의 장 등으로부터 지속적인 지지를 받아야 한다.
④ 정책이 집행되는 동안 정책목표의 우선순위가 변하지 않아야 한다.

[답] ② 일선공무원의 재량과 자율을 확대하는 것은 상향식 접근방법에 해당함

02 정책집행 연구에 대한 설명으로 옳지 않은 것은? 2015년 국가직 7급
① 마즈마니언(Mazmanian)과 사바티어(Sabatier)는 하향식 접근방법의 발전에 기여하였다.
② 상향식 접근방법은 정책결정과 정책집행 간의 엄밀한 구분에 의문을 제기한다.
③ 상향식 접근론자들은 정책집행을 이해하기 위해서는 일선관료의 행태를 고찰하여야 한다고 본다.
④ 하향식 접근방법은 공식적 정책목표를 중요한 변수로 취급하지 않는다.

[답] ④ 하향식 접근방법은 공식적 정책목표를 중요한 변수로 취급하여 공식적 목표의 달성 여부를 정책성공 여부의 중요한 요소로 파악함

(2) 특징

① 조직 내 개인의 활동을 출발점으로 보고, 성공적인 정책집행을 위한 일선 관료의 전문지식과 문제해결 능력을 중시함

② 집행 과정에서 순응·통제의 방식이 아닌 재량과 자율을 강조함

③ 상호작용·분권화·협상 등을 중요시하며, 집행을 참여자 상호간의 갈등과 협상으로 이해함

④ 정책결정자의 의도보다 집행의 현장에서 발생하는 구체적인 현상들과 일선관료의 행태에 중점을 두는 상향적·귀납적 접근방법

⑤ 목표가 상대적으로 일반성과 모호성을 띠고 있어 목표의 달성보다는 문제 해결에 논의의 초점을 맞춤

⑥ 실제의 정책결정은 일선관료의 집행과정에서 구체화된다고 간주하여 정책결정과 정책집행 간의 엄밀한 구분에 의문을 제기함

(3) 주요 이론

① 버만(Berman)

    ㉠ 정책집행을 거시적 구조(정형적 집행, 하향적)와 미시적 구조(적응적 집행, 상향적)로 구분함

    ② 미시적 집행을 강조함

② 엘모어(Elmore)

    ㉠ 정책집행 연구를 전방향적 연구(forward mapping, 하향적)와 후방향적 연구(backward mapping, 상향적)로 구분함

    ㉡ 후방향적 연구를 강조함

(4) 장점

① 시간의 경과에 따른 전략적 상호작용의 형성과 변화과정을 파악하는 것이 용이함

② 실제적인 집행과정을 상세하게 기술하여 집행과정의 인과관계를 잘 설명할 수 있음

③ 지역 간 집행의 차이를 쉽게 파악할 수 있음

④ 집행현장을 있는 그대로 파악함으로써 그 과정에서 발생하는 의도치 않은 부수적 효과나 부작용까지 분석이 가능함

⑤ 정책반대세력의 움직임이나 전략에 대한 장기적 연구가 용이함

⑥ 문제해결능력 측면에서 민간의 역할과 정부정책의 상대적 중요도를 평가할 수 있음

⑦ 대응력을 강조하므로 분권과 참여가 증대될 수 있음

⑧ 집행 주도 집단이 명확하지 않거나 다양한 기관에 의해 주도되는 경우를 설명하는 것이 용이함

⑨ 여러 정책이 동시에 추진될 때의 상호 교차 집행영역을 잘 다룰 수 있음

(5) 단점

① 정책결정자가 통제할 수 있는 정책집행의 거시적 틀과 일관된 연역적 분석의 틀을 제시하기 어려움

② 민주적 측면에서 정책결정의 중요성과 공식적 정책목표를 간과하여 집행결과에 대한 객관적 평가가 곤란함

🏛️ 기출 체크

현대적·상향적 집행(bottom-up) 방식에 대한 설명으로 가장 옳은 것은?
2019년 서울시 9급(2월 추가)

① 정책목표의 설정과 정책목표 간 우선순위는 명확하다.
② 엘모어(Elmore)는 전향적 집행이라고 하였다.
③ 버먼(Berman)은 정형적 집행이라고 하였다.
④ 일선관료는 정책집행과정에서 가장 큰 영향력을 행사한다.

답 ④
① 고전적·하향적 집행방식에 대한 설명
② 엘모어(Elmore)의 전(방)향적 집행은 고전적·하향적 집행방식
④ 버먼(Berman)의 정형적 집행은 하향적 집행방식

핵심 O✕

01 상향적 접근방법은 집행현장에서 여러 정책들이 동시에 추진되어 어느 하나의 정책도 지배적이지 못한 채 다양한 공적 또는 사적인 정책프로그램이 교차하는 집행영역을 보다 잘 다룰 수 없다. (○, ✕)

답 ✕ 상향적 접근방법은 위에서 설명하는 집행영역을 보다 잘 다룰 수 있는 접근방법

02 상향적 접근방법은 선거직 공무원에 의한 정책결정과 책임이라는 민주주의의 기본가치를 충실하게 반영한다. (○, ✕)

답 ✕ 하향적 접근방법의 특징

③ 집행과정에 영향을 끼치는 정치·사회·경제적 요인들을 무시함
④ 정책결정과 집행의 구분이 불필요하다고 간주하기 때문에 선출직 공무원에 의한 정책결정과 책임이라는 민주주의의 기본 가치에 위배됨

> **Focus on** 하향적 접근방법과 상향적 접근방법의 비교

구분	하향적 접근방법	상향적 접근방법
정책상황	안정적·구조화	유동적·동태화
정책목표	명확한 목표	수정이 요구되는 목표
결정과 집행	정치행정이원론	정치행정일원론
집행자의 재량	재량 불인정	재량 인정
평가기준	공식목표의 달성	환경에의 적응성
초점	결정자의 의도 구현	행위자의 전략적 상호작용
성공요건	정책결정자의 리더십	집행자의 적응력
핵심적 법률	있음	없음
관리자의 참여	참여 축소	참여 확대
민주주의	엘리트 민주주의	참여 민주주의

3. 통합모형(integration model)

(1) 의의

하향적·상향적 접근방법은 포괄적인 집행연구방법으로, 적용시키기에 부족한 점이 많아 1980년대 중반 이후 각 접근방법들을 보완하려는 연구가 전개되어 통합모형이 등장함

(2) 유형

① 사바티어(Sabatier)의 통합모형

비교우위접근법 (comparative advantage approach)	하향적 접근방법과 상향적 접근방법 중에 상대적으로 적용가능성이 더 높은 조건을 발견한 후, 그러한 조건에 따라 둘 중 하나의 접근방법을 개별집행연구의 이론적 틀로 이용하는 접근법
정책지지 연합모형 (advocacy coalition framework)	• 하향적 접근방법과 상향적 접근방법을 통합하여 하나의 분석틀을 구성하며, 기본적으로 상향적 접근방법의 분석단위를 채택하고 사회 경제적 상황 등의 하향적 접근방법을 가미한 모형 • 신념체계를 지닌 정책하위연합들 간의 상호작용을 통한 정책변화를 추구하는 정책지향학습을 강조함 • 정책집행은 한 번에 완료되는 과정이 아닌 지속적인 변동차원으로 파악함

② 엘모어(Elmore)의 통합모형
㉠ 정책결정자들이 정책을 설계할 때 하향적(전방향) 접근방법으로 정책목표를 결정하되, 상향적(후방향) 접근방법에서 제시하는 방법을 수용하여 가장 집행가능성이 높은 수단을 선택하는 방법
㉡ 현실적으로 실현가능성이 희박하다는 비판을 받음

비교우위접근법

1. **하향적 접근방법이 유리한 경우**
   • 단일의 정책 또는 법령의 지배적인 작용
   • 정책집행의 일반적 과정 파악
   • 시간과 자원의 제약
2. **상향적 접근방법이 유리한 경우**
   • 비슷한 여러 정책이 경쟁
   • 다양한 참여자가 존재
   • 지역 간 집행차이 혹은 현장 상황을 파악하려는 의도

핵심 O X

정책지지연합모형은 정책문제나 쟁점에 적극적으로 관심을 가지는 공공 및 민간조직의 행위자들로 구성되는 정책하위체계(policy subsystem)라는 개념을 활용한다. (○, ×)

답 ○

③ 윈터(Winter)의 통합모형
  ㉠ 합리모형, 쓰레기통모형, 갈등 – 타협모형별로 정책결정과정에서의 특징들이 정책집행에 영향을 끼치는 과정을 연구함
  ㉡ 정책집행에 영향을 주는 요인으로 '정책형성과정의 특징, 조직 상호 간 집행 형태, 일선집행관료 및 정책대상 집단의 행태'를 말함
④ 매틀랜드(Matland)의 통합모형

구분		갈등	
		낮음	높음
정책목표의 모호성	낮음	관리적 집행	정치적 집행
	높음	실험적 집행	상징적 집행

  ㉠ 하향적 · 상향적 접근방법이 어떠한 조건에서 더 잘 적용되는지, 이때 중요한 집행변수가 무엇인지를 탐색한 모형
  ㉡ 정책갈등이나 정책목표의 모호성이라는 변수가 어떤 논리적 근거로 선정되었는지 분명하지 않다는 한계가 존재함

2 정책집행연구의 유형

1. 나카무라(Nakamura)와 스몰우드(Smallwood)의 유형(1980)

정책결정자와 정책집행자의 관계를 다섯 가지 유형으로 구분하여 각 유형의 기본 가정과 발생가능성이 높은 정책집행의 실패원인에 대해 설명한 것으로, 고전적 기술자형에서 관료적 기업가형으로 나아갈수록 정책결정자의 통제는 약해지고 정책집행자의 재량은 커진다고 봄

(1) 고전적 기술자형(Classical Technocrats)
① 정책결정자가 구체적인 정책목표와 세부 내용까지 명확히 설정하고, 정책집행자가 이를 지지하며 충실히 집행하는 유형
② 정책결정자는 계층적 통제구조를 구축하여 집행자를 통제하고, 정책목표의 달성을 위해 필요한 조치를 강구할 수 있는 기술적 권한을 집행자에게 위임함
③ 정책집행자는 정책목표를 달성할 수 있는 기술적 역량 또는 전문지식에 입각한 전문적 권위를 보유함
④ **실패요인:** 수단의 기술적 결함 및 정책집행자의 능력 부족

(2) 지시적 위임가형(Instructed Delegates)
① 정책결정자가 정책목표를 명확히 설정하고 대체적 방침을 정하면, 정책집행자가 목표의 소망성에 동의하고 나머지를 위임받는 유형
② 정책결정자는 기술적 권한과 집행에 필요한 여러 규칙을 제정할 수 있는 행정적 · 관리적 권한을 집행자에게 위임함
③ 정책집행자는 정책목표를 달성하는 데 필요한 기술적 · 행정적 역량과 협상력을 보유함
④ **실패요인:** 정책집행자 간 협상의 실패, 정책결정자의 모호한 지시

매틀랜드(Matland)의 통합모형
1. **관리적 집행:** 하향적 접근, 프로그램화된 결정(SOP)
2. **정치적 집행**
  • 정치적 현상, 매수, 담합, 날치기 통과 등
  • 행위자들의 상이한 이해관계, 강압적 · 보상적 수단 중요
3. **실험적 집행**
  • 학습적 정책과 정책결과는 맥락적 조건에 의해 결정된다고 간주함
  • 집행과정을 학습과정으로 이해함
4. **상징적 집행:** 상향적 접근과 집행과정은 목표와 수단을 해석하는 과정으로 참여자에 대한 직업적 훈련과정이 중요함

핵심 OX
지시적 위임가형에서 정책결정과 정책집행은 엄격하게 분리되며, 정책집행자는 정책결정자가 결정한 정책을 충실히 집행한다. (○, ×)
답 × 고전적 기술가형에 관한 설명

* 불확실성이 높은 상황에서는 재량적 실험가형이 가장 혁신적인 집행방법이 될 수도 있음

🏛 **기출 체크**

정책집행에 대한 다음 설명 중 옳지 않은 것은? 2015년 서울시 9급

① 프레스만과 윌다브스키(Pressman & Wildavsky)는 집행과정상의 공동행위의 복잡성을 강조하였다.
② 버만(Berman)은 집행현장에서 집행조직과 정책사업 사이의 상호 적응의 중요성을 강조하였다.
③ 나카무라와 스몰우드(Nakamura & Smallwood)의 정책집행자 유형 중 관료적 기업가형은 정책의 대략적인 방향을 정책결정자가 정하고 정책집행자들은 이 목표의 구체적 집행에 필요한 폭넓은 재량권을 위임받아 정책을 집행하는 유형이다.
④ 사바티어(Sabatier)는 정책집행의 하향식 접근법과 상향식 접근법의 통합모형을 제시했다.

답 ③ 재량적 실험가형에 해당하는 내용

---

(3) 협상가형(Bargainers)

① 정책결정자가 정책목표를 설정하지만 이에 대해 정책집행자가 무조건 동의하지는 않는 유형
② 정책결정자와 정책집행자는 정책목표와 정책수단에 대해 협상을 진행
③ **실패요인**: 적응적 흡수(목표의 왜곡), 협상의 실패로 인한 집행자의 불만, 정책집행자의 기술 부족

(4) 재량적 실험가형(Discretionary Experimenters)

① 정책결정자가 추상적이고 일반적인 정책목표를 제시하지만 지식의 부족 또는 불확실성으로 인해 구체적 설정이 불가능하고, 결정자 간 정책목표와 정책수단에 대해 합의를 보지 못하고 있는 유형*
② 정책결정자는 집행자에게 광범위한 재량을 위임함
③ 정책집행자는 정책목표를 구체화하고 그것을 달성할 수 있는 정책수단을 개발할 능력과 의지를 보유함
④ **실패요인**: 정책집행자의 전문성 부족, 애매모호한 정책결정으로 인한 혼란, 적응적 흡수, 결정자와 집행자 간 책임 분산

(5) 관료적 기업가형(Bureaucratic Entrepreneur)

① 정책집행자가 실질적으로 정책목표를 결정하고 이를 공식적 정책결정자가 채택하도록 설득 또는 강제함으로써 집행자가 정책결정자의 결정권을 장악한 모형 예 FBI 후버 국장
② 정책집행자가 정책결정에 필요한 정보를 산출하고 통제하는 상황으로, 정책목표달성에 필요한 정책수단을 확보하기 위해 정책결정자와 협상 진행
③ 정책집행자는 자신들의 정책목표를 성취하기 위한 능력을 가지고 이를 위해 성실히 노력함
④ **실패요인**: 선매 등으로 인한 정책의 사전오염

> **Focus on** 나카무라(Nakamura)와 스몰우드(Smallwood)의 정책집행 유형

1. 정책집행 유형

구분	정책결정자	정책집행자	정책평가 기준
고전적 기술자형	• 구체적 목표 설정 • 집행자에게 기술적 권한 위임	• 정책결정자의 목표 지지 • 목표 달성을 위한 기술적 수단 강구	효과성
지시적 위임자형	• 구체적 목표 설정 • 집행자에게 기술적·행정적 권한 위임	• 정책결정자의 목표 지지 • 집행자 상호 간 행정적 권한에 관한 교섭	능률성
협상가형	• 목표 설정 • 집행자와 목표와 달성수단에 관한 협상	정책목표와 수단에 관해 정책결정자와 협상	주민 만족도
재량적 실험가형	• 추상적 목표 지지 • 집행자에게 광범위한 재량권 위임	구체적 목표와 수단을 명백히 하고 확보	수익자 대응성
관료적 기업가형	집행자가 설정한 목표와 달성수단 지지	• 목표와 달성수단을 형성 • 정책결정자가 이를 받아들이도록 설득	체제 유지도

2. 각 유형별 정책집행자의 결정권한 보유 여부

구분	고전적 기술자형	지시적 위임자형	협상자형	재량적 실험가형	관료적 기업가형
정책 목표	X	X	협상 결과에 따라	구체적	추상적, 구체적
정책 수단	기술적	행정적, 기술적		행정적, 기술적	행정적, 기술적

2. 버만(Berman)의 정책집행모형(1978)

(1) 의의

버만(Berman)은 정책집행을 거시적 집행구조(정형적 집행, 하향적)와 미시적 집행구조(적응적 집행, 상향적)로 구분하고 미시적 집행구조를 강조함

(2) 거시적 집행구조와 미시적 집행구조

① 거시적 집행구조(하향식)

㉠ 실질적인 집행이 가능하여 의도한 효과가 발생하도록 하위 집행구조를 설계하고 프로그램을 어느 정도 구체화시킬 수 있음

㉡ 느슨한 연합체의 성격을 지니며 정형적 집행을 추구함

㉢ 중앙정부와 지방자치단체의 관계, 중앙정부의 부처 간의 관계 등을 강조함

㉣ 거시적 집행구조의 통로

ⓐ **행정**: 정책결정을 구체적인 정부프로그램으로 전환함

ⓑ **채택**: 구체적인 정부프로그램이 지방정부의 사업으로 받아들여짐

ⓒ **미시적 집행**: 지방정부의 사업을 실행사업으로 변화시키는 것

ⓓ **기술적 타당성**: 정책목표·수단·산출 간 긴밀한 인과관계가 있는가에 관한 것

② 미시적 집행구조(상향식)

㉠ 정책결정자가 결정한 정책을 그대로 수행하는 것이 아니라 각 지방정부가 개별적 환경에 의거하여 채택한 사업을 실행함

㉡ 직접 서비스를 전달하는 일선집행기관이나 지방정부의 하위조직으로, 적응적 집행을 추구함

㉢ 현지 집행조직을 배경으로 연구함

㉣ 세 가지 국면

ⓐ **동원**: 집행조직에서 사업을 채택하고 실행계획을 세우는 것

ⓑ **전달자의 집행**: 실제 집행단계에서 상황에 적응하는 것

ⓒ **제도화**: 지속적 정책결과를 산출하기 위해 제도화

(3) 정형적 집행과 적응적 집행

① **정형적 집행(하향적 집행)**: 명확한 정책목표를 수립한 후 결정된 사전의 정책계획에 따라 일사불란하게 이루어지는 집행

② **적응적 집행(상향적 집행)**: 정책목표가 명확하게 수립되어 있지 않아 대립과 갈등이 발생하고, 정책과 이를 둘러싼 제도적 환경과의 상호작용 속에서 정책을 수정하고 구체화하면서 이루어지는 집행

정형적 집행과 적응적 집행

정형적 집행	적응적 집행
• 안정적·구조적 상황 • 명확한 목표 • 참여 제한 • 제한된 재량 • 집행의 충실성과 성과에 따른 평가	• 유동적·동태적 상황 • 수정이 필요한 목표 • 참여 필요 • 광범위한 재량 • 환경에의 적응성에 따른 평가

1. 사람(시민)과 직접적인 대면
2. 많은 재량권 행사
3. 과도한 업무량
4. 자원의 부족으로 인한 어려움

상당한 재량권을 보유하는 이유

1. **상황의 복잡성**: 일선관료들이 처한 업무상황은 다양하고 복잡하여 일률적 정형화 어려움
2. **인간적 차원의 대처**: 일선관료의 업무는 기계적인 처리 어려움
3. **자부심 향상**: 본인이 고객의 복지에 중요한 역할을 하고 있다는 일선관료의 욕망을 충족시킴
4. **전문지식 독점**: 중앙관료에 대항할 수 있는 무기로 작용

*공공서비스에 대한 의존도가 높은 서민층일수록 일선관료의 중요성이 증대됨

01 립스키(Lipsky)가 주장하는 일선관료제는 목표달성을 지향하는 성과의 측정이 어렵고, 정책고객을 범주화하여 선별한다. (○, ×)

답 ○

02 립스키(Lipsky)는 상향적 접근방법을 주장한 학자로서 분명한 정책목표의 가능성을 부인하고 집행문제해결에 초점을 맞춘다. (○, ×)

답 ○

3. 립스키(Lipsky)의 일선관료제(1976)

(1) 의의

① 일선관료란 정책의 최종적 과정에서 시민들과 직접 접촉하는 공무원을 뜻하며, 이들로 구성된 공공서비스 조직을 일선관료제라 함

② 일선관료의 예로는 경찰, 교사, 사회복지요원, 하급 판사, 지방법원판사 등이 있음

③ 립스키(Lipsky)는 일선관료가 단순히 기계적으로 집행업무를 수행한다는 것으로 보는 관점에서 벗어나, 상당한 재량권을 가지고 매우 복잡한 업무를 처리하는 역할을 수행한다고 간주함

④ 립스키(Lipsky)는 일선관료가 실질적으로 공공정책을 결정한다는 상향적 정책집행 접근방법을 중시하며, 일선관료들이 일반적으로 처하게 되는 업무환경과 그 어려움에 대하여 살펴보고, 이에 대처하기 위해 필요한 적응 메커니즘과 이 메커니즘이 집행활동에 어떠한 영향을 미치는지를 분석함*

(2) 일선관료의 중요성

① **행정에서의 중요한 행위자**: 일선관료는 그 인원수나 인건비가 공공예산에서 점유하는 비중이 거대할 뿐 아니라, 일반시민과 직접적으로 접촉하며 그들의 일상생활에 큰 영향을 끼침

② **상당한 재량권을 기반으로 한 정책수행**: 일선관료의 개인적 의사결정이 모여 그들이 속해있는 행정관서의 정책이 되므로, 이들이 어떻게 재량권을 행사하느냐에 따라 실질적으로 공공정책을 만듦

③ **재량권 제한에 한계 존재**: 일선관료는 업무에 대한 전문지식을 독점하고 있고 노동조합을 이용할 수 있는 꼭 필요한 존재이므로, 상위관리자들이 그들의 재량권을 함부로 제한할 수 없음

(3) 일선관료의 업무환경

① **자원의 부족**: 주어진 업무량에 비해 제공되는 인적·물적 자원과 시간 등이 만성적으로 부족함

② **과도한 업무량**: 일선관료의 서비스 공급능력에 비해 수요가 항상 더 많아서 업무량에 대한 부담감을 가지며, 이 수요를 제한해야 할 필요를 느낌

③ **목표의 모호성**: 일선관료가 속한 부서의 목표는 모호하고 대립되며 비현실적인 경우가 많음

④ **객관적 평가기준 부재**: 업무수행을 목표와 연계시켜 평가할 객관적 기준을 정하기 어려우며, 고객집단도 비자발적이어서 관료들의 성과를 평가할 능력이 없고 효과적 통제장치 또한 부재함

⑤ 권위에 대한 도전과 위협이 존재함

(4) 일선관료의 업무관행(적응방식)

① 일선관료들은 과도한 업무량과 복잡한 직무에 대처하기 위해 업무의 단순화·정형화·관례화를 꾀함

② 이론적으로 공공재화의 수요를 제한하는 것은 불가능하므로 서비스를 할당배급하는 방법을 개발하기 위해 노력함

③ **고객집단에 대한 재정의**: 단순화 시켜놓은 인종·성·학력·경제적 계급 등의 기준으로 고객을 범주화한 후 고객에게 책임을 전가하거나 사회문제 탓으로 하여 책임을 회피함

4. 엘모어(Elmore)의 정책집행(조직론적)모형(1985)

(1) 의의
① 엘모어(Elmore)는 본래 정책집행 연구를 전방향적 연구(forward mapping, 하향적)와 후방향적 연구(backward mapping, 상향적)로 구분하고, 후방향적 접근을 강조함
② 이후 복수의 조직관리, 관료과정, 조직발전, 갈등과 협상의 4가지 차원에서 집행을 설명하는 통합모형을 제시함

(2) 4가지 정책집행모형
① **체제관리모형**: 조직을 합리적 행위자로 간주하여 서열화 된 목표지향적 활동을 추구하며, 집행의 성공조건으로 효율적인 관리체제를 강조하는 고전적·하향적 모형
② **조직발전모형**: 결정권을 조직의 모든 계층에 균등하게 배분하는 조직 구조와 구성원의 참여를 강조하며, 집행의 성공조건으로 정책결정자와 정책집행자 간의 합의를 중시하는 모형
③ **관료과정모형**: 조직의 속성으로 재량과 루틴을 강조하고 집행이란 재량을 억제하고 루틴을 활성화시키는 과정으로 보며, 집행의 성공조건으로 루틴과 새로운 정책의 통합을 중시하는 모형
④ **갈등협상모형**: 조직은 갈등의 장이며 집행의 성공과 실패는 상대적 개념으로 인식하여, 집행의 성공조건으로 개인·조직단위 간 협상을 중시하는 모형

3 정책집행에 영향을 미치는 요인

1. 성공적인 정책집행의 의의

성공적인 정책집행은 일반적으로 정책목표의 달성 정도를 의미하지만, 아무리 달성정도를 극대화하더라도 그에 따른 비용이 많이 투자된다면 성공적이라고 할 수 없으므로 여러 가지 기준에 입각해서 살펴보는 관점이 필요함

2. 성공적인 정책집행의 판단기준

(1) 실질적·내용적 기준
① 정책목표의 적합성과 적절성
② 정책수단의 실현가능성과 소망성
③ 능률성, 형평성, 효과성 등

(2) 주체적·절차적 기준
① 합법적 명제(정책 의도의 실현)
② 합리적·관료적 명제(관료적 합리성 구현)
③ 대응성, 합의 명제(정책관련 집단의 요구 충족)

성공적인 정책집행의 학자별 판단 기준

Nakamura & Smallwood	효과성, 체제유지도, 능률성, 주민만족도, 수익자 대응성
Dunn	효과성, 능률성, 형평성, 적합성, 적절성, 대응성
Rein & Rabinovitz	결정자의 정책의도 실현, 집행자의 관료적 합리성, 집행관련 집단의 요구 충족
Ripley & Franklin	집행 관료의 순응, 집행과정의 완만성, 바람직한 결과의 달성

구분	규모 및 조직화 정도	
	강	약
집단의 성격 · 수혜집단	집행 용이	집행 용이
집단의 성격 · 희생집단	집행 곤란	집행 용이

핵심 OX

01 정책의 희생집단보다 수혜집단의 조직화가 강하면 정책집행이 곤란하다. (○, ×)

답 × 정책집행이 용이함

02 정책을 통해 해결하려는 문제가 정책집행 체계의 역량을 넘어서는 경우에는 정책집행이 지체된다. (○, ×)

답 ○

내적 요인과 외적 요인

내적 요인	외적 요인
• 목표의 명확성	• 정책결정기관의 지원
• 소통의 효율성	• 환경적 여건의 변화
• 집행자의 능력 및 리더십	• 언론의 관심 및 대중의 지지
• 정책집행절차, 표준운영절차	• 정책대상집단의 태도와 정치력
• 자원	• 집행에 필요한 기술
• 집행기관의 구조와 상호 간 관계	

*변화가 빈번하게 발생하거나 중간매개집단이 많을 경우에는 이에 잘 대처하지 못한다는 단점도 존재

*따르지 않는 행위는 불응(non-compliance)이라 함

3. 성공적인 정책집행을 위한 요인

(1) 프레스만(Pressman)과 윌다브스키(Wildavsky)의 견해
① 정책집행과 정책결정을 연결
② 정책결정자는 목적 달성을 위한 직접적 수단까지도 강구
③ 정책 활동이 기초하고 있는 이론에 대해 신중히 검토
④ 리더십의 지속
⑤ 정책은 단순할수록 바람직함

(2) 사바티어(Sabatier)와 마즈매니언(Mazmanian)의 견해
① 명확하고 일관성을 지닌 정책목표로, 하향식 모형 발전에 기여함
② 타당성을 지닌 인과이론
③ 정책집행자 및 정책대상집단의 순응을 확보할 수 있는 제재와 유인수단
④ 능력을 보유한 의욕적인 정책집행자
⑤ 정책관련 집단의지지

(3) 정책문제의 특성
① 적절한 기술과 명확한 인과관계의 존재
② 다양성의 정도가 적고 단순한 대상집단의 행태
③ 작고 분명한 대상집단의 규모
④ 대상집단에게 요구되는 적은 행태 변화의 정도

(4) 정책의 내용(법적 요인 – 정책집행을 구조화할 수 있는 능력)
① 법규상 목표와 우선순위의 명확성
② 집행기관의 명확한 행동지침
③ 집행기관의 계층적 통합성
④ 유능하고 헌신적인 집행관료 등의 충분한 재원

(5) 정책의 환경(정치적 요인 – 외부적 상황)
① 일반 대중의 지지
② 대중매체의 관심
③ 관련 집단의 지원 및 태도
④ 사회·경제·기술적 상황과 여건
⑤ 행정수반과 의회 등 지배기관의 후원과 관심

(6) 기타 요인
① **집행조직의 구조**: 환류구조, 의사전달체계, 분업과 조정체계가 확보될 때
② **집행절차**: 표준운영절차(SOP)가 잘 구비되어 있을 때*

4 정책집행상의 순응과 불응

1. 의의

순응(compliance)*이란 정책이나 법규에서 요구하는 행동에 따르는 행위를 뜻하며, 일반적으로 정책대상집단 및 일선관료 등이 주체가 됨

2. 원인과 구체적 행태

(1) 순응의 원인

① 정책결정자의 권위 존중
② 합리적·의식적 수용
③ 정부의 정통성 인정
④ 처벌·제재의 가능성
⑤ 정책집행기간의 장기화
⑥ 자기의 이익 추구

(2) 불응의 원인

① 기존 가치체계와의 갈등
② 정통성과 권위의 결여
③ 적절한 집행수단의 부족
④ 커뮤니케이션의 왜곡
⑤ 정책의 모호성
⑥ 법에 대한 선택적 불응

(3) 불응의 구체적 행태

① **의사전달에 대한 왜곡**: 원하지 않는 지시나 관련 정보를 전달하지 않거나 유리한 것만을 전달함
② **정책집행의 지연**: 재임기간이 짧은 경우 나타나는 행태로, 집행을 유보하거나 지연시켜 정책결정자가 교체되면 집행 자체를 종결시킴
③ **정책의 임의변경**: 재량권을 이용하여 자기에게 유리한 방향으로 변경함
④ **정책의 부집행**: 정책집행자가 스스로의 판단으로 결정자는 집행을 원하지 않을 것이라고 생각하여 집행을 포기함
⑤ **형식적 순응**: 순응과 불응의 요소가 혼재된 상태에서 발생함
⑥ **정책 자체의 취소**: 기술적 이유 등을 제시하여 정책을 취소함

3. 순응확보를 위한 방안

(1) 강제적 처벌

① 순응하지 않을 시 불이익(벌금 등)을 부과하는 방법
② 개인의 인권 및 재산권 침해의 우려가 있으므로 정책의 정통성에 대한 사회적 공감대 형성이 필요함

(2) 유인과 보상

① 순응 시 긍정적 대가(보상과 편익 등)를 제공함으로써 자발적인 순응을 확보하는 방법
② 능률적이고 효과적이지만, 많은 비용이 소모되는 방법

(3) 도덕적 설득

① 정책의 도덕적 당위성을 의식적으로 교육이나 설득을 통해 호소하는 방법으로, 가장 바람직한 순응확보 전략
② 선전에 의한 호소도 하나의 방법
③ **조건**: 정책목표와 수단의 객관적 타당성, 분명하고 일관성 있는 내용, 결정주체의 정통성

기출 체크

정책집행의 성공가능성에 대한 설명으로 옳지 않은 것은? 2017년 지방직 9급

① 정책집행연구의 하향론자들은 복잡한 조직구조가 정책의 성공적 집행을 도와준다고 주장한다.
② 정책목표와 정책수단이 구체적일수록 정책집행의 성공가능성이 커진다는 주장이 있다.
③ 불특정 다수인이 혜택을 보는 경우보다 특정한 집단이 배타적으로 혜택을 보는 경우에 강력한 지지를 얻을 수도 있다.
④ 배분정책은 규제정책이나 재분배정책에 비하여 표준운영절차(SOP)에 따라 원만한 집행이 이루어질 가능성이 더 크다.

답 ① 복잡한 조직구조가 아니라 수직적이고 계층적인 조직구조가 도움이 된다고 주장함

일반적인 순응확보를 위한 요건

1. 정책목표의 명확성
2. 정책내용의 수정·보완
3. 정책결정자의 리더십
4. 의사전달 활성화
5. 보상과 편익 제공
6. 제재수단 제공
7. 의식적 설득과 유인
8. 집행기간의 장기화
9. 정책의 정통성과 권위에 대한 믿음

CHAPTER 5 정책평가론

THEME 034 정책평가 ★★★

1 의의

1. 개념

(1) 정책이 대상에 미친 효과를 목표와 관련하여 객관적·체계적으로 검토하는 과정으로, 정책수단과 정책목표 사이의 인과관계에 대해 아직 검증되지 않은 가설을 검증하는 활동

(2) 정책이나 사업계획의 집행결과가 의도된 정책목표를 실현하였는지, 당초 생각된 정책문제의 해결에 기여했는지, 어떤 파급효과가 있는지 등을 체계적으로 분석하는 활동

2. 등장배경

(1) 1960년대 후반 존슨(Johnson) 행정부의 '위대한 사회(Great Society)' 건설을 위한 사회정책사업들이 실패하고, 계획예산제도(PPBS)의 도입이 실패하면서 정부사업 전반에 대한 평가와 이를 위한 여러 방법들이 개발되기 시작함

(2) 미국 정부가 사회 정책적 사업을 무모하게 추진하여 비능률성이 발생하고 미국 사회전반에 걸쳐 보수주의적 경향이 나타나게 되어 1970년대에 정책평가가 폭발적으로 증가함

3. 목적

(1) 선거를 통해 국민들에게 책임을 지는 등 정책과정의 법적·관리적·정치적 책임성 확보

(2) 정책결정과 집행에 필요한 정보 제공

(3) 프로그램의 성공과 실패의 원인 파악 및 원칙 발견

(4) 효과성 제고를 위한 여러 기법들의 실험 및 대안적 기법들의 평가 기초 제공

(5) 정책수단과 결과에 대한 이론을 구축하여 학문적 인과성 확보

4. 과정

(1) **정책평가의 목표 확인**
조직의 공식적 목표뿐만 아니라 정책관련자들이 지닌 목표들까지 현재화시키고 확인하는 작업을 수행함

(2) **정책평가기준의 선정**
효과성, 능률성, 주민만족도, 수익자 대응성, 체제유지도 등*

정책분석과 정책평가

1. **정책분석**
   - 합리적인 정책결정을 위해 정책대안을 비교·평가하는 사전적·조망적 활동
   - 정책분석이 넓은 의미로 사용될 때 정책평가가 포함되기도 함
2. **정책평가**: 정책이 결정된 후에 집행과정이나 결과를 검토하는 사후적·회고적 활동

정책평가의 특징

1. 합리적·분석적 성격
2. 목적지향성 및 시스템적 사고
3. 범학문적 경향

* 나카무라(Nakamura)와 스몰우드(Smallwood)의 기준

(3) 인과모형의 설정

독립변수와 종속변수 간의 관계를 가설로 설정함

(4) 연구설계의 개발

인과모형을 검증하기 위한 실험설계가 필요함

(5) 자료의 수집과 분석

1·2차 자료 등의 자료를 수입하고, 상관분석이나 회귀분석 등을 이용하여 자료를 분석함

(6) 평가결과의 제시 및 환류

결과를 검토한 후 필요한 시정조치를 수행함

5. 유형*

(1) 평가의 시기에 따른 분류

형성적 평가 (도중 평가)	• 정책집행이 이루어지는 도중에 수행하는 과정평가 • 정책집행과정에서 나타나는 문제들을 해결하여 사업계획을 더 나은 방향으로 개선하기 위함 • 내부 평가자와 외부 평가자가 수행함
총괄적 평가	• 정책집행이 이루어진 후에 수행하는 사후평가 • 정책이 의도하였던 목적을 달성하였는지의 여부를 판단하기 위함 • 주로 외부 평가자가 수행함

(2) 평가의 목적에 따른 분류

총괄평가 (영향평가)		• 정책집행 후 정책수단과 정책효과 간 인과관계 결과를 추정하는 것으로, 일반적 의미의 정책평가에 해당함(목표모형) • 과정평가보다 상대적으로 장기적·거시적 관점 • 기준에 따라 효과성평가, 능률성평가, 영향평가 등으로 구분됨 예 정부미 방출이 서민 생계 안정이라는 목표를 효과적으로 달성하였는가?
과정 평가	협의의 과정평가	• 정책수단과 정책효과 간의 구체적인 인과관계 경로를 검증하는 평가(논리모형) • 총괄평가 중 효과성평가를 보완하는 방법 예 '정부미 방출 → 쌀 공급 증가 → 쌀값 안정 → 서민 생계 안정' 각 과정의 인과관계 및 오류와 성과, 개입된 매개변수는?
	형성평가 (집행분석, 집행과정평가)	• 정책집행이 의도대로 집행되었는지를 확인하고 문제점을 발견·시정하는 평가 • 핵심은 집행분석이며, 주요 수단은 사업감시(프로그램 모니터링)

---

*주체에 의해 내부평가와 외부평가로 나눌 수 있으며, 방법에 의해 비과학적 평가와 과학적 평가로 나눌 수 있음

총괄평가

효과성평가	정책목표의 달성도를 기준으로 평가
능률성평가	비용편익분석의 사후적 평가
영향평가	정책이 의도한 방향으로 사회적 변화(영향)를 가져왔는지에 대한 평가

목표모형과 논리모형

1. **목표모형**: 정책이 달성하려는 장기 목적과 중단기 목표들을 잘 달성했는지에 초점
   • 당초 설정된 정책 프로그램 목표와 일치하는지 확인
   • 목표달성에 대한 측정과 발생한 정책 결과물이 프로그램의 실행으로 인해 발생한 것인가 확인
   • 목적달성 여부를 선별적으로 보여준다는 점에서 명확성과 단순성

2. **논리모형**: 정책 프로그램이 성과를 산출하기 위해 어떤 논리적 인과구조를 가지고 있는지에 초점
   • 정책형성과정의 인과관계에 대한 가정의 오류와 정책집행의 실패를 구분
   • 성과의 타당성 제고
   • 프로그램 논리의 분석 및 정리 과정이 이해관계자의 정책 프로그램에 대한 이해를 높이고 정책 프로그램의 논리적 구조 해결

평가성 사정 (평가성 검토)	• 본격적인 평가 실시 전에 조금 더 효율적인 목적 달성을 위해 평가의 실행가능성과 유용성을 파악하는 일종의 예비평가 • 평가의 소망성·가능성·필요성, 평가결과의 활용가능성, 평가범위 등을 검토하는 사전적 과정평가
메타평가 (평가종합, 평가결산, 상위평가)	• 평가결과를 다시 평가하는 '평가에 대한 평가' • 상급자나 외부전문가 등의 제3자가 기존 평가의 방법·절차·결과 등이 제대로 되었는지를 다시 평가하며 주로 영향평가에 대해 수행하는 사후적 총괄평가
착수직전분석 (사전분석)	프로그램의 수요, 개념의 적합성, 운영적 측면에서의 실행가능성 등을 미리 평가해보는 '새로운 프로그램의 평가를 기획하기 위해 본 평가를 착수하기 직전에 수행하는 평가기획작업'으로 사전적 총괄평가에 해당함

2 우리나라의 정책평가(「정부업무평가 기본법」의 주요 내용)

1. 「정부업무평가 기본법」의 제정

정부업무 등의 평가에 관한 기본적인 사항을 정함으로써 업무추진의 효율성 향상·책임성 확보·국민의 신뢰 증가를 목적으로 하여 2001년 「정부업무평가 등의 평가에 관한 기본법」을 제정·시행하다가, 통합적인 성과관리체계의 구축을 위해 2006년 4월부터 「정부업무평가 기본법」을 새롭게 제정하여 시행함

2. 주관기관과 평가대상기관

(1) 주관기관

국무총리는 위원회의 심의·의결을 거쳐 정부업무의 성과관리 및 정부업무평가에 관한 정책목표와 방향을 설정한 정부업무평가기본계획을 수립하고, 이를 최소한 3년마다 수정·보완하여야 함

(2) 평가대상기관

중앙행정기관, 지방자치단체, 중앙행정기관 또는 지방자치단체의 소속기관, 공공기관 등으로 구성됨

3. 평가의 종류

(1) 중앙행정기관 평가

자체평가	• 중앙행정기관의 장은 그 소속기관의 정책 등을 포함하여 자체평가를 실시하여야 함 • 평가의 공정성·객관성 확보를 위해 자체평가위원의 3분의 2 이상은 민간위원으로 구성·운영하여야 함
재평가	국무총리는 중앙행정기관의 자체평가결과를 확인·검토 후 평가의 객관성 및 신뢰성에 문제가 있어 재평가할 필요가 있다고 판단되면 위원회의 심의·의결을 거쳐 재평가 실시 가능

(2) 지방자치단체 평가

자체평가	• 지방자치단체의 장은 그 소속기관의 정책 등을 포함하여 자체평가를 실시하여야 함 • 평가의 공정성·객관성 확보를 위해 자체평가위원 구성 시 3분의 2 이상은 민간위원으로 구성하여 운영하여야 함
평가지원	행정안전부장관은 평가의 공정성과 객관성을 높이기 위해 평가지표, 평가방법, 평가기반의 구축 등에 관하여 지방자치단체를 지원할 수 있음
합동평가 (국가위임사무 등에 대한 평가)	• 국가위임사무*, 대통령령이 정하는 국가의 주요 시책 등에 대해 평가가 필요한 경우 행정안전부장관은 관계중앙행정기관의 장과 합동으로 평가를 실시할 수 있음 • 지방자치단체 합동평가위원회의 위원장은 행정안전부장관이 민간위원 중 지명함

(3) 특정평가

① 국무총리가 중앙행정기관을 대상으로 국정을 통합적으로 관리하기 위해 필요한 정책 등을 평가함

② 국무총리는 둘 이상의 중앙행정기관 관련 시책, 주요 현안시책, 혁신관리 및 대통령령이 정하는 대상부문에 대하여 특정평가를 실시하고 그 결과를 공개하여야 함

(4) 공공기관 평가

① 기관의 특수성·전문성을 고려하고 평가의 객관성 및 공정성을 확보하기 위하여 외부기관이 실시함

② 개별 공공기관 관련 법률에 의한 평가를 실시한 경우에는 「정부업무평가 기본법」에 의한 공공기관평가로 간주함

Level up 평가내용 및 지표(중앙행정기관 평가중심)

구분	평가기준	착안사항
정책형성	목표의 적합성	• 목표가 명확하게 제시되었는가? • 목표가 상위 국정지표에 부합하는가? • 목표가 환경변화에 대응하고 있는가?
	내용의 충실성	• 하위 정책목표 및 수단이 충실히 구비되었는가? • 관련기관 정책과 연계협조는 충분히 고려하였는가?
정책집행	과정의 효율성	• 계획에 맞추어 사업이 추진되는가? • 투입 자원을 효율적으로 사용하는가?
	과정의 적절성	• 국민 및 이해당사자에게 제대로 알리고 있는가? • 변화를 적절히 포착하여 대응하고 있는가?
정책성과	목표 달성도	미리 설정한 정책목표는 달성되었는가?
	정책 효과성	정책의 효과가 실질적으로 국민에게 도움이 되고 있는가?

* 국가위임사무는 지방자치단체 또는 그 장이 위임받아 처리하는 업무로, 자치단체의 국고보조사업 등을 예로 들 수 있음

핵심 OX

특정평가는 정권 차원에서 관심을 기울일 필요가 있는 정책을 특정평가 항목으로 추가하여 집중적으로 점검 및 평가할 수 있다.　　　(O, ×)

답 O

기출 체크

01 효과성 성과감사를 위한 질문과 가장 거리가 먼 것은? 2019년 서울시 7급 (2월 추가)

① 부처 간 공통목적 달성을 위해 잘 협조하고 있는가?

② 사업의 대상 집단은 정확히 정의되었는가?

③ 사람들은 제공된 사업내용이나 수단에 만족하는가?

④ 선택된 수단들은 추구하는 목적 달성에 어느 정도로 기여하는가?

답 ① 정책의 집행과정 점검에 대한 질문

02 「정부업무평가 기본법」에 의한 정부업무평가제도에 대한 설명으로 옳지 않은 것은? 2017년 국가직 9급 변형

① 김포시와 도로교통공단은 평가대상에 포함된다.

② 관세청장은 자체평가위원회를 운영한다.

③ 행정안전부장관은 지방자치단체합동평가위원회의 당연직 위원장이다.

④ 기획재정부장관은 정부업무평가위원회의 위원이다.

답 ③ 행정안전부장관이 지방자치단체 합동평가위원회의 위원장을 민간위원 중에서 지명함

4. 평가결과의 공개와 활용

(1) 평가결과의 공개 및 보고

① 평가를 실시하는 기관의 장은 평가결과를 전자통합평가체계 및 인터넷 홈페이지 등을 통하여 공개하여야 함

② 국무총리는 매년 각종 평가결과보고서를 종합하여 이를 국무회의에 보고하거나 평가보고회를 개최하여야 함

③ 중앙행정기관의 장은 전년도 정책 등에 대한 자체평가결과를 지체 없이 국회 소관 상임위원회에 보고하여야 함

(2) 평가결과의 활용

① 중앙행정기관의 장은 평가결과를 조직·예산·인사 및 보수체계에 연계·반영하여야 함

② 중앙행정기관의 장은 평가의 결과에 따라 정책 등에 문제점이 발견된 때에는 지체 없이 당해 정책 등의 집행중단·축소 등 자체감사를 실시하고 그 결과를 위원회에 제출하여야 함

③ 중앙행정기관의 장은 평가의 결과에 따라 우수하다고 인정되는 소속부서 및 기관 또는 공무원에서 포상, 성과급 지급, 인사상 우대 등의 조치를 한 후 그 결과를 위원회에 제출하여야 함

5. 우리나라 정책평가의 문제점

(1) 중앙통제 위주의 평가로 성과측정과 평가제도가 지나치게 타율적으로 운영되며, 그 구성이 전문가로 되어있지 않으므로 평가분야의 상대적 전문성이 결여되어 있음

(2) 정책 환류보다 책임성 확보에 초점을 두고 있고, 공공가치의 창조에 제대로 기여하지 못하고 있음

(3) 실무부처의 소극적인 행태로 인하여 정책평가를 극대화할 수 있는 평가제도가 운영되지 못함

3 인과관계와 변수의 종류

1. 인과관계

(1) 의의

① 원인과 결과의 관계

② 독립변수와 종속변수 간의 관계를 의미하며 이를 밝힌다는 것은 정책의 효과를 밝힌다는 것과 같음

③ 정책은 목적을 달성하고 정책대상집단의 행태를 변화시키기 위한 수단으로 정책 또는 프로그램이 원인, 정책의 산출물이 결과에 해당함

(2) 성립조건

① **시간적 선행성**: 독립변수는 종속변수보다 시간적으로 선행하여야 함

② **공동 변화의 입증(변수 간 상시연결성), 연관성**: 독립변수와 종속변수는 일정한 방향으로 같이 변화하여야 함

③ **경쟁가설의 배제(비허위성):** 정책 이외의 다른 경쟁적 요인이 종속변수에 영향을 미치지 않은 비허위적 관계임을 입증하여야 함

2. 변수의 종류

(1) 독립변수(X)*

* 독립변수 중 정부의 정책에 의하여 조작이 가능한 변수를 정책변수라 함

① 다른 변수의 변화와 관계없이 독립적으로 변하며 종속변수에 영향을 끼치는 변수

② 어떤 결과를 가져오게 한 원인이 되는 변수

(2) 종속변수(Y)

① 독립변수의 영향을 받아서 변화하는 변수

② 원인변수에 의해 나타난 결과에 해당하는 변수

(3) 제3의 변수(Z)*

* 허위변수를 제거하면 결과의 값이 사라지고, 혼란변수가 사라지면 결과변수의 값이 달라짐

① **허위변수:** 독립변수와 종속변수 간에 아무런 관계가 없음에도 불구하고 겉으로는 상관관계가 있는 것처럼 보이게 만들어 두 변수에 영향을 끼치는 제3의 변수

② **혼란변수:** 독립변수와 종속변수 간에 존재하는 상관관계를 과대 내지 과소평가하게 하여 정확한 인과관계 추론을 위협하는 제3의 변수

③ **억제변수:** 두 변수 간에 상관관계가 있는데도 없는 것처럼 보이게 하는 변수

④ **왜곡변수:** 두 변수 간의 상관관계를 정반대로 보이게 하는 변수

(4) 선행변수 · 매개변수 · 구성변수

① **선행변수**
   ㉠ 독립변수에 앞서면서 독립변수에 영향력을 행사하는 변수
   ㉡ 선행 · 독립 · 종속변수 간의 상호관련성이 존재하여야만 의미를 가지는 변수
   ㉢ 선행변수의 통제 시 독립변수와 종속변수의 관계는 유효하지만, 독립변수의 통제 시 선행변수와 종속변수의 관계는 사라짐

② **매개변수:** 독립변수와 종속변수의 사이에서 독립변수의 결과인 동시에 종속변수의 원인이 되는 변수로, 집행변수와 교량변수가 있음

③ **구성변수:** 포괄적 · 추상적 상위변수를 측정 가능하게 하는 하위변수

4 정책평가의 요소

1. 타당도(validity)

(1) 의의

① 측정의 과정이나 절차가 그것이 내세운 목표를 얼마나 정확하게 달성하였느냐 하는 정도를 의미함

② 실제로 정책의 효과가 있을 때 효과가 있다고 평가하고, 효과가 없을 때 효과가 없다고 평가할 수 있다면 그 정책평가는 타당도가 높다고 할 수 있음

구성적 타당도(개념적 타당도)란 처리, 결과, 상황 등에 대한 이론적 구성요소들이 성공적으로 조작화된 정도를 말한다. (○, ×)

답 ○

(2) 종류 - 쿡(Cook)과 캠벨(Campbell)의 분류

구성적 타당도	• 처리 및 결과, 모집단, 상황에 대한 이론적 구성요소들이 성공적으로 조작화된 정도 • 정책평가에 사용된 이론적 구성개념과 이를 측정하는 도구의 상호 일치되는 정도
통계적 결론의 타당도	• 만일 정책의 결과가 존재하고 이것이 제대로 조작되었다고 할 때, 그 효과를 찾아낼 만큼 충분히 정밀하고 강력하게 연구설계가 이루어졌는지의 정도 • 제1종 및 제2종 오류가 발생하지 않을 정도를 의미하며, 내적 타당도의 전제가 됨
내적 타당도	• 조작화된 결과에 대하여 찾아낸 효과가 다른 경쟁적인 원인들에 의해서라기보다는, 조작화된 처리에 기인된 것이라고 볼 수 있는 정도 • 정책과 결과 간 인과관계를 밝히는 것으로 일반적 의미의 타당도에 해당하며, 외적 타당도에 앞서 확보되어야 함
외적 타당도	• 조작화된 구성요소들 가운데에서 관찰된 효과들이 당초의 연구가설에 구체화된 것들 이외에 다른 이론적 구성요소들까지도 일반화될 수 있는 정도 • 내적 타당도를 통해 얻은 인과적 추론을 다른 상황에도 그대로 적용시킬 수 있는가의 정도

(3) 내적 타당도의 저해요인

① **외재적 요인(선발요인):** 정책의 대상이 되는 실험집단과 그렇지 않은 통제집단의 구성 시 동등하게 선발되지 못하고 처음부터 다른 특성을 가진 개인들을 선발하여 할당함으로써 정책 결과에 영향을 끼치는 현상으로 선정효과 또는 선택효과라고도 함*

② **내재적 요인:** 선발과정 상의 차이로 인하여 영향을 끼치는 외재적 요인과는 달리, 평가연구를 수행하는 과정에서 발생하여 결과에 영향을 끼치는 요소들

ⓐ **역사적 요인(사건효과):** 실험기간 동안에 실험자의 의도와 관계없이 발생한 사건이 실험집단에 영향을 미쳐 대상변수에 중요한 영향을 끼치는 경우로, 실험기간이 길수록 나타날 가능성이 증가함

ⓑ **성숙효과(성장효과):** 실험집단이 시간의 경과에 따라 정책효과와는 관계없이 자연스레 성장하거나 발전함으로써 나타날 수 있는 효과로, 실험기간이 길수록 성숙효과가 나타날 가능성이 증가함

ⓒ **회귀인공요소:** 실험 직전에 측정한 결과를 토대로 하여 집단을 구성할 때 평소와는 달리 극단적으로 좋거나 나쁜 결과를 얻은 사람들을 선발한 후, 실험이 진행되는 동안 본래의 모습이나 성격으로 회귀하는 현상이 나타남에 따라 발생하는 오차를 회귀인공요소에 의한 오차라고 함

ⓓ **상실요소:** 정책의 실험 중에 실험집단의 일부가 탈락하는 경우로, 실험집단과 통제집단에서 서로 다른 성격과 비율로 탈락자가 발생한다면 이들 두 집단의 구성이 처음과 달라지게 되어 오류가 발생함

내적 타당도 저해요인

표본의 대표성과 관련된 요인	• 선발요인 • 회귀인공요소 • 상실요소
관찰 및 측정요인과 관련된 요인	• 측정요소 • 측정수단요인
다른 요인의 개입	• 성숙효과 • 역사적 요인

* 실험집단과 통제집단의 표본선정과 정상의 오류를 뜻함

🏛 기출 체크

다음 내용에서 정책평가의 내적 타당성을 위협하는 요인은? 2016년 가직 9급

정부는 혼잡통행료 제도의 효과를 측정하기 위해 혼잡통행료 실시 이전과 실시 후의 도심의 교통 흐름도를 측정·비교하였다. 그런데 두 측정시점 사이에 유류가격이 급등하는 상황이 발생하였다.

① 상실요인(mortality)
② 회귀요인(regression)
③ 역사요인(history)
④ 검사요인(testing)

답 ③ 정책의 투입과 효과발생 사이에 유류가격 급등이라는 역사적 사건이 발생하였으므로 역사요인 혹은 사건효과에 해당

ⓜ **측정(검사)요소(시험효과):** 측정 그 자체가 연구되고 있는 현상에 영향을 주는 것으로, 측정 경험이 축적되어 처치 후의 동일한 영향을 끼쳐 엄밀한 측정이 이루어지지 못하는 현상*

ⓗ **모방효과(오염효과):** 통제집단의 구성원이 실험집단 구성원의 행동을 모방하여 오류가 발생하는 현상

ⓢ **측정수단요인(도구요인):** 프로그램이나 정책의 집행 전과 집행 후에 사용하는 측정절차나 도구가 변화함으로 인해 나타나는 현상

ⓞ **선발과 성숙의 상호작용:** 실험집단과 통제집단 간에 동질성이 확보되지 못하고, 두 집단 간의 성숙의 비율이 다르게 나타나면서 정책효과를 왜곡함

ⓩ **처치와 상실의 상호작용:** 실험집단과 통제집단이 무작위로 배정되어도 각 집단에 다른 처치가 행해져 그 기간 동안 서로 다른 성질의 구성원들이 상실되는 현상이 발생하는 것으로, 남아있는 구성원들을 대상으로 처치효과를 추정할 경우 그 결과가 왜곡될 가능성이 있음

ⓣ **누출효과:** 처리가 통제집단에게 누출되어 발생하는 현상

(4) 내적 타당도 제고를 위한 변수의 통제방법

① **무작위 배정:** 실험집단과 통제집단에 대상이 배정될 기회를 동일하게 하여 집단을 구성함으로써, 허위변수와 혼란변수의 영향이 두 집단에 동질적으로 나타나도록 하는 방법

② **축조에 의한 통제(짝짓기, 매칭에 의한 통제):** 무작위 배정을 통한 동질성 확보가 곤란한 경우에 실시하는 방법으로 비슷한 점을 지닌 대상끼리 둘씩 짝을 지은 다음 하나는 실험집단에, 다른 하나는 통제집단에 배정하는 방법

(5) 외적 타당도의 저해요인

① **호손(Hawthorne) 효과(실험조작의 반응효과):** 실험집단의 구성원들이 실험을 위해 자신이 관찰되고 있다는 사실을 인식하고 있는 경우 심리적 긴장감으로 인해 평소와 다른 행동을 보이는 현상

② **다수적 처리에 의한 간섭:** 동일집단에 여러 번의 실험적 처리를 실시하는 경우 실험집단의 구성원들이 실험조작에 익숙해져 측정값이 영향을 받을 수 있으므로 그 결과를 일반화하기 곤란함

③ **표본의 대표성 결여:** 실험집단과 통제집단 간에 동질성이 있더라도 각 집단 구성원들의 사회적 대표성이 결여되어 있으면 그 결과를 일반화하기 곤란함

④ **실험조작과 측정의 상호작용:** 실험 전 측정(측정요소)과 실험대상이 됨으로써 발생하는 효과(실험조작)의 상호작용이 발생하는 경우로, 사전측정을 받아본 경험이 있는 실험집단으로부터 도출한 결과를 모집단에 일반화하기 곤란함

⑤ **크리밍(Creaming) 효과:** 효과가 크게 나타날 것으로 예상되는 대상만 실험집단에 배정함으로써 발생하는 오차로, 외적 타당도와 내적 타당도 모두를 저해함

PART 2

정책학 2021 해커스공무원 **쉬운 행정학**

* 측정요소로 인한 오류의 예로, 프로그램 전과 후에 동일한 테스트 문제들이 사용되는 경우 대상자들이 이 문제를 기억하고 있거나, 프로그램 집행 후에 이루어지는 테스트에 앞서 문제에 관한 토의를 진행함으로써 테스트 점수가 상승되는 것을 들 수 있음

핵심 OX

01 정책의 실험과정에서 실험대상자와 통제대상자들이 서로 접촉하는 경우 모방효과가 나타날 수 있다.

(O, ×)

답 O

02 정책평가의 외적 타당도란 특정한 상황에서 얻은 정책평가의 결과를 일반화할 수 있는 정도를 말한다.

(O, ×)

답 O

03 크리밍(Creaming)효과, 호손(Hawthorne)효과는 내적 타당도를 저해하는 요인이다. (O, ×)

답 × 크리밍(Creaming) 효과는 내적 타당도를 저해하는 요인도 될 수 있지만, 호손(Hawthorne) 효과는 외적 타당도를 저해하는 요인

04 신뢰도는 동일한 측정도구를 반복하여 사용했을 때 동일한 결과를 얻을 확률을 의미한다. (O, ×)

답 O

2. 신뢰도(consistency)

(1) 의의
동일한 측정도구가 동일한 프로그램(정책)을 반복해서 측정하는 경우에 있어서 계속 동일한 결과가 나타나는지의 확률로, 결과의 일관성을 의미함

(2) 신뢰도와 타당도의 관계
① 신뢰도는 타당도의 필요조건으로서 신뢰도가 낮으면 타당도도 낮아지나, 신뢰도가 높다고 하여 반드시 타당도가 높은 것은 아님
② 측정에 있어서는 타당도가 우선적으로 확보되어야 함

(3) 신뢰도 검증방법
① **재검사법**: 동일한 시험을 동일한 집단에 상이한 시점에서 2회 실시한 후 그 결과를 비교함
② **복수양식법(동질이형법)**: 동일한 질의 시험을 유사한 두 가지의 측정도구 혹은 양식을 사용하여 치른 후 그 결과를 비교함
③ **반분법**: 동일한 개념에 대해 여러 개의 문항으로 측정을 하는 경우 무작위로 각 문항을 반으로 나누어 각각의 결과 간의 상관관계를 분석함
④ **내적 일관성 검사법**: 개별문항에 대한 결과 간의 상관관계를 구하고 이를 검토하여 상관성이 낮은 문항을 제거하는 방법으로, 반분법을 개별문항으로 확대하여 적용한 것

5 정책평가의 방법(사회실험)

1. 사회실험의 개념
인과관계에 대한 가설 검증을 위해 실험대상을 의도적으로 두 집단으로 나누어 실험집단에게는 일정한 처리를 가하고 통제집단에게는 처리를 가하지 않은 후, 일정한 시간이 지나고 두 집단으로부터 도출해낸 결과변수상에서의 차이를 바탕으로 정책의 효과를 평가하는 방법

2. 진실험(true experiment)

(1) 의의
① 실험집단과 통제집단을 무작위로 배정함으로써 두 집단 간의 동질성을 확보한 상태에서 행하는 실험
② 엄격한 외생변수의 통제 하에 독립변수를 조작화하여 인과관계를 밝히는 설계유형

(2) 실험집단과 통제집단의 동질성의 의미
① **동일한 구성**: 실험집단과 통제집단은 유사한 대상이나 단위들이 혼합되어 구성상의 동일함을 유지함
② **동일한 성향**: 실험집단과 통제집단은 선택하는 경향이 유사하여 성향의 동일함을 유지함
③ **동일한 경험**: 실험집단과 통제집단은 관찰기간 동안 성숙·역사적 사건 등 시간적으로 동일한 과정을 경험하여 과정상의 동일함을 유지함

(3) 장점

① 실험집단과 통제집단의 동질성이 확보되어 있어 성숙효과와 선발효과의 영향이 줄어들기 때문에 내적 타당도가 높음

② 변수의 조작화가 가능하고 재현가능성이 높은 유용성을 높일 수 있음

③ 특정정책의 독립변수의 효과를 파악하는 데 중점을 둘 수 있음

(4) 단점

① 실험대상자들을 무작위로 두 집단으로 나누어 하나의 집단에만 정책을 집행한다는 것이 윤리적 문제로 연결될 수 있음

② 대상자들의 실험 인식으로 인한 호손(Hawthorne) 효과가 나타나 외적 타당도가 저해될 수 있음

③ 정책수단의 내용이 누출되어 통제집단이 실험집단의 태도를 모방하는 효과가 나타날 수 있음

④ 평가의 성과가 밝혀지는 데 많은 시간과 비용이 소요됨

⑤ 표본이 적은 경우 표본의 대표성이 부족해 외적 타당도가 낮아짐

3. 준실험(quasi experiment)

(1) 의의

① 무작위 배정에 의한 방법을 사용하지 않고 실제 상황에서 가능한 한 외생변수를 통제하고 독립변수를 조작화함으로써 실험변수의 효과를 검증하려는 실험설계로, 짝짓기 방법이나 시계열적 방법을 사용함

② 무작위 배정에 의한 통제에 의하여 평가를 하기 어려운 경우에 사용하는 방법으로, 진실험 방법이 갖는 정치적·기술적 문제를 완화하기 위한 방법

(2) 장점

① 실제 문제해결에 적용될 수 있는 실현가능성이 높음

② 융통성이 있으며 진실험보다 외적 타당도가 높음

(3) 단점

① 두 집단의 성숙효과 등의 차이로 인해 내적 타당도가 저하됨

② 두 집단의 구성이 비동질적이기 때문에 집단특유의 사건이 발생하면 이를 해결할 수 없음

③ 현장에서는 대상의 무작위화와 독립변수의 조작화가 곤란하고, 실험이 불가능한 경우가 발생함

④ 외생변수의 개입으로 인해 순수한 독립변수의 효과 파악이 어려움

4. 비실험설계

(1) 의의

진실험 또는 준실험적 설계를 제외한 인과관계의 추론방법으로 정책효과의 존재 여부를 판단하기 위해 정책대상집단과 다른 집단을 정책집행 후에 사후적으로 찾아내어 일정한 시점을 비교하는 설계로, 통제집단없이 실험집단에만 정책을 처리한 후 효과의 존재를 판단하는 방법이 대표적임

준실험 설계방법

1. 회귀-불연속 설계(regression discontinuity design): 실험집단과 통제집단에 실험대상을 배정할 때 명확한 자격기준을 적용하여 두 집단을 다르게 구성한 뒤 집단 간 회귀분석 결과를 비교하는 방식

   예 장학금 지급 여부가 사회에서의 소득에 미치는 영향을 파악하고자 할 때, 장학금을 지급받지 못한 학생들의 성적과 사회소득관계를 나타내는 회귀직선과 장학금을 지급받은 학생들의 성적과 사회소득의 관계를 나타내는 회귀직선을 서로 비교

2. 통제-시계열 설계(control-series design): 통제집단의 시계열 자료를 분석하는 방식

3. 단절적 시계열 분석(interrupted time-series design): 통제집단이나 비교집단을 설계하기 어려울 경우, 프로그램의 실시 시점을 기준으로 전과 후의 시계열 자료를 분석하는 방식

정책평가의 논리와 방법에 대한 설명으로 옳지 않은 것은? 2016년 지방직 7급

① 내적 타당성이란 다른 요인들이 작용한 효과를 제외하고 오로지 정책 때문에 발생한 순수한 효과를 정확히 추출해 내는 것과 관련되는 개념이다.
② 내적 타당성을 위협하는 성숙요인이란 순전히 시간의 경과 때문에 발생하는 조사대상집단의 특성변화를 말한다.
③ 진실험설계의 주요 형태 중 하나인 단일집단 사전사후측정설계는 동일한 정책대상집단에 대한 사전측정과 사후측정을 통해 정책효과를 추정하는 방식이다.
④ 결과변수에 영향을 미친다고 생각되는 제3변수들을 식별하여 통계분석모형에 포함시킨 후 정책효과를 추정하는 것은 비실험적 설계의 한 예이다.

답 ③ 진실험이 아니라 비실험 설계방법의 주요형태 중 하나

(2) 유형

① **대표적 비실험**: 정책을 실시하기 전·후를 비교하거나 사후적으로 비교집단을 선정하는 방법(단일집단 사전·사후 측정설계)
② **통계적 비실험**: 실험설계 없이 통계분석만으로 외생변수의 영향을 제거하여, 정책이 결과변수에 미치는 순수한 영향을 파악하려고 하는 방법
③ **포괄적 비실험**: 포괄적인 규범 및 목표를 통제하여 사회적 규범과 비교함으로써 실험의 목적을 달성하려는 방법
④ **잠재적 비실험**: 전문가, 패널 등의 잠재적 집단이 판단한 내용과 비교하고 이에 따라 통제함으로써 그 내용을 활용하는 방법

(3) 한계

통계분석적 관점에서 볼 때 본질적으로 제3의 변수(허위변수와 혼란변수)를 조사설계 단계에서 처리하지 못하기 때문에 정책효과를 정확하게 측정할 수 없어 내적 타당성이 저하됨

Focus on 사회실험의 비교			
구분	진실험	준실험	비실험
내적 타당성	높음	낮음	가장 낮음
외적 타당성	낮음	높음	가장 높음
실현 가능성	낮음	높음	가장 높음

THEME 035 정책변동 ★☆☆

1 의의

1. 정책과정의 전체적 단계에 걸쳐서 얻게 되는 정보 및 지식을 서로 다른 단계로 환류시켜 정책목표·정책수단·정책대상집단 등과 관련되는 정책내용과 정책집행의 담당조직·정책집행절차와 관련되는 정책집행방법에 변화를 가져오는 것을 의미함
2. 정책을 독립변수로 파악하고 정책순환의 최종단계를 중시하고, 다수 정책의 동태적 변동에 초점을 둠

2 원인과 유형

1. 원인

(1) 문제의 소멸

(2) 환경적 기반의 약화

(3) 정책내용의 오류

(4) 정부관료제의 변화

(5) 위기와 재난 발생

(6) 정책 관련 기술 및 지식의 변화

(7) 참여집단의 관계 변화

(8) 정책 관련자들의 니즈(needs) 변화

2. 정책변동의 유형 – 호그우드(Hogwood)와 피터스(Peters)

정책혁신	정부가 과거에 관여하지 않고 있던 분야에 개입하기 위해 새로운 정책을 결정하는 것
정책종결	• 현존하는 정책 자체와 정책수단이 되는 사업들을 지원하는 예산이 완전히 소멸되고, 다른 정책으로 대체되지도 않아 정책당국의 개입이 전면적으로 중단되는 것 • 구조적 · 기능적 종결
정책승계	• 정책의 근본적 수정을 통해 기본적 성격을 바꾸는 것 • 기존 정책의 목표는 변경시키지 않고 내용의 일부 또는 전부를 변경시키는 것 • 정책공간의 과밀화로 인하여 완전하게 새로운 정책이 등장하는 것은 거의 불가능하다는 점에서, 정책승계는 정책변동 중 가장 중요한 유형
정책유지	본래의 정책목표를 달성하기 위해 정책의 기본적 특성은 그대로 유지하면서 상황의 변화에 능동적으로 대처하기 위해 약간의 수정 · 변경을 가하는 것

3. 정책승계의 유형

정책대체 (선형적 승계)	정책목표는 그대로 두고 정책의 내용을 새로운 정책을 대체하여 바꾸는 것
부분적 종결	정책의 일부를 폐지하는 것
정책통합	두 개의 정책을 하나로 통합하는 것
정책분할	하나의 정책을 둘 이상으로 나누는 것
파생적 승계 (부수적 승계)	다른 새로운 정책의 채택으로 기존 정책의 승계가 파생적으로 발생하는 것
우발적 승계	다른 분야의 정책변동에 연계하여 우발적으로 변화가 나타나는 것
복합적 승계	정책승계의 여러 유형이 복합적으로 나타나는 것

정책변동의 유형

정책혁신	새로운 문제 등장(의도적)
정책종결	문제 소멸(의도적)
정책승계	문제 변질(의도적)
정책유지	문제 지속(적응적)

정책의 변동 여부

구분	정책목표	정책성격	정책수단
정책혁신	○	○	○
정책종결	○	○	○
정책승계	×	○	○
정책유지	×	×	○

정책학습(policy learning)

1. **의의:** 정책의 성취 여하에 따른 원인을 규명하고 성취한 경우는 성취요건들을 강화하고, 실패한 경우는 해결책을 강구하는 한편 환경변화에 맞추어 정책목표들을 수정·보완해가는 과정에서 이루어지는 학습활동

2. **유형**
   • 버클랜드(Birkland) – 학습이 일어나는 수준에 따른 구분

수단적 학습	집행수단이나 기법을 통한 학습
사회적 학습	문제 그 자체의 핵심, 사업목표에 대한 태도, 정부활동의 본질과 타당성까지 포함하는 학습
정치적 학습	정치적 변화를 찬성 또는 반대하기 위한 학습

   • 하울렛(Howlett)과 라메쉬(Ramesh) – 학습의 원천과 동기의 소재에 따른 구분

내생적 학습	정책의 환경 또는 정책의 수단들에 대한 학습
외생적 학습	정책문제의 정의, 정책목적 자체에 대한 의문 제기까지 포함하는 학습

CHAPTER 6 기획론

THEME 036 기획의 의의와 과정 ★☆☆

1 의의

1. 개념

(1) 바람직하다고 생각하는 행정목표의 달성을 위해 장래의 활동에 관한 일련의 결정을 준비하는 계속적·동태적 과정

(2) 미래를 합리적으로 통제하여 목표를 달성할 수단으로 제재와 프로그램 활동들을 설계하고 이들 양자 간의 관계를 구체화하는 과정으로, 정치행정일원론과 발전행정론에서 중시함

2. 특징

(1) **미래지향성**

불확실한 미래를 예상하여 목표달성을 위한 수단들을 마련함

(2) **목표지향성**

조직목표를 구체화하고 명료화시키는 활동

(3) **정치적 성격**

국민의 동의·지지를 획득하고, 통치의 정당성을 확보하는 수단

(4) **계속적 준비과정**

하나의 계획에 대한 집행 결과를 평가하여 차기 계획에 반영하는 계속적·순환적 활동

(5) **행동지향성**

행정이나 국가의 변화를 위한 행동지향적 성격

(6) **무형적 요인 고려**

합리적 과정이지만 가치관 내지 무형적 요인과도 관련됨

3. 기능

(1) 사회문제를 해결하는 합리적인 수단

(2) 행정목표를 명확하게 하고 장래에 대비 가능

(3) 가용자원을 최적으로 활용하여 낭비 최소화

(4) 관리자에게 지휘의 수단 제공

(5) 행정행위에 대한 사전 조정과 통제의 역할 수행

기획과 계획

기획	계획을 수립하고 집행하는 포괄적·계속적·동태적·절차적 활동
계획	기획을 통해 산출된 보다 구체적·개별적 결과

4. 기획관의 변천

(1) 전통적 기획관 - 폐쇄적 · 기계적 · 수단적

① 기획은 사실적 자료를 수집하고 분석하는 가치중립적 활동으로, 외부에서 수립된 목표들을 달성하기 위한 객관적 수단을 강구하는 데 국한된 단순한 관리과정의 하나이며, 능률성 향상의 수단

② 가치를 배제하여 정책문제를 정확히 설정하지 못하는 제3종 오류를 범하기 쉬움

(2) 현대적 기획관 - 개방적 · 규범적 · 종합적

기획에 있어서 윤리적 · 정치적 측면을 고려한 이해갈등의 조절과 미래창조성을 강조하여, 기획에서 중요한 것은 목표설정기능이라고 주장한 전통적 기획관보다 포괄적 개념

2 기획의 일반적 과정

1. 목표 설정*

문제에 대한 진단을 통해 궁극적인 목적이 무엇인지를 탐색하여 도출된 결과를 가능한 한 구체적이고 양적으로 제시하여 측정이 가능하며, 여러 가지 제약조건에 비추어 실현가능한 것으로 목표를 설정함

*표방된 목표와 실제 목표 사이에 괴리가 있어서는 안 되며, 문제나 미래상태에 비추어 타당성을 지닌 목표를 설정해야 함

2. 상황의 분석(현황 파악)

현재 및 장래의 상황에 대한 정보의 수집 · 분석을 통해 목표를 달성하는 데 예상되는 장애요인과 문제점을 규명함

3. 기획전제의 설정(미래 예측)*

계획을 수립하는 과정에서 기초가 될 주요 가정이나 미래 예측을 의미하는 것으로, 기획에 중대한 영향을 미치는 변수들을 빠짐없이 포함하고 전제의 설정에 있어 이용가능한 정보들을 충분히 수집 · 분석함

*기획전제는 일반적으로 외생변수들의 장래변화에 관한 가정으로, 현실적인 여건을 대상으로 삼는 상황분석과는 차이가 있음

4. 대안의 탐색과 비교 · 평가

(1) 대안을 탐색할 때는 실현가능성에 유의하여 창의적인 대안을 찾도록 해야 하는데, 복수의 대안이 존재하며 주요 원천은 자신의 과거 경험이나 조직이 취한 선례를 통해 판단함

(2) 대안을 비교 · 평가할 때는 그 대안을 채택했을 때 나타날 영향에 초점을 두어 진행하며, 의사결정자가 최선의 선택을 할 수 있는 기초를 제공함

5. 최종안의 선택

최고정책결정자 또는 기획가들의 개인적 · 주관적 가치판단이 개입되는 단계로, 여러 대안 중 객관적이고 현실적인 대안을 선택함

기획수립의 원칙

목적성	명확하고 구체적인 목표 제시
단순성	이해하기 쉬운 용어 사용
표준화	기획 대상의 표준화
신축성	유동적 상황에 대응
경제성	자원 및 시간 절약
안정성	불필요한 수정을 피하고 일관성 유지
예측성	미래를 가능한 한 정확히 예측
계속성	상위 · 중위 · 하위 기획들의 단계적 연결
포괄성	필요한 모든 요소들이 빠짐없이 포함

1 기획의 유형

1. 구속성 유무별 분류

(1) 구속계획(강제기획)
구속성 및 강제성이 있는 계획

(2) 지시계획(유도기획)
구속성 및 강제성이 없는 계획

2. 계층별 분류 - 얀취(Jantsch)

구분	환경	목표
정책계획	정책형성	당위, 규범, 추상적 목표
전략계획	목표설정	실천적 · 구체적 목표
운영계획	관리	세부적 운영목표

(1) 정책계획(입법계획, policy planning)
① 정부의 광범위하고 기본적인 최고목표 또는 방침을 형성하는 종합적 · 목표지향적 · 질적 · 이상적 기획
② 정부가 수립하고 국회가 의결하는 법률 형태

(2) 전략계획(strategic planning)
① 정책계획과 운영계획의 중간적 성격을 지닌 기획
② 제약조건하에서 성취가능한 목표를 설정하는 기획

(3) 운영계획(행정계획, operational planning)
① 구체적 · 세부적 · 현실적 · 단기적인 행정부 내부의 기획
② 행정부 내부통제 및 예산편성의 기준이 되며 국회의결은 불필요함

3. 이용 빈도별 분류

(1) 단용계획
1회에 한하여 사용하는 비정형적 · 임시적 계획

(2) 상용계획
반복적으로 사용하는 정형적 계획

상용계획의 장점
1. 집행노력 및 인건비가 절약됨
2. 행정활동의 조정에 도움이 됨
3. 통제가 용이함

4. 기간의 고정성 유무에 의한 분류

(1) 고정계획
계획기간이 고정된 계획으로, 목표가 고정되어 성과관리가 용이하지만 여건 변화에 대한 대응성이 부족함
예 한국의 경제개발 5개년 계획

(2) 연동계획(기획)

① 장기계획 혹은 중장기계획을 집행하는 과정에서 계획 집행상의 신축성과 융통성을 위해 매년 계획내용을 수정·보완하되, 계획기간을 계속해서 1년씩 늦추어가면서 계획을 유지해 나가는 제도

② 장기계획과 단기계획의 장점만을 결합하려는 시도로 고안된 계획
   예 현재 우리나라의 국가재정운용계획

③ 장점
   ㉠ 기획과 예산의 유기적 통합이 가능함
   ㉡ 상황 변화에 따른 신축성과 대응성을 향상시킴
   ㉢ 실현가능성과 타당성을 제고함

④ 단점
   ㉠ 국민에 대한 호소력이 약하여 단기적인 선거에만 관심을 두는 정치인들의 관심도가 낮음
   ㉡ 매년 계획을 수정하므로 절차가 복잡하고 많은 비용과 자원이 소모됨
   ㉢ 국민들의 무관심을 유발함

5. 허드슨(Hudson)의 기획 분류(SITAR)

(1) 총괄적 기획(Synoptic)
합리적·종합적 접근방법을 활용하며, 주로 개발도상국에서 사용함

(2) 점진적 기획(Incremental)
조정과 적응을 추구하는 계속적 기획으로 전략적·단편적 점진주의 기획이며, 주로 선진국에서 사용함

(3) 교류적 기획(Transactive)
기획으로 인하여 직접적으로 영향을 받는 사람과의 대면적 접촉과 대화를 통해 계획을 수립하는 기획으로, 인간의 존엄성과 효능감을 중시함

(4) 창도적 기획(Advocacy)
약자의 이익을 보호하기 위해 제시한 기획으로, 약자의 보호를 위한 법적 피해 구제절차를 중시함

(5) 급진적 기획(Radical)
단기간 내에 구체적 성과를 낼 수 있도록 집단행동을 통해 실현시키려는 기획으로, 자발적 실행주의의 사조에 기반을 둠

6. 기획의 정향 – 액코프(Ackoff)의 기획에 대한 태도

무위주의	조작적 기획	무간섭 주의	기획은 수단의 선택과정
반동주의	전술적 기획	권위적, 온정적	• 기획은 수단과 단기 • 목표의 선택과정
선도주의	전략적 기획	효율성 극대화	• 기획은 수단과 장·단기 • 목표의 선택과정
능동주의	규범적 기획	상호작용주의	• 기획은 수단, 장·단기 목표 • 이상의 선택과정

(1) 무위주의(현재주의)

① 현재의 상태에 만족하는 현상유지주의로, 자신의 생존이나 안전이 위협받지 않으면 개입하지 않는 무간섭주의 또는 위기관리의 정책방식을 취함

② 민주적 절차와 과정을 중시하며 각종 위원회를 가급적 많이 형성하고자 함

③ 현재의 상태가 가장 좋은 것은 아니라고 믿으나 만족할 만하다고 여기므로, 이를 유지하는 것 이외의 일은 하지 않음

(2) 반동주의(복고주의)

① 현실에 만족하지도 않고 미래에 희망을 두지도 않는 복고주의 기획

② 전통을 중시하는 보수주의 입장으로 판단기준을 과거와 역사적 경험에 둠

③ 기술을 적대시하고 도덕성 및 사람의 가치를 강조하며, 권위주의적이고 온정적인 위계질서에 의존하려는 경향이 강함

(3) 선도주의(미래주의)

① 예전으로 돌아가는 것이나 현재의 상태에 만족하지 않아, 더 나은 미래를 적극 지향하는 미래우선주의

② 변화를 추구하여 새로운 분석이나 기술을 중시하고, 부작위의 오류보다 작위의 오류를 선호함

③ 여러 국가나 조직에서 가장 많이 채택하는 유형

(4) 능동주의(상호작용주의)

① 과거, 현재는 물론 미래에도 집착하지 않는 상호작용주의로 이상화를 추구함

② 학습과 적응능력의 계속적 향상을 추구하며, 문제 그 자체를 올바르게 형성하는 것을 중시함

7. 지역수준별 분류

지방계획	시·군 단위의 계획
지역계획	국토를 일정한 기준에 의해 수개의 권역으로 나누어 개발권을 설정한 계획
국가계획	국가 전체를 지역적 대상으로 하는 계획
국제계획	여러 개의 국가가 관련된 국제수준의 계획

2 국가기획과 민주주의에 대한 논쟁(Hayek vs. Finer)

1. 부정론

(1) 하이에크(Hayek)의 『노예에의 길(The Road to Serfdom)』

국가기획이 도입됨으로써 시민의 자유와 권리가 침해되므로 결국 국가기획제도는 필연적으로 독재를 초래하고, 자유경쟁만이 유일한 자유의 근원이라고 주장함

(2) 포퍼(Popper)의 『열린 사회와 그 적들』

반전체주의적 입장으로 열린사회(자유주의)를 주장함

자유민주주의 체제에서의 국가기획

1. 자유민주주의의 기본질서를 저해하지 않는 범위 내에서 인정
2. 복수정당제도의 기본적 전제하에서 인정
3. 국민의 창의력을 저해하지 않는 범위 내에서 인정

2. 긍정론

(1) 파이너(Finer)의 『반동에의 길』

진정한 민주주의는 자본주의의 결함을 시정하는 책임정치이어야 함을 강조하고, 민주주의와 기획의 양립가능성을 주장함

(2) 만하임(Manheim)의 『자유·권력 및 민주적 기획론』

자유방임적 경쟁사회로부터 계획적 사회로의 이행이 필연적임을 설명하고, 이를 위한 민주적 기획을 주장함

(3) 홀콤(Holcomb)의 『계획적 민주정부론』

사기업과 사유재산의 절대성을 전제한 뒤, 이러한 민간자원의 합리적인 이용을 위해서는 관료제에 의한 계획적인 민주주의가 실행되어야 한다고 주장함

3 전략적 기획

1. 의의

(1) 조직의 생존 및 성장에 관련된 결정과 행동을 계획하고 만들어내는 근본적인 활동을 돕는 체계화된 노력을 의미함

(2) 전통적 기획과 전략적 기획의 차이점

① 전통적 기획은 폐쇄적 기획관으로 조직의 목표를 명확히 한 후 그것을 반영하는 데 중점을 두지만, 전략적 기획은 중요한 이슈에 대한 사실 확인과 해결 방안 마련에 중점을 둠

② 전통적 기획은 현재의 상황이 지속된다는 것을 가정하고 계획을 수립하지만, 전략적 기획은 상황의 가변성을 가정하고 그에 적응할 수 있는 대응성을 지닌 계획을 수립함

③ 전략적 기획은 전통적 기획에 비해 미래에 대한 비전에 관심을 가지며, 더 행동지향적인 경향을 보임

2. 효용

(1) 조직 전체의 적극적 참여가 필요하므로 조직 내의 참여가 증대되며, 상호 간의 의사소통이 활발해짐

(2) 다수의 참여로 수집되는 정보의 양이 많아지고, 이를 통해 조직의 우선순위 결정이 조금 더 원활해짐

(3) 중요한 문제 및 도전에 관심을 가짐으로써 조직의 성과가 더욱 향상될 수 있고, 이는 조직의 경쟁력 증대와도 연결되는 요인

3. 한계

(1) 전략적 기획 과정에서 요구되는 비용이 그 편익보다 클 경우에는 유용하지 않음

(2) 조직의 의사결정과정이 지나치게 복잡하다면 사용하기 어려움

핵심 OX

파이너(Finer)는 기획이 시장의 질서를 교란시키고 국민의 자유권을 침해하여 자유민주주의에 위배될 것이라고 주장하였다.　　　　(O, ×)

답 × 하이에크(Hayek) 등의 부정론에 대한 설명이며, 파이너(Finer)는 긍정론의 입장을 취한 학자

기출 체크

<보기> 정책의 전략적 관리방안을 단계별 순서대로 바르게 나열한 것은?

2019년 서울시 9급(2월 추가)

<보기>
ㄱ. 총체적인 정책 방향과 통용되는 규범적 가치 파악
ㄴ. 전략적 의제 개발
ㄷ. 전략적 정책 집행
ㄹ. 전략적 대안 모색
ㅁ. SWOT 분석을 통한 현재 상황의 파악
ㅂ. 전략적 정책대안의 성공 가능성 평가
---

① ㄱ → ㄹ → ㅁ → ㅂ → ㄷ → ㄴ
② ㄱ → ㅁ → ㄴ → ㄹ → ㅂ → ㄷ
③ ㄱ → ㄴ → ㄹ → ㅁ → ㄷ → ㅂ
④ ㄱ → ㄷ → ㅂ → ㄴ → ㄹ → ㅁ

답 ②

(3) 조직의 지도자가 뛰어난 직관을 가지고 일을 진행할 수 있는 능력이 있는 사람일 경우에는 조직 전체가 참여하는 것이 오히려 비효율성을 유발할 수 있음

(4) 조직이 위기에 처해있다면 전략적 기획을 위한 투자 자체가 바람직하지 않은 선택일 수 있음

4. 과정

(1) **전략적 기획과정에 대한 합의**

전략기획을 준비하기 위해 의사결정자들의 지지와 협조가 중시됨

(2) **조직의 목표와 추구하는 가치의 확인**

총체적인 정책 방향 및 통용되는 규범적 가치를 파악함

(3) **조직의 환경분석(SWOT 분석)**

조직이 처한 환경을 파악하고, 조직과 그 환경 사이에서 가장 적합한 상태를 형성함

구분	강점(Strength)	약점(Weakness)
기회 (Opportunity)	SO전략	WO전략
	강점을 가지고 기회를 살리는 공격적 전략	약점을 보완하여 기회를 살리는 방향전환 전략
위협 (Threat)	ST전략	WT전략
	강점을 가지고 위협을 회피하거나 최소화하는 차별화 전략	약점을 보완하면서 위협을 회피하거나 최소화하는 방어적 전략

(4) **전략적 의제개발**

조직이 직면한 중요한 이슈를 확인함

(5) **전략형성**

전략적 대안을 모색하고 대안의 성공가능성을 평가함

(6) **전략적 정책을 채택하고 집행함**

4 기획의 저해요인

1. 기획수립상 저해요인

(1) 목표의 다원성과 불명확성으로 인해 목표 간 갈등이 존재하고 목표의 계량화가 곤란함

(2) 현실적으로 시간·비용상의 제약이 존재하고, 인간 능력상 한계가 존재하여 정확한 미래 예측이 어려움

(3) 정보와 자료가 부족하고 부정확함

(4) 개인의 창의성이 위축됨

(5) 기획의 그레샴 법칙

2. 집행상 저해요인

(1) 변화로 인한 현상타파에 대한 저항과 반발

(2) 기획의 경직성으로 인한 수정의 곤란

(3) 즉흥적 결정으로 인한 빈번한 수정 및 기획의 일관성 결여

(4) 행정기관 간 대립 및 갈등으로 인한 자원배분의 비효율성

(5) 반복적 사용의 제한 및 기획의 상황적응성 부족

3. 행정상 저해요인

(1) 기획담당자의 능력 및 기술 부족

(2) 정치적 불안정으로 인한 기획의 안정성 저해

(3) 자원부족 및 절차의 복잡성

(4) 회계제도와 인사관리의 비합리성

(5) 기술(미래예측기법, 회계이론, 방법론 등)과 경험의 부족

(6) 부처 간 중복과 조정의 결여

기획의 그레샴 법칙

1. **의미**: 일상적이고 정형적인 상황을 선호하여 합리적인 기획이 저해되는 현상을 뜻하며, 장기기획보다는 단순 집행업무를 중시함
2. **원인**
   - 정책결정자의 책임회피 및 무사안일적 성향
   - 기획능력의 부족 및 기법의 낙후성
   - 자원의 부족
   - 목표의 무형성
   - 조직의 보수주의적 성향

THEME
024
정책문제의 구조화 방안에 대한 설명으로 옳지 않은 것은?

① 정책문제의 구조화란 정책문제를 정의하기 위하여 문제 상황의 대안적 개념화를 생성하고 검증하는 과정이다.

② 문제의 구조화 기법 중 가정분석은 여러 대립적 가설을 창조적으로 통합하는 방법이다.

③ 문제의 구조화 기법 중 계층분석은 문제의 위치 및 범위를 파악하는 것이다.

④ 제3종 오류를 방지하기 위하여 정책문제의 구조화가 필요하다.

THEME
025
살라몬(Salamon)의 직접성의 정도에 의한 정책수단의 분류 중 직접성의 정도가 다른 하나는?

① 정부소비   ② 정부운영기업

③ 경제적 규제   ④ 보조금 지급

THEME
026
정책유형에 따라 정치과정이나 정책집행과정이 달라진다고 보는 정책유형론에 대한 설명으로 옳지 않은 것은?

① 알몬드와 파웰(Almond & Powell)은 정책을 추출정책, 분배정책, 규제정책, 상징정책으로 분류하였다.

② 분배정책은 계급 대립적 성격을 지니고 이데올로기적 논쟁이 심한 제로섬(zero-sum) 게임의 성격을 보인다.

③ 구성정책은 정부기관의 신설이나 변경, 선거구 조정 등에 관련된 정책이다.

④ 분배정책은 규제정책보다 정책집행의 성공가능성이 높다.

다음 중 공중의제에 대한 설명으로 옳은 것을 모두 고른 것은?

> ㄱ. 일반대중의 주목을 받을 가치가 있다고 인정하는 일련의 이슈이다.
>
> ㄴ. 문서화되거나 공식화되지 않은 의제이다.
>
> ㄷ. 논쟁의 대상이 되어 있는 사회문제이다.
>
> ㄹ. 정부가 해결을 위하여 심각하게 고려하기로 명백히 밝힌 문제이다.

① ㄱ, ㄴ, ㄷ, ㄹ   ② ㄱ, ㄴ, ㄷ

③ ㄱ, ㄴ   ④ ㄱ, ㄷ

정답 및 해설

024 정책문제의 구조화 기법 중 계층분석은 문제 상황의 발생에 영향을 줄 수 있는 가깝고 먼 다양한 원인들을 창의적으로 찾아내기 위한 방법으로, 문제의 여러 원인을 식별하는 것이다. 문제의 위치 및 범위를 파악하고 경계선상에서의 메타문제를 해결하는 것은 경계분석이다.

▶ 오답체크
① 정책문제의 구조화란 정책문제를 정의하기 위하여 문제 상황의 대안적 개념화를 생성하고 검증하는 과정으로, 정책문제의 본질·범위·심각성을 구체적으로 밝혀주는 것이다.
② 정책문제의 구조화기법 중 가정분석은 문제 상황의 인식을 둘러싼 대립적 가정들을 창조적으로 통합하는 것으로, 다른 기법과 결합하여 사용되는 절차를 포함한다.
④ 제3종 오류란 정책문제를 잘못 인지하는 가장 근본적인 오류로서, 정책문제의 구조화를 통해 제3종 오류를 방지할 수 있다.

⊞ **정책의 오류(Error)**

제1종 오류	제2종 오류	제3종 오류
• 올바른 귀무가설을 기각하는 오류 • 틀린 대립가설을 채택하는 오류 (잘못된 대안을 선택하는 오류)	• 틀린 귀무가설을 채택하는 오류 • 올바른 대립가설을 기각하는 오류 (올바른 대안을 기각하는 오류)	• 정책문제를 잘못 인지하는 오류 • 근본적인 오류 (정책문제의 미해결 상태)

025 보조금 지급만 직접성의 정도가 낮은 정책수단이고, 나머지는 직접성의 정도가 높은 정책수단이다.

⊞ **직접성의 정도에 의한 정책수단의 분류(Salamon)**

구분	정책수단
저	보조금, 지급보증, 정부지원기업, 불법행위책임, 바우처
중	조세감면, 계약, 사회규제, 라벨부착 요구, 교정조세, 부과금
고	직접시행(정부직접소비), 경제적 규제, 보험, 직접대부, 공기업

026 계급 대립적 성격을 지니고 이데올로기적 논쟁이 심한 정책은 재분배정책이다.

027 공중의제란 체제의제라고도 하며 일반대중의 주목을 받을 가치가 있고, 정부가 문제를 해결하는 것이 정당한 것으로 인정되는 사회문제이다. 공중의제 단계까지는 포괄적인 것이 특징이다.

▶ 오답체크
ㄷ. 논쟁의 대상이 되는 것은 공중의제가 아니라 사회적 이슈의 특징이다. 공중의제는 의견의 불일치나 논쟁을 넘어 사회 구성원 모두가 정부의 해결책이 필요하다고 인정하는 사회문제이다.
ㄹ. 정부가 공식적으로 해결을 위하여 심각하게 고려하기로 명백히 밝힌 문제는 제도의제(공식의제)에 해당한다. 공식의제의 단계에서는 문제의 해결 가능성이 매우 높아진다.

⊞ **콥(Cobb)과 엘더(Elder)의 정책의제설정 과정**

```
사회문제(social problem)
          ↓
사회적 이슈(social issue)
          ↓
체제의제(systemic agenda) = 공중의제(public agenda)
          ↓
제도의제(institutional agenda) = 공식의제(official agenda)
```

정답   **024** ③   **025** ④   **026** ②   **027** ③

THEME 028 정책공동체와 비교한 이슈네트워크의 특징으로 옳은 것은?

① 조직화된 이익집단뿐만 아니라 조직화되지 않은 개인, 전문가, 언론 등도 개입될 수 있다.

② 국가가 좀 더 주도적인 행위자로서 역할을 가진다.

③ 행위자들 간의 자원의존관계가 상당히 안정적으로 지속된다.

④ 참여자들 간에 비교적 균등한 권력을 보유하며 관계의 속성이 포지티브 섬(positive sum) 게임의 성격이 강하다.

THEME 029 정책결정에 대한 설명으로 옳지 않은 것은?

① 정책결정이란 정부기관이 장래의 주요 행동지침인 정책을 복잡한 동태적 과정을 거쳐 결정하는 것이다.

② 도슨과 로빈슨(Dawson & Robinson)은 경제적 자원모형에서 사회경제 변수와 정책은 허위관계라고 보았다.

③ 크누드와 맥크론(Cnudde & McCrone)은 혼합모형에서 정치적 변수도 정책에 독립적인 영향을 미친다는 것을 증명하고자 하였다.

④ 품의제는 우리나라의 공식적인 내부정책결정제도이다.

THEME 030 비용편익분석과 비용효과분석에 대한 설명으로 옳지 않은 것은?

① 비용편익분석에서 비용과 편익을 현재가치로 할인할 때 비용과 편익이 발생하는 시점이 멀수록 그 현재가치는 낮아진다.

② 비용효과분석은 이질적 사업에 대한 비교가 곤란하다.

③ 비용편익분석은 공공투자사업의 대안을 평가할 때 편익이 비용보다 크면 경제적 타당성이 있다고 판단한다.

④ 비용편익분석은 비용효과분석에 비해서 공공부문에 적용하기 훨씬 용이하다.

THEME 031 정책결정모형 중 합리모형에 대한 설명으로 옳지 않은 것은?

① 가장 합리적인 대안을 선택하기 위하여 모든 대안을 검토한다.

② 목표와 수단이 뚜렷하게 구분되지 않기 때문에 목표-수단에 대한 분석은 부적절하다.

③ 전체적 최적화를 통해 모든 대안을 총체적으로 검토한다.

④ 목표나 가치가 명확하게 고정되어 있다고 가정한다.

정책집행에 대한 설명으로 옳지 않은 것은?

① 정책수단이 실현되었다고 해서 반드시 정책목표가 달성되는 것은 아니며, 정책목표가 달성되지 않더라도 정책집행은 이루어진 것으로 본다.

② 정책집행은 정책을 수정하고 정책형성과 상호작용할 수도 있다.

③ 현대적 정책집행이론은 미국 존슨 대통령 시기의 '위대한 사회 프로그램(오클랜드 프로젝트)'에 대한 평가 이후에 관심이 대두 되었다.

④ 오클랜드 프로젝트는 적절한 정책의 수립, 확보된 충분한 예산 등으로 성공적인 정책집행이 이루어졌다고 평가 받는다.

정답 및 해설

028 이슈네트워크는 정책공동체에 비하여 개방적이기 때문에 다양한 행위자의 참여가 가능하다. 따라서 조직화되지 않은 개인, 전문가, 언론 등도 개입할 수 있다.

⊞ 이슈네트워크와 정책공동체의 비교

구분	이슈네트워크	정책공동체
정책행위자	• 개방적(다양한 행위자들의 참여) • 조직화된 이익집단뿐만 아니라 조직화되지 않은 개인, 전문가, 언론 등 • 교환할 자원을 가진 참여자는 한정적	• 제한적, 폐쇄적 • 정부부처, 의회의 상임위원회, 특정 이익집단, 전문가 집단 등 • 모든 참여자가 상호 교환할 수 있는 자원을 보유하고 있으며, 정책에 대한 기본적인 이해를 공유
행위자 간의 관계구조	• 유동적, 불안정적 관계 • 불균등한 권력과 자원 보유 • 경쟁적 관계(수평적) • 제로섬(zero sum) 또는 네거티브 섬(negative sum) 게임	• 비교적 지속적, 안정적 관계 • 균등한 권력과 자원 보유 • 상호 협력적 관계(수평적) • 포지티브 섬(positive sum) 게임
정책산출	• 결정과정에서 정책내용의 변동 • 예측 곤란 • 정책산출과 집행의 결과 상이	• 처음 의도한 내용 • 예측 용이 • 정책산출과 집행의 결과 유사
이익	모든 이익	경제적, 전문직업적 이익
함의	제한적 함의	가치관 공유, 성과의 정통성 수용

029 도슨과 로빈슨(Dawson & Robinson)은 경제적 자원모형에서 정치적 변수와 정책은 허위관계라고 보았고 사회경제적 변수, 정치체제, 정책간의 순차적 관계를 부정하였다.

030 비용편익분석은 비용효과분석에 비하여 공공부문에 적용하기 곤란하다. 비용효과분석은 효과를 금전으로 표현하지 않고 화폐 외적인 요소로 표현하기 때문에 공공부문의 외부효과나 무형적인 것의 분석에 적합하다.

⊞ 비용편익분석(CBA)과 비용효과분석(CEA)의 비교

구분	비용편익분석(CBA)	비용효과분석(CEA)
평가방식	비용과 효과를 금전적 가치로 평가	비용은 금전적 가치, 효과는 금전 외의 가치로 평가
성격	양적분석 (공공부문 적용에 한계)	질적분석 (공공부문 적용에 적합)
중점	경제적 합리성	도구적·기술적 합리성
대상사업	이질적 목표 사업의 비교	유사·동일한 목표 사업의 비교

031 합리모형은 목표와 수단의 연쇄관계를 인정하지 않으며 가치와 사실, 목표와 수단을 엄격히 구분하여 분석하는 목표-수단분석을 실시한다. 목표-수단분석이 부적절하다고 주장하는 모형은 점증모형이다.

⊞ 합리모형과 점증모형의 비교

구분	합리모형	점증모형
합리성	절대적 합리성	정치적 합리성
인간관	합리적 경제인	정치적 인간
최적화	전체적 최적화	부분적 최적화
접근 방법	연역적	귀납적
목표와 수단의 관계	목표-수단분석 (목표는 명확하게 정하고 수단은 목표에 합치되도록 선택)	목표와 수단의 상호조절 (목표는 수단에 합치되도록 수정)

032 오클랜드 프로젝트는 적절한 정책의 수립, 확보된 충분한 예산 등으로 성공적으로 정책이 집행될 것으로 보았으나 완전히 실패하였고, 이를 계기로 정책집행에 관한 연구가 본격적으로 이루어지게 되었다.

정답 **028** ① **029** ② **030** ④ **031** ② **032** ④

정책집행의 접근법에 대한 설명으로 옳지 않은 것은?

① 하향식 접근법은 정책목표를 달성하는 데 영향을 주는 집행요인들을 밝히는 것에 초점을 둔다.
② 하향식 접근법은 집행의 비정치적이고 기술적인 성격을 강조하는 입장이다.
③ 상향식 접근법은 실제 행위자 중심의 연구로서 미시적인 접근법이다.
④ 상향식 접근법은 집행영향요인의 발견과 이를 기반으로 한 집행이론의 구축을 연구목표로 삼는다.

정책평가설계의 내적 타당도 저해요인으로 옳지 않는 것은?

① 호손효과
② 선발과 성숙의 상호작용
③ 상실효과
④ 모방(오염)효과

정책변동에 대한 설명으로 옳지 않은 것은?

① 정책변동이란 정책과정 전단계에 걸쳐 얻게 되는 정보나 지식을 서로 다른 단계로 환류시켜 정책목표, 정책수단, 정책대상집단 등과 관련되는 정책내용과 정책집행 담당조직, 정책집행절차와 관련되는 정책집행방법에 변화를 가져오는 것이다.
② 호그우드와 피터스(Hogwood & Peters)는 정책역학론에서 정책변동을 정책혁신, 정책종결, 정책승계, 정책유지로 구분하였다.
③ 정책담당자의 보수적 성격은 정책변동을 저해한다고 보는 것이 일반적인 관점이다.
④ 정책종결은 현존하는 정책의 기본적 성격을 바꾸는 것으로서, 정책의 근본적인 수정을 필요로 하는 경우 정책을 없애고 새로이 완전히 대체하는 경우 등을 포함한다.

THEME 036 기획관에 대한 설명으로 옳지 않은 것은?

① 전통적 기획관은 사실지향적인 성격과 합리성 개념에 기초를 두는 기획관이다.
② 1970년대 이후 공공부문의 기획은 정치적, 윤리적 문제의 개입이 불가피하다는 비판이 대두되었다.
③ 현대적 기획은 가치지향적, 개방적, 양적 기획이다.
④ 우리나라의 중앙기획부처는 기획재정부이다.

THEME 037 기획의 그레샴 법칙(Gresham's law)의 원인으로 옳은 것은?

① 환경의 불확실성과 미래 예측능력의 한계
② 시간, 비용, 노력의 부족과 외부 환경요소의 중시
③ 과두제의 철칙과 관례, 선례의 경시
④ 기획 담당자의 무사안일과 소극적 성향 및 일상적 집행업무의 중시

정답 및 해설

033 집행영향요인의 발견과 이를 기반으로 한 집행이론의 구축을 연구목표로 삼는 것은 하향식 접근법이다.

⊞ 고전적 · 하향적 접근과 현대적 · 상향적 접근의 비교

구분	고전적 · 하향적 접근 (top-down)	현대적 · 상향적 접근 (bottom-up)
정책상황	안정적 · 구조화된 상황	유동적 · 동태화된 상황
정책목표 수정	목표 명확, 수정 필요성 없음	수정 필요성 높음
결정과 집행	정책결정과 집행의 분리 (이원론)	정책결정과 집행의 통합 (일원론)
관리자의 참여	참여 제한, 충실한 집행이 중요시됨	참여 필요
집행자의 재량	집행자의 재량 불인정	집행자의 재량 인정
정책평가의 기준	집행의 충실성과 성과	환경에의 적응성 중시, 정책성과는 2차적 기준
집행의 성공요건	정책결정자의 리더십	집행자의 재량권 여부
핵심적 법률	있음	없음
연구의 목적	성공과 실패의 원인 유형화	상황적응적 집행

034 호손(Hawthorne) 효과는 대표적인 외적 타당도 저해요인이다.

⊞ 외적 타당도 저해요인
- **호손(Hawthorne) 효과:** 실험집단 구성원이 실험의 대상이라는 사실로 인하여 특별한 심리적 행동을 보이는 현상으로, 일반화 하기 곤란
- **다수적 처리에 의한 간섭:** 동일 집단에 여러번 실험처리를 할 경우 실험조작에 익숙해짐으로 인한 영향이 발생하여 일반화하기 곤란
- **표본의 대표성 부족:** 두 집단 간 동질성이 있더라도 사회적 대표성이 없어서 일반화하기 곤란
- **실험조작과 측정의 상호 작용:** 실험 전 측정과 피조사자의 실험조작의 상호작용으로 실험의 결과가 나타난 경우 일반화하기 곤란
- **크리밍 효과:** 표본선정 시에 실험의 효과가 크게 나타날 사람들만을 실험집단에 포함시켜 실험을 실시할 경우 그 효과를 일반화하기 곤란

035 정책종결이 아닌 정책승계에 관한 설명이다.

036 현대적 기획은 가치지향적, 개방적, 질적 기획이다.

037 기획의 그레샴 법칙(Gresham's law)은 '악화(惡貨)가 양화(良貨)를 구축한다'의 현상 중 하나로, 단순 집행업무가 중시되면서 기획이 등한시되는 현상을 뜻한다.

정답 033 ④ 034 ① 035 ④ 036 ③ 037 ④

PART별 출제 비중 * 최근 3개년 기출 분석(2020년 하반기 시험 제외)

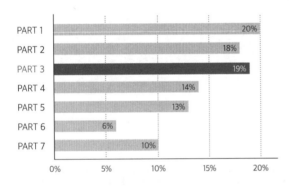

PART 1 행정학의 기초이론이 총론이라면 PART 3 이하의 PART는 행정학이라는 학문 안에서 개별적인 내용을 다루는 각론이며, PART 3 행정조직론은 조직, 인사, 재무, 지방으로 이루어지는 본격적인 각론 부분의 도입 단계입니다. 행정조직론은 크게 조직의 구조와 행태를 다루는 이론과, 공기업, 책임운영기관, 우리나라 정부조직 등을 다루는 실무적인 부분으로 나누어집니다. 다양한 사회과학 분야의 내용과 겹치는 부분이 있어, 총론과 정책학보다 익숙한 이론들이 등장하므로 비교적 수월하게 공부할 수 있는 PART입니다.

CHAPTER별 빈출 키워드

CHAPTER 1 조직의 기초이론	민츠버그(Minzberg)의 조직의 유형, 대프트(Daft)의 조직의 유형, 왈도(Waldo)의 조직이론
CHAPTER 2 조직구조론	관료제와 탈관료제, 매트릭스조직, 우리나라 정부조직, 책임운영기관, 위원회, 공기업
CHAPTER 3 조직행태론	매슬로우(Maslow)의 욕구단계이론, 허즈버그(Herzburg)의 욕구충족이원론, 아담스(Adams)의 형평성이론, 브룸(Vroom)의 기대이론
CHAPTER 4 조직과 환경	결정론적 거시조이직론, 임의론적 거시조직이론
CHAPTER 5 조직관리 및 개혁론	갈등, 리더십이론, 목표관리(MBO), 총체적 품질관리(TQM), 조직발전(OD)

PART 3

행정조직론

CHAPTER 1 조직의 기초이론

THEME 038 조직의 의의와 유형 ★★☆

1 조직의 의의

1. 개념

(1) 공동의 목표달성을 위해 의식적으로 구성한 사회적 단위

(2) 구조와 과정 및 규범을 내포하며 환경과 상호작용

2. 성격

(1) **인간으로 구성된 사회적 실체**

인간(조직구성의 기본단위) 외에도 구조·과정·규범 등의 요소로 이루어짐

(2) **목표지향성과 지속성**

일정한 목표를 추구하며 지속적으로 유지됨

(3) **구조화된 활동체제**

공식화된 분화와 통합의 구조를 갖추고 유기적으로 상호작용을 함

(4) **투과할 수 있는 경계**

외부환경과 구별되는 경계가 있지만 경계는 항상 뚜렷하고 경직적이지 않음

(5) **환경과의 상호작용**

조직의 경계 밖의 환경과 상호작용을 통해 적응하는 개방체제적 성격을 지님

2 조직의 유형

1. 블라우(Blau)와 스콧(Scott) - 수혜자 기준

(1) **호혜적 조직**

수혜자는 조직 구성원이며, 구성원의 참여와 구성원에 의한 통제를 보장하는 민주적 절차 유지가 중요함
예 정당, 노동조합, 이익단체, 동아리 등

(2) **사업(기업) 조직**

수혜자는 조직 소유자이며, 경쟁적 상황에서 운영의 능률 극대화를 강조함
예 사기업, 은행 등

(3) 서비스(봉사) 조직

수혜자는 고객집단이며, 고객에 대한 전문적 봉사와 행정적 절차 사이의 갈등 해소를 강조함

예 병원, 학교, 복지단체 등

(4) 공익(공공) 조직

수혜자는 일반대중이며, 국민에 의한 외재적 통제가 가능하도록 하는 민주적 장치의 마련이 중요함

예 행정기관, 군대, 경찰 등

2. 파슨스(Parsons), 카츠(Katz)와 칸(Kahn) – 체제의 기능 기준

구분	파슨스(Parsons)	카츠(Katz)와 칸(Kahn)
적응기능(A)	경제조직 예 기업 등	적응조직 예 연구소 등
목표달성기능(G)	정치조직 예 정당, 정부 등	경제적·생산적 조직 예 산업조직 등
통합기능(I)	통합조직 예 경찰, 법원 등	정치적·관리적 조직 예 정당 등
체제유지기능(L)	형상유지조직 예 학교, 교회 등	형상유지조직

3. 에치오니(Etzioni) – 권력의 양태 기준

에치오니(Etzioni)는 조직이 개인을 통제하는 권력과 그것을 받아들이는 복종의 유형에 따라 조직을 구분함

구분	권력양태	예
강제적 조직	강압적 권력 – 소외적 복종	교도소, 경찰서 등
공리적 조직	공리적 권력 – 타산적 복종	사기업, 이익단체 등
규범적 조직	규범적 권력 – 도덕적 복종	정당, 종교단체 등
이원적 조직	강제적 + 공리적 조직	전근대적 기업체 등
	강제적 + 규범적 조직	전투부대 등
	공리적 + 규범적 조직	노동조합 등

4. 민츠버그(Minzberg) – 복수국면의 기준

(1) 분류기준

민츠버그(Minzberg)는 복수국면적으로 접근하여 조직의 양태를 결정하는 데 영향을 미치는 세 가지 요인인 조직의 구성부분, 조정기제, 상황·구조적 요인에 따라 조직양태를 다섯 가지 범주로 분류함

🔝 **기출 체크**

학자와 조직유형 간 관계를 연결한 것으로 옳지 않은 것은? 2010년 지방직 7급

① Parsons – 강압적 조직, 공리적 조직, 규범적 조직
② Mintzberg – 단순구조, 기계적 관료제, 전문적 관료제, 할거적 구조, 임시체제
③ Blau&Scott – 호혜적 조직, 기업조직, 봉사조직, 공익조직
④ Cox, Jr. – 획일적 조직, 다원적 조직, 다문화적 조직

답 ① 조직유형을 강압적, 공리적, 규범적 조직으로 구분한 학자는 파슨스(Parsons)가 아닌 에치오니(Etzioni)임

핵심 OX

민츠버그(Minzberg)는 조직의 구성부분, 조정기제, 상황적 요인에 따라 조직유형을 다섯 가지로 분류하였다.

(O, ×)

답 O

콕스(Cox)의 문화적 다양성에 대한 방침 기준

구분	문화적 다양성	문화변용	갈등
획일적 조직	이질성 배척(단일문화 지배)	동화	최소화
다원적 조직	포용(소수집단 취약)	동화	높음
다문화적 조직	포용(문화 다양성의 가치 인정)	다원적	최소화

집권화

의사결정 권한이 중앙·상급기관 또는 조직의 상층부에 집중되는 것

표준화

작업과정에서 시간·동작·공정·방식 등에 대한 지침을 정해주는 것

공식화

조직 내 직무가 표준화되어있는 정도

① 조직의 구성부분

최고관리층 (전략적 정점)	• 조직의 포괄적 전략을 형성하는 계층 • 집권화 지향
기술구조 (기술구조부문)	• 작업의 설계·훈련, 표준화 등을 담당하는 계층 • 표준화 지향
작업계층 (핵심운영부문)	• 재화나 서비스를 직접 생산하는 계층 • 전문화 지향
중간계선 (중간라인부문)	최고관리층과 작업계층을 연결시켜주는 중간관리층
지원참모 (지원스태프부문)	• 기본적인 작업 외의 문제를 지원하는 전문가 • 협동성 지향

② 조직이 채택하는 조정기제

직접감독	수직적 관계에 의한 감시·조정
작업표준화	작업방법과 순서 등 작업 과정의 표준화
기술표준화	직무교육을 통한 일관성 확보
산출의표준화	산출량·종류의 표준화
상호조절	지속적·비공식적 의사전달과 수평적 통합

③ **상황·구조적 요인**: 조직의 나이·규모·기술·환경·전략 등

(2) **다섯 가지 조직양태**

① **단순구조**

　㉠ 단순·동태적 환경하의 소규모 신생조직으로, 최고관리층이 지배적으로 집권화된 구조

　㉡ 동태적 환경에서 표준화가 곤란하여 직접감독에 의한 통제가 필요함

　㉢ 분화(전문화)와 공식화 수준이 낮아 융통성이 높고 유지비용이 적음

　㉣ 전략결정을 소홀히 할 수 있음

② **기계적 관료제**

　㉠ 단순·안정적 환경하의 전통적 대규모 조직으로, 기술구조가 지배적이지만 최고관리층도 강한 권력을 행사하는 구조

　㉡ 작업과정의 표준화를 통한 간접적 감독이 이루어짐

　㉢ 분화(전문화)와 공식화 수준이 높아 효율성을 확보할 수 있음

　㉣ 중간 및 최고관리층 간 갈등이 발생하고, 환경적응력이 떨어짐

③ **전문적 관료제**

　㉠ 복잡·안정적인 환경하에서 전문가들로 구성된 작업계층이 지배적인 구조로, 조직의 역사와 규모는 다양함

　㉡ 기술표준화에 의해 조정되어 전문가들은 많은 자율권을 부여받음

　㉢ 작업계층이 고도의 전문성을 가지고 있음

　㉣ 공식화가 낮고 분권적이지만, 표준화를 추구하는 관료적 특성을 그대로 지니고 있어 환경적응력이 떨어짐

④ **사업부제**

　㉠ 단순·안정적 환경하의 오래된 대규모 조직으로, 중간관리층이 지배적인 구조

ⓒ 산출표준화로 조정하여 성과관리가 용이하고, 기술을 표준화하지는
   않으므로 환경에의 적응이 신속함
ⓒ 중간관리자들이 부서를 독자적으로 관리하므로 관리자 간 업무영
   역·권한의 마찰이 발생하고, 부서 간 중복으로 인해 비용이 증가하
   는 등 규모의 불경제가 발생함
⑤ 임시조직(Adhocracy)
   ㉠ 복잡·동태적 환경하의 소규모 신생조직으로, 지원참모가 지배적이고
      수평적으로 분화된 구조
   ㉡ 동태적 환경에서 표준화가 곤란하고 분권적 구조에서 직접감독이 적
      합하지 않아 상호조절을 통해 조정함
   ㉢ 표준화를 거부하므로 창의성을 바탕으로 불확실한 업무에 적합하고
      적응성이 높으나, 책임소재가 불분명하여 갈등과 혼동 유발될 수 있음

구분	단순구조	기계적 관료제	전문적 관료제	사업부제 (할거적 구조)	임시조직
핵심 구성부분	최고관리층	기술구조	작업계층	중간계선	지원참모
조정 기제	직접통제	작업표준화	기술표준화 (전문화)	산출표준화	상호조절
환경	단순, 동태적	단순, 안정적	복잡, 안정적	단순, 안정적	복잡, 동태적
규모·나이	소규모 신생조직	대규모 오래된 조직	다양	대규모 오래된 조직	소규모 신생조직
분화 (전문화)	낮음	높음	높은 수평적분화, 낮은 수직적분화	중간	높은 수평적분화, 낮은 수직적분화
공식화	낮음	높음	낮음	높음	낮음
집권화	집권화	제한된 수평적 분권	수평·수직적 분권	제한된 수직적 분권	분권
통합·조정	낮음	낮음	높음	낮음	높음
장점	신속성, 융통성, 저렴한 유지비용	효율성	전문성	적응성, 신속성	적응성, 창의성
단점	전략결정 소홀	상하 간 갈등, 낮은 환경 적응력	전문가 규칙으로 낮은 환경적응력	규모의 불경제, 권한과 영역 마찰	책임소재 불분명으로 갈등과 혼란 유발
예	신생조직, 독재조직	은행, 행정부, 대량생산 제조업체	대학, 종합병원	대기업	연구소, 광고회사

민츠버그(Minzberg)의 정부관리모형

1. **기계모형**: 정부는 법령·규칙·기준
   으로 통제를 받음
2. **네트워크모형**: 정부는 사업 단위들
   의 협동적 네트워크로 구성됨
3. **성과통제모형**: 정부는 기업과 같이
   성과 추구를 위한 경영에 초점을 두
   고 분권화 구조를 추구함. 그러나
   '집권화를 위한 분권화'는 유연성·
   창조성·독자성 상실로 궁극적 효
   과는 기계모형의 강화로 평가됨
4. **가상적 정부모형**: 무정부를 가장 좋
   다고 판단함. 모든 공공영역을 시장
   에서 수행함
5. **규범적 통제모형**: 구조보다는 신념
   과 가치가 중요하다고 보며, 선택·
   사회화·판단·지도·책임을 핵심요
   인으로 제시함

통합·조정

각 부서 또는 그 구성원 각자가 공동으
로 조직 목표를 달성할 수 있게 하기
위해 행동통일을 이루도록 하는 것

기능구조

사업구조

매트릭스구조

5. 대프트(Daft) – 조직의 구조적·기능적 특징 기준

대프트(Daft)는 기계적 구조와 유기적 구조를 양극단에 놓고 중간에 다섯 가지 대안적 조직을 추가하여 일곱 가지 조직모형을 유기적 순으로 제시하였음

(1) 기계적 구조
① **의의**: 고전적·전형적인 관료제 조직
② **특징**: 엄격한 분업과 계층제, 명확히 규정된 직무, 많은 규칙과 규정(높은 공식화와 표준화), 분명한 명령복종체계, 좁은 통솔범위, 낮은 팀워크, 경직성, 내적통제의 강화, 폐쇄체제

(2) 기능구조
① **의의**: 조직의 전체업무를 공동기능별로 부서화한 조직구조
② **장점**
 ㉠ 특정 기능과 관련된 구성원들의 지식과 기술이 통합적으로 활용되어 전문성을 제고하고 중복을 방지함
 ㉡ 같은 기능적 업무를 묶어 규모의 경제를 구현할 수 있음
③ **단점**: 기능이 다른 부서 간 수평적 조정이 어려움

(3) 사업구조
① **의의**: 각 부서들이 산출물별로 자율적으로 운영되는 조직구조로, 각 부서는 자기완결적 기능단위
② **장점**
 ㉠ 기능 간 조정이 용이하여 환경변화에 신축적 대응이 가능함
 ㉡ 불확실한 환경에서 비전형적 기술을 사용하는 경우, 부서 간 상호의존성이 높은 경우, 외부지향적인 목표를 가진 경우에 유리함
③ **단점**: 기술적 전문성 저하, 기능 간 중복으로 인한 비효율성(규모의 불경제), 부서 간 갈등

(4) 매트릭스구조
① **의의**: 기능구조와 사업구조를 화학적으로 결합하여 이중적 권한구조를 가지며, 기능구조의 전문성과 사업구조의 신속한 대응성을 결합한 조직
② **장점**
 ㉠ 수평적 조정곤란이라는 기능구조의 단점과 비용중복이라는 사업구조의 단점을 해소할 수 있음
 ㉡ 복잡성·불확실성이 높은 경우에 적합함

(5) 수평구조(팀)
① **의의**: 조직구성원이 핵심업무과정을 중심으로 조직화된 구조
② **장점**: 수직적 계층과 부서 간 경계를 제거하여 의사소통과 학습 및 조정이 용이하고 서비스를 신속하게 제공할 수 있음

(6) 네트워크구조

① 의의

    ㉠ 조직의 자체기능은 핵심역량 위주로 합리화하고 여타 부수적인 기능은 외부기관들과 계약위탁을 통해 연계·수행하는 유기적인 조직

    ㉡ IT의 확산으로 인하여 등장한 조직으로 연계된 조직 간 수직적 계층구조가 존재하지 않으며 자율적으로 운영

② 장점

    ㉠ 정보통신망에 의한 조정으로 감독에 필요한 자원과 관리인력 불필요

    ㉡ 환경변화에 신축적으로 대응이 가능함

(7) 유기적 구조

① 의의: 가장 유기적인 조직으로 학습조직이 대표적

② 특징: 공동의 과업, 소수의 규칙과 절차(낮은 표준화), 비공식적이고 분권적인 의사결정, 구성원의 참여, 지속적인 실험

기출 체크

다음 조직구조의 유형들을 수직적 계층을 강조하는 구조에서 수평적 조정을 강조하는 구조로 옳게 배열한 것은?

2017년 사회복지직 9급

> ㄱ. 네트워크구조
> ㄴ. 매트릭스구조
> ㄷ. 사업부제구조
> ㄹ. 수평구조
> ㅁ. 관료제

① ㄷ - ㅁ - ㄹ - ㄴ - ㄱ
② ㄷ - ㅁ - ㄹ - ㄱ - ㄴ
③ ㅁ - ㄷ - ㄴ - ㄹ - ㄱ
④ ㅁ - ㄷ - ㄹ - ㄴ - ㄱ

답 ③ 관료제 → 사업구조 → 매트릭스구조 → 수평구조 → 네트워크구조

THEME 039 조직이론의 변천 ★★☆

1 조직이론의 분류기준

1. 결정론과 임의론

결정론	조직을 환경의 구조적 제약에 피동적·소극적으로 대처하고 환경에 의해 결정되는 종속변수로 인식하는 이론
임의론	조직을 환경에 능동적으로 대처하고 환경을 조절할 수 있는 독립변수로 인식하는 이론

2. 미시조직이론과 거시조직이론

미시조직이론	조직 내의 개인이나 소집단의 행동을 연구하는 이론
거시조직이론	조직의 목표, 구조, 환경 등 조직 전체적인 수준에서 중요시되는 조직의 효과성·조직문화·조직개혁과 발전 등을 연구하는 이론

2 왈도(Waldo)의 분류

1. 고전적 조직이론(1900~1930년대)

(1) 의의

조직과 인간을 기계적 관점에서 보고 과학적 관리를 중시하는 이론

(2) 특징

① **공식적 구조 중시**: 공식적 구조에 의한 운영이 합리적·능률적이라고 보고, 계층제, 분업 등 관료제이론에 바탕을 둔 조직의 공식구조를 중시함

② **능률성·합리성 지향**: 기계적 능률성, 합리성, 효율성을 최고의 가치로 보고 능률을 향상시키기 위하여 공식적 구조와 장치를 개발하는 데 주력함
③ **원리접근법**: 연구방법으로 과학적 원리를 중시함(형식적 과학성)
④ **합리적·경제적 인간관**: 인간을 경제적 보상에 의해서만 움직이는 경제적·합리적 존재로 간주하고, 조정과 통제의 대상으로 봄
⑤ **정태적·폐쇄체제적 환경관**: 조직목표는 고정적이고, 조직업무는 반복적이며, 외부환경이 안정적이라고 가정하는 정태적·폐쇄적 조직관

(3) 관련 이론

과학적 관리론, 관료제이론, 행정관리설

(4) 공헌

① **경제적 목표 효율적 달성**: 분업 등을 통해 생산성과 산출을 극대화함
② **경제적 보상 강조**: 합리적·경제적 인간관을 가정하여 구성원에 대한 경제적 보상을 강조함

(5) 한계

① **인간의 자율성 무시**: 인간을 경제적 보상에 의해서만 움직이는 존재로 간주하고 인간의 사회적 욕구를 무시함
② **폐쇄체제 가정**: 조직을 환경과 분리된 체제로 간주하여 경직성이 증가함

2. 신고전적 조직이론(1930~1960년대)

(1) 의의

인간적 가치를 중시하는 이론으로, 기계적 관점의 고전적 조직이론을 비판하면서 등장함

(2) 특징

① **비공식적 구조 중시**: 조직 내의 비공식적 대인관계를 연구함
② **사회적 능률성 지향**: 기계적 능률성을 중시하는 고전적 조직이론을 비판하고, 구성원의 인간적인 가치의 실현 등을 내용으로 하는 사회적 능률성을 지향함
③ **경험적 접근법**: 고전적 조직이론의 형식적 과학성을 비판하고, 경험적 사실을 연구대상으로 하는 과학적 연구방법을 추구함
④ **사회적·민주적 인간관**: 애정, 우정, 소속감 등 인간의 사회적·심리적 측면에 초점을 맞추고 민주적 관리를 중시함
⑤ **환경유관론적 입장**: 외부환경과의 상호작용에 관심을 가졌으나 환경의 복잡한 변수를 본격적으로 연구하지는 않았다는 점에서 대체로 폐쇄적인 조직관

(3) 관련 이론

인간관계론, 행정행태론

(4) 공헌

인간과 조직 내 사회적 관계에 대한 관심을 불러일으키고 비공식집단에 관심을 가짐

(5) 한계

① **폐쇄적 환경관**: 환경과의 관련성을 일부 인식했지만, 여전히 조직의 외부 환경을 고려하지 않는 폐쇄적 이론에 머무름

② **도구로서의 인간관**: 인간을 중시하였으나 인간의 자율성과 창의성, 자아실현 보다는 생산성 향상에 초점을 맞춤

3. 현대적 조직이론(1960년대~)

(1) 의의

조직을 복잡성·불확실성이 높은 현대사회에서 목표달성을 위해 인간행동을 종합하는 활동으로 이해하는 이론

(2) 특징

① **유기적·동태적 구조 중시**: 다양한 환경에 대한 연구가 활발하며, 환경과 조직들 간에 유기적 관계에 대해 연구

② **다양한 변수**: 인간행태 또는 쇄신적 가치관을 중시하며 가치의 다원화 및 행정현상의 다양성을 인정함

③ **복합적 접근**: 종합과학적인 성격을 지님

④ **다원적 인간관**: 개인을 다양한 욕구와 변인성을 지닌 자아실현적(후기인간관계론)이고 복잡한 인간(상황적응이론)으로 파악함

⑤ **개방적 환경관**: 환경을 조직의 주요한 변수로 인식함

(3) 관련 이론

후기관료제이론, 신행정론, 상황적응이론, 의사결정론, 조직경제학(대리인이론, 거래비용이론)

Focus on | 고전적·신고전적·현대적 조직이론의 비교

구분	고전적 조직이론	신고전적 조직이론	현대적 조직이론
인간관	합리적·경제적 인간	사회적·민주적 인간	자기실현적 인간 (후기인간관계론), 복잡한 인간 (상황적응이론)
가치	기계적 능률성	사회적 능률성	다원적 목표·가치·이념
주요 연구대상	공식적 구조	비공식적 구조	유기적·동태적 구조
주요 변수	구조	인간(행태)	환경
환경과의 관계	폐쇄적	대체로 폐쇄적 (환경유관론적 입장)	개방적
관련이론	과학적 관리론, 관료제이론, 행정관리설	인간관계론, 행정행태론	후기관료제이론, 신행정론, 상황적응이론
연구방법	원리접근법 (형식적 과학성)	경험적 접근법 (경험적 과학성)	복합적 접근 (경험과학 등 관련과학 활용)

핵심 OX

조직이론에서 고전적 조직이론은 경제적 인간을, 신고전적 조직이론은 사회적 인간을, 현대적 조직이론은 복잡한 인간을 인간관으로 한다. (O, ×)

답 O

3 스콧(Scott)의 분류

1. 분류기준

(1) 환경적 요인
  ① 폐쇄체제론: 조직 내부 관점을 연구하는 고전적 이론
  ② 개방체제론: 환경과의 상호작용관계를 중심으로 연구하는 현대적 이론

(2) 조직의 행태
  ① 합리모형: 조직과 구성원이 목표달성의 극대화를 위한 합리적 대안의 탐색·선택을 추구한다고 보는 모형
  ② 자연모형: 조직과 구성원의 사회·심리학적 측면과, 조직 내 비공식성·비합리성을 중시하는 모형

2. 발달순서

(1) 폐쇄·합리모형(1900 ~ 1930년대)
  ① 조직은 외부환경과 단절된 폐쇄체제로 보면서 구성원은 합리적이라고 가정하는 모형
  ② 과학적 관리론, 고전적 관료제이론, 행정관리설
  ③ 강조점: 조직의 효율성, 공식적 요인

(2) 폐쇄·자연모형(1930 ~ 1960년대)
  ① 조직을 외부환경과 단절된 폐쇄체제로 보면서 구성원의 사회적·심리적 측면에 중점을 두는 모형
  ② 인간관계론, 행정행태론, 협동체제론, X·Y이론
  ③ 강조점: 사회적 능률, 민주적 참여와 의사소통, 인간적·비공식적 요인

(3) 개방·합리모형(1960 ~ 1970년대)
  ① 외부환경 변수를 본격적으로 고려하고 조직의 합리성 추구를 다시 강조하는 모형
  ② 체제이론, 구조적 상황이론
  ③ 강조점: 변동과 갈등, 조직의 동태화

(4) 개방·자연모형(1970년대 이후)
  ① 조직을 외부환경과 상호작용하는 개방체제로 보며 구성원의 비합리적인 동기 측면을 강조하는 이론으로, 현대적 행정을 가장 잘 설명하는 모형
  ② 거시조직이론, 혼돈이론, 쓰레기통모형
  ③ 강조점: 조직의 목표달성 < 생존, 경쟁 < 상호협력, 능동적 자기조직화 및 학습

THEME 040 조직의 일반적 원리 ★★☆

1 조직의 원리

1. 의의

(1) 조직목표의 효과적 달성을 위하여 조직을 합리적으로 편성하고 능률적으로 관리하는 데 적용되는 일반적·보편적 원리

(2) 귤릭(Gulick)과 어윅(Urwick)이 1937년 출간한 「행정과학 논집」에서 계층의 원리, 통솔범위의 원리, 명령통일의 원리, 분업(전문화)의 원리, 조정의 원리 등을 제시하며 조직원리 정립에 공헌함

(3) 과학적 관리론, 정치행정이원론 등 고전적 조직이론에서 중시되었으나 행태론에서는 경험적 검증을 거치지 않았다는 비판을 받음

2. 구분

분업	분업의 원리 (전문화의 원리)	업무를 성질별로 나누어 한 사람이 한 가지 업무를 분담함
	부성화의 원리 (부처편성의 원리)	부처별 목적(기능), 과정(절차), 취급대상(수혜자), 지역(장소)의 4가지 기준에 의한 분류
조정	조정의 원리	조직의 목표달성을 위해 체계 간 노력을 통합·조정함
	계층제의 원리	조직 내 권한과 책임, 의무 정도에 따라 등급설정
	명령통일의 원리	조직 구성원은 한 사람의 직속상관에게만 보고하고 명령받아야 함
	통솔범위의 원리	한 사람의 상관이 감독하는 부하의 수는 상관의 통제능력 범위 내 한정

(1) **분업의 원리**

조직의 기능적 분화 설명

예 분업(전문화)의 원리, 부성화(부처편성)의 원리, 참모조직의 원리, 동질성의 원리, 기능명시의 원리 등

(2) **조정의 원리**

조직구조를 통합하기 위한 조정 설명

예 조정의 원리, 계층제의 원리, 명령통일의 원리, 명령계통의 원리, 통솔범위의 원리, 목표의 원리, 집권화의 원리 등

2 분업의 원리

1. 분업(전문화)의 원리

(1) **의의**

업무를 성질별로 나누어 한 사람에게 한 가지 주된 업무를 분담하도록 하는 원리

기능명시의 원리

분화된 모든 기능·업무를 명문으로 규정해야 한다는 원리

참모조직의 원리

명령계통의 혼란을 방지하기 위해 참모조직을 명령계통으로부터 분리해야 한다는 원리

🏛 기출 체크

수평적 전문화와 수직적 전문화에 대한 설명으로 옳지 않은 것은? 2013년 국가직 7급

① 전문가적 직무는 수평적 전문화와 수직적 전문화의 수준이 모두 높은 경우에 효과적이다.
② 직무 확장(job enlargement)은 기존의 직무에 수평적으로 연관된 직무요소 또는 기능들을 추가하는 수평적 직무재설계의 방법으로서, 수평적 전문화의 수준이 낮아지는 것이다.
③ 고위관리직무는 수평적 전문화와 수직적 전문화의 수준이 모두 낮은 경우에 효과적이다.
④ 직무 풍요화(job enrichment)는 직무를 맡는 사람의 책임성과 자율성을 높이고, 직무수행에 관한 환류가 원활히 이루어지도록 직무를 재설계하는 방법으로서, 수직적 전문화의 수준이 낮아지는 것이다.

답 ① 전문가적 직무는 수평적 전문화의 수준은 높고 수직적 전문화의 수준은 낮은 경우에 효과적임

구분	수평	
	높음	낮음
수직 높음	비숙련 직무	일선 관리직무
수직 낮음	전문가적 직무	고위 관리직무

할거주의

조직의 구조적 특성 때문에 조직구성원들이 자신이 소속된 기관과 부서만을 생각하고 다른 부서에 대해 배려하지 않는 편협한 태도를 취하는 현상

목표 대치(목표 전환, 목적 대치, 목적 전치)

업무수행과정에서 목표달성의 수단이 되는 규칙과 절차에 집착함으로써 목표가 수단에 의해 대치되거나 목표 - 수단의 우선순위가 바뀌는 현상

훈련된 무능

관료들이 한 가지 지식이나 기술에 대해 훈련받고 기존 규칙을 준수하도록 길들여져 다른 지식이나 기술을 생각하지 못하는 현상

(2) 수평적 전문화와 수직적 전문화

① 수평적 전문화
- ㉠ 직무의 범위(scope)가 분업화되어 있는 정도
- ㉡ 수평적 전문화의 수준이 높다는 것은 조직 구성원에게 한 가지의 주된 업무만 부여하는 것을 의미함

② 수직적 전문화
- ㉠ 직무의 깊이(depth)가 분업화되어 있는 정도
- ㉡ 수직적 전문화의 수준이 높다는 것은 계층을 세분화시키는 것을 의미함

(3) 장점
① 사람마다 관심·능력·기술의 차이가 있으므로, 분업을 통하여 능률성을 제고할 수 있음
② 업무를 세분화할수록 업무습득시간이 단축됨
③ 각 분야에 대한 전문가 양성이 가능함

(4) 단점
① **인간소외**: 기계적·반복적 업무는 비인간화 및 인간부품화를 초래함
② **전문화로 인한 무능(훈련된 무능)**: 시야가 좁아지고, 자신의 분야 외 업무나 새로운 업무처리 능력이 떨어지며 다른 대안을 생각치 못함
③ **할거주의**: 할거주의 심화로 조직 내 통합과 조정을 저해함

2. 부성화(부처편성)의 원리 - 굴릭(Gulick)

굴릭(Gulick)은 목적과 기능, 과정과 절차, 취급대상과 수혜자, 지역(장소)이 서로 같거나 유사한 업무들을 묶어 조직단위를 편성할 때, 행정효율이 증가한다고 주장함

구분	장점	단점	예
목적과 기능	• 목적·기능 파악 용이 • 권한과 책임이 명확하여 조직 간 충돌 및 책임회피 감소	• 국민의 접촉·통제 곤란 • 기술·전문가 경시하여 전문화 곤란, 할거주의 조장	교육부, 법무부, 외교부, 국방부 등
과정과 절차	• 행정의 전문화 • 최신 기술을 활용하여 경비 절감	• 목표 대치 • 통제·조정의 곤란 • 훈련된 무능	기상청, 통계청, 조달청, 감사원, 국세청, 관세청 등
취급 대상과 수혜자	• 국민의 접촉·통제 용이 • 행정절차 간소화와 행정업무 능률화	• 이익단체의 압력 • 기관 간 기능 중복 및 권한 충돌	중소벤처기업부, 국가보훈처, 고용노동부, 여성가족부, 산림청, 문화재청 등
지역 (장소)	• 주민의사·지역실정 반영 • 신속행정	• 전국적 통일행정 저해 • 관할구역 획정의 어려움	• 각 지역 세무서·세관·경찰서 등 • 외교부의 국·과

3 조정의 원리

1. 조정의 원리

(1) 의의
① 조직의 목표달성을 위해 집단적 노력을 질서 있게 배열하고 분화된 여러 활동을 동기화(synchronization)하여 통합시키는 원리
② 무니(Mooney)는 조정의 원리를 '조직의 제1원리'로 중시함

(2) 필요성
조직의 규모가 커지고 행정이 고도로 전문화·분업화되면서 할거주의가 발생하고 이해관계의 차이 등을 극복하기 위해 조정이 필요함

(3) 저해요인
① 행정조직의 대규모화 및 전문화와 분권화로 인한 할거주의
② 조직의 이해관계나 목표 차이
③ 정치적·사회적 압력
④ 관리자의 조정능력 부족 및 조정기구 미비

(4) 조정의 방법
① **계층제에 의한 조정**: 수직적 갈등을 계층제적 권위를 통해 조정
② **위원회에 의한 조정**: 수평적 갈등을 위원회를 활용하여 조정
③ **이념에 의한 조정**: 상위목표·이념에 대한 공감을 형성하여 조정
④ **목표 및 역할의 명확화**: 목표·권한·책임의 한계를 분명히 하여 갈등 방지
　예 MBO
⑤ **조정기구에 의한 조정**: 별도의 조정전담기구를 통한 조정
　예 정책조정회의, 국무조정실
⑥ **구조적 개편에 의한 조정**: 부처 통폐합, 직무확장 등 직무재설계를 통한 조정

Level up 조직의 조정기제(Daft)

1. 수직적 조정기제

계층제	수직적 조정기제의 기본
규칙	조직구성원들이 의사소통을 하지 않아도 업무가 조정될 수 있도록 함
계획	조직구성원들에게 조금 더 장기적인 표준정보를 제공함
계층 직위의 추가	통솔범위를 줄이고 의사소통과 통제를 가능하게 함
수직정보시스템	상관에 대한 보고서, 문서화된 정보 등 상하 간 수직적 의사소통 강화

2. 수평적 조정기제

정보시스템	부서 간 정보를 공유할 수 있는 통합정보시스템
직접접촉	한 단계 높은 수평연결장치로서 연락책 등을 활용한 부서 간 의사소통 및 조정
임시위원회 (Task Force)	일시적 문제에 대한 부서 간 직접조정
사업관리자 (Project Manager)	수평적 조정을 담당하는 정규직위를 두는 방식
사업 팀 (Project Team)	가장 강력한 수평연결장치로서 (반)영구적인 사업단으로, 관련 부서 간의 장기적이고 강력한 협력 시 적합함

사업 팀(project team)과 임시위원회 (task force)

1. **사업 팀**: 특정 사업을 추진하거나 과제를 해결하기 위하여 전문가나 이해관계자로 구성되는 반영구적이고 동태적인 조직
2. **임시위원회**: 특별한 임무를 수행하기 위하여 편성되는 임시조직인 전문가조직

기출 체크

조직구성 원리에 대한 설명으로 옳지 않은 것은? 2020년 지방직 9급

① 분업의 원리 – 일은 가능한 한 세분해야 한다.
② 통솔범위의 원리 – 한 명의 상관이 감독하는 부하의 수는 상관의 통제능력 범위 내로 한정해야 한다.
③ 명령통일의 원리 – 여러 상관이 지시한 명령이 서로 다를 경우 내용이 통일될 때까지 명령을 따르지 않아야 한다.
④ 조정의 원리 – 권한 배분의 구조를 통해 분화된 활동들을 통합해야 한다.

답 ③ 명령통일의 원리는 조직 구성원은 한 사람의 직속 상관에게만 보고하고 명령받아야 한다는 것으로, 내용이 통일될 때까지 명령을 따르지 않아야 한다는 것을 의미하는 것은 아님

2. 계층제의 원리

(1) 의의

권한과 책임의 정도에 따라 직무를 등급화하고 상하계층 간 지휘·감독관계를 설정하는 원리

(2) 필요성(통솔범위의 한계)

최고관리자가 관리할 수 있는 부하의 수에는 한계가 있으므로 중간관리자에게 권한을 위임하고 관리하게 하여 계층제가 만들어짐

(3) 특징

① 조직의 규모가 커지고 전문화됨에 따라 조직의 계층도 증가함
② 계층의 수는 통솔범위와 반비례 관계에 있어, 통솔범위가 축소되면 계층의 수가 증가함
③ 참모조직보다 계선조직을 중심으로 형성됨

(4) 장점

① 지휘, 권한위임 및 상하 간 의사전달의 통로가 됨
② 계층제적 권위를 통해 갈등조정 및 내부통제가 용이함
③ 책임의 한계를 명확히 하여 책임성을 확보함
④ 질서와 통일성, 구성원의 일체감을 유지함

(5) 단점

① 기관장 독선의 우려가 있음
② 역동적 인간관계 형성을 저해함
③ 조직의 경직화로 환경변동에 신축성 있는 적응이 곤란함
④ 의사결정에의 참여를 배제하여 귀속감·참여감을 저해함
⑤ 계층의 수가 많은 경우 의사소통이 왜곡될 우려가 있음
⑥ 할거주의, 피터의 원리, 집단사고의 폐해 등 부작용이 있을 수 있음

3. 명령통일의 원리

(1) 의의

조직의 각 구성원은 누구나 한 사람의 직속상관에게만 보고하고, 그로부터 명령을 받아야 한다는 원리

(2) 장점

① 능률성 확보 및 신속한 업무처리가 가능함
② 조직 내 혼란을 방지하고 질서를 유지함
③ 책임소재의 명확화로 갈등을 예방함
④ 구성원에게 심리적 안정감을 제공함

(3) 단점

① 분권과 권한위임의 필요성을 저해함
② 할거주의로 수평적 조정을 저해함

4. 통솔범위의 원리

(1) 의의

① 한 사람의 상관이 감독하는 부하의 수는 상관의 통제능력 범위 내에 한정되어야 한다는 원리

② 그레이큐너스(Graicunas)는 부하의 수뿐만 아니라 구성원 간 관계의 수도 고려하여 통솔범위를 좁힐 필요가 있다고 봄

(2) 특징

① **계층의 수와 반비례**: 통솔범위가 축소되면 계층의 수는 증가함

② **통제강도와 반비례**: 통제의 강도가 강한 구조에서는 통솔범위가 좁음

(3) 통솔범위의 결정요인

① 신설조직보다 안정된 기성조직인 경우 통솔범위 확대

② 단순하고 일상적이며 공식화와 표준화의 정도가 높은 업무인 경우 통솔범위 확대

③ 상관과 부하의 능력이 뛰어난 경우 통솔범위 확대

④ 상관과 부하가 지리적으로 인접하거나, 교통통신이 발달할 경우 통솔범위 확대

⑤ 부하의 창의성이나 사기를 제고를 위해 통솔범위 확대 필요

CHAPTER 2 조직구조론

THEME 041 조직구조의 기본이론 ★★★

1 조직구조

1. 의의
조직구성원들의 '유형화된 상호작용의 틀'

2. 조직의 구조변수

(1) 기본변수

복잡성	조직 내 분화의 정도
공식성	조직 내 직무가 정형화·표준화된 정도
집권성	조직 내 권한이 상층부에 집중되는 정도

(2) 상황변수

규모	조직의 크기(구성원 수, 예산, 투입·산출, 자원 등과 관련)
기술	투입을 산출로 바꾸는 데 이용되는 모든 활동
환경	• 조직 경계 밖의 모든 영역 • 조직에 영향을 미칠 수 있는 모든 요소

2 조직구조의 기본변수

1. 복잡성

(1) 의의
① 조직구조의 분화의 정도
② 수직적 분화, 수평적 분화, 장소적 분산이 있음
③ 대체로 기계적 구조는 복잡성이 높은 편이고, 유기적 구조는 복잡성이 낮은 편임
④ 조직의 규모와 곤란성이 클수록, 환경이 불확실하고 동태적일수록 복잡성이 높아짐
⑤ 과도한 복잡성은 조직구성원의 사기를 저하시키고, 조직 내 갈등을 유발함

(2) 수직적 분화
① 직무의 난이도와 책임에 따른 계층화의 정도
② 통솔범위가 좁은 고전적인 기계적 구조(관료제)는 수직적 분화의 수준이 높고, 유기적 구조(탈관료제)는 수직적 분화의 수준이 낮음

(3) 수평적 분화

① 조직의 업무를 그 특성에 따라 세분화하여 수행하는 정도

② 업무의 전문화와 사람의 전문화가 있음

   ⊙ **업무의 전문화**: 업무를 세분화하여 단순하게 처리하는 것

   ⓒ **사람의 전문화**: 전문성을 향상시키는 것

(4) 장소적 분화

① 인적·물적·시설자원이 공간적으로 분산된 정도

② 장소가 넓어지면 감독과 조정이 어려워져 분권화가 이루어지므로 복잡성이 증가함

③ 현대에는 정보통신기술의 발달로 장소적 분산이 복잡성을 증가시키지 않는 경우가 많아짐

2. 공식성

(1) 의의

① 조직 내의 직무가 정형화·표준화되어있는 정도

② 업무절차 및 규범 등이 명문화된 규정을 갖춘 정도가 그 지표가 됨

(2) 장점

① 구성원의 행동을 정형화함으로써 예측 및 통제가 용이함

② 신뢰성과 일관성 유지할 수 있음

③ 표준화에 따라 효율적인 과업 수행 및 관리비용 최소화가 가능함

(3) 단점

① 구성원의 자율·창조성 제약으로 기계화, 소외감 증대

② 규칙이나 절차에 집착하여 번문욕례(red tape), 동조과잉, 목표대치 등 관료제의 병리현상이 발생함

③ 변화를 기피하여 조직변동·환경변화에 탄력적 대응이 곤란함

④ 관료의 재량권이 축소되고, 최고관리층의 집권화를 야기함

(4) 공식성 촉진요인

① 단순·반복적·일상적 업무

② 안정적인 환경

③ 대규모 조직

④ 기계적 구조

⑤ 높은 집권성

3. 집권성

(1) 의의

① 조직 내 의사결정권한의 상하 간 배분 정도

② 의사결정권한이 중앙과 상층부에 집중되어 있으면 집권성이 높고, 하층부에 위임되어 있으면 집권성이 낮음

③ 대체로 기계적 구조는 집권성이 높게 나타나고, 유기적 구조는 집권성이 낮게 나타남

번문욕례(red tape)와 동조과잉

1. **번문욕례**: 불필요한 형식절차에 얽매여 비능률을 초래하는 현상

2. **동조과잉**: 집단의 구성원들이 표준적인 행동양식에 지나치게 동조하여 상관의 지시나 관례에 따라 소극적으로 업무를 처리하려는 현상

🏛 **기출 체크**

조직구조에 대한 설명으로 옳지 않은 것은? 2013년 지방직 9급

① 공식화(formalization)의 수준이 높을수록 조직구성원들의 재량이 증가한다.

② 통솔범위(span of control)가 넓은 조직은 일반적으로 저층구조의 형태를 보인다.

③ 집권화(centralization)의 수준이 높은 조직의 의사결정권한은 조직의 상층부에 집중된다.

④ 명령체계(chain of command)는 조직 내 구성원을 연결하는 연속된 권한의 흐름으로, 누가 누구에게 보고하는지를 결정한다.

답 ① 공식화의 수준이 높을수록 조직구성원들의 재량은 감소됨

(2) 집권화 촉진요인

① 소규모 신생조직
② 위기의 발생, 경쟁의 격화
③ 의사결정에 필요한 정보가 상급기관에 집중되고 하급자나 하급기관의 역량이 부족한 경우
④ 조직 활동의 통일성과 일관성이 요구되는 경우
⑤ 권위주의적 문화인 경우
⑥ 사람의 전문화와 능력향상을 수반하지 않는 분업의 심화와 기능분립적 구조 설계로 조정 필요성 높은 경우
⑦ 규칙과 절차의 합리성과 효과성에 대한 신뢰
⑧ 최고관리층의 권력욕
⑨ 중요도와 관심도가 높은 기능에 대한 의사결정
　　예 재정자원 규모 팽창은 집권적 예산제도 초래
⑩ 교통과 통신의 발달로 권한위임의 필요성이 감소하는 경우

(3) 분권화 촉진요인

① 대규모 오래된 조직(문제가 복잡하므로 분권화 필요)
② 환경변화의 격동성과 복잡성으로 적응성이 요구되는 경우
③ 관리자 양성과 능력발전을 통해 다수의 유능한 관리자가 있는 경우
④ 고객에게 신속하고 상황중심적인 서비스의 제공과 창의성 발휘가 요구되는 경우
⑤ 민주화가 촉진된 경우
⑥ 사람의 전문화 및 능력향상
⑦ 조직구성원의 참여와 자율규제를 강조하는 동기유발 전략과 신념이 확산되는 경우

3 조직구조의 상황변수

1. 규모

(1) 의의

① 규모는 조직의 크기와 구성원 수, 예산규모, 투입·산출 규모, 자원 등으로 구성됨
② 조직의 규모가 클수록 비민주화·보수화, 쇄신성 저하, 조직몰입도·응집성 저하, 구성원 불만·스트레스 증가 등 역기능이 발생함

(2) 규모와 조직구조

① **복잡성**: 규모가 클수록 계층적·수평적 분화가 촉진됨(복잡성 증가)
② **공식성**: 규모가 클수록 직접감독은 감소하고 공식화에 의한 간접감독으로 전환됨(공식성 증가)
③ **집권성**: 규모가 클수록 구성원의 수가 늘어나 분권화됨(집권성 감소)

행정농도

1. **개념**: 조직의 규모에 대비한 유지관리구조(참모, 일반관리인력)의 크기
2. **유지관리구조를 참모조직으로만 파악하는 입장(선진국)**: 행정농도가 높다는 것은 참모조직이 발달하고 행정이 전문화·민주화되어 있다는 것
3. **유지관리구조에 참모조직 외에 일반관리자를 포함하는 입장(한국)**: 행정농도가 높다는 것은 계층제의 경직도가 높고 구성원의 전문성이 부족하다는 것

2. 기술

(1) 의의

투입을 산출로 바꾸는데 이용되는 지식, 도구 등 모든 활동

(2) 기술유형론

① **우드워드(Woodward) - 기술적 복잡성과 조직구조**: 우드워드(Woodward)는 조사대상 조직들을 기술적 복잡성에 따라 생산행태를 단위소량생산체제, 대량생산체제, 연속공정 생산체제로 범주화하고 이에 적합한 조직구조의 형태를 연구함

구분	기술적 복잡성	조직구조	예
단위소량 생산체제	• 개별 주문자의 요구에 따라 소량의 물건을 생산하는 비반복적 작업 • 기술적 복잡성 낮음	유기적 구조	선박, 항공 등
대량 생산체제	• 표준화된 작업으로 같은 종류의 상품을 대량생산하는 방식 • 기술적 복잡성 중간	기계적 구조	공산품 등
연속공정 생산체제	• 파이프라인을 사용하여 연속적으로 처리하는 작업 • 기술적 복잡성 높음	유기적 구조	정유, 화학 등

② **톰슨(Thompson) - 기술과 상호의존성**: 단위 작업들 간 상호의존성 정도에 따라 분류하고 그에 따라 조직구조의 특성도 달라진다고 인식함

구분	의의	예
중개적 기술	• 광범위하게 분산되어있지만 상호의존상태에 있는 고객들을 연결하는 기술 • 단위들 상호간에 직접적 관련성은 없으나 전체를 통해 의존관계에 놓이는 집합적 상호의존성 발생 • 표준화를 통해 조정, 조정 용이	은행, 부동산 중개소 등
연계형 기술	• 이전단계의 산출이 다음 단계에 순차적으로 투입되는 기술 • 이전단계의 작업이 성공적으로 끝난 뒤 다음 단계의 작업이 수행될 수 있는 순차적 상호의존성 발생 • 계획을 통해 조정, 조정난이도 중간	대량생산 작업라인
집약적 기술	• 모든 작업 활동들이 동시에 작용해야만 업무가 완성되는 복합적인 기술 • 모든 단위가 협력하는 교호적 상호의존성 발생 • 상호조정을 통해 조정, 조정 곤란	종합병원, 건설, 연구 등

핵심 OX

장인기술을 사용하는 부서의 경우 과제의 다양성은 높고 문제의 분석가능성은 낮아 문제해결이 어렵다. (○, ×)

▣ × 장인기술을 사용하는 부서는 과제의 다양성과 문제의 분석가능성이 모두 낮은 경우에 해당

하이테크

현재 이용할 수 있는 최첨단의 가장 앞선 기술

하이터치

인간의 감성과 기술의 조화를 이룸으로써 고부가가치를 창출하는 것

③ 페로우(Perrow) – 기술과 구조: 과업의 다양성과 문제분석 가능성을 기준으로 기술유형을 구분함

구분		과업의 다양성	
		낮음(소수의 예외)	높음(다수의 예외)
문제 분석 가능성	낮음 (불가)	장인기술 • 조직구조: 다소 유기적 • 공식화·집권화: 중간 • 스탭 자격: 작업경험 • 통솔범위: 중간 • 의사소통: 수평적, 언어 • 정보: 소량의 풍성한 정보 • 조정·통제: 개인적 관찰, 면접회의, 하이터치 예 도예가	비일상적 기술 • 조직구조: 유기적 • 공식화·집권화: 낮음 • 스탭 자격: 훈련·경험 • 통솔범위: 좁음 • 의사소통: 수평적, 회의 • 정보: 다량의 풍성한 정보 • 조정·통제: 하이테크, 하이터치(면접회의, MIS, DSS) 예 핵연료 추진장치
	높음 (가능)	일상적 기술 • 조직구조: 기계적 • 공식화·집권화: 높음 • 스탭 자격: 적은 훈련·경험 • 통솔범위: 넓음 • 의사소통: 수직적, 문서 • 정보: 소량의 계량적 정보 • 조정·통제: 보고서, 규정집, 계획표, TPS 예 건재용 철근	공학기술 • 조직구조: 다소 기계적 • 공식화·집권화: 중간 • 스탭 자격: 공식훈련 • 통솔범위: 중간 • 의사소통: 문서, 언어 • 정보: 다량의 계량적 정보 • 조정·통제: 하이테크(DB, MIS, DSS) 예 엔지니어링

3. 환경

(1) 의의

조직의 경계 밖 영역의 전체로 조직에 영향을 미칠 수 있는 모든 요소

(2) 환경의 불확실성과 조직설계

① **역동성**: 외부요소의 변화 정도(안정 ↔ 불안정)

② **복잡성**: 외부요소의 수와 상이성·다양성의 정도(단순 ↔ 복잡)

고 ◄──────────── 확실성 ────────────► 저

안정 – 단순	안정 – 복잡	불안정 – 단순	불안정 – 복잡
기계적 구조	기계적 구조	유기적 구조	유기적 구조

고 ◄──────────── 과제수행의 예측가능성 ────────────► 저

(3) 기본변수와의 관계

불확실성이 높으면 유연하고 탄력적인 대응이 필요하므로 공식성과 집권성이 낮아짐

4 조직의 여러 가지 유형

1. 공식조직과 비공식조직

(1) 공식조직

조직의 공식적 목표 달성을 위해 인위적·계획적으로 형성됨

(2) 비공식조직

조직 내에서 구성원 상호 간의 접촉이나 친분관계로 인하여 자연발생적으로 형성됨

구분	공식조직	비공식조직
특성	인위적, 제도적, 외면적, 가시적	자생적, 비제도적, 내면적, 비가시적
지향	조직의 공적 목적 달성	구성원의 사적 욕구 충족
원리	능률의 원리	정서·감정의 원리
질서	전체적 질서	부분적 질서
규범	합법적 규범	상호작용적 규범
구성원 관계	수직적 계층관계	수평적 대등관계

(3) 비공식조직의 순기능

① **사회심리적 욕구 충족**: 조직구성원의 귀속감·심리적 안정감 등을 충족하여 불만 해소와 사기앙양에 기여함

② **능률적 업무수행**: 구성원 간의 밀접한 협조와 지식 및 경험의 공유를 통해서 업무의 능률적인 수행을 촉진함

③ **경직성 완화**: 수평적 의사소통의 활성화로 계층제의 경직성을 완화하여 적응성을 높이고 분위기를 쇄신함

④ **조직의 실상 파악**: 공식 관리자가 비공식집단의 일원으로 활동하면서 조직구성원들의 업무태도와 조직 내의 권력관계, 갈등상황 등 조직의 생리현상을 파악할 수 있음

⑤ **통제기능**: 공유할 수 있는 행동규범을 확립하고 사회적인 통제의 기능을 수행함

(4) 비공식조직의 역기능

① **파벌주의**: 비공식조직들이 각자 세력을 형성할 경우 조직 구성원들 간에 갈등과 대립을 조장할 우려가 있음

② **통합 및 공식적 목표달성 저해**: 비공식조직의 이익을 강조하여 조직의 통합과 공식적 목표달성을 저해할 수 있음

③ **비공식적 의사소통의 역기능**: 구성원 간 비공식적 의사소통이 원활하여 사실이 왜곡된 유언비어를 유포시킬 가능성이 높음

④ **정실주의**: 구성원이 비공식집단의 세력을 배경으로 하거나 정실적인 접촉을 통하여 개인적 이익을 도모하는 데 이용될 가능성이 있음

⑤ **심리적 불안 확대**: 구성원이 불안감에 사로잡힌 경우 개인적 불안을 집단으로 확산시켜 공식집단을 와해시킬 우려가 있음

2. 계선(Line)조직과 참모(Staff)조직

(1) 계선조직

① **개념**: 수직적 · 계층적 구조를 띠는 조직으로, 목표달성에 직접 관여하거나 고객에게 직접 봉사하는 조직

　예 장관, 차관, 청장, 차장, 실장, 국장, 과장 등

② **기능**: 대외적으로 직접 고객에게 서비스를 제공하거나 규제하는 등의 업무를 담당하며, 대내적으로 명령 · 지시 · 감독의 기능을 수행함

③ **특징**

　㉠ 계층적 성격, 수직적 명령 · 복종관계

　㉡ 조직의 목표달성에 직접적으로 기여함

　㉢ 국민과 직접 접촉함

　㉣ 구체적인 명령 · 집행권을 행사함

　㉤ 일반행정가 중심

④ **장점**

　㉠ 권한과 책임의 한계가 명확함

　㉡ 신속하고 능률적임

　㉢ 조직의 안정성을 확보함

　㉣ 소규모 조직에 적합함

⑤ **단점**

　㉠ 조직의 경직성

　㉡ 부서 간 조정 곤란

　㉢ 책임자의 주관적 · 독단적 결정

　㉣ 전문적 지식과 기능 활용 곤란

(2) 참모(막료)조직

① **개념**: 보좌기관으로서 조직의 목표달성을 위해 직접 활동을 하는 계선조직의 능력을 보완하고 지원하는 역할을 하는 조직

　예 차관보, 비서관, 담당관 등

② **기능**: 자문 · 권고 · 협의 · 조정 · 정보의 수집과 판단 · 기획 · 통제 · 인사 · 회계 · 법무 · 공보 · 조달 · 조사 · 연구 등의 기능을 수행함

③ **특징**

　㉠ 비계층적 성격, 수평적 대등관계

　㉡ 조직의 목표달성에 간접적으로 기여함

　㉢ 국민과 직접 접촉하지 않음

　㉣ 구체적인 명령 · 집행권 없음

　㉤ 전문행정가 중심

④ **장점**

　㉠ 기관장의 통솔범위를 확대함

　㉡ 업무조정 및 전문지식의 활용

　㉢ 조직의 신축성 · 동태성을 확보함

　㉣ 대규모 조직에 적합함

⑤ 단점
  ㉠ 계선기관과의 갈등 및 책임전가
  ㉡ 중앙집권화 우려
  ㉢ 전문가적 무능
  ㉣ 의사전달경로의 혼선 초래

(3) 계선과 참모의 갈등
① 계선은 보수적이고 현상유지적인 성향을 갖는 반면, 참모는 혁신적이고 변화지향적인 성향을 가짐
② 계선은 조직을 종합적이고 전체적인 입장에서 보려고 하지만, 참모는 부분적이고 전문적인 시각에서 보려고 함
③ 참모는 교육수준과 사회적 지위가 비교적 높아 우월감을 가지고 개인주의적인데 이러한 태도는 계선조직의 질시의 대상이 됨
④ 권한과 책임의 한계가 불분명한 경우 참모는 계선의 권한을 침범하기 쉽고 권위가 손상된 계선과 마찰이 발생함

(4) 계선과 참모의 갈등 해결방안
① 계선과 참모의 책임과 역할을 분명히 설정
② 계선과 참모 간에 인사교류 실시, 계선과 참모가 함께 참여하는 연석회의 개최 등 상호접촉 증진

THEME 042 관료제 ★★☆

1 의의

1. 개념
(1) 조직 내에서의 직무를 합리적·계층적으로 나누어 대규모 행정관리 활동을 수행하는 조직의 유형 또는 관리운영체계
(2) 베버(Weber)는 지배의 3가지 유형에 따라 이념형으로서의 관료제 모형을 제시하면서 근대적 관료제를 가장 과학적·합리적인 조직모형으로 설명함

2. 지배의 유형과 관료제 사회

구분	정당성의 근거	관료제의 유형
전통적 지배	전통이나 관습	가산관료제
카리스마적 지배	특정인물의 초인적 자질	카리스마적 관료제
합법적 지배	법규화된 질서의 합법성	근대관료제

이념형

현실이 복잡·다양하고 유동적인 경우 특정한 사회현상을 설명하기 위해 개념의 특징적인 측면만을 부각하여 구성한 '분석적 구성물'로, 이념형이 모든 조직의 평균적인 모습은 아니지만, 그렇다고 관료제의 이념형이 실제 현실에서 존재하지 않는 것은 아님

2 근대 관료제

1. 성립요인

(1) 화폐경제의 발달

실물급여가 주어지는 가산적 관료제와는 다르게 근대관료제는 화폐급여를 바탕으로 함

(2) 행정업무의 양적 증대와 질적 발전

행정업무의 양적 증대와 질적 전문화에 따라 능률성 향상을 위한 체계적인 조직의 필요성이 높아짐

(3) 관료제의 기술적 우위성

관료가 전임직인 경우 전문성이 높아 기술적 우위성을 가지게 됨

(4) 물적 관리수단의 집중

물적 수단을 집중 관리하는 근대예산제도의 탄생은 관료제를 필요로 함

(5) 사회적 차별의 철폐

세습적 지위보다 개인의 능력을 중시하는 평등사상이 정착하고, 신분관계에서 계약관계를 기반으로 하는 근대 관료제가 확립됨

2. 특징

(1) 권한의 명확성과 법규의 지배

조직 내의 모든 지위에 관한 권한과 직무범위의 한계가 법규에 명확하게 규정되어 있음

(2) 계층제(계서제적 구조)

조직이 계층제의 원리에 따라 상하의 계층을 이루고, 상하 간에는 직무상 명령복종 관계가 확립되어 있음

(3) 공사의 구별과 비정의성

상급자와 하급자의 관계는 비인격적 관계이며, 사적인 영역과 공적인 영역이 엄격히 구별됨

(4) 문서주의

모든 직무수행은 문서에 의하여 처리됨

(5) 관료의 전문화

관료의 임용기준은 주로 전문적인 자격이나 시험

(6) 관료의 전임화

관료는 직무에 전념할 것이 요구됨

(7) 고용관계의 자유계약성

관료의 임용은 신분관계가 아닌 쌍방의 자유의사에 따른 자유로운 계약관계에 바탕을 둠

비정의성

조직의 구성원이나 고객이 개인적인 특성에 관계없이 공평하게 취급되는 것

핵심 OX

법규와 절차 준수의 강조는 관료제 내 구성원들의 비정의성(非情誼性)을 저해한다. (O, ×)

탑 × 법규와 절차의 준수를 강조함으로써 공평무사한 행정을 추구하는 비정의성을 확보할 수 있음

기출 체크

베버(Weber)의 관료제 모형에 대한 설명으로 옳지 않은 것은? 2015년 국가직 7급

① 관료에게 지급되는 봉급은 업무수행 실적에 대한 평가에 따라 결정된다.
② 관료제 모형은 계층제의 원리를 근간으로 한다.
③ 베버(Weber)는 정당성을 기준으로 권위의 유형을 전통적 권위, 카리스마적 권위, 법적·합리적 권위로 나누었는데 근대적 관료제는 법적·합리적 권위에 기초를 두고 있다고 주장한다.
④ 관료제 모형은 '전문화로 인한 무능(trained incapacity)' 등 역기능을 초래할 수도 있다.

탑 ① 베버(Weber)의 관료제 모형은 직업 관료제에 바탕을 두는 모형으로, 봉급이나 승진 등 전반적인 인사가 업무수행 실적보다는 연공서열에 따라 이루어짐

3 근대 관료제에 대한 평가

1. 장점

(1) 전문적인 인력을 활용할 수 있어, 목표를 능률적으로 달성할 수 있음

(2) 신분이나 개인적 친분보다 개인의 전문적 능력이나 자격에 의한 임용을 원칙으로 하여, 기회균등을 보장하고 정실주의를 배제함

(3) 계층적 구조이므로 조직 내 갈등을 상급계층에 의해 질서 있게 해결이 가능함

(4) 복잡하고 거대한 과업을 세분화하여 전문 인력에게 분담시킴으로써 효율적으로 처리하고, 권한의 책임과 위계질서가 확립되어 있으므로 안정적이고 질서 있게 처리할 수 있음

(5) 업무가 표준화·제도화되어 있으므로 구성원이 바뀌어도 조직의 목표달성과 조직체계는 지속될 수 있음

2. 이론적 차원의 비판

(1) 관료제의 역기능을 간과하고 순기능만 강조하였음

(2) 인간의 비공식적 요인이나 사회적 욕구를 간과했음

3. 실전적 차원의 비판(관료제의 병리)

(1) **동조과잉과 목표의 대치**

목표달성을 위한 수단에 불과한 규칙·절차를 지나치게 강조(동조과잉)하여 목적과 수단이 뒤바뀜(목표의 대치)

(2) **번문욕례(red tape)**

모든 사무를 문서로 처리하여 절차가 번거롭고 신속한 업무처리가 곤란함

(3) **변화에 대한 저항**

규칙과 선례에 집착하는 보수적인 특성으로 인해 쇄신에 저항적이고 변화에 적응성이 떨어짐

(4) **훈련된 무능**

고도의 전문화로 인해 특정 분야의 전문성에만 치우쳐서 시야가 좁아지고 포괄적 통찰력을 갖기 어려움

(5) **할거주의와 분파주의**

자신의 소속 부서만을 생각하고 다른 부서에 대해 무관심하고 적대의식을 갖기도 함

(6) **무사안일주의**

새로운 일을 하려는 적극성이나 창의성을 발휘하지 못하고 선례만을 따르거나 상급자 권위에 의존함

(7) **몰인간성**

집권적인 법규 위주의 통제를 중요시하므로 구성원의 인간적 성장을 저해하고 인간소외가 심화됨

(8) 파킨슨(Parkinson)의 법칙

공무원의 수가 업무량의 증가와 관계 없이 증가하는 비효율이 발생함

① **부하배증의 법칙**: 상관은 보다 많은 부하를 거느리기를 원하므로 업무과
중 시 동료보다는 부하를 보충받기를 원함

② **업무배증의 법칙**: 부하가 배증되면 종전에 없던 지시·보고·감독 등 파생
적 업무가 발생하여 본질적인 업무와는 관련 없이 외형상 업무량이 증가
하는 현상

(9) 피터의 원리

관료제에서 구성원은 그 자신의 역량을 넘는 수준까지 성장하게 된다는 것
으로, 신분보장의 특징이 비효율을 초래함

(10) 권력구조의 이원화

상급자의 계서적 권한과 부하의 전문적 권력이 이원화되어 조직 내 갈등이
발생함

4. 학자들의 평가

(1) 비판적 평가

① **머튼(Merton)**: 관료제는 조직원의 행동에 대한 예측성을 높여주지만 최
고관리자의 관료에 대한 지나친 통제가 관료들의 경직성을 초래하고 동
조과잉, 목표대치 등 역기능을 발생시킴

② **블라우(Blau)와 톰슨(Thompson)**: 관료제가 비공식집단을 간과하였다고
비판하며 조직 내 사회적 관계의 심리적 불안정성이 병리의 원인이라고
지적함

③ **셀즈닉(Selznick)**: 분업은 전문적 능력을 향상시켜 조직의 목표달성에 기
여하지만 할거주의를 발생시킴

④ **굴드너(Gouldner)**: 규칙이 구성원들의 조직목표 내면화를 저해하여 관료
들이 규칙의 범위 내에서 소극적이고 현상유지적으로 행동하는 무사안일
주의를 초래함

(2) 관료제 옹호론

굳셀(Goodsell), 카프만(Kaufman), 페로우(Perrow)는 관료제에 대한 비판이
과장되었다고 지적하면서 관료제를 적극 옹호함

4 관료제와 민주주의

듀베르제(Duverger)는 『서구의 두 얼굴』에서 관료제가 인간해방의 도구임과 동
시에 인간 억압의 도구가 될 수 있다고 지적함

1. 조화관계

(1) 법 앞의 평등

객관적 법규에 의한 보편주의적인 행정을 추구하여 공평한 행정을 구현함

발전행정론자의 관료제 수정

1. 법규에 의한 명확한 권한배분이 경
직화를 초래하고 목표달성의 장애요
인으로 작용하므로, 법률을 신축적
이고 탄력적으로 운영하여야 함
2. 전문적 지식도 중요하지만 관료의
사회 전반에 대한 이해력과 발전지
향성이 더 중요함

신행정론자의 관료제 종말론

탈(후기)관료제를 제시한 베니스(Be-
nnis) 등의 신행정론자들은 20세기 후
반의 급격한 사회변동에 의해 탈계서
제적, 적응적, 유기적 구조로 전환되어
야 한다고 주장함

핵심 OX

관료제는 현상유지에 집착하여 환경변
화에 유기적으로 대응한다. (O, X)

탭 X 관료제는 경직적이기에 환경변화
에 기계적으로 대응

(2) 기회균등

개인의 연고나 신분이 아닌 전문적 지식과 능력에 따라 관료를 임용하므로 기회가 균등하게 보장됨

(3) 민주적 목표의 능률적 실천

민주적으로 결정된 정책을 집행하는 과정에서 관료제가 가진 기술적 우수성으로 능률적 실천 가능함

(4) 국회의 입법기능 보완

복잡하고 다양해진 행정수요로 약화된 입법 활동을 전문지식으로 보완함

2. 갈등관계

(1) 관료의 특권집단화

정보의 독점을 통한 권력독점과 세습계급화 등 소수간부가 특권집단화 될 수 있음

(2) 독선주의

행정 관료는 국민에 대해 책임을 지지 않는 특징때문에 독선주의로 흐를 가능성이 높고 국민요구에 적응·통제가 곤란함

(3) 과두제의 철칙

① 조직구조는 조직의 목표를 효율적으로 달성하기 위해 계서제적 구조를 갖게 되고 결국 소수의 지도자에 의해 지배됨

② 소수의 지배라는 특성상 다수의 지배를 원리로 하는 민주주의와 상충되고, 권력이 집중되어 있는 소수의 상층부 지도자가 공익보다 자신의 이익을 추구할 우려가 있음

(4) 집권적 의사결정

의사결정과정에서 다수의 부하직원의 참여를 배제함

Level up | **예이츠(Yates)의 관료제적 민주주의**

1. 의의

예이츠(Yates)는 제도적 개혁을 통해 관료제에 대한 통제전략을 잘 수립하면 관료제 체제에서 능률과 민주주의의 조화가 가능하다고 봄

2. 제도적 개혁의 주요 과제

① 중앙집권적인 통제와 장기적인 기획능력의 강화

② 국가전반적인 기획을 고려하며 공개적이고 공평한 체제하에서 이익의 민주적 조정

③ 상위정부와 일치하는 지역정부수준의 갈등조정기구 및 시민감시기구(지역서비스센터) 설치

킹슬리(Kingsley)의 대표관료제

사회집단의 구성비에 따라 관료를 충원하면 관료들의 대표성이 높아지고 관료제의 민주적 대응성을 제고할 수 있음

1 탈(후기)관료제의 의의

1. 의의
(1) 후기산업사회(정보화산업사회)에 들어 전통적 관료제의 한계가 지적되면서 정보화시대에 적합한 조직구조로서 등장한 조직
(2) 높은 융통성과 적응성을 특징으로 하는 유기적·동태적 조직모형

2. 주요 특징
(1) 일반적 특징 – 맥커디(McCurdy)
① **문제해결능력의 중시**: 계서적 지위가 아닌 문제해결능력을 가진 사람이 권한을 행사하고, 권한은 문제 상황에 따라 달라짐
② **상황적응성의 강조**: 표준화(SOP)를 배척하고 업무수행의 규정과 절차 등은 상황적 조건에 적응하도록 처방
③ **경계관념의 혁신**: 고객을 단순한 행정의 객체로 대우하는 것이 아니라 조직과 환경 사이의 경계를 없애고 고객을 동료처럼 대우
④ **비계서적 구조**: 비계서적인 저층형 조직구조를 처방
⑤ **집단적 문제해결의 강조**: 상하 간 명령이 아닌 팀워크 중심의 자율적·참여적·협동적 과정을 통한 의사결정 강조
⑥ **잠정성의 강조**: 조직 내 구조·역할뿐 아니라 조직 자체도 필요에 따라 생성·변동·소멸되는 잠정적인 것임

(2) 구조적 특징
① **낮은 복잡성**: 수직적 분화는 낮지만 수평적 분화는 높음
② **낮은 공식성**: 규칙화·표준화가 낮고 상황적응적임
③ **낮은 집권성**: 집권화된 지위가 아닌 전문성에서 권위 발생

3. 주요 모형
(1) 골렘뷰스키(Golembiewiski)의 견인이론
① **의의**: 골렘뷰스키(Golembiewiski)는 관리이론을 견인이론으로 압력이론과 대별하고, 견인이론에 따라 조직구조와 과정을 처방할 것을 주장하였음

견인이론	인간이 자율규제적이며 직무수행을 통해 만족을 얻으려는 존재임을 전제로 하고, 조직 내 자유스러운 분위기를 조성하여 구성원들로 하여금 보람과 만족을 느끼도록 처방하는 이론
압력이론	구성원들로 하여금 고통스러운 결과를 피하기 위해 일하도록 만드는 방안을 처방하는 이론

② **견인이론적 조직구조의 특징**
㉠ **흐름에 따른 분화**: 수평적 분화의 기준은 기능의 동질성이 아닌 일의 흐름에 따른 상호연관성에 따른 분화

    © **다방향적 권한 흐름**: 하향적·일방적인 것이 아닌 상호적이며 상하·좌우로의 권한 흐름을 강조

    © **통솔범위의 확대**: 성과평가를 기본으로 하고 자율규제를 촉진함으로써 통솔범위의 확대 가능

    ② **행동의 자유 강조**: 자율적 통제를 내재화함으로써 외재적 통제와 억압을 최소화

    ⑩ **변동에 대한 적응 중시**: 변동에 대한 적응을 용이하게 함

(2) 베니스(Bennis)의 적응적·유기적 구조

  ① **의의**: 베니스(Bennis)는 미래사회의 여건변화에 대처하기 위해서 적응적·유기적인 조직구조를 처방할 것을 주장함

  ② **특징**: 문제 중심의 잠정적·비계서적 구조, 집단에 의한 문제해결, 직위가 아닌 전문능력이 지배하는 구조, 민주적 감독, 구성원의 창의성 존중 등

(3) 커크하트(Kirkhart)의 연합적 이념형

  ① **의의**: 커크하트(Kirkhart)는 베니스(Bennis)의 모형을 보완한 모형으로 연합적 이념형을 제시함

  ② **특징**: 조직 간의 자유로운 인력이동(잠정적 고용관계), 변화에 대한 적응, 조직 내 상호의존적·협조적 관계, 고객집단의 참여, 권한체제의 상황적응성, 사회적 계층제의 억제, 컴퓨터에 의한 기록관리 등

(4) 화이트(Whete)의 변증법적 조직(고객중심적 조직)

  ① **변증법적 조직**: 근대관료제에 반대하여 스스로를 계속적으로 발전시키는 단계에 있는 조직모형

  ② **경계관념 혁신**: 경계를 타파하고 고객을 경계 내로 포함시키는 고객 중심적 조직을 주장함

(5) 세이어(Thayer)의 계서제 타파

  ① **의의**: 세이어(Thayer)는 계서제를 유지한 상태에서 계서제로 인한 문제를 해결하기 위한 분권화는 미봉책에 불과하다고 주장하며, 계서제의 완전한 타파를 강조함

  ② **특징**: 소집단의 연합체 형성, 의사결정권의 이양, 고객참여, 모호하고 유동적인 경계(조직경계의 개방), 협동적·집단적인 문제해결장치, 승진개념·보수차등의 철폐 등

(6) 린덴(Linden)의 이음매 없는 조직*

린덴(Linden)은 소비자 중심의 사회에 대응하려면 분산적 조직(전통적 관료제 조직)들을 이음매 없는 조직으로 재설계해야 한다고 주장함

구분	분산적 조직	이음매 없는 조직
직무범위	협소·단편적, 낮은 자율성	광범위·종합적, 높은 자율성
역할구분	높은 명확성	비교적 낮은 명확성
평가기준	투입	성과와 고객만족
기술	통제지향적	분권화지향적
신속성	둔한 시간감각	예민한 시간감각

🏛 **기출 체크**

커크하트(Larry Kirkhart)는 연합적 이념형이라고 하는 반관료제적 모형을 제시하였는데, 이 모형이 강조하는 조직구조 설계원리의 처방에 해당하지 않는 것은? 2019년 서울시 7급(2월 추가)

① 컴퓨터 활용
② 사회적 층화의 억제
③ 고용관계의 안정성·영속성
④ 권한체제의 상황적응성

탭 ③

* 린덴(Linden)의 이음매 없는 행정서비스는 조직의 각 단위와 과정이 통합하여 절차보다는 성과를 높이려는 점에서 신공공관리적 성과관리방식과 유사

(7) 기타 관료제 모형

프레드릭슨(Frederickson)의 수정계층체제이론, 케이들(Keidel)의 자율적 조직과 협동적 조직 등

2 팀조직

1. 의의

(1) 개념

상호보완적 기능을 가진 사람들이 공동목표의 달성을 위해 책임을 공유하고 문제해결을 위해 공동의 접근방법을 사용하는 조직단위

(2) 특징

① **수평적 조직**: 수평적·평면적인 조직으로 유연성과 탄력성을 지님

② **전문가집단에 의한 팀 구성**: 팀의 업무수행 결과가 상승효과를 가지기 위해서는 문제해결에 필요한 다양한 전문가들로 구성되어야 함

③ **팀의 자율성 보장**: 팀장에 대한 대폭적 권한위임(실무진이 재량권 보유)으로 팀의 자율성을 보장하여, 각 팀은 의사결정권을 가지고 융통성 있는 운영이 허용됨

④ **완결적 업무수행**: 팀의 규모는 자기 완결적 업무 처리가 가능한 단위로 설정하여 그에 따른 팀별 인원을 산정함

⑤ **성과중심의 보상**: 조직의 효과성은 핵심과정별 최종성과지표인 팀 목표에 대한 달성도 등으로 평가함

⑥ **상호 긴밀한 유대관계**: 구성원들의 협의를 통해 목표가 설정되고 공동의 목표성취를 위해 팀원 간 상호의존과 연대의식이 중시되며, 업무수행 결과에 대해서는 팀 전체가 공동책임의식을 가짐

⑦ **쌍방적 리더십**: 하향적 리더십에서 벗어난 쌍방적·상호교환적인 리더십

(3) 전통적 조직과 팀조직의 비교

구분	전통적 조직	팀조직
조직구조	계층적	수평적
목표	상부에서 주어짐	구성원들의 협의를 통함
리더	강하고 명백한 지도자	리더십 역할 공유
지시·전달	상명하복, 지시	상호 교환, 토론
정보흐름	폐쇄·독점	개방·공유
책임·보상	개인주의, 연공주의	공동책임·보상, 성과주의
평가기준	상부조직에 대한 기여도	팀 목표에 대한 달성도
업무통제	관리자가 계획·통제	팀 전체가 계획·통제

핵심 OX

팀조직은 전통적 관료제와 비교할 때 구성원들의 사기를 증진시킨다.

(○, ×)

답 ○

2. 장단점

(1) 장점

① 유기적·동태적 조직으로 환경대응력이 높고, 관료화 및 업무의 과부화 현상 해소 가능

② 계층의 축소로 신속한 의사결정 가능

③ 대폭적인 권한위임으로 팀의 자율성을 보장하여 개인의 사기앙양이나 창의성, 업무효율성 도모에 기여

④ 조직구조의 유연성과 신속한 의사결정으로 고객만족요구, 서비스의 질 향상요구에 신속히 대응 가능

⑤ 성과중심의 평가로 책임행정 구현

⑥ 팀워크 향상으로 이기주의를 탈피하고 구성원의 단결심 제고

(2) 단점

① 관리자의 능력이 부족한 경우 조직의 갈등을 증폭시킬 가능성이 있음

② 계층구조가 부재하거나 업무의 가변성으로 인하여 일관성과 안정성이 결여됨

③ 구성원 중 무임승차자가 있을 경우 업무공동화 현상 발생

④ 계급제적 속성이 강한 사회나 법정업무가 명확한 경우에는 적용하기가 어려움

3 매트릭스조직(복합조직, 행렬조직)

1. 의의

(1) 조직의 신축성을 확보하기 위해 전통적·계서적·수직적 특성을 가지는 기능구조에 횡적·수평적 특성을 가지는 사업부제구조를 화학적으로 결합시킨 이원적 구조의 조직으로서, 이중적 명령체계를 가짐

(2) 기능구조의 전문성과 사업부제구조의 신속한 대응성이 동시에 충족됨

2. 효과적인 상황적 조건

(1) 중간규모의 조직인 경우

(2) 복잡하고 불확실성이 높은 환경으로, 수평적·수직적 정보처리 및 조정의 필요성이 커지는 경우

(3) 기술적 전문성도 높고, 새로운 제품을 개발해야 하는 압력도 빈번하게 발생하는 이원적 압력으로 인해 기능조직의 장점과 사업부제의 장점이 동시에 필요한 경우

(4) 생산라인 간의 부족한 인력과 자원을 공유해야 하고, 신축적인 운영이 필요한 경우

3. 장단점

(1) 장점

① **환경변화에 대한 신속한 대응**: 한시적 사업에 신속하게 대처할 수 있고 특수한 사업추진이 용이함

핵심 OX

01 매트릭스구조는 기능구조와 사업구조의 물리적 결합을 시도하는 조직구조이다. (O, ×)

답 × 매트릭스구조는 기능구조와 사업구조의 화학적 결합을 시도

02 대사관에는 대사 외에 각 행정부처에서 파견한 상무관, 재무관, 농무관, 관세관 등이 있다. 따라서 이러한 조직은 매트릭스조직의 대표적인 예이다. (O, ×)

답 O

03 매트릭스조직은 환경에 대응성을 높이고, 신속한 결정이 가능하며, 예측가능성을 증진시킨다는 장점이 있다. (O, ×)

답 × 환경에 대응성은 높지만, 결정이 지연되며 예측가능성을 떨어뜨리는 단점을 지님

② **통합적 조직운영**: 기능구조의 전문성과 사업부제구조의 대응성을 동시에 갖추며, 정보의 흐름을 활성화시키고 상호이해를 도모함으로써 할거주의 현상을 감소시켜 부서 간 갈등 조정이 가능함

③ **관리의 일관성 유지**: 사업부제구조와 기능구조의 상호 견제를 통해 여러 사업에 걸친 관리의 일관성을 유지함

④ **인적 자원의 경제적 활용**: 새로운 프로젝트를 수행하는 데 있어 기존 인력의 신축적·경제적 활용이 가능함

⑤ **구성원의 참여 및 능력 개발**: 조직 구성원의 참여가 증가하여 동기부여 및 능력 개발에 기여함

⑥ **창조적 아이디어**: 이질적인 구성원의 상호작용을 통해 창조성을 확보함

(2) 단점

① **권한과 책임의 불명확성**: 이중적 명령체계로 권한과 책임이 모호하여 갈등과 권력투쟁을 유발하며, 특히 기능부서와 사업부서 간의 갈등이 심화됨

② **객관성과 예측가능성 저하**: 법규에 따른 행정보다는 환경에 대응하기 위한 행정이 강조되어 객관성과 예측가능성이 상대적으로 저하될 수 있음

③ **관리비용 증가**: 권한구조가 다원화되면서 관리계층이 증가함

④ **결정의 지연**: 잦은 토론과 논의로 인해 신속한 결정이 곤란함

⑤ **원만한 인간관계 형성의 곤란**: 기능구조와 사업부제구조 간의 이원적 조직체계로 인해 원만한 인간관계 형성이 곤란함

Focus on 전통적 구조와 매트릭스구조의 비교

구분	전통적 구조	매트릭스구조
계층제의 원리	명령계통의 원리	수직적 계통과 수평적·대각적 업무협조 모두 중요
계선·참모	목적 수행의 책임은 계선, 조언 및 보조는 참모	계선과 참모 구분 모호
조직목표	단일적 조직단위의 목표	상대적으로 독립적인 단위들의 공통적 관심사
지시의 통일성	최고관리자가 획일적 지시	프로젝트 관리자가 단위 간의 공통된 목적달성을 위해 협조
존속기간	상당한 영속성	지속기간의 한정

---

4 네트워크조직

1. 의의

(1) 조직의 기능을 전략·계획·통제 등 핵심역량 위주로 합리화하고, 부수적 기능은 외부기관들과의 계약관계를 통해 수행하는 분권화된 공동조직으로 다른 조직의 자원을 저렴하게 활용이 가능함

(2) 조직들의 독립성이 높고 수평적 신뢰관계로 느슨하게 연결된 조직으로 가상조직과 임시체제(애드호크라시)의 속성을 내포함

(3) 구조와 계층을 파괴한 사용자 중심의 언더그라운드조직

2. 특징

(1) 공동의 목적
관련된 연계조직 간 공통된 견해나 공동목적을 지님

(2) 독립적인 구성원
독립적이고 자율적인 구성원이 협력적으로 연결되며, 업무수행의 자율성이 높고 밀접한 감독과 통제보다는 자율규제적·결과지향적 통제가 이루어짐

(3) 느슨하고 자발적인 연결
다방면의 연결이 이루어지며, 각 구성원은 자율성을 가지므로 네트워크에 진입하거나 탈퇴하는 것이 자유로움

(4) 다수의 지도자
절대적 권한을 가진 지도자는 없으나, 역량 있는 다수의 지도자가 존재함

(5) 통합지향성
상·하 구별이 분명하지 않으며(수직적 통합), 수평적 분업도 약하고(수평적 통합), 정보화에 의해 지리적 분산을 극복함(공간적 통합)

(6) 수평적 의사전달
수평적 의사전달이 강조되고 지식·정보의 축적보다는 교환을 통한 새로운 정보 창조에 능통함

(7) 의사결정체제의 분권성과 집권성
위임수준이 높아 분권적이면서 공동목표를 위한 의사전달과 정보의 통합관리를 추구하므로 집권적 특성을 동시에 가짐

(8) 정보기술의 활용과 물적자원의 축소
전자매체를 통한 가상공간에서 교호작용이 이루어지고 조직의 규모는 인원 수나 물적 요소가 아닌 네트워크 크기로 파악됨

(9) 대환경적 교호작용의 다원성
느슨하게 연계된 구성단위들과 환경의 교호작용은 다원적·분산적이고, 조직의 경계는 유동적이며 모호함

Level up 시장과 계층제, 네트워크조직의 비교

구분	시장	계층제	네트워크조직
조직의 형태	다양한 개별 독립조직의 공존	단일의 중추조직	느슨하게 연결된 군집형 조직
규범적 기초	계산, 재산권	고용관계	보완관계
분쟁 조정수단	경쟁·갈등, 소송	감독·명령	호혜규범·협력
구조적 유연성	높음	낮음	중간
행위자의 선호	독립적	의존적	상호의존적
거래비용	많음(환경·자원의 불확실성 높음)	적음(환경·자원의 확실성)	중간(환경·자원의 불확실성 감소)

3. 장단점

(1) 장점

① **조직의 개방화**: 다양한 관계자들과의 의사소통, 연계 고리 강화 등으로 열린 조직 달성, 환경에 대한 민감한 대처가 가능함

② **조직의 슬림화**: 기업은 핵심역량만을 내부에 보유하고 나머지 활동은 외부조직으로 네트워크화 함으로써 조직의 간소화를 기할 수 있음

③ **조직의 분권화**: 조직이 분권화되어 구성원들의 책임과 자율에서 오는 창의성 발휘, 동기부여의 효과가 있음

④ **혁신을 통한 경쟁력 배양**: 광범위한 전략적 제휴로 사업관련 분야의 최신 기술을 바로 획득함으로써 기술혁신을 이룩하고 시장경쟁력을 제고함

⑤ **정보통신기술 활용**: 정보통신망에 의해 조정되므로 시공간적 제약을 극복하고 직접감독을 위한 자원과 인력이 불필요함

⑥ **환경변화에 신속·신축적 대응**: 조직의 유연성 강화를 통해 환경변화에 신속히 대응함

⑦ **신제품 출시에 거대한 초기투자 불필요**: 경쟁력 있는 기술을 가진 활동에 집중하고 나머지는 계약관계로 수행하므로 거대한 초기투자 없이도 신속히 새로운 제품을 출시할 수 있음

(2) 단점

① **행동의 제약**: 신전략 구성, 신시장 진출 시 기존 네트워크 내의 관련 조직들의 압력으로 조직행동이 제약을 받음

② **네트워크의 폐쇄화**: 네트워크 관계가 장기화되고 구성원이 고정화되면 네트워크 전체가 폐쇄화되고 유연성이 상실됨

③ **네트워크 간 경쟁**: 네트워크 밖의 조직들에 대해서는 폐쇄적 성격으로 네트워크 간 극심한 경쟁을 야기함

④ **대리인문제 발생**: 계약관계에 있는 외부기관을 긴밀하게 통제하기 어렵고 조정·감시비용이 증가함. 지식이 일방적으로 유출되어 네트워크 파트너가 경쟁자가 되거나 기회주의적 행동을 할 수 있고 계약불이행 등 제품의 안정적 공급과 품질관리에 어려움이 발생할 수 있음

⑤ **응집력 있는 조직문화 형성의 어려움**: 네트워크 구성원들 간의 느슨한 관계는 응집력 있는 조직문화를 형성하기 어렵게 하고, 조직구성원의 이직이 빈번하게 발생함

5 가상조직

1. 의의

(1) 온라인상에 존재하는 가상공간이라는 매체를 통해 형성된 조직

(2) 독립된 각 조직의 경쟁력 있는 기술과 자원을 통합하여 조직을 설계함으로써 우수한 제품과 서비스를 제공하기 위해 일시적으로 구성되는 조직

(3) 일정 기간 동안 특정한 목적을 이루기 위해 구성되었다가 목표가 달성되면 해체됨

대리인문제
개인 또는 집단이 자신의 이해에 직결되는 일련의 의사결정과정을 타인에게 위임하는 경우 주인과 대리인 간 정보의 불균형, 감시의 불완전성 등으로 대리인의 도덕적해이가 발생하여 경제적 피해를 입을 수 있는데 이런 상황을 대리인 문제라고 칭함

핵심 O×
가상조직은 전자적 연계에 의존하며 지리적으로 분산된 개인, 집단 또는 조직단위가 영구적이기보다는 일시적·임시적으로 교류하는 집합을 의미한다.
(O, ×)

답 O

2. 특징

(1) IT기술을 이용하여 협력과 정보·지식의 교환이 이루어짐

(2) 조직구조의 경계가 존재할 수 없음

(3) 규모의 경제보다는 속도의 경제를 중시함

6 학습조직

1. 의의

(1) 모든 구성원이 문제인지·해결에 관여하고 조직능력 제고를 위해 시행착오를 거치며, 지속적 실험이 가능하고 지식의 창출, 공유 및 활용에 뛰어남

(2) 구성원이 스스로 새로운 지식의 창조·획득·공유 등의 활동을 통해 새로운 환경에 적응할 수 있도록 끊임없이 자기변신을 할 수 있음

(3) 수평조직·네트워크조직·가상조직 등 다양한 조직유형으로 실현됨

2. 특징

(1) **사려 깊은 리더십**

리더는 조직의 목표와 핵심가치를 설정하고 구성원이 공유하는 비전 등을 창조하며, 조직 제일의 봉사인으로서 조직의 임무와 구성원을 지원하는 것에 헌신해야 함

(2) **자아실현적 인간관**

학습자의 주체성·자발성이 존중되며 시행착오가 허용됨

(3) **활발한 커뮤니케이션**

정책결정 과정에 환류를 활성화하기 위한 의사소통을 중시하고 조직구성원 간의 활발한 의사소통과 정보공유를 장려함

(4) **변화지향적 조직**

불확실한 환경에서 요구되는 창조적 변화를 촉진할 수 있음

(5) **신축적·유기체적 조직**

탈관료제를 지향하는 분권적·신축적·인간적·유기체적 조직관

(6) **문제해결 중시**

효율성을 핵심가치로 하는 전통적인 조직과는 달리 문제해결을 핵심가치로 함

(7) **부분보다 전체를 중시하는 공동체문화**

부서 간 경계 최소화하고 경쟁보다 협력을 중시하며, 개인별이 아닌 팀워크·조직전체를 강조하는 보상체계를 도입함

(8) **수평적 조직구조**

학습조직의 기본구성단위는 팀으로, 수평적 구조를 강조하고 불확실한 환경에 신축적으로 대응하기 위해 네트워크조직과 가상조직을 활용함

핵심 OX

학습조직이 가지는 특징은 원자적 구조를 갖는다는 것이다.　(O, ×)

답 × 학습조직은 원자적 구조가 아니라 유기적 구조

기출 체크

전통적인 기계적 조직과 구별되는 학습조직의 특징에 대한 설명으로 옳지 않은 것은? 2014년 사회복지직 9급

① 기능보다 업무 프로세스 중심으로 조직을 구조화한다.

② 위계적 통제보다 구성원 간의 수평적 협력을 중시한다.

③ 학습조직 활성화에 리더의 역할이 상대적으로 중요하지 않다.

④ 조직의 목표달성을 위하여 구성원의 권한 강화(empower-ment)를 강조한다.

답 ③ 학습조직에서는 협력과 상호작용을 중요시하기 때문에 리더의 역할이 매우 중요

기출 체크

학습조직의 특성으로 옳지 않은 것은?
2011년 국가직 9급

① 엄격하게 구분된 부서 간의 경쟁을 통한 학습가능성이 강조된다.
② 전략수립과정에서 일선조직 구성원의 참여가 중요한 역할을 담당한다.
③ 구성원의 권한 강화가 강조된다.
④ 조직 리더의 사려 깊은 리더십이 요구된다.

팁 ① 학습조직은 엄격하게 구분된 기능별 부서 간의 경쟁이 아니라, 이들 부서 간의 경계를 허물고 협력을 추구하는 학습과정을 강조

(9) 구성원의 권한 강화

조직 구성원은 학습을 즐거워한다고 보고, 구성원에게 충분한 학습을 제공할 수 있는 훈련을 강조함

3. 학습의 종류

(1) 단일고리학습과 이중고리학습

단일고리학습	• 조직 목표와 현재의 실적 간의 격차를 해소하는 소극적 환류 • 빠르고 국소적인 효과
이중고리학습	• 조직의 규범, 목표 자체를 변경하는 적극적 환류 • 느리고 광범위한 효과

(2) 적응적 학습과 생산적 학습

적응적 학습	변화하는 환경에 대처하는 수동적 · 현재지향적인 학습
생산적 학습	조직의 현재능력을 확장하여 미래를 발견하는 적극적 · 미래지향적인 학습으로, 학습조직에서 강조

4. 학습조직의 다섯 가지 수련 - 셍게(Senge)

(1) 자기완성(personal mastery)

각 개인은 원하는 결과를 창출할 수 있는 자기역량의 확대방법을 학습하는 것

(2) 사고의 틀(mental model)

세상에 관한 자신과 사람들의 관점과 신념이 자신의 행동에 미치는 영향에 대해 끊임없는 성찰을 통해 객관화하는 것

(3) 공동의 비전(shared vision)

조직구성원들이 공동으로 추구하는 목표와 원칙에 관한 공감대를 형성하는 것

(4) 집단적 학습(team learning)

개인적 학습이 아니라 구성원들 간 상호작용을 통해 개인학습으로는 형성하기 힘든 학습의 질을 이끌어내는 집단적 학습과정으로, 대화와 토론문화의 정착이 필요함

(5) 시스템 중심의 사고(systems thinking)

부분을 보기보다는 전체를 인지하고, 부분들 사이의 순환적 · 역동적 관계를 이해할 수 있게 하는 사고의 틀을 바탕으로 시스템을 더 효과적으로 만들 수 있는 행동을 이끌어내는 훈련

7 하이퍼텍스트조직

1. 의의

(1) 노나카(Nonaka)는 기존의 계층형 조직에 프로젝트 팀조직의 특징을 가미한 새로운 조직모델로 '하이퍼텍스트조직'을 제시함

(2) 인터넷에서 자주 쓰이는 하이퍼텍스트의 기능에서 유래한 것으로, 언제든지 필요한 조직의 구성원을 불러낸다는 의미

(3) 구성원이 소속부서에 얽매이지 않고 자유자재로 재조직되는 유연한 조직체계

(4) 지식의 창조·활용·축적을 각각 프로젝트 팀층, 비지니스 시스템층, 지식기반층이 분담

2. 특징

(1) 필요할 때에 정보나 지식의 창조·축적·활용이 자유롭게 이루어짐

(2) 상의하달이나 하의상달식이 아닌 중간관리자가 주도(middle up-down) 하는 방식의 관리

8 자생조직

1. 의의

환경변화에 맞게 조직의 상태 및 산출물을 조정하는 능력을 가진 조직

2. 특징

(1) 다양성을 확보하는 것이 핵심요소이며 자율성, 응집력, 개방성, 유연성, 학습성을 가짐

(2) 조직 내 하위조직들까지 하나의 완전한 체제로 구조화될 것을 강조함

(3) 표준화보다는 조직의 학습능력과 자치능력이 증가함

9 기타 탈관료제 조직

1. 동료조직

(1) 대학이나 병원, 연구소 등 고급전문조직에서 활용되는 탈관료제 조직

(2) 모든 의사결정이 완전히 자유롭고 민주적인 방법에 의해 내려짐

2. 연결핀조직 - 리커트(Likert)

(1) 조직의 여러 부서 간에 연결핀의 역할을 하는 자를 두어 그를 통해 조정능력과 적응력을 높이는 조직

(2) 한 사람이 둘 이상의 부서에 중복소속 되게 하는 방식 또는 T/F, 위원회 등 각종 수직적·수평적 연결장치가 이에 해당함

3. 꽃송이(클러스터)조직

(1) 팀단위로 조직이 구성되어 최고관리층팀과 중간관리층팀이 서로 중복되어 참여하는 교차다기능조직(cross-functional team)

(2) 다양한 기능을 갖춘 개별 구성원들은 여러 프로젝트를 오가며 업무를 보는데, 중심기능은 모든 연결망을 지휘하는 팀이나 조직의 중앙부서에서 맡고 부수적 기능은 각각의 꽃잎들이 필요에 따라 선택적으로 맡게 됨

4. 후기 기업가조직 - 칸터(Kanter)

(1) 거대한 규모를 유지하면서도 날렵하게 움직일 수 있는 유연성을 강조하는 조직

(2) 신속한 행동, 창의적 탐색, 신축성, 직원과 고객 간 밀접한 관계 등을 중시

5. 삼엽(클로버)조직 - 핸디(Handy)

(1) 소규모의 전문적 근로자인 핵심직원과 하청업체의 계약직 근로자, 시간제직원이나 임시직원 같이 융통성 있는 세 가지 근로자집단으로 구성된 조직

(2) 직원의 수를 소규모로 유지하는 반면, 산출의 극대화가 가능하도록 설계됨

(3) 계층수가 적은 날씬한 조직이면서 고품질의 상품과 서비스를 적시에 공급할 수 있다는 장점을 지님

6. 혼돈(chaos)조직

혼돈이론을 적용한 조직으로, 정부조직의 혼돈 속의 질서를 발견하고 조직변동 과정의 분석을 중시

7. 공동(hallow)조직

조직은 기획, 조정, 통제, 감독과 같은 중요한 업무만을 수행하고 서비스의 생산과 공급업무는 제3자에게 위임 또는 위탁하는 조직

8. 역피라미드조직

(1) 고객과 일선직원들을 우선적인 위치에 놓는 조직

(2) 관리자들의 임무는 조직의 서비스를 받으려는 사람에게 직접 봉사하는 일선 직원들을 지원하는 것임

9. 모래시계형 조직

정보화의 영향으로 중간관리층이 대폭 줄어들고 소수의 관리층과 다수의 일선 조직구성원으로 구성되는 형태의 조직

10. 기타

홀로그램형 조직, 자유형 조직, 심포니오케스트라조직, 프로세스조직 등이 있음

핵심 OX

삼엽조직은 소규모 전문적 근로자, 계약직 근로자, 신축적 근로자로 구성된 조직이다.　　　　　(O, ×)

답 O

기출 체크

지식정보화 사회에서의 다양한 정부 논의에 대한 설명으로 옳은 것은? 2010년 서울시 7급

① 삼엽조직 - 소규모 전문적 근로자, 계약직 근로자, 신축적 근로자로 구성된 조직
② 혼돈정부 - 조직 내에 존재하는 혼동을 제거함으로써 질서를 확보하는 조직
③ 공동(空洞)조직 - 정부의 업무가 미치지 않는 영역까지 영역이 확장된 확대조직
④ 그림자국가 - 고객에 대한 복지서비스 공급보다는 생산활동을 강조하는 국가
⑤ 후기 기업가조직 - 신속성, 창의성, 신축성보다는 안정성과 지속성을 강조하는 조직

답 ① 삼엽조직은 소규모 전문직 근로자, 계약직 근로자, 신축적 근로자로 구성된 조직

THEME 044 위원회(합의제 행정기관) ★★☆

1 의의 및 특징

1. 의의
계층적 단독제와 상반하는 개념으로, 여러 사람이 결정과정에 대등한 지위로 참여하여 합의에 의하여 의사결정을 하고 그에 대해 책임을 지는 합의제 조직

2. 특징
(1) 행정권의 비대화를 방지하기 위하여 행정부 외부에 설치한 독립된 조직

(2) 계층제 조직에 비해 분권화 · 수평화된 형태의 유기적 · 탈관료제적 조직

(3) 주로 경제적 · 사회적 규제기능을 담당함

2 유형

1. 자문위원회
(1) 기관장이나 조직전체에 대한 자문에 응하는 막료기관 성격의 합의제 기관으로, 공식적인 행정관청은 아님

(2) 자문위원회의 결정은 정치적 영향은 있으나 법적 구속력을 갖지 않으며, 독립성이 미흡

예 경제사회발전노사정위원회, 정보화추진위원회 등

2. 조정위원회
(1) 각 기관 혹은 개인의 상이한 의견을 통합 · 조정하는 합의제 기관

(2) 조정위원회의 결정은 건의 · 자문의 성질만을 띠는 경우도 있고, 법적 구속력이 있는 경우도 있음

예 국무회의, 경제관계 장관회의, 각종 분쟁조정위원회 등

3. 행정위원회
(1) 어느 정도의 중립성 · 독립성을 부여받고 설치되는 행정관청적 성격의 합의제 기관

(2) 행정위원회의 결정은 법적 구속력과 집행권을 가지며, 준입법권과 준사법권을 가지는 경우도 있음

예 소청심사위원회, 방송통신위원회, 국민권익위원회, 중앙국세심사위원회, 해양안전심판원 등

4. 독립규제위원회
(1) 행정부나 의회로부터 독립하여 준입법 · 준사법권을 가지고 특수한 업무(주로 경제 · 사회문제)를 수행 또는 규제하기 위해 설치된 합의제 기관으로 행정위원회의 일종

PART 3
행정조직론 2021 해커스공무원 쉬운 행정학

위원회의 유형

이론적으로는 위원회의 유형을 자문위원회, 조정위원회, 행정위원회, 독립규제위원회로 구분하기도 하지만 「행정기관 소속위원회 설치 · 운영에 관한 법률」에 따르면 자문위원회와 행정위원회로 이원화

독립규제위원회는 행정위원회의 일종

권한과 구속력을 기준으로 위원회를 구분하면 독립지위를 가진 행정관청으로 의결의 법적 구속력이 있고 집행권을 동시에 가진 독립규제위원회는 행정위원회의 일종으로 볼 수 있음

구분	의결권	집행권
자문위원회	×	×
의결위원회	O	×
행정위원회	O	O

의결위원회

1. 자문위원회와 행정위원회의 중간 형태로, 국민의 권리 · 의무에 관련된 사무에 대한 의사결정권은 있으나 집행권은 없음
2. 각 부처의 징계위원회, 정부공직자 윤리위원회, 소청심사위원회 등이 이에 해당함

(2) 독립적으로 규제업무를 담당하기 때문에 통제하는 부서가 존재하지 않아 머리 없는 제4부로 불림

예 중앙선거관리위원회, 중앙노동위원회, 공정거래위원회, 금융통화위원회 등

3 장단점

1. 장점

(1) 신중성 · 공정성 · 민주성
집단적으로 의사결정을 하므로 독단적 결정보다는 행정의 신중성 및 공정성, 민주성의 향상에 기여함

(2) 효율성 · 전문성
전문가의 참여로 인해 행정의 효율성 · 전문성을 제고할 수 있음

(3) 조정 · 통합
이해관계가 다른 여러 사람들의 협의를 통한 의사결정을 하므로 조정이 증진됨

(4) 계속성 · 안정성
위원들은 일시에 교체되는 것이 아니고 순차적으로 교체되므로 정책의 계속성과 안정성을 기할 수 있음
예 시차임기제

(5) 창의성 · 혁신성
다수의 위원에 의한 결정은 단독형에 비해 창의적이고 혁신적인 결정을 내리기 쉬움

(6) 관료제 조직의 경직성 완화
수평적인 관계에 놓이는 위원들로 구성되므로 경직성을 완화할 수 있음

2. 단점

(1) 결정의 지연 및 기밀성 유지 곤란
의사결정자가 많아 결정의 신속성 · 기밀성 유지가 곤란함

(2) 책임성 확보의 어려움
다수의 위원이 관여하므로 책임의 소재를 명백히 하기 어렵고 책임을 전가하는 현상이 발생함

(3) 능률성 확보 곤란
운영함에 있어서 경비와 시간이 많이 소요되므로 능률성을 확보하기 어려움

(4) 타협적 결정의 가능성
어떤 안건에 대하여 위원들이 지지하는 것은 그 안건이 공익성을 가지기 때문이 아니라, 자신의 안건을 통과시키기 위한 교환의 수단이기 때문일 수 있음

1 우리나라 정부조직

1. 정부조직체계

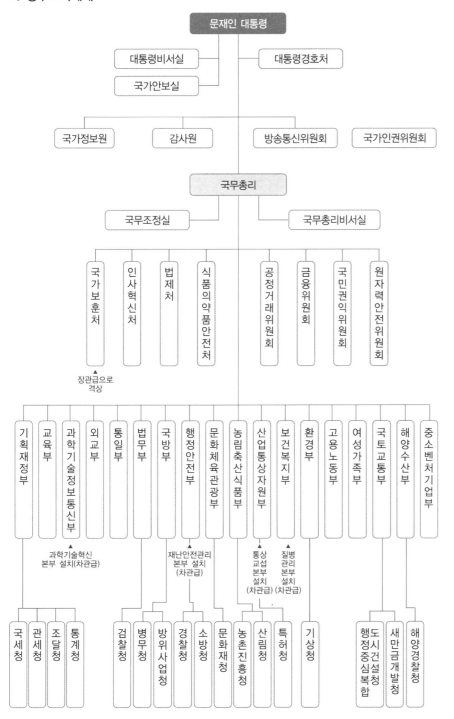

대한민국 대통령 소속 위원회

구분	설치 근거	구성
행정	법률	방송통신위원회(직속), 개인정보보호위원회, 규제개혁위원회
자문	헌법	국가원로자문회의(미설치), 국가안전보장회의, 민주평화통일자문회의, 국민경제자문회의
자문	법률	경제사회노동위원회, 국가과학기술자문회의, 국가우주위원회, 국가지식재산위원회, 저출산고령사회위원회, 국가균형발전위원회, 자치분권위원회 등
	대통령령	일자리위원회, 4차산업혁명위원회, 국가교육회의 등

PART 3

행정조직론 2021 해커스공무원 **쉬운 행정학**

01 감사원은 비헌법기관으로 회계검사
와 직무감찰, 결산확인 등을 담당한다.
(○, ×)

답 × 감사원은 헌법기관으로 대통령
소속

02 정부의 직제 중 전문적 지식을 활
용하여 정책의 기획이나 계획의 입안,
조사, 분석 및 평가와 행정개선 등에
관하여 기관장이나 보조기관을 보좌하
기 위해 설치하는 직제는 담당관이다.
(○, ×)

답 ○

헌법기관과 비헌법기관

헌법 기관	• 대통령 • 국무총리 • 국무회의 • 국가원로자문회의(임의) • 국가안전보장회의 • 민주평화통일자문회의 (임의) • 국민경제자문회의(임의) • 행정각부 • 감사원(대통령 소속)
비헌법 기관	정부조직법, 개별법, 대통령령에 규정

2. 행정기관체계

(1) 중앙행정기관

본부조직	최고관리층	장관
	하부조직	• 보조기관: 차관, 실·국장, 본부장·과장·부장·팀장 등 • 보좌기관: 차관보, 정책관·기획관·담당관 등
소속기관	부속기관	시험연구기관, 교육훈련기관, 자문기관 등
	특별지방 행정기관	• 중간일선기관: 지방국세청, 지방경찰청 등 • 최일선기관: 세무서, 경찰서 등

(2) 지방자치단체

광역자치단체	특별시, 광역시, 특별자치시, 도, 특별자치도
기초자치단체	시, 군, 자치구

2 중앙행정기관

1. 단독제와 합의제 중앙행정기관

중앙행정기관은 국가의 행정사무를 담당하는 행정기관으로서, 그 관할권의 범위
가 전국에 미침

(1) 단독제 중앙행정기관

최종 의사결정권자가 한명인 중앙행정기관으로 현재 18부 5처 17청

부	• 소관사무의 정책결정과 집행을 함께 수행 • 부령 제정 가능 • 최고 책임자는 장관이며, 장관은 모두 국무위원
처	• 각 부의 지원기능을 수행 • 부령 제정 불가능, 총리령 제정 가능 • 최고 책임자는 처장이며, 처장은 국무위원이 아님
청	• 각 부의 기능 중 일부 집행기능을 독립적으로 수행 • 부령 제정 불가능 • 최고 책임자는 청장

(2) 합의제 중앙행정기관(위원회)

의사결정권자가 복수인 중앙행정기관(6위원회)으로 개별법에 의해 설치됨

2. 중앙행정기관의 본부조직

(1) 최고 관리층

중앙행정기관의 최고책임자 예 장관, 처장, 청장 등

(2) 하부조직

① **보조기관(계선):** 행정기관의 의사결정이나 표시를 보조함으로써 기관의
목적달성에 공헌하는 기관 예 차관, 차장, 실장, 국장, 과장 등

② **보좌기관(참모, 막료)**: 행정기관이 그 기능을 원활하게 수행할 수 있도록 기관장이나 보조기관을 보좌함으로써 행정기관의 목적달성에 공헌하는 기관 예 차관보, 담당관, 심의관 등

3. 중앙행정기관의 소속기관

(1) 부속기관

시험연구기관, 교육훈련기관, 자문기관 등 본부조직에 부속하여 그 기관을 지원하는 행정기관

(2) 특별지방행정기관(일선기관)

특정한 중앙행정기관에 소속되어 당해 관할지역 내의 소속 중앙행정기관사무를 담당하는 지방행정기관으로, 중간일선기관과 최일선기관이 있음

기획재정부	• 장기 국가발전전략 수립, 경제·재정정책의 수립·총괄·조정, 예산·기금의 편성·집행·성과관리, 화폐·외환·국고·정부회계·내국세제·관세·국제금융, 공공기관 관리, 경제협력·국유재산·민간투자 및 국가채무에 관한 사무 • 청(廳): 국세청, 관세청, 조달청, 통계청
교육부	인적자원 개발정책, 학교교육·평생교육, 학술에 관한 사무
과학기술정보통신부	과학기술정책의 수립·총괄·조정·평가, 과학기술의 연구개발·협력·진흥, 과학기술인력 양성, 원자력 연구·개발·생산·이용, 국가정보화 기획·정보보호·정보문화, 방송·통신의 융합·진흥 및 전파관리, 정보통신산업, 우편·우편환 및 우편대체에 대한 사무
외교부	외교, 경제외교 및 국제경제협력외교, 국제관계 업무에 관한 조정, 조약 기타 국제협정, 재외국민의 보호·지원, 재외동포정책의 수립, 국제정세의 조사·분석에 관한 사무
통일부	통일 및 남북대화·교류·협력에 관한 정책의 수립, 통일교육, 그 밖에 통일에 관한 사무
법무부	• 검찰·행형·인권옹호·출입국관리·외국인 그 밖에 법무에 관한 사무 • 청(廳): 검찰청
국방부	• 국방에 관련된 군정 및 군령과 그 밖에 군사에 관한 사무 • 청(廳): 병무청, 방위사업청
행정안전부*	• 국무회의의 서무, 법령 및 조약의 공포, 정부조직과 정원, 상훈, 정부혁신, 행정능률, 전자정부, 개인정보보호, 정부청사의 관리, 지방자치제도, 지방자치단체의 사무지원·재정·세제, 낙후지역 등 지원, 지방자치단체 간 분쟁 조정, 선거·국민투표의 지원, 안전 및 재난에 관한 정책의 수립·총괄·조정, 비상대비, 민방위 및 방재에 관한 사무 • 청(廳): 경찰청, 소방청
문화체육관광부	• 문화·예술·영상·광고·출판·간행물·체육·관광, 국정에 대한 홍보 및 정부발표에 관한 사무 • 청(廳): 문화재청

부총리

기획재정부장관과 교육부장관은 부총리를 겸임함

복수차관제

기획재정부, 과학기술정보통신부, 외교부, 문화체육관광부, 국토교통부는 차관 2명을 둠

＊인사·윤리·복무에 관한 사무는 인사혁신처 소관

농림축산 식품부	• 농산·축산, 식량·농지·수리, 식품산업진흥, 농촌개발 및 농산물 유통에 관한 사무 • 청(廳): 농촌진흥청, 산림청
산업통상 자원부	• 상업·무역·공업·통상, 통상교섭 및 통상교섭에 관한 총괄·조정, 외국인 투자, 산업기술 연구개발정책 및 에너지·지하자원, 중견기업 정책에 관한 사무 • 청(廳): 특허청
보건복지부	보건위생·방역·의정·약정·생활보호·생활지원·사회보장·아동(영·유아 보육을 포함)·노인 및 장애인에 관한 사무
환경부	• 자연환경, 생활환경의 보전 및 환경오염 방지, 수자원 정책, 홍수통제, 수자원공사 감독에 관한 사무 • 청(廳): 기상청
고용노동부	고용정책의 총괄, 고용보험, 직업능력개발훈련, 근로조건의 기준, 근로자의 복지후생, 노사관계의 조정, 산업안전보건, 산업재해보상보험과 그 밖 고용과 노동에 관한 사무
여성가족부	여성정책의 기획·종합, 여성의 권익증진 등 지위향상, 청소년 및 가족(다문화가족과 건강가정사업을 위한 아동업무 포함)에 관한 사무
국토교통부	• 국토종합계획의 수립·조정, 국토의 보전·이용 및 개발, 도시·도로 및 주택의 건설, 해안·하천 및 간척, 육운·철도 및 항공에 관한 사무 • 청(廳): 행정중심복합도시건설청, 새만금개발청
해양수산부	• 해양정책, 수산, 어촌개발 및 수산물 유통, 해운·항만, 해양환경, 해양조사, 해양자원개발, 해양과학기술연구·개발 및 해양안전심판에 관한 사무 • 청(廳): 해양경찰청
중소벤처 기업부	중소기업 정책의 기획·종합, 중소기업의 보호·육성, 창업·벤처기업의 지원, 대·중소기업 간 협력 및 소상공인에 대한 보호·지원에 관한 사무

기술보증기금관리업무의 중소벤처 기업부 이관

종래 금융위원회의 소관업무였던 기술보증기금관리업무가 현 정부 조직 개편에 의해 중소벤처기업부로 이관되었음

THEME 046 책임운영기관 ★★★

1 의의와 특징

1. 의의

(1) 정부가 수행하는 집행적 사무 중 공공성을 유지하면서도 경쟁원리에 따라 운영하는 것이 적합하거나 전문성이 있어 성과관리를 강화할 필요가 있는 사무에 대하여 기관장에게 행정 및 재정상의 자율성을 부여하고 그 운영성과에 대하여 책임을 지도록 하는 행정기관

도표를 통한 검토

구분	조타수	노젓기
서비스	A	B
규제	C	D

책임운영기관에 적합한 업무는 주로 B에 해당함. 행정활동은 노젓기(집행)이며 행정수단은 서비스 제공

(2) 정부조직에 해당하며 소속직원의 신분도 공무원이라는 점에서 보통의 행정 기관과 같음

2. 배경

(1) 신공공관리론의 조직원리에 따라 등장한 성과지향적 정부조직으로 영국 대 처행정부의 Next Steps 프로그램에 의해 설치됨

(2) 우리나라는 1999년(김대중 정부) 「책임운영기관의 설치·운영에 관한 법률」 을 제정했고 국립중앙극장, 국립재활원 등에서 처음 실시됨

3. 특징

(1) 집행기능 중심 조직

정부의 사무 중 집행적 사무를 분리하여 수행하는 것이므로 기획이나 결정 기관이 아닌 집행중심의 조직

(2) 책임경영제

정부가 직접 생산하되, 수단은 민간의 시장요소를 받아들이는 책임경영방식 으로 운영됨

(3) 개방형 조직

책임운영기관의 장은 일반적으로 공개경쟁채용을 거쳐 임기제로 채용됨

(4) 성과중심 조직

기관장은 해당부처 장관과 사업목표 등에 관한 성과계약을 체결하고, 그 사 업의 성과에 대하여 장관에게 책임을 짐

(5) 내부시장화된 조직

수익자부담주의, 기업회계방식과 같은 민간경영방식으로 운영되는 기업화된 조직

4. 적용대상

(1) 공공성이 높은 분야

공공성이 높아 직접 민영화를 추진하기가 곤란한 분야

(2) 자체재원 확보가 가능한 분야

수익자부담원칙의 실현으로 재원의 자체 확보가 가능한 분야(사용료, 수수 료 등)

(3) 정책기획(결정)과 집행기능이 분리 가능한 분야

(4) 성과측정이 용이한 분야

주된 사무가 사업적(서비스)·집행적(노젓기) 성격의 행정서비스이고, 성과 측정기준의 개발 및 성과측정이 용이하거나 가능한 분야

(5) 내부시장화가 필요한 분야

즉각적인 민영화(외부시장화)의 추진이 곤란한 분야로, 경쟁을 통해 내부시 장을 창출할 수 있는 분야

핵심 OX

01 책임운영기관은 영국의 메이저 정 부하에서 Next Steps에 의해서 채택 하였다. (○, ×)

답 × 메이저 정부(1990~1997)가 아 닌 대처 정부(1975~1990) 때 채택

02 책임운영기관으로 운영이 장려되 는 것은 정책기획과 집행기능이 밀접 하게 관련되는 분야이다. (○, ×)

답 × 정책기획과 집행기능이 서로 분 리 가능한 경우가 책임운영기관으로 운 영되기에 적합

2 우리나라의 책임운영기관

1. 설치

(1) 행정안전부장관은 기획재정부장관 및 해당 중앙행정기관의 장과 협의하여 대통령령으로 책임운영기관을 설치할 수 있으며 국회의결 불요

(2) 중앙행정기관의 장은 소관사무 중 책임운영기관이 수행하는 것이 효율적이라고 인정되는 경우 행정안전부장관에게 책임운영기관의 설치 요청 가능

2. 종류

(1) 기관의 지위에 따른 구분
　① **중앙책임운영기관**: 「정부조직법」에서 규정한 청(廳)으로서 설치된 중앙행정기관형태의 기관(특허청 유일)
　② **소속책임운영기관**: 중앙행정기관의 소속기관으로서 설치된 기관

(2) 사무의 성격에 따른 구분

유형	소속 책임운영기관	중앙 책임운영기관
조사연구형	국립종자원, 지방통계청, 국립과학수사연구원, 국립수산과학원 등	－
교육훈련형	국립국제교육원, 한국농수산대학 등	
문화형	국립중앙과학관, 국립중앙극장, 국립현대미술관 등	
의료형	국립공주병원, 경찰병원, 국립재활원 등	
시설관리형	해양경비안전정비창, 국립자연휴양림관리소 등	
기타	국세상담센터, 고용노동부 고객상담센터 등	특허청

3. 중앙책임운영기관의 운영(특허청)

기관장	• 정무직 • 임기 2년(1차에 한해 연임)
조직·인사	• 조직 및 정원: 「정부조직법」과 그 밖의 정부조직 관계 법령에 따름 • 인사: 중앙책임운영기관의 장은 고위공무원단에 속하는 공무원을 제외한 소속공무원에 대한 일체의 임용권을 가짐 • 임용시험: 중앙책임운영기관의 장이 실시함 • 구성원 신분: 공무원
예산·회계	• 특별회계(소속책임운영기관의 예산 및 회계에 관한 규정 준용) • 「정부기업예산법」 적용
평가·심의	• 중앙책임운영기관의 장 소속의 중앙책임운영기관 운영심의회: 사업성과 등 평가 • 행정안전부장관 소속의 책임운영기관 운영위원회: 책임운영기관의 존속여부 등 심의(심의회보다 위원회의 평가결과를 우선 반영)

4. 소속책임운영기관의 운영

기관장		• 임기제 • 임기 5년의 범위 내(특별한 사유가 없는 한 2년 이상) • 소속 중앙행정기관의 장이 공직내외 전문가 중에서 공개모집절차에 따라 채용하고 채용요건을 정하여 인사혁신처장에게 통보해야 함
조직·인사		• 소속기관: 대통령령이 정하는 바에 따라 소속기관을 둘 수 있으며 그 하부조직의 설치와 분장사무, 직급별 정원은 기본운영규정(훈령)으로 정함 • 정원: 총 정원은 대통령령, 종류별·계급별 정원 및 고위공무원단에 속하는 공무원 정원은 총리령 또는 부령으로 정함 • 인사: 중앙행정기관의 장은 그 기관 소속의 소속책임운영기관 공무원에 대한 일체의 임용권을 가지고, 임용권한을 책임운영기관장에게 일부 위임할 수 있음 • 임용시험: 소속책임운영기관장이 실시함 • 구성원 신분: 공무원
예산·회계	특별 회계기관	• 재정수입의 전부 또는 일부를 자체적으로 확보할 수 있는 사무를 주로 하는 책임운영기관의 사업을 효율적으로 운영하기 위해 특별회계 설치(대통령령으로 규정) • 특별회계는 계정별로 중앙행정기관의 장이 운용하고, 기획재정부장관이 이를 통합하여 관리 • 특별회계가 적용되는 기관은 정부기업으로 보며, 「책임운영기관 설치·운영 관한 법률」에 규정된 것을 제외하고는 「정부기업예산법」의 규정을 적용
	일반 회계기관	• 특별회계기관을 제외한 기관은 일반회계로 운영하되, 대통령령으로 정하는 회계변경이 곤란한 특별한 사유가 있는 행정형 기관의 경우 다른 법률에 따라 설치된 특별회계로 운영할 수 있음 • 이 경우 일반회계 또는 특별회계에 별도의 책임운영기관 항목을 설치하고 기업형 기관에 준하는 예산 운영상의 자율성을 보장하여야 함
평가·심의		• 소속중앙행정기관 산하 책임운영기관 운영심의회: 사업성과 등 평가 • 행정안전부장관 소속의 책임운영기관 운영위원회: 책임운영기관의 존속여부 등 심의(심의회보다 운영위원회의 평가를 우선 반영)

1 의의와 발달요인

1. 의의

(1) 공기업의 의의
공공의 목적을 달성하기 위해 정부가 직접적·간접적으로 투자해 소유권을 갖거나 통제권을 행사하는 기업

(2) 실정법상 개념(협의)
공공기관 중 자체수입액이 총수입액의 1/2 이상인 정원 50인 이상의 기관 (「공공기관 운영에 관한 법률」)

(3) 일반적 개념(광의)
실정법상 공기업과 정부부처 형태의 공기업, 준정부기관 등까지 포함함

2. 발달요인

(1) 일반적 요인
① **민간자본의 부족**: 초기에 대규모 자본이 투입되는 사업은 민간기업이 감당하기 어려워 공적 수요 충족을 위해 공기업을 설립함
② **국방·전략상 고려**: 군수품의 효율적 조달, 기밀유지 등 국방 전략상의 요인으로 공기업을 설립함
　예 비교적 공기업이 적은 미국의 경우에도 제1·2차 세계대전을 계기로 전쟁 수행에 필요한 물자를 안정적으로 공급하기 위해 미국곡물공사, 전시재정공사 등의 공기업을 설립했음
③ **독과점에 대한 대응**: 철도사업, 통신사업, 전력사업 등 규모의 경제로 인하여 자연독점적인 사업의 경우 독점의 폐해를 방지하기 위해서 공기업을 설립함
④ **정치적 신조**: 정당의 정강정책이나 최고지도자의 정치적 신념에 따라서 공기업을 설립함
　예 영국 노동당의 복지정책 추진으로 1945~1950년간 많은 공기업을 설립했음

(2) 개발도상국의 요인
① **경제개발의 촉진**: 전략적 경제성장을 위한 방안으로 공기업을 설립함
② **국가재정수입의 확충***: 국가재정의 확충을 위해서 공기업을 설치함
③ **공공수요의 충족**: 주택·에너지자원·도로 등 공공수요를 충족시키기 위해 설립함
　예 주택공사, 주택은행, 국민은행 등
④ **귀속재산의 관리**: 식민지에서 독립한 국가의 경우, 지배국의 사업체가 독립 후 국가로 귀속되면서 이를 관리하기 위해서 공기업을 설치함
　예 한국전력공사, 대한석탄공사 등

핵심 O×

공기업의 설립요인으로 민간자본의 부족, 정부실패의 치유책 등이 있다.
(O, ×)

답 × 공기업의 설립은 시장에 의한 독점 방지 및 공공서비스 생산을 위한 것으로, 정부실패의 치유를 위해서는 공기업을 민영화하여야 함

* 우리나라만의 독특한 사유

2 경영원칙과 이념

1. 공공성의 원칙(민주성)

공기업의 목적은 이윤극대화가 아니라 공공서비스 충족과 공익실현이어야 한다는 이념으로, 공기업에 대한 정부 통제의 근거가 됨

(1) 공공서비스의 원칙

공기업이 공적 서비스를 원활하게 사회에 제공함으로써 그 사명을 달성하고 공기업을 존속 · 발전시킬 수 있어야 함

(2) 공공규제의 원칙

공기업은 공적 소유에 기초하고 있고, 국민에게 미치는 영향이 크기 때문에 정부가 규제해야 함

2. 기업성의 원칙(능률성)

경영합리화를 통한 수익성과 채산성 실현을 추구하는 것으로서, 공기업의 자율성에 대한 근거가 됨

(1) 독립채산제의 원칙

공기업의 기업성과 자율성을 위해 실시하고 있으며, 수지적합의 원칙, 자본의 자기조달원칙, 이익금의 자기처분원칙 등을 충족할 경우에 성립함

(2) 생산성의 원칙

공기업의 실체적 활동의 종합적인 합리화를 위해, 기술적 합리화 및 인간적 합리화를 통해 생산성을 높여야 함

3 유형 - 조직형태에 따른 구분(이론상)

구분	정부부처형	공사형	주식회사형
개념	실정법상 '정부기업'이라고 하는 정부기관 형태를 띠는 기업	정부가 전액 출자하고 독립적인 특수법인 형태를 띠는 기업	민간자본 · 정부 혼합기업
설립근거	「정부조직법」	특별법	특별법 또는 회사법
이념	공공성 > 기업성	공공성 + 기업성	공공성 < 기업성
법인격	독립된 법인격 없음	독립된 법인격 있음	
당사자능력	당사자능력 없음	당사자능력 있음	
예산	「정부기업예산법」	「공공기관의 운영에 관한 법률」	
회계	특별회계	독립채산제	
예산성립	국회의결	이사회의결(국회의결 불필요)	
직원신분	공무원	준공무원, 회사원	
예	우편, 조달, 양곡관리, 책임운영기관(특별회계기관) 등	대한석탄공사, 한국조폐공사 등	한국전력공사, 한국가스공사 등

4 공공기관의 운영체제(「공공기관의 운영에 관한 법률」)

1. 입법취지와 범위

(1) 입법취지

공공기관의 자율책임경영체제 확립을 통해 공공기관의 범위 설정과 유형구분 및 평가·감독시스템 등 공공기관의 운영 전반에 관하여 필요한 사항을 체계적으로 규정하기 위해 제정. 이 법의 제정에 따라 「정부투자기관관리기본법」 및 「정부산하기관관리기본법」은 폐지됨

(2) 공공기관의 범위(기획재정부장관이 지정)

① 다른 법률에 따라 직접 설립되고 정부가 출연한 기관

② 정부지원액이 총수입액의 2분의 1을 초과하는 기관

③ 정부가 50% 이상의 지분을 가지고 있거나 30% 이상의 지분을 가지고 임원 임명권한 행사 등을 통하여 당해 기관의 정책 결정에 사실상 지배력을 확보하고 있는 기관

④ 정부와 ① 내지 ③의 어느 하나에 해당하는 기관이 합하여 50% 이상의 지분을 가지고 있거나 30% 이상의 지분을 가지고 임원 임명권한 행사 등을 통하여 당해 기관의 정책 결정에 사실상 지배력을 확보하고 있는 기관

⑤ ① 내지 ④의 어느 하나에 해당하는 기관이 단독으로 또는 두 개 이상의 기관이 합하여 50% 이상의 지분을 가지고 있거나 30% 이상의 지분을 가지고 임원 임명권한 행사 등을 통하여 당해 기관의 정책 결정에 사실상 지배력을 확보하고 있는 기관

⑥ ① 내지 ④의 어느 하나에 해당하는 기관이 설립하고, 정부 또는 설립기관이 출연한 기관

(3) 공공기관으로 지정할 수 없는 기관

① 구성원 상호 간의 상호부조·복리증진·권익향상 또는 영업질서 유지 등을 목적으로 설립된 기관

② 지방자치단체가 설립하고 그 운영에 관여하는 기관

③ 「방송법」에 따른 한국방송공사와 「한국교육방송공사법」에 따른 한국교육방송공사

2. 공공기관의 구분*

*2020년 7월 기준으로, 공공기관을 구분하는 기준인 대통령령이 제정되지 않았음

(1) 공기업

직원 정원, 수입액 및 자산규모가 대통령령으로 정하는 기준에 해당하는 공공기관

시장형	자산규모가 2조 이상이고 자체수입액이 대통령령으로 정하는 기준(85%) 이상인 기관 예 한국가스공사, 한국전력공사, 인천국제공항공사, 한국공항공사, 부산항만공사, 인천항만공사, 한국지역난방공사, 한국석유공사, 한국광물자원공사, 한국중부발전, 한국수력원자력, 한국서부발전, 한국동서발전, 한국남부발전, 한국남동발전, 주식회사 강원랜드 등
준시장형	시장형 공기업이 아닌 공기업 예 한국마사회, 한국조폐공사, 한국방송광고진흥공사, 대한석탄공사, 한국토지주택공사, 한국도로공사, 한국수자원공사, 한국철도공사 등

(2) 준정부기관

직원 정원, 수입액 및 자산규모가 대통령령으로 정하는 기준에 해당하는 공공기관

기금 관리형	「국가재정법」에 따라 기금을 관리 또는 관리를 위탁받은 준정부기관 예 기술신용보증기금, 예금보험공사, 한국무역보험공사, 국민연금공단, 근로복지공단, 공무원연금공단 등
위탁 집행형	기금관리형 기관이 아닌 준정부기관 예 한국가스안전공사, 한국수자원관리공단, 한국농어촌공사, 한국관광공사, 한국연구재단, 한국정보화진흥원, 한국고용정보원, 한국소비자원, 대한무역투자진흥공사, 한국사업인력공단 등

(3) 기타공공기관

공기업과 준정부기관을 제외한 공공기관으로 이사회설치, 임원임면, 경영실적평가, 예산, 감사 등 규정을 적용하지 않음
예 한국산업은행, 한국투자공사, 대한법률구조공단 등

3. 공공기관의 신설·지정

(1) 주무기관의 장이 법률에 따라 공공기관을 신설하고자 하는 경우에는 입법예고 전에 기획재정부장관에게 신설의 타당성에 대한 심사를 요청하여야 함

(2) 기획재정부장관은 공공기관운영위원회의 심의·의결을 거쳐 타당성을 심사하고 그 결과를 주무기관장에게 통보해야 함

(3) 기획재정부장관은 매 회계연도 개시 후 1개월 이내에 공공기관을 새로 지정하거나, 지정을 해제하거나, 구분을 변경하여 지정함

4. 공공기관의 이사회와 임원

구분			이사회 의장	감사 위원회	기관장	이사		감사
						상임이사	비상임 이사	
공 기 업	시장형		선임 비상임 이사	설치 의무	주무기관장의 제청, 대통령이 임명(소규모 기관은 주무관장이 임명)	공기업의 장이 임명	기획 재정부 장관이 임명	기획 재정부 장관의 제청, 대통령이 임명
	준 시장형	2조 이상						
		2조 미만						
준정부기관			기관장	설치 임의	주무기관장이 임명	준정부 기관의 장이 임명	주무 기관장이 임명	기획재정부 장관이 임명 (대규모 기관은 대통령이 임명)

🏛 기출 체크

01 「공공기관의 운영에 관한 법률」에 따른 공공기관의 유형에 속하지 않는 것은? 2017년 사회복지직 9급(서울)

① 기금관리형 준정부기관
② 준시장형 공기업
③ 위탁집행형 공기업
④ 기타 공공기관

답 ③ 「공공기관의 운영에 관한 법률」 제5조에 따르면 공공기관은 공기업(시장형 공기업, 준시장형 공기업), 준정부기관(기금관리형 준정부기관, 위탁집행형 준정부기관), 기타공공기관으로 구분되어 있음

02 공공서비스 공급주체의 유형과 예시를 바르게 연결한 것은? 2017년 국가직 9급

① 준시장형 공기업 - 한국방송공사
② 시장형 공기업 - 한국마사회
③ 기금관리형 준정부기관 - 한국연구재단
④ 위탁집행형 준정부기관 - 한국소비자원

답 ④ 한국소비자원은 위탁집행형 준정부기관에 해당함

(1) 이사회

① **구성**: 기관장을 포함한 15인 이내의 이사

② **권한**: 이사회는 기관장이 기관장으로서 직무수행에 현저한 지장이 있다고 판단되는 경우 이사회의 의결을 거쳐 주무기관의 장에게 기관장을 해임하거나 해임을 건의하도록 요청할 수 있음

(2) 임원

① **구성**: 기관장, 이사, 감사

② **임기**: 기관장 3년, 이사·감사 2년, 1년 단위로 연임 가능

5. 공공기관의 경영

(1) 경영지침

기획재정부장관은 공기업·준정부기관 및 주무기관의 장에게 조직운영, 정원, 인사, 예산 등에 관한 경영지침을 통보하여야 함

(2) 성과계약

주무기관장은 기관장과, 기관장은 상임이사 등과 성과계약을 체결해야 함

(3) 경영실적 평가

기획재정부장관은 공기업 및 준정부기관의 경영실적을 평가하고, 평가한 결과 경영실적이 부진한 기관장 또는 상임이사의 해임을 건의하거나 요구할 수 있음

(4) 경영공시

공공기관은 경영목표 및 운영계획, 결산서, 임원현황 등에 관한 사항을 홈페이지에 공시해야 함

(5) 고객헌장과 만족도조사

공공기관은 고객헌장을 제정·공표하고 연 1회 이상 고객만족도 조사를 실시해야 함

6. 재정 및 감사

(1) 회계연도·회계원칙

회계연도는 정부회계연도에 따르며, 공기업과 준정부기관의 회계는 발생주의와 복식부기를 의무화하고 있음

(2) 예산

공기업·준정부기관의 예산안은 기관장이 편성하여 이사회에 제출하여야 하며 이사회 의결로 확정됨

(3) 결산

결산은 공기업은 기획재정부 장관, 준정부기관은 주무기관장의 승인을 얻어 확정됨

(4) 감사

감사원은 「감사원법」에 따라 공기업과 준정부기관의 업무와 회계에 대한 감사를 실시할 수 있음

5 공기업의 민영화

1. 의의

(1) 공공서비스의 제공이나 이를 위한 재산의 소유에서 정부의 영역을 줄이고 민간의 영역을 늘리는 것
   ① **협의의 민영화**: 공공부문의 보유주식을 민간에 완전히 이양하는 동시에 정부의 규제를 철폐하는 완전민영화
   ② **광의의 민영화**: 협의의 민영화를 포함하여 공기업의 자율화, 규제완화·폐지 등 공공부문을 줄이는 것을 모두 포함함

(2) 정부실패에 대한 대응으로 대두된 신자유주의에 기반을 둔 신공공관리론이 강조한 전략

2. 필요성

(1) **정부의 재정건전화**

적자기업의 매각을 통해 적자재정을 감축하고 각종 사업에 필요한 재정수입의 확보에 기여함

(2) **효율성 확보**

서비스 공급의 경쟁을 촉진시켜 가격을 낮추고 소비자 선택의 폭을 넓히며, 경직된 정부조직의 여러 제약을 제거하여 서비스 공급의 효율성을 높임

(3) **작은 정부 실현 및 민간영역 활성화**

정부의 규모를 축소하여 재정지출을 줄이고 민간의 자율성을 높여 민간영역이 활성화 됨

(4) **새로운 정책 실험**

새로운 정책과 전달체계의 실험적 운영이 용이함

(5) **정부 부담의 감소**

(6) **복대리인이론**

공기업을 통한 공공서비스의 공급은 국민·정부·공기업의 반복적인 대리구조로 인해 대리손실의 비효율성을 더 악화시키는 방향으로 작용할 수 있으므로 민영화가 더 효율적일 수 있음

3. 유형

(1) **내부민영화**

공공서비스의 생산과 공급을 정부의 책임하에 두면서 계약이나 내부시장화의 방식을 활용하는 방식
예 민간위탁(계약방식), 책임운영기관의 도입, 개방형 임용 및 성과급제 도입

(2) **외부민영화**

공공서비스의 생산과 공급을 민간부문의 권한과 책임하에 이루어지도록 하는 방식

민영화의 대상

1. 적합한 사무
- 민간이 담당할 경우 높은 효율성이 보장되는 비교적 단순한 사무
- 비권력적 시설관리 기능으로, 민간참여로 전문성을 높일 수 있는 사무
- 민간이 더 우수한 전문기술을 갖춘 시험연구·조사 사무
- 급속히 발달하는 기술·기능 습득이 필요한 사무

2. 적합하지 않은 사무
- 지나친 수익성 추구로 공공성을 심히 저해할 우려가 있는 사무
- 시민의 의식주 생활에 직접적인 영향을 미치는 사무
- 국가의 검증·시험연구·공신력이 요구되는 사무

공공서비스 생산방식의 유형

구분		생산주체	
		공공	민간
권력 수단	권력	일반행정 → 정부의 기본업무	민간위탁 (내부민영화) → 안정적 서비스 공급
	시장	책임경영 → 공적 책임이 강한 경우	민영화 → 시장탄력적 공급

기피선언권

각 기관이 이익을 독자적으로 관리하는 체제로서, 행정조직 간의 무조건적인 협조를 거절할 수 있는 권리

역대리인이론

대리인의 문제를 완화하기 위하여 민영화를 한 결과 오히려 대리인 문제가 더 심각해질 수 있다는 민영화 반대이론

4. 민영화의 방식

사바스(Savas)는 서비스의 공급과 생산의 개념을 분리하여, 재화나 서비스의 전달체계를 4가지로 구분함

구분		배열자(공급 책임)	
		정부	민간
생산자 (생산 담당)	정부	• 정부의 직접 공급 • 정부 간 계약	정부서비스 판매
	민간	• 계약(contracting-out) • 허가(franchise) • 보조금 지급(grants)	• 이용권 지급(voucher)* • 시장공급 • 자조활동(self-service) • 자원봉사자(volunteer)

* 이용권 지급(voucher)은 민간이 발행하는 경우가 대부분이므로 배열자와 생산자가 모두 민간이 되는 것이 일반적이지만, 정부가 바우처를 통해 서비스를 제공하는 경우도 있으므로 배열자가 정부가 될 수도 있음
예 산후도우미 바우처, 주택바우처 등

민간위탁

좁은 의미의 민간위탁은 계약(contracting-out)을 의미하지만, 학자에 따라 민간위탁을 넓게 정의하는 경우 계약, 보조금, 바우처, 면허, 정부 간 협약, 자원봉사, 자조활동 등을 모두 민간위탁으로 분류한다.

(1) 정부자산이나 주식의 매각(load-shedding)

정부보유의 주식이나 자산을 민간에 매각하는 방식으로 소유권을 이전함(본래 의미의 민영화)

(2) 계약(contracting-out)

① **개념**: 정부가 경쟁입찰을 통해 선정된 민간 기업과 계약을 체결하여 비용을 지불하고, 공공서비스의 생산을 위탁하는 방식. 공급에 대한 권한을 완전히 민간에게 이양하지 않고 그 권한과 책임을 정부가 여전히 보유하면서 민간에게 공공서비스를 제공하게 함
예 교통사업, 건강 및 대민서비스, 일부 공공안전서비스 등

② **장점**
  ㉠ 민간부문의 경영 노하우를 활용할 수 있음
  ㉡ 전문성과 능률성을 제고함
  ㉢ 기업 간 경쟁입찰을 통해 서비스 생산주체를 결정하는 방식으로 정부의 재정 부담을 경감시킴

③ **단점**
  ㉠ 공공서비스의 책임소재가 불분명함
  ㉡ 파업 등으로 인한 공급이 불안정함
  ㉢ 계약의 비가역성으로 인한 비능률과 정보의 비대칭성으로 인한 도덕적 해이가 발생함

(3) 경쟁적 허가(license)

① **개념**: 민간에게 지정된 구역 내에서 공공서비스를 제공할 수 있는 운영권을 부여하는 것으로 소비자가 비용을 부담하며 민간이 운영을 하지만 공급에 대해서는 정부가 책임을 짐
예 폐기물 수거, 공공시설관리, 자동차 견인, 긴급의료서비스 등

② **장점**: 정부가 서비스 수준 및 요금체계를 통제하고 생산은 민간부문에 이양함

③ **단점**: 서비스 제공자들 간의 경쟁이 미약하면 이용자의 비용부담이 과중될 수 있음

핵심 OX

01 민영화의 유형 중 정부가 재화 및 서비스의 공급에 필요한 자금은 부담하지만, 사용자에게 재화 및 서비스를 구매할 수 있는 보조금수취권을 주어 선택권을 주는 것은 프랜차이즈에 해당한다. (O, X)
답 X 프랜차이즈가 아닌 바우처에 대한 설명

02 민영화의 방안 중 위탁계약(아웃소싱)은 민간에 의한 외부민영화이다. (O, X)
답 X 외부계약에 의한 위탁은 정부의 기능이 완전히 민간에 넘어가는 것이 아니기 때문에 내부민영화로 취급

(4) 독점적 허가(franchise)

정부가 민간기업에 특정 재화·서비스를 제공할 수 있도록 독점권을 부여하고 소비자가 서비스의 대가를 지불하는 방식으로, 정부는 일정기간 동안 가격 또는 서비스의 수준과 품질을 규제함

예 유선방송 등의 요금재 등

(5) 보조금 지급

① **개념**: 서비스 성격자체는 공공성을 가지고 있으나, 공공부문만으로는 서비스나 재화의 생산과 공급이 수요에 미치지 못할 경우 이와 유사한 서비스를 제공하는 민간부문의 생산자에게 재정지원·실물지원을 제공함으로써 이에 기여하게 하는 방식

예 교육시설·탁아시설에 대한 보조금 등

② **장점**: 공공서비스의 요건을 구체적으로 명시하기 곤란하거나 서비스가 기술적으로 복잡하고 목표달성이 불확실한 경우에 사용될 수 있음

③ **단점**: 정치적인 목적으로 악용되거나 자율적인 시장가격을 왜곡할 우려가 있음

(6) 이용권 지급(voucher)

① **개념**: 정부보조금 대신 저소득층이나 임산부와 같은 특정계층의 소비자에게 특정재화나 서비스를 구매할 수 있는 권리증서(쿠폰)을 제공하는 방식으로 공공선택론자가 선호하며, 서비스에 대한 요금은 서비스 사용자가 아닌 정부가 지불함

예 식품구매권, 학교등록권, 방과후바우처, 의료바우처, 임산부바우처(고운맘카드), 주택장기임대사업 등

② **장점**
   ㉠ 공급자가 아닌 소비자에게 서비스의 선택권을 부여하여 공급자 간의 경쟁을 통한 서비스의 질을 제고하고, 공급자가 다수인 경우 선택의 폭이 확대됨
   ㉡ 전자바우처의 경우 실시간 모니터링으로 바우처 관리·운영의 효율성 및 투명성을 제고할 수 있음

③ **단점**
   ㉠ 서비스가 다른 용도로 전용될 가능성이 있음
   ㉡ 공급자가 소수인 경우 선택의 폭이 제한됨
   ㉢ 민간공급자 측에서 서비스 수요량의 예측과 파악이 곤란함

④ **종류**
   ㉠ **명시적(실질) 바우처**: 소비자에게 쿠폰·카드 등 물질적 형태의 구매권을 사전에 지급하는 방식
      예 산모돌봄서비스, 노인돌봄서비스 등
   ㉡ **묵시적(명목) 바우처**: 직접적으로 구매권을 지급하지는 않지만 소비자가 공급기관을 자유롭게 선택할 권한이 보장되고 정부가 공급자에게 비용을 사후에 지급하는 방식
      예 공교육 방과후 수업 등

🏛 **기출 체크**

01 공기업 민영화에 대한 설명으로 옳지 않은 것은? 2017년 지방직 9급

① 공공기관 경영평가에서 3년 연속 최하등급을 받은 공기업은 「공공기관의 운영에 관한 법률」상 민영화하여야 한다.

② 공공영역을 일정 부분 축소하는 것으로 볼 수 있다.

③ 공기업은 민영화하면 국민에 대한 보편적 서비스의 제공이 약화될 수 있다.

④ 공기업 매각 방식의 민영화를 통해 공공재정의 확충이 가능하다.

🔁 ① 공공기관이 3년 연속 최하등급을 받았다고 하여 바로 민영화의 대상이 되는 것은 아님

02 공기업 민영화 과정에서 발생할 수 있는 문제점에 대한 설명으로 옳지 않은 것은? 2015년 국가직 7급

① 민영화 과정에서 특혜, 정경유착 등의 부패가 발생할 수 있다.

② 공기업에서 제공하던 공공서비스가 사적 서비스로 변환되기 때문에 서비스 배분의 형평성 문제가 제기될 수 있다.

③ 민영화를 통해 정부의 지분이 다수 국민에게 지나치게 분산되면 대주주는 없고 다수의 소액주주만 있어서 공기업에 대한 효과적인 감시가 어려워질 수 있다.

④ 시장성이 큰 서비스를 다루는 공기업을 민영화하게 되면 지나친 경쟁체제에 노출되기 때문에 민영화의 실익이 없다.

🔁 ④ 공기업의 민영화는 조직의 특성이 공공성보다는 시장성이 강한 조직일수록 시장의 경쟁체제에 잘 적응되어 민영화의 효과가 더욱 크게 나타남

(7) 자원봉사자(volunteer) 방식

공공서비스의 생산과 분배에 있어서 자원봉사자(주민)에 의한 자발적 서비스를 제공하는 방식으로 수혜자와 공급자가 일치하지 않음

예 레크리에이션, 안전모니터링, 복지사업 등

(8) 자조활동(self-help)

공공서비스의 수혜자와 제공자가 같은 집단에 소속되어 서로 돕는 방식으로 수혜자와 공급자가 일치함

예 이웃감시, 주민순찰, 보육사업, 고령자 대책, 문화예술사업 등

(9) 규제 완화 및 경쟁 촉진

각종 규제를 제거하거나 완화하여 경쟁을 유도하는 방식으로, 정부나 공기업이 독점하고 있는 재화나 서비스의 공급을 민간영역에서 공급할 수 있도록 허용하는 방식

예 기상예보나 우편서비스의 민관경쟁체제 등

(10) 정부 - 민간협력방식(PPP; Public Private Partnership)

정부와 민간이 협력하되, 위험은 주로 민간이 부담하는 방식

예 BTO 방식 등

5. 한계

(1) 정부의 책임성 약화 및 책임전가

민영화는 공공서비스 공급과 생산에 대한 정부의 책임을 민간에 전가하는 것이 될 수 있고, 생산과 공급의 주체가 다를 경우 책임소재가 모호해져 책임성이 약화됨

(2) 크림 스키밍(cream skimming) 현상

민영화의 필요성이 큰 적자기업보다는 필요성이 적은 흑자기업만 민영화될 가능성이 높음

(3) 공익성의 훼손

독점적 민영화와 민간기업의 이윤추구 성향으로 서비스의 질이 저하되고 요금이 상승하는 등 공익성을 훼손할 우려가 있음

(4) 서비스공급의 불안정성

민간기업의 경우 노동조합의 결성 및 파업이 가능해 서비스공급이 불안정해질 우려가 있음

(5) 형평성 저해

시장은 수익자 부담원칙을 강조하므로 가격을 지불할 수 없는 빈곤계층의 서비스 이용이 어려워짐. 공공서비스 수혜의 형평성을 저해하고 소득분배를 악화시킴

(6) 역대리인이론 및 불공정거래의 위험

정부가 민간 생산자·공급자를 선정할 때 정보부족으로 바른 선택을 하지 못하는 경우가 발생함. 또한 민영화의 과정에서 자산가치의 정확한 평가가 어렵기 때문에 불공정거래의 위험이 있으며, 정경유착과 부패가 우려됨

크림 스키밍(cream skimming)

1. **기본 의미**: 우유에서 양질의 크림만을 걷어내는 행위
2. **민영화의 한계에서의 의미**: 공기업을 민영화할 경우 민간이 흑자 공기업만 인수하려고 하기 때문에 적자 공기업은 매각되지 않고 흑자 공기업만 매각되는 현상

복대리인이론과 역대리인이론

1. **복대리인이론**: 복대리인은 대리인을 대리하는 사람을 말하는데, 공기업의 경우 주인 – 대리인 – 복대리인과 같은 주인 – 대리인 구조가 반복되는 구조가 형성됨. 이런 공기업의 복대리인(이중대리인) 구조는 역선택이나 도덕적 해이와 같은 대리인 문제 및 비효율성을 더욱 악화시키는 요인이 되기 때문에 복대리인이론은 공기업의 문제를 지적하면서도 민영화를 지지하는 이론이 되기도 함
2. **역대리인이론**: 공기업을 민영화하는 과정에서 정부가 정보 부족으로 가장 적합한 대리인을 찾지 못하거나, 민영화 후 대리인인 민간업자의 도덕적 해이로 인해 공공서비스가 제대로 공급되지 못하는 현상이 발생할 수 있음. 역대리인이론은 민영화의 이러한 문제점을 지적하며 민영화를 비판함

핵심 O X

공기업 민영화와 관련하여 '역대리인이론'이 제기하는 문제점은 민영화 이후에 공공서비스가 제대로 공급되지 못하는 것이다. (○, ×)

답 ○

Level up 사회간접자본(SOC) 민자유치제도

1. 의의

국가의 재정부담을 줄이면서 적절한 사회간접자본(SOC)의 투자수준을 유지하고, 정부가 통상적인 연간 예산으로 건설할 경우 시간이 지나치게 많이 소요되는 공공시설을 조기에 공급하기 위해 민간자본을 활용하는 것

2. 장점

- 정부의 재정운영 방식의 탄력성을 높일 수 있음
- 민간의 경영기법과 창의성·효율성을 공공부문에 활용할 수 있음
- 민간의 유휴자금을 장기 공공투자로 유인할 수 있음

3. 우리나라의 민자유치제도(「사회기반시설에 대한 민간투자법」)

구분	BOT	BTO	BLT	BTL
개념	민간이 운영 (기업은 시설 대상 자산으로부터 일정 기간 동안 사용료 수익을 소비자로부터 받는 방식)		정부가 운영 (기업은 Lease 대상 자산을 기초로 일정 기간 동안 임대료를 정부로부터 받는 방식)	
사례	투자비 회수가 가능한 수익사업 (인천대교, 유료도로 등)		투자비 회수가 곤란한 비수익사업 (공공임대주택, 노인요양시설 등)	
위험부담	민간이 위험부담 (최소 운영수익 보장제는 부작용으로 인해 2009년 폐지)		민간에게 위험부담 거의 없음	
운영기간 동안의 소유권 주체	민간	정부	민간	정부
소유권 이전 시점	운영종료 시점	준공시점	운영종료 시점	준공시점

BOO(Build-Own-Operate)

투자기업이 시설 소유권을 갖고 운영까지 하는 방식

🏛 기출 체크

공공서비스 전달방식에 대한 설명으로 가장 옳은 것은? 2019년 서울시 9급(2월 추가)

① 프랜차이즈 방식은 정부가 개인들에게 특정 상품 및 서비스 구입이 가능한 쿠폰을 제공하는 방식이다.
② 공공 – 민간협력방식(PPP)은 정부가 민간부문에 출자하고 이를 경영하되 위험은 정부가 모두 부담하는 방식이다.
③ 수익형 민자사업(BTO) 방식은 민간이 시설을 건설하고 직접 소유하면서 운영하는 방식이다.
④ 임대형 민자사업(BTL) 방식은 민간이 시설을 건설하고 정부가 소유하며 민간은 정부로부터 임대로 수익을 보장받는 방식이다.

답 ④
① 이용권(바우처) 제도에 대한 설명
② 정부 – 민간협력방식(PPP)은 정부와 민간이 협력하되 위험을 주로 민간이 부담하는 방식
③ 수익형 민자사업(BTO) 방식은 민간이 시설을 건설하고 소유는 정부가 하되, 민간이 운영하는 방식

CHAPTER 3 조직행태론

THEME 048 인간관의 변화 ★☆☆

핵심 O X

합리적 인간관에 따르면 보상의 지급이 중요한 문제이다. (O, ×)

답 O

1 기존의 조직이론 발달에 따른 인간관

1. 합리적·경제적 인간관

(1) 의의

① 인간은 자신의 쾌락이나 이익을 극대화하고, 고통이나 손실을 극소화시키기 위하여 행동하는 합리적·타산적 존재

② 인간을 외재적 유인에 의해서만 동기가 부여되는 수동적·피동적 존재로 파악하며, 경제적 유인이 가장 중요하다고 봄

③ 인간의 감정은 비합리적이므로 조직은 감정을 통제할 수 있도록 설계되어야 함

(2) 관리전략

① **교환모형**: 구성원이 달성한 생산과 업적에 따라 경제적 보상 유인체제를 확립함

② **외적 통제(강압)**: 교환조건에 대한 약속을 지키는지 감시·통제하고, 조직의 목표달성 노력으로부터 이탈하는 구성원을 물리적 불이익이나 제재를 통해 통제함

(3) 관련 이론

맥그리거(McGregor)의 X이론, 매슬로우(Maslow)의 생리적·안전욕구, 아지리스(Agyris)의 미성숙인, 앨더퍼(Alderfer)의 생존욕구, 과학적 관리론과 고전적 관료제론 등

2. 사회적 인간관

(1) 의의

① 인간은 애정, 우정, 집단에의 귀속, 타인으로부터의 존경 등의 사회적 욕구를 지닌 감정적·사회적 존재

② 인간은 사회적 욕구에 의해 동기가 부여되는 존재로, 합리적·경제적 인간관과 마찬가지로 인간을 외재적 유인에 의해 동기가 부여되는 수동적·피동적 존재로 파악함

(2) 관리전략

① **교환모형**: 사회적 유인과 직무수행을 교환하는 교환체제

② **조직 내 비공식집단 인정**: 조직원의 사회적 욕구를 충족하여 동기부여에 기여할 수 있는 비공식집단을 인정하고 수용함

③ **민주적 관리**: 민주적 리더십과 하위 구성원들이 참여할 기회를 부여함

(3) 관련 이론: 호손(Hawthorne) 실험, 매슬로우(Maslow)의 사회적 욕구, 앨더퍼 (Alderfer)의 관계적 욕구 등

3. 자아실현적 인간관

(1) 의의

① 인간은 자신을 확장·창조하며 실현해가는 자기실현적 욕구를 지닌 주체 적 존재

② 인간을 직무를 통한 성숙, 자아실현, 자아성취 등에 의해 내재적 동기가 부여되는 능동적 존재로 파악함

(2) 관리전략

① **내적 보상**: 외부에서 부여하는 경제적·사회적 보상보다 성취감이나 만족 감 등 내적 보상을 얻는 것이 더 중요함

② **통합적·참여적 관리**: 개인의 목표와 조직의 목표를 융화하고 통합하기 위 해 구성원들을 의사결정 과정에 참여시키고 조직의 목표를 위해 기여하 도록 함

③ **내적 통제**: 관리자는 지시와 통제의 역할보다는 면담자 혹은 촉매자의 역 할을 수행하고 구성원들 스스로 자기통제를 통해 문제를 해결함

(3) 관련 이론

매슬로우(Maslow)의 자기실현인, 맥그리거(McGregor)의 Y이론, 아지리스 (Arhyris)의 성숙인, 앨더퍼(Alderfer)의 성장욕구 등

2 현대의 복잡한 인간관[샤인(Schein)]

1. 의의

(1) 인간은 현실적으로 단순하게 일반화하거나 유형화하는 것이 불가능한 복잡 한 존재

(2) 인간은 다양한 욕구를 지닌 존재이고, 인간의 동기는 상황에 따라 변화할 수 있고 새로운 욕구를 학습하기도 함

2. 관리전략

(1) 상황적응적 관리전략

부하들의 욕구와 동기가 서로 다르기 때문에 그들의 욕구체계와 능력, 담당 업무에 따라 상황에 맞도록 융통성 있는 관리전략이 필요함

(2) 다원적 관리전략

조직구성원의 변전성과 개인차를 파악하고 인정하며 존중해야 함

(3) 관리자의 상담가 역할

조직관리자의 진단가 및 상담가 역할을 강화함

1 동기의 의의

사람들이 일정한 방향으로 행동하도록 원인을 제공하는 동력의 집합

2 내용이론

욕구의 충족과 동기부여 간에 직접적인 인과관계를 인정하고 어떤 욕구가 동기를 유발하는지 그 내용(what)을 설명하는 이론으로, 욕구발생의 원인을 설명하지 못한다는 한계가 있음

매슬로우 (Maslow)	앨더퍼 (Alderfer)	맥그리거 (McGregor)	아지리스 (Argyris)	허즈버그 (Herzberg)	맥클리랜드 (Mc-Clelland)	리커트 (Likert)
생리적 욕구	생존의 욕구(E)	X이론	미성숙인	위생 (불만) 요인	권력욕구	체제 I (착취적 권위)
안전욕구						체제 II (온정적 권위)
사회적 욕구	관계의 욕구(R)	Y이론	성숙인	동기 (만족) 요인	친교욕구	체제 III (협의적 민주)
존경욕구						
자아실현 욕구	성장의 욕구(G)				성취욕구	체제 IV (참여적 민주)

1. 매슬로우(Maslow)의 욕구단계이론(만족 – 진행 모형)

(1) 의의

매슬로우(Maslow)는 동기의 중요성에 따라 욕구를 다섯 가지 단계(생리 – 안전 – 소속 – 존경 – 자아실현)로 분류하고, 각 단계의 욕구가 순차적으로 유발된다고 보았음

(2) 특징

① **욕구의 계층성 및 순차적 발로:** 다섯 가지 기본적 욕구는 우선순위의 계층을 이루고 하위욕구가 충족되면 다음단계로 진행하고, 어떤 욕구가 충족되면 그 욕구의 강도가 약해지고 동기유발요인으로서 의미를 상실함(만족 – 진행모형)

② **욕구의 상대적 충족:** 한 단계의 욕구가 완전히 달성되어야 다음단계로 진행되는 것은 아니며, 어느 정도 충족되면 그 욕구의 강도는 약화되고 다음단계의 욕구가 발생함

③ **미완성의 욕구 충족:** 모든 욕구의 완전한 충족은 있을 수 없으므로 인간은 항상 무엇인가를 원하는 존재

매슬로우(Maslow)의 욕구단계이론

- 자아실현욕구
(Self–Actualization)
- 존경욕구
(Esteem)
- 사회적 욕구
(Love & Belonging)
- 안전욕구
(Safety)
- 생리적 욕구
(Physiological)

핵심 O X

매슬로우(Maslow)에 따르면 인간의 욕구는 만족·진행뿐만 아니라 좌절·퇴행하는 경우도 있고 두 가지 이상의 욕구가 동시에 나타날 수도 있다고 보았다. (O, ×)

답 × 매슬로우(Maslow)는 만족·진행에 의해 욕구 5단계를 설명하였고, 두 가지 이상의 욕구가 동시에 나타날 수 없다고 봄

(3) 욕구의 5단계

① **생리적 욕구**: 생존을 위해 반드시 충족시켜야 할 욕구로, 욕구의 강도가 가장 높음

    예 의식주, 보수(기본급), 근무환경 등

② **안전욕구**: 위험과 사고로부터 자신을 방어 · 보호하고자 하는 욕구

    예 생명, 신분보장, 복리후생(연금제도), 신분보장(정년제도) 등

③ **사회적 욕구(애정욕구)**: 집단 속에서 소속감을 느끼고 동료들과 관계를 유지하고 싶은 욕구

    예 사랑, 우정, 소속감, 결속력이 강한 근무집단 등

④ **존경욕구**: 타인으로부터 존경과 칭찬을 받아 자신의 가치와 위신을 확인하며 긍지를 가지고 싶은 욕구

    예 지위, 명예, 사회적 인정, 교육훈련, 근무평정 등

⑤ **자아실현욕구**: 자신의 능력을 최대한 발휘하여 성취감을 맛보고자 하는 자기완성욕구로 궁극적으로 발로되는 욕구

    예 성취감, 자기발전, 도전적 · 창의적 직무, 목표달성 등

(4) 한계

① **개인차 간과**: 모든 인간에게 욕구의 계층이 동일하게 고정되어 있는 것이 아님

② **만족 – 진행모형의 비현실성**: 인간의 욕구는 만족 · 진행뿐 아니라 좌절 · 퇴행하는 경우도 있고, 하나의 욕구가 충족되어도 그 욕구가 동기유발요인으로서의 의미를 완전히 상실하는 것이 아님

③ **욕구의 복합적 작용 간과**: 매슬로우(Maslow)는 다섯 가지 욕구 중 가장 우세한 하나의 욕구에 의해 하나의 행동이 유발된다고 보았지만, 두 가지 이상의 욕구가 동시에 작용하여 하나의 행동을 유발한다고 보는 것이 현실적임

2. 앨더퍼(Alderfer)의 ERG이론(좌절 – 퇴행 접근법)

(1) 의의

앨더퍼(Alderfer)는 인간의 욕구를 세 가지 계층[생존욕구(E: Existence) – 관계욕구(R: Relatedness) – 성장욕구(G: Growth)]으로 분류하고 계층에 따라 욕구의 발로가 이루어진다고 규정한 점에서 매슬로우(Maslow)의 욕구단계이론과 유사하나, 좌절 · 퇴행하는 경우를 제시하여 매슬로우(Maslow) 이론의 한계를 보완하였음

(2) 특징[매슬로우(Maslow)의 이론 보완]

① **욕구의 복합적 작용**: 두 가지 이상의 욕구가 복합적으로 동시 작용하여 하나의 행동을 유발함

② **좌절 · 퇴행 설명**: 욕구만족 시 욕구발로의 전진적 · 상향적인 진행뿐만 아니라 욕구좌절로 인한 욕구발로의 후진적 · 하향적인 퇴행을 제시함

앨더퍼(Alderfer)의 ERG이론

매슬로우(Maslow)의 욕구계층이론과 앨더퍼(Alderfer)의 ERG이론

매슬로우(Maslow)의 욕구계층이론	앨더퍼(Alderfer)의 ERG이론
자기실현욕구	성장(Growth)욕구
존경욕구	관계(Relatedness)욕구
사회적욕구	
안전욕구	생존(Existence)욕구
생리적욕구	

(3) 한계

매슬로우(Maslow)의 욕구단계이론의 한계를 일부 극복했지만, 개인차를 고려하지 못한 획일적인 욕구의 설정은 매슬로우(Maslow) 이론과 마찬가지로 한계로 지적됨

3. 맥그리거(McGregor)의 X·Y이론

(1) 의의

맥그리거(McGregor)는 매슬로우(Maslow)의 이론을 토대로 인간관에 따라 X이론과 Y이론으로 분류하고 이에 따라 관리전략이 달라진다고 주장함

(2) X·Y이론의 인간관 및 관리전략

구분	X이론	Y이론
인간관	일을 싫어하고 게으른 소극적·수동적 인간 가정(성악설)	일을 좋아하고 스스로 책임지며 자기실현을 추구하는 적극적·능동적 인간 가정(성선설)
관리전략	• 당근(부드러운 관리)과 채찍(강경한 관리) • 교환모형: 경제적 보상에 의한 유인 • 강제와 통제, 명령과 처벌, 계층구조 및 상부책임제도 • 거래적·권위주의적 리더십	• 목표에 의한 관리체계 구축 • 통합모형: 개인과 조직의 목적 통합 • 자율성과 자기통제·평가, 참여와 분권 • 민주적 리더십

(3) 한계

경험적·실증적 연구가 아닌 직관적 연역을 통해 도출된 규범적 관리 철학으로 현실에 적용이 곤란함

Level up Z이론

Z이론은 X이론과 Y이론이 이분법에 입각해서 인간을 유형화 하는 것을 비판하며 등장함

1. **룬드스테트(lundstedt)의 Z이론(방임형)**
   X이론은 독재형, Y이론은 민주형, Z이론은 방임형 조직으로 분류하고 방임적 조직관리의 순기능을 강조함
2. **로리스(Lawless)의 Z이론(상황적응형)**
   복잡한 모형에 입각하여 변동환경과 조직의 특성을 고려한 상황에 따른 관리전략 수립의 필요성을 강조함
3. **라모스(Ramos)의 Z이론(괄호인)**
   ① X이론의 인간을 작전인(조작 가능한 인간), Y이론의 인간을 반응인(비공식 조직이 다수일수록 긍정적 반응), Z이론의 인간을 괄호인(자아를 검토할 수 있는 인간)으로 분류
   ② 괄호인은 인간을 자율성과 성찰적 사고를 가진 인간
4. **오우치(Ouchi)의 Z이론(경영가족주의)**
   ① 일본식 경영방식이 우월하다고 보고 이를 미국에 적용하려는 시도로, 미국사회에 적응된 일본식 조직을 Z모형으로 분류함
   ② 비공식적·사회적 통제와 미국식 개인 책임을 강조하고, 장기고용제와 관련

4. 아지리스(Argyris)의 미성숙 – 성숙이론(1957)

(1) 의의

① 아지리스(Argyris)는 인간이 미성숙인에서 성숙인으로 발전하며, 발전단계에서 일곱 가지 국면의 성격 변화를 거쳐야 한다고 주장함

② 고전이론에서 강조하는 공식조직은 인간의 미성숙상태를 고정시키거나 조장한다고 지적함

(2) 미성숙인과 성숙인(일곱 가지 국면의 성격 변화)

미성숙인	성숙인
수동적 인간	능동적 인간
의존적 상태	독립적 상태
행동방법의 한정	다양한 행동능력
변덕스럽고 피상적인 관심	깊고 강한 관심
단기적 안목	장기적 안목
예속적 지위	대등하거나 우월한 지위
자아의식의 결여	자아의식의 통제

(3) 관리전략

아지리스(Argyris)는 미성숙을 조장하는 고전적 관리전략을 대체할 관리전략으로 조직원이 조직의 성공을 위한 성장지향적 욕구를 충족할 수 있도록 직무 확대, 참여적 리더십 등을 통해 성장의 기회를 부여해야 함을 강조함

5. 허즈버그(Herzberg)의 욕구충족이원론(동기 · 위생이론, 1959)

(1) 의의

허즈버그(Herzberg)는 동기유발 관련 요인을 동기(만족)요인과 위생(불만)요인으로 이원화함

(2) 위생(불만)요인과 동기(만족)요인

① 위생(불만)요인과 동기(만족)요인의 비교

구분	위생(불만)요인	동기(만족)요인
성격	직무외적 환경적 요인(경제적, 물리적, 대인적 환경)	직무와 관련된 심리적 요인
예	정책과 관리, 감독, 지위 · 보수, 안전, 대인관계, 작업조건 등	승진, 성취감, 인정감, 책임감, 직무 자체에 대한 보람, 성장 · 발전 등

② 위생(불만)요인과 동기(만족)요인의 관계

㉠ **상호독립적**: 만족을 주는 동기요인과 불만을 제거하는 위생요인이 별개의 차원으로 상호 독립됨

㉡ **욕구충족의 효과**: 위생요인의 충족은 불만을 제거해주는 소극적 · 단기적 효과이고 동기를 유발하지는 못하는 반면, 동기요인의 충족은 직무 자체에 만족을 주고 동기를 유발하는 적극적 효과이고 충족되지 않더라도 불만을 초래하지 않음

기출 체크

동기이론에 대한 설명으로 옳지 않은 것은? 2016년 사회복지직 9급

① 매슬로우(A. H. Maslow)의 욕구계층론에 대하여는 각 욕구단계가 명확히 구분되지 않는다는 비판이 있다.
② 앨더퍼(C. P. Alderfer)는 ERG이론에서 두 가지 이상의 욕구가 동시에 작용되기도 한다고 주장한다.
③ 허즈버그(F. Herzberg)의 욕구충족요인이원론에 대하여는 개인의 욕구 차이에 대한 충분한 고려가 없다는 비판이 있다.
④ 맥클리랜드(D. McClelland)의 성취동기이론은 개인의 욕구를 성취욕구, 친교욕구, 권력욕구로 분류하고 권력욕구가 높을수록 생산성이 높아진다고 주장한다.

답 ④ 맥클리랜드(McClelland)는 성취욕구가 높을수록 생산성이 높아진다고 주장함

(3) 관리전략

① 동기유발을 위해서는 동기요인의 충족에 중점을 두어야 함
② 직무의 수를 늘려주는 직무확장보다는 직무의 권한과 책임을 통한 직무풍요화를 중시함

(4) 한계

① **일반화 곤란**: 연구대상이 전문직 종사자에 국한되어 모든 직종으로 일반화하기가 곤란함
② **개인차 간과**: 위생·동기요인이 개인에게 미치는 영향은 개인의 연령, 지위 등에 따라 다름
③ **인과관계 분석 미흡**: 직무요소와 동기 및 성과 간의 관계, 개인의 만족도와 동기수준의 관계가 충분히 분석되지 않음
④ **동기요인 과대평가**: 연구자료가 중요사건기록법을 근거로 수집되어서 동기요인이 과대평가 됨

6. 맥클리랜드(McClelland)의 성취동기이론(1962)

(1) 의의

① 맥클리랜드(McClelland)는 모든 사람이 공통적으로 유사한 욕구의 계층을 가지고 있다고 주장한 매슬로우(Maslow)의 이론을 비판하며, 욕구는 사회문화와 상호작용하는 과정에서 학습되므로 개인마다 욕구의 계층에 차이가 있다고 주장함
② 욕구는 권력욕구, 친교욕구, 성취욕구로 분류되고 권력욕구에서 성취욕구로 갈수록 상위 차원의 욕구이며, 특히 성취욕구의 중요성을 강조함

(2) 세 가지 욕구

① **권력욕구**: 타인의 행동에 영향력을 미치거나 통제하려는 욕구
② **친교욕구**: 타인과 따뜻하고 친근한 관계를 유지하려는 욕구
③ **성취욕구**: 우수한 결과를 얻기 위하여 높은 기준을 설정하고 이를 달성하려는 욕구

7. 리커트(Likert)의 관리체제론(1967)

(1) 의의

리커트(Likert)는 맥그리거(McGregor)의 X·Y이론을 세분화하여 관리체제를 네 가지로 분류하고, 관리자의 관리전략을 알아볼 수 있는 조사표를 작성함

(2) 네 가지 체제

체제4에 가까울수록 생산성이 향상됨

구분		관리전략
권위형 (X이론)	체제1(수탈적 권위)	부하에 대한 불신, 부하의 참여 배제
	체제2(온정적 권위)	부하에 대한 온정적 신뢰, 하향적 의사소통
민주형 (Y이론)	체제3(협의적 민주)	부하에 대한 상당한 신뢰, 활발한 의사소통
	체제4(참여적 민주)	부하에 대한 완전한 신뢰, 쌍방향적 의사소통

8. 핵크만(Hakman)과 올드햄(Oldham)의 직무특성이론(1976)*

(1) 의의

① 직무의 특성이 개인의 심리상태와 결합하여 직무수행자의 욕구수준에 부합될 때 그 직무가 구성원에게 더 큰 의미와 책임감을 주고, 이로 인해 동기가 유발된다는 이론

② 개인차를 고려하여 개인의 성장욕구수준이 직무특성과 심리상태, 성과 간의 관계를 조절해주는 변인으로 작용한다는 것을 제시했다는 점에서 허즈버그(Herzberg)의 이원론보다 진일보한 이론

(2) 직무의 특성

① **기술다양성**: 직무수행 시 요구되는 기술종류의 다양성이나 능력의 정도

② **직무정체성**: 직무가 전체 작업완성에 기여하는 정도

③ **직무중요성**: 직무가 조직내외에 미치는 영향의 정도

④ **자율성**: 직무에 대해 느끼는 책임감, 독립성과 재량권의 정도

⑤ **환류**: 직무수행 성과에 대한 평가 등 정보의 유무

(3) 관리전략

① **직무수행자의 성장욕구수준이 높은 경우**: 기술의 다양성, 직무의 정체성·중요성을 높여 주며, 더 많은 자율성을 부여하고 직무수행의 결과를 즉각 알 수 있도록 하면 내재적 동기가 유발됨

② **직무수행자의 성장욕구수준이 낮은 경우**: 정형화된 단순직무를 부여하면 내재적 동기가 유발됨

③ **잠재적 동기지수(MPS; motivating potential score)**

㉠ (기술다양성 + 직무정체성 + 직무중요성) / 3 × 자율성 × 환류

㉡ 직무특성 다섯 가지 중 동기부여에 가장 중요한 역할을 하는 요소로 자율성과 환류를 강조함

3 과정이론

욕구의 충족과 동기부여 사이의 직접적인 인과관계를 인정하지 않고 인간행동의 동기유발이 어떤 과정(How)을 거쳐서 이루어지는가를 설명하는 이론으로, 내용이론을 보완하는데 중점을 둠

1. 아담스(Adams)의 형평성(공정성)이론

(1) 의의

아담스(Adams)는 개인은 준거인(비교대상)과 비교하여 자신의 투입(노력)과 산출(보상) 간에 불일치를 지각하면, 이를 제거하는 방향으로 동기가 부여된다고 주장하여 공정한 보상의 중요성을 인식시킴

(2) 기본 전제

① **호혜주의적 규범**: 인간은 공정한 교환을 시도하는 성향이 있다고 전제

② **인지일관성의 정향**: 인지부조화이론과 같이 사람이 그의 생각과 행위를 일치시키려는 경향이 있다고 전제함

핵심 OX

01 핵크만(Hakman)과 올드햄(Oldham)의 직무특성이론의 다섯 가지 직무특성은 기술다양성, 직무정체성, 직무중요성, 환류, 자율성이다. 이 중 책임감과 관련된 것은 환류이다.(O, ×)

답 × 책임감과 관련된 것은 자율성

02 잠재적 동기지수(MPS)에서 가장 중요한 역할을 하는 요소는 자율성과 환류로서, 이는 기술다양성, 직무정체성, 직무중요성보다 중요하다고 본다.
(O, ×)

답 O

기출 체크

동기이론 중 과정이론에 해당하는 것만을 모두 고르면? 2018년 국가직 7급

ㄱ. 동기부여의 강도를 산정하는 기본개념으로 유인가(valence), 수단성(instrumentality), 기대감(expectancy)을 제시하였다.

ㄴ. 직무가 조직화되는 방법에 따라 조직원의 노력 정도가 달라진다는 점에 착안하여 모든 직무를 다섯 가지 핵심 직무차원으로 구분했다.

ㄷ. 개인은 업적에 따라 보상을 받게 되며 이 때 주어지는 보상은 공평한 것으로 지각되어야 하는데, 개인이 불공평하다고 인식하면 만족을 줄 수 없게 된다고 본다.

ㄹ. 인간의 욕구를 존재, 관계, 성장의 3단계로 나누고 '좌절-퇴행'접근법을 주장한다.

ㅁ. 인간은 미성숙상태에서 성숙상태로 발전하는 과정에서 성격 변화를 경험한다고 주장한다.

① ㄱ, ㄴ, ㄷ ② ㄱ, ㄹ, ㅁ
③ ㄴ, ㄷ, ㄹ ④ ㄴ, ㄷ, ㅁ

답 ① ㄱ. 기대이론, ㄴ. 직무특성이론, ㄷ. 형평성이론은 과정이론에 해당하고, ㄹ. ERG이론, ㅁ. 미성숙-성숙이론은 동기이론 중 욕구이론에 해당함

🏛️ 기출 체크

01 동기부여와 관련된 이론을 내용이론과 과정이론으로 나눌 때, 과정이론에 해당하는 것은? 2013년 서울시 9급

① 욕구계층이론
② 기대이론
③ 욕구충족요인이원론
④ 성취동기이론
⑤ X · Y이론

💬 ② 기대이론은 과정이론에 속함

02 브룸(Vroom)의 기대이론에 따를 경우 조직구성원의 직무수행동기를 유발하기 위한 조건이 아닌 것은? 2017년 지방직 9급

① 내가 노력하면 높은 등급의 실적평가를 받을 수 있다는 기대치(expectancy)가 충족되어야 한다.
② 내가 높은 등급의 실적평가를 받으면 많은 보상을 받을 수 있다는 수단치(instrumentality)가 충족되어야 한다.
③ 내가 받을 보상은 나에게 가치 있는 것이라는 유인가(valence)가 충족되어야 한다.
④ 내가 투입한 노력과 그로 인하여 받은 보상의 비율이, 다른 사람과 비교하여 공평해야 한다는 균형성(balance)이 충족되어야 한다.

💬 ④ 보상의 형평성에 대한 이론은 아담스(Adams)의 형평성(공정성)이론에 대한 설명

핵심 O X

01 브룸(Vroom)의 기대감이란 근무성과를 가져올 것이라는 객관적 확률에 대한 기대이다. (○, ×)

💬 × 객관적 확률이 아닌 주관적 확률에 대한 기대

02 유인가란 어느 개인이 원하는 특정한 보상에 대한 선호의 강도이다. (○, ×)

💬 ○

03 브룸(Vroom)의 기대이론은 동기부여가 되는 요인이 무엇인가를 밝히는 내용이론의 대표적인 이론이다. (○, ×)

💬 × 동기부여 과정을 살피는 과정이론의 대표적 이론

(3) 불형평성 해소를 위한 행동

과소보상 뿐 아니라 과대보상 지각 시에도 불형평성을 해소하기 위한 동기가 나타나며, 과소보상으로 인한 긴장감과 불안감이 더 예민하게 나타남

① **자신의 산출 / 투입 = 준거인의 산출 / 투입(형평감):** 만족 → 행동유발 없음
② **자신의 산출 / 투입 < 준거인의 산출 / 투입(과소보상):** 불만 → 급료인상 등 편익증대 요구, 노력을 줄여 투입을 감소, 투입과 산출의 지각 왜곡, 준거인물의 변경, 조직 이탈 등의 행동을 유발함
③ **자신의 산출 / 투입 > 준거인의 산출 / 투입(과다보상):** 부담 → 편익감소를 요청, 노력을 더해 투입을 증대하는 등의 행동을 유발함

2. 기대이론

기대이론은 동기의 크기를 결과에 부여하는 가치(결과를 얻으려는 욕구의 크기)와 특정한 행동이 그것을 가져다줄 것이라는 기대(믿음)를 곱한 것의 합계라고 가정함

(1) 브룸(Vroom)의 기대이론(V.I.E이론)

① **의의:** 브룸(Vroom)은 동기부여의 정도(M)는 기대감(E), 수단성(I), 유인가(V)에 의해 결정된다고 주장함

$$M = f (E, I, V)$$

② **주요 변수**
  ㉠ **기대감(E; Expectancy):** 일정한 노력을 기울이면 성과를 가져올 수 있다는 성공확률에 대한 주관적인 믿음
  ㉡ **수단성(I; Instrumentality):** 성과를 달성했을 때 바람직한 보상이 주어질 것이라는 보상확률에 대한 주관적인 믿음
  ㉢ **유인가(V; Valence):** 특정한 보상에 대한 주관적인 선호의 강도로, 보상에 대해 개인이 느끼는 중요성, 매력
  ㉣ **결과**
    ⓐ **1차적 결과:** 노력의 결과로 나타난 성과
    ⓑ **2차적 결과:** 승진 등 성과에 따른 보상

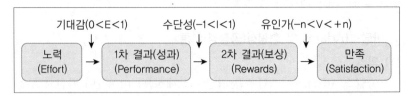

③ **평가:** 내용이론이 제시하지 못한 동기부여의 과정적 차원을 설명하고 있으나, 동기부여 방안을 구체적으로 제시하지 못했다는 한계가 있음

(2) 포터(Porter)와 롤러(Lawler)의 성과 – 만족이론(EPRS 모형)

① **의의:** 포터(Porter)와 롤러(Lawler)는 보상의 공정성에 대한 개인의 만족감을 주요 변수로 삼아 기대이론을 보완 · 발전시킴

② 주요 내용

　　㉠ **성과 - 만족이론**: 기존의 기대이론이 욕구의 충족이 업적의 달성을 가져온다는 점을 주목한 것에 반해, 업적의 달성이 만족을 가져온다는 점을 중시함

　　㉡ **동기요인**: 보상에 대해 개인이 부여하는 가치와 개인이 인지한 노력-보상 확률이 동기에 영향을 미침

　　㉢ **보상 그 자체보다 공정성에 대한 지각 중시**: 직원은 자신이 받은 보상과 다른 구성원이 받은 보상을 비교하여, 자신의 보상이 정당하고 공정하다고 생각하면 만족함

　　㉣ **내재적 보상 중시**: 업적에 대한 보상에는 성취감과 자기발전 등의 내재적인 보상과 승진, 보수 등의 외재적인 보상이 있으며 내재적 보상을 더 중요시함

(3) 조고풀러스(Georgopoulos)의 통로 - 목표이론

① 조고풀러스(Georgopoulos)는 추구하는 목표가 얼마나 개인의 욕구를 충족시켜줄 수 있는지와, 근로자의 생산성 제고 노력이 이 목표를 얼마나 잘 달성할 수 있는지 두 요인에 의해 결정된다고 주장함

② 노력이 목표달성을 위한 통로로서 얼마나 유효하게 작용하는지에 대한 지각에 따라 동기가 유발된다고 봄

3. 로크(Locke)의 목표설정이론

(1) 로크(Locke)는 인간의 행동이 의식적인 목표와 성취의도에 의하여 결정된다고 보고, 욕구의 내용이 아니라 구체성이나 난이도 등 목표의 성격에 따라 개인의 성과가 결정된다고 봄

(2) 목표의 난이도가 높아 도전적이고, 구체적이며 명확할 때 동기가 유발됨*

4. 학습이론(강화이론, 순치이론)

학습이론에서 '학습'이란 경험의 결과로 행동에 비교적 항구적인 변화가 일어나는 과정을 말하며, 학습이론은 '학습'이라는 과정을 통해 동기가 유발되는 현상을 설명하는 이론

(1) 고전적 조건화이론 - 파블로프(Pavlov)

파블로프(Pavlov)는 개 실험을 통해, 조건화된 자극의 제시가 조건화된 반응을 이끌어냄을 설명함

> 무조건자극(음식 → 타액분비) + 중립자극(종소리 → 무반응)
> = 조건화된 자극(종소리 → 타액분비)

(2) 조작적(수단적, 도구적) 조건화이론

특정한 행태적 반응의 결과로 주어지는 자극이 강화요인(만족스러운 결과)인지 처벌요인(불쾌한 결과)인지에 따라 행태적 반응(행동)의 확률이 달라짐을 설명함

예 어떤 반응이 만족스러운 결과를 수반하는 경우 그 강도가 증가

*난이도가 지나치게 높아 실현불가할 경우 동기가 유발되지 않음

* 스키너(Skinner)는 적극적 강화를 강조하였음

연속적 강화

바람직한 행동을 보일 때마다 강화함. 초기 단계에서 바람직한 행동을 늘리는 데 효과적이지만 강화효과가 조기 소멸됨

① **손다이크(Thorndike):** 손다이크(Thorndike)는 시행착오적 학습을 통해 행태적 반응이 달라짐을 설명함
② **스키너(Skinner):** 스키너(Skinner)는 손다이크(Thorndike)의 이론을 바탕으로 행동의 결과를 조건화하여 행태적 반응을 유발하는 과정을 설명함

㉠ **학습기제 유형**

구분	의미	목적	예
적극적 강화*	바람직한 결과 제공	바람직한 행동 유도	승진, 급료인상 등
소극적 강화	바람직하지 않은 결과 제거		벌칙 면제 등
처벌	바람직하지 않은 결과 제공	바람직하지 않은 행동 제거	강등 등
소거	바람직한 결과 제거		승진·급료인상 철회 등

㉡ **강화계획**

구분	간격(시간)	비율(횟수)
	고정간격강화	고정비율강화
고정	일정한 시간 간격을 두고 강화요인 제공 예 매월 1일 우수직원 포상	정해진 반응횟수에 따라 강화요인 제공 예 100개 생산 시마다 포상
	변동간격강화	변동비율강화
변동	강화요인이 제시되는 시기를 예측할 수 없도록 설정 예 불시에 우수직원 포상	강화요인을 얻기 위한 수행 횟수를 예측할 수 없도록 설정 예 포상 횟수를 100개~300개 사이에서 변동시키면서 포상

(3) 기타 학습이론

① **잠재적 학습이론:** 강화 등 인위적 조작 없이도 학습은 일어나지만 행동을 유발하려면 강화가 필요함
② **인식론적 학습이론:** 이론적으로 관찰 가능한 행태나 외부의 자극보다 인간의 내면적 욕구, 만족, 기대 등 정신적 과정이 학습에 영향을 미침(자극 < 내면)
③ **사회적 학습이론:** 인간과 행동, 환경이 서로 교호작용하는 과정에서 학습이 진행되며 행동 결정에 자극뿐만 아니라 내면적 욕구, 만족, 기대 등도 함께 영향을 미침(자극 + 내면 + 환경)
④ **귀납적 학습이론:** 직접적인 설명·지시 없이 불확실한 추론을 통해서도 학습이 가능함
⑤ **자율규제이론:** 인간은 노력의 성과를 스스로 관찰하고 평가하며, 이에 따라 자율반응(미흡 → 노력)을 보이게 됨

5. 조직시민행동이론

(1) 의의
① 개인 본연의 직무는 아니지만 전반적인 조직 성과를 제고하는데 기여하는 직무 외 행동
② 이타주의, 성실성(양심행동), 예의성, 스포츠맨십, 시민정신 등이 있음

(2) 조직시민행동의 조건
① 직무만족도가 높은 경우
② 정서적 몰입도가 높은 경우
③ 공정성지각이 높은 경우
④ 상사와 우호적 관계인 경우
⑤ 집단구성원들이 조직시민행동을 하는 경향이 높은 경우(전염성)

(3) 조직시민행동의 유형
① **개인에 대한 조직시민행동**: 조직 내의 구성원을 돕는 행동(이타주의, 예의성)
② **조직에 대한 조직시민행동**: 조직에 이익이 되는 행동(성실성, 스포츠맨십, 시민정신)

(4) 조직시민행동의 효과
① **긍정적 효과**: 생산성 향상, 갈등 감소, 인재 확보 및 이탈 방지
② **부정적 효과**: 구성원의 과부하(burn-out)

THEME 050 조직인의 성격형과 행정문화 ★☆☆

1 조직인의 성격형

1. 프레스더스(Presthus)의 이론

(1) 상승형
① 주로 계층제 상층부에 존재함
② 낙관적이고 조직에 대한 일체감이 강함
③ 승진욕구가 강하고 권위지향적임

(2) 모호형(애매형)
① 주로 연구직·참모에 존재함
② 독립심이 강하고 내성적임

(3) 무관심형
① 주로 계층제 하위직에 존재함
② 직무만족도가 낮고 조직에 대해 소외감을 느낌

🏛 **기출 체크**

조직시민행동(organizational citizenship behavior)에 대한 설명으로 옳지 않은 것은? 2016년 국가직 9급

① 공식적인 보상 시스템에 의하여 직접적으로 또는 명시적으로 인식되지 않는 직무역할 외 행동이다.
② 구성원들의 역할모호성 지각은 조직시민행동에 긍정적 영향을 미친다.
③ 구성원들의 절차공정성 지각은 조직시민행동에 긍정적 영향을 미친다.
④ 작업장의 청결을 유지하는 것은 조직시민행동 유형 중 양심행동에 속한다.

답 ② 구성원들의 역할모호성 지각은 조직시민행동에 긍정적 영향이 아닌 부정적 영향을 미침

2. 코튼(Cotton)의 권력균등화 유형

(1) 조직인형
조직에 충성심이 강하고 스스로의 가치를 높이는 유형

(2) 독립인형
감독이나 통제가 적은 상황을 좋아하는 유형

(3) 외부흥미형
직무에 대해서는 무관심하고 만족을 조직 외에서 찾는 유형

(4) 동료형
상하관계가 수평적이고 동료관계인 유형(가장 이상적인 유형)

3. 다운스(Downs)의 성격유형론(관료의 목표 기준)

(1) 이기적 모형

등반형	권력, 승진, 명예 등 추구(안정 < 변화)
보존형	안전, 편의, 신분유지 등 추구(안정 > 변화)

(2) 혼합적 모형(이기 + 이타)

열성형	• 범위가 한정된 정책 추구 • 낙천적, 정력적, 내향적
창도가형	• 조직에 충성하고 장기적 관점에서 조직의 이익 추구 • 낙천적, 적극적, 외향적
경세가형	• 사회적 공익 추구 • 실천력이 강하고 가장 이타적

2 조직문화

1. 의의

(1) 조직문화
조직구성원이 공유하는 생활·행동양식의 총체

(2) 행정문화
① 행정체제를 구성하는 사람들이 공유하는 생활·행동양식의 총체
② 행정활동 내지 행정 행태에 영향을 미치고 이를 규제하며 그 지침으로서의 역할을 수행함
③ 행정체제의 통합성과 안정성을 유지하는 역할을 수행함

2. 조직문화의 특성

(1) 결정성
구성원의 사고와 행동의 결정요인

(2) 학습성
본능이 아니라 후천적 학습에 의한 것임

(3) 공유성

구성원 간에 공유되는 집합적이고 공유적 특성을 지님

(4) 전체성

전체문화와의 통합성을 유지하면서 하위문화를 포용함

(5) 지속성과 변동성

쉽게 변화되지 않고 유지·전달되는 지속성을 지니지만, 시간에 흐름에 따라 변동될 수 있는 변동성을 동시에 지님

3. 조직문화의 구성요소

(1) 규범

사회적 약속이나 규칙

(2) 철학

조직 구성원과 고객에 대한 정책수립의 지침이 되는 철학

(3) 지배적 가치관

조직이 강조하고 있는 가치관

(4) 행태의 규칙성

공통으로 사용하는 상호작용 양식(언어 등)

4. 우리나라의 행정문화

(1) 연고주의(집단주의)

① **의의**: 혈연, 지연, 학연 등 특수관계를 다른 요소보다 중시하고, 특수관계에 있지 않은 사람에 대하여 배타적 의식을 가지는 문화
② **장점**: 친화적 분위기, 조직의 응집성 강화
③ **단점**: 파벌주의·할거주의 조장, 공평성 저해

(2) 온정주의

① **의의**: 인정, 의리 등 정(情)적인 유대관계를 중시하는 문화
② **장점**: 협동적 행동 촉진
③ **단점**: 법규에 따른 공식적 업무처리를 교란

(3) 일반주의(↔ 전문주의)

① **의의**: 전문적 지식보다 일반적 지식이나 교양, 상식을 중시하는 문화
② **장점**: 인사운영의 융통성 확보, 관리자 양성, 넓은 안목
③ **단점**: 전문성 부족

(4) 순응주의

① **의의**: 외부조건 및 기존관리방침에 순응하는 보수적·현상유지적 문화
② **장점**: 상급자의 통솔력과 지도력 강화
③ **단점**: 능동성 약화, 창의적 업무수행 곤란

(5) 권위주의

① **의의**: 조직내 관계를 불평등한 수직적 관계로 인식하고 위계질서와 지배복종을 중시하는 문화

② **장점**: 상급자의 통솔력과 지도력 강화

③ **단점**: 비민주화, 상급자에 맹종, 창의성 억압

(6) 형식주의

① **의의**: 실질적인 내용보다 형식을 중시하는 문화로, 형식(공식적인 것)과 실제(비공식적인 것)가 괴리됨

② **장점**: 행정의 명분강화

③ **단점**: 목표대치

5. 조직문화의 순기능과 역기능

(1) 순기능

① 조직의 안전성과 계속성을 유지할 수 있음

② 행동규범으로 기능하여 구성원의 행위와 판단의 기준을 제시함

③ 구성원들을 사회화하고 일탈을 통제함

④ 조직의 경계를 명확히 설정하여 정체성 제고 및 동질감·일체감 제고하여 갈등·분쟁을 최소화함

(2) 역기능

① 개혁과 변동에 장애로 작용함

② 유연성과 창의력을 저하시킴

6. 조직문화의 접근방법

새포드(Safford)는 조직문화와 조직효과성의 관계에 대한 4가지 견해를 제시함

특성론적 접근방법	효과성을 향상시킬 수 있는 특정한 문화특성이 존재한다는 견해
문화강도적 접근방법	효과성을 향상시키기 위해서는 강한 문화가 필요하다는 견해
상황론적 접근방법	조직문화의 특성과 상황요인들 간의 적합성에 따라 조직효과성이 달라질 수 있다는 견해
문화유형론적 접근방법	문화유형의 특성에 따라 조직효과성이 달라진다는 견해

7. 조직의 유형[더글라스(Douglas)의 신문화이론]

더글라스(Douglas)는 인간이 사고와 행동이 문화유형을 결정한다고 주장하며 집단성과 규칙성에 따라 네 가지 문화유형을 제시함

구분		집단성(응집성)	
		약	강
규칙성 (사회역할)	약	개인주의	평등주의
	강	전체주의	계층주의

(1) 개인주의(시장조직)

① 시장 신뢰. 정부의 개인영역에 대한 간섭 반대

② 개인의 자유와 책임 중시 → 기회의 평등(제도적 복지 불필요)

(2) 평등주의(공동체적 조직)

① 시장 불신. 공동체를 통한 공동선의 실현 추구

② 협력적 인간관계 중시 → 결과의 평등(제도적 복지 필요)

(3) 전체주의(운명주의)

① 강한 사회적 제약과 개인의 자율적 결정 배제

② 최고층에 권력 집중 → 규율과 복종 강조

(4) 계층주의(관료제)

① 계층적 사회질서와 주어진 역할수행 중시

② 정부의 규제 필요

8. 사회화 양태의 유형(신참자의 조직문화에 대한 적응)

(1) 동화

신참자의 문화가 조직의 문화에 일방적으로 적응하는 유형

(2) 격리

신참자들에게 조직문화에 적응하는 능력과 의욕이 없고 독자성을 유지하려 할 때 그들을 고립시키는 유형

(3) 탈문화화

조직의 문화와 신참자의 문화가 지배력을 잃고 문화정체성이 모호해지는 유형

(4) 다원화

쌍방적 학습과 적응의 과정을 통해 신참자와 조직이 상호수용하고 공존하는 유형으로 가장 이상적인 유형

THEME 051 조직의 환경 ★☆☆

1 의의

1. 환경의 개념

조직의 경계선 밖에 있어서 조직의 직접적인 통제력이 미치지 않는 모든 요소로, 환경과 상호작용을 통해 변동함

일반 환경	모든 조직에 잠재적으로 영향을 미치는 넓은 범위의 환경으로 조직의 존립토대가 되는 사회의 일반적인 조건
특정 환경	특정조직의 활동이나 전략 및 의사결정에 직접적으로 영향을 미치는 특수적 환경

2. 환경관의 변화

고전적 조직이론은 조직을 폐쇄체제로 인식하여 조직의 내부문제만을 연구한 반면, 현대 조직이론은 조직을 개방체제로 인식하여 조직과 환경의 상호관계를 중시함

2 환경의 유형과 조직전략

1. 에밀리(Emery)와 트리스트(Trist)

평온·무작위적 환경	• 환경변화가 미미하고 환경의 구성요소들이 상호관련성 없이 분포된 환경으로, 가장 단순한 유형 • 환경요인의 무작위성은 예측이 곤란함 • 표준화된 전략으로 대응함
평온·집합적 환경	• 환경변화는 미미하고 느리지만, 조직에게 유·불리한 요소가 일정한 유형에 따라 군집되어있는 환경 • 환경요인에 대한 인과관계가 어느 정도 예측이 가능함
교란·반응적 환경	• 유사한 목표를 추구하는 조직들이 많이 등장하여 경쟁적으로 상호작용하는 환경 • 조직은 환경에 크게 영향을 받음 • 조직은 다른 체제의 반응을 고려하여 경쟁하기 위해 전략적 방안을 강구함
격동의 장 (격변의 환경)	• 격동적이고 예측이 어려운 소용돌이 환경 • 조직은 생존을 위해 신제품 개발과 외부요소들과의 관계에 대한 지속적 재평가가 필요함

📖 **기출 체크**

Fred E. Emery와 Eric L. Trist는 조직환경의 복잡성과 변화율을 중심으로 환경유형을 분류하였다. 이에 관한 내용으로 가장 옳은 것은? 2005년 서울시 7급

① 평온·집합적 환경은 변화의 속도는 느리지만, 조직에게 유리한 요소와 위협적인 요소들이 무리를 지어 집합적으로 존재하는 환경이다.
② 교란·반응적 환경에서는 조직은 환경에 크게 구애받지 않고 조직에 유리한 환경요소를 선택하여 조직의 계획을 수행해 나갈 수 있다.
③ 평온·무작위적 환경에서는 조직은 좀 더 장기적인 안목으로 전략을 수립하여 환경에 대응해 나가야 한다.
④ 격변적 환경은 비슷한 목표를 추구하는 경쟁조직들이 많이 존재하는 환경이다.
⑤ 평온·무작위적 환경에서는 환경의 구성요소들의 상호 관련성이 매우 높다.

답 ①
② 교란·반응적 환경: 조직이 환경에 크게 영향을 받게 됨
③ 평온·무작위적 환경: 가장 안정적인 환경으로, 조직이 장기적인 안목을 가지고 전략을 수립할 필요가 없이 계층제적 구조와 표준화된 전략으로 대응해 나가기도 함
④ 격변적 환경: 격동적이고 예측이 어려운 소용돌이 환경
⑤ 평온·무작위적 환경: 환경들의 상호 관련성이 가장 낮음

2. 셀즈닉(Selznik)

적응적 변화	변화하는 환경에 조직을 적응시켜 조직의 안정·발전을 유지하는 과정
적응적 흡수	조직의 안정과 존속에 대한 위협을 회피하기 위해 조직의 정책이나 상층부에 외부의 위협적 요소를 받아들여 적응하는 과정

THEME 052 거시조직이론 ★★★

조직내부의 개인이나 소집단을 연구하는 미시조직이론과 달리 거시조직이론은 조직자체의 내부적·대(對)환경적 행동을 연구함

구분	결정론(환경 → 조직)	임의론(환경 ⇆ 조직)
개별조직	체제구조적 관점	전략적 선택관점
	구조적 상황이론(상황적응론)	전략적 선택이론, 자원의존이론
조직군	자연적 선택관점	집단적 행동관점
	조직군생태학이론, 조직경제학이론, 제도화이론	공동체생태학이론

1 결정론적 거시조직이론

1. 구조적 상황이론(상황적응론)

(1) 의의

① 관료제이론과 행정원리론에서 추구한 보편적인 조직원리를 비판하면서 등장한 조직이론으로, 모든 상황에 적용되는 유일·최선의 조직구조나 관리방법은 없으며, 조직이 처해 있는 상황에 따라 조직설계 및 관리방법도 달라져야 한다고 주장함

② 조직구조는 규모, 기술, 환경 등 상황적 특성에 의해 결정되며, 조직의 효과성은 상황적 특성과 조직구조, 관리체계, 관리과정 등 구조적 특성의 적합성 여부에 달림

(2) 특징

① 등종국성을 인정함

② 조직 간 차이점을 강조함

③ 업무의 과정보다는 객관적 결과·성과를 중시함

④ 중범위이론을 지향함

⑤ 경험적·실증적 연구를 중시하며 과학성을 추구함

⑥ 조직관리자가 수행하는 전략적 선택의 중요성을 경시함

등종국성

특정 목표를 달성하는 데는 유일·최선의 방법만이 있는 것이 아니며, 다양한 방법을 통해 동일한 최종결과에 도달할 수 있음

(3) 주요 이론

① **번스(Burns)와 스토커(Stalker)**: 비교적 안정된 환경에서는 기계적 조직구조가 적합하고, 변동이 심한 환경에서는 유기적 구조가 적합하다고 주장

② **로렌스(Lawrence)와 로쉬(Losch)**: 환경에 불확실성 정도에 따라 적합한 조직구조를 제시함

2. 조직군생태학이론

(1) 의의

① 조직군의 생성과 소멸과정에 초점을 두어, 조직구조는 환경과의 적합도 수준에 따라 도태되거나 선택된다는 이론

② 조직은 기존의 조직구조를 그대로 유지하려는 구조적 타성이 있기 때문에 환경에 이질적인 조직은 도태됨

(2) 특징

① 조직이 환경에 적응하는 것이 아니라 환경이 조직을 선택한다는 극단적 환경결정론적 관점의 이론으로, 조직이 환경에 적응한다고 보는 상황이론을 비판함

② 생물학의 자연도태이론, 적자생존의 법칙을 사회현상에 적용함*

  ㉠ **변이**: 계획적이거나 우연한 변화

  ㉡ **선택**: 환경으로부터 선택되거나 도태

  ㉢ **보존**: 선택된 특정조직이 환경에 제도화되고 유지·존속

③ 분석수준을 개별조직에서 조직군으로 전환함

④ 조직이 특정 환경에 적합하게 변화해가는 것을 관찰하기 위해 종단적 연구방법을 채택함

⑤ 관리자의 전략적 선택을 경시함

3. 조직경제학이론

(1) 주인 – 대리인이론

① **전제조건**

  ㉠ 사회생활을 주인(자본가, 구매자)과 대리인(근로자, 판매자) 간의 계약관계로 상정함

  ㉡ **대리인문제(역선택, 도덕적 해이) 발생**

    ⓐ 주인과 대리인은 모두 이기적인 존재이고, 주인과 대리인 간에 상충적 이해관계

    ⓑ 주인과 대리인 간 정보의 비대칭성, 상황조건의 불확실성 존재

    ⓒ 주인의 시간과 정보의 부족으로 인하여 대리인을 완전히 감시하거나 통제하지 못함

② **시사점**: 효율적인 계약관계의 유지를 위해서는 대리손실을 최소화하고 유인구조를 재설계하기 위해 노력해야 함

  ㉠ **정보의 균형화**: 행정정보 공개제도, 주민참여, 내부고발자보호제도 등을 통해 대리인에 대한 외부통제 강화

  ㉡ **결과중심의 관리**: 성과급 등 대리인에 대한 엄격한 평가를 통한 관리

조직군

특정환경 속에서 생존을 유지하는 동질적인 조직의 집합, 즉 유사한 조직구조를 갖는 조직

핵심 O X

조직군생태학이론에 따르면 환경의 절대적 영향력을 강조한다.　（O, X）

답 O

*변이 → 선택 → 보존

종단적 연구와 횡단적 연구

1. **종단적 연구**: 한 가지 대상을 시간의 변화에 따라 비교함
2. **횡단적 연구**: 특정 시기에 여러 대상을 비교함

역선택

대리인에 대한 정보부족으로 기준미달의 부적격자나 무능력자를 대리인으로 선임하게 되어 사전손실 발생

도덕적 해이

대리인에 대한 감시·통제가 효과적이지 못한 경우 대리인이 주인의 이익보다는 자신의 이익을 추구하거나 게으름을 피워 사후손실 발생

(2) 거래비용이론 - 윌리암슨(Williamson)

① 의의
  ⓐ 조직은 생존에 필요한 자원을 조직내부에서 모두 확보할 수 없기 때문에 네트워크나 전략적 제휴 등 외부조직들과 거래관계를 형성함
  ⓑ 조직은 거래비용 감소를 위한 장치이고, 조직구조의 효율성은 거래비용의 최소화가 관건임

② 주요 내용
  ⓐ 인간적 요인, 환경적 요인, 자산의 특정성과 정보의 편재성, 거래빈도 등이 거래비용을 증가시킴
  ⓑ 거래비용이 관료제적 조정비용보다 크면, 거래비용의 최소화를 위해 거래의 내부화가 효과적이므로 조직이 발생함
  ⓒ 전통적인 U(Unitary)형 구조보다 M형(Multidivisionalized) 구조가 효율적인 구조임
    ⓐ U형 조직(단일 조직): 하부조직이 기능별로 분화되어 계층제의 정점에 있는 1인이 조정·통합하는 고전적·기계적 조직
    ⓑ M형 조직(다차원적 조직): 기능의 유사성이 아닌 일의 흐름에 따라 편제된 흐름별·유기적 조직

4. 제도화이론

(1) 사회문화적 요인을 강조하는 이론으로 대부분의 조직은 기술적 환경뿐만 아니라 제도적 환경을 가지고 있음을 설명함

(2) 조직은 사회문화적 규범이나 신념, 가치체계 등 제도적 환경과 부합되도록 조직의 형태 및 구조를 적응해야 하는 압력을 받게 됨

(3) 내부적 합리성과 효율성보다는 사회규범적 환경에 순응함으로써 정당성을 확보하는 것이 조직생존의 기초임

(4) 조직은 사회적 정당성을 얻기 위하여 제도적·구조적 동질성을 갖게 됨

2 임의론적 거시조직이론

1. 전략적 선택이론

(1) 의의

① 효율적 조직구조는 환경적 상황이 아니라 재량을 지닌 관리자들의 전략에 따른 자율적·능동적 판단·선택에 의해 결정된다는 이론

② 차일드(Child)는 상황적 특성을 조직구조의 결정요인으로 간주하는 구조적 상황이론을 비판하며, 상황적 특성은 지배집단의 전략적 선택을 제약하는 제약요인에 불과하고 조직구조를 결정하는 요인은 지배집단들의 이해관계와 권력이라고 주장함

③ 동일한 상황의 조직이라도 관리자의 환경에 대한 가치관과 인지적 기초에 따라 상이한 선택을 할 수 있음을 주장함

④ 관리자의 자율성을 지나치게 강조한 나머지 환경의 영향을 경시하고, 구조가 전략을 결정할 수도 있음을 간과한다는 한계가 있음

자산의 특정성

자산의 이전불가능성으로 자산의 특정성이 높을수록 다른 조직과의 거래가 곤란하여 거래비용이 증가함

PART 3

행정조직론 2021 해커스공무원 쉬운 행정학

🏛 기출 체크

01 현대조직이론의 하나인 거래비용이론에 대한 설명으로 옳은 것은? 2014년 서울시 7급

① 거래비용의 최소화를 위해서는 거래를 외부화(outsourcing)하는 것이 효율적이다.
② 생산보다는 비용에 관심을 가지며 조직을 거래비용 감소를 위한 장치로 파악한다.
③ 조직통합이나 내부조직화는 조정비용이 거래비용보다 클 때 효과적이다.
④ 거래비용에는 거래 상대방의 기회주의적 행동에 대한 탐색비용은 포함되지 않는다.
⑤ 거래비용이론은 민간조직보다는 공공조직에서 적용가능성이 높다.

답 ② 거래비용이론은 거래비용의 최소화를 중요시 함

02 윌리암슨(Williamson)의 거래비용이론 관점에서 계층제가 시장보다 효율적일 수 있는 근거로 옳지 않은 것은? 2011년 국가직 9급

① 계층제는 연속적 의사결정을 용이하게 함으로써 인간의 제한된 합리성을 완화한다.
② 계층제는 집합적 의사결정의 외부비용을 감소시킨다.
③ 계층제는 불확실성을 감소시킨다.
④ 계층제는 정보밀집성의 문제를 극복할 수 있다.

답 ② 계층제는 의사결정의 내부비용을 감소시킴. 외부비용은 집행비용, 설득·협조·순응을 구하는 비용이며 내부비용은 의사결정비용

(2) 스콧(Scott)의 전략이론

① **완충전략**: 환경의 영향을 최소화시키는 대내적·소극적 전략

분류	환경의 요구가 투입되기 전에 그 중요성을 파악하고, 처리할 부처를 결정·신설하는 전략 예 원자력 안전위원회의 신설 등
비축	환경변화에 대비하여 필요한 자원의 축적 전략 예 유류·곡물비축 등
형평화	환경에 대한 접근(중재·설득)을 통해 투입이나 산출의 변이성을 감소시키는 전략 예 비수기 시 할인판매전략 등
예측	수요와 공급의 변화를 사전에 예견하여 대비하는 전략 예 여름철 전력수급상황 예측 등
성장	조직의 규모와 권력, 기술, 수단 등을 늘려 조직의 기술적 핵심을 확장시키거나 조직의 산출을 다양화시키는 전략

② **연결전략**: 조직간 연계를 통해 공동으로 문제를 해결하거나 환경을 구성하는 집단과의 관계를 재편·통제하려는 대외적·적극적 전략

권위주의	중심조직이 지배적 위치를 이용하여 외부조직의 자원과 정보를 통제하는 전략
계약	외부조직과의 협상과 합의를 통한 자원교환 전략
경쟁	외부조직과의 경쟁을 통해 능력을 향상시키거나 서비스 질 개선 전략 예 정부기관의 민영화 등
합병	여러 조직 간 자원통합 등을 통한 공동대처 전략

2. 자원의존이론

(1) 의의

① 자원을 획득하고 유지할 수 있는 능력을 조직생존의 핵심요인으로 보는 전략적 선택이론의 일종
② 조직이 당면한 환경적 불확실성을 극복하기 위해 적절한 의사결정을 통해 필요한 자원을 획득하여야 한다는 이론
③ 조직을 환경적 결정에 피동적인 존재가 아닌 스스로의 이익을 위해 주도적이고 능동적으로 환경에 대처하는 존재로 보며, 조직이 환경적 상황을 다루는 방식에 역점을 둠

(2) 주요 내용

① 어떤 조직도 외부환경으로부터 모든 자원을 획득할 수 없고 자원을 획득하는 데에 그 환경에 의존함
② 조직은 상황요인에 단순히 반응만 하는 것이 아니라 능동적으로 환경에 영향을 미치려고 함
③ 상황적 제약조건들은 최고결정자의 전략적 조정과 선택을 통해 어느 정도 완화할 수 있음
④ 환경에의 피동적 대응이나 조직의 내부적 관리보다는 핵심적인 희소자원에 대한 통제능력이 관리자의 능력과 역량을 좌우함

3. 공동체생태학이론

(1) 의의
① 조직을 생태학적 공동체 속에서 상호의존적 관계를 맺고 있는 조직군의 한 구성원으로 파악하며, 조직 간의 관계에 초점을 둠
② 환경에 능동적으로 대처해가는 조직들의 공통된 노력을 설명함

(2) 주요 내용
① 다수의 조직들은 상호 호혜적 관계를 형성하여 외부환경에 공동으로 대응함
② 조직 상호 간에 호혜적 관계를 형성하는 이유로 필요성·불균형·호혜성·효율성·안정성·정당성 등의 여섯 가지를 들고 있음

Focus on 조직군생태학이론과 공동체생태학이론의 비교

구분		조직군생태학이론	공동체생태학이론
공통점		거시적인 조직군 수준의 연구	
차이점	환경에 대한 관점	결정론(환경 통제 불가능)	임의론(환경 통제 가능)
	적응방식	환경에 의한 선택 → 조직의 환경에 대한 적응 무시	공동노력에 의한 능동적 적응
	관리자의 역할	무기력·상징적 존재	전형적·상호작용적 존재
	조직 간 관계	경쟁적 관계	호혜적 관계

---

3 혼돈이론

1. 의의

세계가 질서·혼돈·무질서의 세 가지 영역의 교호과정하에 있다고 전제하고 혼돈의 긍정적 측면을 파악하며, 비선형적이고 역동적인 혼돈의 배후에 감추어진 규칙성을 찾고 혼돈의 미래를 예측하고자 함

2. 주요 내용

(1) 혼돈이론의 연구대상인 혼돈은 '질서 있는 무질서' 상태이며 결정론적임

(2) 초기치민감성이 높은 현상(나비효과)으로, 처음에 입력하는 데이터를 조금만 바꾸어도 그 결과가 큰 폭으로 변함

(3) 통합적 연구를 하여 부정적 환류와 긍정적 환류 등 복잡한 문제를 단순화하거나 통제하려 하지 않고 있는 그대로 파악함

(4) 대상체제인 행정조직을 개인과 집단, 질서와 무질서, 구조화와 비구조화가 공존하는 복잡한 체제로 인식함

(5) 혼돈을 통제 대상이 아닌 발전의 불가결한 조건으로 이해하고, 긍정적 활용 대상으로 인식함

(6) 조직의 자생적 학습능력과 자기조직화 능력을 전제로 함

(7) 창의적 학습과 개혁의 촉진을 위해 제한적 무질서를 허용하고 반관료주의 처방을 함

조직 상호 간에 호혜적 관계를 형성하는 이유

필요성	정부나 법률 등의 규제에 대응하기 위한 연합
불균형	핵심자원들이 조직 간 산재된 경우, 자원획득을 위한 연합
호혜성	공동의 목표나 이익을 추구하기 위한 연합
효율성	조직내부의 투입과 산출의 비율을 향상시키기 위한 연합
안정성	환경의 불확실성을 줄이기 위한 연합
정당성	조직의 명성이나 이미지 제고를 위한 연합

🏛 **기출 체크**

혼돈이론에 대한 설명으로 옳지 않은 것은? 2011년 지방직 9급

① 현실의 복잡성과 불확실성을 극복하기 위해 단순화·정형화를 추구한다.
② 비선형적·역동적 체제에서의 불규칙성을 중시한다.
③ 전통적 관료제 조직의 통제중심적 성향을 타파하도록 처방한다.
④ 조직의 자생적 학습능력과 자기조직화 능력을 전제한다.

[답] ① 혼돈이론은 현실의 복잡성과 불확실성을 단순화시키기보다는 무질서 속에서 일정한 흐름을 찾아 문제를 해결하자는 입장

혼돈시대의 조직화 원칙

1. **분산구조모형**: 환경으로부터 위기가 증가하면 환경의 분석가능성이 저하되고 항상성의 유지자체가 곤란해지는 분기점에서 변화의 방향을 예측하기 곤란
2. **자기조직화 원칙**: 분산구조모형의 분기점에서는 과거와는 다른 자기혁신적 방법, 즉 홀로그래픽 설계를 위한 네 가지의 '상호연계된 조직화 원칙'이 필요
3. **가외적 기능의 원칙**: 중첩과 중복 허용
4. **필요다양성의 원칙**: 어느 정도 가외성(중첩과 중복)을 인정할 것인가에 대한 답으로서, 자기규제적인 체제의 내부적 다양성은 환경의 다양성과 복잡성에 상응하도록 해야 함
5. **최소한의 표준화 원칙**: 핵심사항 외에는 세부적 표준운영절차를 피하고 자율성 인정
6. **학습을 위한 학습의 원칙**: 늘 현재의 규범이 행동의 적절한 근거가 되는가를 스스로 판단하고 규범을 유지 또는 수정 → 모건(Morgan)의 홀로그래픽 조직설계를 위해 개발한 이중순환 고리학습

CHAPTER 5 조직관리 및 개혁론

THEME 053 권위와 권력, 갈등 ★★☆

권력, 영향력, 권한의 구분
1. **권한**: 모든 권력은 합법적인 필요가 없지만, 권한은 합법화된 권력
2. **영향력**: 권력은 '잠재적 능력'에 초점을 둔 정적 개념, 영향력은 잠재적 능력을 실제 행동에 옮기는 과정을 의미하는 동적 개념

1 권위

1. 의의 및 기능
제도화되고 정당화된 권력으로, 명령을 받는 하급자가 권위 행사자에게 정통성을 부여할 때 성립됨

2. 권위에 대한 관점
(1) 하향적 권위설
전통적 조직이론은 권위를 상관이 부하에게 명령할 수 있는 권리로 인식함

(2) 상향적 권위설
인간관계론자들은 상관의 권위는 계층제적 직위와는 무관하며, 부하가 얼마나 수용하느냐에 따라 권위가 좌우된다고 주장함

핵심 OX
베버(Weber)의 권위유형에서 합법적 권위가 가장 높은 조직은 관료제이다.
(O, ×)

🔲 O

3. 유형
(1) 베버(Weber)의 분류
① **카리스마적 권위**: 개인의 영웅적 자질이나 초인적인 힘, 즉 카리스마에 의해 정당화된 권위
② **전통적 권위**: 옛날부터 전해져 내려오는 전통이나 관습의 신성성에 의한 권위
③ **합법적 권위**: 법규 및 규칙에 의해 부여된 합법적인 권위로, 관료제는 합법적 권위가 높은 조직

(2) 사이먼(Simon)의 분류
① **신뢰의 권위**: 상관의 능력과 경험에 대한 자발적인 믿음에 기반을 둔 권위로, 기능적 권위(전문지식에 의한 권위)와 행정적 권위(계층적 직위에 의한 권위)가 이에 해당함
② **동일화의 권위**: 본인이 속한 조직에 대한 일체감 및 동질감, 충성심 등에 기반을 둔 권위
③ **제재의 권위**: 권위의 수용을 강제하기 위해 부하를 제재할 수 있고, 포상이나 징계 등에 대한 공포에 기반을 둔 권위이며 이해 타산적인 상급자의 권능이 이에 해당함
④ **정당성의 권위**: 공통된 가치관과 규범에 따라 이에 복종하는 것이 규범적·윤리적으로 정당하다는 신념에 기반을 둔 권위

(3) 에치오니(Etzioni)의 분류

① **강제적 권위**: 물리적 제재에 의한 권위

② **공리적 권위**: 경제적 유인에 의한 권위

③ **규범적 권위**: 도덕적 기준에 의한 권위

4. 권위수용에 관한 이론

(1) 버나드(Barnard) - 무관심권(무차별권)

명령의 수용성의 정도 중 ③이 무관심권에 해당함

① 명백히 수용될 수 없는 것

② 중립적인 것

③ 이의 없이 수용되는 것

(2) 사이먼(Simon) - 수용권이론

의사결정의 수용형태 중 ②와 ③이 권위의 수용권에 해당한다고 주장함

① 의사결정의 장점에 대한 확신하여 따르는 경우

② 의사결정에 대한 충분한 검토 없이 따르는 경우

③ 의사결정의 단점을 확신하면서도 따르는 경우

2 권력

1. 의의

(1) 어떤 개인이나 집단이 타인 또는 집단에게 영향을 미칠 수 있는 잠재적인 능력

(2) 상대방의 행동을 그의 의사와 관계없이 강제할 수 있는 능력

2. 권력의 원천에 따른 권력의 유형 - 프렌치(French)와 라벤(Raven)

(1) 합법적(정당한) 권력

계층상의 직위에 기반한 권력(권한과 유사)

(2) 보상적 권력

다른 사람에게 보상을 제공할 수 있는 능력에 기반한 권력

(3) 강압적(강제적) 권력

다른 사람을 처벌할 수 있는 능력에 기반한 권력

(4) 전문적 권력

① 타인이 필요로 하는 전문적 기술이나 지식에 기반한 권력

② 전문적 권력과 준거적 권력은 공식적 지위와 일치하지 않을 수 있음

(5) 준거적 권력

어떤 사람의 뛰어난 능력·매력에 대한 존경과 호감을 느끼고 역할모델로 삼으며 발생하는 권력(카리스마와 유사)

기출 체크

01 프렌치(J. French)와 라벤(B. Raven)의 권력의 원천에 관한 설명으로 옳지 않은 것은? 2011년 지방직 9급

① 권한과 유사한 개념인 합법적 권력은 상사가 보유하고 있는 직위에 기반을 둔 것으로 일반적으로 직위가 높을수록 합법적 권력은 더욱 커지는 경향이 있다.

② 준거적 권력은 다른 사람들이 가치를 두는 정보를 갖고 있는 정도에 기반을 둔 것으로 다른 사람이 필요로 하는 전문적인 기술이나 지식을 어떤 사람이 갖고 있을 때 발생한다.

③ 강압적 권력은 인간의 공포에 기반을 둔 것으로 어떤 사람이 다른 사람을 처벌할 수 있는 능력을 가지거나 육체적 또는 심리적으로 다른 사람에게 위해를 가할 수 있는 능력을 가진 경우에 발생한다.

④ 보상적 권력은 다른 사람들에게 보상을 제공할 수 있는 능력에 기반을 둔 것으로 조직이 제공하는 보상의 예에는 봉급, 승진, 직위 부여 등이 있다.

⑤ 합법적 권력의 합법성의 한계는 직위의 공식적인 속성과 비공식적인 규범 및 전통에 의해 결정된다.

답 ② 준거적 권력이 아닌 전문적 권력에 대한 설명

02 프렌치(J. R. P. French)와 레이븐(B. H. Raven)의 권력유형 분류에서 권력의 원천이 아닌 것은? 2018년 국가직 9급

① 상징(symbol)

② 강제력(coercion)

③ 전문성(expertness)

④ 준거(reference)

답 ① 프렌치(French)와 레이븐(Raven)의 권력유형분류에서 권력의 원천은 합법적 권력, 보상적 권력, 강압적 권력, 전문적 권력, 준거적 권력으로, 상징은 이에 해당하지 않음

핵심 OX

행태주의 관점의 갈등관리 이론에서는 갈등이 조직발전의 원동력이 된다고 주장하였다.   (○, ×)

🖪 × 갈등을 조직발전의 원동력으로 보는 관점은 상호주의 관점

3 갈등

1. 의의

행동주체 간 나타나는 대립적 또는 적대적 교호작용으로 일련의 진행단계에 의해 형성·변동하는 동태적 현상이며 조직에 대한 갈등의 기능은 유익할 수도, 해로울 수도 있음

2. 갈등관의 변천

고전적 견해 (인식부재론)	갈등에 대한 인식이 없었음
신고전적 견해 (갈등역기능론)	• 갈등을 부정적으로 인식함 • 갈등제거를 주장함
행태론적 견해 (갈등수용론)	• 갈등을 필연적 현상으로 인식함 • 갈등수용을 주장하고 갈등의 순기능적 측면 일부 인정함
상호작용주의적 견해 (갈등조장론)	• 갈등이 조직발전의 원동력이 될 수 있다고 인식함 • 긍정적 갈등은 조장, 부정적 갈등은 해소를 주장함

3. 갈등의 원인

(1) 공동의사결정 상황
부처가 세분화된 상태에서 타 조직이나 집단과의 상호의존성에 의한 공동의사결정이 필요한 경우

(2) 상충적 목표
행위주체 간 서로 양립할 수 없는 목표를 동시에 추구하는 경우

(3) 지위 부조화
조직 내에서 직위에 의한 지위와 능력에 의한 지위가 괴리되는 경우

(4) 조직의 분화
직무의 분화와 전문화가 고도화된 경우 상호의존성이 증대하는데, 이에 비해 책임은 모호한 경우

(5) 의사전달의 장애
의사소통이 원활하지 않거나 결여되는 경우

(6) 조직의 변동
조직의 변동으로 현상유지적 균형이 깨진 경우

(7) 인지·태도의 차이
행위주체들의 성향, 가치관, 지각의 차이로 서로 다른 해석을 하는 경우

(8) 자원의 제한(제로섬 상황)
한정된 자원을 누가 차지할 것인가에 대해 행동주체 간 의견 불일치와 경쟁이 발생하는 경우

(9) 동등한 권력
권력의 크기나 목표수준의 차이가 없을 때 조정이 곤란한 경우

4. 갈등의 유형

(1) 파괴적 갈등과 생산적 갈등

파괴적 갈등 (소모적 갈등)	조직의 팀워크와 단결을 깨고 사기를 저하시켜 생산성을 떨어 뜨리는 역기능적 갈등
생산적 갈등 (건설적 갈등)	조직혁신이나 발전을 촉진하는 건설적 갈등으로 구성원의 능동적 행동 촉진, 창조와 성장, 팀워크와 단결의 촉진 등 조직변동의 원동력으로 기능함

(2) 수직적 갈등과 수평적 갈등

수직적 갈등	• 조직의 상하계층 간에 발생하는 갈등 • 원인: 권한, 목표, 업무량, 근무조건, 보수 등
수평적 갈등	• 동일 계층의 개인이나 부서 간의 갈등 • 원인: 목표의 분업구조, 과업의 상호의존성, 자원의 제한, 할거주의 등

(3) 개인 간 갈등과 집단 간 갈등

개인 간 갈등	• 개인 차원에서 이들이 추구하는 가치나 목표가 충돌하면서 발생하는 갈등 • 원인: 개인의 성격, 가치관, 역할 차이 등
집단 간 갈등	• 조직 내의 여러 부서 또는 팀들 간에 발생하는 갈등 • 원인: 분업구조와 같은 조직 내 구조적 요인

(4) 사이먼(Simon)의 개인적 갈등

비수락성	• 결정자가 각 대안의 결과를 알고 있지만, 그 만족기준을 충족시키지 못하여 수락할 수 없는 경우 • 새로운 대안의 탐색이 필요함
비비교성	• 결정자가 각 대안의 결과를 알고 있지만, 최선의 대안이 어느 것인지 비교할 수 없는 경우 • 비교기준의 명확화가 필요함
불확실성	• 대안의 선택과 그것의 결과를 예측할 수 없는 경우 • 탐색활동의 확대를 위한 노력이 필요함

5. 갈등의 관리방안

(1) 갈등해소전략 – 유해한 갈등 해소

① **공동의 적 확인**: 갈등 당사자들에게 공동의 적을 확인시켜 줌
② **상위 목표의 제시**: 갈등 당사자들에게 공동의 상위 목표 제시
③ **완화**: 상충성을 덮어두고, 유사성이나 공동이익 강조
④ **자원 증대**: 자원의 희소성으로 인해 발생하는 갈등을 해소하기 위해 더 많은 자원 확보
⑤ **회피**: 의사결정 보류, 당사자들의 접촉방지 등(단기적 해결)
⑥ **태도변화 훈련**: 훈련을 통해 당사자들의 태도 변화(장기적 해결)
⑦ **상관의 명령과 억압**: 계층제에 의한 공식적 권한에 입각한 상사의 권위적 명령에 의해 갈등 해소

핵심 OX

01 비비교성은 결정자가 각 대안의 결과는 알지만 만족기준을 충족시키지 못하여 수락할 수 없는 경우에 새로운 대안의 탐색을 추구하는 것과 관련된다. (○, ×)

답 × 비수락성에 대한 설명

02 사이먼(Simon)의 갈등해결의 방안 중에 목표에 대한 기본적인 합의가 없는 상태에서는 협상과 정략을 쓸 수 있다. (○, ×)

답 ○

기출 체크

01 다음 중 의사결정자가 각 대안의 결과를 알고 있으나 대안 간 비교 결과 어떤 것이 최선의 결과인지를 알 수 없어 발생하는 개인적 갈등의 원인은? 2017년 서울시 9급

① 비수락성(unacceptability)
② 불확실성(uncertainty)
③ 비비교성(incomparability)
④ 창의성(creativity)

답 ③ 사이먼(Simon)은 개인적 갈등의 원인을 비수락성, 비비교성, 불확실성 3가지로 제시하였음

02 조직의 갈등관리에 대한 설명으로 옳지 않은 것은? 2016년 교육행정직 9급

① 통합형 협상은 자원이 제한되어 있어 제로섬 방식을 기본 전제로 하는 협상이다.
② 수평적 갈등은 목표의 분업구조, 과업의 상호 의존성, 제한된 자원으로 인해 발생한다.
③ 집단 간 목표의 차이로 인해 발생한 갈등은 상위 목표를 제시하거나 계층제 또는 권위를 이용하여 해결한다.
④ 조직의 불확실성을 높이거나 위기감을 불러일으키는 것과 같이 조직의 갈등을 인위적으로 조성하는 전략은 조직의 생존·발전에 필요한 전략 중 하나이다.

답 ① 통합형 협상이 아니라 분배형 협상에 대한 설명임

⑧ **타협**: 당사자들이 대립되는 주장을 일부 양보하여 공동 결정에 도달
⑨ **구조적 요인의 개편**: 직급교육, 인사교류, 조정담당기구의 설치 등 조직의 구조적 요인을 개편하여 부서 간 분업구조로 인한 차이 완화

(2) 사이먼(Simon)과 마치(March)의 갈등해소전략

기본적 목표 합의	문제해결	갈등 당사자들이 직접 접촉하여 정보를 수집하고 대안을 모색함으로써 갈등 해결
	설득	하위목표와 전체적 상위목표와의 모순을 제거하고 일치성 추구
기본적 목표 미합의	정략	갈등 당사자만이 아니라 제3자의 도움에 의존하여 갈등 해결
	협상	통합적 협상 및 분배적 협상을 통해 갈등 해결

(3) 토마스(Thomas)의 갈등해소전략

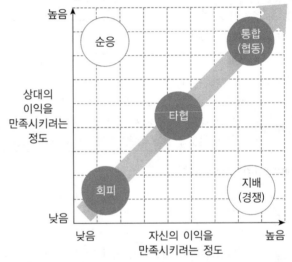

회피전략	• 자신의 이익과 상대방의 이익 모두에 무관심해 갈등을 연기시키거나 문제들을 피함으로써 갈등에서 벗어나버리는 행태 • 사소한 문제이거나 욕구충족 기회가 없을 때 나타남
경쟁전략	• 상대방의 이익을 희생하여 자신의 이익을 추구하는 행태 • 신속하고 결단력 있는 행동이 요구되거나 인기없는 조치를 실행할 경우 나타남
순응전략	• 자신의 이익은 희생하면서, 상대방의 이익을 수용하는 행태 • 상대방의 논제가 더 중요하거나 다음 논제에 대한 사회적 신용 획득을 꾀하는 경우 나타남
타협전략	• 자신과 상대방의 이익의 중간정도를 절충하는 행태 • 시간적으로 여유가 없고 잠정적·임기응변적인 해결이 요구되는 경우 나타남
협동전략	• 자신과 상대방의 이익을 모두 만족시키려는 행태 • 양쪽의 관심사가 모두 중요하고 협력적 해결이 필요한 경우 나타남

(4) 갈등조성전략 – 유익한 갈등 인위적으로 조성

① **권력의 재분배**: 의사전달통로의 변경이나 정보 재분배(억제 또는 과다조성)를 통해 권력의 재분배가 발생하고 그로 인한 갈등 조성

② **수평적 분화**: 조직 내의 계층 수, 기능적 조직단위의 수를 늘려 서로 간 경쟁을 유도

③ **인사정책적 방법**: 인사이동이나 직무재설계로 새로운 조직환경하에서 갈등을 조성

④ **충격요법적 방법**: 외부의 도전·위협이나 중요한 의사결정 등으로 긴장과 갈등을 야기하여 무사안일주의 타파

⑤ **상이한 사람들의 접촉 유도**: 개방형 임용제 등으로 태도·경력 등이 다른 사람들을 투입하여 긴장조성 및 분위기 쇄신

⑥ **경쟁상황 조성**: 보수·인사 등에서 경쟁원리 도입 예 성과급

THEME 054 의사전달과 행정 PR ★★☆

1 의사전달

1. 의의

(1) 개념

행위주체 간 의미를 지닌 정보·메시지를 주고받는 행위로, 조직 내 모든 교호작용은 의사전달에 의존함

(2) 의사전달과정의 구성요소

① **발신자**: 정보를 전달하고자 하는 사람

② **코드화**: 정보를 상징(언어, 몸짓, 기호 등)으로 변환하여 발신

③ **통로**: 발신자와 수신자를 연계하는 물리적 전송채널

④ **수신자**: 정보를 전달받는 사람으로, 발신자와 공감대 형성이 중요함

⑤ **해독**: 전달된 상징을 의미나 생각으로 변환하여 수신

⑥ **환류**: 수신자의 반응. 의사전달의 정확성은 제고하고 신속성은 저해함

⑦ **장애**: 왜곡·차단 요인으로, 과정 전반에 걸쳐서 발생이 가능함

2. 기능

(1) 조직구성원 행동의 통일과 질서 확보

(2) 구성원 간 상호작용 및 협력

(3) 사회적 욕구 충족으로 동기유발 및 사기앙양

(4) 정보전달 및 합리적 의사결정의 수단

(5) 조직의 경직성 완화

3. 유형

(1) 공식적 의사전달과 비공식적 의사전달

① **공식적 의사전달**: 조직의 공식적 통로와 수단에 의해 이루어지는 의사전달
② **비공식적 의사전달**: 구성원 간 대인관계에 의해서 자생적으로 형성되는 의사전달

구분	공식적 의사전달	비공식적 의사전달
장점	• 책임소재 명확 • 상관의 권위 유지 • 객관성이 높아 정책결정에 활용 용이 • 자료 보존 용이	• 융통성이 높고 신속한 의사전달 가능 • 배후사정 전달 유리 • 긴장·소외감 극복 • 관리자에 대한 조언 기능
단점	• 신축성·신속성이 부족하고 형식화 경향 • 배후사정 전달 곤란 • 기밀유지 곤란	• 책임소재 불분명 • 상관의 권위 손상 • 정책결정에 활용 곤란 • 공식적 의사소통을 왜곡 • 조정·통제 곤란

(2) 수평적 의사전달과 수직적 의사전달

① **수평적 의사전달**: 동료 간이나 업무상 협조를 필요로 하는 사람들 및 부서 간에 이루어지는 의사전달 예 협의, 회의 등
② **수직적 의사전달**
  ㉠ **상향적 의사전달**: 부하 → 상사(하의상달) 예 보고 등
  ㉡ **하향적 의사전달**: 상사 → 부하(상의하달) 예 명령, 지시 등

4. 의사전달망

(1) 선형(연쇄형)

① 계층제적 의사전달망으로, 정보흐름은 계층상의 한 줄로 단계적으로 이어짐
② 단순업무에서 효율성은 높으나 의사전달 채널이 제한적이므로 왜곡가능성이 가장 높음

(2) 윤형(바퀴형)

① 망 중심에 리더가 있으며, 리더를 통해 모든 의사전달이 이루어지는 위계적 형태
② 의사전달의 신속성이 높음
③ 리더의 역량이 부족한 경우 왜곡될 가능성이 높음
④ 단순하고 일상적 업무처리에 적합함

(3) 원형

① 양 옆의 두 사람과만 의사전달이 가능한 의사전달망으로, 중심적 리더는 없고 구성원 간 지위가 동등한 형태
② 의사결정이 느리지만 구성원들이 비교적 높은 만족감을 가짐

(4) 개방형(완전연결형)
① 단일의 리더가 없고 조직 내 각 구성원이 다른 모든 구성원들과 직접적인 의사전달을 하는 민주적 형태
② 분권적이고 왜곡수준이 낮아 의사결정의 질이 가장 높지만, 모두가 정보를 교환하므로 의사결정이 느림
③ 불확실성이 높은 경우에 적합함

(5) Y형
① 연쇄형을 약간 수정한 것으로 의사전달망의 최상층에 두 개의 대등한 지위가 있거나, 최하위층에 두 개의 대등한 지위를 가진 사람이 있는 것
② 계선과 참모의 혼합조직에서 주로 볼 수 있음

(6) 혼합형
① 윤형(바퀴형)과 개방형(완전연결형)이 혼합되어 있는 형태
② 리더인 한 사람이 중심에 위치하고, 구성원들이 서로 자유롭게 의사전달을 할 수 있음

5. 의사전달의 장애요인과 극복방안

(1) 전달자와 피전달자로 인한 장애요인과 극복방안

장애요인	극복방안
• 가치관과 사고방식 차이로 서로 다른 해석 초래 • 지위상의 차이로 다른 지위 계층을 거치는 동안 의사전달 왜곡 • 보안을 위해 비밀을 유지하는 등 전달자의 의식적 제안 • 전달자가 자기에게 불리한 사실을 은폐·왜곡하며 자기방어 • 전달자에 대한 불신, 편견, 수용거부, 잘못된 해석으로 발신자의 의도 왜곡 • 원만하지 못한 대인관계로 소통 감소, 정보의 정확도 저하	• 회의·공동훈련·인사교류 등 상호 접촉 촉진 • 권위주의적 행정행태를 개선하여 하의상달 활성화 • 상향적 의사전달의 누락, 왜곡 등을 방지하고 정보처리의 우선순위를 결정하기 위해 조정집단 활용 • 개선, 조직 내 소통 활성화로 대인관계 개선

(2) 전달수단 및 매개체로 인한 장애요인과 극복방안

장애요인	극복방안
• 집권적 계층구조로 수직적 의사전달 저해 및 유동성 저하 • 전문화와 할거주의로 수평적 의사전달 저해 • 소문·풍문 등 비공식적 의사전달에 의한 정보의 왜곡 • 의사전달 채널의 부족과 환류의 차단으로 의사전달의 왜곡을 초래하고 정확성 저하	• 의사전달 채널의 다원화 • 계층제의 완화와 분권화 • 정보의 분산

(3) 조직구조로 인한 장애요인과 극복방안

장애요인	극복방안
• 정보 과다로 내용 파악 곤란 • 정보의 유실과 불충분한 보존 • 부정확한 언어·문자 사용 등 매체의 불완전성으로 해석상 혼란 유발 • 업무의 과다로 다른 업무의 압박 • 지리적 거리	• 언어·문자의 정확한 사용·계량화를 통한 매체의 정밀성 제고 • 효율적인 관리정보체계(MIS)의 확립과 시설의 개선 • 의사전달의 반복과 환류를 통해 정확성 제고

2 행정 PR; Public Relations(공공관계)

1. 의의 및 과정

(1) 의의

행정조직의 활동에 대한 공중의 태도를 평가하고 정부의 시책·사업에 대한 국민의 동의와 협력을 얻기 위해 계획·설계·집행하는 커뮤니케이션 활동

(2) 과정

정보투입과정 (공청기능)	여론조사·청원 등을 통하여 문제와 여론 파악
전환과정 (정책결정기능)	파악된 여론에 따라 정책이나 사업 마련
정보산출과정 (홍보·공보기능)	정부간행물이나 대중매체 등을 통해 정책 홍보
환류과정	정책에 대한 국민의 반응을 파악·분석·평가하고 새로운 투입으로 연결

2. 필요성

(1) 정부에 대한 이해 및 지지를 확보하고 국민과 정부 간 협조자·동반자의 관계를 형성함

(2) 국민의 알권리를 충족하고 국민의 요구를 정책에 반영함

(3) 다수의 의견을 수렴하여 행정의 민주화를 구현함

(4) 국민의견의 사전반영으로 집행의 효율성을 제고함

(5) 정부의 업적에 대한 과시욕을 충족하여 공무원의 사기앙양

(6) 국민의 참여 증진 및 교육기능

3. 우리나라 행정 PR의 문제점

(1) 공청기능보다는 일방적인 홍보위주로 국민참여가 부족

(2) 권력유지 및 정보은폐수단 등으로 이용되어 객관성 저하로 국민의 불신 초래

(3) 문제가 이미 발생한 후 급히 알리는 화재경보적 성격

(4) 전문성 미흡으로 투입되는 예산에 비해 성과 저조

행정 PR과 선전의 차이

1. **행정 PR**: 공익을 위해 진실과, 객관적 사실을 수평적·상호교류적으로 전달함
2. **선전**: 선전자의 이익을 위해 날조·왜곡된 사실을 수직적·일방적으로 전달함

행정 PR의 특징

1. **수평성(상호작용성)**: 국민들의 요구 반영
2. **의무성**: 국민의 알 권리 충족
3. **교류성**: 양방향적 의사소통
4. **객관성**: 객관적 관점
5. **계몽성**: 국민교육기능

THEME 055 리더십이론 ★★★

1 리더십의 의의

1. 의의

(1) 리더가 일정한 상황에서 개인이나 집단에 영향을 미쳐 목표달성을 위한 행위를 이끌어내는 능력

(2) 과학적 관리론이 지배적이던 시대에는 리더십이 중시되지 않았으나, 1920년대 후반 인간관계론이 대두되면서 리더십에 대한 과학적 연구가 중시됨

2. 기능

(1) 조직의 응집력을 확보함

(2) 구성원에게 동기를 부여함

(3) 하위조직 조정·통합

(4) 위기관리

3. 리더십 연구의 발달과정

특성론 → 행태론 → 상황론

2 특성론(trait theory, 자질이론, 속성론) – 1차원적 리더십(1920~1930)

1. 의의

성공적 리더는 그들만의 공통적 특성·자질을 가지고 있다는 전제하에 성공적 리더의 개인적 특성 및 자질을 연구함 – 리더는 어떤사람인가?

2. 한계

리더의 보편적 속성을 규명하는 것은 곤란하고, 같은 특성을 지닌 사람 중 어떤 사람은 리더가 되고 다른 사람은 되지 못하는 것을 설명하지 못함

3 행태론(behavior theory, 행동유형론) – 2차원적 리더십(1940~1950)

1. 의의

(1) 리더의 자질이 아닌 행태적 특성이 조직성과에 직접적 영향을 미친다는 전제하에, 리더와 부하 간의 관계를 중심으로 리더의 행태규명에 초점 – 리더는 어떤 행동을 하는가?

(2) 리더십은 훈련할 수 있는 것이며 어떤 사람이든 리더가 될 수 있다고 봄

2. 내용

(1) 아이오와(Iowa) 주립대학

① 의의: 10세 아이들의 리더십 유형을 권위형, 민주형, 자유방임형으로 분류하고 장난감 만들기 실험을 통해 리더십의 효과성을 측정함

② 리더십 유형

권위형	• 권위와 책임을 리더가 독점함 • 정책은 리더가 결정함
민주형	• 부하에게 권위를 위임하고 리더가 책임을 짐 • 정책결정에 부하가 참여함
자유방임형	구성원들에게 완전한 자유를 부여하고 리더는 책임을 회피함

③ 결론
  ㉠ 권위형: 생산성이 높음
  ㉡ 민주형: 생산성 및 구성원의 사기가 높아 가장 효율적임

(2) 미시간(Michigan) 대학

① 의의: 리더십 유형을 업무중심형과 직원중심형의 양 극단으로 분류하고 생산성을 측정함

② 리더십 유형

업무중심형	업무의 기술적 측면과 철저한 감독, 계획수립, 실적평가 등을 중시함
직원중심형	대인관계와 권한위임, 직원 복지 등을 중시함

③ 결론
  ㉠ 업무중심형: 면밀한 감독의 리더십은 생산성이 낮고, 일반적 감독의 리더십은 생산성이 높음
  ㉡ 직원중심형: 업무만족도가 높고 업무중심형보다 효율적임

(3) 오하이오(Ohio) 주립대학

① 의의: 구조설정과 배려의 2가지 독자적 리더십 행태를 기준으로 네 가지 리더십 유형(고 - 저, 고 - 고, 저 - 저, 저 - 고)으로 분류함

② 리더십 행태

구조설정	업무조직, 절차마련, 마감기한 설정 등 작업을 감독·평가하는 지도행위
배려	직원의 사기를 고려하고 신뢰감, 상호존경 등 정서적 공감을 조성하는 지도행위

③ 결론: 구조설정과 배려의 수준이 모두 높은 경우, 추종자들의 불평수준과 이직률이 가장 낮고 생산성은 가장 높음

(4) 블레이크(Blake)와 머튼(Mouton) - 관리망모형

① 의의: 리더십의 유형을 생산에 대한 관심과 인간에 대한 관심의 두 차원으로 나누고, 각각 9등급으로 나누어서 분석한 모형

② 관리망에 따른 리더십 유형

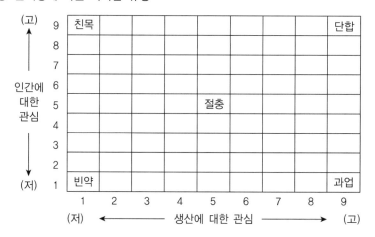

③ **결론**: 생산과 인간에 대한 관심이 모두 높은 단합형이 가장 이상적

3. 한계

상황에 따라 리더십의 효율성이 달라질 수 있음을 간과함

4 상황론(situational theory) - 3차원적 리더십

1. 의의

상황적 요건에 관심을 가지고 모든 상황에서 효과적인 단일의 리더십은 없다는 전제하에 상황에 따른 리더십의 효율성을 규명함 - 리더는 상황에 어떻게 대응하는가?

2. 내용

(1) 탄네바움(Tannebaum)과 슈미트(Schmidt)의 상황이론

① **의의**: 지도자, 상황이라는 변수의 상호작용에 따라 효율성이 달라진다고 봄

② **상황요인**: 리더의 권력과 부하의 자율성은 반비례함

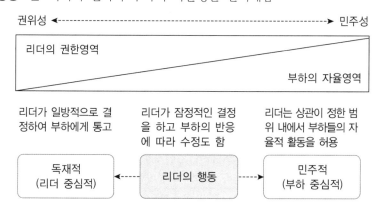

핵심 OX

01 피들러(Fiedler)의 상황적합성이론에서 상황변수는 리더와 추종자의 관계, 지위권력, 과업구조의 3가지이다.　(○, ×)

답 ○

02 피들러(Fiedler)에 따르면 상황이 유리하거나 불리하다면 과업지향의 리더를 배치하고 중간정도라면 관계지향의 리더를 배치하는 것이 바람직하다.　(○, ×)

답 ○

📖 기출 체크

커와 저미어(S. Kerr & J. Jermier)가 주장한 '리더십 대체물 접근법'에 대한 설명으로 옳은 것만을 모두 고른 것은?
2014년 지방직 7급

> ㄱ. 구조화되고, 일상적이며, 애매하지 않은 과업은 리더십의 대체물이다.
> ㄴ. 조직이 제공하는 보상에 대한 무관심은 리더십의 대체물이다.
> ㄷ. 부하의 경험, 능력, 훈련 수준이 높은 것은 리더십의 중화물이다.
> ㄹ. 수행하는 과업의 결과에 대한 환류(feedback)가 빈번한 것은 리더십의 대체물이다.

① ㄱ, ㄷ
② ㄱ, ㄹ
③ ㄴ, ㄷ
④ ㄴ, ㄹ

답 ②
ㄴ. 조직이 제공하는 보상에 대한 무관심은 리더십의 중화물
ㄷ. 부하의 전문지식, 능력, 훈련 수준이 높은 것은 리더십의 대체물

---

(2) 피들러(Fiedler)의 상황적합성이론*

① **의의**

리더십의 효율성은 상황변수에 따라 결정된다고 보고 가장 좋아하지 않는 동료(LPC; Least preferred Co-worker)라는 척도를 사용하여 리더십 유형을 관계지향적 리더십과 과업지향적 리더십으로 분류함

② **상황변수:** 리더와 추종자의 관계, 지위권력, 과업구조*

③ **내용**

싫어하는 동료를 부정적으로 평가하는 경우	• LPC 점수가 낮은 과업지향형 • 리더십 상황이 리더에게 유리하거나 불리한 경우에는 과업지향적 리더가 효과적임
싫어하는 동료를 긍정적으로 평가하는 경우	• LPC 점수가 높은 관계지향형 • 리더십 상황이 리더에게 유리하지도 불리하지도 않은 상황에서는 관계지향적 리더가 효과적임

(3) 하우스(House)와 에반스(Evans)의 경로 - 목표모형

① **의의:** 리더는 부하가 바라는 보상(목표)에 도달하게 해주는 행동(경로)이 무엇인지 명확하게 해줌으로써 부하의 성과를 높일 수 있다고 봄

② **상황변수:** 부하의 특성(능력, 성격, 욕구, 동기), 근무환경의 특성(과업의 구조화 정도, 작업집단의 특성, 조직 내의 규칙 및 절차)

③ **상황변수에 따른 효율적 리더십**

구분	특징	효과적 상황
지시적	부하의 활동을 계획·조직·통제·조정	• 부하의 역할 모호 • 부하의 경험·지식 부족
지원적	작업환경의 부정적 측면을 최소화하여 부하의 업무를 더욱 원활하게 수행할 수 있게 함	• 부하의 자신감이 결여되고 불안감 높음 • 단조롭고 지루한 업무 수행
참여적	의사결정 전 부하들과 상담하고, 의사결정에 부하를 참여시킴	구조화되지 않은 과업 수행
성취지향적	부하에게 도전적인 목표를 설정해주고 성과에 대한 확신을 드러냄	

(4) 커와(Kerr) 저미어(Jermier)의 리더십 대체물 접근법

① **의의:** 리더십을 불필요하게 하거나 필요성을 약화시키는 상황적 요인으로 대체물과 중화물을 제시함

② **상황변수**

대체물	• 리더십을 불필요하게 만드는 요인 • 부하의 경험·능력·훈련수준 및 전문지식, 일상적·구조화된 과업, 작업수행 결과에 대한 환류, 직무자체에 대한 만족, 조직 내 명확한 목표·규칙, 높은 응집력
중화물	• 리더십의 필요성을 약화시키는 요인 • 조직이 제공하는 보상에 대한 무관심, 리더와 부하의 긴 공간적 거리, 통제할 수 없는 보상 등

(5) 허쉬(Hersey)와 블랜차드(Blanchard)의 리더십 상황이론(3차원모형)

① **의의**: 리더의 행동을 인간중심적 행동과 과업중심적 행동으로 구분하고, 리더십의 효율성을 좌우하는 중요한 상황변수로서 부하의 성숙도(부하가 특정과업을 성취하려는 적극성과 능력의 정도)를 제시함

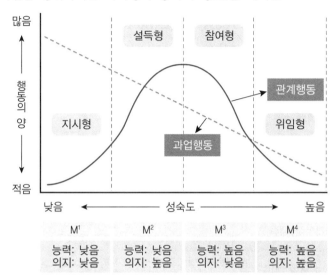

② **부하의 성숙도에 따른 효율적 리더십**

낮음	과업지향형: 부하의 역할이나 목표설정 등을 리더가 직접 지시
중간	관계지향형: 부하에게 관심을 가지고 문제해결을 지원
높음	분업적 과업지향형: 부하에게 대폭 권한을 위임하여 스스로 과업을 수행할 수 있도록 함

(6) 유클(Yukl)의 다중연결모형

리더의 11가지 행동을 원인변수로 보면서, 단위부서의 효과성은 단기적으로는 6가지의 매개변수에서 부족한 면을 얼마나 시정하느냐에 달려있으며, 장기적으로는 리더가 3가지 상황변수를 얼마나 유리하게 만드느냐에 달려있다고 봄

(7) 레딘(Reddin)의 3차원모형

리더십의 인간관계지향과 과업지향의 두 가지 변수를 기준으로 4가지 리더십유형을 제시하고, 각 유형의 효과성은 상황의 적합성 여부에 따라 가변적이라고 봄

통합형	과업·인간관계 지향 모두 높음
관계형	과업지향은 낮지만 인간관계지향이 높음
분리형	과업·인간관계 지향 모두 낮음
헌신형	과업지향은 높으나 인간관계지향은 낮음

3. 한계

리더가 통제할 수 없는 상황요인을 지나치게 강조하였음

🏛 기출 체크

리더십 이론에 대한 설명 중 가장 옳지 않은 것은? 2020년 서울시 9급

① 피들러(Fiedler)는 상황 요소로 리더의 자질, 과업 구조, 부하의 특성을 들었다.
② 블레이크(Blake)와 머튼(Mouton)의 리더십 격자 모형은 리더의 행태를 사람과 과업(생산)의 두 차원으로 나눈다.
③ 허쉬(Hersey)와 블랜차드(Blanchard)는 리더십의 효과에 영향을 미치는 상황 요소로 부하의 성숙도를 들었다.
④ 아이오와(Iowa) 주립대학의 리더십 연구에서는 리더의 행태를 민주형, 권위형, 방임형으로 분류하였다.

📝 ① 피들러(Fiedler)는 상황 요소로 리더와 추종자와의 관계, 지위권력, 과업구조를 들었음
② 블레이크(Blake)와 머튼(Mouton)의 리더십 격자 모형(관리망모형)은 리더의 행태를 사람과 과업(생산)의 두 차원으로 나누고, 두 차원 모두에게 관심이 높은 단합형 리더가 가장 효과적이라고 주장하였음
③ 허쉬(Hersey)와 블랜차드(Blanchard)는 리더십 상황이론(3차원모형)에서 리더십의 효과에 영향을 미치는 상황 요소로 부하의 성숙도를 들었음
④ 10세 아이들을 대상으로 리피트(Lippit)와 화이트(White)가 진행한 아이오와(Iowa) 주립대학의 리더십 연구에서는 리더의 행태를 민주형, 권위형, (자유)방임형으로 분류한 뒤, 생산성 면에서는 권위형과 민주형이 가장 효과적이고 구성원의 사기 측면에서는 민주형이 가장 효과적이고 보았음

핵심 ○×

리더십이론은 자질이론에서 행태이론으로, 행태이론에서 상황이론으로 발전하였으며, 상호작용이론은 자질이론과 행태이론의 결합이다. (○, ×)

📝 × 상호작용은 자질이론과 상황이론의 결합

거래적 리더십 vs 변혁적 리더십

거래적 리더십	변혁적 리더십
현실의 안정, 유지	변화 및 개혁 강조
현실적 목표	이상적 목표
단기적 전망	장기적 전망
즉각적·가시적 보상 제공 (교환관계)	높은 수준의 개인적 목표를 동경하도록 유도 (통합관계)
규칙과 관례	변화와 도전
해답 제시	질문 제공
중간 관리자	최고 관리자
관료제	탈관료제

🏛 기출 체크

리더십 이론에 대한 설명으로 옳지 않은 것은? 2013년 서울시 9급

① 블랜차드(K. H. Blanchard)는 상황변수를 강조하였다.
② 행태론적 접근은 리더의 행위에 초점을 둔다.
③ 리더의 특성론적 접근은 지적 능력을 중요시하지 않는다.
④ 변혁적 리더십은 가치관이 중요하다고 본다.
⑤ 브룸(V. Vroom)은 규범적 리더십 모형을 제시하였다.

🔓 ③ 리더십의 특성론적 접근법은 성공적 리더의 지적 능력, 성격, 신체적 특성 등 리더의 개인적 특성 및 자질을 연구한 것으로, 리더의 지적 능력을 매우 중요시함

5 현대적 리더십 연구(1980년대 이후)

신속성론(상호작용이론)은 특성론과 상황론을 통합한 이론으로, 인간의 행태나 상황뿐 아니라 리더의 개인적 속성에 대한 관심이 부활함

1. 변혁적 리더십 – 바스(Bass)와 번스(Burns)

(1) 거래적·교환적 리더십과 대비되는 개념

(2) 조직의 안정보다는 노선과 문화를 변동시키려고 노력하는 최고관리층의 변화추구적·개혁적 리더십

(3) 구성요소

카리스마적 리더십	리더가 난관을 극복하고 현 상태에 대한 각성을 표명하여 부하들에게 자긍심과 신념을 부여하고 존경과 신뢰를 획득함
영감적 리더십	부하가 도전적 목표와 임무, 미래에 대한 비전을 열정적으로 받아들이고 계속 추구하도록 격려함
개별적 배려	부하에 대한 특별한 관심을 바탕으로 개인의 특성을 파악·고려함으로써 개인적 존중감을 전달함
지적 자극 (촉매적 리더십)	부하들이 형식적 관례를 타파하고 새로운 관념을 촉발하도록 함으로써 연관성이 높은 공공의 문제를 다루는데 촉매작용이 가능함

2. 문화적 리더십

(1) 사회문화적 맥락에 초점을 둔 리더십으로 역할·규범·가치관 등 조직문화를 통해 구성원들에게 모범을 보이는 성직자와 같은 지도력을 의미함

(2) 문화적 혁신뿐 아니라 기존 문화의 유지도 문화적 리더십에 포함시켜, 현상 유지는 바람직하지 못하다는 기존의 편향된 리더십 이론을 보완함

3. 발전적 리더십(서번트 리더십)

(1) 인간존중을 바탕으로 구성원들이 업무 수행에서 잠재력과 기량을 충분히 발휘할 수 있도록 도와주는 섬김의 리더십

(2) 변동추구적이라는 점에서 변혁적 리더십과 유사하지만 리더가 부하에 대해 더 봉사적이고 부하 중심적임

4. 카리스마적(위광적) 리더십

(1) 리더의 특출한 성격과 능력 등 대인적 매력에 기초한 리더십으로, 부하들이 리더를 지원하고 수용하도록 만드는 속성

(2) 특징

① 부하는 리더의 신념을 신뢰하고 부하와 리더의 신념이 일치함
② 부하들은 리더에게 강한 헌신과 일체감, 애정을 느낌
③ 부하들은 자진하여 리더에게 복종하고 임무에 감정적으로 몰입함
④ 부하는 스스로 근무성과의 목표를 높게 설정함

5. 영감적 리더십

(1) 리더가 향상된 목표를 설정하고 부하들이 그 목표를 성취할 수 있다는 자신감을 갖도록 하는 리더십

(2) 미래에 대한 구상이 핵심요소임

6. 촉매적 리더십

(1) 연관성이 높은 공공의 문제를 다루는데 촉매작용을 할 수 있는 리더십

(2) 전략적 사고와 행동, 촉매작용에 유리한 기술과 성격 등이 필요함

7. 분배된 리더십

리더십을 단일의 명령체제로 보지 않고 부하 등에게 힘을 실어주는 공동의 리더십으로 봄

예 동료의 리더십, 위임된 리더십

8. 상징적 행동으로서의 리더십

리더의 상징적 행동에서 나타나는 분위기를 중시함

예 리더의 친필편지 등

9. 지식정보사회의 리더십

(1) 상호연계적 리더십

특정상관이 아닌 여러 가지 원천을 기반으로 하므로 상호연계된 리더십이 필요하며, 이를 위해 최고관리자의 지원과 관심이 필수적임

(2) 셀프리더십

리더와 구성원 전체가 스스로 관리하고 이끌어가는 리더십이 필요함

(3) 공유된 비전

구성원 전체가 끊임없는 학습의지를 가지고 명백하게 공유된 비전을 가져야 함

(4) 효과적 기술의 사용

지식정보화 사회에 맞는 기술을 사용하여 구성원들의 창의력을 자극해야 함

Level up 지식정보화사회의 리더십 - 탭스콧(Tapscott)

탭스콧(Tapscott)은 한명의 총명한 최고경영자만이 아니라 여러 원천을 기반으로 하기 때문에 리더십 또한 상호연계성을 지녀야 하고 정보화사회의 리더십에 관해 다음과 같이 주장함

1. 상호연계적 리더십
2. 공유비전과 학습의지
3. 개인역량의 효과적 결집
4. 최고관리자의 지원과 관심
5. 기술의 효과적 사용

🏛 **기출 체크**

01 리더십에 대한 설명으로 옳은 것은?
2013년 지방직 9급

① 변혁적(transformational) 리더십 - 무엇인가 가치 있는 것을 교환함으로써 추종자에게 영향력을 행사하는 리더십

② 거래적(transactional) 리더십 - 리더가 부하로 하여금 형식적 관례와 사고를 다시 생각하게 함으로써 새로운 관념을 촉발시키는 리더십

③ 카리스마적(charismatic) 리더십 - 리더가 특출한 성격과 능력으로 추종자들의 강한 헌신과 리더와의 일체화를 이끌어내는 리더십

④ 서번트(servant) 리더십 - 과업을 구조화하고 과업요건을 명확히 하는 리더십

답 ③
① 거래적 리더십
② 변혁적 리더십
④ 지시적 리더십

02 리더십 이론에 대한 설명으로 옳지 않은 것은? 2015년 지방직 9급

① 피들러(Fiedler)는 리더의 행태에 따라 권위주의형, 민주형, 자유방임형의 세 가지 유형으로 구분하였다.

② 행태이론은 리더의 자질보다 리더의 행태적 특성이 조직성과에 영향을 미친다고 본다.

③ 허시(Hersey)와 블랜차드(Blanchard)는 부하의 성숙도에 따라 리더의 역할이 달라져야 한다고 주장한다.

④ 하우스(House)의 경로-목표이론에 의하면 참여적 리더십은 부하들이 구조화되지 않은 과업을 수행할 때 필요하다.

답 ① 리더의 행태에 따라 권위주의형, 민주형, 자유방임형으로 구분한 것은 아이오와 대학의 리피트(Lippitt)와 화이트(White)의 연구인 행태론에 대한 설명

1 전략적 관리(SM; Strategic Management)

1. 의의

(1) 개념
개방체제하에서 환경과의 관계를 중시하고 조직의 미래에 대한 전략적 계획을 강조하는 변혁적 관리체제로, 조직의 강점 및 약점과 환경의 기회 및 위협을 분석하여 최적의 전략을 수립함

(2) 특징
① **목표지향성**: 장기적 목표를 지향하는 관리기법
② **장기적 시계**: 조직의 변화에는 장기간이 소요된다는 전제하에 계획기간 설정
③ **환경 분석의 강조**: 현재의 환경 및 계획기간 중에 일어날 환경변화를 체계적으로 분석함
④ **조직역량 분석 강조**: 외부의 환경뿐만 아니라 조직의 강점 및 약점, 조직 내 상황적 조건 등 내부 역량 분석도 중시함
⑤ **전략개발의 강조**: 미래의 목표성취를 위한 전략의 개발 및 선택을 강조함
⑥ **조직 활동의 통합성 강조**: 전략추진을 위한 주요 조직 활동의 통합을 강조함

(3) 운영과정
목표설정 → 계획기간설정 → 역량평가 → 환경평가 → 전략계획서 작성 → 집행 → 평가 및 환류

2. SWOT(TOWS) 분석

(1) 요인
① **조직의 역량**: 내부적 강점(S; Strength), 내부적 약점(W; Weakness)
② **환경적 조건**: 외부적 기회(O; Opportunities), 외부적 위협(T; Threats)

(2) 전략

구분	강점	약점
기회	SO 전략	WO 전략
	강점과 기회를 모두 극대화하는 전략	약점은 최소화하고 기회를 극대화하는 전략
위협	ST 전략	WT 전략
	강점은 극대화하고 위협을 최소화하는 전략	약점과 위협을 모두 최소화하는 전략

3. 효용
환경에 대한 대응력을 제고함

핵심 OX

SM은 단기적 시계를 가지며 SWOT 분석을 중시한다. (O, ×)
답 × 전략적 관리는 장기적인 분석을 중시함

4. 한계

(1) 장기적으로 합리성의 수준이 높은 계획의 수립이 어려운 조직의 여건하에서는 성공할 수 없음

(2) 전략적 관리의 성공을 가로막는 요인에는 계획의 단기적 안목, 보수성, 관리자들의 자율성 제약, 평가 및 환류의 제약 등이 있음

2 목표관리(MBO; Management By Objective)

1. 의의

(1) 개념

구성원들이 참여의 과정을 통해 조직단위와 구성원들의 목표를 명확하게 설정하고, 그에 따라 생산활동을 수행하도록 한 뒤 목표성취도를 측정·평가함으로써 관리의 효율화를 기하려는 민주적·동태적 관리체제

(2) 발달과정

① 드러커(Druker)에 의해 구체적 관리기법으로 체계화되고 맥그리거(McGregor)등에 의해 발전됨

② 사기업에서 널리 채택되었고, 정부기관에는 1970년대에 미국 닉슨(Nixon) 행정부에서 기획예산제도(PPBS)의 문제점을 극복하기 위해 예산부문에 채택하면서 도입됨

(3) 특징

① **민주적·참여적 관리(분권적 관리)**: 목표설정에서부터 환류과정에 이르기까지 모든 조직구성원이 상·하 계층에 관계없이 공동으로 참여함

② **통합모형적 시각**
  ㉠ 조직구성원들은 목표성취를 위해 자발적으로 협조하고 합리적으로 행동함을 가정함(Y이론적 인간관)
  ㉡ 조직목표와 개인목표의 조화 및 목표성취를 위한 조직구성요소들의 팀워크와 협동이 중시됨

③ **목표의 명확화·계량화**: 추상적 목표가 아니라 단기적이고 측정가능한 가시적·계량적·단기적 목표를 설정함

④ **평가와 환류 중시**
  ㉠ 실적이 설정된 목표에 비추어 잘 이루어졌는가를 검토·평가하고 이에 따른 시정조치(환류) 과정을 강조함
  ㉡ 중간결과도 평가·환류하여 부적절한 목표는 폐기·수정함

⑤ **결과지향적 관리**: 결정보다는 집행을, 과정보다는 결과를 중시함

3. 장점

(1) 효율성 제고

목표를 명확히 함으로써 조직원에게 직무몰입을 위한 강한 유인을 제공하고, 시간 및 자원 등을 효율적으로 활용이 가능함

(2) 참여적 방법

참여와 합의과정을 통해 사기양양 및 팀워크를 극대화하고, 수직적 의사전달체제 개선 및 조직 내 갈등을 해소하는 기능을 함

(3) 목표의 통합

조직목표와 개인목표 간 조화와 일관성이 유지되어 조직의 전체적 목표를 효율적으로 달성할 수 있음

(4) 평가·환류기능 강화

목표의 계량화로 목표설정과 실제목표 달성의 정도를 객관적으로 비교하여 평가·환류하는 것이 용이함

(5) 다면평가의 기초

상급자와의 공동평가를 통해 다면평정의 기초를 제공함

(6) 관리의 융통성

자율적 책임을 강조함으로써 관료제의 경직성을 보완함

4. 단점

(1) 일반적 단점

① **폐쇄체제**: 급격한 변화나 복잡한 환경에 대한 적응이 곤란함
② **목표대치 현상**: 계량적 목표설정과 목표달성도에 치중하므로 높은 수준의 목표설정을 회피하고, 계량적 측정이 용이한 분야에만 주력하는 행태가 발생함
③ **과중한 시간과 노력 소모**: 참여적인 관리로 인하여 합의에 이르기까지 시간과 노력이 많이 들고, 모든 활동에 대한 성과보고는 과중한 서류작업을 초래함

(2) 공공부문 도입 시의 한계

① **권위적 정부관료제와의 충돌**: 정부관료제에서는 수직적 계층구조 및 권위적 성격이 강하여 권력분담과 참여가 곤란함
② **성과의 계량화 곤란**: 행정목표의 무형성으로 인하여 목표의 명확한 설정과 계량적 측정이 곤란함

Focus on MBO와 PPBS의 비교

구분	MBO	PPBS
이론 발달	관리기술의 일환	예산제도개혁의 일환
주요 관심	효율적 목표성취	합리적 자원배분
계획의 성격	구체적·단기적·부분적 목표중심	장기적·종합적 계획중심
권위구조	분권화	집권화
결정흐름	상향적·분권적	하향적·집권적
관리기술	상식적인 사고 (산술적·관리적)	전문적인 기술 (객관적 분석)
시각	폐쇄성으로 인한 개별사업적 목표설정	개방성으로 인한 총체적·종합적 목표설정

3 총체적 품질관리(TQM; Total Quality Management)

1. 의의

(1) 개념
① 고객요구를 존중하고 지속적인 품질향상을 1차적 목표로 하는 고객지향적인 관리개선기법
② 산출의 질을 제고시키기 위한 과정에 대한 통계학적 통제기법

(2) 발달과정
① 1920년 미국의 데밍(Deming)에 의해 개발되고 2차 세계대전 후 일본의 전후복구사업에 성공적으로 적용된 후 1980년 이후 미국에서 유행
② 최근 선진국에서는 공공부문에서도 도입되었고, 우리나라에서도 2007년 이후 지식경제부 주관으로 6시그마 상등 국가품질관리 제도를 도입·운영

(3) 특징
① **고객중심주의(외부지향적):** 고객의 요구에 부응하는 품질달성이 최우선적 목표이고, 품질도 고객이 평가(고객만족도 조사)
② **총체주의:** 조직 내 모든 사람의 모든 업무에 적용하고, 조직 내 여러 기능의 연대적 관리를 강조함
③ **인간주의:** 모든 계층의 구성원들 사이에 개방적·신뢰적 관계를 형성함
④ **무결점주의:** 결점이 없어질 때까지 개선활동을 되풀이됨
⑤ **합리주의, 개혁주의**
⑥ **예방적 통제**
⑦ **거시적 안목·장기적 시간관**
⑧ **분권적 조직구조:** 구성원의 적극적인 참여를 통한 끊임없는 품질개선에 유리한 분권적 조직구조를 중시함
⑨ **과학주의:** 사실자료에 기초를 두고 과학적 품질관리 기법을 적용함

2. 기본원리

(1) 고객이 질의 최종결정자
소수의 전문가가 아닌 고객이 직접 평가함 **예** 고객만족도 조사

(2) 산출과정 초기에 질의 정착
서비스의 품질이 초기에 확정되는 예방적 관리를 통하여 추후 발생할 수 있는 비효율을 방지함

(3) 서비스의 변이성 방지
서비스의 변이성을 방지하고 서비스 품질의 일관성을 유지함

(4) 전체구성원 참여에 의한 관리
품질의 결정부터 문제해결, 성과측정, 보상까지 전체구성원이 참여하는 집단적 과정에 의함

(5) 투입과 과정의 지속적인 개선
생산과정의 모든 단계에서 이루어지는 품질관리와 계속적인 환류와 개선을 중시함

TQM과 전통적 관리

TQM	전통적 관리
고객 중심적인 결정과 평가	전문가에 의한 고객수요 결정
무결점주의	기준범위 내 결점 용인
과학적 관리기법	직감에 의한 결정
사전적 통제	사후적 통제
집단적 노력	개인적 노력
지속적 개선	현상유지
분권적 조직구조	계서적 조직구조

통계적 품질관리(SQM: Standard Quality Management)

1. 의의: 통계적 표준활동으로 현재의 작업활동을 좀 더 효과적이고 편리하도록 개선하여 결과적으로 품질을 개선하기 위한 활동
2. 6시그마 운동
   • 시그마는 품질관리에서 불량정도를 표시하는 척도로 사용되는데, 6시그마 수준은 100만개 제품 중 3~4개의 불량품만을 허용하는 '무결점 수준'을 의미함
   • 최근 국내외 민간기업은 물론 정부부처(특허, 우정사업)에도 도입이 확산됨

핵심 ○×

01 TQM은 조직의 분권화를 강조하며, 계획과 문제해결에 있어 집단적 노력도 중시한다.　　(○, ×)

답 ○

02 TQM의 시간관은 장기적이며, 통제유형은 예방적·사전적 통제이다.　　(○, ×)

답 ○

우리나라의 행정서비스헌장제도

1. **대상**: 중앙행정기관 및 그 소속기관 (책임운영기관이 아닌 일반행정기관에서도 작성)
2. **헌장의 제정 및 개선원칙(7대 원칙)**
   - 서비스는 고객의 입장과 편의를 최우선으로 고려하는 고객중심적일 것
   - 고객에게 제공되는 서비스의 내용은 고객이 쉽게 알 수 있도록 구체적이고 명확할 것
   - 행정기관이 제시할 수 있는 가장 높은 수준의 서비스를 제공할 것
   - 서비스의 제공에 소요되는 비용과 고객의 편익이 합리적으로 고려된 서비스의 기준을 설정할 것
   - 서비스와 관련된 정보와 자료를 쉽고 신속하게 얻을 수 있도록 할 것
   - 잘못된 서비스에 대한 시정 및 보상조치를 명확히 할 것
   - 제공된 서비스에 대한 고객의 여론을 수렴하여 이를 서비스의 개선에 반영할 것
3. **평가**: 매년 행정안전부가 실시함

3. 기대효과

공공부문의 서비스 품질향상과 국민에 대한 대응적 책임성 확보

4. 공공부문 도입시 한계

(1) 정부의 집권주의·투입중심주의는 TQM이 추구하는 고객중심주의·총체적 관심·분권적 관리와 마찰이 발생할 가능성이 높음

(2) 정부부문의 비시장성과 비경쟁성으로 인해 TQM 도입의 필요성을 인식하지 못함

(3) 공공부문의 무형성으로 공공서비스는 그 질에 대한 효과측정 등이 곤란

(4) 정부와 국민 간 무임승차성으로 인하여 고객의 범위 설정이 곤란

Focus on MBO와 TQM의 비교

구분	MBO	TQM
목표설정	내부적, 상급자 간 합의	외부적, 고객에 의한 결정
초점	결과 중시	업무에 대한 총체적 관심
관리과정	사후적 관리	사전적 관리
업무단위	개인별 보상	집단적 노력

4 시민헌장(행정서비스헌장)

1. 의의

(1) 각 공공기관의 의무와 시민의 권리를 명시하고 시민에게 제공하는 서비스의 기준을 설정함으로서 행정서비스의 질을 향상시키고 국민편익을 높이기 위한 고객중심적 서비스 관리제도

(2) 성과관리의 일종이며, 영국 메이저(Major) 행정부에서 도입됨

(3) 서비스 기준 불이행시 국민들이 시정조치와 보상을 요구할 수 있음

2. 기본 원칙

(1) 서비스품질의 표준화

계직원의 도움에 관한 사항, 서비스 대기시간 등을 포함한 품질 표준이 관계 법령에 기준을 두어 설정되어야 함

(2) 정보의 공개

시민들은 서비스에 대해 정확한 정보를 쉽게 접할 수 있어야 함

(3) 선택과 상담

공공서비스는 어디에서나 처리가 가능하도록 하며 시민들이 이를 선택할 수 있어야 함

(4) 정중함과 도움

공공서비스는 어떠한 차별도 없이 공평하게 공급되어야 하며 언제나 정중하고 친절한 담당직원의 도움을 받을 수 있어야 함

(5) 잘못된 서비스의 시정과 보상체계

서비스가 잘못되거나 기준에 미달된 경우에 대한 구체적인 구제절차 및 시정과 보상메커니즘이 있어야 함

(6) 비용에 대한 인식

가용 가능한 자원의 범위 내에서 공공지출을 경제적이고 효율적으로 집행해야 함

3. 장점

(1) 정부와 국민의 암묵적·추상적 관계를 구체적·계약적 관계로 전환시켜줌으로써 행정에 대한 주민들의 통제가 용이함

(2) 서비스 제공의 투명성과 책임성을 제고함

(3) 소비자 주권주의 확립에 기여함

(4) 서비스 품질과 제공절차의 표준화로 비용을 절감하고 조직의 성과평가 기준이 마련됨

4. 단점

(1) 공공부문의 무형성으로 인하여 서비스의 질을 구체화·객관화하기 어려움

(2) 행정오류를 금전으로 연계시켜 보상하려는 것은 편협한 경제논리임

(3) 지나친 표준화로 인해 공무원의 창의성과 행정의 유연성을 저해할 수 있음

THEME 057 조직변동론 ★★☆

1 조직혁신(OI; Organization Innovation)

1. 의의

조직의 바람직한 방향을 설정하고, 이를 의도적·계획적으로 추진하는 것

2. 특징

(1) 계획적·의도적 목표설정

(2) 현상을 타파하고 변동을 지향하는 동태적·행동지향적 과정

(3) 조직의 행태·구조·기술 등 모든 측면의 개혁

(4) 인위적 개혁이므로 저항을 수반

3. 그라이너(Greiner)의 조직성장 5단계 이론

그라이너(Greiner)는 조직이 지속적으로 성장하기 위해서 혁신이 필수적이라고 주장하며, 조직성장을 5단계로 분류하고 성장단계별 동인 및 위기를 제시함

조직발전(OD)와 조직혁신(OI)

조직발전(OD)은 조직구성원의 행태를 변화시키려는 전략이고, 조직혁신(OI)은 구성원의 행태 뿐 아니라 조직구조·관리기술적인 측면까지의 변화를 포함하는 전략

리엔지니어링 - 업무처리재설계(BPR; Business-process-reengineering)

1. 개념
- 비용, 품질, 서비스, 속도와 같은 핵심적 성과에 있어 극적인 성과를 이루기 위해 업무 프로세스를 근본적으로 다시 생각하고 재설계하는 경영혁신 기법
- 정보기술의 활용을 통해 조직업무와 절차를 재정비하여 이음매 없는 조직을 구현하려는 현대적 관리전략
- 프로세스를 기본 단위로 하여 업무, 조직, 기업문화 등 전 부문에 걸쳐 성취도를 증가시킴

2. 리엔지니어링을 공공부문에 적용하는 경우 단순히 효율적 품질개선 이외에도 민주성, 형평성, 공정성, 투명성 등 다양한 가치를 함께 고려해야 함

⊙ 조직성장 5단계 이론

구분	성장요인	위기
1단계(창조의 단계)	리더의 창의성 발휘를 통한 생산과 판매	리더십의 위기
↓ 혁신		
2단계(지시의 단계)	전문성 발휘를 통한 운영효율성 제고	자율성의 위기
↓ 혁신		
3단계(위임의 단계)	권한위임을 통한 확장	통제의 위기
↓ 혁신		
4단계(조정의 단계)	조정기제를 통한 통합	형식주의 위기
↓ 혁신		
5단계(협력의 단계)	협력을 통한 문제해결 및 혁신	탈진의 위기

2 조직발전(OD; Organization Developement)

1. 의의
조직발전은 조직구성원의 행태변화를 통해 조직의 문제해결능력과 환경 적응능력을 향상시키려는 계획적·개방적·지속적·복합적 관리전략으로, 변동담당자에 의해 조직전반에 걸쳐 진행됨

2. 특징
(1) 행태과학적 지식의 응용

(2) 장기적이고 지속적인 과정이며, 과정에의 초점

(3) Y이론적 인간관(성장인)

(4) 계획적·의식적 변화

(5) 외부전문가의 개입

(6) 하향적 변화기법이나 강압적·일방적이지 않음

3. 목표
조직의 효과성·건강도 증진, 질적·규범적·가치적 변화, 인간관계

4. 과정
문제의 인지 → 조직의 진단(외부상담자 이후 전문기관 개입 필요) → 대안의 작성과 선택 → 실시(가장 큰 저항) → 평가 및 환류

5. 주요 기법
(1) 태도조사환류

전 직원의 태도를 체계적으로 조사하고, 그 결과를 다시 전 직원에게 환류시켜 조직변화를 위한 기초자료로 활용하는 개입기법

(2) 감수성(실험실)훈련

① 외부환경과 격리된 인위적 장소에서 낯선 구성원으로 구성된 훈련집단 (10 ~ 15명)을 형성하고, 구성원 간 비정형적인 접촉을 통해서 자신을 평가·개선하며 타인을 이해하는 기회를 갖게 하는 훈련

② 조직구성원의 상호이해를 통한 협력 도모가 목표

(3) 관리망훈련

감수성훈련을 조직전반으로 확대·발전시킨 종합·장기적 과정

(4) 과정상담

외부전문 상담가가 개입하여 업무처리과정을 상담하고, 조직이 스스로 문제를 해결하도록 유도함

(5) 작업집단발전(팀 빌딩) - 맥그리거(Mcgregor)

① 응집적인 팀을 형성하고 이 팀이 목표와 작업과정을 명확하게 할 때 상호작용을 관찰하고, 이에 대한 환류와 논평을 제공함

② 자율적·수평적·협동적 인간관계를 도모하고 공통 문제해결을 통한 팀워크 개선이 목표

6. 한계

(1) 일반적 한계

① 심리적 요인에 치중한 나머지 구조적·기술적 요인 경시

② 과다한 비용부담과 시간의 소요

③ 추진과정에서 문화적 갈등 발생과 효과의 지속성에 대한 의문

④ 외부전문가 확보곤란 및 외부전문가와의 불협화음

⑤ 기존의 권력구조의 강화수단으로 악용 가능성

(2) 공공부문 도입 시의 한계

① 최고관리층의 빈번한 교체로 일관성 저해

② 참여자의 지나친 다양성과 이질성

③ 법령상 제약으로 제도개편의 신축성 확보가 곤란하여 효과가 더딤

④ 계층적·수직적 요인의 작용으로 수평적 참여관리 곤란

⑤ 정치적·권력적 요인으로 OD의 결과가 여론이나 정치권에 함몰될 우려

Focus on | MBO와 OD의 비교

구분		MBO	OD
공통점		조직목표와 개인목표의 조화 추구(Y이론적 인간관), 평가 및 환류 중시	
차이점	주도자	내부인사	외부전문가
	흐름	상향적	하향적
	초점	목표달성(단기, 결과)	행태변화(장기, 과정)
	활용기술	일반관리기술	행태과학기술

민츠버그(Mintzberg)의 조직유형론에 대한 설명으로 옳지 않은 것은?

① 단순구조는 집권화되고 유기적인 조직구조로서, 단순하고 동태적인 환경에서 주로 발견된다.

② 기계적 관료제는 단순하고 안정적인 환경에 적절한 조직형태로, 업무의 표준화가 주된 조정기제다.

③ 전문적 관료제는 분권화된 조직으로 복잡하고 안정적인 환경에 적합하며, 권력은 전문가 집단이 보유하고 있다.

④ 사업부제구조는 캠퍼스가 여럿인 대학 등을 사례로 볼 수 있으며, 기능 중복으로 인한 자원낭비를 방지할 수 있다는 장점이 있다.

신고전적 조직이론에 대한 설명으로 옳지 않은 것은?

① 일반적으로 환경과의 관계를 고려하지 못한 폐쇄체제이론이다.

② 조직의 구조보다는 인간의 행태를 중시하고, 조직의 통합성을 강조한다.

③ 인간적인 가치와 비공식적 측면을 강조한다.

④ 사회적인 능률을 강조하며 인간관계론을 중심으로 발전하였다.

수평적 전문화와 수직적 전문화에 대한 설명으로 옳지 않은 것은?

① 조직의 정책과 전략을 결정하는 과제는 조직의 수직적 전문화와 수평적 전문화가 모두 낮을 때 용이하다.

② 전문가적 직무는 수평적 전문화가 낮고 수직적 전문화가 높을 경우에 유리하다.

③ 수직적 전문화는 직무의 깊이(depth)가 분업화되어 있는 정도를 의미한다.

④ 직무확장(job enlargement)은 기존직무에 관련 유사직무를 추가시켜 직무의 수평적 범위를 넓히는 것이다.

정부기관을 계선기관과 막료기관으로 나눌 때 계선기관에 대한 설명으로 옳은 것은?

① 기관장의 인격을 연장, 보완하는 역할로서 기관장의 지휘, 감독의 범위를 확장시킨다.

② 전문적 지식과 경험으로 행정목표 달성에 간접적으로 기여한다.

③ 우리나라 정부조직에서는 담당관, 심의관 등의 직위에 주로 위치한다.

④ 권한 및 책임의 한계가 명확하고 업무 수행의 능률성을 장점으로 가진다.

정답 및 해설

038 사업부제구조는 하나의 사업부서 안에 다양한 기능부서들이 존재하므로, 기능의 중복으로 인한 자원낭비를 초래하는 단점이 있다.

039 조직의 구조보다는 인간행태와 쇄신적인 가치관을 중시하고, 전문화나 분업의 원리보다는 조직의 통합성을 강조하는 것은 현대적 조직이론에 해당한다.

⊞ 왈도(Waldo)의 조직이론

구분	고전적 조직이론	신고전적 조직이론	현대적 조직이론
인간관	합리적·경제적 인간	사회적 인간	자기실현적 인간, 복잡한 인간
가치	기계적 능률성	사회적 능률성	다원적 목표·가치·이념
주요 연구 대상	공식적 구조(계층제)	비공식적 구조	체제적·유기적 구조
주요 변수	구조	인간(행태)	환경
환경과의 관계	폐쇄적	대체적 폐쇄적	개방적
관련 이론	과학적 관리론, 관료제이론, 행정관리설	인간관계론, 행정행태론	후기관료제이론, 신행정론, 상황적응이론
연구 방법	원리접근법	경험적 접근	복합적 접근

040 전문가적 직무는 수평적 전문화가 높고 수직적 전문화가 낮을 때 유리하다.

⊞ 수평적·수직적 전문화에 따른 직무의 성격

구분		수평적 전문화	
		높음	낮음
수직적 전문화	높음	비숙련 직무	일선관리직무
	낮음	전문가적 직무	고위관리직무

041
▶ 오답체크
①, ②, ③ 막료(참모)기관에 대한 설명이다.

정답 **038** ④ **039** ② **040** ② **041** ④

베버(Weber)의 관료제 모형에 대한 설명으로 옳지 않은 것은?

① 인간적이고 비공식적인 요인을 간과하였다.
② 관료제 모형은 계층제의 원리를 근간으로 한다.
③ 전문화로 인한 무능 등 역기능을 초래할 우려가 있다.
④ 관료제는 환경변화에 능동적으로 대처할 수 있다.

후기관료제하에서 나타날 수 있는 다양한 조직형태에 대한 설명으로 옳지 않은 것은?

① 팀조직은 높은 환경대응력을 장점으로 한다.
② 매트릭스조직은 조직의 신축성을 확보하기 위하여 전통적인 계서적 특징을 가지는 기능구조에 수평적 특성을 가지는 사업부제구조를 물리적으로 결합시킨 조직이다.
③ 네트워크조직은 구성원들 간의 느슨한 관계 때문에 응집력 있는 조직문화를 형성하기 어렵다는 단점이 있다.
④ 하이퍼텍스트형 조직은 중간관리자가 지식창조와 지식관리를 주도(middle up-down) 한다.

최근 정부에서 자주 활용되는 합의제 기관인 위원회의 특징으로 옳은 것은?

① 전문적 지식을 활용하는 의사결정이 불가능하다.
② 외부세력에 매수당할 위험이 높다.
③ 타협적 결정을 초래한다.
④ 책임이 분명하고 기밀 누설의 가능성이 낮다.

정부기관에 대한 설명으로 옳은 것은?

① 중앙행정기관의 설치와 직무범위는 대통령령으로 정한다.
② 공무원의 인사, 윤리, 복무, 조직에 관한 사무는 인사혁신처에서 관장한다.
③ 차관, 담당관, 심의관 등은 행정기관의 목적 달성을 간접적으로 지원하는 보좌기관이다.
④ 출입국관리사무소, 세무서 등은 대표적인 특별지방행정기관이다.

정답 및 해설

042 관료제는 변화저항적인 조직으로, 일정한 법률의 준수에 기계적으로 전념하므로 본질적으로 보수주의적·현상유지적인 특징을 지니고 있으며, 변화에 대한 적응성이 결여되어 있다.

043 매트릭스조직은 기능구조와 사업부제구조를 화학적으로 결합시킨 조직이다.

044 위원회는 다수의 위원이 의사결정을 하므로 공정한 결정은 가능하지만 타협안이 자주 초래된다.
▶ 오답체크
① 위원회는 다양한 외부전문가의 참여로 전문적 지식의 활용 가능성이 높다.
② 위원회는 복수의 구성원에 의한 의사결정을 하므로 외부세력에게 매수당할 위험이 낮다.
④ 위원회는 책임이 불분명하고 기밀 누설의 가능성이 높다.

045
▶ 오답체크
① 우리나라는 행정조직 법정주의로, 중앙행정기관의 설치와 직무범위는 법률로 정한다.
② 조직에 관한 사무는 행정안전부 소관이다.
③ 차관은 보조기관이다.

정답 **042** ④ **043** ② **044** ③ **045** ④

책임운영기관에 대한 설명으로 옳은 것은?

① 책임운영기관으로 운영이 장려되는 것은 정책기능과 집행기능이 서로 분리 가능한 경우가 적합하다.
② 책임운영기관 소속공무원의 임용권은 원칙적으로 책임운영기관의 장이 갖는다.
③ 책임운영기관은 공공성이 강하고, 성과관리가 어려운 분야에 적용할 필요성이 높다.
④ 책임운영기관은 일반회계로 운영된다.

「공공기관의 운영에 관한 법률」에 따른 기관의 유형과 사례가 옳게 연결된 것은?

① 준시장형 공기업 - 한국마사회
② 준시장형 공기업 - 한국가스공사
③ 기금관리형 준정부기관 - 대한석탄공사
④ 위탁집행형 준정부기관 - 한국철도공사

조직이론 발달에 따른 인간관의 변화에 대한 설명으로 옳지 않은 것은?

① 조직이론의 발달에 따라 인간은 경제적 인간관, 사회적 인간관, 자아실현적 인간관으로 분류된다.
② 합리적 인간관에 따르면 보상의 제공은 중요한 문제다.
③ 사회적 인간관에 따르면 비공식적 집단이 생산성 향상에 중요한 역할을 한다.
④ 샤인(Schein)의 복잡인관에 따르면 민주적 리더십이 가장 바람직한 리더십이다.

동기부여이론에 대한 설명으로 옳지 않은 것은?

① 허즈버그(Herzberg)의 욕구충족이원론은 만족요인과 불만요인의 상호연계성을 강조하였다.

② 매슬로우(Maslow)의 이론 중 가장 하위의 욕구는 생리적 욕구다.

③ 브룸(Vroom)의 기대이론은 인간은 기대되는 결과에 대해 선호를 가지고 있다고 가정한다.

④ 아지리스(Argyris)는 성숙 – 미성숙이론을 주장하였다.

정답 및 해설

046
▶ 오답체크
② 책임운영기관의 소속공무원의 임용권은 원칙적으로 중앙행정기관의 장이 갖는다.
③ 책임운영기관은 공공성이 강하여 민영화가 곤란하지만 성과관리가 필요한 분야에 적용할 필요성이 높다.
④ 책임운영기관은 특별회계로 운영되는 경우가 많다.

047
▶ 오답체크
② 한국가스공사는 시장형 공기업이다.
③ 대한석탄공사는 준시장형 공기업이다.
④ 한국철도공사는 준시장형 공기업이다.

048 샤인(Schein)의 복잡인관에 따르면 상황에 따른 융통성 있는 리더십이 필요하다.

049 허즈버그(Herzberg)의 욕구충족이원론은 동기요인인 만족요인과 위생요인인 불만요인의 상호연계성을 부정하였다. 즉, 위생요인을 아무리 충족하여도 불만족이 제거될 뿐 동기가 유발되지는 않는다고 보았다.

정답 046 ① 047 ① 048 ④ 049 ①

THEME 050 행정문화에 대한 설명으로 옳지 않은 것은?

① 행정문화는 국가와 시대적 상황에 따라 변화하는 특징이 있다.
② 개도국의 경우 일반주의와 운명주의적 문화가 선진국에 비해 강하다.
③ 미국의 행정문화는 일반적 지식보다 전문적 지식을 강조한다.
④ 우리나라의 행정문화는 전통적으로 행정관료를 낮게 평가하는 경향이 있다.

THEME 051 조직환경에 대한 설명으로 옳지 않은 것은?

① 고전적 조직이론에서는 조직에 대한 환경의 영향을 거의 도외시하였다.
② 신고전적 조직이론의 기본적인 입장은 환경에 대해 개방적이다.
③ 현대적 조직이론은 조직과 환경과의 밀접한 관계를 부각시키게 되었다.
④ 셀즈닉(Selznik)은 환경에 대한 조직의 대응 전략을 적응적 변화와 적응성 흡수로 분류하였다.

THEME 052 거시조직이론은 결정론과 임의론으로 나눌 수 있다. 다음 중 성격이 다른 거시조직이론은?

① 공동체생태학이론
② 조직군생태학이론
③ 제도화이론
④ 구조적 상황이론

다음은 토마스(Thomas)의 갈등해결방안에 대한 내용이다. 각각의 내용이 옳게 연결된 것은?

> ㄱ. 자신의 이익이나 상대방의 이익 모두에 무관심한 대인적 갈등관리방안이다.
>
> ㄴ. 자신과 상대방 이익의 중간정도를 만족시키려는 갈등관리방안이다.
>
> ㄷ. 상대방의 이익을 희생하여 자신의 이익을 추구하는 대인적 갈등관리방안이다.
>
> ㄹ. 자신의 이익은 희생하면서 상대방의 이익을 만족시키려는 갈등관리방안이다.

	ㄱ	ㄴ	ㄷ	ㄹ
①	회피	순응	경쟁	타협
②	순응	타협	경쟁	회피
③	회피	타협	경쟁	순응
④	순응	경쟁	회피	타협

PART 3
행정조직론 2021 해커스공무원 실문 행정학

정답 및 해설

050 우리나라의 행정문화는 전통적으로 행정관료를 높게 평가하고, 민간을 낮게 평가하는 관존민비사상이 만연해 있다.

051 신고전적 조직이론은 환경에 대해서 관심을 기울이기 시작하였으나, 기본적인 입장은 폐쇄체제에 입각하였다.

052 조직군생태학이론, 제도화이론, 구조적 상황이론은 결정론적 이론이고, 공동체생태학이론은 임의론적 이론이다.

⊞ **거시조직이론**

구분	결정론	임의론(자발론)
개별 조직	체제구조적 관점	전략적 선택관점
	구조적 상황이론 (상황적응론)	전략적 선택이론, 자원의존이론
조직군	자연적 선택관점	집단적 행동관점
	조직군생태학이론, 조직경제학이론, 제도화이론	공동체생태학이론

053 토마스(Thomas)는 자신의 이익만족도와 상대방의 이익만족도를 기준으로 다섯 가지의 갈등관리방안을 제시하였다. ㄱ. 회피, ㄴ. 타협, ㄷ. 경쟁, ㄹ. 순응에 대한 설명이다.

⊞ **토마스(Thomas)의 갈등해소전략**

회피	자신과 상대방의 이익 모두에 무관심한 대인적 갈등관리방안
경쟁	상대방의 이익을 희생하여 자신의 이익을 추구하는 대인적 갈등관리방안
순응	자신의 이익은 희생하면서 상대방의 이익을 만족시키는 갈등관리방안
협동	자신과 상대방의 이익 모두를 만족시키려는 갈등관리방안
타협	자신과 상대방 이익의 중간정도를 만족시키려는 갈등관리방안

정답 **050** ④ **051** ② **052** ① **053** ③

THEME 054 공식적 의사전달과 비공식적 의사전달에 대한 설명으로 옳은 것은?

① 공식적 의사전달은 책임소재가 불분명하다는 단점이 있다.

② 비공식적 의사전달은 변동하는 사태에 신속히 적응하는데 한계가 있다.

③ 공식적 의사전달은 수직적 계층제하에서 상관의 권위를 손상시킬 우려가 있다.

④ 공식적 의사전달은 근거가 남기 때문에 기밀 유지에 어려움이 있다.

THEME 055 바스(Bass) 등이 제시한 변혁적 리더십(Transformational Leadership)의 주된 요인으로 옳지 않은 것은?

① 영감적 리더십

② 카리스마적 리더십

③ 합리적 과정

④ 개별적 배려

THEME 056 전략적 관리(SM)에 대한 설명으로 옳지 않은 것은?

① 조직의 환경에 대한 이해를 강조하며 환경변화에 대해 체계적으로 분석한다.

② 조직의 역량 분석을 위한 SWOT(Strong, Weakness, Opportunity, Threat) 분석을 중시한다.

③ 목표나 환경에 있어서 단기적인 시계(視界)를 가진다.

④ 조직의 주요 구성요소들의 활동에 대한 통합성을 강조한다.

조직발전(OD)에 대한 설명으로 옳지 않은 것은?

① 감수성훈련은 조직발전(OD)의 주요 기법 중 하나이다.

② 심리적 요인에 치중한 나머지 구조적·기술적 요인을 경시할 우려가 있다.

③ 외부전문가들의 참여가 중요시되는 개혁·관리 방식 이다.

④ 구조, 형태, 기능 등을 바꾸고 조직의 환경 변화에 대한 대응능력과 문제 해결 능력을 향상시키는 관리 전략이다.

정답 및 해설

054
▶ 오답체크
①, ③ 비공식적 의사전달에 대한 설명이다.
② 공식적 의사전달의 한계이다.

055 통제와 억압, 보상 등 합리적 교환과정을 중시하는 것은 전통적인 거래적 리더십의 특징이다.

056 전략적 관리(SM; Strategic Management)는 환경과의 관계를 중시하는 변혁적 관리이다. 조직을 환경과 관련시키고 내부 활동을 인도하며, 조직의 장기적인 성과를 결정하는 일련의 관리적 의사결정으로 장기적 목표를 지향한다. 따라서 조직의 변화에는 긴 시간이 걸린다는 전제하에 계획기간을 설정하며 장기적인 시계(視界)를 가진다.

057 조직발전(OD)은 조직의 구조, 형태, 기능 등을 바꾸는 것이 아니라 조직의 효과성을 높이기 위하여 조직 구성원의 가치관, 신념, 태도 등의 행태를 변화시키려는 관리 전략이다. 즉, 조직발전(OD)은 조직개혁의 접근법 중 인간에 초점을 두는 접근법이다.

정답 054 ④ 055 ③ 056 ③ 057 ④

PART별 출제 비중 * 최근 3개년 기출 분석(2020년 하반기 시험 제외)

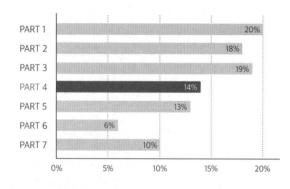

PART 4 인사행정론은 크게 인사행정의 이론 및 제도를 다루는 부분과, 실무적인 내용을 다루는 부분으로 구성되어 있습니다. 특히 실무와 관련된 THEME는 현행 법령의 출제 비중이 매우 높으므로 이론, 제도와 함께 관련 법령을 꾸준히 공부하는 것이 중요합니다. 인사행정론은 PART 1 행정학의 기초이론, PART 6 행정환류론과도 직접적으로 연관되는 PART이므로 행정학 전반에 걸쳐 유기적으로 학습해야하시기 바랍니다.

CHAPTER별 빈출 키워드

CHAPTER 1 인사행정의 기초이론 및 제도	엽관주의, 실적주의, 직업공무원제도, 대표관료제, 소청심사와 고충처리
CHAPTER 2 공직의 분류	경력직과 특수경력직, 개방형과 폐쇄형, 고위공무원단, 계급제와 직위분류제
CHAPTER 3 인적자원관리(임용, 능력발전, 사기부여)	교육훈련, 근무성적평정, 다면평가제, 공무원연금제도
CHAPTER 4 공무원의 근무규율과 인사행정개혁	공무원 노동조합, 유연근무제, 공무원의 행정윤리

PART 4

인사행정론

CHAPTER 1 인사행정의 기초이론 및 제도

THEME 058 인사행정의 기초이론 ★☆☆

1 인사행정의 의의

1. 개념

(1) 정부 활동의 효율적인 수행을 위해 필요한 인적 자원을 동원하고 능력을 개발하며, 적재적소에 배분하고 유지하는 일련의 활동

(2) 주요 변수는 채용, 능력개발, 사기관리

2. 체제

공직구조의 형성	임용	능력발전	동기부여	규범과 통제
• 직무설계 • 공직구조 형성	• 모집 • 시험 • 임용	• 교육훈련 • 근무성적평정 • 경력발전	• 사기 • 보수 • 관리기법	• 공무원단체 • 행동규범 • 윤리, 징계

3. 특징

(1) **공공성**

공익의 실현을 위해 봉사성과 평등성을 추구해야하는 정부활동의 성격으로 인사행정에서도 기회균등과 정치적 중립성, 공무원의 신분보장 등의 특성이 나타남

(2) **제약성**

인사행정은 주요 원리와 절차가 법률에 의해 정해지기 때문에 공공의 감시와 통제를 많이 받음

(3) **정치성**

인사행정은 정치적 권력의 영향을 받으므로 합리성을 확보하기 어려움

(4) **다양성**

방대하고 다양한 정부의 활동 범위로 인해 인사행정의 범위도 복잡하고 다양함

(5) **독점성**

행정의 독점성으로 인해 능률 추구에 한계가 있음

(6) **비시장성**

정부활동은 경제적 기준보다는 공익적 기준을 따르므로 객관적 성과 측정 및 시장 가격으로의 환산이 어려움

4. 주요 가치

(1) 관리자의 지도력

(2) 행정의 능률성

(3) 국민의 대표성

(4) 공무원의 권익보호 등 시대와 각국의 정치행정상황에 따라 다르고, 서로 충돌하기도 함

5. 인사관리와의 비교

(1) 인사행정과 인사관리는 모두 인적자원관리를 효과적으로 하고자 하는 점에서 유사함

(2) 인사관리와 달리 인사행정은 공공성을 추구한다는 점에서 상대적 차이가 발생함

2 인사행정 패러다임의 변화

1. 전통적 인사행정

(1) 절대군주시대의 인사행정 - 절대관료제
강력한 중앙집권화를 위하여 엄격한 자격요건과 시험 및 복무규율이 있음

(2) 입법국가시대의 인사행정
① 정치적 충성도와 정당의 사용인
② 영국의 정실주의와 미국의 엽관주의(19C 초 미국의 잭슨 대통령 취임 이후)

(3) 개인보다는 조직과 직무를 중심으로 구성원을 비용으로 인식하여 접근함

2. 현대적 인사행정

(1) 고전적 인사행정
① 직무 중심의 과학적·합리적 인사행정
② 과학적 관리론, 실적제와 직위분류제

(2) 신고전적 인사행정
① 인간의 가치를 중시하는 민주적 인사행정
② 인간관계론

(3) 적극적 인사행정
① 적극적·신축적·분권적 인사행정
② 후기인간관계론
③ 인적 자원관리
④ 실적제의 한계를 보완하기 위해 대표관료제, 개방형 직위 등 엽관주의적 요소를 도입함
⑤ 고위공무원단제(SES) 등 직위분류제와 계급제의 상호접근

전략적 인적관리에 대한 설명으로 옳지 않은 것은? 2017년 국가직 9급

① 장기적이며 목표·성과 중심적으로 인적자원을 관리한다.
② 개인의 욕구는 조직의 전략적 목표 달성을 위해 희생해야 한다는 입장이다.
③ 인사업무 책임자가 조직 전략 수립에 적극적으로 관여한다.
④ 조직의 전략 및 성과와 인적자원관리 활동 간의 연계에 중점을 둔다.

🏷 ② 전략적 인적자원관리는 개인목표와 조직목표 간의 통합을 강조하는 통합모형적 관점으로, 개인의 욕구와 조직목표의 조화를 의미함

핵심 OX

01 엽관주의란 원래 정치적 충성도, 임용권자와의 개인적인 친분관계에 따라 공직에 임용되는 제도를 의미한다. (O, ×)

🏷 × 정실주의에 대한 설명

02 엽관주의의 발전요인은 민주정치의 발전과 정당정치의 발달, 행정의 단순성과 전문성, 미국사회의 무국가성에 있다. (O, ×)

🏷 × 행정의 전문성이 아닌 비전문성

무국가성

국가의 영향력이 약해지고 상대적으로 사회의 영향력이 강해지는 것을 의미하며, 미국은 중앙정부의 권위적 질서를 거부하는 무국가성이 강하여 엽관주의가 성립됨

(4) 전략적 인적관리

① 장기 시계, 성과중심 관리
② 통합모형으로, 개인의 목표와 조직의 목표의 양립을 인정함
③ 조직의 전략 및 성과와 인적자원관리를 연계하여 인사 담당자와 조직전략 담당자가 협력함

THEME 059 인사행정의 주요 이론과 제도 ★★★

1 정실주의(영국)

1. 개념

인사권자의 개인적 신임이나 친분관계 등 실적 이외의 요인을 기준으로 공직에 임명하는 정치적 인사제도

2. 은혜적 정실주의(18C 중엽 이전)

국왕의 개인적 친분관계를 고려하여 종신직의 공직과 고액의 연봉을 부여함

3. 정치적 정실주의(명예혁명 이후)

정당 지도자의 정치적 고려에 의해 공직을 임명하였으나(미국의 엽관주의와 유사) 은혜적 정실주의의 성격에서 완전히 벗어나지는 못했음

2 엽관주의(미국, 19C)

1. 개념

(1) 선거에서 승리한 당선자가 정부의 모든 관직을 전리품(spoils)으로 획득하고, 선거에서의 충성도에 따라 공직을 정당원들에게 임의대로 배분하는 정치적 인사제도
(2) 정당에 대한 충성도를 기준으로 인사관리나 공직임용이 이루어짐

2. 성립배경

(1) 민주정치의 발전

① 행정의 민주화로 인해 정치적 지지에 대한 보상이 중요해짐
② 민주적으로 선출된 대표자와 그 정당이 민주적인 정당성을 가질 것이라고 기대함

(2) 정당정치의 발달

정당정치의 발달로 정당과 대통령의 공약을 강력하게 추진하기 위해 정치적 이념을 함께하는 관료가 필요하여 정당의 이념을 공직인사에 도입함

(3) 행정의 단순성과 비전문성

당시의 행정기능은 법질서 유지 등으로 최소화되어 공무원의 자격은 '기본적인 지적 능력을 갖춘 소유자'로 충분했음

(4) 미국사회의 다원주의

국가의 권력이 상대적으로 약하고 사회의 영향력이 강했던 미국에서는 유럽식의 조직화된 정부 관료제가 불필요하여 다원주의적 국가론에 입각해 행정이론체계 발달함

(5) 정치·권력적 이유

당시 미국 사회의 주류 집단이 아니었던 잭슨(Jackson) 대통령은 서부 개척민의 지지를 받아 당선되었기 때문에, 본인의 기반을 다지기 위해 엽관주의를 채택함

3. 수립 및 발전과정

(1) 엽관주의의 기반

① 1820년 제5대 먼로(Monroe) 대통령은 「4년 임기법」 제정을 통해 집권여당과 공무원의 정치적 연대책임을 주장함
② 마시(Marcy) 의원은 "전리품은 승자에게 속한다."라는 슬로건으로 엽관주의의 기반을 닦음

(2) 잭슨 민주주의[미국 제7대 잭슨(Jackson) 대통령]

공직개방과 정치적 책임성 구현이라는 민주성을 확보하기 위하여 정권교체에 따라 공직을 경질하는 엽관주의를 도입함으로써, 소수 상위계층의 공직독점을 타파하고 민중에게 개방하여 평등주의적 가치관을 반영함

「4년 임기법」
공무원의 책임을 강조하는 의미에서 공무원의 임기를 대통령과 일치시켜 엽관주의를 법제화함

4. 장점

(1) 정당정치의 발전과 정책의 강력한 추진 가능

민주정치의 기초가 되는 정당정치를 유지하게 해주는 제도이며, 집권하고 있는 정당이 추구하는 정당이념과 공약의 강력한 추진이 가능함

(2) 공직 침체 방지

대규모의 교체임용을 통해 소수에 의한 공직 독점을 방지함

(3) 관료의 대응성 향상

관료의 특권화가 배제되면서 공무원체제의 민주성과 사회적 대표성이 높아지는 등 관료기구와 국민의 동질성을 확보하는 수단이 됨

(4) 책임행정 가능

엽관주의에 의하여 임명된 공무원은 직업공무원에 비하여 국민의 요구를 적극적으로 반영하여 관료의 직선제 효과가 있음

5. 단점

(1) 공직의 전문성 및 능률 저하

정권교체 시 공직의 대량교체는 행정의 안정성과 지속성, 정책의 일관성을 저해하고 개인의 업무능력이 아닌 충성심에 의한 임용으로 공직의 전문성과 능률을 확보하기가 어려워짐

🏛 기출 체크
엽관주의 인사의 단점에 대한 설명으로 옳지 않은 것은? 2015년 서울시 9급
① 행정의 안정성을 저해할 수 있다.
② 공무원의 정치적 중립을 저해한다.
③ 행정의 전문성을 저하시킬 수 있다.
④ 행정에 대한 민주적 통제를 약화시킨다.

답 ④ 엽관주의는 행정에 대한 책임을 확보하고 민주적 통제를 강화시킴

정당 사병화

정당의 당원들이 당수에 충성을 다하기 위하여 병사들처럼 당수의 명령에 복종하는 것으로, 권위적인 소수 지도부가 모든 것을 결정하고 당원들은 복종하는 행태

(2) 관료의 정당 사병화

관료가 국민, 공익에 봉사하는 것이 아니라 정당에 봉사하는 정당의 사병 역할을 하게 됨

(3) 불필요한 관직의 남설

국가재정의 낭비를 초래함

(4) 부정부패의 만연

공직의 사유화와 상품화 경향이 야기되어 행정 윤리가 저하되고 매관매직, 정경유착 등의 부패가 만연하게 됨

6. 최근의 경향

최근에는 정치체제의 민주화와 자율화 촉진, 지방자치 강화, 적극적 인사행정의 요청으로 엽관주의와 실적주의 간의 조화가 중요해짐

7. 정실주의와 엽관주의의 비교

구분		정실주의(영국)	엽관주의(미국)
유사점		실적 이외의 기준으로 선발	
차이점	시기	17C 말 ~ 18C 절대군주제	19C 초 민주제
	선발기준	인사권자의 신임이나 친분관계 (정치성, 지연, 학연, 혈연 등)	정당에의 공헌도 (당파성)
	신분보장	인정	불인정
	신분변경	소수인원의 교체, 종신직	정권교체 시 대량교체
	배경이념	공직을 재산권으로 인정, 기득권 존중	민주적 책임성 (잭슨 민주주의)
	실적제 전환	1870 제2차 추밀원령	1883 「팬들턴(Pendleton)법」

3 실적주의

1. 개념

공직임용을 개인이 가지고 있는 능력, 실적 등 중립적이고 객관적인 기준에 두는 인사행정제도

2. 성립배경

(1) 행정국가의 등장으로, 행정이 고도로 전문화되고 행정기능이 분화되어 행정의 영향력이 강화되면서 전문적 지식과 능력을 갖춘 관료가 요구됨

가필드(Garfield) 대통령 암살사건

대통령 선거의 공로에도 불구하고 공직을 주지 않은 데 불만을 품은 엽관주의자에 의하여 가필드(Garfield) 대통령이 암살되었고, 이는 실적주의 확립의 촉매제가 됨

(2) 가필드(Garfield) 대통령 암살사건(1881)으로 인해 엽관주의에 대한 대규모 비판여론이 형성됨

(3) 정당정치의 부패와 엽관주의의 폐해를 극복

3. 수립 및 발전과정

미국	• 태동: 젠크스(Jenkes)의 개혁법안(1868) • 인사위원회 부활 및 이튼(Eaton) 보고서(1880) • 「팬들턴(Pendleton)법」: 실적주의 확립 • 「해치(Hatch)법」: 공무원의 정치활동 제한 • 「연방공무원제도개혁법」 • 개혁: 탄력적인 인사관리의 필요성 대두	직위분류제, 개방형, 직무 중심, 고위공무원단
영국	• 1차 추밀원령(1855): 부분적으로 실적주의 도입 • 2차 추밀원령(1870): 본격적으로 실적주의 확립 • 공개경쟁시험, 계급별로 구분된 채용시험 실시	계급제, 폐쇄형, 사람 중심, 직업공무원제

Level up 미국과 영국의 실적주의 비교

구분	미국 <직위분류제>	영국 <계급제>
성립배경	정당정치와 엽관주의의 폐단을 극복	귀족정치와 정실주의의 폐단을 극복
직업공무원제	직무 중심이므로 직업공무원제 확립에 기여하지 못함	사람 중심이므로 직업공무원제 확립에 기여함

4. 주요 내용

(1) 3대 변수

① 공직의 기회균등
② 공무원의 정치적 중립성
③ 공무원의 신분보장

(2) 능력·자격·실적 등 객관적인 기준에 의한 공직임용

(3) 공개경쟁시험에 의한 채용과 채용시험의 공개

(4) 중앙인사기관의 독립성 보장과 권한 강화

5. 장점

(1) 민주적 평등 실현

공직에의 기회 균등으로 일정한 자격을 구비한 사람은 누구나 공직에 취임할 수 있도록 하여 민주주의적 평등이념의 실현이 가능함

(2) 행정능률의 향상

공무원의 전문성 향상으로 행정능률 확보에 기여함

(3) 행정의 안정성

행정의 계속성과 공무원의 직업적 안정성이 확보되면서 공직자의 신분보장이 강화됨

(4) 정치적 중립성으로 공정성 확보

행정의 공정성을 확보하고, 공무원의 공익 실현을 가능하게 함

「팬들턴(Pendleton)법」

1. 독립적인 연방인사위원회 설치
2. 공개경쟁채용시험제도
3. 공직자의 정치자금 헌납 및 정치활동 금지
4. 제대군인 임용 시 특혜
5. 공직임용 시 시보제도 실시
6. 정부와 민간기업 간 인사교류

「해치(Hatch)법」

1. 선거자금공여의 금지
2. 선거운동 금지
3. 공무원 신분으로 입후보 금지
4. 공무원단체의 정치활동 금지
5. 특정정당가입 및 직위보유 금지

6. 단점

(1) 공무원의 특권화
지나친 신분보장으로 관료제의 강화와 특권화, 보수화를 초래함

(2) 중앙집권적 인사행정과 경직성
실적주의는 인력의 탄력적 운영이 어렵고, 인사행정의 경직성과 형식성을 가져옴

(3) 형식적 형평성의 문제 발생
기회의 형평에 초점을 두는 실적주의는 결과의 평등을 가져오지 못함으로써 차별을 심화시킴

(4) 행정의 대응성 저하
지나친 신분보장으로 국민에 대한 대응성을 저하시킴

(5) 행정의 비인간화와 소외현상

7. 최근의 경향

(1) 인사행정의 소극성 및 경직성 해소를 위하여 엽관주의와의 조화를 추구함

(2) 대표관료제, 인간 중심의 인사행정, 정치적 중립의 완화 등 적극적 인사행정이 대두됨

4 적극적 인사행정

1. 개념
실적주의 및 과학적 인사행정만을 강조하지 않고, 엽관주의와 인간관계적 요소를 신축성 있게 도입하여 조직이 환경변화에 능동적으로 대응할 수 있도록 하는 인사행정

2. 성립배경

(1) 실적주의의 한계
실적주의의 지나친 소극성과 비융통성, 집권성에 대한 한계가 드러남

(2) 과학적 인사관리의 한계
실적주의의 한계를 극복하고자 엽관주의의 인간적 요소를 유연하게 받아들여 적용하는 적극적 인사행정의 도입 필요성이 높아짐

3. 주요 내용

(1) 적극적 모집
유능하고 의욕적인 인재를 유치할 수 있도록 유인체계를 강화함

(2) 공무원의 능력발전
재직자의 교육훈련, 근무평정제 등을 효율적으로 운영함

(3) 인사권의 분권화
중앙행정기관의 인사권을 배분함

적극적 인사행정
1. 후기 인간관계론
2. 대표관료제
3. 인적자원관리
4. 성과지향적 인사개혁

소극적 인사행정과의 비교

구분	소극적	적극적
인사 제도	엽관주의 극복, 실적주의 추구	엽관주의와 실적주의의 조화
가치	집권적, 획일적, 능률적	분권적, 신축적, 민주적
신분 보장	강화	완화

핵심 OX

01 적극적 인사행정은 정치적 중립성을 기초로 한다. (O, ×)

답 × 정치적 중립성은 적극적 인사행정의 저해요인

02 적극적 인사행정에는 정치적 임용 허용, 재직자의 능력발전, 인사권의 분권화 등이 포함된다. (O, ×)

답 O

(4) 공무원 단체 활동의 허용

공무원의 근로권을 인정함

(5) 정치적 임용의 일부 허용

고위공무원의 경우 정치적 임명 등을 도입함

(6) 인사행정의 민주화·인간화

4. 관리융통성 모형

(1) 의의

실적주의의 한계를 보완하기 위한 적극적 인사행정의 일환으로서, 변화하는 환경에 효과적으로 대응할 수 있도록 운영상의 자율성과 융통성을 높인 인사행정 모형

(2) 내용

① 실적주의에 엽관주의 요소 가미
② 직위분류제에 계급제 요소 가미
③ 재택근무, 계약제, 시간제 공무원 등 다양한 인사제도의 활용
④ 인사권을 분권화하여 중앙인사기관은 전략적 정책기능에 집중
⑤ 다양하고 체계적인 교육훈련의 실시
⑥ 내부임용의 신축성 확보
⑦ 퇴직관리의 효율화

(3) 한계

① 인사행정의 복잡화
② 자의적 인사의 가능성이 높아짐
③ 직업안정성 침해
④ 인력관리비용의 증대

5 직업공무원제도

1. 의의

(1) 개념

젊고 유능한 인재들이 공직을 보람 있는 직업으로 선택하여 일생을 바쳐 성실히 근무할 수 있도록 운영하는 인사제도

(2) 요소

① **신분보장**: 공직이 평생의 본업이기 때문에 국가는 공무원의 신분을 보장해주어야 함
② **정치적 중립**: 정치부패로부터 공직이 오염되지 않도록 정치적 중립이 필요함

2. 필요성

(1) 행정의 안정성 보장

정권교체 후에도 공무원의 신분을 보장함으로써 정치적 변화의 완충장치 역할

직업공무원제의 구성

1. 학력과 연령의 제한(필수는 아님)
2. 공직에 대한 높은 사회적 평가
3. 승진기회의 보장
4. 신분보장
5. 사기와 보람 등

(2) 행정의 중립성

의회정치 또는 정치적 폐단의 차단

(3) 행정의 능률성

공직의 전문화로 행정의 능률 증진

(4) 공무원의 사기

신분을 보장함으로써 공무원의 안정감 및 사기 증진 가능

3. 실적주의와의 관계

(1) 실적주의는 직업공무원제도의 확립을 위한 기초이지만 실적주의가 반드시 직업공무원제도의 성립을 가져오는 것은 아님

(2) 실적주의가 확립되었지만 개방형 임용제도인 경우에는 직업공무원제가 성립되기 어려우며, 폐쇄형 실적주의의 경우 직업공무원제의 확립이 가능함

Focus on 실적주의와 직업공무원제의 비교

구분	실적주의	직업공무원제
성립요건	직위분류제, 전문행정가	계급제, 일반행정가
신분보장	신분의 상대적 보장 (부당한 정치압력으로부터 보호)	신분의 절대적 보장 (공직은 평생의 본업)
채용	개방형(외부충원형)	폐쇄형(내부충원형)
정치적 중립	엄격	완화
채용기준	채용 당시의 능력	잠재적 능력
보수제도	직무급 보수제도	생활급 보수제도

4. 확립요건

(1) 실적주의의 우선적 확립

기회균등과 정치적 중립이 전제되어야 함

(2) 공직에 대한 높은 사회적 평가

유능한 인재가 공직을 매력적으로 느낄 수 있도록 공직에 대한 사회적 평가가 좋아야 함

(3) 장기적인 인력수급계획의 수립

공무원의 능력 발전을 도모하여 장기적인 인력수급계획이 세워져 있어야 함

(4) 젊고 유능한 인재 등용

학력과 연령을 제한함

(5) 적정한 보수와 연금 지급

(6) 폐쇄형 충원제도

공직의 안정성과 계속성, 신분 보장을 통해 공직을 평생의 본업으로 삼을 수 있도록 함

(7) 능력발전의 기회 제공

잠재적 능력을 키울 수 있도록 다양한 교육 프로그램을 통해 능력발전의 기회를 제공함

(8) 일반행정가 중심

다양한 직무를 경험할 수 있도록 하여 장기적으로 일반행정가의 양성에 중점

5. 장점

(1) 공무원의 사기 제고

능력 있는 공무원은 내부 승진을 통해 높은 직위에 오를 수 있는 기회를 가지므로 공무원의 사기가 증진됨

(2) 행정의 연속성, 계속성 유지

공무원의 신분보장을 통해 정권교체에도 행정의 연속성과 계속성, 일관성을 유지할 수 있음

6. 단점

(1) 민주적 통제의 곤란

공무원이라는 직업의 특권집단화로 인해 국민의 민주적 통제를 어렵게 함

(2) 공무원의 보수화와 무사안일주의

지나친 신분보장으로 공무원이 보수화되고 무사안일주의에 빠질 수 있음

(3) 공직의 침체

폐쇄형 임용을 채택함으로써 공직이 침체될 수 있음

(4) 행정의 전문화와 기술화 저해

각 분야의 전문행정가의 양성이 어려워 행정의 전문화와 기술화를 제약함

(5) 평등한 공직취임 기회 제약

젊고 유능한 인재를 뽑기 위해 학력·경력·연령을 엄격히 제한함으로써 공직에의 기회균등이 제약됨

7. 위기

(1) 개방형 인사제도

직업공무원제는 공개경쟁을 통해 공무원을 임용하는 개방형 인사제도와 상충됨

(2) 대표관료제의 대두

사회적 약자의 공직임용기회를 확대하고 실질적 평등성을 확보하기 위한 대표관료제는 직업공무원제와 상충됨

(3) 정년문제와 계급정년제

직업공무원제의 장기근무 유도를 방해함

8. 발전방향

공무원들의 인식이 전통적 관료주의에서 개방형 공무원제 및 전문가주의로 변화하고, 관료집단의 책임성을 확보하기 위한 통제장치가 강화되어야 함

핵심 OX

01 직업공무원제는 채용 당시의 능력을 중심으로 하는 능력중심의 인사제도이다. (○, ×)

답 × 채용당시의 능력이 아닌 발전가능성을 중심으로 함

02 직업공무원제도는 기회균등의 확보를 위해서 연령이나 학력의 제한을 철폐한다. (○, ×)

답 × 학력이나 연령을 제한

03 직업공무원제도의 확립은 개방형 인사제도와 상충할 가능성이 크다. (○, ×)

답 ○

환경의 변화 및 신공공관리론

급격한 환경의 변화와 신자유주의하의 신공공관리가 직업공무원제의 변화를 요구함

대표관료제의 특징

1. 내부통제의 수단
2. 비공식적 통제
3. 수직적 공평성의 확보
4. 실질적이고 적극적인 기회균등

객관적 책임과 주관적 책임

1. **객관적 책임**: 외부로부터 부과된 의무에 대한 책임
2. **주관적 책임**: 관료의 내면적 기준에 의한 스스로의 책임

6 대표관료제

1. 의의

(1) 사회를 구성하는 주요 집단의 인구 비례에 따라 정부 관료를 충원하여, 정부 내의 모든 계급에 비례적으로 배치하는 인사행정제도

(2) 정부 관료가 사회의 모든 계층과 집단에 공평하게 대응할 수 있도록 하여 소외되는 집단 없이 평등한 행정이 가능함

(3) **학자**
  ① **킹슬리(Kingsley)**: 「대표관료제」(1944)를 발표하였고, 관료제의 구성적 측면을 강조하며, 진정한 관료제는 사회 내의 지배적인 여러 세력을 그대로 반영하는 대표관료제라고 정의함
  ② **크랜츠(Kranz)**: 관료제의 개념을 비례대표까지 확대하여 관료제 내의 모든 직무분야와 계급의 구성 비율을 총인구 구성 비율에 상응하게 분포시켜야 한다고 주장함
  ③ **모셔(Mosher)**: 적극적 대표관료제와 소극적 대표관료제로 분류하였으며, 대표의 적극적 측면에 대해 의문을 제기함

2. 기본 전제

(1) **진보적 평등이념**: 평등을 근본적이고 의도적인 공평성으로 보고, 기회가 모든 사람에게 평등하게 주어지려면 개인들 사이에서 발생하는 자연적 불평등을 정부가 보상해 주어야 한다고 주장함

(2) **"피동적 대표가 능동적 대표를 보장한다."**
  ① **피동적 대표성(소극적 대표)**: 형식적인 비례분포로, 인적 구성을 사회 내 세력분포의 비율과 동일하게 구성함
  ② **능동적 대표성(적극적 대표)**: 실질적인 대표기능으로, 선발된 대표관료들이 관료조직 내에서 출신 집단의 가치와 이익을 반영함

(3) **관료들의 주관적 책임**: 관료들의 객관적 책임은 비현실적이며, 관료들은 자신의 출신집단의 이익을 반영하기 위하여 주관적이고 내면적인 책임을 가짐

3. 장점

(1) **정부 관료제의 대응성·책임성·민주성 확보**
  다양한 사회집단의 참여를 통해 관료들이 국민의 다양한 요구에 반응하게 하여 정부의 대응성과 책임성을 제고시키고, 관료제의 민주화에 기여함

(2) **정부에 대한 효율적인 내부통제 강화**
  사회집단의 대중통제를 정부 관료제에 내재화시킴으로써 관료집단의 내부통제를 강화함

(3) **사회적 형평성 제고 및 실질적 평등의 확보**
  소외계층에게 공직진출에의 실질적 기회를 보장하여 결과의 평등과 수직적 형평성 확보에 기여함

4. 단점

(1) 관료의 재사회화 경시
① 관료가 공직임용 후 새로운 사회화 과정을 거침으로써 임용 전 소속계층의 가치보다 임용 후의 조직의 영향을 받아 조직 내의 가치를 더 중시할 수 있음
② 피동적 대표성이 능동적 대표성으로 연결될 가능성이 낮음

(2) 역차별과 사회분열 문제
수직적 형평성은 확보하였지만, 실적주의라면 충분히 합격할 수 있는 유능한 인재가 할당제로 인해 임용이 되지 못하면서 수평적 형평성의 침해가 문제될 수 있고 이는 사회집단 간 갈등과 분열을 야기함

(3) 실적주의와의 갈등
대표관료제는 사회적 대표성을 고려하는 임용으로 능력과 업적에 따른 인사관리를 강조하는 실적주의와 갈등이 생김

(4) 기술상의 문제
정부 관료 수에 맞추어 계층 및 집단의 비율을 정확하게 반영하기 어려운 기술상의 한계가 있음

5. 대표성 확보방안

(1) 대표성 확보방안
① 적극적 모집과 교육훈련, 근무성적평정, 승진과 배치전환 등에서 차별을 배제하고 임용할당제를 적용함
② 적극적 조치
　㉠ 여성이나 흑인 등 사회적 약자·소외계층에게 공무원이 될 수 있는 기회를 확대하기 위하여 일정비율을 할당하는 제도
　㉡ 남성이나 백인 등 미국의 기득권세력이 역차별을 당한다는 비판을 받음

(2) 우리나라의 대표성 확보제도
① 양성평등채용목표제(2003): 성비 불균형의 해소를 위해 채용 비율을 설정한 제도
② 장애인의무고용제: 장애인의 고용 촉진과 경제 능력 향상을 목적으로 국가 및 지방자치단체의 장은 장애인을 정원의 3.4% 이상 고용할 의무를 설정한 제도
③ 지역인재 추천채용(2005): 우수인재를 공직에 유치하고자 학업 성적이 우수한 대학졸업자 혹은 졸업예정자를 선발하여 수습으로 일정 기간 근무하게 한 뒤, 성과를 반영하여 우수자는 6급 이하의 공무원으로 특별채용하는 제도

「국가공무원법」 제26조 【임용의 원칙】
공무원의 임용은 시험성적·근무성적, 그 밖의 능력의 실증에 따라 행한다. 다만, 국가기관의 장은 대통령령등으로 정하는 바에 따라 장애인·이공계전공자·저소득층 등에 대한 채용·승진·전보 등 인사관리상의 우대와 실질적인 양성 평등을 구현하기 위한 적극적인 정책을 실시할 수 있다.

기타 대표성 확보방안
1. 취업보호대상자 우대제도, 이공계출신 채용목표제, 지역대학할당제 등이 대표성 확보제도와 유사한 맥락
2. 9급 공개채용 시 선발인원의 1% 이상을 2년 이상 된 국민기초생활수급자 중에서 의무적으로 선발하는 저소득층 구분 모집제 시행
3. 국가유공자 우대제도의 경우, 국가에 대한 공로를 인정하여 채용 시 우대하는 제도로서 대표관료제와는 거리가 있는 제도

1 의의

1. 개념

균형적인 인사운영, 인력의 효율적인 활용, 공무원의 능력발전 등을 위하여 정부의 인사 관련 업무를 전문적으로 총괄하는 행정기관

2. 필요성

(1) 인사행정의 조정과 통제의 효율적 수행

(2) 국가 규모의 확대로 전략적 인적자원관리 필요

(3) 인사행정의 통일성과 전문성 확보

(4) 공무원의 권익을 보호하고, 실적주의와 직업공무원제를 확립하기 위한 전제조건

(5) 엽관주의를 극복하고 인사행정의 공정성과 중립성 확보

　　예 1883년 미국의 「팬들턴(Pendleton)법」에서 설치한 연방인사위원회

3. 유형

구분	합의성	단독성
독립성	독립합의형	독립단독형
비독립성	비독립합의형	비독립단독형

(1) 독립합의형

① 일반적으로 행정부에서 분리되어 있으며, 행정수반으로부터 독립된 지위를 가짐

② 미국의 연방인사위원회(1883년~1978년), 실적제도보호위원회(MSPB, 1978년 이후) 등이 대표적임

(2) 비독립단독형

① 행정수반에 의하여 임명된 한 사람의 기관장이 의사결정을 하는 형태

② 우리나라의 국무총리소속의 인사혁신처, 1978년 이후의 미국 인사관리처(OPM) 등이 대표적임

4. 성격

(1) 독립성

① 개념: 인사에 관한 결정과 집행이 다른 압력으로부터 얼마나 자유로운가를 의미함

② 장점

　　㉠ 인사행정의 중립성을 확보함

　　㉡ 잦은 공직교체에서 오는 행정의 단절을 방지함

중앙인사행정기관의 의의

중앙인사행정기관에는 각 부처의 인사기능을 부분적으로 행사하는 부처인사기관(총무과 또는 운영지원팀 내 인사부서)은 포함되지 않음

실적주의와 중앙인사행정기관

실적주의가 확립되면 중앙인사행정기관의 존재가치가 낮아지며, 이러한 입장에서 최근의 적극적 인사행정은 인사권의 분권화가 나타나는 경향이 강함

미국의 중앙인사행정기관

1. 인사관리처(OPM; Office of Personnel Management): 인사행정 전반에 관하여 대통령에게 직접 조언할 수 있는 막료적 기능이 있고, 인사권한을 각 부처에 이양하여 인사행정의 분권화를 도모하며, 각종 인사행정에 관한 규제를 완화하는 기능을 수행함

2. 실적제도보호위원회(MSPB; Merit System Protection Board): 공무원의 신분보장 및 고충처리 등 공무원의 권리보호에 역점을 두고, 준사법적 권한을 가짐

3. 연방노사관계청(FLRA; Federal Labor Relation Authority): 연방행정기관 내의 노사분쟁의 재결기능을 담당함

핵심 OX

중앙인사행정기관의 독립성 강화는 타 기관으로부터의 통제를 확대할 수 있다.
(O, ×)

답 × 타 기관으로부터의 통제 확보가 어려움

③ **단점**
  ㉠ 행정수반이 공무원의 인사를 통제하기 어려움
  ㉡ 정책의 일관성 유지가 힘들 수 있음
  ㉢ 독립된 기관에 대해서는 책임을 묻기 곤란함

(2) 합의성
  ① **개념**: 인사행정의 공정성을 확보하기 위하여, 의사결정이 위원장과 위원들의 합의를 필요로 하는가를 의미함
  ② **장점**
    ㉠ 결정의 편향성 배제가 가능함
    ㉡ 위원들의 교차임명을 통하여 인사정책 및 관리활동의 지속성을 기할 수 있음
  ③ **단점**
    ㉠ 의사결정에 많은 시간이 소요됨
    ㉡ 책임소재가 모호함
    ㉢ 타협적인 결정이 이루어질 수 있음

(3) 집권성
  ① **개념**: 통일된 인사원칙을 위해서 각 부처의 인사권한을 중앙인사행정기관에 집중시키는 것을 의미함
  ② **집권성 주장**
    ㉠ 통제의 용이
    ㉡ 인사행정의 통일성 확보
    ㉢ 효율적이며 규모의 경제 실현
    ㉣ 분권적일 경우 소속부처의 편의와 이해관계를 따르기 쉬움
  ③ **분권성 주장**
    ㉠ 융통성 있는 인사관리 가능
    ㉡ 부처사정에 대한 지식 활용
    ㉢ 인사행정의 분권화는 적극적인 인사행정을 가능하게 함

5. 기능

(1) 전통적 기능
  ① **준입법적 기능**: 관계 법률의 범위 안에서 인사 규칙을 제정
  ② **준사법적 기능**: 위법 혹은 부당한 처분을 받은 공무원의 이의신청을 재결
  ③ **기획 기능**: 인력 계획 수립 등 인사 기획 수행
  ④ **결정 및 집행 기능**: 실질적인 인사행정에 대한 결정과 사무를 집행
  ⑤ **감사 기능**: 각 부처 인사기관에 대한 감사와 통제 기능

(2) 발전방향
  ① 자문기능의 강화
  ② 준입법권의 약화에 따른 인사 기능의 분권화를 도모
  ③ 새로운 인사관리제도의 연구기능이 필요

2 우리나라의 중앙인사기관

1. 인사혁신처(비독립단독형)

(1) 의의

① 인사혁신처는 국무총리 소속의 비독립단독형으로서 우리나라의 중앙인사행정기관

② 공무원의 인사정책 및 인사행정운영의 기본방침을 정하고 인사 관계 법령의 제정과 개폐를 관장하는 입안기관

③ 고위공무원단에 속하는 공무원의 채용과 고위공무원단으로 승진하는 기준에 관한 사항에 관여하는 기관

(2) 하부조직 및 소속기관

① **하부조직**: 운영지원과, 인사혁신국, 인력개발국, 성과복지국, 윤리복무국

② **소속기관**: 국가공무원인재개발원, 소청심사위원회

2. 소청심사위원회(인사혁신처 소속)＊

(1) 인사혁신처 소속의 상설 합의제 기관

(2) 행정부 소속 공무원의 징계처분 기타 그 의사에 반하는 불리한 처분이나 부작위에 대한 소청을 심사·결정하는 준사법적 의결기관

소청 대상	• 징계처분, 기타 의사에 반하는 불리한 처분이나 부작위: 강임, 휴직, 직위해제, 면직, 전보 등 • 청구 대상이 아닌 것: 근평결과, 승진탈락, 변상명령 등의 불만족사항
결정의 효력	• 구속력 인정 → 처분청의 행위 • 행정소송의 필수적 전심절차: 행정소송은 소청심사위원회의 심사·결정을 거치지 않으면 제기할 수 없음
구성	• 위원장(차관급 정무직) 1인을 포함한 5~7인의 상임위원과 상임위원 수의 2분의 1이상인 비상임위원(현재 상임 5인, 비상임 4인) • 임기: 상임위원 3년(1차에 한해 연임), 비상임위원 1년

3. 징계위원회

(1) 중앙징계위원회

① 국무총리소속이며 위원장은 인사혁신처장

② 고위공무원단 소속 공무원, 5급 이상 공무원, 연구관 및 지도관, 우정2급 이상 공무원 등의 징계 등 사건의 심의·의결

③ 중앙행정기관 소속 6급 이하 공무원 등에 대한 중징계

(2) 보통징계위원회

① 5급 이상 공무원을 장으로 하는 소속행정기관

② 6급 이하 공무원, 연구사 및 지도사

4. 고충심사위원회

(1) 5급 이상

중앙고충심사위원회 담당(소청심사위원회가 그 기능을 관장함)

(2) 6급 이하

각 부처의 보통고충심사위원회 담당

Focus on 소청심사와 고충처리의 비교

구분		소청심사	고충처리
유사점		공무원의 권익을 보호함	
차이점	법령근거	국가공무원법	국가공무원법, 공무원고충처리규정
	대상	징계처분 그 밖에 그 의사에 반하는 불리한 처분이나 부작위 (신분상의 불이익처분)	인사·조직·처우 등 각종 직무 조건과 그 밖에 신상 문제 (상대적으로 범위가 넓음)
	내용	처분의 적법성 여부를 판단하는 준사법적 기능으로, 불만이나 부당한 사항은 대상이 되지 않음	직무 조건과 각종 신상 문제에 대해 부당 또는 불만 사항을 시정할 수 있도록 관리
	청구	직접적·구체적 이익의 침해가 있어야 청구 가능	심리적 불만으로도 청구 가능
	청구기한	처분사유설명서를 받은 날 또는 처분이 있은 것을 안 날로부터 30일 이내	–
	기관	소청심사위원회 (높은 독립성)	고충심사위원회 (상대적으로 낮은 독립성)
	결정	재적위원 2/3 이상 출석과 출석위원 과반수	재적위원 과반수
	결정기한	60일 이내(30일 연장 가능)	30일 이내(30일 연장 가능)
	기속력	위원회의 결정은 처분행정청을 기속	기속력 없음

3 각국의 중앙인사행정기관

구분	독립·합의제 (기획, 선발, 준입법, 준사법적 기능)	비독립·단독제 (집행 기능)
미국	MSPB(실적주의 보호위원회)	OPM(인사관리처)
영국	CSC(인사위원회)	인사관리국
일본	NPA(인사원)	총무청 인사국
한국	–	인사혁신처

미국 중앙인사기관의 변화

1. 1883 「팬들턴(Pendleton)법」의 제정으로 독립·합의제 기관인 연방인사위원회(FCSC) 설치
2. 1978 카터(Carter) 행정부의 「공무원제도개혁법」의 제정으로 연방인사위원회가 분리
   - 실적제 보호위원회(MPBS; Merit system Protection Board): 독립·합의제
   - 인사관리처(OPM; Office of Personnel Management): 비독립·단독제
   - 연방노동관계청(FLRA; Federal Labor Relation Authority): 비독립·합의제

PART 4 인사행정론 2021 해커스공무원 쉬운 행정학

CHAPTER 2 공직의 분류

THEME 061 공직분류의 의의 ★☆☆

1. 개념

공직분류란 사람(공무원)과 직위(일)를 일정한 기준에 따라 구분하여 작업구조를 형성하는 것을 의미함

2. 목적

(1) 공무원의 채용·승진·인사이동 및 성과와 보상의 공평성 확보

(2) 인적 자원의 효율적 관리

3. 유형

경력직과 특수경력직, 국가직과 지방직, 계급제와 직위분류제, 폐쇄형과 개방형

4. 임용주체에 따른 공직의 분류

(1) **국가공무원**

중앙정부의 업무를 수행하는 공무원

(2) **지방공무원**

지방자치단체에 의해 임명되거나 선거에 의해 취임하여 지방의 업무를 수행하는 공무원

THEME 062 경력직과 특수경력직 ★★☆

1 경력직 – 일반직, 특정직

1. 의의

실적과 자격에 따라 임용되고 그 신분이 보장되며 평생 동안 공무원으로 근무할 것이 예상되는 공무원

2. 일반직공무원

(1) 기술·연구 또는 행정 일반에 대한 업무를 담당하는 공무원

(2) 행정일반, 기술 분야, 연구·지도직 공무원

(3) 행정직·기술직은 1급 ~ 9급, 연구·지도직 공무원은 연구관과 연구사, 지도관과 지도사로 2계급

(4) 국회전문위원(일반직 2급), 감사원 사무차장

> **Level up** 임기제 공무원과 시간선택제 공무원
>
> **1. 임기제 공무원**
>   임용권자는 전문지식·기술이 요구되거나 임용관리에 특수성이 요구되는 업무를 담당하게 하기 위하여 경력직공무원을 임용할 때에 일정기간을 정하여 근무하는 공무원을 임용할 수 있음
>
> **2. 시간선택제 공무원**
>   ① 유연근무제도의 실현과 일자리나누기정책의 구현을 위해 2014년부터 도입됨
>   ② 국가기관의 장은 업무의 특성이나 기관의 사정 등을 고려하여 소속 공무원을 대통령령 등으로 정하는 바에 따라 통상적인 근무시간보다 짧게 근무하는 공무원으로 임용할 수 있음
>   ③ 시간선택제 채용공무원을 통상적인 근무 시간동안 근무하는 공무원으로 임용하는 경우에는 어떠한 우선권도 인정하지 않음

3. 특정직공무원

(1) 특수분야의 업무를 담당하는 공무원으로서 다른 법률이 특정직공무원으로 지정하는 공무원

(2) 법관(대법관 포함), 검사(검찰총장 포함), 외무공무원, 경찰공무원(경찰청장 포함), 소방공무원, 교육공무원, 군인, 군무원, 헌법재판소 헌법연구관, 국가정보원 직원, 경호 공무원 등이 해당됨

(3) 공무원의 비율 중 가장 많은 비중을 차지하며, 신분이 보장된다는 점에서 일반직 공무원과 같음

(4) 계급정년제가 적용되는 경우가 있음

(5) 외무공무원은 계급을 전면적으로 폐지하고, 직무등급을 적용함

> **Level up** 전문경력관 제도(전문경력관 규정 – 대통령령)
>
> **1. 의의**
>   일반직공무원 중 계급 구분과 직군 및 직렬의 분류를 적용하지 않는 특수 업무 분야에 종사하는 공무원
>
> **2. 지정**
>   소속장관은 일반직공무원의 직위 중 순환보직이 곤란하거나 장기재직 등이 필요한 특수 업무 분야의 직위를 인사혁신처장과 협의하여 전문경력관직위로 지정함
>
> **3. 직위의 구분**
>   직무의 특성과 난이도, 숙련도 등에 따라 가, 나, 다군으로 구분함
>
> **4. 전직**
>   임용권자는 전직시험을 거쳐 전문경력관을 다른 일반직공무원으로 전직시키거나 다른 일반직공무원을 전문경력관으로 전직시킬 수 있음

📖 **기출 체크**

01 (   )안에 들어갈 말을 바르게 나열한 것은? 2016년 국가직 7급

> 『국가공무원법』상 행정각부의 차관은 (ㄱ)공무원 중 (ㄴ)공무원이다.

① ㄱ - 경력직, ㄴ - 일반직
② ㄱ - 경력직, ㄴ - 특정직
③ ㄱ - 특수경력직, ㄴ - 별정직
④ ㄱ - 특수경력직, ㄴ - 정무직

🖭 ④ 행정 각부의 장관과 차관은 특수경력직 공무원 중 정무직공무원에 해당

02 정무직 공무원과 직업관료 간의 일반적인 성향 차이에 대한 내용으로 옳지 않은 것은? 2017년 지방직 9급

① 정무직 공무원은 재임기간이 짧기 때문에 정책의 필요성이나 성패를 단기적으로 바라보지만, 직업관료는 신분보장이 되어 있기 때문에 장기적으로 바라보는 경향이 있다.
② 정무직 공무원은 행정수반의 정책비전에 따른 변화를 추구하고, 직업관료는 제도적 건전성을 통한 중립적 공공봉사를 중시한다.
③ 정무직 공무원은 직업적 공무원(professionalism)에 따라 정책문제를 바라보고, 직업관료는 정치적 이념에 따라 정책문제를 정의한다.
④ 정책대안을 평가할 때 정무직 공무원은 조직 내부의 이익보다 정치적 반응에 더 큰 비중을 두고, 직업관료는 본인이 소속된 기관의 이익을 중시하는 경향이 있다.

🖭 ③ 설명이 반대로 되어 있음

2 특수경력직 – 정무직, 별정직

1. 의의

(1) 경력직공무원 이외의 공무원으로서, 계급이 없으며 신분보장이 되지 않는 공무원

(2) 정치적 임용이 필요하거나 특수한 직무를 담당하는 경우 실적주의와 직업공무원제의 획일적인 적용을 받지 않음

(3) 단, 「국가공무원법」에 규정된 보수 및 복무규율은 적용

2. 정무직공무원

(1) **선거에 의하여 취임하는 공무원**

대통령, 국회의원, 자치단체의 장, 지방의회의원, 교육감 등

(2) **국회의 동의나 정치적 판단에 의하여 임명하는 공무원**

국무총리, 감사원장, 헌법재판소장, 헌법재판소 재판관, 중앙선거관리위원회 위원, 국가정보원장

(3) **기타**

고도의 정책결정 업무를 담당하거나 이러한 업무를 보조하는 공무원

3. 별정직공무원

(1) 특정한 업무를 담당하기 위하여 별도의 자격 기준에 의하여 임용하는 공무원

(2) 국회수석전문위원(1급 상당), 헌법재판소 헌법연구관보, 국가정보원 기획조정실장, 국회의원 비서관, 비서 등

(3) 별정직공무원은 일반직공무원에 비해 상대적으로 전문성은 강하지만, 신분보장이 약하며 인사교류나 승진이 어려움

인사청문의 구속력

헌법재판소 판례에 의하면 대통령이 청문회의 결정을 정치적으로 존중하느냐의 문제이지 법적인 문제는 아니라고 함

🏛 **기출 체크**

우리나라 고위공직자의 인사청문제도에 대한 설명으로 옳지 않은 것은?

2009년 국가직 7급

① 국무위원 후보자는 국회 인사청문의 대상이다.
② 국회는 임명동의안이 제출된 날로부터 20일 이내에 인사 청문을 마쳐야 한다.
③ 국회에 제출하는 임명동의안 첨부서류에는 최근 5년간의 소득세·재산세·종합토지세의 납부 및 체납실적에 관한 사항이 포함되어 있다.
④ 인사청문특별위원회 위원장은 인사청문경과를 국회 본회의에 보고한 후, 대통령에게 인사청문경과보고서를 송부한다.

🔖 ④ 원칙적으로 국회의장이 대통령에게 인사청문경과를 보고함

> **Level up** 국회의 인사청문 대상 공직자
>
> **1. 의의**
>   ① 국회 차원에서 공무원의 적격성 여부를 사전에 검증하는 제도
>   ② 인사청문특별위원회의 인사청문과 소관 상임위원회의 인사청문을 구분함
>
> **2. 인사청문 대상 공직자**
>   ① 헌법에 의하여 그 임명에 국회의 동의를 요하는 직위: 인사청문특별위원회의 인사청문으로 인사청문특별위원회 및 본회의의 의결을 거치며 대정부 구속력이 있음
>   ㉔ 대법원장, 헌법재판소장, 국무총리, 감사원장, 대법관 및 국회에 선출하는 헌법재판관·중앙선거관리위원회 위원 등
>   ② 개별법에 의하여 국회의 인사 청문을 거치는 직위: 소관 상임위원회에서 인사 청문을 실시하며 대정부 구속력이 없음
>   ㉔ 국가정보원장, 국세청장, 검찰총장, 경찰청장, 대통령 임명·대법원장 지명 헌법재판관·중앙선관위 위원, 장관 등
>   ③ 헌법재판소 판례에 따르면 개별법에 의하여 인사청문을 실시할 경우 대통령에 대한 법적 구속력이 없음

1 개방형 인사제도와 폐쇄형 인사제도

1. 의의

(1) 개방형 인사제도

① **개념**: 계급과 직위를 불문하고 공직에 적합한 자를 정부 내외에서 공개적으로 채용하는 제도로서 모든 계급이나 직위에서 신규채용이 허용됨

② **목적**: 공직임용에 있어 민관 전문가들 사이에 경쟁체제를 도입하여 전문성이 있는 사람을 공직에 채용하고자 하는 제도

(2) 폐쇄형 인사제도

신규채용이 최하위 계층에서만 허용되고, 나머지는 승진을 통하여 내부에서만 임용되는 제도

2. 개방형 인사제도와 폐쇄형 인사제도의 비교

구분	개방형 인사제도	폐쇄형 인사제도
신분보장	신분 불안정	신분보장(법적보장)
신규임용	전 등급에서 허용	원칙적으로 최하위직에서만 허용
승진임용 기준	외부임용	내부임용
임용자격	전문능력	일반능력
직위분류 기준	직위, 직무 중심	직급, 사람 중심 (능력, 자격, 학력 등)
채택국가	미국, 캐나다 등	영국, 독일, 프랑스, 일본, 우리나라 등
장점	• 행정의 민주성·대응성·전문성 제고 • 공직의 침체 방지 • 우수한 인재의 등용 가능 • 경쟁체제의 강화로 공무원의 자기 개발 노력 촉진	• 승진기회의 확대로 사기 제고 • 신분보장이 강화되어 행정의 안정성 유지 가능 • 직업공무원제 확립에 기여
단점	• 재직자의 승진이 곤란하여 사기 저하 우려 • 조직의 응집력 약화 • 신분보장이 곤란하여 안정성 저해 • 직업공무원제의 확립 저해 • 행정의 책임성 저하	• 공직의 무사안일 초래 • 행정의 전문성 저해 • 민주적인 통제 곤란 • 정책변동에 필요한 인재의 채용 곤란

핵심 O×

개방형 직위의 지정범위는 소속 장관이 인사혁신처장과 협의하여 결정한다.

(O, ×)

답 O

2 우리나라의 개방형 직위제도

1. 개방형 직위의 지정

(1) 임용권자 또는 임용제청자는 당해 기관의 직위 중 '전문성'이 특히 요구되거나 '효율적인 정책수립'을 위하여 필요하다고 판단되어 공직 내부 또는 외부에서 적격자를 임용할 필요가 있는 직위에 대하여는 개방형 직위로 지정하여 운영할 수 있음

(2) 지방자치단체는 지정대상을 1급 내지 4급에서 1급 내지 5급으로 확대하여 폭넓게 활용이 가능함

(3) 각 부처 및 지방자치단체의 개방형 직위 지정·변경 등에 있어 인사혁신처와 사전에 협의하도록 하던 것을 폐지하였다가 다시 의무화함(2013.12.)

2. 지정범위

(1) 소속장관은 고위공무원단 직위 총수의 20%의 범위 안에서 개방형 직위를 지정하되, 중앙행정기관과 소속기관 간에 균형을 유지하여야 함

(2) 소속장관은 실장·국장 밑에 두는 보조기관 또는 이에 상당하는 직위(과장급 직위) 총수의 20%의 범위 안에서 개방형 직위를 지정하여야 함

(3) 개방형 직위를 지정하는 경우 그 실시 성과가 크다고 판단되는 기관, 공무원의 종류 또는 직무 분야 등을 고려해야 함

3. 지정기준

전문성, 중요성, 변화 필요성, 조정 필요성, 쇄신성 등

4. 임용절차

(1) 선발심사위원회는 개방형 직위의 임용 예정인 직위별로 2인 또는 3인의 임용후보자를 선발하여 소속장관에게 추천하고, 소속장관은 그 중에서 임용하여야 함

(2) 인사혁신처의 심사대상자가 있는 경우 인사혁신처의 심사를 거쳐야 함

3 공모직위제도

1. 의의

(1) 해당 기관의 직위 중 '효율적인 정책 수립 또는 관리'를 위하여 공직 내의 부처 내외에서 공개모집을 통하여 적격자를 선발하는 제도

(2) 공직 내외에서 적격자를 선발하는 개방형 직위와는 다름

2. 우리나라의 공모직위제도

(1) 공모직위의 지정

① 소속장관은 경력직공무원으로 보할 수 있는 고위공무원단 직위 총수의 30% 내에서 공모직위를 지정하고, 중앙행정기관과 소속기관의 균형을 유지해야 함

② 결원 및 보직관리를 할 때 필요하다고 인정되는 경우에는 과장급 이하 직위를 공모직위로 지정할 수 있음

③ 경력직공무원으로 보할 수 있는 과장급 직위 총수의 20% 이내에서 공모직위로 의무적으로 지정하여야 함

(2) 선발시험

① 경력직고위공무원, 고위공무원으로 승진요건을 갖춘 일반직공무원, 고위공무원으로 임용요건을 갖춘 연구관 또는 지도관이 대상

② 공개모집에 의한 시험을 거쳐 적격자를 선발함

③ 선발심사위원회를 구성하여 서류전형과 면접시험으로 모집시험을 실시함

(3) 임용 및 보직관리

① 전보, 승진, 전직 또는 경력경쟁채용(특별채용)등의 방법으로 임용

② 임용된 날로부터 2년 이내에 다른 직위에 임용될 수 없음

| Focus on | 개방형 직위제도와 공모직위제도의 비교 |

구분	개방형 직위제도	공모직위제도
대상 직위	전문성이 요구되거나 효율적인 정책수립을 위하여 필요하다고 판단되는 직위	효율적인 정책수립 또는 관리를 위하여 적격자를 임용할 필요가 있는 직위
경쟁 범위	공직 내외에서 경쟁(단, 경력개방형 직위는 공직 외부에서만 임용)	공직 내에서 부처 내외 경쟁
공모대상	• 공직 내·외부 • 고위공무원단 직위 총수의 20%, 과장급 직위의 20% 이내	• 내부(행정부 내부, 부처 내·외부) • 경력공무원으로 임용가능한 고위공무원단 직위 총수의 30%, 과장급 직위의 20% 이내
대상 직종	일반직·특정직·별정직공무원으로 보할 수 있는 고위공무원단 직위	일반직·특정직공무원으로 보할 수 있는 고위공무원단 직위
임용기간	최장 5년 범위 내 최소 2년 이상 (임기제공무원은 최소 3년 이상)	상한의 제한 없음
지방자치단체	• 광역: 1~5급 직위의 10% 이내 • 기초: 2~5급 직위의 10% 이내	도입(지정범위와 지정비율은 임용권자가 정함)

1 의의

1. 개념

(1) 고위공무원단(SES: Senior Executive Service)이란 고위공무원들의 자질향상과 정치적 대응능력을 높이고 업무의 성취동기를 부여하기 위하여 공직체계 중 일부 고위직을 중하위직과 구별하여 운영하는 시스템

(2) 계급제와 직위분류제의 장점을 결합하기 위한 성과관리, 경쟁성, 외부 개방성, 통합적 시야, 부처 간 이동성 등이 특징인 통합적 인사시스템

2. 도입배경

(1) 1978년 미국의 카터(Carter) 행정부에서 개방형 인사제도의 일환으로 도입된 것이 시초

(2) 고급공무원을 외부로부터도 자유롭게 채용하여 부처 간의 이동을 가능하게 함으로써 엄격한 실적주의의 소극성을 극복하기 위한 제도로 도입함

3. 필요성

(1) **성과관리 운영기반의 확립**

연공서열식으로 승진 및 임용이 이루어지는 계급제하의 비탄력적 인적자원관리의 개혁과 고위직 공무원의 성과관리 운영기반을 확립

(2) **관료정치의 폐해 극복과 민주정치의 가능성 증대**

기존 고위직 공무원들이 변혁적이고 개혁적인 정치집행부를 좌절시키는 부작용을 방지

(3) **부처 할거주의의 타파**

행정의 복잡성과 다양성으로 인해 부처 간 협조 및 조정이 필요하고 부처 간의 업무 협조가 원활히 이루어지지 않는 문제를 해결하고자 고위공무원단 제도가 필요

(4) **고위공무원의 전략적 육성**

정부 역량 강화를 위해 고위직 공무원의 전문적 인력관리가 필요

4. 효용

(1) 부처이기주의 타파와 부처 간의 조정과 협력이 용이함

(2) 직무능력과 성과를 제고시키는 관리가 가능함

(3) 인력풀을 통한 고위공무원의 탄력적 활용이 가능함

(4) 외부의 유능한 인재 유치가 가능함

(5) 고위공무원의 범정부적·통합적 시야를 확보함

할거주의

관료제의 구조적 특성 때문에 조직 구성원들이 자신이 소속된 기관과 부서만을 생각하고, 다른 부서에 대해서는 배려하지 않는 편협한 태도를 취하는 현상

고위공무원단제도의 핵심요소

1. 범정부적 시야
2. 개방과 경쟁
3. 성과와 책임
4. 능력발전

5. 문제점

(1) 정실임용 등 관료제의 정치화 문제가 발생할 수 있음

(2) 고위공무원의 기관 간 유동성이 실제로 크게 제고되지 않음

(3) 행정부문의 성과측정이 본질적으로 제약됨

(4) 정체성과 응집력이 약화됨

(5) 가시적 성과를 낼 수 있는 부서의 선호현상이 발생함

2 외국의 고위공무원단제도

1. 미국의 SES(Senior Executive Service)

(1) 배경

1978년 카터(Carter) 행정부에서 개방형 인사제도의 일환으로 도입함

(2) 특징

① 직위분류제에 계급제적 요소를 가미함

② 정부기관 내 또는 기관 간의 자유로운 횡적 이동으로 인사관리의 탄력성과 신축성을 확보함

③ 일반행정가 양성에 기여함

④ 비경력직공무원은 일정한 기간만 근무할 수 있게 하여 직업공무원제의 요소를 완전히 받아들인 것은 아니지만, 고위공무원단 소속의 경력직공무원은 고위공무원단에서 해임되더라도 신분이 유지되기 때문에 직업공무원제와 유사함

2. 영국의 SCS(Senior Civil Service)

(1) 배경

폐쇄적인 계급구조로 공무원 집단의 전문성이 약하고, 직급중심 피라미드형 계급구조로 전문가의 영입이 어렵다는 문제를 해결하기 위하여 도입함

(2) 목적

범정부적으로 연계성·통합성을 높이는 한편, 전문성 제고로 정부의 효율성을 극대화하고자 함

3 우리나라의 고위공무원단제도(노무현 정부 2006.7.1. 시행)

1. 의의

(1) 정부정책에 핵심적인 역할을 수행하는 실·국장급 고위공무원을 범정부적 차원에서 폭 넓게 활용할 수 있도록 통합·관리하는 제도

(2) 고위공무원들의 자질 향상 및 안목 확대, 부처 간 정책조정 및 협의 촉진, 업무의 성취동기를 부여하기 위하여 국가공무체계 중 이들을 중하위직과 구별하여 인사혁신처에서 별도로 관리·운영함

고위공무원단의 포함 범위

구분	포함	제외
직종	• 국가직 • 일반직 • 별정직 • 특정직 중 외무직	• 지방직 • 정무직 • 특정직 중 경찰, 소방, 군인 등
기관	• 중앙행정 기관 • 행정부 각급 기관	헌법상 독립기관(국회, 법원, 헌재, 중앙선관위 등)
정부	• 광역자치단체 행정부지사·행정부시장 • 지방교육행정기관 부교육감	• 광역자치단체 정무부지사·정무부시장 • 기초자치단체(시·군·구)의 부단체장

(3) 현행 1~3급(일부)의 경우 계급 구분이 폐지되고 고위공무원단 소속으로 포함되어 부처 간 이동은 물론 지방자치단체(광역단체의 국가직 공무원)와 중앙부처 간의 인사교류가 이루어짐

2. 주요 내용

(1) 구성 및 정원관리

① 대상 직위
  ㉠ **중앙정부**: 중앙행정기관의 실·국장(보조기관) 직위의 일반직·별정직과 외무공무원 및 이에 상당하는 보좌기관과 행정부 각급 기관의 직위 중 실·국장에 상당하는 직위
  ㉡ **지방자치단체**: 자치단체의 지방직 공무원에는 아직 도입하지 않았지만, 지방자치단체 및 지방교육청에 근무하는 국가 고위공무원에는 적용함

② 소속 및 인사권
  ㉠ **소속**: 고위공무원단이 도입되면서 모든 실·국장급의 국가공무원은 '고위공무원단 소속 공무원'이 되므로 범정부적 관리의 대상이 됨
  ㉡ **인사권**: 각 부처 장관은 소속에 구애되지 않고 고위공무원단 전체에서 적임자를 임용 제청할 수 있고(임용은 대통령이 함), 이를 통해 각 부처에 배치된 고위공무원에 대해서는 현행과 같이 소속장관이 인사권과 복무감독권을 행사함

③ 정원관리방식(직무등급과 직위 중심)
  ㉠ 계급의 폐지 및 2등급의 직무등급과 직위 중심으로 전환함
  ㉡ 개방형직위(20%) + 부처 간 공모직위(30%) + 자율공모직위(50%)
  ㉢ '관리관', '이사관' 등의 신분적 계급 명칭 대신 '국장', '실장' 등의 직위 명칭으로 변경함

(2) 능력발전과 역량강화

고위공무원이 되기 위해서는 신규채용(외부임용), 승진임용 또는 전보(내부임용) 전에 인사혁신처가 실시하는 후보자교육 과정을 이수한 후, 역량평가를 통과하여야 함

① **능력발전 프로그램의 혁신**: 고위공무원단으로의 진입이 예상되는 각 부처의 핵심과장급을 대상으로 각 부처별 연간 평균 국장급 승진인원의 일정 배수에 해당하는 인원을 추천받아 교육을 실시함

② 역량평가 도입
  ㉠ 고위공무원단 제도 도입에 따라 고위공무원으로서 필요한 역량을 갖추었는지 사전에 검증하는 제도
  ㉡ 집단토론, 역할연기, 서류함기법 등을 활용하여 현실적 직무 상황에 근거한 행동을 관찰하고 업무를 성공적으로 수행할 수 있는 역량이 있는지 행동양식을 평가함
  ㉢ 효과
    ⓐ 고위직 대상자의 자질을 체계적으로 검증
    ⓑ 교육훈련의 수요예측 등의 능력개발 시스템 정립
    ⓒ 평가 자료의 인사운영 활용 등을 통하여 신뢰성 및 공정성 확보
    ⓓ 성과에 대한 대외변수의 통제를 통하여 개인역량의 객관적 평가

(3) 개방과 경쟁 촉진

① **개방형 직위제도**: 민간과의 경쟁을 촉진함

② **공모직위제도**: 부처 간의 경쟁을 촉진함

(4) 직무와 성과중심의 인사관리

① **직무성과계약제 도입**: 성과목표 및 평가기준을 직상급자와 합의하여 1년 단위의 성과계약을 체결, 고위공무원의 성과계약 등의 평가는 상대평가로 이루어짐

② **성과중심의 근무성적평정**: 성과계약의 평가(현행 5등급) 등으로 목표달성도를 평가함

③ **직무성과급제의 도입**: 기본연봉(기준급 + 직무급) + 성과연봉

④ 직무의 난이도와 중요도를 반영하여 직무등급에 따른 보수를 책정함

(5) 우수인력 선발 및 유지를 위한 검증시스템의 강화 - 적격심사

① **적격심사**

　㉠ 고위공무원단에 속하는 공무원에 대하여 소속장관은 적격심사 대상자에 대한 적격심사를 지체 없이 인사혁신처장에게 요구하여야 함

　㉡ 적격심사는 신분보장이 되는 경력직에 해당하며, 임기제공무원과 별정직공무원은 적격심사 대상이 아님

② **적격심사 대상**

　㉠ 총 2년 이상 근무성적평정에서 최하위등급의 평정을 받은 때

　㉡ 대통령령이 정하는 정당한 사유 없이 직위를 부여받지 못한 기간이 총 1년에 달한 때

　㉢ 근무성적평정에서 최하위 등급을 1년 이상 받은 사실이 있으면서 대통령령으로 정하는 정당한 사유 없이 6개월 이상 직위를 부여받지 못한 사실이 있는 경우

　㉣ **조건부 적격자**: 교육훈련을 이수하지 아니하거나 연구 과제를 수행하지 아니한 때

③ **경과 및 의결**: 사유가 발생한 날부터 6개월 이내에 실시

　㉠ 소속 장관은 소속 공무원이 적격심사 대상에 해당되면 지체 없이 인사혁신처장에게 적격심사를 요구하여야 함

　㉡ 고위공무원 임용심사위원회는 인사혁신처장이 적격심사 의결요구서를 접수하였을 때부터 30일 이내에 적격 여부를 의결하고, 부득이한 사유가 있는 경우에는 30일의 범위에서 연장할 수 있음

　㉢ 고위공무원 임용심사위원회에서 재적위원 과반수의 찬성으로 적격 여부를 의결함

　㉣ 부적격결정을 받은 자는 직권면직 시킬 수 있음

01 우리나라 고위공무원단제도에 대한 설명으로 옳지 않은 것은? 2011년 지방직 9급

① 국가의 고위공무원을 범정부적 차원에서 효율적으로 인사관리하기 위하여 도입하였다.
② 개방형 임용방법, 직위공모방법, 자율임용방법을 실시한다.
③ 국가공무원으로 보하는 부시장, 부지사, 부교육감 등은 해당되지 않는다.
④ 원칙적으로 직무성과급적 연봉제를 적용한다.

🖉 ③ 국가공무원으로 보하는 부시장, 부지사, 부교육감 등은 고위공무원단에 포함됨

02 고위공무원단제도에 대한 설명으로 옳지 않은 것은? 2016년 국가직 9급

① 전(全)정부적으로 통합 관리되는 공무원 집단이다.
② 계급제나 직위분류제적 제약이 약화되어 인사 운영의 융통성이 강화된다.
③ 고위공무원단에 속하는 모든 일반직 공무원의 신규채용 임용권은 각 부처의 장관이 가진다.
④ 성과계약을 통해 고위직에 대한 성과관리가 강화된다.

🖉 ③ 각 부처의 장관이 아닌 대통령의 권한

3. 고위공무원단제도의 도입 전·후 비교

구분	도입 전	도입 후
소속	각 부처	고위공무원단
인사 운영 기준	• 계급제 • 보수, 정원관리, 승진, 전보 등을 계급기준에 따라 운영	• 직무등급제 • 보수, 정원관리, 승진, 전보 등을 직위나 직무등급기준에 따라 운영
충원·보직 이동	• 부처 내 폐쇄적 임용 • 부처 내부 공무원을 연공서열에 따라 승진·전보시켜 충원 • 과장급은 별도 교육·검증 없이 국장으로 승진	• 부처 내외 개방적 임용 • 부처 내외 공무원 간 또는 공직 내외 경쟁을 통해 충원 • 과장급은 기본교육, 역량평가, 직위공모를 거쳐야 승진
성과 관리	• 연공서열 위주의 형식적 관리 • 목표관리제가 있으나 연공서열 위주로 형식적 운영	• 엄격한 성과관리 • 직무성과계약제에 따라 성과계약을 체결하고 평가결과에 따라 신분상 불이익 부여
보수	• 계급제적 연봉제 • 계급에 따라 보수 차등 • 성과의 차이에 따른 연봉 차이가 미미	• 직무성과급적 연봉제 • 직무의 난이도와 책임도에 따라 차등 • 성과 차이에 따라 연봉 차등 확대, 특별상여금 지급
자질·능력 평가	• 주관적·추상적 평가 • 다면평가 등 주관적 평가	• 역량평가제 • 역량모델을 과학적으로 설정하여 객관적·구체적 평가
교육 훈련	• 획일적 교육 • 교육프로그램이 다양하지 못하고, 능력발전 기회로 인식하지 못함	• 개별적·맞춤식 교육 • 부족한 역량과 자질을 파악하여 향상시키고, 개인이 처한 상황에 따른 맞춤형 교육
검증	• 인사 심사 • 채용·계급승진 시마다 인사 심사 (계급단계별 심사)	• 인사 심사 + 적격성 심사 • 고위공무원단 진입 시에만 심사하여 각 부처의 인사자율권 확대, 수시 적격 심사 실시
신분 관리	안정적 신분보장	엄격한 인사관리

THEME 065 계급제와 직위분류제 ★★★

1 계급제

1. 의의

(1) 공무원 개개인의 자격과 능력을 기준으로 계급을 설정하고, 이에 따라 공직을 분류하는 제도

(2) 계급제는 개인이 사회에서 차지하는 지위와 신분에 따라 공직을 계급으로 분류하는 제도

(3) 계급제는 과거 신분체계의 영향을 받아 4대 계급(행정·집행·서기·서기보)으로 분류하고 각 계급은 계층·학력과 밀접한 관련이 있음

2. 특징

(1) **일반행정가 지향**

자격과 능력을 갖춘 사람을 공직에 채용한 뒤 다양한 경험과 지식을 축적시켜 조직 또는 국가 전반의 시각에서 업무를 파악하고 처리할 수 있는 일반행정가를 지향함

(2) **폐쇄형 인사제도**

계급제는 공석이 생기면 내부의 동일한 계급 내에서 우선하여 임용하는 폐쇄적 충원체제를 가짐

(3) **탄력적인 인사 가능**

전직(직렬 간 이동)과 전보(동일직급 내 보직 간 이동)가 유연하게 이루어짐

(4) **엄격한 계층제와 수직적 경직성**

엄격한 계층제로 인해 수직적 이동의 경직성이 심하고 계급 간 승진이 어려워 한정된 계급범위에서만 승진이 가능함

3. 장점

(1) 조직 전체 인력활용의 융통성 및 효율성을 높일 수 있음

(2) 공무원의 신분안정과 개인의 장기적인 경력발전에 기여함

(3) 일반행정가의 육성에 유리하고 직업공무원제의 확립에 기여함

(4) 조직에서 갈등의 사후적인 조정이 용이함

(5) 조직설계의 변화와 장기적 조직발전 계획에 적응이 유리함

4. 단점

(1) 행정의 전문화에 부응하지 못함

(2) 인사관리의 주관성으로 인해 인사행정의 합리화 및 형평성의 제고가 어려움

(3) 엄격한 계급 구분의 경직성으로 공무원의 동기유발을 좌절시킴

(4) 신분보장으로 무사안일과 특권집단화 우려가 있음

계급

한 사람이 가지는 신분과 밀접한 관계가 있으며 그가 어떤 직위를 맡게 되든지 항상 따라다니며, 군대의 이병에서 대장까지의 계급체계가 전형적인 예에 해당함

일반행정가와 전문행정가

1. **일반행정가**: 특정 분야에 대한 전문지식보다는 행정 일반에 관한 지식이나 경험을 갖춘 행정가
2. **전문행정가**: 특정 분야에 대한 전문지식이나 경험을 갖춘 행정가

계급제의 탄력성과 경직성

1. **수평적 탄력성**: 인력의 배치전환이 용이하기 때문에 신축적·탄력적인 인사운영 및 활용이 가능
2. **수직적 경직성**: 계급 간 구분은 경직적인 구조로 일정 계급 이상의 승진이 어려워 직무동기유발을 좌절시킴

기출 체크

계급제의 장점에 대한 설명으로 옳지 않은 것은? 2017년 국가직 9급

① 공무원의 신분안정과 직업공무원제 확립에 기여한다.
② 인력활용의 신축성과 융통성이 높다.
③ 정치적 중립 확보를 통해 행정의 전문성을 제고할 수 있다.
④ 단체정신과 조직에 대한 충성심 확보에 유리하다.

답 ③ 실적주의의 특징에 해당함

(5) 적임자의 임용을 담보하지 못하여 능률성이 저하됨

(6) 한정된 범위 내에서만 승진이 가능함

2 직위분류제

1. 의의

(1) '직무'를 중심으로 공직구조를 체계화하고 이에 적합한 사람을 공무원으로 임용하는 제도

(2) 각 직위의 직무 특성·내용에 따라 유사한 직무를 수직적으로 분류한 후, 직무의 곤란도(난이도)·책임도가 유사한 직무를 수평적으로 분류함

(3) 직위분류제는 과학적이고 객관적인 공직분류방식으로, 인간 중심의 주관적인 공직분류방식인 계급제와 구별됨

구성요소의 범위

직위 < 직류 < 직렬 < 직군

2. 구성요소(「국가공무원법」 제5조)

구분		개념	예시
직위 (position)		한사람의 공무원에게 부여할 수 있는 직무와 책임	과장, 실장, 국장
직무 분석	직류 (sub-series)	동일한 직렬 내에서 담당분야가 유사한 직무의 군	행정직렬 내 일반행정직류와 법무행정직류
	직렬 (series)	직무의 종류는 유사하지만 곤란도와 책임도의 정도가 상이한 직급의 군	행정직군 내 행정직렬과 세무직렬
	직군 (group)	직무의 성질이 유사한 직렬의 군	행정직군, 기술직군
직무 평가	직급 (class)	직무의 종류, 곤란성과 책임도가 상당히 유사한 직위의 군 → 임용시험과 보수 등 인사관리에서의 동일하게 다룰 수 있는 기준이 됨	행정주사, 관세주사보
	등급 (grade)	직무의 종류는 상이하지만 곤란도와 책임도가 유사하여 동일한 보수를 지급할 수 있는 직위의 횡적인 군	1급 - 9급

3. 특징

(1) **개방형 인사제도**

조직 내부뿐 아니라 외부에서 모든 계층의 신규채용이 허용됨

(2) **직무몰입**

몰입대상이 조직이 아닌 직무 자체

(3) **배치전환의 경직성**

전직이나 전보의 범위가 매우 좁음

계급제와 직위분류제의 차이

1. 계급제는 그 사람의 능력을 기준으로 분류하는데 비해, 직위분류제는 그 일과 그에 따른 책임을 기준으로 분류함
2. 계급제는 주관적 임무 중심이지만 직위분류제는 객관적 직무 중심

(4) 약한 신분보장

종신고용이 전제가 아닌 직위분류제는 신분보장이 약함

(5) 보상의 공정성 제고

'동일직무 동일보수' 원칙에 따라 보수의 공정성이 높음

(6) 합리적이고 체계적인 인사관리

직무의 내용과 수준에 따라 합리적·체계적 인사운영이 가능함

4. 장점

(1) 행정의 전문화·합리화·능률화에 기여함

(2) 실적과 능력을 기초로 한 인사행정이 가능함

(3) 권한과 책임의 한계가 명확해지면서 행정활동의 중복과 갈등을 예방함

(4) 인력계획, 임용, 근무성적평정 등의 공정한 기준을 제공하여 형평성 있는 인사행정이 가능함

(5) 행정 전문가 양성에 도움이 됨

5. 단점

(1) 인사배치의 신축성이 부족해져 환경 변화에 따른 효과적 대응이 곤란함

(2) 일반적 관리능력과 장기적 시야를 가진 일반행정가의 양성을 방해함

(3) 직업공무원제의 확립이 곤란함

(4) 조직 구성원들의 자발적 헌신이나 단결심을 조장하기 어려움

(5) 공무원의 인간적인 요소가 고려되기 어려움

(6) 지나친 배치전환의 경직성으로 인하여 조정과 협조가 곤란하므로 갈등의 해결이 어려움

6. 직위분류제의 수립절차

(1) 준비단계

① 분류담당자를 선정함
② **외부자 중심**: 객관적이고 종합적인 계획을 위함
③ **내부자 중심**: 내부사정을 고려할 수 있음

(2) 직무조사 및 직무기술서 작성(job description)

① 분류될 직무에 관한 정보를 수집하고 조사하는 과정
② 직무조사 시에는 직무의 내용, 책임도, 곤란성, 자격요건 등에 관한 자료를 수집하여 직무기술서를 작성하여야 함
③ **직무기술서**: 직위가 요구하는 직책내용을 구체적으로 명시한 문서로서 직무 분석의 기초 자료가 됨

핵심 OX

01 직무의 종류는 유사하지만 곤란도 및 책임도가 상이한 직급의 군을 직류라고 한다. (O, ×)

답 × 직렬에 대한 설명

02 직위분류제는 잠정적이고 비정형적인 업무로 구성되어 역동적이고 불확실한 상황에서 유용하다. (O, ×)

답 × 계급제의 장점

🏛 기출 체크

직위분류제에 대한 설명으로 옳은 것을 모두 고르면? 2011년 국가직 9급

ㄱ. 과학적 관리운동은 직위분류제의 발달에 많은 자극을 주었다.
ㄴ. 직무의 종류, 곤란성과 책임도가 상당히 유사한 직위의 군은 직렬이다.
ㄷ. 조직 내에서 수평적 이동이 용이하여 유연한 인사행정이 가능하다.
ㄹ. 사회적 출신배경에 관계없이 담당직무의 수행능력과 지식기술을 중시한다.

① ㄱ, ㄴ
② ㄱ, ㄹ
③ ㄴ, ㄷ
④ ㄷ, ㄹ

답 ②
ㄴ. 직렬이 아니라 직급에 해당
ㄷ. 계급제의 장점

(3) 직무분석(job analysis)

① 직무의 성격과 종류에 따라 각 직위를 직군·직렬·직류별로 구분하는 종적이고 수직적인 분류작업

② **수직적 분류구조 형성**: 직류, 직렬, 직군

(4) 직무평가(job evaluation)

① 직무를 곤란도·책임도의 수준에 따라 수준별로 구분하는 횡적이고 수평적인 분류작업으로, 직급과 등급의 결정

② 직무의 상대적 가치를 결정하고, 보수와 직접적으로 연결되는 과정

③ 직무평가 방법

  ㉠ 서열법

    ⓐ 직무를 전체적·종합적으로 평가하여 상대적 중요도에 따라 서열을 부여하는 방법

    ⓑ 단순하고 경제적이며 단기간에 평가가 용이하고 소규모 조직에 적용이 가능함

    ⓒ 자의적인 평가로 객관성을 상실할 수 있음

  ㉡ 분류법(등급법)

    ⓐ 직무전체를 종합적으로 판단하여 미리 정해 놓은 등급기준표(등급, 등급의 정의로 구성)에 따라 직무의 책임과 곤란도 등을 파악

    ⓑ 서열법보다는 다소 세련된 방안이고, 정부부문에서 많이 사용됨

    ⓒ 등급의 정의 작업이 어렵지만, 비교적 간단한 방법

  ㉢ 점수법

    ⓐ 직위의 직무구성요소를 정의하고 각 요소별로 직무평가기준표에 의하여 평가한 점수를 총합하는 방식

    ⓑ 일반적으로 가장 많이 사용하며 결과의 신뢰도와 타당도가 높고, 평가 결과를 수용하기가 용이함

    ⓒ 고도의 기술과 많은 시간, 노력이 필요함

  ㉣ 요소비교법

    ⓐ 평가요소의 비중결정과 단계구분에 따른 점수부여의 임의성을 보완하기 위한 방법

    ⓑ 직무를 평가요소별로 나누어 계량적으로 평가하되 기준직위를 선정하여 이와 대비시켜 보수액을 산정함

    ⓒ 가장 늦게 고안된 객관적이고 정확한 방법으로서 금액가중치방식이라고도 함

(5) 직급명세서 작성(class specification)

① 직급에 대한 내용을 명백하고 상세하게 기록하는 것

② 직급의 명칭, 직책의 개요, 최저자격요건, 채용방법, 보수액, 직무수행방법 등을 명시하며 채용·승진·보수 등 인사행정의 기준으로 사용

(6) 정급(定級, allocation)

직무분석과정에서 수집된 각 직위에 대한 정보와 직급명세서를 비교하여 해당 직급에 분류 대상의 직위를 배정하는 것

3 계급제와 직위분류제

구분	계급제	직위분류제
분류기준	개인의 자격, 능력, 신분 (횡적 분류)	직무의 종류, 책임도, 곤란도 (종적·횡적 분류)
발달배경	농업사회	산업사회
국가	영국, 독일, 한국 등	미국, 캐나다, 필리핀 등
중심내용	인간 중심(인사행정의 탄력성)	직무 중심(인사행정의 합리성)
시험·채용	비합리성(주먹구구식)	합리성, 형평성
행정주체	일반행정가 양성	전문행정가 양성
보수	생활급(생계유지수준), 낮은 보수 형평성	직무급(동일직무, 동일보수), 높은 보수 형평성
인사배치	신축성(횡적 이동 용이)	비신축성(횡적 이동 곤란)
행정계획	장기적 계획	단기적 계획
교육훈련수요	정확한 파악 곤란	정확한 파악 용이
업무조정, 협조	용이	곤란(할거주의 초래)
공직구조	폐쇄형(내부충원형)	개방형(외부충원형)
신분보장	강함	약함
직업공무원제	확립 용이	확립 곤란
조직구조와의 관계	연계성 낮음	연계성 높음
인사운용의 탄력성	높음	낮음
공직의 경직성	높음(폐쇄적)	낮음(개방적)
장기적 능력발전	유리	불리

> **Level up** 계급제와 직위분류제의 조화 경향
>
> 1. **미국**: 직위분류제에 계급제 가미 → SES
> 2. **영국**: 계급제에 직위분류제 가미 → SCS
> 3. **우리나라**: 계급제에 직위분류제 가미 → 개방형임용(고위공무원단)

🎯 기출 체크

01 직위분류제의 단점은? 2020년 지방직 9급

① 행정의 전문성 결여
② 조직 내 인력 배치의 신축성 부족
③ 계급 간 차별 심화
④ 직무경계의 불명확성

📖 ② 직위분류제는 직무에 적합한 사람을 공무원으로 임용하여 해당 직무가 아닌 다른 직무에 투입될 수 없으므로, 전직이나 전보의 범위가 매우 좁고 조직 내 인력 배치의 신축성이 부족함
① 직위분류제는 조직 내부뿐만 아니라 외부에서도 모든 계층의 신규채용이 허용되므로 전문가를 채용함으로써 행정의 전문성을 제고할 수 있음
③ 계급제에 대한 설명임. 직위분류제는 계급을 엄격하게 구분하지 않으므로 계급 간 차별을 완화할 수 있음
④ 직위분류제는 직무의 경계가 명확하여 행정활동의 중복과 갈등을 예방할 수 있음

02 직위분류제에 있어서 직무의 난이도와 책임의 경중에 따라 직위의 상대적 수준과 등급을 구분하는 것은? 2015년 국가직 9급

① 직무평가
② 직무분석
③ 정급
④ 직급명세

📖 ① 직무평가에 대한 설명으로, 직무평가는 직무를 난이도와 책임도의 수준에 따라 직위의 상대적 수준과 등급을 구분하는 수평적 분류작업임

THEME 066 인사행정의 과정과 인적자원관리의 방향 ★☆☆

인사행정의 3대 변수

1. 적재적소의 임용
2. 지속적인 능력발전
3. 높은 사기의 유지

1 인사행정의 과정

1. 인력계획(인적자원계획)

(1) 의의

① 정부의 목표 달성에 필요한 인력의 수요와 공급에 관한 예측을 하고, 최적의 인력 공급 방안을 모색하는 활동

② 행정 업무의 증감 및 변화에 대한 예측과 그에 따른 인력 공급, 관리 계획 등을 수립함

(2) 필요성

① 행정의 변화에 기민하게 대응하는 인력 계획 마련 가능

② 전문 인력을 최적의 시기와 장소에 배치 가능

③ 정부 업무와 인력 관리의 연계성 강화

④ 행정의 능률성 및 전문성 확보 가능

(3) 과정

① **조직목표의 설정**: 관리자들이 실현이 가능한 장래 사업계획의 목표를 설정함

② **인력 총수요 예측**: 정부의 목표에 따라 이를 달성하기 위한 인력의 총수요를 예측함

③ **인력 총공급 예측**: 추세분석법이나 마르코프(Markov) 기법을 활용하여 인력의 총공급을 예측함

④ **실제적 인력 수요 결정**: 총수요에서 총공급을 빼고 난 실제적인 인력의 수요를 결정함

⑤ **인력 확보 방안의 결정**: 채용 및 교육훈련 등을 고려하여 인력을 확보하는 방안을 결정함

⑥ **인력 확보 방안의 실행**: 채용, 교육훈련, 인사이동 등이 해당함

⑦ **통계자료의 준비**: 인사정보체제를 바탕으로 자료를 준비함

⑧ **평가 및 환류**: 인력관리의 효과성을 평가하고, 인력계획 과정으로 다시 환류함

2. 공직구조의 형성

인력계획 수립 이후 정부 업무 증감 예측을 바탕으로 구체적인 직무설계를 통해 공직구조를 형성함

추세분석법

과거의 추세치가 앞으로도 계속될 것이라는 가정하에 과거의 시계열 자료들을 분석하여 그 변화 방향을 탐색하는 미래예측기법

마르코프(Markov) 기법

현재의 확률 정보에 입각한 미래예측기법

핵심 OX

체계적인 인력계획을 위해서는 총공급을 예측한 후 총수요를 파악하는 것이 바람직하다. (O, ×)

답 × 총수요 예측 후 총공급 예측이 바람직함

3. 임용

(1) 개념

공직구조의 형성 후 이에 필요한 인적자원을 모집하고 충원하는 것

(2) 분류

외부임용(신규임용)과 내부임용으로 분류함

외부임용 (신규임용)	공개경쟁채용	공무원은 공개경쟁채용시험으로 채용하는 것이 원칙
	경력경쟁채용	1급 공무원 임용, 일부 퇴직자, 지방공무원의 국가 공무원으로의 임용 등
내부임용	수평적 이동	전직, 전보, 겸임, 파견
	수직적 이동	승진, 강임
해직 및 복직		휴직, 직위해제, 정직, 강등, 복직, 면직, 해임, 파면

4. 능력발전과 사기부여

(1) 인적자원의 능력 발전을 위한 활동을 수행하는 것

(2) 구성원의 근무의욕에 따라 성과가 달라지므로 의욕과 관련된 공무원의 사기를 중요하게 다룸

5. 환류와 통제

(1) 공무원의 업무 성과와 태도가 정부의 목표와 일치하도록 유도하고 통제하는 과정

(2) 인력 관리의 성과를 평가하여 재조정하는 과정도 포함

2 인적자원관리의 방향

1. 인사관리의 분권화

중앙 집권적인 각종 권한을 하위직급자에게 위임함

2. 탄력적 보수와 임용제도

(1) 작업환경 및 직무의 난이도를 고려하여 보수를 책정함

(2) 임기제 공무원 및 개방형 임용제도의 활성화가 필요함

3. 다양한 성과급제 도입

성과관리의 수단으로 개인 및 집단 수준의 성과급제를 도입함

4. 다양한 능력 발전 방안 모색

기술·환경 변화에 적응하고 성취 욕구를 충족시킬 수 있는 능력의 발전 방안을 모색함

1 공무원의 임용

공무원 인사

발생	신규임용
변경	승진, 강임, 강등, 배치전환 (전직, 전보 등)
소멸	면직, 해임, 파면 등

1. 의의

(1) 개념

공무원 관계를 발생·변경·소멸시키는 모든 인사행위를 의미함

(2) 실적주의 원칙

공무원의 임용은 시험성적·근무성적 또는 그 밖의 능력에 따라 임용함

(3) 실적주의 예외 - 균형인사지수

장애인, 이공계 전공자, 저소득층 등의 채용·승진·전보 등에 대한 우대와 양성평등을 구현하기 위한 적극적 정책을 실시할 수 있음

2. 외부임용(신규임용)

(1) 공개경쟁채용

자격이 있는 모든 사람들에게 평등한 지원기회를 부여하고 경쟁시험을 실시하여 공무원으로 채용하는 제도로, 실적주의에서 신규임용의 원칙에 해당함

(2) 경력경쟁채용

① 공개경쟁채용에 의하여 충원이 곤란한 분야에 대하여 경력 등의 응시요건을 정하여 경쟁시험을 실시하고 공무원으로 채용하는 제도
② 적극적 인사행정제도로서 최근 확대 추세에 있음
③ 정치적 압력이나 정실주의의 온상이 될 우려가 있으므로 엄격한 관리 및 규제가 필요함

3. 내부임용(재배치)

승급과 강등

1. 승급: 계급이나 직책의 변동 없이 호봉이 높아지는 것
2. 강등: 징계의 한 종류로서 직급이 내려가는 것이고, 강임은 징계에 해당하지 않음

(1) 수직적 이동

① 승진: 하위 직급에서 상위 직급으로 이동
② 강임: 상위 직급에서 하위 직급으로 이동

(2) 수평적 이동(배치전환)

① 의의: 보수나 계급의 변동 없이 수평적으로 직위를 이동
② 종류

기타 재배치

1. 직위해제
2. 복직
3. 직권면직
4. 징계

전보	• 동일한 직급·직렬 내에서의 보직변경(시험 불요) • 제한 요건: 당해 직위에 임용된 날부터 2년 이내에 전보 불가(다만, 3~4급 공무원은 1년 6월, 고위공무원단은 1년)
전직	• 등급은 동일하나 직렬을 달리하는 직위로의 수평적 이동(시험 필요) • 제한 요건: 법으로 정해지며, 일정한 시험을 거침
전입	다른 인사 관할기관 간의 수평적 이동으로서 국회, 행정부, 법원 간의 인사이동(시험 필요)
파견 근무	소속기관을 유지한 채 일시적이고 임시적인 부서나 기관 간 이동 근무

핵심 OX

전보는 등급은 동일하나 직렬을 달리하는 직위로서의 수평적 이동으로 시험이 필요하다. (O, X)

📖 X 전직에 대한 설명

③ **배치전환의 용도**
  ㉠ **조직차원**: 인사관리의 융통성 확보, 성과 향상, 변동에 대한 적응능력 향상, 부패방지 기여, 갈등해결 및 승진적체 해소수단, 부처(서) 간 할거주의의 타파
  ㉡ **개인차원**: 능력발전의 기회, 직무 부적응 해소
④ **우리나라 배치전환의 문제점**
  ㉠ 징계의 수단으로 이용됨
  ㉡ 사임의 강요수단으로 이용됨
  ㉢ 징계회피수단으로 이용됨
  ㉣ 잦은 보직이동으로 전문성이 저해됨

(3) 휴직

강제휴직	• 장기요양 • 징집 또는 소집 • 천재지변이나 전시·사변, 그 밖의 사유에 의한 생사 또는 소재의 불명 • 법률의 규정에 따른 의무를 수행하고자 직무를 이탈하게 된 때 • 공무원 노동조합의 전임자
의원휴직	• 민간기업 등에 임시 채용 • 국외유학 • 연구기관이나 교육기관 등에서 연수 • 만 8세 이하 또는 초등학교 2학년 이하 자녀를 양육하기 위하여 필요하거나 여성공무원이 임신 또는 출산하게 된 때 • 가족의 장기요양을 간호할 때 • 외국에서 근무·유학 또는 연수하는 배우자를 동반하게 된 때

2 신규임용의 절차

1. 모집

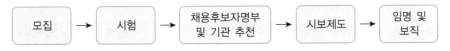

(1) 의의
공무원의 임용을 위하여 선발에 응할 적절하고 유능한 인재들이 지원하도록 유도하는 행위

(2) 종류
① **소극적 모집**: 공직 부적격자를 가려내기 위한 기준을 마련하여 대중에게 공개하고 지원자가 찾아오도록 기다리는 방법
② **적극적 모집**: 젊고 유능한 인재가 공직에 대한 매력을 느끼고 지원하도록 유도하는 방법

PART 4
인사행정론 2021 해커스공무원 쉬운 행정학

적극적 모집의 필요성

정부업무의 전문화 수준은 높아지는 데 비해 정부에 대한 사회적 평가나 처우가 민간부문에 비해 높은 편이 아니기 때문에 이에 대응하기 위한 적극적 모집이 요구됨

모집인원의 확대

모집인원의 확대는 다양한 방법에 의한 채용확대방안이 아니므로 적극적 모집방안에 해당하지 않음

핵심 OX

적극적 모집이란 잠재능력을 가진 유능한 젊은 인재가 민간부문보다 공직을 지망하도록 적극적으로 유인을 제공하는 인사정책이다. (O, X)

답 O

(3) 자격요건

① 소극적 요건

ㄱ 외형적이고 형식적인 요건

ㄴ 학력·연령·국적·성별 등의 기준을 세우고 '~은 안 된다'고 규정함

② 적극적 요건

ㄱ 내용적이고 실질적인 요건

ㄴ 능력·가치관·기술·경험 등의 기준을 세우고 '~을 갖추어야 한다'고 규정함

(4) 임용결격사유

① 「국가공무원법」 제33조

ㄱ 피성년후견인 또는 피한정후견인

ㄴ 파산선고를 받고 복권되지 아니한 자

ㄷ 금고 이상의 실형을 선고받고 그 집행이 종료되거나 집행을 받지 아니하기로 확정된 후 5년이 지나지 아니한 자

ㄹ 금고 이상의 형을 선고받고 그 집행유예 기간이 끝난 날부터 2년이 지나지 아니한 자

ㅁ 금고 이상의 형의 선고유예를 받은 경우에 그 선고유예 기간 중에 있는 자(선고유예는 당연퇴직사유에 해당하지 않음)

ㅂ 법원의 판결 또는 다른 법률에 따라 자격이 상실되거나 정지된 자

ㅅ 공무원으로 재직기간 중 직무와 관련하여 「형법」 제355조 및 제356조에 규정된 죄를 범한 자로서 300만 원 이상의 벌금형을 선고받고 그 형이 확정된 후 2년이 지나지 아니한 자

ㅇ 「성폭력범죄의 처벌 등에 관한 특례법」 제2조에 규정된 죄를 범한 사람으로서 100만원 이상의 벌금형을 선고받고 그 형이 확정된 후 3년이 지나지 아니한 사람

ㅈ 미성년자에 대한 다음 각 목의 어느 하나에 해당하는 죄를 저질러 파면·해임되거나 형 또는 치료감호를 선고받아 그 형 또는 치료감호가 확정된 사람(집행유예를 선고받은 후 그 집행유예기간이 경과한 사람을 포함한다)

ⓐ 「성폭력범죄의 처벌 등에 관한 특례법」 제2조에 따른 성폭력범죄

ⓑ 「아동·청소년의 성보호에 관한 법률」 제2조 제2호에 따른 아동·청소년대상 성범죄

ㅊ 징계로 파면처분을 받은 때부터 5년이 지나지 아니한 자

ㅋ 징계로 해임처분을 받은 때부터 3년이 지나지 아니한 자

② 「공직선거법」 제266조: 「공직선거법」상 선고범죄 또는 「정치자금법」상 선거비용관련 위반행위의 죄를 범함으로 인하여 ㄱ 징역형의 선고를 받은 자는 그 집행을 받지 아니하기로 확정된 후 또는 그 형의 집행이 종료되거나 면제된 후 10년간, ㄴ 형의 집행유예의 선고를 받은 자는 그 형이 확정된 후 10년간, ㄷ 100만 원 이상의 벌금형의 선고를 받은 자는 그 형이 확정된 후 5년 간 공무원에 임용될 수 없으며, 이미 임용된 자의 경우에는 그 직에서 퇴직됨

선고유예가 당연퇴직사유인 경우

뇌물수수 및 제공, 직무와 관련한 횡령 및 배임죄, 성폭력범죄, 아동·청소년대상 성범죄로 인해 금고 이상의 형의 선고유예를 받는 경우는 당연퇴직사유에 포함됨

2. 시험

(1) 의의
① 공직희망자의 상대적 능력을 가리고, 적격성을 판단하여 선발하는 방법
② 임용의 기회균등, 업무의 효율성 향상을 위한 방법

(2) 종류
① **형식적 기준**: 필기시험, 실기시험, 면접시험, 서류심사 등
② **목적적 기준**: 신체적성검사, 지능·적성검사, 흥미·성격검사 등

(3) 시험의 효용성(요건)
① **타당도(validity)**
  ㉠ 시험이 측정하려는 것을 얼마나 정확하게 측정했는가에 대한 기준으로, 시험이 측정하려는 바를 실제로 측정할 수 있는 정도를 의미함
  ㉡ 종류

기준 타당도	• 직무수행능력을 제대로 예측한 정도 • 시험성적과 본래 시험에서 예측하고자 했던 기준 사이에 얼마나 밀접한 상관관계가 있느냐에 대한 것 • 동시적 타당도: 재직 중에 있는 사람에게 시험을 실시한 후 그들의 업무실적과 시험성적을 비교하는 방법 • 예측적 타당도: 자료수집의 시차에 따라서 합격한 사람의 업무실적을 비교하는 방법
내용 타당도 (논리적 타당도)	• 특정한 직무수행에 필요한 능력요소를 제대로 측정한 정도 • 시험이 해당 직무의 수행에 필요한 구체적 능력요소(항목)를 측정하는 데 적합할수록 내용 타당도가 높음
구성 타당도 (해석적 타당도)	• 이론적으로 구성된 능력요소(추상적 개념)를 제대로 측정한 정도 • 추상적 능력을 측정하는 요소와 시험문제의 부합정도가 높을수록 구성타당도가 높음 • 수렴적 타당도: 하나의 개념을 상이한 척도로 측정 시 측정치의 상관관계가 높은 정도 • 차별적 타당도: 상이한 개념을 하나의 척도로 측정 시 측정치의 상관관계가 낮은 정도

② **신뢰도(reliability)**: 시험 결과의 일관성을 의미함
  ㉠ 측정도구의 측정결과가 보여주는 일관성으로, 같은 사람에게 여러 번 같은 시험을 치러도 결과가 크게 변화하지 않을 때 신뢰도가 높음
  ㉡ **타당도와의 관계**: 신뢰도는 타당도의 필요조건(신뢰도⊃타당도)
    ⓐ 타당도가 높으면 신뢰도가 높다고 할 수 있지만, 신뢰도가 높다고 해서 반드시 타당도가 높다고 할 수는 없음
    ⓑ 신뢰도가 낮으면 타당도도 낮음
    ⓒ 신뢰도는 시험 그 자체의 문제인 반면에, 타당도는 시험과 시험기준과의 관계에 해당함
  ㉢ **검증방법**: 재시험법, 복수양식법, 반분법, 내적 일관성 분석법 등

면접 평정요소(「공무원임용시험령」 제5조)

1. 공무원으로서의 정신자세
2. 전문지식과 응용능력
3. 의사표현의 정확성과 논리성
4. 예의·품행 및 성실성
5. 창의력·의지력 및 발전가능성

시험의 효용성

타당도	시험이 측정하고자 하는 내용을 얼마나 정확하게 측정하였는가에 대한 기준
신뢰도	• 시험결과의 일관성 • 동일한 사람이 동일한 시험을 다른 시간과 장소에서 치를 때 결과의 일관성 • 다른 사람이 동일한 시험을 동일한 시간에 치를 때 결과의 일관성
객관도	채점결과의 일관성
난이도	시험이 어렵고 쉬운 정도
실용도	시험실시의 용이성, 시험결과의 활용성 등

신뢰도 검증방법

재시험법	동일한 측정도구로 동일한 상황에서 동일한 대상에게 일정기간을 두고 반복 측정하여 측정 결과의 동일 여부 평가
복수 양식법 (동질 이형법)	동일한 개념에 대해 2개 이상의 상이한 측정도구를 개발하고 각각 측정치 간의 일치 여부 검증
반분법	측정도구를 임의로 반으로 나누어 각각을 독립된 척도로 보고 이들의 측정 결과 비교
내적 일관성 분석법	하나의 측정도구 내 문항들 간 밀접한 연관이 있는지 측정 문항의 신뢰도를 추정

③ **객관도(objectivity):** 채점자에 따라서 시험성적이 크게 변하지 않는 것으로 채점자의 객관성을 의미함
④ **난이도(difficulty):** 시험의 어렵고 쉬운 정도로 변별력을 확인할 수 있음
⑤ **실용도:** 시험실시의 기능성과 편의에 관한 기준을 의미함

3. 채용후보자명부 및 기관 추천

(1) 채용후보자명부 등재

① 채용후보자명부란 시험실시기관이 시험결과에 따라 합격자를 결정하고 이들의 등록을 받아 합격자 명단을 만드는 것을 의미함
② 직급별로 시험성적순에 따라 작성하되, 훈련성적 및 전공, 추천 등의 정보도 함께 기록함
③ 공무원 공개경쟁채용시험 합격자의 채용후보자 명부의 유효기간은 원칙적으로 2년이지만, 시험실시기관의 장이 필요하다고 생각하면 1년의 범위 내에서 연장이 가능하고, 경력경쟁채용시험의 합격 효력은 원칙적으로 1년임

(2) 임용추천

① **채용후보자 추천:** 임용권자나 임용제청권자가 자기 기관의 결원을 보충하기 위하여 채용예정직을 밝혀 후보자를 추천해 주도록 요구하면 시험실시기관은 해당 채용후보자명부에서 후보자를 추천함
② **추천방법:** 단일추천제와 특별추천제가 있음

4. 시보임용

(1) 의의
일정한 기간 동안 임시로 임용하고 그 기간 중에 근무성적이 양호한 경우 정규공무원으로 임용하는 제도

(2) 목적
① **적격성 판단:** 직무수행 적격성과 직무수행능력을 확인함
② **기초 적응훈련:** 현장에서 실무를 미리 습득하게 하여 공직에 적응하도록 훈련함

(3) 기간
5급은 1년, 6급 이하는 6개월이며, 고위관리직 신규 임용에는 적용되지 않음

(4) 신분보장의 제한
① 정규공무원에게만 적용되는 신분보장규정이 적용되지 않음
② **징계:** 시보공무원의 행위가 징계사유에 해당될 경우에는 정규공무원과 동일하게 징계처분이 가능함
③ **면직:** 시보기간 중 근무성적이 나쁘거나 자질이 부족하다고 판단되는 경우에는 면직시킬 수 있음

(5) 소청심사
소청심사위원회는 시보공무원의 소청심사 청구를 인정하고 있음

채용후보자의 임용

임용권자는 추천된 공무원 채용후보자 중 최종 합격일로부터 1년이 지난 사람은 임용의 유예, 교육훈련 등의 불가피한 사유를 제외하고는 지체 없이 임용하여야 함

시보임용의 목적

초임자의 적응훈련을 주요 목적으로 하며, 주로 신규채용자를 대상으로 실시됨. 공무원으로서의 적격성 여부를 판단함

핵심 ○×

시보공무원은 채용시험의 합격자를 대상으로 실시되기 때문에 정규공무원과 동일한 신분보장을 받는다. （○, ×）
탑 × 정규 공무원에게 적용되는 신분보장규정이 적용되지 않음

시보공무원의 소청심사청구

시보공무원의 소청제기는 가능. 시보공무원에 대해 징계처분 및 직권면직, 기타 불이익처분이 가능하고 시보기간 중 비위를 범하면 제재를 가하게 되며, 현행 법령상 시보공무원에게 소청심사청구를 제한하는 특별한 근거규정도 없음

5. 임명 및 보직부여 - 임용권자

국가직공무원	• 5급 이상: 행정기관 소속 5급 이상 공무원 및 고위공무원단에 속하는 일반직공무원은 소속장관의 제청으로 인사혁신처와 협의를 거쳐 국무총리를 경유하여 대통령이 임명* • 6급 이하: 소속장관이 임명
지방직공무원	지방자치단체의 장 또는 지방자치단체 교육감(교육공무원)

*대통령과 소속장관은 임용권의 일부를 재위임 할 수 있음

3 승진

1. 의의

(1) 개념

① 하위 직급(계급)에서 직무의 책임도와 난이도가 높은 상위 직급(계급)으로의 종적·수직적 이동하는 것

② 횡적·수평적 이동인 전직 또는 전보와 구별됨

(2) 효과

① 유능한 인재의 확보 및 양성

② 구성원의 사기 앙양

③ 인적자원의 효율적인 활용

④ 승진을 위한 개인의 능력발전 중요하여 공무원의 능력 발전 도모

⑤ 유능하고 젊은 인재를 유인할 수 있으므로 직업공무원제의 확립요건이 됨

2. 범위

(1) 승진기회의 발생

신규채용의 비율이 높고, 재직자의 승진비율이 높아지는 경우

(2) 승진의 한계

폐쇄형	개방형
• 동일 부처 내 경쟁으로 최하위 계층에게만 공직의 문이 개방되어 외부 인사의 영입이 없으므로 개방형에 비하여 승진의 한계가 높음 • 장점: 당해 부처 직원의 사기앙양, 직무 적응 용이 등 • 단점: 유능한 인재 확보 어려움, 행정침체 우려, 부처 간 승진기회의 불평등 등	• 모든 계층에 공직의 문호가 개방되어 외부 인사의 영입이 가능하고 자체 승진의 제약이 많아 승진의 한계가 낮음 • 장점: 유능한 인재 확보 가능, 행정침체와 부처 할거주의 방지 등 • 단점: 공무원의 사기 저하, 조직의 안정성 저하, 해당 부처 직원의 기득권 상실 등

승급과 승진의 차이점

계급제에서 발달된 승급은 호봉이 오르는 것으로, 동일한 계급 내에서 보수만 인상되는 것을 의미함

승진제도상 고려사항

1. 승진과 신규채용 비율
   (폐쇄형과 개방형의 조화)
2. 부처 간 개방 범위
   (직위공모의 범위의 조화)
3. 승진 기준
   (연공주의와 능력주의의 조화)

PART 4

인사행정론 2021 해커스공무원 쉬운 행정학

3. 주관적 기준과 객관적 기준의 장단점

구분	주관적 기준 (근무성적평정)	객관적 기준 (경력평정)
장점	• 경쟁의 원리를 통한 조직의 생산성 향상에 기여함 • 평가의 타당성을 제고하고 지적 수준이 높은 자의 임용이 가능함 • 일한 만큼, 능력만큼 승진을 대가로 받기 때문에 동기부여 효과가 큼	• 경력으로서의 근무연한, 학력, 경험 등을 기준으로 승진함 • 평가의 객관성 확보가 가능함 • 행정의 안정성과 직업공무원제 확보에 기여함
단점	• 주관적 기준으로 평가하는 어려움 • 조직의 결속력을 해침	• 기관장이 부하를 통솔하는 것을 어렵게 만듦 • 선임순위의 중시로 공직사회의 침체 및 관료주의를 조장함

4. 우리나라의 승진제도

(1) 일반승진과 특별승진
① **일반승진 평가방법**: 근무성적평정, 경력평정, 교육훈련성적, 가점평정
② **특별승진**: 승진소요 최저연수나 승진후보자명부 우선순위에 관계없이 승진시키는 제도

(2) 승진소요 최저연수
① **개념**: 승진을 하기 위해서 필요한 최저 근무연수
② 우수한 하위직 출신의 공무원이 보다 빨리 상위계급으로 승진할 수 있도록 제도를 마련하기 위해 최근 승진소요의 최저연수를 대폭 단축함(2012.05.)
③ 최근 승진소요의 최저연수를 대폭 단축하는 추세임

(3) 승진임용의 제한
징계의결요구·직위해제·휴직·시보임용기간 중, 징계처분의 집행이 종료된 날로부터 일정한 기간(금품 및 향응 수수, 공금의 횡령·유용에 따른 경우 각각 3개월을 더한 기간)이 경과하지 않은 경우에는 승진임용이 제한됨

5. 승진적체

(1) 원인
승진관리의 실책, 과열된 승진지향, 승진기회의 축소(작은 정부, 여성의 사회진출 확대, 개방형 임용제도의 도입 등)

(2) 해소방안
① **장기적 방안**: 직위분류제의 확립과 공직구조의 변혁
② **단기적 방안(현행 제도)**
  ㉠ **대우공무원제**: 승진적체에 따른 문제에 대응하기 위하여 소속공무원 중 당해 계급에서 승진소요 최저연수 이상 근무하고 승진임용의 제한 사유가 없으며 근무실적이 우수한 자를 바로 상위직급의 대우공무원으로 선발하여 대우수당을 지급하는 제도

승진소요 최저연수

1. 9급: 1년 6개월 이상
2. 8급 및 7급: 2년 이상
3. 6급: 3년 6개월 이상
4. 5급: 4년 이상
5. 4급: 3년 이상

일정한 기간

1. 강등 및 정직: 18개월
2. 감봉: 12개월
3. 견책: 6개월

대우공무원제의 예

1급(관리관) 대우, 5급(행정사무관) 대우, 7급(행정주사보) 대우 등으로, 예산의 범위에서 해당 공무원 월 봉급액의 4.1%를 대우공무원 수당으로 지급할 수 있음

   ⓛ **필수 실무관제**: 6급 공무원으로서 8년 이상 재직한 5급 대우 공무원 중 실무수행능력이 우수하고 경험이 풍부한 자로서, 승진을 포기하고 당해 직급에서 계속하여 업무에 정려(精勵)하기를 희망하고 소속장관이 기관운영에 특히 필요하다고 인정하는 자(실적요건) 중 48세 이상 55세 미만의 공무원을 대상으로 필수 실무관으로 지정된 공무원에는 예산의 범위에서 월 10만 원을 가산하여 지급할 수 있음

   ⓒ **복수직급제**: 조직계층상 동일수준의 직위에 계급이 다른 사람을 배치하는 것으로 3 · 4급, 4 · 5급이 있음

   ⓔ **통합정원제**: 6급 이하의 경우 정원을 통합 관리함으로써 직급별 정원에 구애받지 않고 승진할 수 있도록 하는 것

   ⓜ **근속승진제**: 일정기간 복무한 공무원을 자동으로 승진시키는 것

THEME 068 공무원의 능력발전 ★★☆

1. 의의

(1) 개념

① 인적자원의 지식과 기술, 가치관, 태도의 변화를 촉진시켜 직무수행능력을 향상시키고자 하는 활동

② **교육과 훈련**

  ㄱ **교육**: 개인의 잠재력을 종합적으로 개발하는 것

  ㄴ **훈련**: 특정 직무와 관련하여 그 직무가 요구하는 자격에 미달한 경우 그 부족한 능력을 보충하는 것

(2) 목적 및 필요성

① **생산성 향상**: 공무원의 지식과 기술 등을 향상시켜 행정의 생산성 제고

② **사기 앙양**: 직무수행에 대한 자신감과 동기 부여

③ **조정과 감독, 통제의 필요성 감소**: 자율적 수행능력을 양성시켜 조정과 감독, 통제의 비용 감소

④ **조직의 안정성과 융통성 향상**: 잘 훈련된 공무원의 비축은 조직의 안정성에 기여하고, 변동대응능력에 대한 훈련은 조직의 융통성과 적응성 향상

2. 교육훈련의 과정 및 종류

(1) 과정

① **수요조사**: 직무가 요구하는 지식 · 기술 · 능력 · 태도와 공무원이 현재 가진 능력의 차이로 인해 교육훈련의 수요가 발생함

② **교육훈련프로그램의 개발과 실시**: 수요를 충족시킬 수 있는 교육훈련프로그램을 개발하거나 수정함

③ **개인의 변화**: 교육훈련프로그램을 실시하여 개인의 변화를 유도함

④ **효과성 평가**: 교육훈련에 대한 효과성을 평가함

근속승진연수

상위직급 승진에 필요한 최소한의 근무기간으로 현재 9급은 5년 6개월 이상, 8급은 7년 이상, 7급은 11년 이상

교육훈련을 통한 변화

교육훈련을 통해 공직자를 일정수준의 지식, 기술, 가치관, 태도 등에 도달하게 함

교육훈련수요

1. 교육훈련수요는 당해 직책이 요구하는 자격을 공무원의 현재 상태에서 파악하는 것
2. 관찰, 질문지, 상담, 기록보고, 사례연구 등을 통해서 파악
3. 교육훈련수요의 파악은 적정한 교육대상자의 선정 및 교육내용을 결정하기 위한 중요한 기준이고, 교육훈련의 성패는 정확한 교육훈련수요의 파악에 있음

핵심 OX

교육훈련수요의 파악은 적절한 교육 대상자의 선정 및 교육내용을 결정하기 위한 중요한 기준이다. (O, X)

답 O

PART 4 인사행정론 2021 해커스공무원 쉬운 행정학

PART 4 인사행정론 2021 해커스공무원 쉬운 행정학

(2) 종류

① **신규채용자훈련(기초훈련):** 신규 채용된 공무원을 업무에 익숙하게 만들 수 있도록 하는 훈련으로서, 직책을 맡기기 전에 담당기관·역할·직무내용 등에 대하여 실시하는 기초훈련

② **재직자훈련(보수훈련):** 행정환경의 변화에 따라 재직공무원에게 새로운 지식, 기술 및 가치관을 습득할 수 있도록 실시하는 훈련

③ **감독자훈련:** 일선에서 업무를 감독하고 부하 및 부서를 관리하는 하위관리자를 대상으로 리더십과 인간관계기술을 습득할 수 있도록 실시하는 훈련

④ **관리자훈련:** 과장급의 중간관리자와 국장급 이상의 고위관리자에게 정책결정과 기획수립에 필요한 의사결정능력을 함양시키는 훈련

⑤ **특별훈련:** 경찰, 소방, 교정, 세무 등과 같이 민간에서 경험을 쌓을 수 없는 정부고유업무를 담당하는 공무원을 위한 특별한 훈련

3. 교육훈련의 방법

(1) 현장훈련(OJT; On the Job Training)

피훈련자가 근무 현장에서 직접 훈련을 받는 것으로, 신규채용자훈련이나 재직자훈련에 흔히 활용됨

① **실무지도:** 일상근무 중에 상관이 부하에게 직무수행과 관련한 기술을 가르쳐주거나 질문에 답해주는 각종 지도활동으로 실무능력을 교육함

② **직무순환:** 여러 분야의 직무를 경험하도록 계획된 순서에 따라 직무를 순환시키는 실무훈련

③ **임시배정:** 특수직위·위원회 등 특수직위에 잠시 배정하여 경험을 쌓게 함

④ **인턴십:** 공무원 신분을 획득하지 않은 사람들을 임시로 고용함

⑤ **시보:** 시험에 합격한 사람들을 일정기간 근무하게 한 후, 일정 조건을 충족하면 임용하는 제도

(2) 현장 외 훈련(교육원훈련, Off-JT)

① **강의**

㉠ 강사가 일방적으로 지식 및 기술을 전달하는 방법으로 가장 오래되고 널리 활용되는 전통적인 방법

㉡ 다수의 인원을 대상으로 같은 정보를 가장 효율적으로 전달 가능

② **토론 및 토의:** 다수 간 정보를 직접 주고받는 과정으로 훈련하는 방법

③ **사례연구**

㉠ 현실사례들을 피훈련자들이 분석·토론하면서 스스로 현실문제에 대한 이해력·판단력을 증진시켜 문제해결능력을 제고시키는 방법

㉡ 피훈련자의 능동적인 훈련참여가 가능하지만, 그에 따라 상당한 시간이 소요된다는 단점이 있음

④ **역할연기(role playing)**

㉠ 실제 직무수행 상황과 유사한 가상의 상황을 부여하고 특정의 역할을 연기하도록 하여 그의 당면한 문제를 체험해 봄으로써 타인에 대한 이해를 도모하게 하는 기법

㉡ 감독자훈련에 적합하고 고객에 대한 태도 개선에 효과가 있음

교육훈련의 목적과 방법

목적	방법
지식의 축적	독서, 강의, 토의, 시찰, 사례연구 등
기술의 연마	시범, 사례연구, 토의, 전보, 연기 등
태도, 행동의 변경	연기, 시범, 사례연구, 토의, 회의, 감수성훈련, 전보, 영화 등

토론 및 토의

구분	패널	심포지엄	포럼
주제	하나	다수	무관
토론	발표자간	발표자간	공개
방청객 참여	없음	제한	있음

역할연기의 예

상관에게 부하의 역할을, 공무원에게 민원인의 역할을 부여하는 것

⑤ 감수성훈련(T집단훈련)
  ㉠ 서로 모르는 사람과 소집단을 만들어 자신의 느낌을 말하고 다른 사람이 자신을 어떻게 생각하는지 듣고, 태도와 행동 변화를 통해 대인관계기술을 향상시키는 기법
  ㉡ 자연스럽게 감정을 주고받을 수 있는 분위기를 만들어야 하므로 훈련을 진행하는 전문가의 역할이 중요함
  ㉢ 다수가 참여하기는 곤란한 방법
⑥ 신디케이트(분임토의, syndicate)
  ㉠ 피훈련자를 몇 개의 균형이 잡힌 반으로 편성하여 반별로 동일한 문제를 토의하고 해결방안을 작성한 후, 다시 전원이 한 장소에서 모여 발표 및 토론을 하여 최종안을 작성하는 방법
  ㉡ 고급관리자 교육에 많이 이용되며 우리나라의 경우 분임토의라는 명칭으로 이용함
⑦ 모의실험(시뮬레이션): 피훈련자가 업무수행 중에 겪게 될 상황을 가정해서 꾸며놓고 피훈련자가 그 상황에 대처하도록 하는 기법
⑧ 액션러닝
  ㉠ 이론과 지식 전달 위주의 강의식·집합식 교육의 한계를 극복하고, 참여와 성과 중심의 교육훈련을 지향하는 방식
  ㉡ 조직구성원이 팀을 구성하여 동료와 촉진자의 도움을 받아 실제 업무의 현안 문제를 해결하면서 문제 해결 과정에 대한 성찰을 통해 학습하도록 지원하는 훈련방법으로, 관리자 훈련에 적합함
⑨ 사건처리연습: 어떤 사건의 윤곽을 피교육자에게 알려주고 그 해결책을 찾게 하는 방법

4. 현장훈련과 교육원훈련의 장단점

구분	현장훈련 (OJT; On the Job Training)	교육원훈련 (Off-JT)
장점	• 훈련이 구체적·실제적 • 직무의 성격이 고도의 기술, 전문성, 정밀성을 요하는 경우에 적합 • 구성원의 동기유발 • 상사나 동료 간의 이해와 협동정신을 강화하고 촉진할 수 있음 • 구성원의 습득도와 능력에 맞는 훈련 가능 • 학습의 전이가 용이	• 현장의 업무수행과는 관계 없이 예정된 계획에 따라 실시할 수 있음 • 많은 구성원의 동시 교육 가능 • 전문적인 지식 전달 가능 • 업무 부담에서 벗어나 훈련에 전념하므로 교육효과가 높음
단점	• 계획에 따라 체계적 훈련 실시 곤란 • 일과 훈련 모두 소홀히 할 수 있음 • 교육훈련 내용과 수준 통일 곤란 • 전문적인 고도의 지식과 기능을 가르치기 힘듦	• 교육훈련의 결과를 현장에 바로 활용하기가 곤란 • 직무수행에 필요한 인력이 줄어 부서에 남은 구성원의 업무부담 증가 • 훈련비용이 많이 듦

감수성훈련의 이론적 기초
듀이(Dewey)의 실용주의 철학과 부버(Buber)의 대화의 철학에 바탕

역량기반 교육훈련(CBC: Competency Based Curriculum)
1. 의의: 맥클랜드(McClelland)는 우수성과자의 인사 관리 행태를 역량으로 규정하고 이를 중심으로 한 인사관리를 주장함
2. 구축 과정
  • 역량모델의 개발: 조직의 성과 창출에 필요한 역량을 도출함

구분	적용 범위	취지
공통 역량	전체구성원	전 조직원들이 공통적으로 갖추어야 할 역량
관리 역량	관리자 및 특정계층의 구성원	원활한 조직운영을 위한 역량
직무 역량	업무유형별 담당자	전문적 직무의 효과적 수행을 위한 역량

  • 역량진단의 실시: 도출된 역량 항목에 대하여 조직구성원의 현재 수준과 요구 수준 간의 격차를 확인함
  • 개선방안 도출: 역량진단 결과를 토대로 개인별 역량 확보전략으로 역량기반 교육훈련 프로그램 지원 체계의 개선방안을 도출함

🏛 **기출 체크**
공무원 교육훈련에 대한 저항이유 중 저항주체가 나머지와 다른 하나는?
2015년 지방직 9급
① 교육훈련 결과의 인사관리 반영 미흡
② 교육훈련 발령을 불리한 인사 조치로 이해하는 경향
③ 장기간의 훈련인 경우 복귀 시 보직 문제에 대한 불안감
④ 조직성과의 저하 및 훈련비용의 발생
답 ④ 조직성과 저하 및 훈련비용의 발생은 소속기관이 교육훈련에 대해서 저항하는 이유임

5. 경력개발(CDP; Career Development Program)

(1) 의의
① 조직구성원의 경력경로를 조직이 함께 설계하고 장기적 관점에서 관리해 나가는 종합적 인적자원 개발 시스템
② 공직의 전문성을 높이기 위하여 전문 직위별로 배치시키는 것으로 직무나 직위와 관련되며 지위의 높낮이를 의미하는 계급과는 무관함
③ 잦은 순환보직의 폐해를 방지하고 직무의 전문성을 제고하기 위함

(2) 도입배경
① **잦은 순환보직**: 잦은 순환보직으로 공무원의 전문성 약화와 국가 신뢰도·경쟁력 저하
② **Z형 승진경로**: 일반행정가 양성을 위한 Z형 승진경로로 인한 전문성 저하

(3) 도입현황
① 1995년 미국 연방정부가 최초 도입한 이후 1960년대 초부터 대기업을 중심으로 사기업에 도입됨
② 우리나라의 경우 2005년 「공무원임용령」 개정으로 도입됨

(4) 과정
① **직무설계**: 직무분석을 통하여 전문분야를 분류함
② **경력설계**: 자신의 희망, 적성, 역량 등 자기진단을 행한 후 이에 맞는 경력목표를 설정하고 경력경로를 설계함
③ **경력관리**: 개인의 경력경로에 따라 해당 직위를 추구해 나가는 과정
④ **평가 및 보완**

(5) 경력개발의 원칙

적재적소의 원칙	적성·능력·직무 간의 조화
승진경로의 원칙	경력개발에 적합한 승진경로 모형 적용
인재양성의 원칙	외부영입이 아닌, 인재의 내부양성과 육성 책임
직무와 역량중심 원칙	직급이 아닌, 직무가 요구하는 역량 개발에 중점
개방 및 공정경쟁 원칙	경력개발 기회의 차별 배제 및 기회의 균등 부여
자기주도(상향식)의 원칙	스스로 원하는 경력목표와 경력계획을 상향적으로 수립

(6) 한계 및 극복방안

한계	극복방안
• 조직 구성원들의 비현실적 경력목표의 설정과 빠른 승진경로의 선호(인기직위로 집중) • 유능한 인재에 대한 상사의 욕심으로 다른 부서로의 이동 방해 • 지원 인프라 부족 및 다른 인사관리와의 연계 미비	• 자신의 역량·적성·장단점 파악 유도 • 인기 직위와 비인기 직위 간의 형평성 제고 • 경력개발제도를 체계적으로 지원할 수 있는 통합인사정보시스템 개발 • 경력개발제도와 다른 인사제도와의 정합성을 강화하여 상호연계성과 일관성 제고

1 근무성적평정

1. 의의

근무성적평정이란 인사행정의 합리적인 기준을 제공하기 위하여 공무원이 일정 기간 동안에 수행한 능력, 근무성적, 가치관, 태도 등을 체계적이고 정기적으로 평가하여 재직, 승진, 훈련수요의 파악, 보수결정 및 상벌에 활용하는 제도

2. 요건

(1) 평정요소의 표준화

(2) 타당성과 신뢰성 확보

(3) 평정요소의 직무 연관성

(4) 정당한 절차와 참여적 운영

3. 효용

(1) **인사행정의 기준 제공**

인사행정의 합리화와 공정화에 기여함

(2) **시험의 타당도 측정 기준 제공**

근무능력을 측정하기 쉽지 않은 시험의 적합성 여부 판단이 가능함

(3) **상벌의 기준으로 이용**

승진, 표창, 성과급 지급에 활용됨

(4) **능력발전의 도구**

현재의 능력과 직무의 요구 능력을 파악하고 그에 따른 훈련수요를 파악할 수 있어 교육훈련의 실효성 확보가 가능함

(5) **직무수행능력 및 인간관계 개선**

공무원의 업무수행능력의 개선과 향상에 기여하고, 평정과정에서 구성원 상호 간의 이해와 유대가 강화되어 인간관계를 개선하는 효과가 있음

4. 방법

(1) **서열법(ranking method)**

① 의의: 평정대상자들을 서로 비교하여 순위를 정하면서 평정하는 상대평가 방법으로, 대인비교법, 쌍쌍비교법 등이 있음

② 장점

㉠ 작은 규모의 집단에 사용이 가능함

㉡ 특정집단 내의 전체 서열을 파악할 수 있음

③ 단점

㉠ 대규모 집단에 적용이 곤란함

㉡ 다른 집단과 비교할 수 있는 객관적인 자료를 제시할 수 없음

근무성적평가와 직무평가

1. **근무성적평가**: 사람의 업적 평가, 주관적, 성과급의 기준
2. **직무평가**: 직무 자체의 평가, 객관적, 직무급의 기준

근무성적평정과 보수표 작성

근무성적평정은 직무자체를 평가하여 보수표 작성에 이용하는 직위분류제의 직무평가와는 다르며, 근무성적평정을 보수표 작성에 이용하지 않음

(2) 산출기록법(사실기록법)
   ① 의의: 일정한 시간당 달성한 업무량(생산량, 근무실적)을 평가의 대상으로 하는 방법
   ② 단점: 업무의 성질이 단순하고 반복적인 경우에만 적용이 용이하고, 복잡하고 질적인 업무에는 적용하기 곤란함

(3) 체크리스트법(사실표지법, checklist, probst method)
   ① 의의: 평가요소에 대한 표준행동 목록을 미리 작성하고 기준에 따라 피평정자의 특성에 맞추어 표시하는 방법
   ② 강제선택식 체크리스트법: 직무와 관련된 4~5개의 체크리스트 항목 중 하나를 반드시 선택하도록 강제로 고르게 하는 방법
   ③ 장점: 연쇄효과의 최소화가 가능함
   ④ 단점: 평정항목을 만들기 어려울 뿐만 아니라 평정항목이 많을 경우 평정업무가 힘들 수 있음

(4) 목표관리법(MBO; Management By Objectives)
   ① 의의: 상하급자 간 협의를 통하여 부서 및 개인 목표를 설정하고 일정기간 동안 의견교환을 통하여 목표달성도를 평가한 후 그 목표의 달성도로 근무성적을 평정하는 방법
   ② 장점: 근접오류(시간적 오차)를 방지할 수 있음
   ③ 단점: 결과에만 치중할 우려가 있음

(5) 도표식평정척도법(graphic rating scale)
   ① 의의: 평정요소마다 주어진 측정척도에 따라 피평정자에 대한 평가를 표시하는 방법으로 대표적이고 전형적인 방법
   ② 다수의 평정요소와 각 평정요소마다 평가등급이 있으며 평정요소는 실적, 능력, 태도 등을 구체적으로 평가할 수 있는 항목들로 구성함
   ③ 장점
      ㉠ 작성이 빠르고 쉬워 이용이 편리하고 넓은 적용 범위를 가지고 있음
      ㉡ 상벌결정에 효과적으로 사용될 수 있음
   ④ 단점
      ㉠ 등급 간의 기준이 모호함
      ㉡ 연쇄효과가 발생할 수 있으며 자의적 평가의 우려가 있음

체크리스트법

평정자는 피평정자를 평가하지 않고 단순히 보고할 뿐이며, 항목별 점수가 부여되는 계량적 방법에 해당함

연쇄효과

첫 번째 평정요소에 대한 평가가 그 다음 평정요소에까지 영향을 주는 효과

핵심 OX

01 근무성적평정의 방법 중에 한편에는 평정요소, 한편에는 우열의 등급을 도표로 표시하는 것은 체크리스트법이다.
(○, ×)

답 × 도표식평정척도법에 대한 설명

02 도표식평정척도법은 평정요소 간 중요성에 따른 가중치 결정이 쉽기 때문에 실제수준보다 관대하게 평가하는 집중화나 중간등급을 중심으로 평가하는 관대화의 오류를 가져올 수 있다.
(○, ×)

답 × 가중치 결정이 어려움

도표식평정척도법의 예

평정요소	평정요소의 내용	평정척도				
		5점	4점	3점	2점	1점
협조성	상사와 동료 간 원만한 관계를 유지하고 있는가?	매우 좋다	좋다	보통이다	미흡하다	좋지 않다

(6) 중요사건기록법(critical incident method)

① **의의**: 평정대상자의 직무수행과 근무실적에 영향을 주는 중요사건을 관찰하여 평정기간 동안 일시적으로 기록해 놓았다가 누적된 사건기록을 중심으로 평정하는 방법

② 객관적인 기준의 발견보다는 직원의 발전을 도모하기 위하여 사용할 때 적합한 방법

③ 장점
  ㉠ 평정자와 피평정자 간의 상담을 촉진하여 태도와 직무수행을 개선시킬 수 있음
  ㉡ 사실에 근거한 평가가 가능하고, 근접오류의 방지가 가능함

④ 단점
  ㉠ 이례적인 행동을 지나치게 강조할 위험이 있음
  ㉡ 상호 비교가 곤란함

(7) 강제배분법(forced distribution)

① **의의**: 도표식평정척도법에서 생길 수 있는 오차를 방지하기 위하여 성적 분포 비율을 미리 정해 놓고 성적에 따라 등급별로 인원을 강제로 배분하는 방법

② 평정을 하는 데 있어 그 성적을 강제로 분산시키는 것으로 피평정자의 수가 많을 때 이점이 있는 방법

③ **장점**: 절대평가로 인한 집중화·관대화·엄격화의 폐단을 방지할 수 있음

④ **단점**: 현실 왜곡의 가능성이 있고, 역산식 평정을 할 우려가 높음

(8) 행태기준평정척도법(BARS; Behaviorally Anchored Rating Scales)

① **도표식평정척도법 + 중요사건기록법**: 도표식평정척도법의 주관성을 배제하고, 중요사건기록법의 상황비교의 곤란성을 극복하여 평정의 타당성을 높이기 위하여 두 가지 방식을 결합한 방법

② 직무분석에 기초하여 중요한 과업을 선정한 후 그 과업의 가장 이상적인 행태부터 가장 바람직하지 못한 행태까지 명확하게 기술하고 등급으로 구분한 뒤 점수를 할당하는 방법

③ **장점**: 높은 타당성과 신뢰를 확보할 수 있음

④ 단점
  ㉠ 직무별 평정양식이 필요하여 평정표 개발에 많은 시간과 비용이 소모됨
  ㉡ 바람직한 행동과 바람직하지 못한 행동의 상호배타성 문제를 전제로 하기 때문에 설득력이 약함

기출 체크

근무성적평정방법에 대한 설명으로 옳지 않은 것은? 2015년 지방직 7급

① 도표식평정척도법에서는 연쇄효과가 나타나기 쉽다.

② 대인비교법은 평정기준으로 구체적인 인물을 활용한다는 점에서 평정의 추상성을 극복할 수 있다.

③ 산출기록법은 일정한 시간당 달성한 작업량과 같이 객관적 사실에 기초를 두고 평가하는 방법이다.

④ 체크리스트법은 피평정자의 근무실적에 큰 영향을 주는 사건들을 평정자로 하여금 기술하게 하는 방법이다.

답 ④ 체크리스트법이 아니라 중요사건기록법에 해당

Focus on 행태기준척도법의 예	
평정척도	행태유형
7	부하직원과 상세하게 대화를 나누고 그에 대한 해결방안을 내놓는다.
6	스스로 해결할 수 없는 문제는 상관에게 자문을 구한다.
5	스스로 해결하려는 노력은 하나 가끔 잘못된 문제를 초래한다.
4	일시적인 해결책으로 대응하여 문제가 계속 발생한다.
3	부하직원의 의사를 고려하지 않고 독단적으로 결정을 내린다.
2	문제해결에 있어 개인적인 감정을 앞세운다.
1	어떤 결정을 내려야 할 상황에서 결정을 회피한다.

(9) 행태관찰척도법(BOS; Behavior Observation Scales)

① **행태기준평정척도법 + 도표식평정척도법**: 행태기준척도법을 바탕으로 직무와 관련된 중요한 과업분야를 선정하고 각 과업분야에 대해서 가장 이상적인 과업행태로부터 가장 바람직하지 않은 과업행태까지 나열하여 그러한 행동을 얼마나 자주 하는가에 대한 빈도를 표시하는 방법

② 행태기준척도법의 상호배타성을 극복하고자 개발된 것

③ **장점**: 평정결과를 통하여 평정대상자에게 행태변화에 유용한 정보를 환류시켜 줄 수 있고, 평정자의 주관성과 임의성을 줄이는 데 도움이 됨

④ **단점**: 등급 간 기준이 모호하고, 연쇄효과의 오류 가능성이 존재함

Focus on 행태관찰척도법의 예						
평정요소	평정항목	등급				
		하지 않는다.	매우 드물게 한다.	때때로 한다.	자주 한다.	매우 자주 한다.
갈등관리	갈등당사자끼리 공유할 수 있는 자리를 만든다.					
	갈등과 관련된 주요 사례를 검토하고 토론한다.					
	갈등을 해결할 수 있는 최적의 합의점을 찾는다.					

5. 근무성적평정상의 오류

(1) 연쇄효과(후광효과, halo effect)

① 어느 하나의 평정요소에 대한 평정자의 평가결과가 다른 평정요소에 연쇄적으로 영향을 미치거나, 평정자가 피평정자에 대해 갖는 일반적인 인상이 모든 평정요소에 영향을 미치는 것으로 주로 도표식평정척도법에서 발생

② **방지대책**

㉠ 유사한 요소는 최대한 멀리 배치

㉡ 평정척도 구성 시 평정등급을 서로 달리하는 방법을 사용

㉢ 하나의 평정용지에 하나의 평정요소만을 배열

㉣ 각 평정요소별로 모든 피평정자를 순차적으로 평정

㉤ 체크리스트법, 강제선택법 등의 사용

(2) 집중화 · 관대화 · 엄격화의 오류(분포상의 착오)

① **집중화의 오류**: 아주 높거나 아주 낮은 평가를 할 때의 심리적 부담감을 줄이고자 중간등급을 중심으로 평정하는 데서 오는 오류

② **관대화의 오류**: 실제 수준보다 관대하게 평정하는 것

③ **엄격화의 오류**: 실제 수준보다 낮게 평정하는 것

④ **방지대책**: 강제배분법, 체크리스트법 등 사용

(3) 규칙(체계)적 오류

① 평정자가 일관되게 항상 관대화 또는 엄격화 경향을 보이는 것

② **방지대책**: 강제배분법 사용

(4) 총계적 오류

평정자의 평정기준이 일관성이 없는 비규칙적 착오로서 관대화 · 엄격화 경향이 불규칙적으로 발생

(5) 논리적 오류

평정요소 간에 논리적 상관관계가 있다는 관념에 의한 오차

> **예** IQ가 높은 공무원은 지식수준이 높다, 초과근무시간이 많으면 직무수행태도가 좋다고 평정하는 것 등

(6) 선입견에 의한 오류(유형화 · 정형화 · 집단화의 오류, 상동오차)

① 평정의 요소와 관계없이 피평정자에 대해 그가 속한 집단이나 범주에 대한 고정관념(편견)에 의해서 발생하는 오류

② 피평정가들이 같은 부류라고 판단하므로, 상동(相同)오차라고도 함

③ **방지대책**: 피평정자의 신상을 알지 못하게 하는 등의 방법 사용

(7) 유사적 오류, 투사 오류

평정자가 자신의 성향과 유사한 피평정자에게 우수한 점수를 부여하는 것

(8) 시간적 오류

① **최초효과**: 초기의 실적이나 첫인상에 영향을 많이 받는 효과

② **근접효과**: 가장 최근의 실적이나 능력에 대한 인상에 영향을 많이 받는 효과

③ **방지대책**: 독립된 평가센터의 구축, 중요사건기록법이나 목표관리(MBO)에 의한 평정방법 등의 사용

(9) 대비적 오류

평정대상자를 바로 직전의 피평정자와 비교하여 평정하는 오류

(10) 선택적 지각

모호한 상황에서 부분적인 정보만을 받아들여 생기는 오류

(11) 방어적 지각

평정자가 자신의 고정관념에 반하는 정보를 회피하고 왜곡하거나, 자신에게 유리한 것만 받아들임으로써 발생하는 오류

(12) 이기적 착오(근본적 귀속의 착오)

① 자존적 편견 또는 근본적 귀속의 오류

② 타인의 실패를 평가할 때에는 상황적 요인을 과소평가하고 개인적 요인을 과대평가하는 반면, 성공에 있어서는 반대로 평가하는 경향

(13) 피그말리온 효과(로젠탈 효과) ↔ 스티그마 효과(낙인효과)

   ① **피그말리온 효과**: 평가에 따른 긍정적 효과를 가져 오는 오류

   ② **스티그마 효과**: 평가에 따른 부정적 효과를 가져오는 오류

2 우리나라의 공무원 평정제도(근무성적평정)

1. 의의

(1) 「공무원 성과평가 등에 관한 규정」에 근거한 근무성적평정 시행

(2) 4급 이상의 성과계약 등 평가제와 5급 이하의 근무성적평가제로 구분

2. 근무성적평정제의 종류

(1) 성과계약 등 평가제

   ① **의의**: 성과계약에 의한 목표달성도 등을 평가하는 것

   ② **대상**: 4급 이상 공무원 및 연구관·지도관(다만, 소속장관이 성과계약평가가 적합하다고 인정하는 경우에는 5급 이하 공무원에 대해서도 실시할 수 있음)

   ③ **평가시기**: 정기평정 연 1회로 매년 12월 31일 실시

   ④ **성과계약**

      ㉠ **성과목표**: 공무원 개개인의 업무가 도달되어야 하는 바람직한 상태

      ㉡ **평가지표**: 성과목표의 달성 여부를 측정하기 위한 기준

      ㉢ **성과면담**: 평가대상자와 평가자 간에 상호의견을 나누는 행위

      ㉣ **성과계약**: 평가대상자와 평가자 간에 이루어지는 성과목표·평가지표 및 평가결과의 활용 등에 대한 합의

      ㉤ **성과계약의 체결**: 소속장관은 대상 공무원과 평가자 간에 1년 단위로 성과계약을 체결하도록 하여야 함

   ⑤ **평가방법**

      ㉠ 성과목표와 달성도를 감안하여 대상 공무원별로 평가함

      ㉡ 평가등급의 수는 3개 이상으로 구성하여야 함

(2) 근무성적평가제

   ① **의의**: 근무실적 및 직무수행능력에 대한 평가

   ② **대상***: 5급 이하 공무원, 연구사 및 지도사

   ③ **평가시기**: 비교적 자율화

      ㉠ **정기평정**: 연 2회(6월 30일, 12월 31일)를 원칙으로 하되 필요한 경우 각급 기관의 장이 평가 기준일을 달리 정할 수 있음

      ㉡ 부처별 상황에 맞춰 적시에 실시가 가능하여 적합성 강화에 기여함

   ④ **평가내용**

      ㉠ **평가항목**: 근무실적 및 직무수행 능력을 평가하며, 필요 시 직무수행 태도를 10% 범위 내에서 추가가 가능함

      ㉡ **평가요소**: 직무의 특성을 반영하여 소속장관이 정함

      ㉢ **평가단위**: 직급별로 구성한 평가단위별로 실시함(단, 소속장관은 직무의 특성을 고려하여 평가단위를 달리 정할 수 있음)

고위공무원단의 근무성적평정

고위공무원단에 속하는 자는 5등급의 상대평가를 실시

성과계약

평가대상자와 평가자 간에 이루어지는 성과목표, 성과지표 및 평가결과의 활용 등에 대한 합의

성과목표

평정대상기간의 종료시점까지 공무원 개인의 업무가 도달되어야 하는 바람직한 상태

* 근무성적평가 + 경력평가로 평가가 이루어짐

핵심 OX

근무실적평가의 평가항목에는 근무실적과 직무수행능력이 있는데 근무실적에는 업무 난이도, 완성도, 적시성 등이 있다.   (O, ×)

답 O

⑤ **평가방법**
　　㉠ 평가자는 확인자와 협의하여 평가대상 공무원의 근무실적 및 직무수
　　　행능력을 고려하여 평가단위별로 평가대상 공무원의 성과목표달성도
　　　등을 고려하여 평가함
　　㉡ 평가등급의 수는 3개 이상, 상위 20%, 하위 10%로 분포함(단, 소속장
　　　관이 분포비율을 달리 정할 수 있음)
　　㉢ 평가자 및 확인자는 근무성적평가의 결과를 근무성적평가위원회에
　　　제출함
⑥ **근무성적평가위원회**: 근무성적평가 결과를 참작하여 근무성적평가 점수를
　　정하고 그 결과의 조정·이의신청 등에 관한 사항을 처리하기 위하여 승
　　진후보자명부 작성단위 기관별로 설치함
⑦ **근무성적평정 결과의 의무적 공개**: 평가자, 확인자, 확인자의 상급·상위의
　　감독자(평가단위 확인자) 중 어느 하나에 해당하는 자는 평정 대상 공무
　　원 본인에게 근무성적평정 결과를 알려주어야 함(단, 소속장관이 필요하
　　다고 인정하는 경우에는 달리 정할 수 있음)
⑧ **이의신청**
　　㉠ 근무성적평정 대상 공무원은 평가자의 근무성적평정 결과에 이의가
　　　있는 경우에는 확인자에게 이의신청을 할 수 있음(단, 소속장관이 확
　　　인자를 지정하지 아니한 경우에는 각각 평가자에게 이의를 신청할
　　　수 있음)
　　㉡ 근무성적평가 대상 공무원은 평가단위에서의 근무성적평가 결과에
　　　이의가 있는 경우에는 평가단위 확인자에게 이의를 신청할 수 있음
　　　(단, 평가단위 확인자가 없는 경우에는 확인자에게, 확인자가 지정되
　　　지 아니한 경우에는 평가자에게 각각 이의를 신청할 수 있음)
　　㉢ 이의신청 결과에 불복하는 평정대상 공무원은 근무성적평가위원회에
　　　평가결과의 조정을 신청할 수 있음(단, 소청심사의 대상은 되지 않음)

3. 성과계약평가와 근무성적평가의 비교

(1) 공통점
① 이중평정제로, 평가자와 확인자가 평정함. 확인자는 평가자의 상급감독
　　자 중에서 지정함(상급감독자가 없는 경우 지정하지 않을 수 있음)
② 도표식평정척도법과 강제배분법을 사용함
③ 원칙적으로 결과를 공개함
④ 확인자에게 이의신청을 할 수 있음
⑤ 소청심사의 대상이 아님
⑥ 평가결과를 승진, 교육훈련, 보직관리 및 성과상여금 등 인사관리에 반영
　　해야 함
⑦ 성과면담 실시 의무(횟수제한 없음)

핵심 OX

01 우리나라는 평정상의 오차나 편파적 평정을 시정하기 위하여 이중평가제를 실시한다.   (○, ×)

답 ○

02 현재 근무성적평정을 함에 있어서 강제배분법을 따르고 있으며 결과에 대해서 공개가 이루어지지 않고 있다.   (○, ×)

답 × 결과에 대한 공개가 이루어지고 있음

(2) 차이점

구분	성과계약평가	근무성적평가
대상	4급 이상 공무원, 연구관 및 지도관(다만, 소속장관이 성과계약평가가 적합하다고 인정하는 경우에는 5급 이하 공무원에 대해서도 실시할 수 있음)	5급 이하 공무원, 연구사 및 지도사
평가시기	정기평정 연 1회(12월 31일)	• 정기평정 연 2회(6월 30일, 12월 31일) • 비교적 자율화: 정기평정은 연 2회 원칙으로 하되 필요한 경우 각급 기관의 장이 평가기준일을 다르게 정할 수 있음
평가항목	성과목표 달성도, 부서단위의 운영 평가결과, 그 밖에 직무수행과 관련된 자질 또는 능력 등	근무실적 및 직무수행능력으로 하되, 필요시 직무수행태도 추가
평가방법	• 성과목표, 달성도를 감안하여 대상 공무원별로 평가 • 평가등급의 수는 3개 이상	• 평가자는 확인자와 협의하여 평가대상 공무원의 근무실적 및 직무수행능력을 고려하여 평가단위별로 평가대상 공무원의 성과목표달성도 등을 평가 • 평가등급의 수는 3개 이상, 상위 20%, 하위 10% 분포(단, 소속장관이 분포비율 달리 정할 수 있음) • 평가자 및 확인자는 결과를 근무성적평가위원회에 제출
평가위원회	규정 없음	근무성적평가위원회
승진후보자 명부	미작성	작성(근무성적평정 + 경력평정 + 훈련성적평정)

3 다면평가제(360도 평가제)

1. 의의

다면평가제는 공무원 개인을 평가할 때 기존 상관 위주의 일방적인 평가 방법에서 벗어나, 동료나 부하, 민원인 등 다수의 평가자가 평가의 주체로 참여하여 평가하는 방법

2. 설계 및 실시

(1) 평가자의 구성
① 평가자를 선정하고, 직급에 따라 점수를 차등화 함
② 평정자별 가중치는 상관 50%, 동료 30%, 부하 20%이고, 민원인은 가중치를 부여함

(2) 평가방법

온라인 평가가 원칙이며, 사전에 피평가자는 업무실적기록을 제출하고 평가자에 대한 인사담당자의 사전교육이 필요함

3. 우리나라의 다면평가제(「공무원 성과평가 등에 관한 규정」)

(1) 우리나라는 1998년부터 다면평가에 관한 법적 근거가 마련되어 다면평가의 결과를 공무원의 역량개발, 교육훈련 등에 활용하도록 하고, 승진이나 전보, 성과금 지급 등에는 참고자료로만 사용할 수 있도록 함

(2) 소속장관은 다면평가를 실시할 수 있으나 반드시 평가를 실시하여야 하는 것은 아님

(3) 다면평가의 참여자

① 참여자는 상급·상위공무원, 동료, 하급 또는 하위공무원 및 민원인 등으로 구성됨

② 피평가자의 업무 유관자로 구성하고, 소속 공무원의 인적 구성을 고려하여 공정하게 대표될 수 있도록 함

(4) 평가의 결과

해당 공무원에게 공개할 수 있으며 이의신청이 가능함

4. 운영원칙

(1) 평가자의 익명성을 보장하여, 평가자의 구성과 개별 점수는 비밀로 보장됨

(2) 평가자에게 피평가자의 실적 등에 관한 세부적인 정보를 제공함

(3) 질문이 포괄적인 근무성적에 관한 것보다는 실적과 능력의 세부개념을 구체화한 것이 적절함

5. 목적과 효용

(1) 평가의 정확성·객관성·공정성·신뢰성을 확보할 수 있음

(2) 실적평가보다는 업무수행 행태에 중점을 두며 관리자의 민주적 리더십을 향상시킴

(3) 조직 상하 간, 조직 구성원들과 고객 간의 의사소통을 증진시킴

(4) 국민을 평가자로 참여시켜 국민에 대한 공무원의 충성심을 강화함

(5) 장기적으로 권위주의적 행정문화 타파에 기여함

6. 문제점

(1) 능력이나 실적 보다는 인간관계나 인기 위주의 평가가 이루어질 수 있음

(2) 평정자들이 평정의 취지와 방법을 잘 알고 있기 때문에 담합을 하거나 모략성 응답을 할 가능성이 큼

(3) 부하에 의한 상관의 평가가 이루어져 상하 간 갈등이 야기될 수 있으며 상사의 통제권을 제약하므로 계층제적 조직에는 적용이 부적합함

(4) 상급자가 하급자의 눈치를 보며 업무를 추진하게 되고 시간과 비용이 소요됨

핵심 OX

01 다면평가의 기대효과로 평가의 공정성과 객관성을 들 수 있다. (○, ×)

답 ○

02 다면평가는 평가에 대한 책임이 분산되기 때문에 상관의 경우 부하의 눈치를 보지 않아도 되는 장점이 있다. (○, ×)

답 × 다면평가제는 상관이 부하의 눈치를 볼 수 있다는 단점이 있음

기출 체크

다면평가제도에 대한 설명으로 가장 옳지 않은 것은? 2017년 서울시 9급

① 다수의 평가자가 참여해 합의를 통해 평가 결과를 도출하는 체계이며, 개별평가자의 오류를 방지하고 평가의 공정성을 확보할 수 있다.

② 개인을 평가할 때, 직속상사에 의한 일방향의 평가가 아닌 다수의 평가자에 의한 다양한 방향에서의 평가이다.

③ 조직구성원들에게 조직 내외의 모든 사람과 원활한 인간관계를 증진시키려는 강한 동기를 부여함으로써 업무수행의 효율성을 제고할 수 있다.

④ 능력보다는 인간관계에 따른 친밀도로 평가가 이루어져 상급자가 업무추진보다는 부하의 눈치를 의식하는 행정이 이루어질 가능성이 높다.

답 ① 다수의 평가자가 참여해 합의를 통해 평가 결과를 도출하는 방법을 사용하지 않음

4 경력평정

1. 의의

(1) 직업상의 경험과 근무연한을 평정에 반영하는 것으로, 인사행정 중에서 가장 객관적이고 수치화된 제도

(2) 우리나라의 경우 5급 이하 공무원의 승진임용 시 사용하는 방법이며 20점 만점의 경력평정점을 반영함

2. 원칙

(1) 근시성

최근의 경력을 중시함

(2) 습숙성

① 숙련도가 높은 경우에 높은 배점을 부여함
② 상위 직급에 높은 배점을 부여함

(3) 친근성

경력이 직무와 관련성이 있으면 높은 배점을 부여함

(4) 발전성

경력을 참작하여 장래의 발전가능성을 평가함

3. 장단점

(1) 장점

객관성을 확보할 수 있고, 행정의 안정성과 직업공무원제 유지에 기여함

(2) 단점

경력과 능력이 반드시 비례적인 것은 아니며 기관장의 부하통솔을 어렵게 할 수 있고, 공직사회의 침체와 관료주의화를 야기할 수 있음

4. 우리나라의 경력평정제도

(1) 대상

5급 이하의 공무원, 연구사, 지도사로서 4급 이상 및 고위공무원단에 속하는 자는 실시하지 않음

(2) 시기

정기평정은 6월 말과 12월 말로, 연 2회 실시함

(3) 평정자 및 확인자

① **평정자**: 경력평정 확인자의 소속 인사담당관
② **확인자**: 평정대상 공무원이 소속한 4급 이상 공무원을 장으로 하는 기관의 장

(4) 경력평정점의 산정

경력평정점 = 경력(근속연월) × 종류별적용비율 × 월경력환산점수

경력평정 대상이 아닌 경우

4급 이상 및 고위공무원단에 속하는 자는 경력평정을 하지 않고 근무성적평정(성과계약평가)만 실시함

경력의 종류(친근성)

1. **갑경력**: 10할
   동일직렬 동일계급 이상 경력
2. **을경력**: 8할
   동일직군 동일계급 이상 경력
3. **병경력**: 2할
   타직군 동일계급 이상 경력
4. **정경력**: 1.5할
   타직군 바로 하위계급 경력

(5) 경력평정 결과 등의 제출 및 열람

평정자 및 확인자는 경력 등 평정표의 부본을 승진후보자명부 작성권자에게 제출하고 평정대상 공무원의 요구가 있을 때에는 당해 공무원의 경력 등 평정표를 보여주어야 하며, 경력평정의 결과는 소청대상이 되지 못함

THEME 070 공무원의 사기와 보수 및 복지 ★★★

1 공무원의 사기

1. 의의
(1) 높은 직무수행 동기
(2) 조직목표를 달성하기 위하여 공무원이 자발적으로 가지는 집단적 근로의욕

2. 성격
(1) 개인적 성격
사기는 개인이 직무와 근무환경에 대하여 가지는 개인적 심리상태로, 개인의 적극적·자발적 근무의욕

(2) 집단적·조직적 성격
조직의 목표달성을 위하여 상호협력적으로 조직활동을 수행하려는 집단의 의욕

(3) 사회적 성격
사회적 가치·역할·효용성과 결부되며, 사회발전에 공헌

3. 효용성
(1) 목표달성에 기여함
(2) 개인과 조직의 일체감을 형성함
(3) 조직의 창의성과 쇄신성을 강화함
(4) 조직의 위기극복능력을 증대시킴

4. 사기와 생산성
(1) 사기실재론
① 사기와 생산성은 높은 상관관계를 가지고 있어 사기가 높으면 생산성이 높을 것이라는 견해
② 인간관계론, 동기부여의 내용이론(욕구이론)

(2) 사기명목론
① 사기와 생산성은 직접적인 관련성이 없으며, 사기는 생산성에 영향을 미치는 직접적인 요인이 아닌 여러 요인 또는 변수라고 보는 견해
② 동기부여의 과정이론

사기의 결정요인

경제적	보수, 연금
사회적	귀속감, 대인관계
심리적	성취감, 참여감

핵심 OX

사기가 생산성과 직접적 관계가 있다는 것은 사기실재론으로서 과정이론자들의 주장이다. (O, ×)

답 × 내용이론자들의 주장

PART 4
인사행정론 2021 해커스공무원 쉬운 행정학

(3) 최근의 견해

사기명목론의 입장으로서 사기를 높이는 것은 생산성 향상을 위한 충분조건이 아닌 필요조건이라고 봄

5. 측정방법

(1) 태도조사법

인적자원의 의견을 조사하거나, 여론을 조사하는 방법

(2) 사회측정법

구성원 간의 심리적 응집력이 높을 때에는 그 집단의 사기가 높고, 응집력이 낮으면 사기가 낮다고 측정하는 방법

(3) 투사법

구성원의 태도나 자극에 대한 반응을 관찰하여 그 결과를 분석하는 것으로서 가장 객관적인 방법

(4) 외현행위관찰법(사례나 근무관계의 관찰기록에 의한 측정방법)

① 조직생활에 나타나는 직원들의 행동 또는 그 결과에 대한 기록을 분석하여 사기수준에 대한 정보를 파악하는 방법

② **분석대상**: 생산성, 이직률, 근무태도(출퇴근 상황 등), 안전사고율 등

6. 사기관리 수단

고충처리제도, 제안제도, 공직에 대한 사회적 평가의 제고, 신분보장, 연금제도의 확충, 인간관리의 민주화, 참여의 확대 및 권한의 위임, 포상제도의 활성화, 공무원단체의 인정, 직무확충, 유연근무제 등

2 공무원의 보수

1. 의의

(1) 개념

보수는 정부에서 공무원의 근무에 대한 대가로 제공하는 금전적 보상으로서 생활보장과 노동의 대가가 모두 포함된 것

(2) 우리나라의 보수 관리

상대적으로 일률적인 보수기준을 적용하므로 복잡함이 덜 하지만 최근에는 성과관리체제의 도입이 강조되면서 보수 관리에 있어서 많은 변화가 등장함

2. 특징

(1) 경직성

공무원의 보수는 정부예산에서 차지하는 비중이 크기 때문에 경직성을 가질 수밖에 없으며, 국회나 국민의 직접적·간접적인 통제를 받음

(2) 이중성

직무수행에 대한 반대급부인 동시에 생활보장적 급부라는 이중성이 있음

(3) 비시장성

보수의 재원은 국민의 세금에 의한 정부재정이고, 직무수행의 성과 대부분이 시장에서 교환가치가 형성되지 않는 성격을 가짐

(4) 합리적 보수체계의 곤란성

직무가 다양하고 근무조건이 서로 다르기 때문에 비교가 용이하지 않아 일관된 합리적 보수체계를 가지기 어려움

(5) 노동 3권의 제한

단체행동권 제약으로 민간기업에 비해 노조 영향력이 상대적으로 약함

3. 보수수준의 결정요인

(1) 의의

① 동일직무(노동)에 대한 동일보수의 원칙

② 정부의 재정력을 상한선으로 하고 공무원의 생계비를 하한선으로 하여 그 사이에서 직책과 능력에 따라 결정함

(2) 보수표 작성의 기본원칙

① **직무급의 원칙**: 직무의 곤란도 및 책임도에 따라 차등 지급한다는 원칙

② **비교균형의 원칙**

　㉠ **대외적 비교성의 원칙**: 민간 기업의 보수와 비교하여 보수를 지급한다는 원칙으로, 대외적 균형 확립을 위함

　㉡ **대내적 상대성의 원칙**: 상·하위 직급 간 보수 격차를 통하여 대내적 균형을 가짐

③ **보수법정주의**: 법률에 의하여 보수가 결정된다는 원칙

④ **중복보수금지의 원칙**: 겸임하는 경우에는 보수액이 높은 직위의 것을 지급한다는 원칙

⑤ **정세적응의 원칙**: 환경에 적절하게 적응하기 위하여 조정되어야 한다는 원칙

(3) 보수수준의 일반적 고려사항

① **경제적 요인**: 민간부문의 임금수준과 정부의 지불능력, 물가수준 및 물가에 미치는 영향 등을 고려함

② **정치적·사회적 요인**

　㉠ 정부는 공무원이 수행하는 업무의 경제적 가치에도 불구하고 최저한의 생활을 할 수 있도록 최저생계비를 보장하는 한편 보수의 최고수준을 제한하여야 하는 압력을 고려해야 함

　㉡ 이는 공무원 보수의 상한선인 정부의 재정력과 공무원 생계비의 하한선을 결정하는 데 영향을 미침

③ **인사관련정책**: 공무원의 사기와 행정능률을 제고시키기 위하여 공무원 보수를 인사행정의 수단으로 활용함

④ **기타요인**: 직무, 작업조건, 신분보장, 연금제도 등 실제 보수결정에 있어서 여러 요인들이 고려됨

4. 종류 - 기본급(봉급) + 부가급(수당)

(1) 기본급(봉급)

기본 근무시간에 대해 지급되는 고정급 또는 항상적 보수이며 보수를 구성하고 있는 핵심부분으로서, 각종 수당이나 연금 등 다른 보수항목들의 산정의 기준이 됨

① **생활급**: 공무원 및 그 가족의 기본적인 생계유지를 보장하기 위한 것
② **연공급(근속급)**: 공무원의 근속연수, 경력, 경험 등 속인적 요소의 차이를 기준으로 결정하는 것
③ **직무급**: 각 직위의 상대적 가치에 따라 결정되는 보수로, 직무의 곤란도와 책임도에 따라 직무의 가치를 결정하고 가치를 보수와 연결하는 것
④ **능력급(직능급)**: 조직목적에 기여할 수 있는 능력 정도, 즉 노동력의 가치나 직무수행능력을 기초로 하여 지급하는 것
⑤ **성과급**: 성과를 기준으로 결정하는 것으로 사후적 보수의 성격을 가짐

(2) 부가급(수당)

① 기본급만으로는 직무의 내용이나 근무환경이 반영될 수 없을 때 지급되는 것
② 수당은 기본급에 담지 못하는 특수한 차이를 반영하여 지급하고, 상여금은 우수한 성과를 거둔 경우에 보상하기 위하여 지급하는 추가급
③ 계급제를 채택하고 있는 국가는 대부분 수당의 종류가 많음(계급제는 수당 중심, 직위분류제는 기본급을 중심으로 운영)

Focus on	보수체계		
기본급	**보수결정기준**	**관련 이론**	**관련 원칙**
생활급	연령, 가족	계급제, 인간관계론, 직업공무원제	생활보상의 원칙
연공급	근무연한	계급제	
직무급	• 직무의 난이도와 책임의 정도에 따라 직무의 가치를 결정하고 그 가치를 보수와 연결 • 동일직무에 대한 동일보수 원칙	과학적 관리론, 실적주의, 직위분류제	근로대가의 원칙
직능급(능력급)	노동능력의 가치, 직무수행능력	신공공관리론	
성과급(실적급)	성과 가치, 근무성적		

5. 공무원 보수체계의 관리

(1) 등급

① **의의**: 공무원 간의 보수격차를 구분을 한 것으로 한 보수표 내에서 직무의 가치를 나타냄
② **등급의 수**
　㉠ 등급의 수는 등급 단계의 합으로, 등급의 수가 너무 많으면 보수관리가 복잡해지고 직무내용에 따라 등급을 자주 변경시켜야 하며 전직이나 전보 시 신축성을 저해한다는 문제가 있음

ⓛ 계급제를 채택하면 직위분류제를 채택하는 국가보다 등급의 수가 적어짐

③ **등급의 폭**
　　⊙ 각 등급 내에서 보수의 차이를 나타낸 것으로 호봉을 의미함
　　ⓛ 우리나라의 경우 등급 간 보수의 폭은 상위직일수록 크며 정무직의 경우에는 호봉이 적용되지 않음
　　ⓒ 호봉은 계급제적 영향을 받은 것으로 등급의 수가 적을수록, 평균 승진소요 기간이 길수록 적체에 따른 보상차원에서 호봉의 수가 많아지며 장기근속의 유인을 제공함

(2) 보수곡선
① 봉급표를 작성함에 있어 호봉 간의 금액차를 연속적으로 표시한 곡선
② **J형(우리나라의 보수곡선)**: 고위직에 오를수록 보수액이 급속도로 상승하는 형태로 상후하박형, 오목형이라고도 함
③ **직선형**: 보수가 근무연한에 따라 비례하여 증가하는 형태
④ **볼록형**: 보수의 상승이 초기에는 누진적으로 증가하다가 증가액이 갈수록 감소하는 형태
⑤ **임금피크제**: 일정연령에 도달한 근로자에게 정년을 보장하거나 연장해주면서 임금을 삭감하는 제도

호봉의 수

등급의 수 많을수록 호봉의 수는 적어지며, 평균승진 소요연수가 길수록, 능력 발전에 소요되는 기간이 길수록 호봉의 수가 많아짐

6. 우리나라 공무원 보수제도
공무원의 보수는 인사혁신처에서 관장하고, 기본급과 부가급으로 구성됨

(1) 종류
① **고정급적 연봉제**: 기본급여의 연액만을 기본연봉으로 지급하며 정무직공무원에 적용함
② **직무성과급적 연봉제**: 기본연봉이 기준급과 직무급으로 구성되어 있고, 이에 성과연봉을 추가하여 지급하는 것으로 고위공무원단 소속 공무원과 외무공무원에게 적용함
③ **성과급적 연봉제**: 기본연봉에 성과연봉을 추가하여 지급하는 것으로 5급 이상 공무원들에게 적용함
④ **계급별 호봉제**: 계급별·호봉별로 보수가 다른 것으로 6급 이하 공무원들에게 적용함

(2) 특징
① **봉급과 수당의 불균형**: 수당의 종류가 많고 복잡하기 때문에 기본급의 대표성이 약함
② **보수의 비현실성**: 민간 중견기업 수준으로 공무원보수현실화 계획
③ 기본적으로 J형 곡선의 상후하박형 구조나 미국, 일본 등 선진국이나 민간기업과 비교할 경우 하위직에게 후하고, 상위직에게 박한 하후상박형의 형태도 나타남

📖 기출 체크

공무원 보수제도 중 연봉제에 대한 설명으로 옳지 않은 것은? 2016년 지방직 7급

① 직무성과급적 연봉제는 고위공무원단 소속 공무원에게 적용된다.
② 고정급적 연봉제에서 연봉은 기본연봉과 성과연봉으로 구성된다.
③ 직무성과급적 연봉제에서 기본연봉은 기준급과 직무급으로 구성된다.
④ 성과급적 연봉제와 직무성과급적 연봉제의 성과연봉은 전년도의 업무실적에 따른 평가결과에 따라 차등지급된다는 점에서 유사한 면이 있다.

답 ② 고정급적 연봉제는 정무직공무원에게 적용되는 연봉제로, 성과연봉 없이 기본연봉만 지급되는 제도

기출 체크

공무원 인사제도에 대한 설명으로 옳지 않은 것은? 2018년 국가직 7급

① 직업공무원제도는 공직을 직업전문 분야로 확립시키기도 하지만, 행정의 전문성 약화를 가져오기도 한다.
② 엽관주의하에서는 행정의 민주성과 관료적 대응성의 향상은 물론 정책수행 과정의 효율성 제고도 기대할 수 있다.
③ 대표관료제는 역차별 문제의 발생과 실적주의 훼손의 비판이 제기되며, 사회적 소외집단을 배려하는 우리나라의 균형인사정책은 미국의 적극적 조치(affirmative action)의 관점에서 이해될 수 있다.
④ 총액인건비제도는 일반적으로 기구·정원 조정에 대한 재정당국의 중앙통제는 그대로 둔 채 수당의 신설·통합·폐지와 절감예산 활용 등에서의 부처 자율성을 부여하는 특성을 갖는다.

답 ④ 총액인건비제도는 인력과 예산 운영의 효율성을 제고하고 조직성과를 향상하기 위하여 각 시행기관이 당해 연도에 편성된 총액인건비예산의 범위 안에서 기구·정원·보수·예산 등의 운영에 관해 자율성을 가지는 제도

7. 총액인건비제도(집중형 인적자원관리 → 분권형 인적자원관리)

(1) 의의

① 인력과 예산 운영의 효율성을 제고하고 조직성과를 향상하기 위하여 각 시행기관이 당해 연도에 편성된 총액인건비 예산의 범위 안에서 기구·정원·보수·예산 등의 운영에 관해 자율성을 가지는 것
② 즉 중앙행정기관이 총 정원과 정원 상한 및 인건비 예산의 총액을 정해주면, 각 부처는 그 범위 안에서 재량권을 발휘하여 인력 운영 및 기구 설치를 할 자율성과 책임성을 보장받음
③ 참여정부는 분권화정책 로드맵의 일환으로 2007년에 총액인건비제도를 전 부처로 전면 확대 실시하였고, 지방자치단체도 2007년 전면 실시하였다가 2014년 2월부터 기준인건비제도로 변경함
④ 요소별 내용
  ㉠ **정원**: 총정원의 범위 안에서 인력규모 결정과 기구설치의 자율성을 가짐
  ㉡ **인력충원**: 부처 자율의 채용권을 확대함
  ㉢ **보수**: 인건비 배분의 자율성 부여로 부처별·기관별 보수체계의 차별화
  ㉣ **예산**: 총액인건비 범위 안에서 발생한 잉여분 사용에 대한 부처 자율권 확대로 예산절감의 효과가 있음
  ㉤ **통제**: 사후적·결과적 통제로의 전환

(2) 도입목적 및 기대효과

① **각 기관의 자율성 제고**: 각 기관의 실정과 업무 특성에 맞추어 기구, 정원, 보수, 예산 등을 자율적으로 운영함
② **성과중심의 정부조직 운영 가능**: 성과인센티브를 확대하여 조직의 성과향상을 위한 효율적 수단으로 활용되도록 함
③ **최소한의 규제 및 부처의 책임성 확보**: 최소한의 규제로 자율성을 부여함에 따라 시행기관은 자율적 조직운영의 결과에 대해 책임을 짐

(3) 주요 내용

① 예산분야
  ㉠ **총액인건비 대상 경비**: 인건비와 운영경비, 이들 경비의 세부항목 간의 '전용'은 각 기관장에게 위임함
  ㉡ 대상경비 내에서 발생한 여유재원은 각 기관에 사용에 대한 재량권을 부여함
② 보수분야
  ㉠ 인건비를 기본항목과 자율항목으로 구분함
  ㉡ 기본항목은 인사혁신처가 종합적으로 관리하고, 자율항목은 시행기관이 자율적으로 운영함
③ 조직정원분야
  ㉠ **총 정원 및 부처별 정원의 상한**: 행정안전부가 대통령령으로 정함(총 정원의 5% 이내에서 총리령 또는 부령으로 추가 운영이 가능함)
  ㉡ **정원규모와 직급별·계급별 정원**: 부처의 자율로 결정함(단, 상위직의 무분별한 증설 등을 방지하기 위해 상위직의 상한비율만 설정해 둠)

ⓒ **조직관리**: 국 아래 두는 보조기관(과단위 기구)은 각 부처가 정원 범위 안에서 총리령 또는 부령으로 자율적으로 운영함(부서 총수 제한 폐지)

Focus on 총액인건비제도	
예산관리	• 사업비, 인건비 간 이용·전용의 원칙적 금지를 통해 총액인건비의 규모를 억제함 • 총액인건비 내 대상경비 간의 전용은 각 기관장에 위임함
보수관리	• 자율항목 내 수당의 신설, 통합, 폐지, 조정이 가능함 • 파견공무원의 인건비는 원칙적으로 파견 받는 기관에서 부담함 • 절감재원을 통해 성과급 또는 맞춤형 복지점수로 추가 지급이 가능함
기구설치	국장급 이상 기구는 현행대로 직제로 규정하지만, 과단위 기구는 부처가 자율적으로 설치함
정원관리	• 직제 정원의 5% 범위 내 자율적으로 증원이 가능함 • 5급 이하는 자율로 계급별, 직급별 정원관리
한시 기구 및 정원	• 한시 기구: 과 단위 기구는 자율적으로 설치함 • 한시 정원: 총액인건비 내에서 증원함

3 공무원연금제도

1. 의의

(1) 개념

공무원의 퇴직, 사망, 공무로 인한 부상이나 질병 등에 대하여 적절한 급여를 줌으로써 공무원 및 그 유족의 생활 안정과 복리 향상에 기여하는 공무원에 대한 사회보장제도의 일환

(2) 연금의 본질

① **생활보장설**: 퇴직 후 생활을 보장하기 위하여 지급한다는 것
② **은혜설(공로보장설)**: 장기간 성실한 근무에 대한 위로와 감사를 하기 위하여 지급한다는 것
③ **거치보수설(보수후불설)**: 보수의 일부를 지급하지 않고 적립하였다가 퇴직 이후에 거치된 보수로서 지급한다는 것으로, 현재 우리나라가 해당됨

2. 연금기금의 조성방식

(1) 재원조달방법

① **기금제**

ⓐ 연금지급에 필요한 재원을 조달하기 위하여 미리 기금을 마련하고, 이 기금과 기금을 투자해서 얻어지는 이익금으로 연금재원에 충당하는 제도로서, 우리나라와 미국이 이에 해당함

ⓑ 초기에 기금을 마련하는 개시비용의 부담이 크고, 관리가 복잡하고 많은 관리 비용이 발생하며 인플레이션이 심한 경우 기금가치의 하락 우려가 있으나 연금의 지속적인 지급 보장이 가능하고, 미래세대에 연금지급의 부담이 되지 않는다는 장점이 있음

핵심 OX

보수후불설에 따르면 퇴직연금은 공무원의 당연한 권리이다. (O, ×)

답 O

② 비기금제

- ㉠ 기금을 미리 마련하지 않고, 국가의 일반세입금 중에서 연금지출에 소요되는 재원을 마련하는 제도로서 영국, 독일 등 유럽 국가들이 이에 해당함
- ㉡ 개시비용이 적고, 초기의 운영 및 관리 비용이 적게 들어가는 장점이 있으나 장기적으로 비용이 많이 소요되고, 그때그때의 세입으로 연금이 지급되므로 연금의 지속적인 지급 보장이 어렵고 미래세대에게 부담이 된다는 단점이 있음

(2) 구성원의 재원납부 여부

① 기여제

- ㉠ 정부(부담금)와 공무원(기여금)이 공동으로 기금의 재원조성의 비용을 납부하는 제도로서 우리나라와 미국, 프랑스, 일본 등이 이에 해당함
- ㉡ 우리나라의 경우 「공무원연금법」에 의해 정부와 공무원의 비용부담률이 동등하고, 기여비율은 기준소득월액의 8%(2016년)~9%(2020년)로 단계적으로 인상함

② 비기여제: 정부가 기금조성비용의 전액을 납부하는 제도

3. 연금의 종류

(1) 단기급여

① **개념**: 공무원의 공무로 인한 질병·부상과 재해에 대하여 지급하는 급여
② 공무상 요양비, 공무상 요양일시금, 재해부조금, 사망조위금이 있으며 단기급여청구권의 소멸시효는 3년임

(2) 장기급여

① **개념**: 공무원의 퇴직·장애 및 사망에 대하여 지급하는 급여
② **퇴직급여**
- ㉠ **퇴직연금**: 10년 이상 재직한 공무원이 퇴직할 때 지급하며 65세 이상부터 지급함(강제퇴직은 퇴직 시부터 지급)
- ㉡ **퇴직일시금**: 10년 미만 재직한 공무원이 퇴직할 때 지급함
③ **퇴직수당**: 1년 이상 재직하고 퇴직 또는 사망한 때 소요비용은 정부가 전액을 부담함
④ **퇴직급여와 퇴직수당의 감액사유**: 재직 중의 사유로 금고 이상의 형을 받은 때, 탄핵 또는 징계에 의하여 파면된 때, 금품 및 향응수수, 공금의 횡령 또는 유용으로 징계 해임된 때

4. 우리나라 연금제도(「공무원연금법」)

(1) 지급대상 공무원은 「국가공무원법」, 「지방공무원법」, 그 밖의 법률에 따른 공무원(군인과 선거에 의하여 취임하는 공무원 제외), 그 밖에 대통령령으로 정하는 국가나 지방자치단체의 직원

(2) 급여액 산정의 기초에 있어 소득의 평균기간은 총 재직기간(퇴직 전 3년 아님)

(3) 기여금 납부기간이 36년을 초과한 자는 기여금을 내지 않음

(4) 지급률은 1.9%(2015년)에서 2035년 1.7%로 단계적으로 인하할 계획임

구분	과거	개정 후
기여율	기준소득 월액의 7%	9%(2020년)
지급률	기준소득 월액의 1.9%	1.7%(2035년)
지급개시연령	만 60세	만 65세(2035년)
유족연금 지급률	퇴직연금의 70%	60%
기여금 납부기간	33년	36년
연금수령조건	가입기간 20년	가입기간 10년
퇴직수당	민간의 39%	
기존수급자 연금액	물가에 연동 지급	향후 5년간 동결

4 고충처리제도와 제안제도

1. 고충처리제도

(1) 의의
① **개념**: 공무원의 근무생활 중 생기는 고충을 심사하고 해결책을 강구하는 것
② **심사대상**: 근무조건, 인사관리 및 기타 각종 차별과 신상문제 등 모든 고충
③ **목적**: 공무원의 신분보장과 사기앙양, 하의상달 촉진 등

(2) 우리나라의 고충처리제도
① 공무원은 누구나 고충처리제도를 이용할 수 있으며 이로 인한 불이익한 처분이나 대우를 받지 아니함
② 고충심사위원회
　㉠ **중앙고충심사위원회**: 인사혁신처의 소청심사위원회가 관장하며, 보통 고충심사위원회의 재심청구와 5급 이상 공무원의 고충을 심사함
　㉡ **보통고충심사위원회**: 6급 이하 공무원의 고충을 심사·처리함
③ **절차**: 청구서가 접수된 날로부터 30일 이내에 결정하여 통보하여야 함
④ **고충심사위원회 결정의 효력**: 결정은 권고적인 것으로 법적 구속력이 없음

2. 제안제도

(1) 의의
① 조직구성원으로부터 조직운영이나 업무개선에 대한 창의적인 의견을 받아들여 이를 심사하고 채택된 제안자에게 보상하는 제도
② 공무원의 참여와 창의적 의견을 장려하는 하의상달(상향적 의사전달) 수단

(2) 효용과 한계
① **효용**
　㉠ 행정절차의 간소화와 예산절약과 행정의 능률화에 기여함
　㉡ 행정의 민주화 구현에 기여함
　㉢ 공무원의 근무의욕 고취 및 창의력 개발로 동기부여에 기여함
　㉣ 직무에 대한 관심을 높여주고 자기발전 노력을 자극시킴

6급 이하 공무원의 고충을 중앙고충심사위원회에서 심사하는 경우

1. 6급 이하의 공무원의 고충이 성폭력범죄 또는 성희롱 사실에 관한 고충 등 보통고충심사위원회에서 심사하는 것이 부적당하다고 대통령령 등으로 정한 사안인 경우
2. 임용권자를 달리하는 둘 이상의 기관에 관련된 경우

🏛️기출 체크

고충처리제도와 소청심사제도에 대한 설명으로 옳지 않은 것은? 2015년 지방직 9급

① 양자 모두 공무원의 권익보호를 위한 제도이다.
② 고충심사위원회와 소청심사위원회의 결정은 관계기관의 장을 기속한다.
③ 중앙고충심사위원회의 기능은 인사혁신처 소청심사위원회에서 관장한다.
④ 소청심사제도는 공무원이 징계처분 기타 그 의사에 반하는 불이익 처분에 대해 이의를 제기하는 경우 이를 심사·결정하는 특별행정심판제도이다.

답 ② 소청심사제도는 구속력이 있지만 고충심사위원회의 결정은 구속력이 없음

② 한계
  ㉠ 지나친 경쟁심리 자극으로 구성원 간의 관계 악화의 우려가 있음
  ㉡ 합리적이고 공정한 심사가 이루어지기 어려움
  ㉢ 미시적이고 기술적인 제안에 편향됨
  ㉣ 상하 간 긴장감 조성의 우려가 있음

(3) 우리나라의 제안제도
① 공무원 제안의 범위 및 대상 확대
  ㉠ 연중 상시 제안 가능
  ㉡ 업무와 관련된 제도개선사항 제출 가능
  ㉢ 기관장 허가 없이 3인 이상 공동제안 가능
② 공무원 제안의 처리절차 개선과 우수한 제안의 보상 확대
  ㉠ 1개월 이내 채택 여부 결정
  ㉡ 부상금과 상여금 각각 지급

THEME 071 공무원의 신분보장 ★★☆

1 신분보장

1. 의의
(1) 신분보장이란 공무원이 잘못이 없는 한 자신의 의사에 반하여 신분상의 불이익한 처분을 받지 않도록 하는 제도
(2) 공무원의 면직·징계·정년제도와 관련이 있음

2. 법적 규정
(1) 헌법 제7조
  직업공무원제의 근간으로 공무원의 신분은 법률에 정하는 바에 의하여 보장됨
(2) 「국가공무원법」
① 제68조(의사에 반한 신분조치): 공무원은 형의 선고, 징계처분 또는 이 법에서 정하는 사유에 따르지 아니하고는 본인의 의사에 반하여 휴직·강임 또는 면직을 당하지 아니함. 다만, 1급 공무원과 직무등급이 가장 높은 등급의 직위에 임명된 고위공무원단에 속하는 공무원은 그러하지 아니함
② 제75조(처분사유설명서의 교부): 공무원에 대하여 징계처분을 행할 때나 강임·휴직·직위해제 또는 면직처분을 행할 때에는 그 처분권자 또는 처분제청권자는 처분의 사유를 기재한 설명서를 교부하여야 함

3. 필요성
(1) 공직자의 신분보장을 통해 행정의 안정성·일관성·계속성을 확보할 수 있음
(2) 부당한 압력에 굴복하지 않도록 정치적 중립성을 확보할 수 있음

(3) 인사권자의 자의성 방지와 행정의 전문성과 능률성 확보할 수 있음

(4) 공직자의 심리적 안정감과 사기증진에 기여함

4. 한계

(1) 행정에 대한 민주적 통제가 어려움

(2) 공무원의 무사안일과 도덕적 해이, 복지부동의 행태를 초래함

(3) 인적 자원 활용의 융통성을 저해함

5. 제한

징계처분, 직위해제, 휴직, 면직처분(당연퇴직 · 의원면직 · 직권면직 · 징계면직 · 명예퇴직), 강임, 감원, 정년제도 등

2 공무원의 면직(퇴직)제도

1. 의의
공무원관계를 소멸시키는 것으로서, 공무원 개인의 입장에서는 퇴직을 의미함

2. 강제퇴직제도
(1) 개념
    조직의 구성원이 비자발적으로 퇴직하는 것

(2) 종류
    ① **당연퇴직**
        ㉠ 임용권자의 처분에 의한 것이 아니라 일정한 사유가 발생한 경우 법률의 규정에 의하여 공무원관계가 소멸되는 것
        ㉡ 사망, 정년, 임기제공무원의 임기만료, 정년 등
    ② **직권면직**
        ㉠ 공무원이 법에 정한 사유에 해당되었을 경우 본인의 의사와 관계없이 임용권자의 직권에 의해 면직시키는 것
        ㉡ 감원, 직무수행능력 부족 등 법에서 정한 사유
    ③ **징계면직**: 해임과 파면 등 징계처분에 의한 공직자의 신분 상실

3. 임의퇴직제도
(1) 개념
    조직의 구성원이 자발적으로 퇴직하는 것

(2) 종류
    ① **의원면직**: 공직자 스스로의 의사표시에 의하여 퇴직하는 것
    ② **명예퇴직**: 20년 이상 장기 근속한 공무원이 정년퇴직일을 1년 이상 남겨 두고 자진하여 퇴직하는 것으로 명예퇴직 수당이 지급됨

③ 권고사직
ⓐ 임용권자의 권고에 의해 공무원이 그 직을 떠나게 되는 것으로서 사실상의 강제퇴직
ⓑ 직권면직과 달리 「국가공무원법」상의 제도에 해당하지 않음

3 정년제도

1. 의의
정해진 법정시기에 자동적으로 공무원의 직위를 정지시키는 제도로, 특별한 사유가 없는 한 정년까지 근무를 계속하도록 신분을 보장해 주는 것이 목적임

2. 목적
(1) 인건비 절감과 고용증대

(2) 공직의 신진대사를 활발히 하여 행정의 효율성 증대

(3) 직업공무원제도를 안정적으로 실시

3. 종류
(1) 연령정년제
① **개념**: 일정한 연령에 도달하면 자동적으로 퇴직하게 하는 제도로서 경력직공무원에게 적용됨

> 「국가공무원법」 제74조【정년】 공무원의 정년은 다른 법률에 특별한 규정이 있는 경우를 제외하고는 60세로 한다.

② **장점**: 조직의 신진대사를 원활하게 하고 젊은 사람들에게 승진의 기회를 부여하며, 자원계획이 용이하고, 정년까지 신분을 보장함으로써 공무원의 정치적 중립성 확보가 가능함
③ **단점**: 정년을 앞둔 공무원의 무사안일을 초래하며, 직업적 안정성을 오히려 해칠 우려가 있고, 고령화 사회의 흐름과 맞지 않음

(2) 계급정년제
공무원이 일정직급에서 일정기간 동안 승진하지 못하면 자동적으로 퇴직시키는 제도로서, 경찰·소방공무원 및 군인공무원 중 상위직에 적용되며 단일기능적 조직에서 계급질서 유지가 중요한 경우에 채택함

(3) 근속정년제
공직에 임용된 후 근속연한이 일정기간에 달하면 자동적으로 퇴직시키는 것으로 군인공무원(대령 이하)에게 적용됨

4. 장단점
(1) 장점
① 퇴직률 제고를 통한 공직참여기회의 확대
② 유동률의 적정화로 공직침체의 방지

③ 공무원의 능력 발전 유도

④ 정실개입을 방지함으로써 공무원의 정치적 중립성 확보

(2) 단점

① 숙련공무원의 인위적 배제로 인한 인력 손실

② 공무원의 신분불안과 사기저하 우려

③ 직업공무원제 및 실적주의 저해

④ 행정의 안정성과 계속성 저해

4 공무원의 불이익처분

1. 징계제도

(1) 의의

① 공무원의 의무 위반에 대한 제재로, 공무원의 신분적 이익의 전부 또는 일부를 박탈하는 불이익처분

② 범법행위나 직무태만의 결과만을 처벌하는 교정의 목적뿐만 아니라 그 원인을 파악하고 시정하려는 예방의 목적도 포함됨

(2) 사유(「국가공무원법」 제78조)

① 「국가공무원법」 및 이 법에 의한 명령에 위반하였을 때

② 직무상의 의무를 위반하거나 직무를 태만히 하였을 때

③ 직무의 내·외를 불문하고 그 체면 또는 위신을 손상하는 행위를 한 때

(3) 종류

① 경징계

구분	승급제한	보수(기간)	직무수행
견책	6개월	영향 없음	직무가능
감봉	12개월	1/3 감봉(1~3개월)	직무가능

㉠ **견책***: 직무수행은 가능하나, 6개월간 승진(승급)이 제한됨

㉡ **감봉**: 직무수행은 가능하나, 12개월간 승진(승급)이 제한되며 1~3개월 동안 보수의 1/3을 감액지급

② 중징계

㉠ 신분보유

구분	승급제한	보수(기간)	직무수행(기간)
정직	18개월	전액 감봉(1~3개월)	직무정지(1~3개월)
강등	18개월	전액 감봉(3개월)	직무정지(3개월)

ⓐ **정직**: 공무원의 신분은 보유하나 1~3개월 동안 직무에 종사하지 못하게 하는 처분으로, 보수의 전액을 감하며 18개월간 승진(승급)이 정지됨

ⓑ **강등**: 공무원의 신분은 보유하나 1계급 아래로 직급을 내리고 3개월간 직무에 종사하지 못하게 하는 처분으로, 보수의 전액을 감하며 18개월간 승진(승급)이 정지됨

징계가 아닌 제도

1. **강임**: 임용권자는 직제 또는 정원의 변경이나 예산의 감소 등으로 직위가 폐직되거나 하위의 직위로 변경되어 과원이 된 경우, 또는 본인이 동의한 경우에는 소속 공무원을 강임할 수 있음

2. 직위해제

3. 직권면직

* 견책은 훈계·회개하는 것으로, 인사기록에 남으며 처분사유설명서를 교부함

구분	공직취임제한	퇴직급여 및 퇴직수당
해임	3년간 재임용 불가	• 원칙: 불이익 없음 • 공금횡령 및 유용의 경우 - 재직기간 5년 이상: 퇴직급여 1/4 감액 - 재직기간 5년 미만: 퇴직급여 1/8 감액 - 퇴직수당 1/4 감액
파면	5년간 재임용 불가	• 재직기간 5년 이상: 퇴직급여 1/2 감액 • 재직기간 5년 미만: 퇴직급여 1/4 감액 • 퇴직수당 1/2 감액

ⓐ **해임**: 공무원을 강제퇴직 시키는 처분으로, 3년간 공직취임이 제한되며 「공무원연금법」상의 불이익은 없음. 다만 금전적 비리(뇌물 및 향응수수, 공금횡령 및 유용 등)로 해임된 경우 퇴직급여의 경우 5년 미만은 1/8, 5년 이상은 1/4이 감액되며 퇴직수당도 1/4이 감액지급되는 등의 「공무원연금법」상 불이익을 받음

ⓑ **파면**: 공무원을 강제퇴직 시키는 처분으로, 5년간 공직취임이 제한되며 탄액·징계로 파면 시 「공무원연금법」상 불이익이 있음

(4) 징계기구와 절차 및 권리구제

① **징계기구**
  ㉠ **중앙징계위원회**: 국무총리 소속하의 징계위원회로서 5급 이상 및 고위공무원 징계사건을 심의·의결함
  ㉡ **보통징계위원회**: 중앙행정기관의 장 및 그 소속기관 소속하의 징계위원회로서 6급 이하 공무원의 징계사건을 심의·의결함

② **절차**
  ㉠ **징계의결 등의 요구**: 각급 행정기관의 장이 관할 징계위원회에 징계의결 등을 요구하되, 감사원이나 수사기관 등에서 징계 등 사유를 통보받은 행정기관의 장은 타당한 이유가 없으면 1개월 이내에 징계의결을 요구하여야 함
  ㉡ **징계의결**: 중앙징계위원회는 60일 이내, 보통징계위원회는 30일 이내에 의결하여야 하며, 부득이한 경우 각각 60일, 30일 이내에서 그 기간을 연장할 수 있음

③ **권리구제**
  ㉠ 징계에 대한 불복 시 소청심사위원회에 소청을 제기할 수 있음
  ㉡ 행정소송을 제기하기 전 반드시 먼저 소청심사를 거쳐야 함

2. 직위해제와 직권면직

(1) 직위해제

① **개념**: 임용권자가 공무원에게 직위를 부여하지 않고 일정한 기간 동안 직무에서 격리시키는 처분이지만 「국가공무원법」상 징계는 아님

② 공무원의 신분은 보유하되, 출근의무가 없고 보수가 삭감됨

③ 직위해제 사유의 소멸 시 임용권자는 지체 없이 직위를 부여하여야 함

> 「국가공무원법」제73조의3【직위해제】① 임용권자는 다음 각 호의 어느
> 하나에 해당하는 자에게는 직위를 부여하지 아니할 수 있다.
> 2. 직무수행 능력이 부족하거나 근무성적이 극히 나쁜 자
> 3. 파면·해임·강등 또는 정직에 해당하는 징계 의결이 요구 중인 자
> 4. 형사 사건으로 기소된 자(약식명령이 청구된 자는 제외한다)
> 5. 고위공무원단에 속하는 일반직공무원으로서 적격심사를 요구받
>   은 자
> 6. 금품비위, 성범죄 등 대통령령으로 정하는 비위행위로 인하여 감
>   사원 및 검찰·경찰 등 수사기관에서 조사나 수사 중인 자로서 비
>   위의 정도가 중대하고 이로 인하여 정상적인 업무수행을 기대하기
>   현저히 어려운 자

(2) 대기 명령

① 임용권자는 직무수행능력이 부족하거나 근무성적이 극히 불량한 자에 해
   당하는 직위해제된 자에 대하여 3개월 이내에 대기를 명함
② 임용권자는 대기 명령을 받은 자에게 능력 회복이나 근무성적의 향상을
   위한 교육훈련 또는 특별연구과제 부여 등 필요한 조치를 취하여야 함

(3) 직권면직

① 대기 명령을 받은 자가 그 기간 중에 능력 또는 근무성적의 향상을 기대
   하기 어려워 보직을 부여받지 못하면 징계위원회의 동의를 얻어 직권면
   직을 할 수 있음
② 일정한 사유에 해당할 경우 임용권자의 일방적 의사와 직권에 의하여 공
   무원 관계가 소멸함

> 「국가공무원법」제70조【직권면직】① 임용권자는 공무원이 다음 각 호의
> 어느 하나에 해당하면 직권으로 면직시킬 수 있다.
> 3. 직제와 정원의 개폐 또는 예산의 감소 등에 따라 폐직 또는 과원
>   이 되었을 때
> 4. 휴직 기간이 끝나거나 휴직 사유가 소멸된 후에도 직무에 복귀하
>   지 아니하거나 직무를 감당할 수 없을 때
> 5. 직위해제에 따른 대기 명령을 받은 자가 그 기간에 능력 또는 근
>   무성적의 향상을 기대하기 어렵다고 인정된 때
> 6. 전직시험에서 세 번 이상 불합격한 자로서 직무수행 능력이 부족
>   하다고 인정된 때
> 7. 병역판정검사·입영 또는 소집의 명령을 받고 정당한 사유 없이
>   이를 기피하거나 군복무를 위하여 휴직 중에 있는 자가 군복무 중
>   군무를 이탈하였을 때
> 8. 해당 직급·직위에서 직무를 수행하는데 필요한 자격증의 효력이
>   없어지거나 면허가 취소되어 담당 직무를 수행할 수 없게 된 때
> 9. 고위공무원단에 속하는 공무원이 적격심사 결과 부적격 결정을 받
>   은 때

🏛 **기출 체크**

우리나라의 공무원 인사제도에 대한
내용으로 옳지 않은 것은? 2015년 국가
직 9급

① 공무원이 인사에 관하여 자신의 의
   사에 반한 불리한 처분을 받았을
   때에는 소청심사를 청구할 수 있다.
② 임용권자는 직무수행능력이 부족하
   거나 근무성적이 극히 나쁜 자에게
   직위를 부여하지 아니할 수 있다.
③ 직권면직은 「국가공무원법」상 징계
   의 한 종류로서, 임용권자가 특정한
   사유에 해당되는 공무원을 직권으
   로 면직시키는 것이다.
④ 해임처분을 받은 때부터 3년, 파면
   처분을 받은 때부터 5년이 지나지
   아니한 자는 공무원으로 임용될 수
   없다.

📖 ③ 직위해제나 직권면직은 징계의
종류에 해당하지 않음

CHAPTER 4 공무원의 근무규율과 인사행정개혁

THEME 072 공무원의 정치적 중립과 공무원단체 ★★☆

1 정치적 중립

1. 의의
(1) 공무원 충원 등 모든 인사관리에 있어서 정치 간섭의 배제를 의미하는 것
(2) 공무원은 직무수행 시 어떤 정당이 집권하더라도 불편부당한 입장에서 자기의 직무를 성실히 수행하여야 한다는 것
(3) 공무원의 정치적 개입에 있어서 완전한 단절을 의미하는 것은 아님

2. 필요성 및 한계
(1) **필요성**
① 공익증진을 위해 공무원이 봉사자로서의 기능을 할 수 있도록 함
② 행정의 기능을 분리하여 행정의 능률성과 안정성, 계속성을 확보할 수 있도록 함
③ 국가기강이 문란해지거나 부정부패를 방지하는 역할을 함
④ 정치체제의 세력균형을 도모함
⑤ 공명선거를 통한 민주주의를 제도화함

(2) **한계**
① 공무원의 정치적인 자유를 제한
② 참여적 관료제의 발전을 저해
③ 대표관료제와의 상충적인 위치에 있음
④ 정당정치의 발전을 저해

참여적 관료제

공무원들의 정책형성 참여기회 및 대내외적 의사표명의 기회를 보장해 주는 정부관료제

3. 우리나라의 정치적 중립
(1) **헌법 제7조**
① 공무원은 국민 전체에 대한 봉사자로서 국민에 대하여 책임을 짐
② 공무원의 신분과 정치적 중립성은 법률이 정하는 바에 의하여 보장됨

(2) **「국가공무원법」 제65조, 「지방공무원법」 제57조 – 정치운동의 금지**
① 공무원은 정당이나 그 밖의 정치 단체의 결성에 관여하거나 또는 이에 가입할 수 없음
② 공무원은 선거에 있어서 특정 정당 또는 특정인의 지지나 반대를 하기 위하여 다음의 행위를 하여서는 안됨
  ㉠ 투표를 하거나 하지 아니하도록 권유운동을 하는 것
  ㉡ 서명운동을 기획·주재하거나 권유하는 것

© 문서 또는 도서를 공공시설 등에 게시하거나 게시하게 하는 것

② 기부금품을 모집 또는 모집하게 하거나 공공자금을 이용 또는 이용하게 하는 것

⑩ 타인에게 정당이나 그 밖의 정치단체에 가입하게 하거나 가입하지 아니하도록 권유하는 것

2 공무원단체

1. 의의

공무원들의 권익을 보호하고 근무조건을 유지·개선하기 위하여 자주적 단결로 조직하는 단체로서 공무원노동조합을 지칭함

2. 법적 근거

(1) 헌법 제33조 제2항

① 공무원인 근로자는 법률이 정하는 자에 한하여 단결권·단체교섭권 및 단체행동권을 가짐

② 예외적으로 법률의 범위 내에서 공무원의 노동기본권을 인정함

(2) 「국가공무원법」 제66조

공무원은 노동운동 기타 공무 이외의 일을 위한 집단적 행위를 하여서는 아니 된다. 다만, 사실상 노무에 종사하는 공무원은 예외로 함

(3) 「교원의 노동조합 설립 및 운영 등에 관한 법률」

교원(국공립 및 사립)은 시·도 및 전국단위로 노조설립이 가능하며 학교 단위로는 설립이 금지되고, 교원노조에 단결권과 단체교섭권은 부여하되 파업 등의 단체행동권을 행사하지 못하도록 규정함

3. 주요 권리 - 노동 3권

(1) 단결권

자주적 단체를 결성하고, 가입 및 활동을 할 수 있는 권리

(2) 단체교섭권

사용자와 자주적으로 교섭할 수 있는 권리

(3) 단체행동권

교섭 실패 시 주장을 관철하기 위하여 실력을 행사할 권리

4. 필요성과 한계

(1) 필요성(찬성 논거)

① 대내적으로는 노동자의 이익요구가 증가하고 있고, 대외적으로는 WTO 등의 노동조건 선진화의 압력이 증가함

② 노동조합은 관리의 민주성과 효율성을 증진시킴

③ 공무원의 권익을 보호하고 사기를 증진시킴

🏛 기출 체크

공무원 단체활동 제한론의 근거로 옳지 않은 것은? 2013년 국가직 9급

① 실적주의 원칙을 침해할 우려가 있다.

② 공무원의 정치적 중립성이 훼손될 수 있다.

③ 공직 내 의사소통을 약화시킨다.

④ 보수 인상 등 복지요구확대는 국민 부담으로 이어진다.

🗒 ③ 공무원 단체활동은 공직 내 의사소통을 활성화시킴

(2) 한계(반대 논거)

① 공무원의 정치적 중립성 훼손되고 노조의 정치세력화 우려
② 행정관리의 비효율성 유발
③ 국민 전체의 이익이 아닌 집단이익을 위해 공익을 해치는 결과 초래
④ 직무가 중단된다면 행정의 지속성과 안전성 저해

3 공무원 노동조합(「공무원의 노동조합 설립 및 운영 등에 관한 법률」)

1. 의의

공무원의 노동기본권을 보장하기 위하여 공무원의 노동조합 설립 및 운영, 단체교섭, 분쟁조정절차 등에 관한 사항을 정함으로써 공무원의 근무조건의 개선과 사회적·경제적 지위의 향상을 기하도록 함

2. 설립근거 및 신고

(1) 헌법 제33조 제2항에 따라 공무원인 근로자는 법률이 정하는 자에 한하여 단결권·단체교섭권 및 단체행동권을 가짐

(2) 「노동조합 및 노동관계조정법」 제5조 단서 규정에 따라 공무원의 노동조합 설립 및 운영 등에 관한 사항을 정함

(3) 노동조합을 설립하려는 사람은 고용노동부장관에게 설립신고서를 제출해야 함

3. 주요 내용

(1) 단결권

① **개념**: 노동조합을 결성하여 가입하고 활동할 수 있는 권리
② **설립의 최소단위(제5조 제1항)**: 헌법상 독립기관, 자치단체, 행정부, 교육청 등을 최소단위로 함
③ **가입범위(제6조 제1항)**
　㉠ 6급 이하 일반직 및 이에 상당하는 별정직공무원
　㉡ 특정직 중 6급 이하의 일반직 공무원에 상당하는 외무행정·외교정보관리직은 가입 가능
④ **가입금지대상(제6조 제2항)**
　㉠ 지휘·감독권을 행사하거나 업무총괄에 종사하는 공무원
　㉡ 인사·보수에 관한 업무 등 노동조합과의 관계에서 행정기관 입장에 있는 공무원
　㉢ 교정·수사 그 밖에 이와 유사한 업무에 종사하는 공무원
　㉣ 노동관계 조정·감독 등 노동조합의 조합원으로서의 지위를 가지고 수행하기에 부적절한 업무에 종사하는 공무원
⑤ **노동조합 전임자의 지위(제7조)**
　㉠ 임용권자(소속장관, 지방자치단체장)의 동의를 받아 노동조합의 업무에만 종사하는 것이 가능함
　㉡ 전임기간 동안은 무급휴직이며 신분상의 불이익을 받지 않음

(2) 단체교섭권

① **개념**: 노동조합과 사용자 측의 양 당사자가 근로자의 근로조건에 대하여 합의를 도출해 가는 협상과정

② **교섭주체(제8조)**

　ⓐ 노동조합의 대표자는 국회사무총장, 법원행정처장, 인사혁신처장, 자치단체의 장, 교육감 등과 교섭을 함

　ⓑ **정부교섭대표**: 노조의 교섭 요구에 대해 정당한 사유가 없으면 응하여야만 하고, 공동교섭 또는 위임이 가능

③ **교섭사항(제8조)**: 노동조합에 관한 사항 또는 조합원의 보수, 복지, 그 밖의 근무조건에 대하여 교섭을 함(근무조건과 직접 관련이 없는 임용권 행사, 조직 및 정원, 예산·기금 편성 및 집행, 정책결정 등은 교섭사항에서 제외)

④ **단체협약의 효력(제10조)**

　ⓐ 단체협약의 내용 중 법령이나 조례 또는 예산에 의하여 규정되는 내용은 효력이 없음

　ⓑ 정부교섭대표는 협약내용을 성실히 이행하기 위해 노력할 의무가 있음

⑤ **교섭결렬 시 조정신청(제12조)**

　ⓐ 당사자 어느 한쪽 또는 양쪽은 중앙노동위원회에 조정을 신청할 수 있음

　ⓑ 중앙노동위원회는 조정을 30일 이내에 마쳐야 함(합의 시 30일 이내에서 연장이 가능)

(3) 단체행동권

① **개념**: 단체교섭이 실패한 경우 노동자 측이 그들의 주장을 관철시키기 위하여 실력행사를 행하는 것

② **정치활동(제4조) 및 쟁의행위(제11조)의 금지**: 공무원 노동조합과 그 조합원은 다른 법령에서 금지하는 정치활동을 할 수 없으며, 파업·태업 등 업무의 정상적 운영을 저해하는 일체의 행위를 할 수 없음

4 공무원직장협의회

1. 의의

(1) 공무원의 근무환경개선, 업무능률향상 및 고충처리 등을 위한 노사협의체를 의미함

(2) 기관의 인사나 재무에 관한 사항은 협의대상이 되지 않음

(3) 「공무원직장협의회의 설립·운영에 관한 법률」에 근거함

(4) 2006년 1월부터 공무원 노조가 전면적으로 인정되면서 직장협의회를 계속 인정할 것인가에 대한 논란이 있었지만 노조와는 성격이 다르기 때문에 그대로 인정하는 방향으로 결정됨

「국가공무원법」 제65조 【공무원의 정치운동 금지대상】

1. 투표를 하거나 하지 아니하도록 권유 운동을 하는 것
2. 서명운동을 기도·주재하거나 권유하는 것
3. 문서나 도서를 공공시설 등에 게시하거나 게시하게 하는 것
4. 기부금을 모집 또는 모집하게 하거나, 공공자금을 이용 또는 이용하게 하는 것
5. 타인에게 정당이나 그 밖의 정치단체에 가입하게 하거나 가입하지 아니하도록 권유운동을 하는 것

🏛 기출 체크

「공무원직장협의회의 설립·운영에 관한 법률」상 공무원 직장협의회에 가입할 수 있는 공무원은? 2013년 국가직 7급

① 5급 일반직 공무원
② 특정직 공무원 중 재직경력 10년 미만의 외무영사직렬 공무원
③ 5급에 상당하는 별정직 공무원
④ 「국가공무원법」 제66조 제1항 단서에 따라 노동운동이 허용되는 공무원

답 ② 특정직공무원 중 재직경력 10년 미만의 외무영사직렬 공무원은 가입대상에 해당

2. 설립조건

(1) 기관장이 4급 이상인 공무원 및 이에 상당하는 공무원인 기관은 설립이 가능함

(2) 기관단위의 설립을 원칙으로 하며 복수의 협의회와 전국단위의 협의회는 설립할 수 없음

3. 가입범위

(1) 가입 가능

6급 이하 일반직공무원 및 이에 준하는 연구·특수기술직렬의 일반직공무원, 6급 상당의 별정직공무원, 특정직공무원 중 재직 10년 미만의 외무영사직렬·외교정보기술직렬 외무공무원

(2) 가입 제외

노동운동이 허용되는 공무원과 지휘·감독의 직책이나 인사·예산·경리·물품출납·비서·기밀·보안·경비 또는 자동차운전 기타 이와 유사한 업무에 종사하는 공무원

4. 기능

(1) 당해 기관 고유의 근무환경 개선에 관한 사항 협의

(2) 업무능률향상에 관한 사항 협의

(3) 소속공무원의 공무와 관련된 일반 고충사항 협의

(4) 기타 기관의 발전에 관한 사항 협의

유연근무제의 종류

1. 시간선택제
2. 탄력근무제: 자율근무제(출퇴근 시간 조정), 압축근무제 등
3. 원격근무제: 재택근무형, 스마트워크근무형

🏛 기출 체크

유연근무제도에 대한 설명으로 옳지 않은 것은? 2018년 지방직 9급

① 유연근무제도에는 시간선택제, 전환근무제, 탄력근무제, 원격근무제가 포함된다.
② 원격근무제는 재택근무형과 스마트워크 근무형으로 구분된다.
③ 심각한 보안위험이 예상되는 업무는 온라인 원격근무를 할 수 없다.
④ 재택근무자의 재택근무일에도 시간외근무수당 실적분과 정액분을 모두 지급하여야 한다.

📝 ④ 재택근무자의 초과근무일에도 시간외근무수당의 정액분은 지급이 가능하지만 실적분은 지급할 수 없도록 되어있음

┌─ **Focus on** 유연근무제 ─────────────

1. **자율근무제**
   ① 구성원들이 기준근무시간은 지키되, 각자의 근무시간계획을 정할 수 있도록 하는 제도
   ② 주 40시간 근무
   ③ 출퇴근 시간 조정

2. **시간근무제(부분근무제)**
   ① 기준근무시간의 일부만 근무하게 하는 제도
   ② 주 15~35시간 근무
   ③ 단축근무

3. **압축근무제:** 근무일의 근무시간을 늘리고 그 대신 주당 근무일을 줄이는 방식

4. **원격근무제:** 원거리근무 + 전자결재, 사무실에 출근하지 않고 가정 또는 출장지(스마트워크 센터 등)에서 정보통신망을 이용하여 전자결재하게 하는 방식으로 재택근무 등이 이에 해당함

5. **호출근무제:** 대기인력 집단을 확보한 후 그들이 조직에서 요구하는 때만 나와 일하게 하는 제도

6. **업무할당제:** 개인에게 부과된 하루의 업무량을 근무시간 8시간 이내에 마친 사람에게 조기퇴근을 허용하여 시간을 인센티브로 제공하는 방식

7. **전환근무제:** 임신, 육아 등의 사유 발생 시 시간근무제로 전환하였다가 사유 소멸 시 다시 전일제로 전환하는 방식

1 공무원의 행정윤리

1. 의의

(1) 개념
① 공무원이 국민 전체의 봉사자로서 공무를 수행하는 과정이나 공직이라는 신분 면에서 준수해야 할 행동규범 또는 가치기준
② 민주사회 공직윤리의 규범적 기준
    ㉠ 공무원은 전체 국민에 대하여 동등하고 공평하게 봉사하여야 함
    ㉡ 공무원은 대의제도에 의존하고 이를 존중하는 민주체제에서 국민의 의사를 존중하여야 함
    ㉢ 행정기관의 운영은 구성원의 인격과 존엄성·가치를 존중하는 민주주의 신념에 기초를 두어야 함

(2) 행정윤리의 두 가지 차원
① 소극적 의미: '하지 말아야 할 것'을 규정하는 것으로, 부패 방지 및 부정행위 금지 등 지켜야 할 최소한의 기준
② 적극적 의미: '해야 할 것'을 적극적으로 규정하는 것으로, 바람직한 행동규범 및 전문성 함양, 공무원 윤리 헌장과 공무원 신조 등

2. 특성
(1) 높은 수준의 엄격성
(2) 공익추구성
(3) 안정적 가치체계
(4) 역사성, 맥락성, 생태성

3. 강조배경 – 윤리문제의 등장

(1) 행정권의 강화
중앙집권화 현상으로 행정기능의 범위 및 재량권 확대됨에 따라 관료의 전문성과 영향력이 증대되고 행정윤리문제가 부각됨

(2) 민간경영기법의 도입
민간의 경영기법이 도입됨에 따라 성과 및 생산성이 강조되고, 민주성이나 형평성, 책임성 등 행정의 본질적 가치가 소홀해 지면서 행정윤리문제가 부각됨

(3) 공공부문의 타율적 개혁
공직윤리의 자율성이 침해됨

(4) 정치적 후원의 증대
정치적 후원의 증대는 공직자의 정치화를 초래하고 부패의 가능성이 높아짐

공직윤리의 특징
1. 가치성, 규범성
2. 상대성, 맥락성(시기와 관련)
3. 자율성, 주관성
4. 공공성(높은 수준의 윤리)
5. 과정과 결과의 균형

공무원헌장
우리는 자랑스러운 대한민국의 공무원이다.
우리는 헌법이 지향하는 가치를 실현하며 국가에 헌신하고 국민에게 봉사한다.
우리는 국민의 안녕과 행복을 추구하고 조국의 평화 통일과 지속 가능한 발전에 기여한다.
이에 굳은 각오와 다짐으로 다음을 실천한다.
하나. 공익을 우선시하며 투명하고 공정하게 맡은 바 책임을 다한다.
하나. 창의성과 전문성을 바탕으로 업무를 적극적으로 수행한다.
하나. 우리 사회의 다양성을 존중하고 국민과 함께 하는 민주 행정을 구현한다.
하나. 청렴을 생활화하고 규범과 건전한 상식에 따라 행동한다.

🏛 기출 체크
공익에 대한 설명으로 옳은 것은?
2019년 국가직 9급
① 「국가공무원법」은 제1조에서 공무원은 국민 전체의 봉사자로서 공익을 추구해야 함을 명시하고 있다.
② 「공무원 헌장」은 공무원이 실천해야 하는 가치로 공익을 명시하고 있다.
③ 신공공서비스론에서는 공익을 행정의 목적이 아닌 부산물로 보아야 한다는 점을 강조한다.
④ 공익에 대한 실체설에서는 공익을 사익 간 타협 또는 집단 간 상호작용의 산물로 본다.

답 ② 「공무원 헌장」은 '공익을 우선시하며 투명하고 공정하게 맡은 바 책임을 다 한다'는 내용을 담고 있음
① 「국가공무원법」은 제1조에서 공무원이 국민 전체의 봉사자라는 것을 명시하고 있으나, 공익을 추구해야 함을 명시하고 있지는 않음

PART 4 인사행정론 2021 해커스공무원 쉬운 행정학

4. 공무원 윤리 법규

(1) 헌법상 의무 및 지위(제7조)

① 공무원은 국민에 대한 봉사자이며 국민에 대해 책임을 짐
② 공무원의 정치적 중립과 신분은 법률로써 보장됨

(2) 「국가공무원법」상 의미(공무원의 13대 의무) (「지방공무원법」 동일)

① **선서 의무**: 공무원은 취임한 때에 소속기관장 앞에서 선서를 하여야 함
② **성실 의무**: 모든 공무원은 법령을 준수하며 성실히 직무를 수행하여야 함
③ **복종 의무**: 공무원은 직무를 수행함에 있어 소속상관의 직무상 명령에 복종하여야 함
④ **직장 이탈 금지 의무**: 공무원은 소속상관의 허가 또는 정당한 이유 없이 직장을 이탈하지 못함
⑤ **친절 · 공정 의무**: 공무원은 국민 전체의 봉사자로서 친절 · 공정히 집무하여야 함
⑥ **종교 중립 의무**: 공무원은 종교에 따른 차별 없이 직무를 수행하여야 하며 공무원은 소속상관이 이에 위배되는 직무상 명령을 한 경우에는 이에 따르지 아니할 수 있음
⑦ **비밀 엄수 의무**: 공무원은 재직 중은 물론 퇴직 후에도 직무상 알게 된 비밀을 엄수하여야 함
⑧ **청렴 의무**: 공무원은 '직무와 관련'하여 사례 · 증여 또는 향응을 수수할 수 없으며 직무상의 관계 여하를 불문하고 그 소속상관에 증여하거나 소속공무원으로부터 증여를 받아서는 안 됨
⑨ **영예나 증여의 허가 의무**: 공무원이 외국정부로부터 영예 또는 증여를 받을 경우 대통령의 허가를 얻어야 함
⑩ **품위 유지 의무**: 공무원은 직무의 내 · 외를 불문하고 그 품위를 손상하는 행위를 해서는 안 됨
⑪ **영리행위 및 겸직 금지**: 공무원은 공무 이외의 영리를 목적으로 하는 업무에 종사하지 못하며 소속기관 장의 허가 없이 다른 직무를 겸할 수 없음
⑫ **집단 행위 금지**: 공무원은 노동운동 기타 공무 이외의 일을 위한 집단적 행위를 해서는 안 됨(단, 사실상 노무에 종사하는 공무원은 제외)
⑬ **정치 운동 금지**: 공무원은 정당 또는 기타 정치단체의 결성에 관여하거나 가입할 수 없으며 특정 정당 또는 특정인의 지지나 반대를 위한 정치활동을 해서는 안 됨

(3) 「공직자윤리법」상 의무

① **의의**: 공직자 및 공직후보자의 본인 · 배우자 · 직계존비속(혼인한 직계비속인 여성과 외증조부모, 외조부모, 외손자녀 및 외증손자녀는 제외)의 재산등록과 등록재산의 공개를 제도화하고 공직을 이용한 재산취득의 규제, 공직자의 선물신고, 퇴직공무원의 취업제한 등을 규정함
② **재산등록 및 공개제도**
  ㉠ 재산등록의무
    ⓐ 대통령, 지방자치단체장 등 정무직공무원

공무원의 의무의 구분

기본	성실
신분	선서, 영예나 증여의 허가, 품위 유지, 영리 업무 및 겸직 금지, 정치 운동 금지, 집단 행동 금지, 비밀 엄수
직무	법령 준수, 성실, 복종, 직장 이탈 금지, 친절 · 공정, 종교 중립, 영리 및 겸직 금지, 청렴

🏛 기출 체크

01 공무원의 복무와 관련하여 「지방공무원법」에서 규정하고 있지 않은 것은? 2015년 지방직 7급

① 공무원은 소속 상사의 허가 없이 또는 정당한 이유 없이 직장을 이탈하지 못한다.
② 공무원은 외국 정부로부터 영예 또는 증여를 받을 경우에는 대통령의 허가를 받아야 한다.
③ 퇴직한 모든 공무원은 본인 또는 제3자의 이익을 위하여 퇴직 전 소속 기관의 임직원에게 법령을 위반하게 하거나 지위 또는 권한을 남용하게 하는 등 공정한 직무수행을 저해하는 부정한 청탁 또는 알선을 하여서는 아니 된다.
④ 공무원은 공무 외에 영리를 목적으로 하는 업무에 종사하지 못하며, 소속 기관의 장의 허가 없이 다른 직무를 겸할 수 없다.

답 ③ 「지방공무원법」이 아닌 「공직자윤리법」 제18조의4에 규정된 내용

02 다음 중 「공직자윤리법」의 내용으로 가장 옳지 않은 것은? 2015년 서울시 7급

① 이해충돌 방지 의무
② 정무직 공무원 등의 재산등록 의무
③ 외국 정부 등으로부터 받은 선물의 신고
④ 비위면직자의 취업제한

답 ④ 「부패방지 및 국민권익위원회의 설치와 운영에 관한 법률」에 규정된 내용

ⓑ 4급 이상(고위공무원단 포함)의 국가공무원 (※ 예외: 권력이나 금전 관련부처는 7급 이상)

ⓒ 법관, 검사, 헌법재판소 헌법연구관

ⓓ 대령 이상의 장교 및 이에 상응하는 군무원

ⓔ 교육공무원 중 총장·부총장·대학원장·학장(대학교 학장 포함), 대학에 준하는 각종 학교의 장 및 교육감, 교육장

ⓕ 경사(자치 경사) 이상의 경찰공무원, 소방장(지방소방장) 이상의 소방공무원

ⓛ 재산공개의무

ⓐ 대통령, 지방자치단체장 등 정무직공무원

ⓑ 1급 공무원 및 고위공무원 가급

ⓒ 고등법원 부장판사급 이상의 법관, 대검찰청 검사급 이상의 검사

ⓓ 중장 이상의 장성급 장교

ⓔ 교육공무원 중 총장·부총장·학장(대학교 학장 제외), 대학에 준하는 각종 학교의 장 및 교육감

ⓕ 치안감(2급 상당) 이상의 경찰공무원 및 지방경찰청장·소방정감 이상의 소방공무원

③ 선물수령신고제도

㉠ 지체 없이 소속기관·단체의 장에게 신고하고 선물을 인도하여야 함

㉡ 신고된 선물은 신고 즉시 국고에 귀속됨

④ 퇴직공직자의 취업제한제도

㉠ 재산등록 대상자 등(취업심사대상자)의 경우 퇴직 전 5년 이내에 소속하였던 부서의 업무와 밀접한 관련이 있는 영리목적의 사기업체 등(취업심사대상기관)에 퇴직일로부터 3년간 취업할 수 없음. 다만, 관할 공직자윤리위원회로부터 취업심사대상자가 퇴직 전 5년 동안 소속하였던 부서 또는 기관의 업무와 취업심사대상기관 간에 밀접한 관련성이 없다는 확인을 받거나 취업 승인을 받은 때에는 취업할 수 있음

㉡ 업무취급 제한

ⓐ 재직 중 직접 처리한 업무는 퇴직 후 취급할 수 없음

ⓑ 퇴직 전 2년부터 퇴직할 때까지 근무한 기관이 취업한 취업심사대상기관에 대하여 처리하는 특수 업무를 퇴직한 날로부터 2년간 취급할 수 없음

⑤ **퇴직공직자의 행위제한**: 퇴직한 모든 공무원은 본인 또는 제3자의 이익을 위하여 퇴직 전 소속 기관의 임직원에게 법령을 위반하게 하거나 지위 또는 권한을 남용하게 하는 등 공정한 직무수행을 저해하는 부정한 청탁 또는 알선을 하여서는 아니 됨

⑥ **주식백지신탁제도**: 공직자*의 보유주식(3천만 원 이상)에 대하여 직무관련성이 인정될 경우 보유주식을 매각하거나 수탁기관에 신탁계약을 체결하게 하는 제도(주식백지신탁 심사위원회)

⑦ **이해충돌 방지의무**: 공직자가 수행하는 직무가 공직자의 재산상 이해와 관련되어 공정한 직무수행이 어려운 상황이 야기되지 않도록 국가, 지방자치단체, 공직자 및 퇴직공직자 등의 이해충돌 방지노력을 규정하고 있음

재산등록 의무를 갖는 5~7급 일반직 공무원(「공직자윤리법 시행령」)

1. 감사원 소속 공무원
2. 부패방지국, 심사보호국 소속 공무원
3. 국세청 및 관세청 소속 공무원
4. 검찰직, 마약수사직 공무원
5. 감사 업무를 주된 기능으로 하는 부서에 근무하는 공무원
6. 회계업무를 담당하는 부서에 근무하는 공무원
7. 건축·토목·환경·식품위생분야의 대민 관련 인·허가, 승인, 검사·감독, 지도단속업무를 담당하는 부서에 근무하는 공무원
8. 식품의약품안전처 소속 공무원 중 위해사범 수사업무를 담당하는 부서에 근무하는 공무원
9. 조세의 부과·징수·조사 및 심사에 관계되는 업무를 담당하는 부서에 근무하는 지방공무원
10. 조세의 부과·조사 및 심사에 관계되는 업무를 담당하는 부서에 근무하는 지방공무원

부패의 신고 의무의 성격

공직자의 경우에는 의무사항이고, 공직자가 아닌 경우에는 임의사항

* 재산공개대상자. 단, 기획재정부 및 금융위원회는 4급 이상

5. 비윤리적 행정행태(행정권 오용)

(1) 개념

공무원의 행정윤리를 벗어난 비윤리적 일탈행위

(2) 유형

① **부정부패행위**: 세금 착복 및 공금 횡령, 영수증 허위 작성 등
② **비윤리적행위**: 관계인에게 이득을 주기 위해 호의를 베풀거나 자신의 경제적 이익을 위하여 어떤 결정을 내리는 행위
③ **법규의 경시**: 법규를 무시하거나 자신의 행위를 정당화하기 위해 법규를 자의적으로 해석하는 행위
④ **입법의도의 편향된 해석**: 합법적 범위 내 특정이익 옹호하는 행위
⑤ **불공정한 인사**: 능력과 성적을 무시하고 편파적이거나 불공정한 인사를 자행하는 행위
⑥ **무능**: 맡은 업무에 대한 전문 지식 및 능력의 부족 등 책임을 다하지 못하는 경우
⑦ **실책의 은폐**: 자신의 실책을 은폐하고, 국회 또는 시민과의 협력 거부하는 경우
⑧ **무사안일**: 재량권이나 의무 불이행 및 직무유기행위

6. 행정윤리의 확립방안

(1) 행정윤리 확보의 전제조건

① **소극적이고 수동적인 문화성의 극복**: 유교문화와 같은 소극적·수동적 문화로 인해 부패가 발생한다는 의식을 극복하여야 함(Huntington)
② **정책에 대한 오류의 인식**: 즉효성 있는 정책에만 집착하지 않아야 함
③ **법과 제도에 대해 신뢰해야 함**
④ **체념과 냉소주의의 극복**: 부패주의의 만연을 적극적으로 극복하고 개선할 의지가 강화되어야 함
⑤ **사소한 부패에 대한 엄중한 대응**: 사소한 부패에 대해 관용의 분위기를 지양하고 '뜨거운 난로의 법칙'이 적용되어야 함

(2) 윤리정부

① **의의**: 공무원의 부적절한 행동을 발견하여 억제하고, 도덕적 분위기를 증진시키는 유리온실과 같은 개방된 정부
② **윤리정부와 비윤리정부의 비교**

윤리정부	비윤리정부
• 행정정보의 공개	• 행정정보 비공개
• 정부접근에 대한 저렴한 비용	• 정부접근에 대한 높은 비용
• 정부와 시민의 상호관계	• 정부의 일방성
• 기준과 원칙의 명확성	• 기준과 원칙의 불명확성
• 행정체제의 안정성	• 행정체제의 불안정성

🏛 **기출 체크**
행정윤리의 특징에 대한 설명으로 옳지 않은 것은? 2014년 지방직 7급
① 공직자 윤리나 책임성을 평가하기 위해서는 결과주의와 의무론이 균형 있게 결합되어야 한다.
② 공무원들은 국민생활에 심대한 영향을 미칠 수 있는 독점적 권력을 행사하기 때문에 높은 직업윤리를 요구받게 된다.
③ OECD는 정부의 '신뢰적자(confidence deficit)' 문제를 해결하기 위한 방안으로 윤리의 확보를 제시하고 있다.
④ 행정윤리는 특정 시점이나 사실과 관계없이 규범성과 당위성을 가지고 작동되어야 한다.

답 ④ 행정윤리는 특정 시점이나 사실, 즉 그 국가의 관습, 규범, 문화 등의 제약을 가지고 있음

2 공직부패

1. 의의

(1) 개념
① **넓은 개념**: 부패란 공무원이 자신의 직무와 직·간접적으로 관련된 권력을 부당하게 행사하여 사익을 추구하거나 공익을 침해하는 행위
② **좁은 개념**: 공직자가 직무와 관련하여 그 지위 또는 권한을 남용하거나 법령을 위반하여 자기 또는 제3자의 이익을 도모하는 행위

(2) 공직부패는 결과와 관계없이 의식적 행동만 있어도 성립하며 이득은 물질적·비물질적 이익이 모두 포함되며 자기 이익뿐만 아니라, 이타적인 것도 공익에서 벗어나면 부패에 해당됨

(3) 부패척결은 공직윤리를 확립하기 위한 소극적 측면이자 필요조건

2. 이론적 접근법

(1) 기능주의적 접근법(수정주의자)
공직부패를 발전의 부산물로 파악하여 어느 정도 국가발전에 긍정적인 역할을 한다고 인식하는 입장

(2) 후기기능주의적 접근법
기능주의에 반발하여 부패란 자기영속적이며 국가가 발전한다고 해서 소멸되는 것이 아니기에 반드시 근절해야 하는 것으로 보는 입장

(3) 도덕적 접근법
부패를 개인행동의 결과로 보고 부패의 원인을 개인의 윤리·자질의 탓으로 돌리는 입장

(4) 사회문화적 접근법
사회의 특정한 지배적 관습이나 경험적 습성과 같은 사회문화가 부패를 조장한다고 보는 입장으로, 공무원 사회의 독특한 인사문화와 선물관행을 부패의 원인으로 봄

(5) 체제론적 접근법
부패는 어느 하나의 변수에 의하여 발생하는 것이 아니라, 복합적인 요인에 의하여 발생한다고 보는 입장

(6) 제도적 접근법
사회의 법과 제도적 장치의 결함 또는 운영상의 문제들로 부패가 발생한다고 보는 입장

(7) 구조적 접근법
공직자들의 권위주의적 복종관계 등에서 도출된 공직자들의 의식구조 때문에 부패가 발생한다고 보는 입장

(8) 시장·교환적 접근법
경제적 관점으로 부패행위를 경제적 자원을 획득하는 하나의 수단으로 보는 입장

3. 유형

(1) 하이덴하이머(Heidenheimer)의 사회구성원의 관용도에 따른 분류

① **흑색부패**: 사회경제에 명백하고 심각한 해를 끼치는 부패로서, 사회구성원 모두가 인정하고 처벌을 원하는 부패로 법률에 규정됨
  예 공금횡령, 뇌물수수, 불법행위 등

② **백색부패**: 관료가 사적인 이익을 추구하지 않고 공적인 이익을 위하여 선의의 목적으로 행해지며, 구성원 다수가 어느 정도 용인하는 관례화된 부패
  예 금융위기 전 한국경제가 괜찮다고 말한 관료의 거짓말, 선의의 거짓말 등

③ **회색부패**
  ㉠ 사회에 파괴적인 영향을 미칠 수 있는 잠재성을 지닌 부패
  ㉡ 과도한 선물의 수수와 같이 공무원윤리강령에 규정될 수는 있어도 법률로 규정하는 것에 대해서는 논란의 소지가 있는 부패
  ㉢ 사회구성원의 일부는 처벌을 원하지만 일부는 원하지 않음
  예 촌지, 과도한 선물수수, 소액규모의 접대, 공직자의 골프 등

(2) 부패의 형태에 의한 분류

① **거래형 관료부패**: 가장 전형적인 관료부패로서, 공무원이 뇌물을 받고 이권이나 혜택을 부여하는 등 쌍방적이고 외부적인 부패

② **비거래형 관료부패(사기형 관료부패)**: 상대방과 직접적인 이익교환이 없이 개인을 위하여 이루어지는 개인적이고 내부적인 부패로서, 공금횡령이나 회계부패가 이에 해당함

③ **직무유기형 관료부패**: 시민이 개입되지 않는 공무원 단독의 부패로서, 복지부동도 광의로 해석할 때 직무유기형 부패에 해당함

④ **후원형 관료부패**: 관료가 정실이나 학연 등을 토대로 불법적으로 후원을 하는 형태의 부패

⑤ **일탈형 부패(개인적 부패)**: 돈을 받고 단속을 눈감아주는 등 개인의 윤리적 일탈에 의하여 발생하게 되는 부패로서, 연속성이 없고 구조화되지 않은 일시적 부패

⑥ **제도적 부패**: 부패가 일상화·제도화되어 급행료, 커미션 등이 당연시 되는 것으로, 조직 전체 차원에서 연속적으로 이루어짐

⑦ **권력형 부패**: 상층부의 정치권력을 이용한 막대한 부패

⑧ **생계형 부패**: 하위직 공무원들의 작은 부패

4. 순기능(Nye, Left)

(1) 자본형성 촉진을 통한 경제발전 도모

(2) 관료의 번문욕례 회피

(3) 기업인들의 사업의욕 자극

(4) 정당의 육성과 국가적 통합에 기여

(5) 공무원의 자질과 능력 향상

(6) 관료제의 경직성 완화와 대응성 제고

(7) 정책결정의 불확실성 감소

5. 역기능(Myrdal, Mauro)

(1) 행정의 투명성 저하와 신뢰의 추락

(2) 자본의 유출이나 자원의 낭비

(3) 공무원의 사기 저하

(4) 행정의 공평성 저하

(5) 비능률, 낭비의 초래

(6) 정책의 왜곡 초래

(7) 사회적 부패의 확대

(8) 신뢰 적자

6. 우리나라 반부패정책의 문제점 및 개선방안

(1) 문제점
① 제도적이고 근본적인 처방보다는 사람을 중심으로 이루어지는 통제정책
② 단기적이고 대중적인 부패만 통제함
③ 사정기구의 독립성과 전문성이 미약함
④ 지나치게 정치적인 동기를 고려함

(2) 개선방안
① 사정기관의 자율성과 전문성의 향상이 필요함
② 사후적 통제에서 사전적 통제로의 전환
③ 단기적 관점에서 장기적 관점으로의 전환
④ 제도적이고 근본적인 통제정책의 수립
⑤ 부패의 여러 가지 동기를 고려한 반부패 정책 수립이 필요함

3 「부패방지 및 국민권익위원회의 설치와 운영에 관한 법률」

1. 의의

국민권익위원회를 설치하여 고충민원의 처리와 이에 관련된 불합리한 행정제도를 개선하고, 부패의 발생을 예방하며 부패행위를 효율적으로 규제함으로써 국민의 기본적인 권익을 보호하고 행정의 적정성을 확보하며 청렴한 공직 및 사회풍토의 확립에 이바지함을 목적으로 제정함

2. 국민권익위원회

(1) 의의
국무총리 소속으로 설치한 행정위원회로, 고충민원의 처리와 이에 관련된 불합리한 행정제도를 개선하고 부패의 발생을 예방하며 부패행위를 효율적으로 규제하는 것이 목적

(2) 구성
① **위원**: 위원장 한 명을 포함한 15명의 위원으로 구성
② **임기**: 위원장과 위원의 임기는 각각 3년이며, 1차에 한하여 연임 가능

> **신뢰 적자**
> 공직사회 부패로 정부에 대한 신뢰가 저하되면서 사회 전체의 생산성과 효율을 감소시켜 국가경쟁력 저하로 이어짐

(3) 기능

① 공공기관의 부패방지를 위한 시책 및 제도개선사항의 수립과 권고
② 공공기관의 부패방지시책 추진상황에 대한 실태조사와 평가
③ 부패행위에 대한 신고의 접수와 처리
④ **내부고발자 보호제도**: 신고자의 보호 및 보상

Focus on 「공직자 행동강령」

제8조 ① 제7조에 따라 공직자가 준수하여야 할 행동강령은 대통령령·국회규칙·대법원규칙·헌법재판소규칙·중앙선거관리위원회규칙 또는 공직유관단체의 내부규정으로 정한다.
② 제1항에 따른 공직자 행동강령은 다음 각 호의 사항을 규정한다.
1. 직무관련자로부터의 향응·금품 등을 받는 행위의 금지·제한에 관한 사항
2. 직위를 이용한 인사관여·이권개입·알선·청탁행위의 금지·제한에 관한 사항
3. 공정한 인사 등 건전한 공직풍토 조성을 위하여 공직자가 지켜야 할 사항
4. 그 밖에 부패의 방지와 공직자의 직무의 청렴성 및 품위유지 등을 위하여 필요한 사항
③ 공직자가 제1항에 따른 공직자 행동강령을 위반한 때에는 징계처분을 할 수 있다.
④ 제3항에 따른 징계의 종류, 절차 및 효력 등은 당해 공직자가 소속된 기관 또는 단체의 징계관련 사항을 규정한 법령 또는 내부규정이 정하는 바에 따른다.

---

3. 주요 내용

(1) 내부고발자(whistle blower) 보호제도 도입

① **의의**: 내부고발은 조직 내부에서 발생하는 비리나 부패 등을 외부에 공개함으로써 이를 시정함을 요구하는 것이며, 내부고발자 보호제도는 이러한 내부고발자의 폭로행위를 보호하는 제도
② **신고주체(부패행위의 신고)**
　㉠ 누구든지 부패행위를 알게 된 때에는 이를 국민권익위원회에 신고할 수 있음
　㉡ 공직자의 신고는 기속되며 국민권익위원회 이외에도 감사원이나 수사기관에 신고할 수 있음
③ **신고의 성실의무**: 신고자가 신고의 내용이 허위라는 사실을 알았거나, 알 수 있었음에도 불구하고 신고한 경우에는 이 법의 보호를 받지 못함
④ **신고절차**: 신고 시에는 신고주체의 인적 사항과 신고취지 및 이유를 기재한 기명의 문서로써 하여야 하며 신고대상과 부패행위의 증거 등을 함께 제시하여야 함
⑤ **신분보장**
　㉠ **신분상 불이익처분 금지**: 신고를 이유로 어떠한 신분상의 불이익이나 근무조건상의 차별을 할 수 없음
　㉡ **신고자의 신분보장 조치 요구**: 신고자가 불이익이나 근무조건상의 차별을 당하였거나 당할 것으로 예상될 때에는 신분보장 조치를 요구할 수 있음
　㉢ 신고공무원뿐만 아니라 민간인 공직비리제보자도 신분보장의 대상에 포함됨

내부고발

1. 조직구성원인 개인 또는 집단이 불법이거나 부도덕하다고 보는 조직 내의 일을 대외적으로 폭로하는 행위
2. 윤리적 신념에 바탕을 둔 공익 추구 행위
3. 실질적 동기는 공익 외에 사익 추구 성향으로 나타나기도 함
4. 일반적으로 고발자의 지위가 피고발자의 지위보다 낮음
5. 상관의 권위에 대한 불복종에 해당함

핵심 OX

부패행위를 목격했을 경우 공직자는 반드시 신고를 하여야 한다. (O, ×)

📖 O

⑥ **신변보호**

ㄱ **신고자 신분의 공개 및 암시 금지**: 신고사항을 이첩받은 조사기관 종사자는 신고자 동의 없이 그 신분을 밝히거나 암시해서는 안 됨

ㄴ **신고자의 신변보호 조치 요구**: 신고자는 자신과 친족 또는 동거인의 신변에 불안이 있는 경우 위원회에 신변보호 조치를 요구할 수 있음

ㄷ **경찰의 신변보호**: 위원회는 필요하다고 인정되는 경우 경찰청장, 관할지방경찰청장, 관할경찰서장에게 신변보호 조치를 요구할 수 있고, 신변보호 조치를 요구받은 경찰청장(서장)은 즉시 신변보호 조치를 취하여야 함

(2) 국민감사청구제도

① **의의**: 19세 이상의 국민은 공공기관의 사무처리가 법령위반 또는 부패행위로 인하여 공익을 현저히 해하는 경우 300명 이상 국민의 연서로 감사원에 감사를 청구할 수 있음

② **감사청구 제외**

ㄱ 국가의 기밀 및 안전보장에 관한 사항

ㄴ 수사·재판 및 형집행에 관한 사항

ㄷ 사적인 권리관계 또는 개인의 사생활에 관한 사항

ㄹ 다른 기관에서 감사하였거나 감사 중인 사항(다만, 다른 기관에서 감사한 사항이라도 새로운 사항이 발견되거나 중요 사항이 감사에서 누락된 경우는 제외)

ㅁ 그 밖에 감사를 실시하는 것이 적절하지 아니한 정당한 사유가 있는 경우로서 대통령령이 정한 사항

(3) 비위면직자의 취업제한제도

① **취업제한**: 공직자가 재직 중 직무와 관련된 부패행위로 당연퇴직·파면·해임된 경우와 공직자였던 자가 재직 중 직무와 관련된 부패행위로 벌금 300만 원 이상의 형의 선고를 받은 경우 '공공기관'과 '퇴직 전 5년간 소속하였던 부서의 업무와 밀접한 관련이 있는 영리사기업체'에 퇴직일부터 5년간 취업할 수 없음

② **취업자에 대한 해임요구**: 국민권익위원회는 취업제한제도를 위반하여 공공기관에 취업한 자가 있는 경우 당해 공공기관의 장에게 그의 해임을 요구해야 하고 해임요구를 받은 공공기관의 장은 정당한 사유가 없는 한 이에 응하여야 함

(4) 검찰고발 및 재정신청

① **검찰고발**: 고위공직자(차관급 이상의 공직자, 특별시장·광역시장 및 도지사 등)의 부패혐의의 내용이 수사 및 공소제기의 필요성이 있는 경우에는 위원회의 명의로 검찰에 고발하여야 하며 이 경우 검찰은 수사결과를 위원회에 통보하여야 함

② **재정신청**: 검사가 공소를 제기하지 아니한다는 통보를 받았을 때에 위원회는 일정 기간 내에 그 검사 소속의 고등검찰청에 대응하는 고등법원에 그 당부에 관한 재정을 신청할 수 있음

연서

같은 문서에 두 사람 이상이 나란히 서명하는 것으로, 하나의 문서에 여러 사람이 줄줄이 이름을 적는 것

핵심 OX ⋯⋯⋯⋯⋯⋯⋯⋯⋯⋯⋯

비위로 인하여 면직된 공직자에 대해서는 재임 당시 퇴직 전 5년간 업무와 유관한 공·사기업체에 퇴직일로부터 5년간 취업을 제한한다.　(O, ×)

답 O

> **Focus on** 「부정청탁 및 금품등 수수의 금지에 관한 법률」

제5조【부정청탁의 금지】 ① 누구든지 직접 또는 제3자를 통하여 직무를 수행하는 공직자 등에게 다음 각 호의 어느 하나에 해당하는 부정청탁을 해서는 아니 된다.

1. 인가·허가·면허·특허·승인·검사·검정·시험·인증·확인 등 법령(조례·규칙을 포함한다. 이하 같다)에서 일정한 요건을 정하여 놓고 직무관련자로부터 신청을 받아 처리하는 직무에 대하여 법령을 위반하여 처리하도록 하는 행위
2. 인가 또는 허가의 취소, 조세, 부담금, 과태료, 과징금, 이행강제금, 범칙금, 징계 등 각종 행정처분 또는 형벌부과에 관하여 법령을 위반하여 감경·면제하도록 하는 행위
3. 채용·승진·전보 등 공직자 등의 인사에 관하여 법령을 위반하여 개입하거나 영향을 미치도록 하는 행위
4. 법령을 위반하여 각종 심의·의결·조정 위원회의 위원, 공공기관이 주관하는 시험·선발 위원 등 공공기관의 의사결정에 관여하는 직위에 선정 또는 탈락되도록 하는 행위
5. 공공기관이 주관하는 각종 수상, 포상, 우수기관 선정 또는 우수자 선발에 관하여 법령을 위반하여 특정 개인·단체·법인이 선정 또는 탈락되도록 하는 행위
6. 입찰·경매·개발·시험·특허·군사·과세 등에 관한 직무상 비밀을 법령을 위반하여 누설하도록 하는 행위
7. 계약 관련 법령을 위반하여 특정 개인·단체·법인이 계약의 당사자로 선정 또는 탈락되도록 하는 행위
8. 보조금·장려금·출연금·출자금·교부금·기금 등의 업무에 관하여 법령을 위반하여 특정 개인·단체·법인에 배정·지원하거나 투자·예치·대여·출연·출자하도록 개입하거나 영향을 미치도록 하는 행위
9. 공공기관이 생산·공급·관리하는 재화 및 용역을 특정 개인·단체·법인에게 법령에서 정하는 가격 또는 정상적인 거래관행에서 벗어나 매각·교환·사용·수익·점유하도록 하는 행위
10. 각급 학교의 입학·성적·수행평가 등의 업무에 관하여 법령을 위반하여 처리·조작하도록 하는 행위
11. 병역판정검사, 부대 배속, 보직 부여 등 병역 관련 업무에 관하여 법령을 위반하여 처리하도록 하는 행위
12. 공공기관이 실시하는 각종 평가·판정 업무에 관하여 법령을 위반하여 평가 또는 판정하게 하거나 결과를 조작하도록 하는 행위
13. 법령을 위반하여 행정지도·단속·감사·조사 대상에서 특정 개인·단체·법인이 선정·배제되도록 하거나 행정지도·단속·감사·조사의 결과를 조작하거나 또는 그 위법사항을 묵인하게 하는 행위
14. 사건의 수사·재판·심판·결정·조정·중재·화해 또는 이에 준하는 업무를 법령을 위반하여 처리하도록 하는 행위

THEME
058 인사행정의 특징에 대한 설명으로 옳지 않은 것은?

① 전통적 인사행정은 조직 중심의 인사관리로서, 조직과 직무를 개인보다 강조하였다.
② 인적자원관리(HRM)는 개인과 조직의 통합을 중시하는 후기 인간관계론과 밀접한 관련이 있다.
③ 조직에서 인력을 자원으로 평가하여 체계적인 관리가 요구된다는 것이 인적자원관리의 핵심이다.
④ 전략적 인적관리는 개인의 욕구는 조직의 전략적 목표달성을 위해 희생되어야 한다는 입장이다.

THEME
059 대표관료제에 대한 설명으로 옳지 않은 것은?

① 수동적 대표성이 능동적 대표성을 보장하지 않을 수도 있다는 점을 간과한다.
② 자유주의 이념을 구현하기 위한 인사제도이다.
③ 공무원의 정치적 중립의무와 모순되는 경향이 있다.
④ 역차별 문제가 제기되기도 한다.

정답 및 해설

058 전략적 인적자원관리는 개인목표와 조직목표 간의 통합을 강조하는 통합모형적 관점으로, 조직의 구성원을 통제의 대상이 아니라 중요한 자산으로 여기며, 개인의 욕구와 조직목표 간의 조화를 추구한다.

059 대표관료제는 실질적 기회균등을 구현하기 위한 인사제도로 공직구성의 다양성과 대표성, 형평성을 제고하기 위한 인사제도이다. 따라서 자유주의 이념이 기회의 평등이란 부분에 중점을 두는 것으로 볼 때, 대표관료제가 자유주의 이념을 구현하기 위한 제도라고 보기 어렵다.

▶ 오답체크
③ 대표관료제는 관료들이 출신집단의 가치와 이익을 정책에 반영할 것이라는 가정에 기반하는 것으로, 정치적 중립과 상호 충돌할 가능성이 내재되어 있다.

정답   058 ④   059 ②

중앙인사행정기관에 대한 설명으로 옳은 것을 모두 고른 것은?

> ㄱ. 중앙인사행정기관은 엽관주의를 극복하고자 설치되었다.
> ㄴ. 우리나라의 인사혁신처는 비독립단독형을 띠고 있다.
> ㄷ. 비독립단독형은 공무원에 대한 행정수반의 통제 정도가 약하고, 책임소재를 명확히 할 수 있다는 특징이 있다.

① ㄱ

② ㄱ, ㄴ

③ ㄱ, ㄷ

④ ㄱ, ㄴ, ㄷ

공직분류에 대한 설명으로 옳지 않은 것은?

① 공직분류란 행정조직 속의 직위를 일정한 기준에 따라 질서 있게 배열하는 것이다.
② 공직분류는 공무원의 채용, 승진, 인사 이동 등 인적자원의 효율적 관리에 관한 모든 활동에 영향을 미친다.
③ 우리나라 공직분류는 경력직과 특정직으로 우선 분류한다.
④ 직위분류제와 계급제는 공직분류의 대표적인 기준이다.

공무원의 구분에 대한 설명으로 옳지 않은 것은?

① 공무원은 경력직공무원과 특수경력직공무원으로 구분한다.
② 경력직공무원이란 실적과 자격에 따라 임용되고 그 신분이 보장되며 원칙적으로 평생동안 공무원으로 근무할 것이 예정되는 공무원을 말한다.
③ 특수경력직공무원에는 군무원, 국정원 직원, 헌법연구관 등이 있다.
④ 비서관 비서 등 보좌업무를 수행하는 공무원은 별정직공무원이다.

개방형 임용제도의 확대의 특징으로 옳지 않은 것은?

① 공직 사회의 침체를 방지하고 자극을 통한 전문성 확보에 기여한다.

② 정부의 인적 자원의 활용 범위를 확대시킨다.

③ 정치적 리더십의 약화를 가져온다.

④ 채용과정에서 높은 수준의 실적기준 적용으로 성과주의적 관리를 촉진시킨다.

우리나라의 고위공무원단에 대한 설명으로 옳지 않은 것은?

① 고위공무원단은 1~3급의 계급 구분을 폐지하는 것을 원칙으로 한다.

② 원칙적으로 직무성과급적 연봉제를 적용한다.

③ 부처자율 50%, 공모직위 20%, 개방형 직위 30%로 구성하고 있다.

④ 고위공무원단에 속하는 모든 일반직 공무원의 신규채용 임용권은 대통령이 가진다.

정답 및 해설

060
▶ 오답체크
비독립단독형의 중앙인사행정기관은 공무원에 대한 행정수반의 통제 정도가 강하고, 인사행정에 대한 책임소재를 명확히 할 수 있다는 특징이 있다.

061 우리나라 공직분류는 경력직과 특수경력직으로 우선 분류한 후, 경력직은 일반직과 특정직으로, 특수경력직은 정무직과 별정직으로 재분류한다.

062 군무원, 국정원 직원, 헌법연구관은 경력직공무원 중 특정직공무원이다.

063 임용체제를 개방화하면 임용권자의 임용 기능이 확대되고 재량권도 커져 관료조직의 배타적 보수성을 약화시킬 수 있으므로, 행정기관 상층부의 정치적 리더십과 조직 장악력이 강화된다.

064 우리나라의 고위공무원단은 부처자율 50%, 공모직위 30%, 개방형 직위 20%로 구성된다.

⊞ 우리나라의 고위공무원단 제도

주요 내용	• 1~3급의 계급 구분 폐지 • 부처 간, 지방~중앙 간 인사교류 • 경쟁 촉진, 부처 간 자유로운 이동, 적격성 평가 등으로 성과와 책임 및 대응성을 높임
대상	• 중앙행정기관 실·국장급의 일반직·별정직 및 외무직공무원(지방직공무원은 제외) • 지방자치단체 및 지방교육청에 근무하는 국가직 고위공무원
구성	부처자율 50%, 공모직위 30%, 개방형 직위 20%
근평	• 직무성과계약제: 1:1 합의로 1년 단위의 성과계약 체결 • 성과평가: 성과계약에 의한 목표달성도를 5등급으로 구분하여 상대평가
보수	직무성과급적 연봉제

정답 060 ② 061 ③ 062 ③ 063 ③ 064 ③

계급제에 대한 설명으로 옳지 않은 것은?

① 공직분류의 기준을 인간으로 둔다.
② 직업공무원제 확립에 기여하고 일반행정가 양성에 유리하다.
③ 탄력적인 인사관리를 가능하게 한다.
④ 높은 보수의 형평성을 가지고 있다.

인사행정에 대한 설명으로 가장 옳지 않은 것은?

① 인력계획의 과정은 인력 총공급을 우선 예측한 후, 인력 총수요의 예측으로 진행된다.
② 임용은 정부조직 밖에서 사람을 선발하는 외부임용과 정부조직 안에서 사람을 이동시키는 내부임용으로 나눌 수 있다.
③ 중앙집권화되어 있는 각종 인사에 관한 권한을 하위직급자에게 위임할 경우, 결과에 대한 책임의 추궁도 필요하다.
④ 성과급제도는 능력발전의 수단으로 여겨지기도 한다.

배치전환에 대한 설명으로 옳은 것은?

① 배치전환이란 직급이나 등급의 상하 간의 이동인 수평적 이동이다.
② 전보란 상이한 직렬의 동일한 등급으로의 이동이다.
③ 전입이란 인사관할을 달리하는 국회, 법원, 선관위 및 행정부 사이의 인사이동이다.
④ 전직이란 동일한 직렬의 동일한 등급으로의 이동이다.

THEME
068 공무원의 교육훈련에 대한 설명으로 옳지 않은 것은?

① 교육훈련수요의 파악은 적정한 교육대상자의 선정 및 교육내용을 결정하기 위한 중요한 기준이다.

② 역할연기(role playing)는 감독자 훈련에 적합하고, 고객에 대한 공무원의 대민친절도 향상에 효과적이다.

③ 교육원훈련(Off-JT)은 훈련이 구체적이고 실제적이라는 장점이 있다.

④ 현장훈련(OJT)은 우수한 상관이 반드시 우수한 교관이 아니라는 한계가 있다.

THEME
069 다면평가제의 장점으로 옳지 않은 것은?

① 신뢰성 확보가 용이하다.

② 평가의 공정성과 객관성이 향상된다.

③ 민주적인 리더십 향상에 기여한다.

④ 장기적으로 조직의 권위주의적 행정문화 타파에 도움을 줄 수 있다.

정답 및 해설

065 높은 보수의 형평성을 가지고 있는 제도는 직위분류제이다. 계급제는 생활급 위주로 근무연한과 근무성적을 고려하기 때문에 낮은 보수의 형평성을 가지고 있다.

⊞ 계급제와 직위분류제의 비교

구분	계급제	직위분류제
중심	인간 중심 (인간 > 직무)	직무분석과 직무평가 중심 (인간적 요인 배제)
채용과 시험	일반적인 지적 능력, 잠재력	직위에 필요한 내용, 시험과 채용 연결
보수	생활급 (근무연한, 근무성적 고려)	직무급 (동일직무 동일보수)
행정가	일반행정가 양성	전문행정가 양성

066 인력계획은 인력 총수요를 먼저 예측한 후 인력 총공급을 예측한다.

067
▶ 오답체크
① 배치전환이란 담당 직위의 수평적 변동으로, 동일 계급 내의 인사이동을 말한다.
② 전보란 동일한 직렬의 동일한 등급으로의 이동이다.
④ 전직이란 상이한 직렬의 동일한 등급으로의 이동이다.

068 훈련이 구체적이고 실제적이라는 장점은 현장훈련(OJT)의 장점이다.

069 다면평가제는 평가자들의 유동이 심한 경우에 평가의 신뢰성을 확보하기 어렵다는 단점이 있다.

⊞ 다면평가제의 장단점

장점	단점
• 평가의 공정성과 객관성 향상 • 평가방향의 다원화를 통해 민주적 리더십 향상 • 피평정자들의 자기개발에 대한 동기 부여 • 조직 상하 간에 의사소통을 원활하게 하여 장기적으로 권위주의적 행정문화 타파에 기여	• 대인관계에 급급한 인기 위주의 행정과 상관의 업무추진력 약화 우려 • 평가자들의 유동성에 따른 신뢰성의 문제 제기 • 재지자의 사기 저하 • 많은 비용과 시간소요

정답　065 ④　066 ①　067 ③　068 ③　069 ①

공무원 보수의 결정요인에 대한 설명으로 옳지 않은 것은?

① 공무원 보수는 사기업 보수와 공정하게 비교함으로써 대외적 균형이 확립되어야 한다.
② 겸임하는 경우 겸임하는 직위의 평균금액을 산정하여 지급한다.
③ 하한선으로서의 생계비와 상한선으로서의 정부의 지불능력을 고려하여야 한다.
④ 국민경제에 있어서 보수가 물가에 미치는 영향을 고려하여야 한다.

공무원 징계에 대한 설명으로 옳지 않은 것은?

① 견책은 보수에는 영향을 미치지 않으나, 6개월의 승급제한이 따른다.
② 감봉은 1~3개월의 기간 동안 보수의 1/3이 감해진다.
③ 정직된 기간 동안에는 보수가 지급되지 않는다.
④ 고위공무원단이 강등되면 4급이 된다.

현행 우리나라 공무원노동조합에 대한 설명으로 옳지 않은 것은?

① 특정직공무원은 공무원노동조합에 가입할 수 없다.
② 노동조합 전임자는 임용권자의 동의를 받아 노동조합 업무에만 종사할 수 있다.
③ 국가 및 지방자치단체는 노동조합 전임자에게 그 전임 기간 중 보수를 지급하여서는 아니 된다.
④ 단체교섭이 결렬될 경우의 조정은 조정신청이 있는 날부터 30일 이내에 마쳐야 한다.

공직부패에 대한 설명으로 옳지 않은 것은?

① 가장 전형적인 부패유형으로 뇌물을 받고 혜택을 부여하는 형태의 부패를 거래형 부패라고 한다.

② 나이(Nye)에 따르면 공직부패는 기업인들의 사업의욕을 자극하고 자본형성 촉진을 통한 경제발전을 도모하는 순기능이 있다.

③ 금융위기가 심각함에도 불구하고 국민들의 동요나 기업 활동의 위축을 막기 위해 공직자가 거짓말을 하는 것은 회색부패에 해당한다.

④ 공금횡령, 회계부정 등은 비거래형 부패(사기형 부패)에 해당한다.

정답 및 해설

070 겸임하는 경우 중복보수금지의 원칙에 따라 보수액이 높은 직위의 금액만 지급한다.

071 고위공무원단이 강등되면 3급이 된다.

072 특정직공무원 중 6급 이하의 일반직공무원에 상당하는 외무행정·외교정보관리직공무원은 공무원노동조합에 가입할 수 있다.

073 공직자가 국민 정서나 기업 활동의 위축을 막기 위한 목적으로 선의의 거짓말을 하는 것은 백색부패에 해당한다.

정답 070 ② 071 ④ 072 ① 073 ③

PART별 출제 비중 * 최근 3개년 기출 분석(2020년 하반기 시험 제외)

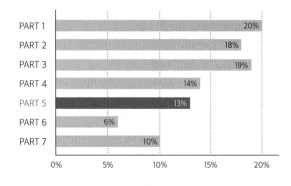

PART 5 재무행정론은 행정조직론, 인사행정론과 함께 행정학의 주요 세 가지 각론 중 하나로, 예산제도를 다루는 이론 부분과 실무를 다루는 부분으로 구성되어 있습니다. 최근에는 법령과 연계된 실무적인 부분의 출제율이 증가하는 추세이므로, 관련 법령을 암기하는 것이 중요합니다. 생소하고 전문적인 용어들이 등장하여 다소 어렵게 느껴질 수 있지만 단순하게 암기해야 할 사항이 많은 PART이므로, 회독을 늘려가면서 끊임없이 내용을 환기하시기 바랍니다.

CHAPTER별 빈출 키워드

CHAPTER 1 국가재정의 기초이론	예산의 원칙과 예외, 일반회계, 특별회계, 정부기금
CHAPTER 2 예산결정이론	합리주의와 점증주의
CHAPTER 3 예산제도의 발달과 개혁	예산제도의 발달과 유형
CHAPTER 4 예산과정	예산의 편성과 심의, 예산집행의 신축성 유지방안

PART 5

재무행정론

CHAPTER 1 국가재정의 기초이론

THEME 074 예산의 본질과 기능 ★★☆

1 예산과 재정

1. 의의

(1) 예산(budget)

정부가 회계연도 동안에 거두어들일 수입(세입)과 공공서비스를 공급하기 위하여 지출(세출)할 내역 및 규모에 대한 예정적 수치(계획)

(2) 공공재정

일반회계와 특별회계, 기금과 조세 등을 포함하는 개념으로 예산보다 광범 위한 뜻을 지님

구분			적용법규	관리 책임자	국회 승인	회계 검사
국가 재정	예산	일반회계	「국가재정법」	기획재정부 장관	필요	대상
		기업특별 회계	「정부기업 예산법」	중앙관서의 장		
		기타특별 회계	개별법			
	기금	비금융성 기금	「국가재정법」			
		금융성 기금				
지방 재정	예산	일반회계	「지방재정법」	지방자치단체의 장	불요	
		특별회계				
	기금					
공공기관의 재정			「공공기관의 운영에 관한 법률」	공공기관의 장		

2. 예산의 구성

(1) 세입예산

한 회계연도에 있어서 국가 또는 지방자치단체의 지출의 원인이 되는 모든 현금적 수입으로서 조세, 공채, 국유재산 매각, 정부기업 수입, 사용료 등이 재원이며 구속력이 없음

(2) 세출예산

한 회계연도에 있어서 국가 또는 지방자치단체가 일정한 목적을 수행하기 위한 일체의 지출이며 대정부 구속력을 가지는 예산

---

3. 재무행정 패러다임의 변화

(1) 투입 중심 → 성과 중심

(2) 유량(flow) 중심 → 유량 및 저량(stock) 중심

(3) 아날로그 정보시스템 → 디지털 정보시스템

(4) 관리자 중심 → 납세자 주권

(5) 몰성인지적 관점 → 성인지적 관점

2 예산의 기능과 성격

1. 기능

(1) 정치적 기능

① 윌다브스키(Wildavsky)의 『예산과정의 정치』(1964)

ㄱ 예산과정은 정치적 이해관계의 조정으로 가치판단이 개입됨

ㄴ 예산은 입법부에 의한 행정부 통제수단

② 예산은 당사자 간의 상호작용을 통해 다양한 이해관계를 조정하는 과정이며 점증주의적 성격을 가진다고 인식함

③ 예산은 객관적 합리성 못지않게 정치성이 작용함

(2) 행정적 기능

① 쉬크(Schick)의 「예산개혁의 단계」

통제기능	• 재정민주주의를 실현하는 것으로서 담당공무원으로 하여금 국회나 상사가 결정한 정책이나 계획에 따르도록 하는 과정 • 예산의 집행과 회계검사에서 주로 기능 • 품목별예산에서 강조
관리기능	• 이미 승인된 목표를 세부적 사업계획으로 나누어 작성하고, 이를 집행하기 위하여 조직단위를 설계, 인사배치, 필요한 자원의 획득 • 특히 예산의 편성과정에서 기능 • 성과주의예산에서 강조
기획기능	• 정부의 장기적 목표와 정책, 그를 달성할 대안으로서의 사업계획 등을 작성하는 기능 • 편성과정과 편성 전 사업계획 수립과정과 연계 • 계획예산제도에서 강조

② **감축 및 참여기능**: 다른 학자들에 의하여 추가된 기능으로, 감축지향적인 예산 또는 참여지향적인 예산의 기능을 강조함

(3) 경제적 기능 – 머스그레이브(Musgrave)

① **자원배분기능**: 기회비용의 관점에서 민간과 정부 간, 정부 내 사업 간의 예산배분을 통해 자원배분의 효율성을 도모하며, 시장에서 공급되지 못하는 공공재나 외부경제효과가 큰 사업에 자원을 배분함

② **소득재분배기능**: 사회계층 간의 소득분배의 불균형을 시정함으로써 사회적 형평, 사회적 정의를 구현하는 기능을 수행함

예산의 법적 기능

1. 법률에 근거하여 지출이 이루어졌는가를 파악하는 기능
2. 입법부가 행정부에 대하여 재정권을 부여하는 형식
3. 세출·세입예산의 효력

세출예산의 효력	• 승인된 예산의 범위 안에서 정해진 목적으로만 지출이 가능함 • 예산금액 초과 지출 불가능함
세입예산의 효력	• 구속력이 없는 참고자료에 불과함 • 강제성이 없음

🏛 **기출 체크**

01 배분기구로서의 정부예산에 대한 설명으로 옳지 않은 것은? 2012년 서울시 9급

① 예산의 본질적 모습은 예산을 통해 추진하고자 하는 정책과 사업이라고 할 수 있다.
② 예산은 정책결정자의 사실판단에 근거하며 가치판단은 배제되어 있다.
③ 공공부문의 희소성은 공공자원을 사용할 수 있는 제약 상태를 반영한 개념이다.
④ 거시적 배분은 민간부문과 공공부문 간의 자원 배분에 관한 결정이다.
⑤ 미시적 배분은 주어진 예산의 총액 범위 내에서 각 대안 간에 자금을 배분하는 것이다.

📖 ② 예산은 기본적으로 배분에 관한 문제로서, 희소한 자원의 배분에 관한 가치판단과정의 성격을 가짐

02 다음 중 머스그레이브(R. A. Musgrave)가 주장한 재정의 3대 기능 중 '공공재의 외부효과 및 소비의 비경합성과 비배재성에 기인한 시장실패(market failure)를 재정을 통해서 교정하고 사회적 최적 생산과 소비수준이 이루어지도록 한다.'라는 내용과 관련성이 가장 높은 재정의 기능은? 2015년 서울시 7급

① 소득 재분배 기능
② 경제 안정화 기능
③ 자원 배분 기능
④ 행정적 기능

📖 ③ 예산의 경제적 기능 중 시장실패의 해결을 통한 정부개입을 강조하는 자원 배분 기능에 해당함

③ **경제안정기능**: 국민경제의 균형을 잡는 역할을 수행하며 경기불황 시에는 적자재정이 정당화됨
④ **경제발전기능[케인즈(Keynes)]**: 경제발전에 있어 정부의 주도적 역할 강조

2. 성격

(1) 예산의 본질
정책이나 사업에 대한 재정적 뒷받침

(2) 정치원리와 경제원리가 작용
예산은 희소한 공공재원의 배분에 대한 계획이기 때문에 정치적 타협이나 협상 또는 사업의 우선순위 분석이 필요함

(3) 가장 보수적인 영역
정부정책 중 가장 보수적인 영역으로서 일반적으로 약간의 증감만을 가져오는 점증주의적 성격이 강하게 작용함

(4) 관료들의 책임성 확보를 위한 도구
정부 정책의 회계적 표현이며, 정부자금 지출의 통로

3 예산의 형식

법률주의	세입과 세출예산 모두 매년 의회가 법률로 확정	• 영국, 미국 등 • 일년세주의
예산 (의결)주의	• 행정부가 편성한 예산을 매년 국회의 의결로 확정 • 세출예산은 법률에 준하는 효력(구속력 있음)	• 우리나라, 일본 등 • 영구세주의

1. 법률주의

(1) 의의
예산이 법률과 동일한 형식을 취하는 것

(2) 특징
① **예산의 효력**: 세입예산과 세출예산 모두 법률적으로 구속됨
② **일년세주의**: 매년 세입예산과 세출예산이 입법적 절차를 거치게 됨
③ 대통령의 거부권 행사가 가능함

2. 예산(의결)주의

(1) 의의
예산이 법률과 달리 국회에서 의결의 형식을 취하는 것

(2) 특징
① **예산의 효력**: 세출예산은 구속력을 갖지만, 세입예산은 단순 참고자료에 불과함
② **영구세주의**: 세입은 세입예산이 아닌 별도의 조세법에 의하여 징수하며 조세법이 개정될 때까지 효력이 지속됨
③ 대통령의 거부권 행사가 불가능함

영구세주의

현재 시행되고 있는 조세는 법률의 개정 또는 폐지에 의하지 않는 한 현행 법률의 규정 내용이 그대로 장래에 효력이 지속된다는 것

Level up 재정민주주의와 주민참여예산제도

1. 재정민주주의의 의의와 개념
① 의의: 재세자인 국민이 재정주권을 보유하고 있다는 것을 의미하며 시민의 예산감시나 국민의 알 권리를 충족시키는 고객 중심의 이념
② 협의의 개념
- 국가의 재정활동이 국민의 대표기관인 국회의 의결에 의해 행해지도록 해야 한다는 의미
- 재정민주주의를 입법부의 예산통제에 국한
③ 광의의 개념
- 재정주권이 납세자인 국민에게 있다는 것을 의미
- 국민은 공공서비스의 수혜의 대상이라는 수동적 객체가 아닌 예산과정에서 국민의 의사를 반영하고 예산운영을 감시하며 잘못된 부분의 시정을 요구할 수 있는 능동적 주체(시민에 의한 예산통제)

2. 재정민주주의 관련 내용
① 협의의 관점: "대표 없는 곳에 과세 없다."
② 입법부 예산원칙: 예산은 국회의 심의·의결을 거침으로써 행정부의 재량행위를 억제할 수 있는 통제방안
③ 예산감시 시민운동: 최근 논의되고 있는 예산감시 시민운동도 재정민주주의 실현을 위한 것이며, NGO의 예산감시를 통한 민주성 확보 방안 역시 중요시되고 있는 추세

3. 조세반란(tax revolt)과 미국 캘리포니아(California) 주의 'Proposition 13'
① 배경: 조세반란(tax revolt)은 납세자의 권리를 회복하려는 일종의 납세자혁명으로 1978년 미국 캘리포니아(California) 주의 'Proposition 13'이 대표적 사례
② Proposition 13
- 보수주의 운동가인 하워드 자비스(Howard Jarvis)가 주민발의에 의한 주민투표를 통해 조세를 제한하는 주 헌법안 수정안을 성공적으로 이끌어 낸 후 이와 유사한 운동이 다른 주까지 확산된 것을 계기로 붙은 명칭
- 캘리포니아에서 일어난 조세반란은 세입 감소를 초래하고 나아가 작은 정부를 추진하는 배경이 됨
③ 의의: 납세자주권주의 → "정부실패를 해결하기 위해서는 정부가 서비스를 독점적으로 제공할 것이 아니라 정부규모와 예산을 줄이고, 고객인 시민이 자유롭게 서비스공급주체를 선택할 수 있도록 정부 독점권을 타파하는 것이 필요하며, 공무원은 철저한 공복(公僕)의식에 바탕을 두고 고객인 시민을 존중하여야 한다."

4. 주민참여예산제도*
① 개념
- 지방자치단체가 독점적으로 행사해 왔던 예산편성권을 지역사회와 지역주민에게 분권화하는 것으로서 예산편성과정에 해당 지역주민(시민위원)들이 직접 참여하는 주민참여제도의 일종
- 지방재정 운영의 투명성과 공정성 및 효율성을 높이고 재정민주주의 이념 구현
② 도입
- 광주광역시 북구가 2004년 처음 도입한 제도
- 2006년 전라북도 의회가 광역자치단체로는 처음으로 주민참여예산제도 도입
- 2007년 경남 김해시의 도입과 지방재정법에 법적 근거를 마련
- 2011년 주민참여예산제도 운영이 의무화(「지방재정법」)
③ 평가: 지역주민들이 예산편성과정에 직접 참여하여 자신들의 선호와 우선순위에 따라 예산을 스스로 결정할 수 있는 기회를 제공함으로써 주민참여와 자기결정이라는 지방자치 및 재정민주주의 이념을 구현

*2019년 「국가재정법 시행령」 개정으로 국민참여예산제도도 실시되고 있음

구분	예산	법률
제출권자	정부	국회, 정부
제출기간	회계연도 개시 120일 전	제한 없음
국회심의권	정부의 동의 없이 증액 및 새 비목의 설치 불가	자유로운 수정 가능
대통령거부권	거부권 행사 불가능	거부권 행사 가능
공포	공포 불요, 국회 의결로서 확정	대통령의 공포로 효력 발생
대인적 효력	국가기관 구속	국민 · 국가기관 모두를 구속
시간적 효력	회계연도에 국한	계속적인 효력
형식적 효력	예산으로 법률 개폐 불가	법률로 예산의 변경 불가

THEME 075 예산회계의 법적 기초 ★★☆

	헌법
	▼

	법률
기본법	국가재정법
특별회계	정부기업예산법, 책임운영기관법, 교통시설 특별회계법 등의 개별 특별회계법
세입	국세기본법, 국세징수법, 소득세법 · 법인세법 등 각종 세법
기금	국가재정법, 공공자금관리기금법 등 개별 기금법
회계 및 관리	국가회계법, 국고금관리법, 국가채권관리법 국유재산법, 물품관리법, 국채법 등
감사원	감사원법
공적 자금	공적자금관리특별법, 공적자금상환기금법
공기업	정부기업예산법, 공공기관운영법
지방재정	지방재정법, 지방세기본법, 지방세법, 지방회계법, 지방교부세법 등 각종 지방재정 관련 법률

⊕ 재무행정 법률체계

1 헌법

1. 납세자 의무(제38조)와 조세법률주의(제59조)

모든 국민은 법률이 정하는 바에 의하여 납세의 의무를 지며, 조세의 종목과 세율은 법으로 정함

2. 국회의 예산 심의·확정권

제54조 ① 국회는 국가의 예산안을 심의·확정한다.
  ② 정부는 회계연도마다 예산안을 편성하여 회계연도 개시 90일 전까지 국회에 제출하고, 국회는 회계연도 개시 30일 전까지 이를 의결하여야 한다.

3. 준예산

제54조 ③ 새로운 회계연도가 개시될 때까지 예산안이 의결되지 못한 때에는 정부는 국회에서 예산안이 의결될 때까지 다음의 목적을 위한 경비는 전년도 예산에 준하여 집행할 수 있다.
  1. 헌법이나 법률에 의하여 설치된 기관 또는 시설의 유지·운영
  2. 법률상 지출의무의 이행
  3. 이미 예산으로 승인된 사업의 계속

4. 계속비와 예비비

제55조 ① 한 회계연도를 넘어 계속하여 지출할 필요가 있을 때에는 정부는 연한을 정하여 계속비로서 국회의 의결을 얻어야 한다.
  ② 예비비는 총액으로 국회의 의결을 얻어야 한다. 예비비의 지출은 차기 국회의 승인을 얻어야 한다.

5. 추가경정예산

제56조 정부가 예산에 변경을 가할 필요가 있을 때에는 추가경정예산안을 편성하여 국회에 제출할 수 있다.

6. 예산 증액 및 새 비목 설치 제한

제57조 국회는 정부의 동의 없이 정부가 제출한 지출예산 각 항의 금액을 증가하거나 새 비목을 설치할 수 없다.

7. 국채 및 국고채무부담행위

제58조 국채를 모집하거나 예산 외에 국가의 부담이 될 계약을 체결하려 할 때에는 정부는 미리 국회의 의결을 얻어야 한다.

8. 감사원의 세입·세출결산 검사

제99조 감사원은 세입·세출의 결산을 매년 검사하여 대통령과 차년도 국회에 그 결과를 보고하여야 한다.

정부의 예산안 제출시한
1. 헌법상: 회계연도 개시 90일 전
2. 「국가재정법」상: 회계연도 개시 120일 전까지 국회제출

준예산의 용도
1. 헌법이나 법률에 의하여 설치된 기관 또는 시설의 유지·운영
2. 법률상 지출의무의 이행
3. 이미 예산으로 승인된 사업의 계속

PART 5 재무행정론 2021 해커스공무원 쉬운 행정학

2 우리나라 예산 관련 법률

1. 「국가재정법」

(1) 의의
국가의 예산 및 기금운용의 기본지침이 되는 국가재정에 관한 총칙법

(2) 목적
국가의 예산·기금·결산·성과관리 및 국가채무 등 재정에 관한 사항을 정함으로써, 효율적이고 성과지향적이며 투명한 재정운용과 건전재정의 기틀을 확립하고 재정운용의 공공성을 증진하는 것을 목적으로 함

(3) 기본 방향
① **재정운용의 효율성 제고**: 성과중심의 재정운용과 선진 재정운용방식 등을 도입
② **재정의 투명성 제고**: 재정정보 공개의 확대 및 불법 재정지출에 대한 국민 감시제도 도입
③ **재정의 건전성 유지**: 추가경정예산편성의 요건을 강화하고 세계잉여금을 통해 일정비율의 공적자금·국채·차입금 상환의 의무화 및 국가채무관리계획을 수립하고 국세감면한도제 도입

(4) 주요 내용
① **국가재정운용계획의 수립**: 정부는 재정운용의 효율화·건전화를 목적으로 하여 매년 당해 연도를 포함한 5회계연도 이상의 국가재정운용계획을 수립한 후 회계연도 개시 120일 전까지 국회에 제출
② **성과중심의 재정운용**: 중앙관서의 장과 기금관리주체에게 예산(기금)요구 시 성과계획서 및 성과보고서 제출을 의무화하는 성과관리제도 도입
③ **주요 재정정보의 공표**: 예산·결산, 통합재정수지 등 국가와 지방자치단체의 중요한 재정정보를 정부로 하여금 매년 1회 이상 공표하도록 함으로써 재정활동의 투명성을 제고
④ **회계 및 기금 간 여유재원의 신축적인 운용**: 국가재정의 효율적인 운용을 위하여 회계 및 기금 간 여유재원의 전·출입을 허용하되, 그 내용을 예산안 또는 기금운용계획안에 반영하여 국회에 제출
⑤ **성인지 예·결산(gender budget)제도 도입**: 예산이 여성과 남성에게 미치는 효과를 평가하고, 예산편성에 반영하기 위하여 성인지 예·결산제도를 예산의 원칙에 명문화하고, 이에 따른 성인지 예산서와 예산이 성차별을 개선하는 방향으로 집행되었는지 평가하는 성인지 결산서를 첨부서류로 국회에 제출
⑥ **예비비의 계상한도 설정**: 사용목적이 지정되지 않은 일반예비비 규모를 일반회계 예산총액의 1% 이내로 그 한도를 설정하고, 목적예비비(사용목적 지정)를 공무원의 보수인상을 위한 인건비 충당에는 사용할 수 없도록 규정
⑦ **예산총액배분 및 자율편성제도의 도입**: 각 중앙관서의 장은 매년 1월 31일까지 5회계연도 이상의 중기사업계획서를 기획재정부장관에게 제출하고, 기획재정부장관은 중앙관서별 지출한도를 포함한 예산안 편성지침을 3월 31일까지 통보

성인지 예산서의 작성
성인지 예산서는 기획재정부장관이 여성가족부장관과 협의하여 제시한 작성기준 및 방식 등에 따라 각 중앙관서의 장이 작성함

⑧ **국가채무관리계획의 국회 제출**: 국가채무에 대한 체계적인 관리를 위해 기획재정부장관은 매년 국채·차입금의 상환실적 및 상환계획, 증감에 대한 전망 등을 포함하는 국가채무관리계획을 수립하여 회계연도 개시 120일 전까지 국회에 제출

⑨ **총사업비관리제도 및 예비타당성조사 등의 도입**: 각 중앙관서의 장으로 하여금 그 사업규모·총사업비 및 사업기간에 대하여 미리 기획재정부장관과 협의하고, 그 총사업비가 일정 규모 이상 증가하는 경우 타당성 재조사를 실시

⑩ **예산총계주의 원칙의 예외**: 국가의 현물출자, 외국차관의 전대(轉貸), 수입대체경비의 초과수입 등에 대하여 예산총계주의 원칙의 예외를 인정하여 예산에 계상하지 아니하도록 함

⑪ **결산의 국회 조기제출**: 예·결산 심의를 분리하고 감사원의 감사를 거친 국가결산보고서를 다음 연도 5월 31일까지 국회에 제출
  ㉠ **예산**: 회계연도 개시 120일 전
  ㉡ **결산**: 다음 연도 5월 31일

⑫ **기금운용계획의 변경 가능 범위 축소**: 기금운용계획변경 시 국회에 제출하지 않고 정부가 자율적으로 변경 가능한 주요항목 지출금액의 범위를 비금융성기금은 30% → 20%, 금융성기금은 50% → 30% 이하로 축소

⑬ **추가경정예산안 편성사유의 제한**: 국가재정의 건전성을 제고하기 위하여 추경의 편성사유를 ㉠ 전쟁이나 대규모 재해가 발생한 경우, ㉡ 경기침체·대량실업·남북관계의 변화·경제협력 등 대내외 여건에 중대한 변화가 발생하였거나 발생할 우려가 있는 경우, ㉢ 법령에 따라 국가가 지급하여야 하는 지출이 발생하거나 증가하는 경우로 한정

⑭ **세계잉여금 일정비율의 공적자금, 국채, 차입금 상환 의무화**: 세계잉여금의 사용 순서를 일반적 처리용도에 사용하고 난 뒤 ㉠ 지방교부세 및 지방교육재정교부금의 정산, ㉡ 공적자금상환, ㉢ 국가 채무상환, ㉣ 추가경정예산의 편성, ㉤ 다음 연도 세입에 이입 순으로 하고 사용 시기는 정부결산에 대한 대통령의 승인 이후로 함

⑮ **불법 재정지출에 대한 국민감시제도의 도입**: 예산 및 기금의 불법 지출에 대하여 일반 국민들이 집행에 책임 있는 중앙관서의 장 또는 기금관리주체에게 시정을 요구할 수 있도록 하고, 시정요구에 대해 기여를 한 경우 예산성과금을 지급할 수 있도록 함

⑯ **국세감면한도제 도입**: 국세감면비율을 대통령령이 정하는 비율 이하가 되도록 관리하여야 하고, 기획재정부장관의 조세지출예산서 작성 및 국회 제출 의무화하여 비과세감면제도를 종합적으로 관리

2. 「국가회계법」

(1) 의의

국가회계(일반회계, 특별회계, 기금)의 관리에 관한 기본적인 사항을 규정한 법으로, 2009년 1월부터 시행됨

국채의 종류

국고채	세금 부족 시 발행하는 일반적 채권
국민주택 채권	국민주택 건설 자금 마련을 위해 발행하는 채권
재정증권	일시적 자금 조달을 목적으로, 1년을 만기로 발행하는 채권

🏛 기출 체크

추가경정예산을 통한 재정의 방만한 운영 가능성을 줄이고자 「국가재정법」 제89조에서는 추가경정예산안을 편성할 수 있는 경우를 제한하고 있다. 다음 중 위 법 조항에 명시된 추가경정예산안을 편성할 수 있는 경우가 아닌 것은?
2015년 서울시 9급

① 부동산 경기 등 경기부양을 위하여 기획재정부장관이 필요하다고 판단하는 경우
② 전쟁이나 대규모 자연재해가 발생한 경우
③ 경기침체, 대량실업, 남북관계의 변화, 경제협력 같은 대내외 여건에 중대한 변화가 발생하였거나 발생할 우려가 있는 경우
④ 법령에 따라 국가가 지급하여야 하는 지출이 발생하거나 증가하는 경우

답 ① 경기부양을 위한 기획재정부장관의 판단은 추가경정예산 편성사유에 포함되지 않음

(2) **목적**

국가회계의 투명성 및 신뢰성을 높이고 재정에 관한 유용한 정보를 생산·제공하기 위하여 중앙관서 등에 복식부기 및 발생주의 기반의 회계방식을 도입하는 근거를 마련하고, 국가회계의 처리기준과 재무보고서의 작성 등에 관한 사항을 규정함

(3) **주요 내용**

① 회계책임관의 임명
② 국가회계제도 심의위원회 설치
③ 국가회계의 처리기준 마련
④ 복식부기 및 발생주의 회계방식의 도입
⑤ 중앙관서재무보고서의 작성 및 제출
⑥ 국가재무보고서의 작성 및 제출

3. 「국고금관리법」

국고금을 효율적이고 투명하게 관리하기 위해 제정한 법

4. 「정부기업예산법」

(1) **의의**

정부기업(우편사업·우체금예금사업·양곡관리사업·조달사업)과 기업형 책임운영기관에 적용되는 예산과 회계에 관한 법률

(2) **주요 내용**

① **발생주의**: 정부사업의 경영성과와 재정 상태를 명확히 파악하기 위하여 재산의 증감 및 변동을 그 발생의 사실에 따라 계리
② **복식부기**: 대차대조표, 손익계산서와 같은 재무제표를 작성
③ **국회의 예산심의와 결산**: 특별회계로 운영하며 국회의 예산심의와 결산을 받고, 독립채산제에 해당하지 않음
④ **수입금 마련 지출제도 규정**: 특별회계는 그 사업을 합리적으로 운영하기 위하여 수요의 증가로 인한 예산초과수입 또는 초과할 것이 예측되는 수입을 그 초과수입에 직접적으로 관련되는 비용에 사용 가능하며, 예산 통일성 원칙의 예외
⑤ **예비비**: 특별회계는 예측할 수 없는 예산 외의 지출과 예산초과지출에 충당하기 위하여 예비비로 상당하다고 인정되는 금액을 예산에 계상할 수 있음
⑥ **예산의 신축성**: 예산의 전용 및 이월
⑦ **특별회계와 일반회계 간의 전입·전출 가능**: 단, 책임운영기관의 경우 일반회계로부터 전입을 받을 수는 있으나 책임운영기관 특별회계의 잉여금을 일반회계로 전출하는 것은 불가능함
⑧ **감가상각 및 원가계산제도**: 자산 가치를 명확히 평가하기 위하여 매년 감가상각을 실시해야 하고 대통령령이 정하는 바에 의하여 원가계산을 하여야 함

5. 「공공기관의 운영에 관한 법률」

(1) 의의
공공기관의 자율책임 경영체제 확립을 위하여 공공기관의 운영 전반에 관한 필요한 사항을 체계적으로 규정

(2) 범위
「공공기관의 운영에 관한 법률」에 따라 직접 설립되고 정부가 출연한 기관과 정부지원액이 총 수입액의 1/2를 초과하는 기관 중에 정부가 공공기관으로 지정한 기관

(3) 주요 내용
① **예산의 확정**: 이사회의 의결로 확정되고, 주무부장관의 승인과 국회의 심의는 불필요
② **예산의 집행**: 예비비의 사용과 예산의 이월 등은 주무부장관의 승인이 불필요함
③ **결산의 확정**: 공기업의 경우 기획재정부 장관의 승인, 준정부기관의 경우 주무부 장관의 승인으로 확정
④ 자율적 운영 및 기업회계원칙 확립
⑤ 경영목표의 설정과 경영실적 평가제도의 확립
⑥ **경영조직의 이원화**: 이사회와 공공기관장으로 분리
⑦ 감사
　㉠ **내부감사**: 기획재정부장관이 정하는 바에 따라 당해 투자기관의 감사 실시
　㉡ **외부감사**: 투자기관의 업무와 회계처리에 관한 외부감사는 「감사원법」이 정하는 바에 따라 감사원이 실시하여 일원화
⑧ **독립채산제**: 공기업은 자금을 스스로 조달하고 이익금도 스스로 처분

6. 「지방재정법」

(1) 의의
지방자치단체의 재정 및 회계에 관한 기본법

(2) 지방정부 예산의 특징
① 지방예산은 중앙예산보다 예산결정의 불확실성이 높음
② 지방정부의 추가경정예산의 편성빈도수는 중앙정부보다 많음
③ 중앙정부의 지원금에 대한 지방정부의 의존도가 높음

독립채산제

1. 개념
　• 특정 부서 또는 영업 단위를 기준으로 수익과 비용을 기록하여 각 단위별 성과를 측정하는 제도
　• 일반적으로 공기업의 기업성과 자율성을 위해 실시함
2. 세 가지 원칙
　• 수지적합성의 원칙: 경상적 지출은 경상적 수입으로 충당하여야 함
　• 자본의 자기 조달: 자본은 공기업 자신의 책임 하에 조달하여야 함
　• 이익금의 자기 처분: 이익금은 공기업이 스스로 처리할 수 있어야 함

(3) 중앙정부와 지방정부의 예산제도 비교

구분	중앙정부	지방정부
제출시한	회계연도 개시 120일 전	• 광역: 50일 전 • 기초: 40일 전
의결시한	회계연도 개시 30일 전	• 광역: 15일 전 • 기초: 10일 전
예산결정의 확실성	높음	낮음
추경예산 편성빈도	보통 연 1~2회	보통 연 3~4회
상임위원회 예비심사	필수	일부 기초의회는 생략
예산결산특별위원회	상설	비상설
국정·행정감사	30일 내 (정기국회 개회 전 실시)	• 광역: 14일 내 • 기초: 9일 내 (정례회의에서 실시)

7. 「지방공기업법」

(1) 의의

지방자치단체가 직접 설치·운영하거나 법인을 설립하여 경영하는 지방공기업의 운영에 관한 법률

(2) 주요 내용

독립채산제의 원칙, 발생주의, 원가계산, 수입금마련지출제도 등

(3) 적용사업

수도사업, 공업용수사업, 궤도사업, 주택사업, 의료사업 등의 사업과 지방공사 및 지방공단에 적용함

(4) 경영평가

원칙적으로 행정안전부 장관의 주관 하에 실시하되, 필요 시 지방자치단체의 장으로 하여금 평가하게 할 수 있음

Focus on | 예산의 적용범위와 소관 책임

구분	적용법규	관리책임	국회승인 여부	감사원의 회계감사
일반회계 (일반예산)	「국가재정법」	기획재정부장관	필요	필요
특별회계 (기업, 기타)	「정부기업예산법」	중앙관서장	필요	필요
기금	「국가재정법」	중앙관서장 (기획재정부 협의)	필요 (의회의 심의·의결)	필요
공공기관 (공기업)	「공공기관의 운영에 관한 법률」	공공기관 사장 (기획재정부 지침)	불요 (이사회 승인)	필요
지방재정	「지방재정법」	지방자치단체 (행정안전부 지침)	불요 (지방의회 승인)	필요

📖 기출 체크

「국가재정법」, 「국가회계법」 등 관련법은 정부가 성과계획서와 성과보고서를 각각 예산안과 결산보고서에 포함시켜 국회에 제출하도록 규정하고 있다. 이처럼 재정운용과 관련하여 성과관리적 요소가 강화된 배경으로 옳지 않은 것은?

2015년 서울시 7급

① 재정지출의 효율화 및 예산절감의 필요성 증대
② 재정운용의 투명성 및 책임성 제고 요구 증대
③ 국가재정운용계획, 총액배분자율편성예산제도의 시행에 따른 체계적 성과관리의 중요성 증대
④ 지출의 합법성 제고 및 오류 방지 요구 증대

🔑 ④ 지출의 합법성 제고는 통제위주의 전통적 예산제도(LIBS)가 등장한 배경

구분	국가재정제도	지방재정제도
예산 제출기한	회계연도 개시 120일 전	• 광역: 50일 전 • 기초: 40일 전
기금의 설치	○(법률, 「국가재정법」)	○(조례, 「지방자치법」)
자율예산편성제도	○	×
총액계상예산제도	○	×
참여예산제도	○(2019년부터 실시)	○
납세자소송제도	×	○
준예산	○	○
예비비 법정상한선	○ (일반회계 예산총액의 1/100)	○ (일반회계 예산총액의 1/100)
계속비	○	○
국고채무부담행위	○	○ (지방-채무부담행위)
예산의 이용	○ (국회 의결)	○ (지방의회 의결)
이체	○	○
예산의 전용	○	○
수입대체경비	○	○
성과중심의 재정운용	○	○
조세지출예산서	○	○
성인지예결산서	○	○
예산의 형식	예산총칙, 세입세출예산, 계속비, 명시이월비, 국고채무부담행위	예산총칙, 세입세출예산, 계속비, 명시이월비, 국고채무부담행위
예비타당성 검사	○	○(재정 투·융자사업심사제도)
발생주의·복식부기	○	○
재정분석 및 진단제도	×	○
예산성과금제도	○	○
세계잉여금	○ (교부세 정산 → 공적상황기금 → 추경예산 → 다음연도 세입에 이입)	○ (지방채의 원리금 상환)
프로그램예산제도	○	○
출납정리기한	회계연도가 끝나는 날	회계연도가 끝나는 날
출납기한	다음연도 2월 10일	다음연도 2월 10일

Level up 국가재정제도와 지방재정제도의 비교

「국가재정법 시행령」 제7조의2【예산과정에의 국민참여】

1. 정부는 법 제16조 제4호에 따라 예산과정의 투명성과 국민참여를 제고하기 위하여 필요한 시책을 시행하여야 한다.
2. 정부는 예산과정에의 국민참여를 통하여 수렴된 의견을 검토하여야 하며, 그 결과를 예산편성시 반영할 수 있다.
3. 정부는 제2항에 따른 의견수렴을 촉진하기 위하여 국민으로 구성된 참여단을 운영할 수 있다.
4. 제1항에 따른 시책의 마련을 위하여 필요한 구체적인 사항은 기획재정부장관이 정한다.

THEME 076 정부회계제도 ★★☆

1 의의

1. 회계의 개념

예산집행결과를 기록·분류·평가·해석하여 이해관계자들에게 필요한 재무 정보를 제공함으로써 의사결정에 도움을 주는 일련의 과정이나 체계

복식부기

복식부기는 단식부기와는 달리 어떠한 거래가 발생하더라도 차변과 대변 양변에 동일한 금액이 이중으로 기재되므로 대차평균의 원리에 의해서 자기검증이 가능

자산과 부채

1. 유동자산과 고정자산
- 유동자산: 1년 이내에 현금으로 바꿀 수 있는 자산
- 고정자산: 1년 이내에 현금화가 불가능한 자산

2. 유동부채와 고정부채
- 유동부채(단기부채): 1년 이내에 지급기한이 도래하는 부채
- 고정부채(장기부채): 1년 이내에 지급기한이 도래하지 않는 부채

복식부기와 발생주의

1. 복식부기와 발생주의는 반드시 논리 필연적인 것은 아니고, 복식부기 하에서 현금주의 운용이 가능
2. 단식부기에서는 자산·부채·자본을 별도로 인식하지 않아 발생주의에 의한 기장은 불가능하므로, 발생주의의 도입은 복식부기 제도의 도입을 전제로 함
3. 발생주의에 따른 복식부기 도입 시 문제점
   - 회계처리절차가 복잡하고 전문성을 가진 공무원이 부족
   - 감가상각이나 원가계산 등 추정과 판단을 필요로 하는 항목이 존재하므로 객관성과 신뢰성이 미흡

*발생주의에 따르면 정부회계의 경우 수입을 납세고지 시점으로, 지출을 지출원인행위 시점으로 인식함

거래발생시점을 기준으로 인식하여 회계를 계리하는 방법은 복식부기에 해당한다. (O, ×)

📝 × 발생주의 회계를 뜻함

---

2. 회계방식의 분류

(1) 기장방식에 따른 분류

① 단식부기: 현금주의에서 주로 채택하는 회계처리방식으로, 차변과 대변의 구분 없이 현금 등의 증감으로 발생된 거래의 한쪽 면만을 기재함

② 복식부기: 발생주의에서 주로 채택하는 회계처리방식으로, 하나의 거래를 대차평균의 원리에 따라 차변(왼쪽)과 대변(오른쪽)에 이중 기록하고, 차변의 합계와 대변의 합계를 반드시 일치시켜 자기검증기능을 가지는 방식

구분	차변	대변
자산	+ (자산의 증가)	- (자산의 감소)
부채	- (부채의 감소)	+ (부채의 증가)
자본(순자산)	- (자본의 감소)	+ (자본의 증가)
비용	+ (비용의 증가)	- (비용의 감소)
수익	- (수익의 감소)	+ (수익의 증가)
재무상태표	자산	부채, 자본(순자산)
손익계산서	비용	수익

Focus on 단식부기와 복식부기의 비교

구분	단식부기	복식부기
장점	단순하고 작성 및 관리가 용이함	자기검증기능이 있고, 오류 발견이 용이함
단점	• 기록의 정확성 검증이 어려움 • 이익과 손실 원인의 명확한 파악이 곤란 • 오류의 자기검증이 곤란함	• 회계처리비용이 과다발생함 • 전문적 회계지식이 요구됨
적용	소규모 기업, 비영리 기업	대규모 기업

(2) 인식기준에 따른 분류

① 현금주의
   ㉠ 개념: 현금변동시점에 따라 거래를 인식하는 방식으로, 현금의 유입과 유출시점을 기준으로 수입과 지출을 인식·기록함
   ㉡ 장점: 이해가 쉽고 절차와 운용이 간편하며 회계처리가 객관적이어서 관리·집행 통제의 측면에서 유용함
   ㉢ 단점: 자산 증감이나 재정성과를 파악하기 어렵고, 개별(분리)재무제표의 작성으로 회계 간 연계 파악이 곤란함

② 발생주의*
   ㉠ 개념: 현금의 유입과 유출에 관계없이 현금이동을 발생시키는 경제적 사건이 발생한 시점에서 거래를 인식하는 방식으로, 미지급비용이나 미수수익은 현금주의에서는 인식되지 않지만 발생주의에서는 각각 부채와 자산으로 인식함
   ㉡ 장점: 자산과 부채 파악으로 재정의 실질적 건전성을 확보하기 용이하며 자기검증기능으로 회계오류 시정, 통합(연결)재무제표 작성으로 회계 간 연계 파악이 용이함

© 단점: 회계담당자의 주관성이 작용할 우려가 있고, 수입의 과대평가가 이루어져 재무 정보상의 왜곡이 발생할 가능성이 있으며, 공공부문의 무형성으로 인하여 자산가치를 정확하게 파악하는 것이 곤란함

🏛 **기출 체크**

발생주의 복식부기에 기초한 재무회계 방식을 도입하여 적용하고 있는 우리나라 중앙정부 재무제표의 구성요소가 아닌 것은? 2015년 서울시 7급

① 재정상태표
② 재정운영표
③ 현금흐름표
④ 순자산변동표

🖉 ③ 현재 우리나라 정부는 현금흐름표를 작성하지 않음

Focus on 현금주의와 발생주의 비교

구분	현금주의	발생주의
장점	• 이해가 쉽고 절차와 운용이 간편함 • 현금흐름의 파악이 용이함 • 회계처리의 객관성	• 비용과 편익 등 재정성과 파악이 용이함 • 자기검증기능 및 회계상 오류방지 기능 • 회계 간 연계 파악이 용이함
단점	• 기록의 정확성 확인이 곤란함 • 단식부기에 의한 조작 가능성 • 자산 증감이나 재정성과 파악이 곤란함 • 감가상각 등 거래의 실질 및 원가 미반영 • 회계 간 연계 파악이 곤란함	• 자산평가 및 감가상각 시 회계담당자의 주관성이 작용함 • 현금흐름의 파악이 곤란함 • 자산가치의 정확한 판단이 곤란함 • 수익의 과대평가가 이루어져 재무정보상 왜곡 발생의 우려가 있음

2 정부회계의 재무제표

1. 재무제표 작성의 원칙

(1) 회계연도 비교의 원칙
당해 회계연도분과 전년 회계연도분을 비교하는 형식으로 작성함

(2) 계속성의 원칙
두 회계연도의 재무제표 간 비교가 용이하도록 회계기준 등을 계속 적용하여 작성함

(3) 중요성의 원칙
재무제표의 과목은 해당 항목의 중요성에 따라 별도의 과목으로 표시하거나 다른 과목으로 통합하여 표시할 수 있음

2. 정부재무제표의 구성

(1) 재정상태표 – 자산, 부채, 순자산
① '일정시점'의 자산·부채의 명세 및 상호관계 등 재정상태를 나타내는 표
② 순자산 = 자산 – 부채
③ 기업의 대차대조표에 해당함
④ '일정시점'이라는 특정시점의 정부 재정상태를 나타내는 저량(stock) 개념의 재무제표

(2) 재정운영표 – 수익, 비용, 순이익
① '일정기간'의 재정운영성과를 나타내는 표
② 순이익 = 수익 – 비용
③ 기업의 손익계산서에 해당함
④ '일정기간'동안의 운영성과를 나타내는 유량(flow)개념의 재무제표

우리나라 정부회계의 재무제표

기업	정부
대차대조표 (stock)	재정상태표
손익계산서 (flow)	재정운영표
현금흐름표	–
이익잉여금처분 계산서	순자산변동표
주석 및 부속명세서	주석

(3) 순자산변동표 – 자산, 부채, 순자산

① '일정기간(회계연도)'의 순자산 증감내역을 보여주는 표

② 순자산 = 자산 – 부채

③ 기초순자산, 재정운영표의 수익과 비용의 차액인 재정운영결과(운영 차액), 재원조달 및 이전, 조정항목, 기말순자산으로 구분하여 표시함

THEME 077 재무행정조직 ★☆☆

1 중앙예산기관

1. 의의

각 부처의 사업계획을 검토하고, 정부의 예산안을 편성·집행하는 중앙행정기관

2. 기능

예산편성 및 집행의 관리기능, 재정계획 및 사업의 검토·조정기능, 국민과 입법부의 의사 반영기능

3. 유형

우리나라 중앙예산기관의 변천

1. 1948년(정부수립 당시): 기획처 예산국
2. 1954년: 재무부 예산국
3. 1961년: 경제기획원 예산실
4. 1994년: 재정경제원 예산실
5. 1998년: 기획예산위원회와 예산청
6. 1999년: 기획예산처
7. 2008년 이후: 기획재정부(이원체제)

행정수반 직속형	행정수반의 정책수립 및 행정관리기능의 강화를 위해 행정수반의 참모조직형태로 운영하는 유형 예 미국의 관리예산처(OMB), 필리핀의 예산위원회 등
재무부 소속형	• 중앙예산기관과 수입·지출 총괄기관을 통합한 형태 • 재정정책의 수립 및 집행과 수입·지출업무의 연계에 역점을 두고 설치한 유형 예 우리나라의 기획재정부, 영국의 재무성(예산국), 일본의 재무성(주계국 중심), 프랑스, 독일 등 주로 내각제 국가
기획부처형	• 기획과 예산을 일치시킬 목적으로 중앙예산기관을 중앙기획기관에 소속시키는 유형 • 국가의 중·장기계획과 예산을 연계시키기 용이함 예 과거 경제기획원 예산실, 캐나다 내각 예산국 등

4. 예산관련 조직의 기본체제

(1) 중앙예산기관

① **의의**: 정부예산의 편성 및 집행을 총괄하는 기관

② 행정수반의 기본정책과 정부의 재정·경제정책을 기반으로 하여 각 부처의 예산요구와 사업별 재정계획을 검토·사정한 뒤, 정부 전체의 예산안을 편성하여 국회에 제출함

③ 우리나라의 중앙예산기관: 기획재정부 예산실

(2) 국고수지총괄기관

① **의의**: 중앙정부의 징세·재정·금융·회계·결산·자금관리 및 국고금 지출 등 국가의 수입과 지출을 총괄하는 기관

② **우리나라의 국고수지총괄기관**: 기획재정부(경제정책 총괄·조정)

    ㉠ 중앙예산기관과 통합

    ㉡ 국고금의 총괄, 결산, 회계제도의 연구, 조세정책 등을 담당

    ㉢ **하부조직**: 재정기획실(국가재정운영계획 총괄), 예산실(예산을 편성·관리), 세제실(조세정책을 입안·결정) 등

    ㉣ 기획재정부 소속 외청으로서 정부재원을 직접 조달하는 세입징수기관으로는 국세청과 관세청이 있으며, 이 밖에 계약·회계전담부서로서 조달청이 있음

(3) 중앙은행

① **의의**: 국가의 재정대행기관으로서 국가의 모든 국고금의 예수(豫受) 및 출납업무의 대행(「한국은행법」)

② **우리나라의 중앙은행**: 한국은행 → 정부의 은행, 정부의 대행기관, 은행의 은행, 정부의 조언자 등의 기능을 담당

(4) 국회예산정책처

① **의의**

    ㉠ 국가의 예산·결산·기금 및 재정운용과 관련된 사항에 관하여 연구·분석·평가하고 의정활동을 지원하기 위하여 2003년에 신설된 기관

    ㉡ **목적**: 국회의 재정통제권을 강화하여 행정부에 대한 견제와 감시를 효율적으로 수행하고, 이를 통해 국가재정운영의 효율성을 높이고 국회의 재정통제권을 실효성 있게 행사할 수 있음

② **국회예산정책처의 사무**

    ㉠ 예산안·결산·기금운용계획안 및 기금결산에 대한 연구 및 분석

    ㉡ 예산 또는 기금상의 조치가 수반되는 법률안 등의 의안에 대한 소요비용 추계

    ㉢ 국가재정운용 및 거시경제동향 분석 및 전망

    ㉣ 국가의 주요 사업에 대한 분석·평가 및 중·장기 재정소요 분석

    ㉤ 국회의 위원회 또는 국회의원이 요구하는 사항 조사 및 분석

2 재무행정조직

1. 의의

국가의 세출예산을 결정·배분·총괄하는 중앙예산기관, 세입·결산 및 회계를 총괄하는 국고수지총괄기관, 중앙은행 중 중앙예산기관과 국고수지총괄기관이 분리되어 있느냐 아니면 통합되어 있느냐에 따라 삼원체제(분리형)와 이원체제(통합형)으로 구분함

2. 삼원체제와 이원체제의 비교

구분	삼원체제(분리형)	이원체제(통합형)
개념	• 대통령중심제형(예산기구 행정수반 직속형) • 중앙예산기관(세출예산담당)과 국고수지총괄기관(재정·회계·징세·금융 등을 관장)이 분리	• 내각책임제형(예산기관이 국고수지를 총괄하는 재무성 소속형) • 중앙예산기관(세출예산담당)과 국고수지총괄기관(재정·회계·징세·금융 등을 관장)이 통합
장점	• 중앙예산관리기능의 효과적인 행정관리수단 제공 • 행정수반의 강력한 행정력 발휘 가능 • 각 부처로부터의 초월적 입장으로서 분파주의 방지	세입과 세출 간 유기적 관련성 증대
단점	세입과 세출의 관장기관이 달라 양자 간의 유기적 관련성 저하	• 분파주의 발생 가능 • 행정수반의 강력한 행정력 발휘 곤란
예	미국의 재무부, 관리예산처(OMB), 연방준비은행, 우리나라 2008년 이전 기획예산처, 재정경제부, 한국은행 등	영국의 재무성, 일본의 재무성, 과거 우리나라의 재정경제원, 현재 우리나라의 기획재정부 등

THEME 078 예산의 원칙 ★★★

1 의의

1. 개념

예산의 편성·심의·집행·결산 등 모든 과정에서 적용되는 예산운영의 기본적 규범과 준칙

2. 예산원칙의 변천

(1) 전통적 예산원칙

① 입법국가시대의 예산원칙으로, 입법부가 행정부의 재정활동을 효율적으로 통제하기 위한 통제지향적 성격을 가짐[노이마르크(Neumark)]

② 입법국가시대에는 행정부에 대한 국회의 통제를 강조함

(2) 현대적 예산원칙

① 예산의 신축성과 관리 및 기획기능, 행정부의 재량권을 인정하는 행정부 중심의 예산원칙[스미스(Smith)]

② **현대 행정국가시대**: 행정부의 재량과 환경변화에 따른 융통성이 강조됨

③ **최근**: 투명성, 책임성, 참여 등이 반영된 예산원칙이 중요한 경향을 가짐

전통적 예산원칙과 현대적 예산원칙

전통적 원칙 (Neumark)	현대적 원칙 (Smith)
• 통일성의 원칙 • 사전의결의 원칙 • 한정성(한계성)의 원칙 • 명확성의 원칙 • 단일성의 원칙 • 공개성의 원칙 • 완전성(포괄성)의 원칙 • 정확성의 원칙	• 행정부 계획의 원칙 • 행정부 책임의 원칙 • 행정부 재량의 원칙 • 수단구비의 원칙 • 보고의 원칙 • 다원적 절차의 원칙 • 시기 신축성의 원칙 • 예산기구 상호성의 원칙

2 전통적 예산원칙과 현대적 예산원칙의 종류

1. 전통적 예산원칙

(1) 공개성의 원칙

① **의의**: 모든 예산은 공개되어야 한다는 원칙으로, 우리나라는 매년 「예산 개요」를 발간하고 인터넷에 예산을 공개함

② **예외**
- ㉠ **신임예산**: 의회가 세부내역을 정하지 않고 예산을 총액으로 승인해주는 제도 예 2차 세계대전 시 사용된 예산제도
- ㉡ **우리나라 일부 국방비와 기밀정보비**: 국가안보를 위한 예산

(2) 통일성의 원칙(국고통일의 원칙)

① **의의**
- ㉠ 특정한 수입과 특정한 지출이 연계되어서는 안 된다는 것으로, 국가의 모든 수입은 일단 국고에 편입되고 여기서 지출이 이루어져야 한다는 원칙
- ㉡ 전체세입으로 전체세출에 충당해야 한다는 국고통일의 원칙(1787년 영국의 「통일국고법」에서 유래)

② **예외**: 목적세, 수입대체경비, 특별회계, 기금

(3) 사전의결의 원칙

① **의의**: 행정부가 예산을 집행하기 전에 '미리' 국회의 심의·의결이 이루어져야 한다는 원칙(헌법 제54조)

② **예외**: 사고이월, 준예산, 예비비의 지출, 전용, 대통령의 긴급재정경제처분

(4) 한정성(한계성)의 원칙

① **의의**: 예산은 사용목적, 사용금액, 사용시간에 명확한 한계가 있어야 한다는 원칙으로, 원칙에 한정된 예산을 사용해야 함

② **예외**
- ㉠ **양적 한정성(초과지출금지)의 예외**: 예비비, 추가경정예산
- ㉡ **질적 한정성(목적외 사용금지)의 예외**: 이용(利用), 전용(轉用)
- ㉢ **시간 한정성(회계연도 경과지출 금지)의 예외**: 이월, 계속비, 과거의 앞당겨 충당사용(조상충용)

(5) 단일성의 원칙

① **의의**
- ㉠ 예산은 가능한 한 하나의 단일예산으로 편성되어야 한다는 원칙
- ㉡ 다수의 회계장부 작성 시 재정구조 이해의 어려움이 발생함

② **예외**
- ㉠ **추가경정예산**: 예산이 성립된 후에 생긴 사유로 추가·변경된 예산
- ㉡ **특별회계**: 특정한 세입(조세외의 수입)으로 특정한 세출에 충당하기 위하여 일반회계와 별도로 구분·경리하는 예산
- ㉢ **기금**: 특정한 자금을 신축적으로 운용할 필요가 있을 때 예산 외로 설치하는 자금

PART 5 재무행정론 2021 해커스공무원 쉬운 행정학

(6) 완전성(포괄성)의 원칙(예산총계주의)

① **의의**: 모든 세입과 세출은 빠짐없이 예산에 계상(計上)되어야 한다는 원칙

② **예외**

ㄱ **전대차관**: 국내거주자에게 전대할 것을 조건으로 기획재정부장관을 차주로 하여 외국의 금융기관으로부터 외화자금을 차입하는 것

ㄴ **순계예산**: 총계예산에서 징세비(필요경비)를 제외한 예산으로, 순세입 또는 순세출만 계상함

ㄷ **수입대체경비**: 정부가 용역이나 시설을 제공하여 발생하는 수입과 관련되는 경비로, 수입이 예산을 초과하는 경우 그 초과수입을 초과수입에 직접 관련되는 경비에 초과지출을 할 수 있도록 하는 제도

ㄹ **기금**: 예산 외로 운영함

ㅁ **현물출자**: 금전 이외의 재산에 의한 출자 예 부동산, 채권 등

(7) 명확성의 원칙

① **의의**: 예산구조나 과목이 단순하여 국민들이 쉽게 이해할 수 있도록 명확해야 한다는 원칙으로 예산공개의 전제조건

② **예외 - 총액(총괄)예산**: 예산을 총액 중심으로만 통제하고 구체적 항목에 대해서는 재량을 가지며 즉 세부내용을 확정하지 않음

(8) 정확성의 원칙

① **의의**: 예산과 결산은 가능한 한 일치하여야 한다는 원칙

② **예외**: 과년도 이월, 불용액 등

Focus on 전통적 예산원칙의 예외

구분	예외
공개성의 원칙	신임예산, 국방비
통일성의 원칙	특별회계, 기금, 목적세, 수입대체경비
사전의결의 원칙	사고이월, 준예산, 예비비 지출, 전용, 긴급재정경제처분, 선결처분권
한정성(한계성)의 원칙	• 양적 한정성의 예외: 예비비, 추가경정예산 • 질적 한정성의 예외: 이용, 전용 • 시간 한정성의 예외: 이월, 계속비, 조상충용
단일성의 원칙	특별회계, 추가경정예산, 기금
완전성(포괄성)의 원칙	기금, 현물출자, 전대차관, 순계예산, 수입대체경비의 초과수입
명확성의 원칙	총액예산, 신임예산
정확성의 원칙	과년도 이월, 불용액 등

---

2. 현대적 예산원칙

(1) 행정부 계획의 원칙

사업계획과 예산편성을 유기적으로 연계하기 위하여 행정부의 계획이 필요

(2) 행정부 책임의 원칙

행정부는 예산을 합목적적·경제적·효과적으로 집행하여야 할 책임

(3) 행정부 재량의 원칙

행정부에 최대한 예산집행의 재량을 부여 → 총괄예산제도의 도입

(4) 수단구비의 원칙

예산 배정 권한과 적절한 예산제도 등을 구비하여야 한다는 원칙

(5) 보고의 원칙

예산의 편성·심의·집행은 업무보고 및 재정보고에 기초

(6) 다원적 절차의 원칙

사업의 성격에 따라 예산 절차의 다원화

(7) 시기 신축성의 원칙

사업 실시의 시기를 행정부가 신축적으로 조정하여 정세 변화에 대응 → 계속비, 이월, 다년도 예산 등의 도입

(8) 예산기구 상호성의 원칙

중앙예산기관과 각 부처 예산기구 간의 의사전달협력체계를 구축하여 의사소통을 원활히 함

Focus on | 관련 용어

1. **예산총계주의**: "한 회계연도의 모든 수입을 세입으로 하고, 모든 지출을 세출로 한다."(「국가재정법」 제17조)
2. **총계예산**: 필요경비를 공제하지 않은 예산
3. **예산총계**: 일반회계 + 특별회계(중복분 포함)
4. **예비비**: 예산편성 시 예측할 수 없는 예산 외의 지출 또는 예산초과지출에 충당하기 위한 경비
5. **회계연도 독립의 원칙**: "각 회계연도의 경비는 그 연도의 세입으로 충당하여야 한다."(「국가재정법」 제3조)
6. **이월**: 사용하지 못한 예산을 다음 회계연도에 넘겨서 사용하는 것
7. **계속비**: 완성에 수년도를 요하는 공사나 제조, 연구개발사업을 위하여 경비의 총액과 연부액을 정하여 미리 잠정적으로 국회의결을 얻어 지출할 수 있는 경비
8. **수입금직접사용금지원칙**: "중앙관서의 장은 다른 법률에 특별한 규정이 있는 경우를 제외하고는 그 소관에 속하는 수입을 국고에 납부하여야 하며 이를 직접 사용하지 못한다."(「국고금관리법」 제7조)
9. **목적세**: 특정한 용도로 사용하기 위한 조세

THEME 079 예산의 분류 ★★★

1 의의

1. 예산분류의 개념

국가의 세입과 세출을 일정한 기준에 따라 유형별로 구분하고 체계적으로 배열함으로써 예산의 내용을 국민이나 국회가 정확하게 파악하고 정부가 예산을 운용하기 유용하도록 하는 것

🏛 **기출 체크**

01 예산원칙에 대한 설명으로 옳지 않은 것은? 2016년 지방직 7급

① 입법부가 사전에 의결한 사항만 집행이 가능하다는 사전의결의 원칙의 예외로는 긴급명령과 준예산 등이 있다.
② 예산총계주의는 모든 세입과 세출이 예산에 계상되어야 한다는 것을 의미한다.
③ 정부가 특정 수입과 특정 지출을 직접 연계해서는 안 된다는 한계성 원칙의 예외로는 예비비, 계속비 등이 있다.
④ 예산은 결산과 일치해야 한다는 예산 엄밀성의 원칙은 정확성의 원칙이라고도 불린다.

답 ③ 통일성의 원칙에 대한 설명

02 예산원칙 예외에 대한 설명 중 옳지 않은 것은? 2017년 사회복지직 9급(서울)

① 국가정보원 예산의 비공개는 예산 공개의 원칙에 대한 예외이다.
② 수입대체경비, 차관물자대 등은 예산총계주의 원칙에 대한 예외이다.
③ 특별회계와 추가경정예산은 예산 단일성의 원칙에 대한 예외이다.
④ 예산 한정성의 원칙 중 예산 목적 외 사용금지인 질적 한정의 원칙은 엄격히 지켜지고 있다.

답 ④ 질적 한정성의 원칙이란 입법부가 정해준 비목 외 다른 용도로는 예산을 사용할 수 없다는 원칙으로, 예산은 어디까지나 예정 행위이기 때문에 현실적으로 지켜지기 어려움

03 다음 예산의 원칙 중 스미스(H. Smith)가 주장한 현대적 예산원칙은? 2016년 서울시 9급

① 예산은 미리 결정되어 회계연도가 시작되면 바로 집행할 수 있도록 해야 한다.
② 예산의 편성, 심의 집행은 공식적인 형식을 가진 재정보고 및 업무 보고에 기초를 두어야 한다.
③ 모든 예산은 공개되어야 한다.
④ 예산구조나 과목은 국민들이 이해하기 쉽게 단순해야 한다.

답 ②
① 고전적 - 사전의결의 원칙
③ 고전적 - 공개성의 원칙
④ 고전적 - 명확성의 원칙

PART 5 재무행정론 2021 해커스공무원 쉬운 행정학

2. 예산항목의 구조

예산의 내용을 명백하게 하기 위하여 일정한 기준에 의하여 구분해 놓은 것

(1) 세입예산

경제적·재정적 여건을 고려한 수입의 추정치

관	항	목
입법과목		행정과목

(2) 세출예산

정부가 1회계연도 동안 지출하는 예산액

구분	입법과목			행정과목	
소관	장(章)	관(款)	항(項)	세항(細項)	목(目)
중앙관서	분야	부문	프로그램 (정책사업)	단위사업	편성품목
조직별 분류	기능별 분류			사업별·활동별 분류	품목별 분류
변경과 제한	이용대상 (융통 시 국회의결 필요)			전용대상 (융통 시 국회의결 불요)	

(3) 세입예산과 세출예산의 효력

① **세입예산**: 구속력을 가지지 않으며 추정에 바탕을 둔 임의적 성격
② **세출예산**: 입법부의 심의를 거쳐 구속력을 가지며 지출목적, 지출금액, 지출시기 면에서 효력이 발생함

2 분류의 방법

1. 품목별 분류(성질별 분류)

(1) 의의

① 예산의 대상·성질에 따라 지출대상 품목별로 분류하는 방식
② **통제중심의 분류**: 지출대상별로 예산액의 한계를 설정하여, 관료의 권한과 재량을 제한하고 회계책임을 명확히 할 수 있는 통제중심의 예산제도
③ 예산분류의 기초이며 다른 분류방식과 자유롭게 결합 가능한 방법
④ 주로 세출예산에 적용하는 방법

(2) 우리나라의 품목별 분류

인건비, 물건비, 이전지출[경상이전비(보조금, 출연금, 배상금, 보상금 등)], 자본지출(자산취득), 상환지출, 전출금 등, 예비비 및 기타

(3) 장점

① 관료의 권한과 재량 통제 및 회계책임이 명확하기 때문에 행정부의 통제가 용이함
② 인건비가 별도의 항목으로 구성되므로, 이를 통해 공무원의 정원에 대한 자료 등 인사행정을 위한 정보를 제공할 수 있음

세출예산구조의 예(과학기술정보통신부 예산)

장	과학기술
관	연구활동지원
항	연구개발지원
세항	과학진흥…(5,000억 원)
세세항	과학산업단지 조성사업… (2,000억 원)
목	시설비… (500억 원), 시설부대비… (200억 원)

예산의 분류별 초점

구분	초점
품목별 분류	정부가 무엇을 구입하는 데 얼마나 쓰느냐?
기능별 분류	정부가 무슨 일을 하는 데 얼마나 쓰느냐?
조직별 분류	누가 얼마나 쓰느냐?
경제성질별 분류	국민경제에 미치는 영향이나 효과가 어떠한가?

(4) 단점

① 투입에만 초점을 맞추므로 정부활동의 전체적인 성과와 효과를 파악하기 곤란함
② 예산집행의 신축성을 저해함
③ 번문욕례(red-tape)를 초래할 수 있음
④ 사업 간의 비교가 불가능함
⑤ 세목별 분류이므로 총괄계정에 부적합함

2. 기능별 분류

(1) 의의

① 예산을 정부가 수행하는 기능을 중심으로 분류하는 방식
② 세출예산에만 적용 가능
③ 공공활동의 주요 영역별 분류로서 총괄계정에 적합
④ **시민을 위한 분류(citizen's classification)**: 일반 국민들이 정부예산을 통해 정부활동 및 정책의 우선순위의 파악이 가능한 유용한 예산정보

(2) 장점

① 행정수반의 재정정책 수립에 용이
② 국회의 예산심의에 용이
③ 국민의 정부예산 이해에 도움
④ 예산의 탄력성이 높고 총괄계정에 적합

(3) 단점

① 회계책임의 확보 곤란
② 예산에 대한 입법부의 효율적 통제 곤란
③ 둘 이상의 기능에 속하는 사업의 분류 곤란
　例 일반행정비에 속하는 예산이 국토교통부나 행정안전부 모두 속하는 사업일 경우

(4) 우리나라 예산의 기능별 분류

① 우리나라의 예산과목 체계에서 장(章)과 관(款)이 기능별 분류에 해당하고, 「국가재정법」상으로는 장(章)이 기능별 분류에 해당함
② **프로그램예산제도**: 중앙정부와 지방정부의 예산을 비교할 때 장과 관이 서로 일치하지 않는다는 문제점이 있었으나, 프로그램예산제도를 도입함으로써 기능별 분류체계를 통일함
③ 우리나라 예산의 기능별 분류
　㉠ **일반행정비**: 입법 및 선거, 사법 및 경찰, 인건비 등
　㉡ **방위비**
　㉢ **교육비**
　㉣ **사회개발비**: 교육 및 문화, 인력개발, 사회보장, 주택개발 등
　㉤ **경제개발비**: 농수산개발, 국토자원 보존 및 개발 등
　㉥ **지방재정 지원**: 지방재정교부금 등
　㉦ **채무상환 및 기타**: 예비비 등

총괄계정
예산의 세부용도가 지정되지 않은 예산계정

🏛 기출 체크

정부활동의 일반적이며 총체적인 내용을 보여 주어 일반납세자가 정부의 예산내용을 쉽게 이해할 수 있도록 설계된 예산의 분류방법은? 2016년 서울시 9급

① 품목별 분류
② 기능별 분류
③ 경제성질별 분류
④ 조직별 분류

답 ② 기능별 분류는 정부가 수행하는 기능별로 예산내용을 분류하는 것으로, '시민을 위한 분류'라고도 함

3. 조직별(소관별) 분류

(1) 의의

① 예산을 조직단위 중심으로 부처별·기관별로 분류하는 방식

② 가장 오래되고 기본적인 분류로서, 조직단위는 독립적인 예산편성 및 집행의 단위

③ 우리나라는 세입 및 세출예산을 모두 중앙관서별로 분류하되, 입법부와 사법부를 모두 포함하며 모든 중앙관서는 세출예산은 가지고 있으나 세입예산을 가지고 있는 않은 중앙관서도 있기 때문에 세출예산과 세입예산의 소관의 수의 차이가 존재함

(2) 장점

① 입법부에 의한 행정부의 통제가 효과적

② 의회의 예산심의에 가장 적합

③ 회계책임의 확보가 유리하고 예산의 전체 윤곽 파악 용이

④ 분류범위가 크고 융통성이 있어 총괄계정에 적합

⑤ 행정주체별로 예산이 구분되어 있어 예산 집행 용이

(3) 단점

① 주체별로 이루어져있기 때문에 경비지출의 목적 파악 곤란

② 조직 활동의 전반적인 효과나 사업의 우선순위 결정 곤란

③ 국민경제에 미치는 영향 파악 곤란

④ 사업 중심의 예산편성이 아니므로 예산의 전체적인 성과 파악 곤란

4. 경제성질별 분류

(1) 의의

① 국가의 예산편성이나 재정정책이 국민경제의 구조에 어떠한 영향을 미치는가를 파악하여 분류하는 방식

② **분류방식**

㉠ **경상계정과 자본계정으로 분류하는 방식**: 경상적 수입·지출 및 자본적 수입·지출 간에는 국민경제에 미치는 영향의 차이가 있으므로 구분하여 분류함

㉡ **국민소득계정과 연계하는 방식**: 국민소득을 소비·저축·투자로 구분하고 이에 따라 예산을 분류하는 방식

(2) 장점

① 정부의 예산이 국민경제에 미치는 역할을 알 수 있음

② 정부거래의 경제적 효과 분석 용이

③ 국가의 경제·재정정책의 수립에 도움

④ 국가 간의 예산경비의 비중의 비교 가능

(3) 단점

① 예산 정책결정을 담당하는 고위공무원에게는 유용한 정보가 되지만, 일선관료에게는 유용하지 못함

② 경제성질별 분류 하나만으로는 완전하지 못하고 실제 운영을 위해서는 다른 예산분류방법이 병행되어야만 함

③ 경제성질별 분류 자체가 경제정책이 될 수는 없고, 정부예산의 경제적 영향의 일부만 측정 가능
④ 소득의 배분이나 산업부문별 분석 등에 미치는 영향 분석 불가능

(4) 우리나라 경제성질별 분류 요소

① **국민경제예산**: 정부의 수입·지출이 국민경제나 국민소득의 기본적 구성요소인 소득·소비·저축·투자 등에 어떠한 영향을 미치고 있는가를 파악하려는 예산
② **완전고용예산**: 경제가 완전고용상태에 도달할 경우 세수가 얼마나 되고 예산적자가 얼마나 될 것인가를 보여주는 예산
③ **재정충격지표**: 거시경제에 미치는 영향을 파악하려는 지표
④ **통합예산**: 일반회계와 특별회계, 기금을 포괄하여 경상수지, 자본수지, 융·출자수지, 보전수지의 분류방식을 취하는 예산

5. 우리나라의 예산분류

(1) 「국가재정법」상 분류체계

① 세입세출예산은 독립기관 및 중앙관서의 소관별로 구분함
② **세입예산**: 성질별로 관·항으로 구분하며, 성질이란 경비의 성질을 말하는 것으로 '품목'에 해당함
③ **세출예산**: 기능별·성질별 또는 기관별로 장·관·항으로 구분

(2) 실제 분류체계

실제로 세입예산은 소관·관·항·목으로, 세출예산은 소관·장·관·항·세항·목으로 각각 구분함

(3) 문제점

① 품목별 기준의 세분화로 성과중심의 예산운용을 저해함
② 여러 분류기준이 다양하게 혼합적으로 사용되고 있어 예산과목체계가 복잡하고 분류의 일관성이 부족함
③ 예산회계별로 독립적인 재정운용으로, 칸막이식 재정에 의한 자원배분의 총체적인 효율성이 저하됨
④ 중앙정부와 지방정부 간 예산의 연계가 미흡함

(4) 방향과 과제

① 행정과목의 통폐합을 통해 사업과 성과중심의 예산과목체계로 개편이 필요함
② 프로그램예산제도의 도입을 통하여 통제 중심의 재정운영에서 프로그램 중심의 성과·자율·책임 중심 재정운영을 실현하여야 함
③ 「국가회계법」의 시행 등 예산의 제도적 개혁을 통하여 재정집행의 투명성과 효율성을 제고해야 함
④ 프로그램예산제도를 통해 중앙정부와 지방정부 간의 예산의 연계가 필요함

핵심 OX

프로그램 중심의 예산으로 일반국민들이 예산사업을 쉽게 이해할 수 있게 되며, 프로그램 예산 체계에서 기능별 분류를 중앙정부와 지방정부 간에 통일시킴으로써 중앙정부와 지방정부예산의 연계가 가능해진다. (○, ×)

답 ○

Level up 프로그램예산＊

1. 의의
① 프로그램예산(program budget)제도: 기존의 투입이나 통제 중심의 품목별 분류체계에서 벗어나서 성과와 책임을 지향하는 프로그램 중심으로 예산을 분류·운영하는 것
② 프로그램(program): 동일한 정책목표를 달성하기 위한 단위사업(activity project)의 묶음으로 정책적으로 독립성을 지닌 최소단위
③ 기본구조: 정부의 기능(function)·정책(policy)·프로그램(program)·단위사업(activity)의 계층구조를 가지며 여기서 정부의 기능 및 정책은 세부품목이 아닌 '분야'와 '부문'으로 범주화되고, 프로그램이란 전략적 배분단위로 동일한 정책을 수행하는 단위 사업의 묶음(정책사업)을 의미함

분야	부분	(실·국·과)	정책사업	(회계·기금)	단위사업	편성비목	통계비목
기능	조직		–	회계분류	–		품목

2. 구조설계의 기본 원칙
① 조직 중심의 프로그램 구조: 조직단위(실·국·과)와 정책사업단위가 연계되도록 설계
② 기능과 '정책사업·단위사업'의 연계: 각 정책사업은 한 개의 기능과 연계
③ 모든 재정자원이 포괄되도록 설계: 일반회계, 특별회계, 기금 간의 연계
④ 성과 중심의 설계: 조직의 성과목표, 성과평가 등을 구현할 수 있도록 설계
⑤ 적정한 정책사업의 분류: 지나치게 광범위하거나 추상적이면 곤란

3. 역할
① 국정전반에 걸친 성과관리의 중심: 프로그램예산은 성과관리, 발생주의 회계, 국가재정운용계획, 총액배분자율편성 등의 제도들과 함께 상호적·간접적으로 연계되어 있으며, 제도의 중심점 또는 인프라의 성격을 가짐
② 예산운영 규범의 중심: 예산의 자율성, 책임성, 투명성, 효율성, 성과지향성 등의 가치 개념에서 볼 때 프로그램은 그 예산의 중심점 역할
③ 예산단계의 중심: 프로그램은 예산편성단계에서 전략적 배분단위가 되고, 총액배분자율편성방식의 한도액(ceiling) 설정단위가 되며 예산사정단계에서 사정단위, 심의단계에서 심의단위, 집행단계에서 이용단위, 결산단계에서 성과평가단위, 결산보고 단위가 됨
④ 회계의 중심: 회계와 원가계산의 중심
⑤ 조직의 중심: 조직은 부처단위 실·국단위 모두가 해당되며, 프로그램은 조직단위의 자율 중심점, 책임 중심점, 관리 중심점 역할

4. 도입효과
① 프로그램 중심의 예산은 일반 국민들이 예산사업을 쉽게 이해할 수 있음
② 프로그램 예산 체계 내에 일반회계, 특별회계, 기금이 모두 포괄적으로 표시됨으로써 총체적 재정배분 내용 파악이 가능
③ 사업관리 시스템이 함께 운용되기 때문에 재정집행의 투명성과 효율성 제고가 가능
④ 프로그램 예산 체계에서 중앙정부와 지방정부 간에 기능별 분류를 통일시킴으로써 중앙정부와 지방정부 예산의 연계가 가능
⑤ 그동안 품목 중심의 투입관리와 통제 중심의 재정운영에서 프로그램 중심의 성과·자율·책임 중심 재정운영으로 전환

1 일반회계와 특별회계 – 세입·세출의 성질에 따른 유형

1. 일반회계

(1) 의의

① 일반적 의미 또는 좁은 의미의 예산

② 조세수입 등을 주요 세입으로 하여 국가의 일반적인 세출에 충당하기 위하여 설치함

③ 일반적인 국가 활동의 총세입·총세출을 망라하여 편성함

(2) 특징

① 국가의 고유기능, 즉 순수한 공공재를 생산하는 재원

② 재원조달은 주로 조세수입(90% 이상)에 의존하고 전년도 이월, 차관 및 기타 세외수입으로 구성됨

③ 운용계획 확정 및 집행은 행정부가 편성하며, 국회가 심의·의결함

④ **예산 통일성의 원칙**: 전체세입으로 전체세출에 충당하며, 세입과 세출의 연계가 배제됨

2. 특별회계

(1) 의의

> 「국가재정법」 제4조【회계구분】③ 특별회계는 국가에서 특정한 사업을 운영하고자 할 때, 특정한 자금을 보유하여 운영하고자 할 때, 특정한 세입으로 특정한 세출에 충당함으로써 일반회계와 구분하여 계리할 필요가 있을 때에 법률로써 설치한다.

① 특정한 세입으로 특정한 세출에 충당하기 위하여 일반회계와 별도로 구분하여 경리하는 예산

② 특별회계의 재원은 일반적 조세가 아닌 별도의 특정수입 또는 일반회계로부터의 전입금

(2) 설치요건

① **국가에서 특정한 사업을 운영하고자 할 때**: 우편사업, 우체국예금, 양곡관리, 조달 등 4개 기업특별회계와 특별회계가 적용되는 책임운영기관

② **국가가 특정한 자금을 보유하여 운용하고자 할 때**: 자금관리특별회계 등

③ **기타 특정한 세입으로 특정한 세출에 충당함으로써 일반회계와 구분하여 경리할 필요가 있을 때**: 교도작업특별회계, 국가균형발전, 국유재산관리, 농어촌구조개선, 등기특별회계 등

(3) 장점

① 일반회계와 별도로 운영되기 때문에 정부기업의 수지가 명확함

② 행정기관의 재량범위를 확대함

일반회계와 특별회계의 전입과 전출

1. 특별회계가 일반회계로부터 전입금을 받는 경로와 특별회계에서 발생한 잉여금을 일반회계에 전입시키는 두 가지의 경로

2. 예산은 일반회계와 특별회계 간 또는 회계 내 계정 간에 전입금 또는 전출금 등의 형태로 이전되는 경우가 많음

3. 이때 이전된 금액은 양쪽에서 중복 계산되는데, 이 중 계산된 규모로 예산을 파악하는 것을 예산총계라고 하고, 중복 부분을 제외한 것은 예산순계

📖 기출 체크

우리나라 특별회계에 대한 설명으로 옳지 않은 것은? 2013년 지방직 7급

① 특별회계 설립 주체에 따라 중앙정부 특별회계와 지방자치단체 특별회계로 구분한다.

② 특정한 사업을 운영하기 위한 중앙정부 특별회계의 일례로 교육비특별회계가 있다.

③ 「지방공기업법」에 따라 설립된 모든 지방직영기업은 지방자치단체 공기업특별회계의 대상이다.

④ 중앙정부의 기업특별회계에는 책임운영기관특별회계와 「정부기업예산법」의 적용을 받는 우편사업·우체국예금·양곡관리·조달특별회계가 있다.

🔲 ② 교육비 특별회계는 중앙정부의 특별회계가 아니라 지방정부의 특별회계 중 하나임

③ 안정된 자금을 확보하여 안정적인 사업운영을 기대할 수 있음

④ 행정기능의 전문화·다양화에 기여함

(4) 단점

① 예산구조의 체계와 구조가 복잡해짐

② 국가재정의 전체적인 관련성이 불명확해지고 통합성이 저해됨

③ 입법부의 예산통제와 국민의 행정통제가 약화됨

2 정부기금

1. 의의

(1) 개념

국가가 특정한 목적을 위하여 특정한 자금을 신축적으로 운용할 필요가 있을 때 법률로써 특별히 설치할 수 있는 자금

(2) 제3의 예산

기금은 세입세출예산 외로 운영되어, 예산의 완전성·통일성·단일성 원칙의 예외에 해당함

(3) 기금은 국무회의의 심의를 거쳐 대통령의 승인을 얻은 기금운용계획에 따라 중앙관서장의 책임하에 운영됨

(4) 기금은 행정부의 재량성을 높여 신축적인 행정을 가능하게 하지만 국회의 통제를 약화시킬 우려도 있음

2. 유형(「국가재정법」상)

(1) 금융성 기금

금융적 성격을 가지는 기금으로, 금융성 기금은 비금융성 기금보다 운용이 더 신축적이며 국회의 심의대상에는 포함되고 통합예산에는 미포함

(2) 기금(비금융성 기금)

금융성 기금을 제외한 기금으로, 사업성 기금과 적립성 기금이 해당하며 통합예산에 포함

3. 정부기금의 운용 과정

(1) 기금의 수지체계

① **운용**: 일정기간의 운영상황

② **조성**: 일정시점의 재산상태

(2) 기금운용계획안의 수립

① **중기사업계획서의 제출**: 기금관리주체인 중앙관서의 장은 매년 1월 31일까지 5회계연도 이상의 중기사업계획서를 기획재정부장관에게 제출

② **기금운영계획안 작성지침 통보**: 기획재정부장관은 자문회의의 자문과 국무회의의 심의를 거쳐, 대통령의 승인을 얻은 작성지침을 매년 3월 31일까지 기금관리주체에게 통보

금융성 기금과 비금융성 기금

구분	금융성 기금	비금융성 기금
통합재정	미포함	포함
지출 금액 변경 범위	30% 범위 내	20% 범위 내
국회의 심의·의결	국회의 심의·의결 대상	

금융성 기금의 종류

1. 부실채권정리기금 및 구조조정기금
2. 기술보증기금
3. 농림수산업자신용보증기금
4. 산업기반신용보증기금
5. 무역보험기금
6. 농어가목돈마련저축장려기금
7. 신용보증기금
8. 예금보험기금채권상환기금
9. 국가장학기금
10. 주택금융신용보증기금

「국가재정법」 제73조 [기금결산] - 성과 중심의 재정운영

1. 기금관리주체는 회계연도마다 기금결산보고서를 작성하여 다음 연도 2월 말까지 기획재정부장관에게 제출
2. 기획재정부장관은 결산보고서에 의하여 기금결산을 작성하여 국무회의의 심의를 거쳐 대통령의 승인을 얻은 후(기금성과보고서 첨부) 이를 다음 연도 4월 10일까지 감사원에 제출

③ **기금운용계획안의 제출과 확정**: 기금관리주체는 다음 연도의 기금운용계획안을 작성하여 매년 5월 31일까지 기획재정부장관에게 제출하고, 기획재정부장관은 기금운용계획안을 국무회의의 심의를 거쳐 대통령의 승인을 얻어야 함

④ **기금운용계획의 국회제출과 의결**: 정부는 회계연도 개시 120일 전까지 국회에 제출하고 국회는 회계연도 개시 30일 전까지 의결하여야 함(예산과 동일)

4. 「국가재정법」의 기금 관련 주요 내용

(1) 지출사업의 이월

기금관리주체는 매 회계연도의 지출금액을 다음 연도에 이월하여 사용할 수 없지만, 연도 내에 지출원인행위를 하고 불가피한 사유로 연도 내에 지출하지 못한 금액은 다음 연도에 이월하여 사용할 수 있음

(2) 기금운용심의회

기금관리주체는 기금의 관리·운용에 관한 중요한 사항을 심의하기 위하여 기금별로 기금운용심의회를 설치함

(3) 자산운용위원회

① 기금관리주체는 자산운용에 관한 중요한 사항 심의를 위해 다른 법률에서 따로 정하는 경우를 제외하고 심의회에 자산운용위원회를 설치해야 함

② 「외국환거래법」 제13조에 따른 외국환평형기금이나 기획재정부장관과 협의하여 자산운용위원회를 설치할 필요가 없다고 인정되는 기금의 경우 자산운용위원회를 설치하지 않을 수 있음

Focus on 일반회계·특별회계·기금의 비교

구분	일반회계	특별회계	기금
설치사유	국가고유의 일반적 재정활동	• 특정사업 운영 • 특정자금 운용 • 특정세입으로 특정 세출 충당	• 특정목적을 위해 특정자금을 신축적으로 운용 • 일정자금을 활용하여 특정사업을 안정적으로 운영
성격	소비성	주로 소비성	주로 적립성 또는 회전성
재원조달 및 운용형태	공권력에 의한 조세수입과 무상급부원칙	일반회계와 기금의 운용형태 혼재	출연금, 부담금 등 다양한 수입원으로 융자사업 등 기금고유사업 수행
확정절차	• 부처의 예산요구 • 기획재정부가 정부예산안 편성 • 국회의 심의·의결로 확정		• 기금관리주체가 계획(안) 수립 • 기획재정부장관과 협의·조정 • 국회 심의·의결로 확정
집행절차	• 합법성에 입각하여 엄격히 통제 • 예산의 목적 외 사용금지원칙		합목적성 차원에서 상대적으로 자율성과 탄력성 보장
계획 변경	추가경정예산 편성	추가경정예산 편성	주요항목 지출금액의 20% (금융성 기금은 30%) 초과 변경 시 국회 의결 필요
수입과 지출의 연계	특정한 수입과 지출의 연계 배제	특정한 수입과 지출의 연계	특정한 수입과 지출의 연계
결산	국회의 결산심의와 승인	국회의 결산심의와 승인	국회의 결산심의와 승인

🏛 **기출 체크**

01 정부지출에 대한 설명으로 옳지 않은 것은? 2010년 지방직 7급

① 정부의 총지출 규모는 일반회계 > 기금 > 특별회계의 순으로 크다.
② 기금은 특별회계처럼 국회의 심의·의결로 확정되며, 집행부의 재량이 상대적으로 큰 편이다.
③ 「국가재정법」상 금융성 기금의 주요항목 지출금액의 변경범위가 20%를 초과하면 국회의 의결이 필요하다.
④ 「국가재정법」상 기금관리장치로 국정감사, 자산운용위원회, 기금운용심의회 등이 있다.

답 ③ 「국가재정법」상 금융성 기금의 주요항목 지출금액의 변경범위가 30%를 초과하면 국회의 의결이 필요

02 우리나라 기금 운영에 대한 설명으로 옳지 않은 것은? 2015년 국가직 7급

① 기금이란 국가가 특정한 목적을 위하여 특정한 자금을 신축적으로 운용할 필요가 있을 때에 한하여 법률로써 설치한다.
② 기금운용계획안은 국회의 심의와 의결을 거쳐 확정된다.
③ 군인연금, 공무원연금, 국민연금은 기금으로 운영된다.
④ 주한 미군기지 이전, 행정중심 복합도시 건설 등 기존의 일반회계에서 처리하기 곤란한 대규모 국책사업을 실행하기 위해 운영된다.

답 ④ 일반회계에서 처리하기 곤란한 대규모 국채사업을 실행하기 위해서 기금이 아니라 특별회계가 운영됨

3 통합예산(통합재정)

1. 의의

(1) 개념
① 정부의 재정활동(일반회계·특별회계·기금)을 총 망라하여 정부부문에서 1년 동안 지출하는 재원의 총체적인 예산 규모(재정통제의 일환)
② 우리나라는 IMF의 권고에 따라 1979년에 도입하여 1999년 7월부터 월별로 통합재정수지를 작성·공표함
③ 실제 정부의 법정예산이나 집행예산이 아닌, 정부 전체의 월별 재정수지를 알려주는 재정통계임

(2) 특징
① **포괄성**: 일반회계, 특별회계, 기금 및 세입세출 외 자금까지 망라(전대차관 포함)하여 국가재정을 총체적으로 파악함
② **순계 개념으로 작성**: 내부거래, 보전거래 등을 제거하고 보전재원을 별도로 명시하는 순계 개념으로 파악하여, 통합재정수지를 통한 재정건전성 판단이 용이함(융자 회수 등 대출금 순계 별도 표시)
③ **경제성질별(경제적) 분류**: 국민 경제에 미치는 효과를 분석하기 위해 경상거래와 자본거래를 구분함
④ **현금주의에 의한 작성**: 회계가 아닌 재정통계이므로 현금주의에 의해 작성됨

2. 포괄범위(비금융공공부문)

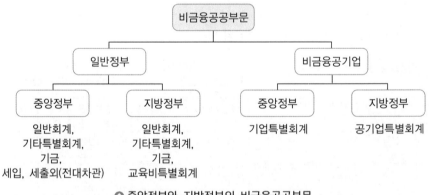

❶ 중앙정부와 지방정부의 비금융공공부문
(금융공공부문, 정부산하 공공기관 제외)

3. 기대효과

(1) 전략적 정책 수립
① 국가전체의 분야별 재정지출의 규모 및 재정 수지의 파악이 가능함
② 국가전체 재원의 배분모습과 국민경제에 미치는 영향 등의 분석이 가능해짐에 따라 전략적 재정정책 수립에 기여할 수 있음

(2) 공통적·객관적 기준에 의한 재정수지의 산출을 통해 재정의 건전성 판단이 가능해지고 건전한 재정 유도가 가능함

(3) 국제적으로 동일한 기준으로 통합재정을 작성함에 따라 재정의 정확한 국제 비교가 가능함

4. 한계

(1) 융자지출은 회수시점 시 흑자요인이 되는 순환적 성격이 있음에도 재정수지 적자요인으로 파악함

(2) 현금주의에 기초해서 비용·수익의 실질 파악이 곤란함

4 본예산·수정예산·추가경정예산 - 예산의 성립시기에 따른 분류

1. 본예산
정부가 회계연도 개시 120일 전까지 국회로 제출한 당초 예산으로서 정기국회에서 정상적으로 통과된 예산으로, 최초로 성립된 예산

2. 수정예산

(1) **개념**

정부가 예산안을 국회에 제출한 후 예산이 아직 최종의결 되기 전 국내외의 사회·경제적 여건의 변화로 예산안의 내용 중 일부를 변경·수정할 필요성이 있을 때 편성하는 예산(예산이 성립되기 전 변경)

(2) **특징**

① 국회에서 의결되기 전 변경하는 예산

② 국회 상임위원회와 예산결산특별위원회의 심의가 필요함

(3) **사례**

우리나라는 1970년, 1981년, 2009년 본예산에 대한 수정예산을 제출함

3. 추가경정예산

(1) **개념**

① 국회에서 예산이 의결되고 성립된 후에 예산을 변경할 필요가 생긴 사유로 인하여 추가·변경하여 국회에 제출하는 예산

② 예산안이 아닌 예산의 수정으로, 예산의 성립 후 변경

(2) **특징**

① **예산단일성 원칙의 예외**: 추가경정예산은 본예산과 별개로 성립되지만 일단 성립되면 하나로 통합·운영됨

② 정부는 국회에서 추경 예산안이 확정되기 전에 미리 배정·집행 불가

③ 수정예산은 예산이 국회에서 의결되기 전에 변경하지만 추가경정예산은 예산이 의결된 후에 변경하는 것이라는 점에서 차이가 있음

(3) **사례**

가급적 편성을 최소화하는 것이 바람직하지만 우리나라의 경우 편성횟수의 제한이 없어 매우 빈번하게 편성되며 매년 편성하는 것은 아님

추가경정예산의 편성요건(「국가재정법」)

1. 전쟁이나 대규모 재해가 발생한 경우
2. 경기침체, 대량실업, 남북관계의 변화, 경제협력과 같은 대내외 여건에 중대한 변화가 발생하였거나 발생할 우려가 있는 경우
3. 법령에 따라 국가가 지급하여야 하는 지출이 발생하거나 증가하는 경우

핵심 OX

01 이미 성립된 예산을 변경하는 것은 추가경정예산이다. (○, ×)

답 ○

02 예산은 세입·세출의 성질에 따라 본예산, 수정예산, 추가경정예산으로 분류된다. (○, ×)

답 × 예산의 성립 여부에 따른 분류

구분	기간	국회 의결	지출 항목	채택 국가
가예산	최초 1개월	필요	전반적	한국의 제1공화국, 프랑스
준예산	제한 없음	불요	한정적	한국, 독일
잠정 예산	제한 없음	필요	전반적	일본, 영국, 미국, 캐나다

준예산제도가 적용되는 경비(헌법 제54조 제3항)

1. 헌법이나 법률에 의하여 설치된 기관 또는 시설의 유지비·운영비
2. 법률상 지출의무가 있는 경비
3. 이미 예산으로 승인된 사업의 계속을 위한 경비 등

🏛 **기출 체크**

다음 내용의 괄호 안에 해당하는 것은? 2016년 국가직 9급

> 최근 미국은 의회의 연방예산처리 지연으로 예산편성 및 집행에 큰 어려움을 겪으면서 행정업무가 마비되는 사태를 겪은 바 있다. 우리나라는 새로운 회계연도가 개시될 때까지 예산안이 국회에서 의결되지 못한 경우에 대비하여 (   )제도를 시행하고 있다.

① 준예산
② 가예산
③ 수정예산
④ 잠정예산

🗒 ① 준예산에 대한 설명

---

5 준예산·가예산·잠정예산·답습예산 - 예산불성립 시 예산집행을 위한 제도

1. 준예산

(1) 새로운 회계연도가 개시될 때까지 본예산이 국회에서 의결되지 못한 때에는 정부가 국회에서 예산안이 의결될 때까지 전년도 예산에 준하여 특정한 경비를 지출할 수 있도록 하는 제도

(2) 우리나라는 1960년부터 준예산제도를 채택하고 있으나, 실제로 준예산을 집행한 적은 없음

2. 가예산

(1) 본예산이 국회에서 의결되지 못하면 국회는 1개월 이내의 가예산 의결 가능

(2) 우리나라의 경우 1948년 정부 수립 이후부터 1960년까지 채택하였고, 1954년을 제외하고는 매년 가예산을 편성했음

3. 잠정예산

본예산이 성립하지 않을 때 잠정적으로 예산을 편성하여 의회에 제출하고 의회의 사전의결을 얻어 사용하는 제도

4. 답습예산

전년도 예산을 상·하원의 의결에 의하여 그대로 답습하는 제도로서, 미국이 사용하는 잠정예산의 일종

6 국가재정운용계획

1. 의의

통제목적을 위주로 하는 전통적인 단년도 예산제도의 제약성을 보완하여 중장기에 걸친 거시적 국가재정운용정책을 수립하고 이에 따른 재원동원 및 배분방향을 계획하는 것

2. 목적

종국적으로 단년도 예산편성의 합리성을 제고하고 국가재원을 효율적으로 배분하기 위한 제도

3. 도입과 연혁

(1) **총자원예산제도**

과거 경제사회개발 5개년 계획과 예산편성이 구조적으로 괴리되자, 3차 5개년 계획(1977)부터 총자원예산을 작성하여 보완하기 시작함

(2) **중기재정계획제도**

5차 5개년 계획(1982)부터 총자원예산 대신 중기재정계획제도를 채택, 경제사회개발 5개년 계획은 1996년 제7차를 끝으로 폐지함

(3) 국가재정운용계획

2007년부터 국가재정운용계획이 수립·운용되고 있으며 현행 국가재정운용계획은 「국가재정법」 제7조에 의한 공식적인 법정기획이자 예산에 반영되어야 하는 의무적인 사항이 됨*

* 과거의 중기재정계획제도는 법적 구속력이 없는 참고계획일 뿐 의무사항이 아니었음

4. 특징과 효용

(1) 지난 1년간의 실적분석과 향후의 경기전망을 제시하는 형태의 5개년 단위 연동기획으로 수립

(2) 국가재정운용계획상의 분야별 투자규모는 예산 총액배분자율편성제도(top-down)의 부처별 지출한도로 활용되어 단년도 예산 및 기금운용계획과 연계

(3) 국가재정운용계획은 재정규모와 구조를 정확하게 파악할 수 있고, 재원배분과 재정수지 관리 등 전략적인 재정운용이 가능하도록 일반회계, 특별회계, 기금을 포함하는 통합재정기준으로 작성

5. 운용 절차

(1) 지침통보

기획재정부장관은 국가재정운용계획 수립을 위한 지침을 마련하여 당해 회계연도 전년도 12월 31일까지 각 중앙관서의 장에게 통보

(2) 중기사업계획서

각 중앙관서의 장은 매년 1월 31일까지 당해 회계연도부터 5회계연도 이상의 중기사업계획서를 기획재정부장관에게 제출하고, 재정지출을 수반하는 중·장기계획을 수립할 때에는 미리 기획재정부장관과 협의

(3) 국가재정운용계획의 수립

① 기획재정부장관은 재정운용의 효율화와 건전화를 위하여 매년 당해 회계연도부터 5회계연도 이상의 기간에 대하여 다음 사항이 포함된 국가 재정운용계획을 수립하여야 함

ⓐ 재정운용의 기본방향과 목표

ⓑ 중·장기 재정전망 및 그 근거

ⓒ 분야별 재원배분계획 및 투자방향

ⓓ 재정규모증가율 및 그 근거

   ⓐ 의무지출의 증가율 및 산출내역

   ⓑ 재량지출의 증가율에 대한 분야별 전망과 근거 및 관리계획

   ⓒ 세입·세외수입·기금수입 등 재정수입의 증가율 및 그 근거

ⓔ 조세부담률 및 국민부담률 전망

ⓕ 통합재정수지 및 국가채무에 대한 전망과 근거 및 관리계획

ⓖ 그 밖에 대통령령으로 정하는 사항

② 기획재정부장관은 국가재정운용계획을 수립하는 때에는 관계 중앙관서의 장과 협의하여야 함

(4) 국가재정운용계획의 국회 제출

국가재정운용계획은 회계연도 개시 120일 전까지 국회에 제출하여야 함

CHAPTER 2 예산결정이론

THEME 081 예산결정이론의 배경 ★☆☆

1 예산결정의 의의

예산결정이란 기본적으로 배분에 관한 가치판단(정책의 수치화)의 문제

2 예산결정이론의 전개

1. 키(Key)의 가설

키(Key)는 '예산이론의 빈곤'에서 "어떤 근거에서 X달러의 지출이 B활동이 아닌 A활동에 배분되어야 하는가?"라는 질문을 통해서 예산결정에 대한 근본적 물음을 제기하였음

2. 루이스(Lewis)의 명제

(1) 의의

루이스(Lewis)는 예산결정에 적용될 세 가지 경제학적 명제로 상대적 가치, 증분분석, 상대적 효과성을 제시하였음

(2) 세 가지 경제학적 명제

① **상대적 가치(relative merits):** 자원은 희소하므로 '기회비용' 개념에 입각하여 결과의 상대적 가치를 비교하여 분석해야 함

② **증분분석(incremental analysis):** 추가적 지출로부터 생기는 추가적 가치(한계효용)를 분석해야 함

③ **상대적 효과성(relative effectiveness):** 공통목표 달성에서 상대적 효과성에 의해서만 상대적 가치를 비교할 수 있음

THEME 082 예산결정의 접근방법 ★★☆

1 합리주의(총체주의) - 합리적 분석

1. 의의

합리적 선택모형에 입각한 예산상의 의사결정을 의미하는 것으로, 경제학의 한계효용, 기회비용, 최적화 개념 등이 사용됨

2. 특징

(1) 인간의 완전한 합리성을 전제로 함

(2) 결정에 관련이 있는 모든 요소를 총체적·종합적으로 검토함

(3) 비용편익분석 등 다양한 기법을 통해 분석하여 가장 최적의 예산을 결정함

(4) 조직이나 사회적 목표의 명확한 정의가 가능하며, 목표 - 수단접근법을 사용함

3. 한계

(1) 인간의 인지능력 한계, 결정비용 과다, 상황의 불확실성 등 제약조건으로 인해 모든 대안의 탐색과 정확한 결과의 예측 등이 현실적으로 불가능함

(2) 사회적 목표나 문제가 명백히 주어져 있는 경우는 매우 드물고, 문제나 목표가 명확하지 않은 경우에 상호 모순되거나 상충될 가능성이 높음

(3) 공공재의 경우에는 개인이 선호를 나타내기 어렵고 개개인마다 선호가 전부 다를 수 있기 때문에, 정부가 사회후생함수를 도출하는 것이 어려움

(4) 경제적 합리성을 중시하여 이해관계의 조정과 협상이 필요한 정치적 요소를 무시함으로써 정치적 합리성의 가치를 간과함

(5) 합리적 모형에서 강화되는 기획기능은 참모기관에 의한 분석적 작업을 강조하게 되어 예산결정의 집권화를 초래함

(6) 절차가 복잡하고 예산 담당관이 보수적일 경우 합리적 모형에 따른 예산결정은 성공적으로 장착되기 곤란할 수 있음

(7) 공공부문의 추상성으로 인해 과학적 분석에 필요한 서비스의 계량화가 어려움

2 점증주의(현실주의) - 정치적 과정

1. 의의

점증주의는 합리주의의 기본전제를 완화하여, 의사결정자의 부족한 분석능력과 불확실한 상황에서 기본 정책의 소폭적인 변화만을 대안으로 고려하여 정책을 결정하는 현실적인 모형을 제시함

2. 특징

(1) 예산은 보수적이고 정치적이며 협상과 타협에 의한 결정을 중시하는 과정이며, 정치적 합리성을 중시함

(2) 전년도 예산이 예산결정의 기준이 되며 다음 회계연도의 예산은 그것보다 소폭적으로 변화하므로, 예산결정은 안전성과 규칙성을 띠고 보수적임

(3) 예산결정에 있어 최선의 대안을 추구하지 않고 만족할 만한 수준에서 대안을 선택하므로, 선(善)의 추구보다는 오류의 제거나 악(惡)의 제거에 역점을 둠

(4) 전체보다 부분에 초점을 맞추며, 부분에서 전체로 향하여 상향적·미시적임

🏛 기출 체크

01 총체주의 예산이론에 대한 설명 중 옳지 않은 것은? 2017년 사회복지직 9급 (서울)

① 계획예산제도(PPBS)와 영기준예산제도(ZBB)는 대표적 총체주의 예산제도이다.

② 정치적 타협과 상호조절을 통해 최적의 예산을 추구한다.

③ 예산의 목표와 목표 간 우선순위를 명확하게 설정한다.

④ 합리적 분석을 통해 비효율적 예산 배분을 지양한다.

답 ② 점증주의 예산의 특징에 대한 설명

02 예산상의 점증주의를 유발하는 요인에 해당되지 않는 것은? 2014년 지방직 7급

① 관계의 규칙성

② 외부적 요인의 영향 결여

③ 예산통일의 원칙의 예외

④ 좁은 역할 범위를 지닌 참여자 간의 협상

답 ③ 통일성이 지켜지지 않는 영역인 목적세나 특별회계 등에서는 예산의 대폭적 증가가 이루어질 수 있으므로 점증주의가 나타나지 않음

계획과 예산의 괴리요인과 연계방안

구분	괴리요인	연계방안
담당 기구	계획과 예산의 이원화	일원화, 조정기구 설치
담당자 행태	• 계획: 개혁적, 미래, 소비지향적 • 예산: 보수적, 비판적, 저축지향적	교육훈련, 인사교류
속성	• 계획: 장기성, 합리성, 추상성 • 예산: 단기성, 점증성, 구체성	계획의 구체화
수정 가능성	• 계획: 수정가능 • 예산: 신축성 결여	예산의 신축성 제고
예산 제도	통제위주의 예산 (LIBS)	계획예산 등의 보완

3. 효용

(1) 예산과정에 대한 참여와 이익의 표출을 촉진시키고, 민주주의의 원리에 부합함

(2) 대안의 부분적 탐색에 그치기 때문에 지출대안의 탐색과 분석에 소요되는 결정비용을 절감할 수 있으며, 전년도 예산을 의미하는 base는 검토대상에서 제외되고 추가된 부분만 검토대상에 해당함

(3) 협상과 타협을 통한 이해관계의 대립과 갈등을 조정하여 합의를 형성함

(4) 예산과정 참여자들의 역할과 기대를 한정시켜 갈등의 소지를 축소하고, 예산과정의 예측가능성을 높임

(5) 품목별예산제도와 주로 함께 사용되는 점증주의는 예산결정을 간결하게 하고, 그에 대한 책임성을 확보하는 데 유리함

(6) 예산결정에서 중요한 정치적 가치를 고려함

4. 한계

(1) 어느 정도의 변화를 점증이라고 볼 것인가, 무엇을 대상으로 점증성을 판단할 것인가에 대한 구체적인 합의가 없음

(2) 점증적인 변화가 왜 보편적인 현상인가에 대한 명확한 이론적 설명이 없고, 최근 예산감축을 강조하는 거시적이고 하향적인 예산결정에 대하여 설명하지 못함

(3) 예산개혁 차원에서 점증주의는 근본적인 방향을 제시하지 못하고 규범적 차원에서의 접근에 한계가 있음

(4) 정치적 실현 가능성과 정책결정체제의 안정성을 중시함으로써 현존 상태를 옹호하는 보수주의적 성격을 가짐

(5) 증액에 필요한 자원이 풍부하거나 가용재원의 여유가 크지 않을 때에는 집행이 곤란해짐

Focus on 합리주의와 점증주의의 비교

구분	합리주의	점증주의
합리성	경제적 합리성	정치적 합리성
미시적 과정	총체적이고 체계적인 분석	연속적이고 제한된 비교
거시적 과정	집권적이고 제도화된 프로그램 예산편성	당파적 상호조정
분석 결과	신규사업과 대폭적·체계적 변화	전년도 예산의 소폭적인 변화
특징	• 이상적, 규범적, 개혁적, 경제적 • 목표 – 수단분석: 주어진 목표 • 모든 대안과 요소를 총체적으로 고려	• 현실적, 기술적, 부분적, 정치적 • 목표 – 수단분석의 미실시: 목표 변경 가능 • 한정된 수의 대안만을 고려
예산제도	PPBS, ZBB	LIBS, PBS

3 예산결정과 공공선택론

1. 관료와 예산

공공선택론은 예산결정과정을 신고전경제학파의 논리에 기반한 정치경제학적 시각에서 선거, 정당의 정치이념, 행정부의 특성, 계급적 요인 등을 설명하며, 대표적인 이론으로 니스카넨(Niskanen)의 예산극대화모형이 있음

2. 선거와 예산(정치적 경기순환론)

정치인들은 선거에서 승리하기 위하여 선거 전에는 경기가 호황상태가 되도록 경기부양책을 사용하다가, 선거 후에는 반대로 긴축정책을 펴기 때문에 정치적으로 경기순환이 이루어진다는 선거가 예산에 미치는 영향을 연구한 이론

4 다양한 예산결정모형

1. 다중합리성모형

(1) 의의
① 결과론적 접근보다 예산결정의 과정에 대한 분석적 접근을 시도하는 미시적인 수준의 이론
② 예산은 경제적 기준뿐만 아니라 각 단계별로 작용하는 합리적 기준에 따라 다중적(정치적, 사회적, 법적 등)으로 결정된다고 봄
③ 예산과정의 각 단계에서 예산활동과 그에 따라 나타나는 행태를 구분해야 한다고 주장함

(2) 킹던(Kingdon)
다중흐름모형에 입각해 예산과정도 다양한 예산결정의 흐름, 수많은 결정자들, 결정의제들, 예측 가능 또는 불가능한 결정기회들이 존재한다고 주장함

(3) 루빈(Rubin)
성질은 다르지만 서로 연결된 세입, 세출, 균형, 집행, 과정의 5가지 의사결정흐름이 통합되어 의사결정이 이루어진다는 실시간 예산운영모형을 주장함

(4) 윌로비(Wiloughby)와 서메이어(Thurmaier)
킹던(Kingdon)과 루빈(Rubin)의 모형을 통합하고자 하는 모형으로, 예산결정과정의 참여자 중 중앙예산기관의 예산분석가들에 초점을 맞추고 복수의 합리성 기준이 이들에게 미치는 영향을 미시적으로 분석함

2. 단절균형모형

(1) 의의
점증주의에 대한 비판으로 제시된 이론으로, 예산배분의 형태가 특정 사건이나 상황에 따라 균형한 상태에서 급격한 변화가 발생하는 단절현상이 발생하고 이후 다시 균형을 지속한다는 예산이론

(2) 특징
① 계획예산제도(PPBS)와 영기준예산제도(ZBB)에 영향을 미침
② 사후 분석적 이론으로 단절에 의한 급격한 변화를 미리 예측할 수 없음

루빈(Rubin)의 실시간 예산운영(real time budgeting)모형

1. 세입 흐름에서 의사결정: 누가, 얼마만큼 부담하는가
2. 세출 흐름에서의 의사결정: 누구에게 배분할 것인가
3. 예산 균형 흐름에서의 의사결정: 예산 균형을 어떻게 정의할 것인가
4. 예산 집행 흐름에서의 의사결정: 계획대로 수행할 수 있는가
5. 예산 과정 흐름에서의 의사결정: 누가 예산을 결정하는가

🏛 **기출 체크**

서메이어(K. Thumaier)와 윌로비(K. Willoughby)의 예산 운영의 다중합리성모형에 대한 설명으로 가장 옳은 것은? 2019년 서울시 7급(2월 추가)

① 정부예산의 결과론적 접근방법에 근거한다.
② 미시적 수준의 예산상의 의사결정을 설명하고 탐구한다.
③ 정부 예산의 성공을 위해서는 예산과정 각 단계에서 예산활동과 행태를 구분해서는 안된다고 주장하였다.
④ 예산과정과 정책과정 간의 연계점의 인식틀을 제시하기 위해 킹던(J.W.Kingdon)의 정책결정모형과 그린과 톰슨(Green & Thompson)의 조직과정 모형을 통합하고자 하였다.

📖 ② 예산상의 의사결정을 미시적인 수준에서 설명하는 모형
① 결과론적 접근보다 과정에 대한 분석적 접근에 근거함
③ 예산 과정의 각 단계에서 예산활동과 그에 따라 나타나는 행태를 구분하여야 한다고 주장
④ 킹던(J.W.Kingdon)의 정책결정모형과 루빈(I.S.Rubin)의 실시간 예산운영모형을 통합

1. 공공부문에서의 자원의 희소성

(1) 개념
사회 구성원의 욕구에 비해 욕구를 충족시켜줄 재화를 생산할 충분한 자원이 상대적으로 부족한 상태

(2) 희소성의 유형
시크(Schick)는 예산 자원의 이용 가능성에 초점을 맞추어 희소성의 유형을 네 가지로 구분함

① **완화된 희소성**
  ㉠ 정부가 현존 사업을 계속하고 새로운 예산 공약까지 떠맡을 수 있는 충분한 자원을 가지고 있는 상황
  ㉡ 예산결정의 성향은 계획기능이 중시되고, 계획예산제도(PPBS)를 고려할 수 있음

② **만성적 희소성**
  ㉠ 정부의 계속사업 자금은 충분하나 신규사업 추진은 곤란한 상황
  ㉡ 예산은 지출 통제보다 관리의 개선에 역점을 두고, 영기준예산제도(ZBB)과 같은 보충예산을 선호함

③ **급성 희소성**
  ㉠ 이용 가능한 자원이 계속사업의 점증적 증가분을 충당 못하는 상황
  ㉡ 이러한 상태에서는 예산관련 기획을 중단하고 관리상의 효율성을 새롭게 강조하며, 단기적 예산편성의 즉흥성을 유도함

④ **총체적 희소성**
  ㉠ 정부의 계속사업을 지속하지 못할 정도로 가용자원이 불충분한 상황
  ㉡ 회피형 예산(비현실적인 계획, 부정확한 예산 등)이나 돈의 흐름에 따른 반복적으로 예산을 편성함

Focus on 희소성의 유형				
구분	희소성의 상태			예산의 특징
	계속사업	증가분	신규사업	
완화된 희소성	○	○	○	• 사업개발에 역점 • 예산제도로 PPBS를 고려
만성적 희소성	○	○	×	• 신규사업의 분석과 평가 소홀 • 만성적 희소성의 인식이 확산되면 ZBB 고려
급성 희소성	○	×	×	• 비용절감을 위한 관리상의 효율성 강조 • 예산 기획 활동 중단 • 단기적이고 임기응변적 예산편성
총체적 희소성	×	×	×	• 비현실적인 계획, 부정확한 상태로 인한 회피형 예산편성 • 예산통제 및 관리 무의미, 허위적 회계처리 • 돈의 흐름에 따른 반복적 예산편성

2. 공공지출관리의 새로운 규율

(1) 의의
시크(Schick)의 신예산기능은 감축관리에 대응하는 신행정 국가시대의 예산기능

(2) 재정운용의 목적(신예산기능의 원칙) - 시크(Schick)의 좋은 예산론
① 총량적 재정규율
  ㉠ 개별부서의 미시적 관점보다는 거시적·하향적 관점에서 예산총액의 효과적인 통제를 중시하는 규율
  ㉡ 만성적인 재정위기하에서 재정의 건전성을 확보하기 위한 규범으로서 중앙예산기관에 큰 권한을 부여하여 거시적으로 지출한도를 사전에 설정해 주는 방법
② 배분적 효율성
  ㉠ 거시적 관점보다는 미시적 관점에서 각 개별 재정부문 간 재원배분을 통한 재정지출의 총체적 효율성을 도모하는 입장
  ㉡ 예산배분측면에서 파레토 최적을 달성하려는 부문 간 효율성, 패키지 효율성
③ 운영상 효율성
  ㉠ 투입에 대한 산출의 비율을 높이는 데 중점을 두는 기술적 효율성(X - 효율성)이나 생산적 효율성의 관점
  ㉡ 배분적 효율성이 부문 간 효율이라면 운영상 효율성은 부문 내 효율

(3) 시크(Schick)의 나쁜 예산론
① **비현실적 예산**: 정부의 세입능력을 초과하여 세출규모를 설정함
② **숨겨진 예산**: 진짜 수입·지출에 관하여 오직 소수의 관계자만 알고 있음
③ **선심성 현실 회피적 예산**: 사회적 요구에 부응하는 것처럼 보이기 위하여 재원조달방안이 불명확함에도 대규모 공공지출사업을 위하여 편성함
④ **반복적 예산**: 정치·경제적 상황 변화에 따라 추경예산을 수시로 편성함
⑤ **저금통예산**: 예산서에 계획된 대로 정부지출이 이루어지는 것이 아니라 정부수입이 많아지면 많이 지출하고, 모자라면 지출하지 않음
⑥ **책임을 나중으로 떠넘기는 예산**: 정부가 지출하여야 할 것을 하지 않음

Level up 예산의 경제원리와 정치원리의 비교

구분	경제원리(합리주의)	정치원리(점증주의)
초점	예산상 총이익의 극대화	예산상 이익의 향유
목적	효율적인 자원배분(파레토 최적)	공정한 몫의 배분(형평화)
방법	분석적 기법	정치적 타협이나 협상
행동원리	시장(최적화)원리	게임(균형화)원리
이론	총체주의(이상주의)	점증주의(현실주의)
적용분야	순수공공재, 분배정책, 신규사업 등	준공공재, 재분배정책, 계속사업 등
문제	미시적·기술적 문제 발생	거시적 문제 발생

시크(Schick)의 재정운용 규범

시크(Schick)는 재정운용의 목적을 총량적 재정규율, 배분적 효율성, 운영상 효율성의 세 가지로 나누고 있는데, 그는 재정의 건전성 확보를 위해서는 '총량적 재정규율체제 확립'이 필요하다고 주장함. 최근에는 세 가지 규범에 새로운 재정규범으로 투명성과 참여까지를 제시하는 학자도 있음

윌다브스키(Wildavsky)의 예산결정이론(예산문화론)

구분	경제력	
	높음	낮음
재정 예측력 — 높음	점증적 (incremental) 예 선진국	양입제출적 (revenue), 세입적 예 미국 도시정부
재정 예측력 — 낮음	보충적 (supplement) 예 행정능력이 낮은 경우	반복적 (repetitie) 예 후진국

핵심 OX

01 윌다브스키(Wildavsky)가 부와 재정의 예측성을 기준으로 분류한 예산과정형태 중에서 경제력은 낮으나 재원의 예측 가능성이 높은 경우로서 미국의 도시정부에서 많이 발견되는 형태는 양입제출적 세입예산이다. (○, ×)

답 ○

02 총체적 희소성 상황에 처한 저개발국가에서 나타나는 예산은 보충적 예산이다. (○, ×)

답 × 윌다브스키(Wildavsky)는 저개발국의 경우 반복적(답습적) 예산운영이 나타난다고 주장함

PART 5

재무행정론 2021 해커스공무원 쉬운 행정학

CHAPTER 3 예산제도의 발달과 개혁

THEME 084 예산제도의 발달 ★★★

1 예산기능의 변화

1. 정부예산의 의의

(1) 일정 기간 국가의 수입과 지출에 관한 예정서

(2) 민주주의 국가에서 의회가 행정부에 대하여 재정적인 활동을 부여하는 형식

2. 예산기능과 예산제도의 변화

구분	품목별 예산제도 (LIBS)	성과주의 예산제도 (PBS)	계획 예산제도 (PPBS)	영기준 예산제도 (ZBB)	주민참여 예산제도
예산기능	통제	관리	계획	평가와 감축	참여
핵심요소	투입	투입, 산출	투입, 산출, 목표	우선순위	참여, 분권
행정이념	민주성	능률성	효과성	생산성	민주성

2 품목별예산제도(LIBS)

1. 개념

(1) 품목별예산제도(Line Item Budgeting System)는 지출의 대상과 성질에 따라 품목별(세부항목별)로 분류하여 그 지출대상과 한계를 규정하고 예산을 편성하는 방법

(2) 예산편성의 기본 단위는 품목으로, '목'은 예산과목의 최종단위로서 투입요소에 해당함

(3) 어떤 투입요소가 어느 정도 투입되는지를 보여줌

(4) 구체적인 항목별로 예산을 정해줌으로써 관료의 권한과 재량을 제한하는 통제지향적인 예산제도의 성격을 가짐

2. 목적

입법부의 재정 통제를 통한 재정민주주의 실현

3. 도입 및 발달

(1) 미국

① 1906년 뉴욕시에서 예산의 낭비를 막고 예산에 대한 정부의 통제력을 확보하려는 방안들을 마련하면서, 1907년 뉴욕시 보건국 예산을 품목별로 편성하기 시작함

② 1912년 '절약과 능률을 위한 대통령 위원회(Taft 위원회)'의 권고에 의해 1920년대에 대부분의 연방부처에서 도입됨

(2) 현재 세계적으로 가장 많이 활용되는 기초적인 예산제도

4. 특징

(1) 점증적 결정

(2) 통제지향적인 입법부 우위의 예산원칙

(3) 대안의 평가에 대한 관심이 낮음

(4) 투입 측면에만 초점을 맞추어 편성되므로, 정부가 투입을 통해 달성하고자 하는 사업의 성과를 파악하기 어려움

(5) 지출에 따른 성과나 효과에 대해 관심을 두지 않음

5. 장단점

(1) 장점

① **회계책임확보와 예산통제 용이**: 예산과목의 최종단위인 목을 중심으로 예산액이 배분되기 때문에 회계책임과 예산통제가 용이함

② **이익집단의 저항 회피**: 예산편성 및 심의과정에서 예산삭감이 이루어질 때 이익집단의 저항을 덜 받는다는 정치적 이점이 존재함

③ **철저한 예산심의 및 예산남용 방지**: 공무원들의 재량을 줄여 예산남용을 방지할 수 있고, 행정부에 대한 의회의 권한을 강화할 수 있음

④ **인건비 등에 대한 정보 제공**: 세부적으로 분류되므로 급여제공과 재화 및 서비스 구매에 효과적이며 다음 연도 예산편성에 유용하고 긴요한 각종 자료를 제공할 수 있음

(2) 단점

① **우선순위 파악 곤란**: 지출항목을 너무 엄격하게 분류하여 전반적인 정부기능 혹은 전체사업에 대한 정보를 확인할 수 없어 정부사업의 우선순위를 파악하는 것이 어려움

② **목표의식 결여**: 투입을 중심으로 예산을 편성하기 때문에 재정지출의 구체적인 목표의식이 결여되어 있고, 장기적인 계획과 연계시키기가 어려움

③ **신축성 결여**: 지출대상 및 지출금액에 대한 한계가 명확하게 설정되어 있으므로 예산 집행과정에서 신축성이 제약됨

④ **수동적 재정대응**: 품목이 상세히 기재될수록 급격한 환경변화에 능동적인 재정대응이 어려움

⑤ **경제적 효과 파악 곤란**: 예산이 국민경제에 미치는 영향을 파악하기 어려움

---

3 성과주의예산제도(PBS)

1. 개념

(1) 성과주의예산제도(Performance Budgeting System)는 정부활동을 기능 · 활동 · 사업계획에 기초를 두고 편성하되, 업무단위의 원가와 양을 계산하여 편성하는 예산제도

(2) 예산액 = 단위원가 × 업무량

(3) 재원과 사업을 직접 연계시킨 기능, 사업, 활동, 관리, 원가, 능률, 산출, 실적 중심의 예산

(4) 기능별 분류 → 사업별 분류 → 세부사업으로 분류하여 예산을 편성

2. 목적

사업을 중심으로 예산을 편성하여 예산액의 절약과 능률보다 사업 또는 정책의 성과에 더 관심을 가지고 업무단위의 비용과 업무량을 측정함으로써 정보의 계량화를 시도하여 관리의 능률성을 향상시키는 것

3. 도입 및 발달

(1) 기원

1913년 뉴욕시 리치먼드 구에서 원가예산제(cota data budget)를 활용함

(2) 발달

① 후버(Hoover) 위원회가 성과주의의 필요성을 역설함

② 1934년 미국 농무성의 사업별 예산과 테네시강유역 개발공사(TVA) 사업에서 적용함

③ 1950년에 트루만(Truman) 대통령이 최초로 성과주의 예산안을 의회에 제출하여 연방정부에 도입됨

(3) 한국

1962년도와 1963년도에 일부 부처의 일부 사업에 성과주의예산을 적용하였으나, 시행상 난점으로 1964년에 폐기함

능률의 의미

성과주의예산제도는 사업을 중심으로 편성함으로써 예산액의 절약과 능률성 부분보다 사업 또는 정책의 성과에 더 관심이 있음. 한편 업무단위의 비용과 업무량을 측정함으로써 행정기관의 관리층에게 효과적인 관리수단을 제공하여 '능률적인 관리'에 중점을 둔다고도 하며 보는 관점에 따라서 능률의 의미에 차이가 있음

4. 구조와 편성

(1) 업무단위

① **개념**: 성과주의예산편성의 기본단위는 업무단위(work unit)로서, 업무단위는 하나의 사업을 수행하는 과정에서의 활동과 최종산물로 구성됨
   예 도로 건설의 경우 5km(최종산물), 방역활동의 경우 3회(활동) 등

② **업무단위의 구체적 요건**
   ㉠ 동질성과 영속성 존재
   ㉡ **업무단위의 계량화 중요**: 측정과 계산이 가능
   ㉢ **업무의 가시성**: 완결된 업무를 표시
   ㉣ 관계자들이 이해하기 쉬운 업무단위
   ㉤ 사용하는 의미에 있어 공통성이 있어야 함

(2) 업무량

업무단위로 측정한 단위수를 말하며, 효과성과 연관됨

(3) 단위원가

업무단위 1단위를 산출 또는 수행하는 데 소요되는 경비를 말하며, 예산편성의 효율성과 연관됨

(4) 예산액의 산정

> 예산액 = 업무량(업무측정단위에 표시된 최종산물의 산출량) × 단위원가

5. 장단점

(1) 장점

① **사업 이해가 용이**: 사업 또는 활동별로 예산이 편성되므로 정부가 무슨 사업을 추진하는지 사업의 목표는 무엇인지 국민과 의회의 이해 증진

② **효율적인 자원배분**: 업무단위의 선정과 단위원가의 과학적 계산에 의해 합리적이고 효율적인 자원배분 달성이 가능함

③ **사업 계획수립 용이**: 정책이나 계획수립을 용이하게 하며, 사업별로 예산산출의 근거가 제시되므로 의회에서 심의하기 용이함

④ **상향적·분권적 의사결정**: 상향적이고 분권적인 결정으로서, 의사결정의 확정력을 제고시킴

⑤ **성과관리 강화**: 계량화된 정보를 통해 합리적 의사결정과 관리개선에 도움을 받을 수 있고, 실적평가에 의해 다음 연도 예산편성에 반영 가능함

(2) 단점

① **업무단위 선정이 어려움**: 행정업무 중에서 계량화할 수 있는 최종산물을 찾기도 어렵고 선정된 단위가 질적으로 다를 가능성도 있음

② **단위원가의 계산이 어려움**: 단위원가를 계산하기 위해서는 회계학적 전문지식이 필요하며, 부서 간 공동경비 배분문제 등을 해결하기 곤란함

③ **행정부 재정통제의 곤란**: 품목이 아닌 정책이나 사업계획에 중점을 두므로 행정부에 대한 입법부의 예산통제가 곤란하고, 회계책임의 한계가 모호하여 공금관리가 어려울 수 있음

④ **성과파악 곤란**: 업무단위가 실질적으로는 중간산출물인 경우가 많아 성과의 질적인 측면을 파악하기 어려움

⑤ **대안의 합리적 검토가 어려움**: 운영(집행)중심의 예산이므로 총체적이고 장기적인 계획하에서 대안의 합리적 선택 등이 제대로 검토되지 못함

⑥ **측정이 곤란한 서비스 분야에 적용이 어려움**: 산출물의 측정이 용이한 곳(예 운전면허시험장)에서는 이용이 가능하나, 측정이 곤란한 서비스 분야에서는 도입이 어려울 수 있음

Level up 성과주의예산편성의 예

구분	사업목적	측정단위	실적	단가	금액	변화율
긴급출동	비상 시 5분 내 현장까지 출동	출동횟수	100건	10만 원	1,000만 원	+10%
일반순찰	24시간 계속 순찰	순찰시간	1,000시간	1만 원	1,000만 원	+3%
범죄예방	강력범죄발생을 10% 낮추기 위한 정보활동	투입시간	1,000시간	2만 원	2,000만 원	+15%
계	-	-	-	-	4,000만 원	-

4 계획예산제도(PPBS)

1. 개념

계획예산제도(Planning Programing Budgeting System)는 장기적인 기획(Planning)과 단기적인 예산편성(Budgeting)을 프로그래밍(Programing)이라는 연결고리를 통하여 유기적으로 연결시키고 합리적인 자원배분을 달성하려는 예산제도

2. 목적

기획과 예산의 연계를 통한 자원의 합리적인 배분

3. 도입 및 발달

(1) 기원

1950년대 미국의 랜드 연구소에서 노빅(Novick), 히치(Hitch), 맥킨(Mckean) 등이 사업예산(program budgeting) 개념을 개발하여 국방성에 건의한 프로그램에서 유래됨

(2) 발달

① 맥나마라(McNamara)에 의해 미국 국방부에 시험적으로 도입됨
② 1965년 존슨(Johnson) 대통령에 의해 연방정부에 전면적으로 도입이 되었으나, 닉슨(Nixon) 행정부의 등장으로 1971년 공식적으로 중단됨

(3) 한국

국방부에서 1979년 '국방기획관리제도'를 제정하여 이 제도를 사용하였으며, 1983년 이후 본격적으로 제도화 됨

계획예산제도(PPBS)의 사업구조

계획예산제도(PPBS)의 핵심단계인 사업계획 작성단계에서는 사업범주(program category)를 세분화하여 다음과 같은 사업구조(program structure)를 작성

사업범주 (program category)	• 대분류로서 사업범주는 조직체의 목표달성을 위한 사업의 집합체를 최상위 수준에서 분류해 놓은 것 • 국가목표를 몇 가지 설정하고 그 목표를 달성하기 위한 사업들을 일단 부처별로 5~10개씩 대분류를 하는 것 • '부문'과 '장'에 사용
하위 사업범주 (program sub-category)	• 중분류로서의 하위사업은 사업범주를 더 세분화한 사업군이며, 유사한 사업요소를 묶어 놓은 것 • 각각의 사업부문들 밑에 그 사업을 추진하기 위한 세분화된 세부문을 몇 개씩 두는 것 • '관', '항', '세항'
사업요소 (program element)	• 사업구조의 기본단위이며, 최종산물을 산출하는 조직체제의 활동 • 세부부문 아래에 더 이상 세분화될 수 없는 사업내역 • '세세항'에 상응

4. 계획예산의 체계 및 과정

(1) 구조적 측면

① **장기계획의 수립(planning)**: 조직체의 장기적인 목적을 명확하게 설정하고 이러한 목적을 달성하기 위한 여러 대안을 평가·선택하는 단계 → '무엇을 할 것인가'와 그 우선순위를 결정

② **사업계획의 작성(programing)**: 계획수립과 예산편성을 연결시키는 기능을 하며, 계획수립에 의하여 선택된 개개의 프로그램을 실행하기 위한 구체적인 활동을 시간적으로 배당하는 과정 → '어떻게 할 것인가'

③ **예산편성(budgeting)**: 채택된 프로그램을 수행하는 데 필요한 자금을 뒷받침하는 과정으로 1회계연도의 실행예산을 편성하는 단계 → '얼마를 투입할 것인가'

(2) 분석적 측면

① 계획예산제도(PPBS)는 목표달성을 위한 사업계획을 마련할 때 여러 대안을 체계적으로 분석하고 검토하는 단계를 거침

② 이러한 특징 때문에 계획예산제도(PPBS)를 자원배분에 관한 합리적인 의사결정제도라고 하며 이를 위해 체제분석, 비용편익분석 등이 사용됨

③ **사업요강(program memoranda)**

ⓐ 예산에 관한 부수적인 정보를 제공하기 위하여 첨부하는 설명서로서, 여러 대안을 체계적으로 분석·작업하는 과정을 거쳐 작성됨

ⓑ 각 기관의 목표와 목표달성을 위한 여러 대안의 비용과 효과의 비교검토 결과 및 대안선정의 이유 등을 명시

5. 특징

(1) 다년간에 걸친 사업재정계획을 수립하는 장기적 시계를 가지고 장기적인 계획수립과 단기적인 예산편성을 유기적으로 연관시킴으로써 자원배분에 관한 의사결정을 합리적이고 일관적으로 행함

(2) 무수한 대안 중에서 목표에 가장 알맞은 대안을 탐색할 때, 비용편익분석 등의 분석기법과 자료에 의존함

(3) 재정계획기능은 집권화 됨

(4) 계획예산제도(PPBS)의 중점은 사업의 목표와 계획이며, 투입과 산출에도 관심을 가짐

6. 장단점

(1) 장점

① **자원배분의 합리화**: 부처 간 경계를 초월하여 목표나 사업의 대안, 비용과 효과 등을 고려할 수 있고, 분석적 기법을 활용하여 자원의 절약 및 예산운영의 합리성 증진에 기여함

② **의사결정의 일원화**: 신속하고 종합적인 의사결정이 가능함

③ **장기사업계획에 대한 신뢰성 제고**: 장기간에 걸친 비용효과분석을 통해서 실현가능성 있는 계획을 작성하여 사업의 신뢰성을 제고함

1. 의의
- 닉슨(Nixon) 행정부가 등장하면서 도입
- 부서별 목표와 예산지출을 연계시키려고 시도
- 기획이 아니라 집행이 예산의 최대 주안점

2. MBO와 PPBS의 비교

MBO	PPBS
• 부분적, 단기적 계획	• 포괄적, 장기적 계획
• 대내적 적용	• 대외적, 종합적 적용
• 신축성, 분권성	• 경직성, 집권성
• 계선 중심	• 참모 중심

④ **계획과 예산의 유기적 연계**: 연동적인 프로그램을 이용하여 장기적인 계획과 연차별 예산과의 유기적 연결을 도모함
⑤ **최고관리층의 관리수단**: 예산의 결정과정에 최고관리층의 의사 반영이 가능함

(2) 단점
① **의사결정의 과도한 집권화**: 최고관리자의 권한집중과 의사결정의 집권화로 인한 조직 갈등 및 경직화 현상이 발생함
② **성과의 계량화 곤란**: 사업요소는 계량화할 수 있는 최종산출물로서 선정되어야 하지만 정부사업은 계량화 작업이 곤란하며, 둘 이상의 사업에 공통적으로 적용되는 간접비나 공통비를 환산하는 작업이 어려움
③ **목표 설정 및 사업구조 작성의 어려움**: 행정목표가 다의적·추상적이며, 현실적인 이해관계 및 의견대립으로 인하여 목표를 정확하게 제시하기 어려움
④ **과도한 문서·정보량과 환산작업의 곤란성**: 분석과정에 많은 시간과 비용을 필요로 하고, 프로그램 중심 예산의 특성상 부서 구분이 되어 있지 않아 예산집행 시 매년 부서별로 환산하는 작업이 필요함
⑤ **공무원의 이해 부족**: 기획예산제도(PPBS)의 복잡한 분석기법과 편성방법을 공무원이나 의회가 제대로 이해하지 못함
⑥ **의회의 예산심의기능 약화**: 예산심의기능 약화를 우려한 의회는 기획예산제도(PPBS)에 대해 처음부터 반대의 입장을 보였으며, 행정부에 대한 재정통제를 목적으로 기존의 예산편성방법을 고수함
⑦ **자원배분결정의 한계와 예산의 정치성 저하**: 예산의 정치적 성격과 비경제적인 요인인 가치가 개입되는 문제는 무시되어 처리하기 어려움

Focus on 예산제도의 비교

구분	품목별예산(LIBS)	성과주의예산(PBS)	계획예산(PPBS)
발달	1920~1930년대	1950년대	1960년대
기본방향	통제	관리	계획
필요지식	회계학	행정학	경제학
정보의 초점	품목(투입)	사업(산출)	목표(효과)
이념	합법성	능률성	효과성
예산의 중심단계	집행	편성	편성 전 계획
결정의 흐름	상향적	상향적	하향적
예산기관의 역할	통제·지출의 적격성	능률성	정책과 사업
결정의 유형	점증모형	점증모형	합리모형
기획의 책임	분산	분산	중앙(집권)
결정권의 소재	분권화	분권화	집권화
시계	1년	1년	5년 정도
분류체계	품목별 분류	기능별 분류	불일치
정보범위	지출대상	부처의 활동	부처의 목표

5 영기준예산제도(ZBB)

1. 개념

영기준예산제도(Zero Base Budgeting)*는 과거의 관행을 전혀 참고하지 않고 점증주의를 완전히 탈피하여 모든 사업이나 활동(계속사업과 신규사업)을 근본적이고 총체적으로 검토하여 우선순위를 결정한 뒤, 이에 따라 예산을 합리적이고 근원적으로 편성하는 제도

2. 목적

(1) 점증주의를 극복하기 위하여 경제적 합리성을 제도화한 것

(2) 계획예산제도가(PPBS) 사업에 대한 결정에 초점을 맞춘 제도라면, 영기준예산제도(ZBB)는 사업뿐만 아니라 금액에 대한 결정에도 초점을 맞추고 있음

3. 도입 및 발달

(1) 도입

1969년 피르(Pyhrr)에 의해 미국의 민간 기업에서 처음 도입됨

(2) 발달

1973년 조지아 주에 도입되었고 1977년 카터(Cater) 대통령이 연방정부에 도입하였으나, 1981년 레이건 정부에서 공식적으로 폐기함

(3) 한국

우리나라는 1983년 예산편성부터 경직성 경비, 행정경비, 보조금, 출연금, 기금, 사업비 등에 부분적으로 도입함

4. 특징

(1) 전년도 예산을 불인정하고, 계속사업과 신규사업 모두를 검토 후 편성함

(2) 자원배분에 관한 합리적이고 체계적인 의사결정을 강조함

(3) 관심 대상은 사업대안 및 활동대안의 우선순위이며, 지출대안의 우선순위에 따른 선택에 초점을 둠

(4) 예산결정의 접근방법은 원칙적으로 합리적이고 포괄적이되, 상향적인 참여를 중시함

(5) 예산기관의 주된 역할은 정책과 사업의 우선순위 결정

(6) 분권적인 계획책임

(7) 실제 운영에 있어서 영기준예산제도(ZBB)는 모든 사업계획이 아닌 선정된 사업계획에 대하여 꼭 영기준일 필요 없이 예산기준영역의 한 지점으로부터 검토하는 것

* 영기준예산제도(ZBB)는 총체예산, 무전제예산, 백지상태예산으로도 불리며 시크(Schick)의 예산기능의 연속선상에서 파악한다면 평가 기능을 강조한 제도임

경직성 경비

정부의 예산 중에서 정부 법률이나 정부 정책을 통해 이미 사업의 목적이 정해지거나 자금 규모가 어느 정도 정해져서 행정부와 입법부가 예산과정을 통해서 예산의 규모를 자유롭게 조정하기 어려운 경비

5. 편성절차

(1) 의사결정단위의 선정(WHAT) – 부처 내 독립(단위사업)
① 다른 활동과 중복되지 않고 상호 비교할 수 있는 사업단위(단위사업)로서 조직체가 구체적인 예산단위나 비용중심구조를 가지고 있는 경우 의사결정단위와 예산단위가 일치하게 됨
② 목표 달성을 위한 중복되지 않고 의미 있는 요소, 독립된 기본적 사업단위

(2) 의사결정 패키지의 작성(HOW) – 대안이나 방법
① 의사결정단위에 대한 분석 및 평가결과를 명시해 놓은 표로서, 사업대안에 대한 정보와 증액(금액)대안에 대한 정보를 포함함
② 정책대안과 지출을 묶어 모든 활동을 평가하고 실체를 상세히 규명한 지출제안서를 작성함
　ⓐ 사업대안 패키지(alternative package): 사업의 대안이나 방법을 의미하며 의사결정단위의 목표 달성을 위한 상호 배타적 대안들을 탐색하고 이들을 분석·평가하여 최선의 대안을 선택한 결과를 담은 정보
　ⓑ 증액대안 패키지(incremental package): 사업의 수준을 결정하는 것으로 선정된 사업대안의 예산투입의 수준별 대안을 검토한 정보로, 일단 사업대안이 선정되면 그 사업대안에 대해 예산투입액을 증액시켜 봄으로써 그 한계효과를 검토하는 것
　　ⓐ 최저수준: 현행수준보다 축소된 낮은 수준
　　ⓑ 현행수준: 최저수준에 한두 가지 점증적 수준이 허용
　　ⓒ 점증수준: 현행수준을 초과하는 한 가지 이상의 점증적 수준이 채택

(3) 우선순위의 결정(ranking)
① 의사결정 패키지 작성 후 상급관리자나 상급기관이 이를 통합·검토하여 의사결정 패키지에 대한 이들 간의 우선순위를 결정함
② 유의할 점은 우선순위결정의 대상은 사업대안이 아니라 선정된 사업대안의 '증액대안'이고, 영기준예산제도(ZBB)는 기획예산제도(PPBS)와 달리 의사결정자들의 주관적 판단이 개입됨

Level up 영기준예산제도의 우선순위결정의 예

우선순위	의사결정패키지	예산액	예산 누계액
1	A – 1	7억 원	7억 원
2	B – 1	4억 원	11억 원
3	A – 2	5억 원	16억 원
4	C – 1	3억 원	19억 원
5	B – 2	3억 원	22억 원
6	B – 3	2억 원	24억 원
7	C – 2	2억 원	26억 원
8	A – 3	3억 원	29억 원
9	C – 3	1억 원	30억 원

가용예산의 규모가 24억 원이라면 A사업은 현행수준(A-2)인 12억 원, B사업은 점증수준(B-3)인 9억 원, C사업은 최저수준(C-1)인 3억 원이 배정됨

(4) 실행예산의 편성

채택된 각 사업의 증액대안에 의하여 각 사업의 수준 및 규모가 결정되며, 이를 종합한 것이 영기준예산편성의 결과가 됨

6. 장단점

(1) 장점

① **합리적 의사결정과 자원의 배분**: 사업에 대하여 근본적인 재평가를 통해 합리적 의사결정과 자원배분에 기여함

② **예산낭비 및 팽창 극복**: 사업을 영기준(zero base)에서 재검토하여 점증주의적 예산편성방식을 극복하고 예산낭비와 팽창의 억제가 가능함

③ **조직구성원의 참여**: 계획예산제도(PPBS)보다 운영 면에서의 전문성을 적게 요구하므로 의사결정 패키지의 작성과 우선순위 결정과정에 구성원의 참여가 이루어지고 분권화된 관리 체계가 가능함

④ **감축관리를 통한 자원난 극복**: 우선순위가 낮은 사업의 폐지를 통하여 조세부담의 증가를 막고 이를 통해 예산을 감축하며 자원난을 극복하는 데 기여함

⑤ **재정운영의 경직성 타파**: 모든 사업을 재검토한다는 점에서 재정운영의 경직성을 타파하고 탄력성 확보가 가능함

⑥ **관리자의 조직운영에 효과적으로 작용**: 관리자가 이용할 수 있는 정보의 양과 질을 개선해줌으로써 관리자의 기관운영에 도움이 됨

⑦ **예산운영의 다양성과 신축성**: 의사결정단위가 조직단위가 될 수도, 사업단위가 될 수도 있으므로 운영 면에서의 다양성·신축성이 있음

⑧ **예산의 실질적 합리성 모색**: 대안 사업들을 함께 고려하여 예산의 실질적 합리성 확보가 가능, 조세부담의 증가를 막고 이를 통해 예산의 감축과 자원

(2) 단점

① **과다한 노력과 시간 소요**
  ㉠ 매년 반복적으로 모든 예산을 전면적으로 재검토하는 데 많은 시간과 노력이 필요함
  ㉡ 실제로 미국의 경우 도입 초기부터 부서들은 200개의 내부의사결정 패키지를 준비하여 1만 개를 관리예산처에 제출하였고, 업무 과중으로 내부공무원으로부터 환영받지 못했음

② **시간적 제약으로 우선순위 결정의 어려움**: 시간적 제약으로 인해 방대한 의사결정 패키지를 분석하고 우선순위를 검토하는 충분한 시간이 부족함

③ **경직성 경비의 간과**
  ㉠ 공공부문에서의 경직성 경비나 업무가 많아 적용상의 어려움이 있음
  ㉡ 윌다브스키(Wildavsky)는 영기준예산제도(ZBB)가 점증적 예산 행태를 극복하지 못하였으며, 실제로는 영기준예산이 아니라 90% 기준예산이라고 혹평함

④ **목표설정의 곤란**: 조직의 활동이 능률성과 효과성에 치중함으로써 차원 높은 목표를 설정하는 데 어려움이 있음

PPBS와 ZBB의 비교

구분	PPBS	ZBB
초점	목표계획	우선순위
결정권한	집권적	분권적
결정흐름	하향적, 거시적	상향적, 미시적

경직성 경비의 통제 시 고려사항

1. 국민총생산량, 세입, 세출, 적자규모 등을 고려하여 정부예산을 운영하기 위한 거시예산운영에 대해서 더욱 관심

2. 기존 사업을 다시 평가하여 그 중요성과 효과성을 확인하고 이에 따라서 예산지원 필요

3. 예산 형식을 이해하기 쉽게 하기 위하여 미국처럼 재량적 세출과 비재량적 세출을 명확히 하여 각각이 차지하는 비율을 쉽게 알 수 있도록 하는 것도 하나의 방법

4. 예산을 공개해서 누구든지 원하면 예산운영의 상태를 파악할 수 있도록 하여야 함

5. 법률의 폐지, 정책의 종결, 정원의 조정, 사업의 타당성 검토, 계속적인 행정개혁 등을 통하여 미시적 예산운영을 혁신할 필요성

기출 체크

일몰법과 영기준예산에 대한 설명으로 옳지 않은 것은? 2010년 서울시 7급

① 둘 다 감축관리의 실행에 활용된다.
② 일몰법은 대개 3~7년의 기간 후에 사업을 종료한다.
③ 영기준예산은 매년 심사하여 결정한다.
④ 둘 다 자원의 합리적 배분을 의도한다.
⑤ 영기준예산은 입법적 과정이다.

✎ ⑤ 영기준예산은 행정적 과정

Focus on 주요 예산제도의 특징

구분	품목별예산 (LIBS)	성과주의예산 (PBS)	계획예산 (PPBS)	영기준예산 (ZBB)
기본방향	통제	관리	계획	감축
정보범위	지출대상	부처의 활동	부처의 목표	의사결정 단위목표
정책결정유형	점증적·분산	점증적·분산	총체적·집중	부분적·분산
중앙예산기관 관심	지출의 적격성	능률성	정책과 사업	사업의 우선순위
기획책임	분산	분산	중앙	분산
흐름	상향적	상향적	하향적	상향적

Level up 일몰법(sunset law)

1. 의의

수행되고 있는 모든 사업을 일정기간(3~7년)이 경과되면 자동적으로 종결시키고 결정 전에 대상기관과 사업에 대한 주기적 평가를 실시하는 것으로, 정책의 자동적 종결과 주기적 재심

2. 일몰법(sunset law)과 영기준예산제도(ZBB)의 비교

유사점	차이점	
	일몰법(sunset law)	영기준예산제도(ZBB)
• 사업의 계속 여부를 검토하기 위한 재심사 • 자원의 합리적 배분을 기할 수 있음 • 감축관리의 일환	• 예산의 심의와 통제를 위한 입법적 과정 • 행정의 최상위계층의 주요 정책심사 • 예산심의과정과 관련 • 검토의 주기: 3~7년	• 예산편성에 관련된 행정적 과정 • 중하위 계층까지도 심사 • 매년 검토

6 정치관리형예산제도(BPM)

1. 개념

상위관리자가 주어진 제약하의 목표를 통해서 예산을 운영하는 하향식 예산제도

2. 목적

1980년대 중반 미국 레이건(Regan) 행정부 시절에 제시된 것으로, 연방정부의 관료기구와 지출정책에 대해 중앙예산기관인 관리예산처(OMB)가 강력한 통제력에 의하여 정부지출을 줄이고 의회와의 정치적 교섭을 강화하려는 예산제도

3. 특징

(1) 거시적·하향적 예산제도로, 상의하달식으로 예산편성을 함

(2) 의회가 정책변화를 이해하기 용이하도록 하는 의회 설득적 예산제도로, 의회와 정부 간의 정치적 공조를 강화하여 '입법부 우위의 예산'이라고 보기도 함

(3) 대통령과 관리예산처장관 등 중앙에서 일방적으로 부처별 목표를 제시하고 그 범위 내에서 각 부처가 예산을 자율적으로 운용하도록 하여 예산과정에서 대통령의 권한과 중앙예산기관의 기능을 강화함

(4) 경우에 따라서는 회계연도를 넘어 예산을 편성하는 등 예산주기에 있어서 연속성과 신축성을 강화함

(5) 예산의 보수성 및 점증주의를 탈피하고 예산삭감을 강조하며, 성과주의예산과 목표기준예산을 활용함

4. 장단점

(1) 장점
① 행정부와 의회 간의 이해
② 행정부와 의회 간의 정치적 공조 가능

(2) 단점
① 정치 관리로서 예산기능을 강조하여, 경제적 기능에 소홀함
② 예산결정을 지나치게 정치적으로 해석하여 예산기능의 정치성이 강화되고 관리예산처의 제도적 능력이 약화됨

7 신성과주의예산제도(NPB)

1. 개념

신성과주의예산제도(New Performance Budgeting)는 정부의 산출물 또는 성과를 중심으로 예산을 운용하는 제도

2. 목적

투입 중심의 예산에서 탈피하여, 사업목표와 그 성과달성에 관한 정보를 예산편성에 반영하여 예산집행의 효율성을 달성하는 것

3. 지향

(1) 1990년대 선진국 예산개혁의 흐름은 자율성과 융통성을 부여하되 '책임성을 확보'하려는 방향이며, 이때의 책임성 확보는 성과평가를 통해서 실현되는데 이러한 성과평가를 예산과 연계시킴

(2) 1950년대 성과주의예산제도와 구분하기 위해 '신성과주의예산제도(New Performance Budgeting)'이라고 함

4. 도입 및 발달

(1) 1980년대 중반 이후 지속적인 경기침체와 재정적자, 그리고 공공서비스의 품질에 대한 불만으로 OECD 국가들은 시장 메커니즘을 지향하는 신공공관리에 입각한 신성과주의예산제도(NPB)를 도입하였고, 미국은 1990년대에 신성과주의예산제도(NPB)를 채택함

📖 **기출 체크**

각 예산제도의 내용에 대한 설명으로 옳은 것은? 2010년 서울시 7급

① 성과예산은 기획책임이 분산적이다.
② 기획예산은 기획책임이 분산적이다.
③ 목표관리예산은 기획책임이 집권적이다.
④ 품목별예산은 기획책임이 집권적이다.
⑤ 영기준예산은 기획책임이 집권적이다.

답 ①
• 분산적 기획책임: 성과예산, 목표관리예산, 품목별예산, 영기준예산
• 집권적 기획책임: 계획예산

(2) 한국

　① 1999년 준비기간을 거쳐 2000년도부터 16개 기관이 시범사업을 추진함

　② 현재는 본격적으로 도입하여, 「국가재정법」에서 성과계획서와 성과보고서 작성을 의무화하는 등 성과중심의 재정운용을 규정하고 있음

(3) 우리나라의 지방정부

서울특별시가 2001년 예산편성부터, 부산광역시는 2005년부터 신성과주의예산제도(NPB)를 시범 적용함

5. 특징

(1) 투입(input)보다 산출(output), 산출(output)보다 결과(outcome)에 초점을 맞추고, 고객만족 등의 최종 결과를 중시함

(2) 예산요구 시 구체적인 산출물을 강조하고, 구체적 성과평과 결과에 대한 책임을 강조함

(3) 예산서의 형식보다 담겨질 성과정보에 초점을 맞춤

(4) 단순한 예산개혁 목표

(5) 성과목표는 통제하지만 집행에 대한 재량권과 관리자에 대한 권한을 대폭적으로 확대함

(6) 정보생산을 위한 예산회계체제를 구축하여 예산의 재무관리정보와 정책의 성과관리정보를 일치시켜 통합재정시스템을 구축함

6. 기본 구조

목표설정단계, 성과계획서 작성단계, 예산편성단계, 성과의 측정 및 평가단계, 환류단계

7. 장단점

(1) 장점

　① 성과중심의 재정운용으로 성과에 대한 책임성을 제고함

　② 배분적 효율이나 운영상 효율, 공공서비스전달의 능률성 등 충족이 가능함

　③ 하향적 예산운영방식, 다년도 예산제도를 사용하여 예산의 경기조절 능력을 강화시킴

　④ 성과정보와 성과의 달성에 대한 시민요구에 대응성을 향상시킴

(2) 단점

　① 공공서비스는 명확한 목표에 대한 합의, 성과에 대한 기준, 성과측정이 곤란함

　② 모든 기관에 공통으로 적용할 표준 측정치가 없어 기관 간 비교가 어렵고, 업무 차이 등으로 기관의 노력과 성과 결과 간의 비교 역시 곤란함

　③ PPBS와 ZBB도 결과 중심의 시스템이지만, 범정부적(의회·대통령·행정기관) 관계를 맺는 것이 어려움

8. 성과주의와 신성과주의예산의 차이

(1) 성과정보
① **성과주의**: 투입(input)·업무량(workload)에 대한 성과정보들을 활용함
② **신성과주의**: 계량화된 산출(output)과 성과(outcome)에 대한 정보를 강조함

(2) 성과평가에 따른 책임
① **성과주의**: 정치적이고 도덕적인 책임이 상대적으로 중요시됨
② **신성과주의**: 성과계약 장치를 활용한 구체적인 책임을 부여하고 성과에 대한 유인과 처벌이라는 구체적인 보상시스템이 함께 작동함

(3) 투입·성과에 대한 경로가정
① **성과주의**: 투입·업무수행·산출·성과 간의 인과관계가 순조롭게 진행될 것이라는 '단선적 가정'에 근거함
② **신성과주의**: 투입이 자동적으로 의도한 성과나 영향을 보장하지 않는다는 '복선적 가정'을 전제함

(4) 연계범위
① **성과주의**: 예산제도에 국한됨
② **신성과주의**: 국정전반(인사·조직·감사·정책 등)에 걸쳐 넓어짐

Focus on 성과주의(1950년대)와 신성과주의(1990년대)의 비교

구분	성과주의	신성과주의
배경	1950년대 행정국가	1990년대 신행정국가
성과정보	투입과 산출(능률성)	산출과 결과(효과성)
성과책임	정치적·도덕적 책임	구체적·보상적 책임(유인과 처벌)
중심점	단위사업	프로그램
주요 내용	업무, 활동과 비용정보를 연계	사업과 성과를 연계
경로가정	단선적 가정	복선적 가정
성과관점	정부(공무원) 관점	고객(만족감) 관점
회계방식	불완전한 발생주의 (사실상 현금주의)	발생주의
연계범위	예산제도(예산편성과정)	국정전반(조직·인사·재무 등)
결정흐름	상향식(분권)	상향식 + 하향식(집권과 분권)

---

8 성과관리체제

1. 의의

(1) 구성원의 능력개발과 동기유발을 통해 조직의 성과를 높일 수 있는 제도적 장치가 마련되어 있는 조직체제*

(2) 조직의 성과제고를 위한 성과중심 사고, 성과를 높이기 위한 조직의 구조·기술 개선, 성과에 기초한 급여와 승진 및 배치전환, 성과에 기초한 예산 등을 모두 포함함

* 투입(input) → 업무수행(work) → 산출(output) → (산출)결과(outcome) → 성과(performance)

2. 도입 및 발달

(1) 1980년대 이후 신자유주의에 기초한 신공공관리론적 개혁의 가장 대표적인 것으로 성과관리체제를 들 수 있음

(2) 영미를 포함한 모든 나라에서 성과관리체제의 확립을 강조하고 있음

(3) 우리나라도 기획재정부를 중심으로 투입 중심에서 성과 중심으로 재정운영을 전환하기 위한 성과관리체제를 도입하고자 하는 노력이 계속되고 있음

(4) 성과관리체제의 도입. 1999년 성과주의예산제도의 시범사업을 추진해오다가 2003년부터 기존 시범사업을 성과관리제도로 전환하여 시행함

3. 기본구조

(1) 성과계획의 수립

성과목표 및 지표측정방법을 설정하고 성과계획서를 작성함

(2) 재정의 집행과 운영

예산(기금)편성·집행 시 성과계획 및 성과결과를 반영함

(3) 성과측정과 평가

성과보고서를 작성하고 성과결과의 공개 및 환류를 실시함

4. 구축의 원칙

(1) 성과지표의 구성

성과를 측정할 수 있는 지표를 개발함

(2) 성과목표의 설정

성과목표는 실제 달성 여부가 비교될 수 있는 유형의 측정 가능한 구체적인 활동수준을 의미. 즉, 기관의 임무와 전략목표가 우선 수립되어야 하며 성과목표는 기관의 임무와 전략목표를 달성하기 위한 구체적 목표여야 함

(3) 성과의 측정

성과지표를 포함하여 미리 설정된 목표의 달성도를 평가하는 과정

(4) 성과측정결과의 활용

성과측정의 결과를 활용하여 조직의 운영성과, 조직과 인사제도의 개선, 목표의 수정이나 변동 등으로 환류함

5. 성과관리와 균형성과표(BSC)

(1) 의의

① 균형성과표(Balanced Score Card)는 1992년 하버드 대학의 캐플란(Kaplan)과 노튼(Norton)에 의해 개발된 전략적 경영관리시스템
② 조직에 영향을 주는 다양한 동인을 네 가지 관점으로 균형화 시켜, 비전을 달성할 수 있는 바람직한 관리평가지표를 도출하는 방법
③ 재무와 비재무, 결과와 과정, 과거와 현재 및 미래, 내부와 외부 등을 균형 있게 고려한 성과평가시스템

성과지표의 설정과정

1. 조직의 비전(vision)과 전략(strategy)을 명확히 표현하고 목표를 수립
2. 조직의 전략적 목적(strategic objectives)과 성과척도(measures) 연계
3. 조직의 목표(targets)를 전략적 방안(strategic initiatives)과 결합하고, 상호 조직 간에 발생할 수 있는 상충된 목표를 조정하는 역할
4. 조직 및 개인의 성과에 대한 전략적 피드백(feedback)과 학습(learning)을 통해 지속적인 성과달성을 촉진

(2) 필요성

① 기존의 재무적 성과위주의 지표관리는 기업의 역량이나 무형자산의 개선으로부터 오는 성과향상을 제대로 반영하지 못하기 때문에 미래를 고려하여 조직전체의 역량을 나타내 주는 성과지표가 요구됨

② 이러한 필요에 의해 균형성과표(BSC)가 등장하였고 기존에 보편적으로 사용되고 있는 목표관리(MBO)가 가지고 있는 평가시스템으로서의 여러 가지 한계점을 해결해 줄 수 있는 대안으로 부각됨

③ 조직의 목적 달성에 필요한 성과가 무엇인지 잘 알려주어 조직전략의 해석 지침이 됨

(3) 특징

① 재무적 관점과 비재무적 관점의 균형 강조

② 단기적 목표와 장기적 목표 간의 균형 강조

③ 과정과 결과의 균형 강조

④ 과거와 현재, 미래가 조화되는 과정 강조

⑤ 고객만족 등을 중시하는 고객 중심적인 성과관리체제

(4) 균형성과표(BSC)의 네 가지 관점

① **재무적 관점**

  ㉠ 이해관계자의 관점으로서 위험·성장·수익에 대한 전략

  ㉡ 궁극적으로 기업이 추구하는 최종 목표로서, 사업단위에 투자된 자본에 대해 한층 더 높은 이익률을 얻으려는 조직의 장기적 목표를 나타냄

  ㉢ **기업 균형성과표(BSC)의 최종 목표**: 균형성과표(BSC)의 모든 측정지표들이 궁극적으로 재무적 성과의 향상으로 연계되어야 함(단, 공행정에서는 사업달성이 궁극적 목표이기 때문에 재무적 관점이 제약 조건이 되기도 함)

  ㉣ **성과지표**: 매출, 자본 수익률, 예산 대비 차이 등 전통적인 후행지표

② **고객 관점**

  ㉠ 차별화와 가치를 창출하는 전략

  ㉡ 관리자들은 고객의 관점에서 기업이 경쟁할 목표시장과 고객을 확인하고 목표시장에서의 성과척도를 인식하여야 함

  ㉢ 경영자는 목표로 삼은 시장과 고객의 가치를 파악하고 이들의 요구를 반영하는 것이 가장 중요함

  ㉣ 공행정에 균형성과표(BSC)를 도입하는 경우 가장 강조되어야 하는 관점이나, 공행정의 이해관계자는 광범위하고 명확하지 않아 적용이 어려움

  ㉤ **성과지표**: 고객만족도, 정책순응도, 민원인의 불만율, 신규 고객의 증감 등 공공부문이 중시하는 대외적 지표

③ **내부프로세스 관점**

  ㉠ 목표달성을 위한 내부 과정으로, 개별 부서가 아닌 조직 전체 차원의 통합적 일처리 방식에 초점을 맞춤

  ㉡ 고객관계를 제고하고, 조직의 재무성과를 성취하는 데 가장 큰 영향을 미칠 내부프로세스에 대한 성과척도를 강조함

🏛 기출 체크

균형성과표(BSC, Balanced Score Card)에 대한 설명으로 가장 옳지 않은 것은? 2019년 서울시 7급(2월 추가)

① BSC는 관리자의 성과정보가 재무적 정보에 국한된 약점을 극복하고자 다양한 측면의 정보를 제공하며, 재무적 정보 외에 고객, 내부 절차, 학습과 성장 등 조직운영에 필요한 관점을 추가한 것이다.

② BSC의 장점은 거시적이고 추상적인 조직목표와 실천적 행동지표 간 인과관계를 확보함으로써 조직의 전략과 기획을 실행에 옮길 수 있게 한다는 것이다.

③ BSC는 조직 구성원 학습, 내부절차 및 성장과 함께, 정책 관련 고객의 중요성을 강조하지만, 고객이 아닌 이해당사자들에 대한 의사소통 채널에 대해서는 관심의 정도가 낮아 한계로 지적되고 있다.

④ BSC의 기본틀은 성과관리 체계로 이전의 관리 방식인 TQM이나 MBO와 크게 다르지 않고, 다만 거기에서 진화된 종합모형이라 평가 받고 있다.

🔑 ③ 고객의 중요성을 강조하며 이해당사자들에 대한 의사소통 채널에 대해서도 관심의 정도가 높다고 평가됨

④ BSC는 기존의 관리 방식인 TQM, MBO와 본질적으로는 차이가 없고, 관리 방식에서 진화된 종합적인 모형이라고 평가됨

후행지표

경기 동향을 나타내는 각종 경제지표 중에서 전체로서의 경기변동보다는 뒤늦게 변화하는 경제지표를 의미 – 매출, 자본 수익률 등이 이에 해당

ⓒ 기업의 내부프로세스의 구성은 혁신·운영·판매 후 서비스, 3단계로 구성되어 있고, 공행정의 내부프로세스는 정책결정과정, 정책집행과정, 재화와 서비스의 전달과정 등을 포괄하며 각 단계는 연쇄적 관계로 이루어져 있음

ⓔ 조직은 내부프로세스에서 현재의 목표가 된 고객에게 뛰어난 제품과 서비스를 전달할 수 있는 원가·품질·시간·기타 성과 특성들을 파악함

ⓜ **성과지표**: 의사결정과정의 시민참여, 정보공개, 적법절차, 커뮤니케이션 구조 등 업무처리 관점의 과정중심지표

④ **학습과 성장 관점**
ⓖ 조직의 변화·혁신·성장을 지원하는 분위기 창출
ⓛ 재무·고객·내부프로세스의 세 가지 관점을 토대로 조직의 장기적인 성장과 발전을 지향하는 관점
ⓒ 궁극적으로 재무·고객·내부프로세스의 목표를 충족시키는 힘은 조직의 학습과 성장 역량에 달려있음
ⓔ 학습과 성장을 가능하게 하는 세 가지 원천은 종업원, 시스템, 조직
ⓜ **성과지표**: 학습동아리 수, 정보시스템의 구축도, 제안건수, 직무만족도 등 미래적 관점의 선행지표

Focus on 균형성과표(BSC)의 네 가지 관점	
재무적 관점	• 이해관계자의 위험·성장·수익에 대한 전략 • 기업에서 강조 • 후행지표
고객 관점	• 차별화와 가치를 창출하는 전략 • 공행정에서 중시되는 관점
내부프로세스 관점	• 목표달성을 위한 내부 과정 • 다양한 프로세스에 대한 전략적 우선순위 결정
학습과 성장 관점	• 조직의 변화·혁신·성장을 지원하는 분위기 창출에 대한 우선순위 • 나머지 세 가지 관점의 토대로서 장기적인 성장과 발전 강조

9 자본예산제도(CBS)

1. 개념

자본예산제도(Capital Budgeting System)는 반복적이고 단기적인 경상예산과 비반복적이고 장기적인 자본예산으로 구분하는 복식예산제도를 의미

2. 목적

국·공채를 발행하여 불경기를 극복하려는 적극적인 재정수단으로서, 시장실패를 극복하기 위해 등장한 행정국가의 재정적 산물

3. 지출의 종류

경상예산	• 인건비, 기관유지비, 물건비 등의 경상적 지출 • 세원: 경상적 세입인 조세수입으로 충당
자본예산	• 새로운 투자를 형성하려는 투자적 지출 • 세원: 국공채로 충당

4. 도입 및 발달

(1) 스웨덴

1930년대 경제대공황을 타개하기 위해 미르달(Myrdal)에 의해서 제안되었고, 스웨덴 정부에서 최초로 도입함

(2) 발달

미국의 도시정부들에서 지방채 발행 재원으로 중장기 투자 사업을 추진하기 위해 1950년대 이러한 자본예산제도를 활용함

(3) 한국

공식 채택하지는 않지만 예산을 경상계정과 자본계정으로 구분하여 운영함

5. 장단점

(1) 장점

① **국가 재정구조에 대한 명확한 이해**: 예산이 사업별로 계정이 구분되어 국가 재정구조를 명확하게 파악하는 데 용이함
② **장기적 재정계획 수립에 도움**: 단기적인 예산과 장기적인 예산을 복수로 운영하여 장기적인 재정계획 수립에 도움이 됨
③ **수익자부담의원칙**: 지출의 효과가 장기간 지속되는 장기적 사업의 수혜자는 미래 세대이므로, 공채를 발행하여 장래의 납세자가 부담하도록 하거나 수익이 발생하는 사업에의 자본투자를 통해 이용자가 비용을 부담하도록 하는 수익자부담의 균등화(세대 간 형평)에 기여함
④ **예산운영의 합리화에 기여**: 자본적 지출이 경상적 지출과 구분되므로 자본지출에 대한 엄격한 통제가 가능해지고, 정부의 순자산상태 변동파악이 용이해지므로 예산운영의 합리화에 기여함
⑤ **경기부양기능**: 경기침체 시 채권발행 등을 통한 공공사업의 활성화 가능

(2) 단점

① **적자재정의 은폐수단**: 재정적자 은폐수단으로 활용될 가능성이 큼
② **인플레이션 조장의 우려**: 국공채 남발로 인플레이션의 가속화 위험 존재
③ **자본재의 축적 또는 공공사업에 치중**: 민간사업보다 공공사업에 지나치게 치중할 우려가 있음
④ **경상계정과 자본계정의 불명확성**: 경상계정과 자본계정의 구분 불명확함
⑤ **수익사업에 치중**: 수익이 나지 않는 사업 등을 경시하게 됨

PART 5

재무행정론 2021 해커스공무원 쉬운 행정학

지출대예산(envelope budget)

1. 1980년대 캐나다에서 시행된 덮개예산제도를 의미하며 하향식 예산방식
2. 개개의 항목에 대한 통제가 아니라, 예산총액만 통제하고 구체적인 항목별 지출에 대해서는 집행부에 대해 재량을 확대하는 성과지향적인 예산제도의 한 유형

Level up 기타 예산제도

1. **신임예산(votes of credit)**
   ① **개념**: 의회는 총액만 결정하고 구체적인 용도는 행정부가 결정하여 지출하는 예산제도
   ② 예산 공개성 원칙, 정상적인 예산절차의 원칙의 예외
   ③ **용도**: 전시 등의 상황에 있어서 지출액과 지출시기를 정확하게 예측하기 어렵거나 국가안보상 그 내용을 밝힐 수가 없는 때에 사용(영국, 캐나다 등이 세계대전 시 활용)

2. **조세지출예산제도**
   ① **조세지출(tax expenditure)**
   • **개념**: 정부가 받아야 할 세금을 받지 않고, 간접적으로 지원하여 주는 조세감면
   • 정부가 조세로 확보한 재원을 바탕으로 직접 지원하는 직접지출과 대비되는 개념
   • 조세지출은 정부가 징수해야 할 조세를 받지 않고 그만큼 보조금으로 지불한 것과 같다는 의미를 가지고 있으며 '숨겨진 보조금'이라고도 함
   • 실정법상 세목이 규정된 조세에 한하여 파악되며, 탈세 등 불법적인 방법에 의한 세수손실은 포함되지 않음
   ② **조세지출예산제도(tax expenditure budget)**
   • **개념**: 조세감면의 구체적 내역을 예산구조를 통해 밝히는 것으로, 조세지출을 예산형식으로 표현하고 이를 주기적으로 공표하여 조세지출의 관리·통제를 용이하게 하는 제도
   • **장단점**

장점	• 재정민주주의 실현: 전체적인 재정규모가 밝혀지고, 조세지출 항목에 대한 평가를 통해 의회의 예산심사권이 강화되어 재정민주주의에 기여 • 정책의 효율적 수립: 정부가 직접지출(예산지출)을 통한 것과 마찬가지로 조세지출(간접지출)을 통해서도 민간활동을 지원할 수 있으므로 정책의 효율적 수립 가능 • 각종 정책수단의 효과성 파악: 법률에 따라 지출되는 재정정책 효과를 판단하기 위한 기초자료로 활용 가능하여 각종 정책수단의 상대적 유용성 평가 가능 • 조세제도 및 행정의 개선: 조세의 정확한 구조를 이해할 수 있게 해주며, 세법의 단순화 및 조세행정의 개선에 도움 • 부당하고 비효율적인 조세지출의 축소: 조세지출의 필요성이 없어진 후에도 존재하는 조세지출을 방지하고 정확한 조세부담을 파악할 수 있게 해줌 • 재정부담의 형평성 제고: 조세감면이나 면제의 대상을 정확하게 파악함 • 정치적 특혜의 통제: 특정산업에 대한 지원의 성격을 가지고, 정치적 특혜의 가능성이 큰 조세감면의 통제를 위해 조세지출예산제도가 필요 • 국고수입의 증대: 조세지출예산제도를 통해 특정산업에 주는 특혜를 통제함 • 세수인상을 위한 자료로 활용: 세수인상을 위한 정확한 자료의 확보 가능
단점	• 통일적인 기준 부재: 조세지출의 개념, 작성세목대상, 규모추계방법 등에 대한 통일적인 기준이 없음 • 조세지출운영의 경직성 유발: 조세지출이 국회의 심의·의결을 받아 예산으로 성립할 경우 조세지출운영의 경직성을 초래할 수 있음 • 통상마찰 우려 존재: 구체적인 조세지출의 내역이 예산의 형태로 공표될 경우 농·어업 등의 특정분야에 있어 교역상대국과 통상마찰을 야기할 우려가 큼 • 예산지출 항목과 조세지출 항목의 불일치: 예산지출의 항목과 조세지출의 항목이 일치되어 비교 가능한 것이 바람직하나, 서로 일치하지 않는 경우가 더 많음

3. **지출통제예산(총액예산, 지출대예산, expenditure control budget)**
   ① **의의**
   • **개념**: 개개의 항목에 대한 통제 대신 예산총액을 통제하고, 구체적인 항목별 지출에 대해서 집행부에 대한 재량을 확대시키는 성과지향적인 예산제도의 한 유형
   • 총액의 규모만 매우 간단하고 핵심적인 숫자로 표시함
   • **도입**: 1990년대 공공서비스의 질을 개선하려는 행정개혁의 일환으로 미국의 페어필드 시에 도입되었고, 1994년 뉴질랜드의 「재정책임법」에도 도입이 됨
   ② **기대효과**
   • 예산 절감과 예산 집행에서 창의적인 아이디어의 창출과 활용이 가능
   • 환경변화에 대한 신축적 대응효과가 있고 의사결정과정이 단순화되어 의사결정비용 감소

국가재정과 예산제도의 개혁 ★☆☆

1 외국의 예산제도 개혁

1. 예산제도 개혁의 목표와 전략

조직운영상의 신축성과 자율성을 부여하면서도 조직운영결과에 대한 책임을 함께 강화하는 것이 핵심

2. 재정권의 위임과 융통성의 부여

(1) 총괄경상비제도

① 예산을 경상비(운영비)와 사업비로 분류하고, 경상비(운영비)에 대해서는 단일비목으로 편성하고 의결을 받도록 함

② 경상비(운영비) 운용에 대해서 신축성과 효율성을 부여하는 제도

(2) 효율성 배당제도

배정된 예산을 자율적으로 사용하는 대신 매년 승인된 각 부처의 경상비 예산액의 1.25%의 금액을 의무적으로 절감하여 국고에 반납하도록 규정하는 제도

(3) 지출총액예산제도(캐나다)

상층부에서 우선순위와 한도를 설정하고 하부기관에서 대안 간의 선택이 이루어지도록 하는 제도

3. 성과 및 서비스 질 중심의 예산제도 도입

(1) 산출예산제도

① **개념**: 산출예산제도(output budgeting)란 각 부처의 산출물 별로 소요비용을 산정하여 실적에 초점을 두는 예산제도

② **뉴질랜드**: 정부의 기업화 측면에서 가장 성공을 거두고 있는 국가로서, 예산제도에 있어서는 산출예산제도를 도입하여 운영

(2) 시민헌장

① **의의**: 시민헌장을 통해 서비스 수요자들은 미리 공공서비스 수준과 기준을 알게 되고 이에 기초하여 서비스가 미흡하다면 고객에게 사과와 설명을 들을 수 있는 권한을 부여하고, 더 나아가 보상을 실시함

② **도입**: 1991년 영국에서 도입함

4. 발생주의 회계제도 도입(회계제도의 개혁)

원가개념을 제고시키고 성과측정능력을 향상시켜 재정의 투명성을 높이고, 회계의 자기검증기능을 통해 예산집행의 오류와 비리 및 부정을 없앨 수 있음

5. 다년도 예산편성

일정기간에 걸친 총체적 목표를 통해 예산의 단편적이고 단기적 접근을 타파하고, 기획과 연계되는 예산제도의 도입을 가능하게 함

1. 국가재정 운용방식의 변화

종전	현재
• 「예산회계법」 • 단년도 예산 중심 • 통제와 투입 중심 • 세입 내 세출 • 일반회계와 특별회계 중심	• 「국가재정법」 • 국가재정운용계획 • 자율과 성과평가 중심 • 중장기 균형방식 • 일반회계와 특별회계 및 기금관리

2. 4대 재정혁신의 법제화

총액배분자율편성제도

재정당국이 정해준 예산한도 내에서 부처별로 자유롭게 예산을 편성할 수 있도록 하여 부처의 자율성을 높이는 예산편성제도

참여정부는 국가재정운용계획, 총액배분자율편성제도, 성과관리제도, 디지털 예산회계시스템을 법제화함

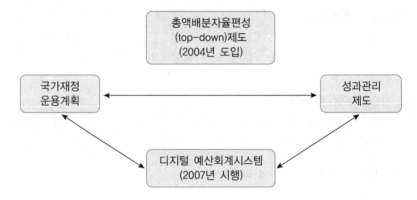

3. top-down(하향식) 예산제도 도입을 통한 부처의 자율성 강화

이에 상응하는 책임성 확보를 위해 재정사업에 대한 성과관리가 함께 강화됨

4. 재정정보의 공개성과 투명성 강화

종전	현재
• 중앙정부의 재정정보와 지방정부의 재정정보가 별개의 법인 「국가재정법」 및 「지방재정법」에 따라 공개됨 • 국가 전체의 재정상황을 한 눈에 파악하기 곤란함	• 국가의 모든 재정정보가 「국가재정법」에 따라 함께 공개됨 • 나라살림 전체에 대한 이해가 용이함

5. 총액계상예산제도

(1) 의의
① 세부사업을 정하지 않고 총액규모만을 정하여 예산에 반영하는 사업
② 예산집행의 탄력성을 부여하기 위하여 확대되고 있음

(2) 「국가재정법」 제37조상 의의
  ① 기획재정부장관은 대통령령이 정하는 사업으로서 세부내용을 미리 확정하기 곤란한 사업의 경우에는 이를 총액으로 계상할 수 있음
  ② 총액계상사업의 총규모는 매 회계연도 예산의 순계를 기준으로 대통령령이 정하는 비율을 초과할 수 없음

(3) 범위
대상사업 또는 장소가 전국적으로 분포되거나 전국에 걸쳐 연례적으로 이루어지는 유지보수사업이 해당함
  ① 국·사립대학 재정지원사업
  ② 경지정리사업
  ③ 농업용수개발사업
  ④ 공업기반기술개발사업
  ⑤ 하천치수사업
  ⑥ 일반국도건설사업
  ⑦ 특정연구개발사업
  ⑧ 지방채인수사업
  ⑨ 기타 대규모 투자 또는 보조사업

CHAPTER 4 예산과정

THEME 086 예산의 편성과 심의 ★★☆

1 예산의 편성

1. 의의
행정 각 부처에서 다음 회계연도의 예산요구서를 작성하여 중앙예산기관에 제출하고, 중앙예산기관이 그것을 사정하여 종합적인 예산안을 작성하는 절차

2. 방식

(1) 상향식 예산편성

각 부처에서 예산요구서를 중앙예산기관에 제출하면, 중앙예산기관이 각 부처의 예산요구서를 검토하고 사정하여(예산협의) 예산을 확정하는 방식

(2) 하향식 예산편성

① 재정당국이 국정목표와 우선순위에 따라 장기(5년) 재원배분계획을 마련하고 이를 토대로 국무회의에서 분야별 · 부처별 지출한도를 설정해주면 (top-down) 각 부처가 그 한도 내에서 개별사업별로 예산을 자율적으로 편성하여 제출하고 재정당국(기획재정부)이 이를 최종적으로 조정함
② 국가의 전략적 자원배분을 촉진하고, 각 부처의 예산자율성을 확대시킴
③ 2004년부터 도입한 총액배분자율편성예산제도는 사전재원배분제도로서 하향식(top-down) 예산관리제도에 해당함

3. 절차

(1) 중기사업계획서 제출

각 중앙관서의 장은 매년 1월 31일까지 당해 회계연도부터 5회계연도 이상의 기간 동안의 신규 사업 및 중요 사업에 대한 중기사업계획서를 기획재정부장관에게 제출함

(2) 예산 및 기금편성지침의 시달

기획재정부장관은 국무회의의 심의와 대통령의 승인을 거친 다음연도의 예산안편성지침과 기금운용계획안편성지침을 매년 3월 31일까지 각 중앙관서의 장에게 통보하고 이를 국회예산결산특별위원회에 보고함

(3) 예산요구서의 제출

각 중앙관서의 장은 지출한도와 편성기준에 따라 부처의 우선순위를 반영한 예산요구서(세입세출예산 · 계속비 · 명시이월비 및 국고채무부담행위 요구서)를 5월 31일까지 기획재정부장관에게 제출함

(4) 기획재정부의 예산 사정 및 협의

기획재정부는 각 중앙관서의 예산요구서를 다음 해의 예산규모 전망과 가용
자원을 고려해 종합적으로 분석·검토함

(5) 정부예산안의 확정

국무회의 심의와 대통령이 승인함

(6) 국회제출

기획재정부의 예산안사정이 끝나고 확정된 정부예산안을 회계연도 개시 120
일 전까지 첨부서류와 함께 국회에 제출하고, 기금운용계획안, 국가재정운용
계획안은 첨부서류와 별도로 국회에 제출함

> **Level up** | **총액배분자율예산편성제도**
>
> ### 1. 의의
> ① '분야별·중앙관서별 지출한도' 등을 미리 설정하고 중앙관서별로 예산을 자율적으로 편
>   성하는 제도
> ② 예산을 편성할 때 국가 전체적으로 거시적인 우선순위를 정한 뒤 부처별로 구체적인 사
>   업을 정하는 예산배분방식
> ③ top-down 방식: 기획재정부가 각 부처의 예산안을 심의하여 예산을 정해 주는 기존
>   방식과는 달리, 중장기 재정운용계획을 토대로 부처별 예산한도를 미리 정해 주면 각 부
>   처가 그 한도 안에서 자유롭게 예산을 편성함
>
> ### 2. 추진배경
> ① 단년도 예산편성방식으로는 곤란한 중기적 시각의 재정운영
> ② 개별 사업을 중심으로 검토한 예산편성과 예산투입에 치중한 재정운영으로는 국가적 우
>   선순위에 입각한 거시적 재원 분석과 재정지출의 사후 성과 관리의 어려움
>
> ### 3. 내용
> ① 정책과 우선순위에 입각한 전략적 재원배분방식: 재정당국이 경제사회 여건 변화와 국가
>   발전전략에 입각한 5개년 재원배분계획(국가재정운용계획)을 근거로 연도별 재정규모,
>   분야별·중앙관서별·부문별 지출한도를 제시함
> ② 지출한도: 일반회계, 특별회계, 기금을 포괄하여 설정함
>
> ### 4. 기대효과
> ① 효율성·자율성 제고: 전략적 재원배분 및 재정당국과 각 부처의 역할분담을 통해 재원
>   배분의 효율성·자율성을 제고함
> ② 부처의 권한 강화: 부처의 지출한도가 사전에 제시됨에 따라 각 부처의 전문성을 적극적
>   으로 활용하여 사업별 예산규모를 스스로 결정할 수 있고, 각 부처의 책임과 권한이 강
>   화될 수 있음
> ③ 재정의 투명성 확보: 전체 재정규모, 분야별·부처별 예산규모 등 중요정보를 편성기간
>   중에 각 부처와 재정당국이 공유하고 분야별·부처별 재원배분계획을 국무위원 회의에서
>   함께 결정하여 재정의 투명성을 확보함
> ④ 예산과정의 비효율 제거: 각 부처의 예산 요구 이후 재정당국의 삭감과정을 거치는 등의
>   비효율을 제거할 수 있음
> ⑤ 특별회계·기금 등의 간막이식 재원 축소: 특별회계·기금을 예산에 포함하여 설정하기
>   때문에 이러한 간막이식 재원을 확보하려고 하는 유인을 축소시킬 수 있음
> ⑥ 재정의 경기조절기능 강화: 중기적 시각에서 재정규모를 검토하여 재정의 경기조절기능
>   을 강화함

정부예산안 국회제출

1. 첨부서류
- 세입세출예산 총계표 및 순계표
- 세입세출예산사업별 설명서
- 국고채무부담행위 설명서
- 성과계획서
- 성인지 예산서
- 조세지출예산서
- 예산정원표와 예산안평가기준단
  가 등

2. 첨부서류와 별도로 국회제출
- 기금운용계획안
- 국가재정운용계획안

재무행정론 2021 해커스공무원 **쉬운 행정학**

1. 예산단가의 비현실성
2. 실제 필요한 금액보다 훨씬 많은 금액을 요구하는 예산요구액의 가공성 문제
3. 전년도를 답습하는 예산편성행태
4. 특별회계와 추경예산의 남발
5. 편성과정을 공개하지 않아 통제가 미흡
6. 입법부와 사법부에 대한 예산을 행정부가 통제하고 있어 재정에 관한 삼권분립의 미확립

핵심 OX

우리나라 예산편성의 형식에는 예비비가 포함된다.　　　　　(O, ×)

🗂 × 예비비는 포함되지 않고 계속비가 포함됨

4. 형식

예산은 예산총칙·세입세출예산·계속비·명시이월비 및 국고채무부담행위를 총칭함(「국가재정법」 제19조)

(1) 예산총칙

예산총칙에는 세입세출예산, 계속비, 명시이월비와 국고채무부담행위에 관한 총괄적 규정과, 국채와 차입금의 한도액, 「국고금 관리법」 제32조에 따른 재정증권의 발행과 일시차입금의 최고액, 그 밖에 집행에 필요한 사항을 규정하고 있음

(2) 세입세출예산

① 한 회계연도의 모든 수입과 지출에 대한 견적서에 해당(예비비도 계상)
② 세출예산은 행정부를 엄격히 구속하여 입법부의 승인 없는 지출이 불가능하지만, 세입예산은 단순한 추정치이므로 참고자료에 불과하며 세입예산상 과목이 없어도 징수가 가능함

(3) 계속비

완성에 수년도(5년 이하)를 요하는 공사나 제조 및 연구개발사업의 경우 그 경비 총액과 연부액을 미리 정하여 국회의 의결을 얻어 수년도에 걸쳐서 지출할 수 있도록 허용한 비용

(4) 명시이월비

연도 내에 지출을 하지 못할 것이 예측될 때 미리 국회의 승인을 얻어 다음 연도에 이월하여 지출할 수 있도록 한 비용

(5) 국고채무부담행위

① 국가가 예산확보 없이 먼저 채무를 부담하는 행위
② 법률에 따른 것과 세출예산금액 또는 계속비의 총액의 범위 외에서 국가가 채무를 부담하는 행위를 할 때는 미리 예산으로 국회의 의결이 필요함

5. 예산사정의 방법

(1) 무제한 예산법

① 요구예산액에 제한을 두지 않는 방법
② 각 부처가 원하는 사업의 정확한 규모와 종류 파악하는 것이 가능함

(2) 한도액 설정법

① 요구예산액에 한도를 설정해 주는 방법
② 각 부처가 원하는 사업의 정확한 규모와 종류를 파악하기 곤란함

(3) 증감분석방법

① 점증주의에 입각하여 전년도와 차이가 있는 부분을 점증적으로 사정하는 방법
② 역점사업이나 예산비중의 변화를 파악하기 용이함

(4) 우선순위표시법

① 요구 시에 우선순위를 표시하도록 하는 방법
② 사정자의 의사반영이 용이함(ZBB)

(5) 항목별 통제방법

① 경비의 개별항목별로 사정자가 승인하는 방법

② 사정자의 의사반영이 용이함(LIBS)

(6) 업무량 측정 및 단위원가 계산법

사업별로 사업단위를 개발하고 단위별 비용을 직접 계산하는 방법(PBS)

6. 예산편성과정에서의 관료의 유형

린치(Lynch)는 실무자로서 예산관료가 규범적인 합리모형에 어떻게 반응하느냐에 따라 네 가지 유형의 이념형(ideal type)을 제시함

(1) 합리주의 신봉자

① 예산결정이 합리모형에 따라 이루어져야 한다고 믿음

② 예산결정이 목표의 설정, 대안의 탐색, 대안의 분석, 최선의 대안 선택 및 건의라는 과정에 따라야 한다고 믿고 행동함

(2) 수동적 반응자

① 정치행정이원론에 근거를 두고 정치적 결정은 정치적으로 임명된 고위관료에 의해 이루어지며, 행정 관료는 그들의 의도에 수동적으로 반응하면 된다고 믿음

② 예산관료는 예산일정표와 그들의 업무일정에 따라 행동하면 된다고 생각함

(3) 정치 우선주의자

① 관료들은 예산의 형식이나 도표를 숙지하고 있지만 이러한 예산자료를 평가절하하며 전반적으로 냉소적임

② 예산결정이 정치적이라고 보므로 예산결정의 정치성을 강조함

(4) 현명한 예산담당자

① 정치가 우선적으로 중요하다는 점을 인식하는 동시에 경제적 분석이 한계는 있지만 예산결정에 크게 도움이 될 수 있다고 믿음

② 린치(Lynch)는 이 유형의 관료를 바람직한 예산관료로 봄

7. 예산편성과정에서의 정치적 전략

(1) 예산을 요구하는 각 부처에서 관련단체의 시위나 후견인(국회의원 등)을 동원하여 예산의 필요성을 환기시킴

(2) 장관의 역점사업임을 강조하여 전략을 구사함

(3) 인기 있는 사업의 경우 우선순위를 낮추어서 비쟁점화함

(4) 문지방효과를 이용하여 평소에 통과하기 힘든 사업을 위기 시 시작함

(5) 문제가 있거나 새로운 사업을 인기 있는 다른 사업과 연계·결합함

(6) 엄청난 자료 제시로 예산기관의 검토를 방해함

제도별 특징

대통령제	상호견제와 균형의 원리에 따라 운영되는 대통령제는 의원내각제보다 예산심의가 상대적으로 엄격
양원제	단원제보다 신중한 심의가 가능
우리나라	미국과 마찬가지로 위원회 중심주의를 채택 → 본회의 심의는 형식적인 것이며 위원회가 심의의 실질적인 역할을 수행

정부는 회계연도 개시 120일 전까지 국회에 예산안을 제출하고 국회는 회계연도 개시 30일 전까지 심의 및 의결
↓
「국가재정법」상 예산안 심의기간은 90일(헌법상 법정심의기간은 60일)

예산결산위원회 종합심사과정

1. 기획재정부장관의 예산안 제안 설명
2. 전문위원 예산안 검토보고
3. 국무총리와 각 부처 장관에 대한 종합정책질의
4. 부별 심사 또는 분과위원회 심사와 계수조정
5. 예산결산위원회 전체회의 의결

계수조정

1. 예결위의 종합심사에서 가장 중요한 과정
2. 실질적이고 확정적인 예산 조정 작업
3. 예산안조정소위원회의 안은 예결위 전체회의에서 수정 없이 받아들이는 것이 관례로 그 권한이 매우 큼

예산결산특별위원회

1. 위원 수는 50인
2. 위원장과 위원의 임기는 1년
3. 특별위원회이지만 상설

핵심 ○X

01 정부예산의 경우 국회가 행정부의 동의 없이 삭감은 할 수 없으나 동의 없이 증액하거나 새 비목을 설치할 수 있다. (○, ×)

📝 × 설명이 반대로 되어있음

02 국회의 예산결산특별위원회의 위원의 임기는 전문성 향상을 위해서 2년이다. (○, ×)

📝 × 현재 위원의 임기는 1년

---

2 예산의 심의(의결)

1. 의의와 기능

(1) 의의

① 예산심의란 행정부가 편성한 예산을 국민의 대표기관인 의회가 감독권을 행사하여 행정부가 수행할 사업계획의 효율성을 사전에 심의하고 의결하여 예산액을 확정하는 과정

② 예산의 실효성 있는 재정통제수단으로 ㉠ 재정민주주의의 실현, ㉡ 예산총액의 결정 및 사업계획의 수준을 승인하는 절차, ㉢ 행정을 감독하는 수단이 됨

(2) 기능

① **정책형성**: 예산총액 및 사업계획의 수준 결정
② **거시적 정책형성**: 예산총액에 대한 결정
③ **미시적 정책형성**: 사업(타당성) 및 사업수준(적정성)에 대한 금액 결정

2. 절차

(1) 국정감사

① 예산심의와 직접적인 관련은 없으나 공적 업무수행에 대한 감사로서 국정 운영 전반에 대해 그 실태를 보다 정확히 파악하여 입법 활동과 예산심의에 필요한 자료 및 정보를 획득하는 국회의 활동

② 국회는 소관 상임위원회별로 매년 정기회 집회일 이전에 감사시작일로부터 30일 이내의 기간을 정하여 감사를 실시함(다만, 본회의 의결로 정기회 기간 중에 감사를 실시할 수 있음)

③ 국정감사는 본격적인 예산심의작업을 수행하기 전에 예산운영에 대한 현장조사 및 자료수집으로서 의미가 있음

(2) 시정연설과 예산안 제안 설명

① 본회의에 상정된 예산안과 관련한 대통령의 시정연설과 기획재정부장관의 예산안 제안 설명

② 결산안에 대한 시정연설은 없음

(3) 상임위원회의 예비심사

① 상임위원회의 국정감사 후 상임위원회별로 소관부처에 대한 예비심사 진행함

② 일반적으로 소위원회를 구성하여 최종 합의를 구함

(4) 예산결산특별위원회의 종합심사

① 여·야 의원 50명 이내로 구성되는 예산결산특별위원회는 예산안의 종합심사와 계수조정을 하는 등 예산심의과정에서 핵심적 역할을 수행함

② **계수조정**: 마지막으로 계수조정소위원회에서 계수조정을 하며 실질적인 예산안의 심의가 마무리되고 계수조정 후 본회의에 예산안을 회부함

③ 특별위원회이면서 상설위원회에 해당하며, 주로 특별위원회는 비상설·임시위원회의 경우가 많음

(5) 본회의 의결

① 국회는 예산안을 회계연도 개시 30일 전까지 의결해야 하며 새로운 회계 연도가 개시 될 때까지 의결되지 못한 때에는 준예산을 편성

② 본회의에서 확정된 예산안은 대통령 거부권 행사 불가능

③ 본회의 의결과 동시에 예산안이 확정되며 공포는 필요하지 않음

3. 우리나라 예산심의 특징

(1) 예산이 법률의 형식을 가지는 영·미와는 달리, 우리나라의 예산은 의결을 형식으로 이루어짐

(2) 본회의 보다는 예산결산특별위원회의 역할이 중요하며, 위원회를 중심으로 예산이 심의됨

(3) 국회는 정부 동의 없이 금액을 증가시키거나 새로운 비목(費目) 설치 불가능

(4) 상임위원회는 증액을 지향하고, 예산결산특별위원회는 삭감을 지향하여 상이한 예산심의 행태를 보임

(5) 상임위원회가 증액한 내용은 예산결산특별위원회가 상임위원회 동의 없이 삭감할 수는 있으나, 상임위원회가 삭감한 예산은 예산결산특별위원회가 증액하거나 새 비목을 설치하는 경우 상임위원회의 동의 필요

(6) 예산심의과정에 있어서 예산위원회와 결산위원회가 분리되지 못하고 있어 전문성이 부족함

(7) 국회의 정부예산안 수정이 많지 않음(삭감비율이 거의 3% 이하)

(8) 위원회는 세목 또는 세율과 관계있는 법률의 제정 또는 개정을 전제로 하여 미리 제출된 세입예산을 심사할 수 없음

(9) 정보위원회는 국가정보원 소관 예산안과 결산 등을 심사하여 그 결과를 총액으로 의장에게 보고함

(10) 예산심의 등 재정통제를 강화하기 위하여 2003년 국회 내 국회의장 소속으로 예산정책처를 신설하며, 예산정책처장은 차관급, 정무직

4. 우리나라 예산심의의 문제점

(1) 예산심의과정에서의 여론 투입기능이 취약함

(2) 상임위원회와 예산결산특별위원회의 유기적인 연계가 부족함

(3) 예산결산특별위원회 위원은 전문성이 낮고 임기가 지나치게 짧음

(4) 예산결산특별위원회에서 예산안의 최종적인 조정이 이루어지기 때문에, 상임위원회는 해당 부처와 원만한 관계를 형성하기 위해 선심성 증액을 의결하여 증액지향적·현상유지적 경향을 가짐

(5) 예산심의에 있어서 예산과 무관한 정책질의 또는 다른 정당에 대한 비판이 무분별하게 이루어짐

1 의의와 목표

1. 의의

(1) 예산의 집행이란 국가의 수입과 지출을 실행하는 일체의 행위로서 예산의 편성과 심의과정을 통해 성립한 예산을 실행에 옮기는 과정

(2) 국가의 모든 수입·지출행위(조세징수, 자금관리, 구매행정, 회계 등)가 예산 집행과정에 포함됨

2. 목표

(1) 재정통제

입법부가 최종 의결한 예산을 실행에 옮기는 것이기 때문에 입법부가 세운 재정한계를 엄수해야 함

(2) 신축성 유지

사업 진행·예산 집행 과정에서의 신축적인 적응을 통해 재정 효율성을 구현해야 함

(3) 재정통제와 신축성의 조화

예산집행에 있어서 입법부의 재정한계 엄수가 주된 목표라면 신축성 유지는 보완적인 목표에 해당함

Level up │ 신축적인 예산의 배정

1. 의의

신축적인 예산의 배정제도들은 재정통제보다는 예산의 관리기능에 초점을 둠

2. 제도

긴급 배정	• 회계연도 개시 전에 예산을 배정하는 것 • 긴급배정을 하는 경우 　- 외국에서 지급하는 경비 　- 선박의 운영·수리 등에 속하는 경비 　- 교통·통신이 불편한 지방에서 지급하는 경비 　- 각 관서에서 필요한 부식물의 매입경비 　- 범죄수사 등 특수활동에 소요되는 경비 　- 여비 　- 경제정책상 조기집행을 필요로 하는 공공사업비 　- 재해복구사업에 소요되는 경비
조기 배정	경제정책상의 필요에 의하여 사업을 조기에 집행하고자 할 때, 연간 정기배정계획 자체를 1/4분기 또는 2/4분기에 앞당겨 집중 배정하는 것
당겨 배정	사업의 실제집행과정에서 계획의 변동이나 여건변화로 인하여 당초의 연간 정기배정보다 지출원인행위를 앞당겨 할 필요가 있는 경우, 해당 사업에 대한 예산을 분기별 정기배정계획과 관계없이 앞당겨 배정하는 것
배정 유보	• 예산 일부의 배정을 유치하거나 보류하는 것 • 예산의 재정 통제방안과 신축성 유지방안의 상대적 해석이 가능함

2 재정통제 방안

행정부는 국회가 승인한 예산의 범위 내에서 각종 사업을 수행하여 소기의 목표를 달성하여야 하고 동시에 정해진 재정한계를 준수하여야 함

1. 예산의 배정과 재배정

(1) 예산의 배정
기획재정부장관이 중앙관서의 장에게 예산을 배분하여 일정기간 동안 집행할 수 있는 금액과 소재를 명확히 하는 절차

(2) 예산의 재배정
각 중앙관서의 장이 기획재정부장관에게 배부 받은 예산액의 범위 내에서 다시 산하기관에 일정기간 사용할 수 있는 예산액을 배분하는 것으로, 부처 차원의 통제

2. 정원 및 보수의 통제
운영비와 인건비 등 경직성 경비의 지속적인 증가를 방지하기 위하여 공무원 정원령과 공무원보수규정을 통해 공무원 정원과 보수를 통제함

3. 지출원인행위의 통제(계약 통제)
계약의 방법과 절차를 엄격히 규정하며 일정액 이상의 계약에 대해서는 상급기관의 승인을 얻도록 하여 수입과 지출의 균형을 유지하고 사업의 품질을 통제함

4. 회계기록 및 보고제도
각 중앙관서는 자체의 수입과 지출을 회계 처리하여 기록하고 보고하여야 하며, 지출원인행위보고서, 수입 및 지출에 관한 보고서 등을 기획재정부장관에게 제출하여야 하는 내부통제 수단

5. 국고채무부담행위의 통제
국고채무부담행위 시에 국회의 사전의결을 요하며, 그 지출 시에 다시 국회의 승인이 필요함

6. 지방재정 진단제도

(1) 지방재정운영의 사후적 평가를 통해 재정운영의 책임성과 효율성을 도모하기 위한 제도

(2) 평가결과 행정안전부장관 및 시·도지사는 당해 지방자치단체를 대상으로 조직개편, 채무의 상환, 세입의 증대 및 신규 사업의 제한 등을 내용으로 하는 지방재정건전화 계획을 수립하여 시행할 수 있음

7. 예산안편성지침 시달
기획재정부장관은 국무회의의 심의를 거쳐 대통령의 승인을 얻은 다음 연도의 예산안편성지침을 매년 3월 31일까지 각 중앙관서의 장에게 통보하여야 함

예산의 배정과 재배정

예산의 배정
(기획재정부장관 → 중앙관서의 장)
↓
예산의 재배정
(중앙관서의 장 → 산하기관)

핵심 O X

예산의 배정은 중앙예산기관(기획재정부장관)이 국회에서 의결한 예산을 각 중앙행정기관으로 배분하는 것으로 신축성 확보방안이다. (O, ×)

답 × 예산의 배정은 통제를 위한 방안에 해당

기출 체크

우리나라의 재정건전성 관련 제도에 대한 설명으로 가장 옳은 것은? 2017년 서울시 9급

① 총사업비관리제도는 예비타당성조사제도와 같은 시기에 도입되었다.
② 예비타당성조사는 총사업비 500억 원 이상이면서 국자재정지원이 300억 원 이상인 신규사업 중에서 일정한 절차를 거쳐 실시한다.
③ 토목사업은 400억 원 이상일 경우 총사업비 관리대상이다.
④ 재정사업자율평가제도는 2004년부터 실시되었다.

답 ②
① 총사업비관리제도는 1994년, 예비타당성조사는 1999년에 도입
③ 토목사업은 500억 원 이상일 경우에 관리대상이 됨
④ 2005년부터 실시

예비타당성조사의 분석 내용을 경제성 분석과 정책적 분석으로 구분할 때, 경제성 분석에 해당하는 것은? 2015년 국가직 9급

① 상위계획과의 연관성
② 지역경제에의 파급효과
③ 사업추진 의지
④ 민감도분석

답 ④ 경제성 분석: 비용편익분석, 민감도분석

8. 총사업비 관리

완성에 2년 이상 소요되는 대규모사업에 대하여 그 사업규모와 총사업비, 사업기간을 미리 정하여 기획재정부장관과 협의하도록 하는 제도로 재정지출의 생산성 및 시설공사의 품질을 제고하고 총사업비 증액을 방지함

9. 예비타당성조사

1999년 도입된 예비타당성조사제도는 대규모 개발사업 이전에 개괄적인 조사를 통하여 경제성 분석, 정책적 분석, 투자우선순위, 적정투자시기, 재원조달방법 등 사업의 타당성을 기획재정부장관이 미리 조사하고 검증하는 제도로, 대형신규사업의 신중한 착수와 재정투자의 효율성을 증대시키기 위함

Level up 예비타당성조사와 타당성조사

구분		예비타당성조사 (Preliminary Feasibility Study)	타당성조사 (Feasibility Study)
개념		• 타당성조사 이전에 예산반영 여부 및 투자우선순위 결정을 위한 조사 • 경제적 · 정책적 · 재정적 측면에서 기획재정부가 실시	• 예비타당성조사를 통하여 검증한 경우에 한하여 본격적인 사업 착수를 위한 조사 • 기술적 측면에서 사업을 주관하는 해당 부처가 실시
검토 대상		경제적 · 정책적 · 재정적 타당성(국가재정 전반적인 관점)	당해 사업에 대한 기술적 타당성
조사 대상		총사업비 500억 원 이상이면서도 국가재정지원이 300억 원 이상인 공공건설사업, 정보화사업, 국가연구개발사업 및 「국가재정법」 제28조에 따라 제출된 재정지출 500억 원 이상인 사회복지, 보건, 교육, 노동, 문화관광, 환경보호, 농림해양수산사업, 중소기업분야사업	• 예비타당성조사를 통해 검증된 경우 • 타당성조사 · 기본설계비 → 실시설계비 → 보상비 → 공사비의 순서로 예산을 반영 • 원칙적으로 각 단계 종료 후 다음 단계 반영
평가 내용	경제적 분석	• 본격적인 타당성조사의 필요성 여부를 판단하기 위하여 개략적인 수준에서 조사 • 비용편익분석 • 민감도분석 • 경제성 및 재무성 평가	검토대상이 아님
	정책적 분석	• 국민경제 · 정책적 차원에서 고려되어야 할 사항들을 분석 • 계층화 분석 • 지역경제파급효과, 지역균형개발 • 상위계획과의 연계성 • 국고지원의 적합성 및 재원조달 가능성 • 환경성	검토대상이 아님
	기술적 분석	검토대상이 아님	• 입지 및 공법 분석 • 현장여건 실사 • 토질조사 등 다각적인 기술성 분석
주체		기획재정부(관계부처 협의)	사업 주무부처
범위		국가전체적 관점	당해 사업
비용		5천만 원~1억 원	3억 원~20억 원
조사기간		단기간(6개월 이내)	장기적(3~4년)

3 신축성 유지방안

예산의 성립 이후 집행과정에서 발생하는 변화에 신축적으로 대응하기 위하여 재량을 인정할 필요가 있음

1. 이용

입법과목(기관·장·관·항) 간의 상호 융통으로 국회의 의결을 거쳐 기획재정부장관의 승인이 필요함

2. 전용

행정과목(세항·목) 간의 상호 융통으로 국회 의결 불요, 기획재정부장관의 승인 후 사용

3. 이체

(1) 개념

정부조직에 관한 법령의 제정·개정·폐지 등으로 그 직무의 권한과 책임의 변동에 따른 예산집행의 책임소관이 변경되는 것

(2) 특징

① 기획재정부장관은 중앙관서장의 요구에 따라 이체할 수 있음
② 책임소관만 변경될 뿐 사용목적과 금액은 변하지 않음

4. 이월

(1) 개념

일반적으로 1회계연도 내에서 모두 지출되어야 하는 예산을 다음 회계연도로 넘겨서 사용하는 것(회계연도 독립 원칙의 예외)

(2) 종류

① **명시이월**: 세출예산 중 연도 내에 그 지출을 끝내지 못할 것이 예측될 때에 미리 국회의 승인을 얻어서 다음 연도에 사용할 수 있도록 하는 것
② **사고이월**: 연도 내에 지출원인행위를 하고 불가피한 사유로 인하여 연도 내에 지출하지 못한 경비와 부대경비를 다음 연도에 넘겨서 사용할 수 있도록 하는 것

(3) 특징

① **재이월**: 원칙적으로 재차이월은 허용되지 않지만, 명시이월의 경우 1회에 한하여 재이월이 법적으로 가능하며 사고이월은 재이월이 불가능함
② **용도**: 이월된 금액은 다른 용도로 사용할 수 없음

5. 계속비

(1) 개념

수년에 걸쳐 완공을 요하는 공사나 제조 및 연구개발 사업에 대해 경비의 총액과 연부액을 정하여 미리 국회의 의결을 얻어 수년에 걸쳐 지출할 수 있는 경비

핵심 OX

01 예산의 전용은 입법과목 간의 상호 융통이므로 국회의 의결이 필요하지만, 예산의 이용은 행정과목 간의 상호 융통이므로 국회의 의결이 불필요하다.
(O, X)

답 X 설명이 반대로 되어 있음

02 정부조직 변경에 따라 해당 예산을 변경시키는 것은 이체이다. (O, X)

답 O

(2) 특징

① 계속비의 연부액은 해당 연도 예산편성 시 세입세출예산에 반영하여 의회의 승인을 얻어야 함

② 계속비의 사용기간은 5년 이내로 제한하고 있으나, 필요 시 10년 이내로 할 수 있고, 국회의 의결을 얻어 연장도 가능함

③ 계속비는 회계연도 독립 원칙의 예외로서, 인위적인 회계연도 구분과 계속적인 지출의 필요라는 상반된 요청을 조화시킨 제도

④ **계속비의 이월**: 국회의 승인을 얻은 연부액은 당해 연도에 지출하지 못한 경우 다음 연도에 이월하여 지출할 수 있음(체차이월)

6. 예비비

(1) 개념

① 예측할 수 없는 예산 외의 지출 또는 초과지출을 충당하기 위해서 세입세출예산 외에 일반회계 예산총액의 100분의 1 이내의 금액을 예비비로 계상할 수 있음

② 예산 외 지출은 예산편성 당시 예측할 수 없었던 지출이고, 예산초과지출은 예산에 계상되었으나 일부 부족액이 생긴 경우

(2) 종류

① **일반예비비**: 구체적인 용도가 지정되지 않고 일반적인 지출소요에 충당하는 예비비

② **목적예비비**: 특정한 목적을 위한 지출에 충당하며, 공공요금예비비, 재해대책예비비, 급양비예비비, 사전조사예비비 등 사용목적을 지정함

(3) 특징

① 예비비의 관리책임자는 기획재정부장관

② 예비비의 지출에 대한 내용은 차기 국회의 승인을 얻어야 함

③ 목적예비비를 공무원의 보수인상을 위한 인건비 충당에 사용할 수 없음

④ 예비비의 지출은 다음 국회의 승인을 얻어야 하기 때문에 사전승인원칙의 예외이지만, 예비비의 설치는 예산 확정 이전에 국회의결을 거치기 때문에 사전승인원칙의 예외에 해당하지 아니함

7. 국고채무부담행위

(1) 개념

법률에 의한 것이나 세출예산금액, 계속비 총액의 범위 안에 속하는 것을 제외하고 국가가 대신 채무를 부담하는 행위

(2) 특징

① **국회의 사전 의결이 필요**: 채무부담의 권한을 부여한 것으로 지출권한은 부여받지 못함

② 국고채무부담행위 이후 그에 대한 지출을 위해 다시 국회의 의결을 얻어야 함

핵심 OX

01 국회, 법원 등은 예비비와 별도로 예비금이라는 항목을 운용할 수 있다. (○, ×)

답 ○

02 예비비의 관리권자는 기획재정부 장관이며, 국회에서 부결된 용도로 예비비를 사용할 수 없다. (○, ×)

답 ○

③ 미리 전년도 예산으로서 국회의 의결을 거치지 않고도 예외적으로 재해 복구 등을 위한 경우에는 당해 연도에 국회의결을 거쳐 국고채무부담행위를 할 수 있음
④ 국고채무부담행위는 채무의 부담 의무만 지는 것이고 실제로 지출권한을 부여받은 것이 아니므로 국고채무부담행위에 의한 실제 지출은 당해 연도가 아닌 다음 회계연도부터 이루어짐

8. 수입대체경비

국가가 용역 및 시설을 제공하여 발생하는 수입과 관련된 경비로서, 지출이 직접 수입을 수반함

예 대법원 등기소의 등기부 등·사본 발행경비, 외교통상부의 여권발급경비, 교육부의 대학입시경비 등

9. 기타 신축성 유지 방안

(1) 회계연도 개시 전 예산배정
회계연도 개시 전 대통령이 정하는 바에 의해 기획재정부장관이 예산을 배정

(2) 추가경정예산
국회의 의결에 의해 예산이 성립된 이후 상황이 변하여 사업을 변경하거나 새로운 사업을 추진하여야 하는 경우에 추가경정예산을 편성함

(3) 수입과 지출의 특례

(4) 장기계속계약제도
단년도 예산이 지니는 한계를 극복하기 위하여 이행에 장기간이 소요되는 공사나 물품의 제조로서 전체 사업 내용과 연차별 사업계획이 확정된 경우에는 총공사 또는 총제조의 금액을 부기하고 당해 연도 예산의 범위 내에서 분할공사 또는 제조의 발주를 허용하는 제도

수입과 지출의 특례

수입의 특례	지출의 특례
• 과년도 수입	• 지출금의 반납
• 수입대체경비	• 관서운영경비
• 과오납금의 반납	• 선금급과 개산급
• 수입금의 환급	• 과년도 지출
• 선 사용자금	• 자금의 전도
	• 회계연도 개시 전 자금 교부

4 조달행정(구매행정)

1. 의의

(1) 개념
① 행정업무를 수행하는 데 필요한 비품·시설과 물자 등을 구입하는 행위
② 목표는 필요한 재화를 적기·적소에, 적량을, 적가로 공급하는 것
③ 물품 및 용역의 구매(purchasing)와 공사계약(contract) 등이 해당함

(2) 중요성
① 필요한 물품이 신속하고 적기에 적량으로 확보되어야 함
② 능률적인 조달행정에 의한 예산절약 기대
③ 재화의 조달정책을 통하여 국가경제의 발전에 기여함

핵심 O×

01 집중구매는 일괄구매를 통해 구입 절차를 단순화할 수 있다는 장점을 지닌다. (O, ×)

🔑 × 집중구매는 일괄구매를 통해 단가인하가 가능하지만 중앙구매기관을 경유하여 구매해야 하므로 구입절차가 복잡하다는 단점을 지님

02 분산구매는 구매 절차가 간소화되고 공급자의 편의가 증대된다는 장점이 있다. (O, ×)

🔑 × 공급자의 편의증대는 집중구매의 장점

2. 집중조달과 분산조달

(1) 집중조달

① 필요한 재화와 서비스를 중앙구매기관에서 일괄구입하게 한 후 이를 각 수요기관에 공급하는 것

② **집중조달제도의 확산**: 현대국가의 기능 확대로 조달행정의 중요성이 강조되면서 전문적인 지식과 경험을 필요로 하는 영역으로 발전함

③ **조달대금**: 중앙조달기관이 일괄적으로 지급하고 나중에 각 기관으로부터 대금을 징수하는 집중지급방식을 사용함

(2) 분산조달

필요한 재화를 수요기관에서 직접 구입하는 것으로, 각 기관이 직접 대금을 지급함

(3) 조달의사결정은 분권화하고, 모든 부처에서 동일하게 사용하는 물품은 중앙조달기관이 집중조달하는 추세임

(4) 집중조달과 분산조달의 장단점

구분	집중조달	분산조달
장점	• 대량구매를 통한 예산절감 • 구매행정의 전문화 및 통제 용이 (정실구매 방지) • 구매물품 및 절차의 표준화 • 장기적·종합적 구매정책 수립 용이 • 신축성 유지(부처 간 상호 융통) • 대규모 공급자에게 유리 • 공통품목·저장품목 구입 용이	• 구매절차 간소화 • 구매의 적시성 확보(적기구매 및 부처의 실정 반영) • 중소공급자 보호에 유리 • 특수품목 구입에 유리
단점	• 구매절차의 복잡성 증대 • 적기공급 곤란 • 대기업에 편중(중소기업 불리) • 수요기관의 개별성 무시	• 예산의 규모의 경제 확보 곤란 • 구매업무의 전문화 확보 곤란 • 물품규격의 표준화 곤란 • 구매업무의 효율적 통제 곤란 • 공통품목·저장품목 구매 곤란

3. 조달절차

(1) 수요판단

수요기관의 구매 청구에 의한 방법이나 구매기관 자체의 판단에 의하여 이루어짐

(2) 구매

수요판단이 결정되면 구매지시서가 발부되어야 하며, 일반경쟁입찰을 원칙으로 함

(3) 검사와 수납

검사의 과정을 거친 다음에 비저장품목은 수요기관에 인도되고, 저장품목은 보관창고에 입고함

(4) 대금지급

물품의 인도가 끝나면 대금을 지급

4. 중앙조달기관 – 조달청

(1) 설립근거

정부가 행하는 물자(군수품 제외)의 구매·공급 및 관리에 관한 사무와 정부의 주요시설공사계약에 관한 사무를 관장하기 위하여 기획재정부장관 소속하에 조달청을 둠(「정부조직법」 제27조 제7항)

(2) 기능

① 물품구매 및 공사계약
② 정부 보유 물품 관리
③ 주요 원자재 비축사업
④ 정부조달전문기관으로서의 제도와 기법 전수
⑤ 국가경제정책 지원
⑥ 주요 공사시설물에 대한 감리와 공사관리 업무 등

(3) 사업범위

① 조달물자의 구매·운송·조작·공급과 수요기관의 시설공사의 계약
② 수요기관의 시설물관리와 운영

(4) 조달특별회계

조달사업의 원활한 운영을 위하여 조달청장은 조달사업에 관해 수요기관으로부터 수수료를 징수하여 조달특별회계를 운영함

5. 공공전자조달 – 나라장터(Government e-Procurement System)

(1) 의의

① **나라장터**: 조달청이 전자정부 구현을 위한 핵심 사업으로 추진해 온 '국가종합전자조달시스템'
② 모든 국가조달행정절차를 온라인 '나라장터'로 단일화하여 공공기관 및 조달업체에게 단일조달창구를 통한 one-stop 조달서비스를 제공함

(2) 목적

① 전자화와 정보화를 통한 조달행정의 투명성과 효율성 및 신뢰성 제고
② 단일조달시스템을 통한 대국민서비스 통합과 투자효과 극대화

(3) 기대효과

① **조달행정의 효율성 도모**: 효율적이며 신속한 조달업무 수행
② **조달행정의 생산성 향상**: 기관방문 및 대면거래비용 등 연간 약 3조 원의 거래비용 절감
③ **투명성 및 공정성 제고**: 종래의 대면거래에 따른 부정부패가능성이 사전에 봉쇄되어 실시간 정보제공과 정보공개 확대로 투명한 조달행정 구현
④ **전자상거래의 발전**: IT 모범활용사례로, 민간의 전자상거래 발전 선도

6. 정부계약

(1) 의의
① 정부가 체결하는 사법상의 계약으로서, 정부와 사인이 대등한 지위에서 체결하는 행위
② 「민법」상의 계약자유의 원칙이 적용됨
③ 「국가를 당사자로 하는 계약에 관한 법률」 제5조에서 '계약은 상호 대등한 입장에서 당사자의 합의에 따라 체결되어야 한다.'고 규정하고 있어 국가가 사경제주체로서 행하는 사법상의 법률행위라 할 수 있음

(2) 종류
① 일반경쟁계약(원칙)
  ㉠ 계약대상 물품의 규격 및 계약조건 등을 공개하고 불특정 다수의 입찰희망자를 경쟁 입찰에 참가하도록 한 후, 그중에서 국가에 가장 유리한 조건을 제시한 자를 선정하여 계약을 체결하는 방법
  ㉡ 원칙적으로 일반경쟁에 의한 계약이 이루어지도록 되어 있음
② 제한경쟁계약
  ㉠ 계약의 목적·성질 등에 비추어 필요한 경우, 경쟁참가자의 자격을 일정한 기준에 의하여 제한하여 입찰하게 하는 방법
  ㉡ 실적에 의한 제한, 기술보유 상황에 의한 제한, 지역제한, 중소기업을 위한 제한, 재무 상태에 의한 제한 등이 있음
③ 지명경쟁계약
  ㉠ 기술력, 신용, 실적 등에 있어서 적당하다고 인정되는 특정 다수의 경쟁 입찰 참가자를 지명하여 입찰하게 하는 방법
  ㉡ 신용과 실적 및 경영상태가 우량한 업체를 지명하기 때문에 신뢰성을 확보할 수 있고 경비절감 및 절차 간소화의 이득이 있지만, 경쟁을 저해할 우려도 있음
④ 수의계약
  ㉠ 계약기관이 임의로 적당하다고 인정하는 업체와 계약하는 방법
  ㉡ **단체수의계약**: 중소기업의 판로 지원 및 육성을 위해 정부 혹은 공공기관이 중소기업협동조합과 수의계약을 통하여 물품을 구매하는 제도로 수의계약 중 그 비중이 가장 큼
⑤ 다수공급자 계약제도
  ㉠ 정부조달물품을 경쟁 입찰에 부치지 않고 수요기관이 품질·가격·성능 등이 유사한 다수의 공급자와 단가계약을 하면, 각 수요기관은 적격업체를 자율적으로 선택하는 계약을 체결하는 방법
  ㉡ 천재지변, 긴급한 행사 등 경쟁에 부칠 여유가 없을 경우나 특정인의 기술, 용역 또는 특정한 위치, 구조 등으로 인하여 경쟁할 수 없는 경우에 사용될 수 있음

(3) 낙찰자 선정방식(적격심사에 의한 최저가낙찰제)
① 최저가낙찰제(「국가를 당사자로 하는 계약에 관한 법률」 제10조 제2항): 예정가격 이하로서 최저가격으로 입찰한 자를 낙찰하는 방식으로, 민간기업의 경쟁력을 촉진하는 제도

② 적격심사제(「국가를 당사자로 하는 계약에 관한 법률」 제42조): 공사의 부실 방지와 덤핑입찰방지에 초점을 두어 예정가격 이하 최저가로 입찰한 자 순으로 계약이행능력을 심사하여 낙찰자로 결정하는 제도

> **Level up** 재정사업 자율평가제도
>
> 1. 도입
>   ① 예산편성과 성과관리의 연계를 위해 2005년부터 재정사업 자율평가제도 시행
>   ② 사업수행부처가 재정사업을 자율적으로 평가하고 기획재정부가 이를 확인·점검하여 평가결과를 재정운용에 반영하는 제도
>   ③ 미국 OMB의 PART(Program Assesment Rating Tool)를 우리 현실에 맞게 수정하고 적용함
>
> 2. 의의 및 특징
>   ① 법적 근거: 「국가재정법」 제8조 제6항 및 같은 법 시행령 제3조
>   ② 대상사업: 「국가재정법」 제8조에 근거해 중앙행정기관의 장은 사업별 체크리스트를 활용해 부처의 성과계획서상의 성과목표를 기획재정부와 협의하여 선정해 매년 해당 성과목표에 포함된 관리과제를 평가(단, 경상경비 등 평가실익이 없는 사업은 제외)
>   ③ 평가결과의 산출: 사업별 평가결과는 우수, 보통, 미흡의 3단계로 구분
>   ④ 평가결과의 활용: '우수' 등급의 사업은 원칙적으로 예산을 증액하고, '미흡' 등급은 '정책사업'은 사업비 삭감 대신 사업 내 또는 사업 관련 운영비(여비, 업무추진비 등)를 삭감

THEME 088 결산 및 회계검사 ★☆☆

1 결산

1. 의의

(1) 1회계연도 동안 국가의 세입·세출 실적을 확정적 계수로 표시한 것으로, 정부의 사후적 재정보고 활동

(2) 재정 민주주의를 구현하기 위한 재정통제 장치로, 정부의 책임이 해제되고 감사원의 권한이 발동하는 계기로써 작용

(3) 보통 예산과 결산은 일치해야 하지만 이월, 예비비의 사용, 이용 및 전용, 불용액 등으로 인한 차이가 생길 수 있음

(4) 주요 담당기관(관리부처, 국고수지총괄기관)은 기획재정부

2. 효과

(1) 행정기관 예산운용의 결과를 사후적으로 확인하고 심사하기 때문에 집행된 내용이 위법하거나 부당한 지출행위여도 이를 무효·취소할 수는 없음

(2) 결산은 예산집행의 책임을 확인하고 해제하는 법적 효과를 지님

(3) 공무원 개인의 배상책임과 형사책임까지 면제되는 것은 아니기 때문에 부당한 지출이 발견되면 그 책임을 물을 수 있고, 확인된 내용을 다음 해의 예산편성 과정에서 쟁점화 할 수 있음

> **국회의 결산심의 과정**
>
> 1. 본회의 보고
> 2. 상임위원회 예비심사
> 3. 예산결산특별위원회의 종합심사
> 4. 본회의 의결

3. 절차

(1) 출납사무의 완결

출납정리 (폐쇄)기한	• 출납자체를 인정하는 기간 • 회계연도 말일까지(한국은행 및 체신관서의 경우는 1월 15일까지)
출납사무 완결기한	• 출납의 정리·보고 및 장부 정리 기간 • 매년 2월 10일까지

(2) 결산의 절차

① **각 부처의 중앙관서결산보고서 제출**: 중앙관서의 장은 회계연도마다 작성한 결산 보고서를 다음 연도 2월 말까지 기획재정부장관에게 제출
② **기획재정부의 국가결산보고서 제출**: 기획재정부장관은 회계연도마다 대통령의 승인을 받은 국가결산보고서를 다음 연도 4월 10일까지 감사원에 제출
③ **감사원의 사전결산확인**: 감사원은 국가결산보고서를 검사한 후 이를 5월 20일까지 기획재정부장관에게 송부
④ **감사원의 검사를 거친 국가결산보고서 제출**: 정부는 감사원의 검사를 거친 보고서를 다음 연도 5월 31일까지 국회에 제출
⑤ **국회의 결산심의 및 결산확정**: 정기국회 개회 전까지 결산심의 및 결산확정을 완료

(3) 결산심의의 결과 처리(「국회법」 제84조 제2항)

결산의 심사결과 위법 또는 부당한 사항이 있는 때에 국회는 본회의 의결 후 정부 또는 해당기관에 변상 및 징계조치 등 그 시정을 요구하고, 정부 또는 해당기관은 시정요구를 받은 사항을 지체 없이 처리하여 그 결과를 국회에 보고하여야 함

4. 한계

(1) 국회의 전문성 및 회계검사기관의 독립성이 부족함
(2) 결산행태가 형식적이고, 이에 대해 무관심함
(3) 재정정보로서의 기능이 불충분함

5. 세계잉여금

(1) 의의

① 세입·세출의 결산상 잉여금 중 법률에 따른 지출과 이월액을 공제한 금액으로, 결산상 잉여금이라고도 함
② 초과세입, 세출불용(지출이 당초 세출예산보다 적게 집행된 불용액) 및 이월액으로 구성됨

(2) 사용순서(「국가재정법」 제90조)

① 지방교부세 및 지방교육재정교부금 정산
② 공적자금상환기금에의 출연
③ 국채 또는 차입금 등 국가 채무상환
④ 추가경정예산 편성
⑤ 다음 연도 세입에의 이입

(3) 사용시기

국가결산보고서에 대한 대통령의 승인 후 그 잉여금이 생긴 다음 연도까지 당해 회계의 세출예산으로 사용할 수 있으며, 국회의 동의 없이 집행함

2 회계검사

1. 의의

(1) 정부기관의 수입과 지출의 결과에 대한 기록을 제3의 독립된 기관이 체계적이고 비판적으로 확인하고 검증하여 보고하는 행위

(2) 예산집행의 합법성 및 타당성에 대한 비판적 검증으로, 감사인의 이견 표명이 필수적인 활동

(3) 가장 강력하고 본격적인 통제로, 예산과정의 최종적 단계

2. 종류와 목적의 전환

(1) 종류(감사초점 기준)

① **재무감사(financial audit)**: 재무기록의 확인 및 통제에 초점을 두는 전통적 회계검사와 유사한 가장 보편적인 감사

② **합법성 감사(compliance audit)**
  ㉠ 행정기관이 정해진 법령이나 규칙을 준수하였는지의 여부를 판단하는 통제에 초점을 두는 감사
  ㉡ 재무감사와 더불어 가장 보편적으로 이용되는 방식

③ **능률성 감사(efficiency audit)**
  ㉠ 행정업무 및 지원이 경제적·능률적으로 관리되었는지의 여부를 판단하는 관리 및 능률성에 초점을 두는 감사
  ㉡ 비용분석, 작업흐름, 시간분석 등의 기법을 이용

④ **성과감사(performance audit)***
  ㉠ 정부의 기능, 사업, 활동 등의 경제성·능률성·효과성 등을 판단하는 현대행정에서 강조되고 있는 감사
  ㉡ 통상 행정기관의 목표 달성 여부를 감사하는 것으로 이해되기도 함

(2) 목적의 전환

구분	전통적 감사(소극적)	현대적 감사(적극적)
대상기관	중앙정부	중앙정부, 공기업, 정부지원기관
기준	합법성	경제성, 능률성, 효과성
기능	책임과 통제	환류
초점	재정과 회계상 책임 (회계검사)	관리와 정책활동 포함 (업무감사·정책감사로 확대)
범위	회계검사와 직무감찰의 분리	회계검사와 직무감찰의 통합

회계검사기준
1. **합법성**: 위법한 예산지출에 대한 사후적 감시
2. **타당성**: 집행의 타당성 여부에대한 비판적 검사

* 성과감사는 정책분석 및 정책평가의 관점에서 감사를 시도하는 것으로, 효율성에 초점을 둠

3. 우리나라의 회계검사기관(감사원)

(1) 지위

① 감사원은 「헌법」에 의해서 설치되며, 조직상으로는 대통령 소속이나 직무상으로는 독립된 지위를 지님
② 국회의 동의를 얻어 대통령이 임명하는 감사원장을 포함하여 7인의 감사위원으로 구성*

* 감사위원은 감사원장의 제청으로 대통령이 임명하고, 임기는 각각 4년이며 1차에 한해 중임 가능

(2) 기능

① **세입세출의 결산 확인**: 회계검사의 결과에 의하여 '국가기관'의 세입세출 결산을 확인하여 대통령과 차년도 국회에 그 결과를 보고(국가기관이 아닌 지자체나 공기업 등의 공공기관은 제외)
② **회계검사**: 국가의 예산을 사용하는 모든 기관을 대상으로 진행하며, 삼부를 포함한 일부 공기업의 경우도 그 대상이 됨

필요적 검사사항	• 국가 및 지방자치단체, 한국은행의 회계 • 국가 및 지방자치단체가 자본금의 50% 이상을 출자한 법인의 회계 (공공기관, 지방공단, 지방공사 등) • 다른 법률에 의해 감사원의 회계검사를 받도록 규정된 단체의 회계
선택적 검사사항	• 감사원이 필요하다고 인정한 때 • 국무총리의 요구가 있는 때

③ **직무감찰**
　㉠ 공무원의 비위시정 및 행정운영의 개선을 위한 것으로, 행정부 소속 공무원에 대해서만 직무감찰 가능
　㉡ 국회, 법원, 헌법재판소에 속한 공무원에 대해서는 직무감찰 불가
　㉢ 국가 기밀에 속한 사항이거나 군기밀 또는 작전상 지장이 있는 사항은 직무감찰 대상에서 제외
④ **심사청구**: 행정기관 등의 잘못된 행위로 인하여 상대방이 불이익을 받은 경우, 그 행위가 정당한지 부당한지 여부를 가려 부당한 행위임이 인정될 땐 이를 시정하도록 하는 권리구제수단

(3) 검사 결과의 처리

① 감사원은 감사 결과 위법 또는 부당한 사항에 관해서는 감사위원회의 의결을 거쳐 관계기관에 필요한 조치를 취하도록 처분을 요구할 수 있음
② **내용**: 변상책임에 대한 판정, 징계·문책·해임의 요구, 징계사유의 시효정지, 개선 요구, 고발, 시정 및 주의 요구

3 국고금 관리

1. 의의

(1) 국고금이란 국가가 관리하는 현금의 총칭으로 세입금, 세출금, 기타 정부의 보관에 속하는 세입·세출금 외의 현금을 포함하는 개념
(2) 공공성이나 설치목적 및 재원조달방법 등에 비추어 볼 때 국고금으로 관리하는 것이 적절하지 않다고 인정되는 기금은 대통령령으로 제외

회계검사와 직무감찰

구분	회계검사	직무감찰
기원	의회의 재정통제권	국왕의 관리규찰권
지위	헌법기관	비헌법 기관
독립성	강함	약함
대상	국가예산을 사용하는 모든 기관	행정부 소속 기관
초점	합법성	행정운영 개선

핵심 OX

01 「공공기관의 운영에 관한 법률」의 적용을 받는 공기업의 경우에는 감사원의 회계검사를 받지 않는다.(O, ×)
답 × 정부가 50% 이상을 출자한 기관에 대해서는 필수적 회계검사가 행해짐

02 감사원은 법원 공무원이나 중앙선거관리위원회의 공무원에 대해서 직무감찰을 할 수 있다. (O, ×)
답 × 행정부 공무원에 대해서만 직무감찰이 가능함(중앙선관위 공무원에 대한 직무감찰권은 논란이 있음)

(3) 투명하고 효율적으로 관리하기 위해 국고금 관리를 일원화하는 「국고금 관리법」을 제정

2. 「국고금 관리법」의 주요 내용

(1) 법의 적용범위는 일반회계, 특별회계, 기금을 포함

(2) 계좌이체 제도 도입(국고수표제도 폐지)

(3) 종전의 일상경비 및 도급경비를 관서운영경비로 통합

3. 국고금 관리의 4대 원칙

(1) 계획에 따라 효율적이고 투명하게 관리

(2) 적절한 때에 지출되도록

(3) 국고여유자금은 안전성을 해치지 않는 범위 내에서 운용

(4) 국고금의 수입 및 지출 등과 관련된 사항은 신속하고 정확하게 관리

관서운영경비

중앙관서의 장이 관서를 운영하는 데 드는 기본경비로 특수활동비, 업무추진비 등이 이에 속함

회계관계 공무원의 임무

재무관 (지방: 경리관)	지출원인행위 담당
지출관 (지방: 지출원)	지출원인행위에 따른 지출 담당
수입징수관	수입 징수에 관한 사무 담당
수납기관 (출납공무원)	현금의 수납 담당

THEME 074 예산의 형식에 대한 설명으로 옳지 않은 것은?

① 미국과 영국 등은 예산이 법률의 형태로 성립한다.
② 우리나라의 경우 세입예산은 법적 구속력이 있으나, 세출예산은 법적 구속력이 없다.
③ 한국과 일본 등은 예산과 법률을 구별하는 예산의결주의 형태다.
④ 예산으로 법률을 개폐할 수 없고, 법률로써 예산을 수정할 수도 없다.

THEME 075 「국가재정법」에 대한 설명으로 옳지 않은 것은?

① 정부는 매년 당해 연도를 포함한 5회계연도 이상의 기간에 대한 국가 재정운용계획을 수립하고 회계연도 개시 120일 전까지 국회에 제출하여야 한다.
② 국가의 현물출자, 외국차관의 전대, 수입대체경비의 초과수입 등 예산총계주의 원칙의 예외를 규정하고 있다.
③ 대규모사업에 대한 행정안전부장관의 예비타당성조사 제도가 도입되었다.
④ 성인지 예·결산제도를 명문화 하였다.

THEME 076 정부회계에서의 발생주의에 의한 복식부기제도의 특징으로 옳지 않은 것은?

① 정부자산의 감가상각의 적절한 반영이 가능하다.
② 회계 담당자의 주관성이 개입될 우려가 있다.
③ 부채가 존재하더라도 재정건전 상태로 결산될 수 있다.
④ 자기 검증 기능을 통하여 기록 과정의 부정이나 오류 발견이 용이하다.

국가의 재무행정조직인 중앙예산기관, 국고수지총괄기관, 중앙은행은 중앙예산기관과 국고수지 총괄기관이 분리되어 있느냐, 통합되어 있느냐에 따라 삼원체제와 이원체제로 구분된다. 다음 중 성격이 다른 하나는?

① 우리나라의 재무행정조직 형태다.
② 세입과 세출 간 유기적 관련성을 증대시킬 수 있다.
③ 강력한 행정력을 발휘하기가 곤란하고 분파주의의 발생 우려가 있다.
④ 주로 대통령중심제 국가에서 나타난다.

전통적 예산의 원칙에 대한 설명으로 옳지 않은 것은?

① 통일성의 원칙은 국고통일의 원칙이라고도 한다.
② 단일성의 원칙의 예외로는 목적세, 추가경정예산, 특별회계, 기금 등이 있다.
③ 예산총계주의 예외로는 전대차관, 순계예산, 수입대체경비의 초과수입, 기금, 현물출자 등이 있다.
④ 공개성의 원칙의 예외로 신임예산이 있다.

정답 및 해설

074 세입예산은 법적 구속력이 없으나, 세출예산은 법적 구속력이 있다.

075 예비타당성조사 제도의 주체는 기획재정부장관이다.

076 현금주의하에서는 상당액의 부채가 존재하더라도 현금으로 지출되지 않은 경우 재정건전 상태로 결산이 이루어지는 문제가 있다.

077 대통령중심제 국가에서 주로 나타나는 형태는 삼원체제이다(단, 우리나라는 이원체제다).

078 목적세는 통일성의 원칙의 예외이다.

⊞ 삼원체제와 이원체제의 장단점

구분	삼원체제(분리형)	이원체제(통합형)
장점	• 효과적인 행정관리수단 • 강력한 행정력 발휘 • 초월적 입장 견지 • 분파주의 방지	세입과 세출 간 유기적 관련성 증대
단점	세입과 세출 간 유기적 관련성 저하	• 분파주의 발생가능성 • 강력한 행정력 발휘 곤란

정답 **074** ② **075** ③ **076** ③ **077** ④ **078** ②

THEME 079 예산의 분류에 대한 설명으로 옳은 것은?

① 세출예산 중 입법과목으로는 세항과 목이 있다.
② 품목별예산의 장점으로 새로운 사업의 창안과 시행을 촉진시키는 것을 들 수 있다.
③ 품목별 분류는 주로 세출예산에 적용되며 다른 분류 방법과 병행되는 경우가 가장 많다.
④ 시민을 위한 분류로 불리는 기능별 분류는 국회의 통제를 수월하게 하는 장점이 있다.

THEME 080 예산의 종류에 대한 설명으로 옳지 않은 것은?

① 특별회계의 세입은 주로 조세수입에 의해 충당된다.
② 예산순계란 일반회계와 특별회계의 중복 계산한 부분을 제외한 것이다.
③ 기금은 일반회계에 비해 상대적으로 자율성과 탄력성이 보장된다.
④ 금융성기금은 통합예산의 포괄적 범위에서 제외된다.

THEME 081 예산결정이론에 대한 설명으로 옳지 않은 것은?

① '어떠한 근거로 X달러를 B사업 대신 A사업에 배분하도록 결정하는가?'라는 질문을 통해 예산결정이론의 필요성을 역설하였던 학자는 린드블룸(Lindblom)이다.
② 루이스(Lewis)는 상한선이 없는 종전의 예산을 '열린 예산'이라고 비판하고 예산의 상한선을 제시하였다.
③ 루이스(Lewis)의 세 가지 경제학적 명제는 상대가치, 증분분석, 상대적 효과성이다.
④ 버크헤드(Burkhead)는 예산규모 및 세입과 세출의 배분에 관한 결정을 정치적 결정이라고 보았다.

예산결정의 접근 방법에 대한 설명으로 옳지 않은 것은?

① 목표 - 수단분석을 중시하는 관점은 합리주의적 관점이다.
② 예산의 결정 기준은 최선의 대안이 아니라 악의 제거에 있다는 입장은 점증주의적 입장이다.
③ 합리주의적 방법을 반영한 예산제도로는 PPBS, ZBB, LIBS 등이 있다.
④ 정치적 합리성을 중시하는 입장은 점증주의적 관점이다.

윌다브스키(Wildavsky)에 의할 때, 경제력과 예측력이 모두 낮은 경우 나타나는 예산 유형은?

① 보충예산   ② 점증예산
③ 반복예산   ④ 세입예산

정답 및 해설

079
▶ 오답체크
① 세항과 목은 행정과목이다.
② 품목별예산은 통제 중심의 예산이므로 전년도를 답습하게 되어 새로운 사업에 대한 허용 수준이 낮다.
④ 기능별 분류는 국회의 통제가 어려울 수 있다. 국회의 통제를 수월하게 하는 것은 품목별 분류나 조직별 분류이다.

080 특별회계는 특정한 세입으로 특정한 세출에 충당하기 위하여 일반회계와 별도로 구분하여 경리하는 예산이다. 세입은 주로 자체수입, 일반회계로부터의 전입금 등 조세 이외의 특정한 세입으로 충당된다.
▶ 오답체크
② 특별회계와 일반회계의 전입과 전출금을 모두 계산된 규모로 예산을 파악한 것을 예산총계라고 하고, 중복 계산한 부분을 제외한 것을 예산순계라고 한다.
④ 기금 중 금융활동을 수행하는 외국환평형기금과 금융성기금은 통합예산의 포괄범위에서 제외된다.

081 지문의 질문은 린드블룸(Lindblom)이 아닌 키(Key)가 한 질문이다.

082 PPBS와 ZBB는 합리주의적 방법을 반영하였고, LIBS와 PBS는 점증주의적 방법을 반영한 예산제도이다.

083
⊞ 윌다브스키(Wildavsky)의 예산문화론

구분		경제력	
		높음	낮음
예측 가능성	높음	점증예산 ⑩ 미국의 연방정부	세입예산 ⑩ 미국의 지방정부
	낮음	보충예산 (낮은 행정능력)	반복예산 ⑩ 후진국

정답 079 ③   080 ①   081 ①   082 ③   083 ③

예산제도에 대한 설명으로 옳지 않은 것은?

① 품목별예산(LIBS)은 회계책임이 명확하고 재정통제가 용이한 장점이 있다.
② 성과주의예산(PBS)은 관리지향형 예산으로 사업목적과 내용의 이해가 용이하다.
③ 계획예산(PPBS)은 기획이라는 중장기 목표와 그 수단이 되는 예산을 연계함으로써 기획책임이 분산적이다.
④ 영기준예산(ZBB)은 예산의 합리적 감축을 목표로 한다.

최근 각 국은 조직운영상의 신축성과 자율성을 부여하면서, 다른 한편으로는 조직운영결과에 대한 책임을 강화하는 다양한 예산제도 개혁안을 마련하고 있다. 다음의 예산제도 개혁에 대한 설명으로 옳지 않은 것은?

① 캐나다의 예산제도 개혁 중 하나로, 상층부에서 우선순위와 한도를 설정하고 하부기관에서 대안 간의 선택이 이루어지게 하는 제도는 지출총액예산제도다.
② 영국은 1991년 시민헌장을 도입함으로써, 서비스 수요자들은 미리 공공서비스 수준과 기준을 알 수 있게 되었다.
③ 선진 각 국은 다년도 예산편성 제도의 한계를 보완하기 위하여 단년도 예산편성 제도를 도입하였다.
④ 우리나라는 참여정부 때 국가재정운용계획, 탑다운 예산제도, 성과관리제도, 디지털예산회계시스템 등 4대 재정혁신이 법제화 되었다.

우리나라 예산편성의 형식에 대한 설명으로 옳은 것은?

① 예산총칙에는 세입세출예산, 예비비, 명시이월비와 국고채무부담행위에 관한 총괄적 규정을 두고 있다.
② 세입예산은 조세를 통해 이루어지므로 법적 효력이 있지만, 세출예산은 법적 효력이 없다.
③ 계속비의 경우에는 총액에 대해서 국회의 의결이 필요하고, 매년 집행함에 있어서의 연부액에 대해서는 국회의 의결이 불필요하다.
④ 법률에 따른 것과 세출예산금액 또는 계속비의 총액의 범위 외에서 국가가 채무를 부담하는 행위를 할 때에는 미리 예산으로 국회의 의결을 얻어야 한다.

예산집행의 신축성을 유지하기 위한 방안에 대한 설명으로 옳지 않은 것은?

① 예산의 이체는 사전의결원칙의 예외에 해당하며 기획재정부장관은 그 중앙관서의 장의 요구에 따라 이체할 수 있다.
② 명시이월의 재이월은 가능하지만 재이월 된 것을 재차이월하는 것은 불가능하다.
③ 전용(轉用)은 입법과목 간의 상호융통을 말하는 것으로 국회의 의결을 거쳐야 한다.
④ 예비비의 관리책임자는 기획재정부장관이다.

우리나라의 예산과정에 대한 설명으로 옳지 않은 것은?

① 국회심의 후의 예산은 당초 행정부 제출 예산보다 증액되기도 한다.
② 결산은 정부의 예산집행의 결과가 정당한 경우 집행 책임을 해제하는 법적 효과를 가진다.
③ 우리나라 예산은 법률이 아니라 의결의 형식이므로 세출예산안의 형식으로 국회에 제출되고 의결된다.
④ 결산심의에서 위법하거나 부당한 지출이 지적되면 그 정부활동은 무효가 되거나 취소 된다.

정답 및 해설

084 기획예산제도(PPBS)의 기획책임은 최고의사결정권자에게 집중되어 있다.

085 선진 각 국은 단년도 예산편성 제도의 한계를 보완하기 위하여 다년도 예산편성 제도를 도입하고 있다.

086
▶ 오답체크
① 예산총칙에 예비비는 포함되지 않고 계속비가 포함된다.
② 세입예산은 법적 효력이 없고, 세출예산은 법적 효력이 있다. 즉, 세출예산은 행정부를 엄격히 구속하지만 세입예산은 단순한 추정치로서 참고자료에 불과하다.
③ 계속비는 총액과 연부액 모두 국회의 의결이 필요하다.

087 입법과목 간의 상호융통은 전용이 아닌 이용(移用)에 대한 설명이다. 이용은 입법과목 간의 융통으로 사업의 내용이나 규모를 변경하는 것이므로 국회의 의결을 거쳐 기획재정부장관의 승인을 얻어야 한다. 전용은 행정과목 간에 상호 융통을 의미하며 국회의 의결을 거치지 않고 사용할 수 있다.

088 결산심의에서 위법하거나 부당한 지출이 지적되더라도 그 정부활동을 무효나 취소 시킬 수 없다.

정답 **084** ③ **085** ③ **086** ④ **087** ③ **088** ④

PART별 출제 비중 * 최근 3개년 기출 분석(2020년 하반기 시험 제외)

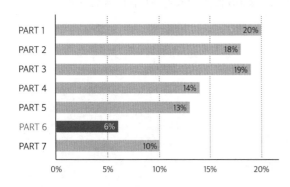

PART 6 행정환류론은 크게 '행정개혁론', '정보화와 행정' 두 부분으로 나눌 수 있습니다. 분량은 많지 않지만 행정에 대한 환류 작용과 공무원의 행정책임 문제, 국가 정보화와 전자 정부가 점점 중요해짐에 따라 앞으로 행정환류론의 출제 비중은 더 늘어날 것으로 보입니다. 특히 최근 시사적인 이슈와 함께 출제되는 경향이 있으므로, 시사 내용에 꾸준히 관심을 가지며 학습하기 바랍니다.

CHAPTER별 빈출 키워드

CHAPTER 1 행정책임과 행정통제	행정통제의 유형, 옴부즈만제도, 국민권익위원회
CHAPTER 2 행정개혁론	행정개혁의 접근방법, 영국의 행정개혁(Next Steps, 시민헌장제도)
CHAPTER 3 정보화와 행정	전자정부론, 암묵지와 형식지, 빅데이터

PART 6

행정환류론

CHAPTER 1 행정책임과 행정통제

THEME 089 행정책임과 행정통제 ★★☆

1 행정책임

1. 개념

(1) 행정관료나 행정조직이 직무를 수행할 때 주권자인 국민의 기대와 요구에 부응하여 일정한 기준에 따라 행동하여야 할 의무

(2) '결과'에 대한 책임뿐만 아니라 '과정'이나 '절차'에 대한 책임도 포함

2. 유형

(1) 국민에 대한 수임자로서의 도의적 책임

(2) 법령에 따라야 하는 법적 책임

(3) 국민과 국민의 대표기관인 의회에 대한 민주적 책임

(4) 공무원으로서의 직업윤리에 충실하여야 하는 기능적 책임 등

3. 기준

(1) **명문의 규정이 있는 경우**
① 법령이나 규정을 따름
② 형식적 해석이 아니라 합목적적으로 적용함이 바람직함

(2) **명문의 규정이 없는 경우**
공익 등의 행정이념, 공직윤리, 국민 및 수익자집단·고객의 요구, 행정조직의 목표와 정책·사업계획 등에 따름

4. 특징

(1) 행정책임은 임무를 수행하여야 하는 의무(obligation)를 전제로 하므로, 권한과 책임의 명확화가 우선되어야 함

(2) 행정책임의 비중이 과거 외재적 책임이 강조되었으나, 현대에는 내재적 책임이 강조되어 책임기준이 변화함

(3) 행정책임은 행정행위의 결과(행정행위의 내용)와 과정(행정행위의 절차)에 대한 책임으로, 일반적으로 결과에 대한 책임이 과정에 대한 책임보다 중시되며 행위의 동기파악은 중시되지 않음

(4) 행정책임은 행정통제의 목적이며, 행정통제는 행정책임을 보장하기 위한 수단

(5) 공무원의 재량권이 확대됨에 따라 공무원의 책임행정이 중요해지고, 국민에 대한 행정의 대응성이 강조됨

(6) 행정책임은 행정업무수행상의 중대하고 명백한 일탈에 대해 발생함

5. 행정책임이 강조되는 이유

(1) 행정이 전문화되고 공무원의 재량권이 확대되면서 행정권이 증대하여 위임입법 증가

(2) 입법부 · 사법부 등 외부통제 상대적으로 약화

(3) 현대행정수요의 복잡화 · 다양화

(4) 정부주도형 경제발전과 권력통치 확대

6. 유형

(1) **객관적 책임과 주관적 책임**

① **객관적 책임(외재적 · 제도적)***

　⊙ **외부통제에 의해 확보되는 책임**: 입법부, 사법부, 국민 등에 의한 통제에 대한 책임

　ⓒ **합법적 책임**: 법규를 준수하지 못한 데에 대한 책임

　ⓒ **계층적 책임**: 행정조직 내에서 상급자의 지시나 부여된 목표에 대해 직접적으로 지는 책임

　ⓔ **응답적 책임**: 국가의 주인인 국민의 요구와 공익적 요청에 부합되는 행정을 수행할 책임

② **주관적 책임(내재적 · 자율적)***

　⊙ 외부적인 힘이 아니라 행위자 스스로의 책임

　ⓒ 행위자의 내면적 · 주관적 기준에 의한 비공식적이고 자율적인 책임

　ⓒ 개인적이고 도의적인 책임

　ⓔ 직업적 · 관료적 · 기능적 책임으로, 전문직업인으로서 공무원이 지니는 업무윤리 및 전문적 지식에 따라 직책을 잘 수행하는가와 관련된 책임

> *외부로부터 부과된 의무에 의한 책임

> *관료의 내면적 기준에 의한 스스로의 책임으로, 객관적인 기준이 존재하지 않고 제재도 없음

Focus on 객관적 책임과 주관적 책임의 비교		
구분	객관적 책임 (외재적 · 제도적)	주관적 책임 (내재적 · 자율적)
학자	파이너(Finer) – 법적 · 공익적 책임	프리드리히(Friedrich) – 재량적 · 기능적 책임
문책자(제재)의 존재	외재, 제재의 존재	내재 또는 부재, 제재의 부재
절차의 중요성	절차의 중시	절차의 준수와 책임완수는 별개
통제방법	공식적이고 제도적인 통제	비공식적이고 자율적인 통제
판단기준	객관적인 판단기준 있음	객관적인 판단기준 없음

기출 체크

제도적 책임성과 대비되는 자율적 책임성에 대한 설명으로 옳지 않은 것은?

2010년 국가직 9급

① 전문가로서의 직업윤리와 책임감에 기초해서 적극적·자발적 재량을 발휘하여 확보되는 책임
② 객관적으로 기준을 확정하기 곤란하므로, 내면의 가치와 기준에 따르는 것
③ 국민들의 요구와 기대를 정확하게 인식해서 이에 능동적으로 대응하는 것
④ 고객 만족을 위하여 성과보다는 절차에 대한 책임 강조

답 ④ 절차에 대한 책임을 강조하는 것은 객관적·제도적 책임에 해당

(2) 법적 책임과 도의적 책임

① **법적 책임(accountability)**

㉠ 가장 본래적 의미의 책임으로 법규·명령에 따라 행동하여야 할 책임

㉡ 도의적 책임은 실제로 분담될 수 있으나, 법적 책임은 분담될 수 없음

② **도의적 책임(윤리적 책임, responsibility)**

㉠ 국민의 수임자 또는 공복으로서의 광범위한 책임

㉡ 국민의 요구에 대한 대응이 핵심적인 책임의 본질

㉢ 법적 책임이 없어도 자기결정에 대한 도의적 책임을 지는 경우 있음

(3) 정치적 책임과 기능적 책임

① **정치적 책임**: 국민에 대해 가지는 민주적 책임

② **기능적 책임**: 전문직업인으로서 가지는 직업적 책임

7. 행정책임에 대한 논쟁

(1) 파이너(Finer)의 고전적 책임 - 법적·민주적 책임 강조

① **외재적 책임**: 행정인이 대외적으로 입법부·사법부·국민에 대하여 지는 책임

② **객관적 책임**: 외재적으로 설정되는 의무가 조직 내의 역할을 규정하는데, 대표적인 것이 법률에 대한 책임

③ **국민에 대한 책임**: 민주국가에서 법률에 대한 책임은 궁극적으로 주권자인 국민에 대한 책임을 반영하는 것

(2) 프리드리히(Friedrich)의 현대적 책임 - 재량적·기능적 책임 강조

① **자율적·내재적 책임**: 행정인이 스스로 책임이 있다고 느끼는 것에 대한 의미로서 도덕적 의무에 대한 내적이고 개인적인 양심

② **기능적 책임**: 공무원이 능력·기술을 최대한 기울이도록 요구되는 책임

2 행정통제

1. 의의

(1) 통제

목표와 그 실천행동을 부합시키는 활동

(2) 행정통제

설정된 행정목표나 기준에 따라 행정활동이 수행되도록 평가하고 시정하는 과정 및 활동

(3) 특징

행정통제는 행정책임을 확보하기 위한 수단이나 장치이며, 국민의 신뢰성 확보와도 밀접한 관련이 있고 주로 외재적인 성격을 가짐

(4) 경향

외부통제는 민주성을 중시하고, 내부통제는 능률성과 효과성을 중시하는데 최근 행정국가화 현상에 의해 외부통제가 한계를 가짐에 따라 내부통제가 상대적으로 중시됨

2. 기능

(1) 행정의 능률성과 민주성을 구현함

(2) 행정재량권 확대에 대한 대응으로, 관료의 재량권 남용을 방지하고 행정책임을 명확화함

(3) 행정계획의 효과적인 집행을 보장하고, 행정성과를 종합적으로 확인하며 평가할 수 있음

(4) 행정통제는 행정책임을 전제로 하며, 행정책임은 행정통제의 목적으로서 역할을 함

3. 원칙

(1) 일치의 원칙

행위자의 권한과 책임이 일치하도록 통제

(2) 명확성의 원칙

통제의 목적이나 기준을 명확하게 인식될 수 있도록 통제

(3) 즉시성의 원칙

기준에 일탈된 내용은 신속하게 통제

(4) 적량성의 원칙

과소통제와 과다통제는 행동자를 위축시키고 사기를 저하시켜 통제의 효율성이 낮아지므로 적정한 수준의 통제 필요

(5) 예외성의 원칙

통제의 효율성을 높이기 위해 일상적·반복적 업무보다는 예외적 사항을 전략적으로 통제

(6) 비교의 원칙

통제에 요구되는 객관적인 기준과 비교하여 통제

(7) 적응성의 원칙

상황변화에 따라 신속하게 대응하여 통제

(8) 지속성의 원칙

일회성 통제는 통제에 대한 불감증을 높이므로 지속적·계속적으로 통제

4. 과정

통제기준의 확인 → 정보수집 → 성과의 평가 → 시정행동

(1) 통제기준의 설정 및 확인

통제의 목표 또는 기준을 확인하는 단계로, 목표수행의 상황, 목표수행의 과정과 결과, 목표수행에 관한 개인적 책임 등을 확인함

(2) 실제 행정과정에 대한 정보의 수집

실질적인 행정과정에 대한 정보를 수집함

행정통제의 전략적 통제점 선택 시 고려사항

1. **적시성**: 행정책임을 규명해야 할 시점
2. **경제성**: 통제비용을 적절히 고려
3. **균형성**: 전체적인 통제대상의 어느 한 부분에만 치우쳐 통제의 균형을 상실해서는 안됨
4. **포괄성**: 전반적인 사업의 성과를 파악할 수 있어야 함
5. **사회적 가치성**: 사회적으로도 의미 있고 중요한 부분을 전략적 통제점으로 선정하여야 함

🏛 기출 체크

행정통제의 과정을 순서대로 바르게 나열한 것은? 2013년 국가직 7급

> ㄱ. 실제 행정 과정에 대한 정보의 수집
> ㄴ. 목표와 계획에 따른 통제기준의 확인
> ㄷ. 통제주체의 시정조치
> ㄹ. 과정평가, 효과평가 등의 실시

① ㄱ → ㄴ → ㄹ → ㄷ
② ㄴ → ㄱ → ㄹ → ㄷ
③ ㄴ → ㄷ → ㄱ → ㄹ
④ ㄷ → ㄴ → ㄱ → ㄹ

답 ② 행정통제는 통제기준의 확인 → 정보수집 → 평가 → 시정조치의 절차로 이루어짐

(3) 성과의 측정과 평가의 실시

통제의 시행성과를 측정하고 편차를 발견하여 비교하고 평가함

(4) 통제주체의 시정조치(feedback)

평가의 결과를 토대로 목표와 사업성과 간의 오차를 제거하거나 조정함

5. 유형

길버트(Gilbert)는 행정통제의 유형을 외부통제와 내부통제, 공식 통제와 비공식 통제로 분류

구분		외부통제	내부통제
공식 통제		• 입법부에 의한 통제 • 사법부에 의한 통제 • 옴부즈만에 의한 통제	• 행정수반 및 국무조정실 • 교차기능조직에 의한 통제 • 계층제 및 인사관리제도에 의한 통제 • 독립통제기관(감사원)에 의한 통제 • 국민권익위원회
비공식 통제		• 이익집단 • 정당 • 언론 및 시민단체 • 여론, 인터넷	• 기능적 책임 • 비공식조직 • 공직윤리, 행정윤리 • 대표관료제 • 공익

(1) 외부 · 공식 통제

① **입법부에 의한 통제**

ㄱ 행정통제 가운데 가장 역사가 오래된 국민의 대표기관인 입법부에 의한 행정통제

ㄴ 실질적으로 효과가 가장 큰 통제방법

ㄷ 입법통제의 수단으로 법률제정, 공공정책의 결정, 예산심의, 각종 상임위원회의 활동, 국정조사 및 국정감사 활동, 고위공직자의 임명동의 · 해임건의 및 탄핵권 등이 있음

ㄹ 행정부의 전문성 향상과 재량권 확대에 따른 입법통제의 실효성 확보가 필요함

② **사법부에 의한 통제**

ㄱ 법규정에 따른 행정활동 정당성의 확보 문제

ㄴ 사법통제의 수단으로 명령 · 규칙 · 처분에 대한 위헌 · 위법 심사권 등이 있음

ㄷ 사후적이고 소극적이며, 비용과 시간이 많이 든다는 한계가 있음

③ **옴부즈만에 의한 통제**

ㄱ 공무원의 위법 또는 부당한 행위로 인하여 권리의 침해를 받은 시민이 제기하는 민원 등을 조사하여 관계기관에 시정을 권고함으로써 국민의 권리를 구제하는 제도

ㄴ 일반적으로 외부 · 공식 통제로 분류함

외부통제와 내부통제

구분	외부통제	내부통제
개념	행정 외부에 통제자가 위치하여 행정활동을 통제	행정 활동을 내부에서 자체적으로 확인하고 시정하는 통제
예	입법부, 사법부, 정당, 이익집단, 여론 등	계층제, 감사원, 공익, 행정윤리, 규범 등

외부통제의 선행조건(Lipset)

1. **사회적 다원화**: 사회 속에서 자율성을 가지는 다양한 집단의 존재
2. **사회적 교화**: 다양한 과정을 통해 국민에게 규범과 지식을 전달하여 국민을 교화시켜야 함
3. **시민의 참여**: 민주의식이 높은 시민의 참여가 필요
4. **기본적인 합의**: 다수결에 대한 승복, 상대방 존중, 국민의 알 권리 등 민주주의에 대한 기본적인 합의가 필요
5. **자유로운 정치활동**: 집회 및 결사의 자유, 참정권, 선거를 통한 정권교체 등 민주통제의 여건의 조성
6. **엘리트의 순환**: 신진엘리트의 채용 등으로 공직의 신지대사 촉진
7. **기타**: 심리적 안정감, 소득의 평준화, 교육의 보편화 등

(2) 외부 · 비공식 통제

① 이익집단(압력단체)
- ㉠ 이익집단은 자신들에게 피해를 주는 정책에 대해서는 반대 로비를, 이익을 주는 정책에 대해서는 찬성 로비를 벌이며 통제기능 수행함
- ㉡ 관변단체나 정경유착과 같은 문제가 제기되기도 함

② 정당
- ㉠ 국민의 자발적 조직인 정당은 정권 획득을 목적으로 하는 사적 조직
- ㉡ 정치적 활동을 통해 행정을 통제함

③ 언론 및 시민단체
- ㉠ 언론기관은 정부의 정책에 대해 건전한 비판자로서 역할을 수행하며 보도 내용이나 방향이 국민들의 여론 형성에 많은 영향을 미침
- ㉡ 시민단체(NGO)는 정부활동에 대해 감시 · 견제를 하며, 시민의 적극적 참여를 통한 통제로 오늘날 행정통제의 중요한 주체로 등장함

(3) 내부 · 공식 통제

① 행정수반: 명령이나 지시, 법규를 통하는 등 사정활동을 통해 다양한 방식으로 통제가 이루어짐

② 관리통제
- ㉠ 행정활동이 본래의 목표나 계획과 기준에 따라 수행되고 있는가를 확인하고, 실적이나 성과를 비교하여 그 결과에 따라 필요한 시정조치를 취하는 형식으로 행정통제 역할을 담당함
- ㉡ 정책 및 기획통제, 운영통제, 감찰통제, 절차통제(보고나 지시) 등의 방법으로 이루어짐

③ 계층제
- ㉠ 계층제는 상관은 부하를 감독하고 필요할 때에는 부하에게 시정조치를 취하도록 지시하는 등 의사결정구조로서 행정체제의 일차적 통제구조에 해당함
- ㉡ 대부분의 조직은 구성원들의 책임성을 확보하기 위하여 다양한 조정장치를 마련해둠

④ 감사원
- ㉠ 직무감찰과 회계검사의 방법으로 행정통제를 수행함
- ㉡ 사후 통제의 성격을 가짐
- ㉢ 우리나라 감사원은 제도상 헌법기관이며, 대통령 직속기구로 되어 있어 독립기관으로서의 법적 지위를 보장받음

⑤ 교차기능조직
- ㉠ 행정체제 전반에 걸쳐 관리작용을 분담하여 수행하는 참모적 조직 단위
- ㉡ 조직과 인사, 재무 등의 관리 기능을 담당하는 행정자치부, 인사혁신처, 기획재정부 등이 해당함
- ㉢ 교차기능조직들은 계선기관의 일정한 의사결정에 대해 동의권 협의권을 가질 경우에 사전적 통제의 성격을 가짐

(4) 내부·비공식 통제

① **기능적 책임**: 직업적 책임이라고도 하며, 직업전문인으로서 공무원의 업무윤리 및 전문적 지식에 따라 직책을 잘 수행하는가와 관련되는 것

② **비공식조직**: 조직 내의 소집단·비공식집단에 의해 행정통제가 이루어짐

③ **공직윤리**: 궁극적으로 공직윤리를 확보함으로써 행정을 통제하려는 것으로, 국민에 대한 봉사인 공무원이라는 직업윤리에 구속됨을 의미함

④ **대표관료제**: 차별받는 계층을 관료로 충원함으로써 민주성과 책임성 확보가 가능해짐

Focus on 길버트(Gilbert)의 행정통제의 유형

구분		외부통제	내부통제
공식 통제		입법부, 사법부, 헌법재판소, 옴부즈만 제도	행정수반(대통령), 교차기능조직, 계층제, 독립통제기관(감사원, 국민권익위원회), 정부업무평가
비공식 통제		이익집단, 정당, 언론매체, 시민통제, NGO	비공식조직, 행정윤리, 대표관료제, 공익

6. 강화방안

(1) 행정의 투명성 확보를 통한 정보의 균등화

(2) 행정통제의 대상과 영역확대 및 통제장치의 다양화 필요

(3) 시민사회의 자율성과 통제력이 강화되어야 함

(4) 행정부로부터 통제주체의 독립

(5) 공직윤리 확립을 통한 자율적 통제장치의 확립

THEME 090 옴부즈만제도와 민원처리제도 ★★★

1 옴부즈만제도

1. 일반적인 옴부즈만제도의 의의

(1) 옴부즈만이란 공무원의 위법·부당한 행위로 인해 권리의 침해를 받은 시민이 제기하는 민원·불평을 조사하여 관계기관에 시정을 권고함으로써 국민의 권리를 구제하는 제도

(2) 1809년 스웨덴에서 처음 발전된 제도로 입법부 소속의 공식적 외부통제장치이며 '호민관' 또는 '행정감찰관'이라고도 불림

(3) 행정기능의 확대·강화로 행정에 대한 입법부 및 사법부의 통제가 실효를 거둘 수 없게 되자 이에 대한 보완책으로 등장함

(4) 우리나라는 국무총리 소속(행정부)의 국민권익위원회가 이에 해당함

2. 일반적 특징

(1) 입법부 소속기관으로, 대부분의 국가에서 옴부즈만은 의회 소속인 경우가 일반적이지만 직무수행에 있어서는 의회의 영향을 받지 않고 독립적으로 수행함(단, 우리나라와 프랑스의 경우 행정부 소속기관)

(2) 직무상의 독립성을 가지는 헌법기관으로서, 의회로부터 직무와 관련하여 직접 지시나 명령을 받지 않음

(3) 합법성뿐만 아니라 합목적성의 문제도 조사의 대상이 되어 고발행위가 다양함

(4) 국민의 요구나 신청에 의해서 조사를 하는 것이 일반적이지만, 직권에 의한 조사도 가능(단, 우리나라의 경우 신청조사만 가능함)

(5) 간접적 통제로, 기존의 행정결정이나 법원의 결정·행위를 무효 또는 취소, 변경할 권한을 가지고 있지 않아 시정조치를 담당기관에 권고 할 수만 있으며 이로 인해 이빨 없는 경비견(Watchdog without teeth)이라고 불림

(6) 조사·시찰권 인정되나, 소추권은 인정되지 않는 것이 일반적임

(7) 행정심판이나 소송 등 사법부에 의한 통제나 다른 구제수단에 비해 신속한 처리가 가능하고 비용이 저렴함

(8) 의회와 행정부 간의 업무협조와 상호 견제 등 의회와 행정부 간 완충 역할을 함

2 우리나라의 옴부즈만 – 국민권익위원회

1. 의의

(1) 개념

① 「부패방지 및 국민권익위원회의 설치와 운영에 관한 법률」에 근거하여 고충민원 처리와 이에 관련된 불합리한 행정제도를 개선하고, 부패가 발생하는 것을 예방하며 부패를 효율적으로 규제하기 위하여 국민권익위원회를 둠

② 국민의 권익을 보호하고, 청렴한 공직 및 사회풍토의 확립에 이바지하는 것이 목적

(2) 구성

위원장	1명	국무총리의 제청으로 대통령이 임명
부위원장	3명	국무총리의 제청으로 대통령이 임명
상임위원	3명	위원장의 제청으로 대통령이 임명
기타위원	8명	대통령 2명, 국회 3명, 대법원장 3명

① 국무총리 소속으로 위원장 1명을 포함한 15명의 위원(부위원장 3명, 상임위원 3명)으로 구성됨

② **임기**: 위원장과 위원의 임기는 3년이며, 1차에 한해 연임 가능

(3) 지방자치단체에 시민고충처리위원회의 설치

① 지방자치단체 및 그 소속기관 관련 고충민원의 처리와 행정제도의 개선을 위해 각 지방자치단체에 시민고충처리위원회를 설치할 수 있도록 함

② 시민고충처리위원회 위원의 임기는 4년이며, 연임할 수 없음

2. 신청대상(고발행위의 다양성)

공무원의 위법뿐 아니라 부당하거나 소극적인 처분, 비능률, 태만 등 다양한 행위에 대해서 고발이 가능하며 합법성뿐만 아니라 합목적성에 문제가 있는 공무원의 행정행위도 조사대상이 됨

3. 국민권익위원회의 권한

(1) 합의의 권고 및 조정

(2) 시정의 권고 및 의견의 표명

(3) 제도개선의 권고 및 의견의 표명

(4) 처리결과의 통보

(5) 고충민원처리

4. 주요 기능(「부패방지 및 국민권익위원회의 설치와 운영에 관한 법률」 제12조)

(1) 국민의 권리보호·권익구제 및 부패방지를 위한 정책의 수립 및 시행

(2) 고충민원의 조사와 처리 및 이와 관련된 시정권고 또는 의견표명

(3) 고충민원을 유발하는 관련 행정제도 및 그 제도의 운영에 개선이 필요하다고 판단되는 경우 이에 대한 권고 또는 의견표명

(4) 위원회가 처리한 고충민원 결과 및 행정제도 개선에 관한 실태조사와 평가

(5) 공공기관의 부패방지를 위한 시책 및 제도개선 사항의 수립·권고와 이를 위한 공공기관에 대한 실태조사

(6) 공공기관의 부패방지 시책 추진상황에 대한 실태조사·평가

(7) 부패방지 및 권익구제 교육·홍보 계획의 수립·시행

(8) 비영리 민간단체의 부패방지활동 지원 등 위원회의 활동과 관련된 개인·법인 또는 단체와의 협력 및 지원

(9) 위원회의 활동과 관련된 국제협력

(10) 부패행위 신고 안내·상담 및 접수 등

(11) 신고자의 보호 및 보상

(12) 법령 등에 대한 부패유발요인 검토

(13) 부패방지 및 권익구제와 관련된 자료의 수집·관리 및 분석

(14) 공직자 행동강령의 시행·운영 및 그 위반행위에 대한 신고의 접수·처리 및 신고자의 보호

(15) 민원사항에 관한 안내·상담 및 민원사항 처리실태 확인·지도

(16) 온라인 국민참여포털의 통합 운영과 정부민원안내콜센터의 설치·운영

(17) 시민고충처리위원회의 활동과 관련한 협력·지원 및 교육

(18) 다수인 관련 갈등 사항에 대한 중재·조정 및 기업의 애로 해소를 위한 기업 고충민원의 조사·처리

(19) 「행정심판법」에 따른 중앙행정심판위원회의 운영에 관한 사항

(20) 다른 법령에 따라 위원회의 소관으로 규정된 사항

(21) 그 밖에 국민권익 향상을 위하여 국무총리가 위원회에 부의하는 사항

5. 고충민원의 조사

(1) 누구든지(국내에 거주하는 외국인을 포함) 국민권익위원회 또는 시민고충처리위원회(이하 '권익위원회'라 한다)에 고충민원을 신청할 수 있으며, 이 경우 하나의 권익위원회에 대하여 고충민원을 제기한 신청인은 다른 권익위원회에 대하여도 고충민원을 신청할 수 있음

(2) 권익위원회에 고충민원을 신청할 때에는 문서(전자문서 포함)로 신청하여야 하지만 문서에 의할 수 없는 특별한 사정이 있는 경우 구술로 가능

(3) 고충민원의 신청이 있는 경우에는 그 접수를 보류하거나 거부할 수 없으며, 접수된 고충민원서류를 부당하게 되돌려 보내서는 안 됨

(4) 권익위원회는 접수된 고충민원 중 관계 행정기관 등에서 처리하는 것이 타당하다고 인정되는 사항은 이를 관계 행정기관 등에 이첩할 수 있음

(5) 권익위원회는 고충민원을 접수한 경우에는 지체 없이 그 내용에 관하여 필요한 조사를 하여야 함. 다만, ① 고충민원의 내용이 각하사항이거나, ② 고충민원의 내용이 거짓이거나 정당한 사유가 없다고 인정되는 사항, ③ 그 밖에 고충민원에 해당하지 아니하는 경우 등 권익위원회가 조사하는 것이 적절하지 아니하다고 인정하는 사항에는 조사를 하지 않을 수 있음

6. 고충처리 각하 대상(「부패방지 및 국민권익위원회의 설치와 운영에 관한 법률」제43조)

(1) 고도의 정치적 판단을 요하거나 국가기밀 또는 공무상 비밀에 관한 사항

(2) 국회·법원·헌법재판소·선거관리위원회·감사원·지방의회에 관한 사항

(3) 수사 및 형집행에 관한 사항으로서 그 관장기관에서 처리하는 것이 적당하다고 판단되는 사항 또는 감사원의 감사가 착수된 사항

(4) 행정심판, 행정소송, 헌법재판소의 심판이나 감사원의 심사청구, 그 밖에 다른 법률에 따른 불복구제절차가 진행 중인 사항

(5) 법령의 규정에 따라 화해·알선·조정·중재 등 당사자 간의 이해조정을 목적으로 행하는 절차가 진행 중인 사항

(6) 판결·결정·재결·화해·조정·중재 등에 따라 확정된 권리관계에 관한 사항 또는 감사원이 처분을 요구한 사항

(7) 사인 간의 권리관계 또는 개인의 사생활에 관한 사항

(8) 행정기관 등의 직원에 관한 인사행정상의 행위에 관한 사항

7. 한계

(1) 법률상 기관

헌법상 기관이 아닌 법률상 기관으로, 조직의 안정성·독립성이 부족함

(2) 신청에 의한 조사

신청에 의한 조사만 가능하고 직권조사권이 없음

(3) 사후적 심사수단

사전심사권이 없어 사전예방제도가 아닌 사후적 심사에 불과함

(4) 행정부 소속기관

행정부에 소속되어 있어 강력한 권한 행사가 곤란함

(5) 행정부의 통제수단

입법부와 사법부는 통제의 대상이 되지 못함

Focus on 일반적인 옴부즈만과 국민권익위원회의 비교

구분	일반적인 옴부즈만(스웨덴)	국민권익위원회
공통점	• 합법성 외 합목적성 차원의 조사가 가능 • 직접적으로 무효로 하거나 취소할 수 있는 권한은 없음(간접적 권한 보유)	
차이점	헌법상 기관, 공식적·외부통제장치	법률상 기관, 공식적·내부통제장치
	입법부 소속	행정부 소속
	신청에 의한 조사 외 직권조사권이 있음	신청에 의한 조사만 가능하며 직권조사권이 없음

---

3 민원처리제도(「민원 처리에 관한 법률」)

1. 의의

(1) 관련 개념

① **민원**: 민원인이 행정기관에 대하여 처분 등 특정한 행위를 요구하는 것

② **일반민원**: 법정민원, 질의민원, 건의민원 등

③ **고충민원**: 「부패방지 및 국민권익위원회의 설치와 운영에 관한 법률」 제 2조 제5호에 따른 고충민원

④ **복합민원**: 하나의 민원 목적을 실현하기 위하여 관계 법령 등에 여러 관계 기관 또는 관계 부서의 인가·허가·승인·추천·협의 또는 확인 등을 거쳐 처리되는 법정민원

⑤ **다수인관련민원**: 5세대 이상의 공동이해와 관련되어 5명 이상이 연명으로 제출하는 민원

(2) 목적

민원처리에 관한 기본적인 사항을 규정하여 민원의 공정하고 적법한 처리와 민원행정제도의 합리적 개선을 도모하여 국민의 권익을 보호함

기출 체크

민원행정에 대한 설명으로 옳지 않은 것은? 2018년 국가직 7급

① 행정체제의 경계를 넘나드는 교호작용을 통하여 주로 규제와 급부에 관련된 행정산출을 전달한다.

② 행정기관의 장은 개인의 사생활에 관한 사항에 해당하는 경우 그 민원을 처리하지 않을 수 있다.

③ 행정구제수단으로서의 기능을 수행한다.

④ 행정기관은 사경제의 주체로서 민원을 제기할 수 없다.

답 ④ 「민원 처리에 관한 법률」에 의해 행정기관도 사경제주체로서 민원을 제기할 수 있음

518 해커스공무원 학원·인강 gosi.Hackers.com

2. 민원인

(1) 정의

① 행정기관에 대하여 처분 등 특정한 행위를 요구하는 개인·법인·단체

② 민원인으로 보지 않는 경우

  ㉠ 행정기관에 특정한 행위를 요구하는 행정기관 또는 공공단체(행정기관 또는 공공단체가 사경제의 주체로서 요구하는 경우 제외)

  ㉡ 행정기관과 사법(私法)상의 계약관계에 있는 자로서 계약관계와 직접 관련하여 행정기관에 특정한 행위를 요구하는 자

  ㉢ 행정기관에 특정한 행위를 요구하는 자로서 성명·주소 등이 분명하지 아니한 자

(2) 민원인의 권리와 의무

① **권리**: 민원인은 행정기관에 민원을 신청하고 신속·공정·친절·적법한 응답을 받을 권리가 있음

② **의무**: 민원인은 민원을 처리하는 담당자의 적법한 민원처리를 위한 요청에 협조하여야 하고, 행정기관에 부당한 요구를 하거나 다른 민원처리를 지연시키는 등 공무를 방해하는 행위를 하여서는 아니 됨

(3) 민원처리 담당자의 의무: 민원처리 담당자는 담당 민원을 신속·공정·친절·적법하게 처리하여야 함

3. 민원의 종류

(1) 일반민원

① **법정민원**: 법령·훈령·예규·고시·자치법규 등에서 정한 일정 요건에 따라 인가·허가·승인·특허·면허 등을 신청하거나, 장부·대장 등에 등록·등재를 신청 또는 신고하거나, 특정한 사실 또는 법률관계에 관한 확인 또는 증명을 신청하는 민원

② **질의민원**: 법령·제도·절차 등 행정업무에 관하여 행정기관의 설명이나 해석을 요구하는 민원

③ **건의민원**: 행정제도 및 운영의 개선을 요구하는 민원

④ **기타민원**: 법정민원, 질의민원 건의민원 및 고충민원 외에 행정기관에 단순한 행정절차 또는 형식요건 등에 대한 상담·설명을 요구하거나 일상생활에서 발생하는 불편사항에 대하여 알리는 등 행정기관에 특정한 행위를 요구하는 민원

(2) 고충민원(苦衷民怨)

「부패방지 및 국민권익위원회의 설치와 운영에 관한 법률」 제2조 제5호에 따른 민원으로, 행정기관의 위법·부당하거나 소극적인 처분(사실행위 및 부작위 포함) 및 불합리한 행정제도로 인하여 국민의 권리를 침해하거나 국민에게 불편·부담을 주는 사항에 관한 민원이며 국민권익위원회의 담당사항

(3) 복합민원(複合民怨)

하나의 민원목적을 실현하기 위하여 법령·훈령·예규·고시 등에 의하여 다수의 관계기관 또는 관계부서의 허가·인가·승인·추천·협의 또는 확인 등을 거쳐 처리되는 법정민원

「민원 처리에 관한 법률」 제2조【정의】

'민원인'이란 행정기관에 민원을 제기하는 개인·법인 또는 단체를 말한다. 다만, 행정기관(사경제주체로서 제기하는 경우는 제외한다), 행정기관과 사법상 계약관계(민원과 직접 관련된 계약관계만 해당한다)에 있는 자, 성명·주소 등이 불명확한 자 등 대통령령으로 정하는 자는 제외한다.

「민원 처리에 관한 법률」 주요 내용

1. '민원사무'라는 용어는 공무원의 내부 업무를 지칭하는 의미가 있어 이를 '민원'이란 용어로 변경함에 따라 법률 제정을 「민원 처리에 관한 법률」로 변경함
2. 민원을 그 특성에 따라 법정민원, 질의민원, 건의민원, 기타민원 및 고충민원으로 분류(제2조 제1호 각목)
3. 이 법의 적용을 받는 행정기관의 대상을 정의규정에 명확히 규정하되, 국회·법원·헌법재판소·중앙선거관리위원회의 행정사무를 처리하는 기관 및 공공기관 등으로 확대(제2조 제3호)
4. 행정기관의 장으로 하여금 법정민원의 처리기간을 민원의 종류별로 정하여 공표하고, 민원편람에 수록하도록 함(제7조)
5. 민원처리기간을 산정할 때, 공무원이 근무하지 않는 토요일을 제외(제9조)
6. 장기 미해결 민원 및 반복 민원 등의 해소·방지대책과 거부처분에 대한 이의신청 등을 심의하기 위한 민원조정위원회의 설치근거를 법률에 규정(제34조)
7. 민원인의 관리·의무규정을 신설하여 행정기관으로부터의 신속·공정·친절·적법한 응답을 받을 권리와 행정기관에 부당한 요구나 다른 민원인의 민원 처리를 지연시키는 행위를 하지 아니할 의무가 있음을 명시(제4조)

(4) 다수인관련민원

5세대 이상의 공동이해와 관련되어 5명 이상이 연명으로 제출하는 민원

4. 민원처리의 원칙 및 주요 내용

(1) 민원처리 지연 금지의 원칙

행정기관의 장은 관계법령 등에서 정한 처리기간이 남아 있다거나 그 민원과 관련 없는 공과금 등을 미납하였다는 이유로 민원처리를 지연시켜서는 아니 됨

(2) 민원신청 문서의 원칙

민원의 신청은 문서(전자문서 포함)로 하여야 하지만, 기타민원은 구술(口述) 또는 전화로 할 수 있음

(3) 민원신청 접수거부 금지의 원칙

행정기관은 민원사항의 신청 시 다른 법령에 특별한 규정이 있는 경우를 제외하고는 그 접수를 보류하거나 거부할 수 없으며, 접수된 민원서류를 부당하게 되돌려 보내서는 아니 됨

(4) 불필요한 서류 요구 금지의 원칙

행정기관의 장은 민원을 접수·처리할 때에 민원인에게 관계법령 등에서 정한 구비서류 외의 서류를 추가로 요구하여서는 아니 됨

(5) 다른 행정기관을 이용한 민원의 접수·교부

당해 행정기관이 접수·처리해야 할 민원사항을 다른 행정기관·법인으로 하여금 접수·교부하게 할 수 있음

(6) 민원실의 설치

행정기관은 민원사무를 신속히 처리하고 민원인에 대한 안내·상담의 편의를 제공하기 위해 민원실을 설치할 수 있음(의무사항은 아님)

(7) 민원사무편람의 비치 원칙

행정기관은 민원사항의 신청에 필요한 사항을 게시하거나 편람을 비치하여 민원인이 이를 볼 수 있도록 하여야 함

(8) 민원 1회 방문처리제

당해 행정기관의 내부에서 할 수 있는 자료의 확인, 관계기관·부서와의 협조 등에 따른 모든 절차는 담당공무원이 직접 행하도록 하여 민원 1회 방문처리제를 확립함으로써 불필요한 사유로 민원인이 행정기관을 다시 방문하지 아니하도록 하여야 하며, 행정기관의 장은 민원 1회 방문 처리에 관한 안내와 상담의 편의를 제공하기 위하여 '민원 1회 방문 상담 창구'를 설치하여야 함(의무사항)

(9) 민원후견인 지정

행정기관의 장은 민원 1회 방문처리제의 원활한 운영을 위하여 민원 처리에 경험이 많은 소속 직원을 민원후견인으로 지정하여 민원인을 안내하거나 민원인과 상담하게 할 수 있음

「민원 처리에 관한 법률」 주요 내용

1. 행정기관의 거부처분에 대한 이의신청 결과가 확정되기 전에 행정심판이나 행정소송을 제기하여야 하는 불합리함을 시정하기 위하여 거부처분에 대한 이의신청기간을 현행 90일 이내에서 60일 이내로 변경(제35조)
2. 행정안전부장관으로 하여금 매년 민원행정 및 제도개선에 관한 기본지침을 작성하여 행정기관의 장에게 통지하도록 하고, 중앙행정기관의 장은 기본지침에 따라 그 기관의 특성에 맞는 민원행정 및 제도개선 계획을 수립·시행하도록 함(제38조)
3. 행정기관의 장과 민원을 처리하는 담당자는 민원과 관련된 행정제도에 대한 개선안을 행정안전부장관 또는 그 민원의 소관 행정기관의 장에게 제출할 수 있도록 하고, 행정안전부장관은 소관 행정기관의 장이 수용하지 아니한 개선안 사항 중 개선할 필요성이 있다고 인정되는 사항에 대하여는 개선을 권고할 수 있도록 함(제39조)
4. 여러 부처와 관련된 민원제도에 대한 개선사항 등을 심의·조정하기 위한 민원제도개선조정회의의 설치 근거를 법률에 규정(제40조)

(10) 민원사무처리기준표의 통합고시 원칙

행정안전부장관은 민원인의 편의를 위하여 관계법령 등에 규정되어 있는 민원사항의 처리기관·처리기간·구비서류·처리절차·신청방법 등에 관한 사항을 종합한 민원사무처리기준표를 작성하여 매년 관보에 고시하고 통합전자민원창구에 게시하여야 함

(11) 반복 및 중복 민원의 처리

행정기관의 장은 민원인이 동일한 내용의 민원(법정민원을 제외)을 정당한 사유 없이 3회 이상 반복하여 제출하는 경우 2회 이상 그 처리결과를 통지하고, 그 후에 접수되는 민원에 대하여는 종결 처리할 수 있음

(12) 다수인관련민원의 처리

다수인관련민원을 신청하는 민원인은 연명부(連名簿)를 원본으로 제출하여야 함

(13) 복합민원의 처리

행정기관의 장은 복합민원을 처리할 주무부서를 지정하고 그 부서로 하여금 관계 기관·부서 간의 협조를 통하여 민원을 한꺼번에 처리하게 할 수 있음

(14) 처리결과 통지의 원칙

행정기관은 민원인이 신청한 민원사항에 대한 처리결과를 민원인에게 문서로 통지하되 민원인이 신청한 민원사항을 거부하거나 실현이 불가능하다고 인정할 때에는 그 이유를 함께 통지하여야 함

(15) 민원인의 사전심사의 청구

법정민원 중 신청에 경제적으로 많은 비용이 수반되는 민원 등 대통령령으로 정하는 민원에 대하여는 행정기관의 장에게 정식으로 민원을 신청하기 전에 미리 약식의 사전심사를 청구할 수 있음

CHAPTER 2 행정개혁론

THEME 091 행정개혁의 본질 ★☆☆

1 의의

1. 개념

(1) 행정개혁(administrative reform)이란 행정을 현재보다 더 나은 상태로 개선하기 위한 의식적·인위적·계획적인 노력

(2) 단순히 조직개편이나 관리기술의 개선뿐만 아니라 행정인의 가치관·신념·태도를 변화시켜 개인발전과 조직발전을 통합시키려고 하는 것

2. 특징

(1) 보다 나은 상태를 지향하고 바람직한 변화를 추구하는 계획적·유도적·목표지향적 특징을 지님

(2) 권력투쟁, 타협, 설득이 병행되는 정치적·사회심리적 과정에서 추진되므로 이의 목적·대상이나 성공 여부는 정치적 환경이나 정치적 지지에 의하여 크게 영향 받음

(3) 미래를 향한 과정상의 동태성(dynamic)을 가지며 불확실한 미래에 대응하는 행동지향적 특성을 가지므로, 반드시 의도한 결과만을 초래하는 것이 아니라 의도하지 않은 결과를 초래할 수도 있음

(4) 끊임없이 변화하는 사회환경과 행정체제 속에서 이루어지므로, 일시적·즉흥적인 것이 아닌 계획적·다선형적·계속적·변화과정

(5) 개혁에 관련된 내재적·외재적 요인들의 포괄적인 연관성을 중시함

(6) 환경 및 하위체제들의 변화에 능동적으로 대응하고 문제해결을 강구하는 개방적·능동적 활동

(7) 행정을 인위적이고 의식적으로 변화시키는 것이기 때문에 불가피하게 저항이 수반됨

3. 필요성

(1) 환경의 변화에 따라 새로운 이념이 등장하게 되고 이에 개혁이 발생하게 되며, 최고관리자의 정치이념이나 기본정책의 변화가 조직구조의 개편을 가져옴

(2) 사회·경제적 상황의 변동에 따라 정부의 역할이 달라지고 새로운 행정수요·행정문제에 대처해야 하기 때문에 행정개혁이 불가피함

(3) 정치·행정의 영역에서 권력·이해관계를 둘러싸고 전개되는 투쟁이나 행정기관 내 혹은 기관 간 긴장·대립의 격화는 개혁을 촉진시키는 요인이 됨

(4) 불필요한 기능의 중복, 예산의 낭비, 비합리적인 사무배분 등에 의한 능률화의 필요성은 개혁의 동기가 됨

(5) 새로운 과학기술의 발달로 행정의 전문화·합리화 등은 개혁을 촉진시키는 요인이 됨

(6) 행정조직은 시간의 흐름에 따라 규모·업무량·활동범위 등이 증대되는 관성적 경향이 있고, 권한·영향력의 확대·예산의 팽창·고위직의 증설 등 일련의 관료이익 추구 행태는 개혁을 촉발시키는 원인이 됨

2 행정개혁의 접근방법

1. 구조적 접근방법(원리접근법)

(1) 의의

① 행정관리론이나 베버(Weber)의 관료제이론에 근거하여, 합리적·공식적 조직에 중점을 두어 행정체제의 구조설계를 개선함으로써 행정개혁의 목적을 달성하려는 접근방법

② 1910년대 태프트(Taft) 위원회, 1940년대의 후버(Hoover) 위원회의 활동이 구조적 접근방법과 관련되며 우리나라의 행정개혁도 이러한 입장을 따랐음

(2) 주요 전략

① 원리전략
  ㉠ 조직의 건전원칙에 의거한 최적구조가 업무의 최적수행을 초래한다는 전략
  ㉡ 기능중복의 제거, 책임의 재조정, 조정 및 통제절차의 개선, 표준적 절차의 간소화 등을 활용하여 행정조직 재편성

② **분권화 전략**: 조직의 분권화를 통해 계층을 줄이고 명령과 책임의 계통을 분명하게 함으로써 막료 서비스가 확립될 수 있다고 보는 전략

(3) 구체적 방법

① 기구·절차의 간소화와 기능의 중복 제거
② 권한 배분의 수정 및 명령 계통의 수정
③ 권한과 책임의 명확화
④ 의사결정권한과 의사전달체계의 수정
⑤ 리스트럭처링(restructuring)
⑥ 집권화 또는 분권화의 확대

(4) 평가

① 조직 내부의 구조적 요인을 대상으로 이상적인 조직구조를 설계하는 데 초점을 둠
② 공식적 구조 측면을 지나치게 강조하여 인간을 종속변수로 취급함
③ 조직의 동태적 성격과 환경적 요인이 충분히 고려되지 않음

핵심 OX

사업(산출)중심적 접근방법은 행정활동의 목표를 개선하고 서비스의 양과 질을 개선하려는 접근방법으로 분권화의 확대, 권한 재조정, 명령계통 수정 등에 관심을 갖는다. (ㅇ, ×)

답 × 분권화의 확대, 권한 재조정, 명령계통 수정은 구조적 접근방법에 해당

2. 관리기술적(과정적) 접근방법

(1) 의의
① 행정 절차의 과정 또는 일하는 수단의 합리화와 관련된 접근방법
② 행정업무의 수행과정에 집중하여 기술이나 장비, 수단을 개선하고 관리과학 · 운영연구 · 체제분석 등의 계량화 모형에 의존하여 행정성과의 향상을 도모함

(2) 구체적 방법
① **관리과학(OR; Operational Research)**: 수학적 개념과 계량성을 행정과정에 적용하는 방법으로 재고관리 · 자원배분 · 대기결정 · 우선순위 결정 등에 적용함
② **전자자료처리시스템(EDPS; Electronic Data Processing System)**: 정보의 흐름을 신속하게 함으로써 정보를 제시간에 제공함
③ **행정정보시스템의 구축**: MIS, PMIS, GIS 등을 구축
④ 행정정보공개 활성화
⑤ 행정민원절차 간소화
⑥ BPR(Business-Process Reengineering), 리엔지니어링(reengineering)

(3) 평가
① 첨단 기술을 활용함으로써 기존의 조직목표와 이해관계를 변화시키지 않으면서 행정업무의 효율을 향상시켜 표준적 절차와 조직의 과업수행에 영향을 미침
② 복잡한 현실시계를 너무 단순화시켜 파악하는 기계적 모형으로 기술과 인간성이 상충되면서 발생하는 갈등을 소홀히 할 수 있음

3. 인간관계적(행태적) 접근방법

(1) 의의
① 개혁의 초점을 인간에 두는 인간중심적 접근방법으로 행정인의 가치나 행태를 의도적으로 변화시키려는 개혁방법
② 행정인을 중요한 결정 과정에 참여시켜 심리적 욕구를 충족시키고 조직목표와 개인목표의 통합을 추구하면서 집단토론, 감수성훈련 등 이른바 조직발전(OD; Organizational Development)기법을 활용하여 가치관, 신념, 태도 등의 변화를 유도함
③ 행정인의 가치나 행태를 개선하고 인간의 능력 등을 개발함으로써 행정개혁의 실효를 거두려는 입장으로 행태과학에 관한 연구나 지식이 많이 요구됨

(2) 구체적 방법
① **조직발전(OD)**: 집단토론, 감수성훈련, 태도조사 등 조직발전기법 활용하여 조직의 목표에 개인의 성장의욕을 결부시킴
② **목표관리(MBO; Management by Objective)**: 조직목표와 개인목표의 설정을 통해 구성원들의 자율적인 행태변화를 유도하는 방법

PMIS

경영정보시스템(MIS)의 개념을 공공부문으로 연장한 것으로서, 행정의 목적을 달성하기 위해 공공기관의 제반 정책과정, 업무수행 관리, 분석 및 평가를 지원하도록 정보통신기술을 이용하여 인공적으로 설계된 인간과 기계의 통합체

GIS

지리정보시스템(Geography Information System)은 수치지도와 DB를 위상적 관계로 연결해 주고 이를 분석하고 활용하는 종합 공간정보시스템

핵심 OX

01 BPR 등을 통한 행정조직 내의 운영과정 및 일의 흐름을 개선하는 것은 관리기술적인 접근방법에 해당한다. (O, ×)

답 O

02 집단토론, 감수성훈련 등 조직발전(OD)기법의 활용은 행태적 접근방법에 해당한다. (O, ×)

답 O

(3) 평가

① 자유로운 의사소통이나 참여의식이 불충분하고 권위적인 행정문화가 지배적인 경우 갈등을 야기하기 쉽고 재사회화에 대한 비용이 많이 들어 적용에 어려움이 있음

② 행정조직은 공식적이고 계층제적인 성격이 강하고 법적 규제를 많이 받기 때문에, 비공식적이고 감정적인 방법을 전면적으로 적용하는 것이 어려움

③ 행태의 변동은 짧은 기간에 이루어지기 어렵기 때문에 장기간의 지속적인 노력이 요구됨

Focus on | 행정개혁의 주요 접근방법의 비교

구분	구조적 접근	관리기술적 접근	인간관계적 접근
관련이론	• 원리접근법 • 고전적 조직론	• 과학적 관리론 • 관리과학	• 인간관계론 • 행태주의, 행태과학
예	• 절차의 간소화 • 행정사무의 적절한 배분 • 집권화나 분권화 • 계층제	• 행정정보시스템 • 행정정보공개 • 민원절차간소화 • 리엔지니어링	• 감수성훈련 • 태도조사 • MBO를 통한 자율적 행태 변화 유도

---

4. 기타 접근방법(최근)

(1) 종합적(체제적) 접근방법(integrated approach)

① 하나의 접근방법으로는 설명력에 한계를 가지기 때문에 구조·인간·환경은 물론 조직을 체제로서 파악하여 이들 간의 상호 관련성을 고려하는 접근방법

② 개방체제의 관념에 입각하여 개혁 대상의 구성요소들을 포괄적으로 관찰하고 다양한 접근방법을 통합하여 해결방안을 탐색하고 개혁을 달성하고자 함

(2) 문화론적 접근방법(cultural approach)

① 행정문화를 변화시켜 행정체제의 근본적이고 장기적인 개혁을 달성하려는 접근방법

② 의식적이고 계획적인 개입을 통해 바람직한 문화변동이라는 목표를 달성하고자 함

(3) 사업중심적(정책중심적) 접근방법(program-oriented approach)

① 행정산출의 정책목표 및 내용과 소요자원에 초점을 두어 행정 활동의 목표를 개선하고 행정서비스의 양과 질을 개선하려는 접근방법

② 주로 정책분석과 평가, 생산성 측정, 직무검사 및 행정책임평가 등을 활용함

행정개혁의 과정

개혁의 필요성 인식

↓

개혁안의 준비 · 결정

↓

개혁의 시행

↓

개혁의 평가 및 환류

3 행정개혁의 과정과 성공요인

1. 과정

행정개혁은 현재의 수준이 목표에 도달하지 못하는 문제상황을 인식하고 바람직한 기준과의 차이를 확인하여 개혁의 필요성을 확인하고 합의하는 과정을 통해 이루어짐

(1) 개혁의 필요성 인식(문제의 인식)

행정개혁에 대한 필요성은 최고권력자나 행정기관의 장의 변동 또는 행정기관에 대한 비판이나 위협 등이 발생하는 경우 인식하게 됨

① **객관적 요인**
- ㉠ 권력변동에 따른 행정수단의 변화 요구
- ㉡ 행정수요의 발생
- ㉢ 관행적이고 팽창적인 경향의 시정

② **주관적 요인**: 최고권력자나 관리계층이 객관적인 요인을 일정한 시점에서 개혁목표로 인정

(2) 개혁안의 준비와 결정

① **개혁담당자**
- ㉠ 개혁은 최고관리자(변혁적 리더)나 고급공무원, 또는 조직발전 전문가(담당기관)에 의해서 이루어짐
- ㉡ 개혁안을 마련하는 것은 공직 내부관료를 중심으로 이루어지는 내부주도형과 외부전문가를 중심으로 이루어지는 외부주도형으로 구분됨

구분	내부주도형(정부)	외부주도형(민간)
장점	• 시간과 비용 절약 • 집중적이고 간편한 건의 • 실제적 정책과 사업계획에 중점을 둠 • 개혁안 집행이 보다 용이하여 현실성 · 실현가능성이 높음	• 종합적, 객관적 • 보고서가 세밀함 • 국민의 광범위한 지지 확보 용이 • 본질적인 재편성 가능 • 정치적 측면의 고려 가능
단점	• 객관성 · 종합성 결여 • 보고서가 짧고 덜 세밀함 • 국민의 광범위한 지지 확보 곤란 • 기관 간 권력구조의 근본적 재편성 곤란 • 공익보다 관료의 이익을 우선할 가능성 있음	• 시간과 비용이 많이 발생 • 관료들의 저항 발생 • 건의안이 보다 과격하여 실행가능성이 낮음 • 내부인사의 추가연구 필요

② **개혁범위와 개혁수준**
- ㉠ **개혁범위**: 행정 활동의 모든 영역에 걸치는 전면적 · 포괄적 개혁인지, 조직의 구조나 절차에만 국한된 개혁인지 등의 문제
- ㉡ **개혁수준**: 이상적 · 실천적 · 만족적 최적상태 등의 수준을 고려해야 함

③ 개혁전략의 선택
  ⊙ 급진적 · 전면적 전략
    ⓐ **개념**: 근본적인 변화를 일시에 달성하려는 광범위하고 빠른 속도의 전략
    ⓑ **특징**: 정치적 · 사회적 환경이나 시기가 개혁에 유리하며 관료제 내부의 지지를 얻을 수 있고 유능한 리더십이 확립되어 있는 경우 활용이 용이함
    ⓒ **한계**: 저항을 유발할 수 있으며, 정책의 일관성이 저해되고, 사회와 조직의 안정성을 저해할 우려가 있음
  ⓒ 점진적 · 부분적 전략
    ⓐ **개념**: 개혁이 사회에 미칠 영향을 고려하여 점진적이고 완만하게 개혁을 추진하는 전략
    ⓑ **특징**: 저항이 감소되어 성공 가능성이 크며 행정의 안정성과 일관성을 유지하는 데 용이하여 불확실성 · 복잡성이 높은 환경에서 유리함
    ⓒ **한계**: 신속한 변화의 유도가 곤란하고, 소극적인 개혁이 될 우려가 있으며 개혁의 방향과 목표상실의 우려가 있음
  ⓒ 상향적 전략
    ⓐ **개념**: 구성원의 참여를 유도하는 참여적 전략
    ⓑ **특징**: 구성원의 사기와 책임감을 제고하는 데 유리하며 개혁의 지속성을 보장할 수 있고 저항이 최소화 됨
    ⓒ **한계**: 조직의 의도대로 신속한 변화를 유도하기 어려움
  ⓔ 하향적 전략
    ⓐ **개념**: 정부나 상부에서 일방적으로 추진하는 명령적 전략
    ⓑ **특징**: 근본적이고 신속한 변화가 필요하거나 리더십이 충분하여 권위가 있을 때 유리하게 활용됨
    ⓒ **한계**: 개혁에 대한 저항이 크게 발생할 수 있어 개혁의 지속성과 관련하여 어려움이 나타날 수 있음

(3) 개혁의 시행
  ① 개혁을 실천에 옮기는 데에는 법령안의 작성, 새로운 규정 · 편람의 작성, 예산 · 인사조치, 관계공무원의 훈련 등의 조치가 필요하고 세부적인 집행계획도 수립되어야 하므로 많은 시간과 노력을 필요로 함
  ② 시행 과정에는 상황의 변화에 적절히 대응할 수 있는 융통성이 요구됨

(4) 개혁의 평가 및 환류
  개혁은 일회적인 것이 아니라 지속적 · 계속적인 것이 되어야 하기 때문에 개혁에 대한 공정하고 객관적인 평가를 통해 다시 개혁과정으로 환류시켜 나가야 함

행정개혁의 성공요건

1. **실현가능성:** 적실성
2. **내외관계인의 참여:** 저항의 최소화
3. **비용과 기대효과:** 개혁의 추진비용과 효과를 체계적으로 분석
4. **대안적 개혁안:** 저항을 줄이고 최종 선택의 폭을 확대하기 위해 복수의 개혁안 제시

2. 성공요건

(1) 정치적 안정을 바탕으로 한 강력한 리더십의 확립이 필요함

(2) 행정조직의 신축성과 관리계층의 개혁에 대한 적극적인 사고가 필요함

(3) 여론의 지지를 확보하고, 상향적·횡적으로 의사소통이 활발하게 이루어져야 함

(4) 개혁과정의 복잡성·불확실성을 고려하고 예상치 못한 파생적 외부효과를 축소하여야 함

(5) 상황에 따라 상이한 전략을 택해야 하지만, 저항의 최소화를 위해서는 전면적·급진적인 행정개혁보다 지속적·점진적 전략이 필요함

4 행정개혁에 대한 저항과 대책

1. 저항의 의의와 원인

(1) 의의
① 저항이란 행정개혁에 반발하는 적대적 태도와 행동으로 묵시적인 저항과 명시적인 저항을 모두 포함함
② 행정개혁은 기존 조직과 제도의 변동이나 타파를 시도하므로 기존의 조직과 제도를 유지하려는 입장의 저항을 수반하게 됨
③ 전통적 연구는 저항의 역기능에 초점을 두었지만, 오늘날의 행정개혁론은 순기능적 측면도 고려함

(2) 원인
① **기득권의 침해**: 행정개혁으로 인해 이익 침해가 발생한다고 느끼거나 지위를 상실할 것이라고 느끼는 사람들의 저항
② **불명확한 개혁 내용 및 개혁 성과 불신**: 불명확한 개혁 내용으로 인해 조직 구성원의 신분에 대한 불안감 및 개혁 성과에 대한 불신이 가중되고, 개혁에 저항하게 됨
③ **개혁대상자의 능력 부족**: 개혁대상자의 지식이나 기술 등의 능력 부족은 개혁 이후 재적응에 대한 부담을 가져와 저항의 원인이 됨
④ **관료조직의 경직성과 보수적 성격**: 관료조직의 경직적·보수적·현상유지적 특성으로 인해 변동 자체에 대한 거부감이 발생할 수 있음
⑤ **고객집단의 저항**: 각 행정부처의 고객집단들은 자신들의 이익을 위해 일해 온 부서나 기관이 소멸 혹은 축소되는 것을 원하지 않기 때문에 저항이 발생할 수 있음
⑥ **기타**: 그 외에도 비공식집단의 규범이나 관례와 조화되지 않는 경우, 자존심의 손상 및 개혁추진자에 대한 불신이 있는 경우, 비공개적인 추진으로 국민의 참여 부족과 무관심 등으로 인해 저항이 발생할 수 있음

2. 저항의 순기능*

(1) 상충되는 다양한 요청에 대한 조정의 계기를 제공함

(2) 개혁의 시행에 신중을 기하여 조직의 혼란이나 조직 자체의 와해를 방지함

(3) 개혁 진행 과정의 오류 예방과 시정의 계기

(4) 조직 전체의 의사전달 통로의 활성화 계기로 작용함

3. 저항의 극복전략

(1) 강제적(물리적) 전략
① **의의**: 개혁추진자가 강압적 권력을 이용하여 저항자에게 제재나 불이익의 위협을 하거나 계서제적 권한을 일방적으로 행사함으로써 저항을 극복하는 전략
② **구체적 방법**
   ㉠ 의식적인 긴장 조성
   ㉡ 물리적 제재나 신분상의 불이익을 가하는 위협을 통한 압력 사용

*오늘날의 행정개혁론은 저항의 순기능적 측면도 고려함

저항의 극복전략(Etzioni)

강제적 (물리적) 전략	물리적 제재, 권력이나 권위 사용, 의도적인 긴장 조성, 급진적 추진
공리적 (기술적) 전략	• 개혁시기의 조절, 점진적 추진, 개혁내용의 명확화와 공공성의 강조 • 개혁전략(방법·기술)의 수정, 적절한 인사배치
규범적 (도덕적) 전략	• 참여의 증대, 의사소통의 촉진, 개혁에 대한 정보 제공과 충분한 시간 부여 • 집단토론과 교육훈련

ⓒ 직위에 부여된 공식적 권한에 의한 명령과 상급자의 권한 행사
ⓔ 일방적인 권력구조의 개편에 의한 저항세력의 약화

③ **한계**: 근본적 해결이 아닌 단기적이고 일시적인 억압이므로, 장기적으로 또 다른 저항을 야기함

(2) 공리적(기술적) 전략

① **의의**: 관련자들의 이익침해를 방지하거나 보상을 하고 개혁과정의 기술적 요인을 조정함으로써 저항을 극복하거나 회피하는 전략으로, 피해집단의 저항이 기술적 측면과 관련될 경우 유효함

② **구체적 방법**

ⓐ **개혁의 점진적 추진 및 적절한 시기의 선택**: 개혁의 정치 · 사회 환경이 유리한 시기를 선택하여 기득권을 덜 침해하거나, 기술적인 부분부터 점진적으로 개혁을 실시하고 조직 구성원이 적응할 수 있도록 개혁의 시기를 조절함

ⓑ **개혁내용의 명확화와 공공성의 강조**: 개혁내용을 가능한 한 객관적이고 계량적으로 제시하고 차원 높은 상징조작을 통해 공공성을 강조함

ⓒ **적절한 인사배치와 신분보장**: 인사이동이나 인사배치를 신축성 있게 하고 신분 및 보수를 유지해 준다는 약속 등을 함

ⓓ **호혜적 전략**: 조건부 지원이나 인센티브 제공 또는 반대급부의 보장 등 경제적 손실에 대해 보상함

ⓔ **기타**: 그 외에도 개혁의 절차 · 방법 · 기술의 융통성 있는 수정, 개혁의 가치와 개인 이득의 명확화 등의 방법 활용

③ **한계**: 많은 비용이 수반되고 장기적 효과를 기대하기 어려우며, 개혁이 퇴색할 우려가 있고 반대급부를 제공한다는 측면에서 도덕성 결여의 문제가 제기될 수 있으며, 저항 극복에 대한 본질적인 대책이 될 수 없음

(3) 규범적(협조적) 전략

① **의의**: 적절한 상징조작과 사회 · 심리적 지지를 통해 규범의 정당성에 대한 인식을 높임으로써 자발적 협력과 개혁의 수용을 유도하는 전략으로, 저항의 가장 근본적인 해결책이 되며 조직의 인간화와 밀접한 관련이 있음

② **구체적 방법**

ⓐ **참여의 확대**: 정치인, 민간지도자, 행정간부, 계선 및 참모 등의 참여기회를 넓혀 개혁에 대한 적극적인 이해 · 협조를 구함

ⓑ **의사소통의 촉진**: 개혁에 관한 정보를 제공하고 개혁의 필요성과 예상되는 성과를 이해시키는 과정을 통해 설득과 참여를 확대시키고 이해관계인의 의견을 개진할 수 있는 기회를 부여함

ⓒ **집단토론과 사전 훈련**: 개혁안에 대한 집단토론을 독려하고 태도 및 가치관의 변화를 가져올 수 있는 교육훈련을 실시하여, 개혁에 대한 수용성을 제고하고 자기계발의 기회를 부여함

ⓓ **개혁에 대한 정보의 제공과 충분한 시간 부여**: 개혁에 대한 정보와 충분한 시간을 제공하여 불만을 노출시키고 해소할 수 있도록 개혁에 대한 수용 및 적응에 필요한 시간을 허용함

ⓔ **사명감 고취와 자존적 욕구의 충족**: 사명감을 고취시키고 자존적 욕구를 충족시켜 개혁의 가치와 기존 가치의 양립 가능성을 강조함

ⓗ **기타**: 개혁추진자들의 솔선수범, 지도자의 카리스마 또는 상징의 활용 등의 방법 활용

　③ **한계**: 저항 극복에 대한 근본적이고 장기적으로 바람직한 전략이지만, 비용과 시간이 많이 소요됨

THEME 092　주요 국가의 행정개혁　★☆☆

1 최근 행정개혁의 추진배경과 방향

1. 최근 행정개혁의 추진배경

1980년대 이후 OECD 국가들은 신자유주의에 바탕을 둔 신공공관리론적 시각에서 감축관리와 시장부활을 통해 전면적인 공공부문의 개혁을 추진함

(1) 정부 비대화 및 공공부문의 비효율성 증대

시장메커니즘의 부재 및 성과관리체제의 미흡으로 공공부문의 비효율성에 대한 비판이 제기됨

(2) 재정적자와 공공부채의 누적적인 증가

경제성장률의 둔화로 조세 수입은 정체되었으나 사회보장지출의 증가로 재정적자와 공공부채가 증가함

(3) 외부환경의 변화

민주화·세계화·지방화·정보화 등으로 인해 공공부문의 경쟁력 제고와 정부개입의 완화 요구가 확대됨

(4) 정보통신기술의 발달

정보통신기술(ICT)의 발달로 행정정보체계 및 전자정부를 구축함

(5) 내부의 변화 압력

행정조직 내부의 민주화에 대한 요구 및 권한과 책임의 위임 요구 증대

(6) 시민이나 NGO의 변화에 대한 요구와 압력

시민이나 NGO의 적극적인 행정참여가 증대됨

2. 선진국 행정개혁의 일반적 특징

(1) 정부의 기능감축 및 인력의 축소

비능률적인 기능들을 민간과 공동으로 생산하거나 민간으로 이양하는 방식을 통해 새로운 행정수요에 대응하고, 작지만 강한 정부를 위해 시장성 테스트를 통해 인력을 축소하며 조직구조의 탈관료제화를 추구함

(2) 성과중심주의

투입보다 산출, 과정보다 결과 중심의 관리체제를 강조해 하위기관들에 권한을 위임하고 그에 대한 사후적 책임을 묻는 성과주의적 관리체제 지향

핵심 OX

신공공관리론에 근거해서 추진된 행정개혁들은 정부기능의 대표적인 원리로서 기업가적 정부·촉매적 정부를 강조하였다.　　　(O, ×)

답 O

(3) 정부규제의 완화 및 비용가치(VFM)의 증대

정부규제를 완화하여 시장이나 정부의 운영이 민간주체들의 자율성을 따르도록 하며 경제성·능률성 및 효과성을 제고할 수 있도록 비용가치(VFM)를 극대화함

(4) 협력과 네트워크의 중시

행정서비스의 공급과정에 민간이 참여함으로써 정부와 민간의 상호협력이 강조되며 이는 뉴거버넌스와 시민공동생산 등의 용어로 표현함

2 각국 행정개혁의 주요 내용

1. 미국의 행정개혁

(1) 「팬들턴(Pendleton)법」(1883)

미국은 엽관주의의 폐단을 시정하고 실적주의를 확립하기 위하여 「팬들턴(Pendleton)법」을 제정하고, 공무원의 정치적 중립의 천명과 연방수준의 다양한 행정개혁을 추진함

(2) 태프트(Taft) 위원회(절약과 능률에 관한 대통령위원회)(1910)

'클리브랜드(Cleaveland) 위원회'라고도 하며 1910년에서 1912년까지 연방정부의 예산·조직·활동, 인사문제, 재정보고 및 계정, 행정사무의 수속과 절차 등을 조사·분석하여 각종의 행정개혁을 건의하였고 이에 근거하여 「예산회계법」(1921), 「직위분류제법」(1923)이 제정됨

(3) 브라운로우(Brownlow) 위원회(행정관리에 관한 대통령위원회)(1937)

1936년 루즈벨트(Roosevelt) 대통령은 행정부의 관리문제를 연구하기 위해 브라운로우(Brownlow), 메리암(Merrianm), 귤릭(Gulick)으로 구성되는 행정관리에 관한 대통령위원회를 설치하였고, 대통령의 권한을 강화하는 방편으로 막료를 대통령 직속으로 할 것을 건의·채택하였으며 독립규제위원회의 폐지를 건의한 바 있음

(4) 「해치(Hatch)법」(1939)

뉴딜정책 이후 문란해진 공무원의 정치적 중립 원칙을 강화하여 공무원의 정치 활동을 엄격히 규제함

(5) 후버(Hoover)위원회

① **제1차 후버(Hoover)위원회**: 1947년에 24개의 태스크포스(Task Force)로 구성되어 대통령의 통제권 확립, 성과주의예산, 중복된 행정기능의 정리, 번문욕례(red-tapes)의 제거, 행정기구의 재편 및 독립규제위원회의 개선 등을 주장함

② **제2차 후버(Hoover)위원회**: 1953년 정치적 환경의 변동에 대응하기 위하여 정부행정조직위원회를 설치하였고 정부활동의 민간이양을 건의함

(6) 클린턴(Clinton) 행정부(1993)

① 클린턴(Clinton) 행정부의 정부개혁은 국가성과평가팀(NPR; National Performance Review)을 중심으로 '작지만 보다 생산적인 정부(Works Better & Costs Less)'의 구현을 목표로 함

② 국가성과평가팀(NPR)은 고어(Gore) 부통령이 주도하는 공무원 중심의 정부개혁팀으로서 ⊙ 관료적 형식주의의 제거(행정절차의 간소화), ⓒ 고객우선주의, ⓒ 성과달성을 위한 공무원의 권한 강화, ⓔ 기본적 원칙으로의 복귀(근본적인 감축)등을 내용으로 하는 '고어(Gore)보고서'를 제안

③ **1993년 정부성과 및 결과에 관한 법률(GPRA; Government Performance and Result Act)**: 투입이나 절차보다 산출과 성과 중심 관리를 강조함

④ **1994년 「연방인력재편법」과 「정부관리개혁법」**: 연방인력의 12% 감축을 목표로 하면서 연방정부의 규모 축소에 상당한 비중을 두었고, 「정부관리개혁법」을 통해서 부처별로 재정책임관을 임명하고 기업회계방식 및 검사를 실시함

⑤ 1998년 NPR을 NPRG(National Partnership of Reinventing Government)로 바꾸고 향상된 고객서비스와 정보화시대의 정부를 위한 노력 지속함

(7) 부시(Bush) 행정부(2002)

① **개혁의 원칙과 추진**

⊙ 부시(Bush) 행정부는 고객중심적 · 결과지향적 · 시장기반적인 원칙에 기반하여 '한정되지만 활동적인 정부(limited but active)'를 추구함

ⓒ 대통령 비서실과 관리예산처(OMB; Office of Management and Budget)에서 주도함

ⓒ 결과중심(focused on results) 정부, 시민과 정부가 최대한 가까워지는 시민중심(more accessible to citizen) 정부의 실현 및 정부의 운영(management)을 개선하고 성과(performance)를 향상시키기 위하여 14개의 정책을 제시함

ⓔ 각 기관에 '최고 행정관(chief operating officer)'을 지정하고 이들 중심의 '대통령 정부운영협의회(president's mag't council)'를 구성함

② **필요성**

⊙ 서비스 제공 미흡, 지출비용의 과다, 기존 정책에 대한 신중한 고려 없는 신규 정책의 남발 등으로 개혁이 시급함

ⓒ 정책의 목적 등의 근본적인 사항 외에 집행방식 · 운영방식 등 관리상의 문제 또한 해결이 필요함

ⓒ 개혁은 선택과 집중이 필요하다고 보아 우선순위가 높은 과제에 전념하여 시행함

③ **주요 내용**

⊙ 인적자원의 전략적 관리(strategic management of human capital)

ⓒ 민간부문과의 경쟁체제의 확대(competitive sourcing)

ⓒ 재정성과의 향상(improved financial performance)

ⓔ 전자정부의 확대(expanded electronic government)

ⓜ 예산과 성과의 통합(budget and performance integration)

④ **특징**

⊙ 정부개혁에는 행정부뿐만 아니라 의회의 적극적인 협조가 필요하며 계획의 수립 못지않게 집행이 중요하다는 시각을 확립함

ⓒ 공무원의 감축, 능력별 급여제와 공직의 민간개방의 확대를 골자로 하는 행정개혁을 추진함

© 관리자에게 관리상의 자율성을 부여하여 효율적 정부운영이 가능하다고 보아 자율성 부여 방안으로서 법령상의 제약요건을 제거하는 방안을 검토함

2. 영국의 행정개혁

(1) 노스코트와 트레벨리언(Northcote-Travelyan) 보고서(1853)

① 노스코트(Northcote)와 트레벨리언(Travelyan)이 발표한 행정개혁에 관한 보고서

② 정실주의에 입각한 공무원제도의 한계를 극복하여 실적주의로의 전환을 주장한 최초의 개혁이자 직업공무원제를 확립하는 토대가 됨

(2) 홀데인(Haldane) 위원회(1917)

홀데인(Haldane)을 위원장으로 하는 정부기구위원회로 행정기구 편성의 기준으로서 기능주의의 원칙을 주장함

(3) 풀턴(Fulton) 위원회(1966)

① 풀턴(Fulton)을 위원장으로 하는 공무원제도에 관한 위원회로 1853년 개혁 이래 영국의 공무원제도를 가장 근본적으로 검토한 것으로 평가됨

② 전통적인 행정·집행·서기·서기보 등의 4대 계급을 행정직군(administration group)과 서기보 그룹으로 이원화함

③ 위원회에서는 계급의 구별 없이 하나의 공직구조를 확립하고, 특정 분야별로 공무원을 전문화 시키며, 인사교류의 촉진과 개방형을 지향할 것 등을 건의함

(4) 능률성 정밀진단(efficiency scrutiny)과 예산관리프로그램(FMI)

① 1979년 출범한 대처(Thatcher) 행정부는 신자유주의적 정치이념과 시장경제 원리를 바탕으로 강력한 개혁정치를 시행, 기업관리 방식을 도입하여 성과관리를 추구하며 정부재창조(reinventing)를 추진함

② **능률성 정밀진단**: 레이너(Rayner) 보고서를 통해 민관 공동으로 능률적 팀을 구성하여 비용가치의 제고(VFM), 서비스 질 향상, 조직 및 관리의 효과성 제고를 목표로 정부업무를 대상으로 한 능률성 진단작업을 추진함

③ 1982년 예산관리프로그램(FMI; Financial Management Initiative)을 통해 기존 각 부처에 대한 강력한 중앙의 예산통제행태를 완화하고 각 부처와 관리자에게 자율성을 부여하여 광범위한 재정개혁 정책을 추진함

(5) 책임운영기관(Next Steps)

① 1988년 대처(Thatcher) 정부는 중앙부처가 수행하던 집행 및 서비스기능을 정책기능과 분리하여 '책임운영기관(executive agency)'이라는 새로운 형태의 책임경영조직을 설치하는 등 정부의 관리 능력을 향상시키기 위한 행정개혁을 추진함

② 책임운영기관의 기관장은 공채를 통해 임용하고 성과급을 지급하며, 정부는 사업목표와 재원관리의 범위만 결정하고 기관장에게 관리의 자율성과 융통성을 대폭 허용하여 공공서비스의 경쟁력을 제고하고 대응성을 높이려고 노력함

(6) 시민헌장(citizen's charter)제도

① 1991년 영국 메이저(Major) 행정부는 종래의 대처(Thatcher) 행정부의 행정개혁의 방향을 계승하여 고객서비스의 질 향상으로 고객만족을 높이는 것을 목표로 시민헌장제도를 도입함

② 시민헌장제도는 행정서비스의 기준을 설정 및 공표하고 그에 따른 평가를 통해서 보상 및 시정조치를 취하는 고객지향적인 행정과 관련됨

③ 영국 정부는 시민헌장제도를 활성화시키기 위해 공공서비스를 탁월하게 제공한 조직에 상을 수여하는 'Charter Mark' 제도를 시행함

④ 시민헌장제도는 우리나라 '행정서비스 헌장'에 영향을 주었고, 1996년 블레어(Blair) 정부에서 서비스 제일주의(service first)프로그램으로 변경됨

Level up | 영국의 정부개혁 프로그램

능률성 정밀진단 (1979)	• 내각사무처 내에 민관 혼합의 소수의 능률팀을 구성하여 정부업무를 대상으로 능률성 진단작업 진행 • 능률성 정밀진단의 진단목표: VFM, 서비스의 질 향상, 조직 및 관리의 효과성 제고 등
재무관리 개혁(FMI) (1982)	• 정원상한제 및 총괄예산제의 한도 내에서 각 부처에 재정자율권 부여 • 재무관리권 위임과 성과관리체제 확립, 뉴질랜드의 발생주의 회계방식 도입
Next Steps (1988)	중앙부처에서 담당하던 집행 및 서비스 기능을 정책기능과 분리하여 책임운영기관이라는 새로운 형태의 책임경영조직으로 전환
시민헌장 제도(1991)	• 행정기관이 제공하는 행정서비스의 기준, 절차와 방법, 서비스에 대한 시정 및 보상 조치 등을 구체적으로 정하여 이를 시민의 권리로 공표하고 실현을 약속하는 제도 • 종래 능률성진단과 Next Steps 등의 개혁이 경제성과 효율성에 초점을 두고 있다면, 메이저(Major) 행정부의 시민헌장제도는 고객서비스의질 향상을 목표로 서비스표준 설정 시정과 보상 • 1991년 도입되어 우리나라 행정서비스헌장에 영향 • 1996년 블레어(Blair) 행정부에서 서비스제일주의(service first)로 개편(1996)
시장성검증 제도(1991)	• 정부기능을 원점에서부터 재검토하고, 경쟁절차를 거쳐 공공서비스의 적정 공급 주체를 결정하려는 제도 • 1991년 도입되어 중앙정부 주도하에 하향적으로 실시 • 2000년 필수경쟁절차(CCT)에서 최고가치정책(best value)으로 개편 되었고 비용절감보다는 품질향상을 강조
공무원제도 개혁(1996)	• 고위공무원단에는 공개경쟁임용계약제 도입 • 개방제로의 전환, 계급제 폐지, 성과급 지급
더 나은 정부 (1996)	• 블레어(Blair)의 제3의 길 • 현대 사회민주주의 제시

(7) 블레어(Blair)의 『더 나은 정부(The Better Government)』

① 1996년에 집권한 블레어(Blair)의 노동당 정부는 개혁적 사회민주주의 이념을 배경으로 등장하였으며, 기든스(Giddens)의 『제3의 길』에 기초한 신사회주의적 정부개혁을 추진함

② '더 나은 정부(The Better Government)'의 구현을 목표로 지속적인 개혁을 추진하고 참여의 활성화와 공유된 목표를 실현하는 거버넌스 협력체제 구축을 시도함

1980년대 이후 영국 정부개혁의 특징

1. 수상의 강력한 리더십에 의한 하향식 비전과 전략이 제시됨
2. 개혁이 일관성 있고 지속적으로 추진되었으며 정치부패가 적었고 엽관제가 철저히 배제
3. 영국 법제도의 특이성(관습법 중심)으로 인해 법률상의 문제가 제기된 적이 없었음
4. 행정개혁을 위한 명확한 비전과 철학의 제시가 행정개혁의 본격적인 실시 전에 이루어짐
5. 개혁의 추진은 전략적 개혁 수립을 통해 기관 간 상호작용과 관련 프로그램들을 연계시키며 점진적인 접근방법을 취함

핵심 OX

01 영국의 경우 1982년에 재정관리 프로그램(Financial Management Initiative)을 도입해 개혁을 추진하였다. (O, X)

답 O

02 북유럽은 복지국가의 위기 속에서 행태나 문화변수, 관리기법의 변화 등에 초점을 맞추는 능률성 진단, Next Steps, 책임집행기관 창설 등의 방법을 추진하였다. (O, X)

답 X 북유럽이 아니라 영국의 정부혁신 내용임

03 선택, 정보공개, 친절과 도움, 불만처리절차의 공표는 영국 시민헌장의 기본원리에 해당한다. (O, X)

답 O

③ 블레어(Blair) 정부의 개혁 방향
  ㉠ 합리적 정책결정(rational policy making)
  ㉡ 고객대응 행정서비스(responsive public service)
  ㉢ 질 높은 행정서비스(quality public service)
  ㉣ 정보화 정부(information age government)
  ㉤ 사회적 약자를 보호하는 정부
④ **개혁의 구체적 내용**: 국유화 정책 포기, 노동조합의 정치적 영향력 축소, 복지국가를 포기하고 세금 대폭 인하, 정부의 재정지출과 차입 축소, 고소득층에 대한 조세감면 및 전통적인 소득재분배 정책 축소, 인플레이션 억제, 다년도 예산 회계제도, 전자정부의 구현 등

3. 뉴질랜드의 행정개혁

(1) 의의

① 전 정권이 경제위기로 실각하자 1984년 집권한 노동당의 랑게(Lange) 수상이 영국 대처(Thatcher) 정권의 개혁이론과 추진경험을 참고하여 '총체적이고 혁신적인' 방법으로 정부개혁을 추진함
② 우수한 공무원 집단과 유능한 정치지도자를 가졌다는 점, 연방국가가 아닌 소규모 단일국가인 점이 성공요인으로 지적되며 OECD 국가 중 가장 급진적이고 성공적인 정부개혁을 이루었다는 평가를 받음
③ 뉴질랜드의 정부개혁모델은 이론적으로 공공선택론, 대리인이론, 거래비용이론, 신공공관리론 등이 종합적으로 적용된 특이한 모델로서 정부 기능의 상업화·기업화·민영화를 강조함

(2) 핵심원리

① 민간부문과 지역단체에 대한 정부개입을 최소화함
② 사업기능을 담당하는 정부기업을 민간 기업 방식으로 구조전환하고, 부처조직이 담당하는 이질·상충적 기능을 정책 및 집행기능과 상업 및 비상업기능 등으로 분리함
③ 부처관리자에게 운영권한을 위임하여 책임성을 확보함
④ 실제 시장요인에 따른 정부활동 비용, 산출물의 질·양·비용을 생산자가 아닌 구매자가 결정하도록 함
⑤ 정부의 감축과 공공서비스 개선을 위한 시장기제를 도입함

(3) 주요 내용

① 1994년 공공관리 위원회의 평가보고서 및 1996년 시크(Schick)의 보고서를 바탕으로 개혁을 진행함
② 21세기 뉴질랜드의 장기비전을 분석한 『2010년으로 가는 길(Path to 2010)』에서 소득 증대, 공동체 강화 교육 및 훈련, 환경보호, 세계화, 경제성장 등 전략성과분야에 대한 핵심적인 정책과 목표를 제시함
③ **조직개혁**
  ㉠ 비합리적인 지방정부 조직을 개편함
  ㉡ 1986년 「공기업법(State Owned Enterprises Act)」을 통하여 에너지부, 산림청, 우정처 등 대규모 사업부처의 조직을 공기업으로 전환하여 상업적으로 운영함

ⓒ 중앙부처의 수평적인 통폐합을 강조함

　　예 외무부와 통상산업부를 외교통상부로 통합

ⓔ 소규모 공공기관과 정부투자기관들을 책임운영기관(crown entities)으로 전환함

④ 인사개혁

　　㉠ 1988년 「공무원법」을 통해 사무차관제를 도입함

　　㉡ 사무차관은 공공관리위원회와 3~5년의 고용계약을 맺고 해당 부처의 장관(기관장)과 매년 성과계약을 체결, 사무차관에 부처 운영에 대한 법적 책임을 부여함으로써 성과와 책임향상을 위한 성과관리 혁신 추진함

　　㉢ 작고 효율적인 정부라는 기조하에서 개혁 이후 공무원 수를 지속적으로 감축시킴

⑤ 재정개혁

　　㉠ 1989년 「공공재정법(Public Finance Act)」을 바탕으로 재정운용원리와 상업적 경영환경을 도입하기 위해 민간부문과 동일한 회계기준을 요구하며 재무관리와 회계제도 개혁을 추진함

　　㉡ 발생주의·복식부기 회계제도의 전면도입, 산출예산제도의 도입, 민간기업방식의 재무제표 작성 등을 추진함

⑥ 정보화 및 규제개혁

　　㉠ 전자정부를 추진하여 능률성·개방성·투명성제고 및 국민 참여의 확대 목표

　　㉡ 규제의 완화를 추진하여 수출 및 투자 증가와 통신 분야 발달 등의 성과를 이룩함

4. 캐나다의 행정개혁

(1) 의의

① 1989년 『행정 2000(Public Service 2000)』이라는 정책백서로부터 정부혁신을 시작함

② 실용적 접근을 강조하고, 1992년부터 대폭적인 규제완화를 실시함

(2) 주요 내용

① **정부조직 개편**: 1993년 캠벨(Campbell) 수상에 의하여 32개 중앙부처를 23개로 축소하고, 영국의 Agency와 같은 특별운영기관(SOA)을 설치함

② **사업 재검토(program review)**: 1993년 재정억제를 목표로 정부사업과 기능에 대한 우선순위, 조직구조, 연방과 지방정부 및 민간부분의 관계를 백지 상태에서 엄격히 재검토하였음

③ **인사관리권의 위임**: 1992년 「공무원개혁법」의 제정으로 공무원인사관리절차를 간소화하였음

　　예 각 부처 사무차관에게 공무원임용권 대폭 위임

④ **성과중심의 관리체제**: 1979년 지출관리예산(PEMS) 및 1993년 운영예산제도(operating budgets)를 도입하여 보수 및 행정운영경비를 하나의 총액 항목으로 통합함으로써 성과중심의 재정체제를 확립하였음

PART 6

행정환류론 2021 해커스공무원 **쉬운 행정학**

⑤ **규제완화 및 서비스기준 제정**: 1992년부터는 대폭적인 규제완화 조치를 단행하여 1994년부터 서비스기준(service standard)을 제정 · 공표하고 고객에 대한 서비스의 질 향상을 통해 고객만족을 증대시켰음

5. 일본의 행정개혁

(1) 의의

① 발전국가의 위기와 거품경제의 붕괴를 배경으로 하여 점진적이고 제한적으로 제도 개선 중심의 개혁 추진

② 하시모토 내각 이후 제3차 임시행정개혁추진위원회(1990~1993)와 행정개혁위원회(1994~1997)가 중심이 되어 중앙집권적 추진체계를 통한 하향식 개혁 추진

(2) 주요 내용

① **대부처주의의 실현**: 지나치게 세분화된 23개의 중앙행정기관을 13개 성(省) · 청(廳)으로 대폭 축소 · 통폐합함

② **집행기능의 분리**: 집행기능(우정이나 임야관리 등)을 외청 또는 독립행정법인(책임운영기관)으로 분리하여 이관함

③ **공무원정원 감축**: 「공무원총정원법」의 제정과 정원삭감계획에 의하여 대대적인 공무원정원의 감축을 시도함

④ **지방분권화의 추진**: 우리나라의 경우처럼 전통적인 중앙집권적 체제를 탈피하기 위하여 「지방분권추진법」을 제정하고 지방분권추진위원회를 결성하는 등 지방분권 촉진을 위해 광범위한 노력을 기울임

THEME 093 우리나라의 행정개혁 ★★☆

1 역대 정부의 행정개혁

1. 이승만 정부(제1공화국)

(1) 국가의 제반기구를 정비하고 필요한 법령을 제정하는 등 국가의 기본적 제도를 정비함

(2) 기구개편, 행정 간소화, 인력조정에 그치는 등 민주행정 발전을 위한 근본적이고 본격적인 행정개혁은 없었음

(3) 행정기능을 법질서 유지 중심의 소극적 기능으로 파악하여 개혁참여자의 참모 기능에 대한 인식 및 이론 · 기술 · 재정적 자원이 부족했음

2. 장면 정부(제2공화국)

(1) 행정기구의 개혁과정에 국민의 뜻이 반영됨

(2) 내각책임제를 도입하여 국무총리와 국무원제를 신설, 정무차관과 사무차관 제도를 도입함

(3) 5 · 16 사태로 정권이 교체되어 인해 효과는 평가하기 어려움

3. 박정희 정부(제3공화국)

(1) 중앙집권의 논리와 능률성·효율성을 지배적 가치로 하여 경제성장제일주의를 내세우며 발전행정을 강력히 추진하고, 적극적으로 행정목적의 달성을 위한 기구가 분화·팽창됨

(2) 행정관리기술의 개선을 적극적으로 추진하였으며, 특히 민간 경제 부문에 정부개입의 확대와 행정통제에 주력함

(3) 각종 유사·중복되는 기구가 난립하였고 업무단위인 과보다 감독단위인 국의 증설이 뚜렷하게 나타남

4. 유신정권(제4공화국)

(1) 장기집권에 대한 국민의 불만을 잠재우고, 박정희 1인 집권 체제의 유지 수단으로 활용됨

(2) 권위적·집권적 방식에 의한 능률의 극대화를 지향하였고, 도덕적 기반을 상실하고 있었기 때문에 개혁의 추진력이 갈수록 약해짐

5. 전두환 정부(제5공화국)

(1) 강압적인 억압 장치를 통한 권력 유지에 주력하였고 행정개혁사업도 '사회정화운동'의 일환으로서 추진함

(2) 점진적·부분적 전략이 아닌 포괄적·전면적 전략이었으며, 10·15 행정개혁으로 중앙정부 인원을 감축시키고 조직을 정비함

(3) 권위주의적이고 졸속으로 추진되었으며 권력기반 구축이라는 정치적 동기가 내재되어 있음

6. 노태우 정부(제6공화국)

(1) 체제의 민주화, 민간의 창의성·자율성 신장이 행정개혁의 배경

(2) 1991년에 지방자치의 부활이 입법화되어 지방분권화를 강조함

(3) 권위주의 타파와 각종 규제완화를 주장하였고 민간의 주도적 역할 강조함

(4) '행정개혁위원회' 라는 공식적 기구를 구성 및 추진함

7. 김영삼 정부(문민정부)

(1) 신자유주의적 행정개혁을 기조로 대규모의 부처 통폐합 및 시장친화적 정부를 추구하여 부패추방, 억압기구의 축소와 기능제한, 행정규제완화, 중앙행정기구개편·감축관리를 추진함

(2) 행정절차법과 정보공개법 제정 등 행정에 대한 국민의 통제 및 감시를 강화하는 장치를 마련함

(3) '세계화를 위한 개혁'과 '역사 바로 세우기'를 실시함

(4) 군부 내 사조직 척결, 금융실명제를 실시함

(5) 집권당 중심의 개혁으로 상징적인 조치만을 취한 것으로 평가되며, 광범위한 참여나 여론의 수렴과정 없이 추진되었다는 점에서 비판을 받음

8. 김대중 정부(국민의 정부)

(1) 기본 방향

① 신공공관리적 행정개혁의 연장선상에서 작은 정부, 봉사하는 정부, 위기관리 정부를 목표로 기획예산처라는 상시적 개혁 추진체계를 구성하고 전방위적인 행정개혁을 3차에 걸쳐 추진함

② 경제위기를 극복하기 위해 구제금융을 차입하는 조건으로 공공부문 전반의 개혁을 약속함

③ 결과적으로 양적·질적 측면에서 신공공관리적 행정개혁의 기조 확산에 기여하였으나, 전통적 집행방식의 한계를 반복하였다고 평가받음

(2) 주요 내용

① 책임운영기관제도, 개방형 직위제도, 성과급보수제도(연봉제) 도입

② 국가공무원 총정원령

③ 행정서비스헌장제도

④ 대통령 직속의 중앙인사위원회 설치

⑤ 국무총리 직속의 기획예산처와 국정홍보처 신설

Level up 행정서비스헌장제도

1. 의의

1991년 영국 메이저(Major) 정부의 시민헌장(citizen's charter)을 우리나라에 도입한 것으로, 시민헌장은 도의적 책임의 영역에 있던 것을 법적 책임의 영역으로 전환한 것

2. 내용

① 의의: 행정서비스헌장은 행정기관이 제공하는 서비스 중 주민생활과 밀접한 서비스를 선정하여 이에 대한 서비스의 이행기준과 내용, 제공방법, 절차, 잘못된 상황에 대한 시정 및 보상조치 등을 정해 공표하고, 이의 실현을 국민들에게 문서로서 약속하는 행위

② 도입과정: 우리나라는 1998년 행정개혁의 일환으로 '행정서비스헌장제정지침'을 발하여 공공서비스의 질적 수준을 향상시키려는 노력을 구체화하였고 현재는 대부분의 정부기관에서 행정서비스헌장제도를 도입

③ 행정서비스헌장 평가지표: 행정자치부자료(2002)에 의하면 우리나라행정서비스헌장 평가지표는 제정지표(30%), 실천지표(45%), 사후관리지표(25%)로 구성
  - 제정지표(30%): 각 부처의 헌장내용이 행정자치부의 지침에 의거한 7대 기본원칙을 충실히 반영하여 제정되었는지의 여부
  - 실천지표(45%): 교육, 홍보 등 헌장내용을 실제 충실히 이행하였는지의 여부
  - 사후관리지표(25%): 고객만족도 파악 및 보상 여부, 잘못된 행정제도의 시정 및 환류 이행 여부

3. 평가

① 장점
  - 정부와 국민의 암묵적·추상적 관계를 구체적·계약적 관계로 전환시켜 줌으로써 행정에 대한 주민들의 근접통제의 물리적 한계를 극복해 주는 계기
  - 서비스 제공의 투명성과 책임성을 제고하고 공공서비스 품질의 표준화와 구체화 및 서비스에 대한 국민의 기대수준을 명확히 함

② 단점
  - 공공서비스의 무형성으로 인하여 품질을 구체화·표준화하기 어려움
  - 서비스의 표준화와 구체화를 강조하여 행정의 획일화를 초래하고 유성과 창의성 저해
  - 서비스의 본질적 내용보다는 친절이나 신속과 같은 피상적 측면에 머무르고 있음
  - 행정서비스의 오류를 물질적인 금전으로 보상하려는 편협한 경제적 논리에 빠지게 됨

> **Level up** 1990년대 우리나라 행정개혁의 주요 내용
>
> 1. **이념**
>   효율적·민주적 정부, 정부경쟁력의 향상, 세계화에 대응
> 2. **정책**
>   정책의 실명화와 투명성, 정보공개제도, 「행정절차법」의 제정, 「행정규제기본법」의 제정
> 3. **조직**
>   책임운영기관, 행정서비스헌장(시민헌장제), 중앙과 지방의 통폐합과 축소, 민영화와 감축지향, 대통령직속 중앙인사위원회, 국무총리직속 기획예산처
> 4. **인사**
>   권한의 위임, 개방형 직위제도, 공무원 총정원령, 성과급제(연봉제), 팀제 도입
> 5. **예산**
>   총액계상예산제도, 운영예산제, 산출예산제, 다년도 회계주의, 발생주의 회계 확대, 「부패방지법」의 제정
> 6. **자치**
>   중앙행정권한의 지방이양 확대, 「지방분권특별법」의 제정

9. 노무현 정부(참여정부)

(1) 기본 방향

① '작은 정부'보다 '능력있는 정부'를 표방하며 인사·조직의 분권화와 성과중심의 재정개혁 실시, 특히 지방분권을 위한 제도 개혁에 초점을 둠

② 4대 국정 운영 원리로서 원칙과 신뢰, 공정과 투명, 대화와 타협, 분권과 자율을 제시함

③ 거버넌스적 관점을 바탕으로 관련부처의 공무원들과 외부전문가들이 참여한 정부혁신지방분권위원회에서 개혁안을 마련, 신공공관리론에 대한 속도 조절의 성격을 띠고 있음

④ 부처 통폐합이나 정원 감축 등 조직구조의 개편 보다 업무재설계(BPR) 등을 통해 일하는 방식 혹은 과정을 개선하고자 함

(2) 주요 내용

① **조직**: 자율적인 분권형 조직 설계, 진단변화관리사업 실시

② **인사**: 성과계약제도(2005), 고위공무원단제도(2006), 총액인건비제도(2007)

③ **재정**: 4대 재정개혁과제인 총액배분자율편성예산제도(사전배분제도), 성과관리예산제도, 국가재정운용계획, 예산회계정보시스템 추진, 복식부기와 발생주의 회계 도입

④ **지방분권**: 「지방분권특별법」의 제정, 주민투표제도(2004), 주민소송제도(2006), 주민소환제도(2007), 특별지방행정기관(일선기관) 정비, 제주특별자치도 설치(2006)

(3) 1~6차 정부조직개편 내용

① **1차 정부조직개편(2004.3.)**: 소방재청 신설, 법제처와 국가보훈처를 장관급 기구로 격상, 문화재청을 차관급 기구로 격상, 행정개혁사무 및 전자정부에 관한 사무를 행정자치부 사무로 함, 보건복지부의 영·유아 보육업무를 여성부로 이관, 공무원 인사관리기능을 중앙인사위원회로 일원화

② **2차 정부조직개편(2004.9.):** 과학기술부장관을 부총리로 격상
③ **3차 정부조직개편(2005.1.):** 행정자치부의 사무 중 행정개혁에 관한 사무를 정부혁신에 대한 사무로 변경, 철도청을 폐지하고 철도에 관한 사무를 한국철도공사가 수행, 건설교통부 사무에 철도사무 포함
④ **4차 정부조직개편(2005.3.):** 여성부를 여성가족부로 개편하고 보건복지부의 가족정책 기능을 여성가족부로 이관, 문화관광부 청소년국과 국무총리 소속 청소년보호위원회를 국무총리 소속의 청소년위원회로 일원화
⑤ **5차 정부조직개편(2005.7.):** 재정경제부·외교통상부·산업자원부·행정자치부에 복수차관제 도입, 통계청 및 기상청을 각각 차관급 기구로 격상, 국방부장관 소속으로 방위사업청을 신설
⑥ **6차 정부조직개편(2006.7.):** 중앙행정기관의 차관보·실장·국장 및 이에 상당하는 보좌기관을 고위공무원단에 속하는 일반직·별정직 공무원 및 계약직 공무원으로 보함

10. 이명박 정부(2008~2012)

(1) 기본 방향
① 정부 규모의 지속적이고 과도한 성장에 대한 비판으로부터 출발하여 중앙부처의 통폐합 및 정원감축 등 신공공관리론적 입장에서 작고 효율적인 정부·자유와 성장 중심의 국정을 추구함
② 5대 국정 지표로서 섬기는 정부, 활기찬 시장경제, 능동적 복지, 인재대국, 성숙한 세계국가를 제시함
③ 청와대의 기능과 조직을 축소하려는 목적에서 정치논리로 과도하게 격상된 대통령실, 국무총리실, 법제처, 국가보훈처 등의 기구를 합리적으로 격하함
④ 영역별 편제로 세분화되었던 중앙행정기구를 기능별 편제로 통합 및 전환하고 부처 중심의 국정운영체제를 확립하기 위해 부총리제를 폐지함
⑤ 중앙과 지방정부 기능을 재검토하여 특별지방행정기관의 일부를 정비함

(2) 주요 내용
① 기획예산처와 재정경제부를 통합하여 기획재정부 신설
② 교육인적자원부와 과학기술부를 통합하여 교육과학기술부 신설
③ 행정자치부와 중앙인사위원회를 통합하여 행정안전부 신설
④ 건설교통부와 해양수산부를 통합하여 국토해양부 신설
⑤ 산업자원부의 일부 기능과 과학기술부의 일부 기능을 흡수하여 지식경제부로 개편
⑥ 과학기술부에 속했던 기상청을 환경부 소속으로 이관
⑦ 국정홍보처를 폐지하고 국정홍보에 관한 사무는 문화체육관광부로 이관
⑧ 통합된 8개 부처에 복수차관제를 인정하고 특임장관을 신설
⑨ 국무총리 소속으로 금융위원회, 국민권익위원회 신설
⑩ 대통령 소속으로 방송통신위원회 신설

11. 박근혜 정부(2013~2017)

(1) 1차 개편(2013~2014.11.)

① **기본 방향**

㉠ 창조경제·경제민주화·국민안정 등을 위한 정부의 적극적 역할을 강조하는 것을 기본 방향으로 설정함

㉡ 4대 국정지표로 경제부흥, 국민행복, 문화융성, 평화통일 기반구축 제시함

② **주요 내용**

㉠ 중앙행정기관의 확대·개편(15부 2처 17청 4위원회 → 17부 3처 17청 6위원회)

㉡ 기획재정부장관을 겸하여 경제부총리제도 부활

㉢ 과학기술, 미래전략, 정보통신업무 관장하는 미래창조과학부 신설

㉣ 해양과 수산업무를 관장하는 해양수산부 신설

㉤ 대통령실을 국가안보실, 대통령 비서실, 경호실로 개편하고 국무총리실을 국무조정실, 비서실로 확대·개편

㉥ 다양한 창조기업의 육성 및 지원 강화를 위하여 중소기업청의 업무영역 확대

㉦ 특임장관 및 국가과학기술위원회의 폐지

㉧ 변경사항

ⓐ 지식경제부를 산업통상자원부로 변경

ⓑ 행정안전부를 안전행정부로 변경

ⓒ 교육과학기술부를 교육부로 변경

ⓓ 국토해양부를 국토교통부로 변경

ⓔ 농림수산식품부를 농림축산식품부로 변경

ⓕ 식품위약품안정청을 국무총리 소속의 식품의약품안전처로 변경

(2) 2차 개편(2014.11.~2017.4.)

① **기본 방향**

㉠ 국가적 재난관리를 위하여 국무총리소속의 국민안전처를 실시하고 해양경찰청과 소방방재청의 업무를 조정·개편하여 국민안전처의 차관급 본부로 설치함

㉡ 공직개혁의 추진 및 공무원 전문역량 강화를 위하여 국무총리 소속의 공무원 인사를 전담하는 인사혁신처를 설치함

㉢ 정부조직의 직제를 개편함(17부 3처 17청 → 17부 5처 15청)

② **주요 내용**

㉠ **신설**: 교육부장관이 겸임하는 사회부총리, 국민안전처(재난 및 안전 총괄), 인사혁신처(중앙인사기관으로 인사, 보수, 연금, 윤리, 복무 담당)

㉡ **개편**: 안전행정부를 행정자치부로 전환하여 조직, 정원, 개혁, 전자정부, 지방자치지원, 책임운영기관 담당

㉢ **폐지**: 해양경찰청, 소방방재청을 폐지하고 각각 국민안전처 소속의 해양경비안전본부와 중앙소방본부로 흡수

12. 문재인 정부(2017.5.~)

(1) 기본 방향

① 정권교체에 따른 혼란을 줄이고 국정안정을 위하여 정부조직개편안을 최소화함

② 일자리 창출과 경제 활성화, 국민의 안전과 자연 생태계 보전, 사회환경 변화에 맞춰 기관의 위상을 조정하는 것 등에 초점을 둠

(2) 주요 내용

① 대통령 경호실을 대통령 경호처로 변경

② 행정자치부와 국민안전처의 안전정책·재난관리·비상대비·민방위 및 특수재난업무를 통합하여 행정안전부로 개편

③ 소방청과 해양경찰청이 각각 행정안전부 소속과 해양수산부 소속으로 독립됨

④ 국가보훈처를 장관급 기구로 격상

⑤ 중소벤처기업부 신설

⑥ 산업통상자원부 내 통상교섭본부 설치

⑦ 환경부로 수자원 관리를 위한 물관리 업무 일원화

2 우리나라의 행정개혁의 평가와 방향

1. 평가

(1) 주로 정치적 동기에서 추진함

(2) 구조적·기술적 요인에 치중하고 인간적 측면을 소홀히 함

(3) 행정관행이나 행태의 개선보다는 처벌 위주로 진행함

(4) 상의하달식이며 관료에 대한 적대감에서 출발함

(5) 개혁에 대한 저항극복수단이 미비함

(6) 일회성의 개혁으로 끝나고 환류를 통한 시정조치가 미약함

2. 방향

(1) 작고 효율적인 정부

① 작은 정부를 구현

② 시장성테스트에 의한 기능을 재배분

③ 규제를 합리적으로 완화

④ 시민참여를 통해 민간부문을 활성화

⑤ 준공공조직(QUANGOS)이나 제3부문의 개혁

⑥ 지방자치 정착

(2) 조직구조의 연성화·동태화

① 각 조직의 부서나 지방자치단체에 적합한 조직구조를 설계

② 권한의 적극적 분권과 사후적인 책임을 추궁

(3) 인적자원관리의 합리화

① 인사기능의 통합과 전문성 제고를 위하여 2004년에 중앙인사위원회로 일원화

② 2006년에 고위공무원단제도(SES) 도입

③ 보직경로제, 경력관리제의 확대 도입을 추진

④ 합리적인 성과관리제도의 개발에 노력

⑤ 공무원 노조에 대한 전향적 사고전환을 필요로 함

(4) 국가재정의 건전화

① 2007년 「국가재정법」을 제정하여 성과주의예산제도의 활성화 노력

② 2009년 「국가회계법」을 시행하여 발생주의·복식부기 회계제도의 확대 도입을 꾀함

③ 총액예산제도와 예산의 분권화를 추구

(5) 지식기반 전자정부의 구축

① 종이 없는 사무실(paperless office)의 구현을 위해 노력

② 정보망의 확충과 연계의 확보를 위해 노력

③ 행정지식에 대한 보관·공유를 위한 지식관리시스템(KMS; Knowledge Management System)을 구축

(6) 부패척결과 사회적 통제기구의 개혁

① 공익제보(내부고발자)에 대한 완벽한 보호를 위해 노력

② 국민권익위원회의 권한 강화가 요구됨

③ 행정절차제도의 내실화, 정보공개제도의 활성화, 시민참여의 확대 등을 추진

THEME 094 정보화사회와 행정 ★★☆

1 정보화사회

1. 의의

(1) 각종 정보통신기술의 혁명적 발전에 기반하여 행정이나 사회 전반에서 정보가 가장 중요한 자원이 된 사회를 뜻함

(2) 최근 행정환경의 급격한 변화를 주도하는 원동력이 되고 있으며, 정보의 생산과 관리 능력이 확산되어 체제 변화 및 사회 구성원들의 욕구 충족에 정보가 핵심적 역할을 하게 됨

2. 정보화가 행정에 미치는 영향

(1) 조직형태에 미치는 영향

① **종래의 견해**
ㄱ 레비트(Leavitt)와 휘슬러(Whisler)에 따르면 중간관리층의 업무를 자동화함으로써 중간계층이 축소되어 기존의 피라미드 형태에서 납작하게 되는 종형(danziger) 또는 종 위에 럭비공을 올려놓은 모래시계 형태로 변화하였음
ㄴ 기술에 대한 수용 정도의 차이는 계층 및 구성원 상호간의 갈등을 증대시킬 것이라고 보았음

② **최근의 견해**
ㄱ 계층들이 수직적으로 통합되고 수평적 분화수준이 높아짐(Whisler)
ㄴ 조직의 형태는 네트워크 조직, 팀 조직, 가상 조직 등으로 다양화될 것으로 봄

(2) 조직구조에 미치는 영향

① **집권화**: 통합적 정보관리체계가 구축되면서 정보의 수집·저장·보존 등의 독점적 관리를 중앙집권이나 상위계층이 하게 되어 고위관리자의 정보 취득력이 확대됨

② **분권화**
ㄱ 하위계층의 반복적·일상적인 단순업무가 전산화되면서 의사결정에 참여할 수 있는 기회가 확대되어 상대적으로 분권화가 가능(Naisbitt)
ㄴ 이 시기에 이르러 집약된 정보는 하위계층이나 지방자치단체로의 '정보의 폭포화 현상'이 전개되면서 지방분권화가 촉진된다는 입장

핵심 OX

01 지식정보화는 최근 행정환경의 급격한 변화를 주도하는 원동력이 되고 있다. (○, ×)

답 ○

02 정보화사회의 조직구조는 피라미드형 조직구조에서 수평적 네트워크구조로 전환되고 있다. (○, ×)

답 ○

「국가정보화 기본법」제11조【정보화책임관】

1. 국가기관과 지방자치단체의 장은 해당 기관의 국가정보화 시책의 효율적인 수립·시행과 국가정보화 사업의 조정 등의 업무를 총괄하는 책임관(이하 '정보화책임관'이라 한다)을 임명하여야 한다.
2. 정보화책임관은 해당 기관의 업무와 관련하여 다음 사항을 담당한다.
   - 국가정보화 정책 및 사업의 총괄 조정, 지원 및 평가
   - 국가정보화 정책과 기관 내 다른 정책·계획 등과의 연계·조정
   - 정보기술 이용한 행정업무 지원
   - 정보자원이 획득·배분·이용 등의 종합조정 및 체계적 관리와 – 정보공동활용방안의 수립
   - 정보문화의 창달, 정보격차 해소
   - 건전한 정보통신윤리의 확립
   - 「전자정부법」제2조 제12호에 따른 정보기술아키텍처의 도입·활용
   - 정보화 교육
   - 그 밖에 다른 법령에서 정보화 책임관의 업무로 정하는 사항

2 정보체계시스템

1. IT 기반 지원시스템

PMIS (행정정보시스템)	경영정보시스템(MIS)의 개념을 공공부문으로 확대한 것으로 행정의 목적을 달성하기 위해 공공기관의 제반정책과정, 업무수행, 관리, 분석 및 평가를 지원하도록 정보통신기술을 이용하여 인공적으로 설계된 국가정보관리를 위한 정보시스템
EIS (중역정보시스템)	조직의 중역이 경영기능을 수행하고, 경영목적 달성을 위해 필요한 경영의 주요 정보를 신속·정확하게 조회할 수 있도록 지원하고 조직의 비전이나 전략 수립과 관련된 정보를 제공하는 시스템
ES (전문가시스템)	인공지능의 한 분야로서 전문가의 축적된 경험과 지식을 시스템화하여 논리적이고 질적인 사고가 필요한 분야의 의사결정을 지원하거나 자동화하는 정보시스템
ERP (전사적 자원관리)	생산요소뿐만 아니라 판매, 자금, 인사, 회계 등 기업의 가치창출 활동에 관여하는 모든 독립적인 요소들을 정보기술의 구현과 표준화를 통해 하나의 시스템으로 통합하여 기업 활동의 생산성을 극대화하고 자원의 활용을 최적화하는 기법이자 이를 구현하는 정보시스템
DW (데이터 웨어하우징)	사용자의 의사결정에 도움을 주기 위해 조직운영시스템에서 축적된 데이터와 외부데이터를 주제별로 통합하여 별도 프로그램 없이 즉시 여러 각도에서 분석을 가능하게 하는 통합시스템
DSS(의사결정 지원시스템)와 GDSS(그룹의사 결정 지원시스템)	• DSS: 조직이 직면한 문제들 가운데 비구조적이거나 반구조적인 비정형적·비일상적 관리 문제에 대한 의사결정을 지원해 주는 응용시스템 • GDSS: 집단의 의사결정을 더욱 효과적으로 지원하기 위해 개발된 응용시스템

2. 전자정부 구현을 위한 시스템

(1) EDMS(전자문서관리시스템)

정형적 데이터 외에 비정형적 문서까지 정보의 기본단위로 취급하여 처리하는 시스템으로, 전자화된 문서에 대한 접근과 문서의 작성 및 재사용 등을 가능하게 하는 시스템

(2) EDI(전자문서교환)

서로 다른 조직 간에 약속된 형식(format)을 사용하여 상업적·행정상의 거래를 컴퓨터와 컴퓨터 간에 진행하는 것으로, 구조화된 형태의 데이터를 재입력하는 과정 없이 업무에 활용할 수 있는 정보 전달방식

(3) Intranet(인트라넷)

조직 내부 구성원들 간의 의사소통과 정보 공유 등을 지원하는 네트워크 기반의 정보기술

ES(전문가시스템)

인공지능 응용분야에서 가장 성공한 분야로, 1970년대 의사의 전문지식을 저장 및 처리하여 인간의 의료행위를 모방한 스탠포드 대학의 MYCIN의 개발 이후 집중적으로 연구됨

「국가정보화 기본법」제27조【중요지식정보자원의 지정 및 활용】

1. 과학기술정보통신부 장관은 행정안전부장관 및 관계 기관의 장과 협의를 거쳐 지식정보자원 중에서 보존 및 이용 가치가 높아 특별히 관리할 필요성이 있는 지식정보자원(이하 '중요지식정보자원'이라 한다)을 지정할 수 있다.
2. 해당 중앙행정기관의 장과 지방자치단체의 장은 중요지식정보자원에 대한 디지털화 추진, 중요지식정보자원의 유통, 표준화 계획 등을 수립하여 과학기술정보통신부장관에게 통보하여야 한다.
3. 중요지식정보자원을 이용하려는 자는 보유하고 있는 기관의 장에게 중요지식정보자원을 제공하여 줄 것을 요청할 수 있다. 이 경우 제공에 드는 비용은 제공을 요청하는 자가 부담하게 할 수 있다.
4. 중요지식정보자원의 지정기준, 지정절차, 관리 유통 및 제공방법 등에 필요한 사항은 대통령령으로 정한다.

「국가정보화 기본법」제31조【정보격차 해소 시책의 마련】

국가기관과 지방자치단체는 모든 국민이 정보통신서비스에 원활하게 접근하고 정보를 유익하게 활용할 기본적 권리를 실질적으로 누릴 수 있도록 필요한 시책을 마련하여야 한다.

3. 국가정보기반 관련시스템

(1) GIS(지리정보시스템)

① 지리정보시스템(GIS; Geography Information System)은 위치확인용 컴퓨터 프로그램으로 수치지도와 같은 위치확인정보와 DB를 위상적 관계로 연결해 주고 이를 분석하여 활용하는 종합공간정보시스템을 의미함

② 국토공간에 관한 제반 정보를 전자화하여 사용목적에 따라 다양하게 분석·활용하여 필요한 결과물을 산출함

③ **활용분야**: 재해·재난 분야, 환경 및 농업 분야, 교통 및 시설물 관리분야, 도시계획·관리분야, 토지관련 분야 등

(2) IRM(정보자원관리)

① 조직이 필요한 정보를 생산하는 데 사용되는 자원을 체계적으로 관리하고 통제하는 것을 의미함

② 정보자원은 정보를 사용하고 생산하는 조직자원, 정보를 생산하는 데 필요한 자료자원, 자료를 가공하는 데 필요한 시스템자원의 3가지 자원으로 구성됨

③ 시스템자원은 하드웨어자원과 소프트웨어자원으로 구성됨

④ 조직의 정보관리정책의 수립 및 집행을 책임지며 효율적인 정보자원관리를 총괄적으로 책임지는 고위관리자로서 정보화책임관(CIO; Chief Information Officer)을 둘 수 있음

(3) 행정정보의 공동 활용

① **의의**: 국가기관과 공공기관이 각 기관별로 보유하고 있는 정보를 업무수행을 위하여 기관 내부와 부문 간 또는 기관과 기업 간, 기관과 개인 간에 공동으로 함께 활용하는 것

② **필요성**

㉠ 대국민서비스 향상과 국민의 편의를 도모

㉡ 정부의 능률성을 향상시키고 질 높은 정책정보를 산출

㉢ 부처이기주의를 극복하고 복잡한 사회문제 해결능력을 증대

㉣ 전자정부 구현을 위한 정보자원관리의 최적화

㉤ 전자정부 구현을 위한 정부 리엔지니어링(reengineering)의 수단

③ **부정적인 행정정보 공동 활용의 관행**

㉠ 좋은 정보는 공유되지 않고 나쁜 정보만이 유통되는 '정보의 그레샴(Gresham) 법칙'이 나타남

㉡ 정보나 지식을 공짜로 생각하는 관행이 존재함

㉢ 현실성을 상실한 제도와 관행이 존재함

㉣ 각 기관별 이기주의

㉤ 정보 악용을 방지하는 기술 및 제도의 미비

3 전자정부론

1. 의의

(1) 전자정부(e-government)의 개념

정보와 IT를 국정전반에 적극 활용하는 정보사회의 새로운 행정 패러다임으로, 단기적으로는 행정의 효율성과 고객지향성을 제고하고 장기적으로는 국가의 경쟁력 향상 및 국민의 원활한 행정참여가 이루어지는 전자민주주의의 실현을 목표로 하는 정부를 의미함

(2) 미국의 전자정부

① 1990년대 이후 클린턴(Clinton) 정부가 신공공관리론을 기반으로 'Access America' 프로젝트를 수행하며 기존 비효율적 행정을 개혁하기 위해 등장
② 이후 인디애나폴리스 정부의 'for the people by the computer', 1980년의 「문서절감법(Paperwork Reduction Act)」에서 1994년의 「문서폐지법(Paperwork Elimination Act)」으로 전개되었음

(3) 우리나라의 전자정부

① 우리나라의 정부는 1980년대 초반부터 행정의 고도화와 대국민 서비스의 질적인 향상을 위해 행정의 모든 분야에서 정보통신기술의 성과를 활용하여 정부조직 및 기능을 개혁·재편하는 행정정보화를 추진해 옴
② Cyber Korea 21, 2001년 「전자정부법」, e-Korea Vision 2006, 전자정부 사업 총괄 등을 통해 전자정부 구현을 위해 노력하고 있음

2. 전자정부의 유형

능률형 (효율형) 전자정부	• 정부 자체의 혁신과 정보기술(EDI, BPR, 문서감축, 정보공유)의 활용으로 정부부문의 효율성(대내적 효율성)을 제고하는 것이 목적인 전자정부(협의의 전자정부) • 국민 편의의 증대, 정책의 투명화 및 전문화 등을 추구함 • 통제위주로 이용될 가능성이 높으며, 국민과의 쌍방향적인 의사소통이 이루어지지 못하는 문제점이 있음 예 전자문서교환, 행정정보 공동활동 등
서비스형 전자정부	• 정부부문의 향상된 정보능력을 민간과 공유하는 가운데 행정정보가 국민의 생활에 얼마나 기여할 수 있는가에 관심을 갖고 국민 복지와 서비스의 질 향상을 목적으로 하는 수요자 중심의 전자정부 • 서비스형 전자정부의 구현을 위해 매체 및 국민의 접근가능성을 제고하고 정보의 통합성 및 전문성을 추구하는 것이 중요함 예 전자민원처리, 고객관계관리(CRM) 등
민주형 전자정부	• 국민의 정부에 대한 높은 신뢰에 의해서 발전가능하며, 이러한 신뢰 구축을 위해 정책결정과정에 국민이 직접 참여하도록 행정부문의 참여공간의 공개·확대를 중요하게 생각하는 대외적 민주성 제고에 초점을 맞추는 전자정부 • 민주형 전자정부에서는 열린정부와 개인정보 보호 등이 중요하며 전자민주주의와의 연계를 중시함 예 전자거버넌스, 전자민주주의 등

전자정부 기술결정론과 사회결정론

기술 결정론	전자정부는 IT 기술, 시스템, 네트워크 발달에 기인한 것이라고 보는 효율성 모델
사회 결정론	사회의 민주화, 사회문제의 복잡화, 전자민주주의 그리고 인본주의 요구 등에 기인한 것이라고 보는 민주성 모델

CRM(고객관계관리, Customer Relationship Management)

고객에 대한 다양한 정보를 바탕으로 고객을 세분화하고 그에 따라 업무프로세스, 조직, 인력을 정비하여 체계적인 마케팅 전략을 수립·운용하는 전략

3. 전자정부의 효용

(1) 정보통신 기술을 활용한 업무 효율성 제고

(2) 백오피스(back office)는 프런트오피스(front office)의 간격 축소 및 연계 확대하여 공공서비스 개선

(3) 정보의 공개와 상호작용을 통한 행정의 신뢰성 확보

(4) 정부 정보에 대한 시민의 접근성 강화하여 행정의 민주성·투명성·개방성 제고

(5) 분권적인 정책결정시스템 구축

(6) 지역정보화를 통한 지역 간 불균형 해소

(7) 일·가정 양립 지원 예 재택근무, 탄력근무 등

Level up | 유비쿼터스 컴퓨팅(U-Computing)과 유비쿼터스 정부(U-Gov)

1. 유비쿼터스 컴퓨팅(Ubiquitous Computing)의 의의
① 유비쿼터스란 '언제 어디서나 존재하는'이라는 의미의 라틴어로, 이를 컴퓨터 시스템에 구현하려는 것이 유비쿼터스 컴퓨팅
② 유비쿼터스 컴퓨팅은 언제 어디서나 어떤 것을 이용해서라도 온라인 네트워크상에 있으면서 서비스를 받는 환경 공간을 의미하게 되어, 이러한 시스템이 전 국가적으로 모든 분야에 적용·확산되면 유비쿼터스정부(U-Gov)가 됨

2. 유비쿼터스 컴퓨팅(Ubiquitous Computing)의 조건
① 모든 컴퓨터는 서로 연결되어야 함(Connected devices)
② 이용자 눈에 보이지 않아야 함(Invisible)
③ 언제 어디서나 사용 가능해야 함(Computing everywhere)
④ 현실세계의 사물과 환경 속으로 스며들어 일상생활에 통합되어야 함(Calm technology)

3. 유비쿼터스 정부(U-Gov)의 의의
① 유비쿼터스 컴퓨팅이 적용·확산된 정부로 언제 어디서나 중단 없는 정보서비스를 제공하는 전자정부의 형태
② 고객 지향성, 지능성, 실시간성, 형평성 등을 중시하고 개인의 관심사나 선호도 등에 따른 실시간 맞춤정보 제공으로 시민참여도를 제고하는 전자정부의 형태
③ 우리나라: 새로운 패러다임으로 유비쿼터스 정부를 차세대 전자정부의 모습으로 보고 U-전자정부(Ubiquitous e-Gov) 기본계획 체계화를 통해 U-전자정부 로드맵을 수립 중

4. 유비쿼터스의 지향점
① 5C: 컴퓨팅(Computing), 커뮤니케이션(Communication), 접속(Connectivity), 콘텐츠(Contents), 조용함(Calm)
② 5Any: Any-time, Any-where, Any-network, Any-device, Any-service

---

4. 전자거버넌스와 전자민주주의

(1) **전자거버넌스(e-Governance)**
① IT 기술 발달로 시공간적 제약이 극복되고 다양한 관계의 네트워크가 형성되면서 전자적 공간을 활용하여 거버넌스가 구현된 것
② 참여와 공개를 핵심으로 하는 '민주성'을 제고하여 전자민주주의의 가능성을 넓히고 정책결정의 합리성 제고가 가능함

(2) 전자민주주의(e-Democracy)

① **의의**: 정보통신기반을 이용하여 정치과정에 시민의 직접 참여가 이루어지는 정보사회의 민주주의로 국민과 정부 간 정책결정관련 정보와 의견의 전달을 돕는 의사소통기술의 운용

② **효과**: 정책과정에 대해 모든 사람들이 온라인상으로 자유롭게 보고 들으며 의사를 표명하여 전자거버넌스의 실효성을 높여주고, 신속한 의사소통이 이루어지며, 정치의 투명성 확보에 기여함

③ **수단**: 인터넷을 통한 여론수렴과 투표, 국민신문고, 사이버 국회와 정당, 전자공청회, 전자청원(e-Petition), 전자배심원제(e-Jury), 트위터(twitter) 정치 등 정책결정에 따른 시민의 온라인 참여 및 토론, 지지 후보나 정책 등을 인터넷을 통해 다른 사람들에게 알리는 일련의 정치적 행위를 통해 이루어짐

(3) 전자적 참여의 형태(UN, 2008)

전자거버넌스는 전자정보화(e-Information) → 전자자문(e-Consultation) → 전자결정(e-Decision) 순으로 발전함

전자정보화 단계 (e-Information)	전자적 채널(정부 웹사이트)을 통해 국민에게 정부기관의 다양한 정보를 공개하는 단계로 일방향적인 정보의 공개가 일어나는 단계
전자자문 단계 (e-Consultation)	시민과 선출직 공무원 간의 상호 의사소통(전자청원, 정책토론)과 그에 대한 환류(feedback)가 이루어지는 단계
전자결정 단계 (e-Decision)	시민의 의견이 정부의 정책과정에 반영되는 단계로, 어떠한 정책결정에 반영되었는지에 대한 정보를 시민들에게 제공

Level up 온라인 시민참여(이종수 외)

정보제공형 참여 → 협의형 참여 → 정책결정형 참여 순으로 발전함

구분	특징	관련제도
정보제공형	• 정부기관의 정보를 정부가 일방적 · 적극적으로 제공하는 형태 • 관심이 없거나 수동적인 시민은 배제됨	정보공개법
협의형	시민과 정부 간 쌍방향적인 의사소통이 이루어지지만 주로 정부주도에 의한 의사소통	행정절차법 옴부즈만 민원 관련 법
정책결정형	시민들이 정책과정에 적극적으로 참여함으로써 참여과정 및 정책과정을 시민들이 결정할 수 있는 단계	전자국민투표법 국민의 입법 제안 등

(4) 평가

① 긍정적 측면

㉠ 정보접근이 편리하여 의사표현의 자유가 보장되고 시민참여 증가

㉡ 저비용 고효율의 정치문화 창출을 통해 정책결정의 합리성 제고

㉢ 공직자들과 시민들과의 정보 및 의견 교환 용이

㉣ 무능한 정치인이 도태하고 정치문화 전반에 변화가 생길 수 있음

전자민주주의

1. 고대 그리스 아테네에서 직접민주주의의 시공간적 제약으로 20세기 엘리트 중심적인 대의민주주의(간접민주주의)가 발생하였다면, 이러한 시공간적 제약을 극복하게 되면서 모든 시민이 자유롭고 평등하게 참여하는 제3의 민주주의인 전자민주주의(신직접민주주의)가 대두되었음

2. 전자민주주의는 대표를 통하지 않고도 의사결정이 가능한 새로운 직접민주주의 방식으로의 가능성을 열어놓았으며 심의민주주의(Deliberative Democracy)와 함께 대의민주주의의 문제점을 보완

🏛 **기출 체크**

전자정부 구현에 따른 기대효용으로 옳지 않은 것은? 2014년 국가직 9급

① 정보의 공개와 상호작용을 통한 행정의 신뢰성 확보

② 정보의 집중화를 통한 신속하고 집권적인 정책결정

③ 정보통신 기술을 활용한 업무 효율성 제고

④ 정부 정보에 대한 시민의 접근성 강화

📖 ② 일반적으로 전자정부가 구현될 경우 정보는 분산되어 공유되며 분권적인 정책결정시스템이 구축됨

마타이효과(마태효과)

1. 부자는 더욱 부자가 되고 가난한 자는 더욱 가난해지는 현상
2. 1968년 미국의 사회학자인 로버트 킹 머튼 교수가 '가진 자는 더욱 많이 가지게 되고, 없는 자는 더욱 빈곤해지는 현상'을 분석·설명 하면서 '무릇 있는 자는 받아 풍족하게 되고 없는 자는 그 있는 것까지 빼앗기리라'는 성격의 마태복음 25장 29절에 착안하여 만든 용어

보편적 서비스

1. 개념: 경제적·신체적·지리적 제약 없이 누구나 쉽게 정보통신서비스에 접근하여 필요한 정보를 이용할 수 있게 하는 것
2. 내용: 접근성(anywhere), 활용가능성(anyone), 요금의 저렴성, 훈련과 지원, 보편적 형평성

정보 리터러시

정보가 필요한 때 해당 정보를 찾아내고 사용할 수 있도록 새로운 정보 시스템 도구들을 충분히 이해하고 능숙하게 사용하기 위하여 개인에게 필요한 정보활용능력을 의미함

온-나라 시스템(On-Nara BPS System)

1. 정부 내부의 업무처리 전산화 시스템으로 G2G(Gov't To Gov't)에 해당하며, 행정 업무의 효율성을 제고하고 비용을 절감하기 위해 정부가 수행하는 모든 업무를 체계적으로 분류하고 온라인에서 실시간으로 업무를 처리하는 전산 시스템
2. 2007년 전자정부의 일환으로 구축되어 행정안전부에서 주관하고 있으며, 핵심은 정부 내부의 과제관리와 문서관리에 있음

나라장터(KONEPS)

공공기관의 공사, 용역, 물품 등의 발주정보를 공개하고 조달절차를 인터넷으로 처리하는 국가종합전자조달시스템

---

② 부정적 측면
  ㉠ 정치의 대중조작 가능성 증가
  ㉡ 정보의 부익부 빈익빈 현상(마타이효과) 심화
  ㉢ 정보의 독점과 조작에 따른 감시기능 강화
  ㉣ 잘못된 정보 및 정보 과다로 인한 시민들의 정치적 무력감 증가
  ㉤ 사이버테러 및 개인생활을 침해할 우려가 있음

(5) 성공조건
  ① 정보흐름에 대한 통제 및 독점을 방지해야 함
  ② 보편적 서비스(정보접근의 용이성 제고)를 확대해야 함
  ③ 정보활용교육의 강화를 통해 정보 리터러시를 증대시켜야 함
  ④ 시민의 참여의식과 주인의식을 배양해야 함

4 우리나라의 전자정부

1. 우리나라 전자정부사업의 추진과정

(1) 태동기(1960~1970년대)
  ① 1960년대: 경제기획원 중심의 행정전산화 사업이 시작됨
  ② 1970년대: 과학기술처 중심의 행정전산화 사업이 지속됨

(2) 안정기(1980년대) - 총무처 주관기
  ① 제1·2차 행정전산화 사업(1978~1986): 인사, 급여, 연금 등
  ② 제1·2차 행정전산망 구축(1987~1996): '국가기간전산망사업' 본격 추진
    ㉠ 제1차 행정전산망사업(1987~1991): 6대 우선업무(주민등록, 부동산, 경제통계, 자동차, 고용, 통관)에 대한 DB 정비
    ㉡ 제2차 행정전산망사업(1992~1996): 7대 우선추진업무(우체국종합서비스, 국민복지, EDI형 통관자동화, 산업재산권정보관리, 기상정보관리, 어선관리, 물품목록관리), 4대 정책업무(경제통상업무, 농업기술정보, 환경보전, 국세종합관리)에 대한 DB 정비

(3) 전자정부기반 구축기(1997~2001)
  ① '초고속정보통신망' 구축사업(1994) 본격 추진: 초고속국가정보통신망(정부투자)과 초고속공중정보통신망(민간투자) 구축사업 추진
  ② 정보화촉진기본법(1996): 정보화촉진기본계획을 수립하고 '작지만 효율적인 전자정부의 구현'을 포함하는 전자정부를 위한 10대 과제 제시

(4) 전자정부 본격 추진기(2002~2006)
  ① 「전자정부법」 제정하고(2001), 행정자치부 주관하에 문서감축(종이 문서 위주의 업무를 전자적으로 처리하도록 규정), 정보공유, BPR 등을 추진
  ② 2002년에 'e-Korea vision 2006 사업' 추진

2. 전자정부의 원칙(「전자정부법」 제4조)

(1) 대민서비스의 전자화 및 국민편익의 증진

대민서비스를 전자화하여 민원인의 업무처리과정에 시간과 노력이 최소화되도록 함

(2) 행정업무의 혁신 및 생산성·효율성의 향상

업무처리과정을 전자적 처리에 적합하도록 혁신하여 생산성을 향상시킴

(3) 정보시스템의 안전성·신뢰성의 확보

보안시스템을 철저히 하여 정보시스템의 안전성·신뢰성을 확보함

(4) 개인정보 및 사생활의 보호

개인정보는 법령에서 정하는 경우를 제외하고는 당사자의 의사에 반하여 사용되어서는 안 되며, 개인의 사생활을 보장하여야 함

(5) 행정정보의 공개 및 공동이용의 확대

행정정보는 인터넷을 통하여 적극 공개하고 행정기관은 행정정보를 다른 기관과 공동으로 이용함

(6) 중복투자의 방지 및 상호 운용성 증진

부처 간 소프트웨어 중복개발을 금지하고 비용절감을 위해 상호 운용함

(7) 정보기술아키텍처를 기반으로 하는 전자정부 구현·운영

행정기관 등은 전자정부의 구현·운영 및 발전을 추진할 때 정보기술아키텍처를 기반으로 하여야 함

(8) 행정기관 확인의 원칙

행정기관이 전자적으로 확인할 수 있는 사항은 민원인에게 제출하도록 요구하여서는 안 됨

Focus on 전자정부 신·구 원칙 비교

종전	현행(2017.10.24.)
• 국민편익 중심의 원칙 • 업무혁신 선행의 원칙 • 전자적 처리의 원칙 • 행정정보 공개의 원칙 • 행정기관 확인의 원칙 • 행정정보 공동이용의 원칙 • 소프트웨어 중복개발 방지의 원칙 • 개인정보 보호의 원칙 • 기술개발 및 운영 외주의 원칙	• 대민서비스의 전자화 및 국민편익의 증진 • 행정업무의 혁신 및 생산성·효율성의 향상 • 행정정보의 공개 및 공동이용의 확대 • 행정기관 확인의 원칙 • 중복투자의 방지 및 상호 운용성 증진 • 개인정보 및 사생활의 보호 • 정보시스템의 안전성·신뢰성 확보 • 정보기술아키텍처를 기반으로 하는 전자정부 구현·운영 • 행정기관 보유의 개인정보를 당사자 의사에 반하여 사용 금지

Level up 기존 전자정부와 스마트 정부의 비교

구분		기존 전자정부(~2010)	스마트정부(2011~)
국민	접근방법	PC만 가능	스마트폰, 태블릿 PC 등 다매체활용
	서비스	공급자중심의 획일적 서비스	개인별 맞춤형 통합 서비스
	민원신청	개별 신청(동일서류도 복수 제출)	1회 신청으로 복합민원 일괄 처리
	수혜방식	국민이 직접 자격 증명 신청	정부가 자격요건 확인·지원
공무원	근무위치	지정 사무실(PC)	시간·위치 무관(스마트 워크 센터)
	위기	재난 사후 복구	사전 예방 및 예측

🏛 **기출 체크**

정보통신기술을 활용한 행정개선 사례로 옳지 않은 것은? 2017년 국가직 7급 (10월 추가)

① 정부서울청사 등에 스마트워크센터를 설치하여 운영하고 있다.

② 민원서비스를 통합적으로 제공하는 '민원24'를 도입하였다.

③ 정부에 대한 불편사항 제기, 국민제안, 부패 및 공익 신고 등을 위해 '국민신문고'를 도입하였다.

④ 공공기관의 공사, 용역, 물품 등의 발주정보를 공개하고 조달절차를 인터넷으로 처리하도록 '온나라시스템'을 도입하였다.

🔒 ④ 공공기관의 공사, 용역, 물품 등의 발주정보를 공개하고 조달절차를 인터넷으로 처리하도록 한 것은 '국가종합전자조달시스템-나라장터'

전자정부론

1. **전자정부 기본계획의 수립(「전자정부법」 제5조)**: 중앙사무관장기관의 장(행정안전부장관)은 전자정부의 구현·운영 및 발전을 위하여 5년마다 전자정부기본계획을 수립해야 함

2. **국가정보화 기본계획의 수립(「국가정보화 기본법」 제6조)**: 과학기술정보통신부장관은 5년마다 국가정보화기본계획을 수립해야 함. 기본계획은 국가와 지방자치단체의 부문계획을 종합하여 정보통신 전략위원회의 심의를 거침

3. **국가정보화 시행계획의 수립(「국가정보화 기본법」 제7조)**: 중앙행정기관의 장과 지방자치단체의 장은 기본계획에 따라 매년 국가정보화 시행계획을 수립해야 함

전자정부에서 정부, 기업, 국민 간 관계 유형

1. **G2G(Government To Government)**: 정부내부 업무처리 전산화 예 온-나라 시스템

2. **G2B(Government To Business)**: 기업에 대한 정보제공, 보조금, 거래 등 전산화 예 전자조달 나라장터, 전자통관시스템(UNI-PASS)

3. **G2C(Government To Customer)**: 일반국민들에 대한 서비스 전산화 예 민원24, 국민신문고

기출 체크

다음 중 한국의 대민 전자정부(G2C 또는 G2B)의 사례가 아닌 것은? 2015년 국회직 8급

① 민원24
② 국민신문고
③ 전자조달 나라장터
④ 온-나라 시스템
⑤ 전자통관시스템

답 ④ 온-나라 시스템은 정부 내부의 업무처리에서 종이 없는 행정의 실현을 추구하는 G2G에 해당

5 정보화의 역기능

1. 정보격차(digital divide)

(1) 정보·정보통신기기·정보통신 서비스에 대한 접근성과 활용능력에 차이가 발생하는 것

(2) 남녀 간, 세대 간, 지역 간 등 다양하게 나타날 수 있으며, 정보격차를 해소하고 보편적 서비스를 구현하는 것이 중요함

2. 프라이버시 침해

국가에 의한 전자적 감시와, 기업과 개인에 의한 프라이버시 침해의 위험성이 증대됨

3. 정보보안 문제

최근 해킹 기술의 발달과 바이러스 유포의 일상화에 따른 보안확보가 중요한 과제로 대두되고 있으며, 이는 정보 네트워크의 신뢰성 확보에도 영향을 미치는 중요한 문제임

정보공개제도의 평가기준

민주성	국민의 요구와 편의를 최우선적으로 고려
적시성	필요한 시기에 공개
형평성	공공기관의 비용·편익과 국민의 비용·편익 간의 균형이 맞아야 함

정보공개위원회와 정보공개심의회

1. 정보공개위원회
   · 정보공개정책 수립 및 제도개선 사항, 정보공개기준 수립사항 공공기관의 운영실태 평가 및 결과처리 사항 등을 결정하는 위원회로 2008년 2월부터 대통령 소속에서 안전행정부(현 행정안전부) 장관 소속으로 변경
   · 위원은 위원장을 포함하여 9인이며 위원장을 포함한 5인은 공무원이 아닌 자로 위촉하여야 하고 위원장 및 위원의 임기는 2년임

2. 정보공개심의회
   · 각 공공기관에 설치된 위원회로 정보공개 여부를 심의
   · 위원은 위원장을 포함하여 5~7인이며 그 중 2분의 1은 외부전문가로 위촉하게 함으로써 정보공개 여부 결정의 공정성을 확보하도록 하고 있음

THEME 095 정보공개제도와 지식행정론 ★★☆

1 정보공개제도

1. 의의와 도입배경

(1) 의의

국가나 지방자치단체 및 공기업 등 공공기관이 보유하고 있는 정보를 국민의 청구에 의하거나 또는 자발적으로 공개하는 것

협의	· 국민 개개인의 청구에 의한 의무적인 정보공개 · 행정기관이 보유한 정부에 대하여 국민으로부터의 청구가 있을 때 당해 정보를 청구자에게 의무적으로 공개하도록 하는 제도
광의	행정기관이 보유하고 있는 정보를 외부에 제공하는 일체의 행위

(2) 도입배경

① 1992년에 청주시 정보공개조례가 법률의 구체적 위임은 없었지만 위법하지 않다는 헌법재판소의 판결이 나옴으로써 여러 지방자치단체가 행정정보공개조례를 제정하게 됨

② 1996년 12월에 「공공기관의 정보공개에 관한 법률」이 제정되어 시행됨

③ **정보공개위원회의 설치:** 정보공개에 관한 정책의 수립 및 제도개선에 관한 사항 등을 심의·조정하기 위하여 행정안전부장관 소속하에 정보공개위원회를 둠

2. 내용(「공공기관의 정보공개에 관한 법률」, 행정안전부 총괄)

(1) 정보공개청구권자

모든 국민과 외국인(일정 요건을 갖춘 외국인)은 정보의 공개를 청구할 권리를 가짐

(2) 정보공개기관의 범위

국가기관(국회, 법원, 헌법재판소, 중앙선거관리위원회, 중앙행정기관 및 그 소속 기관, 「행정기관 소속 위원회의 설치·운영에 관한 법률」에 따른 위원회), 지방자치단체, 「공공기관의 운영에 관한 법률」에 따른 공공기관 및 대통령령이 정하는 기관(각급학교, 지방공사와 지방공단, 정부산하기관, 특수법인, 사회복지법인 등)

(3) 공개대상정보

공공기관이 직무상 작성 또는 취득하여 관리하고 있는 문서(전자문서 포함)·도면·사진·필름·테이프·슬라이드 및 그 밖에 이에 준하는 매체 등에 기록된 사항

(4) 비공개대상정보

공공기관이 보유·관리하는 정보는 원칙적으로 공개대상이지만, 국가안위에 관한 사항, 개인의 생명·신체에 위협이 되는 정보, 재판에 간섭하는 정보 등의 경우 비공개 할 수 있음을 법에서 규정하고 있음

3. 효용

(1) 국민의 알권리 보장을 통한 정보민주주의(Tele-Democracy)의 구현

국민 개인의 권익과 관련된 정책 및 행정처분 등에 관한 정보를 공개함으로써 국민의 알권리를 보장하고 국민의 정보접근권·정보사용권·정보참가권을 보장하여 정보민주주의 구현에 기여함

(2) 국정에 대한 국민의 행정참여 신장을 통한 열린행정 구현

공공기관의 업무와 관련 정보의 확보가 가능해지면서 국민의 이해관계 및 의사를 행정 과정에 반영시킬 수 있으므로 국민의 행정참여를 증가시켜 열린행정의 구현이 가능함

(3) 국정의 투명성 확보와 행정통제의 가능성

관료에 의한 정보독점을 막고 국민의 국정감시 기능을 강화함으로써 국정의 투명성을 확보하고 공공기관의 권력남용 및 부정부패를 방지할 수 있어 행정통제가 가능함

(4) 행정의 홍보 및 신뢰성 확보

객관적이고 정확한 행정정보를 공개함으로써 국민의 행정에 대한 신뢰를 높이고 적극적인 협조를 확보할 수 있음

4. 폐단

(1) 국가의 기밀 유출

직무상 비밀 보호가 어려워지고 국가기밀 유출의 위험이 커지며 이를 예방하기 위한 장치를 만들고 운영하는 데 많은 비용이 소모됨

기출 체크

「공공기관의 정보공개에 관한 법률」의 내용으로 옳은 것은? 2016년 사회복지직 9급

① 지방자치단체는 그 소관 사무에 관하여 법령의 범위에서 정보공개에 관한 조례를 정할 수 있다.
② 모든 국민은 정보의 공개를 청구할 권리를 가지며, 외국인의 정보공개 청구에 관하여는 법률로 정한다.
③ 공공기관은 예산집행의 내용과 사업평가 결과 등 행정 감시에 필요한 정보가 다른 법률에서 비밀이나 비공개사항으로 규정되었더라도 이를 공개하여야 한다.
④ 공공기관은 정보공개의 청구를 받으면 부득이한 사유가 있더라도 그 청구를 받은 날부터 연장 없이 10일 이내에 공개 여부를 결정하여야 한다.

답 ① 지방자치단체는 그 소관 사무에 관하여 법령의 범위에서 정보공개에 관한 조례를 정할 수 있음
② 대통령령으로 정함
③ 공개하지 않을 수 있음
④ 부득이한 사유가 있을 경우 10일의 범위에서 연장할 수 있음

정보공개제도의 장단점

장점	• 국민의 알권리 충족 • 민주성 향상을 통한 열린행정 구현 • 국정의 투명성 확보와 행정통제 강화 • 공직자의 부패 방지 • 행정의 신뢰성 확보
단점	• 국가기밀의 유출 • 사생활의 침해 • 정보의 왜곡과 남용 • 공직자의 유연성 저해 • 정보공개 혜택의 비형평성 • 정보공개의 비용·업무량의 증가

PART 6

행정환류론 2021 해커스공무원 쉬운 행정학

(2) 사생활의 침해

정부가 획득·보유하고 있는 개인정보가 유출되어 국민의 사생활을 침해할 우려가 있음

(3) 정보의 왜곡과 남용

① 정부에 제공된 모든 정보는 공개가능성이 있기 때문에 정치적·행정적 책임을 면하기 위해 문서의 작성을 회피하거나 정확한 정보 제공을 기피 혹은 조작할 우려가 있음

② 공개된 정보가 범죄나 부당이득의 목적 등에 의해 남용 또는 악용될 우려가 있음

(4) 공무원의 유연성 저해 및 소극적 행태의 조장

정보공개에 따라 자신의 실책이 드러나거나 말썽이 생길 것을 걱정하는 공무원들은 위축되어 경직적으로 행동하며 업무추진에 소극적인 태도를 보일 수 있음

(5) 정보공개 혜택의 비형평성

개인이나 집단에 따라 정보접근능력에 차이(정보격차)가 있으며 정보공개 청구자에게만 정보가 제공되므로 정보공개의 혜택이나 배분에 있어서 형평성이 결여될 수 있음

(6) 비용·업무량의 증가

정보공개제도를 운영하는 데 비용이 많이 들고 행정의 부담이 늘어날 수 있으며, 정보공개청구가 폭주하는 경우 행정업무 수행의 차질이나 지연이 우려됨

2 지식행정론

1. 지식의 의의

자료(data)가 분석과정과 의미파악을 통해 정보로 산출된 후 일정한 규칙이나 파일을 통해 데이터베이스화되어 가치평가가 이루어지게 되는데, 이 중 가치 있다고 판단되는 것이 지식(kowledge)에 해당함

2. 지식의 형태 - 노나카(Nonaka)

(1) 암묵지(tacit knowledge)

말로는 표현할 수 없는 주관적·신체적인 지식으로서 경험의 반복에 의해 숙련화 되어 은유를 통해 전달됨(묵시적 지식, 주관적 지식)

예 사고 습관과 행동경향(know-how) 등

(2) 형식지(explicit knowledge)

문장과 말로 표현할 수 있어 객관적으로 공감할 수 있는 형태의 지식으로서 이전이 가능하여 언어를 통해 전달됨(명시적 지식, 객관적 지식)

예 문서, 데이터베이스 등

구분	암묵지	형식지
정의	언어로 표현하기 힘든 주관적 지식	언어로 표현가능한 객관적 지식
획득	경험을 통해 몸에 밴 지식	언어를 통해 습득된 지식
축적	은유·경험을 통한 전달	언어를 통한 전달
전달	전수하기 어려움	전수하는 것이 상대적으로 용이함
예	개인 경험, 자전거타기 등	컴퓨터 매뉴얼, 문서, 데이터베이스 등

3. 지식의 창출과정(지식변환모형, SECI 모형)

(1) 지식변환의 과정

암묵지와 형식지는 다음의 과정을 거치며 변화·발전하는데, 노나카(Nonaka)는 이를 지식변환(knowledge conversion)이라고 정의함

① **사회화(socialization):** 암묵지를 암묵지로 변환하는 과정으로, 공동체험을 통해 개인이 가지고 있는 암묵지를 다른 조직구성원들이 경험함으로써 서로 획득하고 공유하도록 함

② **외부화(externalization):** 암묵지가 언어적·상징적 표현수단을 통해 형식지로 변환되는 과정으로, 개인이 언어적·행동적 표현수단을 통해 자신의 암묵지를 다른 사람들에게 전이시켜 더욱 발전된 지식을 창조함

③ **조합화(combination):** 형식지들을 모아서 새로운 체계의 형식지들을 만드는 과정으로, 집단토론 등을 통한 집단학습과정을 거쳐 형식화된 지식을 모아 연결·결합하는 것으로 데이터마이닝이 적용됨

④ **내부화(internalization)**
   ㉠ 형식지를 다시 암묵지로 변환시키는 과정으로, 교육받은 내용을 실제 문제에 적용하여 체화된 암묵지로 만드는 것(learning by doing)
   ㉡ 선임자의 멘토링(mentoring)을 통한 학습이 중요한 역할을 하며, 센게(Senge)의 학습조직이론도 내부화 방식의 지식창조를 강조한 것
   ㉢ 노나카(Nonaka)는 내부화 과정으로 개인의 암묵지가 조직 전체에 확산될 수 있고, 이것이 지식변환에서 가장 중시되는 과정이라 보았음
   ㉣ 예: OJT(On-The-Job Training)나 Mentor-Mentee와 같은 도제 제도를 통해 각 구성원은 다른 사람이 보유하고 있는 암묵지를 체득하여 자신의 암묵지로 만들 수 있음

(2) 지식변환의 계속성

지식변환은 개인차원의 지식창조에서 시작되어 조직차원에 이르고 다시 개인으로, 또다시 조직으로 복합 상승하는 나선형의 프로세스를 통해 역동적으로 계속됨

4. 지식행정관리의 성공요인

(1) 암묵지를 강화하여 암묵지를 형식지화하고, 인적자원의 지식 전파 활성화

(2) 지식자본의 평가기준을 마련하고 구성원에 대해 평가 및 보상시스템을 구축

지식행정 우수사례 - 관세청 '想想異想(상상이상)'시스템(2009.12.3.)

1. 관세청의 '想想異想 시스템으로 내외부 아이디어 활용'이 행정안전부(현 행정안전부)에서 주관하는 지식행정 우수사례에 선정되었음
2. 想想異想 시스템은 집단지성(Collective intelligence) 활용을 극대화하고자 관세청에서 자체 개발한 것으로, 내외부 고객의 모든 의견을 촘촘히 수렴해 행정에 자동으로 반영하는 진일보한 시스템임
3. 관세청에서 활용 중인 想想異想 시스템으로 지난해 월평균 93건에 불과하였던 아이디어는 올해 월평균 168건으로 2배 가까이 증가하였고 내부직원의 만족도 설문조사 결과 만족도 7.53점, 기대감 8.23점으로 나타났음
4. 행정안전부 관계자는 "이번 지식행정의 우수사례가 전 행정기관에 확산돼, 업무로 인한 지식의 공유와 활용이 내재화되는 등 범정부 지식행정수준이 한층 높아질 수 있기를 기대한다."라고 밝혔음

(3) 최고지식관리자(CKO; Chief Knowledge Officer)를 두고 조직 내의 각종 지적 자산을 발굴 및 총괄하여 지식관리자가 조직 구성원이 지식창조 및 공유를 자극하도록 해야 함

(4) 계층 구조를 축소하고 지식행정조직 및 연성조직을 구축하여 내·외부적으로 지식활용을 극대화

(5) 의사소통채널 다양화와 지식창출·공유·확산을 위한 신뢰·협력 문화 조성

5. 전통적 행정관리와 지식행정관리의 비교

구분	전통적 행정관리	지식행정관리
조직구조	계층제적 조직	학습조직 기반 구축
조직구성원의 능력	조직구성원의 기능과 경험이 일과성으로 소모	개인의 전문적 자질 향상
지식소유	지식의 개인 사유화	지식의 조직 공동재산화
지식공유와 활용	• 정보·지식의 중복 활용 • 조직 내 정보 및 지식의 분절·파편화	• 조직의 업무능력 향상 • 지식공유를 통한 가치 향상 및 확대·재생산

3 연성(soft)행정

1. 의의

(1) 행정환경에 유연하고 민감하게 반응하며 행정요소들 간 유기적으로 통합되어 단절 없는 기능수행이 이루어지는 행정으로, 유의미한 가치 창출을 위해 행정구조와 양식이 가변적인 행정을 의미함

(2) 행정이 유연하다는 점은 행정에의 접근가능성이 높다는 것을 의미하므로, 행정이 시민과 기업에 열려 있으며 조력하는 행정으로서 지속적 협력가능성을 지니고 있음

2. 경성(전통적)행정과 연성(현대적)행정

경성행정(hard government)	연성행정(soft government)
• 전통적 관료제(bureaucracy) • 분절적(fragmented) 행정 • 폐쇄적 독점행정 • 노젓기(rowing) • 규칙중심의 관리 • 투입중심예산 • 불신행정 • 관료중심적 • 집권적 계층제(명령과 통제)	• 국가경영(governance) • 단절 없는(seamless) 행정 • 개방적 경쟁행정 • 방향잡기(steering) • 임무중심의 관리 • 성과중심예산 • 신뢰행정 • 고객중심적 • 참여와 팀워크(협력과 네트워크)

4 정부 3.0

1. 의의

공공정보를 적극 개방·공유하고 부처 간 칸막이를 없애며 소통·협력함으로써 국정과제에 대한 추진동력을 확보하고 국민 맞춤형 서비스를 제공함과 동시에 일자리 창출과 창조경제를 지원하는 새로운 정부운영의 패러다임

2. 방향

(1) 공공정보를 개방·공유하고 정부와 국민 간의 소통과 협력을 확대

(2) 국가보다 국민 개개인의 행복에 초점을 두어 맞춤형 서비스를 제공

(3) 민간의 창의와 활력이 증진되는 혁신 생태계를 조성

(4) 부처 간 칸막이를 뛰어넘는 통합형 정부운영을 지향

(5) 정부가 직접 개입하지 않고, 민간의 능동적 참여를 유도하는 플랫폼 정부

3. 정부운영 패러다임의 변화

구분	정부 1.0	정부 2.0(web 1.0)	정부 3.0(web 2.0)
운영방향	정부 중심	국민 중심	국민 개개인 중심
핵심가치	효율성	민주성	확장된 민주성
참여방식	관 주도·동원	제한된 공개·참여	능동적 공개와 참여 (개방·공유· 소통·협력)
행정서비스	일방향 제공	양방향 제공	양방향·맞춤형 제공
참여수단	직접 방문	인터넷	무선 인터넷, 스마트 모바일 서비스

정부 3.0의 중점 추진과제

소통하는 투명한 정부	• 공공정보 적극 공개로 국 민의 알권리 충족 • 공공데이터의 민간 활용 활성화 • 민관 협치 강화
일 잘하는 유능한 정부	• 정부 내 칸막이 해소 • 협업·소통 지원을 위한 정부운영시스템 개선 • 빅데이터를 활용한 과학 적 행정 구현
국민 중심의 서비스 정부	• 수요자 맞춤형 서비스 통합 제공 • 창업 및 기업활동 원스 톱 지원 강화 • 정보 취약계층의 서비스 접근성 제고 • 새로운 정보기술을 활용 한 맞춤형 서비스 창출

빅데이터의 3대 특징(3V)

크기 (Volume)	• 엄청난 규모의 데이터 의 물리적 크기 • 테라바이트(TB), 페타 바이트(PB) 규모로 확 장된 데이터
속도 (Velocity)	• 데이터의 처리 능력 • 스트리밍형태, 즉 실시 간 라이브 형태로 사용
다양성 (Variety)	• 데이터의 형태 • 정형적인 데이터를 넘 어 정형 또는 비정형의 다양한 데이터

THEME 089

길버트(Gilbert)가 제시한 행정통제의 유형에 대한 설명으로 옳지 않은 것은?

① 통제는 외부통제와 내부통제, 공식 통제와 비공식 통제로 나눌 수 있다.
② 정당에 의한 통제는 외부, 공식 통제이다.
③ 감사원에 의한 통제는 내부, 공식 통제이다.
④ 옴부즈만제도의 확대는 행정통제의 향상 효과를 가진다.

THEME 090

국민권익위원회에 대한 설명 중 옳은 것의 개수는?

ㄱ. 일반적인 옴부즈만 제도는 입법부 소속이나 우리나라의 국민권익위원회는 행정부 소속이다.
ㄴ. 국민권익위원회는 헌법상 기관이 아닌 법률상 기관이라는 한계가 있다.
ㄷ. 직권에 의한 조사는 불가능 하며, 신청에 의한 조사만 가능하다.
ㄹ. 조사 결과에 따른 무효와 취소 및 변경은 불가능하다.

① 1개   ② 2개
③ 3개   ④ 4개

THEME 091

정부는 민간인으로 구성된 행정쇄신위원회를 설치하여 행정개혁 방안을 제시하도록 하였다. 이와 같이 민간위원회에서 개혁안을 작성할 경우의 장점으로 볼 수 없는 것은?

① 국민적지지 확보 용이   ② 종합적이고 객관적인 개혁안 작성 가능
③ 높은 실현 가능성   ④ 기관 이익의 배제 가능

THEME 092

영국의 행정개혁과 관계가 없는 것은?

① 시장성검증제도   ② 후버(Hoover) 위원회
③ Next Steps   ④ 시민헌장제도

THEME
093 참여정부의 행정개혁에 대한 설명으로 옳지 않은 것은?

① 고위공무원단제도와 총액인건비제도를 도입하였다.
② 4대 재정개혁과제인 사전재원배분제, 성과관리, 국가재정운용계획, 예산회계정보시스템을 추진하였다.
③ 세종시를 건설하고 행정수도 이전을 추진하였다.
④ 기획예산처와 재정경제부를 통합하였다.

THEME
094 UN이 제시한 전자적 참여의 형태에 대한 설명으로 옳은 것은?

① 전자거버넌스는 전자정보화, 전자결정, 전자자문 순으로 발전한다.
② 전자결정 단계는 정부 웹사이트 등 전자적 채널을 통해 국민에게 정보를 공개하는 단계이다.
③ 전자자문 단계는 전자청원 등을 통하여 시민과 선거직공무원 상호 의사소통과 환류가 이루어지는 단계이다.
④ 전자정보화 단계는 시민의 의견이 정부의 정책과정에 반영되는 단계이다.

THEME
095 암묵지(tacit knowledge)에 대한 특징으로 옳지 않은 것은?

① 언어로 표현이 가능한 객관적 지식
② 경험을 통해 몸으로 지식을 획득
③ 은유를 통한 개인 경험의 전달
④ 반복에 의한 숙련화

정답 및 해설

089 정당에 의한 통제는 외부, 비공식 통제이다.

⊞ 길버트(Gilbert)의 통제의 유형

구분	외부통제	내부통제
공식 통제	• 입법부에 의한 통제 • 사법부에 의한 통제 • 옴부즈만 제도	• 계층제 • 감사원, 국민권익위원회 • 청와대, 국무조정실 • 교차기능조직
비공식 통제	• 시민에 의한 통제 • 정당에 의한 통제 • 이익집단에 의한 통제 • 여론, 인터넷 등	• 동료집단의 평가와 비판 • 공무원으로서의 직업 윤리

090 모두 옳은 설명이다.

091 민간 주도로 개혁안을 작성할 경우 외부의 지지를 얻을 수 있고 종합적인 개혁안의 작성이 가능하나, 실현 가능성이 낮다는 단점이 있다.

092 후버(Hoover) 위원회는 미국의 행정개혁의 일환으로서 대통령의 통제권 확립, 중복된 행정기능의 정리, 번문욕례의 제고, 행정기구의 재편 및 독립규제위원회의 개선 등을 주장하기 위해 1947년 제1차 후버(Hoover) 위원회가 설치되었다.

⊞ 영국의 정부개혁 프로그램

능률성 정밀진단 (1979)	비용가치의 제고, 서비스 질의 향상, 조직 및 관리의 효과 등을 성과관리의 목표로 하는 대처 정부의 개혁정치의 일환
재무관리 개혁 (FMI) (1982)	재정개혁 정책으로서 정원상한제 및 총괄예산제 도입으로 각 부처에 재정자율권 부여
Next Steps (1988)	중앙부처에서 담당하던 집행 및 서비스기능을 정책기능으로부터 분리하여 책임운영기관이라는 새로운 형태의 조직으로 전환
시민헌장제도 (1991)	고객서비스의 질 향상을 목표로 서비스표준을 설정하고, 시정과 보상 제도를 마련
시장성검증제도 (1991)	경쟁을 통한 공공서비스 공급주체의 최적화
공무원 제도개혁 (1996)	고위공무원단(SCS)에 공개경쟁임용계약제를 도입하고, 공무원 조직을 개방제로 전환, 계급제를 폐지, 성과급 지급
더 나은 정부 (1996)	현대 사회민주주의 제시

093 기획예산처와 재정경제부를 통합하여 기획재정부로 변경한 것은 이명박 정부이다.

094
▶ 오답체크
① 전자거버넌스는 전자정보화, 전자자문, 전자결정 순으로 발전하고 있다.
② 전자정보화 단계에 대한 설명이다.
④ 전자결정 단계에 대한 설명이다.

095 암묵지는 말로는 표현할 수 없는 주관적·신체적인 지식으로서 경험의 반복에 의해 숙련화된다.

정답 089 ② 090 ④ 091 ③ 092 ② 093 ④ 094 ③ 095 ①

PART별 출제 비중 * 최근 3개년 기출 분석(2020년 하반기 시험 제외)

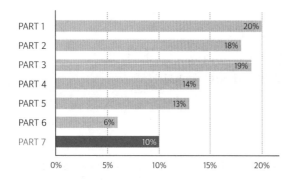

PART 7 지방행정론은 지방자치의 특수성과 우리나라 지방자치제도를 다루는 PART입니다. 지방직 시험에서 더 많은 문제가 출제되는 경향이 있으며, 최근 지방분권 정책이 이슈가 되고 있으므로 더욱 주목해야 합니다. 지방행정론에서는 실무 및 법령과 관련된 문제가 매우 빈번하게 출제되며, 관련 법령의 제·개정이 잦으므로 최신 법령과 함께 이슈가 된 사안들을 숙지하는 것이 중요합니다.

CHAPTER별 빈출 키워드

CHAPTER 1 지방행정의 기초이론	주민자치와 단체자치, 중앙집권과 지방분권
CHAPTER 2 지방행정의 조직	지방자치단체의 기관구성
CHAPTER 3 지방자치단체의 사무	자치사무, 단체위임사무, 기관위임사무
CHAPTER 4 지방자치단체와 국가의 관계	중앙과 지방 간의 관계
CHAPTER 5 지방자치와 주민참여	주민직접참정제도
CHAPTER 6 지방자치단체의 재정	재방재정의 구성 체계, 지방세, 지방교부세와 국고보조금

PART 7

지방행정론

CHAPTER 1 지방행정의 기초이론

직접행정과 간접행정

직접행정 (특별지방행정기관)	① 관치행정
간접행정 (보통지방행정기관)	② 위임행정
	③ 자치행정

· 광의: ①+②+③
· 협의: ②+③
· 최협의: ③

특별지방행정기관

1. 개념: 국가의 특정한 행정부서에 소속되며, 그 관할구역 내에서 시행되는 소속중앙행정기관에 속하는 사무를 관장하고 당해 부서로부터 지휘·감독을 받는 국가의 지방행정기관
2. 예: 지방경찰청, 지방세무서, 지방국토관리청, 유역환경청, 국립검역소 등

핵심 OX

01 관치형 지방행정은 중앙정부가 지방에 특별지방행정기관을 설치하여 수행하는 방식이다. (O, ×)
🔖 O

02 지방행정의 수행방식은 관치행정과 자치행정 두 가지 방식으로 나눌 수 있다. (O, ×)
🔖 × 관치행정, 위임행정, 자치행정 세 가지 방식

THEME 096 지방행정의 이념과 가치 ★★☆

1 지방행정의 의의

1. 지방행정의 방식

(1) 지방행정의 방식은 국가적 전통이나 시대적 환경에 따라서 달라짐

(2) 일반적으로 정치의 형태에 따라 중앙집권적 정치체제에서는 관치방식을, 지방분권적 정치체제에서는 자치방식을 채택함
  ① **관치행정**: 국가의 일선기관(특별행정기관)에 의한 지방행정으로, 직접행정방식에 해당함
  ② **위임행정**: 지방자치단체(보통지방행정기관)에 의한 지방행정으로 간접행정방식에 해당하며, 국가의 사무를 위임받아 국가의 통제 하에 수행함
  ③ **자치행정**: 지방자치단체(보통지방행정기관)에 의한 지방행정으로 간접행정방식에 해당하며, 그 지역 고유의 사무를 독자적으로 수행함

광의	협의(대륙법계)	최협의(영미법계)
· 자치행정 + 위임행정 + 관치행정 · 행정주체 불문 · 아프리카, 중남미 대륙, 중동의 일부 국가 등	· 자치행정 + 위임행정 · 지방자치단체에 의한 행정, 대륙형 단체자치 · 우리나라, 이탈리아, 프랑스 등	· 자치행정 · 영미형 주민자치 · 영국, 미국 등

2. 지방행정의 특징

(1) 지방자치단체가 처리하는 모든 행정(광의)으로 파악할 때, 특별행정기관은 이와 달리 기능이 부분적·제한적인 종합행정

(2) 주민들의 일상생활과 직결되는 사무와 지방주민들의 복지 증진에 관한 요구를 처리하는 생활행정

(3) 중앙행정과 달리 직접적으로 주민들과 접촉하면서 주민들의 의견을 수렴하고 이를 바탕으로 정책을 결정하고 집행하는 일선행정

(4) 원칙적으로 법인격을 가진 지방자치단체가 지역주민이나 대표자의 의사와 책임하에 지방의 사무를 자주적으로 처리하는 자치행정. 행정협의회는 예외

(5) 일정한 지역이나 지방을 단위로 지역성의 요청에 입각하여 개별적으로 파악하고 다원적으로 실시하는 지역행정

(6) 주민들의 요구를 수렴하는 급부행정(↔ 문서행정)

(7) 비권력적 행정

2 지방자치의 본질

1. 지방자치(local government, local autonomie)의 의의

(1) 일정한 지역의 주민이 자치 기구에 참여하여 그 지역 공공사무를 자주적으로 처리하는 것

(2) 지방행정은 지방자치보다 광범위한 개념이며 사무배분 규정의 실효성이 미흡함지방자치와 관계없이 이루어질 수 있음

2. 지방자치의 5요소

(1) **구역(장소적 구성요소)**

① **자치구역**: 자치권이 미치는 지역적 범위

② **행정구역**: 행정상의 편의나 행정기능을 수행하기 위하여 만들어진 인위적 지역 공간

③ **구역의 변경(「지방자치법」)**

㉠ **지방자치단체의 명칭과 구역**

> 「지방자치법」 제4조 【지방자치단체의 명칭과 구역】 ① 지방자치단체의 명칭과 구역은 종전과 같이 하고, 명칭과 구역을 바꾸거나 지방자치단체를 폐지하거나 설치하거나 나누거나 합칠 때에는 법률로 정한다. 다만, 지방자치단체의 관할 구역 경계변경과 한자 명칭의 변경은 대통령령으로 정한다.
> ② 제1항에 따라 지방자치단체를 폐지하거나 설치하거나 나누거나 합칠 때 또는 그 명칭이나 구역을 변경할 때에는 관계 지방자치단체의 의회(이하 "지방의회"라 한다)의 의견을 들어야 한다. 다만, 「주민투표법」 제8조에 따라 주민투표를 한 경우에는 그러하지 아니하다.

㉡ **자치구가 아닌 구와 읍·면·동 등의 명칭과 구역**

> 「지방자치법」 제4조의2 【자치구가 아닌 구와 읍·면·동 등의 명칭과 구역】 ① 자치구가 아닌 구와 읍·면·동의 명칭과 구역은 종전과 같이 하고, 이를 폐지하거나 설치하거나 나누거나 합칠 때에는 행정안전부장관의 승인을 받아 그 지방자치단체의 조례로 정한다. 다만, 명칭과 구역의 변경은 그 지방자치단체의 조례로 정하고, 그 결과를 특별시장·광역시장·도지사에게 보고하여야 한다.
> ② 리의 구역은 자연 촌락을 기준으로 하되, 그 명칭과 구역은 종전과 같이 하고, 명칭과 구역을 변경하거나 이를 폐지하거나 설치하거나 나누거나 합칠 때에는 그 지방자치단체의 조례로 정한다.

(2) **주민(인적 구성요소)**

지방자치단체의 구역 안에 주소를 가진 자로서 지방자치단체의 인적 구성요소인 동시에 지방자치단체 운영의 주체

(3) **자치권(법률적 구성요소)**

① **의의**: 지방자치단체가 국가로부터 독립된 법인격을 가진 단체로 그 구역 내의 업무를 자신의 책임 하에 처리하는 권리능력

지방자치의 구성요소

1. 3요소: 구역, 주민, 자치권
2. 5요소: 3요소 + 사무, 자치기구

지방자치단체의 명칭과 구역변경

법률	광역 또는 기초 자치단체의 명칭변경, 구역변경, 폐치분합 **예** 인천광역시 남구 → 미추홀구(「남구 명칭 변경에 관한 법률」)
대통령령	광역 또는 기초 자치단체의 관할 구역 경계변경과 한자 명칭의 변경
조례	• 자치구가 아닌 구와 읍·면·동: 명칭변경, 구역변경, 폐치분합 • 리: 명칭변경, 구역변경, 폐치분합

핵심 OX

01 지방자치단체의 구역변경, 통폐합은 법률에 의한다. (O, ×)

답 O

02 광역자치단체 간 구역변경 및 명칭개편은 법률에 의한다. (O, ×)

답 O

CHAPTER 1 지방행정의 기초이론 565

PART 7 지방행정론 2021 해커스공무원 쉬운 행정학

* 자치사법권은 해당되지 않음

② 종류*

자치입법권	• 조례와 규칙(자치입법)을 제정할 수 있는 권한 • 조례: 헌법과 법률의 범위 내에서 지방의회가 제정 • 규칙: 법령과 조례의 범위 내에서 지방자치단체의 장이 제정
자치행정권	자신의 사무를 자주적으로 처리할 수 있는 권한
자치조직권	지방자치단체가 지방자치의 행정을 수행하기 위하여 필요한 조직을 스스로 형성·변경·폐지할 수 있는 권한
자치인사권	필요한 인력을 채용하고 관리할 수 있는 권한
자치재정권	재원을 자주적으로 조달하고 관리할 수 있는 권한

Level up 자치입법권 관련 조문(「지방자치법」)

1. 조례
① 「지방자치법」 제22조【조례】: 지방자치단체는 법령의 범위 안에서 그 사무에 관하여 조례를 제정할 수 있다. 다만, 주민의 권리 제한 또는 의무 부과에 관한 사항이나 벌칙을 정할 때에는 법률의 위임이 있어야 한다.
② 제정범위: 헌법과 법률의 범위 내 지방자치단체의 권한에 속하는 사무, 자치사무와 단체위임사무
③ 「지방자치법」 제26조【조례와 규칙의 제정 절차 등】
  • 의회 제정
  • 5일 이내 지방자치단체장에게 이송, 5일 이내 행정안전부 장관에게 보고
  • 20일 이내 공포 또는 재의요구(수정 또는 일부 재의요구 불가능)
  • 지방의회에서 재의결(재적 과반수 출석, 출석 2/3이상 찬성) 또는 단체장의 공포 또는 재의요구를 하지 않으면 확정
  • 단체장의 즉시 공포(5일 이내 하지 않으면 지방의회 의장의 공포)
  • 20일 경과로 효력발생

2. 지방자치단체의 사무범위(「지방자치법」제9조)
① 지방자치단체는 관할 구역의 자치사무와 법령에 따라 지방자치단체에 속하는 사무를 처리한다.
② 제1항에 따른 지방자치단체의 사무를 예시하면 다음 각 호와 같다. 다만, 법률에 이와 다른 규정이 있으면 그러하지 아니하다.
  • 지방자치단체의 구역, 조직, 행정관리 등에 관한 사무
  • 주민의 복지증진에 관한 사무
  • 농림·상공업 등 산업 진흥에 관한 사무
  • 지역개발과 주민의 생활환경시설의 설치·관리에 관한 사무
  • 교육·체육·문화·예술의 진흥에 관한 사무
  • 지역민방위 및 지방소방에 관한 사무

3. 기타 관련 조문
① 「지방자치법」 제23조【규칙】: 지방자치단체의 장은 법령이나 조례가 위임한 범위에서 그 권한에 속하는 사무에 관하여 규칙을 제정할 수 있다.
② 「지방자치법」 제24조【조례와 규칙의 입법한계】: 시·군 및 자치구의 조례나 규칙은 시·도의 조례나 규칙을 위반하여서는 아니 된다.
③ 「지방자치법」 제25조【지방자치단체를 신설하거나 격을 변경할 때의 조례·규칙의 시행】: 지방자치단체를 나누거나 합하여 새로운 지방자치단체가 설치되거나 지방자치단체의 격이 변경되면 그 지방자치단체의 장은 필요한 사항에 관하여 새로운 조례나 규칙이 제정·시행될 때까지 종래 그 지역에 시행되던 조례나 규칙을 계속 시행할 수 있다.
④ 「지방자치법」 제27조 제1항【조례위반에 대한 과태료】: 지방자치단체는 조례를 위반한 행위에 대하여 조례로써 1천만원 이하의 과태료를 정할 수 있다.

(4) 사무

고유사무, 위임사무(단체위임사무와 기관위임사무)

(5) 자치기구

집행기관(지방자치단체의 장), 의결기관(지방의회)

3 지방자치의 유형

1. 주민자치(영미법계 국가)

(1) 의의

① 지방주민의 의사와 책임 하에 스스로 또는 주민이 선출한 대표자가 그 지역의 공공사무를 처리함

② 지방자치단체와 주민과의 관계에 자치의 중점을 둠

(2) 특징

① 지방에서의 행정사무를 지방정부가 처리하는 것이 당연한 것으로 파악

② 지역의 국가사무는 중앙정부 소속의 특별행정기관을 통해서 처리함

③ **고유권설**: 국가 이전에 지역공동체 생활이 선행하였다는 점을 중시하여 자치권의 본질을 국민이 향유하는 당연한 권리로 인식함

④ 고유사무와 위임사무를 구별하지 않음

⑤ 지방자치와 민주주의의 상관관계를 인정함

2. 단체자치(대륙법계 국가)

(1) 의의

① 국가와는 별개의 법인격을 가진 지방자치단체가 국가로부터 상대적으로 독립된 권한을 부여받아 일정한 범위 내에서 중앙정부의 통제를 받지 않고 독자적으로 지방의 행정사무를 처리함

② 지방자치단체와 국가와의 관계에 자치의 중점을 둠

(2) 특징

① 정치는 중앙정부가 하는 것으로 파악하며 일정 범위의 자치를 허용하는 것도 주민이 국가를 위해 정치의 일부분을 담당하는 것

② **전래권설**: 자치권의 본질을 국가에 의해 주민에게 수여된 전래권으로 인식

③ 지방자치와 민주주의의 상관관계를 부정함

④ 중앙정부의 행정사무를 지방자치단체가 처리하는 경우 국가의 하급행정 기관과 지방의 자치행정기관으로서의 이중적 지위를 가짐

---

3. 주민자치와 단체자치의 비교

구분	주민자치	단체자치
의미	정치적 의미(민주적 성격)	법률적 의미(법률적 위임)
자치의 중점	지방정부와 주민의 관계 (주민참여)	지방자치단체와 국가의 관계 (지방분권)
사무의 구분	사무구별 없음	자치사무와 위임사무의 구별
권한배분방식	개별적 수권주의	개괄적·포괄적 수권주의
기관의 형태	기관통합형	기관대립형
지방세	독립세 (자치단체가 과세주체)	부가세 (국가가 과세주체)
자치권	고유권설	전래권설
자치단체	순수한 자치단체 (독립적 지위)	이중적 지위 (지방자치단체 + 하급기관)
통제의 중점	주민통제	중앙통제
중앙통제방식	• 입법적·사법적 통제(약) • 중앙정부와 기능적 협력관계	• 행정적 통제(강) • 중앙정부와 권력적 감독관계
주요국가	영국, 미국 등 (영미법계)	프랑스, 독일, 일본, 우리나라 등 (대륙법계)

4 지방자치와 민주주의

지방자치와 민주주의의 상관관계 관련 학자 분류

상관관계 인정설	• 브라이스(Bryce) • 밀(Mill) • 토크빌(Tocquevile) • 팬터-브릭(Panter-Brick)
상관관계 부정설	• 무랭(Moulin) • 랭그로드(Langrod) • 벤슨(Benson)

상관관계 인정설 (영국의 주민자치에 근거)	• 지역수준에서 풀뿌리 민주주의 실현을 가능하게 함 • 지역주민이 지방자치단체에 참여함으로써 민주주의 학교이자 훈련장으로 기제[브라이스(Bryce)] • 중앙정치의 부패와 부정이 지방으로 확산되는 것을 막을 수 있는 기제가 됨 • 중앙정부의 혼란을 방지, 지방행정의 안정에 기여함 • 지방의원과 공무원의 질이 중앙에 비해 다소 떨어진다 해도 지역사회 위주의 행정 때문에 결과적으로 지방자치가 주민들에게 더 좋은 행정으로 나타남[밀(Mill)] • 지방자치제도 없이도 국가는 자유로운 정부를 수립할 수 있지만 그 국민이 자유의 정신을 가질 수는 없음[토크빌(Tocquevile)]
상관관계 부정설 (대륙법계의 지방자치에 근거)	• 지방자치와 민주주의는 우연한 결합 • 과거 프랑스 지방자치가 반민주적 봉건 귀족과 결탁한 것과 같이 지방자치가 민주주의를 저해할 우려가 있음 • 지방자치를 통해 오히려 지역이기주의인 배타주의와 분리주의를 배울 수 있음[무랭(Moulin)과 랭그로드(Langrod)] • 집권적 체제인 연방제로서 통치의 권역을 넓혀 지방자치로 발생한 다수의 전제를 막자고 주장함[메디슨(Madison)]

핵심 O×

무랭(Moulin)과 랭그로드(Langrod)는 지방의원과 지방공무원의 질이 다소 떨어진다고 해도 지역사회 위주의 행정에는 결과적으로 중앙집권보다 지방행정이 주민들에게 더 좋은 행정을 제공한다고 주장하였다.

(O, ×)

답 × 밀(Mill)이 주장. 무랭(Moulin)과 랭그로드(Langrod)는 지방자치와 민주주의의 상관관계를 부정

1 중앙집권과 지방분권

1. 의의
중앙집권은 의사결정권이나 지휘·감독권이 중앙정부에 집중되고, 지방분권은 의사결정권이나 지휘·감독권이 지방정부에 분산되는 것을 의미함

2. 촉진요인
(1) 중앙집권의 촉진요인*
① 영세조직이나 신설조직인 경우
  ㉠ 소규모의 조직은 책임자가 조직 전체의 성격을 알 수 있게 되므로 집권화가 촉진됨
  ㉡ 선례가 없는 불안정한 신설조직의 경우에는 하급자가 상급자의 지시에 의존하므로 집권화가 촉진됨
② 국가적 위기가 존재할 경우 리더의 권한집중
③ 카리스마적 리더십이 필요한 상황
④ 교통·통신과 과학기술의 발달로 원거리 소통이 원활해짐
⑤ 하위조직의 능력 부족
⑥ **국민적 최저수준(national minimum) 달성**: 중앙정부의 역할이 중요해짐
⑦ 서비스의 전국적 수준을 유지하여 지역의 균형 개발이 필요한 경우
⑧ 행정의 기능별 전문화·통일성·전문성·능률성

(2) 지방분권의 촉진요인
① 대규모 조직이나 오래되고 안정된 조직
② 상황이 불확실하고 동태적인 경우
③ 신속한 사무처리나 지역실정에 맞는 사무처리가 필요한 경우
④ 권한위임을 통한 관리자 양성이 필요한 상황
⑤ **시민최저생활기준(civil minimum)의 확보**: 지역의 업무는 지역 주민 스스로 처리하려는 것과 관련됨

3. 중앙집권과 지방분권의 장점

중앙집권의 장점	지방분권의 장점
• 국가위기의 신속한 대응 가능	• 지역실정에 맞는 행정으로 지역사회의 성장에 기여
• 행정통제에 유리	• 행정 대응성 제고
• 행정의 통일성을 확보하여 전국적·광역적인 계획행정이 용이	• 민주주의 발전에 도움이 됨
• 규모의 경제	• 정책의 지역적 실험
• 지역 간 형평성	• 신속한 업무처리와 정보처리 능력향상
• 기능적 전문화에 따른 능률성 제고	• 지방공무원의 사기 제고
• 기계적 능률성 향상	• 사회적 능률성 향상

---

* 유동적이고 불확실한 상황에서는 분권화가 유효하고 국가위기, 비상사태의 경우에는 집권화가 필요함

중앙과 지방의 관계에 대한 원칙
1. 중앙집권 지지
   • 딜런의 법칙(Dillon's Rule): 1868년 미국 Iowa주(州)의 대법원 판례로, 지방정부는 주정부의 창조물이며 주가 명시적으로 부여한 권한, 그러한 권한에 필연적으로 함축되어 있는 권한만 행사하여야 함(전래권설)
   • Doctrine of Ultra Vires: 지방정부의 권한이나 기능이 중앙정부의 위임범위를 넘을 수 없다는 원칙으로 영국의 월권금지원칙에 해당
2. 지방분권 지지
   • 쿨리 독트린(Cooley Doctrine): 1871년 미국 디트로이트 시와 미시건 주 사이에 벌어진 소송에서 나온 견해로 지방자치단체의 권리란 본래 부여된 고유한 것이라고 보는 입장(고유권설)이며, 당시 미국의 대다수 주(州)에서 이 독트린은 채택되지 않았지만 후에 확산됨
   • 보충성의 원칙: 기초정부에서 할 수 있는 사무는 광역 정부가 관여하지 않는다는 의미로 예외적으로 필요 시에만 보충하여야 한다는 원칙

핵심 O×

01 지방자치의 의의에는 민주주의의 훈련, 다양한 정책실험의 실시, 공공서비스의 균질화, 지역주민에 대한 행정의 반응성 제고가 있다.   (O, ×)
답 × 공공서비스의 균질화는 중앙집권의 장점

02 쿨리 독트린은 지방정부의 자치권은 절대적인 것이며, 주(州)는 이를 앗아갈 수 없다는 원칙이다.   (O, ×)
답 O

PART 7 지방행정론 2021 해커스공무원 쉬운 행정학

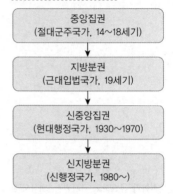

이 흐름은 영미계에 해당하는데, 대륙계는 중앙집권에서 바로 신지방분권화가 되어 지방분권, 신중앙집권을 경험하지 못하였기 때문임

중앙집권과 신중앙집권

중앙집권	신중앙집권
• 권력적	• 비권력적
• 수직적	• 수평적
• 윤리적	• 기술적
• 후견적	• 지도적

핵심 OX

01 중앙집권과 지방분권의 측정지표에는 특별행정기관의 비중과 국세와 지방세의 종류가 있다.　(○, ×)

답 × 국세와 지방세의 종류가 아닌 비율

02 신중앙집권화의 촉진 요인에는 정보통신기술 및 교통의 발달로 인한 생활권역의 확대가 있다.　(○, ×)

답 ○

4. 중앙집권과 지방분권의 측정지표

(1) 민원사무의 배분비율

(2) 중앙정부에 의한 통제의 정도

(3) 지방자치단체 주요 직위의 선임방식

(4) 특별지방행정기관의 종류와 수

(5) 지방자치단체의 사무구성 비율(자치사무와 위임사무의 비율)

(6) 국세와 지방세의 비율, 국가재정 대비 지방재정의 규모

(7) 국가공무원과 지방공무원의 수

(8) 감사 및 보고 횟수

5. 지방분권의 방식

(1) **행정적 분권**

중앙정부가 권한과 사무를 지방행정기관에 위임하고 중앙정부의 지휘와 감독 아래에서 지역의 행정사무를 수행하도록 하는 분권의 방식

(2) **자치적 분권**

중앙정부와 지방정부 간 정치권력의 배분에 관한 것으로서 행정적인 것뿐만 아니라 입법적인 것도 포함하는 통치상의 분권

2 신중앙집권화와 신지방분권화

1. 신중앙집권화

(1) **의의**

① 주민자치가 고도로 발달한 영미법계에서 행정 국가화 현상에 따라 20세기 이후 나타나는 새로운 중앙집권화 현상

② 지방자치의 부정이 아닌 수평적인 지식 및 기술의 협력관계를 의미함

③ **전통적 집권과의 차이점(상대적 의미의 중앙집권)**

㉠ 행정의 능률성(집권)과 민주성을 조화시키려 한다는 점에서 전통적 권력과 성격이 다름

㉡ 밀(Mill)은 신중앙집권화를 '권력의 분산, 지식의 집권'으로 설명함

㉢ 강압적·통제적 관계가 아니라 기능적·협력적 관계

(2) **촉진요인**

① 교통·통신의 발달로 행정의 광역화 현상

② 주민 생활권역의 확대

③ 국제적 긴장의 고조로 국제정세가 불안해짐

④ 국민적 최저수준(national minimum)의 유지 필요성 증대

⑤ 지방사무의 양적 증대와 질적 전문화의 요구로 지방정부가 어려움을 겪고, 새로운 형태의 중앙집권화의 필요성이 대두됨

⑥ 지방재정의 취약성 및 공공재정의 비중이 증대함

2. 신지방분권화

(1) 의의(상대적 의미의 지방분권)

① 집권적 성향이 강한 국가에서 중앙집권의 폐해를 인식하여 중앙통제를 완화시키고, 지방정부의 자율성 증대를 추구하는 경향이 생김

② 1980년대 신자유주의를 배경으로 세계화와 지방화가 강조되면서 신지방분권화의 움직임이 일어나고 있음

③ 우리나라의 경우 1990년대부터 지속적인 지방분권화를 추진함

(2) 촉진요인

① 중앙집권의 폐해로 지역불균형과 개발 격차의 심화

② 대중문명에 대한 염증

③ 국제화·세계화 대두

④ 도시화의 발전과 정보화의 진전, 재택근무의 보편화

(3) 미국의 신지방분권 관련용어

① 홈 룰 운동(home rule movement)
  ㉠ 지방의 역량강화를 위해서 각 주가 자치헌장을 제정하는 움직임
  ㉡ 세인트루이스 시가 최초로 자주헌장을 지님
  ㉢ 1875년 미주리 주에서 처음으로 인구 10만의 시에 자주적 헌법제정권을 인정함

② 신연방주의
  ㉠ 1969년 닉슨(Nixon) 대통령이 존슨(Johnson) 행정부의 '위대한 사회' 건설 계획과의 차별을 위해 제창한 국내정책
  ㉡ 1980년대 초반 레이건(Reagan) 대통령은 연방정부의 역할을 축소하고 지방정부의 역할을 증대시킴

(4) 우리나라 지방분권 관련 법률 및 추진기구의 변화*

구분	근거법률	추진기구
김대중 정부 (국민의 정부)	「중앙행정권한의 지방이양 촉진 등에 관한 법률」(1998)	지방이양추진위원회
노무현 정부 (참여정부)	「지방분권특별법」(2004)	정부혁신 지방분권위원회
이명박 정부	「지방분권촉진에 관한 특별법」(2008)	지방분권촉진위원회
박근혜 정부	「지방분권 및 지방행정체제 개편에 관한 특별법」(2013)	지방자치발전위원회
문재인 정부	「지방자치분권 및 지방행정체제개편에 관한 특별법」(2018)	자치분권위원회

지방분권과 신지방분권

지방분권 (전통적 분권)	신지방분권
• 절대적 • 소극적 • 배타적 • 저항적	• 상대적 • 적극적 • 협력적 • 참여적

우리나라 참여정부의 지방분권 추진 원칙

선분권, 후보완의 원칙	지방분권으로 인해 문제가 발생할 가능성이 있어도 먼저 분권조치를 취한 후, 문제점이 발생하면 지방정부와 시민사회가 스스로 보완하도록 하는 원칙
보충성의 원칙	주민의 생활과 가까운 정부에 사무의 우선적 관할권을 인정하는 원칙
포괄성의 원칙	중·대단위의 사무를 일괄 이양하여야 한다는 원칙

*지방분권 및 지방행정체제 개편을 효과적으로 추진하기 위한 대통령소속 자문 기구이며 1999년 8월, 「중앙행정권한의 지방이양촉진 등에 관한 법률」 시행에 따른 지방이양추진위원회가 출범한 이래, 정부혁신·지방분권위원회와 지방촉진위원회, 지방자치발전위원회를 거쳐 현재에 이름. 위원장 1명과 부위원장 2명을 포함한 27명의 위원으로 구성되고 위원은 정부측 기획재정부 장관, 행정안전부 장관, 국무조정실장이 당연직으로 참가하며, 위촉직은 각각 대통령, 국회의장, 지방자치단체장 협의체의 대표자가 추천하는 민간인으로 구성됨. 위촉위원은 2년의 임기를 가지고, 연임이 가능함. 2018년 3월 20일자로 지방자치발전위원회에서 자치분권위원회로 명칭이 바뀌었음

CHAPTER 2 지방행정의 조직

지방자치단체 법정주의

헌법에 따라「지방자치법」으로 정하고 있음

헌법 117조 ② 지방자치단체의 종류는 법률로 정한다.
118조 ② 지방의회의 조직·권한·의원선거와 지방자치단체의 장의 선임방법 기타 지방자치단체의 조직과 운영에 관한 사항은 법률로 정한다.

보통지방자치단체와 특별지방자치단체

구분	보통지방자치단체	특별지방자치단체
사무처리	일반적·종합적 사무 처리	특정적 사무처리 또는 사무의 공동처리
구성원	주민	지방자치단체
변경	법률에 의한 폐치 분합	지방의회의 의결과 감독기관의 승인으로 설립 및 해산

📖 기출 체크

특별지방자치단체에 대한 설명으로 옳지 않은 것은? 2016년 사회복지직 9급

① 특정한 목적을 수행하기 위하여 필요한 경우에 설치되는 지방자치단체이다.
② 특정한 지방공공사무를 보다 편리하면서도 효율적으로 수행하기 위하여 별도의 관할구역과 행정조직이 필요하다는 것이 설립의 일반적 이유이다.
③ 특별지방자치단체의 설립을 통해 지방자치단체의 난립과 구역·조직·재무 등 지방제도의 복잡성과 혼란을 완화할 수 있다.
④ 특별지방자치단체는 행정사무처리 이외에 공기업의 경영을 위해 설립되기도 한다.

[답] ③ 특별지방자치단체는 지방자치단체의 난립과 구역·조직·재무 등 지방제도의 복잡성과 혼란을 초래할 수 있는 것이 단점

THEME 098 지방행정의 조직 ★★★

1 지방자치단체의 의의와 종류

1. 의의

지방자치단체는 국가 내의 일정한 지역을 관할구역으로 하여 그 주민들에 의해 선출된 기관이, 국가로부터 상대적으로 독립된 지위에서 주민의 복리에 관한 사무를 자주적으로 처리하는 법인격이 있는 공공단체

2. 종류

(1) 보통지방자치단체(일반지방자치단체)
① **개념**: 일반적·종합적 성격을 지닌 지역별 자치단체로서 전국적이고 보편적으로 존재하고 있는 일반자치단체
② **종류**
　㉠ **광역자치단체**: 특별시, 광역시, 도, 특별자치시, 특별자치도
　㉡ **기초자치단체**: 시, 군, 자치구

(2) 특별지방자치단체
① **개념**: 특정한 행정목적의 달성 또는 행정사무의 공동처리를 위해서 설치하는 자치단체
② **특징**
　㉠ 주민을 구성원으로 하는 보통지방자치단체와 달리 지방자치단체를 구성원으로 함
　㉡ 주로 서비스 기관으로서의 성격을 지님
　㉢ 국가의 일선기관인 특별지방행정기관과 구별할 필요성이 있음
　㉣ 우리나라의 경우에는 현재 특별지방자치단체로 지방자치단체조합이 유일함
　　예 수도권교통본부, 지리산권관광개발조합 등
③ **장단점**

장점	단점
• 광역문제를 합리적으로 해결 • 사무처리의 경제성·효율성 • 사무처리 및 관리상의 탄력성 확보 가능	• 지방자치단체의 난립으로 인해 구역·조직·재무 등 지방제도가 복잡해질 수 있음 • 할거주의 조장 • 책임소재가 불분명 • 행정에 대한 주민의 관심 및 통제 약화

2 지방자치단체의 계층구조

1. 의의

(1) 개념
중앙정부와 일정구역의 지방자치단체 또는 하부행정조직의 계층형태를 의미하며, 단층제와 중층제로 구분됨

(2) 우리나라의 자치계층
① **중층제가 기본**: 일반적으로 광역자치단체와 기초자치단체의 중층제 형태
② 제주특별자치도와 세종특별자치시는 단층제(기초자치단체 계층이 없음)

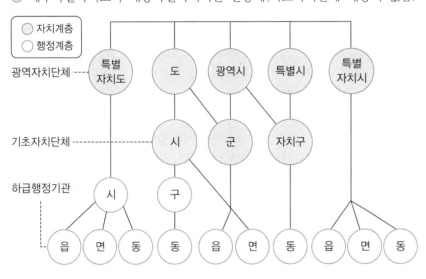

2. 단층제와 중층제의 비교

구분	단층제	중층제
개념	한 국가에 자치계층이 하나만 있는 경우	한 국가에 자치계층이 둘 이상이 있는 경우
장점	• 신속한 행정 가능 • 낭비의 제거 • 행정의 능률성 증진 • 권한과 책임의 명확화 • 자치권 및 지역적 특수성 인정	• 민주주의의 원리 확산에 기여 • 국가의 감독기능 유지에 용이(중간 자치단체에 감독권 부여) • 중간자치단체가 기초자치단체의 기능을 보완 • 국가와 기초간의 원활한 관계 유지 가능 • 공공기능의 분업적 수행 가능
단점	• 국토 넓거나 인구 많으면 적용 곤란 • 중앙집권화의 우려가 있음 • 광역사무처리에 부적합 • 중앙정부의 비대화 발생 • 중앙정부의 통솔범위가 너무 넓어 오히려 비효율적일 수 있음	• 기능 중첩으로 이중행정의 폐단 • 행정책임의 모호성 • 행정 지체와 낭비로 불합리성 • 지역적 특성이 무시될 우려(광역자치단체가 주도할 경우) • 의사전달의 왜곡 우려

「지방자치법」 제159조 【지방자치단체조합의 설립】

1. 2개 이상의 지방자치단체가 하나 또는 둘 이상의 사무를 공동으로 처리할 필요가 있을 때에는 규약을 정하여 그 지방의회의 의결을 거쳐 시·도는 행정안전부장관의, 시·군 및 자치구는 시·도지사의 승인을 받아 지방자치단체조합을 설립할 수 있다. 다만, 지방자치단체조합의 구성원인 시·군 및 자치구가 2개 이상의 시·도에 걸치는 지방자치단체 조합은 행정안전부장관의 승인을 받아야 한다.
2. 지방자치단체조합은 법인으로 한다.

「지방자치법」 제2조 【우리나라의 지방행정체제】

1. 지방자치단체는 다음의 두 가지 종류로 구분한다.
   • 특별시, 광역시, 특별자치 시, 도, 특별자치도
   • 시, 군, 구
2. 지방자치단체인 구는 특별시와 광역시의 관할구역 안의 구만을 말하며, 자치구의 자치권의 범위는 법령으로 정하는 바에 따라 시·군과 다르게 할 수 있다.
3. 제1항의 지방자치단체(보통지방자치단체) 외에 특정한 목적을 수행하기 위하여 필요하면 따로 특별지방자치단체를 설치할 수 있다.

자치계층과 행정계층

구분	자치계층	행정계층
의의	주민(지역)공동체의 정책결정 및 집행의 단위	중앙집권 국가에서 전국을 효율적으로 통치하려는 차원에서의 편의상 분할한 것
예	광역자치단체(특별시, 광역시, 특별자치시, 도, 특별자치도), 기초자치단체(시·군·자치구)	일반구(행정구), 읍·면·동, 리 등

행정면의 도입(2009.4.1.): 지방자치단체는 조례가 정하는 바에 따라 2개 이상의 면을 하나의 행정면으로 통합하여 운영할 수 있도록 함

PART 7 지방행정론 2021 해커스공무원 쉬운 행정학

3. 광역자치단체 – 특별시·광역시, 도, 특별자치시, 특별자치도

(1) 특별시

① 수도로서의 특수성을 고려하여 그 지위·조직 및 운영에 있어서 「서울특별시 행정특례에 관한 법률」에 의한 특례를 인정받음

② 행정운영상의 특례(「서울특별시 행정특례에 관한 법률」 제4조)
- ㉠ 행정안전부장관이 서울특별시의 지방채 발행의 승인 여부를 결정하려는 경우에는 국무총리에게 보고하여야 함
- ㉡ 행정안전부장관은 서울특별시의 자치사무에 관한 감사를 하려는 경우에는 국무총리의 조정을 거쳐야 함

(2) 광역시

① 대도시(일반적으로 인구 100만 이상의 시) 가운데 법률에 의하여 '도'로부터 분리되어, 도와 동등한 지위를 부여 받은 지방자치단체

② 광역시 설치에 관한 기준은 법제화되어 있지 않아, 정치적 판단에 따른 개별 법률의 제정에 의하여 설치됨

(3) 도

① 최광역의 지방자치단체로서 관할구역 안에 시와 군을 둠

② 국가의 행정적 편의에 의해 설치됨

(4) 특별자치시

① 특별법에 의하여 특별한 법적 지위를 부여받으며 「지방자치법」상 관할구역 안에 군과 자치구를 둘 수 있음

② 세종특별자치시(단층제)
- ㉠ 「세종특별자치시 설치 등에 관한 특별법」에 의해 군과 자치구를 두지 않도록 규정함
- ㉡ 세종특별자치시장은 광역시세 및 구세 세목을 세종특별자치시의 세목으로 부과·징수함

(5) 특별자치도

① '도' 중에서도 특별법에 의하여 고도의 자치권을 인정하는 정부직할하의 자치단체

② 제주특별자치도(단층제)
- ㉠ 제주특별자치도 관할구역 내에는 '지방자치단체가 아닌 시(행정시)'를 둠
- ㉡ 행정시장은 일반직(또는 임기제) 지방공무원으로서 제주도지사가 임명하지만, 제주도지사 선거에서 도지사후보가 예고한 자를 임명하는 경우에는 정무직 지방공무원으로 보함
- ㉢ 지방세, 도세 또는 시·군세를 인용하고 있는 경우에는 제주특별자치도세를 포함한 것으로 보아 당해 법령을 적용함

4. 기초자치단체 – 시, 군, 자치구

(1) 시는 도의 관할구역 안에, 군은 광역시 또는 도의 관할구역 안에 둠

(2) 자치구는 특별시와 광역시의 관할구역 안의 구만을 말하며, 자치구 자치권의 범위는 법령으로 정하는 바에 따라 시·군과 다르게 할 수 있음

5. 광역자치단체와 기초자치단체의 관계

(1) 광역자치단체와 기초자치단체는 상하관계가 아님

(2) 기초자치단체 우선의 원칙에 의해 광역자치단체와 기초자치단체의 사무는 경합되지 않도록 조정되어야 하고, 사무가 경합되는 경우에는 기초자치단체가 우선적으로 처리하게 됨

> **Level up** 「지방자치법」, 「세종특별자치시 설치 등에 관한 특별법」, 「제주특별자치도 설치 및 국제자유도시 조성을 위한 특별법」
>
> 1. 「지방자치법」 제3조【지방자치단체의 법인격과 관할】
>   ② 특별시, 광역시, 특별자치시, 도, 특별자치도(이하 "시·도"라 한다)는 정부의 직할(直轄)로 두고, 시는 도의 관할 구역 안에, 군은 광역시, 특별자치시나 도의 관할 구역 안에 두며, 자치구는 특별시와 광역시, 특별자치시의 관할 구역 안에 둔다.
>   ③ 특별시·광역시 및 특별자치시가 아닌 인구 50만 이상의 시에는 자치구가 아닌 구를 둘 수 있고, 군에는 읍·면을 두며, 시와 구(자치구를 포함한다)에는 동을, 읍·면에는 리를 둔다.
>   ④ 제7조 제2항에 따라 설치된 시에는 도시의 형태를 갖춘 지역에는 동을, 그 밖의 지역에는 읍·면을 두되, 자치구가 아닌 구를 둘 경우에는 그 구에 읍·면·동을 둘 수 있다.
>
> 2. 「세종특별자치시 설치 등에 관한 특별법」 제6조【설치 등】
>   ① 정부의 직할(直轄)로 세종특별자치시를 설치한다.
>   ② 세종특별자치시의 관할구역에는 「지방자치법」 제2조 제1항 제2호의 지방자치단체를 두지 아니한다.
>   ③ 「지방자치법」 제3조 제3항에도 불구하고 세종특별자치시의 관할구역에 도시의 형태를 갖춘 지역에는 동을 두고, 그 밖의 지역에는 읍·면을 둔다.
>
> 3. 「제주특별자치도 설치 및 국제자유도시 조성을 위한 특별법」 제10조【행정시의 폐지·설치·분리·합병 등】
>   ① 제주특별자치도는 「지방자치법」 제2조 제1항 및 제3조 제2항에도 불구하고 그 관할구역에 지방자치단체인 시와 군을 두지 아니한다.
>   ② 제주자치도의 관할구역에 지방자치단체가 아닌 시(이하 "행정시"라 한다)를 둔다.

---

3 지방자치단체의 구역

1. 의의

(1) 지방자치단체의 구역이란 자치단체의 통치권 또는 자치권이 미치는 지역적 범위를 의미함

(2) 자치단체가 제공하는 서비스의 정도와 내용에 따라 구역의 적정수준이 달라질 수 있음

(3) 지방자치단체의 구역은 자치단체의 기능 및 계층구조와 관계가 있음

2. 자치구역의 적정규모(구역설정의 기준)

(1) 보편적인 기준설정의 어려움

적정규모는 국가나 사회의 역사적 전통, 경제, 사회의 특수성 및 상황에 따라 각기 달라 보편적인 기준 설정이 어려움

🏛 **기출 체크**

우리나라의 지방자치계층에 대한 설명으로 옳지 않은 것은? 2017년 국가직 9급

① 제주특별자치도는 자치계층 측면에서 단층제로 운영되고 있다.
② 자치계층은 주민공동체의 정책결정 및 집행의 단위로서 정치적 민주성 가치가 중요시된다.
③ 세종특별자치시의 관할구역으로 자치구를 둘 수 있다.
④ 자치계층으로 군을 두고 있는 광역시가 있다.

답 ③ 「지방자치법」에 따르면 특별자치시에 자치구와 군을 둘 수 있도록 하고 있으나, 「세종특별자치시 설치 등에 관한 특별법」에 따르면 시와 군 등 기초자치단체를 두지 않도록 하고 있음. 특별법우선의 원칙에 따라 특별법이 일반법보다 우선 적용됨

(2) 학자들의 자치구역설정의 기준

밀스포(Millspaugh)의 견해	페슬러(Fesler)의 견해
• 공동사회적 요소: 주민의 공동생활권과 일치시켜야 함 • 적정한 서비스 단위: 능률행정의 요구에 적합한 행정단위 • 자주적 재원조달: 지방자치단체의 자체수입으로 재정수요를 충족할 수 있는 범위 • 행정적 편의성	• 자연적, 지리적 조건 • 행정기능을 능률적으로 수행할 수 있는 적정규모 • 자주적 재원조달능력 • 자치행정에 대한 주민통제의 용이성

(3) 구역설정의 기준

광역자치단체	기초자치단체
• 기초자치단체의 행정기능을 가장 효과적으로 조정할 수 있어야 함 • 가장 효율적인 대규모 지역 및 경제개발의 추진 가능성 • 도시와 농촌의 행정기능을 가장 효율적으로 수행할 수 있어야 함 • 기초자치단체의 행정기능을 지원·보완하는 데 적절성 여부	• 주민의 자치단체에 대한 참여와 통제의 조화 • 자연지리적 조건이나 전통적 요소 • 지역공동체의식의 형성과 공동생활권 기준 • 행정의 능률성과 민주성의 조화 • 재정수요와 재원조달능력의 조화 • 주민의 편의와 행정의 편의의 조화 • 지역공동체 개발의 단위

3. 구역의 변경

(1) 절차

① 지방자치단체를 폐지·설치하고, 나누거나 합칠 때 또는 그 명칭이나 구역을 변경할 때에는 관계 지방의회의 의견을 들어야 함
② 지방의회의 의견이나 주민투표의 결과는 법적인 구속력이 없음

(2) 형식

자치단체 명칭변경, 폐치·분합, 구역변경	법률
자치단체 한자명칭변경 및 경계변경	대통령령
자치구가 아닌 구·읍·면·동의 폐치·분합	행정안전부장관 승인 후 조례
자치구가 아닌 구·읍·면·동의 명칭 및 구역변경	조례 제정 후 시·도지사에게 보고
리의 폐치·분할·구역변경	조례

4 지방자치단체의 기관구성

1. 기관구성의 유형

(1) 기관통합형

① 자치단체의 의결기능과 집행기능을 단일기관인 지방의회에 귀속시키는 형태

② 대부분의 나라에서 채택하고 있으며, 영국의 시정위원회형, 미국의 위원회형, 프랑스의 의회의장형 등이 이에 해당함

(2) 기관대립형

① 권력분립의 원칙에 입각하여 의결기관과 집행기관을 분리시켜 견제와 균형의 원리를 추구하는 형태

② 대륙계 일부 국가(이탈리아, 일본, 우리나라 등)가 채택함

③ 우리나라는 집행기관우위의 기관대립형(강시장형)

(3) 기관통합형과 기관대립형의 장단점

구분	기관통합형	기관대립형
장점	• 민주정치와 책임정치 가능 • 의결 및 집행기관의 갈등 감소 • 신중하고 공정한 행정 가능 • 정책결정과 정책집행의 연결로 행정의 안정성과 능률성 제고	• 견제와 균형 • 행정의 전문성 확보 • 행정의 종합성과 통일성 • 집행의 분파주의 방지
단점	• 견제와 균형의 곤란 • 행정의 전문성 저해 • 집행의 종합성과 통일성 저해 • 책임소재의 모호성	• 집행부와 의회의 마찰 • 인기영합주의 • 집행의 독단성

2. 지방의회(의결기관)

(1) 의의

① 헌법상 기관

② 주민이 선출한 의원들로 구성하여 주민의 의사를 대표하고 지방자치단체장을 감시하는 합의제 행정기관

(2) 지방의회의 지위

① 주민의 대표기관

② 의결기관

③ 입법기관

④ 행정감시기관

(3) 지방의회 의원의 신분

① 주민 직선으로 선출되며 임기 4년의 정무직공무원

② 유급직(수당직)이며 의정활동에 필요한 최소한의 실비로서 의정활동비, 여비, 월정수당을 지급하여 그 비용은 대통령령의 범위 내에서 조례로 정함

국가별 기관구성

전통적으로 영미계 국가는 기관통합형, 대륙계 국가는 기관대립형이지만 지금은 독일, 프랑스 등 대부분의 나라가 기관통합형을 채택하고 있고, 우리나라는 기관대립형을 채택

핵심 OX

기관통합형은 의결기관과 집행기관이 단일기관으로 되어 있어 행정의 안정성과 능률성을 기대할 수 있다. (○, ×)

답 ○

지방의회 의원의 유급직 전환

1. 무급 명예직이었던 의원들의 전문성과 책임성을 높이기 위해서 명예직 규정이 2003년에 삭제되고 2006년부터 현재의 유급직으로 전환됨

2. 유급화가 되면서 지방의원의 겸직금지 및 영리행위 제한 규정을 강화함

기출 체크

다음 중 「지방자치법」에서 규정하고 있는 지방의회의 권한으로 옳지 않은 것은? 2014년 국회직 8급

① 지방자치단체장에 대한 주민투표실시 청구권
② 지방의회 의장에 대한 불신임의결권
③ 행정사무감사 및 조사권
④ 외국 지방자치단체와의 교류협력에 관한 사항
⑤ 소속의원의 사직 허가

답 ① 지방의회의 지방자치단체장에 대한 주민투표실시 청구권은 「주민투표법」에 규정되어 있음

지방의회 정족수

1. **일반의결 정족수:** 1/3 이상 출석으로 개의, 재적의원 과반수 출석, 출석의원 과반수 찬성
2. **불신임의결 정족수:** 1/4 이상 발의, 재적의원 과반수 찬성

---

(4) 기능 및 권한

① **의결권**(「지방자치법」 제39조)
  ㉠ 조례의 제정·개정 및 폐지
  ㉡ 예산의 심의·확정 및 결산의 승인
  ㉢ 법령에 규정된 것을 제외한 사용료·수수료·분담금·지방세 또는 가입금의 부과와 징수
  ㉣ 기금의 설치·운용
  ㉤ 중요 재산의 취득·처분 및 공공시설의 설치·처분
  ㉥ 법령과 조례에 규정된 것을 제외한 예산 외의 의무부담이나 권리의 포기
  ㉦ 청원의 수리와 처리
  ㉧ 외국 지방자치단체와의 교류협력에 관한 사항
  ㉨ 지방세의 부과·징수·감면 및 도시계획의 의결

② **서류제출요구권**(「지방자치법」 제40조): 지방의회의 본회의나 위원회는 그 의결로 안건의 심의와 직접 관련된 서류의 제출을 해당 지방자치단체의 장에게 요구할 수 있음

③ **행정사무 감사 및 조사권**(「지방자치법」 제41조)
  ㉠ **행정사무감사권:** 지방의회는 매년 1회 그 지방자치단체의 사무에 관하여 시·도에서는 14일, 시·군 및 자치구에서는 9일의 범위에서 감사를 실시함
  ㉡ **행정사무조사권:** 지방자치단체의 사무 중 특정사안에 관하여 본회의 의결로서 본회의 또는 위원회에서 조사하게 할 수 있음

④ **기관선출권**(의장·부의장 무기명투표로 선거)
  ㉠ **시·도:** 의장 1인과 부의장 2인
  ㉡ **시·군·자치구:** 의장과 부의장 각 1인

⑤ **자율운영권:** 지방의회는 의회 운영에 있어서 내부조직권, 의사자율권, 의회규칙제정권, 의회운영권(개회, 폐회, 휴회 등), 의장단 불신임결의권, 의원자격심사 및 징계권, 의견표시권 등의 권한을 가짐

(5) 운영

① **지방의회의 소집**
  ㉠ **정례회의:** 매년 2회(1차는 6~7월, 2차는 11~12월)
  ㉡ **임시회의:** 지방자치단체의 장 또는 재적의원 3분의 1이상의 요구가 있는 때에는 15일 이내에 임시회를 소집하여야 함
  ㉢ **총선거 후 최초로 집회되는 임시회:** 지방의회 사무처장, 사무국장, 사무과장이 지방의회 의원 임기 개시일부터 25일 이내에 소집함

② **지방의회의 회기**
  ㉠ 지방의회의 개회·휴회·폐회와 회기는 지방의회가 의결로써 정함
  ㉡ 연간 회의총일수와 정례회 및 임시회의 회기는 당해 지방자치단체의 조례로 정함

3. 집행기관

(1) 의의
① **개념**: 주로 지방자치단체의 장을 의미하며 지방의회(의결기관)가 결정한 의사에 따라 행정사무를 구체적으로 실현하는 기관
② **지위**: 지방자치단체의 수장으로서의 지위와 국가의 하급 행정기관으로서의 지위를 동시에 가짐
③ **임기**: 지방자치단체의 장의 임기는 4년으로 하며, 계속 재임은 3기에 한함
④ **우리나라의 집행기관(「지방자치법」)**

지방자치단체의 장	특별시장, 광역시장, 특별자치시장, 도지사, 시장, 군수, 자치구청장
보조기관	부자치단체장(부지사·부시장·부군수·부구청장), 행정기구, 지방공무원
소속 행정기관	직속기관, 사업소, 출장소, 합의제 행정기관, 자문기관
하부 행정기관	자치구가 아닌 구(구청장), 읍(읍장), 면(면장), 동(동장)
교육·과학·체육기관	지방자치단체의 교육·과학·체육에 관한 사무 분장

(2) 권한
① **자치단체의 대표 및 사무통할권**: 자치단체를 대표하고 사무를 통할
② **사무의 관리집행권**: 자치사무와 법령에 의하여 지방자치단체의 장에게 위임된 사무를 집행
③ **지휘감독권**: 시·도지사는 시장, 군수, 구청장에 대한 지휘감독권을 가지며 자치사무에 관해서는 위법·부당한 명령·처분에 대한 취소, 정지 가능
④ **임면권과 기관시설의 설치권**: 소속직원을 임면하고 교육훈련, 복무, 징계 등을 처리하며 대통령령이 정하는 바에 따라 조례로 소방, 교육훈련, 보건진료, 사업소, 출장소, 합의제 행정기관 등을 설치할 수 있음
⑤ **규칙제정권**: 자치단체의 장은 법령 또는 조례가 위임한 범위 내에서 그 권한에 속하는 자치사무 및 위임사무에 관하여 규칙을 제정할 수 있음
⑥ **재의요구권**
　㉠ 지방자치단체의 장은 일정한 경우 지방의회의 의결사항에 대하여 재의요구가 가능
　㉡ 재의요구사항에 대하여 재적의원 과반수의 출석과 출석 2/3의 찬성으로 재의결하면 확정되고, 재의결된 사항이 법령에 위반되는 경우 지방자치단체의 장은 대법원에 제소가 가능
⑦ **선결처분권**: 지방자치단체의 장은 선결처분의 요건이 충족될 때에는 일정한 사항에 대하여 의회의 의결을 거치지 않고 처분을 할 수 있음
　㉠ **요건**: 지방의회가 성립되지 아니한 때와 지방의회를 소집할 시간적 여유가 없거나 지방의회에서 의결이 지체되어 의결되지 아니한 때
　㉡ **승인 및 효력**: 지방의회에 지체 없이 보고하여 승인을 얻어야 하고, 승인을 얻지 못한 때에는 그때부터 효력 상실
⑧ **기타**: 사무위임권, 임시회요구권 등

소속 행정기관

구분	소속 행정기관의 설치근거
직속기관	대통령령, 대통령령에 따른 조례
사업소	대통령령에 따른 조례
출장소	
합의제 행정기관	법령 또는 조례

지방자치단체의 장과 지방의회의 상호 간의 권한

장이 의회에 대해 갖는 권한	의회가 장에 대해 갖는 권한
• 의회 의결에 대한 재의요구권 및 제소권 • 지방자치단체장의 선결처분권 • 의안발의권 • 임시회 소집 요구권	• 행정사무 감사 및 조사권 • 행정사무처리 상황의 보고와 질문·응답권 • 서류제출 요구권 • 예산/결산 승인권
의회해산권 없음	• 지방자치단체장에 대한 불신임 의결권 없음 • 지방의회의 의장단에 대한 불신임 의결권은 인정

재의요구사유
1. 조례안에 이의가 있는 경우
2. 지방의회의 의결이 월권 또는 법령에 위반되거나 공익을 현저히 해한다고 인정되는 경우
3. 지방의회의 의결에 예산상 집행할 수 없는 경비가 포함되어 있는 경우 또는 의무적 경비나 재해복구비를 삭감한 경우
4. 지방의회의 의결이 법령에 위반되거나 공익을 현저히 해한다고 판단되어 주무부장관 또는 시·도지사가 재의요구를 지시한 경우

📖 **기출 체크**

지방의회의 의결에 대한 지방자치단체장의 재의요구사유가 아닌 것은?

2008년 지방직 7급

① 지방의회의 의결이 월권이거나 법령에 위반된다고 인정되는 경우
② 지방의회의 의결이 국제관계에서 맺은 국제교류업무 수행에 드는 경비를 축소한 경우
③ 지방의회의 의결이 예산상 집행 불가능한 경비를 포함하고 있다고 인정되는 경우
④ 지방의회의 의결이 비상재해로 인한 시설의 응급복구를 위하여 필요한 경비를 축소한 경우

目 ② 지방의회의 의결이 국제교류업무 수행에 드는 경비를 축소한 경우는 지방의회의 의결에 대한 지방자치단체장의 재의요구 사유에 해당하지 않음

지방공무원으로 보하는 부단체장의 임용자격 확대

1. 지방공무원으로 보하는 부단체장의 신분을 현행 정무직 또는 별정직에 일반직지방공무원을 추가
2. 단, 인구 800만 명 이상 광역자치단체의 경우 부단체장의 정수가 3인 이내로 규정되어 있으므로 현재 경기도의 경우 정무부지사 1인과 행정부지사 2인이 있음
3. 인구 100만 명 이상 기초자치단체의 경우 부시장 2인(별정직, 임기제 가능)

---

(3) 부단체장

① **개념**: 단체장을 보좌하는 집행기관으로, 부단체장의 정수와 직급은 대통령령에 규정되어 있음

② **권한**

　㉠ **권한대행**

　　ⓐ 지방자치단체의 장이 '궐위된 경우, 공소 제기된 후 구금상태에 있는 경우, 「의료법」에 따른 의료기관에 60일 이상 계속하여 입원한 경우' 중 하나에 해당되면 부지사·부시장·부군수·부구청장이 그 권한을 대행함

　　ⓑ 지방자치단체의 장이 그 직을 가지고 그 지방자치단체의 장 선거에 입후보하면 예비후보자 또는 후보자로 등록한 날부터 선거일까지 부단체장이 그 지방자치단체의 장의 권한을 대행함

　㉡ **직무대리**

　　ⓐ 지방자치단체의 장이 출장·휴가 등 일시적 사유로 직무를 수행할 수 없으면 부단체장이 그 직무를 대리함

　　ⓑ 지방자치단체의 장은 직무대리의 사유가 발생한 경우에는 부단체장이 직무를 대리할 범위와 기간을 미리 서면으로 정하여야 함(「지방자치법 시행령」 제74조 제2항)

Level up | 부단체장의 정수와 신분

구분		부단체장의 정수	신분	
광역단체	특별시	3인 이내	행정부시장(2인)	정무직국가공무원
			정무부시장(1인)	정무직지방공무원
	특별시 제외 기타 시·도	2인 이내	행정부시장·부지사	일반직국가공무원
			정무부시장·부지사	별정직지방공무원
시·군·자치구		1인	부시장, 부군수 등	일반직지방공무원

Level up | 도시행정론

1. **도시행정의 개념**
　① 광의: 지방행정의 한 분야인 도시행정(urban administration)은 도시문제의 해결을 위해 제도를 만들고 운영하는 공공적 개입의 총체
　② 협의: 도시를 중심으로 일정 구역단위를 기초로 하여 수행되는 지역행정
　③ 일반적 개념: 도시정부가 공익적 차원에서 공공복지의 증진을 도모하고 도시의 건전한 발전을 모색하는 일체의 정치적·행정적 작용

2. **도시행정의 특징**
　① 종합성: 도시행정은 포괄적이고 종합적. 주택, 교통, 상하수도 행정, 교육, 문화 등 국가행정의 축소판
　② 지역성: 행정서비스가 도시지역에 거주하는 지역주민에 한정
　③ 생활성: 주민들의 일상생활과 직결된 생활행정을 수행
　④ 자치성: 주민들이 자기의사와 책임 하에 스스로 또는 대표자를 통하여 처리
　⑤ 사회조직성: 도시는 복잡성·전문성·이질성을 특징으로 하는 사회조직

3. 도시의 분류

단핵도시 (핵심도시)	• 도시의 중추기능을 하나의 중심부에 집중시키고 있는 도시로서 '핵심도시'라고도 함 • 버제스(Burgess)의 동심원이론(concentric theory), 효이트(Homer Hoyt)의 선형이론(sector theory) 등이 있음
다핵도시 (multi-core city)	도시가 성장함에 따라 기능적으로 상호 연결되면서 메트로폴리스를 형성하게 될 때 제각기 기능의 중심성이 있어서 상호 간의 배치가 정해지고 기능별로 많은 핵심이 생김
선상도시	한 줄의 도로를 따라 길쭉하게 선(線)처럼 뻗은 도시로서 대상도시의 초기단계이며 도시의 중심축에 주요 교통노선과 도시의 중추기능을 집중시키고 있는 도시
대상도시	도시의 집중적 활동이 선상(線狀)을 띠고 형성된 도시로서 강력한 교통시설의 축이 그 내부 또는 주변부를 관통하는 도시

4. 도시의 형태(행정구역과 시가화 지역 간의 관계)

과대경계도시 (over-bounded city)	• 시가화 지역이 행정구역의 경계선보다 작은 도시로서 대체로 도시의 형성 초기에는 과대경계도시의 형태를 띰 • 법률적 시의 경계 > 시가화 지역
과소경계도시 (under-bounded city)	• 시가화 지역이 행정구역의 경계선을 초과하는 도시 • 법률적 시의 경계 < 시가화 지역
적정경계도시 (true-bounded city)	• 시가화 지역이 행정구역의 경계선과 일치하는 도시 • 법률적 시의 경계 = 시가화 지역

5. 도시화의 단계[클라센(Klaassen)]

① 집중적 도시화 단계: 도시중심지역으로의 대폭적인 인구 집중과 교외지역의 인구감소가 이루어짐
② 분산적 도시화 단계: 도시의 평면적이고 외면적인 확대에 의한 도시화가 이루어짐
③ 역도시화 단계: 인구분산이 광역적으로 이루어져 중심부와 교외를 포함한 대도시권 전체의 인구가 감소하는 단계로 도시의 쇠퇴현상, 슬럼(slum)화 · 노령화 등이 나타나며 이 경우 도시재개발이 필요함
④ 재도시화 단계: 고소득층을 중심으로 도심 부근에 고급주택지 등이 재집중되는 단계

6. 도시화의 요인

흡인요인 (pulling factor)	도시공업화(산업화), 고용기회의 확대, 규모의 경제, 집적의 이익(cluster 현상), 정치적 안정, 교육 · 여가 기회, 교통통신의 발달, 인력자원 및 시장성 등
추출요인 (pushing factor)	영농기계화 및 과학화, 농촌사회의 안정 또는 상대적 빈곤, 도농격차, 가치관의 변화(도시에 대한 동경) 등

7. 도시의 적정규모론

대도시집적론	인구가 집중되고 도시규모가 커질수록 편익이 비용보다 증가하여 국가 전체의 생산성도 증대한다는 이론
최소비용접근론	1인당 소요되는 서비스 공급 비용이 최소가 되도록 하는 인구규모를 적정 규모로 파악하는 이론
비용편익분석이론	도시의 총이익과 총편익을 비교해 순이익의 극대화점을 찾는 이론으로 편익 극대화 · 비용 극소화를 동시에 달성하는 규모를 적정 규모로 파악함
티부가설	주민들의 자유로운 선호에 의해 적정 규모가 결정된다는 이론
오츠(Oastes)의 조화 원칙	지방정부의 적정 규모는 누출효과(spillover)를 최소화할 수 있을 만큼 크면서 주민들의 선호를 충족시킬 수 있게 작아야 한다는 상충된 두 목표를 조화시키고자 하는 이론

도시화지표

1. 도시화율 = (도시인구/전국인구) ×100
2. 종주화 지수 = 최대도시(종주도시)의 인구/차하위 3개 도시인구의 합
3. 수위도(종주도시지수) = 제1위의 도시인구/제2위의 도시인구

우리나라 도시화의 특징

1. 가(假)도시화: 산업화가 안 된 도시의 흡인요인 부재상태에서 일방적으로 농촌의 추출요인이 먼저 작용하여 생긴 도시화로서 각종 도시문제가 발생할 수 있음
2. 과잉도시화: 도시화 수준이 산업화 수준보다 더 높은 상태
3. 간접도시화: 도시지역 내의 농촌인구 비율이 높고 그들이 도시인구로 간주되는 도시화
4. 종주(宗主)도시화: 다른 도시들에 비교하여 제1도시로 인구가 집중된 현상으로서 제1도시와 제2도시 등과의 격차가 발생

CHAPTER 3 지방자치단체의 사무

THEME 099 지방자치단체의 사무 ★★☆

참여정부의 지방분권 추진원칙

1. 선분권 · 후보완의 원칙
2. 보충성의 원칙
3. 포괄성의 원칙

「지방자치법」 제10조 제3항 [지방자치단체의 종류별 사무배분기준]

시 · 도와 시 · 군 및 자치구는 사무를 처리할 때 서로 경합하지 아니하도록 하여야 하며, 사무가 서로 경합하면서 시 · 군 및 자치구에서 먼저 처리(불경합의 원칙과 기초자치단체우선의 원칙)

우리나라의 수권방식(예시적 포괄주의)

1. 우리나라의 경우 개별적 수권방식과 포괄적 수권방식의 특징을 절충한 방식. 사무를 예시하되 모든 지방자치단체에 포괄되는 사무를 배분하는 방식으로 예시적 포괄주의를 따르고 있음
2. 예시적 포괄주의를 따르고 있어 국가와 지방자치단체 간, 광역자치단체와 기초자치단체 간 기능배분이 모호하고 재원배분과도 일치하지 않음

핵심 OX

01 시 · 도와 시 · 군 및 자치구의 사무가 서로 경합하면 시 · 군 및 자치구에서 먼저 처리한다. (O, ×)

답 O

02 포괄적 사무배분방식은 개별적 사무배분방식보다 지방자치단체 사무를 더 폭 넓게 보장해주는 경향이 있다. (O, ×)

답 × 포괄적 사무배분방식은 자치단체의 권한 제약 및 침해의 단점이 있음

03 포괄적 배분방식에서는 중앙정부가 지방정부 사무영역을 침범하기 어렵다. (O, ×)

답 × 포괄적 배분방식은 신축성이 높은 대신 중앙정부가 지방정부의 사무를 제한하는 경우가 많음

1 사무배분의 의의

1. 개념

(1) 국가와 지방간의 사무를 합리적으로 배분하고 권한과 책임의 한계를 명확하게 하는 것

(2) 사무(기능)배분에 따라 중앙집권과 지방분권의 실질적 여부가 결정되기 때문에 사무(기능)배분은 지방자치의 활성화를 위해 반드시 필요

2. 원칙

(1) **책임명확화의 원칙**

사무는 엄격히 구분하여 행정책임을 명확하게 할 수 있어야 함

(2) **경제성(능률성)의 원칙**

각 단체의 규모, 재정능력, 인구수 등을 고려하여 능률적으로 배분하여야 함

(3) **현지성의 원칙**

모든 사무는 지방주민의 요구와 그 지역의 행정 수요에 적합하도록 도시와 농촌, 대규모와 소규모 자치단체 등 지역적 특수성을 고려하여 배분하여야 함

(4) **기초단체 우선의 원칙**

주민생활에 밀착된 사무는 주민에 보다 가까운 최저단위의 행정기관에 사무를 먼저 배분하여야 함

3. 자치권의 부여방식

(1) **포괄적 수권형 - 대륙법계(단체자치)**

① **의의**: 법률이 특히 금지한 사항이나 중앙정부가 반드시 처리하여야 할 사항을 제외하고는 지방자치단체가 그 주민의 일반적 이익을 위하여 어떠한 사무나 처리할 수 있도록 헌법이나 법률에 일괄적으로 권한을 부여하는 방식으로, 독일 등 대륙법계 단체자치에서 주로 채택함

② **장점**: 지방행정에 융통성을 부여하고, 권한 부여 방식이 간단함

③ **단점**: 중앙과 지방의 사무배분이 불분명하여 사무 처리의 중복 문제가 발생하고, 자치단체의 권한 제약 및 침해 우려가 있음

(2) **개별적 수권형(열거적 개별주의) - 영미법계(주민자치)**

① **의의**: 지방자치단체의 권한을 자치단체별 · 사무분야별 특별법을 통해 개별적으로 부여하는 방식으로, 영국 등 주로 주민자치국가에서 채택함

② **장점**: 사무배분의 한계가 명확하여 자치단체의 특수성과 개별성을 고려한 자치행정이 가능함

③ **단점**: 통일행정이 어렵고, 유연성을 저해하며, 모든 자치단체에 대한 개별법 지정이 어려움

2 지방자치단체의 사무(우리나라의 사무배분)

1. 자치사무(고유사무)

(1) 의의
지방자치단체가 자기 책임과 부담 아래 자주적으로 주민의 복지증진을 위하여 처리하는 사무로, 지방자치단체의 존립을 위한 본래적 사무

(2) 특징
① **경비 부담**: 경비 전액을 지방자치단체가 부담
② **중앙정부의 감독**: 국가의 감독은 원칙적으로 합법성 감독, 즉 사후적·교정적 감독만 가능하고 합목적성 감독은 허용되지 않음
③ **지방의회의 관여**: 당연히 관여가 가능하고 조례와 규칙 모두 제정 가능
④ **국가배상**: 국가배상의 경우 지방자치단체가 부담
⑤ **국가보조금**: 장려적 보조금의 성격

2. 단체위임사무

(1) 의의
지방자치단체가 법령의 특별한 규정에 의하여 국가 또는 다른 지방자치단체로부터 위임받아 처리하는 사무로, 지역적 이해관계와 국가적 이해관계가 공존함
예 보건소의 운영, 시·군의 재해구호사무, 조세 등의 공과금 징수업무 등

(2) 특징
① **경비 부담**: 경비는 국가와 지방자치단체가 공동부담
② **중앙정부의 감독**: 합법성·합목적성 감독 허용하며, 사후적 감독만 가능
③ **지방의회의 관여**: 당연히 관여가 가능하고 조례와 규칙 모두 제정 가능
④ **국가배상**: 위임기관과 수임기관이 함께 배상책임을 가짐
⑤ **국가보조금**: 부담금의 성격

3. 기관위임사무

(1) 의의
법령의 규정에 의하여 국가 또는 상급 지방자치단체로부터 지방자치 단체장과 기타 집행기관에 위임된 사무
예 선거, 근로기준설정, 경찰업무, 경제계획업무 등

(2) 특징
① 개별적 수권이 아닌 포괄적 위임으로 사무의 위임이 이루어짐
② **경비 부담**: 사무처리비용은 전액 위임자가 부담
③ **중앙정부의 감독**: 합목적성·합법성 감독, 사전·사후적 감독 모두 허용

「지방자치법」 제11조 【지방자치단체의 국가사무의 처리제한】

국가의 존립에 필요한 사무, 전국적으로 통일적 처리를 요하는 사무, 전국적 규모의 사무, 지방자치단체의 재정능력으로 감당하기 어려운 사무 등은 지방자치단체가 처리할 수 없음

「지방자치법」 제9조 【자치사무의 종류】

지방자치단체의 구역·조직·행정관리 등에 관한 사무, 주민의 복지증진에 관한 사무, 농림·상공업 등 산업 진흥에 관한 사무, 지역개발과 주민의 생활환경시설의 설치·관리에 관한 사무, 교육·체육·문화·예술의 진흥에 관한 사무, 지역민방위 및 지방소방에 관한 사무

소방사무의 이원화

소방사무는 원래 자치사무였으나 소방사무의 열악성을 극복하기 위해 소방사무에 대한 국가의 책임을 강화하는 내용으로 「소방기본법」이 개정(2011. 12). 이 법에 따라 소방에 관한 기획과 예산은 국가사무가 되고 지역단위의 화재진압이나 구난·구조·구급사무만 자치사무로 남게 되어 소방사무가 이원화 됨

---

① 단체위임사무는 법령에 의하여 국가 또는 상급 지방자치단체로부터 지방자치단체에 위임된 사무이고, 기관위임사무는 법령 등에 의하여 국가 또는 상급 지방자치단체로부터 지방자치단체의 장에게 위임된 사무이다.

② 단체위임사무의 경비는 지방자치단체와 위임기관이 공동으로 부담하며, 기관위임사무의 경비는 그 전액을 위임기관이 부담하는 것이 원칙이다.

③ 단체위임사무는 지방의회가 관여하는 것이 불가능하고, 기관위임사무는 지방의회가 관여할 수 있다.

④ 단체위임사무의 예로는 예방접종, 보건소의 운영 등이 있고, 기관위임사무의 예로는 국민투표 사무, 선거 사무 등이 있다.

🔟 ③ 기관위임사무는 지방의회가 관여하는 것이 불가능하고, 단체위임사무는 지방의회가 관여할 수 있음

02 우리나라 지방자치단체의 사무 구분에 대한 설명으로 옳은 것은? 2014년 국가직 9급

① 자치사무와 단체위임사무는 자치단체가 전액 경비를 부담하며, 기관위임사무는 원칙적으로 자치단체와 위임기관이 공동으로 부담한다.

② 단체위임사무는 법령에 의해 하급 자치단체장에게 위임된 사무이며, 기관위임사무는 법령에 의해 국가 또는 다른 자치단체로부터 위임된 사무이다.

③ 자치사무와 단체위임사무의 처리를 위해 자치단체는 조례를 제정하는 것이 가능한데, 기관위임사무는 원칙적으로 조례제정대상이 아니다.

④ 자치사무는 지방의회의 관여(의결, 사무감사 및 사무조사) 대상이지만, 단체위임사무와 기관위임사무는 관여 대상이 아니다.

🔟 ③
① 자치사무는 지방자치단체가 전액 부담하는 것이 원칙
② 설명이 반대로 되어있음
④ 단체위임사무도 지방의회의 관여 대상에 해당함

④ **지방의회의 관여**: 원칙적으로 불가능(기관위임사무는 지방자치단체가 아닌 집행기관에 위임된 사무로서 지방의회가 원칙적으로 관여하지 못하지만 사무처리비용을 지방자치단체가 부담하는 경우에는 가능)하지만 국회와 시·도 의회가 직접 감사하기로 한 사무 이외의 사무에 대해서는 지방의회가 감사 또는 조사할 수 있도록 규정

⑤ **국가보조금**: 교부금의 성격

Focus on 지방자치단체의 사무

구분	자치사무	단체위임사무	기관위임사무
개념	지방자치단체가 자기의 책임과 부담으로 처리하는 지방적 공공사무	법령에 의하여 국가 또는 상급 지방자치단체로부터 그 지방자치단체에 위임된 사무	법령에 의하여 국가 또는 상급 지방자치단체로부터 지방자치단체의 집행기관에 위임된 사무
결정주체	지방의회 (본래의 사무)	지방의회 (지방자치단체에 위임)	국가 (지방자치단체 개입 불가)
사무처리 주체	지방자치단체	지방자치단체	지방자치단체장 (일선행정기관의 성격)
조례 제정권	○	○	×
국가의 감독	합법성 중심의 사후·교정적 감독	합법성과 합목적성의 교정적 감독	사전·예방적·교정적 감독
경비의 부담	지방자치단체 (보조금 = 장려적 보조금)	국가와 지자체 공동부담 (보조금 = 부담금)	국가 전액부담 (보조금 = 교부금)
예시	지방자치단체의 존립·유지사무, 주민복지사무 (상하수도, 민방위, 소방, 도서관, 주민등록, 학교, 병원, 도로, 도시계획, 쓰레기 처리 등)	보건소, 생활보호, 의료보호, 재해구호, 국세징수, 공과금 징수, 직업안정, 하천유지보수, 국도유지보수 등	대통령·국회의원선거, 경찰, 근로기준설정, 호적, 의·약사면허, 도량형, 외국인등록, 여권발급 등

4. 우리나라 사무배분의 문제점

(1) 사무배분에 관해 예시적 포괄주의를 따르고 있어 각 행정주체 간 사무·기능배분이 불명확하고 구체성이 떨어져 행정책임의 소재가 불분명함

(2) 획일적인 사무배분으로 지역적 특성을 살리지 못한다는 단점이 있음

(3) 개별 법령에 다른 규정이 있는 경우 「지방자치법」의 사무배분 규정은 적용되지 않아 사무배분 규정의 실효성이 미흡함

(4) 국가와 지방 간의 사무배분과 재원배분의 불일치로 인하여 지방자치단체의 재정상의 어려움이 발생함

(5) 지방자치단체의 사무 중 약 70% 정도가 기관위임사무로서 비중이 높으며, 기관위임사무를 고유사무로 전환하는 것이 필요함

Level up 교육자치와 경찰자치

1. 교육자치

① 의의: 교육행정의 지방분권을 통하여 주민의 참여 의식을 높이고 지역의 실정에 맞는 정책을 실시하여 지방자치 정신에 부합하고, 교육의 자주성, 전문성, 정치적 중립성을 확립하는 민주적인 교육제도

② 중앙으로부터의 자치와 일반행정으로부터의 자치라는 두 가지 요소를 포함

③ 우리나라의 교육자치
- 자치단위: 교육·학예에 관한 사무는 광역자치단체의 사무로 함
- 의결기관(통합방식-교육위원회): 시·도의 교육·학예에 관한 의안과 청원 등을 심사·의결하기 위해서 교육위원회를 시·도 의회 내 상임위원회로 둠
- 집행기관(분리방식-교육감): 시·도지사와 별도로 교육감을 주민직선으로 선출하되, 정당공천은 배제하고 임기는 3기에 한하여 연임을 허용

2. 경찰자치

① 의의와 배경
- 참여정부는 「지방분권특별법」을 제정하고, 자치경찰제를 전면 도입하기로 하였으나 아직까지는 미흡함
- 제주특별자치도의 경우 특별법에 의하여 2006.7.1.부터 자치경찰을 구성하여 실시하고 있음

② 우리나라의 경찰제도
- 국가경찰제로 운영되고 있음
- 지방경찰청이 형식상 시·도지사 소속하에 있지만 감독은 중앙경찰청의 지휘와 감독을 받으므로 자치경찰제라고 할 수 없음

③ 제주특별자치도의 자치경찰제[이원체제(절충형)]
- 현행 국가경찰조직의 운영시스템은 그대로 유지하면서 특별자치도지사 소속하에 별도의 자치경찰기구를 설치하여 운용하는 이원체제의 성격을 가짐
- 기구의 구성: 치안행정위원회, 도의 자치경찰단, 행정시의 자치경찰대

Level up 지방선거의 연혁

1952년 제1차 지방선거	제헌헌법에 따라 「지방자치법」을 제정하고, 지방의원 선거 실시
1956년 제2차 지방선거	• 임명제로 선출하던 지방자치단체장을 직선제로 선출 • 최초로 지방자치단체장 선출(시·읍·면장만 해당)
1960년 제3차 지방선거	최초로 서울특별시장 및 도지사 선출
1961년 지방자치 중단	• 「지방자치에 관한 임시조치법」시행으로 지방의회 해산, 지방자치단체장 임명제로 전환 • 이후 제3~5공화국 동안 지방자치 중단
1991년 제4회 지방선거	• 개정헌법에 의해 지방선거를 부활시키고 기초자치단체의원 선거 실시 (단체장 선거 미실시) • 소선거구제·비례대표제 • 정당공천제 시행(기초의원은 정당공천 미시행)
1995년 제1회 전국동시지방선거	최초로 기초·광역의원 및 지방자치단체장 동시선출
2006년 제4회 전국동시지방선거	• 기초의원 선거가 중선거구제·비례대표제로 변경 • 기초의원도 정당공천 시행(지방의원 유급제 전환)
2010년 제5회 전국동시지방선거	교육감, 교육의원 직선제로 선출
2014년 제6회 전국동시지방선거	교육의원 선거 폐지

교육자치의 원리

1. 지방분권의 원리
2. 분리독립의 원리
3. 전문적 관리의 원리
4. 주민통제의 원리

🏛 기출 체크

01 기관위임사무에 대한 설명으로 옳지 않은 것은? 2015년 국가직 9급

① 법령에 의하여 국가 또는 상급 지방자치단체로부터 지방자치단체의 장에게 위임된 사무를 말한다.
② 국가와 지방자치단체 사이의 행정적 책임의 소재를 명확하게 해준다.
③ 지방자치단체를 국가의 하급기관으로 전락시키는 요인으로 작용할 수 있다.
④ 전국적으로 획일적인 행정을 강조함으로써 지방적 특수성이 희생되기도 한다.

답 ② 기관위임사무는 책임소재가 불명확하다는 단점이 있음

02 지방선거에 대한 설명으로 옳은 것은? 2019년 국가직 9급

① 이승만 정부에 처음으로 시·읍·면 의회의원을 뽑는 지방선거가 실시되었다.
② 박정희 정부부터 노태우 정부 시기까지는 지방선거가 실시되지 않았다.
③ 지방자치단체장과 지방의회의원을 동시에 뽑는 선거는 김대중 정부에서 처음으로 실시되었다.
④ 2010년 지방선거부터 정당공천제가 기초지방의원까지 확대되었지만 많은 문제점이 지적되면서 현재는 실시되지 않고 있다.

답 ① 이승만 정부 시기인 1952년 시·읍·면 의회의원을 뽑는 지방선거를 실시함
② 노태우 정부(1991년) 때 지방 선거가 부활됨
③ 김영삼 정부(1995년)에서 처음으로 실시됨
④ 2006년 지방선거부터 정당공천제가 기초지방의원까지 확대되었고, 많은 문제점이 지적되고 있지만 현재까지 실시되고 있음

THEME 100 정부 간 관계론(IGR) ★★☆

1 중앙과 지방 간의 관계

1. 의의

(1) 중앙정부와 지방자치단체 간의 관계에서 지방자치권이 지방자치단체의 고유한 권한인가 전래된 권한인가의 논의와 밀접한 관련이 있음

(2) 우리나라는 양자의 관계가 수직적인 상하관계로 인식되는 반면, 미국은 수평적인 협력관계로 인식하며 향후 우리나라도 수평적 · 기능적 협력 및 조화의 관계로 나아가야 함

2. 중앙정부와 지방자치단체의 관계모형(IGR: Inter-Government Relation)

(1) 라이트(Wright)의 모형

① 분리권위형(the separated-authority model)

ⓐ 중앙과 지방이 서로 독립적인 관계

ⓑ 지방정부의 재정과 인사는 중앙정부로부터 완전 분리되고, 지방정부의 사무는 대부분 자치사무로 구성됨

ⓒ 정부 간의 관계가 긴밀하지 않고, 두 정부 간 충돌이 일어날 경우 대법원이 중재함

② 포괄권위형(the inclusive-authority model) – 내포형

ⓐ **지방이 중앙에 전적으로 의존하는 계서적 관계**: 중앙과 지방이 엄격한 명령과 복종으로 이루어지는 관계

ⓑ 지방정부의 재정과 인사는 중앙정부에 완전히 종속되고, 지방정부의 사무는 대부분 기관위임사무로 구성됨

ⓒ 딜런(Dillon)의 법칙과 관련: 지방자치단체는 국가의 재량권으로 창조하거나 폐지가 가능함

③ 중첩권위형(the overlapping-authority model)

ⓐ **중앙과 지방이 상호의존적 관계**: 각 정부가 행사할 수 있는 권한 또는 영향력이 제한되어 있어 정부들 간에 긴밀한 관계가 유지되고 협상이 이루어지며, 라이트(Wright)의 정부 간 모형에서 가장 이상적인 관계

ⓑ 지방정부의 재정과 인사는 중앙정부와 교류 및 협력을 통해서 이루어짐

ⓒ **지방정부의 사무**: 자치사무 > 위임사무(단체위임사무) > 기관위임사무

---

(2) 기타 정부 간 관계모형

① 엘콕(Elcock)의 모형
  ㉠ **대리인모형(agent model)**: 지방은 단순히 중앙의 대리자에 불과하여 중앙의 감독 하에 국가정책을 집행함
  ㉡ **동반자모형(partnership model)**: 중앙과 지방이 상호 대등한 관계로, 지방자치단체는 자치권과 고유사무를 가지고 중앙정부는 지방정부에 간섭을 최소화하여 각 정부는 기능적 협력을 하며 지방이 독자적으로 결정을 내릴 수 있음
  ㉢ **교환모형(절충모형)**: 중앙과 지방의 관계가 상호의존적임

② 나이스(Nice)의 모형
  ㉠ **경쟁형**: 정책을 둘러싸고 정부 간 경쟁관계를 유지함
  ㉡ **상호의존형**: 중앙과 지방이 분리되거나 경쟁하지 않고 상호 의존관계를 유지함

③ 무라마츠(Muramatsu)의 모형
  ㉠ **수직적 통제모형**: 중앙정부가 지방정부를 일방적으로 통제하는 형태
  ㉡ **수평적 경쟁모형**: 중앙정부와 지방정부가 정책을 둘러싸고 서로 협력하면서 경쟁하는 형태

2 정부 간 관계를 보는 네 가지 시각(기능배분이론)

1. 의의

정치·사회학분야에서 발전되어 온 네 가지 이론모형을 중앙정부와 지방정부 간의 관계를 이해하는 데 어떻게 활용할 것인가에 대한 던리비(Dunleavy)의 견해

2. 던리비(Dunleavy)의 기능배분이론

(1) 다원주의(역사적인 진화의 산물)

① 중앙과 지방간의 기능배분은 지방적 기능(예 지역계획, 초등교육 등)과 전국적 기능(예 조세, 국방정책 등)으로 구별될 수 있으며 이러한 기능들이 역사적으로 오랜 진화과정을 거치면서 점진적으로 제도화 된 것
② **행정적인 합리성 증진을 위한 기능분담 중시**: 중복의 배제, 책임성 증진, 규모의 경제 실현, 시민참여의 촉진과 분권화, 중앙정부의 과부하 방지, 중앙정부에 의한 통제가능성 고려 등

(2) 신우파론

① **공공선택론의 시각**: 중앙과 지방의 관계를 방법론적 개체주의를 전제로 한 합리적이고 이기적인 경제인으로 가정함
② **합리적 선택**: 중앙과 지방간의 기능배분문제도 개인후생을 극대화하고자 하는 시민과 공직자들의 합리적 선택행동에서 비롯된 것으로 인식함
  예 티부가설
③ **연역적 추론**: 비용은 극소화하고 효용은 극대화하기 위해 연역적 추론방식을 사용함

로즈(Rhodes)의 권력 - 의존모형 (power-dependency model)

1. 중앙정부의 우월한 입장을 어느 정도 인정하면서도 지방정부의 능력을 인정하는 일종의 절충형 모형
2. 지방정부는 중앙정부에 완전히 예속되는 것도 아니고 완전히 동등한 관계가 되는 것도 아닌 상태에서 상호 의존하는 형태
3. 정부가 보유하는 5가지 자원(법적·정치적·재정적·조직·정보)이 있으며, 정부 간의 상호작용은 이러한 자원의 교환 과정에서 다룰 수 있다는 것으로 중앙정부는 법적 자원과 정치적 자원, 재정적 자원에서 우월성을 갖고, 지방정부는 정보 자원과 조직 자원의 측면에 우위가 있다고 주장함

핵심 OX

공공선택론의 관점에서 본 중앙과 지방정부간 기능배분은 던리비(Dunleavy)가 주장한 신우파적 관점의 기능배분이론으로서 재분배정책과 같은 활동은 지방정부에서 담당하는 것이 바람직하다는 관점이다. (O, X)

답 X 형평성을 추구하는 재분배정책은 성격상 지방정부보다는 중앙정부에서 담당하는 것이 합리적임

신우파론의 정책배분 방식

구분	재분배정책	개발정책	배당정책
관장	중앙정부	지방 또는 중앙정부	지방정부
예	사회보장정책	교통, 통신, 관광 등	치안, 소방, 쓰레기 등

기출 체크

티부(C. M. Tiebout) 모형에서 제시한 '발로 하는 투표(vote by feet)'의 전제조건에 해당하지 않는 것은?
2019년 서울시 9급(2월 추가)

① 정보의 불완전성
② 다수의 지방정부
③ 고정적 생산요소의 존재
④ 배당수입에 의한 소득

답 ① 티부가설은 완전한 정보를 가정

(3) 계급정치론(마르크스주의적 입장)

정부수준 간에 기능배분에 관한 구체적인 기준에 별로 관심을 가지지 않고 정부 간의 기능배분문제를 지배계급들 간의 갈등으로 보는 시각

(4) 엘리트론

정치적 영향력이 일군의 응집력 있는 지배집단에 집중되어 있다는 시각

Level up 티부가설 - 발로 뛰는 투표(vote by foot)

1. 의의
① 주민들의 자유로운 선호에 의하여 도시의 적정공급규모가 결정된다는 이론
② 지방자치의 당위성 강조: 지방공공재는 지방정부가 독자적으로 결정을 내리는 분권화된 체제에서 가장 효율적인 배분을 가지고 옴
③ 지방공공재의 시장배분적 과정을 중시: '공공재는 분권적인 배분체제가 효율적이지 못하다.'는 사무엘슨(Samuelson)의 전통적인 이론을 반박

2. 기본 가정
① 다수의 지역사회 존재: 서로 다른 재정프로그램을 제공하는 다양한 지방정부가 존재
② 완전한 정보: 각 지역의 재정프로그램에 대해 주민들은 정확히 알고 있음
③ 지역 간 자유로운 이동가능성(완전한 이동): 지역 간 이동에 필요한 거래비용 등 제약 없이 이동이 가능해야 하며, 불완전한 이동이 아닌 '완전한 이동'을 전제로 함
④ 단위당 평균 비용 동일: 고정적 생산요소가 존재하여 공공재 생산을 위해 단위당 평균비용이 동일하고 규모의 경제가 작용하지 않아야 함(규모수익 불변의 원칙)
⑤ 외부효과의 부존재
  • 당해 지역 프로그램의 이익은 당해 지역 주민들에게만 돌아가고 이웃지역의 주민들에게 이익(경제) 또는 불이익(불경제)을 주지 않아야 함
  • 외부효과가 존재한다면 지역 간 이동이 불필요해질 가능성이 있음
⑥ 주민들은 배당수익에 의한 소득이 있고 재원은 당해 지역 주민들의 재산세로 충당하며, 국고보조금 등은 존재하지 않음

3. 결론과 시사점
① 파레토의 최적: 지방공공재는 각 지방정부가 독자적으로 세금을 징수하여 공급에 관한 결정을 내리는 분권적인 체제가 가장 효율적인 자원배분 방식
② 효율적 공급: 주민들의 선호가 표출되어 지방공공자원이 경쟁의 원리에 의하여 가장 효율적으로 공급될 수 있음
③ 우리나라의 경우
  • 시·군 통폐합 등의 행정구역 조정이나 지방교부세, 국고보조금 지급 등 지방재정조정제도가 있어 효용과 한계를 잘 고려하여 결정할 필요가 있음
  • 인위적인 행정구역 통폐합이나 보조금의 확대는 티부가설의 효율성이라는 효용을 상실하게 되고, 개입하지 않고 그대로 두는 것은 형평성 저하라는 티부가설의 한계를 방치하는 결과가 될 것

정부 간 분쟁의 원인

1. 정책의 우선순위에 대한 괴리
2. 비용과 편익의 범위 불일치
3. 광역적 사무의 증가로 정부 간 상호의존성 증가
4. 책임성이 뒷받침되지 못한 자율성의 강화
5. 국가전체 또는 공동이익보다는 자기지역의 이익을 우선시
6. 확정-공표-방어(DAD; Decide - Announce - Defense)방식으로 처리되는 정책과정
7. 인지의 차이가 있고 정부 상호 간의 관할권이 다르며, 기능 및 권한배분의 불합리 등이 존재

3 정부 간 갈등과 분쟁조정

1. 의의

다양한 원인으로 인하여 중앙정부와 지방정부 간 또는 지방정부 상호 간 대립을 하는 상황이 생기며, 특히 입지갈등 등에서 문제가 발생함

2. 분쟁조정제도

(1) 중앙과 지방 간 분쟁조정

① **행정적 분쟁조정제도**: 취소정지권, 직무이행명령권, 감사제도, 기타 사전승인 제도 등

② **사법적 분쟁조정제도**: 헌법재판소의 권한쟁의심판, 대법원의 기관소송 등

③ **제3자에 의한 분쟁조정제도**: 행정협의조정위원회(국무총리 소속) 등

　㉠ **신청에 의한 조정**: 중앙행정기관의 장이나 지방자치단체의 장의 신청에 의하여 당사자 간에 사무를 처리할 때 의견을 달리하는 사항에 대하여 협의 또는 조정을 함

　㉡ **결과 이행 의무**: 행정협의조정위원회의 위원장이 협의·조정 사항에 관한 결정을 하면 지체 없이 서면으로 국무총리에게 보고하고, 행정안전부장관, 관계 중앙행정기관의 장 및 해당 지방자치단체의 장은 그 협의·조정의 결정사항을 이행해야하는 의무가 생김

　㉢ **직무이행명령권과 대집행권**: 직무이행명령권과 대집행권이 없어 실질적 구속력과 강제력이 약함

(2) 자치단체 간 분쟁조정

① **당사자 간 분쟁조정제도**: 행정협의회, 지방자치단체조합 등

② **제3자에 의한 분쟁조정제도**: 중앙 및 시·도지사에 의한 분쟁조정위원회(중앙분쟁조정위원회, 지방분쟁조정위원회), 환경분쟁조정위원회 등

Level up ┃ 중앙·지방분쟁조정위원회

1. 의의(「지방자치법」 제148조 제1항)

지방자치단체 상호 간이나 지방자치단체의 장 상호 간 사무를 처리할 때 의견이 달라 다툼이 생기면, 다른 법률에 특별한 규정이 없으면 행정안전부장관이나 시·도지사가 당사자의 신청에 따라 조정할 수 있다. 다만, 그 분쟁이 공익을 현저히 저해하여 조속한 조정이 필요하다고 인정되면 당사자의 신청이 없이도 직권으로 조정할 수 있다.

2. 심의·의결사항(「지방자치법」 제149조 제1항~제3항)

지방자치단체 상호 간 분쟁의 조정과 협의사항의 조정에 필요한 사항을 심의·의결하기 위하여 행정안전부에 중앙분쟁조정위원회와 시·도에 지방분쟁조정위원회를 둔다.

중앙분쟁조정위원회	• 시·도 간 또는 그 장 간의 분쟁 • 시·도를 달리하는 시·군·자치구 간 또는 그 장 간의 분쟁 • 시·도와 시·군·자치구 간 또는 그 장 간의 분쟁 • 시·도와 지방자치단체조합 간 또는 그 장 간의 분쟁 • 시·도를 달리하는 시·군·자치구와 지방자치단체조합 간 또는 그 장 간의 분쟁 • 시·도를 달리하는 지방자치단체조합 간 또는 그 장 간의 분쟁
지방분쟁조정위원회	중앙분쟁조정위원회의 심의·의결사항에 해당하지 아니하는 지방자치단체·지방자치단체조합 간 또는 그 장 간의 분쟁을 심의·의결

3. 의결 사항의 효력

강제적 구속력이 있고 이행하지 않을 시 직무이행명령과 대집행 가능(실질적 구속력)

4. 위원 구성과 임기

① 구성: 중앙분쟁조정위원회와 지방분쟁조정위원회는 각각 위원장 포함 11명 이내의 위원

② 임기: 공무원이 아닌 위원장 및 위원의 임기는 3년으로 하되, 연임할 수 있음. 다만, 보궐위원의 임기는 전임자의 남은 임기로 함

지역이기주의의 예

1. 기피갈등
   - NIMBY(Not In My Back Yard)
   - LULU(Locally Unwanted Land Use)
   - NIMTOO(Not In My Term Of Office)
   - BANANA(Build Absolutely Nothing Anywhere Near Anybody)
   - NOOS(Not On Our Street)
2. 유치갈등
   - PIMFY(Please In My Front Yard)
   - PIMTOO(Please In My Term Of Office)

3. 지역이기주의

(1) 의의

지역주민들이 자신들의 피해는 줄이면서 이익을 극대화하려는 비제도화 된 집단적 행동이나 행위

(2) 종류

① **기피갈등**: 자기 지역에 위험시설이나 혐오시설이 들어오는 것을 기피하는 현상

   예 핵발전소, 쓰레기 소각장, 화장터 등

② **유치갈등**: 지역개발에 유리한 시설을 적극적으로 유치하려는 현상

   예 공원, 월드컵 경기장 등

(3) 지역이기주의에 대한 시각

① **부정론(전통적 입장)**

   ㉠ '최대 다수의 최대 행복'이라는 벤담(Bentham)의 공리주의에 기초하여 다수의 이익을 위해서는 소수의 이익이 희생되어야 한다는 전통적 입장

   ㉡ 지역이기주의는 지역보호주의와 협소한 합리성 주장의 결과로서 지역의 탈을 쓴 개인적인 이기주의로 치부함

② **긍정론(현대적 입장)**

   ㉠ 소수의 정당한 권리가 보장되어야 한다는 롤스(Rawls)의 정의론에 기초하여 지역이기주의는 지방자치 정착을 위해 필수적으로 거쳐야 할 학습과정으로 이해하고 건설적인 대안을 마련해야 한다는 현대적 입장

   ㉡ 의사결정에의 주민참여를 통해 주민의 의사를 가급적 반영하고, 피해의 최소화 및 적절한 보상책의 제공과 같은 방법을 강구하여야 한다는 것으로 오늘날 지배적인 의견

(4) 극복방안

강제적 전략	이해관련 주민들의 주장을 무시하고 공권력을 통해서 강압적으로 추진하는 고전적인 전략
공리적(기술적) 전략	피해에 대한 반대보상 등을 통하여 저항을 최소화시키려는 전략
규범적(사회적) 전략	정책결정과정에서 주민참여와 같은 이해관계집단의 참여를 보장하는 전략

공리적 전략의 예

재산권 침해의 폭을 최소화시키거나 기피시설의 설치 시 지역발전기금과 같은 적절한 보상을 실시하고, 예기치 못한 피해 발생 시 그 피해를 보상하기 위한 우발위험준비금을 예치하도록 하는 방법 등이 있음

(5) 지역이기주의의 대안으로서 담론 형성과 제도주의

지역이기주의가 발생하면 공익과 사익 또는 사익 간의 이해관계가 충돌하며, 이러한 경우 서로 간의 이해관계를 통한 상호작용으로서 담론을 형성하고 대안으로서 제도적 행동의 틀을 구성하여 합의를 도출해야 함

4 중앙정부의 통제

1. 의의

(1) 중앙통제란 일반적으로 중앙정부가 우월한 지위에서 지방정부의 조직과 기능에 대하여 행하는 통제

(2) 국정의 전반적인 통합·조정과 능률적인 정책집행을 위하여 최종책임자인 중앙정부의 지방정부에 대한 통제가 불가피함

2. 필요성

(1) 행정의 양적 증대와 질적 전문화로 중앙정부의 행정적·재정적 지원이 필요함

(2) 국민적 최저 수준의 설정을 위한 중앙정부의 개입이 필요함

(3) 지방사무의 광역화 및 전국화로 인한 중앙정부의 개입이 필요함

(4) 지방정부의 부족한 행정기술을 중앙정부로부터 지원을 받음

3. 한계

(1) 지나친 중앙통제는 주민들의 참여의지를 감소시킴

(2) 지방정부의 자치권을 저해하고 본질을 훼손시킴

(3) 지방정부의 개별성과 특수성을 저해하여 사기와 행정능률을 감소시킴

4. 통제의 유형

(1) 통제기관별 구분
　① 입법통제(사전적 통제)
　　㉠ 의의: 입법기관(의회)이 입법절차(법률)를 통해 지방정부를 통제하는 것으로 중앙통제의 가장 기본적인 방식
　　㉡ 지방자치 법정주의: 지방자치단체의 조직과 운영에 관한 사항 및 지방자치단체의 종류는 법률로 정함
　　㉢ 조세법률주의: 모든 조세의 종목과 세율은 법률로 정함
　　㉣ 국정감사 및 국정조사 활동
　② 사법통제(사후적 통제)
　　㉠ 의의: 사법기관(법원)이 사법절차(쟁송절차)를 통해 지방정부를 통제하는 것
　　㉡ 행정에 의한 위법·부당한 권익침해의 구제 또는 행정명령의 위헌·위법 여부를 심사함
　　㉢ 헌법 제107조 제2항: 명령·규칙 또는 처분이 헌법이나 법률에 위반되는지의 여부가 재판의 전제가 된 경우에 대법원은 이를 최종적으로 심사할 권한을 가짐
　③ 행정통제
　　㉠ 의의: 국가의 중앙행정기관을 통해 지방정부를 통제함
　　㉡ 행정부에 의한 가장 직접적인 중앙통제방식
　　㉢ 설정된 행정목표 또는 정책목표와 기준에 따라 행정성과를 측정하고, 이에 맞출 수 있도록 시정하는 제반노력을 포함함

(2) 통제시기별 구분
　① 사전적 통제: 행위나 처분이 있기 전의 통제로, 능률과 효과가 높음
　② 사후적 통제: 행위나 처분이 있은 후 이루어지는 통제로, 민주성과 자율성이 높음

(3) 통제성격별 구분
① **권력적 통제**: 일방적이고 강제적인 성격
　　예 임면, 시정명령, 승인 등
② **비권력적 통제**: 조정적이고 유도적인 성격
　　예 계도, 지원, 조정 등

(4) 통제내용별 구분
① **합법적 통제**: 위법 방지를 위한 통제
② **합목적적 통제**: 부당한 행위를 방지하기 위한 통제

5 우리나라의 중앙통제

1. 행정상 통제

(1) 지방자치단체의 사무에 대한 지도 및 지원

중앙행정기관의 장은 지방자치단체의 사무에 관하여 조언 또는 권고하거나 지도할 수 있으며, 필요한 경우 자료의 제출을 요구할 수 있고 재정지원 또는 기술지원을 할 수 있음

(2) 국가사무처리의 지도·감독

지방자치단체나 그 장이 위임을 받아 처리하는 국가사무에 관하여는 주무부장관이나 시·도지사의 지도 및 감독을 받음

(3) 위법·부당한 명령·처분의 시정명령 및 취소·정지
① 지방자치단체의 사무에 관한 그 장의 명령이나 처분이 법령에 위반되거나 현저히 부당하여 공익을 해한다고 인정될 때에는 주무부장관이 기간을 정하여 시정할 것을 명하고, 그 기간 내에 이행하지 아니할 때는 이를 취소하거나 정지할 수 있음
② 이 경우 자치사무에 관한 명령이나 처분에 있어서는 법령에 위반하는 것에 한함
③ 지방자치단체의 장이 이에 이의가 있는 때에는 대법원에 소를 제기할 수 있음

(4) 지방자치단체의 장에 대한 직무이행명령

지방자치단체의 장이 그 의무에 속하는 국가위임사무의 관리 및 집행을 해태한 때에는 시·도에 대하여는 주무부장관이, 시·군·자치구에 대하여는 시·도지사가 기간을 정하여 서면으로 그 이행할 사항을 명령할 수 있음

(5) 자치사무에 대한 감사
① 행정안전부장관은 지방자치단체의 자치사무에 관하여 보고를 받거나 서류·장부 또는 회계를 감사할 수 있음
② 이 경우 감사는 법령위반사항에 한함

(6) 지방의회 의결의 재의요구 지시와 제소
① 지방의회의 의결이 법령에 위반되거나 공익을 현저히 해한다고 판단될 때에는 시·도에 대하여는 주무부장관이, 시·군·자치구에 대하여는 시·도지사가 당해 지방자치단체의 장에게 재의를 요구하게 할 수 있음

우리나라의 행정통제

1. 우리나라는 행정통제 중심으로 중앙통제가 이루어짐
2. 이는 우리나라가 전통적으로 중앙집권적이고, 관료주의적 국가였으며 지방자치의 역사가 일천하고 경험이 부족하여 국가와 지방자치단체의 관계가 수직적인 명령복종관계였기 때문에 지방자치의 성공에 대해서 불신하는 의식이 아직도 남아있음

지방재정에 대한 통제 완화

1. **지방채발행승인제 폐지**
   - 종전에는 지방자치단체가 지방채를 발행하고자 하는 경우 행정안전부장관의 승인을 얻도록 하였으나, 이를 폐지함
   - 재정상황 및 채무규모 등을 고려하여 대통령령이 정하는 지방채 발행 한도액 범위 안에서 지방의회의 의결을 얻어 발행하도록 함. 단, 범위를 초과하여 발행하는 경우나 외채를 발행하는 경우, 지방자치단체조합이 발행하는 경우에는 지방의회의 의결을 거치기 전에 행정안전부장관의 승인을 얻어야 함

2. **예산편성지침시달제 폐지**
   행정안전부장관의 지방자치단체 예산편성지침시달제를 폐지하고 자치단체재정운용업무편람을 작성하여 지방자치단체에 보급하며, 지방자치단체의 예산편성과 관련한 최소한의 기준만 행정안전부령으로 정하도록 함

② 이 경우 지방자치단체의 장은 지방의회에 재의를 요구하여야 함

③ 재의의 결과 재적의원 과반수 출석과 출석의원 3분의 2 이상의 찬성으로 전과 같은 의결을 하면 그 의결사항은 확정됨

④ 지방자치단체의 장은 재의결된 사항이 법령에 위반된다고 판단되는 때에는 대법원에 소를 제기할 수 있고, 필요 시 그 의결의 집행을 정지하게 하는 집행정지결정을 신청할 수도 있음

⑤ 주무부장관은 재의결된 사항이 법령에 위반된다고 판단되면 당해 지방자치단체의 장에게 제소를 지시하거나 직접 제소 및 집행정지결정을 신청할 수 있음

⑥ 지방자치단체의 장이 법령위반을 이유로 재의요구 지시를 받았음에도 불구하고 이에 불응할 경우 및 재의요구 지시를 받기 전에 법령에 위반된 조례안을 공포한 경우, 주무부장관은 대법원에 직접 제소 및 집행정지결정을 신청할 수 있음

(7) 감사원의 회계검사와 직무감찰

지방자치단체는 감사원의 필요적(필수적) 검사대상기관으로 되어 있으며 감사원은 지방공무원에 대해서도 직무감찰을 실시할 수 있음

(8) 각종 유권해석 및 지침의 제공

중앙행정기관은 소관위임사무 등의 처리에 대한 법령해석 및 지침을 제공

2. 인사상 통제

(1) 행정기구의 편제 및 공무원의 정원에 대한 통제

지방자치단체의 행정기구의 설치와 지방공무원의 정원은 인건비 등 대통령령이 정하는 기준에 따라 당해 지방자치단체의 조례로 정함

(2) 기준인건비에 의한 통제

중앙정부가 정해주는 기준인건비 범위 안에서 각 지방자치단체가 자율적으로 정원을 운영할 수 있음

(3) 지방자치단체에 두는 국가공무원의 임용 및 감독

① 지방자치단체에는 법률이 정하는 바에 의하여 시·도의 부시장·부지사 등 국가공무원을 둘 수 있음

② 5급 이상 및 고위공무원단에 속하는 공무원은 당해 지방자치단체의 장의 제청으로 대통령이, 6급 이하는 당해 지방자치단체의 장의 제청으로 소속장관이 각각 임명함

3. 재정상 통제

행정안전부장관의 지방채 발행 승인제 및 예산편성지침 시달제 폐지 등 지방재정에 대한 통제가 완화되고 있으나, 아직 과도한 재정상 통제가 남아있음

(1) 예산 및 결산 보고

광역지방자치단체의 장은 예산 및 결산이 지방의회를 거쳐 확정된 때에는 행정안전부장관에게 이를 보고하여야 함

기준인건비제로 지방자치단체의 자율성 확대

1. **총정원관리제의 폐지**: 2014년 이전까지는 총액인건비제에 따라 중앙정부에서 지방자치단체의 총정원과 인건비 총액 한도를 이중으로 관리하였기 때문에 지방이 자율적으로 조직을 운영하는데 있어서 상당한 제약이 있었음

2. **기준인건비제의 도입**: 2014년 2월부터 지방자치단체에 기준인건비제가 도입되면서 지역별 여건과 특정 행정수요에 맞게 조직을 운영할 수 있도록 정원관리의 자율성이 대폭 확대됨

(2) 자치단체재정운용업무편람 시달

행정안전부장관은 국가 및 지방재정운용의 여건, 지방재정제도의 개요 등 지방재정운용에 필요한 정보를 담은 자치단체재정운용업무편람을 작성하여 지방자치단체에 보급할 수 있음

(3) 지방채 발행의 통제

지방자치단체의 장은 항구적 이익이 되거나 비상재해복구 등의 필요가 있는 경우에는 대통령령이 정한 범위 안에서 지방의회의 의결을 거쳐 지방채를 발행할 수 있음

(4) 보조금 사용에 관한 감독

지방자치단체가 보조금을 다른 용도로 사용한 경우 등에는 중앙관서의 장이 보조금교부 결정을 취소하고 보조금을 반환하게 할 수 있음

(5) 중기지방재정계획에 대한 통제

지방자치단체의 중기지방재정계획은 행정안전부장관이 작성·시달하는 지침에 따라 지방자치가 작성·운용하는 중장기재정운영지침서로 기획과 예산을 연계시키고 중장기재정수요를 예측하여 필요한 재원을 확보하기 위한 것이나, 지방자치단체 재정운용의 자율성을 저해한다는 지적을 받음

(6) 지방재정진단제도

행정안전부장관은 시·도에 대하여, 시·도지사는 시·군·구에 대하여 각각 재정상태를 진단하고 그 결과에 따라 필요한 권고 및 지도 실시가 가능함

6 특별지방행정기관(일선기관)

1. 의의

(1) 국가의 특정한 중앙행정기관에 소속되어 해당 관할구역 내에서 권한에 속하는 행정사무를 관장하고, 당해 부서로부터 지휘·감독을 받는 국가의 지방행정기관

(2) 일선기관은 자치권과 법인격이 없고, 중앙행정기관에 엄격한 통제를 받는 국가기관으로서 관치행정의 성격이 매우 강함

2. 필요성과 한계

(1) 필요성

① **신속하고 통일적인 행정수행**: 국가에 의한 신속한 업무처리 및 일관성 있는 중앙정부의 정책 추진이 가능함

② **국가의 업무부담 경감**: 국가의 행정업무량이 감소하여 정책수립 및 기획기능에 전념할 수 있도록 함

③ **광역행정 및 협력 용이**: 국가차원에서 인접지역과 협동관계 수립이 용이하고 광역행정의 수단으로 활용이 가능함

특별지방행정기관의 필요성과 한계

필요성	• 통일행정: 신속하고 통일적인 행정수행에 유용 • 근린행정: 지역별 특성을 확보하는 정책집행 가능 • 전문행정: 국가의 업무 부담을 경감하고 전문적인 행정 수행이 가능 • 광역행정: 중앙과 지역 간 협력 및 광역행정의 수단으로서 역할
한계	• 행정책임의 약화와 행정의 비효율성 증대 • 주민의 참여 저하와 중앙 통제 강화 • 지방자치단체와의 갈등 가능성 증가 • 지방자치단체와 수평적 협조 및 조정이 곤란

(2) 한계

① **중앙통제 강화 및 자치행정 저해**: 특별지방행정기관은 주민의 의사를 반영할 수 있는 통로가 거의 없고, 중앙기관의 구체적·획일적인 업무지시에 따라 중앙통제가 이루어져 일선기관의 강화는 지방자치 발전을 저해함

② **책임행정의 결여**: 주민의 참여가 가능한 지방자치와는 달리 주민들의 참여 확보가 곤란한 일선기관은 주민에 대한 책임이 약함

③ **행정의 비효율성**: 책임행정기관과 지방자치단체의 기능·업무 중복은 인력과 예산 낭비를 초래함

④ **종합행정 제약**: 특별지방행정기관은 국가에 의한 통일적 행정에는 기여하지만 기능별·분야별 설치로 인하여 종합적 행정서비스 제공은 곤란함

THEME 101 광역행정 ★★☆

1 광역행정의 의의

1. 의의

(1) 광역행정이란 상호 인접된 몇 개의 지방자치단체가 기존의 행정구역을 초월하여 발생되는 공동의 행정수요를 계획적이고 종합적으로 처리하여 행정의 능률성과 민주성의 조화를 추구하려는 행정

(2) 광역행정이 지향하는 가치는 국가행정의 효율적 수행인 능률성과 주민의 자치권을 통한 민주성을 조화시켜 자치의 능률화를 구현하는 것

2. 성격

(1) 단일한 광역지방계획체제를 구축하여 행정의 효율성을 추구하면서도 지역주민의 자치권을 보장하는 중앙집권과 지방분권의 절충·조화로서의 성격을 가짐

(2) 지역의 특수한 지리적·역사적 요인을 존중함

(3) 새로운 협력단위를 형성하여 그 새로운 협력행정단위와 기존 지방자치단체 간 기능을 재분담함으로써 지방자치단체의 구역과 계층구조 및 기능배분을 재편성하게 됨

(4) 지방자치단체 간의 협력을 통해 도시화·산업화의 진전에 따른 사회·경제·문화적 여건의 변화와 확대에 대처함

3. 필요성과 한계

(1) 필요성

① **교통·통신의 발달**: 교통과 통신의 발달은 지역주민의 생활권을 확대하여, 그동안 서로 분리되었던 행정을 유기적이고 통합적으로 운영할 필요가 발생함

② **사회 · 경제권역의 확대**: 과학 · 기술의 보급 등으로 국민의 사회 · 경제권역이 확대되고 있으므로 기존의 행정구역과 국민의 생활권역을 일치시킴으로써 행정의 효율성과 주민의 편의 향상의 필요성이 증가하였음

③ **산업사회의 고도성장**: 도시화의 급속한 진전으로 광역 도시권을 형성하였고, 기능적으로 상호 의존성을 요구하는 경향이 강화됨

④ **행정서비스의 평준화**: 지방자치단체 간의 행정서비스(행정 · 재정)의 불균형 해결의 필요성이 대두됨

⑤ **지방분권과 중앙집권의 조화**: 행정의 능률성을 추구하는 중앙집권과 민주성을 추구하는 지방분권을 조화시킴

⑥ **규모의 경제**: 지방자치단체 간의 중복투자로 인한 예산의 낭비와 과소비를 방지함하여 행정의 경제성을 향상시킴

⑦ **외부효과의 해결**: 행정의 외부효과로 인한 지방자치단체 간의 지역갈등 해결을 위해 광역행정이 필요하게 됨

(2) 한계

① **지방자치발전 저해**: 광역행정은 주민에 의한 통제 및 지역주민의 참여를 어렵게 만들어 지방자치의 발전에 역행할 가능성이 높음

② **지역지구제(zoning)와의 충돌**: 지역지구제란 토지의 이용을 용도별로 지정하는 경직된 제도로서, 지역지구제는 토지이용의 경직화와 획일성을 증가시키므로 광역행정을 제약함

③ **지역 공동체의식의 감소**: 의도적인 광역행정은 기존 생활테두리 내 주민들의 공동체의식을 약화시킴

④ **지역의 특수성 무시**: 광역행정은 넓은 범위의 행정을 지향하므로 개별 지역의 특수성이 무시되고 획일적인 행정의 가능성이 높아짐

2 광역행정의 방식

1. 접근방법별 분류

(1) 종합적 접근방법

① 지방자치단체의 행정조직에 상당한 구조적 변화와 권한의 집중화를 가져오는 접근방법

② 합병, 통합, 연합 등의 방식이 포함됨

(2) 점진적 접근방법

① 광역권 문제를 효율적으로 처리하지 못하는 종합적 접근방법의 한계를 해결하기 위해서 다핵적인 대도시 형성을 통해 구역을 유지하는 방법

② 정부 간 협정, 기능이양, 지방자치단체조합, 특별구, 협의회 등의 방식이 포함됨

2. 처리사업별 분류

(1) 특정사업별 방식

특정사업별로 공동처리, 권한흡수, 사업이관, 특별구역 설치, 특별행정기관 설치 등의 방식을 채택함

(2) 종합사업별 방식

종합적 기능을 수행하기 위해 공동처리, 연합, 합병, 지위흡수 등의 방식을 채택함

3. 처리수단별 분류

(1) 단일정부방식

여러 개의 기존 지방자치단체를 단일정부로 통합하여 광역행정을 수행하는 방식

① 통합방식

　㉠ 의의

　　ⓐ 일정한 광역권 안에 여러 지방자치단체를 포괄하는 단일의 정부를 설립하여 단일정부의 주도로 광역사무를 처리하는 방식

　　ⓑ 기존 자치단체를 통폐합하여 새로운 법인격을 갖는 자치단체를 설립

　㉡ 장점

　　ⓐ 규모의 경제를 실현함

　　ⓑ 광역행정의 문제를 신속하고 용이하게 처리함

　㉢ 단점

　　ⓐ 각 지방자치단체의 특수성을 고려하지 못함

　　ⓑ 주민들의 소속감을 저하시켜 주민참여가 어려움

　　ⓒ 기존 지방자치단체의 자치권이 가장 크게 제약되는 방식

　㉣ 통합방식의 유형

합병	흡수통합	전부사무조합
• 몇 개의 기존 지방자치단체를 통·폐합하여 하나의 법인격을 가진 지방자치단체를 신설하는 방식 • A + B = C • 우리나라 시·군 자율통폐합, 일본의시정촌 합병추진 등이 이에 해당	하급 지방자치단체의 권한이나 지위를 상급 지방자치단체가 흡수하는 방식	• 둘 이상의 지방자치단체가 계약에 의해 모든 사무를 공동으로 처리하기 위해 설치하는 조합 • 기존 지방자치단체는 사실상 소멸

② 연합방식

　㉠ 의의

　　ⓐ 둘 이상의 지방자치단체가 법인격을 그대로 유지하면서 연합하여 새로운 단체를 구성하고 사무를 처리하는 방식

　　ⓑ 소속 지방자치단체가 자치권을 누리면서 작은 지방자치단체는 지방적 사무만을 처리하고, 중심도시는 구역 전체에 대한 행정기능을 집행하는 형태

　　ⓒ 자치단체연합체, 도시공동체, 복합사무조합 등의 방법이 이에 해당함

연합방식의 예

캐나다의 Toronto와 Winnipeg 도시연합, 미국의 Miami 도시연합, 영국의 대런던회의(Greale London Council) 등

ⓒ 장점
- ⓐ 새로운 연합체가 의결권과 집행권을 가지고 광역행정을 수행함
- ⓑ 광역행정기능의 조정을 원활하게 하는 역할을 가짐

ⓒ 단점
- ⓐ 기존 지방자치단체들의 자주성과 자율성을 침해함
- ⓑ 이중행정이나 이중감독이 존재할 수 있으므로 이원적 정부형태가 나타남

ⓔ 연합방식의 유형

자치단체연합체	도시 공동체	복합사무조합
둘 이상의 지방자치단체가 독립된 법인격을 유지하면서, 특별지방자치단체인 연합정부를 구성하는 방식	대도시권의 기초자치단체인 시(市)들이 광역자치단체 내지 광역행정단위를 구성하는 방식	둘 이상의 지방자치단체가 계약에 의해 몇 개의 사무를 공동으로 처리하기 위하여 규약을 정하고 설치하는 조합

(2) 공동처리방식
둘 이상의 지방자치단체 또는 행정기관이 상호협력관계를 형성하여 광역행정사무를 공동으로 처리하는 방식

① **일부사무조합**
- ⓒ 둘 이상의 지방자치단체가 그 사무의 일부를 공동으로 처리하기 위하여 둘 이상의 지방자치단체의 합의에 의하여 규약을 정하고 새로운 법인(조합)을 설치하는 방식
- ⓒ 법인격을 지닌 공공기관으로 특별지방자치단체로서의 지위를 가짐
- ⓒ 각국에서 매우 일반화된 광역처리방식으로서 행정협의회보다는 협력의 효과가 크고 연합보다는 약함

② **행정협의회**
- ⓒ 둘 이상의 자치단체가 광역적 행정사무를 공동으로 처리·관리·집행하거나, 그 사무에 대한 연락·조정을 위해 협의회를 설치하는 방식
- ⓒ 강학상 법인격과 강제력이 모두 없는 형태이지만 법령상 구속력은 인정됨

> 「지방자치법」 제157조 【협의회의 협의 및 사무처리의 효력】 ① 협의회를 구성한 관계 지방자치단체는 협의회가 결정한 사항이 있으면 그 결정에 따라 사무를 처리하여야 한다.

③ **사무위탁**: 지방자치단체가 다른 지방자치단체와 협의하여 그 사무의 일부를 다른 단체에 위탁하여 처리하게 하는 방식

④ **공동기관**: 둘 이상의 지방자치단체가 기관의 간소화, 전문 직원 확보, 재정절약 등을 위하여 별도의 계약에 의해 기관장, 위원회의 위원, 직원, 부속기관 등을 공동으로 두는 방식

(3) 기타 광역행정의 방식
① **특별구 방식**: 특정 광역행정사무를 처리하기 위해 기존의 일반행정구역 또는 자치구역과는 별도의 구역을 설치하는 방식
- 예 우리나라의 교육구나 관광특구 등

행정협의회의 협의 및 사무처리의 효력

1. **강학상 효력**: 행정협의회는 법인격이 없으며, 강제력을 가지지 않기 때문에 행정협의회의 협의사항은 지방자치단체를 구속하지 않음
2. **법령상 효력**: 「지방자치법」 제157조 제1항 "협의회를 구성한 관계 지방자치단체는 협의회가 결정한 사항이 있으면 그 결정에 따라 사무를 처리하여야 한다."에 따라 협의회에서 합의된 사항에 대하여 법적 구속력을 부여하는 것으로 보는 견해가 존재

② **특별지방행정기관**: 특정한 광역행정사무를 처리하기 위하여 인접자치단체 간의 합의에 의하여 특정기능만을 수행하는 국가행정기관을 일반행정기관과는 별도로 설치하는 방식

　　예 뉴욕 항만청, 우리나라의 지방경찰청, 지방병무청, 지방국토관리청 등

3 우리나라의 광역행정

1. 의의

(1) 광역행정이란 지방자치단체의 기존의 행정구역을 초월하여 광역을 행정단위로 하는 행정의 광역화 현상

(2) 오늘날 교통과 통신의 발달로 생활영역과 이해관계영역이 확대되면서 우리나라에서도 종래 지방자치단체의 규모와 능력으로 처리가 곤란한 광역행정 수요가 증대함

2. 방식

(1) 단일정부방식[구역변경에 의한 광역행정(시·군 통합, 합병)]

(2) **행정협의회**

① **의의**: 두 개 이상의 지방자치단체에 관련된 사무의 일부를 공동으로 관리·처리하기 위하여 설치하는 협의회

② **지위 및 구속력**: 법인격과 강제력이 없기 때문에 독립된 권리 주체가 아니므로 행정협의회의 협의사항은 지방자치단체에 실질적 강제력이 없음 (단, 법령상 구속력 있음)

③ **설치**
　　㉠ 지방자치단체가 협의회를 구성하려면 지방자치단체 간의 협의에 따라 각 지방의회의 의결을 거쳐 이를 고시함
　　㉡ 그러나 공익상 필요한 경우에는 행정안전부장관 또는 시·도지사가 관계 지방자치단체에 대하여 협의회의 구성을 권고할 수 있음

📋 기출 체크

자치단체 상호 간의 적극적 협력을 제고하기 위한 제도적·비제도적 방식에 해당하지 않는 것은? 2016년 서울시 9급

① 자치단체조합
② 전략적 협력
③ 분쟁조정위원회
④ 사무위탁

답 ③ 분쟁조정위원회는 지방자치단체 간에 갈등이 발생할 때 이를 조정하기 위한 소극적 협력방식

핵심 OX

행정협의회를 구성한 관계 지방자치단체는 반드시 협의회의 결정에 따라 사무를 처리할 필요는 없다. (O, ×)

답 × 법령상으로는 행정협의회를 구성한 관계 지방자치단체는 협의회가 결정한 사항이 있으면 그 결정에 따라 사무를 처리해야 함

CHAPTER 5 지방자치와 주민참여

THEME 102 지방자치와 주민참여 ★★★

1 주민참여

1. 의의

(1) 개념

지방자치단체 또는 그 기관의 정책과정에 직·간접적으로 영향을 미치거나 미치고자 하는 주민일체의 목적적 행동

(2) 참여방식

선거과정의 투표 행사, 로컬 거버넌스, 시민단체(NGO)와 주민발안, 주민투표, 주민소환 등을 중심으로 다양한 방식이 존재함

2. 필요성

행정기관의 입장	주민의 입장
• 행정수요를 명확하게 파악 • 행정의 민주성과 정책의 질 향상시킴 • 공동의 협조체제 모색에 기여함 • 정책의 순응성을 제고	• 주민이 주체적으로 행정통제 실현 가능 • 행정의 책임성 확보 • 주민이해 조정과 주민협력 증진에 기여함 • 투입기능을 강화시키고 행정의 대응성을 촉진시킴

3. 기능

정치적 기능(민주성 확보)	행정적 기능
• 대의민주주의를 보완 • 행정의 독선화를 방지 • 행정의 책임성을 확보 • 절차적 민주주의 실현에 기여 • 주민에 대한 정치 교육	• 행정서비스 개선에 기여 • 행정에 대한 이해와 협력 확보 • 정책집행의 순응성과 용이성 제고 • 주민 간 이해관계 조정 • 행정의 대응성 제고

4. 한계

(1) 참여과정에서 행정지체로 인해 행정의 능률성 저하 및 행정 비용 증가

(2) 특수이익을 대변하는 소수에 의한 대표성·공정성 문제가 야기될 수 있음

(3) 행정의 복잡성과 전문성 대응에 한계가 있고 실현가능성이 부족함

주민참여의 순기능과 역기능

순기능	역기능
• 대의 민주주의의 한계 보완 • 행정의 효율성과 책임성 제고 • 절차적 민주주의와 정당성 실현 • 정책의 신뢰성 향상과 순응 확보 • 정책의 현실성 및 적실성 제고	• 시간과 비용 증가로 행정의 능률성 저해 • 주민 대표성의 문제(활동적 소수의 문제) • 행정의 전문성 저하 • 책임의 분산을 통한 전가 • 갈등의 증대

(4) 주민참여의 형식화와 조작적 참여의 가능성

(5) 잘못된 정책에 대한 행정적 책임을 주민에게 전가시키는 수단으로 이용될 수 있음

5. 유형

(1) 제도화 여부에 의한 분류

제도적 참여	비제도적 참여
• 명문화된 법규 등에 의거하여 참여가 공식적으로 보장됨 • 각종 자문위원회, 공청회, 심의회, 청원, 민원, 주민투표 등	• 제도적인 참여 이외의 형태 • 비폭력집단시위, 주민운동, 주민불복종, 교섭 등

(2) 아른슈타인(Arnstein)의 주민참여 8단계설

① **비참여**: 본래 목적이 주민을 참여시키는 데 있는 것이 아니라 지방자치단체가 참여자를 교육시키거나 치료하는 단계

② **명목적 참여**: 주민은 정보를 제공받아 권고·조언하고 공청회 등에 참여하여 정책결정과 관련한 의견을 제시할 수 있지만 판단 결정권은 지방자치단체에 유보되어 있는 단계

③ **주민권력**: 기존의 권력체계가 주민과 지방자치단체에 재배분되며, 일정한 권한과 책임이 주민에게 맡겨져 주민이 정책결정에 있어서 주도권을 획득하는 단계

Level up 아른슈타인(Arnstein)의 주민참여 8단계설

비참여	① 조작	관료들의 일방적 지시나 전달로, 주민들이 수동적으로 대응하는 수준
	② 치료	행정기관이 책임 회피를 위하여 행하는 조치로, 주민은 실제적으로 정책결정에 참여하지 못하고 책임만을 부여받는 수준
명목적 참여	③ 정보제공	• 행정기관의 일방적인 정보전달 • 환류를 통한 협상과 타협에 연결되지 못하는 수준
	④ 상담	주민이 정책에 관해 권고하는 정도의 채널은 열려 있지만, 행정기관은 주민의사의 수렴보다 요구된 과정을 거친다는 형식에 더 큰 비중을 두는 수준
	⑤ 유화(회유)	각종 위원회에서 의견 제시 등의 단계가 이루어지지만 영향력이 높지 않은 수준
주민 권력	⑥ 협력관계 (동반자관계)	행정기관이 최종결정권을 가지고 있지만, 행정기관과 주민이 위원회 등을 구성하고 주민이 필요하다고 판단될 경우 행정기관에 맞서서 자신의 주장을 내세울 만큼의 영향력을 가지고 있는 수준
	⑦ 권한위임	주민들이 정책의 결정·실시에 우월한 권력을 가지고 참여하는 수준
	⑧ 주민통제	주민이 위원회 등을 통하여 행정을 실제로 지배하고 있는 수준

(3) 주민참여제도의 새로운 흐름

① **실질적·적극적 주민참여 강조**

　⊙ 과거의 수동적 고객으로서의 제한된 주민참여가 아니라 능동적 주인으로서 적극적인 주민참여

　ⓛ 과거에는 자문위원회, 도시계획위원회, 환경연합회, 협의회 등을 통한 간접참여제도가 주류를 이루었음

　ⓒ 최근에는 주민과의 공개적 대화는 물론 주민감사청구제도, 주민투표제도, 주민소환제도, 주민참여예산제도, 납세자소송제도, 시민 옴부즈만제도 등 직접참여제도가 활성화 됨

② **소외계층의 참여기회 확대**: 정치적 시민권과 실천적 시민권의 조화 추구

③ **공동생산(Co-production)과 파트너십 강조**

④ **지방자치단체 내 커뮤니티를 활용한 참여**: 주민자치센터 등

⑤ **IT기술에 의한 텔레 참여(tele-participation)**: 전자민주주의의 확대

2 주민직접참정제도

1. 주민발안(조례의 제정 및 개폐청구권)

(1) 의의

지역주민들이 해당 지방자치단체의 장에게 조례를 제정하거나 개정·폐지할 것을 청구할 수 있는 제도

(2) 청구요건

① 일정 범위 안에서 당해 지방자치단체의 조례로 정하는 19세 이상 주민 수 이상의 연서로 당해 지방자치단체의 장에게 조례의 제정이나 개폐를 청구함

② **시·도 및 50만 이상 대도시**: 19세 이상 주민 총수의 100분의 1 이상 70분의 1 이하

③ **시·군 및 자치구**: 19세 이상 주민 총수의 50분의 1 이상 20분의 1 이하

(3) 청구 제외대상

① 법령을 위반하는 사항

② 지방세·수수료·사용료·부담금의 부과·징수 또는 감면에 관한 사항

③ 행정기구의 설치·변경에 관한 사항 또는 공공시설의 설치 반대 사항

2. 주민감사청구

(1) 의의

지역주민이 지방자치단체와 그 장의 권한에 속하는 사무의 처리가 법령에 위반되거나 공익을 현저히 해한다고 인정되면 상급지방자치단체의 장이나 중앙행정기관의 장에게 감사를 청구할 수 있는 제도

(2) 청구요건

일정 범위 안에서 당해 지방자치단체의 조례가 정하는 19세 이상의 주민 수 이상의 연서로서 시·도에 있어서는 주무부장관에게, 시·군 및 자치구에 있어서는 시·도지사에게 청구할 수 있음

성장기구론 - 몰로치(Molotch)

1. **의의**: 토지 또는 부동산의 교환가치를 높이고자 하는 토지자산가와 개발관계자들, 즉 '성장연합'이 지방정치를 주도한다는 이론

2. **내용**
　• 지방정치는 토지자산가와 개발업자 등 토지관련 기업인을 중심으로 한 성장연합과 이를 반대하는 반성장연합(일반지역주민, 환경운동집단 등)의 대립으로 귀결됨
　• 성장연합은 토지 또는 부동산의 교환가치(부동산 가격)를 중시하여 성장을 추구하며, 반성장연합은 토지 또는 부동산의 사용가치(주거지역의 삶의 질이나 환경)를 중시하여 이에 반대함
　• 성장연합과 반성장연합의 대립에서는 대체로 성장연합이 우위를 점하게 됨 → 지역사회의 정치와 경제를 토지자산가와 개발관계자들의 연합인 '성장연합'이 주도함

(3) 청구 제외대상

① 수사 또는 재판에 관한 사항

② 개인의 사생활을 침해할 우려가 있는 사항

③ 다른 기관에서 감사하였거나 감사 중인 사항

④ 동일한 사항의 소송이 계속 중이거나 판결이 확정된 사항

⑤ 당해 사무처리가 있었던 날 또는 종료된 날로부터 2년이 경과한 경우

3. 주민투표제도

(1) 의의

① 지방자치단체의 장은 주민에게 과도한 부담을 주거나 중대한 영향을 미치는 지방자치단체의 주요 결정사항 등에 대해 주민투표를 실시할 수 있음

② 주민이 직접 지방자치단체의 의사결정에 참여하는 것

(2) 주민투표제도의 장단점

① 장점

㉠ 대의민주주의(간접참여제도)에 대한 보완책

㉡ 지방자치단체의 결정사항에 정당성 부여

㉢ 지방정부 및 의회의 견제 역할

㉣ 지방자치단체의 장과 지방의회가 대립하였을 때 갈등 해결의 역할

② 단점

㉠ 여론 조작의 가능성이 있음

㉡ 다수의 횡포가 존재하여 소수의 이익이 침해될 수 있음

㉢ 재정적·시간적 부담의 증가

㉣ 지방의회의 기능을 약화시킬 우려가 있음

(3) 우리나라의 주민투표법

① 의의: 구체적인 주민투표의 대상·발의자·발의요건·기타 투표절차 등에 관하여 규정함

② 주민투표의 참여자: 19세 이상의 주민으로서 투표인 명부 작성 기준일 현재 그 지방자치단체의 관할구역에 주민등록이 되어 있는 자 및 일정한 요건을 갖춘 외국인

③ 주민투표의 대상: 주민에게 과도한 부담을 주거나 중대한 영향을 미치는 지방자치단체의 주요 결정사항으로 그 지방자치단체 조례로 정하는 사항

④ 주민투표 제외대상

㉠ 예산 및 재산관리에 관한 사항

㉡ 조세에 관한 사항

㉢ 행정기구의 설치·변경에 관한 사항

㉣ 다른 지방자치단체의 권한에 속하는 사항

㉤ 법령에 위반되거나 재판 중인 사항

㉥ 공무원의 인사 및 보수에 관련된 사항

㉦ 동일한 사항에 대하여 주민투표가 실시된 후 2년이 경과되지 않은 사항

우리나라 주민투표의 법적 근거

1. 「지방자치법」: 지방자치단체의 장은 주민에게 과도한 부담을 주거나 중대한 영향을 미치는 지방자치단체의 주요 결정사항 등에 대하여 주민투표에 부칠 수 있음

2. 「주민투표법」: 주민투표의 대상·발의자·발의요건·그 밖의 투표절차 등에 관한 사항을 규정

핵심 O×

01 우리나라에서 행정기구의 설치·변경에 관한 사항은 주민투표에 부칠 수 없다. (O, ×)

답 O

02 지방자치단체장은 지방의회의 동의 없이 직권으로 주민투표를 실시할 수 있다. (O, ×)

답 × 주민투표는 주민, 지방의회, 단체장의 청구로 실시될 수 있지만 단체장이 주민투표를 직권으로 실시하고자 하는 경우에는 사전에 지방의회의 동의가 필요함

03 지방의회는 주민투표의 청구권자가 될 수 없다. (O, ×)

답 × 지방의회는 재적의원 과반수 출석과 출석의원 3분의 2 이상의 찬성으로 주민투표를 청구할 수 있음

핵심 OX

01 주민소송을 통해 주민이 승소해도 주민감사청구 관련 실비를 돌려받을 수 없다. (O, ×)

📖 × 주민소송에서 주민이 승소한 경우 주민은 당해 지방자치단체에 청구 관련 실비 보상 청구가 가능

02 주민소환의 대상자는 지방자치단체의 장 및 지방의회의원이지만 비례대표 지방의회의원은 제외된다. (O, ×)

📖 O

03 주민소환제는 지방행정의 민주성과 책임성을 제고할 목적으로 도입한 주민 간접참여 방식의 제도이다. (O, ×)

📖 × 주민소환제는 주민직접참여 방식

🏛 기출 체크

주민소환제에 대한 설명으로 옳은 것은?
2014년 서울시 7급

① 주민은 그 지방자치단체의 장 및 비례대표를 포함한 지방의회 의원을 소환할 권리를 가진다.
② 선출직 지방공직자의 임기만료일로부터 1년 미만일 때에는 주민소환투표의 실시를 청구할 수 없다.
③ 주민소환은 주민소환투표권자 총수의 2분의 1 이상의 투표자와 유효 투표 총수 과반수의 찬성으로 확정된다.
④ 지방행정의 민주성과 책임성을 제고할 목적으로 도입한 주민 간접참여방식의 제도이다.
⑤ 주민소환투표의 효력에 이의가 있는 경우 투표결과가 공표된 날부터 10일 이내에 소청할 수 있다.

📖 ②
① 비례대표의원은 제외
③ 주민소환투표권자 3분의 1 이상의 투표, 유효투표 과반수 이상 찬성으로 확정됨
④ 주민소환제는 직접참여방식임
⑤ 14일 이내에 소청심사청구를, 소청 결정서를 받을 날로부터 10일 이내에 소송을 제기할 수 있음

⑤ **주민투표의 청구요건**
　㉠ **지방자치단체의 장**: 주민 또는 지방의회의 청구에 의하거나 직권에 의하여 주민투표를 실시할 수 있고, 자신의 직권에 의하여 주민투표를 실시하고자 하는 때에는 그 지방의회 재적의원 과반수의 출석과 출석의원 과반수의 동의가 필요함
　㉡ **주민**: 주민투표청구권자 총수의 20분의 1 이상, 5분의 1 이하의 범위 안에서 지방자치단체의 장에게 주민투표의 실시를 청구할 수 있음
　㉢ **지방의회**: 재적의원 과반수의 출석과 출석의원 3분의 2 이상의 찬성으로 그 지방자치단체의 장에게 주민투표 실시를 청구할 수 있음

4. 주민소송제도

(1) 의의
① 주민이 지방자치단체의 재무회계행위가 적정하게 운영되도록 하기 위해 해당 지방자치단체에 의한 위법하거나 게을리 한 행위에 대해 이를 방지 및 시정하거나 그 손해의 회복을 위해 제기하는 소송
② 우리나라는 2006년부터 지방자치법 개정에 의해 시행되고 있음

(2) 주민소송의 청구요건
주민감사를 청구한 주민은 감사 결과 등에 불복이 있는 경우, 그 감사청구한 사항과 관련 있는 위법한 행위나 업무를 게을리 한 사실에 대해 지방자치단체의 장을 상대방으로 하여 주민소송을 제기할 수 있음

(3) 주민소송의 소의 제기
감사기간(60일)이 종료된 날 또는 감사결과나 조치요구 내용에 대한 통지를 받은 날, 혹은 이행조치 요구 시 지정한 처리기간이 만료된 날로부터 90일 이내에 하여야 함

5. 주민소환제도(2007.7.1. 시행)

(1) 의의
① 주민들이 지방자치단체의 행정처분이나 결정에 심각한 문제가 있다고 판단할 경우 지방자치단체의 장과 지방의회 의원을 통제할 수 있는 제도
② 가장 확실하고 직접적인 통제수단

(2) 주민소환에 관한 법률
① **주민소환투표의 관할**: 해당 지역의 지방선거를 행하는 선거관리위원회
② **주민소환투표의 청구**: 선출직지방공직자(비례대표의원 제외)에 대하여 다음에 해당하는 주민의 서명으로 그 소환사유를 서면에 구체적으로 명시하여 관할선거관리위원회에 청구
　㉠ **시·도지사**: 당해 지방자치단체의 주민투표권자 총수의 100분의 10 이상
　㉡ **시장·군수·구청장**: 당해 지방자치단체의 주민투표권자 총수의 100분의 15 이상
　㉢ **지방의원**: 당해 지방자치단체의 주민투표권자 총수의 100분의 20 이상
③ **투표의 청구제한기간**: 다음의 어느 하나에 해당하는 때에는 투표의 실시 청구가 불가능함

       ⑦ 선출직지방공직자의 임기 개시일로부터 1년 이내인 때
       ⓒ 선출직지방공직자의 임기 만료일로부터 1년 미만일 때
       ⓒ 해당 선출직지방공직자에 대한 주민소환투표를 실시한 날로부터 1년 이내인 때

   ④ **주민소환투표의 실시구역**
       ⑦ **지방자치단체의 장**: 당해 지방자치단체 관할구역 전체
       ⓒ **지방의회 의원**: 당해 지방의회 의원의 지역선거구

   ⑤ **권한행사의 정지 및 권한대행**: 주민소환투표대상자는 관할선거관리위원회가 주민소환투표안을 공고한 때부터 주민소환투표결과를 공표할 때까지 그 권한의 행사 정지

   ⑥ **주민소환투표결과의 확정**: 주민소환투표권자 총수의 3분의 1 이상의 투표와 유효투표 총수 과반수의 찬성으로 확정

   ⑦ **소환의 효력**: 주민소환이 확정된 때에는 주민소환대상자는 그 확정 결과가 공표된 시점부터 그 직을 상실

6. 주민청원

「지방자치법」에 따라 주민이 조례 및 규칙의 개폐나 공공시책의 개선 등 지방자치단체의 지방행정에 대한 요망 또는 정치적 의사를 표기하고자 할 때에 지방의회 의원의 소개를 받아 지방의회에 청원을 할 수 있음

Focus on | 주민직접참정제도

구분	도입시기	청구권자	청구대상	청구요건
주민 발안	「지방자치법」 (1999)	주민, 외국인, 재외동포국민	지방자치 단체의 장	• 시·도 및 50만 이상 대도시: 19세 이상 주민의 100분의 1 이상 70분의 1 이하의 범위에서 조례로 정하는 수 이상 • 시·군·구: 19세 이상 주민의 50분의 1 이상 20분의 1 이하의 범위에서 조례로 정하는 수 이상
주민 감사 청구			감독기관	• 시·도: 500명 이내의 범위에서 조례로 정하는 수 이상 • 50만 이상 대도시: 300명 이내의 범위에서 조례로 정하는 수 이상 • 시·군·구: 200명 이내의 범위에서 조례로 정하는 수 이상
주민 투표	「주민투표법」 (2004)	주민, 외국인	지방자치 단체의 장	19세 이상 주민은 주민투표권자 총수의 20분의 1 이상 5분의 1 이하의 범위 안에서 조례로 정하는 수 이상의 서명으로 지방자치단체의 장에게 청구
주민 소송	「지방자치법」 (2006)	감사를 청구한 자	관할 행정법원	• 감사청구를 수리한 날부터 60일 경과하여도 감사를 종료하지 아니한 경우 • 감사결과 또는 조치요구에 불복이 있는 경우 • 조치요구를 지방자치단체의 장이 이행하지 않은 경우 • 지방자치단체의 장의 이행조치에 불복이 있는 경우
주민 소환	「주민소환법」 (2007)	주민, 외국인	관할 선거관리 위원회	• 시·도지사: 100분의 10 이상 • 시장·군수·구청장: 100분의 15 이상 • 광역 및 기초의원: 100분의 20 이상

THEME 103 지방재정의 개요 ★★★

1 지방재정의 본질과 체계

1. 의의와 기능

(1) 의의

① 지방재정이란 지방자치단체의 존립목적을 달성하기 위하여 재화를 강제적 또는 비강제적으로 획득(조달)하고 관리하는 일련의 활동

② 지방자치단체의 원활한 지방행정 수행을 위한 필수적 전제조건

(2) 자원분배기능

국가재정이 효율성(자원분배기증), 공평성(소득분배기능), 경제안정성 등 포괄적인 기능을 수행하는 반면, 지방재정은 이 중 효율성(자원분배기능)을 가장 주요한 기능으로 강조함

2. 특징과 기본운영원칙

(1) 특징

① **자주성**: 스스로 지방세를 부과하고 징수하여 예산을 편성하는 것으로서 지방자치의 필수적인 요소

② **제약성(조세법률주의)**: 지방세의 세목과 세율은 법률로 결정되고, 대부분의 지방재정이 정부에 의해서 통제되어 국가에 의한 한정된 범위 내에서 인정됨

③ **응익성(수익자부담주의)**: 국가재정은 응능성(부담 능력에 따른 조세주의)인 반면, 지방재정은 응익성(수익자부담주의)이 강하게 작용함

④ **다양성**

㉠ 재원조달에 있어서 지방재정은 단일주체인 국가재정에 비하여 다양한 세입원을 기반으로 함

㉡ 지방자치단체마다 면적, 인구, 기능, 산업구조 등이 다양하기 때문에 지방재정의 개선이 어려움

⑤ **불균형성**: 지방자치단체는 지역별 자원의 분포나 개발정도, 입지산업의 유형에 따라 지역발전과 소득의 격차가 발생함

(2) 기본운영원칙

① **재정안정의 원칙**: 재정을 장기적이고 안정적으로 운영하도록 고려하여야 함

② **효율성(경제성)의 원칙**: 최소의 경비로 최대의 효과를 얻을 수 있게 효율적으로 운영하여야 함

③ **수지균형의 원칙**: 지방재정도 국가와 같이 독립적인 경제주체의 계정이므로 예산과 결산상의 수지균형을 유지하여야 함

국가재정과 지방재정의 비교

국가재정	지방재정
포괄적 기능	자원배분기능
순수 공공재 공급 (외교, 치안, 국방 등)	준공공재 공급 (도로, 교량, SOC 등)
응능주의	응익주의
가격원리 적용 곤란	가격원리 적용 용이
기업가형 정부 적용 곤란	기업가형 정부 적용 용이
전략적 정책기능	전술적 집행기능
형평성	효율성
비경쟁성	경쟁성
조세에 의존	세외수입에 의존
지역 간 이동성 낮음	지역 간 이동성 높음

우리나라 지방재정의 문제점

1. 국가재정 위주
2. 지방정부의 자주적인 과세권이 결여(과세법률주의)
3. 보조금·교부세제도의 불합리성
4. 국가와 지방간의 사무분담에 따른 경비부담의 불일치

④ **공정성의 원칙**: 공익의 실현을 위하여 적절하게 수행되어야 함
⑤ **탄력성 확보의 원칙**: 지역사회의 변화에 탄력적으로 대응할 수 있도록 함
⑥ **행정수준의 확보원칙**: 지역주민의 행정수요를 충족시켜 줄 수 있도록 행정수준의 향상과 확보를 도모하여야 함
⑦ **국가시책구현의 원칙**: 국가정책에 반하는 재정운용을 하여서는 안되며, 국가정책과 조화되는 범위 안에서 지방재정을 운영하여야 함

3. 4대 재원

지방세, 세외수입, 지방교부세, 국고보조금

4. 분류

(1) 구입의 결정 주체별

자주재원	의존재원
• 지방자치단체가 자주적으로 결정·실현하는 재원 • 지방세와 세외수입	• 국가나 광역자치단체로부터 결정·실현되는 재원 • 지방교부세, 국고보조금

(2) 용도의 한정성 기준

일반재원	특정재원
• 자금용도가 정해져 있지 않아 자치단체가 자유롭게 지출 가능한 재원 • 지방세 중 보통세, 세외수입, 지방교부세 등	• 자금용도가 한정되어 있어 자치단체가 임의로 자금용도를 결정할 수 없는 재원 • 목적세, 국고보조금, 지방양여금 등

(3) 수입의 안정성 기준

경상수입	임시수입
• 회계연도별로 규칙적이고 안정적으로 확보할 수 있는 재원 • 지방세, 세외수입 등	• 지방세입 중에 불규칙적이고 임시적인 재원 • 지방채, 기부금, 특별교부세 등

5. 구성 체계

(1) 자주재원

① **지방세**: 과세주체에 따라 특별시세, 광역시세, 도세, 시·군세, 자치구세 등으로 구분할 수 있고 과세용도에 따라 보통세와 목적세로 구분
    ㉠ **보통세**
        ⓐ 지방자치단체가 일반적인 지출을 충당하기 위하여 부과하는 조세
        ⓑ 지방소비세, 지방소득세, 재산세, 취득세, 주민세, 자동차세, 담배소비세, 레저세, 등록면허세
    ㉡ **목적세**
        ⓐ 특별한 재정수요를 위하여 부과하는 조세
        ⓑ 지방교육세, 지역자원시설세

📖 **기출 체크**

우리나라의 지방자치제에 대한 설명으로 옳지 않은 것은? 2016년 사회복지직 9급

① 지방자치단체의 기관구성에 있어 기관대립형 구조를 채택하고 있다.
② 주민투표제, 조례제정·개폐청구, 주민감사청구, 주민소송제 등을 통해 주민참여를 보장하고 있다.
③ 지방자치단체가 지방고유사무와 관련된 영역에 한해 법령의 근거 없이 스스로 세목을 개발하고 지방세를 부과·징수할 수 있다.
④ 지역 간 재정 형평성을 확보하기 위해 지방재정조정제도를 운영하고 있다.

탭 ③ 우리나라는 지방세를 포함한 모든 조세의 종목과 세율을 법률로 정하도록 하는 조세법정주의를 따름

자주재원주의와 일반재원주의

1. **자주재원주의(규모보다 구조)**: 지방세나 세외수입 중심의 자주적인 세입분권이 바람직하다는 접근으로, 바람직한 지방재정을 위해서는 단순히 지방재정의 '규모'를 늘리기보다는 지방자치단체의 재정자율성이 확대될 수 있는 지방세입의 '구조'를 강조
2. **일반재원주의(구조보다 규모)**: 구조보다는 규모의 순응을 상대적으로 강조하여 지방재정의 자율성을 확대하기 위해서는 개별보조보다는 일반재원인 지방교부세와 같은 포괄보조금 확대를 선호. 즉, 일반재원주의의 경우는 세입측면에서의 권한의 분산보다는 세출 측면에서의 권한의 분산을 강조
3. **통합적 인식(구조와 규모의 조화)**: 재정분권을 위한 자주재원주의와 일반재원주의의 두 가지 접근방법은 대립의 관점이 아니라 동시에 증가될 수 있도록 거시재정구조에서의 중앙재정과 지방재정의 비중을 전면 재검토해야 한다는 것

② **세외수입**: 지방자치단체의 자체 세입원 중 지방세 이외의 수입
　ⓐ **경상세외수입**: 규칙적인 세외수입 圓 사용료, 수수료 등
　ⓑ **임시세외수입**: 불규칙적인 세외수입 圓 기부금, 과징금, 이월금 등
③ **지방채**: 과세권을 담보로 하여 증서차입 또는 증권발행의 형식으로 지방재정수입의 부족액을 보전하는 수단

(2) 의존재원

① **국고보조금(광의)**
　ⓐ **장려적 보조금**: 국가 시책을 장려하기 위해 자치사무에 대한 경비지원
　ⓑ **부담금**: 단체위임사무 비용의 일부를 지원하기 위한 보조금
　ⓒ **위탁금**: 기관위임사무의 비용 전체를 지원하는 보조금
② **지방교부세**: 지방재정 부족 등 필요에 따라 국가가 조정을 위해 지급함
　ⓐ **보통교부세**: 자치단체 간 균형을 위해 각 자치단체의 재정부족액을 산정하여 일반재원으로 사용할 수 있도록 교부하는 일반재원
　ⓑ **특별교부세**: 기준재정수요액으로는 포착할 수 없거나 재해 등으로 특별한 재정수요가 있는 경우 용도를 한정해 교부하는 특정재원
　ⓒ **부동산교부세**: 종합부동산세 전액을 재원으로 하여 자치단체의 재정여건을 고려해 교부하는 일반재원
　ⓓ **소방안전교부세**: 자치단체의 소방 및 안전시설 확충 등을 위하여 조건이나 용도를 정하여 교부하는 특정재원

2 지방자치단체의 자주재원

1. 지방세

(1) 의의

지방자치단체가 행정활동을 수행하는 데 소요되는 일반적 경비를 조달하기 위해서 당해 구역 내의 주민이나 재산, 기타 일정한 행위를 하는 자로부터 직접적·개별적 보상이나 대가 없이 강제적으로 부과·징수하는 재원

(2) 특징

① **강제적 성격**: 법률에 근거하여 개개인의 의사표시를 필요로 하지 않고 강제적으로 부과하고 징수함
② **개별적 반대급부 없는 징수**: 개별적인 특정수입과는 관계없이 자치단체의 주민 또는 그 구역 안에서 일정한 행위를 하는 자로부터 징수함
③ **일반적 경비의 조달**: 자치단체의 일반적인 경비에 조달하는 것이 목적
④ **금전상의 표시**: 원칙적으로 금전으로 표시되고 징수함
⑤ **독립세주의**: 국세와 세원이 분리됨

(3) 원칙

① **재정수입의 측면**
　ⓐ **충분성의 원칙**: 지방자치의 행정수요를 위하여 금액이 충분하여야 함
　ⓑ **보편성의 원칙**: 지방세원이 지역 간에 균형적으로 분포되어 있어야 함
　ⓒ **안정성의 원칙**: 경기변동에 관계없이 세수가 안정적으로 확보되어야 함

② 신장성의 원칙: 늘어나는 행정수요에 대응하여 매년 지속적으로 세수가 확대(팽창)될 수 있어야 함

⑩ 신축성(탄력성)의 원칙: 자치단체 특성에 따라 탄력적 운영이 되어야 함

② 주민부담의 측면

㉠ 부담분임의 원칙: 가급적 모든 주민들이 경비를 나누어 분담하여야 함

㉡ 응익성(편익성)의 원칙: 주민이 향유한 편익의 크기에 비례하여 부담하여야 함

㉢ 효율성의 원칙: 자원배분의 효율화에 기여할 수 있어야 함

㉣ 부담보편(평등성, 형평성)의 원칙: 주민에게 공평하게 부담하여야 함

③ 세무행정(징세행정)의 측면

㉠ 자주성의 원칙: 중앙정부로부터 독자적인 과세주권이 확립되어야 함

㉡ 편의 및 최소비용의 원칙: 징세가 용이하고 징세비가 절감되어야 함

㉢ 국지성의 원칙: 과세객체가 관할구역 내에 국한되어 있어 조세부담을 회피하기 위한 지역 간 이동이 없어야 함

(4) 체계(11종)

① 보통세(9종): 취득세, 등록면허세, 주민세, 담배소비세, 레저세, 자동차세, 지방소비세, 지방소득세, 재산세

② 목적세(2종): 지역자원시설세, 지방교육세

Focus on 지방세와 국세의 체계

1. 지방세의 체계(11종)

구분	광역자치단체		기초자치단체	
	특별시·광역시	도	자치구	시·군
보통세	취득세, 주민세, 자동차세, 담배소비세, 레저세, 지방소비세, 지방소득세	취득세, 등록면허세, 레저세, 지방소비세	등록면허세, 재산세	주민세, 재산세, 자동차세, 담배소비세, 지방소득세
목적세	지방교육세, 지역자원시설세	지방교육세, 지역자원시설세	–	–

2. 국세의 체계(13종)

내국세	• 직접세: 소득세, 법인세, 상속세와 증여세, 종합부동산세 • 간접세: 부가가치세, 개별소비세, 주세, 인지세, 증권거래세
목적세	교육세, 교통·에너지·환경세, 농어촌특별세

---

(5) 우리나라 지방세의 문제점

① 빈약한 세원: 다양한 세목에 비해서 빈약한 세원이 문제

② 낮은 세수의 신장성: 소득과세나 소비과세가 적고 재산과세가 많아 재정운영의 신축성을 저해함

③ 큰 지역적 편차: 세원의 지역 간 편차가 심해 재정력의 격차가 큼

지방세 체계의 예외

광역시 군(郡)지역에서는 도세를 광역시세로 함

서울특별시의 재산세는 서울특별시와 자치구의 공동과세 과목

자치구간 재정불균형을 시정하기 위하여 특별시 내의 자치구의 재산세는 특별시와 자치구가 공동과세로 함

세종특별자치시와 제주특별자치도의 지방세

1. 세종특별자치시: 「세종특별자치시 설치 등에 관한 특별법」에 근거하여 세종특별자치시장은 광역시세 및 구 세목을 세종특별자치시세의 세목으로 부과·징수

2. 제주특별자치도: 「제주특별자치도 설치 및 국제자유도시 조성을 위한 특별법」에 근거하여 지방세, 도세 또는 시·군세를 인용하고 있는 경우에는 제주특별자치도세를 포함한 것으로 보아 당해 법령을 적용함

④ **복잡한 조세체계:** 동일한 세원에의 중복과세 등 조세체계가 복잡함

⑤ **획일적인 세율의 적용:** 지역적 특성을 고려하지 않은 획일적인 세율의 적용이 문제가 됨

⑥ **조세법률주의:** 독자적인 과세자주권 결여

탄력세율의 적용

1. **대통령령:** 담배소비세, 자동차세(주행분)
2. **조례:** 취득세, 등록면허세(등록분), 재산세, 자동차세(소유분), 주민세, 지방소득세, 지방교육세, 지역자원시설세
3. **비적용:** 레저세, 등록면허세(면허분), 지방소비세

Level up **지방세의 부과체계(과세방식)**

1. 세율

① **법정세율:** 법으로 정하여 과세표준에 곱해지는 세율로, 표준세율, 기준세율이라고도 하며 현행 지방세 부과 방식의 대부분을 차지함

② **실효세율:** 시장가격으로 산정된 과세표준에 대한 세액의 비율

③ **제한세율:** 최고 및 최저세율을 정해놓고 그 범위 내에서 변경이 가능한 세율

④ **임의세율:** 세율결정권을 지방정부에 위임하여 조례로 정하도록 한 것

⑤ **탄력세율:** 「지방세법」에 표준세율 또는 제한세율을 정해놓고 필요시 지방정부가 그 범위 내에서 세율을 가감 또는 선택할 수 있도록 하는 제도

　ⓔ 취득세, 등록면허세(등록분), 재산세, 주민세, 자동차세, 담배소비세, 지역자원시설세 등

2. 비례세와 누진세

① **비례세:** 모든 과세표준에 대해 동일한 세율이 적용되는 세제 ⓔ 등록면허세 등

② **누진세:** 과세표준액에 따라 세율이 달라지는 제도 ⓔ 종합부동산세, 재산세 등

3. 정액세와 정률세

① **정액세:** 상품단위당 '일정금액'을 부과하는 방식

　ⓔ 담배소비세, 주민세, 자동차세, 등록면허세 등

② **정률세:** 상품가격의 '일정비율'을 세금으로 부과하는 방식

　ⓔ 종합부동산세, 재산세 등

4. 종가세와 종량세

① **종가세:** '상품가격'의 비율을 정해 세금을 부과하는 방식

　ⓔ 종합부동산세 등

② **종량세:** '상품 1단위당' 일정한 금액이 부과되는 방식

　ⓔ 자동차세, 담배소비세 등

5. 직접세와 간접세

① **직접세:** 납세의무자와 조세부담자가 일치하는 조세로, 자동차세, 재산세 등 대부분 지방세

② **간접세:** 납세의무자와 조세부담자가 일치하지 않는 조세로 도축세 등이 있는데, 도축세의 경우 납세의무자는 형식적으로 소와 돼지의 도살자이지만, 실질적인 담세자는 소비자

6. 거래세와 보유세

① **거래세:** 재산의 거래(양도 및 취득)에 대한 과세로서 등록면허세, 취득세 등이 있으며 최근 거래과세에 대한 비중이 증가함

② **보유세:** 재산의 보유(소유)에 대한 과세로서 과거의 종합토지세 등 주로 기초자치단체의 세목에 해당

---

2. 세외수입

(1) 의의

① **개념:** 지방자치단체 자체 세입원 중 지방세 수입 제외한 나머지 자주재원

② **특성**

　㉠ **자주재원:** 지방자치단체가 자체적으로 확보하는 재원

　㉡ **잠재수입원:** 중앙정부의 통제를 거의 받지 않고 지방자치단체의 노력에 따라 확대·개발이 용이

ⓒ **응익성**: 응익성이 강하고 주민의 저항이 적음

ⓓ **점차 비중 확대**: 과거에는 지방세 수입의 비중이 더 높았으나 최근 세외수입의 비중이 확대되고 있음

(2) 세외수입의 종류

① **사용료**: 지방자치단체의 재산이나 영조물을 사용하는 경우에 징수

② **수수료**: 지방자치단체가 제공한 행정서비스에 대하여 반대급부로서 징수

③ **분담금**: 지방자치단체의 재산이나 공공시설로 주민의 일부가 특별한 이익을 받는 경우 그 비용의 일부에 대해서 부과하는 공과금으로 사용료와 수수료의 중간적 성격을 가짐

④ **부담금**: 국가나 지방자치단체에서 시행하는 사업이 다른 자치단체에 이익을 주는 경우 그 이익의 범위 안에서 일의 처리에 필요한 경비를 부담시켜 수납하게 하는 것 예 배출부담금 등

⑤ 재산수입, 전입금, 이월금 등

3. 지방채

(1) 의의

과세권을 담보로 하여 증서차입 또는 증권발행을 통해 지방수입의 부족액을 보충하고 자금을 조달하는 행위로, 2년 이상에 걸쳐 상환되는 지방자치단체의 채무이며 성격 상 자주재원이나 지방재정자립도 산정 시 자주재원으로 보지 않음

(2) 종류

① **발행형식에 따른 구분**(「지방재정법」)

증서차입채	• 차입증서를 제출하고 발행하는 기명채권 • 시장 유통성이 제한되는 한계
증권발행채	• 증권발행방법에 의해 차입하는 지방채로서 무기명채권 • 시장 유통성

② **발행방법에 따른 구분**

매출공채	차량이나 주택구입 및 인·허가자에게 강제로 구입하는 채권
모집공채	공채를 매입하려는 사람들을 모집하여 현금을 받고 발행
교부공채	지방자치단체가 공사 또는 토지대금 등을 현금 대신 지급하기 위하여 교부하는 채권

(3) 발행절차

① **발행주체**(「지방자치법」 제124조): 지방자치단체의 장과 지방자치단체 조합

② 외채를 발행하는 경우, 조합이 발행하는 경우에는 지방의회의 의결을 거치기 전에 행정안전부장관의 승인이 필요함

③ 대통령령이 정하는 지방채 발행 한도액의 범위를 초과하여 지방채를 발행할 경우 행정안전부장관과 협의가 필요하며, 협의한 범위에서 지방의회 의결을 받음

기출 체크

세외수입의 종류와 그에 대한 설명을 바르게 연결한 것은? 2010년 지방직 7급

> ㄱ. 지방자치단체가 주민의 복지증진을 위해 설치한 공공시설을 특정소비자가 사용할 때 그 반대급부로 개별적인 보상원칙에 따라 지방자치단체의 조례에 의거하여 강제적으로 부과·징수하는 공과금이다.
> ㄴ. 지방자치단체의 재산 또는 공공시설의 설치로 인해 주민의 일부가 특별히 이익을 받을 때 그 비용의 일부를 부담시키기 위해 그 이익을 받는 자로부터 수익의 정도에 따라 징수하는 공과금이다.
> ㄷ. 지방자치단체가 특정인에게 제공한 행정 서비스에 의해 이익을 받는 자로부터 그 비용의 전부 또는 일부를 반대급부로 징수하는 수입이다.

① ㄱ. 사용료 ㄴ. 분담금 ㄷ. 수수료
② ㄱ. 수수료 ㄴ. 부담금 ㄷ. 과년도 수입
③ ㄱ. 사용료 ㄴ. 부담금 ㄷ. 과년도 수입
④ ㄱ. 수수료 ㄴ. 분담금 ㄷ. 사용료

답 ①
• 사용료: 시설사용대가로 주민이 부담
• 수수료: 서비스의 대가로 주민이 부담
• 분담금: 이익을 본 지역주민이 부담
• 부담금: 사무 위임한 상급정부가 부담

핵심 OX

01 지방채는 주민의 세대 간 비용부담을 공평하게 하는 재원이다. (○, ×)

답 ○

02 교부공채는 지방정부가 채권을 발행하여 차량이나 주택구입 및 인·허가자에게 강제로 구입하도록 하는 채권이다. (○, ×)

답 × 교부공채는 지방자치단체가 공사대금 등 현금을 지급해야 하는 경우에 현금지급 대신 후일지급을 약속하는 증권을 교부하는 방법

03 지방채는 내용연수가 긴 공공시설의 건설에 소요되는 재원을 조달할 때 주로 사용되므로 세대 간 공평한 부담을 실현할 수 있다. (○, ×)

답 ○

(4) 지방채 발행의 장단점

① 장점
- ㉠ 대규모 사업을 위한 재원 조달 방식이 될 수 있음
- ㉡ 효율적인 자원분배에 기여함
- ㉢ 경기 조절 기능
- ㉣ 세대 간의 형평을 기할 수 있음

② 단점
- ㉠ 재정적자 누적으로 궁극적으로는 주민부담 가중됨
- ㉡ 인플레이션을 초래할 우려가 있음
- ㉢ 국채에 비해서는 거시적 경기조절 효과가 미흡함

THEME 104 지방재정조정제도 ★★★

1 지방재정조정제도

1. 의의

(1) 지방자치단체의 기능수행에 필요한 자체 재원의 부족분을 보충해주고, 각 지방자치단체 간 재정적 불균형을 조정하는 제도

(2) 정부 간의 재정적 협력을 포괄하는 의미이며, 지방자치단체의 바람직한 역할 수행을 뒷받침해주려는 재원 이전장치

2. 기능

(1) 지방재원의 보장

국민최저수준의 유지에 필요한 재원을 보장함

(2) 수직적 재정조정제도

중앙정부와 지방자치단체 간 또는 광역자치단체와 기초자치단체 간의 재정 불균형을 조정함

(3) 수평적 재정조정제도

지방자치단체 지역 간의 재정불균형을 조정함

3. 유형

(1) 수직적 재정조정제도

국가나 상급지방자치단체가 하급지방자치단체에게 재원을 보장하여 자치단체 간의 재원불균형을 조정해주는 방식
예 지방교부세, 국고보조금, 시군조정교부금 등

(2) 수평적 재정조정제도

동급 지방자치단체 간의 재원을 이전하여 재정력 격차를 조정하는 방식

🏛 기출 체크

서울특별시가 자치구에 교부하는 조정교부금의 재원이 될 수 없는 것은?

2015년 서울시 9급

① 지방소득세
② 담배소비세
③ 취득세
④ 지방교육세

답 ④ 자치구 조정교부금은 특별시나 광역시가 징수하는 보통세 수입액의 일부를 자치구에 교부하는 것이므로, 지방교육세 등의 목적세는 재원이 되지 않음

4. 지방교부세

(1) 개념

지방자치단체 간의 재정격차를 완화하기 위하여 국가가 지방자치단체의 부족재원에 대하여 보전해 주는 제도

(2) 재원

내국세 총액의 일정비율(19.24%) + 종합부동산세 전액 + 담배 개별소비세의 45% + 정산액

(3) 특징

① **일반재원(용도 제한의 금지)**: 지방교부세는 국고보조금과 같이 특정 목적이나 특정 사업에 충당하기 위한 특정재원이 아니라, 지방세와 같은 지방자치단체의 일반재원으로서의 성격을 가짐(특별교부세, 소방안전교부세 제외)

② **공유적 독립재원**: 국가가 징수하여 자치단체에 배분하는 공유적 독립재원으로 내국세 총액의 19.24%를 법정재원으로 하여 국가의 자의적 배분이 거의 불가능함

(4) 기능

① **지방재원 보장**: 지방자치단체의 기본행정운영에 필요한 최소한의 재원을 보장해주는 수직적 조정재원

② **지방재원 균형화**: 지역별 편재를 시정하고 자치단체 간 재정력 격차를 완화하여 재원의 균형화를 도모하는 수평적 조정재원

(5) 종류

① **보통교부세**
  ㉠ 교부
    ⓐ 자치단체의 재정력 지수가 1 이하인 경우(매 연도의 기준재정수입액이 기준재정수요액에 미달이 되는 경우) 행정안전부장관이 분기별로 교부함
    ⓑ 자치구에 대해서는 특별시 또는 광역시에 합산하여 산정하고, 이를 일괄적으로 교부함
  ㉡ **재원**: 지방교부세율(내국세총액의 19.24% + 정산액)의 97/100
  ㉢ **용도**: 일반재원

② **특별교부세**
  ㉠ 교부
    ⓐ 기준재정수요액으로는 산정할 수 없는 특별한 재정수요 발생 시 행정안전부장관이 교부함
    ⓑ 재난 복구 및 안전관리를 위한 특별한 재정수요 발생 시 행정안전부장관이 교부함
    ⓒ 국가적 사업의 장려, 국가와 지방 간 시급한 협력, 재정운용실적 우수 시 행정안전부장관이 교부함
  ㉡ **재원**: 지방교부세율(내국세 총액의 19.24% + 정산액)의 3/100
  ㉢ **용도**: 특정재원 – 통제수반

지방교부세의 성격

지방교부세는 국가가 내국세의 일정부분(19.24%)을 지방자치단체에 교부해 주는 제도이므로 수직적 재정조정제도에 해당. 하지만 지방교부세가 각 지방자치단체의 재정형편에 따라 교부가 결정되기 때문에 재정이 열악한 자치단체만 교부의 대상이 됨. 이는 지방자치단체 간의 재정불균형을 시정하는 효과를 가지기 때문에 수평적 재정조정제도의 성격도 가지고 있다고 볼 수 있음

기준재정수요액과 기준재정수입액의 반영사항

1. 기준재정수요액
  • 지방공무원 정원 감축
  • 비정규직 공무원 감축
  • 경상경비 절감
  • 지방상수도 요금 현실화
  • 읍면동 통합 유도
  • 지방청사관리 적정화
2. 기준재정수입액
  • 지방세 징수율 제고
  • 주민세 개인균등분 인상
  • 과표 현실화
  • 탄력세율 적용
  • 경상세외수입 확충
  • 지방세 체납액 축소
  • 지방세 세원 발굴

지방교부세의 지방재정 인센티브

예산낭비를 방지하고 건전한 지방자치의 정착과 재원배분의 효율성을 제고하기 위하여 1997년부터 도입. 건전재정운영을 위하여 노력하는 지방자치단체에 지방교부세 배분 시 인센티브를 부여하는 제도

③ 소방안전교부세
  ㉠ 교부
    ⓐ 소방 인력 운용, 소방 및 안전시설 확충, 안전관리 강화 등을 위하여 행정안전부장관이 교부. 단 소방청장의 의견을 들어야 함
    ⓑ 소방안전교부세 중 담배에 부과하는 개별소비세 총액의 100분의 20을 초과하는 부분은 소방 인력의 인건비로 우선 충당함
  ㉡ **재원:** 담배에 부과하는 개별소비세 총액의 45/100 + 정산액
  ㉢ **용도:** 특정재원
④ 부동산교부세
  ㉠ **교부:** 자치단체의 재정여건 및 지방세 운영상황 등을 고려하여 행정안전부장관이 교부하고, 지방재정확충재원으로 활용함
  ㉡ **재원:** 종합부동산세(국세)의 세수 전액
  ㉢ **용도:** 일반재원

Focus on 지방교부세의 종류

구분	개념	교부주체	재원	용도
보통교부세	재정력지수가 1 이하인 지방자치단체에 교부	행정안전부장관	지방교부세율 (내국세총액의 19.24% + 정산액)의 100분의 97	일반재원
특별교부세	기준재정수요액으로 산정할 수 없는 특별한 재정수요 발생 시 교부		지방교부세율 (내국세총액의 19.24% + 정산액)의 100분의 3	특정재원
	재난 복구 및 안전관리를 위한 특별한 재정수요 발생 시 교부			
	국가적 장려, 국가와 지방 간 시급한 협력, 재정운용 실적 우수 시 등 교부			
소방안전교부세	소방 인력 운용, 소방 및 안전시설 확충, 안전관리 강화 등을 위하여 교부		담배에 부과되는 개별소비세 총액의 100분의 45 + 정산액	특정재원
부동산교부세	재정여건 및 지방세 운영상황 등을 고려하여 교부		종합부동산세 전액 + 정산액	일반재원

5. 국고보조금

(1) 개념

국가가 시책상 또는 자치단체의 재정필요상 인정될 때에 예산의 범위 안에서 행정수행에 소요되는 경비의 일부 또는 전부를 충당할 수 있도록 용도를 특정하여 교부하는 재원

(2) 목적

① 국가사업과 지방사업의 연계 강화
② 국가의 정책적 필요에 따라 지방정부의 국가위임사무 처리
③ 지방사업의 지원

(3) 특징

① **특정재원**: 사용목적이 개별적 사무에 한정됨
② **의존재원**: 국가로부터 교부되는 의존재원으로서 중앙정부의 통제가 강하여 지방자치단체의 자율성이 약화될 수 있음
③ **경상재원**: 매년 규칙적으로 교부되는 경상재원
④ **무상재원**: 반대급부가 수반되지 않는 일방적인 급부금

(4) 종류

① **협의의 보조금**
  ㉠ 국가 시책의 장려를 위한 장려보조금
  ㉡ 지방자치단체의 재정상 필요하다고 인정될 때 교부되는 재정보조금
② **부담금**
  ㉠ 국가와 지방자치단체 상호 간에 이해관계가 있는 사무를 법령에 의하여 지방자치단체가 처리하는 경우, 경비의 일부 또는 전부를 국가가 부담하는 재원
  ㉡ 단체위임사무의 위임대가로 지원하는 보조금
③ **교부금(위탁금)**
  ㉠ 국가가 담당해야할 사무를 지방자치단체에 위임하여 수행하는 경우, 국가가 그 경비 전액을 부담하는 재원
  ㉡ 기관위임사무에 대한 의무적 보조금

(5) 효용

① 통일적인 행정수준의 확보 가능
② 특정행정수요에 대한 재원의 보전역할
③ 공공시설 및 사회자본의 계획적이고 적극적인 정비 추진 가능
④ 행정서비스의 지역 확산에 따른 형평성 제고

Focus on **지방교부세와 국고보조금의 비교**

구분	지방교부세	국고보조금
근거	「지방교부세법」	「보조금 관리에 관한 법률」
재원	내국세 총액의 19.24% + 종합부동산세 + 담배부과 개별소비세 총액의 45%	중앙정부의 일반회계와 특별회계
용도	일반재원(일반행정경비에 사용)	특정재원(국가시책사업, 지방과 중앙의 공동이해관계사업)
기능	재정의 형평화, 국민적 최저수준	자원의 효율적 배분, 국가목적달성
지방비 부담	정액보조(지방비부담 약함)	정률보조(지방비부담 강함)
재량	재량 많음(중앙통제 약함)	재량 적음(중앙통제 강함)
성격	수직적·수평적 재정조정	수직적 재정조정

핵심 OX

교부금은 지방정부가 수행하는 업무 중에서 국가사업과 지방사업의 연계를 강화하고자, 중앙정부가 지방정부의 특정사업에 대하여 경비 일부의 용도를 지정하여 부담한다. (O, ×)

답 × 국고보조금 중 단체위임사무를 위임한 대가로 지급하는 부담금에 관한 설명

지방정부 상호 간의 재정조정

징수 교부금 (지방세법)	광역자치단체의 세금을 기초자치단체가 징수하여 납부하였을 때, 징수비용의 명목으로 광역자치단체가 기초자치단체에게 징수액의 3%를 교부해 주는 것
시·군 조정 교부금 (지방 재정법)	• 광역시·도가 관내 시·군에 대하여 재정을 보전해주는 제도 • 징수액의 27%의 금액을 확보하여 인구, 징수실적, 재정사정 등에 따라 배분
자치구 조정 교부금 (지방 재정법)	• 특별시나 광역시가 관내 자치구에 대하여 행하는 재정조정제도 • 보통세 수입 중의 일정액을 확보하여 관내 자치구 상호 간의 재원을 조정

PART 7 지방행정론 2021 해커스공무원 **쉬운 행정학**

2 지방재정관리

1. 지방재정자립도

(1) 의의
지방자치단체의 일반회계예산에서 자주재원(지방세 + 세외수입)이 차지하는 비율

$$재정자립도 = (지방세 + 세외수입) / 일반회계예산 \times 100(\%)$$

(2) 한계
① 세입중심의 개념으로 지방자치단체의 세출의 질(세출구조의 건전성 여부 등)을 고려하지 못함
② 재정자립도가 유사하다고 재정력 및 재정규모도 유사하다고 볼 수 없음
③ 실질적인 재정 상태를 파악할 수 없으며 지방교부세의 확대지급은 재정 능력을 강화시키나 재정자립도를 약화시킴
④ 일반회계를 기준으로만 재정자립도를 계산하며 특별회계는 제외됨

2. 재정자주도

(1) 의의
지방세·세외수입·지방교부세 등 지방자치단체의 총재정수입 중 일반재원의 비중

$$재정자주도 = (지방세수입 + 세외수입 + 지방교부세 + 조정교부금) / 일반회계 \ 예산 \times 100\%$$

(2) 용도
지방자치단체의 보조율 및 기준부담율의 적용 기준으로 활용함

3. 재정력지수

(1) 의의
기초적인 재정수요를 어느 정도 자체적으로 해결할 능력을 가지고 있는 지의 정도를 추정하는 지표

$$재정력지수 = 기준재정수입액 / 기준재정수요액$$

(2) 용도
보통교부세 교부 여부의 판단기준으로 사용하며, 재정력 지수가 1 이하인 경우 부족분에 대하여 보통교부세를 교부함

4. 지방재정진단제도

(1) 의의
중앙정부가 지방재정운영의 사후평가를 통해 재정운영의 책임성과 효율성을 도모하기 위한 제도

(2) 절차

재정보고서 작성지침의 시달 → 재정보고서 분석 → 재정진단 실시단체의 선정 → 재정진단 실시 → 재정진단결과의 조치

(3) 재정분석 내용

① 재정자립도, 재정력지수 등으로 재정상태 측정
② 경상수지, 지방채상환비율 등으로 재정구조의 탄력성 측정
③ 예산, 기금, 채권 등의 재정운용 실태 분석

(4) 지방재정진단지표

① 재정수지 분석
    ㉠ **형식수지**: 세입결산액에서 세출결산액 감한 액수
    ㉡ **실질수지**: 형식수지에서 익년도에 이월 지출되어야 할 재원 감한 것

② 세입구조 분석
    ㉠ 자주재원비율
    ㉡ 일반재원비율
    ㉢ 지방채수입비율
    ㉣ 지방채부담비율

③ 세출구조 분석
    ㉠ 인건비비율
    ㉡ 경상적 경비비율
    ㉢ 투자적 경비비율

④ 재정력 분석
    ㉠ 경상수지비율(경상경비 / 일반재원)
    ㉡ 재정력지수(기준재정수입액 / 기준재정수요액)

(5) 지방재정진단의 실시

① 행정안전부장관 및 시·도지사는 지방자치단체가 제출한 보고서의 내용을 분석하여 필요한 경우 적절한 지도를 할 수 있고 분석의 결과 재정의 건전성과 효율성이 현저하게 떨어진 지방자치단체에 대해 대통령령이 정하는 바에 의하여 따로 재정진단을 실시할 수 있으며, 필요한 경우 그 결과를 공개할 수 있음

② 지방자치단체의 장은 지방재정건전화계획의 수립·시행에 협력하도록 규정

③ 재정건전화계획은 행정안전부장관 및 시·도지사가 재정진단평가위원회가 제출한 권고안을 기초로 수립

④ **지방재정진단의 실시대상**: 행정안전부장관 또는 시·도지사가 실시
    ㉠ 세입예산 중 채무비율이 세입예산의 일정비율을 초과하거나 채무 잔액이 과다한 지방자치단체
    ㉡ 결산상 세입실적이 예산액보다 현저히 감소하였거나 조상충용을 한 지방자치단체
    ㉢ 인건비 등 경상비 성격의 예산비율이 높아 재정운영의 건전성이 현저히 떨어지는 지방자치단체
    ㉣ 행정안전부장관이 재정보고서를 분석한 결과, 재정진단이 필요하다고 인정하는 지방자치단체

「지방공기업법」 제2조 【지방공기업 대상사업】

지방자치단체가 직접 설치·경영하는 사업으로서 대통령령으로 정하는 기준 이상의 사업('지방직영기업')
1. 수도사업(마을상수도사업제외)
2. 공업용수도사업
3. 궤도사업(도시철도사업 포함)
4. 자동차운송사업
5. 지방도로사업(유료도로사업만 해당)
6. 하수도사업
7. 주택사업
8. 토지개발사업
9. 주택·토지 또는 공용·공공용건축물의 관리 등의 수탁

(6) 현행 지방재정분석 진단제도의 문제점

① **범위의 제한**: 현행 지방재정분석은 일반회계 중심으로 이루어지고 있어 특별회계와 기금 등을 포함하는 통합회계의 관점에서 분석하지 못하고 있으므로 진단대상 범위가 너무 제한적
② **측정의 한계**
  ㉠ 현행 재정분석지표는 지방재정의 건전성을 측정하는 수단으로는 나름대로의 역할을 하고 있지만, 재정운용의 효율성과 재정운용성과를 측정하는 데 한계가 있음
  ㉡ 예를 들어, 지방채의 경우에는 발행시점에서 수입으로 인식되고 상환시점에서는 지출로 인식함
③ **실질적 구속력 미약**: 「지방재정법 시행령」 제165조를 보면 지방자치단체는 재정건전화계획 수립과 시행에 협력하여야 한다고 선언적으로 규정하고 있으나, 당해 지방자치단체의 자구노력과 광역자치단체 또는 중앙정부의 지원이 구체적으로 확보될 수 있도록 하는 강행규정이 없어서 재정건전화계획이 구속력을 가지지 못하는 문제가 발생함

(7) 현행 지방재정분석 진단제도의 개선방안

① 분석 및 진단주체의 다양화
② 측정지표의 개선
③ 재정진단 대상단체의 선정기준을 개선
④ 재정분석 진단결과의 공개

5. 지방공기업

(1) 의의

① **지방공기업**: 지방자치단체가 지역주민의 복리를 증진시키는 것을 목적으로 경영하는 기업으로 지방자치단체가 직접 설치·경영하거나, 법인을 설립하여 경영함
② **지방경영수입사업**: 지방자치단체가 재원의 확보를 위하여 경영하는 순수 민간경제적인 사업

(2) 유형

① **직접경영형태**: 지방자치단체의 국·과·사업부와 같은 행정기관에 의해서 운영하며 직접경영형태의 공기업의 직원은 공무원이고, 그 예산도 지방자치단체의 예산과 일체를 이룸
② **간접경영형태**: 지방자치단체가 공법상 또는 사법상 별개의 법인을 설립해서 그 법인으로 하여금 기업을 경영하도록 하는 것
  ㉠ 지방공단(전액출자)
  ㉡ 지방공사(50% 이상)
  ㉢ 제3섹터: 50% 미만 출자·출연한 것으로서 「민법」에 의하여 설립된 재단법인과 「상법」에 의하여 설립된 주식회사
③ **경영위탁(민간위탁)**: 지방자치단체가 주체가 되어 실시하는데 민간에게 운영을 위탁

6. 지방정부의 경영수익사업

(1) 의의

① **개념**: 지방자치단체가 자체수입의 증대와 공공의 이익을 위해서 민간경제 분야를 침해하지 않는 범위 내에서 지역부존자원을 생산적으로 활용하고 공공시설을 효율적으로 관리하는 경제활동

② 재정적 측면에서는 세외수입의 한 분야를 이룸

(2) 효용

① 주민들의 조세저항(tax revolt) 없이 부족한 재원 마련이 가능

② 지역경제의 활성화

③ 지역에 필요한 민간시장이 활성화되지 않은 경우 이러한 시장실패 치유

④ 수익자부담의 원칙에 따라 재원부담의 형평성을 높이고 서비스의 질을 향상시키며 정부예산 절감에 기여

(3) 문제점

① 경영 마인드 부족으로 인한 적자재정의 확대 가능성

② 무분별한 개발로 환경파괴를 야기

③ 지역 간 경쟁의 심화로 지역이기주의가 발생할 수 있음

THEME 096 주민자치제도와 단체자치제도에 대한 설명으로 옳지 않은 것은?

① 일반적으로 주민자치제도는 권한부여방식으로 개별적 지정주의를 택하고, 단체자치제도는 포괄적 위임주의를 채택하는 경향이 있다.
② 주민자치제도는 자치정부에의 주민참여를 중요하게 여기고, 단체자치제도는 지방자치단체의 중앙정부로부터의 독립을 중시한다.
③ 주민자치제도하에서 지방자치단체의 지위는 순수한 자치단체이나, 단체자치제도에서는 지방자치단체와 중앙정부의 일선기관으로서의 이중적 지위를 보유한다.
④ 자치권에 관하여 주민자치제도는 국가로부터 부여받은 전래권의 입장이라면 단체자치제도는 국가 이전의 고유권적 입장이다.

THEME 097 신중앙집권과 신지방분권에 대한 설명으로 옳지 않은 것은?

① 교통과 통신의 발달에 따른 행정의 광역화 현상은 신중앙집권을 초래한다.
② 신지방분권은 배타적분권이 아닌 협조적분권이다.
③ 대륙계 국가는 중앙집권에서 지방분권으로, 지방분권에서 신중앙집권으로, 신중앙집권에서 다시 신지방분권으로의 시대적 흐름을 대체로 온전히 경험하였다.
④ 국민적 최저수준 유지의 필요성 증대는 신중앙집권의 촉진요인이다.

THEME 098 우리나라 현행 지방자치제도에 대한 설명으로 옳은 것은?

① 기초의회의원은 정당공천을 받지 않는다.
② 자치단체장은 한 지역에서 네 번의 임기를 수행할 수도 있다.
③ 광역시의 인구는 100만 이상이 최소 요건으로 법정화 되어 있다.
④ 우리나라는 전역에서 복층제를 운영하고 있다.

우리나라 지방자치제도에 대한 설명으로 옳은 것은?

① 지방자치단체는 법령의 위임이 없더라도 조례의 제정을 통하여 지방 세목을 설치할 수 있다.

② 우리나라의 경우 합의제 행정기관은 대통령령에 따라 조례로 설치할 수 있다.

③ 지방자치단체는 관할구역의 자치사무와 법령에 따라 지방자치단체에 속하는 사무를 처리한다.

④ 지방의회에서 의결된 조례안은 10일 이내에 지방자치단체의 장에게 이송되어야 한다.

정답 및 해설

096 주민자치제도에서는 자치권을 고유권적 입장으로 보지만, 단체자치제도에서는 국가로부터 부여받은 전래권적 입장으로 본다.

097 중앙집권에서 지방분권으로, 지방분권에서 신중앙집권으로, 신중앙집권에서 다시 신지방분권으로의 시대적 흐름을 영미계 국가는 온전히 경험하였으나, 대륙계 국가는 중앙집권에서 바로 신지방분권화가 이루어졌기 때문에 지방분권과 신중앙집권을 온전히 경험하지 못하였다.

098 자치단체장의 4연임(連任)을 제한하고 있으므로, 연임이 아닌 경우라면 한 지자체에서 네 번 이상의 임기를 수행할 수 있다.
▶ 오답체크
① 기초의회의원도 2005년 공직선거법 개정으로 정당공천을 받도록 되어 있다.
③ 광역시의 요건은 법정화 되어 있지 않다.
④ 세종특별자치시와 제주특별자치도는 단층제로 운영되고 있다.

099
▶ 오답체크
① 우리나라의 조세는 조세법정주의에 의하여 조세의 종목과 세율을 조례가 아닌 법률로 정하도록 되어 있기 때문에 지방자치단체는 법률의 위임이 있거나, 없어도 조례로 지방세목을 설치할 수 없다.
② 우리나라의 경우 합의제 행정기관은 법령이나 그 지방자치단체의 조례로 정하는 바에 따라 설치할 수 있다.
④ 지방의회에서 의결된 조례안은 10일이 아니라 5일 이내에 지방자치단체의 장에게 이송되어야 한다.

정답 **096** ④ **097** ③ **098** ② **099** ③

중앙정부와 지방정부의 관계 모형에 대한 설명으로 옳지 않은 것은?

① 라이트(Wright)는 중앙과 지방의 관계 모형을 분리권위형, 포괄권위형, 중첩권위형의 세 모형으로 분류하였다.
② 엘콕(Elcock)은 중앙과 지방의 관계를 동반자모형, 대리인모형, 교환모형으로 분류하였고 이중 동반자모형은 라이트(Wright)의 중첩권위형과 유사한 모형이다.
③ 중첩권위형은 정치적 타협과 협상에 의한 중앙 – 지방 간의 상호 의존관계를 의미한다.
④ 포괄권위형은 지방정부가 중앙정부에 의존되어 있는 관계를 의미한다.

둘 이상의 지방자치단체가 상호 협력관계를 형성하여 광역적 행정사무를 공동으로 처리하는 광역행정방식은?

① 단일정부방식
② 공동처리방식
③ 전부사무조합
④ 복합사무조합

우리나라의 주민직접참여제도에 대한 설명으로 옳지 않은 것은?

① 우리나라는 주민투표제도, 주민발안제도, 주민소환제도가 모두 시행되고 있다.
② 주민은 해당 지방자치단체의 장에게 조례를 제정·개정하거나 폐지할 것을 청구할 수 있다.
③ 행정기구를 설치하거나 변경하는 것에 대한 사항이나 공공시설의 설치를 반대하는 사항은 주민에 의한 조례의 제정 및 개폐청구대상에 포함되지 않는다.
④ 주민은 그 지방자치단체의 장 및 비례대표를 포함한 지방의회 의원을 소환할 권리를 가진다.

국가재정과 지방재정의 차이에 대한 설명으로 옳지 않은 것은?

① 국가재정은 포괄적인 기능을 수행하는 데 비해 지방재정은 자원배분 기능을 주로 담당하고 있다.

② 지방재정은 국가재정에 비해 가격원리가 적용될 수 있는 여지가 많다.

③ 국가재정은 지방재정에 비해 조세에 대한 의존도가 높다.

④ 공평성과 효율성이라는 이념에 비추어 본다면, 국가재정은 상대적으로 효율성을 더 강조하는데 비해 지방재정은 공평성을 더 강조한다.

지방자치단체의 재정에 대한 설명으로 옳지 않은 것은?

① 지방정부는 재원조달방식에 있어 중앙정부에 비해 조세 외의 다양한 세입원에 의존하고 있다.

② 지방재정의 경우 지역 간의 이동성이 높기 때문에 티부가설의 적용이 용이하다.

③ 지방재정자립도는 세입에 대한 정보만 파악할 수 있을 뿐 세출에 대한 정보가 없다.

④ 지방교부세는 재정격차를 완화시키기 위한 재원으로 특정한 용도로 사용되어야 하는 한계점이 있다.

정답 및 해설

100 엘콕(Elcock)의 동반자모형은 라이트(Wright)의 분리권위형과 유사한 모형이다. 중첩권위형과 유사한 모형은 교환모형이다.

101 둘 이상의 지방자치단체가 상호 협력관계를 형성하여 광역적 행정사무를 공동으로 처리하는 광역행정방식은 공동처리방식에 해당한다.

▶ 오답체크
① 단일정부방식은 구역변경(시·군 통합·합병)에 의한 광역행정방식이다.
③ 전부사무조합은 둘 이상의 자치단체가 계약에 의해 모든 사무를 공동으로 처리하기 위해 설치하는 광역행정방식이다.
④ 복합사무조합은 둘 이상의 자치단체가 계약에 의해 일부 사무를 공동처리하기 위하여 규약을 정하고 설치하는 광역행정방식이다.

102 주민소환 대상자 중 비례대표 지방의회 의원은 주민소환의 대상이 아니다.

103 국가재정은 상대적으로 공평성을 더 강조하는 데 비해 지방재정은 효율성을 더 강조한다.

104 지방교부세는 지방자치단체 간의 재정격차를 완화하고 전국적인 최저수준을 확보하기 위하여, 지방자치단체의 재정수요에 필요한 부족재원을 국가가 지방자치단체에 보전해 주는 재원이다. 지방교부세는 사용 용도가 특정되지 않는 일반재원으로서의 성격을 지닌다.

정답 **100** ② **101** ② **102** ④ **103** ④ **104** ④

합격을 위한 **확실한 해답!**

해커스공무원 교재 시리즈

영어 기초 시리즈

해커스 공무원 영어
기초 영문법/기초 독해

영어 보카 시리즈

해커스공무원
기출 보카

기본서 시리즈

해커스공무원
영어 (세트)

해커스공무원
국어 (세트)

해커스공무원
한국사 (세트)

해커스공무원
현 행정학 (세트)

해커스공무원
神행정법총론 (세트)

해커스공무원
세법 (세트)

해커스공무원
교정학 (세트)

해커스공무원
사회 (세트)

해커스공무원
과학 (세트)

해커스공무원
수학

해커스공무원
교육학(세트)

해커스공무원
행정법총론 (세트)

해커스공무원
회계학

해커스공무원
사회복지학개론

해커스공무원
명품 행정학 (세트)

해커스공무원
쉬운 행정학

해커스공무원
하종화 사회 (세트)

해커스공무원
神헌법 (세트)

해커스공무원
박철한 헌법

해커스공무원
局경제학 (세트)

해커스공무원
이명호 올인원 관세법

빈칸노트 시리즈

해커스공무원
이명호 관세법
뺑령집

필기노트 시리즈

해커스공무원
신민숙 국어 어법
합격생 필기노트

해커스공무원
이중석 맵핑 한국사
합격생 필기노트

단권화 핵심정리 시리즈

해커스공무원
단권화 핵심정리
국어

해커스공무원
단권화 핵심정리
한국사

쉬운 행정학

해커스공무원

쉬운 행정학 법령집

쉬운 행정학

해커스공무원

쉬운 행정학 법령집

해커스공무원

조철현

약력

제52회 행정고시 합격
한양대학교 정책학과 박사과정

현 | 해커스공무원 행정학 강의
현 | 해커스공무원 면접 강의
전 | 법무부 보호법제과 사무관
전 | 법무부 법무연수원 교수요원
전 | 행정고등고시 출제 검토위원
전 | 국가직공무원 공채, 경채 면접위원

저서

해커스공무원 쉬운 행정학, 해커스패스
해커스공무원 해설이 상세한 기출문제집 쉬운 행정학, 해커스패스
해커스공무원 면접마스터, 해커스패스

공무원 시험 합격을 위한 필수 기본서

해커스공무원 쉬운 행정학
쉬운 행정학 법령집

2021년 대비 최신개정판

지은이	조철현
펴낸곳	해커스패스
펴낸이	해커스공무원 출판팀

주소	서울특별시 강남구 강남대로 428 해커스공무원
고객센터	02-598-5000
교재 관련 문의	gosi@hackerspass.com
	해커스공무원 사이트(gosi.Hackers.com) 교재 Q&A 게시판
학원 강의 및 동영상강의	gosi.Hackers.com

ISBN	979-11-6454-506-3 (13350)

최단기 합격 1위,
해커스공무원(gosi.Hackers.com)

해커스공무원

· 해커스 스타강사의 **본 교재 인강** (교재 내 할인쿠폰 수록)
· 합격을 위해 꼭 필요한 '회독'의 방법과 공부 습관을 제시하는 **해커스 회독증강 콘텐츠** (교재 내 할인쿠폰 수록)
· 해커스공무원 스타강사의 **무료 공무원 행정학 동영상강의**

[최단기 합격 1위 해커스공무원] 헤럴드미디어 2018 대학생 선호 브랜드 대상 '대학생이 선정한 최단기 합격 공무원 학원' 분야 1위

2021 해커스공무원 쉬운 행정학

쉬운 행정학 법령집

01 | 행정규제기본법

관련단원 PART 1. 행정학의 기초이론

■ 우리나라의 행정규제

제1조 목적

이 법은 행정규제에 관한 기본적인 사항을 규정하여 불필요한 행정규제를 폐지하고 비효율적인 행정규제의 신설을 억제함으로써 사회·경제활동의 자율과 창의를 촉진하여 국민의 삶의 질을 높이고 국가경쟁력이 지속적으로 향상되도록 함을 목적으로 한다.

제2조 정의

① 이 법에서 사용하는 용어의 뜻은 다음과 같다.

    1. "행정규제"(이하 "규제"라 한다)란 국가나 지방자치단체가 특정한 행정 목적을 실현하기 위하여 국민(국내법을 적용받는 외국인을 포함한다)의 권리를 제한하거나 의무를 부과하는 것으로서 법령 등이나 조례·규칙에 규정되는 사항을 말한다.

    5. "규제영향분석"이란 규제로 인하여 국민의 일상생활과 사회·경제·행정 등에 미치는 여러 가지 영향을 객관적이고 과학적인 방법을 사용하여 미리 예측·분석함으로써 규제의 타당성을 판단하는 기준을 제시하는 것을 말한다.

② 규제의 구체적 범위는 대통령령으로 정한다.

제4조 규제 법정주의

① 규제는 법률에 근거하여야 하며, 그 내용은 알기 쉬운 용어로 구체적이고 명확하게 규정되어야 한다.

② 규제는 법률에 직접 규정하되, 규제의 세부적인 내용은 법률 또는 상위법령(上位法令)에서 구체적으로 범위를 정하여 위임한 바에 따라 대통령령·총리령·부령 또는 조례·규칙으로 정할 수 있다. 다만, 법령에서 전문적·기술적 사항이나 경미한 사항으로서 업무의 성질상 위임이 불가피한 사항에 관하여 구체적으로 범위를 정하여 위임한 경우에는 고시 등으로 정할 수 있다.

③ 행정기관은 법률에 근거하지 아니한 규제로 국민의 권리를 제한하거나 의무를 부과할 수 없다.

제5조 규제의 원칙

① [본질적 내용의 침해 금지] 국가나 지방자치단체는 국민의 자유와 창의를 존중하여야 하며, 규제를 정하는 경우에도 그 본질적 내용을 침해하지 아니하도록 하여야 한다.

② [실효성의 원칙] 국가나 지방자치단체가 규제를 정할 때에는 국민의 생명·인권·보건 및 환경 등의 보호와 식품·의약품의 안전을 위한 실효성이 있는 규제가 되도록 하여야 한다.

③ [최소한의 원칙] 규제의 대상과 수단은 규제의 목적 실현에 필요한 최소한의 범위에서 가장 효과적인 방법으로 객관성·투명성 및 공정성이 확보되도록 설정되어야 한다.

제6조   규제의 등록 및 공표

① 중앙행정기관의 장은 소관 규제의 명칭·내용·근거·처리기관 등을 제23조에 따른 규제개혁위원회
(이하 "위원회"라 한다)에 등록하여야 한다.

② 위원회는 제1항에 따라 등록된 규제사무 목록을 작성하여 공표하고, 매년 6월 말일까지 국회에 제출하
여야 한다.

③ 위원회는 직권으로 조사하여 등록되지 아니한 규제가 있는 경우에는 관계 중앙행정기관의 장에게 지체
없이 위원회에 등록하게 하거나 그 규제를 폐지하는 법령 등의 정비계획을 제출하도록 요구하여야 하
며, 관계 중앙행정기관의 장은 특별한 사유가 없으면 그 요구에 따라야 한다.

④ 제1항부터 제3항까지의 규정에 따른 규제의 등록·공표의 방법과 절차 등에 관하여 필요한 사항은 대통
령령으로 정한다.

제7조   규제영향분석 및 자체심사

① 중앙행정기관의 장은 규제를 신설하거나 강화(규제의 존속기한 연장을 포함한다. 이하 같다)하려면
다음 각 호의 사항을 종합적으로 고려하여 규제영향분석을 하고 규제영향분석서를 작성하여야 한다.

1. 규제의 신설 또는 강화의 필요성
2. 규제 목적의 실현 가능성
3. 규제 외의 대체 수단 존재 여부 및 기존규제와의 중복 여부
4. 규제의 시행에 따라 규제를 받는 집단과 국민이 부담하여야 할 비용과 편익의 비교 분석
5. 규제의 시행이 「중소기업기본법」 제2조에 따른 중소기업에 미치는 영향
6. 경쟁 제한적 요소의 포함 여부
7. 규제 내용의 객관성과 명료성
8. 규제의 신설 또는 강화에 따른 행정기구·인력 및 예산의 소요
9. 관련 민원사무의 구비서류 및 처리절차 등의 적정 여부

제8조   규제의 존속기한 및 재검토기한 명시

① 중앙행정기관의 장은 규제를 신설하거나 강화하려는 경우에 존속시켜야 할 명백한 사유가 없는 규제는
존속기한 또는 재검토기한(일정기간마다 그 규제의 시행상황에 관한 점검결과에 따라 폐지 또는 완화
등의 조치를 할 필요성이 인정되는 규제에 한정하여 적용되는 기한을 말한다. 이하 같다)을 설정하여
그 법령 등에 규정하여야 한다.

② [규제일몰법] 규제의 존속기한 또는 재검토기한은 규제의 목적을 달성하기 위하여 필요한 최소한의 기
간 내에서 설정되어야 하며, 그 기간은 원칙적으로 5년을 초과할 수 없다.

③ 중앙행정기관의 장은 규제의 존속기한 또는 재검토기한을 연장할 필요가 있을 때에는 그 규제의 존속
기한 또는 재검토기한의 6개월 전까지 제10조에 따라 위원회에 심사를 요청하여야 한다.

④ 위원회는 제12조와 제13조에 따른 심사 시 필요하다고 인정하면 관계 중앙행정기관의 장에게 그 규제의
존속기한 또는 재검토기한을 설정할 것을 권고할 수 있다.

⑤ 중앙행정기관의 장은 법률에 규정된 규제의 존속기한 또는 재검토기한을 연장할 필요가 있을 때에는
그 규제의 존속기한 또는 재검토기한의 3개월 전까지 규제의 존속기한 또는 재검토기한 연장을 내용으
로 하는 개정안을 국회에 제출하여야 한다.

제10조   심사 요청

① 중앙행정기관의 장은 규제를 신설하거나 강화하려면 위원회에 심사를 요청하여야 한다. 이 경우 법령안(法令案)에 대하여는 법제처장에게 법령안 심사를 요청하기 전에 하여야 한다.

제11조   예비심사

① 위원회는 심사를 요청받은 날부터 10일 이내에 그 규제가 국민의 일상생활과 사회·경제활동에 미치는 파급 효과를 고려하여 제12조에 따른 심사를 받아야 할 규제(이하 "중요규제"라 한다)인지를 결정하여야 한다.

제12조   심사

① 위원회는 제11조 제1항에 따라 중요규제라고 결정한 규제에 대하여는 심사 요청을 받은 날부터 45일 이내에 심사를 끝내야 한다. 다만, 심사기간의 연장이 불가피한 경우에는 위원회의 결정으로 15일을 넘지 아니하는 범위에서 한 차례만 연장할 수 있다.

■ 규제개혁위원회

제23조   설치

정부의 규제정책을 심의·조정하고 규제의 심사·정비 등에 관한 사항을 종합적으로 추진하기 위하여 대통령 소속으로 규제개혁위원회를 둔다.

제24조   기능

① 위원회는 다음 각 호의 사항을 심의·조정한다.
   1. 규제정책의 기본방향과 규제제도의 연구·발전에 관한 사항
   2. 규제의 신설·강화 등에 대한 심사에 관한 사항
   3. 기존규제의 심사, 신산업 규제정비 기본계획 및 규제정비 종합계획의 수립·시행에 관한 사항
   4. 규제의 등록·공표에 관한 사항
   5. 규제 개선에 관한 의견 수렴 및 처리에 관한 사항
   6. 각급 행정기관의 규제 개선 실태에 대한 점검·평가에 관한 사항
   7. 그 밖에 위원장이 위원회의 심의·조정이 필요하다고 인정하는 사항

제25조   구성 등

① 위원회는 위원장 2명을 포함한 20명 이상 25명 이하의 위원으로 구성한다.

② 위원장은 국무총리와 학식과 경험이 풍부한 사람 중에서 대통령이 위촉하는 사람이 된다.

③ 위원은 학식과 경험이 풍부한 사람 중에서 대통령이 위촉하는 사람과 대통령령으로 정하는 공무원이 된다. 이 경우 공무원이 아닌 위원이 전체위원의 과반수가 되어야 한다.

④ 위원회에 간사 1명을 두되, 공무원이 아닌 위원 중에서 국무총리가 아닌 위원장이 지명하는 사람이 된다.

⑤ 위원 중 공무원이 아닌 위원의 임기는 2년으로 하되, 한 차례만 연임할 수 있다.

⑥ 위원장 모두가 부득이한 사유로 직무를 수행할 수 없을 때에는 국무총리가 지명한 위원이 그 직무를 대행한다.

OX

1 우리나라 「행정규제기본법」에서는 규제법정주의를 명시하고 있다. (○, ×)

2 규제일몰법이란 규제의 존속기한 또는 재검토기한은 규제의 목적을 달성하기 위하여 필요한 최소한의 기간 내에서 설정되어야 하며, 그 기간은 원칙적으로 3년을 초과할 수 없다는 것이다. (○, ×)

3 정부의 규제정책을 심의·조정하고 규제의 심사·정비 등에 관한 사항을 종합적으로 추진하기 위하여 국무총리 소속으로 규제개혁위원회를 둔다. (○, ×)

4 규제개혁위원회의 위원장은 대통령이 위촉한다. (○, ×)

5 규제개혁위원회는 위원장 2명을 포함한 20명 이상 25명 이하의 위원으로 구성한다. (○, ×)

1 ○   2 × 3년 → 5년   3 × 국무총리 소속 → 대통령 소속   4 ○   5 ○

02 | 사회적기업 육성법

관련단원 PART 1. 행정학의 기초이론

제3조   운영주체별 역할 및 책무

① 국가는 사회서비스 확충 및 일자리 창출을 위하여 사회적기업에 대한 지원대책을 수립하고 필요한 시책을 종합적으로 추진하여야 한다.

② 지방자치단체는 지역별 특성에 맞는 사회적기업 지원시책을 수립 · 시행하여야 한다.

③ 사회적기업은 영업활동을 통하여 창출한 이익을 사회적기업의 유지 · 확대에 재투자하도록 노력하여야 한다.

④ 연계기업은 사회적기업이 창출하는 이익을 취할 수 없다.

제5조   사회적기업 육성 기본계획의 수립

① 고용노동부장관은 사회적기업을 육성하고 체계적으로 지원하기 위하여 「고용정책 기본법」 제10조에 따른 고용정책심의회(이하 "고용정책심의회"라 한다)의 심의를 거쳐 사회적기업 육성 기본계획(이하 "기본계획"이라 한다)을 5년마다 수립하여야 한다.

③ 고용노동부장관은 기본계획에 따른 연도별 시행계획을 매년 수립 · 시행하여야 한다.

제5조의2   시 · 도별 사회적기업 지원계획의 수립 등

① 특별시장 · 광역시장 · 도지사 및 특별자치도지사(이하 "시 · 도지사"라 한다)는 관할 구역의 사회적기업을 육성하고 체계적으로 지원하기 위하여 대통령령으로 정하는 바에 따라 시 · 도별 사회적기업 지원계획(이하 "지원계획"이라 한다)을 수립하고 시행하여야 한다. 이 경우 지원계획은 기본계획과 연계되도록 하여야 한다.

제6조   실태조사

고용노동부장관은 사회적기업의 활동실태를 5년마다 조사하고, 그 결과를 고용정책심의회에 통보하여야 한다.

제7조   사회적기업의 인증

① 사회적기업을 운영하려는 자는 제8조의 인증 요건을 갖추어 고용노동부장관의 인증을 받아야 한다.

제8조   사회적기업의 인증 요건 및 인증 절차

① 사회적기업으로 인증받으려는 자는 다음 각 호의 요건을 모두 갖추어야 한다.

    1. 「민법」에 따른 법인 · 조합, 「상법」에 따른 회사 · 합자조합, 특별법에 따라 설립된 법인 또는 비영리민간단체 등 대통령령으로 정하는 조직 형태를 갖출 것

    2. 유급근로자를 고용하여 재화와 서비스의 생산 · 판매 등 영업활동을 할 것

3. 취약계층에게 사회서비스 또는 일자리를 제공하거나 지역사회에 공헌함으로써 지역주민의 삶의 질을 높이는 등 사회적 목적의 실현을 조직의 주된 목적으로 할 것. 이 경우 그 구체적인 판단기준은 대통령령으로 정한다.

4. 서비스 수혜자, 근로자 등 이해관계자가 참여하는 의사결정 구조를 갖출 것

5. 영업활동을 통하여 얻는 수입이 대통령령으로 정하는 기준 이상일 것

6. 제9조에 따른 정관이나 규약 등을 갖출 것

7. 회계연도별로 배분 가능한 이윤이 발생한 경우에는 이윤의 3분의 2 이상을 사회적 목적을 위하여 사용할 것(「상법」에 따른 회사·합자조합인 경우만 해당한다)

8. 그 밖에 운영기준에 관하여 대통령령으로 정하는 사항을 갖출 것

✚ 「비영리민간단체 지원법」

제2조【정의】 이 법에 있어서 "비영리민간단체"라 함은 영리가 아닌 공익활동을 수행하는 것을 주된 목적으로 하는 민간단체로서 다음 각호의 요건을 갖춘 단체를 말한다.

1. 사업의 직접 수혜자가 불특정 다수일 것

2. 구성원 상호간에 이익분배를 하지 아니할 것

3. 사실상 특정정당 또는 선출직 후보를 지지·지원 또는 반대할 것을 주된 목적으로 하거나, 특정 종교의 교리 전파를 주된 목적으로 설립·운영되지 아니할 것

4. 상시 구성원수가 100인 이상일 것

5. 최근 1년 이상 공익활동실적이 있을 것

6. 법인이 아닌 단체일 경우에는 대표자 또는 관리인이 있을 것

제5조【비영리민간단체에 대한 지원 등】 ① 비영리민간단체의 활동은 자율성이 보장되어야 한다.

② 행정안전부장관 또는 시·도지사는 공익활동에 참여하는 비영리민간단체에 대하여 필요한 행정지원 및 이 법에서 정하는 재정지원을 할 수 있다.

OX

1 사회적기업은 재화 및 서비스의 생산·판매 등 영업활동을 하여야 한다. (○, ×)

2 사회적기업으로 인증받기 위해서는 민법상 법인·조합, 상법상 회사 또는 비영리단체 등 대통령령으로 정하는 조직형태를 갖추어야 한다. (○, ×)

3 사회적기업은 이익을 재투자 하거나 그 일부를 연계기업에 배분할 수 있다. (○, ×)

4 정부는 매년 사회적기업의 활동실태를 조사하고 육성계획을 수립·추진하여야 한다. (○, ×)

5 설립 초기의 일정기간 동안에는 유급근로자를 고용하지 않고 무급근로자만 운영할 수 있다. (○, ×)

6 사회적기업은 다양한 이해관계자가 실질적으로 참여하는 민주적인 의사결정구조를 갖추어야 한다. (○, ×)

1 ○ **2** ○ **3** × 연계기업은 사회적기업이 창출하는 이익을 취할 수 없다. **4** × 매년 → 5년마다
5 × 유급근로자를 고용하지 않으면 사회적기업으로 인증이 불가하다. **6** ○

03 | 정부업무평가 기본법

관련단원 PART 2. 정책학

■ 우리나라의 정부업무평가

제1조　목적

이 법은 정부업무평가에 관한 기본적인 사항을 정함으로써 중앙행정기관·지방자치단체·공공기관 등의 통합적인 성과관리체제의 구축과 자율적인 평가역량의 강화를 통하여 국정운영의 능률성·효과성 및 책임성을 향상시키는 것을 목적으로 한다.

제2조　정의

1. "평가"라 함은 일정한 기관·법인 또는 단체가 수행하는 정책·사업·업무 등(이하 "정책 등"이라 한다)에 관하여 그 계획의 수립과 집행과정 및 결과 등을 점검·분석·평정하는 것을 말한다.
2. "정부업무평가"라 함은 국정운영의 능률성·효과성 및 책임성을 확보하기 위하여 다음 각 목의 기관·법인 또는 단체(이하 "평가대상기관"이라 한다)가 행하는 정책 등을 평가하는 것을 말한다.
   가. 중앙행정기관(대통령령이 정하는 대통령 소속기관 및 국무총리 소속기관·보좌기관을 포함)
   나. 지방자치단체
   다. 중앙행정기관 또는 지방자치단체의 소속기관
   라. 공공기관
3. "자체평가"라 함은 중앙행정기관 또는 지방자치단체가 소관 정책 등을 스스로 평가하는 것을 말한다.
4. "재평가"라 함은 이미 실시된 평가의 결과·방법 및 절차에 관하여 그 평가를 실시한 기관 외의 기관이 다시 평가하는 것을 말한다.

제5조　성과관리전략계획

① 중앙행정기관의 장은 소속기관을 포함한 당해 기관의 전략목표를 달성하기 위한 중·장기계획(이하 "성과관리전략계획"이라 한다)을 수립하여야 한다. 이 경우 중앙행정기관의 장은 성과관리전략계획에 이와 관련이 있는 다른 법령에 의한 중·장기계획을 포함할 수 있다.
② 중앙행정기관의 장은 성과관리전략계획에 당해 기관의 임무·전략목표 등을 포함하여야 하고 최소한 3년마다 그 계획의 타당성을 검토하여 수정·보완 등의 조치를 하여야 한다.
③ 중앙행정기관의 장은 성과관리전략계획에 「국가재정법」 제7조의 규정에 따른 국가재정운용계획을 반영하여야 한다.
④ 중앙행정기관의 장은 성과관리전략계획을 수립한 때에는 이를 지체 없이 국회 소관 상임위원회에 보고하여야 한다.
⑤ 지방자치단체의 장 및 공공기관의 장은 제1항 및 제2항의 규정에서 정하는 사항에 기초하여 성과관리전략계획을 수립할 수 있다.

제6조   **성과관리시행계획**

① 중앙행정기관의 장은 성과관리전략계획에 기초하여 당해연도의 성과목표를 달성하기 위한 연도별 시행계획(이하 "성과관리시행계획"이라 한다)을 수립·시행하여야 한다.

② 성과관리시행계획에는 당해 기관의 임무·전략목표, 당해연도의 성과목표·성과지표 및 재정부문에 관한 과거 3년간의 성과결과 등이 포함되어야 한다. 이 경우 성과지표는 객관적·정량적(定量的)으로 성과목표를 측정할 수 있도록 설정하되, 객관적·정량적으로 설정하기가 어려운 경우에는 다른 형태로 작성하여야 한다.

③ 중앙행정기관의 장은 성과관리시행계획을 수립한 때에는 이를 지체 없이 국회 소관 상임위원회에 보고하여야 한다.

④ 중앙행정기관의 장은 성과관리시행계획에 대한 이행상황을 반기별로 점검하여야 한다.

⑤ 국무총리는 중앙행정기관의 성과관리 실태 및 그 결과가 자체평가 및 특정평가에 반영되도록 하여야 한다.

⑥ 지방자치단체의 장 및 공공기관의 장은 제1항 및 제2항의 규정에서 정하는 사항에 기초하여 성과관리시행계획을 수립·시행할 수 있다.

제7조   **정부업무평가의 원칙**

① 정부업무평가를 실시함에 있어서는 그 자율성과 독립성이 보장되어야 한다.

② 정부업무평가는 객관적이고 전문적인 방법을 통하여 결과의 신뢰성과 공정성이 확보되어야 한다.

③ 정부업무평가의 과정은 가능한 한 평가대상이 되는 정책 등의 관련자가 참여할 수 있는 기회가 보장되고 그 결과가 공개되는 등 투명하여야 한다.

제8조   **정부업무평가기본계획의 수립**

① 국무총리는 위원회의 심의·의결을 거쳐 정부업무의 성과관리 및 정부업무평가에 관한 정책목표와 방향을 설정한 정부업무평가기본계획을 수립하여야 한다.

② 국무총리는 정부업무평가기본계획을 최소한 3년마다 그 계획의 타당성을 검토하여 수정·보완 등의 조치를 하여야 한다.

■ 정부업무평가위원회

제9조   **정부업무평가위원회의 설치 및 임무**

① 정부업무평가의 실시와 평가기반의 구축을 체계적·효율적으로 추진하기 위하여 국무총리 소속하에 정부업무평가위원회를 둔다.

제10조   **위원회의 구성 및 운영**

① 위원회는 위원장 2인을 포함한 15인 이내의 위원으로 구성한다.

② 위원장은 국무총리와 제3항 제2호의 자 중에서 대통령이 지명하는 자가 된다.

③ 위원은 다음 각 호의 자가 된다.
1. 기획재정부장관, 행정안전부장관, 국무조정실장
2. 다음 각 목의 어느 하나에 해당하는 자로서 대통령이 위촉하는 자
가. 평가관련 분야를 전공한 자로서 대학이나 공인된 연구기관에서 부교수 이상 또는 이에 상당하는 직에 있거나 있었던 자
나. 1급 이상 또는 이에 상당하는 공무원의 직에 있었던 자
다. 그 밖에 평가 또는 행정에 관하여 가목 또는 나목의 자와 동등한 정도로 학식과 경험이 풍부하다고 인정되는 자

■ 중앙행정기관 평가

제14조　　중앙행정기관의 자체평가

① 중앙행정기관의 장은 그 소속기관의 정책 등을 포함하여 자체평가를 실시하여야 한다.
② 중앙행정기관의 장은 자체평가조직 및 자체평가위원회를 구성·운영하여야 한다. 이 경우 평가의 공정성과 객관성을 확보하기 위하여 자체평가위원회의 3분의 2 이상은 민간위원으로 하여야 한다.

제17조　　자체평가결과에 대한 재평가

[메타평가(상위평가)] 국무총리는 중앙행정기관의 자체평가결과를 확인·점검 후 평가의 객관성·신뢰성에 문제가 있어 다시 평가할 필요가 있다고 판단되는 때에는 위원회의 심의·의결을 거쳐 재평가를 실시할 수 있다.

■ 지방자치단체 평가

제18조　　지방자치단체의 자체평가

① 지방자치단체의 장은 그 소속기관의 정책 등을 포함하여 자체평가를 실시하여야 한다.
② 지방자치단체의 장은 자체평가조직 및 자체평가위원회를 구성·운영하여야 한다. 이 경우 평가의 공정성과 객관성을 담보하기 위하여 자체평가위원회의 3분의 2 이상은 민간위원으로 하여야 한다.
④ 행정안전부장관은 평가의 객관성 및 공정성을 높이기 위하여 평가지표, 평가방법, 평가기반의 구축 등에 관하여 지방자치단체를 지원할 수 있다.

제21조　　국가위임사무 등에 대한 평가

① 지방자치단체 또는 그 장이 위임받아 처리하는 국가사무, 국고보조사업 그 밖에 대통령령이 정하는 국가의 주요시책 등("국가위임사무 등"이라 한다)에 대하여 국정의 효율적인 수행을 위하여 평가가 필요한 경우에는 행정안전부장관이 관계중앙행정기관의 장과 합동으로 평가(이하 "합동평가"라 한다)를 실시할 수 있다.
④ 행정안전부장관은 지방자치단체에 대한 합동평가를 효율적으로 추진하기 위하여 행정안전부장관 소속하에 지방자치단체합동평가위원회를 설치·운영할 수 있다.

■ 특정평가

제2조   정의

이 법에서 사용하는 용어의 정의는 다음과 같다.

4. "특정평가"라 함은 국무총리가 중앙행정기관을 대상으로 국정을 통합적으로 관리하기 위하여 필요한 정책 등을 평가하는 것을 말한다.

■ 공공기관 평가

제22조   공공기관에 대한 평가

① 공공기관에 대한 평가(이하 "공공기관평가"라 한다)는 공공기관의 특수성·전문성을 고려하고 평가의 객관성 및 공정성을 확보하기 위하여 공공기관 외부의 기관이 실시하여야 한다.

■ 평가기관의 활용 및 환류

제13조   전자통합평가체계의 구축 및 운영

① 국무총리는 정부업무평가를 통합적으로 수행하기 위하여 전자통합평가체계를 구축하고, 각 기관 및 단체가 이를 활용하도록 할 수 있다.

② 전자통합평가체계는 평가과정, 평가결과 및 환류과정의 통합적인 정보관리 및 평가관련 기관 간 정보공유가 가능하도록 하여야 한다.

제26조   평가결과의 공개

국무총리·중앙행정기관의 장·지방자치단체의 장 및 공공기관평가를 실시하는 기관의 장은 평가결과를 전자통합평가체계 및 인터넷 홈페이지 등을 통하여 공개하여야 한다.

제27조   평가결과의 보고

① 국무총리는 매년 각종 평가결과보고서를 종합하여 이를 국무회의에 보고하거나 평가보고회를 개최하여야 한다.

② 중앙행정기관의 장은 전년도 정책 등에 대한 자체평가결과(위원회에서 심의·의결된 것을 말한다)를 지체 없이 국회 소관 상임위원회에 보고하여야 한다.

제28조 평가결과의 예산·인사 등에의 연계·반영

① 중앙행정기관의 장은 평가결과를 조직·예산·인사 및 보수체계에 연계·반영하여야 한다.

② 중앙행정기관의 장은 평가결과를 다음 연도의 예산요구시 반영하여야 한다.

③ 기획재정부장관은 평가결과를 중앙행정기관의 다음 연도 예산편성시 반영하여야 한다.

제29조 평가결과에 따른 자체 시정조치 및 감사

중앙행정기관의 장은 평가의 결과에 따라 정책 등에 문제점이 발견된 때에는 지체 없이 이에 대한 조치계획을 수립하여 당해 정책 등의 집행중단·축소 등 자체 시정조치를 하거나 이에 대하여 자체감사를 실시하고 그 결과를 위원회에 제출하여야 한다.

제30조 평가결과에 따른 보상 등

① 중앙행정기관의 장은 평가의 결과에 따라 우수사례로 인정되는 소속 부서·기관 또는 공무원에게 포상, 성과급 지급, 인사상 우대 등의 조치를 하고, 그 결과를 위원회에 제출하여야 한다.

② 정부는 정부업무평가의 결과에 따라 우수기관에 대하여 표창수여, 포상금 지급 등의 우대조치를 할 수 있다.

OX

1 정부업무평가의 평가대상기관에 지방자치단체의 소속기관은 포함되지 않는다. (O, ×)

2 정부업무평가의 실시와 평가기반의 구축을 체계적·효율적으로 추진하기 위하여 국무총리 소속하에 정부업무평가위원회를 둔다. (O, ×)

3 중앙행정기관의 장은 그 소속 기관의 정책 등을 포함하여 자체평가를 실시하여야 한다. (O, ×)

4 지방자치단체의 자체평가위원회는 공정성과 객관성을 담보하기 위하여 2분의 1 이상의 민간위원으로 구성되어야 한다. (O, ×)

5 공공기관의 경우 기관의 특수성과 전문성을 고려하고 평가의 공정성을 확보하기 위해 공공기관 외부의 기관이 평가하여야 한다. (O, ×)

1 × 정부업무평가의 평가대상기관은 중앙행정기관, 지방자치단체, 중앙행정기관 또는 지방자치단체의 소속기관, 공공기관, 지방공사 및 지방공단, 연구기관 등이 모두 포함된다. 2 O 3 O 4 × 2분의 1 → 3분의 2 5 O

04 | 정부조직법

관련단원 PART 3. 행정조직론

■ 총칙

제1조 **목적**

이 법은 국가행정사무의 체계적이고 능률적인 수행을 위하여 국가행정기관의 설치·조직과 직무범위의 대강을 정함을 목적으로 한다.

제2조 **중앙행정기관의 설치와 조직 등**

① [행정조직 법정주의] 중앙행정기관의 설치와 직무범위는 법률로 정한다.

② 중앙행정기관은 이 법에 따라 설치된 부·처·청과 다음 각 호의 행정기관으로 하되, 중앙행정기관은 이 법 및 다음 각 호의 법률에 따르지 아니하고는 설치할 수 없다.

1. 「방송통신위원회의 설치 및 운영에 관한 법률」 제3조에 따른 방송통신위원회
2. 「독점규제 및 공정거래에 관한 법률」 제35조에 따른 공정거래위원회
3. 「부패방지 및 국민권익위원회의 설치와 운영에 관한 법률」 제11조에 따른 국민권익위원회
4. 「금융위원회의 설치 등에 관한 법률」 제3조에 따른 금융위원회
5. 「원자력안전위원회의 설치 및 운영에 관한 법률」 제3조에 따른 원자력안전위원회
6. 「신행정수도 후속대책을 위한 연기·공주지역 행정중심복합도시 건설을 위한 특별법」 제38조에 따른 행정중심복합도시건설청
7. 「새만금사업 추진 및 지원에 관한 특별법」 제34조에 따른 새만금개발청

③ 중앙행정기관의 보조기관은 이 법과 다른 법률에 특별한 규정이 있는 경우를 제외하고는 차관·차장·실장·국장 및 과장으로 한다.

⑤ 행정각부에는 대통령령으로 정하는 특정 업무에 관하여 장관과 차관을 직접 보좌하기 위하여 차관보를 둘 수 있으며, 중앙행정기관에는 그 기관의 장, 차관·차장·실장·국장 밑에 정책의 기획, 계획의 입안, 연구·조사, 심사·평가 및 홍보 등을 통하여 그를 보좌하는 보좌기관을 대통령령으로 정하는 바에 따라 둘 수 있다. 다만, 과에 상당하는 보좌기관은 총리령 또는 부령으로 정할 수 있다.

⑥ 중앙행정기관의 보조기관 및 보좌기관은 이 법과 다른 법률에 특별한 규정이 있는 경우를 제외하고는 일반직공무원·특정직공무원(경찰공무원 및 교육공무원만 해당한다) 또는 별정직공무원으로 보(補)하되, 다음 각 호에 따른 중앙행정기관의 보조기관 및 보좌기관은 대통령령으로 정하는 바에 따라 다음 각 호의 구분에 따른 특정직공무원으로도 보할 수 있다. 다만, 별정직공무원으로 보하는 국장은 중앙행정기관마다 1명을 초과할 수 없다.

1. 외교부: 외무공무원
2. 법무부: 검사
3. 국방부, 병무청 및 방위사업청: 현역군인
4. 행정안전부의 안전·재난 업무 담당: 소방공무원
5. 소방청: 소방공무원

⑦ 제6항에 따라 중앙행정기관의 보조기관 또는 보좌기관을 보하는 경우 차관보·실장·국장 및 이에 상당하는 보좌기관은 고위공무원단에 속하는 공무원 또는 이에 상당하는 특정직공무원으로 보하고, 과장 및 이에 상당하는 보좌기관의 계급은 대통령령으로 정하는 바에 따른다.

⑧ 제6항 및 제7항에 따라 일반직공무원 또는 특정직공무원으로 보하는 직위 중 그 소관업무의 성질상 전문성이 특히 필요하다고 인정되는 경우 중앙행정기관별로 100분의 20 범위에서 대통령령으로 정하는 직위는 근무기간을 정하여 임용하는 공무원으로도 보할 수 있다.

제3조   특별지방행정기관의 설치

① 중앙행정기관에는 소관사무를 수행하기 위하여 필요한 때에는 특히 법률로 정한 경우를 제외하고는 대통령령으로 정하는 바에 따라 지방행정기관을 둘 수 있다.

제4조   부속기관의 설치

행정기관에는 그 소관사무의 범위에서 필요한 때에는 대통령령으로 정하는 바에 따라 시험연구기관·문화기관·의료기관·제조기관 및 자문기관 등을 둘 수 있다.

제5조   합의제행정기관의 설치

행정기관에는 그 소관사무의 일부를 독립하여 수행할 필요가 있는 때에는 법률로 정하는 바에 따라 행정위원회 등 합의제행정기관을 둘 수 있다.

제6조   권한의 위임 또는 위탁

① 행정기관은 법령으로 정하는 바에 따라 그 소관사무의 일부를 보조기관 또는 하급행정기관에 위임하거나 다른 행정기관·지방자치단체 또는 그 기관에 위탁 또는 위임할 수 있다. 이 경우 위임 또는 위탁을 받은 기관은 특히 필요한 경우에는 법령으로 정하는 바에 따라 위임 또는 위탁을 받은 사무의 일부를 보조기관 또는 하급행정기관에 재위임할 수 있다.

■ 국무총리

제19조   부총리

① 국무총리가 특별히 위임하는 사무를 수행하기 위하여 부총리 2명을 둔다.

③ 부총리는 기획재정부장관과 교육부장관이 각각 겸임한다.

④ 기획재정부장관은 경제정책에 관하여 국무총리의 명을 받아 관계 중앙행정기관을 총괄·조정한다.

⑤ 교육부장관은 교육·사회 및 문화 정책에 관하여 국무총리의 명을 받아 관계 중앙행정기관을 총괄·조정한다.

제22조의3 인사혁신처

① 공무원의 인사·윤리·복무 및 연금에 관한 사무를 관장하기 위하여 국무총리 소속으로 인사혁신처를 둔다.

② 인사혁신처에 처장 1명과 차장 1명을 두되, 처장은 정무직으로 하고, 차장은 고위공무원단에 속하는 일반직공무원으로 보한다.

■ 행정안전부

제34조 행정안전부

① 행정안전부장관은 국무회의의 서무, 법령 및 조약의 공포, 정부조직과 정원, 상훈, 정부혁신, 행정능률, 전자정부, 정부청사의 관리, 지방자치제도, 지방자치단체의 사무지원·재정·세제, 낙후지역 등 지원, 지방자치단체간 분쟁조정, 선거·국민투표의 지원, 안전 및 재난에 관한 정책의 수립·총괄·조정, 비상대비, 민방위 및 방재에 관한 사무를 관장한다.

② 국가의 행정사무로서 다른 중앙행정기관의 소관에 속하지 아니하는 사무는 행정안전부장관이 이를 처리한다.

③ 행정안전부에 재난안전관리사무를 담당하는 본부장 1명을 두되, 본부장은 정무직으로 한다.

④ 행정안전부에 차관보 1명을 둘 수 있다.

⑤ 치안에 관한 사무를 관장하기 위하여 행정안전부장관 소속으로 경찰청을 둔다.

⑥ 경찰청의 조직·직무범위 그 밖에 필요한 사항은 따로 법률로 정한다.

⑦ 소방에 관한 사무를 관장하기 위하여 행정안전부장관 소속으로 소방청을 둔다.

⑧ 소방청에 청장 1명과 차장 1명을 두되, 청장 및 차장은 소방공무원으로 보한다.

OX

1 중앙행정기관의 설치와 직무범위는 대통령령으로 정한다. (ㅇ, ×)

2 차관보는 보조기관이다. (ㅇ, ×)

3 행정기관에는 법률로 정하는 바에 따라 행정위원회 등 합의제행정기관을 둘 수 있다. (ㅇ, ×)

4 공무원 인사·윤리·복무 및 연금 기능은 행정안전부에서 주관한다. (ㅇ, ×)

1 × 중앙행정기관의 설치와 직무범위는 법률로서 정한다.   **2** × 차관보는 보좌기관이다.   **3** ㅇ
4 × 기존 행정안전부의 공무원 인사·윤리·복무 및 연금 기능은 인사혁신처로 이관되었다.

05 | 책임운영기관의 설치·운영에 관한 법률

관련단원 PART 3. 행정조직론

■ 총칙

제2조   정의

① 이 법에서 "책임운영기관"이란 정부가 수행하는 사무 중 공공성(公共性)을 유지하면서도 경쟁 원리에 따라 운영하는 것이 바람직하거나 전문성이 있어 성과관리를 강화할 필요가 있는 사무에 대하여 책임운영기관의 장에게 행정 및 재정상의 자율성을 부여하고 그 운영 성과에 대하여 책임을 지도록 하는 행정기관을 말한다.

② 책임운영기관은 기관의 지위에 따라 다음 각 호와 같이 구분한다.

　1. 소속책임운영기관: 중앙행정기관의 소속 기관으로서 제4조에 따라 대통령령으로 설치된 기관

　2. 중앙책임운영기관: 「정부조직법」 제2조 제2항에 따른 청(廳)으로서 제4조에 따라 대통령령으로 설치된 기관

③ 책임운영기관은 기관의 사무성격에 따라 다음 각 호와 같이 구분한다.

　1. 조사연구형 책임운영기관

　2. 교육훈련형 책임운영기관

　3. 문화형 책임운영기관

　4. 의료형 책임운영기관

　5. 시설관리형 책임운영기관

　6. 그 밖에 대통령령으로 정하는 유형의 책임운영기관

④ 제3항 각 호에 다른 책임운영기관 간의 구분은 대통령령으로 정한다. 이 경우 제3항 각 호에 따른 책임운영기관은 효율적인 관리·운영을 위하여 세분할 수 있다.

제3조의2   중기관리계획의 수립 등

① 행정안전부장관은 5년 단위로 책임운영기관의 관리 및 운영 전반에 관한 기본계획(이하 "중기관리계획"이라 한다)을 수립하여야 한다.

제4조   책임운영기관의 설치 및 해제

① 책임운영기관은 그 사무가 다음 각 호의 기준 중 어느 하나에 맞는 경우에 대통령령으로 설치한다.

　1. 기관의 주된 사무가 사업적·집행적 성질의 행정 서비스를 제공하는 업무로서 성과측정기준을 개발하여 성과를 측정할 수 있는 사무

　2. 기관 운영에 필요한 재정수입의 전부 또는 일부를 자체적으로 확보할 수 있는 사무

② 행정안전부장관은 기획재정부 및 해당 중앙행정관의 장과 협의하여 제1항에 따른 책임운영기관을 설치하거나 해제할 수 있다. 이 경우 행정안전부장관은 해당 중앙행정기관의 장의 의견을 존중하여야 한다.

③ 중앙행정기관의 장은 소관 사무 중 책임운영기관이 수행하는 것이 효율적이라고 인정되는 사무에 대하여는 책임운영기관의 설치를, 책임운영기관이 그 설치 목적을 달성할 수 없다고 인정하는 경우에는 책임운영기관의 해제를 행정안전부장관에게 요청할 수 있다.

④ 행정안전부장관은 제2항 및 제3항에 따른 책임운영기관의 설치 및 해제를 위하여 해당 사무에 대한 진단을 실시하거나 해당 중앙행정기관의 장에게 진단의 실시를 요청할 수 있다.

■ 소속책임운영기관의 장

제7조　　기관장의 임용

① 소속중앙행정기관의 장은 공개모집 절차에 따라 행정이나 경영에 관한 지식·능력 또는 관련 분야의 경험이 풍부한 사람 중에서 기관장을 선발하여 「국가공무원법」 제26조의5에 따른 임기제 공무원으로 임용한다. 이 경우 대통령령으로 정하는 바에 따라 기관장으로 임용하려는 사람의 능력과 자질을 평가하여 임용 여부에 활용하여야 한다.

② 기관장의 임용요건은 소속중앙행정기관의 장이 정하여 인사혁신처장에게 통보하여야 한다.

③ 기관장의 근무기간은 5년의 범위에서 소속중앙행정기관의 장이 정하되, 최소한 2년 이상으로 하여야 한다. 이 경우 제12조 및 제51조에 따른 소속책임운영기관의 사업성과의 평가 결과(이하 "책임운영기관 평가 결과"라 한다)가 우수하다고 인정되는 때에는 총 근무기간이 5년을 넘지 아니하는 범위에서 대통령령으로 정하는 바에 따라 근무기간을 연장할 수 있다.

④ 소속중앙행정기관의 장은 책임운영기관 평가 결과가 탁월한 경우 등 대통령령으로 정하는 기준에 해당하는 때에는 제3항 후단에 따른 총 근무기간 5년을 초과하여 3년의 범위에서 대통령령으로 정하는 바에 따라 추가로 기관장의 근무기간을 연장할 수 있다.

제8조의2　기관장의 면직

① 소속중앙행정기관의 장은 「국가공무원법」 제70조에도 불구하고 제51조에 따른 소속책임운영기관에 대한 종합평가 결과 사업 실적이 매우 부진하게 나타나는 등 소속책임운영기관의 사업 성과가 매우 불량한 경우에는 제12조에 따른 소속책임운영기관운영심의회의 심의를 거쳐 그 기관장을 면직할 수 있다.

② 제1항에 따른 소속책임운영기관의 사업 성과가 매우 불량한 경우에 해당하는지에 관한 판단기준은 대통령령으로 정한다.

■ 소속책임운영기관의 운영 및 평가

제12조　　소속책임운영기관운영심의회

① 소속책임운영기관의 사업성과를 평가하고 소속책임운영기관의 운영에 관한 중요 사항을 심의하기 위하여 중앙행정기관의 장의 소속으로 소속책임운영기관운영심의회(이하 "심의회"라 한다)를 둔다.

■ 소속책임기관의 조직 · 인사 · 회계

제15조　　소속 기관 및 하부조직의 설치

① 소속책임운영기관에는 대통령령으로 정하는 바에 따라 소속 기관을 둘 수 있다.

② 소속책임운영기관 및 그 소속 기관의 하부조직 설치와 분장(分掌) 사무는 기본운영규정으로 정한다.

제16조　　공무원의 정원

① 소속책임운영기관에 두는 공무원의 총 정원 한도는 대통령령으로 정한다. 이 경우 다음 각 호의 정원은 총리령 또는 부령으로 정하되, 대통령령으로 정하는 바에 따라 통합하여 정할 수 있다.

　1. 공무원의 종류별 · 계급별 정원

　2. 고위공무원단에 속하는 공무원의 정원

제17조　　임기제공무원의 활용

① 업무의 성질상 필요한 경우에는 소속책임운영기관과 그 소속 기관의 장 및 하부조직은 각각 「국가공무원법」 제26조의5에 따른 임기제공무원으로 임명할 수 있다.

제18조　　임용권자

중앙행정기관의 장은 「국가공무원법」 제32조 제1항 및 제2항, 그 밖의 공무원 인사 관계 법령에도 불구하고 소속책임운영기관 소속 공무원에 대한 일체의 임용권을 가진다. 이 경우 중앙행정기관의 장은 대통령령으로 정하는 바에 따라 그 임용권의 일부를 기관장에게 위임할 수 있다.

제19조　　임용시험

① 소속책임운영기관 소속 공무원의 임용시험은 기관장이 실시한다. 다만, 기관장이 단독으로 실시하기 곤란한 경우에는 중앙행정기관의 장이 실시할 수 있으며, 다른 시험실시기관의 장과 공동으로 실시하거나 대통령령으로 정하는 다른 기관의 장에게 위탁하여 실시할 수 있다.

제20조　　기관 간 인사교류

① 소속책임운영기관과 소속중앙행정기관 및 그 소속 기관 간 공무원의 전보(轉補)가 필요하다고 인정되는 경우에는 소속중앙행정기관의 장이 기관장과 협의하여 실시할 수 있다.

제25조　　상여금의 지급

기관장은 대통령령으로 정하는 바에 따라 사업의 평가 결과에 따라 소속 기관별, 하부조직별 또는 개인별로 상여금을 차등 지급할 수 있다.

제27조　　특별회계의 설치 등

① 제4조 제1항 제2호의 사무를 주로 하는 소속책임운영기관의 사업을 효율적으로 운영하기 위하여 책임운영기관특별회계를 둔다.

② 제1항에 따라 책임운영기관특별회계로 운영할 필요가 있는 소속책임운영기관은 재정수입 중 자체 수입의 비율 등 대통령령으로 정하는 기준에 따라 기획재정부장관이 행정안전부장관 및 해당 중앙행정기관의 장과 협의를 거쳐 정한다.

③ 제2항에 따라 정하여진 소속책임운영기관(이하 "책임운영기관특별회계기관"이라 한다)을 제외한 소속책임운영기관은 일반회계로 운영하되, 대통령령으로 정하는 회계변경이 곤란한 특별한 사유가 있는 경우에는 다른 법률에 따라 설치된 특별회계로 운영할 수 있다. 이 경우 일반회계 또는 특별회계에 별도의 책임운영기관 항목을 설치하고 책임운영기관특별회계기관에 준하는 예산 운영상의 자율성을 보장하여야 한다.

제28조　　계정의 구분

① 제27조 제1항에 따른 책임운영기관특별회계(이하 "특별회계"라 한다)는 책임운영기관특별회계기관별로 계정(計定)을 구분한다.

제29조　　특별회계의 운용·관리

특별회계는 계정별로 중앙행정기관의 장이 운용하고, 기획재정부장관이 통합하여 관리한다.

제30조　　「정부기업예산법」의 적용 등

① 책임운영기관특별회계기관의 사업은 「정부기업예산법」 제2조에도 불구하고 정부기업으로 본다.

② 특별회계의 예산 및 회계에 관하여 이 법에 규정된 것 외에는 「정부기업예산법」을 적용한다. 다만, 기획재정부장관은 책임운영기관특별회계기관의 자체수입 규모 및 사무의 성격 등을 고려하여 기관 운영경비의 시급한 충당 등 대통령령으로 정하는 경우에 한하여 손익계정과 자본계정 간에 서로 융통하게 할 수 있다.

제35조　　초과수입금의 직접사용

① 기관장은 특별회계 또는 일반회계의 세입예산을 초과하거나 초과할 것이 예측되는 수입(이하 "초과수입금"이라 한다)이 있는 경우에는 그 초과수입금을 해당 초과수입에 직접 관련되는 경비와 기관의 업무수행을 위하여 필요하다고 인정하는 경비로서 대통령령으로 정하는 간접경비로 사용할 수 있다.

제36조　　예산의 전용

① 기관장은 「국가재정법」 제46조와 「정부기업예산법」 제20조에도 불구하고 예산 집행에 특히 필요한 경우에는 대통령령으로 정하는 바에 따라 특별회계의 계정별 세출예산 또는 일반회계의 세출예산 각각의 총액 범위에서 각 과목 간에 전용(轉用)할 수 있다.

② 기관장은 제1항에 따라 예산을 전용한 경우에는 과목별 금액 및 이유를 밝힌 명세서를 소속중앙행정기관의 장, 기획재정부장관 및 감사원에 보내야 한다.

제37조 예산의 이월

① 매 회계연도의 특별회계 또는 일반회계 세출예산 중 부득이한 사유로 그 회계연도 내에 지출하지 못한 경상적 성격의 경비는 대통령령으로 정하는 범위에서 다음 회계연도에 이월(移越)하여 사용할 수 있다.

제38조 이익 및 손실의 처분

① 특별회계는 매 회계연도 결산 결과 이익이 생긴 경우에는 이익잉여금으로 적립하고 결손이 생긴 경우에는 이익잉여금 중에서 결손 부분을 보충한다.

③ 특별회계 결산의 결과 생긴 결손이 이익잉여금을 초과하는 경우에 그 초과액은 이월 결손으로 정리한다.

■ 중앙책임운영기관의 장

제40조 중앙책임운영기관의 장의 임기

중앙책임운영기관의 장의 임기는 2년으로 하되, 한 차례만 연임할 수 있다.

제41조 중앙책임운영기관의 장의 책무

중앙책임운영기관의 장은 제42조 제1항에 따라 국무총리가 부여한 목표를 성실히 이행하여야 하며, 기관 운영의 공익성 및 효율성 향상, 재정의 경제성 제고와 서비스의 질적 개선을 위하여 노력하여야 한다.

■ 중앙책임운영기관의 운영 및 평가

제42조 사업목표 및 사업운영계획 등

① 국무총리는 중앙책임운영기관별로 재정의 경제성 제고와 서비스 수준의 향상 및 경영합리화 등에 관한 사업목표를 정하여 중앙책임운영기관의 장에게 부여하여야 한다.

제43조 중앙책임운영기관운영심의회

① 중앙책임운영기관의 사업성과를 평가하고 기관의 운영에 관한 중요 사항을 심의하기 위하여 중앙책임운영기관의 장 소속으로 중앙책임운영기관운영심의회(이하 "운영심의회"라 한다)를 둔다.

■ 중앙책임운영기관의 조직·인사·예산

제46조 조직 및 정원

중앙책임운영기관의 조직 및 정원에 관한 사항은 「정부조직법」이나 그 밖의 정부조직 관계 법령에서 정하는 바에 따른다.

제47조　인사 관리

① 중앙책임운영기관의 장은 「국가공무원법」 제32조 제1항 및 제2항이나 그 밖의 공무원 인사 관계 법령에도 불구하고 고위공무원단에 속하는 공무원을 제외한 소속 공무원에 대한 일체의 임용권을 가진다.

② 중앙책임운영기관 소속 공무원의 임용시험은 중앙책임운영기관의 장이 실시한다. 다만, 중앙책임운영기관의 장이 필요하다고 인정하면 임용시험의 일부 또는 전부를 다른 시험실시기관의 장과 공동으로 실시하거나 대통령령으로 정하는 다른 기관의 장에게 위탁하여 실시할 수 있다.

③ 중앙책임운영기관 소속 공무원의 인사관리에 관한 사항은 제1항과 제2항에서 정한 사항 외에는 「국가공무원법」이나 그 밖의 공무원 인사 관계 법령에서 정하는 바에 따른다.

제48조　예산 및 회계

① 중앙책임운영기관의 예산 및 회계에 관한 사항에 관하여는 제2장 제5절의 규정(제30조 제4항은 제외한다)을 준용한다. 이 경우 제29조, 제29조의2, 제33조 제1항·제2항, 제34조, 제35조 제3항, 제36조 제2항 및 제39조 제1항부터 제3항까지의 규정에서 "중앙행정기관의 장"은 각각 "중앙책임운영기관의 장"으로, 제33조 제1항 및 제38조 제2항의 규정에서 "심의회"는 각각 "운영심의회"로 본다.

② 제35조 제1항에도 불구하고 중앙책임운영기관의 장이 대통령령으로 정하는 비율을 초과하여 초과수입금을 사용하려면 그 이유와 금액을 밝힌 조서를 작성하여 미리 기획재정부장관과 협의하여야 한다.

■ 책임운영기관운영위원회

제49조　책임운영기관운영위원회의 설치 및 기능 등

① 책임운영기관의 존속 여부 및 제도의 개선 등에 관한 중요 사항을 심의하기 위하여 행정안전부장관 소속으로 책임운영기관운영위원회(이하 "위원회"라 한다)를 둔다.

제50조　위원회의 구성 및 운영

① 위원회는 위원장 및 부위원장 각 1명을 포함한 15명 이내의 위원으로 구성한다.

② 위원회의 위원장은 행정안전부장관이 되며, 부위원장은 제3항 제2호에 따른 위원 중에서 행정안전부장관이 위촉한다.

OX

1　책임운영기관이란 정부가 수행하는 사무 중 공공성을 유지하고, 경쟁 원리에 따라 운영하는 것이 바람직하지만 성과관리가 따로 필요하지 않은 사무에 대하여 책임운영기관의 장에게 행정 및 재정상의 자율성을 부여하는 행정기관을 말한다. (○, ×)

2　기관장의 근무기간은 2년의 범위에서 소속중앙행정기관의 장이 정한다. (○, ×)

3　소속책임운영기관에 두는 공무원의 총 정원 한도는 대통령령으로 정한다. (○, ×)

4　책임운영기관의 존속 여부 및 제도 개선 등에 관한 사항을 심의하기 위해 행정안전부장관소속 책임운영기관운영위원회를 둔다. (○, ×)

5　책임운영기관의 특별회계는 계정별로 책임운영기관장이 운용하고, 기획재정부장관이 통합하여 관리한다. (○, ×)

1 × 책임운영기관은 성과관리를 강화할 필요가 있는 사무를 담당한다.　2 × 2년의 범위 → 5년의 범위
3 ○　4 ○　5 × 책임운영기관장 → 중앙행정기관의 장

06 | 공공기관의 운영에 관한 법률

관련단원 PART 3. 행정조직론

■ 공공기관

제1조　　**목적**

이 법은 공공기관의 운영에 관한 기본적인 사항과 자율경영 및 책임경영체제의 확립에 관하여 필요한 사항을 정하여 경영을 합리화하고 운영의 투명성을 제고함으로써 공공기관의 대국민 서비스 증진에 기여함을 목적으로 한다.

제3조　　**자율적 운영의 보장**

정부는 공공기관의 책임경영체제를 확립하기 위하여 공공기관의 자율적 운영을 보장하여야 한다.

제4조　　**공공기관**

① 기획재정부장관은 국가·지방자치단체가 아닌 법인·단체 또는 기관(이하 "기관"이라 한다)으로서 다음 각 호의 어느 하나에 해당하는 기관을 공공기관으로 지정할 수 있다.

1. 다른 법률에 따라 직접 설립되고 정부가 출연한 기관

2. 정부지원액(법령에 따라 직접 정부의 업무를 위탁받거나 독점적 사업권을 부여받은 기관의 경우에는 그 위탁업무나 독점적 사업으로 인한 수입액을 포함한다. 이하 같다)이 총수입액의 2분의 1을 초과하는 기관

3. 정부가 100분의 50 이상의 지분을 가지고 있거나 100분의 30 이상의 지분을 가지고 임원 임명권한 행사 등을 통하여 해당 기관의 정책 결정에 사실상 지배력을 확보하고 있는 기관

4. 정부와 제1호 내지 제3호의 어느 하나에 해당하는 기관이 합하여 100분의 50 이상의 지분을 가지고 있거나 100분의 30 이상의 지분을 가지고 임원 임명권한 행사 등을 통하여 해당 기관의 정책 결정에 사실상 지배력을 확보하고 있는 기관

5. 제1호 내지 제4호의 어느 하나에 해당하는 기관이 단독으로 또는 두개 이상의 기관이 합하여 100분의 50 이상의 지분을 가지고 있거나 100분의 30 이상의 지분을 가지고 임원 임명권한 행사 등을 통하여 해당 기관의 정책 결정에 사실상 지배력을 확보하고 있는 기관

6. 제1호 내지 제4호의 어느 하나에 해당하는 기관이 설립하고, 정부 또는 설립 기관이 출연한 기관

② 제1항의 규정에 불구하고 기획재정부장관은 다음 각 호의 어느 하나에 해당하는 기관을 공공기관으로 지정할 수 없다.

1. 구성원 상호 간의 상호부조·복리증진·권익향상 또는 영업질서 유지 등을 목적으로 설립된 기관

2. 지방자치단체가 설립하고, 그 운영에 관여하는 기관

3. 「방송법」에 따른 한국방송공사와 「한국교육방송공사법」에 따른 한국교육방송공사

제5조　　　공공기관의 구분

① 기획재정부장관은 공공기관을 다음 각 호의 구분에 따라 지정한다.

　　1. 공기업·준정부기관: 직원 정원, 수입액 및 자산규모가 대통령령으로 정하는 기준에 해당하는 공공
　　　 기관

　　2. 기타공공기관: 제1호에 해당하는 기관 이외의 기관

② 제1항 제1호에도 불구하고 기획재정부장관은 다른 법률에 따라 책임경영체제가 구축되어 있거나 기관
　 운영의 독립성, 자율성 확보 필요성이 높은 기관 등 대통령령으로 정하는 기준에 해당하는 공공기관은
　 기타공공기관으로 지정할 수 있다.

③ 기획재정부장관은 제1항의 규정에 따라 공기업과 준정부기관을 지정하는 경우 총수입액 중 자체수입
　 액이 차지하는 비중이 대통령령으로 정하는 기준 이상인 기관은 공기업으로 지정하고, 공기업이 아닌
　 공공기관은 준정부기관으로 지정한다.

④ 기획재정부장관은 제1항 및 제3항의 규정에 따른 공기업과 준정부기관을 다음 각 호의 구분에 따라 세
　 분하여 지정한다.

　　1. 공기업

　　　가. 시장형 공기업: 자산규모와 총수입액 중 자체수입액이 대통령령이 정하는 기준 이상인 공기업

　　　나. 준시장형 공기업: 시장형 공기업이 아닌 공기업

　　2. 준정부기관

　　　가. 기금관리형 준정부기관: 「국가재정법」에 따라 기금을 관리하거나 기금의 관리를 위탁받은 준정
　　　　 부기관

　　　나. 위탁집행형 준정부기관: 기금관리형 준정부기관이 아닌 준정부기관

⑤ 기획재정부장관은 제1항 및 제2항에 따라 기타공공기관을 지정하는 경우 기관의 성격 및 업무 특성 등
　 을 고려하여 기타 공공기관 중 일부를 연구개발을 목적으로 하는 기관 등으로 세분하여 지정할 수 있다.

⑥ 제3항 및 제4항의 규정에 따른 자체수입액 및 총수입액의 구체적인 산정 기준과 방법 및 제5항에 따른
　 기타공공기관의 종류와 분류의 세부 기준은 대통령령으로 정한다.

제6조　　　공공기관 등의 지정 절차

기획재정부장관은 매 회계연도 개시 후 1개월 이내에 공공기관을 새로 지정하거나, 지정을 해제하거나,
구분을 변경하여 지정한다.

■ 공공기관운영위원회

제8조　　　공공기관운영위원회의 설치

공공기관의 운영에 관하여 다음 각 호에 관한 사항을 심의·의결하기 위하여 기획재정부장관 소속하에
공공기관운영위원회(이하 "운영위원회"라 한다)를 둔다.

제9조　　　운영위원회의 구성

① 운영위원회는 위원장 1인 및 다음 각 호의 위원으로 구성하되, 기획재정부장관이 위원장이 된다.

■ 임원

제24조 　임원
① 공기업 · 준정부기관에 임원으로 기과장을 포함한 이사와 감사를 둔다.
② 이사는 상임 및 비상인으로 구분한다.

제25조 　공기업 임원의 임면
① 공기업의 장은 제29조의 규정에 따른 임원추천위원회(이하 "임원추천위원회"라 한다)가 복수로 추천하여 운영위원회의 심의 · 의결을 거친 사람 중에서 주무기관의 장의 제청으로 대통령이 임명한다.
② 공기업의 상임이사는 공기업의 장이 임명한다.
③ 공기업의 비상임이사는 임원추천위원회가 복수로 추천하는 경영에 관한 학식과 경험이 풍부한 사람(국 · 공립학교의 교원이 아닌 공무원을 제외한다) 중에서 운영위원회의 심의 · 의결을 거쳐 기획재정부장관이 임명한다.
④ 공기업의 감사는 임원추천위원회가 복수로 추천하여 운영위원회의 심의 · 의결을 거친 사람 중에서 기획재정부장관의 제청으로 대통령이 임명한다.

제26조 　준정부기관 임원의 임면
① 준정부기관의 장은 임원추천위원회가 복수로 추천한 사람 중에서 주무기관의 장이 임명한다.
② 준정부기관의 상임이사는 준정부기관의 장이 임명하되, 다른 법령에서 상임이사에 대한 별도의 추천위원회를 두도록 정한 경우에 상임이사의 추천에 관하여는 그 법령의 규정에 따른다.
③ 준정부기관의 비상임이사(다른 법령이나 준정부기관의 정관에 따라 당연히 비상임이사로 선임되는 사람은 제외한다. 이하 이 항에서 같다)는 주무기관의 장이 임명하되, 기관규모가 대통령령으로 정하는 기준 이상이거나 업무내용의 특수성을 감안하여 대통령령으로 정하는 준정부기관의 비상임이사는 임원추천위원회가 복수로 추천한 사람 중에서 주무기관의 장이 임명한다. 다만, 다른 법령에서 해당 준정부기관의 비상임이사에 대하여 별도의 추천 절차를 정하고 있는 경우에 비상임이사의 추천에 관하여는 그 법령의 규정에 따른다.
④ 준정부기관의 감사는 임원추천위원회가 복수로 추천하여 운영위원회의 심의 · 의결을 거친 사람 중에서 기획재정부장관이 임명한다.

제28조 　임기
① 제25조 및 제26조의 규정에 따라 임명된 기관장의 임기는 3년으로 하고, 이사와 감사의 임기는 2년으로 한다.
② 공기업 · 준정부기관의 임원은 1년을 단위로 연임될 수 있다.

■ 이사회

제17조   이사회의 설치와 기능

① [경영조직의 이원화] 공기업·준정부기관에 다음 각 호의 사항을 심의·의결하기 위하여 이사회를 둔다.

    1. 경영목표, 예산, 운영계획 및 중장기재무관리계획

    2. 예비비의 사용과 예산의 이월

    3. 결산

제18조   구성

① 이사회는 기관장을 포함한 15인 이내의 이사로 구성한다.

② 시장형 공기업과 자산규모가 2조원 이상인 준시장형 공기업의 이사회 의장은 제21조에 따른 선임비상임이사가 된다.

④ 자산규모가 2조원 미만인 준시장형 공기업과 준정부기관의 이사회 의장은 기관장이 된다.

제20조   위원회

① 공기업의 이사회는 그 공기업의 정관에 따라 이사회에 위원회를 설치할 수 있다.

② [감사위원회 의무설치] 시장형 공기업과 자산규모가 2조원 이상인 준시장형 공기업에는 제24조 제1항에 따른 감사를 갈음하여 제1항에 따른 위원회로서 이사회에 감사위원회를 설치하여야 한다.

③ [감사위원회 임의설치] 자산규모가 2조원 미만인 준시장형 공기업과 준정부기관은 다른 법률의 규정에 따라 감사위원회를 설치할 수 있다.

■ 선임비상임이사

제21조   선임비상임이사

① 공기업·준정부기관에 선임비상임이사 1인을 둔다.

② 선임비상임이사는 비상임이사 중에서 호선(互選)한다. 다만, 시장형 공기업과 자산규모가 2조원 이상인 준시장형 공기업의 선임비상임이사는 비상임이사 중에서 기획재정부장관이 운영위원회의 심의·의결을 거쳐 임명한다.

■ 경영평가와 감독

제31조   기관장과의 계약 등

⑤ 주무기관의 장은 제6조의 규정에 따라 지정(변경지정을 제외한다)된 공기업·준정부기관의 지정 당시 기관장과 지정 후 3월 이내에 제3항의 규정에 따른 계약을 체결하여야 한다.

⑦ 기관장은 해당 기관의 상임이사(상임감사위원은 제외한다. 이하 이 항에서 같다)와 성과계약을 체결하고, 그 이행실적을 평가할 수 있으며, 이행실적을 평가한 결과 그 실적이 저조한 경우 상임이사를 해임할 수 있다.

제48조   경영실적 평가

① 기획재정부장관은 제24조의2 제3항에 따른 연차별 보고서, 제31조 제3항 및 제4항의 규정에 따른 계약의 이행에 관한 보고서, 제46조의 규정에 따른 경영목표와 경영실적보고서를 기초로 하여 공기업 · 준정부기관의 경영실적을 평가한다. 다만, 제6조의 규정에 따라 공기업 · 준정부기관으로 지정(변경지정을 제외한다)된 해에는 경영실적을 평가하지 아니한다.

③ 기획재정부장관은 제1항에 따른 경영실적의 평가를 위하여 필요한 경우 공기업 · 준정부기관에 관련 자료의 제출을 요청할 수 있다.

④ 공기업 · 준정부기관이 제24조의2 제3항에 따른 연차별 보고서, 제31조 제3항 및 제4항에 따른 계약의 이행에 관한 보고서, 경영실적보고서 및 그 첨부서류를 제출하지 아니하거나 거짓으로 작성 · 제출한 경우 또는 불공정한 인사운영 등으로 윤리경영을 저해한 경우로서 대통령령으로 정하는 경우에는 기획재정부장관은 운영위원회의 심의 · 의결을 거쳐 경영실적 평가 결과와 성과급을 수정하고, 해당 기관에 대하여 주의 · 경고 등의 조치를 취하거나 주무기관의 장 또는 기관장에게 관련자에 대한 인사상의 조치 등을 취하도록 요청하여야 한다. 이 경우 기획재정부장관 또는 주무기관의 장은 감사, 감사위원회 감사위원 또는 기관장이 관련 직무를 이행하지 아니하거나 게을리 하였다면 운영위원회의 심의 · 의결을 거쳐 해당 감사, 감사위원회 감사위원 또는 기관장을 해임하거나 그 임명권자에게 해임을 건의할 수 있다.

⑦ 기획재정부장관은 운영위원회의 심의 · 의결을 거쳐 매년 6월 20일까지 공기업 · 준정부기관의 경영실적 평가를 마치고, 그 결과를 국회와 대통령에게 보고한다.

⑧ 기획재정부장관은 제7항에 따른 경영실적 평가 결과 경영실적이 부진한 공기업 · 준정부기관에 대하여 운영위원회의 심의 · 의결을 거쳐 제25조 및 제26조의 규정에 따른 기관장 · 상임이사의 임명권자에게 그 해임을 건의하거나 요구할 수 있다.

⑨ 기획재정부장관은 제1항에 따른 경영실적 평가 결과 인건비 과다편성 및 제50조 제1항에 따른 경영지침 위반으로 경영부실을 초래한 공기업 · 준정부기관에 대하여는 운영위원회의 심의 · 의결을 거쳐 향후 경영책임성 확보 및 경영개선을 위하여 필요한 인사상 또는 예산상의 조치 등을 취하도록 요청할 수 있다.

제50조   경영지침

① 기획재정부장관은 공기업 · 준정부기관의 운영에 관한 일상적 사항과 관련하여 운영위원회의 심의 · 의결을 거쳐 다음 각 호의 사항에 관한 지침(이하 "경영지침"이라 한다)을 정하고, 이를 공기업 · 준정부기관 및 주무기관의 장에게 통보하여야 한다.

1. 조직 운영과 정원 · 인사 관리에 관한 사항

2. 예산과 자금 운영에 관한 사항

3. 그 밖에 공기업 · 준정부기관의 재무건전성 확보를 위하여 기획재정부장관이 필요하다고 인정하는 사항

■ 재정 및 감사

제38조　회계연도
공기업·준정부기관의 회계연도는 정부의 회계연도에 따른다.

제39조　회계원칙 등
① 공기업·준정부기관의 회계는 경영성과와 재산의 증감 및 변동상태를 명백히 표시하기 위하여 그 발생 사실에 따라 처리한다.

제40조　예산의 편성
④ 제2항의 규정에 따라 편성·제출한 예산안은 이사회의 의결로 확정된다.

제43조　결산서의 제출
② 공기업은 기획재정부장관에게, 준정부기관은 주무기관의 장에게 다음 연도 2월 말일까지 제1항에 따라 작성된 다음 각 호의 결산서를 각각 제출하고, 3월 말일까지 승인을 받아 결산을 확정하여야 한다.

제52조　감사원 감사
① 감사원은 「감사원법」에 따라 공기업·준정부기관의 업무와 회계에 관하여 감사를 실시할 수 있다.

OX

1 시장형 공기업과 자산규모가 2조 원 이상인 준시장형 공기업은 이사회에 감사위원회를 설치할 수 있다. (○, ×)
2 준정부기관의 장은 임원추천위원회가 복수로 추천한 사람 중에서 주무기관의 장이 임명한다. (○, ×)
3 공기업의 장은 임원추천위원회에서 복수로 추천하여 운영위원회의 심의와 의결을 거친 사람 중에서 기획재정부장관의 제청으로 대통령이 임명한다. (○, ×)
4 편성된 예산안은 이사회의 의결로 확정된다. (○, ×)
5 한국방송공사는 준시장형 공기업에 해당한다. (○, ×)
6 준정부기관은 시장형과 비시장형으로 구분할 수 있다. (○, ×)
7 공기업은 자체수입액이 총수입액의 2분의 1 이상인 공공기관 중에서 지정하고, 준정부기관은 공기업이 아닌 공공기관 중에서 지정한다.
(○, ×)

1 × 설치하여야 하는 의무사항이다.　2 ○　3 × 기획재정부장관 → 주무기관의 장　4 ○
5 × 한국방송공사는 공공기관으로 지정할 수 없으며, 공기업이 아니다.　6 × 기금관리형과 위탁집행형으로 구분된다.　7 ○

07 | 국가공무원법

관련단원 PART 4. 인사행정론

■ 총칙

제1조 목적

이 법은 각급 기관에서 근무하는 모든 국가공무원에게 적용할 인사행정의 근본 기준을 확립하여 그 공정을 기함과 아울러 국가공무원에게 국민 전체의 봉사자로서 행정의 민주적이며 능률적인 운영을 기하게 하는 것을 목적으로 한다.

제2조 공무원의 구분

① 국가공무원(이하 "공무원"이라 한다)은 경력직공무원과 특수경력직공무원으로 구분한다.

② "경력직공무원"이란 실적과 자격에 따라 임용되고 그 신분이 보장되며 평생 동안(근무기간을 정하여 임용하는 공무원의 경우에는 그 기간 동안을 말한다) 공무원으로 근무할 것이 예정되는 공무원을 말하며, 그 종류는 다음 각 호와 같다.

1. 일반직공무원: 기술·연구 또는 행정 일반에 대한 업무를 담당하는 공무원

2. 특정직공무원: 법관, 검사, 외무공무원, 경찰공무원, 소방공무원, 교육공무원, 군인, 군무원, 헌법재판소 헌법연구관, 국가정보원의 직원, 경호공무원과 특수 분야의 업무를 담당하는 공무원으로서 다른 법률에서 특정직공무원으로 지정하는 공무원

③ "특수경력직공무원"이란 경력직공무원 외의 공무원을 말하며, 그 종류는 다음 각 호와 같다.

1. 정무직공무원

   가. 선거로 취임하거나 임명할 때 국회의 동의가 필요한 공무원

   나. 고도의 정책결정 업무를 담당하거나 이러한 업무를 보조하는 공무원으로서 법률이나 대통령령(대통령비서실 및 국가안보실의 조직에 관한 대통령령만 해당한다)에서 정무직으로 지정하는 공무원

2. 별정직공무원: 비서관·비서 등 보좌업무를 수행하거나 특정한 업무 수행을 위하여 법령에서 별정직으로 지정하는 공무원

■ 고위공무원단

제2조의2　고위공무원단

① 국가의 고위공무원을 범정부적 차원에서 효율적으로 인사관리하여 정부의 경쟁력을 높이기 위하여 고위공무원단을 구성한다.

② 제1항의 "고위공무원"이란 직무의 곤란성과 책임도가 높은 다음 각 호의 직위(이하 "고위공무원단 직위"라 한다)에 임용되어 재직 중이거나 파견·휴직 등으로 인사관리되고 있는 일반직공무원, 별정직공무원 및 특정직공무원(특정직공무원은 다른 법률에서 고위공무원단에 속하는 공무원으로 임용할 수 있도록 규정하고 있는 경우만 해당한다)의 군(群)을 말한다.

　1. 「정부조직법」 제2조에 따른 중앙행정기관의 실장·국장 및 이에 상당하는 보좌기관

　2. 행정부 각급 기관(감사원은 제외한다)의 직위 중 제1호의 직위에 상당하는 직위

제28조의6　고위공무원단에 속하는 공무원으로의 임용 등

① 고위공무원단에 속하는 공무원의 채용과 고위공무원단 직위로의 승진임용, 고위공무원으로서 적격한지 여부 및 그 밖에 고위공무원 임용 제도와 관련하여 대통령령으로 정하는 사항을 심사하기 위하여 인사혁신처에 고위공무원임용심사위원회를 둔다.

② 고위공무원임용심사위원회는 위원장을 포함하여 5명 이상 9명 이하의 위원으로 구성하며, 위원장은 인사혁신처장이 된다.

제70조의2　적격심사

① 고위공무원단에 속하는 일반직공무원은 다음 각 호의 어느 하나에 해당하면 고위공무원으로서 적격한지 여부에 대한 심사(이하 "적격심사"라 한다)를 받아야 한다.

　2. 근무성적평정에서 최하위 등급의 평정을 총 2년 이상 받은 때. 이 경우 고위공무원단에 속하는 일반직공무원으로 임용되기 전에 고위공무원단에 속하는 별정직공무원으로 재직한 경우에는 그 재직기간 중에 받은 최하위등급의 평정을 포함한다.

　3. 대통령령으로 정하는 정당한 사유 없이 직위를 부여받지 못한 기간이 총 1년에 이른 때

　4. 다음 각 목의 경우에 모두 해당할 때

　　가. 근무성적평정에서 최하위 등급을 1년 이상 받은 사실이 있는 경우. 이 경우 고위공무원단에 속하는 일반직공무원으로 임용되기 전에 고위공무원단에 속하는 별정직공무원으로 재직한 경우에는 그 재직기간 중에 받은 최하위 등급을 포함한다.

　　나. 대통령령으로 정하는 정당한 사유 없이 6개월 이상 직위를 부여받지 못한 사실이 있는 경우

　5. 조건부 적격자가 교육훈련을 이수하지 아니하거나 연구과제를 수행하지 아니한 때

② 적격심사는 제1항 각 호의 어느 하나에 해당하게 된 때부터 6개월 이내에 실시하여야 한다.

■ 소청심사

제9조　　소청심사위원회의 설치

① 행정기관 소속 공무원의 징계처분, 그 밖에 그 의사에 반하는 불리한 처분이나 부작위에 대한 소청을 심사·결정하게 하기 위하여 인사혁신처에 소청심사위원회를 둔다.

③ 국회사무처, 법원행정처, 헌법재판소사무처 및 중앙선거관리위원회사무처에 설치된 소청심사위원회는 위원장 1명을 포함한 위원 5명 이상 7명 이하의 비상임위원으로 구성하고, 인사혁신처에 설치된 소청심사위원회는 위원장 1명을 포함한 5명 이상 7명 이하의 상임위원과 상임위원 수의 2분의 1 이상인 비상임위원으로 구성하되, 위원장은 정무직으로 보한다.

제10조　　소청심사위원회위원의 자격과 임명

① 소청심사위원회의 위원(위원장을 포함한다. 이하 같다)은 다음 각 호의 어느 하나에 해당하고 인사행정에 관한 식견이 풍부한 자 중에서 국회사무총장, 법원행정처장, 헌법재판소사무처장, 중앙선거관리위원회사무총장 또는 인사혁신처장의 제청으로 국회의장, 대법원장, 헌법재판소장, 중앙선거관리위원회위원장 또는 대통령이 임명한다. 이 경우 인사혁신처장이 위원을 임명제청하는 때에는 국무총리를 거쳐야 하고, 인사혁신처에 설치된 소청심사위원회의 위원 중 비상임위원은 제1호 및 제2호의 어느 하나에 해당하는 자 중에서 임명하여야 한다.

1. 법관·검사 또는 변호사의 직에 5년 이상 근무한 자
2. 대학에서 행정학·정치학 또는 법률학을 담당한 부교수 이상의 직에 5년 이상 근무한 자
3. 3급 이상 공무원 또는 고위공무원단에 속하는 공무원으로 3년 이상 근무한 자

② 소청심사위원회의 상임위원의 임기는 3년으로 하며, 한 번만 연임할 수 있다.

④ 소청심사위원회의 상임위원은 다른 직무를 겸할 수 없다.

제10조의2　소청심사위원의 결격사유

① 다음 각 호의 어느 하나에 해당하는 자는 소청심사위원회의 위원이 될 수 없다.

1. 제33조 각 호의 어느 하나에 해당하는 자
2. 「정당법」에 따른 정당의 당원
3. 「공직선거법」에 따라 실시하는 선거에 후보자로 등록한 자

② 소청심사위원회위원이 제1항 각 호의 어느 하나에 해당하게 된 때에는 당연히 퇴직한다.

제15조　　결정의 효력

제14조에 따른 소청심사위원회의 결정은 처분 행정청을 기속(羈束)한다.

제16조　　행정소송과의 관계

① [행정소송 전심절차] 제75조에 따른 처분, 그 밖에 본인의 의사에 반한 불리한 처분이나 부작위(不作爲)에 관한 행정소송은 소청심사위원회의 심사·결정을 거치지 아니하면 제기할 수 없다.

제17조	인사에 관한 감사

① 인사혁신처장은 대통령령으로 정하는 바에 따라 행정기관의 인사행정 운영의 적정 여부를 정기 또는 수시로 감사할 수 있으며, 필요하면 관계 서류를 제출하도록 요구할 수 있다.

제17조의2	위법·부당한 인사행정 신고

① 누구든지 위법 또는 부당한 인사행정 운영이 발생하였거나 발생할 우려가 있다고 인정되는 경우에는 중앙인사관장기관의 장에게 신고할 수 있다.

② 누구든지 제1항에 따른 신고를 하지 못하도록 방해하거나 신고를 취하하도록 강요해서는 아니 되며, 신고자에게 신고를 이유로 불이익조치를 해서는 아니 된다.

■ 직위분류제

제5조	정의

이 법에서 사용하는 용어의 뜻은 다음과 같다.

1. "직위(職位)"란 1명의 공무원에게 부여할 수 있는 직무와 책임을 말한다.
2. "직급(職級)"이란 직무의 종류·곤란성과 책임도가 상당히 유사한 직위의 군을 말한다.
3. "정급(定級)"이란 직위를 직급 또는 직무등급에 배정하는 것을 말한다.
4. "강임(降任)"이란 같은 직렬 내에서 하위 직급에 임명하거나 하위 직급이 없어 다른 직렬의 하위 직급으로 임명하거나 고위공무원단에 속하는 일반직공무원(제4조 제2항에 따라 같은 조 제1항의 계급 구분을 적용하지 아니하는 공무원은 제외한다)을 고위공무원단 직위가 아닌 하위 직위에 임명하는 것을 말한다.
5. "전직(轉職)"이란 직렬을 달리하는 임명을 말한다.
6. "전보(轉補)"란 같은 직급 내에서의 보직 변경 또는 고위공무원단 직위 간의 보직 변경(제4조 제2항에 따라 같은 조 제1항의 계급 구분을 적용하지 아니하는 공무원은 고위공무원단 직위와 대통령령으로 정하는 직위 간의 보직 변경을 포함한다)을 말한다.
7. "직군(職群)"이란 직무의 성질이 유사한 직렬의 군을 말한다.
8. "직렬(職列)"이란 직무의 종류가 유사하고 그 책임과 곤란성의 정도가 서로 다른 직급의 군을 말한다.
9. "직류(職類)"란 같은 직렬 내에서 담당 분야가 같은 직무의 군을 말한다.
10. "직무등급"이란 직무의 곤란성과 책임도가 상당히 유사한 직위의 군을 말한다.

제22조	직위분류제의 원칙

직위분류를 할 때에는 모든 대상 직위를 직무의 종류와 곤란성 및 책임도에 따라 직군·직렬·직급 또는 직무등급별로 분류하되, 같은 직급이나 같은 직무등급에 속하는 직위에 대하여는 동일하거나 유사한 보수가 지급되도록 분류하여야 한다.

제22조의2   직무분석

① 중앙인사관장기관의 장 또는 소속 장관은 합리적인 인사관리를 위하여 필요하면 직무분석을 실시할 수 있다. 다만, 행정부의 경우 인사혁신처장은 법률에 따라 새로 설치되는 기관의 직위에 대하여 직무분석을 실시하는 등 대통령령으로 정하는 경우에는 그 실시대상 직위 및 실시방법 등에 대하여 행정안전부 장관과 협의하여야 한다.

■ 임용과 시험

제26조   임용의 원칙

공무원의 임용은 시험성적·근무성적, 그 밖의 능력의 실증에 따라 행한다. 다만, 국가기관의 장은 대통령령등으로 정하는 바에 따라 장애인·이공계전공자·저소득층 등에 대한 채용·승진·전보 등 인사관리상의 우대와 실질적인 양성 평등을 구현하기 위한 적극적인 정책을 실시할 수 있다.

제26조의2   근무시간의 단축 임용

국가기관의 장은 업무의 특성이나 기관의 사정 등을 고려하여 소속 공무원을 대통령령등으로 정하는 바에 따라 통상적인 근무시간보다 짧게 근무하는 공무원으로 임용할 수 있다.

제26조의3   외국인과 복수국적자의 임용

① 국가기관의 장은 국가안보 및 보안·기밀에 관계되는 분야를 제외하고 대통령령등으로 정하는 바에 따라 외국인을 공무원으로 임용할 수 있다.

제26조의4   지역 인재의 추천 채용 및 수습근무

① 임용권자는 우수한 인재를 공직에 유치하기 위하여 학업 성적 등이 뛰어난 고등학교 이상 졸업자나 졸업 예정자를 추천·선발하여 3년의 범위에서 수습으로 근무하게 하고, 그 근무기간 동안 근무성적과 자질이 우수하다고 인정되는 자는 6급 이하의 공무원으로 임용할 수 있다.

제26조의5   근무기간을 정하여 임용하는 공무원

① 임용권자는 전문지식·기술이 요구되거나 임용관리에 특수성이 요구되는 업무를 담당하게 하기 위하여 경력직공무원을 임용할 때에 일정기간을 정하여 근무하는 공무원(이하 "임기제공무원"이라 한다)을 임용할 수 있다.

제28조   신규채용

① 공무원은 공개경쟁 채용시험으로 채용한다.

② 제1항에도 불구하고 다음 각 호의 어느 하나에 해당하는 경우에는 경력 등 응시요건을 정하여 같은 사유에 해당하는 다수인을 대상으로 경쟁의 방법으로 채용하는 시험(이하 "경력경쟁 채용시험"이라 한다)으로 공무원을 채용할 수 있다.

제28조의2　전입

국회, 법원, 헌법재판소, 선거관리위원회 및 행정부 상호 간에 다른 기관 소속 공무원을 전입하려는 때에는 시험을 거쳐 임용하여야 한다.

제28조의3　전직

공무원을 전직 임용하려는 때에는 전직시험을 거쳐야 한다. 다만, 대통령령등으로 정하는 전직의 경우에는 시험의 일부나 전부를 면제할 수 있다.

제28조의4　개방형 직위

① 임용권자나 임용제청권자는 해당 기관의 직위 중 전문성이 특히 요구되거나 효율적인 정책 수립을 위하여 필요하다고 판단되어 공직 내부나 외부에서 적격자를 임용할 필요가 있는 직위에 대하여는 개방형 직위로 지정하여 운영할 수 있다. 이 경우 「정부조직법」 등 조직 관계 법령에 따라 1급부터 3급까지의 공무원 또는 이에 상당하는 공무원으로 보할 수 있는 직위(고위공무원단 직위를 포함하며, 실장·국장 밑에 두는 보조기관 또는 이에 상당하는 직위는 제외한다) 중 임기제공무원으로도 보할 수 있는 직위(대통령령으로 정하는 직위는 제외한다)는 개방형 직위로 지정된 것으로 본다.

✚「개방형 직위 및 공모 직위의 운영 등에 관한 규정」

제3조【개방형 직위의 지정】 ① 「국가공무원법」(이하 "법"이라 한다) 제28조의4 제1항에 따라 「공무원임용령」 제2조 제3호에 따른 소속장관(이하 "소속 장관"이라 한다)은 소속 장관별로 법 제2조의2 제2항 각 호의 고위공무원단 직위 총수의 100분의 20의 범위에서 개방형 직위를 지정하되, 중앙행정기관과 소속 기관 간 균형을 유지하도록 하여야 한다.

② 소속 장관은 중앙행정기관의 실장·국장 밑에 두는 보조기관 또는 이에 상응하는 직위(이하 "과장급직위"라 한다) 총수의 100분의 20의 범위에서 개방형 직위를 지정하되, 그 실시 성과가 크다고 판단되는 기관, 공무원의 종류 또는 직무 분야 등을 고려하여야 한다.

③ 소속 장관은 제1항 및 제2항에 따른 개방형 직위 중 특히 공직 외부의 경험과 전문성을 적극 활용할 필요가 있는 직위를 공직 외부에서만 적격자를 선발하는 개방형 직위(이하 "경력개방형 직위"라 한다)로 지정할 수 있다.

제9조【개방형 직위의 임용기간】 ① 개방형 직위에 임용되는 공무원의 임용기간은 다른 법령(「공무원임용령」은 제외한다)에 특별한 규정이 있는 경우를 제외하고는 5년의 범위에서 소속 장관이 정하되, 최소한 2년 이상으로 하여야 한다. 다만, 다음 각 호의 어느 하나에 해당하는 경우에는 특별한 사정이 없는 한 임용기간은 최소한 해당 호에서 정한 기간 이상으로 해야 한다.

1. 공무원(국·공립 대학의 교원은 제외한다)이 아닌 사람이 개방형 직위에 임기제공무원으로 임용되는 경우: 3년
2. 제3항에 따라 임기제공무원이 동일 개방형 직위에 임기제공무원이 아닌 일반직공무원으로 임용되는 경우: 1년

제11조【개방형임용자의 다른 직위에의 임용 제한 등】 ① 개방형임용 당시 경력직공무원이었던 사람은 개방형 직위의 임용기간에 다른 직위에 임용될 수 없다. 다만, 다음 각 호의 어느 하나에 해당하는 경우는 예외로 한다.

1. 승진임용의 경우
2. 휴직의 경우
3. 계처분이나 직위해제처분을 받은 경우
4. 그 밖에 해당 직위의 직무를 수행할 수 없는 등 특별한 사유가 있어 인사혁신처장과의 협의를 거친 경우

제28조의5　공모 직위

① 임용권자나 임용제청권자는 해당 기관의 직위 중 효율적인 정책 수립 또는 관리를 위하여 해당 기관 내부 또는 외부의 공무원 중에서 적격자를 임용할 필요가 있는 직위에 대하여는 공모 직위(公募 職位)로 지정하여 운영할 수 있다.

> **✚ 「개방형 직위 및 공모 직위의 운영 등에 관한 규정」**
>
> 제13조【공모 직위의 지정】① 법 제28조의5 제1항에 따라 소속 장관은 소속 장관별로 경력직공무원으로 임명할 수 있는 고위공무원단직위 총수의 100분의 30의 범위에서 공모 직위를 지정하되, 중앙행정기관과 소속 기관 간 균형을 유지하도록 하여야 한다.
>
> ② 소속 장관은 경력직공무원으로 임명할 수 있는 과장급직위 총수의 100분의 20의 범위에서 공모 직위를 지정하되, 그 실시 성과가 크다고 판단되는 기관, 공무원의 종류 또는 직무 분야 등을 고려하여야 한다.
>
> 제20조【공모 직위 임용자의 다른 직위에의 임용 제한 등】① 공모 직위에 임용된 공무원은 「공무원임용령」 제45조에도 불구하고 임용된 날부터 2년 이내에 다른 직위에 임용될 수 없다. 다만, 다음 각 호의 어느 하나에 해당하는 경우는 예외로 한다.
>
> 1. 승진임용의 경우
> 2. 휴직의 경우
> 3. 징계처분이나 직위해제처분을 받은 경우

제29조　시보 임용

① 5급 공무원을 신규 채용하는 경우에는 1년, 6급 이하의 공무원을 신규 채용하는 경우에는 6개월간 각각 시보(試補)로 임용하고 그 기간의 근무성적 · 교육훈련성적과 공무원으로서의 자질을 고려하여 정규 공무원으로 임용한다.

제32조　임용권자

① 행정기관 소속 5급 이상 공무원 및 고위공무원단에 속하는 일반직공무원은 소속 장관의 제청으로 인사혁신처장과 협의를 거친 후에 국무총리를 거쳐 대통령이 임용하되, 고위공무원단에 속하는 일반직공무원의 경우 소속 장관은 해당 기관에 소속되지 아니한 공무원에 대하여도 임용제청할 수 있다. 이 경우 국세청장은 국회의 인사청문을 거쳐 대통령이 임명한다.

제33조　결격사유

다음 각 호의 어느 하나에 해당하는 자는 공무원으로 임용될 수 없다.

1. 피성년후견인 또는 피한정후견인
2. 파산선고를 받고 복권되지 아니한 자
3. 금고 이상의 실형을 선고받고 그 집행이 종료되거나 집행을 받지 아니하기로 확정된 후 5년이 지나지 아니한 자
4. 금고 이상의 형을 선고받고 그 집행유예 기간이 끝난 날부터 2년이 지나지 아니한 자
5. 금고 이상의 형의 선고유예를 받은 경우에 그 선고유예 기간 중에 있는 자
6. 법원의 판결 또는 다른 법률에 따라 자격이 상실되거나 정지된 자
6의2. 공무원으로 재직기간 중 직무와 관련하여 「형법」 제355조 및 제356조에 규정된 죄를 범한 자로서 300만 원 이상의 벌금형을 선고받고 그 형이 확정된 후 2년이 지나지 아니한 자

6의3. 「성폭력범죄의 처벌 등에 관한 특례법」 제2조에 규정된 죄를 범한 사람으로서 100만 원 이상의 벌금형을 선고받고 그 형이 확정된 후 3년이 지나지 아니한 사람

6의4. 미성년자에 대한 다음 각 목의 어느 하나에 해당하는 죄를 저질러 파면·해임되거나 형 또는 치료감호를 선고받아 그 형 또는 치료감호가 확정된 사람(집행유예를 선고받은 후 그 집행유예기간이 경과한 사람을 포함한다)

   가. 「성폭력범죄의 처벌 등에 관한 특례법」 제2조에 따른 성폭력범죄

   나. 「아동·청소년의 성보호에 관한 법률」 제2조제2호에 따른 아동·청소년대상 성범죄

7. 징계로 파면처분을 받은 때부터 5년이 지나지 아니한 자

8. 징계로 해임처분을 받은 때부터 3년이 지나지 아니한 자

제38조 채용후보자 명부

① 시험 실시기관의 장은 공개경쟁 채용시험에 합격한 사람을 대통령령등으로 정하는 바에 따라 채용후보자 명부에 등재하여야 한다.

② 제28조 제1항에 따른 공무원 공개경쟁 채용시험에 합격한 사람의 채용후보자 명부의 유효기간은 2년의 범위에서 대통령령등으로 정한다. 다만, 시험 실시기관의 장은 필요에 따라 1년의 범위에서 그 기간을 연장할 수 있다.

제40조 승진

① 승진임용은 근무성적평정·경력평정, 그 밖에 능력의 실증에 따른다. 다만, 1급부터 3급까지의 공무원으로의 승진임용 및 고위공무원단 직위로의 승진임용의 경우에는 능력과 경력 등을 고려하여 임용하며, 5급 공무원으로의 승진임용의 경우에는 승진시험을 거치도록 하되, 필요하다고 인정하면 대통령령등으로 정하는 바에 따라 승진심사위원회의 심사를 거쳐 임용할 수 있다.

■ 보수

제46조 보수 결정의 원칙

① 공무원의 보수는 직무의 곤란성과 책임의 정도에 맞도록 계급별·직위별 또는 직무등급별로 정한다. 다만, 다음 각 호의 어느 하나에 해당하는 공무원의 보수는 따로 정할 수 있다.

1. 직무의 곤란성과 책임도가 매우 특수하거나 결원을 보충하는 것이 곤란한 직무에 종사하는 공무원

2. 제4조 제2항에 따라 같은 조 제1항의 계급 구분이나 직군 및 직렬의 분류를 적용하지 아니하는 공무원

3. 임기제공무원

② 공무원의 보수는 일반의 표준 생계비, 물가 수준, 그 밖의 사정을 고려하여 정하되, 민간 부문의 임금 수준과 적절한 균형을 유지하도록 노력하여야 한다.

■ 동기부여

제53조   제안 제도

① 행정 운영의 능률화와 경제화를 위한 공무원의 창의적인 의견이나 고안(考案)을 계발하고 이를 채택하여 행정 운영의 개선에 반영하도록 하기 위하여 제안 제도를 둔다.

② 제안이 채택되고 시행되어 국가 예산을 절약하는 등 행정 운영 발전에 뚜렷한 실적이 있는 자에게는 상여금을 지급할 수 있으며 특별승진이나 특별승급을 시킬 수 있다.

■ 복무

제65조   정치 운동의 금지

① 공무원은 정당이나 그 밖의 정치단체의 결성에 관여하거나 이에 가입할 수 없다.

② 공무원은 선거에서 특정 정당 또는 특정인을 지지 또는 반대하기 위한 다음의 행위를 하여서는 아니 된다.

　　1. 투표를 하거나 하지 아니하도록 권유 운동을 하는 것

　　2. 서명 운동을 기도(企圖)·주재(主宰)하거나 권유하는 것

　　3. 문서나 도서를 공공시설 등에 게시하거나 게시하게 하는 것

　　4. 기부금을 모집 또는 모집하게 하거나, 공공자금을 이용 또는 이용하게 하는 것

　　5. 타인에게 정당이나 그 밖의 정치단체에 가입하게 하거나 가입하지 아니하도록 권유 운동을 하는 것

③ 공무원은 다른 공무원에게 제1항과 제2항에 위배되는 행위를 하도록 요구하거나, 정치적 행위에 대한 보상 또는 보복으로서 이익 또는 불이익을 약속하여서는 아니 된다.

■ 신분보장

제66조   집단 행위의 금지

① 공무원은 노동운동이나 그 밖에 공무 외의 일을 위한 집단 행위를 하여서는 아니 된다. 다만, 사실상 노무에 종사하는 공무원은 예외로 한다.

② 제1항 단서의 사실상 노무에 종사하는 공무원의 범위는 대통령령 등으로 정한다.

제68조   의사에 반한 신분 조치

공무원은 형의 선고, 징계처분 또는 이 법에서 정하는 사유에 따르지 아니하고는 본인의 의사에 반하여 휴직·강임 또는 면직을 당하지 아니한다. 다만, 1급 공무원과 제23조에 따라 배정된 직무등급이 가장 높은 등급의 직위에 임용된 고위공무원단에 속하는 공무원은 그러하지 아니하다.

제69조   당연퇴직

공무원이 다음 각 호의 어느 하나에 해당할 때에는 당연히 퇴직한다.

1. 제33조 각 호의 어느 하나에 해당하는 경우. 다만, 제33조 제2호는 파산선고를 받은 사람으로서 「채무자 회생 및 파산에 관한 법률」에 따라 신청기한 내에 면책신청을 하지 아니하였거나 면책불허가 결정 또는 면책 취소가 확정된 경우만 해당하고, 제33조 제5호는 「형법」 제129조부터 제132조까지, 「성폭력범죄의 처벌 등에 관한 특례법」 제2조, 「아동·청소년의 성보호에 관한 법률」 제2조 제2호 및 직무와 관련하여 「형법」 제355조 또는 제356조에 규정된 죄를 범한 사람으로서 금고 이상의 형의 선고유예를 받은 경우만 해당한다.
2. 임기제공무원의 근무기간이 만료된 경우

제70조   직권 면직

① 임용권자는 공무원이 다음 각 호의 어느 하나에 해당하면 직권으로 면직시킬 수 있다.

3. 직제와 정원의 개폐 또는 예산의 감소 등에 따라 폐직(廢職) 또는 과원(過員)이 되었을 때
4. 휴직 기간이 끝나거나 휴직 사유가 소멸된 후에도 직무에 복귀하지 아니하거나 직무를 감당할 수 없을 때
5. 제73조의3 제3항에 따라 대기 명령을 받은 자가 그 기간에 능력 또는 근무성적의 향상을 기대하기 어렵다고 인정된 때
6. 전직시험에서 세 번 이상 불합격한 자로서 직무수행 능력이 부족하다고 인정된 때
7. 병역판정검사·입영 또는 소집의 명령을 받고 정당한 사유 없이 이를 기피하거나 군복무를 위하여 휴직 중에 있는 자가 군복무 중 군무(軍務)를 이탈하였을 때
8. 해당 직급·직위에서 직무를 수행하는데 필요한 자격증의 효력이 없어지거나 면허가 취소되어 담당 직무를 수행할 수 없게 된 때
9. 고위공무원단에 속하는 공무원이 제70조의2에 따른 적격심사 결과 부적격 결정을 받은 때

제73조의3 직위해제

① 임용권자는 다음 각 호의 어느 하나에 해당하는 자에게는 직위를 부여하지 아니할 수 있다.

　　2. 직무수행 능력이 부족하거나 근무성적이 극히 나쁜 자

　　3. 파면·해임·강등 또는 정직에 해당하는 징계 의결이 요구 중인 자

　　4. 형사 사건으로 기소된 자(약식명령이 청구된 자는 제외한다)

　　5. 고위공무원단에 속하는 일반직공무원으로서 제70조의2 제1항 제2호부터 제5호까지의 사유로 적격심사를 요구받은 자

　　6. 금품비위, 성범죄 등 대통령령으로 정하는 비위행위로 인하여 감사원 및 검찰·경찰 등 수사기관에서 조사나 수사 중인 자로서 비위의 정도가 중대하고 이로 인하여 정상적인 업무수행을 기대하기 현저히 어려운 자

② 제1항에 따라 직위를 부여하지 아니한 경우에 그 사유가 소멸되면 임용권자는 지체 없이 직위를 부여하여야 한다.

③ 임용권자는 제1항 제2호에 따라 직위해제된 자에게 3개월의 범위에서 대기를 명한다.

제73조의4 강임

① 임용권자는 직제 또는 정원의 변경이나 예산의 감소 등으로 직위가 폐직되거나 하위의 직위로 변경되어 과원이 된 경우 또는 본인이 동의한 경우에는 소속 공무원을 강임할 수 있다.

제74조 정년

① 공무원의 정년은 다른 법률에 특별한 규정이 있는 경우를 제외하고는 60세로 한다.

제74조의2 명예퇴직 등

① 공무원으로 20년 이상 근속(勤續)한 자가 정년 전에 스스로 퇴직(임기제공무원이 아닌 경력직공무원이 임기제공무원으로 임용되어 퇴직하는 경우로서 대통령령으로 정하는 경우를 포함한다)하면 예산의 범위에서 명예퇴직 수당을 지급할 수 있다.

■ 고충 처리

제76조의2 고충 처리

① 공무원은 인사·조직·처우 등 각종 직무 조건과 그 밖에 신상 문제와 관련한 고충에 대하여 상담을 신청하거나 심사를 청구할 수 있으며, 누구나 기관 내 성폭력 범죄 또는 성희롱 발생 사실을 알게 된 경우 이를 신고할 수 있다. 이 경우 상담 신청이나 심사 청구 또는 신고를 이유로 불이익한 처분이나 대우를 받지 아니한다.

② 중앙인사관장기관의 장, 임용권자 또는 임용제청권자는 제1항에 따른 상담을 신청받은 경우에는 소속 공무원을 지정하여 상담하게 하고, 심사를 청구받은 경우에는 제4항에 따른 관할 고충심사위원회에 부쳐 심사하도록 하여야 하며, 그 결과에 따라 고충의 해소 등 공정한 처리를 위하여 노력하여야 한다.

③ 중앙인사관장기관의 장, 임용권자 또는 임용제청권자는 기관 내 성폭력 범죄 또는 성희롱 발생 사실의 신고를 받은 경우에는 지체 없이 사실 확인을 위한 조사를 하고 그에 따라 필요한 조치를 하여야 한다.

④ 공무원의 고충을 심사하기 위하여 중앙인사관장기관에 중앙고충심사위원회를, 임용권자 또는 임용제청권자 단위로 보통고충심사위원회를 두되, 중앙고충심사위원회의 기능은 소청심사위원회에서 관장한다.

⑤ 중앙고충심사위원회는 보통고충심사위원회의 심사를 거친 재심청구와 5급 이상 공무원 및 고위공무원단에 속하는 일반직공무원의 고충을, 보통고충심사위원회는 소속 6급 이하의 공무원의 고충을 각각 심사한다. 다만, 6급 이하의 공무원의 고충이 성폭력 범죄 또는 성희롱 사실에 관한 고충 등 보통고충심사위원회에서 심사하는 것이 부적당하다고 대통령령등으로 정한 사안이거나 임용권자를 달리하는 둘 이상의 기관에 관련된 경우에는 중앙고충심사위원회에서, 원 소속 기관의 보통고충심사위원회에서 고충을 심사하는 것이 부적당하다고 인정될 경우에는 직근 상급기관의 보통고충심사위원회에서 각각 심사할 수 있다.

■ 징계

제78조   징계 사유

① 공무원이 다음 각 호의 어느 하나에 해당하면 징계 의결을 요구하여야 하고 그 징계 의결의 결과에 따라 징계처분을 하여야 한다.

1. 이 법 및 이 법에 따른 명령을 위반한 경우
2. 직무상의 의무(다른 법령에서 공무원의 신분으로 인하여 부과된 의무를 포함한다)를 위반하거나 직무를 태만히 한 때
3. 직무의 내외를 불문하고 그 체면 또는 위신을 손상하는 행위를 한 때

제79조   징계의 종류

징계는 파면·해임·강등·정직·감봉·견책(譴責)으로 구분한다.

제80조   징계의 효력

① 강등은 1계급 아래로 직급을 내리고(고위공무원단에 속하는 공무원은 3급으로 임용하고, 연구관 및 지도관은 연구사 및 지도사로 한다) 공무원신분은 보유하나 3개월간 직무에 종사하지 못하며 그 기간 중 보수는 전액을 감한다. 다만, 제4조 제2항에 따라 계급을 구분하지 아니하는 공무원과 임기제공무원에 대해서는 강등을 적용하지 아니한다.

③ 정직은 1개월 이상 3개월 이하의 기간으로 하고, 정직 처분을 받은 자는 그 기간 중 공무원의 신분은 보유하나 직무에 종사하지 못하며 보수는 전액을 감한다.

④ 감봉은 1개월 이상 3개월 이하의 기간 동안 보수의 3분의 1을 감한다.

⑤ 견책(譴責)은 전과(前過)에 대하여 훈계하고 회개하게 한다.

⑥ 공무원으로서 징계처분을 받은 자에 대하여는 그 처분을 받은 날 또는 그 집행이 끝난 날부터 대통령령등으로 정하는 기간 동안 승진임용 또는 승급할 수 없다. 다만, 징계처분을 받은 후 직무수행의 공적으로 포상 등을 받은 공무원에 대하여는 대통령령등으로 정하는 바에 따라 승진임용이나 승급을 제한하는 기간을 단축하거나 면제할 수 있다.

제81조　징계위원회의 설치

① 공무원의 징계처분등을 의결하게 하기 위하여 대통령령등으로 정하는 기관에 징계위원회를 둔다.

제83조　감사원의 조사와의 관계 등

① 감사원에서 조사 중인 사건에 대하여는 제3항에 따른 조사개시 통보를 받은 날부터 징계 의결의 요구나 그 밖의 징계 절차를 진행하지 못한다.

② 검찰·경찰, 그 밖의 수사기관에서 수사 중인 사건에 대하여는 제3항에 따른 수사개시 통보를 받은 날부터 징계 의결의 요구나 그 밖의 징계 절차를 진행하지 아니할 수 있다.

제83조의2　징계 및 징계부가금 부과 사유의 시효

① 징계의결등의 요구는 징계 등의 사유가 발생한 날부터 3년(제78조의2 제1항 각 호의 어느 하나에 해당하는 경우에는 5년)이 지나면 하지 못한다.

OX

1 국가공무원법상 징계는 파면·해임·정직·감봉·견책으로 구분한다. (○, ×)

2 직군이란 직무의 성질이 유사한 직렬의 군을 말한다. (○, ×)

3 헌법재판소 헌법연구관은 특수경력직공무원에 해당한다. (○, ×)

4 임용권자는 직제와 정원의 개폐 또는 예산의 감소 등에 따라 폐직 또는 과원이 되었을 때 공무원을 직위해제 할 수 있다. (○, ×)

5 5급 공무원 공개경쟁시험 합격자의 채용후보자명부 유효기간은 5년, 그 밖의 채용후보자명부 유효기간은 2년으로 한다. (○, ×)

6 「공무원 제안 규정」상 우수한 제안을 제출한 공무원에게 인사상 특전을 부여할 수 있지만 상여금은 지급할 수 없다. (○, ×)

7 우리나라 「지방공무원법」은 공무원이 특정 후보에 대한 자신의 지지 또는 반대의사를 나타내는 것을 금지하고 있다. (○, ×)

8 전직시험에서 3회 이상 불합격한 자로서 직무능력이 부족한 자는 직위해제 대상이다. (○, ×)

9 고위공무원단에 속하는 일반직공무원으로 근무성적평정에서 총 2년 이상 최하위 등급의 평정을 받아 '적격심사'를 요구 받은 자에 대해서는 직위를 부여하지 아니할 수 있다. (○, ×)

1 × 파면·해임·강등·정직·감봉·견책으로 구분한다.　2 ○　3 × 경력직공무원 중 특정직공무원에 해당한다.
4 × 임용권자는 직제와 정원의 개폐 또는 예산의 감소 등에 따라 폐직 또는 과원이 되었을 때 공무원을 직권면직 시킬 수 있다.
5 × 채용후보자명부의 유효기간은 2년이다.　6 × 상여금 지급도 가능　7 × 지지 또는 반대의사표명 자체를 금지하는 것은 아니며,
권유운동, 서명운동 등을 금지하고 있다.　8 × 직위해제 → 직권면직　9 ○

08 | 공무원 성과평가 등에 관한 규정

관련단원 PART 4. 인사행정론

■ 성과계약 등 평가

제7조 **평가 대상**

4급 이상 공무원(고위공무원단에 속하는 공무원을 포함한다)과 연구관·지도관(「연구직 및 지도직공무원의 임용 등에 관한 규정」 제9조에 따른 연구관 및 지도관은 제외한다) 및 전문직공무원에 대한 근무성적평정은 성과계약 등 평가에 의한다. 다만, 소속 장관은 5급 이하 공무원 및 우정직공무원 중 성과계약 등 평가가 적합하다고 인정하는 공무원에 대해서도 성과계약 등 평가를 실시할 수 있다.

제8조 **평가자 및 확인자**

① [복수(이중) 평정제] 성과계약 등 평가의 평가자는 평가 대상 공무원의 업무수행 과정 및 성과를 관찰할 수 있는 상급 또는 상위 감독자 중에서 소속 장관이 지정하고, 확인자는 평가자의 상급 또는 상위 감독자 중에서 소속 장관이 지정한다. 다만, 소속 장관은 평가항목의 특성에 따라 필요하다고 인정되면 일부 평가항목에 대하여 평가자 또는 확인자를 달리 정할 수 있고, 평가자의 상급 또는 상위 감독자가 없는 경우에는 확인자를 지정하지 아니할 수 있다.

제9조 **성과계약의 체결**

① 소속 장관은 평가 대상 기간의 해당 기관의 임무 등을 기초로 평가 대상 공무원(제7조에 따른 성과계약 등 평가 대상 공무원을 말한다. 이하 이 절에서 같다)과 평가자가 성과계약을 체결하도록 하여야 한다.

제10조 **평가 방법**

① 성과계약 등 평가는 평가 대상 기간 중 평가 대상 공무원의 소관 업무에 대한 성과계약의 성과목표 달성도 등을 고려하여 평가하고, 평가등급의 수는 3개 이상으로 하여야 한다.

■ 근무성적평가

제12조 **근무성적평가의 대상**

5급 이하 공무원, 우정직공무원, 「연구직 및 지도직공무원의 임용 등에 관한 규정」(이하 "연구직및지도직 규정"이라 한다) 제9조에 따른 연구직 및 지도직공무원에 대한 근무성적평정은 근무성적평가에 의한다.

제13조　평가자 및 확인자

① [복수(이중) 평정제] 근무성적평가의 평가자는 평가 대상 공무원의 업무수행 과정 및 성과를 관찰할 수 있는 상급 또는 상위 감독자 중에서 소속 장관이 지정하고, 확인자는 평가자의 상급 또는 상위 감독자 중에서 소속 장관이 지정한다. 다만, 소속 장관은 평가항목의 특성에 따라 필요하다고 인정되면 일부 평가항목에 대하여 평가자 또는 확인자를 달리 정할 수 있고, 평가자의 상급 또는 상위 감독자가 없는 경우에는 확인자를 지정하지 아니할 수 있다.

제14조　근무성적평가의 평가항목 등

① 근무성적평가의 평가항목은 근무실적과 직무수행능력으로 하되, 소속 장관이 필요하다고 인정하는 경우에는 인사혁신처장이 정하는 범위에서 직무수행태도 또는 부서 단위의 운영 평가 결과를 평가항목에 추가할 수 있다.

■ 근무성적평정의 절차 등

제20조　성과면담 등

① 평가자는 근무성적평정이 공정하고 타당하게 실시될 수 있도록 하기 위하여 근무성적평정 대상 공무원과 성과면담을 실시하여야 한다.

제21조　근무성적평정 결과의 공개 및 이의신청 등

① 다음 각 호의 어느 하나에 해당하는 공무원은 근무성적평정이 완료되면 평정 대상 공무원에게 해당 근무성적평정 결과를 알려 주어야 한다. 다만, 제3호의 평가 단위 확인자의 경우에는 근무성적평가만 해당한다.
　1. 평가자
　2. 확인자
　3. 확인자의 상급 또는 상위 감독자 중 소속 장관이 지정하는 공무원(평가 단위에서 확인자의 상급 또는 상위의 감독자가 있는 경우에 한정하며, 이하 "평가 단위 확인자"라 한다)

③ 근무성적평정 대상 공무원은 평가자의 근무성적평정 결과에 이의가 있는 경우에는 확인자에게 이의를 신청할 수 있다. 다만, 제8조 제1항 단서 및 제13조 제1항 단서에 따라 소속 장관이 확인자를 지정하지 아니한 경우에는 각각 평가자에게 이의를 신청할 수 있다. (※ 소청은 불가)

⑤ 제3항 및 제4항에 따라 이의신청을 받은 평가 단위 확인자, 확인자 또는 평가자는 신청한 내용이 타당하다고 판단하는 경우에는 해당 공무원에 대한 근무성적평정 결과를 조정할 수 있으며, 이의신청을 받아들이지 아니하는 경우에는 그 사유를 해당 공무원에게 설명하여야 한다. 이 경우 평가 단위 확인자가 이의신청에 대한 결정을 할 때에는 확인자 및 평가자와 협의하여야 하며, 확인자가 이의신청에 대한 결정을 할 때에는 평가자와 협의하여야 한다.

⑥ 근무성적평가 대상 공무원으로서 제5항에 따른 이의신청 결과에 불복하는 공무원은 제18조에 따른 근무성적평가위원회에 근무성적평가 결과의 조정을 신청할 수 있다.

■ 다면평가

제28조　다면평가

① 소속 장관은 소속 공무원에 대한 능력개발 및 인사관리 등을 위하여 해당 공무원의 상급 또는 상위 공무원, 동료, 하급 또는 하위 공무원 및 민원인 등에 의한 다면평가를 실시할 수 있다.

③ 제1항에 따른 다면평가의 평가자 집단은 다면평가 대상 공무원의 실적·능력 등을 잘 아는 업무 관련자로 구성하되, 소속 공무원의 인적 구성을 고려하여 공정하게 대표되도록 구성하여야 한다.

④ 제1항에 따른 다면평가의 결과는 해당 공무원에게 공개할 수 있다.

OX

1 근무성적평정의 평가자는 근무성적평정 대상 공무원과 의견교환 등 성과면담을 3회 이상 실시하여야 한다. (O, ×)

2 근무성적평정의 평가자는 근무성적평정이 완료되면 당해 공무원에 대한 근무성적평정 결과를 즉시 공개해야 한다. (O, ×)

3 4급 이상 및 고위공무원단에 속하는 자는 성과계약에 의한 목표달성도를 연1회 평가한다. (O, ×)

4 우리나라의 다면평가제의 평가자를 행정기관 내부자에 국한한다. (O, ×)

1 × 횟수에 대한 규정은 없다.　**2** O　**3** O　**4** × 민원인 등 외부자도 포함된다.

09 | 공무원연금법

관련단원 PART 4. 인사행정론

■ 총칙

제2조 **주관**
이 법에 따른 공무원연금제도의 운영에 관한 사항은 인사혁신처장이 맡아서 주관한다.

제3조 **정의**
① 이 법에서 사용하는 용어의 뜻은 다음과 같다.
　　1. "공무원"이란 상시 공무에 종사하는 다음 각 목의 어느 하나에 해당하는 자를 말한다.
　　　　가. 「국가공무원법」, 「지방공무원법」, 그 밖의 법률에 따른 공무원. 다만, 군인과 선거에 의하여 취임하는 공무원은 제외한다.
　　　　나. 그 밖에 대통령령으로 정하는 국가나 지방자치단체의 직원 중 대통령령으로 정하는 사람

■ 재직기간

제25조 **재직기간의 계산**
① 공무원의 재직기간은 공무원으로 임명된 날이 속하는 달부터 퇴직한 날의 전날 또는 사망한 날이 속하는 달까지의 연월수(年月數)로 계산한다.

급여

제28조 **급여**
공무원의 퇴직·사망 및 비공무상 장해에 대하여 다음 각 호에 따른 급여를 지급한다.
　　1. 퇴직급여
　　　　가. 퇴직연금
　　　　나. 퇴직연금일시금
　　　　다. 퇴직연금공제일시금
　　　　라. 퇴직일시금
　　2. 퇴직유족급여
　　　　가. 퇴직유족연금
　　　　나. 퇴직유족연금부가금
　　　　다. 퇴직유족연금특별부가금
　　　　라. 퇴직유족연금일시금
　　　　마. 퇴직유족일시금

3. 비공무상 장해급여
   가. 비공무상 장해연금
   나. 비공무상 장해일시금
4. 퇴직수당

제30조 **급여액 산정의 기초**

① 이 법에 따른 급여의 산정은 급여의 사유가 발생한 날이 속하는 달의 기준소득월액을 기초로 한다.

제43조 **퇴직연금 또는 퇴직연금일시금 등**

① 공무원이 10년 이상 재직하고 퇴직한 경우에는 다음 각 호의 어느 하나에 해당하는 때부터 사망할 때까지 퇴직연금을 지급한다.

　1. 65세가 되었을 때

② 제1항에도 불구하고 공무원이 10년 이상 재직하고 제1항 제1호부터 제4호까지의 규정에서 정한 퇴직연금 지급이 시작되는 시점 이전에 퇴직한 경우에는 본인이 원하면 그가 사망할 때까지 제1항 제1호부터 제4호까지의 규정에서 정한 퇴직연금 지급이 시작되는 시점에 못 미치는 햇수[이하 "미달연수(未達年數)"라 한다]에 따라 다음 각 호에 정한 금액을 조기퇴직연금으로 지급할 수 있다.

③ 제1항과 제2항에 따라 퇴직연금 또는 조기퇴직연금을 받을 권리가 있는 자가 원하는 경우에는 퇴직연금 또는 조기퇴직연금을 갈음하여 퇴직연금일시금을 지급하거나, 10년(퇴직연금·조기퇴직연금 또는 퇴역연금의 수급자가 제24조에 따라 재직기간을 합산받은 경우에는 그 합산받은 재직기간)을 초과하는 재직기간 중 본인이 원하는 기간에 대하여는 그 기간에 해당하는 퇴직연금 또는 조기퇴직연금을 갈음하여 퇴직연금공제일시금(이하 "공제일시금"이라 한다)을 지급할 수 있다.

제51조 **퇴직일시금**

① 공무원이 10년 미만 재직하고 퇴직한 경우에는 퇴직일시금을 지급한다.

제62조 **퇴직수당**

① 공무원이 1년 이상 재직하고 퇴직하거나 사망한 경우에는 퇴직수당을 지급한다.

② 제1항의 퇴직수당은 재직기간 매 1년에 대하여 기준소득월액에 대통령령으로 정하는 비율을 곱한 금액으로 한다.

제65조 **형벌 등에 따른 급여의 제한**

① 공무원이거나 공무원이었던 자가 다음 각 호의 어느 하나에 해당하는 경우에는 대통령령으로 정하는 바에 따라 퇴직급여 및 퇴직수당의 일부를 감액하여 지급한다. 이 경우 퇴직급여액은 이미 낸 기여금의 총액에 「민법」 제379조에 따른 이자를 가산한 금액 이하로 감액할 수 없다.

　1. 재직 중의 사유로 금고 이상의 형이 확정된 경우(직무와 관련이 없는 과실로 인한 경우 및 소속상관의 정당한 직무상의 명령에 따르다가 과실로 인한 경우는 제외한다)

　2. 탄핵 또는 징계에 의하여 파면된 경우

　3. 금품 및 향응수수, 공금의 횡령·유용으로 징계 해임된 경우

제88조　시효

① 이 법에 따른 급여를 받을 권리는 급여의 사유가 발생한 날부터 5년간 행사하지 아니하면 시효로 인하여 소멸한다.

■ 비용부담

제67조　기여금

① 기여금은 공무원으로 임명된 날이 속하는 달부터 퇴직한 날의 전날 또는 사망한 날이 속하는 달까지 월별로 내야 한다. 다만, 기여금 납부기간이 36년을 초과한 자는 기여금을 내지 아니한다.

② 제1항의 기여금은 기준소득월액의 1만분의 900에 상당하는 금액으로 한다. 이 경우 기준소득월액은 공무원 전체의 기준소득월액 평균액의 100분의 160을 초과할 수 없다.

■ 공무원연금기금

제79조　공무원연금운영위원회

① 공무원연금에 관한 다음 사항을 심의하기 위하여 인사혁신처에 공무원연금운영위원회(이하 "운영위원회"라 한다)를 둔다.

1. 공무원연금제도에 관한 사항
2. 공무원연금 재정 계산에 관한 사항
3. 기금운용계획 및 결산에 관한 사항
4. 기금에 의한 공무원 후생복지사업에 관한 사항
5. 기금의 출연과 출자에 관한 사항
6. 그 밖에 인사혁신처장이 공무원연금 운영에 필요하다고 인정하는 사항

② 운영위원회는 위원장을 포함하여 15명 이상 20명 이하의 위원으로 구성한다.

③ 운영위원회의 위원장은 인사혁신처장이 된다.

④ 운영위원회의 위원은 인사혁신처장이 다음 각 호의 사람 중에서 지명하거나 위촉한다.

1. 공무원연금복지 또는 재해보상업무와 관련한 중앙행정기관의 공무원
2. 공무원단체 소속 공무원
3. 퇴직연금수급자
4. 「비영리민간단체 지원법」 제2조에 따른 비영리 민간단체에 소속된 자
5. 공무원 연금에 관한 식견과 경험이 풍부한 자

OX

1 공무원 연금제도의 운영에 관한 사항은 행정안전부장관이 맡아서 주관한다. (O, ×)

2 지방공무원은 「공무원연금법」의 공무원에 포함되지 않는다. (O, ×)

1 × 행정안전부장관 → 인사혁신처장

2 × 국가공무원, 지방공무원 등은 모두 「공무원연금법」의 공무원에 해당한다. 단, 군인과 선거에 의하여 취임하는 공무원은 해당하지 않는다.

10 | 공무원의 노동조합 설립 및 운영 등에 관한 법률

관련단원 PART 4. 인사행정론

■ 공무원의 노동조합의 설립

제4조　　정치활동의 금지
노동조합과 그 조합원은 정치활동을 하여서는 아니 된다.

제5조　　노동조합의 설립
① 공무원이 노동조합을 설립하려는 경우에는 국회·법원·헌법재판소·선거관리위원회·행정부·특별시·광역시·특별자치시·도·특별자치도·시·군·구(자치구를 말한다) 및 특별시·광역시·특별자치시·도·특별자치도의 교육청을 최소 단위로 한다.
② 노동조합을 설립하려는 사람은 고용노동부장관에게 설립신고서를 제출하여야 한다.

제6조　　가입 범위
① 노동조합에 가입할 수 있는 공무원의 범위는 다음 각 호와 같다.
　1. 6급 이하의 일반직공무원 및 이에 상당하는 일반직공무원
　2. 특정직공무원 중 6급 이하의 일반직공무원에 상당하는 외무행정·외교정보관리직 공무원
　4. 6급 이하의 일반직공무원에 상당하는 별정직공무원
② 제1항에도 불구하고 다음 각 호의 어느 하나에 해당하는 공무원은 노동조합에 가입할 수 없다.
　1. 다른 공무원에 대하여 지휘·감독권을 행사하거나 다른 공무원의 업무를 총괄하는 업무에 종사하는 공무원
　2. 인사·보수에 관한 업무를 수행하는 공무원 등 노동조합과의 관계에서 행정기관의 입장에서 업무를 수행하는 공무원
　3. 교정·수사 또는 그 밖에 이와 유사한 업무에 종사하는 공무원
　4. 업무의 주된 내용이 노동관계의 조정·감독 등 노동조합의 조합원 지위를 가지고 수행하기에 적절하지 아니하다고 인정되는 업무에 종사하는 공무원

■ 공무원의 노동조합의 운영

제7조　　노동조합 전임자의 지위
① 공무원은 임용권자의 동의를 받아 노동조합의 업무에만 종사할 수 있다.
② 제1항에 따른 동의를 받아 노동조합의 업무에만 종사하는 사람[이하 "전임자"(專任者)라 한다]에 대하여는 그 기간 중 「국가공무원법」 제71조 또는 「지방공무원법」 제63조에 따라 휴직명령을 하여야 한다.
③ 국가와 지방자치단체는 전임자에게 그 전임기간 중 보수를 지급하여서는 아니 된다.
④ 국가와 지방자치단체는 공무원이 전임자임을 이유로 승급이나 그 밖에 신분과 관련하여 불리한 처우를 하여서는 아니 된다.

제8조 교섭 및 체결 권한 등

① 노동조합의 대표자는 그 노동조합에 관한 사항 또는 조합원의 보수·복지, 그 밖의 근무조건에 관하여 국회사무총장·법원행정처장·헌법재판소사무총장·중앙선거관리위원회사무총장·인사혁신처장(행정부를 대표한다)·특별시장·광역시장·특별자치시장·도지사·특별자치도지사·시장·군수·구청장(자치구의 구청장을 말한다) 또는 특별시·광역시·특별자치시·도·특별자치도의 교육감 중 어느 하나에 해당하는 사람(이하 "정부교섭대표"라 한다)과 각각 교섭하고 단체협약을 체결할 권한을 가진다. 다만, 법령 등에 따라 국가나 지방자치단체가 그 권한으로 행하는 정책결정에 관한 사항, 임용권의 행사 등 그 기관의 관리·운영에 관한 사항으로서 근무조건과 직접 관련되지 아니하는 사항은 교섭의 대상이 될 수 없다.

② 정부교섭대표는 법령 등에 따라 스스로 관리하거나 결정할 수 있는 권한을 가진 사항에 대하여 노동조합이 교섭을 요구할 때에는 정당한 사유가 없으면 이에 응하여야 한다.

③ 정부교섭대표는 효율적인 교섭을 위하여 필요한 경우 다른 정부교섭대표와 공동으로 교섭하거나, 다른 정부교섭대표에게 교섭 및 단체협약 체결 권한을 위임할 수 있다.

④ 정부교섭대표는 효율적인 교섭을 위하여 필요한 경우 정부교섭대표가 아닌 관계 기관의 장으로 하여금 교섭에 참여하게 할 수 있고, 다른 기관의 장이 관리하거나 결정할 권한을 가진 사항에 대하여는 해당 기관의 장에게 교섭 및 단체협약 체결 권한을 위임할 수 있다.

⑤ 제2항부터 제4항까지의 규정에 따라 정부교섭대표 또는 다른 기관의 장이 단체교섭을 하는 경우 소속 공무원으로 하여금 교섭 및 단체협약 체결을 하게 할 수 있다.

제10조 단체협약의 효력

① 제9조에 따라 체결된 단체협약의 내용 중 법령·조례 또는 예산에 의하여 규정되는 내용과 법령 또는 조례에 의하여 위임을 받아 규정되는 내용은 단체협약으로서의 효력을 가지지 아니한다.

② 정부교섭대표는 제1항에 따라 단체협약으로서의 효력을 가지지 아니하는 내용에 대하여는 그 내용이 이행될 수 있도록 성실하게 노력하여야 한다.

제11조 쟁의행위의 금지

노동조합과 그 조합원은 파업, 태업 또는 그 밖에 업무의 정상적인 운영을 방해하는 일체의 행위를 하여서는 아니 된다.

제12조 조정신청 등

① 제8조에 따른 단체교섭이 결렬(決裂)된 경우에는 당사자 어느 한쪽 또는 양쪽은 중앙노동위원회에 조정(調停)을 신청할 수 있다.

OX

1 5급 이하의 일반직공무원 및 이에 상당하는 일반직공무원은 공무원노동조합의 가입대상이다. (○, ×)
2 단체교섭이 결렬된 경우에는 당사자 어느 한쪽이 중앙노동위원회에 조정을 신청할 수 있다. (○, ×)
3 단체교섭이 결렬된 경우에 지방공무원노동조합은 해당 지방노동위원회에 조정을 신청할 수 있다. (○, ×)
4 노동조합 전임자는 임용권자의 동의를 받아 노동조합 업무에만 종사할 수 있다. (○, ×)

1 × 5급 → 6급   2 ○ 당사자 어느 한 쪽 → 당사자 어느 한 쪽 또는 양쪽   3 × 지방노동위원회 → 중앙노동위원회   4 ○

11 | 공직자윤리법

관련단원 PART 4. 인사행정론

■ 총칙

제1조　목적

이 법은 공직자 및 공직후보자의 재산등록, 등록재산 공개 및 재산형성과정 소명과 공직을 이용한 재산 취득의 규제, 공직자의 선물신고 및 주식백지신탁, 퇴직공직자의 취업제한 및 행위제한 등을 규정함으로써 공직자의 부정한 재산 증식을 방지하고, 공무집행의 공정성을 확보하는 등 공익과 사익의 이해충돌을 방지하여 국민에 대한 봉사자로서 가져야 할 공직자의 윤리를 확립함을 목적으로 한다.

제2조의2　이해충돌 방지 의무

① 국가 또는 지방자치단체는 공직자가 수행하는 직무가 공직자의 재산상 이해와 관련되어 공정한 직무수행이 어려운 상황이 일어나지 아니하도록 노력하여야 한다.

② 공직자는 자신이 수행하는 직무가 자신의 재산상 이해와 관련되어 공정한 직무수행이 어려운 상황이 일어나지 아니하도록 직무수행의 적정성을 확보하여 공익을 우선으로 성실하게 직무를 수행하여야 한다.

③ 공직자는 공직을 이용하여 사적 이익을 추구하거나 개인이나 기관·단체에 부정한 특혜를 주어서는 아니 되며, 재직 중 취득한 정보를 부당하게 사적으로 이용하거나 타인으로 하여금 부당하게 사용하게 하여서는 아니 된다.

④ 퇴직공직자는 재직 중인 공직자의 공정한 직무수행을 해치는 상황이 일어나지 아니하도록 노력하여야 한다.

■ 재산등록 및 공개

제3조　등록의무자

① 다음 각 호의 어느 하나에 해당하는 공직자(이하 "등록의무자"라 한다)는 이 법에서 정하는 바에 따라 재산을 등록하여야 한다.

　1. 대통령·국무총리·국무위원·국회의원 등 국가의 정무직공무원

　2. 지방자치단체의 장, 지방의회의원 등 지방자치단체의 정무직공무원

　3. 4급 이상의 일반직 국가공무원(고위공무원단에 속하는 일반직공무원을 포함한다) 및 지방공무원과 이에 상당하는 보수를 받는 별정직공무원(고위공무원단에 속하는 별정직공무원을 포함한다)

　4. 대통령령으로 정하는 외무공무원과 4급 이상의 국가정보원 직원 및 대통령경호처 경호공무원

5. 법관 및 검사

6. 헌법재판소 헌법연구관

7. 대령 이상의 장교 및 이에 상당하는 군무원

8. 교육공무원 중 총장·부총장·대학원장·학장(대학교의 학장을 포함한다) 및 전문대학의 장과 대학에 준하는 각종 학교의 장, 특별시·광역시·특별자치시·도·특별자치도의 교육감 및 교육장

9. 총경(자치총경을 포함한다) 이상의 경찰공무원과 소방정 이상의 소방공무원

12. 제3조의2에 따른 공직유관단체(이하 "공직유관단체"라 한다)의 임원

13. 그 밖에 국회규칙, 대법원규칙, 헌법재판소규칙, 중앙선거관리위원회규칙 및 대통령령으로 정하는 특정 분야의 공무원과 공직유관단체의 직원

제4조　등록대상재산

① 등록의무자가 등록할 재산은 다음 각 호의 어느 하나에 해당하는 사람의 재산(소유 명의와 관계없이 사실상 소유하는 재산, 비영리법인에 출연한 재산과 외국에 있는 재산을 포함한다. 이하 같다)으로 한다.

1. 본인

2. 배우자(사실상의 혼인관계에 있는 사람을 포함한다. 이하 같다)

3. 본인의 직계존속·직계비속. 다만, 혼인한 직계비속인 여성과 외증조부모, 외조부모, 외손자녀 및 외증손자녀는 제외한다.

제10조　등록재산의 공개

① 공직자윤리위원회는 관할 등록의무자 중 다음 각 호의 어느 하나에 해당하는 공직자 본인과 배우자 및 본인의 직계존속·직계비속의 재산에 관한 등록사항과 제6조에 따른 변동사항 신고내용을 등록기간 또는 신고기간 만료 후 1개월 이내에 관보 또는 공보에 게재하여 공개하여야 한다.

1. 대통령, 국무총리, 국무위원, 국회의원, 국가정보원의 원장 및 차장 등 국가의 정무직공무원

2. 지방자치단체의 장, 지방의회의원 등 지방자치단체의 정무직공무원

3. 일반직 1급 국가공무원(「국가공무원법」 제23조에 따라 배정된 직무등급이 가장 높은 등급의 직위에 임용된 고위공무원단에 속하는 일반직공무원을 포함한다) 및 지방공무원과 이에 상응하는 보수를 받는 별정직공무원(고위공무원단에 속하는 별정직공무원을 포함한다)

4. 대통령령으로 정하는 외무공무원과 국가정보원의 기획조정실장

5. 고등법원 부장판사급 이상의 법관과 대검찰청 검사급 이상의 검사

6. 중장 이상의 장성급(將星級) 장교

7. 교육공무원 중 총장·부총장·학장(대학교의 학장은 제외한다) 및 전문대학의 장과 대학에 준하는 각종 학교의 장, 특별시·광역시·특별자치시·도·특별자치도의 교육감

8. 치안감 이상의 경찰공무원 및 특별시·광역시·특별자치시·도·특별자치도의 지방경찰청장

8의2. 소방정감 이상의 소방공무원

9. 지방 국세청장 및 3급 공무원 또는 고위공무원단에 속하는 공무원인 세관장

■ 주식의 매각 또는 신탁

제14조의4　주식의 매각 또는 신탁

① 등록의무자 중 제10조 제1항에 따른 공개대상자와 기획재정부 및 금융위원회 소속 공무원 중 대통령령으로 정하는 사람(이하 "공개대상자등"이라 한다)은 본인 및 그 이해관계자(제4조 제1항 제2호 또는 제3호에 해당하는 사람을 말하되, 제4조 제1항 제3호의 사람 중 제12조 제4항에 따라 재산등록사항의 고지를 거부한 사람은 제외한다. 이하 같다) 모두가 보유한 주식의 총 가액이 1천만 원 이상 5천만 원 이하의 범위에서 대통령령으로 정하는 금액(3천만 원)을 초과할 때에는 초과하게 된 날부터 1개월 이내에 다음 각 호의 어느 하나에 해당하는 행위를 직접 하거나 이해관계자로 하여금 하도록 하고 그 행위를 한 사실을 등록기관에 신고하여야 한다.

1. 해당 주식의 매각
2. 다음 각 목의 요건을 갖춘 신탁 또는 투자신탁(이하 "주식백지신탁"이라 한다)에 관한 계약의 체결

■ 선물신고

제15조　　외국 정부 등으로부터 받은 선물의 신고

① 공무원(지방의회의원을 포함한다. 이하 제22조에서 같다) 또는 공직유관단체의 임직원은 외국으로부터 선물(대가 없이 제공되는 물품 및 그 밖에 이에 준하는 것을 말하되, 현금은 제외한다. 이하 같다)을 받거나 그 직무와 관련하여 외국인(외국단체를 포함한다. 이하 같다)에게 선물을 받으면 지체 없이 소속 기관·단체의 장에게 신고하고 그 선물을 인도하여야 한다. 이들의 가족이 외국으로부터 선물을 받거나 그 공무원이나 공직유관단체 임직원의 직무와 관련하여 외국인에게 선물을 받은 경우에도 또한 같다.

■ 퇴직공직자의 취업제한 및 행위제한 등

제17조　　퇴직공직자의 취업제한

① 제3조 제1항 제1호부터 제12호까지의 어느 하나에 해당하는 공직자와 부당한 영향력 행사 가능성 및 공정한 직무수행을 저해할 가능성 등을 고려하여 국회규칙, 대법원규칙, 헌법재판소규칙, 중앙선거관리위원회규칙 또는 대통령령으로 정하는 공무원과 공직유관단체의 직원(이하 이 장에서 "취업심사대상자"라 한다)은 퇴직일부터 3년간 다음 각 호의 어느 하나에 해당하는 기관(이하 "취업심사대상기관"이라 한다)에 취업할 수 없다. 다만, 관할 공직자윤리위원회로부터 취업심사대상자가 퇴직 전 5년 동안 소속하였던 부서 또는 기관의 업무와 취업심사대상기관 간에 밀접한 관련성이 없다는 확인을 받거나 취업승인을 받은 때에는 취업할 수 있다.

1. 자본금과 연간 외형거래액(「부가가치세법」 제29조에 따른 공급가액을 말한다. 이하 같다)이 일정 규모 이상인 영리를 목적으로 하는 사기업체
2. 제1호에 따른 사기업체의 공동이익과 상호협력 등을 위하여 설립된 법인·단체

3. 연간 외형거래액이 일정 규모 이상인 「변호사법」 제40조에 따른 법무법인, 같은 법 제58조의2에 따른 법무법인(유한), 같은 법 제58조의18에 따른 법무조합, 같은 법 제89조의6 제3항에 따른 법률사무소(이하 "법무법인등"이라 한다)

4. 연간 외형거래액이 일정 규모 이상인 「공인회계사법」 제23조 제1항에 따른 회계법인

5. 연간 외형거래액이 일정 규모 이상인 「세무사법」 제16조의3 제1항에 따른 세무법인

6. 연간 외형거래액이 일정 규모 이상인 「외국법자문사법」 제2조 제4호에 따른 외국법자문법률사무소 및 같은 조 제9호에 따른 합작법무법인

7. 「공공기관의 운영에 관한 법률」 제5조 제3항 제1호 가목에 따른 시장형 공기업

8. 안전 감독 업무, 인·허가 규제 업무 또는 조달 업무 등 대통령령으로 정하는 업무를 수행하는 공직유관단체

9. 「초·중등교육법」 제2조 각 호 및 「고등교육법」 제2조 각 호에 따른 학교를 설립·경영하는 학교법인과 학교법인이 설립·경영하는 사립학교. 다만, 취업심사대상자가 대통령령으로 정하는 교원으로 취업하는 경우 해당 학교법인 또는 학교는 제외한다.

10. 「의료법」 제3조의3에 따른 종합병원과 종합병원을 개설한 다음 각 목의 어느 하나에 해당하는 법인
　　가. 「의료법」 제33조 제2항 제3호에 따른 의료법인
　　나. 「의료법」 제33조 제2항 제4호에 따른 비영리법인

11. 기본재산이 일정 규모 이상인 다음 각 목의 어느 하나에 해당하는 법인
　　가. 「사회복지사업법」 제2조 제3호에 따른 사회복지법인
　　나. 「사회복지사업법」 제2조 제4호에 따른 사회복지시설을 운영하는 가목 외의 비영리법인

12. 다음 각 목의 어느 하나에 해당하는 사기업체 또는 법인·단체로서 대통령령으로 정하는 기준에 해당하는 사기업체 또는 법인·단체
　　가. 방위산업분야의 사기업체 또는 법인·단체
　　나. 식품 등 국민안전에 관련된 인증·검사 등의 업무를 수행하는 사기업체 또는 법인·단체

② 제1항 단서의 밀접한 관련성의 범위는 취업심사대상자가 퇴직 전 5년 동안 소속하였던 부서의 업무가 다음 각 호의 어느 하나에 해당하는 업무인 경우를 말한다.

1. 직접 또는 간접으로 보조금·장려금·조성금 등을 배정·지급하는 등 재정보조를 제공하는 업무

2. 인가·허가·면허·특허·승인 등에 직접 관계되는 업무

3. 생산방식·규격·경리 등에 대한 검사·감사에 직접 관계되는 업무

4. 조세의 조사·부과·징수에 직접 관계되는 업무

5. 공사, 용역 또는 물품구입의 계약·검사·검수에 직접 관계되는 업무

6. 법령에 근거하여 직접 감독하는 업무

7. 취업심사대상기관이 당사자이거나 직접적인 이해관계를 가지는 사건의 수사 및 심리·심판과 관계되는 업무

8. 그 밖에 국회규칙, 대법원규칙, 헌법재판소규칙, 중앙선거관리위원회규칙 또는 대통령령으로 정하는 업무

③ 제2항에도 불구하고 다음 각 호의 어느 하나에 해당하는 취업심사대상자(이하 "기관업무기준 취업심사대상자"라 한다)에 대하여는 퇴직 전 5년간 소속하였던 기관의 업무가 제2항 각 호의 어느 하나에 해당하는 경우에 밀접한 관련성이 있는 것으로 본다.

1. 제10조 제1항 각 호에 따른 공개대상자

2. 고위공무원단에 속하는 공무원 중 제1호에 따른 공개대상자 외의 공무원

3. 2급 이상의 공무원

4. 공직유관단체의 임원

5. 그 밖에 국회규칙, 대법원규칙, 헌법재판소규칙, 중앙선거관리위원회규칙 또는 대통령령으로 정하는 특정분야의 공무원과 공직유관단체의 직원

④ 제1항에 따른 취업 여부를 판단하는 경우에 「상법」에 따른 사외이사나 고문 또는 자문위원 등 직위나 직책 여부 또는 계약의 형식에 관계 없이 취업심사대상기관의 업무를 처리하거나 취업심사대상기관에 조언·자문하는 등의 지원을 하고 주기적으로 또는 기간을 정하여 그 대가로서 임금·봉급 등을 받는 경우에는 이를 취업한 것으로 본다.

⑤ 취업심사대상자가 퇴직 전 5년 동안 처리하였거나 의사결정과정에 참여한 제2항 각 호의 업무와 관련하여 다음 각 호의 어느 하나에 해당하는 경우 그 취업심사대상자가 소속하였던 부서의 업무는 해당 법무법인등, 회계법인, 세무법인, 외국법자문법률사무소 또는 합작법무법인의 업무와 제1항 단서에 따른 밀접한 관련성이 있는 것으로 본다.

1. 법무법인등이 사건을 수임(「변호사법」 제31조 제4항 각 호에 해당하는 수임을 포함한다)한 경우

2. 회계법인이 「공인회계사법」 제2조 각 호에 따라 업무를 수행한 경우

3. 세무법인이 「세무사법」 제2조 각 호에 따라 업무를 수행한 경우

4. 외국법자문법률사무소가 「외국법자문사법」 제24조 각 호에 따라 업무를 수행한 경우

5. 합작법무법인이 「외국법자문사법」 제35조의19에 따라 업무를 수행한 경우

⑥ 공직자윤리위원회는 제2항 및 제3항의 밀접한 관련성 여부를 판단하는 경우에 퇴직공직자의 자유 및 권리 등 사익과 퇴직공직자의 부당한 영향력 행사 방지를 통한 공익 간의 균형을 유지하여야 하며, 제3항 및 제5항에 따라 업무 관련성이 있는 것으로 보는 퇴직공직자에 대하여 제1항 각 호 외의 부분 단서에 따라 취업 승인 여부를 심사·결정하는 경우에 해당 업무 처리 등의 건수, 업무의 빈도 및 비중 등을 고려하여 해당 취업심사대상자의 권리가 불합리하게 제한되지 아니하도록 하여야 한다.

제18조의2 퇴직공직자의 업무취급 제한

① 모든 공무원 또는 공직유관단체 임직원은 다른 법률에 특별한 규정이 있는 경우를 제외하고는 재직 중에 직접 처리한 제17조 제2항 각 호의 업무를 퇴직 후에 취급할 수 없다.

② 기관업무기준 취업심사대상자는 다른 법률에 특별한 규정이 있는 경우를 제외하고는 퇴직 전 2년부터 퇴직할 때까지 근무한 기관이 취업한 취업심사대상기관에 대하여 처리하는 제17조 제2항 각 호의 업무를 퇴직한 날부터 2년 동안 취급할 수 없다.

③ 제1항 및 제2항에도 불구하고 국가안보상의 이유나 공공의 이익을 위한 목적 등 해당 업무를 취급하는 것이 필요하고 그 취급이 해당 업무의 공정한 처리에 영향을 미치지 아니한다고 인정되는 경우로서 관할 공직자윤리위원회의 승인을 받은 경우에는 해당 업무를 취급할 수 있다.

④ 제2항에 따른 기관의 범위와 제3항의 승인절차 등 필요한 사항은 국회규칙, 대법원규칙, 헌법재판소규칙, 중앙선거관리위원회규칙 또는 대통령령으로 정한다.

제18조의4 　퇴직공직자 등에 대한 행위제한

① 퇴직한 모든 공무원과 공직유관단체의 임직원(이하 "퇴직공직자"라 한다)은 본인 또는 제3자의 이익을 위하여 퇴직 전 소속 기관의 공무원과 임직원(이하 "재직자"라 한다)에게 법령을 위반하게 하거나 지위 또는 권한을 남용하게 하는 등 공정한 직무수행을 저해하는 부정한 청탁 또는 알선을 해서는 아니 된다.

② 재직자는 퇴직공직자로부터 직무와 관련한 청탁 또는 알선을 받은 경우 이를 소속 기관의 장에게 신고하여야 한다.

③ 누구든지 퇴직공직자가 재직자에게 청탁 또는 알선을 한 사실을 알게 된 경우 해당 기관의 장에게 신고할 수 있다.

④ 소속 기관의 장은 제2항 또는 제3항에 따라 신고된 사항에 대하여 제1항에 따른 부정한 청탁 또는 알선인지 여부를 판단하여야 하며, 수사의 필요성이 있다고 인정하는 경우 수사기관에 통보하여야 한다. 이 경우 소속 기관의 장은 신고된 사항과 수사기관에 통보한 사실을 관할 공직자윤리위원회에 통보하여야 한다.

⑤ 누구든지 제2항 및 제3항에 따른 신고자의 인적사항이나 신고자임을 미루어 알 수 있는 사실을 다른 사람에게 알려주거나 공개 또는 보도해서는 아니 된다. 다만, 해당 신고자가 동의한 경우에는 그러하지 아니하다.

⑥ 누구든지 신고자에게 신고를 이유로 불이익조치(「공익신고자 보호법」 제2조 제6호에 따른 불이익조치를 말한다. 이하 같다)를 해서는 아니 되며, 신고를 이유로 불이익조치를 받은 신고자는 신고를 받은 소속 기관의 장에게 원상회복이나 그 밖에 필요한 조치(이하 "보호조치"라 한다)를 신청할 수 있다. 다만, 거짓으로 신고한 경우는 그러하지 아니하다.

⑦ 보호조치의 신청을 받은 소속 기관의 장은 신고자가 신고를 이유로 불이익조치를 받았는지를 조사하고, 조사 결과 신고자가 신고를 이유로 불이익조치를 받았다고 인정될 때에는 보호조치를 취하여야 한다.

⑧ 소속 기관의 장은 신고자의 신고가 공직윤리의 확립에 기여했다고 인정하는 경우에는 신고자에게 「상훈법」 등의 규정에 따라 포상을 추천·수여하거나, 예산의 범위에서 포상금을 지급할 수 있다.

제19조 　취업자의 해임 요구 등

① 관할 공직자윤리위원회는 제17조 제1항을 위반하여 취업한 사람이 있는 때에는 국가기관의 장 또는 지방자치단체의 장에게 해당인에 대한 취업해제조치를 하도록 요청하여야 하며, 요청을 받은 국가기관의 장 또는 지방자치단체의 장은 해당인이 취업하고 있는 취업심사대상기관의 장에게 해당인의 해임을 요구하여야 한다.

OX

1 4급 이상의 일반직 국가공무원은 등록재산의 공개 의무자이다. (O, ×)
2 국가 또는 지방자치단체는 공무원의 이해충돌을 방지하여야 할 의무가 있다. (O, ×)
3 퇴직공무원은 퇴직일부터 3년간 퇴직 전 5년 동안 소속하였던 부서 또는 기관의 업무와 밀접한 관련성이 있는 기관에 취업할 수 없다.
(O, ×)

1 × 4급 이상의 일반직 국가공무원은 재산의 등록의무자에 해당한다.　2 O　3 O

12 | 부패방지 및 국민권익위원회의 설치와 운영에 관한 법률

관련단원 PART 4. 인사행정론

■ 국민권익위원회

제11조   국민권익위원회의 설치

고충민원의 처리와 이에 관련된 불합리한 행정제도를 개선하고, 부패의 발생을 예방하며 부패행위를 효율적으로 규제하도록 하기 위하여 국무총리 소속으로 국민권익위원회(이하 "위원회"라 한다)를 둔다.

제12조   기능

위원회는 다음 각호의 업무를 수행한다.

1. 국민의 권리보호 · 권익구제 및 부패방지를 위한 정책의 수립 및 시행
2. 고충민원의 조사와 처리 및 이와 관련된 시정권고 또는 의견표명
3. 고충민원을 유발하는 관련 행정제도 및 그 제도의 운영에 개선이 필요하다고 판단되는 경우 이에 대한 권고 또는 의견표명
10. 부패행위 신고 안내 · 상담 및 접수 등
11. 신고자의 보호 및 보상

제13조   위원회의 구성

① 위원회는 위원장 1명을 포함한 15명의 위원(부위원장 3명과 상임위원 3명을 포함한다)으로 구성한다.

제16조   직무상 독립과 신분보장

① 위원회는 그 권한에 속하는 업무를 독립적으로 수행한다.

② 위원장과 위원의 임기는 각각 3년으로 하되 1차에 한하여 연임할 수 있다.

■ 시민고충처리위원회

제32조   시민고충처리위원회의 설치

① 지방자치단체 및 그 소속 기관에 관한 고충민원의 처리와 행정제도의 개선 등을 위하여 각 지방자치단체에 시민고충처리위원회를 둘 수 있다.

■ 고충민원의 처리

제39조 **고충민원의 신청 및 접수**

① 누구든지(국내에 거주하는 외국인을 포함한다) 위원회 또는 시민고충처리위원회(이하 이 장에서 "권익위원회"라 한다)에 고충민원을 신청할 수 있다. 이 경우 하나의 권익위원회에 대하여 고충민원을 제기한 신청인은 다른 권익위원회에 대하여도 고충민원을 신청할 수 있다.

② 권익위원회에 고충민원을 신청하고자 하는 자는 다음 각 호의 사항을 기재하여 문서(전자문서를 포함한다. 이하 같다)로 이를 신청하여야 한다. 다만, 문서에 의할 수 없는 특별한 사정이 있는 경우에는 구술로 신청할 수 있다.

제40조 **동일한 고충민원의 상호 통보**

신청인이 제39조 제1항 후단에 따라 동일한 고충민원을 둘 이상의 권익위원회에 각각 신청한 경우 각 권익위원회는 지체 없이 그 사실을 상호 통보하여야 한다. 이 경우 각 권익위원회는 상호 협력하여 고충민원을 처리하거나 제43조에 따라 이송하여야 한다.

제41조 **고충민원의 조사**

① 권익위원회는 고충민원을 접수한 경우에는 지체 없이 그 내용에 관하여 필요한 조사를 하여야 한다.

> ✚ 「부패방지 및 국민권익위원회의 설치와 운영에 관한 법률 시행령」
> **제42조【고충민원의 처리기간】**① 권익위원회는 접수된 고충민원을 접수일부터 60일 이내에 처리하여야 한다. 다만, 조정이 필요한 경우 등 부득이한 사유로 기간 내에 처리가 불가능한 경우에는 60일의 범위에서 그 처리기간을 연장할 수 있다.

제43조 **고충민원의 이송 등**

① 권익위원회는 접수된 고충민원이 다음 각 호의 어느 하나에 해당하는 경우에는 그 고충민원을 관계 행정기관등에 이송할 수 있다. 다만, 관계 행정기관등에 이송하는 것이 적절하지 아니하다고 인정하는 경우에는 그 고충민원을 각하할 수 있다.

1. 고도의 정치적 판단을 요하거나 국가기밀 또는 공무상 비밀에 관한 사항
2. 국회·법원·헌법재판소·선거관리위원회·감사원·지방의회에 관한 사항
3. 수사 및 형집행에 관한 사항으로서 그 관장기관에서 처리하는 것이 적당하다고 판단되는 사항 또는 감사원의 감사가 착수된 사항
4. 행정심판, 행정소송, 헌법재판소의 심판이나 감사원의 심사청구 그 밖에 다른 법률에 따른 불복구제 절차가 진행 중인 사항
5. 법령에 따라 화해·알선·조정·중재 등 당사자간의 이해조정을 목적으로 행하는 절차가 진행 중인 사항
6. 판결·결정·재결·화해·조정·중재 등에 따라 확정된 권리관계에 관한 사항 또는 감사원이 처분을 요구한 사항
7. 사인간의 권리관계 또는 개인의 사생활에 관한 사항
8. 행정기관등의 직원에 관한 인사행정상의 행위에 관한 사항
9. 그 밖에 관계 행정기관등에서 직접 처리하는 것이 타당하다고 판단되는 사항

② 권익위원회는 제1항에 따라 고충민원을 이송 또는 각하한 경우에는 지체 없이 그 사유를 명시하여 신청인에게 통보하여야 한다. 이 경우 필요하다고 인정하는 때에는 신청인에게 권리의 구제에 필요한 절차와 조치에 관하여 안내할 수 있다.

③ 행정기관등의 장은 권익위원회의 조사가 착수된 고충민원이 제1항 제1호부터 제8호까지의 어느 하나에 해당하는 사항임을 알게 된 경우에는 지체 없이 그 사실을 권익위원회에 통보하여야 한다.

④ 제1항 제9호에 해당하는 고충민원을 이송받은 행정기관등의 장은 권익위원회가 요청하는 경우에는 권익위원회에 그 고충민원의 처리 결과를 통보하여야 한다.

⑤ 권익위원회는 관계 행정기관등의 장이 권익위원회에서 처리하는 것이 타당하다고 인정하여 이송한 고충민원을 직접 처리할 수 있다. 이 경우 고충민원이 이송된 때 권익위원회에 접수된 것으로 본다.

■ 부패행위 등의 신고 및 신고자 등 보호

제55조　부패행위의 신고

누구든지 부패행위를 알게 된 때에는 이를 위원회에 신고할 수 있다.

제56조　공직자의 부패행위 신고의무

공직자는 그 직무를 행함에 있어 다른 공직자가 부패행위를 한 사실을 알게 되었거나 부패행위를 강요 또는 제의받은 경우에는 지체 없이 이를 수사기관·감사원 또는 위원회에 신고하여야 한다.

제57조　신고자의 성실의무

제55조 및 제56조에 따른 부패행위 신고(이하 이 장에서 "신고"라 한다)를 한 자(이하 이 장에서 "신고자"라 한다)가 신고의 내용이 허위라는 사실을 알았거나 알 수 있었음에도 불구하고 신고한 경우에는 이 법의 보호를 받지 못한다.

제58조　신고의 방법

신고를 하려는 자는 본인의 인적사항과 신고취지 및 이유를 기재한 기명의 문서로써 하여야 하며, 신고 대상과 부패행위의 증거 등을 함께 제시하여야 한다.

제59조　신고의 처리

⑥ 위원회는 접수된 신고사항을 그 접수일부터 60일 이내에 처리하여야 한다. 이 경우 동조 제1항 제1호에 따른 보완 등을 위하여 필요하다고 인정되는 경우에는 그 기간을 30일 이내에서 연장할 수 있다.

제61조　재정신청

① 혐의대상자의 부패혐의가 「형법」상 처벌사유에 해당되어 위원회가 직접 검찰에 고발한 경우, 그 고발한 사건과 동일한 사건이 이미 수사 중에 있거나 수사 중인 사건과 관련된 경우에는 그 사건 또는 그 사건과 관련된 사건에 대하여 위원회가 검사로부터 공소를 제기하지 아니한다는 통보를 받았을 때에는 위원회는 그 검사 소속의 고등검찰청에 대응하는 고등법원에 그 당부에 관한 재정을 신청할 수 있다.

제62조　불이익조치 등의 금지

① 누구든지 신고자에게 신고나 이와 관련한 진술, 자료 제출 등(이하 "신고등"이라 한다)을 한 이유로 불이익조치를 하여서는 아니 된다.

② 누구든지 신고등을 하지 못하도록 방해하거나 신고자에게 신고등을 취소하도록 강요해서는 아니 된다.

제62조의2　신분보장 등의 조치 신청 등

① 신고자는 신고등을 이유로 불이익조치를 받았거나 받을 것으로 예상되는 경우에는 대통령령으로 정하는 바에 따라 위원회에 해당 불이익조치에 대한 원상회복이나 그 밖에 필요한 조치(이하 "신분보장등조치"라 한다)를 신청할 수 있다.

② 신분보장등조치는 불이익조치가 있었던 날(불이익조치가 계속된 경우에는 그 종료일)부터 1년 이내에 신청하여야 한다. 다만, 신고자가 천재지변, 전쟁, 사변, 그 밖에 불가항력의 사유로 1년 이내에 신분보장등조치를 신청할 수 없었을 때에는 그 사유가 소멸한 날부터 14일(국외에서의 신분보장등조치 신청은 30일) 이내에 신청할 수 있다.

제64조　신고자의 비밀보장

① 누구든지 이 법에 따른 신고라는 사정을 알면서 그의 인적사항이나 그가 신고자임을 미루어 알 수 있는 사실을 다른 사람에게 알려주거나 공개 또는 보도하여서는 아니 된다. 다만, 이 법에 따른 신고자가 동의한 때에는 그러하지 아니하다.

② 위원회는 제1항을 위반하여 신고자의 인적사항이나 신고자임을 미루어 알 수 있는 사실이 공개 또는 보도되었을 때에는 그 경위를 확인할 수 있다.

제64조의2　신변보호조치

① 신고자는 신고를 한 이유로 자신과 친족 또는 동거인의 신변에 불안이 있는 경우에는 위원회에 신변보호조치를 요구할 수 있다. 이 경우 위원회는 필요하다고 인정한 때에는 경찰청장, 관할 지방경찰청장, 관할 경찰서장에게 신변보호조치를 요구할 수 있다.

제66조　책임의 감면 등

① 신고등과 관련하여 신고자의 범죄행위가 발견된 경우 그 신고자에 대하여 형을 감경하거나 면제할 수 있다.

제68조   포상 및 보상 등

① 위원회는 위원회 또는 공공기관에 부패행위 신고를 하여 현저히 공공기관에 재산상 이익을 가져오거나 손실을 방지한 경우 또는 공익의 증진을 가져온 경우에는 신고를 한 자에 대하여 「상훈법」 등의 규정에 따라 포상을 추천할 수 있으며, 대통령령으로 정하는 바에 따라 포상금을 지급할 수 있다. 다만, 공공기관에 부패행위 신고를 한 경우에는 해당 공공기관이 포상 추천 또는 포상금 지급을 요청한 경우만 해당한다.

② 신고자는 신고로 인하여 직접적인 공공기관 수입의 회복이나 증대 또는 비용의 절감을 가져오거나 그에 관한 법률관계가 확정된 때에는 위원회에 보상금의 지급을 신청할 수 있다.

③ 신고자 및 제65조에 따른 협조자, 그 친족 또는 동거인은 신고등과 관련하여 다음 각 호의 어느 하나에 해당하는 피해를 입었거나 비용을 지출한 경우 위원회에 구조금의 지급을 신청할 수 있다.

    1. 육체적 · 정신적 치료 등에 소요된 비용

    2. 전직 · 파견근무 등으로 소요된 이사비용

    3. 원상회복 관련 쟁송절차에 소요된 비용

    4. 불이익조치 기간의 임금 손실액

    5. 그 밖에 중대한 경제적 손해(제2조 제7호 아목 및 자목에 따른 손해는 제외한다)

④ 위원회는 제2항에 따른 보상금 또는 제3항에 따른 구조금의 지급신청을 받은 때에는 제69조에 따른 보상심의위원회의 심의 · 의결을 거쳐 대통령령으로 정하는 바에 따라 보상금 또는 구조금을 지급하여야 한다. 다만, 공직자가 자기 직무와 관련하여 신고한 사항에 대하여는 보상금을 감액하거나 지급하지 아니할 수 있다.

⑤ 제2항에 따른 보상금의 지급신청은 공공기관 수입의 회복이나 증대 또는 비용의 절감에 관한 법률관계가 확정되었음을 안 날부터 3년 이내에 하여야 한다. 다만, 그 법률관계가 확정된 날부터 5년이 지나면 보상금 지급신청을 할 수 없다.

■ 국민감사청구

제72조   감사청구권

① 19세 이상의 국민은 공공기관의 사무처리가 법령위반 또는 부패행위로 인하여 공익을 현저히 해하는 경우 대통령령으로 정하는 일정한 수(300명) 이상의 국민의 연서로 감사원에 감사를 청구할 수 있다. 다만, 국회 · 법원 · 헌법재판소 · 선거관리위원회 또는 감사원의 사무에 대하여는 국회의장 · 대법원장 · 헌법재판소장 · 중앙선거관리위원회 위원장 또는 감사원장(이하 "당해 기관의 장"이라 한다)에게 감사를 청구하여야 한다.

③ 제1항에도 불구하고 지방자치단체와 그 장의 권한에 속하는 사무의 처리에 대한 감사청구는 「지방자치법」 제16조에 따른다.

■ 비위면직자의 취업제한

제82조 비위면직자 등의 취업제한

① 비위면직자 등은 다음 각 호의 어느 하나에 해당하는 자를 말한다.
  1. 공직자가 재직 중 직무와 관련된 부패행위로 당연퇴직, 파면 또는 해임된 자
  2. 공직자였던 자가 재직 중 직무와 관련된 부패행위로 벌금 300만원 이상의 형의 선고를 받은 자

② 비위면직자 등은 당연퇴직, 파면, 해임된 경우에는 퇴직일, 벌금 300만원 이상의 형의 선고를 받은 경우에는 그 집행이 종료(종료된 것으로 보는 경우를 포함한다)되거나 집행을 받지 아니하기로 확정된 날부터 5년 동안 다음 각 호의 취업제한기관에 취업할 수 없다.
  1. 공공기관
  2. 대통령령으로 정하는 부패행위 관련 기관
  3. 퇴직 전 5년간 소속하였던 부서 또는 기관의 업무와 밀접한 관련이 있는 영리사기업체 등
  4. 영리사기업체 등의 공동이익과 상호협력 등을 위하여 설립된 법인·단체

OX

1 국민권익위원회는 국무총리 소속이다. (○, ×)
2 국내에 거주하는 외국인도 고충민원을 신청할 수 있다. (○, ×)
3 국민감사청구는 위법행위에 대해서만 가능하다. (○, ×)
4 비위면직자의 취업제한은 「공직자윤리법」에서 규정하고 있다. (○, ×)
5 우리나라에서는 내부고발인보호를 위한 규정을 「부패방지 및 국민 권익위원회의 설치와 운영에 관한 법률」에 두고 있다. (○, ×)

1 ○ 「부패방지 및 국민권익위원회의 설치와 운영에 관한 법률」 제11조   2 ○ 「부패방지 및 국민권익위원회의 설치와 운영에 관한 법률」 제39조
3 × 법령위반 및 부패행위로 인하여 공익을 현저히 해할 경우 가능하다.   4 × 「부패방지법」에서 규정하고 있다.   5 ○

13 | 부정청탁 및 금품등 수수의 금지에 관한 법률

관련단원 PART 4. 인사행정론

■ 총칙

제1조   목적

이 법은 공직자 등에 대한 부정청탁 및 공직자 등의 금품 등의 수수(收受)를 금지함으로써 공직자 등의 공정한 직무수행을 보장하고 공공기관에 대한 국민의 신뢰를 확보하는 것을 목적으로 한다.

제2조   정의

이 법에서 사용하는 용어의 뜻은 다음과 같다.

1. "공공기관"이란 다음 각 목의 어느 하나에 해당하는 기관·단체를 말한다.

   가. 국회, 법원, 헌법재판소, 선거관리위원회, 감사원, 국가인권위원회, 중앙행정기관(대통령 소속 기관과 국무총리 소속 기관을 포함한다)과 그 소속 기관 및 지방자치단체

   나. 「공직자윤리법」 제3조의2에 따른 공직유관단체

   다. 「공공기관의 운영에 관한 법률」 제4조에 따른 기관

   라. 「초·중등교육법」, 「고등교육법」, 「유아교육법」 및 그 밖의 다른 법령에 따라 설치된 각급 학교 및 「사립학교법」에 따른 학교법인

   마. 「언론중재 및 피해구제 등에 관한 법률」 제2조 제12호에 따른 언론사

2. "공직자등"이란 다음 각 목의 어느 하나에 해당하는 공직자 또는 공적 업무 종사자를 말한다.

   가. 「국가공무원법」 또는 「지방공무원법」에 따른 공무원과 그 밖에 다른 법률에 따라 그 자격·임용·교육훈련·복무·보수·신분보장 등에 있어서 공무원으로 인정된 사람

   나. 제1호 나목 및 다목에 따른 공직유관단체 및 기관의 장과 그 임직원

   다. 제1호 라목에 따른 각급 학교의 장과 교직원 및 학교법인의 임직원

   라. 제1호 마목에 따른 언론사의 대표자와 그 임직원

3. "금품등"이란 다음 각 목의 어느 하나에 해당하는 것을 말한다.

   가. 금전, 유가증권, 부동산, 물품, 숙박권, 회원권, 입장권, 할인권, 초대권, 관람권, 부동산 등의 사용권 등 일체의 재산적 이익

   나. 음식물·주류·골프 등의 접대·향응 또는 교통·숙박 등의 편의 제공

   다. 채무 면제, 취업 제공, 이권(利權) 부여 등 그 밖의 유형·무형의 경제적 이익

4. "소속기관장"이란 공직자등이 소속된 공공기관의 장을 말한다.

■ 부정청탁의 금지 등

제5조　**부정청탁의 금지**

① 누구든지 직접 또는 제3자를 통하여 직무를 수행하는 공직자등에게 다음 각 호의 어느 하나에 해당하는 부정청탁을 해서는 아니 된다.

1. 인가·허가·면허·특허·승인·검사·검정·시험·인증·확인 등 법령(조례·규칙을 포함한다. 이하 같다)에서 일정한 요건을 정하여 놓고 직무관련자로부터 신청을 받아 처리하는 직무에 대하여 법령을 위반하여 처리하도록 하는 행위

2. 인가 또는 허가의 취소, 조세, 부담금, 과태료, 과징금, 이행강제금, 범칙금, 징계 등 각종 행정처분 또는 형벌부과에 관하여 법령을 위반하여 감경·면제하도록 하는 행위

3. 채용·승진·전보 등 공직자등의 인사에 관하여 법령을 위반하여 개입하거나 영향을 미치도록 하는 행위

4. 법령을 위반하여 각종 심의·의결·조정 위원회의 위원, 공공기관이 주관하는 시험·선발 위원 등 공공기관의 의사결정에 관여하는 직위에 선정 또는 탈락되도록 하는 행위

5. 공공기관이 주관하는 각종 수상, 포상, 우수기관 선정 또는 우수자 선발에 관하여 법령을 위반하여 특정 개인·단체·법인이 선정 또는 탈락되도록 하는 행위

6. 입찰·경매·개발·시험·특허·군사·과세 등에 관한 직무상 비밀을 법령을 위반하여 누설하도록 하는 행위

7. 계약 관련 법령을 위반하여 특정 개인·단체·법인이 계약의 당사자로 선정 또는 탈락되도록 하는 행위

8. 보조금·장려금·출연금·출자금·교부금·기금 등의 업무에 관하여 법령을 위반하여 특정 개인·단체·법인에 배정·지원하거나 투자·예치·대여·출연·출자하도록 개입하거나 영향을 미치도록 하는 행위

9. 공공기관이 생산·공급·관리하는 재화 및 용역을 특정 개인·단체·법인에게 법령에서 정하는 가격 또는 정상적인 거래관행에서 벗어나 매각·교환·사용·수익·점유하도록 하는 행위

10. 각급 학교의 입학·성적·수행평가 등의 업무에 관하여 법령을 위반하여 처리·조작하도록 하는 행위

11. 병역판정검사, 부대 배속, 보직 부여 등 병역 관련 업무에 관하여 법령을 위반하여 처리하도록 하는 행위

12. 공공기관이 실시하는 각종 평가·판정 업무에 관하여 법령을 위반하여 평가 또는 판정하게 하거나 결과를 조작하도록 하는 행위

13. 법령을 위반하여 행정지도·단속·감사·조사 대상에서 특정 개인·단체·법인이 선정·배제되도록 하거나 행정지도·단속·감사·조사의 결과를 조작하거나 또는 그 위법사항을 묵인하게 하는 행위

14. 사건의 수사·재판·심판·결정·조정·중재·화해 또는 이에 준하는 업무를 법령을 위반하여 처리하도록 하는 행위

15. 제1호부터 제14호까지의 부정청탁의 대상이 되는 업무에 관하여 공직자등이 법령에 따라 부여받은 지위·권한을 벗어나 행사하거나 권한에 속하지 아니한 사항을 행사하도록 하는 행위

② 제1항에도 불구하고 다음 각 호의 어느 하나에 해당하는 경우에는 이 법을 적용하지 아니한다.

1. 「청원법」, 「민원사무 처리에 관한 법률」, 「행정절차법」, 「국회법」 및 그 밖의 다른 법령·기준(제2조 제1호 나목부터 마목까지의 공공기관의 규정·사규·기준을 포함한다. 이하 같다)에서 정하는 절차·방법에 따라 권리침해의 구제·해결을 요구하거나 그와 관련된 법령·기준의 제정·개정·폐지를 제 안·건의하는 등 특정한 행위를 요구하는 행위

2. 공개적으로 공직자등에게 특정한 행위를 요구하는 행위

3. 선출직 공직자, 정당, 시민단체 등이 공익적인 목적으로 제3자의 고충민원을 전달하거나 법령·기준의 제정·개정·폐지 또는 정책·사업·제도 및 그 운영 등의 개선에 관하여 제안·건의하는 행위

4. 공공기관에 직무를 법정기한 안에 처리하여 줄 것을 신청·요구하거나 그 진행상황·조치결과 등에 대하여 확인·문의 등을 하는 행위

5. 직무 또는 법률관계에 관한 확인·증명 등을 신청·요구하는 행위

6. 질의 또는 상담형식을 통하여 직무에 관한 법령·제도·절차 등에 대하여 설명이나 해석을 요구하는 행위

7. 그 밖에 사회상규(社會常規)에 위배되지 아니하는 것으로 인정되는 행위

■ 금품등의 수수 금지 등

제8조 금품등의 수수 금지

① 공직자등은 직무 관련 여부 및 기부·후원·증여 등 그 명목에 관계없이 동일인으로부터 1회에 100만 원 또는 매 회계연도에 300만 원을 초과하는 금품등을 받거나 요구 또는 약속해서는 아니 된다.

② 공직자등은 직무와 관련하여 대가성 여부를 불문하고 제1항에서 정한 금액 이하의 금품등을 받거나 요구 또는 약속해서는 아니 된다.

③ 제10조의 외부강의등에 관한 사례금 또는 다음 각 호의 어느 하나에 해당하는 금품등의 경우에는 제1항 또는 제2항에서 수수를 금지하는 금품등에 해당하지 아니한다.

1. 공공기관이 소속 공직자등이나 파견 공직자등에게 지급하거나 상급 공직자등이 위로·격려·포상 등의 목적으로 하급 공직자등에게 제공하는 금품등

2. 원활한 직무수행 또는 사교·의례 또는 부조의 목적으로 제공되는 음식물·경조사비·선물 등으로서 대통령령으로 정하는 가액 범위 안의 금품등

3. 사적 거래(증여는 제외한다)로 인한 채무의 이행 등 정당한 권원(權原)에 의하여 제공되는 금품등

4. 공직자등의 친족(「민법」 제777조에 따른 친족을 말한다)이 제공하는 금품등

5. 공직자등과 관련된 직원상조회·동호인회·동창회·향우회·친목회·종교단체·사회단체 등이 정하는 기준에 따라 구성원에게 제공하는 금품등 및 그 소속 구성원 등 공직자등과 특별히 장기적·지속적인 친분관계를 맺고 있는 자가 질병·재난 등으로 어려운 처지에 있는 공직자등에게 제공하는 금품등

6. 공직자등의 직무와 관련된 공식적인 행사에서 주최자가 참석자에게 통상적인 범위에서 일률적으로 제공하는 교통, 숙박, 음식물 등의 금품등

7. 불특정 다수인에게 배포하기 위한 기념품 또는 홍보용품 등이나 경연·추첨을 통하여 받는 보상 또는 상품 등

8. 그 밖에 다른 법령·기준 또는 사회상규에 따라 허용되는 금품등

④ 공직자등의 배우자는 공직자등의 직무와 관련하여 제1항 또는 제2항에 따라 공직자등이 받는 것이 금지되는 금품등(이하 "수수 금지 금품등"이라 한다)을 받거나 요구하거나 제공받기로 약속해서는 아니 된다.

⑤ 누구든지 공직자등에게 또는 그 공직자등의 배우자에게 수수 금지 금품등을 제공하거나 그 제공의 약속 또는 의사표시를 해서는 아니 된다.

✛「부정청탁 및 금품 등 수수의 금지에 관한 법률 시행령」

제17조【사교·의례 등 목적으로 제공되는 음식물·경조사비 등의 가액 범위】법 제8조 제3항 제2호에서 "대통령령으로 정하는 가액 범위"란 별표 1에 따른 금액을 말한다.

[별표 1] 음식물·경조사비·선물 등의 가액 범위(제17조 관련)

1. 음식물(제공자와 공직자등이 함께 하는 식사, 다과, 주류, 음료, 그 밖에 이에 준하는 것을 말한다): 3만 원
2. 경조사비: 축의금·조의금은 5만 원, 다만, 축의금·조의금을 대신하는 화환, 조화는 10만 원으로 한다.
3. 선물: 금전, 유가증권, 제1호의 음식물 및 제2호의 경조사비를 제외한 일체의 물품, 그 밖에 이에 준하는 것은 5만 원. 다만, 농수산물 및 농수산가공품(농수산물을 원료 또는 재료의 50퍼센트를 넘게 사용하여 가공한 제품만 해당)은 10만 원으로 한다.

제9조 수수 금지 금품등의 신고 및 처리

① 공직자등은 다음 각 호의 어느 하나에 해당하는 경우에는 소속기관장에게 지체 없이 서면으로 신고하여야 한다.
　1. 공직자등 자신이 수수 금지 금품등을 받거나 그 제공의 약속 또는 의사표시를 받은 경우
　2. 공직자등이 자신의 배우자가 수수 금지 금품등을 받거나 그 제공의 약속 또는 의사표시를 받은 사실을 안 경우

② 공직자등은 자신이 수수 금지 금품등을 받거나 그 제공의 약속이나 의사표시를 받은 경우 또는 자신의 배우자가 수수 금지 금품등을 받거나 그 제공의 약속이나 의사표시를 받은 사실을 알게 된 경우에는 이를 제공자에게 지체 없이 반환하거나 반환하도록 하거나 그 거부의 의사를 밝히거나 밝히도록 하여야 한다. 다만, 받은 금품등이 다음 각 호의 어느 하나에 해당하는 경우에는 소속기관장에게 인도하거나 인도하도록 하여야 한다.
　1. 멸실·부패·변질 등의 우려가 있는 경우
　2. 해당 금품등의 제공자를 알 수 없는 경우
　3. 그 밖에 제공자에게 반환하기 어려운 사정이 있는 경우

③ 소속기관장은 제1항에 따라 신고를 받거나 제2항 단서에 따라 금품등을 인도받은 경우 수수 금지 금품등에 해당한다고 인정하는 때에는 반환 또는 인도하게 하거나 거부의 의사를 표시하도록 하여야 하며, 수사의 필요성이 있다고 인정하는 때에는 그 내용을 지체 없이 수사기관에 통보하여야 한다.

④ 소속기관장은 공직자등 또는 그 배우자가 수수 금지 금품등을 받거나 그 제공의 약속 또는 의사표시를 받은 사실을 알게 된 경우 수사의 필요성이 있다고 인정하는 때에는 그 내용을 지체 없이 수사기관에 통보하여야 한다.

⑤ 소속기관장은 소속 공직자등 또는 그 배우자가 수수 금지 금품등을 받거나 그 제공의 약속 또는 의사표시를 받은 사실을 알게 된 경우 또는 제1항부터 제4항까지의 규정에 따른 금품등의 신고, 금품등의 반환·인도 또는 수사기관에 대한 통보의 과정에서 직무의 수행에 지장이 있다고 인정하는 경우에는 해당 공직자등에게 제7조 제4항 각 호 및 같은 조 제5항의 조치를 할 수 있다.

⑥ 공직자등은 제1항 또는 같은 조 제2항 단서에 따른 신고나 인도를 감독기관·감사원·수사기관 또는 국민권익위원회에도 할 수 있다.

⑦ 소속기관장은 공직자등으로부터 제1항 제2호에 따른 신고를 받은 경우 그 공직자등의 배우자가 반환을 거부하는 금품등이 수수 금지 금품등에 해당한다고 인정하는 때에는 그 공직자등의 배우자로 하여금 그 금품등을 제공자에게 반환하도록 요구하여야 한다.

⑧ 제1항부터 제7항까지에서 규정한 사항 외에 수수 금지 금품등의 신고 및 처리 등에 필요한 사항은 대통령령으로 정한다.

제10조   외부강의등의 사례금 수수 제한

① 공직자등은 자신의 직무와 관련되거나 그 지위·직책 등에서 유래되는 사실상의 영향력을 통하여 요청받은 교육·홍보·토론회·세미나·공청회 또는 그 밖의 회의 등에서 한 강의·강연·기고 등(이하 "외부강의등"이라 한다)의 대가로서 대통령령으로 정하는 금액을 초과하는 사례금을 받아서는 아니 된다.

② 공직자등은 사례금을 받는 외부강의등을 할 때에는 대통령령으로 정하는 바에 따라 외부강의등의 요청 명세 등을 소속기관장에게 그 외부강의등을 마친 날부터 10일 이내에 서면으로 신고하여야 한다. 다만, 외부강의등을 요청한 자가 국가나 지방자치단체인 경우에는 그러하지 아니하다.

④ 소속기관장은 제2항에 따라 공직자등이 신고한 외부강의등이 공정한 직무수행을 저해할 수 있다고 판단하는 경우에는 그 공직자등의 외부강의등을 제한할 수 있다.

⑤ 공직자등은 제1항에 따른 금액을 초과하는 사례금을 받은 경우에는 대통령령으로 정하는 바에 따라 소속기관장에게 신고하고, 제공자에게 그 초과금액을 지체 없이 반환하여야 한다.

■ 부정청탁 등 방지에 관한 업무의 총괄 등

제12조   공직자등의 부정청탁 등 방지에 관한 업무의 총괄

국민권익위원회는 이 법에 따른 다음 각 호의 사항에 관한 업무를 관장한다.

1. 부정청탁의 금지 및 금품등의 수수 금지·제한 등에 관한 제도개선 및 교육·홍보계획의 수립 및 시행

2. 부정청탁 등에 관한 유형, 판단기준 및 그 예방 조치 등에 관한 기준의 작성 및 보급

3. 부정청탁 등에 대한 신고 등의 안내·상담·접수·처리 등

4. 신고자 등에 대한 보호 및 보상

5. 제1호부터 제4호까지의 업무 수행에 필요한 실태조사 및 자료의 수집·관리·분석 등

제13조   위반행위의 신고 등

① 누구든지 이 법의 위반행위가 발생하였거나 발생하고 있다는 사실을 알게 된 경우에는 다음 각 호의 어느 하나에 해당하는 기관에 신고할 수 있다.

   1. 이 법의 위반행위가 발생한 공공기관 또는 그 감독기관

   2. 감사원 또는 수사기관

   3. 국민권익위원회

제14조   신고의 처리

③ 조사기관은 제1항에 따라 조사·감사 또는 수사를 마친 날부터 10일 이내에 그 결과를 신고자와 국민권익위원회에 통보(국민권익위원회로부터 이첩받은 경우만 해당한다)하고, 조사·감사 또는 수사 결과에 따라 공소 제기, 과태료 부과 대상 위반행위의 통보, 징계 처분 등 필요한 조치를 하여야 한다.

제18조   비밀누설 금지

다음 각 호의 어느 하나에 해당하는 업무를 수행하거나 수행하였던 공직자등은 그 업무처리 과정에서 알게 된 비밀을 누설해서는 아니 된다. 다만, 제7조 제7항에 따라 공개하는 경우에는 그러하지 아니하다.

1. 제7조에 따른 부정청탁의 신고 및 조치에 관한 업무
2. 제9조에 따른 수수 금지 금품등의 신고 및 처리에 관한 업무

14 | 국가재정법

관련단원 PART 5. 재무행정론

■ 총칙

제1조　목적

이 법은 국가의 예산·기금·결산·성과관리 및 국가채무 등 재정에 관한 사항을 정함으로써 효율적이고 성과 지향적이며 투명한 재정운용과 건전재정의 기틀을 확립하고 재정운용의 공공성을 증진하는 것을 목적으로 한다.

제2조　회계연도

국가의 회계연도는 매년 1월 1일에 시작하여 12월 31일에 종료한다.

제3조　회계연도 독립의 원칙

각 회계연도의 경비는 그 연도의 세입 또는 수입으로 충당하여야 한다.

제4조　회계구분

① 국가의 회계는 일반회계와 특별회계로 구분한다.

② 일반회계는 조세수입 등을 주요 세입으로 하여 국가의 일반적인 세출에 충당하기 위하여 설치한다.

③ 특별회계는 국가에서 특정한 사업을 운영하고자 할 때, 특정한 자금을 보유하여 운용하고자 할 때, 특정한 세입으로 특정한 세출에 충당함으로써 일반회계와 구분하여 회계처리할 필요가 있을 때에 법률로써 설치하되, 규정된 법률에 의하지 아니하고는 이를 설치할 수 없다.

제5조　기금의 설치

① 기금은 국가가 특정한 목적을 위하여 특정한 자금을 신축적으로 운용할 필요가 있을 때에 한하여 법률로써 설치하되, 정부의 출연금 또는 법률에 따른 민간부담금을 재원으로 하는 기금은 법률에 의하지 아니하고는 이를 설치할 수 없다.

② 제1항의 규정에 따른 기금은 세입세출예산에 의하지 아니하고 운용할 수 있다.

제16조　예산의 원칙

정부는 예산의 편성 및 집행에 있어서 다음 각 호의 원칙을 준수하여야 한다.

1. 정부는 재정건전성의 확보를 위하여 최선을 다하여야 한다.

2. 정부는 국민부담의 최소화를 위하여 최선을 다하여야 한다.

3. 정부는 재정을 운용함에 있어 재정지출 및 「조세특례제한법」 제142조의2 제1항에 따른 조세지출의 성과를 제고하여야 한다.

4. 정부는 예산과정의 투명성과 예산과정에의 국민참여를 제고하기 위하여 노력하여야 한다.

5. 정부는 예산이 여성과 남성에게 미치는 효과를 평가하고, 그 결과를 정부의 예산편성에 반영하기 위하여 노력하여야 한다.

> **✚ 「국가재정법 시행령」**
>
> **제7조의2【예산과정에의 국민참여】** ① 정부는 법 제16조 제4호에 따라 예산과정의 투명성과 국민참여를 제고하기 위하여 필요한 시책을 시행하여야 한다.
> ② 정부는 예산과정에의 국민참여를 통하여 수렴된 의견을 검토하여야 하며, 그 결과를 예산편성시 반영할 수 있다.
> ③ 정부는 제2항에 따른 의견수렴을 촉진하기 위하여 국민으로 구성된 참여단을 운영할 수 있다.
> ④ 제1항에 따른 시책의 마련을 위하여 필요한 구체적인 사항은 기획재정부장관이 정한다.

제17조   예산총계주의

① 한 회계연도의 모든 수입을 세입으로 하고, 모든 지출을 세출로 한다.
② 제53조에 규정된 사항을 제외하고는 세입과 세출은 모두 예산에 계상하여야 한다.

제53조   예산총계주의 원칙의 예외

① 각 중앙관서의 장은 용역 또는 시설을 제공하여 발생하는 수입과 관련되는 경비로서 대통령령이 정하는 경비(이하 "수입대체경비"라 한다)에 있어 수입이 예산을 초과하거나 초과할 것이 예상되는 때에는 그 초과수입을 대통령령이 정하는 바에 따라 그 초과수입에 직접 관련되는 경비 및 이에 수반되는 경비에 초과 지출할 수 있다.
② 국가가 현물로 출자하는 경우와 외국차관을 도입하여 전대(轉貸)하는 경우에는 이를 세입세출예산 외로 처리할 수 있다.
⑥ 수입대체경비 등 예산총계주의 원칙의 예외에 관하여 필요한 사항은 대통령령으로 정한다.

> **✚ 「국가재정법 시행령」**
>
> **제24조【예산총계주의 원칙의 예외】** ② 법 제53조 제1항에 따라 대통령령으로 정하는 "초과수입에 직접 관련되는 경비 및 이에 수반되는 경비"라 함은 다음 각 호의 경비를 말한다.
> 1. 업무수행과 직접 관련된 자산취득비·국내여비·시설유지비 및 보수비
> 2. 일시적인 업무급증으로 사용한 일용직 임금
> 3. 초과수입 증대와 관련 있는 업무를 수행한 직원에게 지급하는 보상적 경비
> 4. 그 밖에 초과수입에 수반되는 경비로서 기획재정부장관이 정하는 경비

제19조   예산의 구성

예산은 예산총칙·세입세출예산·계속비·명시이월비 및 국고채무부담행위를 총칭한다.

제21조   세입세출예산의 구분

① 세입세출예산은 필요한 때에는 계정으로 구분할 수 있다.
② 세입세출예산은 독립기관 및 중앙관서의 소관별로 구분한 후 소관 내에서 일반회계·특별회계로 구분한다.

③ 세입예산은 제2항의 규정에 따른 구분에 따라 그 내용을 성질별로 관·항으로 구분하고, 세출예산은 제2항의 규정에 따른 구분에 따라 그 내용을 기능별·성질별 또는 기관별로 장·관·항으로 구분한다.

■ 재정운용의 효율성 및 성과지향성 제고

제7조　국가재정운용계획의 수립 등

① 정부는 재정운용의 효율화와 건전화를 위하여 매년 당해 회계연도부터 5회계연도 이상의 기간에 대한 재정운용계획(이하 "국가재정운용계획"이라 한다)을 수립하여 회계연도 개시 120일 전까지 국회에 제출하여야 한다.

② 국가재정운용계획에는 다음 각 호의 사항이 포함되어야 한다.

1. 재정운용의 기본방향과 목표

2. 중기 재정전망 및 근거

3. 분야별 재원배분계획 및 투자방향

4. 재정규모증가율 및 그 근거

4의2. 의무지출(재정지출 중 법률에 따라 지출의무가 발생하고 법령에 따라 지출규모가 결정되는 법정지출 및 이자지출을 말하며, 그 구체적인 범위는 대통령령으로 정한다)의 증가율 및 산출내역

4의3. 재량지출(재정지출에서 의무지출을 제외한 지출을 말한다)의 증가율에 대한 분야별 전망과 근거 및 관리계획

4의4. 세입·세외수입·기금수입 등 재정수입의 증가율 및 그 근거

5. 조세부담률 및 국민부담률 전망

6. 통합재정수지(일반회계, 특별회계 및 기금을 통합한 재정통계로서 순(純) 수입에서 순 지출을 뺀 금액을 말한다. 이하 같다) 전망과 관리계획. 다만, 통합재정수지에서 제외되는 기금은 국제기구에서 권고하는 기준에 준하여 대통령령으로 정한다.

8. 그 밖에 대통령령이 정하는 사항

③ 제1항에 따라 국회에 제출하는 국가재정운용계획에는 다음 각 호의 서류를 첨부하여야 한다.

1. 전년도에 수립한 국가재정운용계획 대비 변동사항, 변동요인 및 관리계획 등에 대한 평가·분석보고서

2. 제73조의3에 따른 중장기 기금재정관리계획

3. 제91조에 따른 국가채무관리계획

4. 「국세기본법」 제20조의2에 따른 중장기 조세정책운용계획

5. 제4항에 따른 장기 재정전망 결과

④ 기획재정부장관은 40회계연도 이상의 기간을 대상으로 5년마다 장기 재정전망을 실시하여야 한다.

⑤ 기획재정부장관은 국가재정운용계획을 수립하기 위하여 필요한 때에는 관계 국가기관 또는 공공단체의 장에게 중·장기 대내·외 거시경제전망 및 재정전망 등에 관하여 자료의 제출을 요청하거나, 관계 국가기관 또는 공공단체의 장과 이에 관하여 협의할 수 있다.

⑥ 기획재정부장관은 국가재정운용계획을 수립하는 때에는 관계 중앙관서의 장과 협의하여야 한다.

제8조 **성과중심의 재정운용**

① 각 중앙관서의 장과 법률에 따라 기금을 관리·운용하는 자(기금의 관리 또는 운용 업무를 위탁받은 자를 제외하며, 이하 "기금관리주체"라 한다)는 재정활동의 성과관리체계를 구축하여야 한다.

② 각 중앙관서의 장은 제31조 제1항에 따라 예산요구서를 제출할 때에 다음 연도 예산의 성과계획서 및 전년도 예산의 성과보고서를 기획재정부장관에게 함께 제출하여야 하며, 기금관리주체는 제66조 제5항에 따라 기금운용계획안을 제출할 때에 다음 연도 기금의 성과계획서 및 전년도 기금의 성과보고서를 기획재정부장관에게 함께 제출하여야 한다.

⑥ 기획재정부장관은 대통령령이 정하는 바에 따라 주요 재정사업에 대한 평가를 실시하고 그 결과를 재정운용에 반영할 수 있다.

제28조 **중기사업계획서의 제출**

각 중앙관서의 장은 매년 1월 31일까지 당해 회계연도부터 5회계연도 이상의 기간 동안의 신규사업 및 기획재정부장관이 정하는 주요 계속사업에 대한 중기사업계획서를 기획재정부장관에게 제출하여야 한다.

제29조 **예산안편성지침의 통보**

① 기획재정부장관은 국무회의의 심의를 거쳐 대통령의 승인을 얻은 다음 연도의 예산안편성지침을 매년 3월 31일까지 각 중앙관서의 장에게 통보하여야 한다.

② 기획재정부장관은 제7조의 규정에 따른 국가재정운용계획과 예산편성을 연계하기 위하여 제1항의 규정에 따른 예산안편성지침에 중앙관서별 지출한도를 포함하여 통보할 수 있다.

제31조 **예산요구서의 제출**

① 각 중앙관서의 장은 제29조의 규정에 따른 예산안편성지침에 따라 그 소관에 속하는 다음 연도의 세입세출예산·계속비·명시이월비 및 국고채무부담행위 요구서(이하 "예산요구서"라 한다)를 작성하여 매년 5월 31일까지 기획재정부장관에게 제출하여야 한다.

제32조 **예산안의 편성**

기획재정부장관은 제31조 제1항의 규정에 따른 예산요구서에 따라 예산안을 편성하여 국무회의의 심의를 거친 후 대통령의 승인을 얻어야 한다.

제33조 **예산안의 국회제출**

정부는 제32조의 규정에 따라 대통령의 승인을 얻은 예산안을 회계연도 개시 120일 전까지 국회에 제출하여야 한다.

제34조 **예산안의 첨부서류**

제33조의 규정에 따라 국회에 제출하는 예산안에는 다음 각 호의 서류를 첨부하여야 한다.

1. 세입세출예산 총계표 및 순계표
2. 세입세출예산사업별 설명서

3. 계속비에 관한 전년도말까지의 지출액 또는 지출추정액, 당해 연도 이후의 지출예정액과 사업전체의 계획 및 그 진행상황에 관한 명세서

3의2. 총사업비 관리대상 사업의 사업별 개요, 전년도 대비 총사업비 증감 내역과 증감 사유, 해당 연도까지의 연부액 및 해당 연도 이후의 지출예정액

4. 국고채무부담행위 설명서

5. 국고채무부담행위로서 다음 연도 이후에 걸치는 것에 있어서는 전년도말까지의 지출액 또는 지출추정액과 당해 연도 이후의 지출예정액에 관한 명세서

5의2. 완성에 2년 이상이 소요되는 사업으로서 대통령령으로 정하는 대규모 사업의 국고채무부담행위 총규모

6. 예산정원표와 예산안편성기준단가

7. 국유재산의 전전년도말에 있어서의 현재액과 전년도말과 당해 연도말에 있어서의 현재액 추정에 관한 명세서

8. 성과계획서

9. 성인지 예산서

10. 조세지출예산서

11. 제40조 제2항 및 제41조의 규정에 따라 독립기관의 세출예산요구액을 감액하거나 감사원의 세출예산요구액을 감액한 때에는 그 규모 및 이유와 감액에 대한 당해 기관의 장의 의견

13. 회계와 기금 간 또는 회계 상호 간 여유재원의 전입·전출 명세서 그 밖에 재정의 상황과 예산안의 내용을 명백히 할 수 있는 서류

14. 국유재산특례지출예산서

15. 예비타당성조사를 실시하지 아니한 사업의 내역 및 사유

16. 지방자치단체 국고보조사업 예산안에 따른 분야별 총 대응지방비 소요 추계서

제37조   총액계상

① 기획재정부장관은 대통령령이 정하는 사업으로서 세부내용을 미리 확정하기 곤란한 사업의 경우에는 이를 총액으로 예산에 계상할 수 있다.

제38조   예비타당성조사

① 기획재정부장관은 총사업비가 500억 원 이상이고 국가의 재정지원 규모가 300억 원 이상인 신규 사업으로서 다음 각 호의 어느 하나에 해당하는 대규모사업에 대한 예산을 편성하기 위하여 미리 예비타당성조사를 실시하고, 그 결과를 요약하여 국회 소관 상임위원회와 예산결산특별위원회에 제출하여야 한다.

제49조   예산성과금의 지급 등

① 각 중앙관서의 장은 예산의 집행방법 또는 제도의 개선 등으로 인하여 수입이 증대되거나 지출이 절약된 때에는 이에 기여한 자에게 성과금을 지급할 수 있으며, 절약된 예산을 다른 사업에 사용할 수 있다.

제50조　　**총사업비의 관리**

① 각 중앙관서의 장은 완성에 2년 이상이 소요되는 사업으로서 대통령령이 정하는 대규모사업에 대하여는 그 사업규모 · 총사업비 및 사업기간을 정하여 미리 기획재정부장관과 협의하여야 한다. 협의를 거친 사업규모 · 총사업비 또는 사업기간을 변경하고자 하는 때에도 또한 같다.

② 기획재정부장관은 제1항의 규정에 따른 사업 중 다음 각 호의 어느 하나에 해당하는 사업 및 감사원의 감사결과에 따라 감사원이 요청하는 사업에 대하여는 사업의 타당성을 재조사(이하 "타당성재조사"라 한다)하고, 그 결과를 국회에 보고하여야 한다.

　1. 총사업비 또는 국가의 재정지원 규모가 예비타당성조사 대상 규모에 미달하여 예비타당성조사를 실시하지 않았으나 사업추진 과정에서 총사업비와 국가의 재정지원 규모가 예비타당성조사 대상 규모로 증가한 사업

　2. 예비타당성조사 대상사업 중 예비타당성조사를 거치지 않고 예산에 반영되어 추진 중인 사업

　3. 총사업비가 대통령령으로 정하는 규모 이상 증가한 사업

　4. 사업여건의 변동 등으로 해당 사업의 수요예측치가 대통령령으로 정하는 규모 이상 감소한 사업

　5. 그 밖에 예산낭비 우려가 있는 등 타당성을 재조사할 필요가 있는 사업

③ 제2항에도 불구하고 다음 각 호의 어느 하나에 해당하는 경우에는 타당성재조사를 실시하지 아니할 수 있다.

　1. 사업의 상당부분이 이미 시공되어 매몰비용이 차지하는 비중이 큰 경우

　2. 총사업비 증가의 주요 원인이 법정경비 반영 및 상위계획의 변경 등과 같이 타당성재조사의 실익이 없는 경우

　3. 지역 균형발전, 긴급한 경제 · 사회적 상황에 대응할 목적으로 추진되는 사업의 경우

　4. 재해예방 · 복구 지원 또는 안전 문제 등으로 시급한 추진이 필요한 사업의 경우

④ 기획재정부장관은 국회가 그 의결로 요구하는 사업에 대하여는 타당성재조사를 하고, 그 결과를 국회에 보고하여야 한다.

⑤ 기획재정부장관은 총사업비 관리에 관한 지침을 마련하여 각 중앙관서의 장에게 통보하여야 한다.

제97조　　**재정집행의 관리**

① 각 중앙관서의 장과 기금관리주체는 대통령령이 정하는 바에 따라 사업집행보고서와 예산 및 기금운용계획에 관한 집행보고서를 기획재정부장관에게 제출하여야 한다.

② 기획재정부장관은 예산 및 기금의 효율적인 운용을 위하여 제1항의 규정에 따른 보고서의 내용을 분석하고 예산 및 기금의 집행상황과 낭비 실태를 확인 · 점검한 후 필요한 때에는 집행 애로요인의 해소와 낭비 방지를 위하여 필요한 조치를 각 중앙관서의 장과 기금관리주체에게 요구할 수 있다.

■ **재정의 투명성 제고**

제9조　　**재정정보의 공표**

① 정부는 예산, 기금, 결산, 국채, 차입금, 국유재산의 현재액, 통합재정수지 및 제2항에 따른 일반정부 및 공공부문 재정통계, 그 밖에 대통령령이 정하는 국가와 지방자치단체의 재정에 관한 중요한 사항을 매년 1회 이상 정보통신매체 · 인쇄물 등 적당한 방법으로 알기 쉽고 투명하게 공표하여야 한다.

② 기획재정부장관은 회계연도마다 결산을 기준으로 다음 각 호의 재정상황을 종합적으로 나타내는 통계(이하 "일반정부 및 공공부문 재정통계"라 한다)를 작성하여야 한다. 이 경우 제2호와 제3호에 관하여는 해당 기관 및 관계 중앙관서의 장과 협의하여 작성하여야 한다.

1. 국가 및 지방자치단체의 일반회계, 특별회계 및 기금
2. 다음 각 목의 기관 중 시장성이 없는 기관으로서 대통령령으로 정하는 기관
   가. 「공공기관의 운영에 관한 법률」에 따른 공공기관
   나. 「지방공기업법」에 따른 지방공사 · 공단
   다. 그 밖에 공영방송사 · 국립대학법인 등 공공성이 인정되는 법인
3. 제2호 각 목의 기관 중 시장성이 있는 기관(금융을 다루는 기관은 제외한다)으로서 대통령령으로 정하는 기관

③ 기획재정부장관은 각 중앙관서의 장, 지방자치단체의 장, 관계 기관의 장에게 제1항에 따른 재정정보의 공표 또는 제2항에 따른 일반정부 및 공공부문 재정통계의 작성을 위하여 필요한 자료의 제출을 요구할 수 있다.

④ 각 중앙관서의 장은 해당 중앙관서의 세입 · 세출예산 운용상황을, 각 기금관리주체는 해당 기금의 운용상황을 인터넷 홈페이지에 공개하여야 한다.

제100조 예산 · 기금의 불법지출에 대한 국민감시

① 국가의 예산 또는 기금을 집행하는 자, 재정지원을 받는 자, 각 중앙관서의 장(그 소속기관의 장을 포함한다) 또는 기금관리주체와 계약 그 밖의 거래를 하는 자가 법령을 위반함으로써 국가에 손해를 가하였음이 명백한 때에는 누구든지 집행에 책임 있는 중앙관서의 장 또는 기금관리주체에게 불법지출에 대한 증거를 제출하고 시정을 요구할 수 있다.

② 제1항의 규정에 따라 시정요구를 받은 중앙관서의 장 또는 기금관리주체는 대통령령이 정하는 바에 따라 그 처리결과를 시정요구를 한 자에게 통지하여야 한다.

③ 중앙관서의 장 또는 기금관리주체는 제2항의 규정에 따른 처리결과에 따라 수입이 증대되거나 지출이 절약된 때에는 시정요구를 한 자에게 제49조의 규정에 따른 예산성과금을 지급할 수 있다.

■ 재정의 신축성 유지

제13조 회계 · 기금 간 여유재원의 전입 · 전출

① 정부는 국가재정의 효율적 운용을 위하여 필요한 경우에는 다른 법률의 규정에 불구하고 회계 및 기금의 목적 수행에 지장을 초래하지 아니하는 범위 안에서 회계와 기금 간 또는 회계 및 기금 상호 간에 여유재원을 전입 또는 전출하여 통합적으로 활용할 수 있다.

제22조   예비비

① 정부는 예측할 수 없는 예산 외의 지출 또는 예산초과지출에 충당하기 위하여 일반회계 예산총액의 100분의 1 이내의 금액을 예비비로 세입세출예산에 계상할 수 있다. 다만, 예산총칙 등에 따라 미리 사용목적을 지정해 놓은 예비비(목적 예비비)는 본문의 규정에 불구하고 별도로 세입세출예산에 계상할 수 있다.

② 제1항 단서의 규정에 불구하고 공무원의 보수 인상을 위한 인건비 충당을 위하여는 예비비의 사용목적을 지정할 수 없다.

제23조   계속비

① 완성에 수년도를 요하는 공사나 제조 및 연구개발사업은 그 경비의 총액과 연부액(年賦額)을 정하여 미리 국회의 의결을 얻은 범위 안에서 수년도에 걸쳐서 지출할 수 있다.

② 제1항의 규정에 따라 국가가 지출할 수 있는 연한은 그 회계연도부터 5년 이내로 한다. 다만, 사업규모 및 국가재원 여건상 필요한 경우에는 예외적으로 10년 이내로 할 수 있다.

③ 기획재정부장관은 필요하다고 인정하는 때에는 국회의 의결을 거쳐 제2항의 지출연한을 연장할 수 있다.

제24조   명시이월비

① 세출예산 중 경비의 성질상 연도 내에 지출을 끝내지 못할 것이 예측되는 때에는 그 취지를 세입세출예산에 명시하여 미리 국회의 승인을 얻은 후 다음 연도에 이월하여 사용할 수 있다.

② 각 중앙관서의 장은 제1항의 규정에 따른 명시이월비에 대하여 예산집행상 부득이한 사유가 있는 때에는 사항마다 사유와 금액을 명백히 하여 기획재정부장관의 승인을 얻은 범위 안에서 다음 연도에 걸쳐서 지출하여야 할 지출원인행위를 할 수 있다.

③ 기획재정부장관은 제2항의 규정에 따라 다음 연도에 걸쳐서 지출하여야 할 지출원인행위를 승인한 때에는 감사원에 통지하여야 한다.

제25조   국고채무부담행위

① 국가는 법률에 따른 것과 세출예산금액 또는 계속비의 총액의 범위 안의 것 외에 채무를 부담하는 행위를 하는 때에는 미리 예산으로써 국회의 의결을 얻어야 한다.

② 국가는 제1항에 규정된 것 외에 재해복구를 위하여 필요한 때에는 회계연도마다 국회의 의결을 얻은 범위 안에서 채무를 부담하는 행위를 할 수 있다. 이 경우 그 행위는 일반회계 예비비의 사용절차에 준하여 집행한다.

제35조   국회제출 중인 예산안의 수정

정부는 예산안을 국회에 제출한 후 부득이한 사유로 인하여 그 내용의 일부를 수정하고자 하는 때에는 국무회의의 심의를 거쳐 대통령의 승인을 얻은 수정예산안을 국회에 제출할 수 있다.

제46조　예산의 전용

① 각 중앙관서의 장은 예산의 목적범위 안에서 재원의 효율적 활용을 위하여 대통령령이 정하는 바에 따라 기획재정부장관의 승인을 얻어 각 세항 또는 목의 금액을 전용할 수 있다. 이 경우 사업 간의 유사성이 있는지, 재해대책 재원 등으로 사용할 시급한 필요가 있는지, 기관운영을 위한 필수적 경비의 충당을 위한 것인지 여부 등을 종합적으로 고려하여야 한다.

제47조　예산의 이용·이체

① 각 중앙관서의 장은 예산이 정한 각 기관 간 또는 각 장·관·항 간에 상호 이용(移用)할 수 없다. 다만, 다음 각 호의 어느 하나에 해당하는 경우에 한정하여 미리 예산으로써 국회의 의결을 얻은 때에는 기획재정부장관의 승인을 얻어 이용하거나 기획재정부장관이 위임하는 범위 안에서 자체적으로 이용할 수 있다.

② 기획재정부장관은 정부조직 등에 관한 법령의 제정·개정 또는 폐지로 인하여 중앙관서의 직무와 권한에 변동이 있는 때에는 그 중앙관서의 장의 요구에 따라 그 예산을 상호 이용하거나 이체(移替)할 수 있다.

제48조　세출예산의 이월

① 매 회계연도의 세출예산은 다음 연도에 이월하여 사용할 수 없다.

② 제1항의 규정에 불구하고 다음 각 호의 어느 하나에 해당하는 경비의 금액은 다음 회계연도에 이월하여 사용할 수 있다. 이 경우 이월액은 다른 용도로 사용할 수 없으며, 제2호에 해당하는 경비의 금액은 재이월할 수 없다.

　1. 명시이월비

　2. 연도 내에 지출원인행위를 하고 불가피한 사유로 인하여 연도 내에 지출하지 못한 경비와 지출원인행위를 하지 아니한 그 부대경비

　3. 지출원인행위를 위하여 입찰공고를 한 경비 중 입찰공고 후 지출원인행위까지 장기간이 소요되는 경우로서 대통령령이 정하는 경비

　4. 공익사업의 시행에 필요한 손실보상비로서 대통령령이 정하는 경비

　5. 경상적 성격의 경비로서 대통령령이 정하는 경비

제89조　추가경정예산안의 편성

① 정부는 다음 각 호의 어느 하나에 해당하게 되어 이미 확정된 예산에 변경을 가할 필요가 있는 경우에는 추가경정예산안을 편성할 수 있다.

　1. 전쟁이나 대규모 재해가 발생한 경우

　2. 경기침체, 대량실업, 남북관계의 변화, 경제협력과 같은 대내·외 여건에 중대한 변화가 발생하였거나 발생할 우려가 있는 경우

　3. 법령에 따라 국가가 지급하여야 하는 지출이 발생하거나 증가하는 경우

② 정부는 국회에서 추가경정예산안이 확정되기 전에 이를 미리 배정하거나 집행할 수 없다.

■ 재정의 건전성 유지

제87조   재정부담을 수반하는 법령의 제정 및 개정

① 정부는 재정지출 또는 조세감면을 수반하는 법률안을 제출하고자 하는 때에는 법률이 시행되는 연도 부터 5회계연도의 재정수입·지출의 증감액에 관한 추계자료와 이에 상응하는 재원조달방안을 그 법 률안에 첨부하여야 한다.

제88조   국세감면의 제한

① 기획재정부장관은 대통령령이 정하는 당해 연도 국세 수입총액과 국세감면액 총액을 합한 금액에서 국 세감면액 총액이 차지하는 비율(이하 "국세감면율"이라 한다)이 대통령령이 정하는 비율 이하가 되도록 노력하여야 한다.

제90조   세계잉여금 등의 처리

① 일반회계 예산의 세입 부족을 보전(補塡)하기 위한 목적으로 해당 연도에 이미 발행한 국채의 금액 범 위에서는 해당 연도에 예상되는 초과 조세수입을 이용하여 국채를 우선 상환할 수 있다. 이 경우 세 입·세출 외로 처리할 수 있다.

② 매 회계연도 세입세출의 결산상 잉여금 중 다른 법률에 따른 것과 제48조의 규정에 따른 이월액을 공제 한 금액(이하 "세계잉여금"이라 한다)은 「지방교부세법」 제5조 제2항의 규정에 따른 교부세의 정산 및 「지방교육재정교부금법」 제9조 제3항의 규정에 따른 교부금의 정산에 사용할 수 있다.

③ 제2항의 규정에 따라 사용한 금액을 제외한 세계잉여금은 100분의 30 이상을 「공적자금상환기금법」에 따른 공적자금상환기금에 우선적으로 출연하여야 한다.

④ 제2항 및 제3항의 규정에 따라 사용하거나 출연한 금액을 제외한 세계잉여금은 100분의 30 이상을 다 음 각 호의 채무를 상환하는데 사용하여야 한다.

⑤ 제2항부터 제4항까지의 규정에 따라 사용하거나 출연한 금액을 제외한 세계잉여금은 추가경정예산안 의 편성에 사용할 수 있다.

⑦ 제2항부터 제5항까지의 규정에 따른 세계잉여금의 사용 또는 출연은 다른 법률의 규정에 불구하고 「국 가회계법」 제13조 제3항에 따라 국가결산보고서에 대한 대통령의 승인을 얻은 때부터 이를 할 수 있다.

제91조   국가채무의 관리

① 기획재정부장관은 국가의 회계 또는 기금이 부담하는 금전채무에 대하여 매년 다음 각 호의 사항이 포함된 국가채무관리계획을 수립하여야 한다.

② 제1항의 규정에 따른 금전채무는 다음 각 호의 어느 하나에 해당하는 채무를 말한다.

   1. 국가의 회계 또는 기금(재원의 조성 및 운용방식 등에 따라 실질적으로 국가의 회계 또는 기금으로 보기 어려운 회계 또는 기금으로서 대통령령이 정하는 회계 또는 기금을 제외한다. 이하 이 항에서 같다)이 발행한 채권
   2. 국가의 회계 또는 기금의 차입금
   3. 국가의 회계 또는 기금의 국고채무부담행위
   4. 그 밖에 제1호 및 제2호에 준하는 채무로서 대통령령이 정하는 채무

③ 제2항의 규정에 불구하고 다음 각 호의 어느 하나에 해당하는 채무는 국가채무에 포함하지 아니한다.
    1. 「국고금관리법」 제32조 제1항의 규정에 따른 재정증권 또는 한국은행으로부터의 일시차입금
    2. 제2항 제1호에 해당하는 채권 중 국가의 회계 또는 기금이 인수 또는 매입하여 보유하고 있는 채권
    3. 제2항 제2호에 해당하는 차입금 중 국가의 다른 회계 또는 기금으로부터의 차입금

■ 성인지 예산제도

제26조   성인지 예산서의 작성

① 정부는 예산이 여성과 남성에게 미칠 영향을 미리 분석한 보고서[이하 "성인지(性認知)예산서"라 한다]를 작성하여야 한다.
② 성인지 예산서에는 성평등 기대효과, 성과목표, 성별 수혜분석 등을 포함하여야 한다.

제57조   성인지 결산서의 작성

① 정부는 여성과 남성이 동등하게 예산의 수혜를 받고 예산이 성차별을 개선하는 방향으로 집행되었는지를 평가하는 보고서(이하 "성인지 결산서"라 한다)를 작성하여야 한다.
② 성인지 결산서에는 집행실적, 성평등 효과분석 및 평가 등을 포함하여야 한다.

■ 독립기관의 예산

제40조   독립기관의 예산

① 정부는 독립기관의 예산을 편성함에 있어 당해 독립기관의 장의 의견을 최대한 존중하여야 하며, 국가재정상황 등에 따라 조정이 필요한 때에는 당해 독립기관의 장과 미리 협의하여야 한다.
② 정부는 제1항의 규정에 따른 협의에도 불구하고 독립기관의 세출예산요구액을 감액하고자 할 때에는 국무회의에서 당해 독립기관의 장의 의견을 구하여야 하며, 정부가 독립기관의 세출예산요구액을 감액한 때에는 그 규모 및 이유, 감액에 대한 독립기관의 장의 의견을 국회에 제출하여야 한다.

■ 결산

제58조   중앙관서결산보고서의 작성 및 제출

① 각 중앙관서의 장은 「국가회계법」에서 정하는 바에 따라 회계연도마다 작성한 결산보고서(이하 "중앙관서결산보고서"라 한다)를 다음 연도 2월 말일까지 기획재정부장관에게 제출하여야 한다.

제59조   국가결산보고서의 작성 및 제출

기획재정부장관은 「국가회계법」에서 정하는 바에 따라 회계연도마다 작성하여 대통령의 승인을 받은 국가결산보고서를 다음 연도 4월 10일까지 감사원에 제출하여야 한다.

제60조	결산검사

감사원은 제59조에 따라 제출된 국가결산보고서를 검사하고 그 보고서를 다음 연도 5월 20일까지 기획재정부장관에게 송부하여야 한다.

제61조	국가결산보고서의 국회제출

정부는 제60조에 따라 감사원의 검사를 거친 국가결산보고서를 다음 연도 5월 31일까지 국회에 제출하여야 한다.

■ 기금

제66조	기금운용계획안의 수립

① 기금관리주체는 매년 1월 31일까지 당해 회계연도부터 5회계연도 이상의 기간 동안의 신규사업 및 기획재정부장관이 정하는 주요 계속사업에 대한 중기사업계획서를 기획재정부장관에게 제출하여야 한다.

② 기획재정부장관은 자문회의의 자문과 국무회의의 심의를 거쳐 대통령의 승인을 얻은 다음 연도의 기금운용계획안 작성지침을 매년 3월 31일까지 기금관리주체에게 통보하여야 한다.

⑤ 기금관리주체는 제2항의 규정에 따른 기금운용계획안 작성지침에 따라 다음 연도의 기금운용계획안을 작성하여 매년 5월 31일까지 기획재정부장관에게 제출하여야 한다.

⑥ 기획재정부장관은 제5항의 규정에 따라 제출된 기금운용계획안에 대하여 기금관리주체와 협의 · 조정하여 기금운용계획안을 마련한 후 국무회의의 심의를 거쳐 대통령의 승인을 얻어야 한다.

제68조	기금운용계획안의 국회제출 등

① 정부는 제67조 제3항의 규정에 따른 주요항목 단위로 마련된 기금운용계획안을 회계연도 개시 120일 전까지 국회에 제출하여야 한다.

제70조	기금운용계획의 변경

① 기금관리주체는 지출계획의 주요항목 지출금액의 범위 안에서 대통령령이 정하는 바에 따라 세부항목 지출금액을 변경할 수 있다.

② 기금관리주체(기금관리주체가 중앙관서의 장이 아닌 경우에는 소관 중앙관서의 장을 말한다)는 기금운용계획 중 주요항목 지출금액을 변경하고자 하는 때에는 기획재정부장관과 협의 · 조정하여 마련한 기금운용계획변경안을 국무회의의 심의를 거쳐 대통령의 승인을 얻은 후 국회에 제출하여야 한다.

③ 제2항에도 불구하고 주요항목 지출금액이 다음 각 호의 어느 하나에 해당하는 경우에는 기금운용계획변경안을 국회에 제출하지 아니하고 대통령령으로 정하는 바에 따라 변경할 수 있다.

　1. 별표 3에 규정된 금융성 기금 외의 기금은 주요항목 지출금액의 변경범위가 10분의 2 이하

　2. 별표 3에 규정된 금융성 기금은 주요항목 지출금액의 변경범위가 10분의 3 이하. 다만, 기금의 관리 및 운영에 소요되는 경상비에 해당하는 주요항목 지출금액에 대하여는 10분의 2 이하로 한다.

제72조　지출사업의 이월

① 기금관리주체는 매 회계연도의 지출금액을 다음 연도에 이월하여 사용할 수 없다. 다만, 연도 내에 지출원인행위를 하고 불가피한 사유로 연도 내에 지출하지 못한 금액은 다음 연도에 이월하여 사용할 수 있다.

제74조　기금운용심의회

① 기금관리주체는 기금의 관리·운용에 관한 중요한 사항을 심의하기 위하여 기금별로 기금운용심의회(이하 "심의회"라 한다)를 설치하여야 한다. 다만, 심의회를 설치할 필요가 없다고 인정되는 기금의 경우에는 기획재정부장관과 협의하여 설치하지 아니할 수 있다.

제76조　자산운용위원회

① 기금관리주체는 자산운용에 관한 중요한 사항을 심의하기 위하여 다른 법률에서 따로 정하는 경우를 제외하고는 심의회에 자산운용위원회(이하 "자산운용위원회"라 한다)를 설치하여야 한다. 다만, 「외국환거래법」 제13조에 따른 외국환평형기금이나 기획재정부장관과 협의하여 자산운용위원회를 설치할 필요가 없다고 인정되는 기금의 경우에는 자산운용위원회를 설치하지 아니할 수 있다.

제82조　기금운용의 평가

① 기획재정부장관은 회계연도마다 전체 기금 중 3분의 1 이상의 기금에 대하여 대통령령이 정하는 바에 따라 그 운용실태를 조사·평가하여야 하며, 3년마다 전체 재정체계를 고려하여 기금의 존치 여부를 평가하여야 한다.

② 기획재정부장관은 제1항의 규정에 따른 기금운용실태의 조사·평가와 기금제도에 관한 전문적·기술적인 연구 또는 자문을 위하여 기금운용평가단을 운영할 수 있다.

OX

1 특별회계는 국가가 특정한 목적을 위하여 특정한 자금을 신축적으로 운용할 필요가 있을 때에 한하여 법률로써 설치한다. (○, ×)

2 「국가재정법」은 성인지 예·결산서의 작성을 도입하였다. (○, ×)

3 기금은 대통령령으로써 설치할 수 있다. (○, ×)

4 정부는 감사원의 검사를 거치기 전에 국가결산보고서를 국회에 제출하여야 한다. (○, ×)

5 재정운용의 효율화와 건전화를 위하여 매년 당해 회계연도부터 5회계연도 이상의 기간에 대한 국가재정운영계획을 수립하여 회계연도 개시 90일 전까지 국회에 제출하여야 한다. (○, ×)

1 × 특별회계가 아니라 기금에 대한 설명이다. 특별회계는 국가에서 특정한 사업을 운영하고자 할 때, 특정한 자금을 보유하여 운용하고자 할 때, 특정한 세입으로 특정한 세출에 충당함으로써 일반회계와 구분하여 회계처리 할 필요가 있을 때에 법률로써 설치한다.
2 ○　**3** × 기금은 법률에 의해서만 설치할 수 있다.
4 × 정부는 감사원의 검사를 거친 국가결산보고서를 다음 연도 5월 31일까지 국회에 제출하여야 한다.　**5** × 90일 → 120일

15 | 국가회계법, 국고금 관리법, 정부기업예산법

관련단원 PART 5. 재무행정론

■ 국가회계법

제3조   적용범위

이 법은 다음 각 호의 회계 및 기금에 대하여 적용한다.

1. 「국가재정법」 제4조에 따른 일반회계 및 특별회계
2. 「국가재정법」 제5조 제1항에 따라 설치된 기금(이하 "기금"이라 한다)

제5조   회계연도

국가의 회계연도는 매년 1월 1일에 시작하여 12월 31일에 종료한다.

제11조   국가회계기준

① 국가의 재정활동에서 발생하는 경제적 거래 등을 발생 사실에 따라 복식부기 방식으로 회계처리하는 데에 필요한 기준(이하 "국가회계기준"이라 한다)은 기획재정부령으로 정한다.

제13조   결산의 수행

① 중앙관서의 장은 회계연도마다 제14조·제15조 및 제15조의2에 따라 그 소관에 속하는 일반회계·특별회계 및 기금을 통합한 결산보고서(이하 "중앙관서결산보고서"라 한다)를 작성하여야 한다.

제14조   결산보고서의 구성

결산보고서는 다음 각 호의 서류로 구성된다.

1. 결산 개요
2. 세입세출결산(중앙관서결산보고서 및 국가결산보고서의 경우에는 기금의 수입지출결산을 포함하고, 기금결산보고서의 경우에는 기금의 수입지출결산을 말한다)
3. 재무제표
   가. 재정상태표
   나. 재정운영표
   다. 순자산변동표
4. 성과보고서

■ 국고금 관리법

제2조　정의

이 법에서 사용하는 용어의 뜻은 다음과 같다.

1. "국고금"이란 다음 각 목의 자산을 말한다.

　가. 법령 또는 계약 등에 따라 국가의 세입으로 납입되거나 기금(제3조 제1항 제2호에 따른 기금을 말한다. 이하 같다)에 납입된 모든 현금 및 현금과 같은 가치를 가지는 것으로서 대통령령으로 정하는 것(이하 "현금등"이라 한다)

　나. 「지방세법」 제68조에 따라 국가가 징수한 지방소비세를 같은 법 제71조에 따라 지방세입으로 납입하기 전까지 일시적으로 보유한 현금등

　다. 제32조에 따라 조달하는 현금등

　라. 제34조에 따라 국고금의 운용 목적으로 취득한 금융자산

제3조　적용 범위

① 이 법은 다음 각 호의 회계 또는 기금에 적용한다.

　1. 「국가재정법」 제4조에 따른 일반회계 및 특별회계

　2. 「국가재정법」 제5조 제1항에 따라 설치된 기금 중 중앙관서의 장이 관리·운용(기금의 관리 또는 운용 업무를 위탁한 경우를 포함한다)하는 기금. 다만, 기금의 공공성, 설치 목적 및 재원조달 방법 등에 비추어 국고금으로 관리하는 것이 적절하지 아니하다고 인정되는 기금으로서 대통령령으로 정하는 기금은 제외한다.

제22조　지출의 절차

③ 지출원인행위에 따라 지출관이 지출을 하려는 경우에는 대통령령으로 정하는 바에 따라 채권자 또는 법령에서 정하는 바에 따라 국고금의 지급사무를 수탁하여 처리하는 자(이하 "채권자등"이라 한다)의 계좌로 이체하여 지급하여야 한다.

제24조　관서운영경비의 지급

① 중앙관서의 장 또는 그 위임을 받은 공무원은 관서를 운영하는 데 드는 경비로서 그 성질상 제22조에서 규정한 절차에 따라 지출할 경우 업무수행에 지장을 가져올 우려가 있는 경비(이하 "관서운영경비"라 한다)는 필요한 자금을 출납공무원으로 하여금 지출관으로부터 교부받아 지급하게 할 수 있다.

■ 정부기업예산법

제1조   목적

이 법은 정부기업별로 특별회계를 설치하고, 그 예산 등의 운용에 관한 사항을 규정함으로써 정부기업의 경영을 합리화하고 운영의 투명성을 제고함을 목적으로 한다.

제2조   정부기업

이 법에서 "정부기업"이란 기업형태로 운영하는 우편사업, 우체국예금사업, 양곡관리사업 및 조달사업을 말한다.

제3조   특별회계의 설치

정부기업을 운영하기 위하여 다음 각 호의 특별회계를 설치하고 그 세입으로써 그 세출에 충당한다.

1. 우편사업특별회계
2. 우체국예금특별회계
3. 양곡관리특별회계
4. 조달특별회계

제19조   수입금 마련 지출

① 특별회계는 그 사업을 합리적으로 운영하기 위하여 수요의 증가로 인한 예산초과수입 또는 초과할 것이 예측되는 수입(이하 이 조에서 "초과수입"이라 한다)을 그 초과수입에 직접적으로 관련되는 비용에 사용할 수 있다.

OX

1 우리나라 중앙정부 재무제표는 재정상태표, 재정운영표, 현금흐름표, 순자산변동표로 구성된다. (○, ×)
2 양곡관리특별회계, 우편사업특별회계, 조달특별회계, 책임운영기관특별회계는 「정부기업예산법」의 적용을 받는다. (○, ×)

1 × 현금흐름표는 포함되지 않는다.
2 ○ 책임운영기관특별회계는 「책임운영기관의 설치·운영에 관한 법률」에 따라 「정부기업예산법」의 적용을 받는다.

16 | 민원 처리에 관한 법률

관련단원 PART 6. 행정환류론

■ 총칙

제1조　목적

이 법은 민원 처리에 관한 기본적인 사항을 규정하여 민원의 공정하고 적법한 처리와 민원행정제도의 합리적 개선을 도모함으로써 국민의 권익을 보호함을 목적으로 한다.

제2조　정의

이 법에서 사용하는 용어의 뜻은 다음과 같다.

1. "민원"이란 민원인이 행정기관에 대하여 처분 등 특정한 행위를 요구하는 것을 말하며, 그 종류는 다음 각 목과 같다.

　가. 일반민원
　　1) 법정민원: 법령·훈령·예규·고시·자치법규 등(이하 "관계법령등"이라 한다)에서 정한 일정 요건에 따라 인가·허가·승인·특허·면허 등을 신청하거나 장부·대장 등에 등록·등재를 신청 또는 신고하거나 특정한 사실 또는 법률관계에 관한 확인 또는 증명을 신청하는 민원
　　2) 질의민원: 법령·제도·절차 등 행정업무에 관하여 행정기관의 설명이나 해석을 요구하는 민원
　　3) 건의민원: 행정제도 및 운영의 개선을 요구하는 민원
　　4) 기타민원: 법정민원, 질의민원, 건의민원 및 고충민원 외에 행정기관에 단순한 행정절차 또는 형식요건 등에 대한 상담·설명을 요구하거나 일상생활에서 발생하는 불편사항에 대하여 알리는 등 행정기관에 특정한 행위를 요구하는 민원

　나. 고충민원: 「부패방지 및 국민권익위원회의 설치와 운영에 관한 법률」 제2조 제5호에 따른 고충민원

2. "민원인"이란 행정기관에 민원을 제기하는 개인·법인 또는 단체를 말한다. 다만, 행정기관(사경제의 주체로서 제기하는 경우는 제외한다), 행정기관과 사법(私法)상 계약관계(민원과 직접 관련된 계약관계만 해당한다)에 있는 자, 성명·주소 등이 불명확한 자 등 대통령령으로 정하는 자는 제외한다.

3. "행정기관"이란 다음 각 목의 자를 말한다.

　가. 국회·법원·헌법재판소·중앙선거관리위원회의 행정사무를 처리하는 기관, 중앙행정기관(대통령 소속 기관과 국무총리 소속 기관을 포함한다. 이하 같다)과 그 소속 기관, 지방자치단체와 그 소속 기관

　나. 공공기관
　　1) 「공공기관의 운영에 관한 법률」 제4조에 따른 법인·단체 또는 기관
　　2) 「지방공기업법」에 따른 지방공사 및 지방공단
　　3) 특별법에 따라 설립된 특수법인
　　4) 「초·중등교육법」·「고등교육법」 및 그 밖의 다른 법률에 따라 설치된 각급 학교
　　5) 그 밖에 대통령령으로 정하는 법인·단체 또는 기관

　다. 법령 또는 자치법규에 따라 행정권한이 있거나 행정권한을 위임 또는 위탁받은 법인·단체 또는 그 기관이나 개인

4. "처분"이란 「행정절차법」 제2조 제2호의 처분을 말한다.

5. "복합민원"이란 하나의 민원 목적을 실현하기 위하여 관계법령등에 따라 여러 관계 기관(민원과 관련된 단체·협회 등을 포함한다. 이하 같다) 또는 관계 부서의 인가·허가·승인·추천·협의 또는 확인 등을 거쳐 처리되는 법정민원을 말한다.

6. "다수인관련민원"이란 5세대(世帶) 이상의 공동이해와 관련되어 5명 이상이 연명으로 제출하는 민원을 말한다.

7. "전자민원창구"란 「전자정부법」 제9조에 따라 설치된 전자민원창구를 말한다.

8. "무인민원발급창구"란 행정기관의 장이 행정기관 또는 공공장소 등에 설치하여 민원인이 직접 민원문서를 발급받을 수 있도록 하는 전자장비를 말한다.

제4조 민원 처리 담당자의 의무

민원을 처리하는 담당자는 담당 민원을 신속·공정·친절·적법하게 처리하여야 한다.

제5조 민원인의 권리와 의무

① 민원인은 행정기관에 민원을 신청하고 신속·공정·친절·적법한 응답을 받을 권리가 있다.

② 민원인은 민원을 처리하는 담당자의 적법한 민원처리를 위한 요청에 협조하여야 하고, 행정기관에 부당한 요구를 하거나 다른 민원인에 대한 민원 처리를 지연시키는 등 공무를 방해하는 행위를 하여서는 아니 된다.

제6조 민원 처리의 원칙

① 행정기관의 장은 관계법령등에서 정한 처리기간이 남아 있다거나 그 민원과 관련 없는 공과금 등을 미납하였다는 이유로 민원 처리를 지연시켜서는 아니 된다. 다만, 다른 법령에 특별한 규정이 있는 경우에는 그에 따른다.

② 행정기관의 장은 법령의 규정 또는 위임이 있는 경우를 제외하고는 민원 처리의 절차 등을 강화하여서는 아니 된다.

■ 민원의 처리

제8조 민원의 신청

민원의 신청은 문서(「전자정부법」 제2조 제7호에 따른 전자문서를 포함한다. 이하 같다)로 하여야 한다. 다만, 기타민원은 구술(口述) 또는 전화로 할 수 있다.

제9조 민원의 접수

① 행정기관의 장은 민원의 신청을 받았을 때에는 다른 법령에 특별한 규정이 있는 경우를 제외하고는 그 접수를 보류하거나 거부할 수 없으며, 접수된 민원문서를 부당하게 되돌려 보내서는 아니 된다.

제10조　불필요한 서류 요구의 금지

① 행정기관의 장은 민원을 접수·처리할 때에 민원인에게 관계법령등에서 정한 구비서류 외의 서류를 추가로 요구하여서는 아니 된다.

제12조　민원실의 설치

행정기관의 장은 민원을 신속히 처리하고 민원인에 대한 안내와 상담의 편의를 제공하기 위하여 민원실을 설치할 수 있다.

제13조　민원편람의 비치 등 신청편의의 제공

행정기관의 장은 민원실(민원실이 설치되지 아니한 기관의 경우에는 문서의 접수·발송을 주관하는 부서를 말한다)에 민원의 신청에 필요한 사항을 게시(인터넷 등을 통한 게시를 포함한다)하거나 편람을 비치하는 등 민원인에게 민원 신청의 편의를 제공하여야 한다.

제14조　다른 행정기관 등을 이용한 민원의 접수·교부

① 행정기관의 장은 민원인의 편의를 위하여 그 행정기관이 접수하고 처리결과를 교부하여야 할 민원을 다른 행정기관이나 특별법에 따라 설립되고 전국적 조직을 가진 법인 중 대통령령으로 정하는 법인으로 하여금 접수·교부하게 할 수 있다.

■ 민원처리의 절차

제17조　법정민원의 처리기간 설정·공표

① 행정기관의 장은 법정민원을 신속히 처리하기 위하여 행정기관에 법정민원의 신청이 접수된 때부터 처리가 완료될 때까지 소요되는 처리기간을 법정민원의 종류별로 미리 정하여 공표하여야 한다.

② 행정기관의 장은 제1항에 따른 처리기간을 정할 때에는 접수기관·경유기관·협의기관(다른 기관과 사전협의가 필요한 경우만 해당한다) 및 처분기관 등 각 기관별로 처리기간을 구분하여 정하여야 한다.

③ 행정기관의 장은 제1항 및 제2항에 따른 처리기간을 민원편람에 수록하여야 한다.

제21조　민원 처리의 예외

행정기관의 장은 접수된 민원(법정민원을 제외한다. 이하 이 조에서 같다)이 다음 각 호의 어느 하나에 해당하는 경우에는 그 민원을 처리하지 아니할 수 있다. 이 경우 그 사유를 해당 민원인에게 통지하여야 한다.

1. 고도의 정치적 판단을 요하거나 국가기밀 또는 공무상 비밀에 관한 사항
2. 수사, 재판 및 형집행에 관한 사항 또는 감사원의 감사가 착수된 사항
3. 행정심판, 행정소송, 헌법재판소의 심판, 감사원의 심사청구, 그 밖에 다른 법률에 따라 불복구제절차가 진행 중인 사항
4. 법령에 따라 화해·알선·조정·중재 등 당사자 간의 이해 조정을 목적으로 행하는 절차가 진행 중인 사항
5. 판결·결정·재결·화해·조정·중재 등에 따라 확정된 권리관계에 관한 사항

6. 감사원이 감사위원회의의 결정을 거쳐 행하는 사항

7. 각급 선거관리위원회의 의결을 거쳐 행하는 사항

8. 사인 간의 권리관계 또는 개인의 사생활에 관한 사항

9. 행정기관의 소속 직원에 대한 인사행정상의 행위에 관한 사항

제23조   반복 및 중복 민원의 처리

① 행정기관의 장은 민원인이 동일한 내용의 민원(법정민원을 제외한다. 이하 이 조에서 같다)을 정당한 사유 없이 3회 이상 반복하여 제출한 경우에는 2회 이상 그 처리결과를 통지하고, 그 후에 접수되는 민원에 대하여는 종결처리할 수 있다.

제24조   다수인관련민원의 처리

① 다수인관련민원을 신청하는 민원인은 연명부(連名簿)를 원본으로 제출하여야 한다.

■ 법정민원

제31조   복합민원의 처리

① 행정기관의 장은 복합민원을 처리할 주무부서를 지정하고 그 부서로 하여금 관계 기관·부서 간의 협조를 통하여 민원을 한꺼번에 처리하게 할 수 있다.

제32조   민원 1회방문 처리제의 시행

① 행정기관의 장은 복합민원을 처리할 때에 그 행정기관의 내부에서 할 수 있는 자료의 확인, 관계 기관·부서와의 협조 등에 따른 모든 절차를 담당 직원이 직접 진행하도록 하는 민원 1회방문 처리제를 확립함으로써 불필요한 사유로 민원인이 행정기관을 다시 방문하지 아니하도록 하여야 한다.

■ 민원의 처리 결과의 통지와 이의신청

제27조   처리결과의 통지

① 행정기관의 장은 접수된 민원에 대한 처리를 완료한 때에는 그 결과를 민원인에게 문서로 통지하여야 한다. 다만, 기타민원의 경우와 통지에 신속을 요하거나 민원인이 요청하는 등 대통령령으로 정하는 경우에는 구술 또는 전화로 통지할 수 있다.

② 행정기관의 장은 제1항에 따라 민원의 처리결과를 통지할 때에 민원의 내용을 거부하는 경우에는 거부 이유와 구제절차를 함께 통지하여야 한다.

제35조　거부처분에 대한 이의신청

① 법정민원에 대한 행정기관의 장의 거부처분에 불복하는 민원인은 그 거부처분을 받은 날부터 60일 이내에 그 행정기관의 장에게 문서로 이의신청을 할 수 있다.

② 행정기관의 장은 이의신청을 받은 날부터 10일 이내에 그 이의신청에 대하여 인용 여부를 결정하고 그 결과를 민원인에게 지체 없이 문서로 통지하여야 한다. 다만, 부득이한 사유로 정하여진 기간 이내에 인용 여부를 결정할 수 없을 때에는 그 기간의 만료일 다음 날부터 기산(起算)하여 10일 이내의 범위에서 연장할 수 있으며, 연장 사유를 민원인에게 통지하여야 한다.

③ 민원인은 제1항에 따른 이의신청 여부와 관계없이 「행정심판법」에 따른 행정심판 또는 「행정소송법」에 따른 행정소송을 제기할 수 있다.

■ 민원조정위원회의 설치와 운영

제34조　민원조정위원회의 설치·운영

① 행정기관의 장은 다음 각 호의 사항을 심의하기 위하여 민원조정위원회를 설치·운영하여야 한다.

　1. 장기 미해결 민원, 반복 민원 및 다수인관련민원에 대한 해소·방지 대책

　2. 거부처분에 대한 이의신청

　3. 민원처리 주무부서의 법규적용의 타당성 여부와 제32조 제3항 제4호에 따른 재심의

　4. 그 밖에 대통령령으로 정하는 사항

② 제1항의 민원조정위원회의 구성 및 운영 등에 필요한 사항은 대통령령으로 정한다.

OX

1 민원의 신청은 문서로만 하여야 한다. (ㅇ, ×)

2 「민원 처리에 관한 법률」에서는 민원 1회방문 처리제를 규정하고 있다. (ㅇ, ×)

3 법정민원에 대한 거부처분에 불복하는 민원인은 그 거부처분을 받은 날부터 30일 이내에 그 행정기관의 장에게 문서로 이의신청을 할 수 있다. (ㅇ, ×)

1 × 민원의 신청은 문서(전자문서 포함)로 하여야 한다. 다만, 기타 민원은 구술 또는 전화로 할 수 있다.
2 ㅇ　**3** × 60일 이내에 그 행정기관의 장에게 문서로 이의신청을 할 수 있다.

17 | 공공기관의 정보공개에 관한 법률

관련단원 PART 6. 행정환류론

■ 총칙

제1조　목적

이 법은 공공기관이 보유·관리하는 정보에 대한 국민의 공개 청구 및 공공기관의 공개 의무에 관하여 필요한 사항을 정함으로써 국민의 알권리를 보장하고 국정(國政)에 대한 국민의 참여와 국정 운영의 투명성을 확보함을 목적으로 한다.

제3조　정보공개의 원칙

공공기관이 보유·관리하는 정보는 국민의 알권리 보장 등을 위하여 이 법에서 정하는 바에 따라 적극적으로 공개하여야 한다.

■ 정보공개 청구권자와 공공기관의 의무

제5조　정보공개 청구권자

① 모든 국민은 정보의 공개를 청구할 권리를 가진다.
② 외국인의 정보공개 청구에 관하여는 대통령령으로 정한다.

> **✚「공공기관의 정보공개에 관한 법률 시행령」**
> **제3조【정보공개청구가 가능한 외국인】** 법 제5조 제2항에 따라 정보공개를 청구할 수 있는 외국인은 다음 각 호의 어느 하나에 해당하는 자로 한다.
> 　1. 국내에 일정한 주소를 두고 거주하거나 학술·연구를 위하여 일시적으로 체류하는 사람
> 　2. 국내에 사무소를 두고 있는 법인 또는 단체

제7조　행정정보의 공표 등

① 공공기관은 다음 각 호의 어느 하나에 해당하는 정보에 대해서는 공개의 구체적 범위와 공개의 주기·시기 및 방법 등을 미리 정하여 공표하고, 이에 따라 정기적으로 공개하여야 한다. 다만, 제9조 제1항 각 호의 어느 하나에 해당하는 정보에 대해서는 그러하지 아니하다.
　1. 국민생활에 매우 큰 영향을 미치는 정책에 관한 정보
　2. 국가의 시책으로 시행하는 공사(工事) 등 대규모 예산이 투입되는 사업에 관한 정보
　3. 예산집행의 내용과 사업평가 결과 등 행정감시를 위하여 필요한 정보
　4. 그 밖에 공공기관의 장이 정하는 정보
② 공공기관은 제1항에 규정된 사항 외에도 국민이 알아야 할 필요가 있는 정보를 국민에게 공개하도록 적극적으로 노력하여야 한다.

제8조의2   공개대상 정보의 원문공개

공공기관 중 중앙행정기관 및 대통령령으로 정하는 기관은 전자적 형태로 보유·관리하는 정보 중 공개대상으로 분류된 정보를 국민의 정보공개 청구가 없더라도 정보통신망을 활용한 정보공개시스템 등을 통하여 공개하여야 한다.

■ 정보공개의 절차

제9조   비공개 대상 정보

① 공공기관이 보유·관리하는 정보는 공개 대상이 된다. 다만, 다음 각 호의 어느 하나에 해당하는 정보는 공개하지 아니할 수 있다.

1. 다른 법률 또는 법률에서 위임한 명령(국회규칙·대법원규칙·헌법재판소규칙·중앙선거관리위원회규칙·대통령령 및 조례로 한정한다)에 따라 비밀이나 비공개 사항으로 규정된 정보

2. 국가안전보장·국방·통일·외교관계 등에 관한 사항으로서 공개될 경우 국가의 중대한 이익을 현저히 해칠 우려가 있다고 인정되는 정보

3. 공개될 경우 국민의 생명·신체 및 재산의 보호에 현저한 지장을 초래할 우려가 있다고 인정되는 정보

4. 진행 중인 재판에 관련된 정보와 범죄의 예방, 수사, 공소의 제기 및 유지, 형의 집행, 교정(矯正), 보안처분에 관한 사항으로서 공개될 경우 그 직무수행을 현저히 곤란하게 하거나 형사피고인의 공정한 재판을 받을 권리를 침해한다고 인정할 만한 상당한 이유가 있는 정보

5. 감사·감독·검사·시험·규제·입찰계약·기술개발·인사관리에 관한 사항이나 의사결정 과정 또는 내부검토 과정에 있는 사항 등으로서 공개될 경우 업무의 공정한 수행이나 연구·개발에 현저한 지장을 초래한다고 인정할 만한 상당한 이유가 있는 정보. 다만, 의사결정 과정 또는 내부검토 과정을 이유로 비공개할 경우에는 의사결정 과정 및 내부검토 과정이 종료되면 제10조에 따른 청구인에게 이를 통지하여야 한다.

6. 해당 정보에 포함되어 있는 성명·주민등록번호 등 개인에 관한 사항으로서 공개될 경우 사생활의 비밀 또는 자유를 침해할 우려가 있다고 인정되는 정보. 다만, 다음 각 목에 열거한 개인에 관한 정보는 제외한다.

    가. 법령에서 정하는 바에 따라 열람할 수 있는 정보

    나. 공공기관이 공표를 목적으로 작성하거나 취득한 정보로서 사생활의 비밀 또는 자유를 부당하게 침해하지 아니하는 정보

    다. 공공기관이 작성하거나 취득한 정보로서 공개하는 것이 공익이나 개인의 권리 구제를 위하여 필요하다고 인정되는 정보

    라. 직무를 수행한 공무원의 성명·직위

    마. 공개하는 것이 공익을 위하여 필요한 경우로서 법령에 따라 국가 또는 지방자치단체가 업무의 일부를 위탁 또는 위촉한 개인의 성명·직업

7. 법인·단체 또는 개인(이하 "법인등"이라 한다)의 경영상·영업상 비밀에 관한 사항으로서 공개될 경우 법인등의 정당한 이익을 현저히 해칠 우려가 있다고 인정되는 정보. 다만, 다음 각 목에 열거한 정보는 제외한다.

　　가. 사업활동에 의하여 발생하는 위해(危害)로부터 사람의 생명·신체 또는 건강을 보호하기 위하여 공개할 필요가 있는 정보

　　나. 위법·부당한 사업활동으로부터 국민의 재산 또는 생활을 보호하기 위하여 공개할 필요가 있는 정보

8. 공개될 경우 부동산 투기, 매점매석 등으로 특정인에게 이익 또는 불이익을 줄 우려가 있다고 인정되는 정보

제10조　　정보공개의 청구방법

① 정보의 공개를 청구하는 자(이하 "청구인"이라 한다)는 해당 정보를 보유하거나 관리하고 있는 공공기관에 다음 각 호의 사항을 적은 정보공개 청구서를 제출하거나 말로써 정보의 공개를 청구할 수 있다.

1. 청구인의 성명·주민등록번호·주소 및 연락처(전화번호·전자우편주소 등을 말한다)
2. 공개를 청구하는 정보의 내용 및 공개방법

제11조　　정보공개 여부의 결정

① 공공기관은 제10조에 따라 정보공개의 청구를 받으면 그 청구를 받은 날부터 10일 이내에 공개 여부를 결정하여야 한다.

② 공공기관은 부득이한 사유로 제1항에 따른 기간 이내에 공개 여부를 결정할 수 없을 때에는 그 기간이 끝나는 날의 다음 날부터 기산(起算)하여 10일의 범위에서 공개 여부 결정기간을 연장할 수 있다. 이 경우 공공기관은 연장된 사실과 연장 사유를 청구인에게 지체 없이 문서로 통지하여야 한다.

③ 공공기관은 공개 청구된 공개 대상 정보의 전부 또는 일부가 제3자와 관련이 있다고 인정할 때에는 그 사실을 제3자에게 지체 없이 통지하여야 하며, 필요한 경우에는 그의 의견을 들을 수 있다.

④ 공공기관은 다른 공공기관이 보유·관리하는 정보의 공개 청구를 받았을 때에는 지체 없이 이를 소관 기관으로 이송하여야 하며, 이송한 후에는 지체 없이 소관 기관 및 이송 사유 등을 분명히 밝혀 청구인에게 문서로 통지하여야 한다.

제15조　　정보의 전자적 공개

① 공공기관은 전자적 형태로 보유·관리하는 정보에 대하여 청구인이 전자적 형태로 공개하여 줄 것을 요청하는 경우에는 그 정보의 성질상 현저히 곤란한 경우를 제외하고는 청구인의 요청에 따라야 한다.

② 공공기관은 전자적 형태로 보유·관리하지 아니하는 정보에 대하여 청구인이 전자적 형태로 공개하여 줄 것을 요청한 경우에는 정상적인 업무수행에 현저한 지장을 초래하거나 그 정보의 성질이 훼손될 우려가 없으면 그 정보를 전자적 형태로 변환하여 공개할 수 있다.

③ 정보의 전자적 형태의 공개 등에 필요한 사항은 국회규칙·대법원규칙·헌법재판소규칙·중앙선거관리위원회규칙 및 대통령령으로 정한다.

제16조	**즉시 처리가 가능한 정보의 공개**

다음 각 호의 어느 하나에 해당하는 정보로서 즉시 또는 말로 처리가 가능한 정보에 대해서는 제11조에 따른 절차를 거치지 아니하고 공개하여야 한다.
1. 법령 등에 따라 공개를 목적으로 작성된 정보
2. 일반국민에게 알리기 위하여 작성된 각종 홍보자료
3. 공개하기로 결정된 정보로서 공개에 오랜 시간이 걸리지 아니하는 정보
4. 그 밖에 공공기관의 장이 정하는 정보

제17조	**비용 부담**

① 정보의 공개 및 우송 등에 드는 비용은 실비(實費)의 범위에서 청구인이 부담한다.

제21조	**제3자의 비공개 요청 등**

① 제11조 제3항에 따라 공개 청구된 사실을 통지받은 제3자는 그 통지를 받은 날부터 3일 이내에 해당 공공기관에 대하여 자신과 관련된 정보를 공개하지 아니할 것을 요청할 수 있다.

■ 정보공개심의회와 정보공개위원회

제12조	**정보공개심의회**

① 국가기관, 지방자치단체 및 「공공기관의 운영에 관한 법률」 제5조에 따른 공기업(이하 "국가기관등"이라 한다)은 제11조에 따른 정보공개 여부 등을 심의하기 위하여 정보공개심의회(이하 "심의회"라 한다)를 설치·운영한다.
② 심의회는 위원장 1명을 포함하여 5명 이상 7명 이하의 위원으로 구성한다.

제22조	**정보공개위원회의 설치**

다음 각 호의 사항을 심의·조정하기 위하여 행정안전부장관 소속으로 정보공개위원회(이하 "위원회"라 한다)를 둔다.
1. 정보공개에 관한 정책 수립 및 제도 개선에 관한 사항
2. 정보공개에 관한 기준 수립에 관한 사항
3. 제24조 제2항 및 제3항에 따른 공공기관의 정보공개 운영실태 평가 및 그 결과 처리에 관한 사항
4. 그 밖에 정보공개에 관하여 대통령령으로 정하는 사항

제23조	**위원회의 구성 등**

① 위원회는 위원장과 부위원장 각 1명을 포함한 9명의 위원으로 구성한다.

■ 불복시 구제 절차

제18조　　이의신청

① 청구인이 정보공개와 관련한 공공기관의 비공개 결정 또는 부분 공개 결정에 대하여 불복이 있거나 정보공개 청구 후 20일이 경과하도록 정보공개 결정이 없는 때에는 공공기관으로부터 정보공개 여부의 결정 통지를 받은 날 또는 정보공개 청구 후 20일이 경과한 날부터 30일 이내에 해당 공공기관에 문서로 이의신청을 할 수 있다.

제19조　　행정심판

① 청구인이 정보공개와 관련한 공공기관의 결정에 대하여 불복이 있거나 정보공개 청구 후 20일이 경과하도록 정보공개 결정이 없는 때에는 「행정심판법」에서 정하는 바에 따라 행정심판을 청구할 수 있다.

제20조　　행정소송

① 청구인이 정보공개와 관련한 공공기관의 결정에 대하여 불복이 있거나 정보공개 청구 후 20일이 경과하도록 정보공개 결정이 없는 때에는 「행정소송법」에서 정하는 바에 따라 행정소송을 제기할 수 있다.

OX

1 외국인은 정보공개를 청구할 수 없다. (○, ×)

2 공공기관은 정보공개의 청구를 받으면 그 청구를 받은 날부터 14일 이내에 공개 여부를 결정하여야 한다. (○, ×)

3 정보의 공개 및 우송 등에 드는 비용은 실비의 범위에서 청구인이 부담한다. (○, ×)

4 행정안전부 소속으로 정보공개위원회를 둔다. (○, ×)

5 직무를 수행한 공무원의 성명과 직위는 비공개 대상이다. (○, ×)

6 중앙행정기관의 경우 전자적 형태의 정보 중 공개 대상으로 분류된 정보는 공개청구가 없더라도 공개하여야 한다. (○, ×)

7 국민생활에 큰 영향을 미치는 정책정보는 청구가 없더라도 공개해야 한다. (○, ×)

8 직무를 수행한 공무원의 성명·직위는 공개할 수 없다. (○, ×)

9 정보공개의 청구는 반드시 서면으로 해야 한다. (○, ×)

1 × 외국인도 일정 조건이 충족되면 정보공개를 청구할 수 있다.　**2** × 그 청구를 받은 날부터 10일 이내에 공개 여부를 결정하여야 한다.
3 ○　**4** ○ 정보공개위원회는 행정안전부 소속이다.　**5** × 직무를 수행한 공무원의 성명과 직위는 비공개 대상에서 제외된다.
6 ○　**7** ○　**8** × 비공개 대상 정보의 예외에 해당한다.　**9** × 말로써도 청구할 수 있다.

18 | 전자정부법, 국가정보화 기본법

관련단원 PART 6. 행정환류론

■ 전자정부법

제4조 전자정부의 원칙

① 행정기관등은 전자정부의 구현·운영 및 발전을 추진할 때 다음 각 호의 사항을 우선적으로 고려하고 이에 필요한 대책을 마련하여야 한다.

1. 대민서비스의 전자화 및 국민편익의 증진
2. 행정업무의 혁신 및 생산성·효율성의 향상
3. 정보시스템의 안전성·신뢰성의 확보
4. 개인정보 및 사생활의 보호
5. 행정정보의 공개 및 공동이용의 확대
6. 중복투자의 방지 및 상호운용성 증진

② 행정기관등은 전자정부의 구현·운영 및 발전을 추진할 때 정보기술아키텍처를 기반으로 하여야 한다.

③ 행정기관등은 상호간에 행정정보의 공동이용을 통하여 전자적으로 확인할 수 있는 사항을 민원인에게 제출하도록 요구하여서는 아니 된다.

④ 행정기관등이 보유·관리하는 개인정보는 법령에서 정하는 경우를 제외하고는 당사자의 의사에 반하여 사용되어서는 아니 된다.

제5조 전자정부기본계획의 수립

① 중앙사무관장기관의 장은 전자정부의 구현·운영 및 발전을 위하여 5년마다 행정기관등의 기관별 계획을 종합하여 전자정부기본계획을 수립하여야 한다.

제7조 전자적 민원처리 신청 등

① 행정기관등의 장(행정권한을 위탁받은 자를 포함한다. 이하 이 절에서 같다)은 해당 기관에서 처리할 민원사항 등에 대하여 관계 법령(지방자치단체의 조례 및 규칙을 포함한다. 이하 같다)에서 문서·서면·서류 등의 종이문서로 신청, 신고 또는 제출 등(이하 "신청등"이라 한다)을 하도록 규정하고 있는 경우에도 전자문서로 신청등을 하게 할 수 있다.

② 행정기관등의 장은 민원사항 등을 처리할 때 그 처리결과를 관계 법령에서 문서·서면·서류 등의 종이문서로 통지, 통보 또는 고지 등(이하 "통지등"이라 한다)을 하도록 규정하고 있는 경우에도 민원인 본인이 원하거나 민원사항 등을 전자문서로 신청등을 하였을 때에는 이를 전자문서로 통지등을 할 수 있다.

■ 국가정보화 기본법

제4조　　국가정보화 추진의 기본원칙

① 국가와 지방자치단체는 제2조에 따른 기본이념을 고려하여 국가정보화 추진을 위한 시책을 수립·시행하여야 한다.

② 국가와 지방자치단체는 국가정보화 추진 과정에서 민간과의 협력 체계를 마련하는 등 사회 각 계층의 다양한 의견을 수렴하도록 노력하여야 한다.

③ 국가와 지방자치단체는 국가정보화 추진 과정에서 정보화의 역기능을 방지하기 위한 정보보호, 개인정보 보호 등의 대책을 마련하여야 한다.

④ 국가와 지방자치단체는 국가정보화를 추진하는 경우에는 민간과 구분되는 고유의 역할에 충실하여야 하며 민간의 자유와 창의를 존중하고 지원하여야 한다.

⑤ 국가와 지방자치단체는 국민이 국가정보화의 성과를 보편적으로 누릴 수 있도록 편의성, 접근성을 개선하는 등 필요한 조치를 하여야 한다.

⑥ 국가와 지방자치단체는 시책 추진에 필요한 재원을 마련하기 위하여 노력하여야 한다.

제6조　　국가정보화 기본계획의 수립

① 정부는 국가정보화의 효율적, 체계적 추진을 위하여 5년마다 국가정보화 기본계획(이하 "기본계획"이라 한다)을 수립하여야 한다.

② 기본계획은 과학기술정보통신부장관이 국가와 지방자치단체의 부문계획을 종합하여 「정보통신 진흥 및 융합 활성화 등에 관한 특별법」 제7조에 따른 정보통신 전략위원회(이하 "전략위원회"라 한다)의 심의를 거쳐 수립·확정한다.

제7조　　국가정보화 시행계획의 수립

① 중앙행정기관의 장과 지방자치단체의 장은 기본계획에 따라 매년 국가정보화 시행계획(이하 "시행계획"이라 한다)을 수립·시행하여야 한다.

제11조　　정보화책임관

① 국가기관과 지방자치단체의 장은 해당 기관의 국가정보화 시책의 효율적인 수립·시행과 국가정보화 사업의 조정 등의 업무를 총괄하는 책임관(이하 "정보화책임관"이라 한다)을 임명하여야 한다.

② 정보화책임관은 해당 기관의 업무와 관련하여 다음 사항을 담당한다.

1. 국가정보화 정책 및 사업의 총괄조정, 지원 및 평가

2. 국가정보화 정책과 기관 내 다른 정책·계획 등과의 연계·조정

3. 정보기술을 이용한 행정업무의 지원

4. 정보자원의 획득·배분·이용 등의 종합조정 및 체계적 관리와 정보공동활용방안의 수립

5. 정보문화의 창달과 정보격차의 해소

5의2. 건전한 정보통신윤리의 확립

6. 「전자정부법」 제2조 제12호에 따른 정보기술아키텍처의 도입·활용

7. 정보화 교육

8. 그 밖에 다른 법령에서 정보화책임관의 업무로 정하는 사항

제25조   지식정보자원의 관리 등

과학기술정보통신장관은 지식정보자원의 효율적인 수집, 개발, 활용과 유통 등을 촉진하기 위하여 행정안전부장관 및 관계 기관의 장과 협의를 거쳐 중장기 지식정보자원 관리·발전계획을 대통령령으로 정하는 바에 따라 수립·시행하여야 한다.

제27조   중요지식정보자원의 지정 및 활용

① 과학기술정보통신부장관은 행정안전부장관 및 관계 기관의 장과 협의를 거쳐 지식정보자원 중에서 보존 및 이용 가치가 높아 특별히 관리할 필요성이 있는 지식정보자원을 지정할 수 있다.

OX

1 정부는 국가정보화의 효율적, 체계적 추진을 위하여 3년마다 국가정보화 기본계획을 수립하여야 한다. (○, ×)

2 행정안전부장관은 국가와 지방자치단체의 부문계획을 종합하여 5년마다 국가정보화 기본계획을 수립하여야 한다. (○, ×)

3 「전자정부법」에는 전자정부의 원칙으로 대민서비스의 전자화 및 행정기관 편익의 증진이 규정되어 있다. (○, ×)

1 × 3년이 아니라 5년마다 국가정보화 기본계획을 수립하여야 한다.
2 × 행정안전부장관이 아니라 과학기술정보통신부 장관이 국가정보화 계획을 수립하여야 한다.
3 × 대민서비스의 전자화 및 국민편익의 증진이 규정되어 있다.

19 | 지방자치법

관련단원 PART 7. 지방행정론

■ 지방자치단체의 종류

제2조 지방자치단체의 종류

① 지방자치단체는 다음의 두 가지 종류로 구분한다.
  1. 특별시, 광역시, 특별자치시, 도, 특별자치도
  2. 시, 군, 구

② 지방자치단체인 구(이하 "자치구"라 한다)는 특별시와 광역시의 관할 구역 안의 구만을 말하며, 자치구의 자치권의 범위는 법령으로 정하는 바에 따라 시·군과 다르게 할 수 있다.

③ 제1항의 지방자치단체 외에 특정한 목적을 수행하기 위하여 필요하면 따로 특별지방자치단체를 설치할 수 있다.

✚ 「지방자치법 시행령」

제9조【자치구 사무의 특례】 법 제2조 제2항에 따라 시·군과 다르게 자치구에서 처리하지 아니하고 특별시·광역시에서 처리하는 사무의 예시는 별표 2와 같다. 다만, 다른 법령에 이와 다른 규정이 있는 경우에는 그러하지 아니하다.

[별표 2] 자치구에서 처리하지 아니하고 특별시·광역시에서 처리하는 사무(제9조 관련)

1. 지방자치단체의 인사 및 교육 등에 관한 사무
2. 지방재정에 관한 사무
3. 매장 및 묘지 등에 관한 사무
4. 청소·오물에 관한 사무
5. 지방토목·주택건설 등에 관한 사무
6. 도시계획에 관한 사무
7. 도로의 개설과 유지·관리에 관한 사무
8. 상수도사업에 관한 사무
9. 공공하수도에 관한 사무
10. 공원 등 관광·휴양시설의 설치·관리에 관한 사무
11. 지방궤도사업에 관한 사무
12. 대중교통행정에 관한 사무
13. 지역 경제 육성에 관한 업무
14. 교통신호기, 안전표시 등의 설치·관리 등에 관한 사무

제3조 지방자치단체의 법인격과 관할

① 지방자치단체는 법인으로 한다.

② 특별시, 광역시, 특별자치시, 도, 특별자치도(이하 "시·도"라 한다)는 정부의 직할(直轄)로 두고, 시는 도의 관할 구역 안에, 군은 광역시, 특별자치시나 도의 관할 구역 안에 두며, 자치구는 특별시와 광역시, 특별자치시의 관할 구역 안에 둔다.

③ 특별시·광역시 및 특별자치시가 아닌 인구 50만 이상의 시에는 자치구가 아닌 구를 둘 수 있고, 군에는 읍·면을 두며, 시와 구(자치구를 포함한다)에는 동을, 읍·면에는 리를 둔다.

④ 제7조 제2항에 따라 설치된 시에는 도시의 형태를 갖춘 지역에는 동을, 그 밖의 지역에는 읍·면을 두되, 자치구가 아닌 구를 둘 경우에는 그 구에 읍·면·동을 둘 수 있다.

제4조 지방자치단체의 명칭과 구역

① 지방자치단체의 명칭과 구역은 종전과 같이 하고, 명칭과 구역을 바꾸거나 지방자치단체를 폐지하거나 설치하거나 나누거나 합칠 때에는 법률로 정한다. 다만, 지방자치단체의 관할 구역 경계변경과 한자 명칭의 변경은 대통령령으로 정한다.

② 제1항에 따라 지방자치단체를 폐지하거나 설치하거나 나누거나 합칠 때 또는 그 명칭이나 구역을 변경할 때에는 관계 지방자치단체의 의회(이하 "지방의회"라 한다)의 의견을 들어야 한다. 다만, 주민투표를 한 경우에는 그러하지 아니하다.

제4조의2 자치구가 아닌 구와 읍·면·동 등의 명칭과 구역

① 자치구가 아닌 구와 읍·면·동의 명칭과 구역은 종전과 같이 하고, 이를 폐지하거나 설치하거나 나누거나 합칠 때에는 행정안전부장관의 승인을 받아 그 지방자치단체의 조례로 정한다. 다만, 명칭과 구역의 변경은 그 지방자치단체의 조례로 정하고, 그 결과를 특별시장·광역시장·도지사에게 보고하여야 한다.

② 리의 구역은 자연 촌락을 기준으로 하되, 그 명칭과 구역은 종전과 같이 하고, 명칭과 구역을 변경하거나 리를 폐지하거나 설치하거나 나누거나 합칠 때에는 그 지방자치단체의 조례로 정한다.

제5조 구역을 변경하거나 폐치·분합할 때의 사무와 재산의 승계

① 지방자치단체의 구역을 변경하거나 지방자치단체를 폐지하거나 설치하거나 나누거나 합칠 때에는 새로 그 지역을 관할하게 된 지방자치단체가 그 사무와 재산을 승계한다.

제7조   시·읍의 설치기준 등

① 시는 그 대부분이 도시의 형태를 갖추고 인구 5만 이상이 되어야 한다.

② 다음 각 호의 어느 하나에 해당하는 지역은 도농(都農) 복합형태의 시로 할 수 있다.

   1. 제1항에 따라 설치된 시와 군을 통합한 지역

   2. 인구 5만 이상의 도시 형태를 갖춘 지역이 있는 군

   3. 인구 2만 이상의 도시 형태를 갖춘 2개 이상의 지역의 인구가 5만 이상인 군. 이 경우 군의 인구가 15만 이상으로서 대통령령으로 정하는 요건을 갖추어야 한다.

   4. 국가의 정책으로 인하여 도시가 형성되고, 제115조에 따라 도의 출장소가 설치된 지역으로서 그 지역의 인구가 3만 이상이고, 인구 15만 이상의 도농 복합형태의 시의 일부인 지역

③ 읍은 그 대부분이 도시의 형태를 갖추고 인구 2만 이상이 되어야 한다. 다만, 다음 각 호의 어느 하나에 해당하면 인구 2만 미만인 경우에도 읍으로 할 수 있다.

   1. 군사무소 소재지의 면

   2. 읍이 없는 도농 복합형태의 시에서 그 면 중 1개 면

■ 지방자치단체의 기능과 사무

제9조   지방자치단체의 사무범위

① 지방자치단체는 관할 구역의 자치사무와 법령에 따라 지방자치단체에 속하는 사무를 처리한다.

② 제1항에 따른 지방자치단체의 사무를 예시하면 다음 각 호와 같다. 다만, 법률에 이와 다른 규정이 있으면 그러하지 아니하다.

   1. 지방자치단체의 구역, 조직, 행정관리 등에 관한 사무

   2. 주민의 복지증진에 관한 사무

   3. 농림·상공업 등 산업 진흥에 관한 사무

   4. 지역개발과 주민의 생활환경시설의 설치·관리에 관한 사무

   5. 교육·체육·문화·예술의 진흥에 관한 사무

   6. 지역민방위 및 지방소방에 관한 사무

제10조   지방자치단체의 종류별 사무배분기준

① 제9조에 따른 지방자치단체의 사무를 지방자치단체의 종류별로 배분하는 기준은 다음 각 호와 같다. 다만, 제9조 제2항 제1호의 사무는 각 지방자치단체에 공통된 사무로 한다.

   1. 시·도

     가. 행정처리 결과가 2개 이상의 시·군 및 자치구에 미치는 광역적 사무

     나. 시·도 단위로 동일한 기준에 따라 처리되어야 할 성질의 사무

     다. 지역적 특성을 살리면서 시·도 단위로 통일성을 유지할 필요가 있는 사무

     라. 국가와 시·군 및 자치구 사이의 연락·조정 등의 사무

     마. 시·군 및 자치구가 독자적으로 처리하기에 부적당한 사무

     바. 2개 이상의 시·군 및 자치구가 공동으로 설치하는 것이 적당하다고 인정되는 규모의 시설을 설치하고 관리하는 사무

2. 시·군 및 자치구

제1호에서 시·도가 처리하는 것으로 되어 있는 사무를 제외한 사무. 다만, 인구 50만 이상의 시에 대하여는 도가 처리하는 사무의 일부를 직접 처리하게 할 수 있다.

③ 시·도와 시·군 및 자치구는 사무를 처리할 때 서로 경합하지 아니하도록 하여야 하며, 사무가 서로 경합하면 시·군 및 자치구에서 먼저 처리한다.

제11조　국가사무의 처리제한

지방자치단체는 다음 각 호에 해당하는 국가사무를 처리할 수 없다. 다만, 법률에 이와 다른 규정이 있는 경우에는 국가사무를 처리할 수 있다.

1. 외교, 국방, 사법(司法), 국세 등 국가의 존립에 필요한 사무
2. 물가정책, 금융정책, 수출입정책 등 전국적으로 통일적 처리를 요하는 사무
3. 농산물·임산물·축산물·수산물 및 양곡의 수급조절과 수출입 등 전국적 규모의 사무
4. 국가종합경제개발계획, 국가하천, 국유림, 국토종합개발계획, 지정항만, 고속국도·일반국도, 국립공원 등 전국적 규모나 이와 비슷한 규모의 사무
5. 근로기준, 측량단위 등 전국적으로 기준을 통일하고 조정하여야 할 필요가 있는 사무
6. 우편, 철도 등 전국적 규모나 이와 비슷한 규모의 사무
7. 고도의 기술을 요하는 검사·시험·연구, 항공관리, 기상행정, 원자력개발 등 지방자치단체의 기술과 재정능력으로 감당하기 어려운 사무

■ 조례와 규칙

제22조　조례

지방자치단체는 법령의 범위 안에서 그 사무에 관하여 조례를 제정할 수 있다. 다만, 주민의 권리 제한 또는 의무 부과에 관한 사항이나 벌칙을 정할 때에는 법률의 위임이 있어야 한다.

제23조　규칙

지방자치단체의 장은 법령이나 조례가 위임한 범위에서 그 권한에 속하는 사무에 관하여 규칙을 제정할 수 있다.

제24조　조례와 규칙의 입법한계

시·군 및 자치구의 조례나 규칙은 시·도의 조례나 규칙을 위반하여서는 아니 된다.

제26조　조례와 규칙의 제정 절차 등

① 조례안이 지방의회에서 의결되면 의장은 의결된 날부터 5일 이내에 그 지방자치단체의 장에게 이를 이송하여야 한다.
② 지방자치단체의 장은 제1항의 조례안을 이송받으면 20일 이내에 공포하여야 한다.

③ 지방자치단체의 장은 이송받은 조례안에 대하여 이의가 있으면 제2항의 기간에 이유를 붙여 지방의회로 환부(還付)하고, 재의(再議)를 요구할 수 있다. 이 경우 지방자치단체의 장은 조례안의 일부에 대하여 또는 조례안을 수정하여 재의를 요구할 수 없다.

④ 제3항에 따른 재의요구를 받은 지방의회가 재의에 부쳐 재적의원 과반수의 출석과 출석의원 3분의 2 이상의 찬성으로 전과 같은 의결을 하면 그 조례안은 조례로서 확정된다.

⑤ 지방자치단체의 장이 제2항의 기간에 공포하지 아니하거나 재의요구를 하지 아니할 때에도 그 조례안은 조례로서 확정된다.

⑥ 지방자치단체의 장은 제4항과 제5항에 따라 확정된 조례를 지체 없이 공포하여야 한다. 제5항에 따라 조례가 확정된 후 또는 제4항에 따른 확정조례가 지방자치단체의 장에게 이송된 후 5일 이내에 지방자치단체의 장이 공포하지 아니하면 지방의회의 의장이 이를 공포한다.

⑦ 제2항 및 제6항 전단에 따라 지방자치단체의 장이 조례를 공포한 때에는 즉시 해당 지방의회의 의장에게 통지하여야 하며, 제6항 후단에 따라 지방의회의 의장이 조례를 공포한 때에는 이를 즉시 해당 지방자치단체의 장에게 통지하여야 한다.

⑧ 조례와 규칙은 특별한 규정이 없으면 공포한 날부터 20일이 지나면 효력을 발생한다.

제27조   조례위반에 대한 과태료

① 지방자치단체는 조례를 위반한 행위에 대하여 조례로써 1천만 원 이하의 과태료를 정할 수 있다.

제28조   보고

조례나 규칙을 제정하거나 개정하거나 폐지할 경우 조례는 지방의회에서 이송된 날부터 5일 이내에, 규칙은 공포예정 15일 전에 시·도지사는 행정안전부장관에게, 시장·군수 및 자치구의 구청장은 시·도지사에게 그 전문(全文)을 첨부하여 각각 보고하여야 하며, 보고를 받은 행정안전부장관은 이를 관계 중앙행정기관의 장에게 통보하여야 한다.

■ 주민참여제도(조례개폐청구권, 주민감사청구권, 주민소송, 주민소환)

제15조   조례의 제정과 개폐 청구

① 19세 이상의 주민으로서 다음 각 호의 어느 하나에 해당하는 사람(「공직선거법」 제18조에 따른 선거권이 없는 자는 제외한다. 이하 이 조 및 제16조에서 "19세 이상의 주민"이라 한다)은 시·도와 제175조에 따른 인구 50만 이상 대도시에서는 19세 이상 주민 총수의 100분의 1 이상 70분의 1 이하, 시·군 및 자치구에서는 19세 이상 주민 총수의 50분의 1 이상 20분의 1 이하의 범위에서 지방자치단체의 조례로 정하는 19세 이상의 주민 수 이상의 연서(連署)로 해당 지방자치단체의 장에게 조례를 제정하거나 개정하거나 폐지할 것을 청구할 수 있다.

1. 해당 지방자치단체의 관할 구역에 주민등록이 되어 있는 사람

2. 「재외동포의 출입국과 법적 지위에 관한 법률」 제6조 제1항에 따라 해당 지방자치단체의 국내거소 신고인명부에 올라 있는 국민

3. 「출입국관리법」 제10조에 따른 영주의 체류자격 취득일 후 3년이 경과한 외국인으로서 같은 법 제34조에 따라 해당 지방자치단체의 외국인등록대장에 올라 있는 사람

② 다음 각 호의 사항은 제1항에 따른 청구대상에서 제외한다.

    1. 법령을 위반하는 사항

    2. 지방세·사용료·수수료·부담금의 부과·징수 또는 감면에 관한 사항

    3. 행정기구를 설치하거나 변경하는 것에 관한 사항이나 공공시설의 설치를 반대하는 사항

제16조   주민의 감사청구

① 지방자치단체의 19세 이상의 주민은 시·도는 500명, 인구 50만 이상 대도시는 300명, 그 밖의 시·군 및 자치구는 200명을 넘지 아니하는 범위에서 그 지방자치단체의 조례로 정하는 19세 이상의 주민 수 이상의 연서(連署)로, 시·도에서는 주무부장관에게, 시·군 및 자치구에서는 시·도지사에게 그 지방자치단체와 그 장의 권한에 속하는 사무의 처리가 법령에 위반되거나 공익을 현저히 해친다고 인정되면 감사를 청구할 수 있다. 다만, 다음 각 호의 어느 하나에 해당하는 사항은 감사청구의 대상에서 제외한다.

    1. 수사나 재판에 관여하게 되는 사항

    2. 개인의 사생활을 침해할 우려가 있는 사항

    3. 다른 기관에서 감사하였거나 감사 중인 사항. 다만, 다른 기관에서 감사한 사항이라도 새로운 사항이 발견되거나 중요 사항이 감사에서 누락된 경우와 제17조 제1항에 따라 주민소송의 대상이 되는 경우에는 그러하지 아니하다.

    4. 동일한 사항에 대하여 소송이 진행 중이거나 그 판결이 확정된 사항

② 제1항에 따른 청구는 사무처리가 있었던 날이나 끝난 날부터 2년이 지나면 제기할 수 없다.

③ 주무부장관이나 시·도지사는 감사청구를 수리한 날부터 60일 이내에 감사청구된 사항에 대하여 감사를 끝내야 하며, 감사결과를 청구인의 대표자와 해당 지방자치단체의 장에게 서면으로 알리고, 공표하여야 한다. 다만, 그 기간에 감사를 끝내기가 어려운 정당한 사유가 있으면 그 기간을 연장할 수 있다. 이 경우 이를 미리 청구인의 대표자와 해당 지방자치단체의 장에게 알리고, 공표하여야 한다.

제17조   주민소송

① 제16조 제1항에 따라 공금의 지출에 관한 사항, 재산의 취득·관리·처분에 관한 사항, 해당 지방자치단체를 당사자로 하는 매매·임차·도급 계약이나 그 밖의 계약의 체결·이행에 관한 사항 또는 지방세·사용료·수수료·과태료 등 공금의 부과·징수를 게을리한 사항을 감사청구한 주민은 그 감사청구한 사항과 관련이 있는 위법한 행위나 업무를 게을리 한 사실에 대하여 해당 지방자치단체의 장(해당 사항의 사무처리에 관한 권한을 소속 기관의 장에게 위임한 경우에는 그 소속 기관의 장을 말한다. 이하 이 조에서 같다)을 상대방으로 하여 소송을 제기할 수 있다.

제20조   주민소환

① 주민은 그 지방자치단체의 장 및 지방의회의원(비례대표 지방의회의원은 제외한다)을 소환할 권리를 가진다.

② 주민소환의 투표 청구권자·청구요건·절차 및 효력 등에 관하여는 따로 법률로 정한다.

■ 지방의회의원

제31조 　 지방의회의원의 선거

지방의회의원은 주민이 보통·평등·직접·비밀선거에 따라 선출한다.

제32조 　 의원의 임기

지방의회의원의 임기는 4년으로 한다.

제33조 　 의원의 의정활동비 등

① 지방의회의원에게 다음 각 호의 비용을 지급한다.

1. 의정 자료를 수집하고 연구하거나 이를 위한 보조 활동에 사용되는 비용을 보전(補塡)하기 위하여 매월 지급하는 의정활동비
2. 본회의 의결, 위원회의 의결 또는 의장의 명에 따라 공무로 여행할 때 지급하는 여비
3. 지방의회의원의 직무활동에 대하여 지급하는 월정수당

② 제1항 각 호에 규정된 비용의 지급기준은 대통령령으로 정하는 범위에서 해당 지방자치단체의 의정비 심의위원회에서 결정하는 금액 이내로 하여 지방자치단체의 조례로 정한다.

제34조 　 상해·사망 등의 보상

① 지방의회의원이 회기 중 직무(제61조에 따라 개회된 위원회의 직무와 본회의 또는 위원회의 의결이나 의장의 명에 따른 폐회 중의 공무여행을 포함한다)로 인하여 신체에 상해를 입거나 사망한 경우와 그 상해나 직무로 인한 질병으로 사망한 경우에는 보상금을 지급할 수 있다.

제35조 　 겸직 등 금지

① 지방의회의원은 다음 각 호의 어느 하나에 해당하는 직을 겸할 수 없다.

1. 국회의원, 다른 지방의회의 의원
2. 헌법재판소재판관, 각급 선거관리위원회 위원
3. 「국가공무원법」 제2조에 규정된 국가공무원과 「지방공무원법」 제2조에 규정된 지방공무원(「정당법」 제22조에 따라 정당의 당원이 될 수 있는 교원은 제외한다)
4. 「공공기관의 운영에 관한 법률」 제4조에 따른 공공기관(한국방송공사, 한국교육방송공사 및 한국은행을 포함한다)의 임직원
5. 「지방공기업법」 제2조에 규정된 지방공사와 지방공단의 임직원
6. 농업협동조합, 수산업협동조합, 산림조합, 엽연초생산협동조합, 신용협동조합, 새마을금고(이들 조합·금고의 중앙회와 연합회를 포함한다)의 임직원과 이들 조합·금고의 중앙회장이나 연합회장
7. 「정당법」 제22조에 따라 정당의 당원이 될 수 없는 교원
8. 다른 법령에 따라 공무원의 신분을 가지는 직
9. 그 밖에 다른 법률에서 겸임할 수 없도록 정하는 직

⑤ 지방의회의원은 해당 지방자치단체 및 공공단체와 영리를 목적으로 하는 거래를 할 수 없으며, 이와 관련된 시설이나 재산의 양수인 또는 관리인이 될 수 없다.

⑥ 지방의회의원은 소관 상임위원회의 직무와 관련된 영리행위를 하지 못하며, 그 범위는 해당 지방자치단체의 조례로 정한다.

제36조   의원의 의무

① 지방의회의원은 공공의 이익을 우선하여 양심에 따라 그 직무를 성실히 수행하여야 한다.

② 지방의회의원은 청렴의 의무를 지며, 의원으로서의 품위를 유지하여야 한다.

③ 지방의회의원은 지위를 남용하여 지방자치단체 · 공공단체 또는 기업체와의 계약이나 그 처분에 의하여 재산상의 권리 · 이익 또는 직위를 취득하거나 타인을 위하여 그 취득을 알선하여서는 아니 된다.

■ 지방의회의 권한

제39조   지방의회의 의결사항

① 지방의회는 다음 사항을 의결한다.

　　1. 조례의 제정 · 개정 및 폐지

　　2. 예산의 심의 · 확정

　　3. 결산의 승인

　　4. 법령에 규정된 것을 제외한 사용료 · 수수료 · 분담금 · 지방세 또는 가입금의 부과와 징수

　　5. 기금의 설치 · 운용

　　6. 대통령령으로 정하는 중요 재산의 취득 · 처분

　　7. 대통령령으로 정하는 공공시설의 설치 · 처분

　　8. 법령과 조례에 규정된 것을 제외한 예산 외의 의무부담이나 권리의 포기

　　9. 청원의 수리와 처리

　　10. 외국 지방자치단체와의 교류협력에 관한 사항

　　11. 그 밖에 법령에 따라 그 권한에 속하는 사항

제40조   서류제출요구

① 본회의나 위원회는 그 의결로 안건의 심의와 직접 관련된 서류의 제출을 해당 지방자치단체의 장에게 요구할 수 있다.

제41조   행정사무 감사권 및 조사권

① 지방의회는 매년 1회 그 지방자치단체의 사무에 대하여 시 · 도에서는 14일의 범위에서, 시 · 군 및 자치구에서는 9일의 범위에서 감사를 실시하고, 지방자치단체의 사무 중 특정 사안에 관하여 본회의 의결로 본회의나 위원회에서 조사하게 할 수 있다.

② 제1항의 조사를 발의할 때에는 이유를 밝힌 서면으로 하여야 하며, 재적의원 3분의 1 이상의 연서가 있어야 한다.

③ 지방자치단체 및 그 장이 위임받아 처리하는 국가사무와 시·도의 사무에 대하여 국회와 시·도의회가 직접 감사하기로 한 사무 외에는 그 감사를 각각 해당 시·도의회와 시·군 및 자치구의회가 할 수 있다. 이 경우 국회와 시·도의회는 그 감사결과에 대하여 그 지방의회에 필요한 자료를 요구할 수 있다.

④ 제1항의 감사 또는 조사와 제3항의 감사를 위하여 필요하면 현지확인을 하거나 서류제출을 요구할 수 있으며, 지방자치단체의 장 또는 관계 공무원이나 그 사무에 관계되는 자를 출석하게 하여 증인으로서 선서한 후 증언하게 하거나 참고인으로서 의견을 진술하도록 요구할 수 있다.

⑤ 제4항에 따른 증언에서 거짓증언을 한 자는 고발할 수 있으며, 제4항에 따라 서류제출을 요구받은 자가 정당한 사유 없이 서류를 정하여진 기한까지 제출하지 아니한 경우, 같은 항에 따라 출석요구를 받은 증인이 정당한 사유 없이 출석하지 아니하거나 선서 또는 증언을 거부한 경우에는 500만 원 이하의 과태료를 부과할 수 있다.

제42조 행정사무처리상황의 보고와 질문응답

① 지방자치단체의 장이나 관계 공무원은 지방의회나 그 위원회에 출석하여 행정사무의 처리상황을 보고하거나 의견을 진술하고 질문에 응답할 수 있다.

② 지방자치단체의 장이나 관계 공무원은 지방의회나 그 위원회가 요구하면 출석·답변하여야 한다. 다만, 특별한 이유가 있으면 지방자치단체의 장은 관계 공무원에게 출석·답변하게 할 수 있다.

■ 지방의회의 운영

제44조 정례회

① 지방의회는 매년 2회 정례회를 개최한다.

제45조 임시회

① 총선거 후 최초로 집회되는 임시회는 지방의회 사무처장·사무국장·사무과장이 지방의회의원 임기 개시일부터 25일 이내에 소집한다.

② 지방의회의장은 지방자치단체의 장이나 재적의원 3분의 1 이상의 의원이 요구하면 15일 이내에 임시회를 소집하여야 한다. 다만, 의장과 부의장이 사고로 임시회를 소집할 수 없으면 의원 중 최다선의원이, 최다선의원이 2명 이상인 경우에는 그 중 연장자의 순으로 소집할 수 있다.

③ 임시회의 소집은 집회일 3일 전에 공고하여야 한다. 다만, 긴급할 때에는 그러하지 아니하다.

제48조 의장·부의장의 선거와 임기

① 지방의회는 의원 중에서 시·도의 경우 의장 1명과 부의장 2명을, 시·군 및 자치구의 경우 의장과 부의장 각 1명을 무기명투표로 선거하여야 한다.

② 지방의회의원 총선거 후 처음으로 선출하는 의장·부의장 선거는 최초집회일에 실시한다.

③ 의장과 부의장의 임기는 2년으로 한다.

제55조 **의장불신임의 의결**

① 지방의회의 의장이나 부의장이 법령을 위반하거나 정당한 사유 없이 직무를 수행하지 아니하면 지방
의회는 불신임을 의결할 수 있다.

② 제1항의 불신임의결은 재적의원 4분의 1 이상의 발의와 재적의원 과반수의 찬성으로 행한다.

③ 제2항의 불신임의결이 있으면 의장이나 부의장은 그 직에서 해임된다.

제63조 **의사정족수**

① 지방의회는 재적의원 3분의 1 이상의 출석으로 개의(開議)한다.

제64조 **의결정족수**

① 의결 사항은 이 법에 특별히 규정된 경우 외에는 재적의원 과반수의 출석과 출석의원 과반수의 찬성으
로 의결한다.

② 의장은 의결에서 표결권을 가지며, 찬성과 반대가 같으면 부결된 것으로 본다.

■ 청원

제74조 **청원의 불수리**

재판에 간섭하거나 법령에 위배되는 내용의 청원은 수리하지 아니한다.

제75조 **청원의 심사 · 처리**

① 지방의회의 의장은 청원서를 접수하면 소관 위원회나 본회의에 회부하여 심사를 하게 한다.

③ 위원회가 청원을 심사하여 본회의에 부칠 필요가 없다고 결정하면 그 처리결과를 의장에게 보고하고,
의장은 청원한 자에게 알려야 한다.

제76조 **청원의 이송과 처리보고**

① 지방의회가 채택한 청원으로서 그 지방자치단체의 장이 처리하는 것이 타당하다고 인정되는 청원은 의
견서를 첨부하여 지방자치단체의 장에게 이송한다.

② 지방자치단체의 장은 제1항의 청원을 처리하고 그 처리결과를 지체 없이 지방의회에 보고하여야 한다.

■ 지방자치단체장

제93조 **지방자치단체의 장**

특별시에 특별시장, 광역시에 광역시장, 특별자치시에 특별자치시장, 도와 특별자치도에 도지사를 두고, 시
에 시장, 군에 군수, 자치구에 구청장을 둔다.

제95조 **지방자치단체의 장의 임기**

지방자치단체의 장의 임기는 4년으로 하며, 지방자치단체의 장의 계속 재임(在任)은 3기에 한한다.

■ 지방자치단체장의 권한

제101조   지방자치단체의 통할대표권

지방자치단체의 장은 지방자치단체를 대표하고, 그 사무를 총괄한다.

제102조   국가사무의 위임

시·도와 시·군 및 자치구에서 시행하는 국가사무는 법령에 다른 규정이 없으면 시·도지사와 시장·군수 및 자치구의 구청장에게 위임하여 행한다.

제103조   사무의 관리 및 집행권

지방자치단체의 장은 그 지방자치단체의 사무와 법령에 따라 그 지방자치단체의 장에게 위임된 사무를 관리하고 집행한다.

제104조   사무의 위임 등

① 지방자치단체의 장은 조례나 규칙으로 정하는 바에 따라 그 권한에 속하는 사무의 일부를 보조기관, 소속 행정기관 또는 하부행정기관에 위임할 수 있다.

제105조   직원에 대한 임면권 등

지방자치단체의 장은 소속 직원을 지휘·감독하고 법령과 조례·규칙으로 정하는 바에 따라 그 임면·교육훈련·복무·징계 등에 관한 사항을 처리한다.

제106조   사무인계

지방자치단체의 장이 퇴직할 때에는 그 소관 사무의 일체를 후임자에게 인계하여야 한다.

제107조   지방의회의 의결에 대한 재의요구와 제소

① 지방자치단체의 장은 지방의회의 의결이 월권이거나 법령에 위반되거나 공익을 현저히 해친다고 인정되면 그 의결사항을 이송받은 날부터 20일 이내에 이유를 붙여 재의를 요구할 수 있다.

② 제1항의 요구에 대하여 재의한 결과 재적의원 과반수의 출석과 출석의원 3분의 2 이상의 찬성으로 전과 같은 의결을 하면 그 의결사항은 확정된다.

③ 지방자치단체의 장은 제2항에 따라 재의결된 사항이 법령에 위반된다고 인정되면 대법원에 소(訴)를 제기할 수 있다. 이 경우에는 제172조 제3항을 준용한다.

제108조   예산상 집행 불가능한 의결의 재의요구

① 지방자치단체의 장은 지방의회의 의결이 예산상 집행할 수 없는 경비를 포함하고 있다고 인정되면 그 의결사항을 이송받은 날부터 20일 이내에 이유를 붙여 재의를 요구할 수 있다.

② 지방의회가 다음 각 호의 어느 하나에 해당하는 경비를 줄이는 의결을 할 때에도 제1항과 같다.

   1. 법령에 따라 지방자치단체에서 의무적으로 부담하여야 할 경비
   2. 비상재해로 인한 시설의 응급 복구를 위하여 필요한 경비

③ 제1항과 제2항의 경우에는 제107조 제2항을 준용한다.

제109조　지방자치단체의 장의 선결처분

① 지방자치단체의 장은 지방의회가 성립되지 아니한 때(의원이 구속되는 등의 사유로 제64조에 따른 의결정족수에 미달하게 될 때를 말한다)와 지방의회의 의결사항 중 주민의 생명과 재산보호를 위하여 긴급하게 필요한 사항으로서 지방의회를 소집할 시간적 여유가 없거나 지방의회에서 의결이 지체되어 의결되지 아니할 때에는 선결처분(先決處分)을 할 수 있다.

② 제1항에 따른 선결처분은 지체 없이 지방의회에 보고하여 승인을 받아야 한다.

③ 지방의회에서 제2항의 승인을 받지 못하면 그 선결처분은 그때부터 효력을 상실한다.

④ 지방자치단체의 장은 제2항이나 제3항에 관한 사항을 지체 없이 공고하여야 한다.

■ 보조기관

제110조　부지사 · 부시장 · 부군수 · 부구청장

① 특별시 · 광역시 및 특별자치시에 부시장, 도와 특별자치도에 부지사, 시에 부시장, 군에 부군수, 자치구에 부구청장을 두며, 그 정수는 다음 각 호와 같다.

　1. 특별시의 부시장의 정수: 3명을 넘지 아니하는 범위에서 대통령령으로 정한다.

　2. 광역시와 특별자치시의 부시장 및 도와 특별자치도의 부지사의 정수: 2명(인구 800만 이상의 광역시나 도는 3명)을 초과하지 아니하는 범위에서 대통령령으로 정한다.

　3. 시의 부시장, 군의 부군수 및 자치구의 부구청장의 정수: 1명으로 한다.

② 특별시 · 광역시 및 특별자치시의 부시장, 도와 특별자치도의 부지사는 대통령령으로 정하는 바에 따라 정무직 또는 일반직 국가공무원으로 보한다. 다만, 제1항 제1호와 제2호에 따라 특별시 · 광역시 및 특별자치시의 부시장, 도와 특별자치도의 부지사를 2명이나 3명 두는 경우에 1명은 대통령령으로 정하는 바에 따라 정무직 · 일반직 또는 별정직 지방공무원으로 보하되, 정무직과 별정직 지방공무원으로 보할 때의 자격기준은 해당 지방자치단체의 조례로 정한다.

③ 제2항의 정무직 또는 일반직 국가공무원으로 보하는 부시장 · 부지사는 시 · 도지사의 제청으로 행정안전부장관을 거쳐 대통령이 임명한다. 이 경우 제청된 자에게 법적 결격사유가 없으면 30일 이내에 그 임명절차를 마쳐야 한다.

④ 시의 부시장, 군의 부군수, 자치구의 부구청장은 일반직 지방공무원으로 보하되, 그 직급은 대통령령으로 정하며 시장 · 군수 · 구청장이 임명한다.

⑤ 시 · 도의 부시장과 부지사, 시의 부시장 · 부군수 · 부구청장은 해당 지방자치단체의 장을 보좌하여 사무를 총괄하고, 소속직원을 지휘 · 감독한다.

⑥ 제1항 제1호와 제2호에 따라 시 · 도의 부시장과 부지사를 2명이나 3명 두는 경우에 그 사무 분장은 대통령령으로 정한다. 이 경우 부시장 · 부지사를 3명 두는 시 · 도에서는 그 중 1명에게 특정지역의 사무를 담당하게 할 수 있다.

제111조 　 지방자치단체의 장의 권한대행 등

① 지방자치단체의 장이 다음 각 호의 어느 하나에 해당되면 부지사·부시장·부군수·부구청장(이하 이 조에서 "부단체장"이라 한다)이 그 권한을 대행한다.

1. 궐위된 경우

2. 공소 제기된 후 구금상태에 있는 경우

3. 「의료법」에 따른 의료기관에 60일 이상 계속하여 입원한 경우 (※ 헌법불합치)

② 지방자치단체의 장이 그 직을 가지고 그 지방자치단체의 장 선거에 입후보하면 예비후보자 또는 후보자로 등록한 날부터 선거일까지 부단체장이 그 지방자치단체의 장의 권한을 대행한다.

③ 지방자치단체의 장이 출장·휴가 등 일시적 사유로 직무를 수행할 수 없으면 부단체장이 그 직무를 대리한다.

> ✚ 「지방자치법 시행령」
>
> 제74조【권한대행 및 직무대리】⑤ 법 제110조 제1항 제1호 및 제2호에 따라 부시장·부지사 3명을 두는 시·도의 경우에는 행정(1)부시장·행정(1)부지사, 행정(2)부시장·행정(2)부지사, 정무부시장·정무부지사의 순으로 시·도지사의 권한을 대행하거나 직무를 대리하고, 부시장이나 부지사 2명을 두는 시·도의 경우에는 행정부시장·행정부지사, 정무부시장·정무부지사의 순으로 시·도지사의 권한을 대행하거나 직무를 대리한다.

제112조 　 행정기구와 공무원

① 지방자치단체는 그 사무를 분장하기 위하여 필요한 행정기구와 지방공무원을 둔다.

③ 행정안전부장관은 지방자치단체의 행정기구와 지방공무원의 정원이 적정하게 운영되고 다른 지방자치단체와의 균형이 유지되도록 하기 위하여 필요한 사항을 권고할 수 있다.

> ✚ 「지방공무원법」
>
> 제2조【지방공무원의 구분】① 지방자치단체의 공무원(지방자치단체가 경비를 부담하는 지방공무원을 말하며, 이하 "공무원"이라 한다)은 경력직공무원과 특수경력직공무원으로 구분한다.
>
> ② "경력직공무원"이란 실적과 자격에 따라 임용되고 그 신분이 보장되며 평생 동안(근무기간을 정하여 임용하는 공무원의 경우에는 그 기간 동안을 말한다) 공무원으로 근무할 것이 예정되는 공무원을 말하며, 그 종류는 다음 각 호와 같다.
>
> 1. 일반직공무원: 기술·연구 또는 행정 일반에 대한 업무를 담당하는 공무원
>
> 2. 특정직공무원: 공립 대학 및 전문대학에 근무하는 교육공무원, 교육감 소속의 교육전문직원, 자치경찰공무원 및 지방소방공무원과 그 밖에 특수 분야의 업무를 담당하는 공무원으로서 다른 법률에서 특정직공무원으로 지정하는 공무원
>
> ③ "특수경력직공무원"이란 경력직공무원 외의 공무원을 말하며, 그 종류는 다음 각 호와 같다.
>
> 1. 정무직공무원
>
> 　가. 선거로 취임하거나 임명할 때 지방의회의 동의가 필요한 공무원
>
> 　나. 고도의 정책결정업무를 담당하거나 이러한 업무를 보조하는 공무원으로서 법령 또는 조례에서 정무직으로 지정하는 공무원
>
> 2. 별정직공무원: 비서관·비서 등 보좌업무 등을 수행하거나 특정한 업무 수행을 위하여 법령에서 별정직으로 지정하는 공무원
>
> 제6조【임용권자】① 지방자치단체의 장(특별시·광역시·도 또는 특별자치도의 교육감을 포함한다. 이하 같다)은 이 법에서 정하는 바에 따라 그 소속 공무원의 임명·휴직·면직과 징계를 하는 권한(이하 "임용권"이라 한다)을 가진다.

■ 소속 행정기관

제113조 직속기관

지방자치단체는 그 소관 사무의 범위 안에서 필요하면 대통령령이나 대통령령으로 정하는 바에 따라 지방자치단체의 조례로 자치경찰기관(제주특별자치도에 한한다), 소방기관, 교육훈련기관, 보건진료기관, 시험연구기관 및 중소기업지도기관 등을 직속기관으로 설치할 수 있다.

제114조 사업소

지방자치단체는 특정 업무를 효율적으로 수행하기 위하여 필요하면 대통령령으로 정하는 바에 따라 그 지방자치단체의 조례로 사업소를 설치할 수 있다.

제115조 출장소

지방자치단체는 원격지 주민의 편의와 특정지역의 개발 촉진을 위하여 필요하면 대통령령으로 정하는 바에 따라 그 지방자치단체의 조례로 출장소를 설치할 수 있다.

제116조 합의제행정기관

① 지방자치단체는 그 소관 사무의 일부를 독립하여 수행할 필요가 있으면 법령이나 그 지방자치단체의 조례로 정하는 바에 따라 합의제행정기관을 설치할 수 있다.

제116조의2 자문기관의 설치 등

① 지방자치단체는 그 소관 사무의 범위에서 법령이나 그 지방자치단체의 조례로 정하는 바에 따라 심의회·위원회 등의 자문기관을 설치·운영할 수 있다.

■ 하부행정기관

제117조　하부행정기관의 장

자치구가 아닌 구에 구청장, 읍에 읍장, 면에 면장, 동에 동장을 둔다. 이 경우 면·동은 제4조의2 제3항 및 제4항에 따른 행정면·행정동을 말한다.

제118조　하부행정기관의 장의 임명

① 자치구가 아닌 구의 구청장은 일반직 지방공무원으로 보하되, 시장이 임명한다.

제120조　하부행정기구

지방자치단체는 조례로 정하는 바에 따라 자치구가 아닌 구와 읍·면·동에 그 소관 행정사무를 분장하기 위하여 필요한 행정기구를 둘 수 있다. 이 경우 면·동은 제4조의2 제3항 및 제4항에 따른 행정면·행정동을 말한다.

■ 재무

제122조　건전재정의 운영

① 지방자치단체는 그 재정을 수지균형의 원칙에 따라 건전하게 운영하여야 한다.

② 국가는 지방재정의 자주성과 건전한 운영을 조장하여야 하며, 국가의 부담을 지방자치단체에 넘겨서는 아니 된다.

제123조　국가시책의 구현

① 지방자치단체는 국가시책을 달성하기 위하여 노력하여야 한다.

제127조　예산의 편성 및 의결

① 지방자치단체의 장은 회계연도마다 예산안을 편성하여 시·도는 회계연도 시작 50일 전까지, 시·군 및 자치구는 회계연도 시작 40일 전까지 지방의회에 제출하여야 한다.

② 제1항의 예산안을 시·도의회에서는 회계연도 시작 15일 전까지, 시·군 및 자치구의회에서는 회계연도 시작 10일 전까지 의결하여야 한다.

③ 지방의회는 지방자치단체의 장의 동의 없이 지출예산 각 항의 금액을 증가하거나 새로운 비용항목을 설치할 수 없다.

④ 지방자치단체의 장은 제1항의 예산안을 제출한 후 부득이한 사유로 그 내용의 일부를 수정하려면 수정예산안을 작성하여 지방의회에 다시 제출할 수 있다.

제130조　추가경정예산

① 지방자치단체의 장은 예산을 변경할 필요가 있으면 추가경정예산안을 편성하여 지방의회의 의결을 받아야 한다.

| 제131조 | 예산이 성립하지 아니할 때의 예산집행 |

지방의회에서 새로운 회계연도가 시작될 때까지 예산안이 의결되지 못하면 지방자치단체의 장은 지방의회에서 예산안이 의결될 때까지 다음의 목적을 위한 경비는 전년도 예산에 준하여 집행할 수 있다.

1. 법령이나 조례에 따라 설치된 기관이나 시설의 유지·운영
2. 법령상 또는 조례상 지출의무의 이행
3. 이미 예산으로 승인된 사업의 계속

| 제134조 | 결산 |

① 지방자치단체의 장은 출납 폐쇄 후 80일 이내에 결산서와 증빙서류를 작성하고 지방의회가 선임한 검사위원의 검사의견서를 첨부하여 다음 연도 지방의회의 승인을 받아야 한다. 결산의 심사결과 위법 또는 부당한 사항이 있는 경우에 지방의회는 본회의 의결 후 지방자치단체 또는 해당 기관에 변상 및 징계 조치 등 그 시정을 요구하고, 지방자치단체 또는 해당 기관은 시정요구를 받은 사항을 지체 없이 처리하여 그 결과를 지방의회에 보고하여야 한다.

② 지방자치단체의 장은 제1항에 따른 승인을 받으면 5일 이내에 시·도에서는 행정안전부장관에게, 시·군 및 자치구에서는 시·도지사에게 각각 보고하고 그 내용을 고시하여야 한다.

■ 지방자치단체 상호 간의 관계

| 제151조 | 사무의 위탁 |

① 지방자치단체나 그 장은 소관 사무의 일부를 다른 지방자치단체나 그 장에게 위탁하여 처리하게 할 수 있다. 이 경우 지방자치단체의 장은 사무 위탁의 당사자가 시·도나 그 장이면 행정안전부장관과 관계 중앙행정기관의 장에게, 시·군 및 자치구나 그 장이면 시·도지사에게 이를 보고하여야 한다.

| 제152조 | 행정협의회의 구성 |

① 지방자치단체는 2개 이상의 지방자치단체에 관련된 사무의 일부를 공동으로 처리하기 위하여 관계 지방자치단체 간의 행정협의회(이하 "협의회"라 한다)를 구성할 수 있다. 이 경우 지방자치단체의 장은 시·도가 구성원이면 행정안전부장관과 관계 중앙행정기관의 장에게, 시·군 또는 자치구가 구성원이면 시·도지사에게 이를 보고하여야 한다.

| 제157조 | 협의회의 협의 및 사무처리의 효력 |

① 협의회를 구성한 관계 지방자치단체는 협의회가 결정한 사항이 있으면 그 결정에 따라 사무를 처리하여야 한다.

| 제159조 | 지방자치단체조합의 설립 |

① 2개 이상의 지방자치단체가 하나 또는 둘 이상의 사무를 공동으로 처리할 필요가 있을 때에는 규약을 정하여 그 지방의회의 의결을 거쳐 시·도는 행정안전부장관의, 시·군 및 자치구는 시·도지사의 승인을 받아 지방자치단체조합을 설립할 수 있다. 다만, 지방자치단체조합의 구성원인 시·군 및 자치구가 2개 이상의 시·도에 걸치는 지방자치단체조합은 행정안전부장관의 승인을 받아야 한다.

■ 국가의 지도, 감독

제166조　지방자치단체의 사무에 대한 지도와 지원

① 중앙행정기관의 장이나 시·도지사는 지방자치단체의 사무에 관하여 조언 또는 권고하거나 지도할 수 있으며, 이를 위하여 필요하면 지방자치단체에 자료의 제출을 요구할 수 있다.

② 국가나 시·도는 지방자치단체가 그 지방자치단체의 사무를 처리하는 데에 필요하다고 인정하면 재정지원이나 기술지원을 할 수 있다.

제167조　국가사무나 시·도사무 처리의 지도·감독

① 지방자치단체나 그 장이 위임받아 처리하는 국가사무에 관하여 시·도에서는 주무부장관의, 시·군 및 자치구에서는 1차로 시·도지사의, 2차로 주무부장관의 지도·감독을 받는다.

② 시·군 및 자치구나 그 장이 위임받아 처리하는 시·도의 사무에 관하여는 시·도지사의 지도·감독을 받는다.

제168조　중앙행정기관과 지방자치단체 간 협의조정

① 중앙행정기관의 장과 지방자치단체의 장이 사무를 처리할 때 의견을 달리하는 경우 이를 협의·조정하기 위하여 국무총리 소속으로 행정협의조정위원회를 둔다.

> **✚ 「지방자치법 시행령」**
>
> **제105조【행정협의조정위원회의 기능 및 협의조정 절차】** ① 행정협의조정위원회는 중앙행정기관의 장이나 지방자치단체의 장의 신청에 의하여, 당사자 간에 사무를 처리할 때에 의견을 달리하는 사항에 대하여 협의·조정한다.
> ④ 행정협의조정위원회의 위원장은 제1항에 따른 협의·조정사항에 관한 결정을 하면 지체 없이 서면으로 국무총리에게 보고하고 행정안전부장관·관계 중앙행정기관의 장 및 해당 지방자치단체의 장에게 통보하여야 하며, 통보를 받은 관계 중앙행정기관의 장과 그 지방자치단체의 장은 그 협의·조정 결정사항을 이행하여야 한다.

② 행정협의조정위원회는 위원장 1명을 포함하여 13명 이내의 위원으로 구성한다.

③ 행정협의조정위원회의 위원은 다음 각 호의 사람이 되고, 위원장은 제3호에 따른 위촉위원 중에서 국무총리가 위촉한다.

　1. 기획재정부장관, 행정안전부장관, 국무조정실장 및 법제처장

　2. 안건과 관련된 중앙행정기관의 장과 시·도지사 중 위원장이 지명하는 사람

　3. 그 밖에 지방자치에 관한 학식과 경험이 풍부한 사람 중에서 국무총리가 위촉하는 사람 4명

> **✚ 「지방자치법 시행령」**
>
> **제104조【행정협의조정위원회 위원의 임기】** 법 제168조 제1항에 따른 행정협의조정위원회(이하 "행정협의조정위원회"라 한다)의 위원장과 위촉위원의 임기는 2년으로 한다. 다만, 보궐위원의 임기 는 전임위원 임기의 남은 기간으로 한다.

제169조　위법·부당한 명령·처분의 시정

① 지방자치단체의 사무에 관한 그 장의 명령이나 처분이 법령에 위반되거나 현저히 부당하여 공익을 해친다고 인정되면 시·도에 대하여는 주무부장관이, 시·군 및 자치구에 대하여는 시·도지사가 기간을 정하여 서면으로 시정할 것을 명하고, 그 기간에 이행하지 아니하면 이를 취소하거나 정지할 수 있다. 이 경우 자치사무에 관한 명령이나 처분에 대하여는 법령을 위반하는 것에 한한다.

② 지방자치단체의 장은 제1항에 따른 자치사무에 관한 명령이나 처분의 취소 또는 정지에 대하여 이의가 있으면 그 취소처분 또는 정지처분을 통보받은 날부터 15일 이내에 대법원에 소(訴)를 제기할 수 있다.

제170조　지방자치단체의 장에 대한 직무이행명령

① 지방자치단체의 장이 법령의 규정에 따라 그 의무에 속하는 국가위임사무나 시·도위임사무의 관리와 집행을 명백히 게을리하고 있다고 인정되면 시·도에 대하여는 주무부장관이, 시·군 및 자치구에 대하여는 시·도지사가 기간을 정하여 서면으로 이행할 사항을 명령할 수 있다.

② 주무부장관이나 시·도지사는 해당 지방자치단체의 장이 제1항의 기간에 이행명령을 이행하지 아니하면 그 지방자치단체의 비용부담으로 대집행하거나 행정상·재정상 필요한 조치를 할 수 있다. 이 경우 행정대집행에 관하여는 「행정대집행법」을 준용한다.

제171조　지방자치단체의 자치사무에 대한 감사

① 행정안전부장관이나 시·도지사는 지방자치단체의 자치사무에 관하여 보고를 받거나 서류·장부 또는 회계를 감사할 수 있다. 이 경우 감사는 법령위반사항에 대하여만 실시한다.

제171조의2　지방자치단체에 대한 감사 절차 등

① 주무부장관, 행정안전부장관 또는 시·도지사는 이미 감사원 감사 등이 실시된 사안에 대하여는 새로운 사실이 발견되거나 중요한 사항이 누락된 경우 등 대통령령으로 정하는 경우를 제외하고는 감사대상에서 제외하고 종전의 감사결과를 활용하여야 한다.

② 주무부장관과 행정안전부장관은 다음 각 호의 어느 하나에 해당하는 감사를 실시하고자 하는 때에는 지방자치단체의 수감부담을 줄이고 감사의 효율성을 높이기 위하여 같은 기간 동안 함께 감사를 실시할 수 있다.

제172조　지방의회 의결의 재의와 제소

① 지방의회의 의결이 법령에 위반되거나 공익을 현저히 해친다고 판단되면 시·도에 대하여는 주무부장관이, 시·군 및 자치구에 대하여는 시·도지사가 재의를 요구하게 할 수 있고, 재의요구를 받은 지방자치단체의 장은 의결사항을 이송받은 날부터 20일 이내에 지방의회에 이유를 붙여 재의를 요구하여야 한다.

② 제1항의 요구에 대하여 재의의 결과 재적의원 과반수의 출석과 출석의원 3분의 2 이상의 찬성으로 전과 같은 의결을 하면 그 의결사항은 확정된다.

③ 지방자치단체의 장은 제2항에 따라 재의결된 사항이 법령에 위반된다고 판단되면 재의결된 날부터 20일 이내에 대법원에 소를 제기할 수 있다. 이 경우 필요하다고 인정되면 그 의결의 집행을 정지하게 하는 집행정지결정을 신청할 수 있다.

④ 주무부장관이나 시·도지사는 재의결된 사항이 법령에 위반된다고 판단됨에도 불구하고 해당 지방자치단체의 장이 소(訴)를 제기하지 아니하면 그 지방자치단체의 장에게 제소를 지시하거나 직접 제소 및 집행정지결정을 신청할 수 있다.

⑦ 제1항에 따라 지방의회의 의결이 법령에 위반된다고 판단되어 주무부장관이나 시·도지사로부터 재의요구지시를 받은 지방자치단체의 장이 재의를 요구하지 아니하는 경우(법령에 위반되는 지방의회의 의결사항이 조례안인 경우로서 재의요구지시를 받기 전에 그 조례안을 공포한 경우를 포함한다)에는 주무부장관이나 시·도지사는 제1항에 따른 기간이 지난 날부터 7일 이내에 대법원에 직접 제소 및 집행정지결정을 신청할 수 있다.

제174조 특례의 인정

① 서울특별시의 지위·조직·운영에 대하여는 수도로서의 특수성을 고려하여 법률로 정하는 바에 따라 특례를 둘 수 있다.

■ 지방자치단체의 수입

제135조 지방세

지방자치단체는 법률로 정하는 바에 따라 지방세를 부과·징수할 수 있다.

제136조 사용료

지방자치단체는 공공시설의 이용 또는 재산의 사용에 대하여 사용료를 징수할 수 있다.

제137조 수수료

① 지방자치단체는 그 지방자치단체의 사무가 특정인을 위한 것이면 그 사무에 대하여 수수료를 징수할 수 있다.

② 지방자치단체는 국가나 다른 지방자치단체의 위임사무가 특정인을 위한 것이면 그 사무에 대하여 수수료를 징수할 수 있다.

제138조 분담금

지방자치단체는 그 재산 또는 공공시설의 설치로 주민의 일부가 특히 이익을 받으면 이익을 받는 자로부터 그 이익의 범위에서 분담금을 징수할 수 있다.

■ 재산과 기금

제142조   재산과 기금의 설치

① 지방자치단체는 행정목적을 달성하기 위한 경우나 공익상 필요한 경우에는 재산을 보유하거나 특정한 자금을 운용하기 위한 기금을 설치할 수 있다.

② 제1항의 재산의 보유, 기금의 설치·운용에 관하여 필요한 사항은 조례로 정한다.

■ 지방자치단체 간 협력과 분쟁조정

제147조   지방자치단체 상호 간의 협력

지방자치단체는 다른 지방자치단체로부터 사무의 공동처리에 관한 요청이나 사무처리에 관한 협의·조정·승인 또는 지원의 요청을 받으면 법령의 범위에서 협력하여야 한다.

제148조   지방자치단체 상호 간의 분쟁조정

③ 행정안전부장관이나 시·도지사가 제1항의 분쟁을 조정하고자 할 때에는 관계 중앙행정기관의 장과의 협의를 거쳐 제149조에 따른 지방자치단체중앙분쟁조정위원회나 지방자치단체지방분쟁조정위원회의 의결에 따라 조정하여야 한다.

④ 행정안전부장관이나 시·도지사는 제1항의 조정에 대하여 결정을 하면 서면으로 지체 없이 관계 지방자치단체의 장에게 통보하여야 하며, 통보를 받은 지방자치단체의 장은 그 조정결정사항을 이행하여야 한다.

⑤ 제4항의 조정결정사항 중 예산이 수반되는 사항에 대하여는 관계 지방자치단체는 필요한 예산을 우선적으로 편성하여야 한다. 이 경우 연차적으로 추진하여야 할 사항은 연도별 추진계획을 행정안전부장관이나 시·도지사에게 보고하여야 한다.

⑥ 행정안전부장관이나 시·도지사는 제1항의 조정결정에 따른 시설의 설치 또는 역무의 제공으로 이익을 받거나 그 원인을 일으켰다고 인정되는 지방자치단체에 대하여는 그 시설비나 운비 등의 전부나 일부를 행정안전부장관이 정하는 기준에 따라 부담하게 할 수 있다.

⑦ 행정안전부장관이나 시·도지사는 제4항부터 제6항까지의 규정에 따른 조정결정사항이 성실히 이행되지 아니하면 그 지방자치단체에 대하여 제170조(지방자치단체의 장에 대한 직무이행명령 및 대집행)를 준용하여 이행하게 할 수 있다.

제149조   지방자치단체중앙분쟁조정위원회 등의 설치와 구성 등

① 제148조 제1항에 따른 분쟁의 조정과 제156조 제1항에 따른 협의사항의 조정에 필요한 사항을 심의·의결하기 위하여 행정안전부에 지방자치단체중앙분쟁조정위원회(이하 "중앙분쟁조정위원회"라 한다)와 시·도에 지방자치단체지방분쟁조정위원회(이하 "지방분쟁조정위원회"라 한다)를 둔다.

② 중앙분쟁조정위원회는 다음 각 호의 분쟁을 심의·의결한다.

  1. 시·도 간 또는 그 장 간의 분쟁

  2. 시·도를 달리하는 시·군 및 자치구 간 또는 그 장 간의 분쟁

  3. 시·도와 시·군 및 자치구 간 또는 그 장 간의 분쟁

  4. 시·도와 지방자치단체조합 간 또는 그 장 간의 분쟁

  5. 시·도를 달리하는 시·군 및 자치구와 지방자치단체조합 간 또는 그 장 간의 분쟁

  6. 시·도를 달리하는 지방자치단체조합 간 또는 그 장 간의 분쟁

③ 지방분쟁조정위원회는 제2항 각 호에 해당하지 아니하는 지방자치단체·지방자치단체조합 간 또는 그 장 간의 분쟁을 심의·의결한다.

④ 중앙분쟁조정위원회와 지방분쟁조정위원회(이하 "분쟁조정위원회"라 한다)는 각각 위원장을 포함한 11명 이내의 위원으로 구성한다.

⑤ 중앙분쟁조정위원회의 위원장과 위원 중 5명은 다음 각 호에 해당하는 자 중에서 행정안전부장관의 제청으로 대통령이 임명하거나 위촉하고, 대통령령으로 정하는 중앙행정기관 소속 공무원은 당연직 위원이 된다.

  1. 대학에서 부교수 이상으로 3년 이상 재직 중이거나 재직한 자

  2. 판사·검사 또는 변호사의 직에 6년 이상 재직 중이거나 재직한 자

  3. 그 밖에 지방자치사무에 관한 학식과 경험이 풍부한 자

⑥ 지방분쟁조정위원회의 위원장과 위원 중 5명은 제5항 각 호에 해당하는 자 중에서 시·도지사가 임명하거나 위촉하고, 조례로 정하는 해당 지방자치단체 소속 공무원은 당연직위원이 된다.

⑦ 공무원이 아닌 위원장 및 위원의 임기는 3년으로 하되, 연임할 수 있다. 다만, 보궐위원의 임기는 전임자의 남은 임기로 한다.

■ 광역행정제도

제152조　행정협의회의 구성

① 지방자치단체는 2개 이상의 지방자치단체에 관련된 사무의 일부를 공동으로 처리하기 위하여 관계 지방자치단체 간의 행정협의회(이하 "협의회"라 한다)를 구성할 수 있다. 이 경우 지방자치단체의 장은 시·도가 구성원이면 행정안전부장관과 관계 중앙행정기관의 장에게, 시·군 또는 자치구가 구성원이면 시·도지사에게 이를 보고하여야 한다.

제157조　협의회의 협의 및 사무처리의 효력

① 협의회를 구성한 관계 지방자치단체는 협의회가 결정한 사항이 있으면 그 결정에 따라 사무를 처리하여야 한다.

제159조　지방자치단체조합의 설립

① 2개 이상의 지방자치단체가 하나 또는 둘 이상의 사무를 공동으로 처리할 필요가 있을 때에는 규약을 정하여 그 지방의회의 의결을 거쳐 시·도는 행정안전부장관의, 시·군 및 자치구는 시·도지사의 승인을 받아 지방자치단체조합을 설립할 수 있다. 다만, 지방자치단체조합의 구성원인 시·군 및 자치구가 2개 이상의 시·도에 걸치는 지방자치단체조합은 행정안전부장관의 승인을 받아야 한다.

제165조　지방자치단체의 장 등의 협의체

① 지방자치단체의 장이나 지방의회의 의장은 상호 간의 교류와 협력을 증진하고, 공동의 문제를 협의하기 위하여 다음 각 호의 구분에 따라 각각 전국적 협의체를 설립할 수 있다.

1. 시·도지사
2. 시·도의회의 의장
3. 시장·군수·자치구의 구청장
4. 시·군·자치구의회의 의장

② 제1항 각 호의 전국적 협의체가 모두 참가하는 지방자치단체 연합체를 설립할 수 있다.

OX

1 지방자치단체의 명칭과 구역을 바꿀 때에는 법률로써 정한다. (○, ×)

2 중앙행정기관의 장과 지방자치단체의 장이 사무를 처리할 때 의견을 달리하는 경우 이를 협의·조정하기 위하여 대통령 소속으로 행정협의조정위원회를 둔다. (○, ×)

3 지방자치단체의 자치사무가 현저히 부당하여 공익을 해친다고 판단되면 시·도에 대하여는 주무부장관이, 시·군 및 자치구에 대하여는 시·도지사가 기간을 정하여 서면으로 시정을 명할 수 있다. (○, ×)

4 지방자치단체장은 선결처분 후에 지체 없이 국회에 보고하여 승인을 받아야 한다. 만약 승인을 받지 못할 경우 그 선결처분은 그때부터 효력을 상실한다. (○, ×)

5 주민은 그 지방자치단체의 장 및 지방의회의원(비례대표 지방의회의원을 포함한다)을 소환할 권리를 가진다. (○, ×)

1 ○ 「지방자치법」 제4조　　2 × 행정협의조정위원회는 국무총리 소속이다.
3 × 지방자치단체의 자치사무의 경우에는 법령에 위반하는 사항에 한하여 시정을 명할 수 있다.　　4 ○ 「지방자치법」 제109조
5 × 주민은 그 지방자치단체의 장 및 지방의회의원을 소환할 권리를 가진다. 단, 비례대표 지방의회의원은 제외한다.

20 | 주민투표법, 주민소환에 관한 법률

관련단원 PART 7. 지방행정론

■ 주민투표법

제1조   목적

이 법은 지방자치단체의 주요결정사항에 관한 주민의 직접참여를 보장하기 위하여 「지방자치법」 제14조의 규정에 의한 주민투표의 대상·발의자·발의요건·투표절차 등에 관한 사항을 규정함으로써 지방자치행정의 민주성과 책임성을 제고하고 주민복리를 증진함을 목적으로 한다.

제3조   주민투표사무의 관리

① 주민투표사무는 이 법에 특별한 규정이 있는 경우를 제외하고는 특별시·광역시 또는 도에 있어서는 특별시·광역시·도 선거관리위원회가, 자치구·시 또는 군에 있어서는 구·시·군 선거관리위원회가 관리한다.

제5조   주민투표권

① 19세 이상의 주민 중 제6조 제1항에 따른 투표인명부 작성기준일 현재 다음 각 호의 어느 하나에 해당하는 사람에게는 주민투표권이 있다. 다만, 「공직선거법」 제18조에 따라 선거권이 없는 사람에게는 주민투표권이 없다.

  1. 그 지방자치단체의 관할 구역에 주민등록이 되어 있는 사람

  2. 출입국관리 관계 법령에 따라 대한민국에 계속 거주할 수 있는 자격(체류자격변경허가 또는 체류기간연장허가를 통하여 계속 거주할 수 있는 경우를 포함한다)을 갖춘 외국인으로서 지방자치단체의 조례로 정한 사람

제7조   주민투표의 대상

① 주민에게 과도한 부담을 주거나 중대한 영향을 미치는 지방자치단체의 주요결정사항으로서 그 지방자치단체의 조례로 정하는 사항은 주민투표에 부칠 수 있다.

② 제1항의 규정에 불구하고 다음 각 호의 사항은 이를 주민투표에 부칠 수 없다.

  1. 법령에 위반되거나 재판중인 사항

  2. 국가 또는 다른 지방자치단체의 권한 또는 사무에 속하는 사항

  3. 지방자치단체의 예산·회계·계약 및 재산관리에 관한 사항과 지방세·사용료·수수료·분담금 등 각종 공과금의 부과 또는 감면에 관한 사항

  4. 행정기구의 설치·변경에 관한 사항과 공무원의 인사·정원 등 신분과 보수에 관한 사항

  5. 다른 법률에 의하여 주민대표가 직접 의사결정주체로서 참여할 수 있는 공공시설의 설치에 관한 사항. 다만, 지방의회가 주민투표의 실시를 청구하는 경우에는 그러하지 아니하다.

  6. 동일한 사항(그 사항과 취지가 동일한 경우를 포함한다)에 대하여 주민투표가 실시된 후 2년이 경과되지 아니한 사항

제8조　국가정책에 관한 주민투표

① 중앙행정기관의 장은 지방자치단체의 폐치(廢置)·분합(分合) 또는 구역변경, 주요시설의 설치 등 국가정책의 수립에 관하여 주민의 의견을 듣기 위하여 필요하다고 인정하는 때에는 주민투표의 실시구역을 정하여 관계 지방자치단체의 장에게 주민투표의 실시를 요구할 수 있다. 이 경우 중앙행정기관의 장은 미리 행정안전부장관과 협의하여야 한다.

제9조　주민투표의 실시요건

① 지방자치단체의 장은 주민 또는 지방의회의 청구에 의하거나 직권에 의하여 주민투표를 실시할 수 있다.

② 19세 이상 주민 중 제5조 제1항 각 호의 어느 하나에 해당하는 사람(같은 항 각 호 외의 부분 단서에 따라 주민투표권이 없는 자는 제외한다. 이하 "주민투표청구권자"라 한다)는 주민투표청구권자 총수의 20분의 1 이상 5분의 1 이하의 범위 안에서 지방자치단체의 조례로 정하는 수 이상의 서명으로 그 지방자치단체의 장에게 주민투표의 실시를 청구할 수 있다.

⑤ 지방의회는 재적의원 과반수의 출석과 출석의원 3분의 2 이상의 찬성으로 그 지방자치단체의 장에게 주민투표의 실시를 청구할 수 있다.

⑥ 지방자치단체의 장은 직권에 의하여 주민투표를 실시하고자 하는 때에는 그 지방의회 재적의원 과반수의 출석과 출석의원 과반수의 동의를 얻어야 한다.

제21조　투표운동기간 및 투표운동을 할 수 없는 자

② 다음 각 호의 어느 하나에 해당하는 자는 투표운동을 할 수 없다.

1. 주민투표권이 없는 자
2. 공무원(그 지방의회의 의원을 제외한다)
3. 각급 선거관리위원회의 위원
4. 방송법에 의한 방송사업(방송채널사용사업은 보도에 관한 전문편성을 행하는 방송채널사용사업에 한한다)을 경영하거나 이에 상시 고용되어 편집·제작·취재·집필 또는 보도의 업무에 종사하는 자
5. 「신문 등의 진흥에 관한 법률」 제9조에 따라 등록하여야 하는 신문, 인터넷신문 또는 인터넷뉴스서비스와 「잡지 등 정기간행물의 진흥에 관한 법률」 제15조 또는 제16조에 따라 등록 또는 신고하여야 하는 정기간행물(분기별 1회 이하 발행되거나 학보 그 밖에 전문분야에 관한 순수한 학술 및 정보지 등 정치에 관한 보도·논평 그 밖에 여론형성의 목적없이 발행되는 신문, 인터넷신문, 인터넷뉴스서비스 또는 정기간행물은 제외한다)을 발행 또는 경영하거나 이에 상시 고용되어 편집·취재·집필 또는 보도의 업무에 종사하는 자

제22조　투표운동의 제한

① 누구든지 다음 각 호의 어느 하나에 해당하는 방법으로 투표운동을 하여서는 아니된다.

1. 야간호별방문 및 야간옥외집회
2. 투표운동을 목적으로 서명 또는 날인을 받는 행위
3. 「공직선거법」 제80조의 규정에 의한 연설금지장소에서의 연설행위
4. 「공직선거법」 제91조에서 정하는 확성장치 및 자동차 등의 사용제한에 관한 규정을 위반하는 행위

제24조　주민투표결과의 확정

① 주민투표에 부쳐진 사항은 주민투표권자 총수의 3분의 1 이상의 투표와 유효투표수 과반수의 득표로 확정된다. 다만, 다음 각 호의 어느 하나에 해당하는 경우에는 찬성과 반대 양자를 모두 수용하지 아니하거나, 양자택일의 대상이 되는 사항 모두를 선택하지 아니하기로 확정된 것으로 본다.

　1. 전체 투표수가 주민투표권자 총수의 3분의 1에 미달되는 경우

　2. 주민투표에 부쳐진 사항에 관한 유효득표수가 동수인 경우

② 전체 투표수가 주민투표권자 총수의 3분의 1에 미달되는 때에는 개표를 하지 아니한다.

⑤ 지방자치단체의 장 및 지방의회는 주민투표결과 확정된 내용대로 행정·재정상의 필요한 조치를 하여야 한다.

⑥ 지방자치단체의 장 및 지방의회는 주민투표결과 확정된 사항에 대하여 2년 이내에는 이를 변경하거나 새로운 결정을 할 수 없다. 다만, 제1항 단서의 규정에 의하여 찬성과 반대 양자를 모두 수용하지 아니하거나 양자택일의 대상이 되는 사항 모두를 선택하지 아니하기로 확정된 때에는 그러하지 아니하다.

제25조　주민투표소송 등

① 주민투표의 효력에 관하여 이의가 있는 주민투표권자는 주민투표권자 총수의 100분의 1 이상의 서명으로 제24조 제3항의 규정에 의하여 주민투표결과가 공표된 날부터 14일 이내에 관할선거관리위원회 위원장을 피소청인으로 하여 시·군 및 자치구에 있어서는 특별시·광역시·도 선거관리위원회에, 특별시·광역시 및 도에 있어서는 중앙선거관리위원회에 소청할 수 있다.

② 제1항의 소청에 대한 결정에 관하여 불복이 있는 소청인은 관할선거관리위원회위원장을 피고로 하여 그 결정서를 받은 날(결정서를 받지 못한 때에는 결정기간이 종료된 날을 말한다)부터 10일 이내에 특별시·광역시 및 도에 있어서는 대법원에, 시·군 및 자치구에 있어서는 관할 고등법원에 소를 제기할 수 있다.

제26조　재투표 및 투표연기

① 지방자치단체의 장은 주민투표의 전부 또는 일부무효의 판결이 확정된 때에는 그 날부터 20일 이내에 무효로 된 투표구의 재투표를 실시하여야 한다. 이 경우 투표일은 늦어도 투표일전 7일까지 공고하여야 한다.

제27조　주민투표경비

① 주민투표사무에 필요한 다음 각 호의 경비는 주민투표를 발의한 지방자치단체의 장이 속하는 지방자치단체(제8조의 규정에 의한 국가정책에 관한 주민투표인 경우에는 국가를 말한다)가 부담한다.

■ 주민소환에 관한 법률

제3조   주민소환투표권

① 제4조 제1항의 규정에 의한 주민소환투표인명부 작성기준일 현재 다음 각 호의 어느 하나에 해당하는 자는 주민소환투표권이 있다.

    1. 19세 이상의 주민으로서 당해 지방자치단체 관할구역에 주민등록이 되어 있는 자(「공직선거법」 제18조의 규정에 의하여 선거권이 없는 자를 제외한다)

    2. 19세 이상의 외국인으로서 「출입국관리법」 제10조의 규정에 따른 영주의 체류자격 취득일 후 3년이 경과한 자 중 같은 법 제34조의 규정에 따라 당해 지방자치단체 관할구역의 외국인등록대장에 등재된 자

제7조   주민소환투표의 청구

① 전년도 12월 31일 현재 주민등록표 및 외국인등록표에 등록된 제3조 제1항 제1호 및 제2호에 해당하는 자(이하 "주민소환투표청구권자"라 한다)는 해당 지방자치단체의 장 및 지방의회의원(비례대표선거구 시·도의회의원 및 비례대표선거구자치구·시·군의회의원은 제외하며, 이하 "선출직 지방공직자"라 한다)에 대하여 다음 각 호에 해당하는 주민의 서명으로 그 소환사유를 서면에 구체적으로 명시하여 관할선거관리위원회에 주민소환투표의 실시를 청구할 수 있다.

    1. 특별시장·광역시장·도지사(이하 "시·도지사"라 한다): 당해 지방자치단체의 주민소환투표청구권자 총수의 100분의 10 이상

    2. 시장·군수·자치구의 구청장: 당해 지방자치단체의 주민소환투표청구권자 총수의 100분의 15 이상

    3. 지역선거구시·도의회의원(이하 "지역구시·도의원"이라 한다) 및 지역선거구자치구·시·군의회의원(이하 "지역구자치구·시·군의원"이라 한다): 당해 지방의회의원의 선거구 안의 주민소환투표청구권자 총수의 100분의 20 이상

제8조   주민소환투표의 청구제한기간

제7조 제1항 내지 제3항의 규정에 불구하고, 다음 각 호의 어느 하나에 해당하는 때에는 주민소환투표의 실시를 청구할 수 없다.

1. 선출직 지방공직자의 임기개시일부터 1년이 경과하지 아니한 때

2. 선출직 지방공직자의 임기만료일부터 1년 미만일 때

3. 해당선출직 지방공직자에 대한 주민소환투표를 실시한 날부터 1년 이내인 때

제15조   주민소환투표의 형식

① 주민소환투표는 찬성 또는 반대를 선택하는 형식으로 실시한다.

제16조   주민소환투표의 실시구역

① 지방자치단체의 장에 대한 주민소환투표는 당해 지방자치단체 관할구역 전체를 대상으로 한다.

② 지역구지방의회의원에 대한 주민소환투표는 당해 지방의회의원의 지역선거구를 대상으로 한다.

제21조   권한행사의 정지 및 권한대행

① 주민소환투표대상자는 관할선거관리위원회가 제12조 제2항의 규정에 의하여 주민소환투표안을 공고한 때부터 제22조 제3항의 규정에 의하여 주민소환투표결과를 공표할 때까지 그 권한행사가 정지된다.

② 제1항의 규정에 의하여 지방자치단체의 장의 권한이 정지된 경우에는 부지사·부시장·부군수·부구청장(이하 "부단체장"이라 한다)이 「지방자치법」 규정을 준용하여 그 권한을 대행하고, 부단체장이 권한을 대행할 수 없는 경우에는 「지방자치법」 규정을 준용하여 그 권한을 대행한다.

제22조   주민소환투표결과의 확정

① 주민소환은 제3조의 규정에 의한 주민소환투표권자 총수의 3분의 1이상의 투표와 유효투표 총수 과반수의 찬성으로 확정된다.

② 전체 주민소환투표자의 수가 주민소환투표권자 총수의 3분의 1에 미달하는 때에는 개표를 하지 아니한다.

제23조   주민소환투표의 효력

① 주민소환이 확정된 때에는 주민소환투표대상자는 그 결과가 공표된 시점부터 그 직을 상실한다.

② 제1항의 규정에 의하여 그 직을 상실한 자는 그로 인하여 실시하는 이 법 또는 「공직선거법」에 의한 해당보궐선거에 후보자로 등록할 수 없다.

21 | 지방재정법

관련단원 PART 7. 지방행정론

■ 총칙

제3조 **지방재정 운용의 기본원칙**

① 지방자치단체는 주민의 복리 증진을 위하여 그 재정을 건전하고 효율적으로 운용하여야 하며, 국가의 정책에 반하거나 국가 또는 다른 지방자치단체의 재정에 부당한 영향을 미치게 하여서는 아니 된다.

② 지방자치단체는 예산이 여성과 남성에게 미치는 효과를 평가하고, 그 결과를 지방자치단체의 예산에 반영하기 위하여 노력하여야 한다.

제9조 **회계의 구분**

① 지방자치단체의 회계는 일반회계와 특별회계로 구분한다.

② 특별회계는 「지방공기업법」에 따른 지방직영기업이나 그 밖의 특정사업을 운영할 때 또는 특정자금이나 특정세입·세출로서 일반세입·세출과 구분하여 회계처리할 필요가 있을 때에만 법률이나 조례로 설치할 수 있다. 다만, 목적세에 따른 세입·세출은 다른 법률에 특별한 규정이 있는 경우를 제외하고는 특별회계를 설치·운용하여야 한다.

③ 지방자치단체가 특별회계를 설치하려면 5년 이내의 범위에서 특별회계의 존속기한을 해당 조례에 명시하여야 한다. 다만, 법률에 따라 의무적으로 설치·운용되는 특별회계는 그러하지 아니하다.

④ 지방자치단체의 장은 특별회계를 신설하거나 그 존속기한을 연장하려면 해당 조례안을 입법예고하기 전에 제33조 제9항에 따른 지방재정계획심의위원회의 심의를 거쳐야 한다. 다만, 법률에 따라 의무적으로 설치·운용되는 특별회계는 그러하지 아니하다.

제11조 **지방채의 발행**

① 지방자치단체의 장은 다음 각 호를 위한 자금 조달에 필요할 때에는 지방채를 발행할 수 있다. 다만, 제5호 및 제6호는 교육감이 발행하는 경우에 한한다.

1. 공유재산의 조성 등 소관 재정투자사업과 그에 직접적으로 수반되는 경비의 충당
2. 재해예방 및 복구사업
3. 천재지변으로 발생한 예측할 수 없었던 세입결함의 보전
4. 지방채의 차환
5. 「지방교육재정교부금법」 제9조 제3항에 따른 교부금 차액의 보전
6. 명예퇴직(「교육공무원법」 제36조 및 「사립학교법」 제60조의3에 따른 명예퇴직을 말한다. 이하 같다) 신청자가 직전 3개 연도 평균 명예퇴직자의 100분의 120을 초과하는 경우 추가로 발생하는 명예퇴직 비용의 충당

② 지방자치단체의 장은 제1항에 따라 지방채를 발행하려면 재정 상황 및 채무 규모 등을 고려하여 대통령령으로 정하는 지방채 발행 한도액의 범위에서 지방의회의 의결을 얻어야 한다. 다만, 지방채 발행 한도액 범위더라도 외채를 발행하는 경우에는 지방의회의 의결을 거치기 전에 행정안전부장관의 승인을 받아야 한다.

③ 지방자치단체의 장은 제2항에도 불구하고 대통령령으로 정하는 바에 따라 행정안전부장관과 협의한 경우에는 그 협의한 범위에서 지방의회의 의결을 얻어 제2항에 따른 지방채 발행 한도액의 범위를 초과하여 지방채를 발행할 수 있다. 다만, 재정책임성 강화를 위하여 재정위험수준, 재정 상황 및 채무 규모 등을 고려하여 대통령령으로 정하는 범위를 초과하는 지방채를 발행하는 경우에는 행정안전부장관의 승인을 받은 후 지방의회의 의결을 받아야 한다.

④ 「지방자치법」 제159조에 따른 지방자치단체조합(이하 "조합"이라 한다)의 장은 그 조합의 투자사업과 긴급한 재난복구 등을 위한 경비를 조달할 필요가 있을 때 또는 투자사업이나 재난복구사업을 지원할 목적으로 지방자치단체에 대부할 필요가 있을 때에는 지방채를 발행할 수 있다. 이 경우 행정안전부장관의 승인을 받은 범위에서 조합의 구성원인 각 지방자치단체 지방의회의 의결을 얻어야 한다.

⑤ 제4항에 따라 발행한 지방채에 대하여는 조합과 그 구성원인 지방자치단체가 그 상환과 이자의 지급에 관하여 연대책임을 진다.

■ 경비의 부담

제20조   자치사무에 관한 경비
지방자치단체의 관할구역 자치사무에 필요한 경비는 그 지방자치단체가 전액을 부담한다.

제21조   부담금과 교부금
① 지방자치단체나 그 기관이 법령에 따라 처리하여야 할 사무로서 국가와 지방자치단체 간에 이해관계가 있는 경우에는 원활한 사무처리를 위하여 국가에서 부담하지 아니하면 아니 되는 경비는 국가가 그 전부 또는 일부를 부담한다.

② 국가가 스스로 하여야 할 사무를 지방자치단체나 그 기관에 위임하여 수행하는 경우 그 경비는 국가가 전부를 그 지방자치단체에 교부하여야 한다.

제23조   보조금의 교부
① 국가는 정책상 필요하다고 인정할 때 또는 지방자치단체의 재정 사정상 특히 필요하다고 인정할 때에는 예산의 범위에서 지방자치단체에 보조금을 교부할 수 있다.

② 특별시·광역시·특별자치시·도·특별자치도(이하 "시·도"라 한다)는 정책상 필요하다고 인정할 때 또는 시·군 및 자치구의 재정 사정상 특히 필요하다고 인정할 때에는 예산의 범위에서 시·군 및 자치구에 보조금을 교부할 수 있다.

③ 제1항 및 제2항에 따라 지방자치단체에 보조금을 교부할 때에는 법령이나 조례에서 정하는 경우와 국가 정책상 부득이한 경우 외에는 재원 부담 지시를 할 수 없다.

제28조의2 지방세 감면의 제한 등

① 행정안전부장관은 대통령령으로 정하는 해당 연도의 지방세 징수결산액과 지방세 비과세·감면액을 합한 금액에서 지방세 비과세·감면액이 차지하는 비율이 대통령령으로 정하는 비율 이하가 되도록 노력하여야 한다.

제29조 시·군 조정교부금

① 시·도지사(특별시장은 제외한다. 이하 이 조에서 같다)는 다음 각 호의 금액의 27퍼센트(인구 50만 이상의 시와 자치구가 아닌 구가 설치되어 있는 시의 경우에는 47퍼센트)에 해당하는 금액을 관할 시·군 간의 재정력 격차를 조정하기 위한 조정교부금의 재원으로 확보하여야 한다.

　1. 시·군에서 징수하는 광역시세·도세(화력발전·원자력발전에 대한 지역자원시설세, 소방분 지역자원시설세 및 지방교육세는 제외한다)의 총액

　2. 해당 시·도(특별시는 제외한다. 이하 이 조에서 같다)의 지방소비세액(「지방세법」 제71조 제3항 제3호 가목에 따라 시·도에 배분되는 금액은 해당 지방소비세액에서 제외한다)을 전년도 말의 해당 시·도의 인구로 나눈 금액에 전년도 말의 시·군의 인구를 곱한 금액

제29조의2 자치구 조정교부금

특별시장 및 광역시장은 대통령령으로 정하는 보통세 수입의 일정액을 조정교부금으로 확보하여 조례로 정하는 바에 따라 해당 지방자치단체 관할구역의 자치구 간 재정력 격차를 조정하여야 한다.

제29조의3 조정교부금의 종류와 용도

제29조 및 제29조의2에 따른 조정교부금은 일반적 재정수요에 충당하기 위한 일반조정교부금과 특정한 재정수요에 충당하기 위한 특별조정교부금으로 구분하여 운영하되, 특별조정교부금은 민간에 지원하는 보조사업의 재원으로 사용할 수 없다.

제31조 국가의 공공시설에 관한 사용료

① 지방자치단체나 그 지방자치단체의 장이 관리하는 국가의 공공시설 중 지방자치단체가 그 관리에 드는 경비를 부담하는 공공시설에 대하여는 법령에 특별한 규정이 있는 경우를 제외하고는 그 지방자치단체나 지방자치단체의 장은 조례나 규칙으로 정하는 바에 따라 그 공공시설의 사용료를 징수할 수 있다.

② 제1항에 따라 징수한 사용료는 그 지방자치단체의 수입으로 한다.

제32조 사무 위임에 따른 과태료 등 수입의 귀속

지방자치단체가 국가나 다른 지방자치단체의 위임사무에 대하여 법령에서 정하는 바에 따라 과태료 또는 과징금을 부과·징수한 경우 그 수입은 사무위임을 받은 지방자치단체의 수입으로 한다. 다만, 다른 법령에 특별한 규정이 있거나 「비송사건절차법」에서 정하는 바에 따라 부과·징수한 과태료의 경우에는 그러하지 아니하다.

■ 예산과 결산

제33조 중기지방재정계획의 수립 등

① 지방자치단체의 장은 지방재정을 계획성 있게 운용하기 위하여 매년 다음 회계연도부터 5회계연도 이상의 기간에 대한 중기지방재정계획을 수립하여 예산안과 함께 지방의회에 제출하고, 회계연도 개시 30일 전까지 행정안전부장관에게 제출하여야 한다.

제34조 예산총계주의의 원칙

① 한 회계연도의 모든 수입을 세입으로 하고 모든 지출을 세출로 한다.

② 세입과 세출은 모두 예산에 편입하여야 한다.

③ 지방자치단체가 현물로 출자하는 경우와 「지방자치단체 기금관리기본법」제2조에 따른 기금을 운용하는 경우 또는 그 밖에 대통령령으로 정하는 사유로 보관할 의무가 있는 현금이나 유가증권이 있는 경우에는 제2항에도 불구하고 이를 세입·세출예산 외로 처리할 수 있다.

제35조 세출의 재원

지방자치단체의 세출은 지방채 외의 세입을 그 재원으로 하여야 한다. 다만, 부득이한 경우에는 제11조에 따른 지방채로 충당할 수 있다.

제36조 예산의 편성

② 지방자치단체는 모든 자료에 의하여 엄정하게 그 재원을 포착하고 경제 현실에 맞도록 그 수입을 산정하여 예산에 계상하여야 한다.

제37조 투자심사

① 지방자치단체의 장은 다음 각 호의 사항에 대해서는 대통령령으로 정하는 바에 따라 사전에 그 필요성과 타당성에 대한 심사(이하 "투자심사"라 한다)를 하여야 한다.

　1. 재정투자사업에 관한 예산안 편성

　2. 다음 각 목의 사항에 대한 지방의회 의결의 요청

　　가. 채무부담행위

　　나. 보증채무부담행위

　　다. 「지방자치법」 제39조 제1항 제8호에 따른 예산 외의 의무부담

제37조의2 지방재정투자심사위원회

① 투자심사에 관한 지방자치단체의 장의 자문에 응하기 위하여 지방자치단체의 장 소속으로 지방재정투자심사위원회를 둔다. 다만, 지방재정투자심사위원회의 기능을 담당하기에 적합한 다른 위원회가 있고 그 위원회의 위원이 지방재정 또는 투자심사에 관한 학식이나 전문성을 갖춘 경우에는 조례로 정하는 바에 따라 그 위원회가 지방재정투자심사위원회의 기능을 대신할 수 있다.

제38조 　지방자치단체 재정운용 업무편람 등

① 행정안전부장관은 국가 및 지방 재정의 운용 여건, 지방재정제도의 개요 등 지방자치단체의 재정운용에 필요한 정보로 구성된 회계연도별 지방자치단체 재정운용 업무편람을 작성하여 지방자치단체에 보급할 수 있다.

제39조 　지방예산 편성 등 예산과정의 주민 참여

① 지방자치단체의 장은 대통령령으로 정하는 바에 따라 지방예산 편성 등 예산과정에 주민이 참여할 수 있는 제도(이하 이 조에서 "주민참여예산제도"라 한다)를 마련하여 시행하여야 한다.

② 지방예산 편성 등 예산과정의 주민 참여와 관련되는 다음 각 호의 사항을 심의하기 위하여 지방자치단체의 장 소속으로 주민참여예산위원회 등 주민참여예산기구(이하 "주민참여예산기구"라 한다)를 둘 수 있다.

③ 지방자치단체의 장은 주민참여예산제도를 통하여 수렴한 주민의 의견서를 지방의회에 제출하는 예산안에 첨부하여야 한다.

④ 행정안전부장관은 지방자치단체의 재정적·지역적 여건 등을 고려하여 대통령령으로 정하는 바에 따라 지방자치단체별 주민참여예산제도의 운영에 대하여 평가를 실시할 수 있다.

⑤ 주민참여예산기구의 구성·운영과 그 밖에 필요한 사항은 해당 지방자치단체의 조례로 정한다.

제42조 　계속비 등

① 지방자치단체의 장은 공사나 제조, 그 밖의 사업으로서 그 완성에 수년을 요하는 것은 필요한 경비의 총액과 연도별 금액에 대하여 지방의회의 의결을 얻어 계속비로서 여러 해에 걸쳐 지출할 수 있다.

② 제1항에 따라 계속비로 지출할 수 있는 연한(年限)은 그 회계연도부터 5년 이내로 한다. 다만, 필요하다고 인정될 때에는 지방의회의 의결을 거쳐 다시 그 연한을 연장할 수 있다.

③ 지방자치단체는 완성하기까지 여러 해가 걸리는 공사 중 다음 각 호의 어느 하나에 해당하는 사업의 예산은 특별한 사유가 없으면 계속비로 편성하여야 한다.

　　1. 시급하게 추진하여야 하는 사업으로서 「재난 및 안전관리 기본법」 제3조 제1호의 재난(이하 "재난"이라 한다) 복구사업

　　2. 중단 없이 이행하여야 하는 사업

제43조 　예비비

① 지방자치단체는 예측할 수 없는 예산 외의 지출 또는 예산 초과 지출에 충당하기 위하여 일반회계 예산 총액의 100분의 1 범위 내의 금액을 예비비로 예산에 계상하여야 한다. 다만, 특별회계(교육비특별회계는 제외한다)의 경우에는 예비비를 계상하지 아니할 수 있다.

② 제1항에도 불구하고 재해·재난 관련 목적 예비비는 별도로 예산에 계상할 수 있다.

③ 지방자치단체의 장은 지방의회의 예산안 심의 결과 폐지되거나 감액된 지출항목에 대해서는 예비비를 사용할 수 없다.

④ 지방자치단체의 장은 예비비로 사용한 금액의 명세서를 「지방자치법」 제134조 제1항에 따라 지방의회의 승인을 받아야 한다.

제47조   예산의 목적 외 사용금지와 예산 이체

① 지방자치단체의 장은 세출예산에서 정한 목적 외의 용도로 경비를 사용하거나 세출예산에서 정한 각 정책사업 간에 서로 이용할 수 없다. 다만, 예산 집행에 필요하여 미리 예산으로서 지방의회의 의결을 얻었을 때에는 이용할 수 있다.

② 지방자치단체의 기구·직제 또는 정원에 관한 법령이나 조례의 제정·개정 또는 폐지로 인하여 관계 기관 사이에 직무권한이나 그 밖의 사항이 변동되었을 때에는 그 예산을 상호 이체(移替)할 수 있다.

제49조   예산의 전용

① 지방자치단체의 장은 대통령령으로 정하는 바에 따라 각 정책사업 내의 예산액 범위에서 각 단위사업 또는 목의 금액을 전용(轉用)할 수 있다.

제50조   세출예산의 이월

① 세출예산 중 경비의 성질상 그 회계연도에 그 지출을 마치지 못할 것으로 예상되어 명시이월비로서 세입·세출예산에 그 취지를 분명하게 밝혀 미리 지방의회의 의결을 얻은 금액은 다음 회계연도에 이월하여 사용할 수 있다.

② 세출예산 중 다음 각 호의 어느 하나에 해당하는 경비의 금액은 사고이월비(事故移越費)로서 다음 회계연도에 이월하여 사용할 수 있다.

1. 회계연도 내에 지출원인행위를 하고 불가피한 사유로 회계연도 내에 지출하지 못한 경비와 지출하지 아니한 그 부대 경비
2. 지출원인행위를 위하여 입찰공고를 한 경비 중 입찰공고 후 지출원인행위를 할 때까지 오랜 기간이 걸리는 경우로서 대통령령으로 정하는 경비
3. 공익·공공 사업의 시행에 필요한 손실보상비로서 대통령령으로 정하는 경비
4. 경상적 성격의 경비로서 대통령령으로 정하는 경비

제54조   재정 운용에 관한 보고 등

지방자치단체의 장은 대통령령으로 정하는 바에 따라 예산, 결산, 출자, 통합부채, 우발부채, 그 밖의 재정 상황에 관한 재정보고서를 행정안전부장관에게 제출하여야 한다. 이 경우 시·군 및 자치구는 시·도지사를 거쳐 행정안전부장관에게 제출하여야 한다.

제55조   재정분석 및 재정진단 등

① 행정안전부장관은 대통령령으로 정하는 바에 따라 제54조에 따른 재정보고서의 내용을 분석하여야 한다.

② 행정안전부장관은 지방자치단체의 재정 상황 중 채무 등 대통령령으로 정하는 사항에 대하여 대통령령으로 정하는 바에 따라 재정위험 수준을 점검하여야 한다.

③ 행정안전부장관은 다음 각 호의 어느 하나에 해당하는 지방자치단체에 대하여 제56조 제1항에 따른 지방재정위기관리위원회(이하 "지방재정위기관리위원회"라 한다)의 심의를 거쳐 대통령령으로 정하는 바에 따라 재정진단을 실시할 수 있다.

1. 제1항에 따른 재정분석 결과 재정의 건전성과 효율성 등이 현저히 떨어지는 지방자치단체
2. 제2항에 따른 점검 결과 재정위험 수준이 대통령령으로 정하는 기준을 초과하는 지방자치단체

④ 행정안전부장관은 제1항 및 제3항에 따른 재정분석 결과와 재정진단 결과를 공개할 수 있다.

제55조의2 재정위기단체와 재정주의단체의 지정 및 해제

① 행정안전부장관은 제55조 제1항에 따른 재정분석 결과와 같은 조 제3항에 따른 재정진단 결과 등을 토대로 지방재정위기관리위원회의 심의를 거쳐 다음 각 호의 구분에 따라 해당 지방자치단체를 재정위기단체 또는 재정주의단체(財政注意團體)로 지정할 수 있다.

1. 재정위기단체: 재정위험 수준이 심각하다고 판단되는 지방자치단체
2. 재정주의단체: 재정위험 수준이 심각한 수준에 해당되지 아니하나 지방자치단체 재정의 건전성 또는 효율성 등이 현저하게 떨어졌다고 판단되는 지방자치단체

제60조의3 긴급재정관리단체의 지정 및 해제

① 행정안전부장관은 지방자치단체가 다음 각 호의 어느 하나에 해당하여 자력으로 그 재정위기상황을 극복하기 어렵다고 판단되는 경우에는 해당 지방자치단체를 긴급재정관리단체로 지정할 수 있다. 이 경우 행정안전부장관은 긴급재정관리단체로 지정하려는 지방자치단체의 장과 지방의회의 의견을 미리 들어야 한다.

1. 제55조의2에 따라 재정위기단체로 지정된 지방자치단체가 제55조의3에 따른 재정건전화계획을 3년간 이행하였음에도 불구하고 재정위기단체로 지정된 때부터 3년이 지난 날 또는 그 이후의 지방자치단체의 재정위험 수준이 재정위기단체로 지정된 때보다 대통령령으로 정하는 수준 이하로 악화된 경우
2. 소속 공무원의 인건비를 30일 이상 지급하지 못한 경우
3. 상환일이 도래한 채무의 원금 또는 이자에 대한 상환을 60일 이상 이행하지 못한 경우

OX

1 지방채 발행 한도액 범위 안에서 외채를 발행하는 경우 지방의회의 의결을 거치고 행정안전부장관의 승인을 받아야 한다. (○, ×)
2 지방자치단체의 장은 매년 다음 회계연도부터 5회계연도 이상의 기간에 대한 중기지방재정계획을 수립하여 예산안과 함께 지방의회에 제출하고, 회계연도 개시 30일 전까지 행정안전부장관에게 제출하여야 한다. (○, ×)
3 국가가 스스로 하여야 할 사무를 지방자치단체나 그 기관에 위임하여 수행하는 경우 그 경비는 국가와 지방자치단체가 나누어 분담한다.
(○, ×)

1 × 지방채 발행 한도액 범위 안이더라도 외채를 발행하는 경우에는 지방의회의 의결을 거치기 전에 행정안전부장관의 승인을 얻어야 한다.
2 ○ 「지방재정법」 제33조
3 × 국가가 스스로 하여야 할 사무를 지방자치단체나 그 기관에 위임하여 수행하는 경우 그 경비는 국가가 전부를 그 지방자치단체에 교부하여야 한다.

22 | 지방교부세법

관련단원 PART 7. 지방행정론

제2조　　정의

이 법에서 사용하는 용어의 뜻은 다음과 같다.

1. "지방교부세"란 제4조에 따라 산정한 금액으로서 제6조, 제9조, 제9조의3 및 제9조의4에 따라 국가가 재정적 결함이 있는 지방자치단체에 교부하는 금액을 말한다.

제3조　　교부세의 종류

지방교부세(이하 "교부세"라 한다)의 종류는 보통교부세 · 특별교부세 · 부동산교부세 및 소방안전교부세로 구분한다.

제4조　　교부세의 재원

① 교부세의 재원은 다음 각 호로 한다.

1. 해당 연도의 내국세(목적세 및 종합부동산세, 담배에 부과하는 개별소비세 총액의 100분의 45 및 다른 법률에 따라 특별회계의 재원으로 사용되는 세목의 해당 금액은 제외한다. 이하 같다) 총액의 1만분의 1,924에 해당하는 금액

2. 「종합부동산세법」에 따른 종합부동산세 총액

3. 「개별소비세법」에 따라 담배에 부과하는 개별소비세 총액의 100분의 45에 해당하는 금액

4. 제5조 제3항에 따라 같은 항 제1호의 차액을 정산한 금액

5. 제5조 제3항에 따라 같은 항 제2호의 차액을 정산한 금액

6. 제5조 제3항에 따라 같은 항 제3호의 차액을 정산한 금액

② 교부세의 종류별 재원은 다음 각 호와 같다.

1. 보통교부세: (제1항 제1호의 금액 + 제1항 제4호의 정산액) × 100분의 97

2. 특별교부세: (제1항 제1호의 금액 + 제1항 제4호의 정산액) × 100분의 3

4. 부동산교부세: 제1항 제2호의 금액 + 제1항 제5호의 정산액

5. 소방안전교부세: 제1항 제3호의 금액 + 제1항 제6호의 정산액

제5조   예산 계상

① 국가는 해마다 이 법에 따른 교부세를 국가예산에 계상하여야 한다.

② 추가경정예산에 의하여 교부세의 재원인 국세(國稅)가 늘거나 줄면 교부세도 함께 조절하여야 한다. 다만, 국세가 줄어드는 경우에는 지방재정 여건 등을 고려하여 다음 다음 연도까지 교부세를 조절할 수 있다.

③ 다음 각 호의 교부세 차액은 늦어도 다음 다음 연도의 국가예산에 계상하여 정산하여야 한다.

  1. 내국세 예산액과 그 결산액의 차액으로 인한 교부세의 차액

  2. 종합부동산세 예산액과 그 결산액의 차액으로 인한 교부세의 차액

  3. 「개별소비세법」에 따라 담배에 부과되는 개별소비세 총액의 100분의 45에 해당하는 예산액과 그 결산액의 차액으로 인한 교부세의 차액

제6조   보통교부세의 교부

① 보통교부세는 해마다 기준재정수입액이 기준재정수요액에 못 미치는 지방자치단체에 그 미달액을 기초로 교부한다. 다만, 자치구의 경우에는 기준재정수요액과 기준재정수입액을 각각 해당 특별시 또는 광역시의 기준재정수요액 및 기준재정수입액과 합산하여 산정한 후, 그 특별시 또는 광역시에 교부한다.

제9조   특별교부세의 교부

① 특별교부세는 다음 각 호의 구분에 따라 교부한다.

  1. 기준재정수요액의 산정방법으로는 파악할 수 없는 지역 현안에 대한 특별한 재정수요가 있는 경우: 특별교부세 재원의 100분의 40에 해당하는 금액

  2. 보통교부세의 산정기일 후에 발생한 재난을 복구하거나 재난 및 안전관리를 위한 특별한 재정수요가 생기거나 재정수입이 감소한 경우: 특별교부세 재원의 100분의 50에 해당하는 금액

  3. 국가적 장려사업, 국가와 지방자치단체 간에 시급한 협력이 필요한 사업, 지역 역점시책 또는 지방행정 및 재정운용 실적이 우수한 지방자치단체에 재정 지원 등 특별한 재정수요가 있을 경우: 특별교부세 재원의 100분의 10에 해당하는 금액

② 행정안전부장관은 지방자치단체의 장이 제1항 각 호에 따른 특별교부세의 교부를 신청하는 경우에는 이를 심사하여 특별교부세를 교부한다. 다만, 행정안전부장관이 필요하다고 인정하는 경우에는 신청이 없는 경우에도 일정한 기준을 정하여 특별교부세를 교부할 수 있다.

제9조의3   부동산교부세의 교부

① 부동산교부세는 지방자치단체에 전액 교부하여야 한다.

② 제1항에 따른 부동산교부세의 교부기준은 지방자치단체의 재정여건이나 지방세 운영상황 등을 고려하여 대통령령으로 정한다.

제9조의4　소방안전교부세의 교부

① 행정안전부장관은 지방자치단체의 소방 인력 운용, 소방 및 안전시설 확충, 안전관리 강화 등을 위하여 소방안전교부세를 지방자치단체에 전액 교부하여야 한다. 이 경우 소방 분야에 대해서는 소방청장의 의견을 들어 교부하여야 한다.

② 제1항에 따른 소방안전교부세의 교부기준은 지방자치단체의 소방 인력, 소방 및 안전시설 현황, 소방 및 안전시설 투자 소요, 재난예방 및 안전강화 노력, 재정여건 등을 고려하여 대통령령으로 정한다. 다만, 소방안전교부세 중 「개별소비세법」에 따라 담배에 부과하는 개별소비세 총액의 100분의 20을 초과하는 부분은 소방 인력의 인건비로 우선 충당하여야 한다.

제11조　부당 교부세의 시정 등

① 행정안전부장관은 지방자치단체가 교부세 산정에 필요한 자료를 부풀리거나 거짓으로 기재하여 부당하게 교부세를 교부받거나 받으려 하는 경우에는 그 지방자치단체가 정당하게 받을 수 있는 금액을 초과하는 부분을 반환하도록 명하거나 부당하게 받으려 하는 금액을 감액(減額)할 수 있다.

② 행정안전부장관은 지방자치단체가 법령을 위반하여 지나치게 많은 경비를 지출하였거나 수입 확보를 위한 징수를 게을리한 경우에는 그 지방자치단체에 교부할 교부세를 감액하거나 이미 교부한 교부세의 일부를 반환하도록 명할 수 있다. 이 경우 감액하거나 반환을 명하는 교부세의 금액은 법령을 위반하여 지출하였거나 징수를 게을리하여 확보하지 못한 금액을 초과할 수 없다.

③ 행정안전부장관은 지방자치단체의 장이 제9조 제4항에 따른 교부조건이나 용도를 위반하여 특별교부세를 사용한 때에는 교부조건이나 용도를 위반하여 사용한 금액의 반환을 명하거나 다음 연도에 교부할 지방교부세에서 이를 감액할 수 있다.

OX

1 지방교부세의 종류는 보통교부세, 특별교부세, 부동산교부세 및 교통안전교부세로 구분한다. (○, ×)

2 지방교부세의 재원은 내국세 총액의 19.24%이다. (○, ×)

3 특별교부세는 행정·재정운영 실적이 우수할 경우 지급될 수 있다. (○, ×)

4 보통교부세의 산정기일 후에 발생한 재난을 복구하거나 재난 및 안전관리를 위한 특별한 재정수요가 생기거나 재정수입이 감소한 경우 특별교부세를 교부할 수 있다. (○, ×)

1 × 교통안전교부세 → 소방안전교부세　　2 × 내국세 총액의 19.24% + 종합부동산세 총액 + 담배개별소비세의 45%(+ 정산액)　　3 ○　　4 ○

23 | 지방공기업법

관련단원 PART 7. 지방행정론

■ 총칙

제2조   적용 범위

① 이 법은 다음 각 호의 어느 하나에 해당하는 사업(그에 부대되는 사업을 포함한다. 이하 같다) 중 제5조에 따라 지방자치단체가 직접 설치·경영하는 사업으로서 대통령령으로 정하는 기준 이상의 사업(이하 "지방직영기업"이라 한다)과 제3장 및 제4장에 따라 설립된 지방공사와 지방공단이 경영하는 사업에 대하여 각각 적용한다.

  1. 수도사업(마을상수도사업은 제외한다)
  2. 공업용수도사업
  3. 궤도사업(도시철도사업을 포함한다)
  4. 자동차운송사업
  5. 지방도로사업(유료도로사업만 해당한다)
  6. 하수도사업
  7. 주택사업
  8. 토지개발사업
  9. 주택(대통령령으로 정하는 공공복리시설을 포함한다)·토지 또는 공용·공공용건축물의 관리 등의 수탁

> **╋ 「지방공기업법 시행령」**
>
> **제2조【지방직영기업의 범위】** ① 「지방공기업법」(이하 "법"이라 한다) 제2조 제1항에서 "대통령령으로 정하는 기준 이상의 사업"이란 다음 각 호의 기준에 해당하는 사업을 말한다.
>   1. 수도사업: 1일 생산능력 1만 톤 이상
>   2. 공업용수도사업: 1일 생산능력 1만 톤 이상
>   3. 궤도사업: 보유차량 50량 이상
>   4. 자동차운송사업: 보유차량 30대 이상
>   5. 지방도로사업: 도로관리연장 50킬로미터 이상 또는 유료터널·교량 3개소이상
>   6. 하수도사업: 1일 처리능력 1만 톤 이상
>   7. 주택사업: 주택관리 연면적 또는 주택건설 면적 10만 평방미터 이상
>   8. 토지개발사업: 조성면적 10만 평방미터 이상

② 지방자치단체는 다음 각 호의 어느 하나에 해당하는 사업 중 경상경비의 50퍼센트 이상을 경상수입으로 충당할 수 있는 사업을 지방직영기업, 지방공사 또는 지방공단이 경영하는 경우에는 조례로 정하는 바에 따라 이 법을 적용할 수 있다.

  1. 민간인의 경영 참여가 어려운 사업으로서 주민복리의 증진에 이바지할 수 있고, 지역경제의 활성화나 지역개발의 촉진에 이바지할 수 있다고 인정되는 사업

2. 제1항 각 호의 어느 하나에 해당하는 사업 중 같은 항 각 호 외의 부분에 따라 대통령령으로 정하는 기준에 미달하는 사업
3. 「체육시설의 설치·이용에 관한 법률」에 따른 체육시설업
4. 「관광진흥법」에 따른 관광사업(여행업 및 카지노업은 제외한다)

■ 관리자

제7조　관리자

① 지방자치단체는 지방직영기업의 업무를 관리·집행하게 하기 위하여 사업마다 관리자를 둔다. 다만, 조례로 정하는 바에 따라 성질이 같거나 유사한 둘 이상의 사업에 대하여는 관리자를 1명만 둘 수 있다.
② 관리자는 대통령령으로 정하는 바에 따라 해당 지방자치단체의 공무원으로서 지방직영기업의 경영에 관하여 지식과 경험이 풍부한 사람 중에서 지방자치단체의 장이 임명하며, 임기제로 할 수 있다.

■ 재무

제13조　특별회계

지방자치단체는 제2조에 해당하는 사업마다 특별회계를 설치하여야 한다.

제14조　독립채산

① 지방직영기업의 특별회계에서 해당 기업의 경비는 해당 기업의 수입으로 충당하여야 한다.

제16조　회계처리의 원칙

① 지방직영기업의 특별회계는 경영 성과 및 재무 상태를 명확히 하기 위하여 재산의 증감 및 변동(이하 "회계거래"라 한다)을 발생 사실에 따라 회계처리한다.

제27조　수입금 마련 지출

관리자는 사업량이 증가하여 경비가 부족하게 된 경우 사업량의 증가로 인한 수입 증가분에 상당한 금액을 그 수입 증가분과 관련된 업무의 직접비에 사용할 수 있다. 이 경우 관리자는 지방자치단체의 장과 의회에 그 사실을 보고하여야 한다.

제53조　출자

① 공사의 자본금은 그 전액을 지방자치단체가 현금 또는 현물로 출자한다.
② 제1항에도 불구하고 공사의 운영을 위하여 필요한 경우에는 자본금의 2분의 1을 넘지 아니하는 범위에서 지방자치단체 외의 자(외국인 및 외국법인을 포함한다)로 하여금 공사에 출자하게 할 수 있다. 증자(增資)의 경우에도 또한 같다.

■ 경영평가

제78조　경영평가 및 지도

① 행정안전부장관은 제3조에 따른 지방공기업의 경영 기본원칙을 고려하여 대통령령으로 정하는 바에 따라 지방공기업에 대한 경영평가를 하고, 그 결과에 따라 필요한 조치를 하여야 한다. 다만, 행정안전부장관이 필요하다고 인정하는 경우에는 지방자치단체의 장으로 하여금 경영평가를 하게 할 수 있다.

② 제1항에 따른 경영평가에는 지방공기업의 경영목표의 달성도, 업무의 능률성, 공익성, 고객서비스 등에 관한 평가가 포함되어야 한다.

③ 행정안전부장관은 제1항에 따른 경영평가를 위하여 필요한 경우 지방공기업에 고객 명부 등 관련 자료의 제출을 요청할 수 있다. 이 경우 요청을 받은 지방공기업은 정당한 사유가 없는 한 이에 따라야 한다.

④ 행정안전부장관은 대통령령으로 정하는 바에 따라 제1항 및 제2항에 따른 경영평가와는 별도로 사장에 대하여 업무성과 평가를 할 수 있다. 이 경우 공익성이 고려되어야 한다.

⑤ 행정안전부장관 또는 시·도지사(특별자치시장 및 특별자치도지사는 제외한다. 이하 이 항에서 같다)는 지방공기업(시·도지사의 경우에는 시·군·자치구의 지방공기업으로 한정한다)의 효율적인 경영을 위하여 필요한 지도, 조언 또는 권고를 할 수 있다.

제78조의2　경영진단 및 경영 개선 명령

① 지방자치단체의 장은 제78조 제1항 단서에 따라 경영평가를 하였을 때에는 그 평가가 끝난 후 1개월 이내에 경영평가보고서, 재무제표, 그 밖에 대통령령으로 정하는 서류를 행정안전부장관에게 제출하여야 한다.

② 행정안전부장관은 제78조 제1항 본문에 따라 경영평가를 하거나 제1항에 따른 서류 등을 분석한 결과 특별한 대책이 필요하다고 인정되는 지방공기업으로서 다음 각 호의 어느 하나에 해당하는 지방공기업에 대하여는 대통령령으로 정하는 바에 따라 따로 경영진단을 실시하고, 그 결과를 공개할 수 있다.

1. 3개 사업연도 이상 계속하여 당기 순손실이 발생한 지방공기업
2. 특별한 사유 없이 전년도에 비하여 영업수입이 현저하게 감소한 지방공기업
3. 경영 여건상 사업 규모의 축소, 법인의 청산 또는 민영화 등 경영구조 개편이 필요하다고 인정되는 지방공기업
4. 그 밖에 대통령령으로 정하는 지방공기업

24 | 지방자치분권 및 지방행정체제개편에 관한 특별법

관련단원 PART 7. 지방행정론

■ 총칙

제5조 **자치분권 종합계획의 수립**

① 제44조에 따른 자치분권위원회(이하 "위원회"라 한다)는 자치분권 및 지방행정체제 개편을 효과적으로 추진하기 위하여 관계 중앙행정기관의 장과 협의하고 지방자치단체의 의견을 수렴하여 자치분권 종합계획을 수립하여야 한다.

제6조 **연도별 시행계획의 수립 · 시행**

위원회는 제5조에 따른 자치분권 종합계획을 시행하기 위하여 관계 중앙행정기관의 장과 협의를 거쳐 매년 자치분권 시행계획을 수립 · 시행하여야 한다.

제9조 **사무배분의 원칙**

① 국가는 지방자치단체가 행정을 종합적 · 자율적으로 수행할 수 있도록 국가와 지방자치단체 간 또는 지방자치단체 상호간의 사무를 주민의 편익증진, 집행의 효과 등을 고려하여 서로 중복되지 아니하도록 배분하여야 한다.

② 국가는 제1항에 따라 사무를 배분하는 경우 지역주민생활과 밀접한 관련이 있는 사무는 원칙적으로 시 · 군 및 자치구(이하 "시 · 군 · 구"라 한다)의 사무로, 시 · 군 · 구가 처리하기 어려운 사무는 특별시 · 광역시 · 특별자치시 · 도 및 특별자치도(이하 "시 · 도"라 한다)의 사무로, 시 · 도가 처리하기 어려운 사무는 국가의 사무로 각각 배분하여야 한다.

③ 국가가 지방자치단체에 사무를 배분하거나 지방자치단체가 사무를 다른 지방자치단체에 재배분하는 때에는 사무를 배분 또는 재배분 받는 지방자치단체가 그 사무를 자기의 책임하에 종합적으로 처리할 수 있도록 관련 사무를 포괄적으로 배분하여야 한다.

④ 국가 및 지방자치단체는 제1항부터 제3항까지의 규정에 따라 사무를 배분하는 때에는 민간부문의 자율성을 존중하여 국가 또는 지방자치단체의 관여를 최소화하여야 하며, 민간의 행정참여기회를 확대하여야 한다.

■ 자치분권의 추진과제

제10조   자치분권정책의 시범실시

국가는 자치분권정책을 추진함에 있어서 필요한 때에는 그 지방자치단체의 실정에 맞게 시범적·차등적으로 실시할 수 있다.

제11조   권한이양 및 사무구분체계의 정비 등

① 국가는 제9조에 따른 사무배분의 원칙에 따라 그 권한 및 사무를 적극적으로 지방자치단체에 이양하여야 하며, 그 과정에서 국가사무 또는 시·도의 사무로서 시·도 또는 시·군·구의 장에게 위임된 사무는 원칙적으로 폐지하고 자치사무와 국가사무로 이분화하여야 한다.

② 국가는 권한 및 사무를 지방자치단체에 포괄적·일괄적으로 이양하기 위하여 필요한 법적 조치를 마련하여야 한다.

③ 국가는 지방자치단체에 이양한 권한 및 사무가 원활히 처리될 수 있도록 행정적·재정적 지원을 병행하여야 한다.

제12조   특별지방행정기관의 정비 등

① 국가는 「정부조직법」 제3조에 따른 특별지방행정기관이 수행하고 있는 사무 중 지방자치단체가 수행하는 것이 더 효율적인 사무는 지방자치단체가 담당하도록 하여야 하며, 새로운 특별지방행정기관을 설치하고자 하는 때에는 그 기능이 지방자치단체가 수행하고 있는 기능과 유사하거나 중복되지 아니하도록 하여야 한다.

제13조   지방재정의 확충 및 건전성 강화

① 국가는 지방세의 비율을 확대하도록 국세를 지방세로 전환하기 위한 새로운 세목을 확보하여야 하며, 낙후지역에 대한 재정조정책임을 강화하여야 한다.

제15조   주민참여의 확대

① 국가 및 지방자치단체는 주민참여를 활성화하기 위하여 주민투표제도·주민소환제도·주민소송제도·주민발의제도를 보완하는 등 주민직접참여제도를 강화하여야 한다.

제16조   자치행정역량의 강화

① 지방자치단체는 행정의 공정성과 투명성을 확보하고 책임성과 효율성을 강화하여 행정서비스의 질을 제고하는 등 필요한 조치를 하여야 한다.

제17조   국가와 지방자치단체의 협력체제 정립

① 국가는 지방자치단체와의 상호협력관계를 공고히 하기 위하여 협의체의 운영을 적극 지원하여야 하며, 협의체와 관련 지방자치단체의 의견이 국정에 적극 반영될 수 있도록 한다.

■ 지방행정체제 개편

제18조　지방행정체제 개편의 기본방향

지방행정체제 개편은 주민의 편익증진, 국가 및 지방의 경쟁력 강화를 위하여 다음 각 호의 사항이 반영되도록 추진하여야 한다.

1. 지방자치 및 지방행정계층의 적정화
2. 주민생활 편익증진을 위한 자치구역의 조정
3. 지방자치단체의 규모와 자치역량에 부합하는 역할과 기능의 부여
4. 주거단위의 근린자치 활성화

제19조　과소 구의 통합

특별시 및 광역시는 지방자치단체로서 존치하되, 특별시 및 광역시의 관할구역 안에 두고 있는 구 중에서 인구 또는 면적이 과소한 구는 적정 규모로 통합한다.

제21조　도의 지위 및 기능 재정립

① 도는 지방자치단체로서 존치하되, 위원회는 이 법에 따른 시·군의 통합 등과 관련하여 도의 지위 및 기능 재정립 등을 포함한 도의 개편방안을 마련하여야 한다.

제22조　시·군·구의 개편

① 국가는 시·군·구의 인구, 지리적 여건, 생활권·경제권, 발전가능성, 지역의 특수성, 역사적·문화적 동질성 등을 종합적으로 고려하여 통합이 필요한 지역에 대하여는 지방자치단체 간 통합을 지원하여야 한다.

② 제1항에 따른 시·군·구의 통합에 있어서는 시·도 및 시·군·구 관할구역의 경계에 제한을 받지 아니한다.

제23조　통합 지방자치단체의 설치

① 통합 지방자치단체는 「지방자치법」 제2조 제1항 제2호에서 정한 지방자치단체로 설치한다.

② 통합 지방자치단체는 통합으로 인하여 폐지되는 지방자치단체의 구역에 관계 법령으로 정하는 바에 따라 자치구가 아닌 구 또는 출장소 등을 둘 수 있다.

③ 통합 지방자치단체에는 도시의 형태를 갖춘 지역에는 동을 두고, 그 밖의 지역에는 읍·면을 두되, 「지방자치법」 제3조 제3항에도 불구하고 자치구가 아닌 구에 읍·면·동을 둘 수 있다.

제27조　주민자치회의 설치

풀뿌리자치의 활성화와 민주적 참여의식 고양을 위하여 읍·면·동에 해당 행정구역의 주민으로 구성되는 주민자치회를 둘 수 있다.

제30조	불이익배제의 원칙

지방자치단체의 통합으로 인하여 종전의 지방자치단체 또는 특정 지역의 행정상·재정상 이익이 상실되거나 그 지역 주민에게 새로운 부담이 추가되어서는 아니 된다.

제31조	공무원에 대한 공정한 처우보장

① 지방자치단체의 통합으로 초과되는 공무원 정원에 대하여는 정원 외로 인정하되, 지방자치단체는 이의 조속한 해소를 위하여 적극 노력하여야 한다.

② 통합 지방자치단체는 폐지되는 지방자치단체 소속 공무원에 대하여 인사상 동등하게 처우하여야 한다.

제32조	예산에 관한 지원 및 특례

① 국가는 지방자치단체의 통합에 직접 사용된 비용을 예산의 범위에서 통합 추진 과정에 있는 지방자치단체 또는 통합 지방자치단체에 지원할 수 있다.

② 국가는 지방자치단체의 통합에 따라 절감되는 운영경비 등(국가가 부담하는 예산에 한한다)의 일부를 통합 지방자치단체에 지원할 수 있다.

③ 통합 지방자치단체의 최초의 예산은 종전의 지방자치단체가 각각 편성·의결하여 성립한 예산을 회계별·예산항목별로 합친 것으로 한다.

제33조	통합 지방자치단체에 대한 특별지원

① 중앙행정기관의 장 및 특별시장·광역시장·도지사(이하 "시·도지사"라 한다)는 대통령령으로 정하는 바에 따라 통합 지방자치단체에 대하여 보조금의 지급, 재정투·융자 등 재정상 특별한 지원을 할 수 있다.

② 중앙행정기관의 장은 「지역 개발 및 지원에 관한 법률」에 따른 지역개발사업구역 등 특정 지역의 개발을 위한 지구·지역 등의 지정에 있어서 통합 지방자치단체 또는 그 관할구역 안의 일부 지역을 대통령령으로 정하는 바에 따라 우선적으로 지정할 수 있다.

③ 중앙행정기관의 장 및 시·도지사는 각종 시책사업 등을 시행하는 경우 통합 지방자치단체를 대통령령으로 정하는 바에 따라 우선적으로 지원할 수 있다.

제34조	지방교부세 산정에 관한 특례

① 통합 지방자치단체에 교부하는 보통교부세는 「지방교부세법」 제7조에도 불구하고 통합 지방자치단체가 설치된 해의 폐지되는 각 지방자치단체의 재정부족액(「지방교부세법」에 따라 산정한 기준재정수입액이 기준재정수요액에 미달하는 금액을 말한다)을 합한 금액보다 통합 지방자치단체의 재정부족액이 적을 때에는 그 차액을 통합 지방자치단체가 설치된 후 최초로 개시되는 회계연도(통합 지방자치단체가 1월 1일에 설치되는 경우에는 다음 연도를 말한다)부터 4년 동안 통합 지방자치단체의 기준재정수요액에 매년 보정할 수 있다.

제35조　　**통합 지방자치단체에 대한 재정지원**

국가는 「지방교부세법」 제4조 제2항 제1호에 따른 보통교부세액과 별도로 통합 지방자치단체가 설치된 해의 직전 연도의 폐지되는 각 지방자치단체의 보통교부세 총액의 100분의 6을 대통령령으로 정하는 바에 따라 10년간 매년 통합 지방자치단체에 추가로 지원하여야 한다.

제37조　　**지방의회의 부의장 정수 등에 관한 특례**

① 통합 지방자치단체를 설치하는 경우에는 해당 지방자치단체가 설치된 후 최초로 실시하는 임기만료에 의한 선거에 의하여 새로운 지방의회가 구성될 때까지 「지방자치법」 제48조 제1항에도 불구하고 해당 지방의회에 의장 1명과 폐지 지방자치단체의 수만큼의 부의장을 무기명투표로 선거하여야 한다. 이 경우 부의장은 폐지 지방자치단체의 지방의회의원 중에서 폐지 지방자치단체별로 각 1명을 선출하여야 한다.

② 제1항에 따라 선출된 최초의 의장 및 부의장의 임기는 폐지 지방자치단체의 지방의회 의장 및 부의장의 남은 임기로 한다.

제38조　　**의원정수에 관한 특례**

통합 지방자치단체의 의회를 구성하기 위한 최초 선거에서 지역선거구를 획정함에 있어 폐지되는 각 지방자치단체의 관할구역에서 선출할 의원정수는 인구의 등가성이 반영될 수 있도록 정하여야 한다.

■ 추진기구 및 추진절차

제44조　　**자치분권위원회의 설치**

자치분권 및 지방행정체제 개편을 추진하기 위하여 대통령 소속으로 자치분권위원회를 둔다.

제46조　　**위원회의 구성 · 운영**

① 위원회는 위원장 1명과 부위원장 2명을 포함한 27명의 위원으로 구성하며, 위원은 당연직위원과 위촉위원으로 구성한다.

② 당연직위원은 기획재정부장관, 행정안전부장관, 국무조정실장으로 한다.

③ 위원회는 업무 수행을 위하여 필요하다고 인정하는 경우에는 다음 각 호의 사람을 회의에 참석하도록 요청할 수 있다.

　　1. 교육부장관
　　2. 문화체육관광부장관
　　3. 농림축산식품부장관
　　4. 보건복지부장관
　　5. 국토교통부장관
　　6. 법제처장
　　7. 그 밖에 해당 안건과 관련하여 회의에 참석할 필요가 있다고 위원장이 인정하는 중앙행정기관의 장

④ 위촉위원은 학식과 경험이 풍부하고 국민의 신망이 두터운 사람 중에서 대통령이 추천하는 6명, 국회의 장이 추천하는 10명 및 「지방자치법」제165조에 따른 지방자치단체의 장 등의 협의체의 대표자가 각각 2명씩 추천하는 8명으로 하되, 대통령이 위촉한다.

⑤ 위원장 및 부위원장 1명은 위촉위원 중에서 대통령이 위촉하고, 부위원장 중 1명은 행정안전부장관으로 한다.

⑥ 위촉위원의 임기는 2년으로 하며 연임할 수 있다. 다만, 위원의 사임 등으로 인하여 새로 위촉된 위원의 임기는 전임위원 임기의 남은 기간으로 한다.

⑦ 위원회의 업무를 효율적으로 심의하기 위하여 위원회에 분과위원회를 둘 수 있다.

⑧ 위원회의 심의 사항을 분야별로 사전에 연구·검토하기 위하여 위원회에 전문위원회를 둘 수 있다.

OX

1 정부업무평가위원회는 자치분권 및 지방행정체제의 개편을 효과적으로 추진하기 위하여 관계 중앙행정기관의 장과 협의하고 지방자치단체의 의견을 수렴하여 자치분권 종합계획을 수립하여야 한다. (○, ×)

2 지방분권 및 지방행정체제 개편에 관한 특별법에서는 지방분권의 추진기구로서 대통령 소속하에 지방자치발전위원회를 두고 있다. (○, ×)

3 국가와 지방자치단체 간 또는 지방자치단체 상호 간의 사무를 배분하는 경우 원칙적으로 국가가 처리하기 어려운 사무는 특별시·광역시·특별자치시·도 및 특별자치도의 사무로, 특별시·광역시·특별자치시·도 및 특별자치도가 처리하기 어려운 사무는 시·군 및 자치구의 사무로 각각 배분하여야 한다. (○, ×)

4 국가는 자치분권정책을 추진할 때 어떠한 경우에도 지방자치단체 간에 차등을 두어서는 안 된다. (○, ×)

1 × 정부업무평가위원회 → 자치분권위원회   2 ○
3 × 원칙적으로 시·군 및 자치구의 사무는 → 시·군·구가 처리하기 어려운 사무는 특별시·광역시·특별자치시·도 및 특별자치도의 사무 → 시·군·구가 처리하기 어려운 사무는 국가의 사무
4 × 지방자치단체의 실정에 맞게 시범적·차등적으로 실시 가능하다.

25 | 서울시법, 세종시법, 제주특별법

관련단원 PART 7. 지방행정론

■ 서울특별시 행정특례에 관한 법률(서울시법)

제1조　목적

이 법은 「지방자치법」 제174조에 따라 서울특별시의 지위·조직 및 운에 관한 특례를 규정함을 목적으로
한다.

제2조　지위

서울특별시는 정부의 직할로 두되, 이 법에서 정하는 범위에서 수도로서의 특수한 지위를 가진다.

제4조　일반행정 운상의 특례

① 행정안전부장관이 「지방재정법」 제11조에 따라 서울특별시의 지방 채 발행의 승인 여부를 결정하려는
경우에는 국무총리에게 보고하여야 한다.

② 행정안전부장관은 「지방자치법」 제 171조에 따라 서울특별시의 자치사무에 관한 감사를 하려는 경우
에는 국무총리의 조정을 거쳐야 한다.

⑤ 서울특별시 소속 국가공무원의 임용 등에 관한 「국가공무원법」 제32조 제1항부터 제3항까지, 제78조 제
1항·제4항 및 제82조에 따른 소속 장관 또는 중앙행정기관의 장의 권한 중 대통령령으로 정하는 사항
은 서울특별시장이 행사하며, 이와 관련된 행정소송의 피고는 같은 법 제16조에도 불구하고 서울특별시
장이 된다.

⑦ 서울특별시 소속 공무원 등에 대한 서훈(敍勳)의 추천은 「상훈법」 제5조 제1항에도 불구하고 서울특
별시장이 한다.

제5조　수도권 광역행정 운상의 특례

① 수도권 지역에서 서울특별시와 관련된 도로·교통·환경 등에 관한 계획을 수립하고 그 집행을 할 때
관계 중앙행정기관의 장과 서울특별시장의 의견이 다른 경우에는 다른 법률에 특별한 규정이 없으면
국무총리가 이를 조정한다.

■ 세종특별자치시 설치 등에 관한 특별법(세종시법)

제6조　　설치 등

① 정부의 직할(直轄)로 세종특별자치시를 설치한다.

② 세종특별자치시의 관할구역에는 「지방자치법」 제2조 제1항 제2호의 지방자치단체를 두지 아니한다. (※ 시, 군, 구)

제9조　　세종특별자치시지원위원 회의 설치

① 세종특별자치시가 지역발전과 국토균형발전에 기여할 수 있도록 다음 각 호의 사항을 심의하기 위하여 국무총리 소속으로 세종특별자치시지원위원회(이하 "지원위원회"라 한다)를 둔다.

제21조　　감사위원회의 설치 및 직무 등

① 「지방자치법」 제171조(「지방교육자치에 관한 법률」 제3조에 따라 준용되는 경우를 포함한다), 「지방공무원법」 제81조에도 불구하고 감사대상 기관 및 그 기관에 속한 자의 제반 업무와 활동 등을 조사ㆍ점검ㆍ확인ㆍ분석ㆍ검증하고 제26조에 따라 그 결과를 처리하는 행위(이하 "자치감사"라 한다)를 수행하기 위하여 시장 소속하에 감사위원회를 둔다.

② 감사위원회는 그 직무에 있어서는 독립된 지위를 가진다.

③ 감사위원회는 감사위원회의 위원장(이하 "감사위원장"이라 한다) 1명을 포함한 7명 이내의 위원으로 구성한다.

④ 위원은 시조례로 정하는 자격을 갖춘 사람 중에서 시장이 임명 또는 위촉하되, 위원 중 2명은 시의회에서, 2명은 시교육감이 각각 추천하는 사람을 위촉한다. 다만, 감사위원장은 시의회의 동의를 받아 시장이 임명한다.

⑤ 세종특별자치시 소속 공무원이 아닌 위원의 임기는 3년으로 한다. 다만, 보궐위원의 임기는 전임자의 잔여기간으로 한다.

⑥ 자치감사의 구체적인 방법 및 범위, 자치감사 활동에서 일반적으로 준수되어야 할 기준 등 자치감사에 필요한 세부적인 사항은 감사위원회의 의결을 거쳐 감사위원장이 정한다.

⑦ 그 밖에 감사위원회의 구성 및 운영 등에 필요한 사항은 시조례로 정한다.

■ 제주특별자치도 설치 및 국제자유도시 조성을 위한 특별법(제주특별법)

제7조　　제주특별자치도의 설치 등

① 정부의 직할로 제주특별자치도를 설치한다.

제10조　　행정시의 폐지·설치·분리·합병 등

① 제주자치도는 「지방자치법」 제2조 제1항 및 제3조 제2항에도 불구하고 그 관할구역에 지방자치단체인 시와 군을 두지 아니한다.

② 제주자치도의 관할구역에 지방자치단체가 아닌 시(이하 "행정시"라 한다)를 둔다.

제11조　　행정시장

① 행정시에 시장을 둔다.

② 행정시의 시장(이하 "행정시장"이라 한다)은 일반직지방공무원으로 보하되, 도지사가 임명한다. 다만, 제12조 제1항에 따라 행정시장으로 예고한 사람을 임명할 경우에는 정무직지방공무원으로 임명한다.

③ 제2항 단서에 따라 임명된 행정시장의 임기는 2년으로 하며, 연임할 수 있다.

⑤ 행정시장은 도지사의 지휘·감독을 받아 소관 국가사무와 지방자치단체의 사무를 맡아 처리하고 소속 직원을 지휘·감독한다.

제27조　　특별행정기관의 설치 금지

① 제주자치도에 특별지방행정기관을 새로 설치할 수 없다.

② 중앙행정기관의 장은 제1항에도 불구하고 중앙행정기관의 소관 사무를 수행하는 것이 필요한 경우에는 도지사와 협의하여 특별지방행정기관을 둘 수 있다.

③ 제2항에 따라 도지사가 중앙행정기관의 장과 협의할 때에는 미리 도의회의 동의를 받아야 한다.

제88조　　자치경찰기구의 설치

① 제90조에 따른 자치경찰사무를 처리하기 위하여 도지사 소속으로 자치경찰단을 둔다.

② 자치경찰단의 조직과 자치경찰공무원의 정원 등에 관한 사항은 도조례로 정한다.

제89조　　자치경찰단장의 임명

① 자치경찰단장은 도지사가 임명하며, 도지사의 지휘·감독을 받는다.

② 자치경찰단장은 자치경무관으로 임명한다. 다만, 도지사는 필요하다고 인정하면 개방형직위로 지정하여 운영할 수 있다.

제90조   사무

자치경찰은 다음 각 호의 사무(이하 "자치경찰사무"라 한다)를 처리한다.

1. 주민의 생활안전활동에 관한 사무
2. 지역교통활동에 관한 사무
3. 공공시설과 지역행사장 등의 지역경비에 관한 사무
4. 「사법경찰관리의 직무를 수행할 자와 그 직무범위에 관한 법률」에서 자치경찰공무원의 직무로 규정하고 있는 사법경찰관리의 직무
5. 「즉결심판에 관한 절차법」 등에 따라 「도로교통법」 또는 「경범죄 처벌법」 위반에 따른 통고처분 불이행자 등에 대한 즉결심판 청구 사무

제94조   치안행정위원회의 설치 및 기능

① 제주자치도와 국가경찰의 치안행정 업무협조를 위하여 도지사 소속으로 치안행정위원회를 둔다.

제95조   치안행정위원회의 구성

① 치안행정위원회는 위원장 1명과 당연직 위원 2명을 포함한 11명의 위원으로 구성하며, 위원장은 당연직 위원이 아닌 위원 중에서 호선한다.

② 당연직 위원은 다음 각 호의 사람으로 한다.

　　1. 제44조 제2항에 따른 부지사
　　2. 제주자치도 지방경찰청의 경무(警務)업무를 담당하는 과장

제131조   감사위원회의 설치 및 직무 등

① 「지방자치법」 제171조(「지방교육자치에 관한 법률」 제3조에 따라 준용되는 경우를 포함한다) 및 「지방공무원법」 제81조에도 불구하고 제주특별자치도와 그 소속기관 등 도조례로 정하는 기관(이하 "감사대상기관"이라 한다) 및 그 기관에 속한 사람의 모든 업무와 활동 등을 조사·점검·확인·분석·검증하고 이 법 제135조에 따라 그 결과를 처리하는 사무(이하 "자치감사"라 한다)를 수행하기 위하여 도지사 소속으로 감사위원회(이하 "감사위원회"라 한다)를 둔다.

② 감사위원회는 감사위원회의 위원장(이하 "감사위원장"이라 한다) 1명을 포함한 7명 이내의 감사위원으로 성별을 고려하여 구성한다.

③ 감사위원은 도조례로 정하는 자격을 갖춘 사람 중에서 도지사가 임명하거나 위촉하되, 감사위원 중 3명은 도의회가 추천한 사람을 위촉하고, 1명은 도교육감이 추천한 사람을 위촉한다.

④ 제주자치도 소속 공무원이 아닌 감사위원의 임기는 3년으로 한다.

⑤ 자치감사의 구체적인 방법과 범위, 자치감사 활동의 기준 등 자치감사에 필요한 세부적인 사항은 감사위원회의 의결을 마친 후 감사위원장이 정한다.

⑥ 감사위원회는 직무상 독립된 지위를 가지고, 조직·인사 및 감사활동에 필요한 예산의 편성에서 독립성이 최대한 존중되어야 한다.

⑦ 제1항부터 제6항까지에서 규정한 사항 외에 감사위원회의 구성·운영 등에 필요한 사항은 도조례로 정한다.

제132조   감사위원장의 직무

① 감사위원장은 도의회의 동의를 받아 도지사가 임명한다.

② 감사위원장은 감사위원회를 대표하고 감사위원회의 업무를 총괄한다.

③ 감사위원장의 임기는 3년으로 한다.

OX

1 서울특별시 소속 공무원에 대한 서훈의 추천은 서울특별시장이 한다. (O, ×)

2 세종특별자치시 내에는 '구'를 둘 수 있다. (O, ×)

3 제주특별자치도 내에는 '행정시'를 둔다. (O, ×)

4 지역교통활동에 관한 사무는 자치경찰 사무이다. (O, ×)

1 O   2 × 세종특별자치시 내에는 기초지방자치단체를 둘 수 없다.   3 O   4 O

26 | 지방교육자치에 관한 법률

관련단원 PART 7. 지방행정론

제2조　교육·학예사무의 관장

지방자치단체의 교육·과학·기술·체육 그 밖의 학예(이하 "교육·학예"라 한다)에 관한 사무는 특별시·광역시 및 도(이하 "시·도"라 한다)의 사무로 한다.

제18조　교육감

① 시·도의 교육·학예에 관한 사무의 집행기관으로 시·도에 교육감을 둔다.

제21조　교육감의 임기

교육감의 임기는 4년으로 하며, 교육감의 계속 재임은 3기에 한한다.

제23조　겸직의 제한

① 교육감은 다음 각 호의 어느 하나에 해당하는 직을 겸할 수 없다.

　1. 국회의원·지방의회의원
　2. 「국가공무원법」 제2조에 규정된 국가공무원과 「지방공무원법」 제2조에 규정된 지방공무원 및 「사립학교법」 제2조의 규정에 따른 사립학교의 교원
　3. 사립학교경영자 또는 사립학교를 설치·경영하는 법인의 임·직원

② 교육감이 당선 전부터 제1항의 겸직이 금지된 직을 가진 경우에는 임기개시일 전일에 그 직에서 당연퇴직된다.

제30조　보조기관

① 교육감 소속하에 국가공무원으로 보하는 부교육감 1인(인구 800만 명 이상이고 학생 170만 명 이상인 시·도는 2인)을 두되, 대통령령이 정하는 바에 따라 「국가공무원법」 제2조의2의 규정에 따른 고위공무원단에 속하는 일반직공무원 또는 장학관으로 보한다.

② 부교육감은 당해 시·도의 교육감이 추천한 자를 교육부장관의 제청으로 국무총리를 거쳐 대통령이 임명한다.

③ 부교육감은 교육감을 보좌하여 사무를 처리한다.

제34조   하급교육행정기관의 설치 등

① 시·도의 교육·학예에 관한 사무를 분장하기 위하여 1개 또는 2개 이상의 시·군 및 자치구를 관할구역으로 하는 하급교육행정기관으로서 교육지원청을 둔다.

② 교육지원청의 관할구역과 명칭은 대통령령으로 정한다.

③ 교육지원청에 교육장을 두되 장학관으로 보하고, 그 임용에 관하여 필요한 사항은 대통령령으로 정한다.

④ 교육지원청의 조직과 운영 등에 관하여 필요한 사항은 대통령령으로 정한다.

OX

1 교육감은 광영자치단체에 둔다. (○, ×)

2 부교육감은 국가직 고위공무원 또는 장학관으로 보한다. (○, ×)

3 교육지원청은 1개의 시·군·자치구 별로 두어야 한다. (○, ×)

1 ○   2 ○   3 × 교육지원청은 1개 또는 2개 이상의 시·군·자치구를 관할구역으로 한다.

27 | 공직선거법

관련단원 PART 7. 지방행정론

제15조 선거권

② 18세 이상으로서 제37조 제1항에 따른 선거인명부작성기준일 현재 다음 각 호의 어느 하나에 해당하는 사람은 그 구역에서 선거하는 지방자치단체의 의회의원 및 장의 선거권이 있다.

1. 「주민등록법」제6조 제1항 제1호 또는 제2호에 해당하는 사람으로서 해당 지방자치단체의 관할 구역에 주민등록이 되어 있는 사람

2. 「주민등록법」제6조 제1항 제3호에 해당하는 사람으로서 주민등록표에 3개월 이상 계속하여 올라 있고 해당 지방자치단체의 관할구역에 주민등록이 되어 있는 사람

3. 「출입국관리법」제10조에 따른 영주의 체류자격 취득일 후 3년이 경과한 외국인으로서 같은 법 제34조에 따라 해당 지방자치단체의 외국인등록대장에 올라 있는 사람

제16조 피선거권

③ 선거일 현재 계속하여 60일 이상 해당 지방자치단체의 관할구역에 주민등록이 되어 있는 주민으로서 25세 이상의 국민은 그 지방의회의원 및 지방자치단체의 장의 피선거권이 있다. 이 경우 60일의 기간은 그 지방자치단체의 설치·폐지·분할·합병 또는 구역변경(제28조 각 호의 어느 하나에 따른 구역변경을 포함한다)에 의하여 중단되지 아니한다.

제20조 선거구

② 비례대표시·도의원은 당해 시·도를 단위로 선거하며, 비례대표자치구·시·군의원은 당해 자치구·시·군을 단위로 선거한다.

제22조 시·도의회의 의원정수

① 시·도별 지역구시·도의원의 총 정수는 그 관할구역 안의 자치구·시·군(하나의 자치구·시·군이 2 이상의 국회의원지역구로 된 경우에는 국회의원지역구를 말하며, 행정구역의 변경으로 국회의원지역구와 행정구역이 합치되지 아니하게 된 때에는 행정구역을 말한다)수의 2배수로 하되, 인구·행정구역·지세·교통, 그 밖의 조건을 고려하여 100분의 14의 범위에서 조정할 수 있다. 다만, 자치구·시·군의 지역구시·도의원정수는 최소 1명으로 한다.

② 제1항에도 불구하고 「지방자치법」제7조 제2항에 따라 시와 군을 통합하여 도농복합형태의 시로 한 경우에는 시·군 통합 후 최초로 실시하는 임기만료에 의한 시·도의회의원선거에 한하여 해당 시를 관할하는 도의회의원의 정수 및 해당 시의 도의회의원의 정수는 통합 전의 수를 고려하여 이를 정한다.

③ 제1항 및 제2항의 기준에 의하여 산정된 의원정수가 19명 미만이 되는 광역시 및 도는 그 정수를 19명으로 한다.

④ 비례대표 시·도의원정수는 제1항 내지 제3항의 규정에 의하여 산정된 지역구시·도의원정수의 100분의 10으로 한다. 이 경우 단수는 1로 본다. 다만, 산정된 비례대표 시·도의원정수가 3인 미만인 때에는 3인으로 한다.

제23조 자치구·시·군의회의 의원정수

① 시·도별 자치구·시·군의회 의원의 총정수는 별표 3과 같이 하며, 자치구·시·군의회의 의원정수는 당해 시·도의 총정수 범위 내에서 제24조의3의 규정에 따른 당해 시·도의 자치구·시·군의원선거구 획정위원회가 자치구·시·군의 인구와 지역대표성을 고려하여 중앙선거관리위원회규칙이 정하는 기준에 따라 정한다.

② 자치구·시·군의회의 최소정수는 7인으로 한다.

③ 비례대표자치구·시·군의원정수는 자치구·시·군의원 정수의 100분의 10으로 한다. 이 경우 단수는 1로 본다.

제26조 지방의회의원선거구의 획정

① 시·도의회의원지역선거구(이하 "시·도의원지역구"라 한다)는 인구·행정구역·지세·교통 그 밖의 조건을 고려하여 자치구·시·군(하나의 自治區·市·郡이 2 이상의 국회의원지역구로 된 경우에는 국회의원지역구를 말하며, 행정구역의 변경으로 국회의원지역구와 행정구역이 합치되지 아니하게 된 때에는 행정구역을 말한다)을 구역으로 하거나 분할하여 이를 획정하되, 하나의 시·도의원지역구에서 선출할 지역구시·도의원정수는 1명으로 하며, 그 시·도의원지역구의 명칭과 관할구역은 별표 2와 같이 한다.

② 자치구·시·군의원지역구는 인구·행정구역·지세·교통 그 밖의 조건을 고려하여 획정하되, 하나의 자치구·시·군의원지역구에서 선출할 지역구자치구·시·군의원 정수는 2인 이상 4인 이하로 하며, 그 자치구·시·군의원지역구의 명칭·구역 및 의원정수는 시·도 조례로 정한다.

제200조 보궐선거

⑤ 지방의회의장은 당해 지방의회의원에 궐원이 생긴 때에는 당해 지방자치단체의 장과 관할선거구선거관리위원회에 이를 통보하여야 하며, 지방자치단체의 장이 궐위된 때에는 궐위된 지방자치단체의 장의 직무를 대행하는 자가 당해 지방의회의장과 관할선거구선거관리위원회에 이를 통보하여야 한다.

OX

1 지방선거의 선거권은 19세 이상으로 지방자치단체에 주민등록이 되어 있는 사람에게 있다. (○, ×)

2 자치구·시·군의 지역구시·도의원 정수는 최소 1명으로 한다. (○, ×)

3 기초지방자치단체의 선거구는 소선거구이다. (○, ×)

1 × 18세 이상 2 ○ 3 중선거구

합격을 위한 **확실한 해답!**
해커스공무원 교재 시리즈

기출문제집 시리즈

해커스공무원
해설이 상세한
기출문제집
영어/영어 추록

해커스공무원
해설이 상세한
기출문제집
국어/국어 추록

해커스공무원
해설이 상세한
기출문제집
한국사 (세트)/
한국사 추록

해커스공무원
해설이 상세한
기출문제집
현 행정학

해커스공무원
해설이 상세한
기출문제집
행정법총론 (세트)

해커스공무원
해설이 상세한
기출문제집
세법

해커스공무원
해설이 상세한
기출문제집
회계학

해커스공무원
해설이 상세한
기출문제집
교정학

해커스공무원
해설이 상세한
기출문제집
사회

해커스공무원
해설이 상세한
기출문제집
명품 행정학

해커스공무원
해설이 상세한
기출문제집
쉬운 행정학 (세트)

해커스공무원
해설이 상세한
기출문제집
神행정법총론 (세트)

해커스공무원
해설이 상세한
기출문제집
神헌법 (세트)

해커스공무원
해설이 상세한
기출문제집
局경제학

해커스공무원
대한국사 윤승규
기출 1200제

영역별 문제집

해커스공무원
국어 비문학
독해 333

적중문제집 시리즈

해커스공무원
적중 700제
영어

해커스공무원
적중 700제
국어

해커스공무원
적중 700제
한국사

해커스공무원
기출+적중 1000제
과학

해커스공무원
기출+적중 1000제
수학

실전동형모의고사 시리즈

해커스공무원
실전동형모의고사
영어 1, 2

해커스공무원
실전동형모의고사
국어 1, 2

해커스공무원
실전동형모의고사
한국사 1, 2

해커스공무원
실전동형모의고사
행정학 1, 2

해커스공무원
실전동형모의고사
행정법총론 1, 2

해커스공무원
실전동형모의고사
사회 1, 2

해커스공무원
실전동형모의고사
과학 1, 2

해커스공무원
실전동형모의고사
수학 1, 2

해커스공무원
실전동형모의고사
神헌법 1, 2

해커스공무원
실전동형모의고사
局경제학

면접마스터

해커스공무원
면접마스터

최단기 합격 공무원학원 1위

공시생 전용 주간/월간 학습지
해커스 회독증강

주간 학습지 회독증강
국어/영어/한국사

월간 학습지 회독증강
행정학/행정법총론

> 문제풀이가 저한테는 가장 효과적인 공부 방법이었어요. 머리 속에만 있는 지식은 문제 풀 때에는
> 적용이 안될 때가 많더라구요. 그래서 만약에 제가 공부했을 때 회독증강 프로그램이 있었다면
> 매주 각 과목에 대해 시험을 볼 수 있어서 더 좋지 않았을까 생각이 듭니다.
>
> 국가직·세무직 7급 합격생 김*애

합격을 완성할 **공시 최적화 코스**	매일 하루 30분, **회독 수 극대화**	작심을 부르는 **학습관리**	전문 선생님의 **해설강의**
일·주·월 분할된 단위로 지속적인 학습 가능	최소 6순환 13회독	정답률, 경쟁자 비교 데이터 제공	실전모의고사 해설강의 제공

해커스공무원 gosi.Hackers.com

해 ┄독증강이 궁금하다면? ▶